Reclams Lexikon
des deutschen Films

Reclams Lexikon des deutschen Films

Herausgegeben von Thomas Kramer

Mit 126 Abbildungen

Philipp Reclam jun. Stuttgart

Gewidmet dem Andenken des Wiener Filmhistorikers
Herbert Holba (1932–1994)

Die Deutsche Bibliothek – CIP-Einheitsaufnahme

Reclams Lexikon des deutschen Films /
hrsg. von Thomas Kramer. - Stuttgart : Reclam, 1995
 ISBN 3-15-010410-6
NE: Kramer, Thomas [Hrsg.]

Inhalt

Die Autoren

Prof. Dr. Horst Claus, Bristol   *hc*
Thomas Kramer, Zürich   *tk*
Martin Prucha, Wien   *mp*
Michael Schulz, Berlin   *ms*
Peter Spiegel, Wien   *ps*

Einleitung

Am 1. November 1895 wurde im Berliner Varieté »Wintergarten« der Öffentlichkeit erstmals das »Bioscop« präsentiert, ein Doppelprojektionsapparat, den der Berliner Schausteller und Erfinder Max Skladanowsky entwickelt hatte. Das »Bioscop« war ein Vorläufer des Cinématographen, wie ihn die Brüder Auguste und Louis Lumière zur gleichen Zeit in Frankreich entwickelten und ebenfalls 1895 präsentierten. Dieses Jahr gilt daher als Geburtsstunde der Kinematographie. Dank der Kurzfilme, die Skladanowsky mit seinen Brüdern und befreundeten Artisten aufgenommen hatte, kann 1995 auch der deutsche Film sein hundertjähriges Bestehen feiern – ein Jubiläum, das Anlaß zum Rückblick, zur Bestandsaufnahme sein soll. Nicht nur das Schaffen von Filmkünstlern aus Deutschland, Österreich und der Schweiz rückt mit dem magischen Datum 1995 in den Brennpunkt des Interesses, sondern die gesamten Wirkungszusammenhänge, die sich während der letzten hundert Jahre aus der Kulturform Kino ergeben haben.

Die Erfindung der Kinematographie am Vorabend des 20. Jahrhunderts war kein isolierter Prozeß, der zufällig – oder zu einem beliebigen Zeitpunkt – stattfand. Vielmehr lief er parallel zu technologischen, ökonomischen, sozialen und kulturellen Entwicklungen, die seit der Industrialisierung zu beobachten waren. Der Siegeszug, den das Medium Film innerhalb weniger Jahrzehnte durchlief, wäre ohne die Ausbildung eines städtischen Massenpublikums nicht möglich gewesen. Und das Kino wiederum hat, beginnend mit dem zweiten Jahrzehnt, bis weit in die zweite Jahrhunderthälfte die Weltsicht breiter Bevölkerungsschichten bestimmt.

Insofern ist die Kinematographie, trotz ihrer Anfänge als Jahrmarktsspektakel, zu dessen gesellschaftlichen Orten genauso Dorfplätze und Kurorte wie stadtnahe Vergnügungsstätten zählten, eines der zentralen Elemente der urbanen Massenkultur, wie sie für das Gesicht moderner Gesellschaftsformen typisch ist. Der Film und die in seinem Gefolge entwickelten neuen audiovisuellen Medien, vor allem das Fernsehen, haben die Kultur des zwanzigsten Jahrhunderts nachhaltiger geprägt als jedes andere Medium. Der Blick auf die im Gang befindliche digitale technologische Revolution untermauert diesen Befund. Seit der massenhaften Verbreitung des Computers gehören Bildschirme definitiv zum Gesicht der Industrienationen, nicht nur im Freizeitbereich, sondern zunehmend auch in der Arbeitswelt. Die ›laufenden Bilder‹, vor hundert Jahren als sensationelle Attraktion angepriesen, sind in den Alltag eingeflossen.

Wenn der deutsche Film heute nicht zu den führenden Stimmen im Konzert der Weltproduktion gehört, so darf das dennoch nicht den Blick auf die Tatsache verstellen, daß dies lange Zeit anders war. Die symptomatische Unterbewertung des

Filmschaffens in deutscher Sprache hat Tradition. Ohne Zweifel ist die deutsche Filmproduktion in den vergangenen Jahren mehr von originellen Einzelwerken als von Kontinuität und Qualität gekennzeichnet gewesen. Auch im Jubiläumsjahr herrscht in der deutschsprachigen Filmszene eine allgemeine Orientierungslosigkeit und Skepsis, was die Effizienz der Filmförderung bzw. den Stellenwert der heimischen Künstlerinnen und Künstler betrifft. Der Niedergang des hoffnungsvoll gestarteten Projekts Neuer deutscher Film, im Oberhausener Manifest vom Frühjahr 1962 festgeschrieben, ist in den achtziger Jahren augenfällig geworden.

Zur Zeit ist der deutschsprachige Film auf der Suche nach sich selbst – nach seinem Stellenwert in der Gesellschaft und nach einer eigenständigen Position im Vergleich mit der Produktion anderer Länder. Diese Suche muß das Aufspüren der eigenen Wurzeln miteinschließen, soll sie erfolgreich verlaufen und ein unverwechselbares Profil hervorbringen, nicht nur Imitationen anderswo bereits erprobter Muster. Der Rückblick auf hundert Jahre Kino, wie es von Filmschaffenden in Deutschland, Österreich und der Schweiz gestaltet wurde, enthüllt ein erstaunlich breites Spektrum, eine Vielzahl bedeutender Werke, auf denen sich durchaus aufbauen ließe. Diese Fülle vorzustellen hat sich dieses Lexikon zur Aufgabe gemacht, und die Autoren hoffen, zudem einige der bemerkenswertesten Zeugnisse des ersten Filmjahrhunderts vor dem Vergessen zu bewahren.

Die ersten Bildstreifen, die das Licht des Projektors erblickten, zeigten Ausschnitte aus dem Leben: Dokumentaraufnahmen, artistische Kunststücke oder kurze Sketche. Der frühe Film lief auf Jahrmärkten und in Varietés und war eine optische Sensation. Es genügte, daß sich die Sujets bewegten, um beim Publikum den erwünschten Effekt zu erzielen. Bald jedoch wurde die schlichte Abbildung von Gags durch konsequent gestaltete Szenen ersetzt. Der Fundus, aus dem sich diese im deutschen Sprachraum nährten, war die Welt der Operettengeschichten und Kolportageliteratur. Wandertruppen und Schmierentheater boten zugleich das darstellerische Potential, das in den heute kaum mehr erhaltenen frühesten Spielfilmen mitwirkte. Anders als in den meisten anderen Staaten hatte die Kinematographie im deutschen Raum viel hartnäckiger gegen das Vorurteil anzukämpfen, sie sei eine schädliche Einrichtung, die das Volk verdirbt und nur seine ›niederen Instinkte‹ anspricht.

Dennoch traten schon nach 1910 – der europäische Filmmarkt wurde noch von französischen Produkten beherrscht – Schauspieler in deutschen Filmen auf, die zu den bedeutendsten der frühen Filmgeschichte gehören. Die dänische Schauspielerin Asta Nielsen, die ab 1911 im deutschen Film wirkte, erkannte sehr früh, wie filmspezifisches Agieren vor der Kamera auszusehen hatte, und entwickelte einen intuitiven Stil für Mimik und Gestik, der für das junge Medium richtungweisend wurde. Paul Wegener, Darsteller, Szenarist und Regisseur in einer Person, ab 1913 um einen visuell adäquaten Einsatz filmischer Mittel bemüht, war weltweit einer der einfallsreichsten Künstler, was das Ausloten medialer Eigengesetzlichkeiten betraf. Mit seinen Mitstreitern Max Mack, Stellan Rye und Henrik Galeen entwikkelte Wegener den sogenannten ›literarischen Film‹ und schuf die ersten überzeugenden Produkte des Phantastischen Genres und des Märchenfilms, wobei er mit allen Elementen der Aufnahmetechnik und optischen Verfremdung spielerisch experimentierte.

Ernst Lubitsch machte sich um die Stummfilmkomödie und um historisierende Ausstattungsfilme mit opulenten Massenszenen verdient, während Friedrich Wilhelm Murnau frühe Klassiker des Horrorfilms und der milieugetreuen psychologischen Tragödie schuf. Fritz Lang pendelte mit großem Erfolg und innovativem Impetus zwischen Abenteuerfilm, Thriller und Legendenadaption.

Der deutsche Stummfilm hatte weltweit einen hervorragenden Ruf. Er trug zur Entwicklung einer ganzen Reihe von Genres wesentlich bei, so zum expressionistischen Film, zum filmischen Kammerspiel, zum ›Straßenfilm‹. Die Neue Sachlichkeit ging genauso auf deutsche Wurzeln zurück wie der ›Aufklärungsfilm‹. Regisseure mit bis heute klangvollen Namen wie die oben erwähnten, aber auch zu Unrecht weitgehend aus der öffentlichen Erinnerung verdrängte wie Urban Gad, Gerhard Lamprecht oder Richard Oswald bildeten das Rückgrat der deutschen Produktion und standen für hochstehende visuelle Umsetzungen ein. Hollywood bezog in seiner Glanzzeit einen nicht unbeträchtlichen Teil seines kreativen Potentials von Künstlern, die sich zuvor in der deutschen Filmszene einen Namen gemacht hatten: neben Lubitsch, Lang und Max Ophüls etwa auch Michael Curtiz, der unter dem Namen Michael Kertesz dem österreichischen Stummfilm aufsehenerregende Monumentalepen beschert hatte.

Doch nicht nur die Regisseure des deutschen Stummfilms trugen zur rasanten Entwicklung des Mediums Bedeutendes bei, auch Kameramänner wie Guido Seeber und Karl Freund, der Erfinder der beweglichen ›entfesselten‹ Kamera, Szenaristen wie Carl Mayer und weltberühmte Schauspieler wie Emil Jannings, Pola Negri oder Werner Krauß hatten Anteil am kreativen Reifeprozeß der Filmkunst. Hohe internationale Wertschätzung genießt seit Stummfilmtagen und bis in die neueste Zeit auch die deutsche Filmarchitektur; Robert Herlth, Walter Röhrig, Emil Hasler, Fritz Maurischat und zahlreiche andere haben hier Hervorragendes geleistet.

Im Ersten Weltkrieg, als einflußreiche Militär- und Staatsstellen die propagandistische Bedeutung der Kinematographie erkannten, wurde von Vertretern der Industrie, des Bankwesens und der Heeresleitung eine Konzentration der zersplitterten deutschen Filmindustrie in die Wege geleitet, die in der Gründung der Universum Film AG (Ufa) gipfelte. Von da an war die politische Komponente aus dem deutschen Filmschaffen nicht mehr wegzudenken. Generell wird das Medium Film durch ein enges Netz aus wirtschaftlichen, sozialen, ideologischen und kulturellen Faktoren geprägt, denn Film ist immer auch Spekulation auf finanziellen Gewinn sowie Vermittlungsinstanz normativer Werte und identitätsstiftender Vorgaben.

Der Zusammenbruch des Kaiserreichs und der Donaumonarchie infolge des verlorenen Weltkriegs schlug sich in den zwanziger Jahren in einem veränderten politischen Klima nieder, dessen Auswirkungen auf die Populärkultur im allgemeinen und das Kino im besonderen unübersehbar waren. Das Genre der ›Aufklärungsfilme‹ war direkter Spiegel des veränderten soziokulturellen Gefüges. In die späte Weimarer Republik fiel auch die Entwicklung weiterer Gattungen, die den deutschen Film von der Konkurrenz abhoben. Im stummen Kino war dies beispielsweise der Natur- und Bergfilm, zu dessen zentraler Figur der Geologe und Alpinist Arnold Fanck avancierte. Mit einem vorzüglich zusammenarbeitenden Team begabter Techniker und Darsteller gelangen ihm Höhepunkte in der Darstellung von Naturgewalt und Freiluftszenerien. In die frühe Tonära fällt die Etablierung der Tonfilmoperette, der spezifisch deutschen Musicalform, die faszinierende Beispiele der heimischen Unterhaltungsfilm-Produktion hervorbrachte.

Direkte Linien führen von hier zu weiteren Genres, die aus dem deutschen Raum wichtige Impulse bezogen. So das Melodram, welchem in dem gebürtigen Hamburger Detlef Sierck, der bis 1937 in Deutschland, danach in Hollywood als Douglas Sirk wirkte, ein Meister erwuchs. Das Melodram lebte von der raffinierten Einbeziehung der Musik und von der subtilen Emotionalisierung der Figuren und ihrer dramaturgischen Konstellationen. Als Weiterentwicklung der frühen Musikkomödie kann auch das Genre des ›Wiener Films‹ gesehen werden, dem Willi Forst zu Weltruhm verhalf. In den Jahren 1929–32 entstanden zudem die wenigen Klassiker des proletarischen Films außerhalb der Sowjetunion.

Einen tiefen Einschnitt auch in der Filmproduktion, der bis heute die Reflexion über deutsche Filmgeschichte nachhaltig prägt, brachte die Machtübernahme der Nationalsozialisten Ende Januar 1933 mit sich. Die Propagandisten des Dritten Reichs, die der mobilisierenden Kraft des Mediums Kino ein überaus großes Gewicht beimaßen, unterwarfen den Filmbereich als ersten Kultursektor ihrer rigorosen Gleichschaltungspolitik. Produzenten und Darsteller, Kameramänner und Komponisten, Szenaristinnen und Architekten wurden aus der deutschen Filmwirtschaft ausgeschlossen, wenn die NS-Instanzen sie ihrer politischen Ausrichtung oder »rassischen Abstammung« wegen als »unzuverlässig« einstuften. Die Folge war eine Massenemigration von Künstlern, die für den deutschen Film einen schweren Aderlaß bedeutete und die Emigrierenden selbst oft in existentielle Not stürzte.

Auch in der NS-Ära zeichneten sich die Spitzenwerke des deutschen Kinos durch stimmiges Dekor, sorgfältige Ausleuchtung, subtile Kameraführung und bestechende Darstellerleistungen aus. Die differenzierte Auslotung etwa der Melodram-Dramaturgie strahlte international aus und blieb folgenreich auch für die Produktion anderer Länder. Ebenso entfalteten sich spezifische Formen der Komödie, der Burleske sowie des Tanz- und Revuefilms. Trotz der staatlichen Überwachung der Filmbranche und der Realisierung von Auftragsarbeiten im nationalsozialistischen Sinn, deren schlimmste zu den menschenfeindlichsten Machwerken der Filmgeschichte gehören, gab es auch im deutschen Film immer wieder Versuche, subversive, die politische Situation karikierende oder reflektierende Elemente einfließen zu lassen.

Die verdeckte Verstaatlichung der gesamten Filmindustrie im NS-Staat führte zur Ideologisierung eines beachtlichen Teils der Produktion und zu einem eng geknüpften Netz politischer Überwachung sämtlicher Beteiligten. Streifen mit propagandistischem Gehalt sollten im Publikum erwünschte Haltungen wie Opferbereitschaft und Autoritätsgläubigkeit verankern, die Unterhaltungsfilme hatten die Aufgabe, von den Sorgen des Alltags und, ab 1939, von den Nöten des Kriegs abzulenken. Im Einzelfall entstanden jedoch trotz der Einflußnahme des Regimes Filme, die bis heute nicht nur formal zu überzeugen vermögen, sondern auch inhaltlich positiv einzustufen sind.

Der Untergang des Dritten Reichs brachte mit der staatlichen Teilung eine Zweiteilung der deutschen Filmproduktion. Während im Westen der Einheitskonzern privatwirtschaftlich aufgelöst wurde, etablierte sich in Ostdeutschland die staatlich geführte DEFA, die bis zum Ende der DDR Monopolbetrieb war. In den ersten Jahren der sowjetischen Besatzungszone zeichnete sich das DEFA-Schaffen durch undogmatische, einem engagierten Humanismus verpflichtete Filmwerke aus, die zumeist von Regisseuren inszeniert wurden, die sich unter der NS-Herrschaft ihre Integrität hatten bewahren können. Wolfgang Staudte, Erich Engel und Kurt Maetzig waren die bedeutendsten Vertreter dieser Richtung.

Allmählich setzte sich in Ostdeutschland jedoch eine dogmatischere, weltanschaulich starre Linie durch, deren primäres Ziel die Mobilisierung für den Sozialismus nach SED-Lesart und eine ideologische Durchdringung des Alltags war. Doch gab es neben den geschönten Gegenwartsbildern und den heroischen Epen von Helden der Arbeiterbewegung auch stets das Bemühen um eine authentische Schilderung aufbrechender Konflikte, deren Widersprüche nicht zugunsten der reinen Lehre umgebogen wurden. Die Berlin-Filme des Regisseurs Gerhard Klein und seines Szenaristen Wolfgang Kohlhaase, die Vergangenheits- und Gegenwarts-Gemälde Konrad Wolfs oder Frank Beyers subtile Tragikomödien zeugen von diesem engagierten Bemühen um eine eigene Sicht und eine ernsthafte Auseinandersetzung mit den Problemen der Zeit. Das ostdeutsche Filmschaffen mußte konsequent gegen die staatlichen Bemühungen um politische Reglementierung ankämpfen. Liberalere Phasen, etwa in den Jahren 1953–57, wurden regelmäßig von repressiveren Strategien abgelöst, die Mitte der sechziger Jahre im Verbot zahlreicher Gegenwartsfilme der Jahresproduktion gipfelten – die Erstaufführung dieser vielschichtigen Werke fand unter dem Stichwort ›Verbotsfilme‹ erst nach dem Zusammenbruch der DDR statt.

Außer durch Regiepersönlichkeiten wie Konrad Wolf, Frank Beyer oder Heiner Carow überzeugte die DEFA-Produktion durch hohe technische Standards, was Ausstattung, Kostüme, Tricktechnik und Kameraarbeit betraf – Bereiche, in denen

Stärken des frühen deutschen Kinos mit den finanziellen Vorteilen der Staatsproduktion zusammenfielen.

Das westdeutsche Filmschaffen der Nachkriegszeit zeichnet – nach einer kurzen Phase der sogenannten ›Trümmerfilme‹ – eine überwiegende Betonung des Unterhaltungsaspektes aus; nur wenige Filme bemühten sich um Aufarbeitung der Vergangenheit oder Klärung von Gegenwartsfragen. So sind die Verdienste des frühen BRD-Kinos hauptsächlich in der Weiterentwicklung und Neubelebung traditioneller Unterhaltungsgenres, etwa des Heimat- und Schlagerfilms, sowie in der Neuschöpfung zeittypischer Subgenres (›Arztfilm‹, ›Karl May-Film‹, ›Tourismus-Film‹ u. a.) auszumachen. Auch Romanzen im historischen Umfeld erfreuten sich während der fünfziger Jahre großer Zustimmung. Generell zeichnete sich dieses Jahrzehnt durch eine hohe Identifikation breiter Schichten mit den Galionsfiguren auf der Leinwand aus. Der Starrummel erreichte in der Adenauer-Ära einen neuen Höhepunkt. Rudolf Jugert, Harald Braun und Helmut Käutner gehörten neben Hans Deppe und Harald Reinl zu den einflußreichsten westdeutschen Regisseuren der fünfziger und sechziger Jahre. Romy Schneider, Curd Jürgens, O. W. Fischer, Sonja Ziemann u. a. waren die Stars auf der anderen Seite der Kamera.

Mit dem sich abzeichnenden Generationswechsel rückte das traditionelle westdeutsche Filmschaffen, dessen Weltdeutungen angesichts einer veränderten Umwelt zunehmend veraltet erschienen, in den Brennpunkt öffentlicher Auseinandersetzungen. Der Neue deutsche Film, wie eine Gruppe junger Nachwuchscineasten ihn sich vorstellte, war Ausdruck einer gesellschaftlichen wie filmkünstlerischen Erneuerungsbewegung und nahm den politischen Aufbruch der späten sechziger Jahre vorweg. Unverbrauchte, der modernen Gesellschaft und dem eigenen Erleben angemessene Bilder sollten gefunden werden; in der Abgrenzung vom Postkartenidyll des Wirtschaftswunder-Kinos fand das neue deutsche Filmschaffen seinen gemeinsamen Nenner. Auf der institutionellen Ebene signalisierte dies den Anfang der Beteiligung von Fernsehanstalten an der Filmfinanzierung: Die öffentlich-rechtlichen Sendeanstalten trugen zum Aufschwung des erneuerten deutschen Kinos, der sich ab Mitte der sechziger Jahre vollzog, wesentlich bei, da die etablierte Filmindustrie mit den Jungregisseuren lange Zeit nicht zusammenarbeiten wollte. Rainer Werner Fassbinder war der produktivste und bedeutendste Cineast der jungen Generation, doch gerade die Breite eigenständiger Stile und Persönlichkeiten prägte die deutsche Filmszene der siebziger Jahre. Wim Wenders, Werner Herzog, Alexander Kluge, Margarethe von Trotta, Volker Schlöndorff – der deutsche Film erhielt ein zeitgemäßes Gesicht und hatte gesellschaftspolitische Ambitionen. Fassbinder bezog sich in vielen seiner Filme auf die Tradition des Melodrams, während Schlöndorff die Mechanismen von Literaturadaptionen auslotete, Kluge reportagenahe Fiktionalisierungen betrieb und Trotta emotionales Kino mit gesellschaftlicher Reflexion zu verbinden suchte. Ihren Anspruch, die antiquierten Bilder und Konfliktbewältigungen des traditionellen westdeutschen

Kinos gegen neue auszutauschen, lösten die jungen Regisseure engagiert und mit Mut zum kreativen Wagnis ein. Im Verlauf der späten siebziger und frühen achtziger Jahre entfernte sich der Neue deutsche Film jedoch zunehmend vom breiten Publikum und wurde nur noch von elitären Kreisen wahrgenommen – für das Massenmedium Film eine fatale Entwicklung. Zudem verhedderten sich viele Regisseure zunehmend in den Fallstricken der eigenen Konzepte. In den achtziger Jahren waren es dann eher Großproduktionen wie Wolfgang Petersens in den Bavaria-Studios realisierte Epen *Das Boot* oder *Die unendliche Geschichte*, die das Publikum zu mobilisieren vermochten. Die Aufbruchsstimmung des Neuen deutschen Films ist verflogen, die DEFA wurde im wiedervereinigten Deutschland aufgelöst.

Für die Gegenwart sind eine enge Verflechtung von Film und Fernsehen im Produktionsbereich und die grenzüberschreitende Zusammenarbeit im Rahmen großangelegter Euro-Produktionen charakteristisch. Eine unverkennbare Identität abseits nationalistischer Definitionen zurückzugewinnen gehört zu den primären Erfordernissen der Zeit, soll das heimische Filmschaffen nicht in einer westlichen Einheitsproduktion ohne charakteristische Stimme aufgehen.

Dieser kurze Abriß über die Entwicklungsgeschichte des deutschen Films sollte auf Konstanten und Brüche verweisen, denen das Filmschaffen in den vergangenen hundert Jahren unterworfen war. Es sei betont, daß ›deutsches Filmschaffen‹ nicht aufgrund nationalstaatlicher Ein- und Ausgrenzung definiert werden kann: Zugewanderte Künstler haben das deutsche Filmschaffen entscheidend geprägt; Einheimische mußten dagegen während der NS-Zeit Deutschland verlassen, um anderswo ein Auskommen zu finden. Das Filmschaffen im Ausland erhielt durch die Beteiligung deutscher Emigranten wichtige Impulse.

Unser Lexikon gilt nicht nur deutschen Produktionen, sondern auch Filmen aus Österreich und dem deutschsprachigen Landesteil der Schweiz. Das Etikett ›deutscher Film‹ bezeichnet hier also deutschsprachige Filme. Das österreichische Filmschaffen war mit dem deutschen seit den zwanziger Jahren eng verzahnt, nicht nur aufgrund der regen gegenseitigen Beeinflussung und der Mobilität zahlreicher Künstler, die sowohl in Wien wie Berlin tätig waren, sondern auch als Folge der Tatsache, daß der deutsche Markt auch für österreichische Produktionen das Hauptabsatzgebiet darstellte, wo die Kosten eines Films eingespielt werden mußten. Der Schweizer Film, der zahlenmäßig weit bescheidener ausfällt, war demgegenüber nie einer so starken Beeinflussung ausgesetzt. Zudem steht das schweizerische Filmschaffen auch nicht in jenem Traditionszusammenhang, der das österreichische und deutsche Kino eint. Prägend wirkten sich vielmehr die Impulse aus, die von Emigranten aus dem Dritten Reich auf den Schweizer Film der dreißiger und vierziger Jahre ausgingen.

Das vorliegende Werk bespricht nicht die (über) sechshundert ›wichtigsten‹ oder ›bedeutendsten‹ Spielfilme in deutscher Sprache; Aufnahme fanden vielmehr

Werke, die für das Filmschaffen ihrer Zeit in einer besonderen Weise charakteristisch sind – oder auf prägnante Weise von der Norm abweichen. Es wurde auf eine gleichmäßige Berücksichtigung der verschiedenen Entstehungsperioden geachtet. Dokumentarfilme blieben unberücksichtigt, TV-Produktionen sind nur angeführt, wenn sie auch im Kino gezeigt wurden.

Eine Reihe von Filmen, die nicht im Teil »Filme von A bis Z« enthalten sind, werden in den Regisseurporträts charakterisiert, worauf die Einträge im Filmregister verweisen.

Die Regisseurporträts sind zu einem großen Teil redigierte, gekürzte und ergänzte Fassungen von Artikeln, die Herbert Holba, Günter Knorr und Peter Spiegel 1984 für *Reclams deutsches Filmlexikon* verfaßt haben, das inzwischen vergriffen ist.

Das Filmdokumentationszentrum Wien hat nicht nur sämtliche Fotos, sondern auch das wissenschaftliche Material bereitgestellt, das für die Erarbeitung dieses Lexikons notwendig war.

Thomas Kramer

Hinweise für den Benutzer

Die Filme sind nach ihren deutschen Originaltiteln unter Nichtberücksichtigung der bestimmten und unbestimmten Artikel alphabetisiert. Zahlreiche Filme haben im Lauf ihrer Auswertung abweichende Titel erhalten; solche sind nur angegeben, wenn die Filme unter dem zweiten Titel tatsächlich auch bekannt wurden, zum Beispiel in der Literatur auftauchen. Bei internationalen Co-Produktionen werden sämtliche Titel angegeben. Fremdsprachige Versionen deutscher Filme sind im Text vermerkt. Bei der Nennung der Produktionsländer wurden Filme, die vor der Staatsgründung der BRD in den westlichen Besatzungszonen produziert wurden, der Einfachheit halber mit BRD, solche aus der sowjetischen Besatzungszone mit DDR gekennzeichnet. Wenn kein Herkunftsland angeführt ist, handelt es sich um eine deutsche (BRD-)Produktion. Die Jahreszahl im Vorspann nennt das Jahr der Erstaufführung eines Films. Liegen mehr als zwei Jahre zwischen Produktion und Erstaufführung, wird im Vorspann das Produktionsjahr angegeben und die Erstaufführung im Text vermerkt.

Im Teil »Regisseure von A bis Z« sind die Filmographien um Vollständigkeit bemüht, jedoch wurden nicht sicher nachweisbare Titel ausgeschieden. Fernseharbeiten der Regisseure sind selektiv behandelt. Das Problem der Unterscheidung zwischen Fernseh- und Kino-Produktionen wurde folgendermaßen behandelt: Co-Produktionen zwischen Filmfirmen und Fernsehanstalten, die zuerst ihre Aufführung im Kino erlebten, werden als Kinofilme behandelt; Produktionen, die zunächst im Fernsehen ausgestrahlt und dann im Kino gestartet wurden, sind mit »TV« (für Fernsehfilm, -spiel) bezeichnet.

Bei nicht-deutschsprachigen Filmen ist zusätzlich zum Originaltitel der deutsche Kinotitel angegeben.

Nichtberücksichtigt wurden in diesem Fall die jeweiligen österreichischen und schweizerischen Kinotitel bzw. Titel, die den Filmen anläßlich ihrer Fernsehausstrahlung gegeben wurden.

Bei österreichischen und Schweizer Filmen, die in Deutschland (BRD) nicht unter dem Originaltitel gespielt wurden, ist der deutsche (BRD-)Kinotitel zusätzlich vermerkt. Represtitel wurden nicht aufgenommen. Bei vielen Filmkünstlern gibt es keine einheitliche Regelung bezüglich der Schreibweise ihrer Namen. Im vorliegenden Lexikon wurde die Schreibweise jeweils vereinheitlicht.

Stummfilme sind mit Ⓢ gekennzeichnet.

Abkürzungsverzeichnis

A	Drehbuch-Autor / Österreich	H	Ungarn
AUS	Australien	I	Italien
B	Belgien	IL	Israel
BG	Bulgarien	IRL	Irland
BRD	Bundesrepublik Deutschland	J	Japan
C	Cuba	KF	Kurzfilm (von bis 60 Min. Länge)
CA	Co-Autor	KO	Künstlerische Oberleitung
CDN	Kanada	L	Luxemburg
CH	Schweiz	N	Norwegen
CK	Co-Kamera	NL	Niederlande
CP	Co-Produzent, Co-Produktion	OT	Originalton
CR	Co-Regie, Co-Regisseur	P	Portugal
CS	Tschechoslowakei	PL	Polen
CSSR	Tschechoslowakei	R	Regie
D	Darsteller / Deutschland	RA	Argentinien
DB	Drehbuch	RU	Rumänien
DDR	Deutsche Demokratische Republik	S	Schweden
DK	Dänemark	SF	Finnland / Stummfilm
Dok.	Dokumentarfilm, Dokumentation	SU	Sowjetunion
		TF	Tonfilm
E	Spanien	TR	Türkei / Theaterregie
EA	Erstaufführung	TV	Fernsehfilm, -produktion, -spiel
EF	Experimentalfilm	USA	Vereinigte Staaten von Amerika
F	Frankreich	V	Version
FL	Liechtenstein	YU	Jugoslawien
GB	Großbritannien	ZA	Südafrika
GR	Griechenland		

Filme von A bis Z

A

Die Abenteuer des Till Ulenspiegel / Les aventures de Till l'Espiègle

DDR/Frankreich 1956

R: Gérard Philipe; A: René Wheeler, Gérard Barjavel, Gérard Philipe nach dem Roman *Legende von Ulenspiegel und Lamme Goedzak* von Charles de Coster; K: Christian Matras, Alain Douarinou; D: Gérard Philipe, Jean Vilar, Fernand Ledoux, Nicole Berger, Jean Carmet, Jean Debucourt, Erwin Geschonneck, Wilhelm Koch-Hooge, Robert Porte

Niederlande im 16. Jahrhundert; die Spanier halten Flandern besetzt. Als Till (G. P.) und Nele (N. B.) von einem Ausflug in den Dünen zurückkehren, fallen spanische Truppen ins Dorf ein. Herzog Alba (J. V.) und der Inquisitor (J. D.) machen Tills Vater Claes (F. L.) für eine verschwundene Patrouille verantwortlich, verbrennen ihn und erschießen Tills Mutter. Dieses Erlebnis läßt Till vom Possenreißer zum radikalen Gegner der Spanier werden. Er organisiert mit seinem Freund Lamme (J. C.) den Widerstand gegen durchmarschierende Feinde und treibt sie in die Flucht. Er verdingt sich beim Herzog Alba als Narr. So erfährt er von Mordplänen gegen den Prinzen von Oranien (W. K.-H.), unter dem sich die Provinzen zum Aufstand sammeln, und kann sie verhindern. Beim offenen Kampf zwischen der Armee des Prinzen und Albas Truppen bewegt Till mit List Stahlarm (E. G.), den Befehlshaber der Söldner Oraniens, mit seinen Männern einen Fluß zu überqueren und den Niederländern zu Hilfe zu eilen. In der Kutte eines Mönchs ruft Till zur Befreiung des Landes auf. Alba befiehlt erneut, den Prinzen von Oranien zu beseitigen, sein Offizier Juan (R. P.) soll den Mord begehen. In letzter Minute kann Till während der Generalversammlung der Stände die Tat vereiteln. Die Spanier werden vertrieben, Till läutet mit Lamme im Dorf die Glocken. Mit Nele läuft er wieder ausgelassen durch die Dünen.

Die Co-Produktion wies eine überzeugende Bildgestaltung in Anlehnung an flämische Maler, Breughelsche Gemälde auf; ihr fehlte jedoch die geistvolle Ironie von *Fanfan la Tulipe* (F/I 1951, Christian-Jaque; *Fanfan, der Husar*), Scherz und Ernst, Schalk und Rebell fanden nicht nahtlos zueinander. Der Film wurde anläßlich seiner Aufführung 1957 in der Bundesrepublik zum Politikum, die DDR-Beteiligung verschwiegen. In Holland wurde der Film sogar verboten, da er aufrührerisch sei und den katholischen Teil der Bevölkerung beleidige. Der Hauptdarsteller und das gesamte Ensemble sorgten jedoch überall für ein begeistertes Publikum.   *ms*

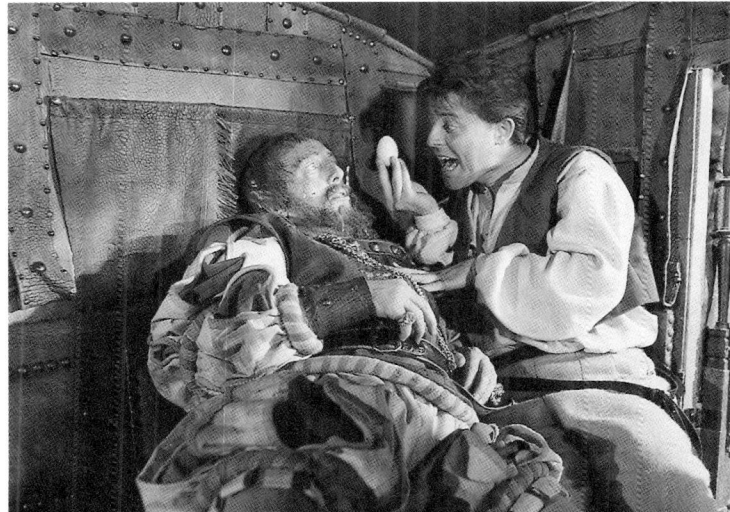

Die Abenteuer des Till Ulenspiegel (Erwin Geschonneck, Gérard Philipe)

Die Abenteuer des Werner Holt

DDR 1965

R: Joachim Kunert; A: Claus Küchenmeister, Joachim Kunert nach dem gleichnamigen Roman von Dieter Noll (Tl. 1: *Roman einer Jugend*); K: Rolf Sohre; D: Klaus-Peter Thiele, Manfred Karge, Wolfgang Langhoff, Peter Reusse, Arno Wyzniewski, Karl Zugowski, Monika Woytowicz, Karla Chadimová

Der junge Wehrmachtsoldat Werner Holt (K.-P. T.) ist im Frühjahr 1945 an der zusammenbrechenden Ostfront. Während der letzten, sinnlosen Widerstandskämpfe überdenkt er sein Leben: Von der Schule an begleitet und am stärksten geprägt hat ihn die aus anfänglicher Rivalität gewachsene Freundschaft mit dem fanatischen Sproß einer Offiziersfamilie, Gilbert Wolzow (M. K.), der nun als Unteroffizier befiehlt. Gemeinsam rächten sie sich als Schüler an HJ-Führer Meißner (K. Z.), absolvierten die militärische Ausbildung in der Flakbatterie und kamen als Soldaten zum Einsatz. Doch die Begegnung mit seinem Vater (W. L.), wegen seiner humanistischen Haltung den Nazis politisch unerwünscht, das Kriegserleben, Zeugnisse eines grauenhaften Massakers der SS in einer Sägemühle, die Ermordung seines Schulfreundes Peter Wiese (P. R.) gaben Holt Anlaß zu schmerzhaftem Zweifel. Er rettet ein Slowakenmädchen (K. C.) vor der Hinrichtung, kann sich aber nicht entschließen, wie sein Kamerad Gomulka (A. W.) die Fronten zu wechseln, bis ihm endlich die Sinnlosigkeit des Krieges bewußt wird, er sich gegen Wolzow auflehnt und ihn verläßt. Als dieser von SS-Leuten gehängt wird, richtet Holt seine Waffe zum ersten Mal auf die wahren Feinde und bricht so mit seiner Vergangenheit, um zu Gundel (M. W.), die auf ihn wartet, zurückzukehren.

Den schwierigen Bewußtwerdungsprozeß Jugendlicher, die im Dritten Reich durch falsche Ideale und Krieg verblendet wurden, zeigt der Film, wie schon der Roman, Schritt für Schritt mit einer Fülle von aufschlußreichen Ereignissen und Details auf einfühlsame Weise – als Warnung vor den Gefahren faschistischer Verführung für die nachfolgenden Generationen. *ms*

Die Abenteuer eines Zehnmarkscheines ⓢ

(K 13513 – Die Abenteuer eines Zehnmarkscheines)

Deutschland 1926

R: Berthold Viertel; A: Béla Balázs; K: Helmar Lerski, Robert Baberske; D: Agnes Müller, Imogene Robertson, Walter Franck, Werner Fuetterer, Harald Paulsen, Iva Wanja, Oskar Homolka

Der Film beschreibt den Weg des Zehnmarkscheines mit der Nummer K 13513, zeigt, wie er von Hand zu Hand geht, und skizziert so die Schicksale zufällig miteinander verbundener Menschen. Eine ärmliche Frau legt die Banknote in ihre Bibel, woraus ihr Sohn sie stiehlt und gegen eine Mordwaffe eintauscht. Der Verkäufer zahlt damit eine Prostituierte. Später landet der Schein in den Händen eines vermögenden Generaldirektors, der ihn einem Pianisten als Trinkgeld zusteckt. Schließlich geht er verloren, eine lebensmüde Bettlerin läuft achtlos an ihm vorbei und ertränkt sich aus Verzweiflung. Ein Clochard trägt die Banknote in ein Pfandleihhaus und löst damit seine Ziehharmonika aus. Am Ende wird sie von einer Katze, die sich über das Spielzeug freut, zerrissen.

Dieser außergewöhnliche Film, der die Figuren und ihre Geschichten in bis dahin – zumindest in Deutschland – unbekannter Manier miteinander verknüpfte, ist leider verschollen. Seine bestechende visuelle Idee war es, einen Gegenstand zur ›Hauptfigur‹ einer Filmhandlung zu machen und um ihn herum die Menschen zwanglos, in ihrer Individualität dafür um so zwingender zu gruppieren. Diese Idee des Filmtheoretikers und -historikers Béla Balázs war in dessen Originalvorlage allerdings von größerer Brisanz als der tatsächliche Film: Balázs' Konzept einer antikapitalistischen Studie über die verderbliche Wirkung des Geldes wurde auf dem Weg zur Realisierung stark verwässert. Dennoch kam dem Film in programmatischer Hinsicht eine Vorreiterrolle zu – und er veränderte das filmdramaturgische Denken seiner Zeit. *tk*

Die Abfahrer

BRD 1979

R: Adolf Winkelmann; A: Gerd Weiß,
Adolf Winkelmann; K: David Slama; D: Detlef
Quandt, Ludgar Schnieder, Anastasios
Avgeris, Beate Brockstedt

Im Ruhrgebiet wächst Ende der siebziger Jahre
die Arbeitslosigkeit. Besonders Jugendliche
wie der Dreher Atze (D. Q.), der griechische
Automechaniker Sulli (A. A.) und der Setzer-
lehrling Lutz (L. S.) sind davon betroffen. Im
Gegensatz zu älteren Arbeitslosen, die nur im
Fenster hängen und schwatzen, werden die
drei aktiv. Als ein Möbelwagen die Zufahrt zu
Atzes Wohnschuppen versperrt, beschließen
sie, ihn zu ›entfernen‹. Aus der Fahrt rund um
den Block wird eine nächtliche Spritztour
über die Autobahn, in deren Verlauf sie Svea
(B. B.) aufgabeln, die sich mit ihrem Freund gestritten hat. Atze deklariert die Fahrt zur Ar-
beitsbeschaffungsmaßnahme. Beim ersten im
Auftragsbuch verzeichneten Umzugskunden
schnorren sie das Frühstück. Den nächsten
Kunden erreichen sie nicht mehr, weil sie auf
der hindernisreichen Fahrt durch Ruhrgebiet
und Sauerland die falsche Richtung einschlagen. Als sie wegen des Autodiebstahls von anderen Lastwagenfahrern gejagt werden, kehren sie nach Dortmund zurück. Dort stellen sie
den Möbelwagen zurück; der Arbeitslosen-
Alltag geht wieder seinen normalen Gang.
Winkelmanns vom Jugendprogramm des
WDR finanzierte low-budget Road-Movie-
Komödie im alternativen Heimatfilm-Milieu
besticht durch Spontaneität und Frische. Einerseits liegt das an der einfachen, unorthodoxen
Kameratechnik, andererseits an den Amateur-
schauspielern, die mit pfiffigem Witz und original Ruhrpott-Dialekt dem Film den Stempel
des Authentischen aufdrücken.   *hc*

Abschied

Deutschland 1930

R: Robert Siodmak; A: Emmerich Preßburger,
Irma von Cube; K: Eugen Schüfftan; D: Brigitte
Horney, Aribert Mog, Emilia Unda, Konstantin
Mic, Frank Günther, Erwin Bootz, Wladimir
Sokoloff, Edmée Symon, Gisela Draeger,
Marianne Mosner

Der Staubsaugervertreter Peter (A. M.) und die
lebenshungrige Verkäuferin Hella (B. H.) wohnen als Dauermieter in einer kleinen Berliner
Pension. Neben dem Zimmermädchen gehören auch ein verarmter Baron (W. S.), ein reicher Russe (K. M.), der Conférencier Neumann
(F. G.), drei Tänzerinnen (E. S., G. D., M. M.)
und ein Musiker (E. B., Pianist der »Comedian
Harmonists«) zu den Bewohnern. Da die Zimmer sehr hellhörig sind, kommt es nicht nur zu
den obligaten Kollisionen des täglichen Zu-
sammenwohnens, die Gäste wissen auch stets
über die privaten Angelegenheiten der Mitbe-
wohner Bescheid. So nehmen sie an der Liebesgeschichte zwischen Peter und Hella Anteil. Die beiden möchten heiraten, haben jedoch kein Geld für ein Eheleben. Als Peter eine
besser dotierte Stellung in Aussicht hat, verschweigt er es Hella, um sie zu überraschen.
Doch Hella erfährt durch die Wirtin (E. U.) davon und deutet Peters Heimlichtuerei als Desinteresse. Ihr kühles Verhalten erweckt Peters
Verdacht, betrogen zu werden. Weil die beiden
sich gegenseitig mißtrauen und ein klärendes
Gespräch meiden, kommt es zu neuen Mißverständnissen und schließlich zur Trennung
In episodenhafter Form verband Siodmaks
zweiter Langfilm Elemente des Kammerspiels
mit den Ideen der Neuen Sachlichkeit und blieb
dem fast dokumentarischen Realismus von
Menschen am Sonntag (1930) verpflichtet. Durch
optische Detailfreude und eine souveräne Beherrschung des Tons festigte Siodmak seinen
Ruf als Deutschlands Avantgarde-Wunderkind.
Überzeugen konnte auch das Ensemble begabter Nachwuchsdarsteller, darunter Brigitte
Horney in ihrem Leinwanddebüt. An der Kinokasse war *Abschied* ein Mißerfolg, weshalb die
Ufa später einen Epilog beifügte, der ein Happy-
End der Liebesgeschichte signalisiert.   *tk*

Abschied

DDR 1968

R: Egon Günther; A: Egon Günther, Günter Kunert nach dem gleichnamigen Roman von Johannes R. Becher; K: Günter Marczinkowsky; D: Jan Spitzer, Rolf Ludwig, Heidemarie Wenzel, Jürgen Heinrich, Klaus Hecke, Mathilde Danegger, Manfred Krug, Annekathrin Bürger, Helmut Schreiber

Am Tage des Siegs der deutschen Truppen bei Lüttich verläßt Hans Gastl (J. S.), ein siebzehnjähriger Gymnasiast, das wohlsituierte Elternhaus und durchlebt noch einmal die Stationen seiner Kindheit. Da sind die dummen Streiche von Mitschülern, die er zunächst bewunderte und derentwegen er seine Großmutter (M. D.) bestahl. Dies und sein angebliches Verhältnis zum Dienstmädchen Klärchen hatten Hans' Vater, einen Oberstaatsanwalt (R. L.), dazu bewogen, den Sohn ins Johannes-Pensionat zu schicken, wo man ihm das Dichten und die Weibsbilder mit strenger Zucht auszutreiben versuchte. Ungern gesehen wurden auch Hans' Begegnungen mit dem Arbeiterjungen Hartinger (J. H.) und dem jüdischen Schüler Löwenstein (K. H.), die in ihm Sympathien für den Klassenkampf weckten. Geborgenheit und Liebe glaubte er bei der Zigarettenverkäuferin Fanny (H. W.) zu finden, doch deren Zuhälter Kuniak (H. S.) trieb sie in den Tod. Bei Literaten sucht er einen Ausweg, im »Cafe Stefanie« trägt er seine expressionistischen Gedichte vor, der Dichter Sack (M. K.) und die Sängerin Magda (A. B.) zollen ihm Anerkennung. Als er sich beim Ausbruch des Ersten Weltkriegs nicht – wie seine Mitschüler – als Freiwilliger meldet, wird er in der Familie als »Drückeberger« verhöhnt. So verläßt er sein Elternhaus, denn »die Zeit des großen Abschiednehmens ist gekommen«.
Der zum zehnten Todestag von Johannes R. Becher gedrehte Film übernahm Züge des Bildungs- und Erziehungsromans und verdeutlichte durch poesievolle Bilder – vor allem in den Traumsequenzen –, ungewöhnlich freie erotische Szenen sowie ironisierende, satirische Akzente den ›Weg zum Anderswerden‹. Damit irritierte er die Zulassungsbehörden der DDR, die ihm das Prädikat »Besonders wertvoll« zuerkannten, ihn aber auch zeitweise aus dem Verleih nahmen.   *ms*

Abschied von gestern

BRD 1966

R: Alexander Kluge; A: Alexander Kluge nach der Erzählung *Anita G.* aus seinem Buch *Lebensläufe*; K: Edgar Reitz, Thomas Mauch; D: Alexandra Kluge, Günther Mack, Hans Korte

Anita G. (A. K.) steht wegen Diebstahls vor Gericht. Der Richter (H. K.) geht auf ihre Rechtfertigungsversuche – als Kind jüdischer Eltern wurde sie im Dritten Reich vom Unterricht ausgeschlossen, »Angstzustände« führten später zur Flucht aus der DDR – nicht ein. Nach der Haft werden ihr die Moralpredigten der Bewährungshelferin bald lästig. Als Vertreterin einer Plattenfirma begeht Anita kleinere Betrügereien, wird die Freundin des Chefs und verläßt schließlich, da eine Anzeige droht, die Stadt. Ziellos setzt sie ihre Odyssee fort, bis sie den Entschluß faßt, neu anzufangen. Doch statt zu studieren, wird sie die Geliebte des verheirateten Ministerialrats Pichota (G. M.), der Anita erziehen möchte: Er erklärt, wie man ein Kursbuch liest und vermittelt ›bürgerlichen Kulturgenuß‹. Als sie schwanger wird, trennt sich Pichota von ihr. Anita, mittlerweile zur Fahndung ausgeschrieben, setzt ihre Flucht fort; kurz vor der Geburt stellt sie sich der Polizei und hilft, das Beweismaterial für ihren Prozeß zusammenzutragen.
Die präzis-nüchterne, teils auch ironische Analyse bürgerlicher Verhaltensmodelle und gesellschaftlicher Strukturen bedeutete den künstlerischen Durchbruch des Neuen deutschen Films. Kluges bruchstückhafter und mit Zitaten, Zwischentiteln und Kommentaren angereicherter Film-Essay bricht mit den Traditionen herkömmlichen Erzählkinos, indem er den Zuschauer durch Assoziationen miteinbezieht und sich emotionaler Anteilnahme verweigert.   *mp*

Abwärts

BRD 1984

R: Carl Schenkel; A: Carl Schenkel; K: Jacques Steyn; D: Götz George, Renée Soutendijk, Hannes Jaenicke, Wolfgang Kieling, Jan Groth

Nur noch wenige Personen befinden sich Freitag abends in einem Bürohochhaus, vier von ihnen treffen im Lift aufeinander – ein alter Buchhalter (W. K.), die Arbeitskollegen Marion (R. S.) und Jörg (G. G.), zuletzt der junge Pit (H. J.). Ihre Abwärtsfahrt wird aber jäh gebremst, die Liftkabine bleibt stecken. Da die Notrufanlage nicht funktioniert, versuchen Jörg und Pit über das Dach der Kabine in den Aufzugschacht und von hier in das nächstliegende Stockwerk zu gelangen. Die Rivalität zwischen dem arrivierten Jörg und dem provozierenden Aussteiger Pit nimmt mit der Gefährlichkeit ihrer Rettungsversuche zu. Marion, Ex-Geliebte von Jörg, tut das ihre, die Auseinandersetzung der Männer anzuheizer. Dann aber eskaliert der Streit zwischen den Männern – Pit wird dabei lebensgefährlich verletzt. Schließlich wird der Portier (J. G.) auf den steckengebliebenen Lift aufmerksam. Mor-

teure versuchen, die vier aus der knapp vor dem Absturz befindlichen Liftkabine zu retten. Jörg klammert sich bis zuletzt an die Tasche des Buchhalters, die eine große Summe gestohlenen Geldes enthält – er stürzt in den Tod.

Als einer der wenigen Beispiele seiner Art im deutschsprachigen Raum knüpft dieser Psycho-Thriller gekonnt an die Tradition amerikanischer Vorbilder an und bietet exzellentes Actionkino. Hervorragende Kameraarbeit, präzise Darstellerleistungen und eine gekonnt eingesetzte Montage sind die wichtigsten Komponenten der Dramaturgie einer allmählichen und immer intensiver werdenden Spannungssteigerung, die bis zum Ende durchgehalten wird.   *np*

Affaire Blum

DDR 1948

R: Erich Engel; A: Robert A. Stemmle nach dem Magdeburger ›Haas-Kölling-Prozeß‹ von 1926/27; K: Friedl Behn-Grund, Karl Plintzner; D: Kurt Erhardt, Karin Evans, Hans Christian Blech, Gisela Trowe, Alfred Schieske, Helmut Rudolph, Paul Bildt, Ernst Waldow

Affaire Blum (Gisela Trowe, Hans Christian Blech)

Magdeburg 1926. Der jüdische Fabrikdirektor Jacob Blum (K. E.) wird des Mordes an seinem Buchhalter, der ihn wegen angeblicher Steuerhinterziehung angezeigt hat, verdächtigt. Gabler (H. C. B.), der sich in Haft befindet, weil er einen Scheck des Toten in Umlauf brachte und seine Uhr besitzt, trauen Kommissar Schwerdtfeger (E. W.) und Untersuchungsrichter Konrad (P. B.) die Tat nicht zu, da sie mit seiner Haltung als Freikorpsmann und Hakenkreuzler sympathisieren. Sie akzeptieren dagegen bereitwillig seine Beschuldigungen des Juden Blum. Regierungspräsident Wilschinsky (H. R.), von Blums Unschuld überzeugt, läßt aus Berlin den erfahrenen Kriminalkommissar Otto Bonte (A. S.) kommen, der schließlich die Leiche in Gablers Keller entdeckt. In die Enge getrieben, bezichtigt sich dieser selbst als Blums Mithelfer, was ihm die beiden Beamten wiederum glauben. Diesmal vermag Bonte ihn jedoch endgültig zu überführen, da Gablers Braut Christine (G. T.) ein umfassendes Geständnis ablegt. Nach der Haftentlassung setzt Blum den beschwichtigenden Worten seiner Frau (K. E.) entgegen:»Ich glaube, das war erst der Anfang«. Er wird von hämmernder Marschmusik übertönt.

Beklemmend und überaus spannend hat Engel einen Kriminalfilm mit tieferer Bedeutung inszeniert, der geistige Voraussetzungen von Faschismus und Antisemitismus kenntlich macht und die Balance hält zwischen der Fiktion des Genres und der bedrückenden Realität des historischen Hintergrundes. *ms*

Albert – warum?

BRD 1978

R: Josef Rödl; A: Josef Rödl; K: Karlheinz Gschwind; D: Fritz Binner, Michael Eichenseer, Georg Schießl, Elfriede Bleisteiner

Für die andern ist und bleibt der geistig leicht behinderte, gutmütige Riese Albert (F. B.) der Dorftrottel. Wenn sie nicht gerade seine Kräfte ausnutzen, machen sich Kinder wie Erwachsene über den »langen Lulatsch« lustig, provozieren ihn, lassen ihn spüren, daß er eben erst aus einer Nervenheilanstalt entlassen worden

ist. In seiner Abwesenheit hat der Vater (M. E.) den Neffen Hans (G. S.) auf den Hof geholt. Der soll den Besitz später übernehmen und heiratet auch noch das Mädchen, dem Albert als Junge Blumen unter die Schulbank gelegt hat. Von allen isoliert, fühlt sich Albert um sein Erbe betrogen. Er verweigert die Mitarbeit, zieht aus dem Neubau in den jetzt als Abstellgebäude dienenden Altbau des Hofs und treibt sich in den Dorfkneipen herum. Seine kleinen Proteste und Widerstände, die andeuten, daß er trotz seiner schwerfälligen, stockenden Sprache keineswegs verrückter ist als alle anderen, machen ihn immer mehr zum Außenseiter, bis er keinen anderen Ausweg sieht, als sich am Glockenseil im Kirchturm zu erhängen.

Rödl zeigt in dem für nur 30 000 DM mit Amateuren in seinem oberpfälzischen Heimatdorf gedrehten Film tiefes Verständnis für die Menschen. So entstand auch optisch eine der ehrlichsten und glaubwürdigsten Unterprivilegierten-Studien der deutschen Filmgeschichte, der man ohne Zögern die Schlußwidmung abnimmt: ». . . all jenen, die nicht die Möglichkeit besitzen, sich zu wehren.« *hc*

Alibi

BRD 1955

R: Alfred Weidenmann; A: Herbert Reinecker nach einer Idee von Alfred Weidenmann und Herbert Reinecker; K: Helmut Ashley; D: O. E. Hasse, Hardy Krüger, Martin Held, Almut Rothweiler

Der ehemalige Student und Gelegenheitsarbeiter Meinhardt (H. K.) ist des Mordes an der Gattin (A. R.) des bekannten Wissenschaftlers Dr. Overbeck (M. H.) angeklagt. Trotz einer lückenlosen Indizienkette leugnet Meinhardt die Tat, hatte er doch in der jungen, in ihrer Ehe sehr unglücklichen Frau die große Liebe seines Lebens gefunden. Als einziger der Geschworenen engagiert sich der Chefreporter der Zeitung »Express«, Peter Hansen (O. E. H.), für den Angeklagten, der jedoch für schuldig befunden wird. Hansen aber läßt nicht locker und greift, von der Unschuld Meinhardts überzeugt, den Fall wieder auf. Als durch Hansens unermüdliche Bemühungen erste Details der ehemals lückenlos scheinenden Indizienkette in Frage gestellt sind, ist auch seine Zeitung bereit, den »Mordprozeß Overbeck« erneut aufzurollen. Die groß angelegte Pressekampagne bringt viel Neues ans Tageslicht; vor allem ein falsches Alibi von Dr. Overbeck, der sich durch einen Fluchtversuch als Täter zu erkennen gibt. Für Meinhardt öffnen sich die Zuchthaustore, er ist ein freier Mann.

Herbert Reinecker, einer der meistbeschäftigten Szenaristen des deutschen Kinos, später auch des Fernsehens (*Der Kommissar, Derrick* u. a.), lieferte mit *Alibi* einen der ersten Entwürfe für das Genre des deutschsprachigen Kriminalfilms nach 1945. Mit Sinn für dramatische Konflikte und glaubwürdiges Milieu thematisiert der mehrfach ausgezeichnete Gerichtssaal-Krimi durch das Panorama seiner unterschiedlichen Figuren das Spannungsverhältnis zwischen individuellem Glücksanspruch, moderner Leistungsgesellschaft und gesellschaftlicher Verantwortung, durfte also zur Zeit seiner Entstehung als zeitkritisch gelten. *mp*

Alice in den Städten

BRD 1974

R: Wim Wenders; A: Wim Wenders, Veith von Fürstenberg; K: Robby Müller, Martin Schäfer; D: Rüdiger Vogler, Yella Rottländer, Lisa Kreuzer

Von einer vierwöchigen Fahrt durch die amerikanischen Oststaaten bringt der introvertierte Journalist Philip Winter (R. V.) statt des in Auftrag gegebenen Artikels über amerikanische Landschaften einen Stapel Polaroid-Photos zurück. Finanziell abgebrannt, trifft er auf dem New Yorker Kennedy-Flughafen auf Lisa van Damm (L. K.) und deren neunjährige Tochter Alice (Y. R.). Er verbringt die Nacht zwangsweise in deren Hotelzimmer. Am nächsten Morgen ist Lisa verschwunden. Auf einem Zettel bittet sie Philip, sich für kurze Zeit um Alice zu kümmern. Als sie auch zum Flug nach Europa nicht erscheint, beginnt für Philip

und Alice eine Zeit des Zusammenlebens; von Amsterdam aus fahren sie nach Wuppertal, um Alices Großmutter zu suchen, von der diese weder Namen noch Anschrift kennt. Nach einigen vergeblichen Anläufen finden sie das Haus, dessen Foto Alice bei sich trägt, doch die Nachmieterin weiß nichts über den Verbleib der Oma. Schließlich macht die Polizei Großmutters Adresse ausfindig und meldet, daß Lisa in München gelandet ist.

Ein Road Movie mit versteckten Anspielungen auf die Kinogeschichte, Reflexionen über die Bedeutung des Bildes und einer kritischen Auseinandersetzung mit Wahrnehmung und Wirklichkeit fragmentierenden Aspekten des Fernsehens. Trotz dieser scheinbar schwergewichtigen Elemente strahlt der Film Frische und Unmittelbarkeit aus, die er vor allem der natürlichen Direktheit der Alice-Darstellerin Yella Rottländer und der Kamera Robby Müllers verdankt. *hc*

Alle Jahre wieder

BRD 1967

R: Ulrich Schamoni; A: Michael Lentz; K: Wolfgang Treu; D: Hans-Dieter Schwarze, Sabine Sinjen, Ulla Jacobsson, Johannes Schaaf

Alle Jahre wieder fährt Werbetexter Hannes Lücke (H.-D. S.) von seinem Arbeitsort Frankfurt zum Familien-Weihnachtsritual in die Heimatstadt Münster. Der sentimental-nostalgische Trip zum Besäufnis mit alten Klassenkameraden und in den gutbürgerlichen Schein einer nicht mehr funktionierenden Ehe kompliziert sich diesmal, weil Hannes seine junge Freundin Inge (S. S.) mitnimmt. Mit der strikten Auflage, sich auf keinen Fall in seiner Nähe blicken zu lassen, wird sie im »Fürstenzimmer« des Hotels seines geschiedenen Freundes Spezi (J. S.) abgesetzt. Dann brechen für Hannes aufreibende Tage an zwischen Stammtisch, Familie und Freundin, die sich keineswegs an die Abmachung hält, schon allein um Spezis erbärmlichem Selbstmitleid zu entfliehen.

Wie kein anderer Film der sechziger Jahre

fängt dieses scharf beobachtete Porträt der deutschen Provinz das ein, was das deutsche Weihnachtsfest für die einen so schön und für andere so unerträglich macht. Dabei wird keineswegs alles nur negativ oder gehässig gezeichnet. Die seinerzeitige Ablehnung des Films durch viele Kritiker rührte offenbar daher, daß Regisseur und Autor mitten ins deutsche Herz getroffen hatten. Die Kurzbeschreibung der Heimatstadt des Helden, »Entweder regnet's hier, oder die Glocken läuten, oder es wird wieder mal 'ne Kneipe eröffnet«, gilt schließlich nicht nur für Münster. *hc*

Alraune (Brigitte Helm, Paul Wegener)

Die allseitig reduzierte Persönlichkeit – REDUPERS

BRD 1978

R: Helke Sander; A: Helke Sander; K: Katia Forbert; D: Helke Sander, Joachim Baumann, Frank Burckner, Eva Gagel

Drei Tage aus dem Leben der freischaffenden Fotografin Edda Chiemnyjewski (H. S.) in West-Berlin, die »mit den Füßen auf der Erde, mit dem Kopf in den Wolken« lebt. Um die zum Überleben notwendigen 3000 DM brutto zusammenzubringen, ist sie ständig auf der Jagd nach neuen Bildern – von der letzten Dampfflokfahrt Berlin–Hamburg, vom Kongreß »Unteilbares Deutschland«, von der Seniorenparty in der Deutschlandhalle. Zwischendurch verlangt die siebenjährige Tochter ihre Aufmerksamkeit, Umweltschützer möchten kostenlos Fotos für die gute Sache, und ihre Fotografinnengruppe ist besorgt über die Reaktion des Senats auf ihre Bilder für die Auftragsausstellung »Fotografen sehen ihre Stadt«. (Der Zuschlag war aus politisch-taktischen Gründen erfolgt, und weil die Frauen billiger waren; nun paßt das Ergebnis nicht ins offizielle Berlin-Bild.) Zwischen Dunkelkammer, Jagd nach Fotoaufträgen, Redaktionsbesuchen und persönlichen Verpflichtungen ist Eddas Leben zerrissen, zum Nachdenken bleibt keine Zeit.
Der Film macht Eddas Leben mit vom traditionellen (männlichen) Erzählkino abweichenden Mitteln erfahrbar. Der Zuschauer erlebt den

Alltagsdruck westlicher Freiheit im geteilten Berlin aus der Perspektive einer Frau. Ein Essay-, Dokumentar- und Tagebuchfilm, der einfach beobachtet, niemals zur Nabelschau wird oder ins Plump-Didaktische abgleitet und gerade dadurch zum Mit- und Nachdenken anregt. *hc*

Alraune ⓢ

Deutschland 1928

R: Henrik Galeen; A: Henrik Galeen nach dem gleichnamigen Roman von Hanns Heinz Ewers; K: Franz Planer; D: Paul Wegener, Brigitte Helm, Ivan Petrovich, Mia Pankau

Durch künstliche Befruchtung erschafft der Mediziner Jakob ten Brinken (P. W.) das Mädchen Alraune (B. H.), das er wie ein leibliches Kind aufzieht. Als männliches Erbgut dient ihm der Samen eines hingerichteten Schwerverbrechers; ausgetragen wird das Kind von einer Prostituierten. Trotz des Professors fürsorglicher Erziehung entwickelt sich Alraune indes in eine von ihm nicht kontrollierbare Richtung: Als Jugendliche reißt sie aus dem Pensionat aus, schließt sich einer Artistengruppe an und geht zum Zirkus. Durch ihre starke, lasziv-erotische Ausstrahlung und geheimnisvolle Introvertiertheit schlägt Alraune die Männer reihenweise in ihren Bann – eine Faszination, welche die Männer zu Marionetten macht und in den Ruin oder Schwachsinn treibt. Nach einiger Zeit kehrt Alraune zu ten Brinken zurück. Als sie jedoch von ihrer künstlichen Erzeugung und ihren wahren Eltern erfährt, rächt sie sich an dem alternden Mediziner, indem sie ihn mit ihrem schönen Körper in ein zerstörerisches Netz aus Begierde und Abweisung verstrickt; ten Brinken wird halb wahnsinnig vor Leidenschaft und Eifersucht und ruiniert sich für Alraune am Spieltisch. – Mit einem jungen Mann, zu dem sie echte Gefühle hegt, verläßt Alraune ihren Erzeuger.

Einzig die Szene von Alraunes Erschaffung ist noch in der düster-phantastischen Atmosphäre von Galeens früheren Filmen angesiedelt. Danach widmet sich der Film hauptsächlich der Stilisierung der lasziven Verführerin, des ›grausamen‹ Film-Vamps, dessen Sexus die Männer verfallen (müssen). Brigitte Helm, die auch in Richard Oswalds Tonfilm-Remake *Alraune* (1930) die Titelrolle spielte, festigte mit diesem Film ihren Ruf als international beachteter Star. *tk*

Am Rande der Welt Ⓢ

Deutschland 1927

R: Karl Grune; A: Karl Grune und Hans Brennert; K: Fritz Arno Wagner; D: Albert Steinrück, Wilhelm Dieterle, Brigitte Helm, Jean Bradin, Imre Raday

An der Grenze zwischen zwei Staaten steht eine Mühle, Inbegriff der lebenspendenden Kraft menschlicher Betätigung. Bei dem alten Müller (A. S.) leben zwei Söhne, der verheiratete Johannes (W. D.) und Michael (I. R.) sowie die Tochter Magda (B. H.). Ein Bewohner des Nachbarlandes wird als Geselle eingestellt. Er ist ein Spion und soll den Krieg vorbereiten. Als dieser bald danach ausbricht, hilft er den fremden Truppen, die Mühle zu besetzen. Da Michael sich gegen die Besatzer wendet, soll er hingerichtet werden, doch einer der feindlichen Offiziere (J. B.) ist von Magda fasziniert, kann die Erschießung verhindern und den Jungen retten. Danach wird die Mühle niedergebrannt, die Truppen ziehen weiter; der Offizier und Magda bleiben jedoch als Paar zusammen. Als Johannes' Gattin einen Jungen zur Welt bringt und traurig beklagt, daß auch ihr Kind eines Tages in den Krieg ziehen und töten wird, entgegnet der alte Müller, daß dieser dereinst nicht in den Kriegsdienst eintreten, sondern Mühlen bauen soll, damit die Menschheit Brot zum Leben hat.

Der gleichnishafte Film *Am Rande der Welt* war der erste pazifistische Film deutscher Herkunft und zugleich Grunes eindringlicher und gefühlvoller Protest gegen die nationalen und militaristischen Kräfte, die sich in der späten Weimarer Republik ausbreiteten. Der Einfluß genau dieser Gruppen war zwischen Planung und Uraufführung des Films auch in der Ufa übermächtig geworden, und so wurde Grunes Werk zerstückelt und in seiner Aussage entstellt. Der Regisseur prozessierte gegen die neue Geschäftsführung, die sich um den ehemaligen Rüstungsunternehmer Hugenberg scharte – erfolglos. *tk*

Am Rande der Welt
(Wilhelm Dieterle)

**Der amerikanische Freund /
L'ami américain**

BRD/Frankreich 1977

R: Wim Wenders; A: Wim Wenders nach dem
Roman *Ripley's Game* von Patricia Highsmith;
K: Robby Müller; D: Bruno Ganz, Dennis
Hopper, Lisa Kreuzer, Gérard Blain, Nicholas
Ray, Samuel Fuller, Peter Lilienthal, Daniel
Schmid, Jean Eustache

Der Gangster Tom Ripley (D. H.), der zwischen
Hamburg und New York mit gefälschten Bildern handelt, erhält den Auftrag, einen Killer
zu engagieren. Er wählt den an einer tödlichen
Bluterkrankheit leidenden Bilderrahmer Jonathan Zimmermann (B. G.) für den Job aus. Weil
dieser mit dem versprochenen Geld die Zukunft seiner Frau Marianne (L. K.) und seines
Sohnes gesichert sieht, begeht er nach anfänglichem Zögern einen Mord in Paris und einen
weiteren im TEE-Zug. Marianne, die nichts
von den Hintergründen der Beziehung zwischen Jonathan und Ripley ahnt, lehnt den
Gangster instinktiv ab. In dem Maße, wie sie
sich Jonathan entfremdet, kommen die beiden
Männer einander näher, bis ihre Freundschaft
schließlich durch einen Kampf auf Leben und
Tod gegen eine rivalisierende Bande besiegelt
wird.
Ein Krimi für Intellektuelle, aber auch ein Film
über das Kino; ein Film, dessen fragmentari-
sche Erzählweise das mehrfache Ansehen fast
unumgänglich macht, wodurch der Film freilich noch gewinnt. Während die Handlung
sich an der Oberfläche um Morde dreht, denkt
Wenders über die Wirkung der Bilder nach,
kontrastiert er die Alte und Neue Welt und
diskutiert die Dominanz der amerikanischen
Kultur gegenüber der europäischen. Es ist
nicht ohne tiefere Bedeutung, daß der amerikanische Freund Ripley Bilderfälscher ist und
die kleinen (Film-)Gangster von Film-Regis-
seuren dargestellt werden. *hc*

Amphitryon
(Aus den Wolken kommt das Glück)

Deutschland 1935

R: Reinhold Schünzel; A: Reinhold Schünzel
frei nach dem gleichnamigen Bühnenstück
von Heinrich von Kleist; K: Fritz Arno Wagner,
Werner Bohne; D: Willy Fritsch, Käthe Gold,
Paul Kemp, Fita Benkhoff, Adele Sandrock,
Hilde Hildebrand

Jupiter (W. F.) und Merkur (P. K.) schweben mit
einem übergroßen Regenschirm auf die Erde,
da Jupiter Alkmene (K. G.) verführen will, die
Gemahlin Amphitryons (ebenfalls W. F.), des
Königs von Theben. Der ist im Krieg, weshalb
Jupiter gefahrlos des Gatten Gestalt annehmen
kann, um sich Alkmene zu nähern. Berauscht
vom Wein schläft er jedoch ein, bevor er sein
Ziel erreicht. Merkur, in das Äußere von Amphitryons Burschen Sosias geschlüpft, hat bei
dessen vernachlässigter Gattin Andria (F. B.)
mehr Erfolg. Als die Thebaner – mit ihnen der
echte Amphitryon – zurückkehren, muß Jupiter seine Eroberungsversuche aufschieben.
Amphitryon begegnet Alkmene mit Argwohn,
denn diese ist verstimmt – über des Gatten
vermeintliches Versagen vom Vorabend. Jupi-
ters neuerlicher Verführungsversuch mißlingt
wiederum. Schließlich taucht seine Gattin Juno
(A. S.) auf, um die Konfusion zu klären und
das Königspaar zu versöhnen. Der blamierte
Jupiter entschwebt mit Juno und Merkur in
den Götterhimmel.
Die Stilelemente von Lustspiel, Groteske, Musical und Parodie sind hier zu einem wahren
Feuerwerk der Ironie verschmolzen. Fritsch,
Kemp, Benkhoff und Sandrock brillieren mit
humoristischen Glanzleistungen. Angesichts
der offensichtlichen Lust an persiflierender
Autoritätsverhöhnung verwundert es, daß der
Film ohne große Probleme die Zensur passierte. Die einzige Streichung betraf einen Satz
Alkmenes, der mitten ins Selbstverständnis
der rhetorikfixierten NS-Größen zielte: »Ach
ja, vor so vielen Leuten redet man leicht etwas,
was man nachher selbst nicht glaubt.« Titel der
französischen Version: *Les dieux s'amusent. tk*

Amphitryon
(Fita Benkhoff, Paul Kemp)

Der Andere ⓢ

Deutschland 1913

R: Max Mack; A: Paul Lindau nach seinem gleichnamigen Bühnenstück; K: Hermann Böttger; D: Albert Bassermann, Emmerich Hanus, Hanni Weisse, Leon Resemann, Rely Ridon

Rechtsanwalt Hallers (A. B.) ist entschieden dagegen, Schizophrenen mildernde Umstände in Strafsachen zuzugestehen. Dies tut er auf einer Einladung seines Freundes Arnoldy (E. H.) kund. Nachdem er beim Ausritt vom Pferd stürzt, wird Hallers jedoch selbst von Trancezuständen heimgesucht, wird vorübergehend ein ›Anderer‹. Als ›Anderer‹ unternimmt er einen Streifzug durch die Berliner Unterwelt und landet in einem zwielichtigen Lokal. Dort wirbt ihn der Gauner Dickert (L. R.) für einen Einbruch an, der kurzerhand ausgeführt wird – in des Anwalts eigene Wohnung. Die Polizei ertappt sie auf frischer Tat, und aufgrund des Schocks verwandelt sich Hallers wieder in sein ›eigentliches‹ Ich. Dennoch besteht kein Zweifel, daß er an der kriminellen Tat beteiligt war. So erfährt der vormals so selbstsichere Rechtsanwalt die Persönlichkeitsspaltung am eigenen Leib. Durch die Liebe von Arnoldys Schwester Agnes (R. R.) kann Hallers jedoch geheilt werden.

Die Mitwirkung des Bühnenstars Albert Bassermann machte diesen Film 1913 zu einer Sensation. Zuvor hatten Theatergrößen Leinwandauftritte stets abgelehnt. Formal vermag der Film zwar nur bedingt zu überzeugen, doch dank Bassermanns präzisem Spiel bekam der ›deutsche literarische Film‹ sein erstes, auch vom Bildungsbürgertum anerkanntes Meisterwerk. Dies hob den Stellenwert des Mediums Film im öffentlichen Bewußtsein beträchtlich und erschloß der Kinematographie ein neues Publikum.   *tk*

Der Andere

Deutschland 1930

R: Robert Wiene; A: Johannes Brandt nach dem gleichnamigen Bühnenstück von Paul Lindau; K: Nikolaus Farkas; D: Fritz Kortner, Käthe von Nagy, Heinrich George, Eduard von Winterstein

Staatsanwalt Hallers (F. K.) ist für seine Härte bekannt. Amalie Frieben (K. v. N.), in der Halbwelt die ›rote Male‹ genannt, schwört ihm daher Rache. Doch Hallers leidet an einer Bewußtseinsspaltung: In der Nacht verkehrt er im Milieu der Kleinkriminellen und Prostituierten, die er in seinem normalen Leben unnachgiebig bekämpft. Das ›zweite Ich‹ des

Staatsanwalts verliebt sich in Amalie, ohne daß diese ihn wiedererkennt. Sie ist bereit, sich mit ihm einzulassen, nimmt ihm jedoch das Versprechen ab, den Staatsanwalt Hallers zu ermorden. Gemeinsam mit dem Spelunkenwirt Dickert (H. G.) bricht Hallers in sein eigenes Haus ein. Während Dickert sich nach Kostbarkeiten umsieht, schleicht Hallers zum Bett des Hausbesitzers, um diesen umzubringen. Dort bricht jedoch wieder sein ›wahres Ich‹ durch – er stellt Dickert und läßt ihn verhaften. ›Der Andere‹ aber ist spurlos verschwunden. Erst die ›rote Male‹ klärt den Staatsanwalt über sein Doppelleben auf, worauf er zusammenbricht. In Hallers kämpfen nun die beiden Identitäten gegeneinander, durch die Hilfe eines Arztes kann der Staatsanwalt indes geheilt werden. Sein Amt übt er weiterhin mit unnachgiebiger Strenge aus.

Eigentlich sollte Fritz Kortner der Star dieses Remakes von Max Macks bahnbrechendem Stummfilm werden. Doch Kortner wurde von dem entfesselt spielenden Heinrich George weit übertroffen, der bereits über sämtliche Register seines Tonfilmkönnens verfügte. Viel verdankt der Film auch dem Architekten Ernö Metzner und Nikolaus Farkas' Licht- und Kameraarbeit, deren Zusammenwirken eine atmosphärische Dichte ergab, die den hohen Stummfilmstandards nahekam.   *tk*

Das andere Leben

Österreich 1948

R: Rudolf Steinboeck; A: Alfred Ibach nach der Novelle *Der 20. Juli* von Alexander Lernet-Holenia; K: Willi H. Sohm; D: Aglaja Schmid, Robert Lindner, Vilma Degischer, Leopold Rudolf, Siegfried Breuer, Anton Edthofer, Gustav Waldau

Der kriegsverwundete, obrigkeitshörige Major Walter Josselin (R. L.) wird von seiner Frau Elisabeth (A. S.) sehr behutsam in ihre Freundschaft zu der Jüdin Suzette Alberti (V. D.) eingeweiht. Als deren Mann, der Orientalist Thomas Alberti (L. R.), stirbt, läßt die schwangere Witwe ihr Kind abtreiben; die deswegen notwendige Einlieferung ins Krankenhaus, mit

den Papieren ihrer Freundin Elisabeth, um ihre Abstammung geheimzuhalten, kann aber ihr Leben nicht retten. Elisabeth – offiziell tot – muß nun das ›andere Leben‹ der als Jüdin verfolgten, toten Freundin Suzette, weiterführen. Ihre Flucht ins Ausland soll Bukowsky (S. B.) bewerkstelligen. Der Geheimdienstler hatte schon zuvor Alberti zugesagt, Suzette zu helfen; nun hält er Elisabeth für Albertis Frau. Auch als er ihre wahre Identität erfährt, will er von der begehrten Frau nicht lassen. Er sorgt für die Verhaftung des Majors, der auf Veranlassung des Generals Rissius (A. E.) den Putsch des 20. Juli unterstützt. Um ihren Mann freizubekommen, willigt sie ein, Bukowsky ins Ausland zu begleiten. Der entlassene Major tötet Bukowsky und fährt mit seiner Frau Elisabeth alias Suzette in die Freiheit.

Einer von zwei Filmen (der andere war *Geliebte Freundin*, A 1948), die das »Film-Studio des Theaters in der Josefstadt« unter der Regie von Rudolf Steinboeck herstellte. Das Ensemble dieser traditionsreichen Wiener Bühne, die Max Reinhardt begründete und prägte, verlieh den brisanten menschlich-politischen Themen ›Zivilcourage‹ und ›Widerstand gegen das NS-Regime‹ einen ungewohnt leisen, aber um so eindringlicheren Kammerspielton. Neben Georg Wilhelm Pabsts *Der Prozeß* (A 1948) ist *Das andere Leben* einer der wenigen österreichischen Filme politisch-intellektuellen Gehalts in der (unmittelbaren) Nachkriegszeit.   *ps*

Die andere Seite

Deutschland 1931

R: Heinz Paul; A: Hans Reisiger, Hella Moja nach dem Roman und Bühnenstück *The Journey's End* von R. C. Sheriff; K: Viktor Gluck; D: Conrad Veidt, Theodor Loos, Wolfgang Liebeneiner, Friedrich Ettel, Viktor de Kowa

Im Ersten Weltkrieg liegen sich an der Westfront deutsche und englische Truppen in ihren Schützengräben gegenüber. Die Soldaten sind zermürbt und finden kaum noch Kraft und Motivation, um weiterzukämpfen. Auch der

englische Hauptmann Stanhope (C. V.), der als
Vorbild in Sachen Disziplin gilt, hat längst alle
Illusionen verloren und erträgt den Krieg nur
noch, indem er seine Sinne mit Alkohol ver-
nebelt. Der junge, kriegsunerfahrene Leutnant
Raleigh (W. L.) stößt neu zur Truppe, der er zu-
geteilt werden wollte, weil er Stanhope, der
mit seiner Schwester verlobt ist, bewundert.
Stanhope reißt sich zusammen, damit seine
Verlobte nichts von seiner Veränderung er-
fährt. Doch bald hat auch Raleigh im sinnlosen
Kriegsalltag jede Kriegsbegeisterung verloren.
Nun kann Stanhope ihm seine Resignation eingestehen. Bei diversen Präventiv- und Gegen-
angriffen stirbt ein Großteil der englischen
Schützengrabenbesatzung (gespielt u. a. von
T. L., F. E., V. d. K.). Deutsche Truppen können
den Graben bei einer Offensive erobern.
Die Sinn- und Perspektivlosigkeit des Krieges
und der Grabenkämpfe wird ungeschminkt
und eindringlich gezeigt. Hier dient der
Kampf nicht jener vermeintlichen Sinngebung
wie in anderen Kriegsfilmen bereits
vor 1933, verstärkt jedoch danach. Das
menschliche Drama wird durch die ausdrucksstarke Darstellung vor allem Conrad Veidts
nachvollziehbar. Regisseur Heinz Paul, vor
1918 selbst Berufssoldat, war nach diesem pazifistisch orientierten Film in der NS-Zeit für
zahlreiche propagandistische und kriegsver-
herrlichende Filme verantwortlich.   *k*

Angst (Mathias Wieman, Ingrid Bergman)

Angst / La Paura

BRD/Italien 1954

R: Roberto Rossellini; A: Sergio Amidei, Franz
Graf Treuberg nach der Novelle *Angst* von
Stefan Zweig; K: Heinz Schnackertz, Carlo
Carlini; D: Ingrid Bergman, Mathias Wieman.
Kurt Kreuger, Renate Mannhardt, Else
Aulinger, Edith Schultze-Westrum

Irene Wagner (I. B.), ihr Mann, Professor Albert
Wagner (M. W.), und die beiden Kinder leben
(scheinbar) als eine glückliche Familie. Auch
beruflich – Irene führt effizient die Geschäfte
der Wagner-Werke, denen Albert als wissenschaftlicher Leiter vorsteht – sind beide ein
harmonisches Paar. Doch insgeheim leidet

Irene sehr darunter, ihrem Mann einen kurzen
Seitensprung mit dem Komponisten Heinz
Baumann (K. K.) nie eingestanden zu haben.
Und als plötzlich Joana Schultze (R. M.), die
sich als mitwissende Geliebte von Heinz (in
der italienischen Fassung heißt er Enrico Stolz)
zu erkennen gibt, sie zu erpressen beginnt,
steigern sich Gewissensqual und Ängste der
Frau ins Unermeßliche. Joanas Drohungen, die
Ehe von Irene zu skandalisieren, werden immer heftiger, die Geldforderungen immer massiver; schließlich kündigt Irene an, Joana bei
der Polizei anzuzeigen. Da gesteht jene, daß
Albert ihr Auftraggeber ist. Er wollte seine
Frau dazu bringen, die Wahrheit zu beichten.
Die tief gekränkte und verzweifelte Irene will
Selbstmord begehen. In letzter Sekunde hindert sie ihr Mann, der sich nicht minder schuldig fühlt, daran, sich das tödliche Gift zu inji-
zieren. Beide Eheleute versöhnen sich. – In der
von Rossellini autorisierten vollständigen Fassung des Films (*Non credo più all' amore*) ist sich
Irene der Verantwortung für beide Kinder bewußt, verläßt ihren Mann und findet Trost in
der Liebe zu ihren Kindern.
Rossellinis am deutschen Filmexpressionismus
orientierte Regie betont nicht nur das (von Stefan Zweig übernommene) Leitmotiv der Angst
im Verhalten der Frau, sondern auch die Zwie-
spältigkeit der deutschen Nachkriegszeit, die

im Schatten einer Vergangenheit steht, in der liebende Ehemänner und Wissenschaftler geprägt wurden, die mit Menschen wie mit Laborratten experimentieren. *ps*

Angst essen Seele auf

BRD 1974

R: Rainer Werner Fassbinder; A: Rainer Werner Fassbinder; K: Jürgen Jürges; D: Brigitte Mira, El Hedi ben Salem, Barbara Valentin, Walter Sedlmayr

Die etwa 60jährige Witwe Emmi Kurowski (B. M.) lernt in einem vorwiegend von Gastarbeitern besuchten Wirtshaus den bedeutend jüngeren Marokkaner Ali (E. H. b. S.) kennen. Aus der Bekanntschaft entwickelt sich eine tiefere Zuneigung, Emmi und Ali heiraten. Ihre Umwelt reagiert darauf mit Unverständnis und unverhülltem Widerstand: Emmis verheiratete Kinder sind schockiert, ihre Nachbarn tuscheln und der Lebensmittelhändler (W.S.) weigert sich, Ali zu bedienen. Nach einer Ur-laubsreise scheint die Welt wunderbar verändert, doch die überraschende Freundlichkeit ist nur Kalkül; man nützt die beiden aus. Vom gesellschaftlichen Druck scheinbar befreit, gerät ihre Ehe in eine Krise. Als Ali, der sich bevormundet fühlt, mit einer Kellnerin (B. V.) ein Verhältnis anfängt, verletzt das Emmi tief. Als sie ihn zu sich zurückholen will, bricht Ali zusammen. Der Arzt diagnostiziert ein Magengeschwür, eine, so der Mediziner, bei Gastarbeitern aufgrund häufiger Streßsituationen übliche Krankheit. Emmi wird sich um Ali kümmern.

Fassbinders kritische Beobachtungsgabe und Sensibilität im Umgang mit Schauspielern haben aus einem belehrend-thesenhaft erscheinenden Handlungsgerüst ein an amerikanischen Vorbildern orientiertes Melodram gemacht. Motiven aus Douglas Sirks *All that heaven allows* (USA 1956; *Was der Himmel erlaubt*) folgend, befragt *Angst essen Seele auf* eindringlich die bürgerlichen Moralvorstellungen und die Institution Ehe. Fassbinders mitfühlende Betrachtung der »unmöglichen Liebe« zweier gesellschaftlicher Außenseiter macht den Film zum sozialen Kommentar und zugleich zur Analyse. *mp*

Angst essen Seele auf (Brigitte Mira, El Hedi ben Salem)

Anita – Tänze des Lasters

BRD 1988

R: Rosa von Praunheim; A: Rosa von
Praunheim, Hannelene Limpach, Marianne
Enzensberger, Lotti Huber; K: Elfi Mikesch;
D: Lotti Huber, Ina Blum (d. i. Regina Rudnick)

Die betagte Frau Kutowski (L. H.) hält sich
für Anita Berber, die legendäre Nackttänzerin
aus dem Berlin der zwanziger Jahre. Ohne
Hemmungen entledigt sich die rundliche Pen-
sionistin vor dem U-Bahnhof Wilmersdorfer
Straße ihrer Kleider. Die Reaktion der Passan-
ten auf ihre frivole Striptease-Choreographie
schwankt zwischen Amüsement und Befremden. Sie solle sich bitte ihrem Alter entsprechend gebärden, rät auch eine Krankenschwester (I. B.) und erzürnt Frau Kutowski damit so
sehr, daß sie an einem Herzstillstand stirbt. –
Auf dem Seziertisch fährt Frau Kutowskis
zweites Ich aus dem Körper – und eilt zur Vorstellung. Als Tänzerin auf der Suche nach ihrem eigenen Stil sehen wir die junge Anita
(I. B.) im Berlin des Expressionismus und der
verruchten Etablissements. Lasziv, grell und
maßlos stilisiert sie ihre Nackttanzauftritte als
direkteste Form der Kommunikation mit ihrer
Umwelt. Auf der Suche nach dem absoluten
Erleben bündelt Anita ihre Energien in der unmittelbaren Erfahrung, gibt sich rückhaltlos
dem Genuß im Augenblick hin. Nur so, als
Vamp und todessüchtig Liebende, scheint ihr
die hemmungslose Verkörperung des Individuums möglich.
Als ironisch-groteske Stummfilmimitation führt
Praunheims sorgfältig inszenierter und fotogra-
fierter Film durch Anita Berbers Leben. Die Atmosphäre der zwanziger Jahre wird von stimmig gestalteten Dekors und Kostümen, einer
gekonnten Ausleuchtung sowie dem berau-
schenden Einsatz von Musik, Tanz- und Körpersprache glaubwürdig evoziert. Präzise Zeitbezüge schafft der Film nicht nur durch formale
Anlehnung an den Expressionismus, sondern
auch durch assoziative Anspielungen auf die ge-
sellschaftlich-kulturelle Situation der Zwischenkriegszeit. Lotti Huber und Regina Rudnick verleihen dem phantasievollen Spektakel menschliche Glaubwürdigkeit.   *tk*

Anita – Tänze des Lasters (Ina Blum, Lotti Huber)

Anna und Elisabeth

Deutschland 1933

R: Frank Wysbar; A: Gina Hink, Frank Wysbar;
K: Franz Weihmayr; D: Dorothea Wieck,
Hertha Thiele, Mathias Wieman, Maria Wanck,
Carl Balhaus

Das Bauernmädchen Anna (H. T.) kommt in
den Ruf, Wunder vollbringen zu können, weil
ihr für tot erklärter Bruder wieder zu atmen
beginnt, als Anna voller Inbrunst betet, er
möge wieder lebendig werden. Die abergläubi-
sche Dorfbevölkerung verehrt Anna wie eine
Heilige und spricht ihr die Fähigkeit des Ge-
sundbetens zu. Auch die Gutsbesitzerin Elisabeth (D. W.), durch eine Lähmung an den Rollstuhl gebunden, setzt ihre Hoffnungen auf das
Bauernmädchen, bestellt Anna zu sich – und

kann in deren Anwesenheit tatsächlich wieder gehen. Nun drängt sie die schüchterne Anna, bei ihr zu bleiben, um weitere wundersame Heilungen zu vollbringen. Anna widerstrebt, doch Elisabeth entwickelt zunehmend herrschsüchtige Züge. Als das Wunder bei Elisabeths lungenkrankem Bräutigam Mathias (M. W.) ausbleibt, stürzt sie sich absichtlich zu Tode, im festen Glauben, von Anna wieder zum Leben erweckt zu werden. Damit wäre Annas Auserwähltheit ›bewiesen‹. Doch Anna kann sie nicht ins Leben zurückholen. Entsetzt zieht Anna sich in ihr Elternhaus und ein stilles Leben zurück.

Hysterische Obsessionen und religiös-metaphysischen Fanatismus, ausgesprochene Randthemen im deutschen Film, griff Wysbar für seinen zweiten Film mit erstaunlicher Differenziertheit und konsequentem Stilwillen auf. Dabei konnte er sich auf Weihmayrs Kameraarbeit und Paul Dessaus Musik, vor allem aber auf Hertha Thiele verlassen, welche die ambivalente Haltung der Wundertäterin zwischen Menschenscheu und introvertierter Sinnlichkeit überzeugend verkörperte.   *tk*

Annelie
(Die Geschichte eines Lebens)

Deutschland 1941

R: Josef von Baky; A: Thea von Harbou nach dem gleichnamigen Bühnenstück von Walter Lieck; K: Werner Krien; D: Luise Ullrich, Werner Krauß, Karl Ludwig Diehl, Käthe Haack

Der Film erzählt Episoden aus dem Leben von Annelie (L. U.), die bereits bei ihrer Geburt 1871 eine Viertelstunde zu spät kommt, damit Vater (W. K.) und Mutter (K. H.) beunruhigt – und für den Rest ihres Lebens unpünktlich bleibt. Tanzstunde, Rendezvous, der erste Ball – stets ist Annelie ein wenig im Verzug. Doch ansonsten ist sie eine vorbildliche Person: Sie heiratet den Mediziner Martin (K. L. D.), wird eine mustergültige Arztgattin, bringt drei Söhne zur Welt und akzeptiert den ›höheren Auftrag‹, als Martin im Ersten Weltkrieg fällt. 1941 feiert sie ihren 70. Geburtstag im Kreis ihrer Familie – nur die Söhne fehlen, denn diese sind im Krieg. Annelie hat verzichten gelernt, wenn es einer »guten Sache« dient. Müde geworden will sie sich im Lehnstuhl ausruhen, schläft ein und stirbt sanft an ihrem siebzigsten Geburtstag.

In propagandistischer Absicht zeichnet dieser Film den Lebensweg einer opferbereiten deutschen Heldenmutter nach, die zugunsten der nationalen Sache auf ihr individuelles Glück verzichtet; *Annelie* wurde mit den höchsten NS-Prädikaten bedacht. Dank der außerordentlich einfühlsamen und ausdrucksstarken Rolleninterpretation Luise Ullrichs – an den Filmfestspielen von Venedig 1941 mit dem Preis für die beste darstellerische Leistung geehrt – geriet dieses Frauenporträt zu einem ungewöhnlich dichten und glaubwürdigen Film, der beim Publikum höchst populär war.   *tk*

Ansichten eines Clowns

BRD 1976

R: Vojtěch Jasný; A: Heinrich Böll, Vojtěch Jasný nach Bölls gleichnamigem Roman; K: Walter Lassally; D: Helmut Griem, Hanna Schygulla, Eva-Maria Meineke, Gustav Rudolf Sellner, Hans Christian Blech

Der aus dem rheinischen Großbürgertum stammende Hans Schnier (H. G.) ist Clown und Pantomime – und »sammelt Augenblicke«. In der Bundesrepublik der sechziger Jahre feiert er seinen 30. Geburtstag, doch an der ihn umgebenden Wirtschaftswunder-Euphorie hat er nicht teil. Seine Freundin Marie (H. S.), mit der er Leben und Wohnung teilte, hat ihn verlassen. Seine künstlerischen Ambitionen als Pantomime und Clown betrachtet er als gescheitert. Auch ein Besuch bei den Eltern (E.-M. M., G. R. S.) bringt Selbstvergewisserung nur im negativen Sinne: Opportunismus und verlogene Scheinheiligkeit, die seine Jugend prägten, halten ungemindert an. Zudem beklagt Hans die Verflechtung politischer und kirchlicher Macht, die so ihre Vorherrschaft zementieren. Auch Hans' Freunde haben sich verändert und dem zynischen, ausschließlich leistungsorientierten Umfeld angepaßt. So bleibt dem Clown nur Verbitterung und Resignation.

Ein desillusionierter Humorist muß feststellen, daß moralische Geradlinigkeit im Lebensgefüge der Adenauer-Ära nichts zählt, und erkennen, daß seine Hoffnung auf einen ehrlichen, von Integrität getragenen Neuanfang nach den NS-Verbrechen eine Illusion war. Die beißende Anklage des Moralisten Heinrich Böll wurde werkgetreu auf die Leinwand übertragen – doch genau das war, 13 Jahre nach Erscheinen des Romans, die Hauptschwäche der Verfilmung. An den für die siebziger Jahre spezifischen Formen kollektiver Verdrängungsmechanismen zielte der Film vorbei. Intensität gewann er dagegen durch die ausdrucksstarke Leistung Helmut Griems und Hanna Schygullas.   *tk*

Anton der Zauberer

DDR 1978

R: Günter Reisch; A: Karl Georg Egel, Fritz Joachim Burmeister; K: Günter Haubold; D: Ulrich Thein, Barbara Dittus, Anna Dymna, Marina Krogull, Erik S. Klein

Der Autoschlosser Anton Grubske (U. T.), der im Leben drei Schwächen entwickelt hat: Autos, Frauen und Trinken, kommt 1945 aus der Kriegsgefangenschaft. Er macht Zwischenstation bei Sabine (B. D.), der abgebrühten Wirtin vom »Verwunschenen Ritter«, und heiratet daheim im Märkischen seine Liesel (A. D.), die fromme Tochter des alten Lehrmeisters. Er führt dessen Werkstatt und ›zaubert‹ aus Autowracks gebrauchsfähige Fahrzeuge, spezialisiert sich auf Traktoren, um die Großbauern, »als Ausbeuter, auszubeuten«. Von einem solchen deswegen denunziert, wird er zu mehrjähriger Haft verurteilt und verläßt erst nach dem 13. August 1961 die Strafanstalt – jedoch als ›Aktivist‹. Sabine hat sich inzwischen mit ihrer Tochter (M. K.) und Antons auf einer Westberliner Bank deponierten ›Trinkgeld-Million‹ in die Schweiz abgesetzt. Diesen harten Schlag versucht Anton als Ersatzteilbeschaffer des Volkseigenen Traktorenwerkes zu verwinden, wo er sein Talent zum Nutzen der Allgemeinheit einsetzen kann. Jahre später vom Testament der tödlich verunglückten Sabine begünstigt, überschreibt er die 200 000 Schweizer Franken der Stadt und gibt den geerbten Straßenkreuzer in die Schrottpresse. Doch diesmal hält sein strapaziertes Herz das anschließende Wodka-Gelage nicht aus: »Er war einer von uns!« beginnt Direktor Schröder (E. S. K.) die Grabrede – für all jene, »die glauben, daß Anton gestorben ist!«

Der schelmenhaft komische Held Grubske ist in seinen verschiedenen sozialen Rollen mit Zäsuren der frühen DDR-Geschichte konfrontiert; die Konflikte erwachsen aus »nicht-antagonistischen Widersprüchen des realen Sozialismus«, die konsequent dem Lachen preisgegeben werden. In Anlehnung an das Genre der Gaunerkomödie und durch die burleske Gestaltung entstand eine der anspruchsvollsten DEFA-Filmkomödien.   *ms*

Der Apfel ist ab

BRD 1948

R: Helmut Käutner; A: Helmut Käutner, Bobby Todd nach Motiven der gleichnamigen musikalischen Komödie von Kurt E. Heyne, Helmut Käutner und Bobby Todd; K: Igor Oberberg; D: Bobby Todd, Bettina Moissi, Joana Maria Gorvin, Arno Assmann, Helmut Käutner

Der Apfelsaftfabrikant Adam Schmidt (B. T.) ist mit Lily (J. M. G.) verheiratet. Glücklich ist er allerdings nicht, denn seine Gefühle gelten nicht nur der Gattin, sondern auch seiner Sekretärin Eva (B. M.). Unter der Unfähigkeit, sich zu entscheiden, leidet Schmidt sehr, weshalb er schließlich einen Selbstmordversuch unternimmt. Er wird gerettet und in eine Klinik eingewiesen. Damit der Apfelsaftfabrikant lernen kann, Selbstdisziplin zu üben, wird ihm in der Klinik ein Apfel gegeben, den er nicht essen, sondern nur anschauen darf. Doch Schmidt kann sich nicht zurückhalten und verschlingt den Apfel. Darauf muß er das Krankenhaus verlassen, träumt zuvor jedoch vom Paradies. Hier trifft er nicht nur Eva und Lilith, die Ebenbilder von Sekretärin und Ehefrau, sondern auch Petrus (H. K.), der Professor Petri zum Verwechseln ähnlich sieht, und Luzifer, der Steuerberater Dr. Lutz (A. A.) ähnelt. Nachdem Schmidt Station im Himmel, im Garten Eden und in der Hölle gemacht hat, erkennt er, daß nur eine Kombination der beiden Frauen seinem Idealbild entsprechen könnte.

Helmut Käutners zweiter Nachkriegsfilm zeugt von der Experimentierfreudigkeit des Regisseurs im zumeist recht konventionellen Filmbetrieb der frühen BRD. Die komödiantische Persiflage männlicher Idealisierungen und moralischer Sinnfragen, mit Seitenhieben auf psychologische und politische Weltdeutungen versehen, griff surrealistische Elemente auf und profitierte von einem einfallsreichen Dekor. *tk*

Ariane

Deutschland 1931

R: Paul Czinner; A: Paul Czinner, Carl Mayer nach dem Roman *Ariane, jeune fille russe* von Claude Anet (d. i. Jean Schopfer); K: Adolf Schlasy, Fritz Arno Wagner; D: Elisabeth Bergner, Rudolf Forster, Annemarie Steinsieck, Theodor Loos

Die junge, hochbegabte Exil-Russin Ariane Kusnetzowa (E. B.) hat in Zürich ihre Studienberechtigung erlangt und zieht nach Berlin, um Mathematik zu studieren. Sie verliebt sich in den weltgewandten Konstantin (R. F.) und macht ihn glauben, sie sei eine etwas leichtlebige, erfahrene Frau, weil sie glaubt, er bevorzuge diesen Frauentyp. In Wirklichkeit ist Ariane schüchtern und hat keine Erfahrung mit Männern. Gerade die Maskerade verhindert jedoch, daß Ariane und Konstantin zusammenkommen. Denn in Wirklichkeit sucht auch er nach einer festen Verbindung mit einer charakterstarken Frau, doch weiß er das selbst noch nicht. Erst ein gemeinsamer Italienaufenthalt und die räumliche Trennung auf Zeit bringt die realen Verhältnisse ans Licht. Auf dem Bahnsteig gesteht Ariane, daß sie ihr ›Vorleben‹ nur erfunden hat, um Konstantin zu beeindrucken. Konstantin zieht sie zu sich

hoch in den anfahrenden Zug – endlich sind alle Hindernisse für ihre Liebe ausgeräumt.

Der erste Tonfilm des Ehepaars Paul Czinner und Elisabeth Bergner vereinte die Qualitäten ihrer großen Stummfilmerfolge: souveräne Schauspielerführung und schlüssige Komposition von Gebärdensprache und Mimik. Die Bergner, in der Sichtbarmachung differenzierter Seelenregungen und psychischer Prozesse phänomenal begabt, und Rudolf Forster, Spezialist für beiläufigen Plauderton, verkörperten die scheinbaren Antipoden einfühlsam und glaubwürdig. *tk*

Die Artisten in der Zirkuskuppel: ratlos

BRD 1968

R: Alexander Kluge; A: Alexander Kluge; K: Günter Hörmann, Thomas Mauch; D: Hannelore Hoger, Siegfried Graue, Alfred Edel, Eva Oertel

Der Trapezkünstler Peickert (S. G.) träumt davon, gemeinsam mit Elefanten unter der Zirkuskuppel aufzutreten. Bevor es dazu kommt, stürzt er ab. Seine Tochter Leni (H. H.) will die Ideen ihres Vaters weiterentwickeln und einen eigenen Zirkus gründen. Nachdem sie sich mit Kollegen unterhalten und bei der Konkurrenz Erkundigungen eingezogen hat, muß Leni aufgrund eines Gesprächs mit ihrem Jugendfreund Dr. Busch (A. E.) zur Kenntnis nehmen, daß »sie nicht Artistin bleiben kann, wenn sie freie Unternehmerin sein will. Nur als Kapitalist ändert man das, was ist!«. Lenis Finanzaktionen scheitern, ihre Elefanten werden von den Gläubigern abtransportiert. Als ihre reiche Freundin Gitti (E. O.) stirbt, erbt Leni deren Vermögen. Lenis »Reformzirkus« nimmt nun Gestalt an: Artisten werden engagiert, Interviews gegeben und Programmnummern geprobt. Aber noch vor der Eröffnungsvorstellung liquidiert Leni das Unternehmen, »die Utopie« werde »immer besser, während wir auf sie warten«. Sie und ihre Mitarbeiter gehen zum Fernsehen.

Der Film versteht sich als politische Parabel: Er reflektiert die Rolle des Künstlers und die Möglichkeiten beziehungsweise Grenzen der

Produktion von Kunst im »kapitalistischen System«. Kluges Ideologiekritik entfaltet sich im steten Wechsel und dialektischen Ineinander von Textzitaten, Wochenschaumaterial, Kommentaren und Spielszenen. Durch den Assoziationsfluß des collagierten Materials werden herkömmliche Seh- und Interpretationsgewohnheiten des Zusehers herausgefordert. *mr*

Asphalt ⓢ

Deutschland 1929

R: Joe May; A: Fred Majo, Hans Szekely, Rolf E. Vanloo; K: Günther Rittau; D: Albert Steinrück, Else Heller, Gustav Fröhlich, Betty Amann, Hans Adalbert von Schlettow, Paul Hörbiger, Hans Albers

Der junge Polizeiwachtmeister Holk (G. F.) gerät auf dem Nachhauseweg in eine Menschenmenge. Eine vornehme junge Dame namens Else Kramer (B. A.) wird von allen Seiten bestürmt. Sie soll eine Juwelendiebin sein, und Holk sieht schnell, daß der Verdacht begründet ist. Er will die Diebin zur Polizeiwache bringen, gestattet ihr aber, zuvor ihre Wohnung aufzusuchen. Dort verführt sie den Polizisten, der sich danach heftige Vorwürfe macht. Als Else sich am nächsten Tag mit einem Geschenk erkenntlich zeigt, sucht Holk sie zornig auf. In ihrer Wohnung begegnet er einem Freund (H. A. S.) Elses, der sich als Generalkonsul ausgibt. Weil es zum Streit und schließlich zu einem Kampf auf Leben und Tod kommt, tötet Holk den Fremden. Betrübt berichtet er seinem Vater (A. S.), einem Hauptwachtmeister, was vorgefallen ist. Dieser übergibt seinen Sohn der Justiz. Während der Vernehmung erscheint jedoch Else, gesteht den Juwelenraub, lüftet die Identität des Toten – es handelt sich um einen gesuchten Kriminellen – und bezeugt, daß Holk in Notwehr gehandelt hat.
Beiläufigkeit der Inszenierung, virtuoser Licht- und Kameraeinsatz, Verknappung des mimischen und gestischen Ausdrucks sowie eine präzise Montagerhythmisierung belegen die hohen formalen Standards, den der deutsche Stummfilm an seinem Endpunkt erreicht hatte.

Die (im Studio gedrehten) Straßensequenzen atmen eine erstaunliche Lebendigkeit, aber auch die Verführungsszene gehört in ihrer stofflichen und atmosphärischen Sinnlichkeit zu den Höhepunkten deutscher Filmkunst. *tk*

Atlantic

Großbritannien 1929

R: Ewald André Dupont; A: Ewald André Dupont, Victor Kendall nach dem Bühnenstück *The Berg* von Ernest Raymond; K: Charles Rosher; D: Fritz Kortner, Elsa Wagner, Willi Forst, Franz Lederer, Lucie Mannheim, Heinrich Schroth

Der Passagierdampfer ›Atlantic‹, als unsinkbares Wunderwerk der Technik gepriesen, pflügt sich seinen Weg durch den Nordatlantik. In den Salons der Luxusklasse vergnügt sich die illustre Gesellschaft der Jungfernfahrt bei Tanz, Musik und anderen Zerstreuungen. Ein Eisberg, der den Rumpf des Schiffes der Länge nach aufreißt, wird der ›Atlantic‹ zum Verhängnis. Im Vertrauen auf die Unsinkbarkeit nehmen die Passagiere den Zusammenprall nicht weiter ernst, auch als die von der Mannschaft als Übung ausgegebenen Rettungsmaßnahmen bereits im Gange sind. Der schwerbehinderte Schriftsteller Heinrich Thomas (F K.) erfährt als erster die wahre Dimension der Katastrophe. Poldi (W. F.), ein junger Wiener, der voller Verzweiflung ist, wird von Thomas getröstet. Schließlich kommt es zu dramatischen Szenen, weil die Rettungsboote nur Frauen und Kinder aufnehmen können. Junge Paare wie Peter (F. L.) und Monica (L. M.) werden daher für immer getrennt, Familien auseinandergerissen. Als alle Rettungsboote von Deck sind, versammeln sich die verbliebenen Passagiere mit der Mannschaft zum gemeinsamen Gebet und erwarten den Tod.
Der Untergang des legendären Titanic bildete die Vorlage für die erste europäische Tonfilm-Großproduktion. Dupont bewältigte das neue Element Ton mit Bravour, seine experimentelle Geräuschdramaturgie gehört zu den Höhepunkten der frühen Tonfilmzeit. Die Handlungsführung dagegen wirkt statisch, worüber

die darstellerischen Leistungen Kortners und Forsts etwas hinwegtrösten. So gilt auch von den drei Sprachversionen die in London parallel hergestellt wurden, die deutschsprachige als die beste, während der englischen und französischen Version mangelnde Kompaktheit vorgeworfen wurde.　　　*tk*

■
Auf der Sonnenseite

DDR 1962

R: Ralf Kirsten; A: Heinz Kahlau, Gisela Steineckert, Ralf Kirsten; K: Hans Heinrich; D: Manfred Krug, Marita Böhme, Heinz Schubert, Peter Sturm, Gert Andreae

Martin Hoff (M. K.), Stahlwerker, hat ein Theaterstück für die Laienspielgruppe des Betriebes verfaßt und die Hauptrolle übernommen. Nach einem totalen Mißerfolg der Aufführung schickt ihn der Kulturhausleiter zur Schauspielschule nach Leipzig, um ihn loszuwerden. Hoff besteht die Aufnahmeprüfung, neigt aber – wie schon früher – zur Übertreibung und scheitert schließlich an der Sprecherziehung. Am Abschiedsabend begegnet er Ottilie Zinn (M. B.) im Restaurant. Da sie nicht sofort seinem Charme erliegt, wettet er mit den ehemaligen Kommilitonen um zehn Flaschen Sekt, daß er sie bald für sich gewinnen wird. Er folgt ihr auf eine Großbaustelle, vermutet sie unter Kranführern und Sekretärinnen und stellt überrascht fest, daß sie als Bauleiterin die Chefin ist. Er nimmt Arbeit auf der Baustelle an, doch sein Tatendrang begeistert weder den kleinen Brigadier Schnepf (H. S.) noch die Kollegen. So hinterbringt Matze Wind (G. A.), nachdem er eine Karte an Hoff gelesen hat, Ottilie die Kunde von der Wette. Sie reagiert gereizt und will ihn sogar entlassen, als er eigenmächtig in ihrem Namen Verhandlungen führt. Auch Hoffs Gesang kann sie nicht umstimmen. Erst als er an den Proben des Laienzirkels zum Stück *Hirse für die Achte* teilnimmt und auch ihr gute Ratschläge geben kann, gewinnt er ihre Zuneigung. Die Inszenierung wird ein Lacherfolg, der Intendant der Leipziger Bühnen (P. S.) lädt ihn zum Vorsprechen ein. Die Wettpartner, die an Christi Himmel-

fahrt zur Baustelle kommen, erkennen seinen Erfolg neidlos an. Ottilie kredenzt Hoff auf ihrem Zimmer zehn Flaschen Sekt und gibt damit zu erkennen, daß sie um sein anfängliches Spiel wußte. Er erhält eine Stelle als Eleve am Leipziger Theater.

Die Autoren haben dem Schauspieler und Sänger Manfred Krug die Story mit einigen autobiografischen Zügen ›auf den Leib geschrieben‹ und ein unterhaltsames Filmlustspiel mit »Spaß, Musik und Geschmack« geschneidert, das selbst auf einer Großbaustelle Heiterkeit zuließ, wo sonst Aufbauheroismus vorherrschte. Marita Böhme, die Neuentdeckung, und das Schauspielerensemble sind mit spürbarer Freude bei der Sache.　　　*ms*

■
Der Aufenthalt

DDR 1983

R: Frank Beyer; A: Wolfgang Kohlhaase nach dem gleichnamigen Roman von Hermann Kant; K: Eberhard Geick; D: Sylvester Groth, Matthias Günther, Andrzej Pieczyński, Henrik Talar, Fred Düren

1945 gerät der 19jährige deutsche Kriegsgefangene Mark Niebuhr (S. G.) aufgrund einer Verwechslung als vermeintlicher SS-Angehöriger und Mörder in ein Warschauer Gefängnis, wo man ihn entsprechend behandelt und – ohne daß ihm die Anklage bekannt ist – vernimmt. In Einzelhaft muß er unzählige Male seinen Lebenslauf schreiben, den der verhörende polnische Offizier (A. P.) immer wieder als Lüge zerreißt. Mark beharrt darauf, nie in Lublin und SS-Mann gewesen zu sein; der Fall Mark Niebuhr soll sich schließlich beim Abtragen einer zwölf Meter hohen Ruine ›erledigen‹, doch Mark bricht sich beim Sturz nur den Arm. Mit Gipsverband wird er in die ›deutsche Gemeinschaftszelle‹ gesteckt, in der er durch sein Beharren auf die eigene Unschuld und seine distanzierte Haltung den ›Kameraden‹ gegenüber bald auf Ablehnung stößt. Nach einer Auseinandersetzung mit einem SS-Hauptsturmführer (M. G.) bestimmt ihn der Gefängnisaufseher (H. T.) zum Zellenältesten. Der polnische Leutnant bringt ihn zum Kriegsgefangenentransport, wo ihn sein früherer Kamerad Erich Seifert (R. H.) verleugnet. Mark ist völlig verzweifelt. Wieder in der Zelle, verschärft sich seine dortige Situation, weil er nicht auf Unterstellungen eingeht. Nachdem er tätliche Angriffe seinerseits mit Gewalt beantwortet hat, rettet ihm schließlich der polnische Leutnant das Leben. Dieser sieht in seinen Ermittlungen Marks Unschuld bestätigt und entläßt ihn mit den Worten »Sie werden nicht erwarten, daß wir uns entschuldigen!« zurück in die Kriegsgefangenschaft.

Nach Wolfgang Kohlhaases straffer Bearbeitung von Hermann Kants autobiographisch gefärbtem, assoziationsreichem Roman entstand ein lakonisch zugespitztes Kammerspiel, das eine der wichtigsten Traditionen im DEFA-Spielfilm weiterführte. Die Zentralfigur, deren »Unschuld kein Verdienst, sondern Glücksumstand« (Frank Beyer) ist, ermöglichte eine neue Perspektive, die nicht allein auf einer Trennung von Tätern und Opfern basiert. Aufgrund polnischer Proteste mußte der in der DDR erfolgreiche und von der Kritik gelobte Film 1983 als offizieller Wettbewerbsbeitrag auf den Internationalen Berliner Filmfestspielen zurückgezogen werden. *ms*

████

Der aufrechte Gang

BRD 1976

R: Christian Ziewer; A: Christian Ziewer; K: Ulli Heiser; D: Claus Eberth, Antje Hagen, Wolfgang Liere, Walter Prüssing, Matthias Eberth, Martina Hennig

Ein Film über die Schwierigkeit, im täglichen Arbeitsprozeß Selbstachtung zu wahren. – In der Familie des Maschinenschlossers Dieter Wittkowski (C. E.) löst ein Streik, der eine Verbesserung der Löhne durchsetzen soll, finanzielle und zwischenmenschliche Spannungen aus. Für Dieter rückt durch den Lohnausfall der Kauf eines neuen Autos in weite Ferne, für seine Frau, die Teilzeitverkäuferin Hanna (A. H.), bringt er die Verwirklichung eines Wunschtraums: Endlich kann sie gegen den Willen ihres Mannes eine Stelle als Filialleiterin annehmen. Zu weiteren Auseinandersetzun-

gen kommt es, als Dieter seinem Vater gegenüber erklärt, dessen Kunstschmiede sei keineswegs mehr ein kreativer Handwerksbetrieb, sondern nur noch Lieferant normierter Metallkerzenhalter für den Massenverkauf. Aus der Erkenntnis heraus, Kräften ausgesetzt zu sein, auf die er als einzelner keinen Einfluß hat, will Dieter seine bislang dem Streik gegenüber passive Haltung aufgeben und als Streikposten Stellung beziehen. – Doch dieses Mal sind die Arbeitgeber die Stärkeren.

Ziewers dritter und bester Arbeiterfilm verweist überzeugend auf die komplexen Beziehungen und Widersprüche im täglichen Privat- und Arbeitsleben. Dabei verzichtet er auf theoretische Grundsatzdebatten, konzentriert sich auf menschliche Aspekte und fesselt den Zuschauer mit den Mitteln einer Seifenoper, ohne deren Oberflächlichkeit zu erliegen. *hc*

████

Axel Munthe, der Arzt von San Michele / La storia di San Michele / Le livre de San Michele

BRD/Italien/Frankreich 1962

R: Rudolf Jugert, Giorgio Capitani; A: Hans Jacoby, Harald G. Petersson nach dem Roman *Das Buch von San Michele* von Axel Munthe; K: Richard Angst; D: O. W. Fischer, Rosanna Schiaffino, Maria Mahor, Valentina Cortese, Sonja Ziemann, Renate Ewert, Heinz Erhardt

Der schwedische Arzt Axel Munthe (O. W. F.) ist ein widersprüchlicher Charakter: Zum einen ist er gütig, ruhig, besonnen und von tiefer Bescheidenheit; zum andern aber lodert ein zynischer Ehrgeiz in ihm, der ihn süchtig macht nach Ruhm, gesellschaftlichem Aufstieg und schnellebigen Affären. Der Beginn seiner Arztlaufbahn verläuft noch in normalen Bahnen; er lernt die hübsche Krankenschwester Ebba (M. M.) kennen, geht jedoch nach Paris, bevor es zur Heirat kommt. Dort läßt sich Munthe von Louis Pasteur begeistern und engagiert sich in der Erforschung neuer Heilmittel. Eine Dame der Gesellschaft öffnet dem Armenarzt die Türen der französischen Aristokratie, wo er bald akzeptiert ist. Doch in einem erneuten Sinneswandel übersiedelt Munthe nach Neapel, wo ihm der Kampf gegen die Cholera zum Hauptanliegen wird. Er lernt die elegante Antonia (R. S.) kennen, geht nach Rom und wird dort überaus populär. Als reifer, mittlerweile im Einklang mit beiden Seiten seines Wesens lebender Mann zieht sich Munthe auf Capri zurück und verfaßt seinen berühmten Lebensrückblick »Das Buch von San Michele«.

Ausgehend vom autobiographischen Bestseller des Choleraarztes und Philanthropen Axel Munthe, gestalteten Jugert und Capitani ein großangelegtes Charakterporträt, das realitätsnahe Zeitbilder, sentimentale Bewunderung und humanistische Intentionen zu einer publikumswirksamen Mixtur verband. O. W. Fischer verlieh dem Tier- und Menschenfreund Munthe durch konzentriertes Spiel und ambivalente Charakterzeichnung glaubwürdige Züge.   *tk*

B

Banale Tage

BRD 1991

R: Peter Welz; A: Michael Sollorz; K: Michael Schaufert; D: Florian Lukas, Christian Kuchenbuch, Kurt Naumann, Astrid Meyerfeldt, Jörg Panknin, Paul Berndt

Der Schüler Michael (F. L.) philosophiert mit dem gleichaltrigen Thomas (C. K.) über das Leben in der DDR und schließt sich dabei nur teilweise dessen nihilistischen Thesen an. Im Ost-Berlin der siebziger Jahre wird Michael an der Erweiterten Oberschule wegen des Besitzes verbotener Literatur zur Direktorin (A. M.) gerufen, die seinen Vater, den Theaterdramaturgen Peter Wagner (K. N.), von dem er die Bücher bekommen hat, zur Aussprache bestellt. – Thomas proviziert während der Lehre in einem ›sozialistischen Betrieb‹ den um Verständnis bemühten, konservativen Lehrmeister Vogeler (J. P.). Gemeinsam beschließen Thomas und Michael, ›auszubrechen‹ und eine leerstehende Wohnung zu besetzen; doch Michael ist anderweitig beschäftigt. Wieder mit Thomas zusammen, nimmt er an der Vorbereitung ›illegaler Kirchentätigkeit‹ teil: Sie streichen eine Wand in der Gemeinde gelb an! Die Premiere eines neuen, subversiven Theaterstückes, in die Dramaturg Wagner all seine Energie und Hoffnung investiert, findet Thomas lächerlich, und er ›bedroht‹ den anwesenden Minister (P. B.); er wird daraufhin am nächsten Tage verhaftet. Michael, dem sein gescheiterter Vater sehr nahe steht, wird sich seiner Angst vor dem Alleingelassenwerden bewußt und sucht nach Thomas: Handlung und Film stellen sich in der Kulisse der Eröffnungssequenz endgültig als Inszenierung heraus.

Filmisch mehrfach gebrochen, theatralisch zugespitzt, mit viel Dialog, pointierten inhaltlichen Anspielungen und Zitaten, ist *Banale Tage* ein prägnantes Beispiel für eine Reihe von Filmen der auslaufenden DEFA-Produktion, in denen zumeist junge Filmemacher auf formal eigenwillige Weise die DDR-Vergangenheit resümieren. *ms*

▬ Barcarole

Deutschland 1935

R: Gerhard Lamprecht; A: Gerhard Menzel; K: Friedl Behn-Grund; D: Lida Baarová, Gustav Fröhlich, Willy Birgel, Hubert von Meyerinck, Elsa Wagner

Colloredo (G. F.), ein erfolgreicher Frauenheld und Zyniker, ist in der Gesellschaft Venedigs eine anerkannte Größe. Bei einem Treffen mit Bekannten wettet er, daß er die attraktive Gattin (L. B.) des Mexikaners Zubaran (W. B.), die als absolut keusch gilt, in einer Nacht erobern wird. Zubaran, der dazukommt, bietet eine makabre Zusatzwette an: Falls Colloredo verliert, fordert er, der Gatte, ihn zum Duell und hat den ersten Schuß frei. Da Zubaran ein hervorragender Schütze ist, würde eine verlorene Wette Colloredos sicheren Tod bedeuten. Der Frauenbetörer indes ist zum ersten Mal in seinem Leben wirklich verliebt. Er umwirbt die Frau und erobert ihr Herz. Verführen aber läßt sie sich nicht. Edelmütig gesteht Colloredo seine Niederlage ein und wird von Zubaran im Duell getötet.
Gustav Fröhlich und die junge Pragerin Lida Baarová in ihrer ersten deutschen Filmrolle als Hauptfiguren einer Geschichte um Obsessionen und Passionen, Spiel und Ernst, Liebe und Tod, die durch ihre psychologische Auslotung besticht. Die ernste Schöne und der draufgängerische Spieler kommen von entgegengesetzten Polen, als die ›reine Liebe‹ sie trifft. Durch diese Erfahrung von allen andern isoliert – die Tiefe der ›absoluten Liebe‹ im Gegensatz zum oberflächlichen Reiz des Spiels wird nur den beiden Liebenden bewußt –, fügen sie sich in ihr Schicksal. Titel der französischen Version: *Barcarolle.* *tk*

▬ Das Beil von Wandsbek

DDR 1951

R: Falk Harnack; A: Hans-Robert Bortfeldt, Falk Harnack nach einem Manuskript von Wolfgang Staudte, Werner Jörg Lüddecke und dem gleichnamigen Roman von Arnold Zweig; K: Robert Baberske; D: Erwin Geschonneck, Käthe Braun, Gefion Helmke, Willy A. Kleinau, Ursula Meißner, Charlotte Küter, Hermann Stövesand, Claus Holm

Die Gefängnisärztin Dr. Käthe Neumeier (G. H.) kauft beim Fleischer Teetjen (E. G.) ein und besucht in dessen Haus die Waschfrau Barfey (C. K.). Sie gibt ihr die Adresse des Reeders und Standartenführers Footh (W. A. K.), bei dem die Waschfrau eventuell Arbeit finden kann. Als die Barfey das Schreiben Neumeiers nicht nutzt, verwendet es Nachbar Teetjen auf Drängen seiner Frau Stine (K. B.), um aus wirtschaftlicher Notlage heraus seinem ehemaligen Kriegskameraden Footh zu schreiben. Der hat als Standartenführer gerade selbst ein Problem: vier Kommunisten sollen hingerichtet werden, doch der Scharfrichter ist verhindert, was den Fall in die Länge zieht und den »Führer« daran hindert, nach Hamburg zu kommen. Obwohl Dr. Neumeier im Gefängnis erfährt, daß die Häftlinge von der SA provoziert worden sind, und der Gefängnisdirektor Ungereimtheiten einräumen muß, will Footh den Fall zu Ende bringen. Er überredet Teetjen, der noch ein altes Beil besitzt, für 2000 Reichsmark das Urteil zu vollstrecken. Frau Dr. Neumeier kann die Häftlinge – zu Timme (H. S.) hatte sie früher eine enge Beziehung – nicht zu Gnadengesuchen überreden. Sie wird Zeuge der Hinrichtungen und erfährt von Fooths Freundin, daß ihr Schreiben mit zur Vollstreckung beigetragen hat. Durch Frau Barfeys Hinweis auf Teetjen wird ihr der Zusammenhang klar. Der »Führer« besucht Hamburg, vor dem renovierten Fleischerladen hängen die Fahnen. Teetjens sind zufrieden, bis sich der Sachverhalt herumspricht und die Kunden ausbleiben. Stine beschwört ihren Mann, das Beil verschwinden zu lassen, was mehrmals mißlingt. Sie ist verzweifelt, da sie geliehene Gelder nicht zurückzahlen kann. Teetjen klagt sein Leid dem SA-

Sturmführer Trowe (C. H.), der das Beil für sein Lokal erwirbt und Unterstützung verspricht. Als Teetjen aber zu Hause Stine erhängt vorfindet, erschießt er sich – »auf Deinen Albert ist Verlaß«.

Die Verfilmung von Arnold Zweigs 1943 zuerst hebräisch erschienenem Roman zeichnet sich durch große Dichte, suggestive Licht- und Schatten-Effekte sowie schauspielerische Intensität aus. Die verfilmten Henker-Opfer-Beziehungen bzw. Schuldverstrickungen im Dritten Reich stießen nach anfänglichem Lob auf Tadel wegen »unzureichendem Widerstand«. Elf Jahre später erschien eine gekürzte Fassung, in der u. a. die Selbstmord-Szene fehlte. Erst 1981 durfte wieder die Originalkopie eingesetzt werden.   *ms*

■

Bekenntnisse des Hochstaplers Felix Krull

BRD 1957

R: Kurt Hoffmann; A: Robert Thoeren, Erika Mann nach dem gleichnamigen Roman von Thomas Mann; K: Friedl Behn-Grund; D: Horst Buchholz, Liselotte Pulver, Ingrid Andree, Susi Nicoletti, Paul Dahlke, Erika Mann

Felix Krull (H. B.), ein jugendlicher Bonvivant voller Charme und Esprit, soll zum Militär. Doch es gelingt ihm, die kaiserliche Musterungsbehörde zu übertölpeln, und so beschließt er, in die Pariser Hotellerie einzusteigen. Dort lebt Krull nach dem Motto »Liebe die Welt und die Welt wird dich lieben« und eilt behende die Karriereleiter hinauf. Durch die Liebschaft mit Madame Houpflé (S. N.) erhält er Zugang zur internationalen Gesellschaft und kann als angeblicher Marquis Venosta durch die Welt reisen, während der echte Venosta seiner leidenschaftlichen Affäre mit Zaza (L. P.) frönt. Doch dann wird Krull in Lissabon verhaftet, weil ihm vorgeworfen wird, Zaza umgebracht zu haben. Dank seiner Klugheit und gewinnenden Umgangsformen kann er sich noch einmal retten und neue hochstaplerische Taten in Angriff nehmen.

Durch die geschickte Balance zwischen literari-

scher Werktreue und einer eigenen charakteristischen Note gelang es Komödienspezialist Kurt Hoffmann, die vergnüglichen Liebesabenteuer der Hauptfigur mit geistreich-moralischen Randbemerkungen zu verbinden und – in der Musterungsszene – gar satirische Zeit- und Militarismuskritik zu üben. Horst Buchholz war mit seiner ironisch-spielerischen Nonchalance eine Idealbesetzung.   *tk*

■

Bel ami

Deutschland 1939

R: Willi Forst; A: Willi Forst und Axel Eggebrecht nach dem gleichnamigen Roman von Guy de Maupassant; K: Ted Pahle; D: Willi Forst, Olga Tschechowa, Hilde Hildebrand, Lizzi Waldmüller, Ilse Werner, Johannes Riemann, Will Dohm

Paris um die Jahrhundertwende: Nach längerem Aufenthalt in Marokko wird der Abenteurer Duroy (W. F.) von seinem Bekannten Forestier (W. D.) zu einer Gesellschaft geladen. Mit Erzählungen über Nordafrika beeindruckt Duroy die Gäste. Bald darauf tritt er an Forestiers Stelle: Er löst diesen sowohl als Chefredakteur wie als Ehemann Madeleines (O. T.) ab. Madeleine ist zugleich die Geliebte des Politikers Laroche (J. R.), der sie und ihre leitartikelverfassenden (Ehe-)Männer für seine Kolonialpolitik in Marokko mißbraucht, wo er in zwielichtige Spekulationen verwickelt ist. Duroy, der nicht bemerkt, daß er nur Werkzeug ist, feiert als »Bel ami« bei den Frauen (H. H., L. W.) Erfolge, bis er Suzanne (I. W.) kennen- und liebenlernt. Nachdem Duroy in Suzanne die Tochter Laroches erkannt, den Politiker als Kolonialminister abgelöst und seinen Verpflichtungen als Ehemann und Liebhaber ein versöhnliches Ende gesetzt hat, kann er mit ihr ein neues Leben beginnen.

Die musikalische Liebeskomödie rund um den Frauenhelden und Charmeur »Bel ami« ist das persönlichste Werk Willi Forsts, mit dem er sein filmisches Alter ego schuf. Erstmals inszenierte er sich selbst in einer Hauptrolle; es gelang ihm, die charakteristischen Elemente seiner Filme – Musikalität, Romantik und Eleganz – zu einem sorgsam choreographierten Reigen inszenatorischer wie schauspielerischer Glanzlichter zu verdichten. *mp*

Benny's Video

Österreich/Schweiz 1992

R: Michael Haneke; A: Michael Haneke; K: Christian Berger; D: Arno Frisch, Angela Winkler, Ulrich Mühe, Ingrid Straßner

Benny (A. F.), ein junger Gymnasiast aus gutbürgerlichem Haus, hat sein Zimmer mit den Raffinessen der digitalen Unterhaltungstechnik ausgestattet. Die Fenster sind stets abgedunkelt, dafür kann er die live aufgenommene Aussicht auf seinem Fernsehschirm abrufen. Lieber betrachtet Benny indes Actionfilme, deren Höhepunkte er in Zeitlupe vor- und rückwärts laufen läßt. Eine Beziehung zu den Eltern besteht kaum, und die Zeitgeist-Welt der älteren Schwester dient ihm nur als Staffage für eigene Videoaufnahmen, wenn sie im elterlichen Apartment eine Party gibt. Vor der Videothek lernt Benny ein Mädchen (I. S.) kennen und nimmt sie mit nach Hause – die Eltern verbringen das Wochenende auf dem Land. Was als zarte Liebeserfahrung zu beginnen scheint, endet in der Katastrophe: Benny tötet das Mädchen mit einem Schlachtschußgerät. Er habe schauen wollen, wie es ist, einen Menschen zu töten, gibt Benny dem Vater (U. M.) später als Begründung an. Die Eltern setzen ihre ganze Energie für die Vertuschung des Mordes ein. Während der Vater die Leiche zerstückelt und beseitigt, fliegt die Mutter (A. W.) mit Benny nach Ägypten, wo sie – vergeblich – eine persönliche Beziehung zu ihrem Sohn aufzubauen versucht. Nach der Rückkehr sind alle Spuren beseitigt, die Eltern versuchen, Normalfamilie zu spielen und Benny mehr Aufmerksamkeit zu schenken. Doch Benny geht zur Polizei und zeigt sich und die Eltern an.
Der Film bildet das Mittelstück einer Trilogie, deren erster Teil *Der siebente Kontinent* (A 1989) vom gemeinsamen Freitod einer nach außen hin ›glücklichen‹ Familie berichtet und die mit *71 Fragmente einer Chronologie des Zufalls*

(A/BRD 1994) – der Geschichte eines Amoklaufs ohne ersichtliches Motiv – abgeschlossen wurde. Hanekes Absicht, das »Fortschreiten der emotionalen Vergletscherung meines Landes« durch kühl-distanzierte Protokollierung festzuhalten und der digitalen Unterhaltungsmaschinerie ein Kino der insistierenden Fragen entgegenzusetzen, wurde hier mit beeindruckender formaler Konsequenz umgesetzt. *tk*

Berge in Flammen

Deutschland/Frankreich 1931

R: Karl Hartl, Luis Trenker; A: Karl Hartl, Luis Trenker nach einem Manuskript von Luis Trenker; K: Sepp Allgeier, Albert Benitz, Giovanni Vitrotti, Siegfried Weinmann; D: Luis Trenker, Lissi Arna, Luigi Serventi, Claus Clausen, Paul Graetz

Der Südtiroler Florian Dimai (L. T.) erklimmt mit seinem italienischen Freund Arthur Franchini (L. S.) einen Dolomitengipfel. Da verkünden die Kirchenglocken den Beginn des Ersten Weltkriegs. 1915 wird Dimais Truppe österreichischer Kaiserjäger an die Dolomitenfront verlegt, um die Verteidigung eines strategisch bedeutenden Gipfels zu übernehmen. Als die

Berge in Flammen (Luis Trenker)

Österreicher mehrere Angriffe der unter Franchinis Kommando stehenden Italiener zurückschlagen, treiben diese einen Stollen in den Berg, um den Gipfel mitsamt den Verteidigern zu sprengen. Die Österreicher sind alarmiert. Um zu erkunden, wann die Italiener die Sprengung beabsichtigen, schleicht Dimai sich hinter den feindlichen Linien ins Tal, wo er in seinem Heimatdorf Frau (L. A.) und Kind wiedersieht. Doch als er erfährt, daß die Sprengung bereits für die kommende Nacht geplant ist, bricht er trotz des Flehens seiner Gattin auf, um die Kameraden zu warnen. In letzter Sekunde erreicht er den Gipfel, die Österreicher können sich in Sicherheit bringen und nach erfolgter Sprengung einen weiteren Angriff abwehren. – 1931 klettern Dimai und Franchini wieder in den Dolomiten, reichen sich angesichts des verstreuten Kriegsgeräts stumm die Hände und verewigen sich im Gipfelbuch.

Dieser von Trenker nach dem Dritten Reich als pazifistisch ausgegebene Film ist in Wahrheit ein durch spannende Handlung und imposante Bergaufnahmen blendender Hymnus auf soldatische Pflichterfüllung und Opferbereitschaft. Die Rahmenhandlung ist nur vordergründig Verständigungsappell; im Kern wird der unangefochtene Heroismus militärischer Prägung als vorbildlich stilisiert. Daher läßt sich diese Dolomiten-Saga jenen Filmen zurechnen, die schon vor 1933 den Boden für militaristisch-reaktionäres Gedankengut bereiteten. Titel der französischen Version: *Les monts en flammes*. tk

■
Bergkristall
(Der Wildschütz von Tirol)

Österreich/BRD 1948

R: Harald Reinl; A: Harald Reinl, Hubert Schonger, Rose Schonger nach Motiven der gleichnamigen Novelle von Adalbert Stifter; K: Josef Plesser; D: Franz Eichberger, Marie May-Stolz, Hans Renz, Cilli Greif, Michael Killisch-Horn

Der junge Tiroler Bergbauernsohn Franz Waldeiner (F. E.) wird beim Wildern vom Aufsichtsjäger und Rivalen um die Gunst der schönen Sanna (M. M.-S.) ertappt, niedergeschossen und liegengelassen. Auf der Flucht kommt der Täter beim Sturz in eine Gletscherspalte um. Der schwerverletzte Franz überlebt, wird aber, obwohl vor Gericht mangels Beweisen freigesprochen, weiterhin für den Mörder des spurlos verschwundenen Jägers gehalten und von der Dorfgemeinschaft geächtet. Nur bei seiner Familie findet er Halt: bei Sanna, die inzwischen seine Frau geworden ist, den beiden Kindern und seinem alten Vater. An einem Heiligen Abend gehen die beiden Kinder das Christkind suchen, da der verbitterte Vater keinen Weihnachtsbaum zu Hause duldet, und geraten in der Gletscherregion in Bergnot. Sie finden Schutz in einer Eishöhle und können wie durch ein Wunder geborgen werden, mit ihnen die Leiche des Verschollenen, die keine Schußwunden aufweist. So ist Franzens Unschuld erwiesen, in seiner Stube wird der Christbaum angezündet.

Der Untertitel des Films gibt das Genre an: »eine Legende aus Tirol«. Die einfache, ungekünstelte Erzählweise integriert die bodenständigen Schauspieler und Laiendarsteller vollkommen in die stimmungsvoll eingefangene Naturkulisse – den Intentionen von Adalbert Stifters Vorlage entsprechend. ps

■
Berlin – Alexanderplatz

Deutschland 1931

R: Piel (Phil) Jutzi; A: Alfred Döblin, Hans Wilhelm, Karl Heinz Martin nach Döblins gleichnamigem Roman; K: Nikolaus Farkas, Erich Giese; D: Heinrich George, Maria Bard, Margarete Schlegel, Bernhard Minetti, Gerhard Bienert

Nach vierjähriger Haft, die er wegen einer Gewalttat verbüßte, wird Franz Biberkopf (H. G.) aus dem Gefängnis entlassen. Er betreibt auf dem Alexanderplatz einen Straßenhandel. In einer Kneipe lernt er Cilly (M. B.) kennen. Sie soll im Auftrag des Ganoven Reinhold (B. M.) Biberkopf für dessen Verbrecherbande werben. Franz sträubt sich, wird jedoch überlistet und schließlich aus dem fahrenden Auto gestoßen, als er sich weigert, mit der Clique einen Einbruch zu verüben. Dabei verliert er einen Arm.

Da ihm das Leben so übel mitspielt, tritt Biberkopf nun doch in Reinholds Bande ein. Er verliebt sich in ein schönes Mädchen namens Mieze (M. S.), das seine Gefühle erwidert, ihn jedoch von Reinhold fernzuhalten versucht. Deshalb wird sie von Reinhold in eine Falle gelockt und ermordet. Als Biberkopf von dem Verbrechen hört, kann er sich sofort denken, wer der Schuldige ist. Er sucht Reinhold in der Kneipe auf, um sich an ihm zu rächen. Doch dort wartet bereits die Polizei und nimmt Reinhold fest, der wegen des Mordes für 15 Jahre ins Gefängnis muß. Mit Cillys Hilfe gelingt es Biberkopf, den Teufelskreis von Verbrechen und Gefängnis zu durchbrechen. Wieder steht er auf dem Alexanderplatz und verkauft – Stehaufmännchen.

Alfred Döblins komplexes Großstadt-Puzzle wurde für seine Verfilmung auf die exemplarische Geschichte des verzweifelt ums Überleben kämpfenden Ex-Sträflings Biberkopf reduziert. Die berührende Verkörperung der Hauptfigur durch George, Jutzis inspirierte Bild- und Geräuschmontagen sowie die atmosphärische Dichte, die sich aus der genau beobachteten Hinterhofszenerie ergibt, sind die Stärken des Films. Insgesamt stellt der Hang zur Kolportage allerdings einen gewissen Rückschritt im Vergleich zu Jutzis anklagendem Klassiker *Mutter Krausens Fahrt ins Glück* (1929) dar. *tk*

■■■
Berlin Chamissoplatz

DDR 1980

R: Rudolf Thome; A: Jochen Brunow, Rudolf Thome; K: Martin Schäfer; D: Sabine Bach, Hanns Zischler, Wolfgang Kinder

Der Architekt Martin Berger (H. Z.) ist 43 Jahre alt, hat zwei Kinder und lebt von seiner zweiten Frau getrennt. Er und sein Partner sind vom Berliner Senat mit der Sanierungsplanung des Wohngebiets Chamissoplatz beauftragt. Die Soziologiestudentin Anna (S. B.) macht mit ihm ein Video-Interview für eine Bürgerinitiative zur Erhaltung des Platzes. Seine Bitte, ihm das fertige Video zu zeigen, führt zu weiteren Zusammenkünften mit ihr und zu einer Liebesbeziehung. Der Kontakt mit der zwanzig Jahre jüngeren Frau und der alternativen Szene läßt Martin über seinen Lebensstil nachdenken. Sein Partner zeigt für seinen neuen, vom Zusammensein mit Anna bestimmten Tagesablauf wenig Verständnis. Jörg (W. K.), den Anna wegen Martin verlassen hat, veröffentlicht Aussagen des Architekten zur Sanierung, die er ohne dessen Wissen aufgenommen hat.

Rudolf Thome, ein Generationsgenosse seines Helden, entwickelt in 20 durch langsame Auf- und Abblenden getrennten, betont ruhigen Segmenten eine melancholische Liebesgeschichte im Kontext politischer Aktionen einer Bürgerinitiative. Dabei verzichtet er auf alles Spektakuläre, die Kamera beobachtet verständnisvoll-distanziert. Reaktionen, nicht Worte, erzählen, warum die Liebe von Martin und Anna – nicht am Altersunterschied, sondern am Alltag – scheitern muß (auch wenn Thome das Ende offen läßt). *hc*

■■■
Berlin – Ecke Schönhauser . . .

DDR 1957

R: Gerhard Klein; A: Wolfgang Kohlhaase; K: Wolf Göthe; D: Ekkehard Schall, Ilse Pagé, Harry Engel, Ernst-Georg Schwill, Raimund Schelcher, Helga Göring, Maximilian Larsen

Dieter (E. S.) berichtet dem Kommissar der Volkspolizei (R. S.), zu dem er schon mehrfach aufs Revier mußte, die Geschichte einer Gruppe jugendlicher ›Halbstarker‹, zu der er selbst gehörte – alle zu Hause in der Gegend um die Schönhauser Allee und aus unterschiedlichsten Gründen fast immer auf der Straße anzutreffen: Der kleine, dicke »Kohle« (E.-G. S.) wird von seinem Stiefvater (M. L.), einem Alkoholiker, geschlagen; das Mädchen Angela (I. P.) ist Näherin und daheim der Mutter und jungen Kriegerwitwe (H. G.) im Wege; Dieter will als anerkannter Bauarbeiter privat seine eigenen Wege wählen – ohne die FDJ! – und verliebt sich in Angela, die seine Zuneigung erwidert. Karl-Heinz (H. E.), dessen wohlhabende Eltern noch immer zögern, in den Westen zu gehen, wird, nachdem er sich beim Diebstahl von Personalausweisen ›bewährt‹ hat, in Westberlin als krimineller Handlanger mißbraucht und erschlägt dabei einen Menschen. Dieter und »Kohle«, die noch eine Rechnung mit ihm offen haben, glauben nach einer Auseinandersetzung mit dem sich auf der Flucht befindlichen Freund, ihn getötet zu haben, und fliehen kopflos nach Westberlin. Im Flüchtlingslager machen sie sehr schlechte Erfahrungen und beschließen, unbedingt zusammenzubleiben. Nachdem »Kohle« bei seinem Versuch, Krankheit zu simulieren, tragisch ums Leben kommt, bricht Dieter gewaltsam aus und kehrt zurück »in den demokratischen Sektor«. Er wird vom Kommissar über Karl-Heinz' Schicksal informiert und mit einem Appell ans Klassenbewußtsein nach Hause geschickt – auch zu seiner Freundin Angela, die ein Kind von ihm erwartet.

Neben dem deutlichen Bekenntnis zur sozialistischen Gesellschaft und ihren Ordnungsorganen spiegelt der klassische Berlin-Film des Teams Klein/Kohlhaase – stark beeinflußt vom italienischen Neorealismus und der internationalen ›Halbstarken-Filmwelle‹ – milieugetreu die Wirklichkeit der geteilten, aber noch nicht ›zergrenzten‹ Stadt in der zweiten Hälfte der fünfziger Jahre wider.   *ms*

▉ Berlin um die Ecke

DDR 1965

R: Gerhard Klein; A: Wolfgang Kohlhaase;
K: Peter Krause; D: Dieter Mann, Monika Gabriel, Erwin Geschonneck, Hans Hardt-Hardtloff, Kaspar Eichel

Im Ost-Berlin der ersten Hälfte der sechziger Jahre geraten die jugendlichen Freunde Olaf (D. M.) und Horst (K. E.) in ihrem Metallbetrieb in Auseinandersetzungen um Produktionsabläufe und Bezahlung. Ihre Jugendbrigade ist – auch durch eigenes Verschulden – aufgelöst; unterstützt vom Schlosser Paul (E. G.), können sie die zu niedrigen Normen beweisen. In einer Gewerkschaftsversammlung prallen die unterschiedlichen Haltungen der Generationen aufeinander. Zwischen Olaf und dem Parteiveteran und Redakteur der Betriebszeitung (H. H.-H.), der die Jungen mit Mißtrauen behandelt, spitzt sich die Auseinandersetzung zu, schließlich aber kommen sie sich näher. Nach einer unüberlegten Provokation verläßt Horst seine Arbeitsstelle; Olaf trennt sich von ihm. Als Paul, der sich den unbedachten Umgang mit Volkseigentum im Werk schwer zu Herzen nimmt, trotz einer Heilkur an der Ostsee stirbt, schreibt Olaf, sich zu dessen Vermächtnis bekennend, einen Nachruf auf ihn in der Betriebszeitung. Privat gewinnt er nach langem Werben Karin (M. G.), die nach gescheiterter Ehe zuerst keine neue Beziehung eingehen wollte. Olaf zieht von zu Hause aus und verschenkt seine Lederjacke an einen Jungen der nachfolgenden Generation Jugendlicher.

Der ›Berlin-Film‹, der milieugetreu Alltagsgeschichten schilderte und mit dem Kohlhaase und Klein an ihren Erfolg *Berlin – Ecke Schönhauser . . .* (DDR 1957) anknüpfen wollten, fiel nach dem 11. Plenum des Zentralkomitees der SED, welches mit »kritischen Tendenzen« in der Kunst abrechnete, einem Produktionsstop zum Opfer. Er kam in einer Rohschnittfassung 1987 zur 750-Jahr-Feier Berlins in die Studio-Kinos und erst 1990 – komplettiert – offiziell zum Einsatz.   *ms*

▉ Berliner Ballade

BRD 1948

R: Robert A. Stemmle; A: Günter Neumann; K: Georg Krause; D: Gert Fröbe, Aribert Wäscher, Tatjana Sais, Ute Sielisch, O. E. Hasse

Ein Beobachter aus dem Jahr 2049 erkundet, was sich 100 Jahre zuvor in Deutschland abspielte – und kann sich nur wundern. Um genaueren Einblick zu erhalten, heftet sich der Zukunftsmensch an die Fersen von ›Otto Normalverbraucher‹ (G. F.), der – die Zonengrenzen unterlaufend – durch einen Fuchsbau von Bayern nach Berlin zurückkehrt. Otto findet seine Wohnung von ungebetenen Gästen okkupiert. Bald versteht er, daß an ein Fortkommen nur zu denken ist, wenn er sich der allgemein gültigen Wirtschaftsform, dem Tauschhandel, unterwirft. Dabei lernt er zwar seine Traumfrau (U. S.) und einen sympathischen

Berlinger – Ein deutsches Abenteuer (Hannelore Elsner, Martin Benrath)

Schieber (A. W.) kennen, doch auch eine Reihe weniger netter Menschen. Über seinen Erfahrungen mit Schwarzmarktfürsten und politischen Reaktionären vergeht ihm oft das Lachen. Besonders staunt er über einen fanatischen West-Menschen und einen nicht weniger militaristischen Ost-Menschen (beide: O. E. H.), die biertrinkend über den nächsten Krieg debattieren.

Erweitert um den Zeitreisenden und die Figur Ottos, die den ›roten Faden‹ abgibt, baute Günter Neumann die Sketches seines Kabarettprogramms »Schwarzer Jahrmarkt« zu einem Film aus. Dabei wurde die Zeitsatire geschickt zwischen Untergangsstimmung, Galgenhumor und Idealismus angesiedelt und so ein pointenreiches Bild deutscher Nachkriegswirklichkeit gezeichnet. Der Versuch, trotz des harten Alltags über die eigene Situation zu lächeln, wurde 1949 in Venedig mit dem Silbernen Löwen prämiert. Heutige Betrachter erhalten nicht nur treffende Einblicke in die damalige Zeit, manchmal hält man auch irritiert inne, weil auffällt, daß vieles, was 1948 noch als Absurdität karikiert wurde, später klammheimlich Eingang ins Nachkriegsweltbild fand.   *tk*

Berlinger – Ein deutsches Abenteuer

BRD 1975

R: Bernhard Sinkel, Alf Brustellin; A: Bernhard Sinkel, Alf Brustellin; K: Dietrich Lohmann; D: Martin Benrath, Peter Ehrlich, Hannelore Elsner, Tilo Prückner

Zwei konservative Deutsche, kurz vor Beginn des Ersten Weltkriegs geboren, im Geist unterschiedlicher Ideale des 19. Jahrhunderts aufgewachsen, jeder auf seine Weise Repräsentant Deutschlands im 20. Jahrhundert: Berlinger (M. B.) stammt aus einer wohlhabenden Unternehmer-Familie, ist selbst Erfinder-Entrepreneur, dabei Romantiker und extremer Individualist. Sein Jugendfreund und Gegenspieler Roeder (P. E.), ein gewissenhafter Organisator aus der Arbeiterschicht, glaubt an den Einsatz für die Gemeinschaft und verdankt seinen Erfolg seinem Fleiß, seinem Gespür fürs Geschäft und seiner Fantasielosigkeit. Für Berlinger ist Roeder ein »nationalsozialistischer Akademiker«, Berlinger für Roeder ein »disziplinloser

Nihilist«. Im Dritten Reich weigerte sich Berlinger, der Forderung des Nationalsozialisten Roeder nachzukommen, seine Erfindungen in den Dienst der Volksgemeinschaft zu stellen. Jetzt, in den siebziger Jahren, weigert sich Berlinger, dem Senator und Bauspekulanten Roeder ein altes Fabrikgelände zu verkaufen, das dieser für ein Milliardengeschäft dringend benötigt. Schließlich gelingt es Berlinger, Roeder in den Ruin zu treiben; er selbst fliegt mit seinem Flugzeug vorsätzlich in den Tod. Die verschiedenen Ebenen der Handlung werden durch verschachtelte Rückblenden miteinander in Beziehung gebracht. Die Komplexität dieser Erzählweise dürfte der Grund sein, warum diesem von zwei ehemaligen Filmkritikern intelligent konzipierten und professionell umgesetzten »deutschen Abenteuer« der große Publikumserfolg versagt blieb. *hc*

Der Bettelstudent

Deutschland 1936

R: Georg Jacoby; A: Walter Wassermann, Charlotte H. Diller nach der gleichnamigen Operette von Carl Millöcker; K: Ewald Daub; D: Carola Höhn, Johannes Heesters, Marika Rökk, Ida Wüst, Fritz Kampers, Berthold Ebbecke, Harry Hardt

Oberst Ollendorf (F. K.), der Gouverneur von Krakau, ist ein alter Haudegen. Auf einer ausgelassenen Abendgesellschaft versucht er, die betörende Komtesse Laura Nowalska (C. H.) zu küssen, was diese mit einem Schlag ihres Fächers quittiert. Um sich an Laura und deren Schwester, Komtesse Bronislawa (M. R.), zu rächen, engagiert er zwei fahrende Studenten (J. H., B. E.) und stellt sie den Schwestern als heiratswillige Adlige vor. Zu Ollendorfs Freude geht sein Plan auf: Laura verliebt sich in den einen, Bronislawa in den anderen. Doch am Schluß hat Ollendorf trotzdem das Nachsehen, denn die zwei Studenten entpuppen sich tatsächlich als polnische Adlige, die inkognito unterwegs sind. Mit zwei glücklichen Paaren und der Verkündung des Friedens zwischen Sachsen und Polen geht der Film zu Ende.

Aufwendige Kostüme und geschmackvolle Ausstattung geben dieser Verfilmung – es war bereits die vierte – von Carl Millöckers Operette eine stimmige Atmosphäre, in der sich die temperamentvollen Tanz- und romantischen Gesangseinlagen gut entfalten können. Einmal mehr konnte Georg Jacoby seinen perfekten Inszenierungsstil beweisen, der auch bei Großproduktionen nie Gefahr lief, sich in Nebensächlichkeiten zu verlieren. *tk*

Die Beunruhigung

DDR 1982

R: Lothar Warneke; A: Helga Schubert; K: Thomas Plenert; D: Christine Schorn, Hermann Beyer, Cox Habbema, Wilfried Pucher, Walfriede Schmitt, Traute Sense, Mike Lepke

Die Berliner Psychologin und Fürsorgeberaterin Inge Herold (C. S.), Mitte 30, erfährt von einer Gewebeveränderung in ihrer linken Brust und wird sich tags darauf einer Operation unterziehen müssen, deren Umfang vom Ergebnis der Krebsuntersuchung abhängt. Dem ersten Schock und der Angst folgt eine Beunruhigung, in der sich die Frau während der verbleibenden Zeit bis zum Klinikaufenthalt mit ihrem bisherigen Leben auseinandersetzt. Nach einer Überreaktion gegenüber dem jugendlichen Sohn (M. L.) versöhnt sie sich mit ihm. Sie informiert ihre Mutter (T. S.) von dem bevorstehenden Krankenhausaufenthalt; diese, mit dem Lebensstil ihrer Tochter nach der Scheidung nicht einverstanden, vermutet einen Schwangerschaftsabbruch. Dann sucht Inge Herold eine ehemalige Klassenkameradin (W. S.) auf, die ihr die Adresse eines gemeinsamen Mitschülers, Dieter Schramm (H. B.), gibt. Das Treffen mit einer anderen Schulfreundin (C. H.), die in Westberlin beruflich erfolgreich, aber ohne Partner lebt, bricht sie ab und geht zu Dieter, der seit kurzem ebenfalls geschieden ist. Beide sprechen ehrlich über ihr Leben. Zu Hause wartet Inge bis zum anderen Morgen auf ihren verheirateten Freund (W. P.) und konfrontiert ihn, als er doch noch erscheint, erstmals mit der Frage nach Treue »im wahrsten Sinne des Wortes«, bevor sie ihn informiert.

Drei Jahre später lebt Inge, deren linke Brust amputiert werden mußte, harmonisch mit Dieter zusammen; sie hat einen Neubeginn gewagt. Regelmäßigen Nachuntersuchungen weicht sie nicht aus.

Warnekes siebter Spielfilm, der vor allem durch ein menschliches Schicksal bewegen wollte und in enger Zusammenarbeit mit der Psychologin Helga Schubert entstand, stellt durch überzeugenden Einsatz seiner fast dokumentarischen Gestaltungsmittel, das intensive Spiel der Hauptdarstellerin und ihrer Partner einen künstlerischen Höhepunkt im Schaffen des Regisseurs und im DEFA-Film der achtziger Jahre dar, vom Publikum und der internationalen Kritik gleichermaßen gewürdigt.   *ms*

Der bewegte Mann

BRD 1994

R: Sönke Wortmann; A: Sönke Wortmann nach den Comics *Der bewegte Mann* und *Pretty Baby* von Ralf König; K: Gernot Roll; D: Til Schweiger, Katja Riemann, Joachim Król, Rufus Beck, Antonia Lang

Doro (K. R.) ertappt ihren Freund Axel (T. S.) beim Sex in der Damentoilette des Tanzschuppens »Gloria«, in dem sie beide als Bedienung arbeiten. Bereits durch frühere Seitensprünge Axels entnervt, setzt sie ihn kurzerhand vor die Tür. Nachdem er keine Bleibe findet, nimmt er das Angebot des exaltierten Schwulen Walter (R. B.) an, einstweilen bei ihm zu übernachten. Nach einem Tuntenball, zu dem Walter alias Waltraud ihn mitschleppt, zieht der betrunkene Axel es jedoch vor, bei Walters zurückhaltenderem Freund Norbert (J. K.) zu wohnen. Norbert, ein gutmütiger Typ mit Sinn für gediegene Häuslichkeit, verliebt sich in Axel, und obwohl dieser seine Avancen abwehrt, werden sie Freunde. Doro erlebt einen mißlungenen One-Night-Stand und merkt, daß sie Axel noch immer liebt. Zudem stellt sich heraus, daß sie von ihm schwanger ist. Sie will das Kind behalten und versucht, Axel zu finden. Tatsächlich trifft sie in ihrer Wohnung auf den Gesuchten, der nach dem Betrachten von Ferienschnappschüssen sentimental ge-

stimmt und versöhnungswillig ist. So könnte sich alles zum Guten wenden, wäre da nicht der nackte Norbert im Schrank, der gerade versucht hat, Axel zu verführen. Trotzdem kann Axel Doro davon überzeugen, daß er sich nicht zur Bisexualität hin entwickelt hat. – Acht Monate später – Doro ist mittlerweile hochschwanger – wird das Projekt Eheglück mit gemeinsamem Kind jedoch einer harten Belastungsprobe ausgesetzt, als Axel zufällig Elke (A. L.) begegnet, einer attraktiven Ex-Geliebten, die gleich zur Sache kommt. Für den samstäglichen Seitensprung borgt sich Axel Norberts Wohnung aus, doch dann kommt alles anders. Elke verabreicht ihm ein stimulierendes Mittel, das Axel zum wilden Stier machen soll, aber Axel beginnt zu halluzinieren und erstarrt nackt in der Hocke auf Norberts Salontisch. Doro, die ihren Mann auf frischer Tat ertappen will, ist von dem Anblick so schockiert, daß die Wehen einsetzen. Zum Glück ist auch Norbert heimgekehrt, der sie geistesgegenwärtig ins Spital fährt, unfreiwillig der Geburt beiwohnt und am nächsten Morgen dem zerknirschten Vater seinen Sohn präsentieren kann.

Spielerisch eingebaute Musikpassagen, frechen Dialogwitz und originell typisierte Figuren – inspiriert von zwei Comic-Bänden des Zeichners Ralf König – verband Wortmann erfolgreich zu einem typischen Beispiel der deutschen Filmkomödie der neunziger Jahre, welche die tragikomischen WG- und Selbstfindungsgeschichten des vorangegangenen Jahrzehnts ablöste. Die Schwulen-Klischees werden dabei inspirierter ausgespielt als die etwas blutarme Hetero-Paar(ungs)-Geschichte, wie der Film überhaupt nach einer auch visuell beschwingt aufgelösten Anfangssequenz im Tanzschuppen etwas an Elan verliert. Erwähnenswert sind die Darstellerleistungen von Joachim Król und Rufus Beck; Katja Riemann dagegen vermag nicht ganz die ungekünstelt-intensive Präsenz zu erreichen, die sie in Katja von Garniers 55 Minuten kurzem Überraschungs-Hit *Abgeschminkt!* (1993) an den Tag gelegt hatte.   *tk*

Der Biberpelz

DDR 1949

R: Erich Engel; A: Robert A. Stemmle nach dem gleichnamigen Bühnenstück von Gerhart Hauptmann; K: Bruno Mondi; D: Fita Benkhoff, Werner Hinz, Paul Bildt, Herbert Wilk, Ingrid Rentsch, Edith Hancke, Friedrich Gnass, Alfred Schieske, Erwin Geschonneck, Werner Peters

In einer Kleinstadt um 1880: Rentier Krüger (P. B.) erhält eine Lieferung Brennholz, die Leontine (I. R.), sein Dienstmädchen, nicht mehr ins Haus trägt, da sie mit Gendarm Schulz (W. P.) verabredet ist. Nach dem Rendezvous geht sie zu ihren Eltern, der regsamen Waschfrau Auguste Wolff (F. B.) und deren wortkargem Mann Julius (F. G.), sowie ihrer sprachgewandten Schwester Adelheid (E. H.). Mutter Wolff ist verärgert, da der Schiffer Wulkow (A. S.) für ein Reh, das hinterm Haus in eine Schlinge ›gelaufen‹ war, keinen angemessenen Preis bezahlen wollte. So hört sie mit Freuden von Krügers Brennholz und nutzt die Gelegenheit: am nächsten Morgen ist das Holz verschwunden, Amtsvorsteher von Wehrhahn (W. H.) wird informiert, doch richtet sich sein Interesse mehr auf Krügers Untermieter, den Schriftsteller und Komponisten Dr. Fleischer (H. W.), mit seinen sozialistischen Gedichten und Gesängen. Mutter Wolff sieht ruhig zu und bleibt gelassen gegenüber Verdächtigungen durch Forstmann Motes (E. G.) und Gendarm Schulz. Als sie Krügers Biberpelz beim Lüften entdeckt, erinnert sie sich an Wulkows Wunsch nach einem Rheumafell. So muß Wehrhahn, der gerade ein Familienfest vorbereitet, einen weiteren Verlust zur Kenntnis nehmen. Er sperrt Dr. Fleischer und Krüger, die ihn an seine Dienstpflichten erinnern, in den Keller und brüstet sich vor den Gästen als ›Hüter der Ordnung‹. In seiner Küche hantiert indessen Mutter Wolff mit ihren Töchtern und sorgt dafür, daß für sie vom Rehbraten, den sie ›organisiert‹ hat, ausreichend abfällt.
Erich Engels zweiter DEFA-Film wahrt die Balance zwischen Realismus und spielerischer Übertreibung, er verletzt – trotz politischer Akzentuierung, u. a. bei der Gestalt Fleischers – den Charakter der Bühnenvorlage nicht. Engels Komödie weiß mit tieferer Bedeutung zu erheitern und stellt ein Kabinettstück vollendeter Schauspielkunst dar. *ms*

Bildnis einer Trinkerin

BRD 1979

R, A, K: Ulrike Ottinger; D: Tabea Blumenschein, Lutze, Magdalena Montezuma, Orpha Termin, Monika von Cube, Günter Meisner, Nina Hagen, Kurt Raab, Volker Spengler, Eddie Constantine

Eine sehr wohlhabende Trinkerin, SIE (T. B.), kommt nach Westberlin, um sich ungehindert ihrem Alkoholismus ergeben zu können. Ihre Begegnungen mit der »Trinkerin vom Bahnhof Zoo« (L.) steht am Ende ihres sozialen und psychischen Abstiegs; die Zwischenstationen bis dorthin (Kneipen in der City, Steglitz, Kreuzberg etc.) und ihre Alpträume, in denen sie verschiedene Berufe ausübt, bilden den Rahmen dieses Soziogramms.
Kunstfiguren sind beide, die exzentrische, emotional erstarrt wirkende Fremde einerseits, die viel lebensbejahender agierende »Berliner Pflanze« andrerseits. Ulrike Ottingers Manierismus zeigt sich auch in den Frauenfiguren »Soziale Frage« (M. M.), »Exakte Statistik« (O. T.) und »gesunder Menschenverstand« (M. v. C.), die das Phänomen Alkoholismus unparteiisch kommentieren. Ein Gegengewicht zu den exzentrischen Einfällen Ottingers bilden der deutlich gezeichnete soziale Kontrast zwischen beiden Hauptfiguren und vor allem das genau recherchierte und realistisch getroffene Milieu. *ps*

Bis daß der Tod euch scheidet

DDR 1979

R: Heiner Carow; A: Günther Rücker; K: Jürgen Brauer; D: Katrin Saß, Martin Seifert, Angelica Domröse, Renate Krößner

Die Verkäuferin Sonja (K. S.) und der Bauarbeiter Jens (M. S.) geben sich auf dem Standesamt das Ja-Wort und feiern ihre Hochzeit im Kreise der Verwandten und Arbeitskollegen. Anfangs verläuft die junge Ehe harmonisch, glauben beide, »alles richtig gemacht zu haben«. Als Sonja nach der Geburt des ersten Kindes und dem Babyjahr wieder ihre Arbeit aufnehmen möchte, lehnt Jens, der in der Kindheit ein intaktes Familienleben entbehren mußte, dies kategorisch ab. Sonja absolviert ohne sein Wissen als Übergangslösung eine vom Betrieb gewährte Facharbeiterausbildung. Jens, die verkorkste Ehe seiner Schwester (A. D.) vor Augen, fühlt sich hintergangen und schlägt seine Frau, die auch weiterhin versucht, sich gegen sein besitzergreifendes Wesen zu behaupten, und heimlich arbeitet. Erneut gewalttätig geworden, bemüht sich Jens um Wiedergutmachung: Er erhält eine Neubau-Komfortwohnung und beginnt auf Rat seiner Kollegen eine Qualifizierung zum Meister, die ihn jedoch überfordert. So ergibt er sich dem Alkohol;

Sonja läßt heimlich eine Abtreibung vornehmen. Nachdem ihr Mann daraufhin völlig die Beherrschung verliert, warnt sie ihn nicht vor einem säurehaltigen Reinigungsmittel, das sie in einer Seltersflasche weiß. Jens überlebt den ›Unfall‹, doch auf der Hochzeit ihrer Freundin Tilli (R. K.) bekennt sich Sonja zu ihrer Schuld und fragt verzweifelt nach den Ursachen für das Scheitern ihrer Ehe. Jens, im Krankenhaus gereift, steht zu ihr.

Der Film ist das auf einem authentischen Kriminalfall basierende psychologische Drama einer jungen Ehe unter ›abgesicherten‹ sozialistischen DDR-Verhältnissen (mit ständig steigender Scheidungsquote). Er hebt sich durch offen ausgetragene Konflikte von einer gängigen harmonisierenden Darstellungsweise ab, zeigt sprachlose Hilflosigkeit und die Eskalation der Gewalt (spart dabei freilich streckenweise soziale Milieubezüge aus) und provozierte so bei einem breiten Publikum Betroffenheit und kontroverse Diskussionen. *ms*

Bis daß der Tod euch scheidet (Martin Seifert, Katrin Saß)

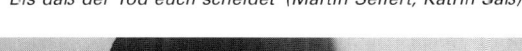

Der blaue Engel
(Kurt Gerron, Marlene Dietrich)

Der blaue Engel

Deutschland 1930

R: Josef von Sternberg; A: Robert Liebmann, Carl Zuckmayer, Karl Vollmöller, Josef von Sternberg, Heinrich Mann nach Manns Roman *Professor Unrat*; K: Günther Rittau, Hans Schneeberger; D: Emil Jannings, Marlene Dietrich, Kurt Gerron, Rosa Valetti, Hans Albers, Eduard von Winterstein

Immanuel Rath (E. J.), vereinsamter Professor an einem Kleinstadtgymnasium, wird von den Schülern wegen seinen tyrannischen Erziehungsmethoden gefürchtet. Als er entdeckt, daß einige seiner Schüler das Hafenvarieté »Der blaue Engel« besuchen, verjagt er sie von dort. Doch dann verfällt er selbst der verruchten Tingeltangelsängerin Lola Fröhlich (M. D.) und erwacht am Morgen in ihrem Bett. Er eilt in die Klasse. Vom Direktor (E. v. W.) zur Rede gestellt, kann sich Rath nur rechtfertigen, indem er sagt, er werde Lola heiraten. Dies bedeutet das Ende seiner schulischen Laufbahn.

Rath heiratet Lola im Kreis der Varietékünstler und schließt sich deren Wandertruppe an. Doch Lolas Zuneigung verfliegt rasch. Als die Truppe wieder in Raths Heimatstadt kommt, zwingt Kiepert (K. G.), der Direktor des Ensembles, ihn zu einer entwürdigenden Clownnummer. Dabei entdeckt Rath, daß Lola ihn mit dem jungen Artisten Mazeppa (H. A.) betrügt. In rasender Eifersucht stürzt er sich auf Mazeppa, wird jedoch überwältigt. In derselben Nacht schleicht Rath sich in sein früheres Klassenzimmer und stirbt am Katheder.

Heinrich Manns Abrechnung mit der verklemmten Spießbürgergesellschaft des Kaiserreichs wurde auf den tragischen Abstieg eines alternden Mannes reduziert, der den Reizen ungehemmter Erotik erliegt. Diese veränderte Konstellation setzte Sternberg indes kongenial um; der Film erreicht eine perfekte Synthese aus Dekor, Licht, Ton, Musik und Darstellung. Der weltweite Erfolg, der ihm zuteil wurde, verdankt sich zu großen Teilen Emil Jannings' berückender Skizzierung des Niedergangs und der gleichmütig-verruchten Sinnlichkeit Marlene Dietrichs. Titel der englischen Version: *The blue angel.*   *tk*

Das blaue Licht

Deutschland 1932

R: Leni Riefenstahl; A: Béla Balázs, Carl Mayer nach einer Idee von Leni Riefenstahl; K: Hans Schneeberger; D: Leni Riefenstahl, Mathias Wieman, Franz Maldacea, Max Holsboer, Beni Führer

Die Bewohner eines ärmlichen Dolomitendorfes halten das verwilderte Mädchen Junta (L. R.) für eine Hexe und geben ihr die Schuld am Tod mehrerer Burschen, die in Vollmondnächten abstürzten, als sie, von einem rätselhaften blauen Licht angezogen, den Monte Cristallo besteigen wollten. Als wieder einer zu Tode kommt, wollen die aufgebrachten Einwohner Junta steinigen, werden davon jedoch vom deutschen Maler Vigo (M. W.) abgehalten, der sich ihnen mutig in den Weg stellt. Von Junta fasziniert, folgt Vigo ihr in die Hütte des Hirtenjungen Guzzi (F. M.) und bleibt bei dem dankbaren Mädchen, dessen Sprache er jedoch nicht versteht. Zwischen den beiden entfaltet sich eine sonderbare Zuneigung. In der nächsten Vollmondnacht sieht auch Vigo das zauberhafte Licht und beobachtet, wie Junta die Felswand emporklettert, von der das blaue Licht strahlt. Mit Mühe kann er ihr in eine Kristallgrotte folgen, die durch den Mondschein das Naturereignis des blauen Lichts hervorruft. Am nächsten Morgen führt Vigo die Dorfbewohner zu dem Kristallschatz, in der Absicht, ihrer Armut abzuhelfen und Aufschluß über den natürlichen Ursprung des Lichts zu geben, um Junta von allen Verdächtigungen zu befreien. Nachdem die Dorfbewohner die Grotte geplündert haben, wird Vigo bei einem Festessen gefeiert. Doch am folgenden Tag findet er Junta tot unter den Felsen liegen – sie ist abgestürzt.

In Handlung und Bildsprache von lyrischem Empfinden und mystisch-symbolischer Gestaltungskraft geprägt, zeugt die international preisgekrönte Berglegende vom hohen ästhetischen Anspruch der Drehbuchautoren und der Regisseurin. Schneebergers Außenaufnahmen bemühen sich um authentische Wirkung, ihr Verismus findet ein Gegengewicht in der zuweilen kulissenhaften Starre der Interieurs. *tk*

Der Blaufuchs

Deutschland 1938

R: Viktor Tourjansky; A: Karl Georg Külb nach dem gleichnamigen Bühnenstück von Ferenc Herczeg; K: Franz Weihmayr; D: Zarah Leander, Willy Birgel, Paul Hörbiger, Jane Tilden, Karl Schönböck

Die attraktive Ungarin Ilona (Z. L.) ist mit dem weltfremden Wissenschaftler Stephan Paulus (P. H.) verheiratet. Dieser zeigt mehr Interesse an seinen Aquarien als an der Ehegattin. Paulus vergißt sogar den Hochzeitstag und den Blaufuchs, den er Ilona versprochen hat. Kein Wunder also, daß sie sich in den schneidigen Flieger Tibor Vary (W. B.) verliebt. Doch Tibor ist, wie sich herausstellt, ein Freund ihres Gatten und Gentleman genug, seine Gefühle für Ilona zu verbergen. Um Tibor zu provozieren, flirtet Ilona mit dem Tenor Trill (K. S.), den Vary daraufhin von seinem Hausboot weist. Inzwischen hat sich Lisi (J. T.), eine Mitarbeiterin von Paulus, in den Forscher verliebt, und dieser erwidert ihre Gefühle. Ilona trennt sich deshalb von ihrem Mann, will zuerst als Chansonette arbeiten. Als ihr jedoch Tibor einen Heiratsantrag macht, sagt sie freudig ja.

Der Film entstand wohl in erster Linie, um aus der Beliebtheit der beteiligten Schauspieler Profit zu ziehen. Birgel, Hörbiger und Leander garantierten ein großes Publikum. Die Schwedin Zarah Leander sang mit ihrer betörenden, dunklen Stimme »Von der Puszta will ich träumen« und »Kann denn Liebe Sünde sein?«; Karl Schönböck, der den selbstverliebten Tenor als Karikatur gab, steuerte »Mein Herz den Frau'n« bei. Daß der Unterhaltungswert den künstlerischen Gehalt übertrifft, liegt im Charakter solcher Produktionen. *tk*

Die Blechtrommel / Le tambour

BRD/Frankreich 1979

R: Volker Schlöndorff; A: Jean-Claude Carrière, Volker Schlöndorff, Franz Seitz jr. und Günter Grass (Dialog-Mitarbeit) nach dem gleichnamigen Roman von Günter Grass; K: Igor Luther; D: David Bennent, Angela Winkler, Mario Adorf, Daniel Olbrychski, Katharina Thalbach, Charles Aznavour

Anfang der zwanziger Jahre wird Oskar (D. B.) als Sohn mutmaßlich Alfred Matzeraths (M. A.) in Danzig geboren. Im Alter von drei Jahren beschließt er nach einem Sturz von der Kellertreppe, sein Wachstum aus Protest gegen die unzulängliche Welt der Erwachsenen einzustellen. Mit einer Blechtrommel verleiht er seinen Gefühlen Ausdruck; alle Versuche, sie ihm wegzunehmen, scheitern an Oskars »destruktivem Stimmorgan«, das selbst Glas zerspringen läßt. Mit Interesse verfolgt das »ewige Kind« den Aufstieg der Nazis und das Verhältnis seiner Mutter (A. W.) zu dem Polen Jan (D. O.), der vielleicht sein Vater ist. Im Lauf der Jahre wird Oskar – direkt oder indirekt – beinahe allen Menschen seiner Umgebung zum Verhängnis: seine Mutter und der jüdische Spielwarenhändler (C. A.) begehen Selbstmord, Jan wird bei Kriegsausbruch erschossen, Alfreds junge Geliebte (K. T.) bringt ein Kind Oskars zur Welt, Alfred selbst wird von seinem Sohn an die Russen ausgeliefert. Nachdem Oskar als Mitglied eines Liliputaner-

Fronttheaters den Krieg überlebt hat, beschließt er, wieder zu wachsen.

Oskars kritische Sensibilität ist der Katalysator dieser absurd-skurrilen und auf die Tradition des Schelmenstücks zurückgreifenden Handlung. Seine Kindheits- und Jugendgeschichte spiegelt die Genese des deutschen Faschismus wider, als dessen Ursachen auch Anpassung und Scheinmoral des Kleinbürgertums entlarvt werden. Der mit einem Oscar ausgezeichnete Film verdankt seinen Erfolg primär Schlöndorffs eindringlicher, teilweise auf grelle Effekte setzender Inszenierung.   *mp*

Die bleierne Zeit

BRD 1981

R: Margarethe von Trotta; A: Margarethe von Trotta; K: Franz Rath; D: Jutta Lampe, Barbara Sukowa, Rüdiger Vogler

Ein Film über die schwesterlichen Beziehungen der Pastorentöchter Juliane (J. L.) und Marianne (B. S.) und die unterschiedlichen Möglichkeiten, politische Veränderungen her-

*Die Blechtrommel
(David Bennent)*

beizuführen. Während Juliane als Teenager in den fünfziger Jahren mit Jeans, provozierenden Kommentaren zu Rilke-Gedichten und Solotanz gegen gesellschaftliche Konventionen und die protestantische Askese ihres autoritären Vaters rebelliert, bemüht sich dessen Lieblingstochter, die angepaßte Musterschülerin Marianne, bei den Auseinandersetzungen zwischen Schwester und Umwelt zu vermitteln. Zwanzig Jahre später sind die Rollen vertauscht: Für die polizeilich gesuchte Terroristin Marianne sind gesellschaftliche Veränderungen nur durch Gewalt möglich, während Juliane als Journalistin dafür mit der Feder kämpft. Am Ende zwingt Marianne Juliane ihr Leber auf: sie hinterläßt ihr ihren Sohn; nach Mariannes Tod im Hochsicherheitsgefängnis forscht Juliane so intensiv nach dessen Ursache, daß darüber die Beziehung zu ihrem Partner Wolfgang (R. V.) zerbricht.

Der Film (Goldener Löwe, Venedig 1981) ist Christiane, der Schwester der in den siebziger Jahren als Terroristin gesuchten Gudrun Ensslin gewidmet. Während die etablierte Kritik Betroffenheit zeigte, deklarierten politisch engagierte Feministinnen ihn zur »zielstrebig verfilmten Lebenslüge« und »posthumen Rache der älteren Schwester Christiane an ihrer jüngeren Schwester« (Charlotte Delorme).   *hc*

Ein blonder Traum

Deutschland 1932

R: Paul Martin; A: Walter Reisch, Billie (Billy) Wilder; K: Günther Rittau, Otto Baecker, Konstantin Irmen-Tschet; D: Lilian Harvey, Willy Fritsch, Willi Forst, Paul Hörbiger, Trude Hesterberg, C. Hooper Trask

Willy I (W. Fr.) und Willy II (W. Fo.) arbeiten als Fensterputzer. Als sie der jungen, hübschen Jou-Jou (L. H.) begegnen, laden sie die obdachlose Artistin, die nach Hollywood will, in ihre ›Wohnung‹, zwei ausrangierte Bahnwagen, ein. Dort wohnt auch der gemütvolle Stadtstreicher ›Vogelscheuche‹ (P. H.), der bald erkennt, daß die Freundschaft in die Brüche gehen muß, weil beide Willys sich in den ›blonden Traum‹ verliebt haben. Er überredet

Ein blonder Traum (Willi Forst, Lilian Harvey, Willy Fritsch)

Jou-Jou, das neue Zuhause zu verlassen. Sie geht in die amerikanische Botschaft, wo ihr der Manager Merryman (C. H. T.) ein kleines Engagement verschafft. Inzwischen ist der Streit zwischen den Freunden eskaliert, doch Willy II kommt zur Vernunft. Er stürzt zu Merryman und liest dem Amerikaner die Leviten über den verwerflichen Star-Rummel. Der Manager ist begeistert von der Vehemenz des Vortrags und stellt Willy II als Generalsekretär ein. Inzwischen hat Jou-Jou wegen eines Alptraums ihren Filmplänen abgeschworen; sie tut sich mit Willy I zusammen, den sie liebt, und dem Willy II das Glück an Jou-Jous Seite gönnt.

Harvey, Fritsch, Forst und Hörbiger glänzen in einer musikalischen Komödie mit funkensprühendem Witz. Unzählige Gags und liebevolle Nebenrollen (wie der Clochard ›Vogelscheuche‹) prägen dieses eskapistische ›Depressions-Musical‹, das die Handschrift Billy Wilders und Walter Reischs trägt. In Paul Martin stand ihnen ein Könner zur Seite, der die genrespezifischen Gesetzlichkeiten beherrschte wie wenige in Berlin. Titel der französischen Version: *Un rêve blond*, der englischen Version: *Happy ever after*.   *tk*

Der Bockerer

Österreich/BRD 1981

R: Franz Antel; A: Kurt Nachmann und H. C. Artmann (Dialog-Mitarbeit) nach dem gleichnamigen Bühnenstück von Ulrich Becher und Peter Preses; K: Ernst W. Kalinke; D: Karl Merkatz, Ida Krottendorf, Georg Schuchter, Heinz Marecek, Sieghardt Rupp, Alfred Böhm

Wien nach dem Einmarsch deutscher Truppen. Der Anschluß Österreichs und die Gleichschaltung der Ostmark verändern auch das Leben des Fleischhauers Karl Bockerer (K. M.): Sein Freund, der jüdische Anwalt Dr. Rosenblatt (H. M.), muß emigrieren, Sohn Hans (G. S.) gibt sich als Mitglied der SA zu erkennen. Bokkerer reagiert auf die »neue Ordnung« mit Spott und passivem Widerstand. Von der Gestapo wird er deswegen verhört. Hans ändert seine politische Einstellung erst, nachdem ein Freund (S. R.) der Familie durch seinen Verrat im Konzentrationslager Dachau umgebracht wird. Diesen Gesinnungswandel vergelten die Behörden mit dem Einberufungsbefehl; Hans fällt bei Stalingrad. Karl Bockerer wird nach Kriegsende ernsthaft krank. Er erholt sich jedoch wieder, als er erfährt, daß er einen Enkel hat. Dessen Mutter ist bei einem Bombenangriff ums Leben gekommen, Karl und seine Frau (I. K.) nehmen sich des Waisen an.
Der Film reflektiert die Verhaltensweisen und den tragikomischen Reifungsprozeß »des Wieners« Bockerer und ist sowohl zeitgeschichtliche Satire wie lebensnahe Farce. Seinen auch internationalen Erfolg verdankt diese Ausnahme-Produktion des Routiniers Antel vor allem der glaubwürdigen Verwendung des Wiener Idioms, der stilisierten Darstellung seines Milieus sowie den überzeugenden Schauspielern.   *mp*

Das Boot

BRD 1981

R: Wolfgang Petersen; A: Wolfgang Petersen nach dem gleichnamigen Roman von Lothar-Günther Buchheim; K: Jost Vacano; D: Jürgen Prochnow, Herbert Grönemeyer, Klaus Wennemann, Erwin Leder, Hubert Bengsch

Filmfassung eines mit fiktiven Elementen versetzten Berichts über eine Feindfahrt des U-Boots U 96 im Atlantik vom 19. 10. bis 27. 12. 1941. Der Einsatz unter dem Kommando des kriegserfahrenen »Alten« (J. P.) wird aus der Perspektive eines Marineberichterstatters (H. G.) gezeigt: forciert-ausgelassenes Besäufnis zur Betäubung der Angst am Abend vor der Ausfahrt; tagelange, lähmende Langeweile während der Suche nach dem Feind; Torpedierung eines Frachters und plötzliche Erkenntnis, daß dessen Mannschaft noch an Bord ist; Warten auf den möglichen Tod im Hagel feindlicher Wasserbomben; Befehl und Versuch, die schwer befestigte Meerenge von Gibraltar zu durchbrechen; Todesangst im getroffenen, auf dem Meeresboden festliegenden U-Boot; Heimkehr nach La Rochelle unter dem Angriff feindlicher Fliegerverbände, der einen großen Teil der Besatzung das Leben kostet.
Ursprünglich 1976 von einer Abschreibungsgesellschaft mit amerikanischer Starbesetzung geplant, kam das Projekt fünf Jahre und drei Drehbücher später als teuerstes Unternehmen der deutschen Filmgeschichte in die Kinos. Autor Buchheim beklagte nach der Premiere die seines Erachtens zu zahlreichen, billigen Unterhaltungseffekte und die mangelnde Vermittlung der Greuel des Krieges. Der Film und seine gut doppelt so lange Fernsehfassung führten in Deutschland zu ausgiebigen Debatten über filmische Darstellungen des Zweiten Weltkriegs aus deutscher Sicht und ohne ausdrückliche Bezugnahme auf das Regime der Zeit. Das Ausland reagierte entspannter. *Das Boot* wurde ein internationales Geschäft, erhielt sechs Oscar-Nominierungen und von den Briten den Broadcasting Press Guild Award für die beste Fernsehserie.   *hc*

Das Boot (Erwin Leder)

Das Boot ist voll

Schweiz/BRD/Österreich 1981

R: Markus Imhoof; A: Markus Imhoof;
K: Hans Liechti; D: Tina Engel, Hans Diehl,
Martin Walz, Curt Bois, Ilse Bahrs, Gerd David,
Renate Steiger, Mathias Gnädinger

1942 gelingt einer Flüchtlingsgruppe aus Deutschland die Flucht in die Schweiz. Die Flüchtlinge, die von der Wirtin Anna (R. S.) aufgenommen werden, sind vom Zufall zusammengeführt worden: der greise Wiener Jude Ostrowskij (C. B.), seine 11jährige Enkelin, der deutsche Deserteur Karl Schneider (G. D.), ein französischer Waisenjunge, die deutsche Jüdin Judith Krüger (T. E.) und ihr Bruder Olaf (H. D.). Anna steht den Flüchtlingen mit Nahrung und Unterstützung bei. Ihr Gatte Franz (M. G.) ist den Fremden gegenüber anfänglich mißtrauisch. Als ihm jedoch ihr Leid bewußt wird, hilft er tatkräftig mit. Die Schweizer Behörden gewähren Menschen, die aufgrund ihrer Rasse verfolgt werden, jedoch kein Asyl.

Die Stimmung im Dorf schwankt zwischen Gleichgültigkeit, Mitleid und Haß auf die ausländischen »Parasiten«. Die Flüchtlinge werden verhaftet, Olaf und Karl auf einem Lastwagen angekettet und in ein Internierungslager gebracht. Ostrowskij, Judith und die Kinder werden an die Grenze geleitet. Ein Fluchtversuch mit Franzens Hilfe mißlingt. Judith, Ostrowskij und dessen Enkelin werden über die Grenzbrücke ins Dritte Reich zurückgeschickt. Sie sterben später im Konzentrationslager Treblinka.

In ruhigen, dokumentarisch anmutenden Szenen erstellte Imhoof eine exakte Skizze der schweizerischen Asylpraxis während des Zweiten Weltkriegs. Ohne Polemik, dafür um so eindringlicher stellt der Film auch grundsätzliche Fragen nach dem Umgang mit politisch Verfolgten und nach dem Prinzipien einer konsequenten Menschlichkeit. Bei der Berlinale 1981 wurde Imhoofs Film preisgekrönt mit dem Silbernen Bären für das beste Drehbuch und die beste Schauspielerführung sowie mit zahlreichen weiteren Auszeichnungen; er erhielt eine Nominierung für den Oscar als bester nicht-englischsprachiger Film.   *tk*

Boykott

Deutschland 1930

R: Robert Land; A: Alfred Schirokauer,
Robert Land, Eugen Kürschner nach der
gleichnamigen Novelle von Arnold Ulitz;
K: Franz Koch; D: Ernst Stahl-Nachbaur, Lil
Dagover, Rolf von Goth, Theodor Loos, Erich
Nuernberger

Unter dem Verdacht, Millionen in die eigene
Tasche gewirtschaftet zu haben, wird Bauunternehmer Haller (E. S.-N.), ein stadtbekann-
ter Wohltäter, verhaftet. Hallers Sohn Erich
(R. v. G.), ein Oberprimaner, wird daraufhin
von seinen Mitschülern boykottiert. Am feind-
seligsten äußert sich Herbert von Pahl (E. N.),
der sagt, er würde sich umbringen, hätte sein
Vater unehrenhaft gehandelt. Dadurch verunsichert, denkt Erich an Selbstmord, erhält jedoch Beistand durch die Schwester eines anderen Mitschülers. Als bekannt wird, daß auch
Herberts Vater in die Affäre verwickelt ist,
nimmt dieser sich tatsächlich das Leben. Nun
besucht Erich seinen Vater im Gefängnis, um
von ihm Auskunft zu verlangen. Doch er stößt
nur auf Hohn und Zynismus, auch seine Stiefmutter (L. D.) kann ihm keinen Halt geben.
Nun will Erich doch Hand an sich legen, aber
sein Klassenlehrer (T. L.) vermag ihm neuen
Lebensmut einzuflößen.
Diese Auseinandersetzung mit dem übertrie-
benen Ehrbegriff von Oberprimanern erhielt
gesellschaftliche Tiefenschärfe durch die Gegenüberstellung von zynischem Unternehmer
und engagiert-verständnisvollem Klassenlehrer, der von seinen eigenen Kollegen belächelt
wird, ein schlimmeres Drama jedoch verhindert. Besonders Loos, von Goth und Dagover
überzeugen in der soliden Inszenierung des
Routiniers Robert Land.   *tk*

Brand in der Oper

Deutschland 1930

R: Carl Froelich; A: Walter Reisch, Walter
Supper; K: Fritz Arno Wagner, Reimar Kuntze;
D: Alexa von Engström, Gustaf Gründgens,
Gustav Fröhlich, Julius Falkenstein

An einem Opernhaus ist die weibliche Hauptrolle in *Hoffmanns Erzählungen* von Jacques Offenbach zu vergeben. Otto van Lingen (G. G.),
der reiche Mäzen des Theaters, will der Chor-
sängerin Floriane Bach (A. v. E.) die Rolle verschaffen, da er ein Auge auf sie geworfen hat.
Dies gelingt van Lingen mit Hilfe seines Sekre-
tärs Faber (G. F.). Als Floriane sich dem Förde-
rer gegenüber im Séparée erkenntlich zeigen
soll, läuft sie jedoch davon und macht Faber
für die widerliche Szene verantwortlich. Bei
der Premiere reüssiert Floriane, doch ein technischer Defekt führt zum Brand in der Oper.
Die Zuschauer fliehen in Panik. Faber und van
Lingen suchen Floriane und finden sie ohnmächtig. Nachdem sie die Sängerin in Sicherheit gebracht haben, zieht sich der Mäzen diskret zurück, denn er hat bemerkt, daß Floriane
und Faber einander lieben. Diesem Glück will
er nicht im Wege stehen.
Auf der Grundlage erfrischend beiläufiger
Dialoge und unterstützt von einem äußerst
präsenten Hauptdarstellertrio bewies Carl
Froelich mit seiner zweiten Tonfilmregie, daß
er die inszenatorischen und technischen Vorgaben des neuen Mediums spielend zu handhaben verstand.   *tk*

Der brave Sünder

Deutschland 1931

R: Fritz Kortner; A: Alfred Polgar, Fritz Kortner
nach Polgars Bühnenstück *Die Defraudanten*
und einem Manuskript von Polgar und
Max Pallenberg; K: Günther Krampf; D: Max
Pallenberg, Josefine Dora, Dolly Haas, Heinz
Rühmann, Peter Wolff, Fritz Grünbaum

Oberkassierer Pichler (M. P.), seit einer Ewigkeit bei seiner Firma tätig, erhält den Auftrag,
Lohngelder von der Bank abzuholen und Direktor Härtl zu bringen, der die Summe nach
Wien mitnehmen will. Um kein Risiko einzugehen, läßt sich Pichler von seinem Unterge-
benen Wittek (H. R.) begleiten, der ein Auge auf
Pichlers Tochter Hedwig (D. H.) geworfen hat.

Da Härtl bereits abgereist ist, beschließt Pichler, ihm mit dem Geld nach Wien zu folgen. Dort macht er sich mit Wittek auf die Suche nach Härtl, findet ihn jedoch nicht, sondern landet in der »Engel-Bar«. Am nächsten Morgen erinnern sich die beiden Herren nur ungern an die wilde Nacht, die sie im Zimmer einer farbigen Tänzerin verbracht haben. Sie haben einen Großteil des Geldes verpraßt und sehen nur noch einen Ausweg, um der Schmach zu entgehen: sich umzubringen. Bevor sie ihr Vorhaben jedoch umsetzen können, entdecken sie ein Fahndungsplakat mit Härtls Name. Der Direktor hat eine große Summe unterschlagen und befindet sich auf der Flucht. Damit sind Pichler und Wittek aus dem Schneider, denn niemand weiß, daß die Lohngelder Härtl nie erreicht haben. Pichler steigt zum provisorischen Direktor der Firma auf und erteilt Wittek die Erlaubnis, Hedwig zu heiraten.

Die einzige Filmrolle, die der glänzende Komiker Max Pallenberg vor seinem tödlichen Unfall 1934 übernahm, bot ihm die Möglichkeit, sein Können breit auszuspielen. Assistiert von jungen Heinz Rühmann, der nicht viel mehr als Begleiter und Stichwortgeber war, diese Funktion aber ideal ausfüllte, verhalf er Fritz Kortners Regiedebüt zu einem großen Kritikererfolg. *ik*

■■■
Brennendes Geheimnis

Deutschland 1933

R: Robert Siodmak; A: Friedrich Kohner, Alfred Polgar nach der gleichnamigen Novelle von Stefan Zweig; K: Robert Baberske, Richard Angst; D: Willi Forst, Hilde Wagen, Hans-Joachim Schaufuß, Alfred Abel, Lucie Höflich

Edgar (H. J. S.) ist der zwölfjährige Sohn eines Rechtsanwaltes (A. A.) und dessen Frau (H. W.). Mit seiner Mutter fährt er in die Schweiz auf Urlaub, wo sie den eleganten Baron von Haller (W. F.) kennenlernen. Dieser macht sich Edgars Begeisterung für seine Karosse zunutze, um sich der Anwaltsgattin zu nähern. Sie scheint einem amourösen Abenteuer nicht abgeneigt zu sein, weshalb Haller seine Avancen intensiviert. Edgar beginnt, das Spiel zwischen dem Baron und seiner Mutter zu durchschauen, und fühlt sich zurückgesetzt. Vor einem Treffen der beiden Erwachsenen zerstört er die Windschutzscheibe von Hallers Auto und verschwindet spurlos. Dieses Erlebnis bringt die Mutter zur Besinnung, sie reist nach Hause, wo Edgar bereits bei seinem Vater weilt. Den Anlaß seiner vorzeitigen Abreise verschweigt Edgar dem Vater.

Die Adaption einer Stefan-Zweig-Novelle bot Siodmak Gelegenheit, die inneren Konflikte und altersbedingten Blicke eines Jungen auf die Welt der Erwachsenen subtil und einfühlsam in Szene zu setzen. Daher ist *Brennendes Geheimnis* wohl sein bester deutscher Film, dem allein wegen der Zeitumstände – die Premiere fand kurz nach der NS-Machtergreifung statt – der Erfolg versagt blieb. In der künstlerischen Entwicklung des Regisseurs – er emigrierte 1933 nach Frankreich, später nach Amerika – steht dieser Film für die Hinwendung zu einer exakten psychologischen Durchdringung des Stoffs, was eine von Siodmaks größten Stärken werden sollte. *tk*

■■■
Das Brot der frühen Jahre

BRD 1962

R: Herbert Vesely; A: Herbert Vesely und Leo Ti nach der gleichnamigen Erzählung von Heinrich Böll; K: Wolf Wirth; D: Christian Doermer, Karen Blanguernon, Vera Tschechowa, Eike Siegel

Der Elektromonteur Walter Fendrich (C. D.) arbeitet im Servicedienst der Firma Wickweber. Waschmaschinen zu reparieren ist seine Hauptaufgabe, die er zügig und zur Zufriedenheit der Kunden erfüllt. Walter ist mit Ulla Wickweber (V. T.), der Tochter seines Chefs, liiert. Der weitere Verlauf seines Lebens scheint vorgezeichnet, die Aufstiegschancen sind beträchtlich. Doch als Walter seine zwanzigjährige Jugendfreundin Hedwig Muller (K. B.), die er seit Jahren nicht mehr gesehen hat, vom Bahnhof abholt, verändert sich für ihn alles. Plötzlich merkt er, wie wenig spontan und sinnvoll sein durchorganisiertes Leben ist. Hals über Kopf verliebt er sich in Hedwig und vergißt alle Kunden, die auf die Reparatur ihrer Waschmaschinen warten. Es wird nach dem abgängigen Monteur gesucht. Von der verständnislosen Ulla trennt Walter sich noch am Tag von Hedwigs Ankunft. Danach will er Hedwig auf sein Zimmer mitnehmen, doch seine Zimmerwirtin (E. S.) untersagt den Damenbesuch. So vergnügen sich Hedwig und Walter, für den ein neues Leben begonnen hat, in der Stadt.

Der erste abendfüllende Spielfilm des zuvor mit experimentellen Kurzfilmen an die Öffentlichkeit getretenen Herbert Vesely zeichnete sich durch die engagierte Suche nach neuen Formen filmischen Erzählens aus. Ungewohnte Kamerapositionierung und -bewegungen, rasante Montage und originelle Bildkompositionen bewiesen Veselys Auseinandersetzung mit innovativen visuellen Ausdrucksformen abseits konventioneller Muster.   *tk*

Das Brot des Bäckers

BRD 1976

R: Erwin Keusch; A: Erwin Keusch, Karl Saurer; K: Dietrich Lohmann; D: Bernd Tauber, Günter Lamprecht, Maria Lucca, Sylvia Reize, Anita Lochner, Manfred Seipold

Werner Wild (B. T.) tritt bei Georg Baum (G. L.), einem traditionsbewußten Bäckermeister, eine Lehre an. Durch die sympathische Art des Lehrmeisters verliert Werner bald seine Schüchternheit, zudem ist ihm der Familienanschluß bei Baums Gattin (M. L.) und den Söhnen Rudi und Georg sehr angenehm. Werner fühlt sich in der fränkischen Kleinstadt wohl. Noch wohler fühlt er sich, als er die junge Margot (A. L.) kennen- und liebenlernt. Doch die Idylle bekommt Risse, was Werner zunächst allerdings nicht bemerkt. In der Freundschaft zu Margot zeigen sich erste Probleme. Vor allem aber ist die Bäckerei in ihrer Existenz durch einen neueröffneten Supermarkt gefährdet. Bäcker Baum bleibt nichts anderes übrig, als sich zu verschulden und die Backstube durch eine maschinelle Backstraße zu rationalisieren. Seine Söhne und der zweite Geselle Kurt (M. S.) verlassen die Bäckerei. Nach Ab-

lauf der Lehrzeit geht auch Werner in die Stadt, da dort Margot und seine Freunde leben. Von der einsamen, monotonen Maschinenarbeit zermürbt, entlädt sich die Verzweiflung des Bäckermeisters in einem Gewaltakt: Er bricht in den Supermarkt ein und verwüstet die Abteilung mit den Backwaren. Durch diesen Skandal scheint das Ende der Bäckerei Baum festzustehen. Doch Rudi, Georg und Werner kommen aus der Stadt, um dem angefeindeten Bäckermeister zu helfen. Am Ende beschließen die drei, zu bleiben und die Bäckerei mit vereinten Kräften weiterzuführen.

Der erste abendfüllende Spielfilm des Dokumentaristen Keusch verbindet das Porträt seines heranwachsenden Protagonisten mit exakter Milieuzeichnung und einer sozio-ökonomischen Studie über die Verdrängung von Kleinbetrieben in differenzierter und erstaunlich unterhaltsamer Weise. Die komplizierte Thematik resultiert nicht in einem papierenen Thesengerüst, sondern einem atmosphärisch stimmigen, heiter-philosophischen Film, der bei Publikum und Presse großen Erfolg verbuchen konnte. Der Kritiker der *Financial Times* ließ sich zu dem schönen Urteil hinreißen: »Was *Moby Dick* für den Walfang ist, ist dieser Film fürs Brotbacken«.   *tk*

Der Bruch

DDR 1989

R: Frank Beyer; A: Wolfgang Kohlhaase; K: Peter Ziesche; D: Götz George, Rolf Hoppe, Otto Sander, Hermann Beyer, Jens-Uwe Bogadtke, Gerhard Hähndel, Ulrike Krumbiegel, Volker Ranisch, Thomas Rudnick, Angelika Waller

Im Nachkriegs-Berlin des Jahres 1946 planen der Kellner, Frauenheld und Möchtegern-Gangster Graf (G. G.) und der Gelegenheitsgauner Lubowitz (O. S.) den Coup ihres Lebens, für den sie den ehemals berüchtigten Tresorknacker Bruno Markward (R. H.) – zur Zeit Beerdigungsredner – gewinnen. Nach dem gut vorbereiteten aber weniger professionell ausgeführten Einbruch in der Reichsbahnhauptkasse, wo sie 1,4 Millionen an Lohngeldern erbeuten, werden sie schließlich von der eifersüchtigen Ehefrau Grafs (A. W.) verraten und von dem mit Anfangsschwierigkeiten kämpfenden, uneinigen Kriminalistentrio Biegel (G. H.), Lotz (J.-U. B.) und Kollmorgen (H. B.) geschnappt. Drei junge Leute, die nach dem Krieg auch endlich ›leben wollen‹, geraten noch zwischen die Fronten: die kinobegeisterte Tina (U. K.), die sich von Graf aushalten läßt, und Julian (V. R.) sowie Bubi (T. R.), zwei Freunde, die sich um Tina bemühen, die sie aber zu jung findet.

Wolfgang Kohlhaase ließ sich zu dieser stilvollen Kriminalkomödie mit deutsch-deutscher Starbesetzung über das Lebensgefühl der Nachkriegszeit von einem authentischen Fall aus dem Jahre 1951 anregen. Der Film erreicht seine Wirkung weniger als reißerische Story, sondern durch die Erzählweise: mit nachdenklicher Situationskomik, prägnanten, witzig-pointierten Dialogen und spielerisch-unterhaltsamem Einsatz von Genremustern. Seine Macher verstehen ihn als Reaktion auf die sich zuspitzende Kinorealität, den Zulauf von immer mehr Leuten in immer weniger, zumeist große amerikanische Unterhaltungsproduktionen.   *rrs*

Die Brücke

BRD 1959

R: Bernhard Wicki; A: Michael Mansfeld, Karl-Wilhelm Vivier (d. i. Heinz Pauck) und Bernhard Wicki nach dem gleichnamigen Roman von Manfred Gregor; K: Gerd von Bonin, Horst Fehlhaber; D: Fritz Wepper, Günter Pfitzmann, Wolfgang Stumpf

Sieben Jungen werden noch im April 1945 zur Wehrmacht eingezogen. Der erste Ausbildungstag beginnt für sie im Glauben, die Schule gegen ein Abenteuer eingetauscht zu haben. Abends wird Alarm gegeben; die Amerikaner sind durchgebrochen. Auf Intervention ihres Lehrers (W. S.) werden sie von der Front ferngehalten – ein Unteroffizier (G. P.) soll mit ihnen die Brücke ihrer Heimatstadt bis zur Sprengung sichern. Doch in der Nacht wird der Unteroffizier als vermeintlicher Deserteur von Feldgendarmen erschossen. Nachdem einer der Jugendlichen bei einem Fliegerangriff getötet worden ist, stellt sich die Gruppe, von Rache und nationaler Begeisterung getrieben,

Die Brücke (Karl Michael Balzer, Frank Glaubrecht, Volker Lechtenbrink, Michael Hinz, Günther Hoffmann, Fritz Wepper, Volker Bohnet)

im Morgengrauen den feindlichen Panzern entgegen. Nur unter großen Verlusten kann der Angriff zurückgeschlagen werden. Als das Sprengkommando den zwei überlebenden, verstörten Jungen die Sinnlosigkeit ihres Einsatzes vorwirft, kommt es zu einem Schußwechsel. Der letzte Überlebende (F. W.) der Gruppe bleibt verloren zurück.

Bernhard Wickis Spielfilmdebüt skizziert in eindringlicher Weise sowohl die von Angst und Hoffnung bestimmte Atmosphäre der letzten Kriegstage als auch das psychologische Porträt einer von Ideologie und pubertärer Abenteuerromantik beeinflußten Jugend. Dem auch international äußerst erfolgreichen Film gelang unter Verzicht auf gängige Genreklischees die treffende Analyse der Auswirkungen des Krieges, der ebenso drastisch wie unpathetisch dargestellt wird. *mp*

■

Brüder ⓢ

Deutschland 1929

R: Werner Hochbaum; A: Werner Hochbaum; K: Gustav Berger; D: Laiendarsteller

Hamburg, Winter 1896. Die alte Mutter bereitet dem Hafenarbeiter das Frühstück, seine Frau hat Tuberkulose, die kleine Tochter erwacht. Die aufreibende Arbeitsschicht dauert 36 Stunden. Als ein Arbeiter zusammenbricht, wird er vom Vorarbeiter brutal angetrieben. Während einer Pause wählen diskutierende Arbeiter eine Abordnung, die eine Lohnerhöhung einfordert – vergeblich. Nach dem Schichtwechsel kommen Arbeiter und ein Gewerkschaftsführer in die Wohnung des Hafenarbeiters und beschließen einen Streik. Die verschiedenen Abteilungen des Hafenpersonals stimmen zu. Wochenlanger Streik. Die soziale Not wird noch größer. Der Bruder des Arbeiters, ein Polizist, kommt zu Besuch; die beiden zerstreiten sich. Als der Arbeiter am Weihnachtstag verhaftet wird, läßt ihn der Bruder jedoch frei und quittiert den Dienst. Ein brutaler Polizeieinsatz treibt demonstrierende Arbeiter auseinander. Der Hafenarbeiter wird erneut verhaftet, beruhigt die Menge, die ihn schützen will. Als er im Gefängnis vom Zusammenbruch des Streiks hört, resigniert er nicht. Die flatternde rote Fahne beendet den Film

Unter den deutschen Beiträgen zu einem proletarischen Kino der Weimarer Jahre nimmt Werner Hochbaums inhaltlich wie formal erstaunliches Debüt eine Sonderstellung ein. Eine an Eisenstein orientierte Handlungsentwicklung und deutlich um Authentizität bemühte Schilderung der proletarischen Arbeits- und Wohnsituation sowie die Darstellung des Gegensatzes zwischen Streikenden und Staatsgewalt, all das zeigt, wie ein politisch und ästhetisch gleichermaßen Interessierter engagiert Partei zugunsten der Arbeiterschaft ergreifen konnte, wirklichkeitsnah und ohne papierene Didaktik. *tk*

■

Die Brüder

BRD 1977

R: Wolf Gremm; A: Wolf Gremm unter Mitverwendung der Kurzgeschichte *The little girl eater* von Septimus Dale; K: Jost Vacano; D: Klaus Löwitsch, Doris Kunstmann, Erika Pluhar, Georges Wilson, Peter Sattmann, Christian Bzik

Die attraktive Rachel Fachmin (E. P.), zweite Gattin eines in die Jahre gekommenen Landarztes (G. W.), betrügt diesen mit ihrem Stiefsohn, dem arrivierten Juristen Frank (K. L.). Rachels neunjähriger Sohn Roman (C. B.) kommt hinter das Geheimnis und will Frank umbringen. Doch in die Badewanne, die Roman unter Strom gesetzt hat, steigt Rachel und ist hinfort an den Rollstuhl gefesselt. Im Jahr 1976, Roman (nun P. S.) ist mittlerweile 22 Jahre alt, setzt Rachel kurz vor dem Tod ihren Sohn und den früheren Geliebten darüber in Kenntnis, daß Roman in Wirklichkeit Franks Sohn ist. Doch Frank ist zum Rauschgiftsüchtigen heruntergekommen, auch seine Frau Sandra (D. K.) kann ihm nicht genügend Halt geben, um die Sucht zu überwinden. Frank tötet einen Polizisten und läßt sich anschließend von einem Bekannten erschießen. Roman aber hat sich in Sandra, seine Stiefmutter, verliebt.

Wolf Gremms mit melodramatischen Elementen durchsetzter Familien-Thriller war einer der größten Kassenerfolge, die der Neue deutsche Film bis dahin vorzuweisen hatte. Trotzdem: Die aufgesetzt und abstrus verknoteten familiären Liebesbeziehungen im Drehbuch wurden auch durch die Inszenierung nicht glaubwürdig vertieft. So vermag nur der Kontrast zwischen dem Spiel Erika Pluhars, die der ruhende Pol inmitten aufgeregter Dramatik ist, und den leidenschaftlich-eruptiven Ausbrüchen Klaus Löwitschs zu interessieren. *tk*

■■■
Die Brüder Schellenberg ⓢ

Deutschland 1926

R: Karl Grune; A: Willy Haas, Karl Grune nach dem gleichnamigen Roman von Bernhard Kellermann; K: Karl Hasselmann, Karl Buhlmann; D: Lil Dagover, Conrad Veidt, Liane Haid, Werner Fuetterer

Die Brüder Schellenberg (beide: C. V.) besitzen zwei grundverschiedene Charaktere. Der Börsianer Wenzel, ein skrupelloser Machtmensch, verführt die vertrauensselige Schauspielerin Jenny Florian (L. H.), die mit dem Arbeiter Georg (W. F.) verlobt ist. Doch er läßt Jenny bald wieder fallen, um Esther (L. D.), eine Tochter aus reichem Hause, zu heiraten. Esther ehelicht ihn indes nur, um ihren Geliebten aus Schwierigkeiten zu befreien, und verweigert sich ihrem Gatten. Der erwürgt sie darauf in einem Anfall von Eifersucht. Über seine Tat schockiert, bricht er neben der Toten zusammen und wird wahnsinnig. Sein Bruder Michael dagegen ist ein Idealist und Menschenfreund, der eine Siedlung für Arbeitslose errichtet und sich um die Armen und Hoffnungslosen kümmert. Wo er nur kann, wehrt er sich gegen die Teilnahmslosigkeit der Reichen am Leid der Hilfsbedürftigen. So nimmt er Georg bei sich auf, als dieser bei einem Arbeitsunfall schwer verletzt wird. Jenny findet zu ihrem früheren Verlobten zurück, und gemeinsam führen sie in Michaels Kolonie ein glückliches Leben.

In pädagogischer Absicht verbindet dieser Film (wie die Romanvorlage) Elemente der Trivialliteratur mit solchen des Entwicklungsromans und den Impulsen sozialer Reformbestrebungen. Zeitnah und -kritisch ist er vor allem in der Charakterzeichnung des geld- und machtgierigen Aufsteigers, während die humanistische Gegenposition naiv und vage bleibt. So lebt der Film von Conrad Veidts genialer Darstellungskunst, die sich hier schon der Neuen Sachlichkeit verpflichtet weiß. *tk*

■■■
Buddenbrooks (Teil 1 und Teil 2)

BRD 1959

R: Alfred Weidenmann; A: Erika Mann, Harald Braun, Jacob Geis nach dem gleichnamigen Roman von Thomas Mann; K: Friedl Behn-Grund; D: Liselotte Pulver, Hansjörg Felmy, Nadja Tiller, Hanns Lothar, Lil Dagover, Werner Hinz, Rudolf Platte, Maria Sebaldt

Teil 1: Familie Buddenbrook gehört zu den alteingesessenen Lübecker Geschlechtern. Ihre wirtschaftliche Stellung verdankt sie einer langen Kaufmannstradition. Zum Nutzen des väterlichen Handelshauses heiratet die junge Tony Buddenbrook (L. P.) nicht den Studenten, den sie liebt, sondern einen reichen Geschäftsfreund des Vaters. Doch dieser macht Konkurs und verbraucht Tonys Mitgift; die Ehe wird geschieden. Mittlerweile hat Thomas Buddenbrook (H. F.) die Leitung des Familienunternehmens übernommen, nachdem Konsul Buddenbrook (W. H.), von einem Stein am Kopf getroffen, gestorben ist. Weder die Mutter (L. D.), die in Frömmlerei Halt sucht, noch der sonderbare Bruder Christian (H. L.) sind ihm dabei eine große Hilfe. Für Thomas hat damit der Ernst des Lebens begonnen, weshalb er sich von seiner Jugendliebe, einem Blumenmädchen, trennt, um die reiche Amsterdamer Kaufmannstochter Gerda Arnoldsen (N. T.) zu heiraten.
Teil 2: Thomas Buddenbrook hat Probleme bei der Leitung des Familienunternehmens. Seine Frau gibt sich zudem allzu innig mit einem Verehrer ab. Bruder Christian heiratet eine Soubrette und Lebedame (M. S.) und wird später in ein Sanatorium eingewiesen. Tonys zweite Ehe ist ebenfalls unglücklich und wird

wiederum geschieden. Die alte Mutter stirbt, kurz bevor die Firma Buddenbrook ihr hundertjähriges Jubiläum feiert. Thomas verliert bei einem Spekulationsgeschäft viel Geld; schlimmer jedoch ist, daß sein Sohn, der Stammhalter der Familie, stirbt. Kurz darauf bricht auch Thomas, soeben zum Senator gewählt, tot zusammen. Die Ära Buddenbrook ist zu Ende.

In zwei abendfüllenden Filmen – die auch in einem gerafften Einteiler ausgewertet wurden – ließ eine vorzügliche Besetzung die Familiengeschichte des Hauses Buddenbrook Revue passieren. Thomas Manns Panorama vom Niedergang einer Epoche konnte freilich nur stark verknappt wiedergegeben werden – das Szenaristenteam entschied sich für eine Entwicklungsskizze des Buddenbrookschen Privatlebens. Daß die Verfilmung dennoch atmosphärisch dicht die hanseatische Patrizierwelt bebildert, liegt nicht zuletzt an den hervorragenden Bauten Robert Herlths, der dafür mit einem Bundesfilmpreis ausgezeichnet wurde.   *tk*

Regisseur Klick verliert kein Wort über Motiv oder Gründe für den schockierenden Mord, dessen Brutalität durch das Alter des Täters und die Selbstverständlichkeit. mit der das Geschehen abläuft, an die Grenzen des Erträglichen geht. Er läßt die Bilder aus dem scheinbar normalen Vorstadtmilieu einer Großstadt für sich sprechen. Ein Debüt-Film, der unter die Haut geht.   *hc*

Bübchen (Der kleine Vampir)

BRD 1969

R: Roland Klick; A: Roland Klick; K: Robert van Ackeren; D: Sascha Urchs, Renate Roland, Sieghardt Rupp, Edith Volkmann

Eigentlich sollte Teenager Monika (R. R.) auf die kleine Katrin und deren Bruder Achim (S. U.) aufpassen, während ihre und Achims Eltern aufs Betriebsfest gehen. Doch dann kommt ihr Freund, den sie kennt, seit sie vier Monate vorher zum ersten Mal mit ihm geschlafen hat. Da sie Achim sowieso nicht mag, weil er immer lügt, läßt sie ihn und sein Schwesterchen allein. Der verschlossene, stets verstockt wirkende Junge stülpt der Kleinen eine Plastiktüte über den Kopf, so daß sie erstickt. Anschließend bringt er das tote Kind mit einem Bollerwagen auf eine Müllhalde. Was wirklich mit der verschwundenen Katrin passiert ist, werden Eltern und Polizei nie erfahren, auch der Vater nicht, der die Leiche Katrins im Kofferraum eines Schrottautos findet.

C

Das Cabinet des Dr. Caligari Ⓢ

Deutschland 1920

R: Robert Wiene; A: Carl Mayer, Hans Janowitz; K: Willy Hameister; D: Werner Krauß, Conrad Veidt, Lil Dagover, Friedrich Feher, Rudolf Lettinger, Elsa Wagner

Francis (F. F.) erzählt im Hof einer Irrenanstalt einem anderen Patienten seine Geschichte: In einer norddeutschen Kleinstadt tritt der Schausteller und Hypnotiseur Dr. Caligari (W. K.) mit seinem Medium, dem Somnambulen Cesare (C. V.), auf. Cesare kann die Zukunft voraussagen. Nach einer Reihe von Morden geraten Caligari und sein Helfer in Verdacht, die Täter zu sein, denn Cesare hat Francis' Freund Alan, der ermordet wurde, den baldigen Tod vorausgesagt. Francis überwacht deshalb Caligaris Wagen, doch in Cesares Truhe liegt – wie sich später herausstellen wird – eine lebensgroße Puppe. Cesare selbst verschleppt derweil Francis' Freundin Jane (L. D.), muß aber von ihr ablassen, als er verfolgt wird. Nachdem Cesare als Mörder entlarvt ist, muß sein

Meister fliehen. Er versteckt sich in einer Irrenanstalt, Francis folgt ihm – und stellt fest, daß der Anstaltsdirektor selbst Caligari ist. – Als der Direktor im Hof erscheint, wo Francis diese Geschichte erzählt hat, stürzt sich Francis auf ihn. Der Direktor tut kund, er habe Francis' Trauma nun durchschaut und könne ihn heilen.

Dieser erste konsequent im Stil des Expressionismus gestaltete Film war zugleich der Höhepunkt expressionistischer Filmkunst, denn die Formensprache, die diesen Film zu einem künstlerischen Meisterwerk macht, wurde von den nachfolgenden Vertretern des Genres nicht mehr wesentlich erweitert. Stilisiert verwinkelte Interieurs, verzerrte Perspektiven, zackige Linien, mit Symbolen übersäte Wände, graphische Auflösung der Raumdimensionen, karikierte Größenrelationen (etwa von Stühlen relativ zum Tisch), eine Hell-Dunkel-Gegensätze betonende Lichtgestaltung, in Zackenschrift gehaltene Zwischentitel, gespenstische Schatten und eine Gestik, die stets leicht zur Übertypisierung tendierte – all das vereint *Das Cabinet des Dr. Caligari* in bis heute begeisternder Intensität. Dieser Film schuldet den Architekten – Walter Reimann, Walter Röhrig und Hermann Warm – ebensoviel wie dem Kameramann, den hervorragenden Darstellern, den inspirierten Szenaristen und seinem innovativen Regisseur.   *tk*

Das Cabinet des Dr. Caligari (Werner Krauß, Conrad Veidt, Lil Dagover)

Café Elektric ⓢ
(Wenn ein Weib den Weg verliert)

Österreich 1927

R: Gustav Ucicky; A: Jacques Bachrach nach dem Bühnenstück *Die Liebesbörse* von Felix Fischer; K: Hans Androschin; D: Willi Forst, Marlene Dietrich, Max Stöger, Fritz Alberti, Nina Vanna

Das »Café Elektric« ist ein Treffpunkt der Halbwelt, wo sich Ganoven, Prostituierte und Zuhälter tummeln und auf zahlungskräftige Kundschaft warten. Der agile, skrupellose Zuhälter Ferdinand (W. F.), genannt Ferdl, ist der heimliche Regent der Szene. Ferdl nähert sich selbst Erni (M. D.), der Tochter des reichen Fabrikanten Göttlinger (F. A.), ohne Hemmungen. Die unerfahrene Erni verfällt seiner lasziven Erotik und rutscht durch Ferdl ins Prostituiertenmilieu ab. Die junge Hansi (N. V.), im Café auf Freiersuche, ist von Ferdinands Charme ebenfalls angetan. Sie widersetzt sich jedoch seinen Versuchen, sie gefügig zu machen, und heiratet einen Bauingenieur (M. S.). Als ihr Mann arbeitslos wird, versucht Hansi, ihm über ihre Kontakte eine Anstellung bei einer Zeitung zu verschaffen. Ihr Mann mißversteht jedoch die Situation und weist sie aus dem Haus. Im Café trifft Hansi auf Ferdl, der gerade aus dem Gefängnis kommt und fälschlicherweise annimmt, sie sei für seine Verhaftung verantwortlich. Er sticht mit einem Messer auf Hansi ein; sie überlebt das Attentat jedoch und kehrt zu ihrem Mann zurück, der seinen Irrtum einsieht.
Dieses Milieudrama, das von den üblichen Figuren-Typen der sogenannten ›Sittenfilme‹ bevölkert wird – großherzige und abweisende Dirnen, der ausbeuterische Vorstadtgigolo mit der unwiderstehlichen Anziehungskraft, das Bürgermädchen, das ihm hörig wird, dazu eine Reihe lüsterner Bürger, die ihre Sensationsgier befriedigen –, weicht in der unsentimentalen Schilderung menschlicher Verhaltensweisen vom Genreklischee ab. Dazu trägt die atmosphärisch genaue Darstellung des Halbweltmilieus ebenso bei wie die Gestaltungskraft Willi Forsts, der dem Zuhälter glaubhaft ambivalente Züge verlieh. *tk*

Canaris

BRD 1954

R: Alfred Weidenmann; A: Herbert Reinecker, Erich Ebermayer; K: Franz Weihmayr; D: O. E. Hasse, Adrian Hoven, Barbara Rütting, Martin Held, Wolfgang Preiss

Admiral Wilhelm Canaris (O. E. H.) ist von 1938 bis 1944 Chef der deutschen Abwehr. Er geht auf Distanz zum Regime und verkehrt in Kreisen, die gegen Hitler opponieren. Zudem hilft er verfolgten Personen und warnt vor Krieg. Im Chef des Sicherheitsdienstes SD, Reinhard Heydrich (M. H.), erwächst ihm ein erbitterter Gegner, der keine Gelegenheit ausläßt, gegen Canaris zu intrigieren, um die Spionageabwehr unter seinen Einfluß zu bringen. Als der Krieg ausbricht und erfolgreich verläuft, gewinnt der skrupellose Heydrich an Macht. In Prag für die Protektorate Böhmen und Mähren zuständig, fällt er jedoch einem von Exil-Tschechen organisierten Attentat zum Opfer. Canaris versucht, seinen Einfluß geltend zu machen, um den Angriff auf die Sowjetunion zu verhindern. Er schließt sich der Widerstandsbewegung gegen Hitler an und wird nach dem mißglückten Attentat vom 20. Juli 1944 verhaftet und als Mitwisser hingerichtet.
Geschickt und sehr filmtauglich reduzierten die Szenaristen Ebermayer und Reinecker die komplexen Mechanismen und Machtkämpfe innerhalb der NS-Spionage-Hierarchie zu einer personalisierten Auseinandersetzung zwischen Gut und Böse. Folgerichtig lebt der Film großteils von den Charakterstudien, die Hasse von Canaris und Held von Heydrich erstellen. Bundesfilmpreise gab es für die Regie, das Drehbuch und Martin Held als besten Nebendarsteller. *tk*

Cardillac

BRD 1969

R: Edgar Reitz; A: Edgar Reitz nach der Erzählung *Das Fräulein von Scuderi* von

E. T. A. Hoffmann; K: Dietrich Lohmann, Jörg Schmidt-Reitwein; D: Hans Christian Blech, Catana Cayetano, Liane Hielscher, Gunter Sachs

Angeregt von einer Erzählung E. T. A. Hoffmanns, untersucht Reitz in seinem Film die Situation des Künstlers (Filmemachers) in unserer Gesellschaft: Inwieweit kann er sich von der Öffentlichkeit abkapseln und seiner Kunst nur um ihrer selbst willen nachgehen? – Cardillac (H. C. B.) ist ein von seinem Handwerk und Können fanatisch besessener Goldschmied, der so sehr an seinen Schmuckstükken hängt, daß er deren Käufer ermordet, um die Stücke wieder in seinen Besitz zu bringen. Auch seine Tochter Madelon (C. C.), die ihm seine Kreationen auf ihrer nackten, dunklen Haut vorführen muß, behandelt Cardillac als persönliches Eigentum.
Ursprünglich von seinem engagierten Regisseur als kollektives Werk konzipiert, scheiterte das Experiment an den Debatten und am Mißtrauen der Beteiligten. Der Film wurde schließlich unter Verwendung von Ideen seiner Mitarbeiter innerhalb kürzester Zeit fertiggestellt. *Cardillac* ist ein Beispiel für die dem breiten Publikum unbekannte Phase des Experimentierens im Schaffen des Regisseurs von *Heimat* (1984). Die Produktionsgeschichte von *Cardillac* bildet die Vorlage für den vorletzten Teil der *Zweiten Heimat* (1992). *hc*

Christiane F. – Wir Kinder vom Bahnhof Zoo

BRD 1981

R: Uli Edel; A: Hermann Weigel nach dem gleichnamigen Buch von Kai Hermann und Horst Rieck; K: Justus Pankau, Jürgen Jürges; D: Natja Brunkhorst, Thomas Haustein, Jens Kuphal, Reiner Wölk, Christiane Reichelt

Nach einem David-Bowie-Konzert probiert Christiane (N. B.) zum ersten Mal Heroin, an ihrem 14. Geburtstag setzt sie sich den ersten Schuß. Und das nur, weil sie auf der gleichen Welle sein möchte wie der heroinsüchtige Strichjunge Detlef (T. H.), den sie bewundert.

Der Horror-Trip, der Christiane F(elscherinow) aus der kleinbürgerlichen Wohnung in der Berliner Gropiusstadt über die Mode-Disco »Sound« auf den Baby-Strich hinter dem Bahnhof Zoo und in die Drogenabhängigkeit trieb, beeindruckte Ende der siebziger Jahre eine ganze Generation von Schulkindern und ihre Eltern.
Bevor der nach Tonbandprotokollen entstandene Sachbuch-Bestseller zum Spielfilm-Debüt des Fernsehregisseurs Edel wurde, waren bereits mehrere Drehbuch-Versionen eines anderen Regisseurs am Einspruch der Autoren und ihrer Interview-Partnerin gescheitert. Christiane F. wollte eine authentische Wiedergabe ihres Drogenfalls. Das gelang: Wochenlang drehte Edel mit Laiendarstellern an Originalschauplätzen, sorgfältig bemüht, weder Voyeuren zu unerlaubten Freuden zu verhelfen, noch Jugendliche zur Nachahmung zu reizen. So verwandelt sich innerhalb von zwei Stunden ein frischer, naiv-unschuldiger Teenager in eine aufgedunsene Drogenabhängige, die bei dem Versuch, »clean« zu werden, sich über ihren Freund übergibt. Allein in den USA spielte der Film innerhalb von drei Wochen mehr als das Dreifache seiner Produktionskosten ein. *hc*

Christiane F. – Wir Kinder vom Bahnhof Zoo (Natja Brunkhorst)

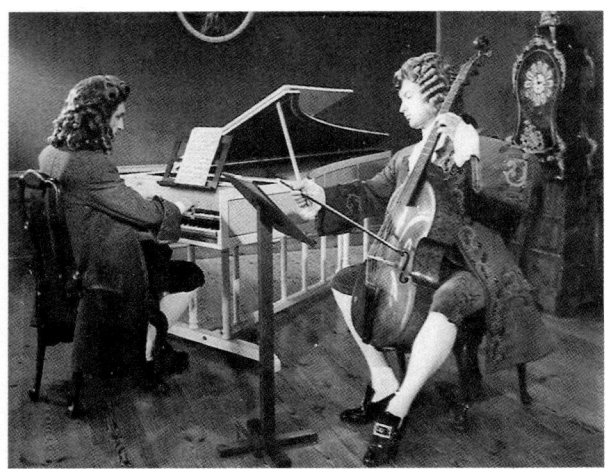

Chronik der Anna Magdalena Bach

BRD/Italien 1968

R: Jean-Marie Straub; A: Jean-Marie Straub, Danièle Huillet; K: Ugo Piccone, Saverio Diamanti, Giovanni Canfarelli, Hans Kracht, Uwe Radon, Thomas Hartwig; D: Gustav Leonhardt, Christiane Lang

Eine Filmbiographie, die bewußt alle Konventionen des Genres meidet und statt dramatischer Konflikte eine Kollage visueller und akustischer Informationen über das Leben und die Musik Johann Sebastian Bachs (G. L.) gibt. Bachs zweite Frau Anna Magdalena (C. L.) liest aus ›ihrer‹, aus zeitgenössischen Dokumenten zusammengestellten, fiktiven Chronik. Durch sie erfährt der Zuschauer von den persönlichen und beruflichen Alltagssorgen des Thomas-Kantors Bach, vom frühen Tod der Kinder, von Intrigen gegen Bach sowie den sozialen und wirtschaftlichen Abhängigkeiten des Musikers, Lehrers und Komponisten. Vor allem aber erlebt er in 32 ruhigen, vergleichsweise langen Szenen Musik als Arbeit. Originalschauplätze, in Originalkostümen, im Originalton aufgenommene Musikstücke, Bilder von Partituren, Noten, zeitgenössischen Stichen und stark stilisierte Situationen aus dem Leben Bachs und seiner Frau sollen nicht illustrieren, sondern Erkenntnisse vermitteln. Wichtig bleibt die Wahrung der Perspektive der Anna Magdalena Bach.

Ausgangspunkt des Filmexperiments war laut Straub und Huillet der Wunsch. Musik als »ästhetische Materie« und nicht als Begleitung oder Kommentar einzusetzen. Sie wollten die Geschichte einer Frau drehen, die über ihren Mann spricht, den sie bis zu seinem Tod geliebt hat. Das Ergebnis ist ein karges, puritanisch wirkendes Destillat, das dem Zuschauer ein gehöriges Maß an Konzentration abverlangt und jegliche Identifikationsmöglichkeit verweigert.   *hc*

Coming out

DDR 1989

R: Heiner Carow; A: Wolfram Witt; K: Martin Schlesinger; D: Matthias Freihof, Dagmar Manzel, Dirk Kummer, Axel Wandtke

Während des Berliner Silvesterfeuerwerks wird der 19jährige Matthias (D. K.) ins Krankenhaus eingeliefert. Man pumpt ihm den Magen aus und befragt ihn nach dem Grund für seinen Selbstmordversuch. Er bekennt weinend, daß er »schwul« sei. – Der junge, unkonventionelle Methoden bevorzugende Lehrer Philipp (M. F.) lernt in seiner neuen Schule die einsame Kollegin Tanja (D. M.) kennen, die sich in ihn verliebt und seine Freundin wird. Ein Zusammentreffen mit dem gleichaltrigen Jacob (A. W.) weckt in ihm die Komplexe seiner Kindheit: Jacob verführte ihn zu ›homosexuellen Handlungen‹, was bekannt und in Elternhaus und Schule mit Überreaktionen und Isolierung beantwortet wurde. Philipp hat seitdem Angst vor seinen homosexuellen Neigungen und der zunehmenden Gewalt und Intoleranz in der Gesellschaft Homosexuellen gegenüber. Dennoch zieht es ihn in eine Szene-Kneipe. Als er in der Vorweihnachtszeit Matthias begegnet und mit ihm »die erste Nacht mit einem Jungen zusammen« verbringt, gerät er in eine Entscheidungskrise. So enttäuscht und schockiert er sowohl die von ihm schwangere Tanja als auch Matthias, die zufällig voneinander erfahren; beide verlassen Philipp. Auf der Suche nach Matthias lernt Philipp das Ausmaß der Einsamkeit und Angst von Homosexuellen in der DDR kennen. Im neuen Jahr trifft er Matthias in der Szene-Kneipe mit einem anderen Freund und wird von ihm haßerfüllt zurückgewiesen. In der Schule flüstert man über ihn, eine unangemeldete Visitation der Schulleitung kommt in seinen Unterricht. Philipp merkt, daß er sich wird bekennen müssen.

Das Bewußtwerden der eigenen Homosexualität (Coming out) ist im Film formal eigenwillig – mit experimenteller Kammermusik unterlegt –, dramaturgisch nicht immer glücklich, schauspielerisch jedoch überzeugend dargestellt. Treffende Milieubeobachtungen stehen im Kontrast zu sterilen, didaktisch wirkenden Sequenzen in der Schule und den erotischen Szenen zwischen Philipp und Matthias. Carows kritische Beschreibung der Situation von Homosexuellen in der DDR fand große Resonanz und wurde 1990 auf den Filmfestspielen Berlin mit dem Silbernen Bären ausgezeichnet »für die zum Ausdruck kommende tiefe Achtung für Menschenrechte, Humanität und Toleranz«.   *ms*

Cyankali

Deutschland 1930

R: Hans Tintner; A: Hans Tintner nach dem gleichnamigen Bühnenstück von Friedrich Wolf; K: Günther Krampf; D: Herma Ford, Grete Mosheim, Nico Turoff, Claus Clausen, Paul Henckels

Im Berlin des Jahres 1929 wohnt die junge Büroangestellte Hete Fent (G. M.) in der kargen Wohnung ihrer Mutter (H. F.). Hete ist mit dem Arbeiter Paul (N. T.) verlobt, der in derselben Fabrik arbeitet wie sie. Hete erwartet ein Kind von Paul, beide beschließen, obwohl sie keine Wohnung leisten können, das Kind zu behalten. Doch wegen ihrer Lohnforderungen werden die Arbeiter der Fabrik ausgesperrt. Angesichts ihrer existentiellen Not bleibt Hete keine andere Wahl, als eine Abtreibung vornehmen zu lassen. Wegen des Paragraphen 218 findet sie jedoch keinen Arzt, der den Eingriff vornehmen will. Auch der brutale Hausverwalter will ihr nur helfen, wenn sie sich ihm dafür hingibt. Schließlich geht Hete zu einer Kurpfuscherin, die ihr als Abtreibungsmittel Cyankali verabreicht. Zu ihrer Mutter zurückgekehrt, stirbt Hete unter Qualen. Die Mutter wird wegen Beihilfe zur illegalen Abtreibung verhaftet. Paul und sein Freund Max (C. C.) sind, um die hungernden Familien mit Nahrung zu versorgen, in eine Kantine eingebrochen. Auch sie werden verhaftet.

Friedrich Wolfs Theaterstück ist eine Anklage gegen den Abtreibungsparagraphen und seine Auswirkungen auf die verarmende Arbeiterschaft. Der Film machte daraus eine »lamoyante Milieuskizze und Mitleidsbettelei«, wie der Kritiker Herbert Ihering meinte. Trotz des verwässernden Drehbuchs blieb indes der sozialkritische Kern der Handlung erhalten und dank der überragenden Grete Mosheim sowie Günther Krampfs unprätentiösen Bildern hat der mit wenigen Tonszenen durchsetzte Stummfilm auch formal einige Glanzlichter.   *tk*

D

Danton

Deutschland 1931

R: Hans Behrendt; A: Heinz Goldberg, Hans J. Rehfisch; K: Nikolaus Farkas; D: Fritz Kortner, Gustaf Gründgens, Lucie Mannheim, Alexander Granach, Gustav von Wangenheim, Werner Schott

1792, drei Jahre nach der Französischen Revolution wird im Jakobinerklub darüber gestritten, was mit dem gefangengenommenen König Louis XVI. geschehen soll. Die radikale Fraktion, deren Wortführer Danton (F. K.) und Marat (A. G.) sind, obsiegt: Der Monarch wird auf der Guillotine hingerichtet. Die unter dem Jubel der Massen vollzogene Exekution führt zum Zusammenschluß der europäischen Aristokraten in ihrer antifranzösischen Haltung. Verhaftungswellen erschüttern Frankreich, die Gefängnisse sind überfüllt. Danton, der zunehmend gemäßigter wird, lernt die Royalistin Louise Gély (L. M.) kennen und verliebt sich in sie. Robespierre (G. G.), der skrupellos die Alleinherrschaft anstrebt, sucht nach Wegen, um Danton zu liquidieren, denn Dantons Popularität und genießerischer Lebensstil sind ihm ein Dorn im Auge. Nach Marats Ermordung nimmt Robespierre Dantons Heirat mit Louise zum Anlaß, ihn innerhalb des Jakobinerklubs zu isolieren. Danton wird verhaftet und zum Tod verurteilt. Trotz einer flammenden Verteidigungsrede, welche die Massen begeistert, stirbt Danton auf der Guillotine.
Den Flügelkampf innerhalb der Französischen Revolution personifiziert dieser Film im Gegensatz zwischen dem blutrünstigen Machtmenschen Robespierre und seinem sympathischen, sinnesfrohen Antipoden Danton. Die Inszenierung ist bühnenorientiert, was den Einsatz filmischer Mittel erschwerte, dafür die ganze Aufmerksamkeit auf die darstellerische Gestaltung legte. Und diese war aufgrund der virtuosen Leistungen von Kortner und Gründgens von überragender Intensität.   *tk*

David

BRD 1979

R: Peter Lilienthal; A: Peter Lilienthal, Jurek Becker, Ulla Ziemann nach Motiven des Buches *David – Aufzeichnungen eines Überlebenden* von Joel König; K: Al Ruban; D: Mario Fischel, Valter Taub, Irena Vrkljan, Eva Mattes, Dominique Horwitz

Ein Film vom Überleben des Rabbinersohns David (M. F.) im Alltag des Dritten Reichs, der nicht von aufregenden Fluchtplänen, spannenden Rettungsaktionen und heldenhaften Widerständlern handelt. Mit naiven, offenen Augen begegnet David dem Geschehen um sich herum und richtet sich instinktiv nach dem hebräischen Text, den er am Anfang mit seinem Vater (V. T.) übersetzt:»Schaue nicht hinter dich und bleibe nicht stehen im ganzen Kreise, rette dich auf das Gebirge, daß du nicht umkommst!« Aus dieser Perspektive heraus gelingt es dem Film, die erschreckende Beiläufigkeit zu zeigen, mit der kaum Faßliches geschah.
Wenn Hitlerjungen 1933 den Judenjungen David zusammenschlagen, ohne daß einer der vorbeigehenden Erwachsenen eingreift, oder ein SA-Mann 1938 mit knappen Handbewegungen Davids Vater vor sich her zur brennenden Synagoge dirigiert und ihm ein anderer wie beiläufig den Hut vom Kopf schlägt, während er hilflos den Flammen zusehen muß, vermittelt der Film die ohnmächtige Verzweiflung der Opfer, wohl aber auch die bange Angst jener, die nicht einzuschreiten wagten. Ein in seiner Stille und Schlichtheit großer Film, dem man zum Goldenen Bären der Berliner Filmfestspiele die gleiche Aufmerksamkeit gewünscht hätte, wie sie der spektakulären Darstellung der Judenverfolgung in der TV-Miniserie *Holocaust* (USA 1978, Marvin J. Chomsky) zuteil wurde.   *hc*

Die Degenhardts

Deutschland 1944

R: Werner Klingler; A: Wilhelm Krug, Georg Zoch nach einer Idee von Hans Gustl Kernmayr; K: Georg Bruckbauer; D: Heinrich George, Renée Stobrawa, Wolfgang Lukschy, Hilde Jansen, Ilse Petri, Gunnar Möller

Der Lübecker Stadtobersekretär Degenhardt (H. G.) wird am Tag nach seinem 65. Geburtstag von seiner Behörde zu einer Amtshandlung eingeladen. Zu Hause wartet an festlich geschmückter Tafel seine Frau (R. S.) mit der gesamten Sippschaft in der Annahme, dem Familienoberhaupt werde endlich die überfällige Beförderung zum Inspektor ausgesprochen. Doch in Wirklichkeit erhält Degenhardt die Entlassungsurkunde, wagt dies zu Hause jedoch nicht zu gestehen und geht in der Folge allmorgendlich aus dem Haus – um sich dem ebenfalls entlassenen Inspektor in der Bierstube zu treffen. Als der Zweite Weltkrieg ausbricht, versöhnt sich Degenhardt mit seinem Sohn Robert (W. L.), den er wegen dessen Liebe zu der ihm unliebsamen Trude (H. J.) verstoßen hatte. Als Trude einen Sohn zur Welt bringt, darf sie mit diesem ins Haus der Degenhardts ziehen. Robert kommt im Krieg um. Nachdem bei einem Luftangriff in Lübeck massive Zerstörungen angerichtet wurden, benachrichtigt die Stadtverwaltung Degenhardt: sie will seine Dienste wieder in Anspruch nehmen. Degenhardt wird zum Inspektor befördert und arbeitet diszipliniert wie immer.
Am Beispiel eines deutschen Beamten, der trotz erlittenen Unrechts sofort bereit ist, dem Vaterland zu helfen, wenn er gebraucht wird, predigte dieser Film noch im Juli 1944 die Bereitschaft zur Unterordnung und Pflichterfüllung. Für das Genre des ›Durchhaltefilms‹ ebenfalls typisch sind die Versöhnung von zerstrittenen Deutschen (hier Vater und Sohn) angesichts ›übergeordneter‹ Kriegspflichten und die Integrierung der unerwünschten Schwiegertochter, als der Sohn an der Front ›fürs Vaterland‹ kämpft. Formal überzeugt der Film vor allem durch Heinrich Georges Interpretation des Vaters. *tk*

Dein unbekannter Bruder

DDR 1982

R: Ulrich Weiß; A: Wolfgang Trampe nach dem gleichnamigen Roman von Willi Bredel; K: Claus Neumann; D: Uwe Kockisch, Michael Gwisdek, Jenny Gröllmann, Michael Gerber

Hamburg 1935: Bei der Verhaftung dreier Männer während einer illegalen Aktion – einen von ihnen läßt man sofort wieder frei – ist Arnold Clasen (U. K.), erst kürzlich aus KZ-Haft entlassen, unbeteiligter Zeuge. Clasen, als Filmvorführer arbeitender Kommunist, der stark unter der mißtrauischen Atmosphäre und dem Zwang zur ständigen Verstellung leidet, beteiligt sich – die Angst überwindend – weiterhin am Widerstandskampf. Er trifft sich mit Walter (M. Gw.), seinem neuen Verbindungsmann zur illegalen Gruppe, dessen laxer Umgang mit der Gefahr ihn zuerst beeindruckt. Und er findet in der aus bürgerlichen Kreisen kommenden Renate (J. G.) eine treue, ihn liebende Kampfgefährtin. Ihr teilt er nach sich häufenden Verlusten in der Gruppe seinen Verdacht mit, Walter könne der Spitzel sein, den er damals beobachtet hat. Clasen wendet sich auch an den Leiter Stefan (M. Ge.). In der Hoffnung, die Ungewißheit zu durchbrechen, vertraut er sich schließlich sogar Walter selbst an. Während der, von Gewissensqualen gepeinigt, vergeblich versucht, bei der Gestapo ›auszusteigen‹, wird Clasen verhaftet. Seine Genossen, die nun die Gefahr erkannt haben, locken den aus Schwäche zum Verräter gewordenen Walter in eine abgelegene Fischerhütte, um ihn zu richten.
Das Psychogramm aus dem antifaschistischen Widerstand, dessen Geschlossenheit durch eigenwillige filmische Gestaltung mit starken Stilisierungen, grotesk-satirischen Szenen, Zitaten und Metaphern unterlaufen wird, ist zugleich eine zeitlose Studie über Vertrauen und Verrat. *ms*

Des Teufels General

BRD 1955

R: Helmut Käutner; A: Georg Hurdalek, Helmut Käutner nach dem gleichnamigen Bühnenstück von Carl Zuckmayer; K: Albert Benitz; D: Curd Jürgens, Viktor de Kowa, Marianne Koch, Karl John

Luftwaffen-General Harras (C. J.) ist den NS-Machthabern politisch suspekt. Die Spannungen eskalieren, als bei einem neuen Bombertyp aus der ihm unterstellten Flugzeugproduktion rätselhafte Unglücksfälle auftreten. Nachdem Harras sich auf einer Gesellschaft in die junge Schauspielerin Diddo (M. K.) verliebt, wird er – seine Gespräche werden seit längerem abgehört – vom SS-Sonderbeauftragten Schmidt-Lausitz (V. d. K.) der Sabotage bezichtigt. Am nächsten Morgen inhaftiert man den General, um ihn mittels psychologischer Terrormethoden doch noch für die ›richtige Sache‹ zu gewinnen. Nach seiner Entlassung erfährt er, daß sein bester Freund mit einem der neuen Bomber an der Ostfront abgestürzt ist. Während eines Testflugs mit einer Maschine gleichen Typs gesteht der Konstrukteur Oderbruch (K. J.), die Sabotage verübt zu haben, um den verbrecherischen Krieg möglichst rasch zu beenden. Harras opfert sich für seinen Kameraden: er steigt nochmals mit dem Flugzeug auf und stürzt sich, um die technische Unzulänglichkeit der neuen Maschine zu demonstrieren, absichtlich in den Tod.

Der Film entstand zu einer Zeit, als der Widerstand der Wehrmacht im Dritten Reich eine beliebte Vorlage für Reportagen und militärische Melodramen war. Der kompetenten Zeit- und Milieuschilderung Käutners steht die Rehabilitierung eines Berufssoldaten gegenüber, dessen moralische und politische Einsichten zwiespältig bleiben. Die identifikationsgerechte Glorifizierung dieses Soldaten – gemeint ist der ehemalige Fliegergeneral Ernst Udet – schwächt die engagierte Grundhaltung des Regisseurs ab.   *mp*

Des Teufels General (Curd Jürgens, Marianne Koch)

Deutschland, bleiche Mutter

BRD 1980

R: Helma Sanders-Brahms; A: Helma Sanders-Brahms; K: Jürgen Jürges; D: Eva Mattes, Ernst Jacobi, Elisabeth Stepanek, Rainer Friedrichsen

Im Sommer 1939 lernen die Freunde Hans (E. J.) und Ulrich (R. F.) die Schwestern Lene (E. M.) und Hanne (E. S.) beim Tanzen kennen. Der Nazi Ulrich wendet sich bald einer Parteitagsbekanntschaft zu. Hans und Lene heiraten. Sie gehören zu denen, die sich mit den Nationalsozialisten nicht einlassen wollen, aber auch wegschauen, wenn andere verfolgt werden. Als Beamter ohne Parteimitgliedschaft ist Hans unter den ersten, die bei Kriegsausbruch an die Front müssen. Tochter Anna ist das Ergebnis einer der seltenen Heimaturlaube, bei denen er und Lene sich eher entfremden. Nach 1945 finden sie nicht wieder zueinander: »Da ging der Krieg innen los, als draußen Frieden war.« Während private Bindungen zerbrechen, verweisen der rapide Aufstieg des entnazifizierten Ulrich und die ›wunderbare Wandlung‹ eines hohen NS-Beamten zum Kirchenpräsidenten auf Kontinuität der Herrschaftsstrukturen.

Helma Sanders-Brahms' autobiographisch gefärbte Darstellung der Beziehung ihrer Eltern ist auch das Porträt zweier Menschen, denen der Krieg keine Zeit ließ, einander kennenzulernen. *Deutschland, bleiche Mutter* gehört zu den intimsten einer Reihe von Filmen, in denen Frauen der ersten Nachkriegsgeneration sich aus der Perspektive von unten mit der deutschen Geschichte und ihren Eltern, insbesondere ihren Müttern, auseinandergesetzt haben.   *hc*

▬ Deutschland im Herbst

BRD 1978

R: Alf Brustellin, Hans Peter Cloos, Rainer Werner Fassbinder, Alexander Kluge, Maximiliane Mainka, Edgar Reitz, Katja Rupé, Volker Schlöndorff, Peter Schubert, Bernhard Sinkel; A: Heinrich Böll, Alf Brustellin, Hans Peter Cloos, Rainer Werner Fassbinder, Alexander Kluge, Maximiliane Mainka, Edgar Reitz, Katja Rupé, Volker Schlöndorff, Peter Schubert, Bernhard Sinkel, Peter Steinbach; K: Michael Ballhaus, Günter Hörmann, Jürgen Jürges, Bodo Kessler, Dietrich Lohmann, Werner Lüring, Colin Mounier, Jörg Schmidt-Reitwein; D: Mario Adorf, Heinz Bennent, Wolf Biermann, Liselotte Eder, Christiane Ensslin, Rainer Werner Fassbinder, Max Frisch, Vadim Glowna, Helmut Griem, Hannelore Hoger, Horst Mahler, Armin Meier, Enno Patalas, Erwin Rommel, Herbert Wehner, Angela Winkler

Der Film ist eine kollektive Reaktion deutscher Filmemacher auf die politischen Ereignisse im deutschen Herbst 1977, die ausgelöst wurden durch die Ermordung des Präsidenten des Arbeitgeberverbandes Hanns Martin Schleyer sowie den Tod von Häftlingen im Hochsicherheitsgefängnis von Stuttgart-Stammheim, die unter Anklage wegen Terrorismus standen und durch einen (erfolglosen) Entführungsversuch einer Lufthansa-Maschine nach Mogadischu freigepreßt werden sollten. Eingebettet in Aufnahmen von den offiziellen Beerdigungsfeierlichkeiten für Schleyer und den Protestaktionen, die das Begräbnis der Häftlinge begleiteten, äußern sich die Regisseure auf unterschiedlichste Weise in kurzen Dokumentar- und Spielfilmsequenzen zum Geschehen. Das von Theo Hintz vom Filmverlag der Autoren angeregte Projekt wurde ohne staatliche Subventionen oder die Beteiligung von Fernsehanstalten verwirklicht. Entscheidungen über den Inhalt wurden von einem Komitee getroffen, das aus den zehn Regisseuren, Fassbinders Mutter Liselotte Eder und der Cutterin Beate Mainka-Jellinghaus bestand. Alexander Kluges Einfluß ist unverkennbar, die Szenen um die Geschichtslehrerin Gabi Teichert bilden den Ausgangspunkt für seinen späteren Film *Die Patriotin* (1979). Obgleich der Film schon kurz nach der Premiere veraltet schien, ist er ein Dokument der Sorge, des politischen Engagements, aber auch der Hysterie, die das Land und einen Teil der beteiligten Regisseure befallen hatte.   *hc*

▬ Dirnentragödie Ⓢ

Deutschland 1927

R: Bruno Rahn; A: Ruth Goetz, Leo Heller nach dem gleichnamigen Bühnenstück von Wilhelm Braun; K: Guido Seeber; D: Asta Nielsen, Hilde Jennings, Oskar Homolka, Werner Pittschau

Auf ihrem nächtlichen Rundgang stößt die alternde Dirne Auguste Gronert (A. N.) auf den betrunkenen Studenten Felix (W. P.), der im Streit aus seinem gutbürgerlichen Elternhaus ausgerissen ist. Sie nimmt ihn auf ihr Zimmer, umsorgt ihn und bildet sich ein, daß der Jüngling sie liebt. Auguste hofft, sich dank Felix' Hilfe von ihrem Zuhälter Anton (O. H.) lösen und eine bescheidene kleinbürgerliche Existenz aufbauen zu können. Sie will sich durch den Kauf einer Konditorei eine wirtschaftliche Grundlage verschaffen. Inzwischen lernt Felix Clarissa (H. J.), eine junge Dirne und ›Kollegin‹ Augustes, kennen und verliebt sich in sie. Als die eifersüchtige Auguste das erfährt, weist sie Anton an, die Rivalin umzubringen, bereut es

Dirnentragödie (Hilde Jennings, Asta Nielsen)

jedoch, als Felix ihr seine aufrichtige Liebe zu Clarissa gesteht. Doch zu spät: Anton hat Clarissa bereits erdrosselt und wird bald darauf verhaftet. Der Bürgerssohn Felix kehrt reumütig in den Schoß seiner Familie zurück. Als Auguste erkennt, was sie angerichtet hat, setzt sie ihrem Leben ein Ende.

Obwohl die Inhaltsangabe viele Klischees vermuten läßt, ist *Dirnentragödie* ein außergewöhnlicher Film mit einer suggestiven Tiefenwirkung. Dies liegt zum einen daran, daß Regisseur Rahn besonderen Wert auf naturalistische Zeichnung zahlreicher Details legte und, zusammen mit Kamerapionier Seeber, auch die Bildausschnitte entsprechend festlegte. Noch mehr verdankt der Film aber Asta Nielsen, die ein ungemein breites Spektrum von Emotionen zum Ausdruck bringt. Der in ihrer Physis reflektierte Verjüngungs- und anschließende Alterungsprozeß durch die hoffnungsvolle Liebe und die darauffolgenden ʼlassenheitsgefühle gehört zu Nielsens beʼndsten Leistungen. *tk*

Donauschiffer

Deutschland 1940

R: Robert A. Stemmle; A: Hans Gustl Kernmayr, Philipp Lothar Mayring, Robert A. Stemmle, Werner Hochbaum; K: Karl Hasselmann, Karl Ludwig Ruppel; D: Hilde Krahl, Attila Hörbiger, Paul Javor, Oskar Sima

Der reiche Ungar Nikki von Körmendy (P. J.) hat sich als blinder Passagier auf das Donauschiff »Fortuna« geschmuggelt. Dies aus Kalkül, um bei einem Erbschaftsstreit zu triumphieren. Dafür muß Nikki alle Arbeiten erledigen, die Peter Korngiebel (A. H.), der Kapitän der »Fortuna«, ihm zum Amüsement der Mannschaft aufgibt. In Belgrad besorgt Nikki Ersatz für die hochschwangere Köchin: Er engagiert die Sängerin Anny Hofer (H. K.) für die Kombüse, denn sie will ohnehin nach Wien zurück. Dummerweise fährt der Dampfer jedoch in die falsche Richtung ... Korngiebel und Nikki verlieben sich in Anny und rivalisieren um ihre Zuneigung. So kommt es zum Streit zwischen den beiden Männern. In seiner Eifersucht läßt Korngiebel das Schiff auf ein Riff auflaufen. Zwar gelingt es ihm, die Gefahr zu meistern, doch glaubt er nun, sein Kapitänspatent und die begehrte Anny verloren zu haben. Aber Nikki von Körmendy ist ein Gentleman: Er kauft die »Fortuna« und verpachtet sie an Peter und Anny, die ein Paar werden. Dafür soll das Schiff künftig seinen Namen tragen.

Auf einer gemeinsamen Donaureise verfaßten Hans Gustl Kernmayr und Werner Hochbaum das Drehbuch, das Hochbaum auch inszenieren sollte. Das aus politischen Gründen ausgesprochene Berufsverbot gegen den begnadeten Cineasten verhinderte dies jedoch. Trotz des etwas bemühten Konzepts mit dem Deus ex machina Körmendy überzeugt der Film durch authentische Bilder vom Schiffsalltag sowie durch die Rolleninterpretation von Hörbiger, Krahl und der gesamten Dampfercrew.   *tk*

<hr style="width:40px">

Dr. Holl

BRD 1951

R: Rolf Hansen; A: Thea von Harbou nach einer Idee von H. O. Meissner; K: Franz Weihmayr; D: Dieter Borsche, Maria Schell, Carl Wery, Heidemarie Hatheyer, Adrian Hoven, Marianne Koch, Otto Gebühr

Angelika Alberti (M. S.) ist unheilbar krank. Weil Dr. Holl (D. B.) weiß, daß es ihr sehnlichster Wunsch ist, noch einmal glücklich zu sein, beschließt er, Angelika zu heiraten. Holls Verlobte Helga Römer (H. H.) ist angesichts der Umstände mit seinem Vorgehen einverstanden. Aber dann gelingt es Holl, ein Serum zu entwickeln, mit dessen Hilfe Angelikas Krankheit geheilt werden kann. Holl ist die Ehe zwar aus Mitleid eingegangen, spürt inzwischen aber eine tiefe Zuneigung zu Angelika, die ihn ebenfalls von Herzen liebt. Nun verzichtet Helga auf ihren Geliebten und widmet sich statt dessen mit Hingabe ihrem beruflichen Fortkommen. Das glückliche Paar kann zusammenbleiben.

In seiner Mischung aus sentimentalem Illustriertenroman und moralisch-didaktischer Erbauung ist *Dr. Holl* ein typischer westdeutscher Unterhaltungsfilm der fünfziger Jahre. Solide Inszenierung, die Besetzung auch von Nebenrollen mit aufstrebenden Jungstars und alten Routiniers des deutschen Films sowie der gepflegte Spielstil des gesamten Ensembles verleihen dem optimistischen Lebensbild Schwung und Transparenz.   *tk*

<hr style="width:40px">

Dr. Mabuse, der Spieler ⑤
Teil 1: **Der große Spieler – ein Bild der Zeit**
Teil 2: **Inferno – ein Spiel um Menschen unserer Zeit**

Deutschland 1922

R: Fritz Lang; A: Fritz Lang, Thea von Harbou nach dem Roman *Dr. Mabuse, der Spieler* von Norbert Jacques; K: Carl Hoffmann; D: Rudolf Klein-Rogge, Aud Egede Nissen, Paul Richter, Bernhard Goetzke, Gertrude Welcker, Alfred Abel

Teil 1: Der große Spieler – ein Bild der Zeit. Der anerkannte Psychoanalytiker Dr. Mabuse (R. K. R.) führt in zahlreichen Verkleidungen ein Doppelleben, um seinen kriminellen Machenschaften – Börsenbetrug, Falschmünzerei, Spionage und Mord – nachzugehen. Mit seinen hypnotischen Fähigkeiten macht Mabuse die Menschen zu Handlangern seiner Verbrechen, darunter die Sängerin Cara Carozza (A. E. N.), seine ehemalige Geliebte, die ihm den Bankierssohn Hull (P. R.) zuführt. Durch Hull kommt Staatsanwalt von Wenk (B. G.) auf die Spur Mabuses. Mabuses Versuch, den Staatsanwalt in seine Gewalt zu bekommen, scheitert. Hull wird von Mabuses Leuten erschossen, Cara Carozza von der Polizei verhaftet.

Teil 2: Inferno – ein Spiel um Menschen unserer Zeit. Mabuses nächste Opfer sind Graf und Gräfin Told (A. A., G. W.). Mabuse treibt den Grafen und auch Cara Carozza in den Tod, sein neuerlicher Anschlag auf Wenk mißlingt jedoch. Nun aber kommt Wenk auf die Spur des Verbrechers, der zwar noch einmal entfliehen, schließlich aber doch – völlig dem Wahnsinn verfallen – gefaßt werden kann.

*Dr. Mabuse, der Spieler. Teil 2
(3. v. l.: Aud Egede Nissen,
2. v. r.: Alfred Abel)*

Der Tradition früher phantastischer Kriminalserien der Stummfilmzeit verpflichtet, versteht es der mehr als dreistündige Spannungsfilm, realistische Aspekte der Inflationszeit mit traditionellen Motiven des Expressionismus zu verbinden. Seine Bedeutung liegt in der teilweisen Vorwegnahme formaler Mittel des modernen Kriminalfilms und in der erstmaligen Hinwendung Fritz Langs zu aktuellen Phänomenen seiner Zeit, deren rigid-stilisierte Aufarbeitung das gesamte weitere Werk des Regisseurs bestimmen sollte. *mp*

Die drei Codonas

Deutschland 1940

R: Arthur Maria Rabenalt; A: Kurt Heuser nach einer Vorlage von Joachim Friedrich Bremer und Philipp Lothar Mayring; K: Friedl Behn-Grund; D: René Deltgen, Josef Sieber, Ernst von Klipstein, Annelies Reinhold, Lena Normann

Eine berühmte Artistenfamilie vor und nach dem Ersten Weltkrieg steht im Mittelpunkt der Handlung. Nachdem Vater Codona (J. S.) die

Mittel fehlen, seinen kleinen Wanderzirkus in den USA weiterzuführen, müssen sich seine Söhne Alfredo (R. D.) und Lalo (E. v. K.) selbst um ihr Schicksal kümmern. Zusammen mit ihrer Ziehschwester Vera Bruce (L. N.) erarbeiten sie spektakuläre Artistiknummern und schaffen sich so einen Namen. Bei einem Gastspiel begegnet Alfredo der deutschen Luftakrobatin Lilian Leitzel (A. R.) und verliebt sich in sie. Doch erst nach dem Weltkrieg lernen sie sich besser kennen und wollen heiraten. Bei einem tragischen Unfall in der Manege kommt Lilian jedoch ums Leben. Alfredo hadert mit dem Schicksal und verzweifelt beinahe. Aus Mitleid heiratet Vera den Trauernden, obwohl sie insgeheim seinen Bruder Lalo liebt. Als Alfredo dies bemerkt, erschießt er erst Vera und danach sich selbst.

Mit bildkompositorischer Raffinesse und einem ausgeprägten Sinn fürs Visuelle erzählte Rabenalt dieses tragische Artistendrama, dessen Personen historisch verbürgt sind. Die aufsehenerregenden Zirkusszenen sowie die packende Rollengestaltung René Deltgens, einem der glaubwürdigsten Vertreter männlicher Egozentrik und explosiven Draufgängertums im deutschen Film, trugen dem Werk internationale Anerkennung ein. *tk*

Drei Haselnüsse für Aschenbrödel / Tři oříšky pro Popelku

DDR/CSSR 1973

R: Václav Vorlíček; A: Bohumila Zelenková nach dem gleichnamigen Märchen von Božena Němcová; K: Josef Illík; D: Libuše Šafránková, Carola Braunbock, Daniela Hlaváčová, Pavel Trávníček, Vladimir Menšík, Rolf Hoppe

Das Aschenbrödel (L. Š.), von der bösartigen Stiefmutter (C. B.) und deren Tochter Dora (D. H.) um den Gutshof ihres verstorbenen Vaters betrogen, muß dort die Arbeit der niedrigsten Magd verrichten; doch hat sie überall Freunde unter Mensch und Tier, die ihr beistehen. Auf einem Streifzug durch den Wald neckt sie sich mit dem Prinzen des Landes (P. T.), der bald verheiratet werden soll, und verliebt sich in ihn. Die Zauberkräfte dreier Haselnüsse, die sie vom Kutscher (V. M.) geschenkt bekam, ermöglichen Aschenbrödel vor dem Auserwählten im Jägerkostüm, in Ballrobe und schließlich im Brautkleid zu erscheinen, um seine Liebe zu gewinnen. Der Prinz, der zuerst gar nicht und am Ende keine andere als sie heiraten will, macht sich mit dem zurückgebliebenen Ballschuh auf die Suche nach ihr, und auch die Intrige der Stiefmutter, die rasch scheitert, kann nicht verhindern, daß aus Aschenbrödel und dem Prinzen ein glückliches Paar wird.
Nach der Fassung der tschechischen Volkserzählerin Božena Němcová (1820-62), die sich erheblich von jener der Brüder Grimm unterscheidet, entstand eine der schönsten Märchenverfilmungen, die sich durch heiteren Aktionsreichtum auszeichnet und sehr poesievoll und wirklichkeitsnah Natur und menschliches Verhalten schildert. *ms*

Drei Männer im Schnee

Österreich 1955

R: Kurt Hoffmann; A: Erich Kästner nach seinem gleichnamigen Roman; K: Richard Angst; D: Paul Dahlke, Claus Biederstaedt, Günther Lüders, Margarete Haagen, Nicole Heesters, Fritz Imhoff, Hans Olden, Erich Kästner (Erzählstimme)

Der Millionär und Fabrikbesitzer Schlüter (P. D.) beteiligt sich unter falschem Namen an einem Gewinnspiel seiner eigenen Firma und gewinnt einen Aufenthalt im Grand Hotel eines Wintersportorts. Um die Menschen zu studieren, reist Schlüter inkognito – als armer Mann. In der Rolle eines wohlhabenden Privatmanns muß ihn sein treuer Diener Johann (G. L.) begleiten. Mit ihnen kommt auch der Gewinner des ersten Preises im Hotel an – es ist der junge, seit über einem Jahr beschäftigungslose Werbefachmann Dr. Hagedorn (C. B.). Ein Anruf von Schlüters Tochter Hilde (N. H.), der die Ankuft eines unter falschem Namen reisenden Millionärs ankündigt, sorgt bei dem eifrig bemühten Hotelpersonal (H. O., F. I.) für Verwechslungen: Dr. Hagedorn wird für den Millionär gehalten, Herr Schlüter als armer Teufel behandelt. Nachdem sich unter den drei Männern wahre Freundschaft entwickelt und sich Hilde – die ihrem Vater nachgereist ist – in Dr. Hagedorn verliebt hat, eröffnet Schlüter seine wahre Identität und erklärt die jungen Leute für verlobt.
Die künstlerischen Qualitäten dieser vergnüglichen Verwechslungskomödie zeigen sich in ihrem pointierten Witz sowie in der Begabung des Regisseurs Hoffmann, einen Mittelweg zwischen persönlichem Stilwillen und literarischer Werktreue zu finden. Wie in anderen Kästner-Verfilmungen des Regisseurs, so überzeugen auch hier die liebenswürdige, mit einem Hauch Sozialutopie versehene Atmosphäre, der trockene Humor eines ausgezeichneten Darstellerensembles und die geschliffenen Dialoge, die so gar nichts mit der dem deutschen Film oft zur Last gelegten banalen Schwermütigkeit oder um Tiefe bemühten Ernsthaftigkeit gemein haben. *mp*

Die Drei von der Tankstelle

Deutschland 1930

R: Wilhelm Thiele; A: Franz Schulz, Paul Franck; K: Franz Planer; D: Lilian Harvey, Willy Fritsch, Oskar Karlweis, Heinz Rühmann, Fritz Kampers, Olga Tschechowa

Die Freunde Willy (W. F.), Kurt (O. K.) und Hans (H. R.) sind pleite, weil ihr Bankier Bankrott gegangen ist. Da der Gerichtsvollzieher ihre Möbel beschlagnahmt, setzen sich die drei in ihr Auto und fahren, soweit das Benzin reicht. Dort verkaufen sie den Wagen und eröffnen mit dem Geld eine Tankstelle, die ihnen ein knappes Einkommen sichert. Zu ihren Stammkunden gehört bald die hübsche Lilian (L. H.), Tochter des reichen Konsuls Coßmann (F. K.). Alle drei Freunde verlieben sich in sie, jeder glaubt, die schöne Kundin komme nur seinetwegen. Bevor Lilian, deren Herz allein für Willy schlägt, die Sache klären kann, kommt es zum Eklat: Willy bricht mit seinen Freunden und verläßt die Tankstelle. Der Konsul gründet daraufhin eine große Tankstellen-

A.G. und stellt die Freunde als Direktoren ein. Als sich aber herausstellt, daß Lilian ihre Sekretärin ist, diktiert Willy ihr wütend sein Kündigungsschreiben. Zur Unterschrift legt sie ihm indes einen Ehevertrag vor. Schließlich kommt es zum Happy-End zwischen Lilian und Willy und zur Erneuerung der Dreier-Freundschaft.

Erfrischende Originalität, stilistische Geschlossenheit und der beschwingte Witz der Figuren zeichnen diesen frühen Höhepunkt des deutschen Filmmusicals aus. Gesangs- und Tanzszenen sind harmonisch aus den Episoden der Handlung entwickelt und wirken daher weniger aufgesetzt als bei anderen Filmen des Genres. Die Kompositionen Werner Richard Heymanns und das beliebteste deutsche Filmpaar jener Jahre, Lilian Harvey und Willy Fritsch, taten das ihre, diesem Film zu seinem legendären Publikumserfolg zu verhelfen. Der Vorwurf, hier würden Zeitprobleme nur angesprochen, um über sie hinwegzutanzen, trifft letztlich auf alle eskapistischen Filme zu, macht dies doch gerade den Kern von Unterhaltungskultur aus. Titel der französischen Version: *Le chemin du paradis*. tk

Die Drei von der Tankstelle (Willy Fritsch, Oskar Karlweis, Heinz Rühmann)

Die Dreigroschenoper

Deutschland/USA 1931

R: Georg Wilhelm Pabst; A: Leo Lania, Béla
Balázs, Ladislaus Vajda nach dem
gleichnamigen Bühnenstück von Bertolt
Brecht; K: Fritz Arno Wagner; D: Rudolf
Forster, Carola Neher, Reinhold Schünzel, Fritz
Rasp, Lotte Lenja, Ernst Busch, Valeska Gert

Der Londoner Banden-Chef Mackie Messer
(R. F.) trifft Polly (C. N.), die Tochter des Bett-
lerkönigs Peachum (F. R.), und verliebt sich in
sie. Während ein Moritatensänger (E. B.) das
verruchte Leben Mackies besingt, beschließt
dieser, Polly zu heiraten. Noch am selben
Abend feiert man Hochzeit. Peachum ist außer
sich, als er von der Heirat seiner Tochter hört.
Er verlangt von Polizeichef Tiger-Brown (R. S.)
die sofortige Verhaftung des ungeliebten
Schwiegersohns, andernfalls würden seine
Bettler die Parade der Königin stören. Mackie
taucht unter, besucht jedoch wie gewohnt die
Prostituierte Jenny (L. L.), die ihn aus Eifersucht an die Polizei verrät. Peachum erfährt
davon zu spät, der Protestmarsch der Bettler
ist nicht mehr aufzuhalten. Während sich
Jenny besinnt und Mackie zur Flucht aus dem
Gefängnis verhilft, gründet Polly eine Bank.
Nachdem Mackie deren Direktor und somit
ein angesehener Bürger geworden ist, nimmt
er Peachum und Tiger-Brown, die wegen des
Demonstrationszuges ihre Existenz verloren
haben, als Teilhaber auf.
Die stimmige Atmosphäre des sozialkritischen
Films beruht auf der Integration seiner Figuren
in die romantisch-dekorative Architektur eines
phantastischen London. Für Pabst bedeutete
die Inszenierung des satirischen Stoffs, daß er
seine am Realismus orientierte Betrachtungsweise einer theatralischen unterzuordnen
hatte. Politisch-ästhetische Differenzen zwischen Bertolt Brecht und der Produktionsfirma führten zum aufsehenerregenden »Drei-
groschenprozeß«, den die Nero-Film gewann. Titel der französischen Version: *L'opéra
de quat' sous.*   *mp*

Dreyfus

Deutschland 1930

R: Richard Oswald; A: Heinz Goldberg, Fritz
Wendhausen nach dem gleichnamigen
Roman von Bruno Weil; K: Friedl Behn-Grund,
Heinrich Balasch; D: Fritz Kortner, Grete
Mosheim, Erwin Kalser, Heinrich George,
Albert Bassermann, Oskar Homolka

Frankreich im Jahr 1894. Weil der französische
Generalstab einen Schuldigen für den Verrat
militärischer Geheimnisse braucht, wird der
Artilleriehauptmann und Generalstabsoffizier
Alfred Dreyfus (F. K.), ein Elsässer jüdischer
Abstammung, von der korrupten Militärjustiz
zum Sündenbock gestempelt. Er wird degradiert und zu lebenslanger Haft auf die Teufels-
inseln verbannt. Frau (G. M.) und Bruder
(E. K.) des Unschuldigen kämpfen in Paris für
eine Wiederaufnahme des Prozesses. Als ein
Geheimdienstoberst (A. B.) konkrete Beweise
dafür findet, daß das Dreyfus belastende Material gefälscht ist, wird er kaltgestellt. Der
Schriftsteller Emile Zola (H. G.) erhebt die Affäre endgültig zum Politikum, als er seine berühmte Rede »J'accuse« (»Ich klage an«) hält
und auf das Exemplarische des Falles verweist. Auch er wird verurteilt, doch ist die Affäre damit zu einem Indikator für den Widerstreit zwischen der progressiven Öffentlichkeit
Frankreichs und den Vertretern der reaktionären Militärführung geworden. Schließlich gesteht 1898 ein Major die Fälschung der Dokumente und erhängt sich in der Untersuchungshaft. 1899 wird das Urteil gegen Dreyfus aufgehoben, der als gebrochener Mann aus
der Verbannung zurückkehrt. Er wird erst
sechs Jahre später offiziell rehabilitiert und
freigesprochen.
Unterstützt von einem Ensemble hervorragender Darsteller setzte Oswald in betont thesen-
haft-nüchterner Form und theaternaher Inszenierung mit dem Fall Dreyfus einen der brisan-
testen Stoffe um, die man sich im Deutschland
der frühen dreißiger Jahre vorstellen konnte.
Die Spaltung der Gesellschaft in progressive
Kräfte und reaktionär-militaristische Kreise
mit ihrem Antisemitismus und korrupten In-
trigenspiel zielte selbstverständlich auch auf

die deutsche Gegenwart. Dramaturgischer Höhepunkt ist Heinrich Georges Zola-Darstellung, dessen »Ich klage an« zum eigentlichen Leitmotiv des Films wird. *tk*

▬ Der Dritte

DDR 1972

R: Egon Günther; A: Günther Rücker nach der Erzählung *Unter den Bäumen regnet es zweimal* von Eberhard Panitz; K: Erich Gusko; D: Jutta Hoffmann, Barbara Dittus, Rolf Ludwig, Armin Mueller-Stahl, Peter Köhncke

Margit Fließer (J. H.) arbeitet als Ingenieurin in einem großen Datenverarbeitungsbetrieb, ist Mitte 30, hat zwei Kinder – jedes von einem anderen Mann. Sie träumt oft vom Tod ihrer Mutter, dem tragischen Ereignis ihrer Kindheit, und merkt, »da stimmt etwas nicht«. Sie weiß sich »emanzipiert – doch ohne Mann!«, und sie beschließt, diesen Zustand zu beenden. Über den auserwählten, alleinstehenden Kollegen Hrdlitschka (R. L.) möchte sie zuerst alles in Erfahrung bringen, denn: »Der Dritte soll bleiben!« ›Der Erste‹ war ihr Physiklehrer (P. K.) in der Berufsschule, der sie als Schwangere alleinließ; danach heiratete sie einen Blinden (A. M.-S.), dem sie nicht in den Westen folgte. Freundin Lucie (B. D.) beginnt über ihre eigene Beziehung nachzudenken und wird sich ihrer Sehnsucht nach einer festen Bindung bewußt. Nach mehreren abgebrochenen Versuchen, sich dem als ›ideal‹ empfundenen Kollegen zu nähern, spricht Margit ihn endlich auf seiner Wochenend-Wandertour an. Zu Hause teilt sie ihm unumwunden den Wunsch nach gemeinsamer Partnerschaft mit und redet über ihre in gesellschaftlichen Konventionen begründeten Probleme, als Frau ihre Wünsche mitzuteilen. Die beiden heiraten.

Egon Günthers erfolgreichster Gegenwartsfilm schildert episodenhaft und spielerisch gebrochen, jedoch beeinflußt vom dokumentarischen Stil im Spielfilm, sozial und psychologisch genau auslotend, mehrere Stationen aus der Biographie einer Frau. Entgegen der damals herrschenden Meinung, Ernstes dürfe nur ernst gesagt werden, wählte er einen komödienhaften Ton, um das Emanzipationsproblem in der DDR – zwischen der beruflichen Gleichberechtigung der Frauen und der sie erwartenden Rolle im Privaten – zur Debatte zu stellen. Getragen von der ausgezeichneten Leistung der Hauptdarstellerin und dem weiteren Ensemble, zählt der Film zu den prägenden DEFA-Produktionen der siebziger Jahre. *ms*

E

Echo der Berge
(Der Förster vom Silberwald)

Österreich 1954

R: Alfons Stummer; A: Alfons Stummer,
Alfred Solm, nach einer – von Günther
Schwab und Friedrich Schreyvogl bearbeite-
ten – Idee von Franz Mayr-Melnhof;
K: Walter Tuch; D: Anita Gutwell, Rudolf Lenz,
Karl Ehmann, Erik Frey

In Hochmoos soll der Silberwald geschlagen
werden. Von seinem Jäger Gerold (R. L.) alarmiert, interveniert Hofrat Leonhard (K. E.) erfolgreich beim Gemeinderat; anstatt des Waldes werden die Baugründe des Dorfes verkauft. Unterdessen besucht Liesl (A. G.), eine
angehende Künstlerin aus der Stadt, ihren
Großvater, Hofrat Leonhard. Schon bald lernen
Liesl und Gerold einander näher kennen. Ihre
angehende Romanze aber wird durch die Ankunft des Bildhauers Max Freiberg (E. F.), eines
Verehrers von Liesl, unterbrochen. Empört

Die Ehe der Maria Braun
(Hanna Schygulla, George Byrd)

darüber, unwillkommen zu sein, erlegt Freiberg den prächtigsten Hirsch im Revier. Von
Gerold beim Wildern ertappt, entgeht Freiberg
nur dadurch seiner Festnahme, daß er eine
angebliche Mittäterschaft Liesls andeutet. Gerold, der zu dem Vorfall schweigt, wird entlassen; Liesl geht in die Stadt zurück. Monate
später erfährt sie von Freiberg durch Zufall die
Wahrheit. Liesl macht sich eiligst auf den Weg
zu Gerold. Bei der Hubertusfeier in Hochmoos
treffen sie einander wieder, diesmal für immer.
Der prototypische österreichische Heimatfilm
der fünfziger Jahre dramatisiert anhand der
vordergründigen Gegensatzpaare Stadt–Land
und Fortschritt–Tradition Konfliktthemen seiner Entstehungszeit. Vor der harmonischen
Kulisse schöner Natur- und Tieraufnahmen
werden sie auf konventionelle Weise gelöst. In
diesem Fall fand erstmals das Traumpaar des
Heimatfilms jener Jahre zueinander – Rudolf
Lenz und Anita Gutwell wirkten als Publikums-
lieblinge in zahlreichen weiteren, fast identisch
gestalteten Filmen des Genres mit. *mp*

Die Ehe der Maria Braun

BRD 1979

R: Rainer Werner Fassbinder; A: Peter
Märthesheimer, Pea Fröhlich; K: Michael
Ballhaus; D: Hanna Schygulla, Klaus Löwitsch,
Ivan Desny, Gisela Uhlen, Hark Bohm, George
Byrd, Elisabeth Trissenaar, Gottfried John

Ihre Ehe dauerte zwei Tage und eine Nacht,
dann trennte der Krieg Hermann (K. L.) und
Maria Braun (H. S.). Nach der Kapitulation
wartet sie zunächst vergebens auf seine Rückkehr und nimmt, da sie keine Berufsausbil-
dung hat, eine Stelle als Bardame in einem
Nachtclub für amerikanische Soldaten an. Dort
lernt sie den farbigen GI Bill (G. B.) kennen,
faßt Zuneigung zu ihm, erschlägt ihn aber, als
Hermann plötzlich in der Tür steht. Hermann
nimmt die Tat und die Gefängnisstrafe auf
sich, während Maria in der Firma ihres Geliebten, des Textilfabrikanten Karl Oswald (I. D.),
eine Führungsposition erreicht. Sie besteht auf
einer klaren Trennung der Verhältnisse am Ar-

beitsplatz und im Bett und arbeitet auf die Zeit mit Hermann nach dessen Entlassung hin. Daß Karl über ihr Verhältnis mit Hermann Bescheid wußte, erfährt Maria erst nach Karls Tod aus dessen Testament. Mit Hermann geht sie in ihr Haus, will Kaffee kochen und bringt mit einer Zigarette das ausströmende Gas zur Explosion. Das Haus fliegt mit den beiden in die Luft.

Arbeitswut, Geldgier, Materialismus, Gefühlskälte und Verdrängung der nationalsozialistischen Vergangenheit werden im Kontext persönlicher und öffentlicher Verhältnisse zu einem engmaschigen Panorama der Anfänge des Wirtschaftswunders verwoben. Dabei sollen auch die Wurzeln der Gewalt in den siebziger Jahren gezeigt werden. Ursprünglich als Billig-Produktion mit Romy Schneider geplant, verdankt der Film seine Entstehung einer durch die Verschiebung der Dreharbeiten zur TV-Serie *Berlin Alexanderplatz* (BRD/I 1980) verursachten Pause. *Die Ehe der Maria Braun* wurde Fassbinders größter Publikumserfolg.   *hc*

▬ Ehe im Schatten

DDR 1947

R: Kurt Maetzig; A: Kurt Maetzig nach der Novelle *Es wird schon nicht so schlimm* von Hans Schweikart; K: Friedl Behn-Grund, Eugen Klagemann; D: Paul Klinger, Ilse Steppat, Alfred Balthoff, Claus Holm

Die erfolgreiche jüdische Schauspielerin Elisabeth (I. S.) wird 1933 im Urlaub auf Hiddensee von zwei Männern umworben: ihrem Bühnenpartner Hans Wieland (P. K.) und dem Juristen Dr. Bloom (C. H.), dem sie sich zuerst zuwendet. Nach der Rückkehr ins vom Reichstagsbrand bewegte Berlin ist sie gezwungen, ihre Karriere aufzugeben. Von Bloom, der NSDAP-Mitglied geworden ist, um für eine führende Position im neuen Kulturministerium geeignet zu sein, trennt sie sich und nimmt den Heiratsantrag Wielands an, der weiterhin großen Erfolg in Theater und Film hat. Nach den Pogromen im November 1938 will Elisabeth, die sehr unter ihrer Isolation leidet, Deutschland verlassen. Hans, das Emigrantenschicksal des

Kollegen Bernstein (A. B.) vor Augen, glaubt, sie schützen zu können, wird jedoch bei Kriegsbeginn eingezogen. Elisabeth muß nun als in ›Mischehe lebende Jüdin‹ schwere körperliche Arbeit leisten und lebt in ständiger Angst um sich und die Freunde. Als Hans – vom Kriegsdienst entlassen – seinen Beruf wieder ausübt, wird ihm nahegelegt, sich scheiden zu lassen. Er lehnt ab und nimmt Elisabeth zu seiner Filmpremiere mit. Daraufhin sieht sich Dr. Bloom gezwungen, dem Schauspieler die Auftrittserlaubnis zu entziehen und Elisabeths Deportation zu veranlassen. Elisabeth und Hans Wieland, der erneut zur Scheidung gedrängt wird, wählen den gemeinsamen Freitod.

Kurt Maetzigs Debüt als Spielfilmregisseur liegt das authentische Schicksal des Schauspielerehepaares Joachim und Meta Gottschalk zugrunde, dieser Bezug ist im Abspann des Films ausdrücklich festgehalten. *Ehe im Schatten* zählt zu den wichtigsten Werken der frühen Nachkriegszeit. In der tragischen Geschichte von Opfern des Faschismus, die auch mitverschulden, Opfer zu werden, verbinden sich dramatische Spannung und starke Emotionalität mit aufklärerischen Ambitionen.   *ms*

▬ Einbrecher – Eine musikalische Ehekomödie

Deutschland 1930

R: Hanns Schwarz; A: Robert Liebmann und Louis Verneuil nach Verneuils Bühnenstück *Guignol ou le cambrioleur*; K: Günther Rittau, Konstantin Irmen-Tschet; D: Ralph Arthur Roberts, Lilian Harvey, Willy Fritsch, Heinz Rühmann, Oskar Sima

Die lebenslustige Renée Dumontier (L. H.) hat das Pech, mit einem um Jahre älteren, kauzigen Puppenfabrikanten (R. A. R.) verheiratet zu sein. Dessen Zuneigung gilt allein den Puppen. Um der häuslichen Tristesse und Vernachlässigung zu entfliehen, gibt Renée den Avancen des Aufschneiders Sérigny (H. R.) nach, der sie in sein Liebesnest einlädt. Ihr Tête-à-tête wird jedoch von einem gewitzten und charmanten Einbrecher (W. F.) gestört, für den sich Renée sogleich zu interessieren beginnt. Als sie ihn wiedersieht – er gibt sich bei ihrem Gatten als amerikanischer Puppenhändler aus –, ist sie hoch erfreut. Der Unbekannte hat schon lange ein Auge auf Renée geworfen und seinen amourösen Überfall planmäßig vorbereitet: Dumontiers Diener (O. S.) arbeitet als Spion in seinem Auftrag. Bei einem heimlichen Treffen in einem Jazzclub werden Renée und ihr Verehrer von Dumontier überrascht. Der Gatte will zuerst Gewalt anwenden, gibt seine Frau jedoch frei, als er ihre tiefen Gefühle für den Rivalen erkennt. Der entpuppt sich schließlich als Schriftsteller auf Stoffsuche, und die beiden werden ein glückliches Paar.

Die Umsetzung des französischen Boulevardstücks gelang dank origineller Bild- und Montageeinfälle vortrefflich. Viel verdankt das beschwingte Spiel der Akteure dem herausragenden Talent des Komponisten Friedrich Hollaender. Seine Musik wurde zum Ausgangspunkt für die szenische Gestaltung vor allem von überleitenden Szenen, was diesen einen stark rhythmischen Zug verleiht. Der Auftritt des legendären Jazz-Klarinettisten und Saxophonisten Sidney Bechet in den Barszenen erhöht noch die musikalische Ausnahmestellung des Films. Titel der französischen Version: *Flagrant délit.*   *ik*

Einer trage des anderen Last . . .

DDR 1988

R: Lothar Warneke; A: Wolfgang Held; K: Peter Ziesche; D: Jörg Pose, Manfred Möck, Susanne Lüning, Karin Gregorek, Heinz Dieter Knaup

Der junge Kommissar der Volkspolizei Josef Heiliger (J. P.) wird im Jahre 1950 vom Aufbaueinsatz weg tuberkulosekrank in ein privates Sanatorium geschickt. Dort erfährt er von seiner lebensbedrohlichen Erkrankung, soll sich auf unbestimmte Zeit einem ihm unerträglich erscheinenden passiven Dasein anpassen und ist überdies in einem Zweibettzimmer mit dem etwa gleichaltrigen evangelischen Vikar Hubertus Koschenz (M. M.) untergebracht. Obwohl beider Versuch, sich ausschließlich ihrer

Genesung zu widmen, zunächst scheitert, weil ihre entgegengesetzte Weltanschauung zu immer neuen Konflikten führt, verweigert Chefarzt Dr. Stülpmann (H. D. K.) eine Auseinanderlegung. Heiliger und Koschenz lernen nach und nach in der Auseinandersetzung den Bettnachbarn und seine im Grunde ähnlichen moralischen und ethischen Grundsätze kennen und achten. Die schwerkranke Mitpatientin Sonja (S. L.), die sich in Heiliger verliebt hat und von ihm vernachlässigt wird, stirbt indessen. Der Vikar verzichtet zugunsten seines Zimmergenossen auf ein für ihn selbst bestimmtes, ›westliches‹ Präparat, Josef verläßt geheilt Hohenfels.

Die dramatische Konstellation mit tragikomischen Zügen in einer ›Zauberberg‹-Atmosphäre wird durch die dichte, pointierte Inszenierung Lothar Warnekes und ausgezeichnete Darstellerleistungen zum publikumswirksamen, zeitlosen Plädoyer für Dialog und Solidarität über weltanschauliche und religiöse Barrieren hinweg »in dieser einen Welt«.   *ms*

Einer von uns beiden

BRD 1974

R: Wolfgang Petersen; A: Manfred Purzer nach dem gleichnamigen Roman von -ky; K: Charly Steinberger; D: Klaus Schwarzkopf, Jürgen Prochnow, Elke Sommer, Ulla Jacobsson, Kristina Nel

Auf dem Höhepunkt seiner Karriere, kurz vor dem ›Sprung nach Bonn‹, holt die Vergangenheit den Berliner Soziologen Kolczyk (K. S.) ein. Die über zwanzig Jahre zurückliegende Doktorarbeit des Star-Professors und wissenschaftlichen Erfolgsautors ist ein Plagiat. Der verkrachte Student Ziegenhals (J. P.) hat durch Zufall das Original, eine unbekannte amerikanische Examensarbeit, entdeckt und verlangt 10 000 DM sofort sowie weiterhin 1500 DM monatlich. Kolczyk ist entschlossen, sich nicht für den Rest seines Lebens erpressen zu lassen. Er zahlt die ersten Raten, warnt Ziegenhals aber, nur einer von ihnen werde diesen »Kampf« überleben. Der nun entbrennende psychologische Grabenkrieg wird durch den

Einer von uns beiden
(Ortrud Beginnen,
Jürgen Prochnow,
Elke Sommer)

Mord an einer Prostituierten (E. S.) verschärft, mit der Ziegenhals früher die Wohnung teilte. Als Ziegenhals sich erfolgreich der attraktiven Tochter (K. N.) des Professors nähert, steigert sich der Haß noch mehr – am Ende überlebt keiner der beiden Männer die Konfrontation.

In einer intelligent ausgetüftelten, bis zum letzten Moment offenen Geschichte zeigt Petersens spannendes Spielfilmdebüt den Kampf zweier Karrieristen um den Platz an der Sonne. Dabei überzeugt auch die Darstellung des gewaltbereiten bürgerlichen Milieus. Während Kolczyk das Erreichte mit allen Mitteln zu retten sucht, will Ziegenhals endlich seinen Traum von der Eigentumswohnung mit Fernsehschrank und Eßzimmerecke realisieren. – Dieser wirklich gute Krimi hätte mehr Erfolg verdient gehabt.   hc

---

1 + 1 = 3

BRD 1979

R: Heidi Genée; A: Heidi Genée unter Mitarbeit von Helga Krauss; K: Gernot Roll; D: Adelheid Arndt, Dominik Graf, Christoph Quest

Die Schauspielerin Katarina (A. A.) erwartet von ihrem langjährigen Freund Bernhard (D. G.) ein Kind. Vieles spricht für eine Abtreibung; Katarina müßte sonst auf eine Tournee verzichten, die ihren Durchbruch verspricht. Bernhard will das Kind nicht: Er schenkt Katarina verwelkende Tulpen und einen Blankoscheck für die Abtreibung. Eine Frauengruppe rät ihr, das Kind auf keinen Fall allein aufzuziehen. Doch das Familienleben scheint keine annehmbare Alternative zu sein: Bernhards Mutter hat ihren Mann soeben nach 32 Ehejahren hinausgeworfen, und die Ehe von Katarinas Schwester ist die Hölle. So erklärt Katarina dem verblüfften Bernhard, sie wolle zwar das Kind, aber nicht ihn, und reist in den Süden ans Meer. Dort lernt sie den seit drei Jahren geschiedenen Jürgen (C. Q.) kennen. Er ist der erste, der ihre Schwangerschaft als freudiges Ereignis sieht. Deshalb zieht sie mit ihm zusammen. Als sie aber merkt, daß er nur an dem Kind, nicht aber an einem Zusammenleben zu Dritt interessiert ist, bringt sie ihr Kind allein zur Welt, ohne Mann.

»In dem Film ist nichts, was ich nicht selbst erlebt habe«, erklärte die Regisseurin nach der Premiere. Die Kritiker waren begeistert von der lockeren, unprätentiösen und komödienhaften Bearbeitung eines Themas, das in

Deutschland bis dahin nur als Tragödie oder Problemfilm behandelt worden war. Auf internationalen Festivals erhielt 1 + 1 = 3 viele Preise. *kc*

Eisenhans

BRD 1983

R: Tankred Dorst; A: Tankred Dorst, Ursula Ehler; K: Jürgen Jürges; D: Gerhard Olschewski, Susanne Lothar, Hannelore Hoger, Hans Michael Rehberg, Irm Hermann

Schroth (G. O.), LKW-Fahrer für den Bierbrauer und Jugendfreund Feininger (H. M. R.), wird wegen seiner Bärenkräfte »Eisenhans« genannt. Er lebt mit seiner Frau (H. H.) und seiner debilen, nymphomanisch veranlagten Tochter Marga (S. L.) in einem abgelegenen Haus im Niemandsland an der deutsch-deutschen Grenze. Eisenhans lebt nicht nur geographisch und sozial isoliert, auch psychisch ist er zum introvertierten Einzelgänger geworden, der nur in der Liebe zu Marga seine, ihm selbst nicht bewußte Frustration verdrängen kann. Als ihn die Umwelt schon längst auf Grund seiner krankhaften Eifersucht des Inzests mit Marga verdächtigt, wehrt er sich noch immer gegen seine sexuellen Fantasien. Zuletzt jedoch erfolglos. Seine Frau, die Eisenhans in seiner Verzweiflung schlägt, zeigt ihn an, er wird verhaftet.

Der Dramatiker Tankred Dorst nennt sein Kinofilm-Debüt nicht zufällig ein »böses deutsches Märchen«: Die triste (deutsche) Wirklichkeit, aus der der starke (Anti-)Held in sein Innenleben flüchtet, ist voll von egoistischen, hartherzigen, dummen und tratschsüchtigen Personen. Aber auch ein leibhaftiger Engel, die magische Traum-Figur der gesellschaftlich ungehemmten, moralisch unbelasteten Marga, bevölkert diese Fabelwelt, die in vielen kurzen, beklemmend alptraumartigen, oft grotesk wirkenden Schwarzweiß-Sequenzen wiedergegeben wird. *ps*

Die Elenden / Les misérables / I miserabili (Teil 1 und 2)
(Die Miserablen)

Frankreich/Italien/DDR 1958

R: Jean-Paul Le Chanois; A: René Barjavel, Jean-Paul Le Chanois nach dem gleichnamigen Roman von Victor Hugo; K: Jacques Natteau; D: Jean Gabin, Danièle Delorme, Bernard Blier, Bourvil, Elfriede Florin, Beatrice Alta Riba, Martine Havet, Gianni Esposito, Fernand Ledoux

Teil 1: Der ehemalige Galeerensträfling Jean Valjean (J. G.) wird 1813 nach 19 Jahren Zuchthaus, zu denen er wegen geringer Vergehen verurteilt worden war, entlassen. Sein Leben erfährt durch die Begegnung mit dem mildtäti-

1 + 1 = 3
(Adelheid Arndt
sowie Ina Genée und
Daniel Genée)

gen Bischof Myriel (F. L.) eine entscheidende Wendung: Unter dem Namen »Monsieur Madeleine« gelingt es Valjean, in der kleinen Stadt Montreuil-sur-Mer ein Vermögen zu erwerben und schließlich sogar als Bürgermeister Gutes zu tun. Doch der neue Polizeipräfekt Javert (B. B.), Sohn seines ehemaligen Gefängnisaufsehers, erkennt im Bürgermeister den ehemaligen Sträfling und stellt Nachforschungen über ihn an. Auf seiner Flucht gelingt es Jean Valjean, Cosette (M. H.), das Töchterchen der am Leben und den Gesetzen gescheiterten Fantine (D. D.), aus den Händen des verbrecherischen Ehepaars Thénardier (B., E. F.) zu retten. In Paris leben Valjean und Cosette als Vater und Tochter zusammen, das heranwachsende Mädchen wird für ihn zum Lebensinhalt.

Teil 2: Jahre später. Im Paris der Julirevolution 1830 hat sich Cosette (B. A. R.) aus der Ferne in Marius (G. E.) verliebt, Sohn eines unglücklichen napoleonischen Obersten und Mitglied einer revolutionären Gruppe. Er kann ein Gewaltverbrechen der Thénardiers an Valjean vereiteln und schlägt sich danach auf die Seite der Barrikadenkämpfer. Javert – inzwischen Polizeiinspektor in Paris – hat sich unter die Aufständischen gemischt, wird jedoch als Spitzel erkannt und gefangengesetzt. Valjean stößt ebenfalls zur Barrikade von Marius, deren Niederlage kurz bevorsteht, und findet dort seinen langjährigen Verfolger gefesselt vor. Als dieser erschossen werden soll, fordert er, persönlich mit ihm abrechnen zu dürfen. Doch er schenkt seinem erbitterten Feind Leben und Freiheit. Für Cosette rettet Valjean den im Kampf verwundeten Marius. Javert, der die menschliche Tat eines ›Elenden‹ nicht begreifen kann, muß erstmals an seinem Lebensinhalt, dem Gesetz, zweifeln und geht in die Seine. Jean Valjean bleibt der Hochzeit der von ihm vereinten Liebenden fern, um ihr Glück nicht zu gefährden, und gesteht später dem entsetzten Marius seine Sträflingsvergangenheit. Vor seinem Tode erreichen ihn schließlich doch Liebe und Dankbarkeit des jungen Ehepaars, das noch zur rechten Zeit Valjeans menschliche Größe erkennen kann.

Die zweiteilige Filmadaption von Victor Hugos weltbekanntem Roman steht in einer Reihe von Literaturverfilmungen, welche die DEFA in der zweiten Hälfte der fünfziger Jahre mit französischen Partnern realisierte. Le Chanois' großes historisches Panorama, das sich ausdrücklich bemüht, »die melodramatischen Züge der Vorlage zu dämpfen und das Lyrische in den intimeren Gefühlsszenen um so stärker zum Ausdruck zu bringen«, gehört vor allem durch die Leistung des hochkarätigen Darstellerensembles – insbesondere Jean Gabins – zu den herausragenden unter den zahlreichen Verfilmungen des Stoffs.   *ms*

███

Emil und die Detektive

Deutschland 1931

R: Gerhard Lamprecht; A: Billie (Billy) Wilder, Gerhard Lamprecht nach dem gleichnamigen Roman von Erich Kästner; K: Werner Brandes; D: Käthe Haack, Rolf Wenkhaus, Olga Engl, Inge Landgut, Fritz Rasp, Hans-Joachim Schaufuß

Emil Tischbein (R. W.) darf zu seiner Großmutter nach Berlin fahren. Seine Mutter (K. H.) befestigt die sauer ersparten 140 Mark, die er der Großmutter bringen soll, mit einer Sicherheitsnadel in der Innentasche von Emils Anzug. Im Bahnabteil nötigt ein unheimlicher Mann (F. R.) Emil ein Bonbon auf. Als Emil aus einem schlimmen Traum aufwacht – das Bonbon enthielt ein Schlafmittel –, stellt er fest, daß sein Geld gestohlen ist. In Berlin angekommen, kann er auf dem Bahnsteig noch den widerwärtigen Mann mit dem steifen Hut ausmachen und ihn bis zu einem Café verfolgen. Dort merkt er allerdings, daß er allein nichts ausrichten kann. Da kommt Hilfe von unerwarteter Seite: Gustav mit der Hupe (H.-J. S.), Anführer einer Berliner Kinderschar, spricht ihn an und sagt Hilfe zu. Gustav trommelt seine Freunde zusammen, und mit vereinten (Kinder-)Kräften gelingt es, den Räuber in die Enge zu treiben. Der Unbekannte wird verhaftet, als auch Emils Geld eintauschen will; und weil es sich überdies um einen gesuchten Bankräuber handelt, erhält Emil eine hohe Belohnung. Im Triumph kehrt er per Flugzeug nach Hause zurück und wird dort stürmisch gefeiert. Selbst Wachtmeister Jeschke, der Emil wegen der respektlosen Bemalung eines Denkmals bestrafen wollte, ist zur Versöhnung bereit.

Lamprechts Fähigkeit, seinen jungen Darstellern natürliches Spiel und frische Unbekümmertheit zu erhalten, sie auch im Kollektiv individuell agieren zu lassen, bescherte ihm seinen größten internationalen Erfolg. Dieser Klassiker des Kinderfilms hält gekonnt die Balance zwischen der Poesie kindlicher Wahrnehmung und der realistischen Darstellung alltäglicher Schauplätze.   *tk*

Das Ende des Regenbogens

BRD 1979

R: Uwe Frießner; A: Uwe Frießner; K: Frank Brühne; D: Thomas Kufahl, Udo Samel, Slavica Rankovič

Der Vater Schläger; im Heim durch Brutalität aufgefallen; mit 13 Jahren Warenhausdiebstähle; mit 15 Autos aufgebrochen. – So stehts's in den Polizeiakten des Berliner Strichjungen und Herumtreibers Jimmi (T. K.). Für den vernehmenden Beamten steht fest: kriminelle Veranlagung. Obgleich der zur Homosexualität neigende Dieter (U. S.) Jimmi bei sich aufnimmt, ihm Ausweis, Papiere und einen Job verschafft, haben die Versuche einer Studentenwohngemeinschaft, Jimmi die Resozialisierung zu ermöglichen, kaum Erfolg. Jimmi spricht eine andere Sprache als die gutwillig bemühten Studenten. Für ihn ist jeder zunächst ein Gegner. Er traut keinem, nimmt sich, was er kriegen kann, teilt aber auch großzügig, wenn er über Geld verfügt. Sein Vokabular ist beschränkt, seine Beziehung zur drogenabhängigen Gabi (S. R.) dient lediglich der schnellen sexuellen Abreaktion. Auch der Mord an Gabis Großmutter geschieht sozusagen zufällig.

Der sozialkritische, von Amateuren gespielte Low-Budget-Film beobachtet, ohne zu werten; er fasziniert als präzise Milieustudie, die darauf verzichtet, die gezeigten Menschen und ihre Schicksale der Sensationsgier oder Herablassung auszusetzen. Kritisiert wurde der Film zum Teil mit dem Argument, er zeichne ein unzutreffend negatives Bild Deutschlands.   *hc*

Endstation Liebe

BRD 1958

R: Georg Tressler; A: Will Tremper; K: Helmut Ashley; D: Horst Buchholz, Barbara Frey, Karin Hardt, Benno Hoffmann

Der Fließbandarbeiter Mecky (H. B.) wettet um 5 DM, daß er die neue Verwaltungsangestellte Christa (B. F.) im Verlauf des Wochenendes »ins Bett kriegt«. Indem er sich als wohlerzogener junger Mann mit Blumen bei ihrer Familie vorstellt, überwindet er ihren Widerstand. Nach dem Besuch einer turbulenten Catcher-Veranstaltung verliebt Mecky sich auf einem nächtlichen Spaziergang in Christa und verliert das Interesse an der Verführungs-Wette. Als Christa von dieser Wette erfährt, bricht sie mit Mecky. Doch vorsichtig wird die Beziehung wieder aufgebaut.

Im Gegensatz zu allen anderen ›Halbstarken‹-Filmen der fünfziger Jahre verzichtet Tressler hier auf billige Spannungselemente. Es gibt keine Kapitalverbrechen oder Selbstmorde, keine Autodiebstähle mit anschließenden Verfolgungsfahrten. Vor allem verzichtet der Film auf penetrantes Moralisieren und fängt statt dessen wie kein anderer westdeutscher Spielfilm der Zeit das Leben der Arbeiterjugend zwischen Fußballklub, Vereinsleben, Kontaktschwierigkeiten mit Erwachsenen und nervtötender Routine am Arbeitsplatz ein.   *hc*

Der Engel, der seine Harfe versetzte

BRD 1959

R: Kurt Hoffmann; A: Heinz Pauck und Günter Neumann nach dem gleichnamigen Roman von Charles Terrot; K: Sven Nykvist; D: Matthias Fuchs, Henry Vahl, Nana Osten, Dunja Movar, Tatjana Sais, Horst Tappert

Für den alten Pfandleiher Josua Webmann (H. V.) und seinen jungen Gehilfen Klaas (M. F.) vergeht ein Tag wie der andere. Doch eines Tages kommt ein überirdisch liebliches Wesen (N. O.) in Josuas Laden und will seine

*Der Engel mit der Posaune
(Paula Wessely, Attila Hörbiger)*

Harfe versetzen. Wider besseres Wissen beleiht Josua das Instrument, und von diesem Augenblick an nimmt das Schicksal manch eines Bewohners der norddeutschen Hafenstadt eine plötzliche Wendung. So auch bei Klaas, der aufhört, ständig auf die gutmeinenden Ratschläge seiner Mutter (T. S.) zu hören, und nun endlich Bekanntschaft mit seinem Schwarm Lissy (D. M.) schließt. Für Josua hat der Besuch des von ihm als ›Engel‹ betrachteten Wesens anfangs weniger erfreuliche Folgen – erst erzählt ihm ein Fremder (H. T.), welch ungeheuren Wert die Harfe besitzt, dann ist sie plötzlich verschwunden, und am Schluß, als Josua sie endlich um teures Geld vom ›Engel‹ selbst zurück erworben hat, stellt sich ihre Wertlosigkeit heraus. Doch auch Josua findet Trost, und keinem hat der kleine und beinahe unbemerkte Betrug des nur scheinbar übersinnlichen Wesens geschadet, ganz im Gegenteil.

Kurt Hoffmann, einer der technisch versiertesten Erzähler des deutschen Films, hat diese wundersame Geschichte eines ›Engels‹ auf Urlaub – oder einer reizenden Betrügerin – mit heiterer Menschlichkeit inszeniert. Geschickt eingesetzte Lieder verbinden Liebesgeschichte und Milieuskizze, das moderne Märchen und die moralische Botschaft, die besagt, daß Güte, Toleranz und Optimismus die wichtigsten Dinge im Zusammenleben der Menschen sind.   *mp*

Der Engel mit der Posaune

Österreich 1948

R: Karl Hartl; A: Karl Hartl und Franz Tassié nach dem gleichnamigen Roman von Ernst Lothar; K: Günther Anders; D: Paula Wessely, Attila Hörbiger, Paul Hörbiger, Curd Jürgens, Hans Holt, Oskar Werner, Maria Schell

Wien 1888/89. Franz Alt (A. H.), das Familienoberhaupt der gleichnamigen Klavierbauer-Dynastie, heiratet Henriette Stein (P. W.). Franz setzt sich mit dieser Heirat über die Bedenken seiner Verwandten hinweg, die der Braut Vertraulichkeiten mit Kronprinz Rudolf vorwerfen. Die Hochzeitsfeier wird vom Hofbeamten Otto Eberhard Alt (P. H.) unterbrochen, der die Nachricht vom Tod des Thronfolgers bringt. – Jahre später trifft Henriette einen Freund (C. J.) des Kronprinzen wieder, der sie aus der Enge ihrer Ehe entführen will. Franz erfährt von dem Rendezvous und tötet den Nebenbuhler im Duell. Nach dem Ausbruch des Ersten Weltkriegs werden Henriettes Söhne Hans (H. H.) und Hermann (O. W.) eingezogen. Sie kehren unversehrt zurück, ihr Vater jedoch wurde verschüttet und ist nun gelähmt. Die Familie zerfällt, nur Hans hält zu seiner Mutter. Die politische Entwicklung der dreißiger Jahre führt zu einem noch größeren Blutvergießen. Henriette – sie ist Jüdin – entzieht sich ihrer Verhaftung durch Selbstmord. Nach Kriegsende bauen Hans und seine Frau (M. S.) die Fabrik wieder auf.

Die Familienchronik spiegelt zeitgeschichtliche Entwicklungen vor dem Hintergrund großbürgerlichen Milieus und eines verklärten »Österreichtums« wider. Karl Hartls statische, jedoch atmosphärisch dichte Inszenierung bot sowohl großen Schauspielern als auch jungen Talenten Gelegenheit, die persönlichen Konsequenzen epochaler Wandlungen eindringlich darzustellen. *mp*

Engelchen oder die Jungfrau von Bamberg

BRD 1968

R: Marran Gosov; A: Franz Geiger, Marran Gosov; K: Werner Kurz; D: Gila von Weitershausen, Ulrich Koch, Dieter Augustin, Hans Clarin

Katja aus Bamberg (G. v. W.) ist süß, blond und hat ein Problem: weil ihr Freund »einfach den Anlauf nicht findet«, ist sie mit 19 Jahren immer noch Jungfrau. Um dem endlich abzuhelfen, fährt sie für drei Wochen nach München – angeblich, um ihre Freundin Doris zu besuchen. Doch Doris ist weder vom Aussehen, noch von ihrer Einstellung her zur Ratgeberin geeignet. So landet Katja in einer Drei-Männer-Kommune, bestehend aus Gustl (D. A.), dem permanent verschuldeten Erfinder einer Babyflasche mit Thermometer sowie einer Brille für tränenfreies Zwiebelschälen, Tim (U. K.), einem sex-athletischen Sportjournalisten, dem der Fernsehapparat den Weg zum Sportplatz erspart, und einem wortkargen Maler (H. C.), der für Geld Protestschilder für und gegen jeden und jedes anfertigt. Doch auch in dieser alternativen Schwabinger Umgebung hat Katja Schwierigkeiten, ihr Ziel zu erreichen. Wie und mit welchen Mitteln sie es am Ende doch noch schafft, davon erzählt dieser Film auf pfiffig-intelligente Weise.

Zum Kult-Status von *Zur Sache, Schätzchen*, dem anderen Jungfilmer-Hit von 1968, fehlt es dem Skript etwas an Schärfe und Prägnanz.

Der Publikumserfolg ermutigte den Produzenten Rob Houwer zu zwei Fortsetzungen. *hc*

Engelein ⓢ

Deutschland 1914

R: Urban Gad; A: Urban Gad; K: Axel Graatkjaer, Karl Freund; D: Alfred Kühne, Asta Nielsen, Max Landa, Fred Immler, Hanns Kräly

Peter Schneider aus Chicago (M. L.) hat vor Jahren die Tochter seines Bruders (A. K.) zur Erbin gekürt. Als Witwer kehrt er nach Europa zurück, um seine, wie er glaubt, 12jährige Nichte Jesta (A. N.) wiederzusehen. Doch Jesta ist bereits 17 Jahre alt, sie kam nämlich fünf Jahre vor der Heirat ihrer Eltern zur Welt. Da dies dem sittenstrengen Onkel verheimlicht werden muß, gibt sich die temperamentvolle Siebzehnjährige als Backfisch aus. Daß sie über Erfahrungen verfügt, mit denen sie die Erwachsenenwelt zur Weißglut bringen kann, führt Jesta auf des Onkels Landgut vor – bis sie bemerkt, daß sie für ihn mehr als nur verwandtschaftliche Gefühle hegt. Doch ausgerechnet jetzt droht der Onkel den Verführungskünsten einer anderen zu erliegen. Jesta geht aus Liebeskummer ins Wasser, aber dessen Kälte verhindert ein tragisches Ende. Peter ist begeistert, als er schließlich von Jestas Liebe und ihr tatsächliches Alter erfährt, denn er ist dem Mädchen sehr zugetan. So kommt es zum Happy-End: einer Vermählung steht nichts mehr im Wege.

Asta Nielsen, zum Zeitpunkt der Aufnahmen 32 Jahre alt, spielte in diesem Lustspiel eine Siebzehnjährige, die einen zwölfjährigen Backfisch mimt. Und sie tat es mit genialer Treffsicherheit in Mimik, Gestik und Körpersprache. Ihr intuitives Wissen um die kontrollierte Reduktion von Bewegung und expressiver Darstellung machte sie zur ersten filmisch agierenden Schauspielerin. Ihr neuer Darstellungsstil übertraf an Wirkung die Übertreibungen der bis dahin typischen Stummfilmgestik um Welten. Daß präzises Beobachten menschlicher Verhaltensweisen Voraussetzung für Stimmigkeit ist, läßt sich an Nielsens Interpretation der jungen Jesta idealtypisch erkennen. *tk*

Die Entfernung zwischen dir und mir und ihr

DDR 1988

R: Michael Kann; A: Stefan Kolditz; K: Hans Heinrich; D: Silvia Rieger, Jörg Simonides, Kirsten Block

Die attraktive und abgeklärte junge Journalistin Marga (K. B.) erhält in ihrer Berliner Wochenzeitungsredaktion den für sie unliebsamen Auftrag, vertretungsweise das Interview mit einer Rocksängerin zu übernehmen. Ihr Vorhaben, dies schnell und ohne viel Aufhebens zu erledigen, scheitert jedoch an den ungewöhnlich ehrlichen Antworten Annes (S. R.). Margas Interesse an der etwa gleichaltrigen, sich um berufliche Anerkennung und Erfüllung im Privaten bemühenden Unterhaltungskünstlerin erwacht; auch Annes Freund Robert (J. S.) kommt sie näher, einem unkonventionellen Mitreißer auf fortwährender Suche nach seinem Platz im Leben, der sich plötzlich zwischen den beiden Frauen findet. Robert lernt die erfolgreiche Journalistin auch als alleinstehende Mutter kennen. Seine Wahrnehmung verändert sich durch den Kontakt mit Marga, der er von Anne berichtet; Roberts Wirklichkeit vermischt sich mit Wunschträumen, Phantasien, fixen Ideen. Als Marga bemerkt, daß Robert durch die Beziehung zu Anne am stärksten geprägt ist, zieht sie sich von ihm zurück. Ihr journalistischer Beitrag fällt differenziert aus und findet Anerkennung.
Ein Film über das Lebensgefühl von Dreißigjährigen in den achtziger Jahren der DDR. Mit Filmzitaten, persiflierenden und satirischen Einschüben, originell montierten erotischen Szenen, treffender Besetzung und Ausstattung wird eine Generation porträtiert, deren Lebenslauf unmittelbar nach 1945 begann und ausschließlich in ›sozialistischen Entwicklungen‹ geprägt wurde.   *ms*

Erdgeist ⓢ

Deutschland 1923

R: Leopold Jessner; A: Carl Mayer nach dem gleichnamigen Bühnenstück von Frank Wedekind; K: Axel Graatkjaer; D: Asta Nielsen, Albert Bassermann, Rudolf Forster, Carl Ebert, Alexander Granach, Heinrich George

Lulu (A. N.) ist eine junge Frau, die sich ganz ihren Trieben hingibt. Sie wird die Geliebte von Dr. Schön (A. B.). Als er beabsichtigt, eine gutbürgerliche Dame zu heiraten, verkuppelt er Lulu mit seinem Freund Goll, einem reichen Arzt. Doch Lulu hat an einem Liebhaber nicht genug, weshalb sie auch den Maler Schwarz (C. E.) verführt. Als Goll die beiden ertappt, erleidet er einen Schlaganfall. Aber auch Schwarz verzweifelt an seiner obsessiven Leidenschaft für Lulu und bringt sich um. Nun zwingt Lulu ihren früheren Geliebten Dr. Schön, der ihr noch immer verfallen ist, sie zu heiraten. Sie betrügt aber auch ihn mit jedem Mann, auf den sie gerade Lust hat und erschießt ihn schließlich, als er ihr lästig wird. Obwohl auch Schöns Sohn Alwa (R. F.) ihr bereits verfallen ist, will er dafür sorgen, daß Lulu für den Mord an seinem Vater büßen muß.
Die erste Verfilmung des ersten der beiden skandalumwitterten »Lulu«-Dramen Frank Wedekinds überzeugt durch brillante Darstellerleistungen. Albert Bassermann liefert mit dem Niedergang Dr. Schöns eines seiner bestechendsten Porträts der Stummfilmzeit, auch Alexander Granach und Carl Ebert spielen den obsessiven Charakter ihrer Liebe glaubwürdig aus. Prägend aber ist einmal mehr Asta Nielsen, die ihre Erotik in glühende Verinnerlichung umzusetzen verstand und dadurch, wie der Theoretiker und Kritiker Béla Balázs formulierte, »das große, vollständige Gebärdenlexikon der sinnlichen Liebe« auf die Leinwand brachte.   *tk*

Der Erfinder

Schweiz 1981

R: Kurt Gloor; A: Kurt Gloor nach dem Bühnen-
stück von Hansjörg Schneider; K: Franz
Rath; D: Bruno Ganz, Walo Lüönd, Verena
Peter, Klaus Knuth

1916. Der Schweizer Bauer Jakob Nüssli (B. G.),
ein überzeugter Pazifist, und sein Freund Otti
(W. L.) wollen nicht zur Armee. Doch nur Jakob entgeht der Rekrutierung, indem er bei
der Nachmusterung Schwerhörigkeit simu-
liert. Auch sonst ist Jakob ein Mann mit eigenen Ideen und Durchsetzungsvermögen. Um
den kargen Ertrag seines Hofs und der Heimarbeit seiner Frau (V. P.) aufzubessern, arbeitet
er besessen an einer technischen Neuerung,
die Fahrzeuge über unwegsames Gelände
transportieren soll. Auch ohne die angestrebte
Unterstützung eines Industriellen gelingt Jakob die praktische Umsetzung seiner Erfindung. Aber dann muß er bei einer Wochen-
schauvorführung im Kino die niederschmet-
ternde Erkenntnis machen, daß die briti-

Der Erfinder (Bruno Ganz)

schen Panzer längst das Prinzip der Raupen-
kette nutzen. Jakob kommt über diesen Schock
nicht hinweg und wird immer introvertierter.
Seine Abschiebung – »Versorgung« nennen es
seine Mitbürger – in eine Anstalt nimmt er gar
nicht mehr richtig wahr.
Kurt Gloor, prägnanter und liebevoller Chronist von Individualisten (siehe z. B. sein Porträt eines alten Schuhmachers *Die plötzliche
Einsamkeit des Konrad Steiner*, CH 1976), zeichnet auch die tragikomische Geschichte des
»Spinners« Jakob unsentimental und milieu-
echt, gelegentlich mit Ansätzen zu hintergrün-
dig-schwarzem Humor.   *ps*

Ernst Thälmann
Teil 1: **Ernst Thälmann – Sohn seiner Klasse**
Teil 2: **Ernst Thälmann – Führer seiner Klasse**

DDR 1954 (Teil 1) und 1955 (Teil 2)

R: Kurt Maetzig; A: Michael Tschesno-Hell,
Willi Bredel; K: Karl Plintzner, Horst E. Brandt;
D: Günther Simon, Hans-Peter Minetti, Karla
Runkehl, Erich Franz, Raimund Schelcher,
Martin Flörchinger, Judith Harms, Peter
Schorn, Paul R. Henker, Wolf Kaiser, Werner
Peters, Johannes Arpe, Michel Piccoli, Kurt
Wetzel, Wilhelm Koch-Hooge

Teil 1: *Ernst Thälmann – Sohn seiner Klasse*. Westfront 1918. Im Unterstand hockt der Soldat
Ernst Thälmann (G. S.) und verfaßt nach dem
Kieler Matrosenaufstand eine Botschaft an die
Kameraden: »Dreht um die Gewehre, Soldaten!«, die Widerstand auslöst in seiner Truppe
gegen Major Zinker (W. K.) und in der Nach-
bareinheit – unter Fiete Jansen (H.-P. M.) – gegen Hauptmann Quadde (W. P.). In Berlin fordert Karl Liebknecht (M. F.): »Gebt die Waffen
nicht aus der Hand«. Bald darauf werden er
und Rosa Luxemburg (J. H.) verhaftet und ermordet. Thälmann will ihr revolutionäres Erbe
fortführen. Durch Streiks und Kampfaktionen
erreicht er in Hamburg die Niederlage von
Freikorpstruppen unter Major Zinker. Er unterstützt die Gründung der KPD. Mit Hilfe seiner Kampfgefährten Jansen, Vierbreiter (E. F.),
Daik (R. S.) und Änne (K. R.), in die sich Jansen
verliebt hat, und gegen den Willen der Polizei

unter Hauptmann Quadde setzt Thälmann das Entladen eines sowjetischen Frachters durch, der Getreide für die hungernde Bevölkerung an Bord hat. Kurze Zeit später besucht er die UdSSR und begegnet Lenin (P. S.). 1923, auf dem Höhepunkt der Inflation, organisiert er in Hamburg den bewaffneten Widerstand gegen die Reichswehr unter Major Zinker und die Polizei des sozialdemokratischen Senators Höhn (J. A.). Unterstützung von Sachsen und Thüringen bleibt aus, dort dominiert die Reichswehr aufgrund des ›Verrats‹ rechter Sozialdemokraten. So muß Thälmann nach erfolgreichen Aktionen den geordneten Rückzug anordnen. Jansen wird verhaftet und zum Tode verurteilt. Änne heiratet ihn im Gefängnis. Thälmann erreicht durch Streiks im Hafen die Aufhebung des Urteils.

Teil 2: *Ernst Thälmann – Führer seiner Klasse.* Berlin 1930. Ernst Thälmann arbeitet als Abgeordneter im Reichstag und hat ein Arbeitszimmer bei Änne, die eine Funktion im Kommunistischen Jugendverband ausübt und zu der Jansen nach seiner Haftentlassung zurückkehrt. Thälmann unterstützt auf einer Reise die Kumpels in Mansfeld und im Ruhrgebiet, lehnt in Berlin den Wehretat ab und kämpft zusammen mit dem Sozialdemokraten Dirhagen (P. R. H.) für die Einheitsfront gegen den Faschismus. Im Oktober 1932 lernt er in Paris den jungen Kommunisten Rouger (M. P.) kennen. Nach der nationalsozialistischen Machtergreifung 1933 wird Thälmann verhaftet. Alle Bemühungen, ihn totzuschweigen, scheitern: eine saarländische Delegation unter Rouger besucht ihn; während des Spanischen Bürgerkrieges kämpfen Deutsche im »Thälmann-Bataillon.« Polizeioffizier Quadde, der einen Fluchtversuch Thälmanns verhindert, drängt auf Verschärfung der Isolation, und Reichsfeldmarschall Göring (K. W.) versucht ohne Erfolg, den Häftling von seiner Weltanschauung abzubringen. Bei einem Bombenangriff muß Thälmann zusehen, wie Änne, die illegal gearbeitet hatte und verhaftet wurde, in der gegenüberliegenden Zelle verbrennt. Ihr Mann Jansen, zunächst in die UdSSR emigriert, springt über deutschem Boden ab und ist an der Kapitulation eines Truppenteils unter Hauptmann Schröder (W. K.-H.) und der Befreiung eines KZs beteiligt. Die zunehmenden Erfolge der Roten Armee veranlassen die Nationalsozia-listen, Ernst Thälmann 1944 im Konzentrationslager zu ermorden.

Der zweiteilige Film wurde als »Hohelied der Arbeitersolidarität« konzipiert und zielte auf Pathos und Denkmalpflege. Aus der heroisierenden Darstellung Ernst Thälmanns, dem Günther Simon auch menschliche Züge verlieh, und seiner Kampfgefährten erwuchs ein agitierend-pathetisches Zeit-Bild. Dennoch wurde der Film bei seiner Erstauswertung – nicht nur wegen der organisierten Kinobesuche – von einem interessierten Millionenpublikum besucht. *ms*

██

Eroica

Österreich 1949

R: Walter Kolm-Veltée, Karl Hartl (künstlerische Oberleitung); A: Walter Kolm-Veltée, unter Mitarbeit von Franz Tassié und Norbert Kuntze; K: Günther Anders, Hannes Staudinger; D: Ewald Balser, Marianne Schönauer, Judith Holzmeister, Oskar Werner

»Napoleon ist im Anmarsch auf Wien« – so lautet die Nachricht, die sich wie ein Lauffeuer in der Stadt verbreitet und Beethoven (E. B.) in Begeisterung versetzt. Sogleich macht er sich daran, eine Symphonie zu Ehren Napoleons zu schreiben, er nennt sie »Eroica«. Als er jedoch von Napoleon zu einer Audienz nicht gebeten, sondern fordernd befohlen wird, flieht auch Beethoven – dem Adel gleich – aus Wien. Er nimmt eine Einladung seiner Bewunderin Komtesse Therese (M. S.) nach Ungarn an. Hier lernt er deren Cousine Giulietta (J. H.) kennen und wenig später auch lieben. Doch die Standesunterschiede und Beethovens Zweifel, ob er einen Menschen glücklich machen kann – ein Zweifel, den Therese noch bestärkt –, bewegen ihn ohne Angabe von Gründen abzureisen. – Jahre sind vergangen und Beethoven ist beinahe taub. Als er den Verlust des Gehörs auch seinem Neffen (O. W.) und wenig später dem Publikum der Generalprobe zu seiner Oper *Fidelio* nicht mehr verheimlichen kann, zieht sich Beethoven einsam zurück. Traurig zwar, doch mit dem Schicksal versöhnt.

Der Film vermittelt das Charakterbild des Komponisten Ludwig van Beethoven auf dramaturgisch konventionelle Weise, betont jedoch die alltäglichen Lebensängste des sich gottbegnadet fühlenden Künstlers. Diese Spannung zwischen bürgerlicher Alltagsnormalität und künstlerischem Pathos wird noch von der expressiven Schwarzweißfotografie und einer – für den damaligen österreichischen Film – ungewöhnlich dynamischen Kameraführung verstärkt. Ebenso durch das differenzierte Spiel Ewald Balsers, der im Genre des biographischen Films sein Bestes leistete. *mp*

■

Erscheinen Pflicht

DDR 1984

R: Helmut Dziuba; A: Helmut Dziuba nach dem gleichnamigen Buch von Gerhard Holtz-Baumert; K: Helmut Bergmann; D: Vivian Hanjohr, Frank Nowak, Lissy Tempelhof, Peter Sodann, Alfred Müller, Jens-Uwe Bogadtke, Hans-Joachim Hegewald, Uwe Kockisch

Die 16jährige Elisabeth (V. H.), die wohlbehütet und abgeschirmt als Tochter des verdienten Genossen und mittleren Staatsfunktionärs Haug (H.-J. H.) in der DDR aufgewachsen ist, sieht sich nach dessen plötzlichem Tod mit bisher unbekannten Realitäten konfrontiert und muß lernen, ihren Weg ohne seinen Rat und Einfluß zu nehmen. Sie setzt sich mit der Resignation ihrer Mutter (L. T.) auseinander, erfährt beim Besuch ihres Mitschülers Stefan (F. N.), der sie mit dem Vorschlag, ihre Leben zu tauschen, provoziert und in den sie sich trotzdem verliebt, von materiellen und seelischen Nöten und streitet darüber mit dem Nachfolger ihres Vaters Kratt (A. M.). Nach einer Wochenendkundgebung in der Hauptstadt, bei der für alle FDJler der Schule ›Erscheinen Pflicht‹ war, fährt sie zu ihrem Bruder (J.-U. B.), der seit Jahren keinen Kontakt mehr zum Elternhaus hatte: Der Vater nötigte ihn zum verlängerten Dienst in der NVA, den der Sohn mit seinen Idealen nicht in Einklang bringen konnte und deshalb vorzeitig abbrach. Als Elisabeth auf der Rückfahrt von einem Betrunkenen (U. K.) belästigt wird, der die FDJ-Fahne der Kundgebung aus dem Zug werfen will, verteidigt sie diese.

Der kritische und im Detail stimmige DEFA-Gegenwartsfilm aus den achtziger Jahren, der sich auf einfühlsame Weise der Situation und dem Lebensgefühl der jungen Generation näherte und soziale wie politische Probleme aufzeigen wollte, ohne die Zuschauer mit einer deprimierenden Sicht zu entlassen, traf auf staatlich gelenkte Kritik und eingeschränkten Kinoverleih. *wis*

■

Die ersten Tage

Österreich 1971

R: Herbert Holba; A: Herbert Holba; K: Xaver Schwarzenberger; D: Ariane Niehoff, Olga Felber, Heinz Herki, Karl-Heinz Hayek, Gerhard Stingl, Wolfgang Karner, Peter Kadlitz, Wilhelm Pellert, Heimo Wisser

Nach der Apokalypse. Eine Gruppe Kinder und Halbwüchsiger zieht, Nomaden gleich, durch die trostlose Landschaft. In einer verfallenen Hütte lebt das Mädchen (A. N.) mit einem vom Wahnsinn Gezeichneten (H. W.). Zu ihnen stößt der Einzelgänger (G. S.), der sich in das Mädchen verliebt. Der tyrannische Anführer (W. P.) einer Nomadengruppe wird von seiner Geliebten (O. F.) vergiftet. Sie führt nun die kleine Gruppe an und demonstriert ihre Macht, indem sie einen Neuankömmling, den Flüchtling (K.-H. H.), verschiedenen Mutproben aussetzt. Auf der Flucht vor zwei Terror verbreitenden Reitern (W. K., P. K.), bei der der vom Wahnsinn Gezeichnete den Tod findet, stoßen der Einzelgänger und das Mädchen auf die Nomadengruppe und finden Aufnahme. Gemeinsam gelingt es ihnen, einen der Reiter zu Fall zu bringen und zu töten. Der Flüchtling geht als neuer Anführer hervor und leitet die Gruppe einem ungewissen Schicksal entgegen.
Lange bevor es für viele Filmemacher auch außerhalb des deutschsprachigen Raums zur Herausforderung wurde, sich am deutschen Stummfilm formal neu zu orientieren, drehte Herbert Holba seine Hommage an die Regie-

pioniere der Ära zwischen 1914 und 1919. Der Minimalismus seines als »Kinematogramm mit Musik [der Gruppe »Pater Noster«] und Geräuschen sowie 67 Zwischentiteln« inszenierten Films ist aber mehr als ein gelungenes stilistisches Experiment: Der formale Archaismus des frühen deutschen Films findet in der im kollektiven Unterbewußtsein wurzelnden Allegorie über Barbarei und Menschlichkeit seine zwingende Entsprechung. Ebenso suggestiv sind die von Kameramann Xaver Schwarzenberger mit raffiniertem Kontrast und Schärfewechsel umgesetzten Bildideen des Regisseurs. *ps*

Es

BRD 1966

R: Ulrich Schamoni; A: Ulrich Schamoni; K: Gerard Vandenberg; D: Sabine Sinjen, Bruno Dietrich

Westberliner Alltag in den Jahren nach dem Mauerbau. Steuervorteile locken westdeutsche Grundstücksspekulanten an; Darlehen für Kinderreiche sollen die Überalterung bremsen. Manfred (B. D.) arbeitet für einen Grundstücksmakler, Hilke (S. S.) ist technische Zeichnerin. Beide sind Anfang 20 und bewohnen ohne Trauschein eine Einzimmerwohnung. Verliebt-verspielt leben sie in den Tag hinein, in scheinbarer Freiheit und Unabhängigkeit. Wenn Manfred nicht als Teil seines Jobs mit Klienten durch Nachtlokale zieht, machen sie Autoausflüge, gehen schwimmen, verbringen Spielabende mit Freunden. Das unbeschwerte Dasein nimmt ein Ende, als Hilke ein Kind erwartet, sich aber nicht traut, Manfred davon zu erzählen. Während er in allen Teilen der Stadt potentielles Bauland als Investition anpreist, sucht sie in einem Spießrutenlauf von Arzt zu Arzt verzweifelt nach Möglichkeiten, das Kind abzutreiben. Als Manfred endlich von Hilkes Schwangerschaft erfährt, ist die Abtreibung bereits geschehen. Ob die Beziehung der beiden die Ereignisse überleben wird, bleibt offen.
Handkamera und unorthodoxer Schnitt vermitteln den Lebensrhythmus der jugendlichen Protagonisten in diesem – trotz seiner ernsten Thematik – heiteren Film. Die authentischen Schwarzweißaufnahmen atmen sozusagen Westberliner Luft. *hc*

Es herrscht Ruhe im Land

BRD/Österreich 1975

R: Peter Lilienthal; A: Antonio Skarmeta, Peter Lilienthal; K: Robby Müller; D: Charles Vanel, Mario Pardo, Eduardo Duran, Zita Duarte, Henriqueta Maya, Luciano Noble, Miguel Franco

Dieser Ensemble-Film über Menschen, die »erst dann, wenn sie an den Gittern rütteln und rausschauen, wissen, was Freiheit ist« (Lilienthal), spielt in der Provinzhauptstadt eines nicht näher bezeichneten lateinamerikanischen Landes, dessen Zustände eindeutig auf die Militärdiktatur in Chile verweisen. Ohne indoktriniert zu werden, erlebt der Zuschauer, wie die Einwohner der Stadt, die bislang Augen und Ohren vor der Brutalität des Regimes verschlossen haben, politisches Bewußtsein entwickeln und beginnen, Widerstand zu leisten. Brutale Szenen sind auf ein Minimum beschränkt, wirken dafür aber um so eindringlicher. Flache Farben, grobkörniger Film und Aufnahmen mit starken Teleobjektiven verstärken den Eindruck, eine Reportage zu sehen. Obgleich das Regime am Ende eine unheimliche Ruhe herzustellen vermag, indem es die Mehrzahl der Bürger hinter Gitter bringt, verläßt der Zuschauer das Kino mit Optimismus und unerschütterlichem Glauben an die Lern- und Widerstandsfähigkeit des Menschen. Ein Meisterwerk des politischen Kinos, das 1976 mit dem Bundesfilmpreis für den besten abendfüllenden Spielfilm ausgezeichnet wurde. *hc*

Es leuchten die Sterne

Deutschland 1938

R: Hans H. Zerlett; A: Hans H. Zerlett; K: Georg Krause; D: Ernst Fritz Fürbringer, Vera Bergman, La Jana, Carla Rust, Rudi Godden, Elisabeth Wendt, Paul Verhoeven, Karl Stepanek

Mathilde (C. R.), ein Mädchen aus der Provinz, kommt nach Berlin und will Karriere beim Film machen. Sie wird Komparsin in einem Streifen, in dem eine alternde Diva (E. W.) die Hauptrolle spielen soll, dies jedoch nicht zur Zufriedenheit des Regisseurs (E. F. F.) tut. Mathilde singt eines der Lieder, welche die Diva vortragen soll, ihrer Freundin Carla (V. B.) vor, die singt mit – und wird vom Regisseur sofort für die Hauptrolle engagiert, weil sie über das gewisse Etwas verfügt, das die alternde Diva nicht mehr hat. Nun macht Carla eine große Karriere; Mathilde dagegen akzeptiert ihr mangelndes Talent. Entschädigt wird sie mit der Liebe des zuverlässigen Oberbeleuchters Brandt (K. S.).

Die Film-im-Film-Handlung ist der äußere Rahmen für einen Revuefilm, bei dem zahlreiche Berühmtheiten aus Sport und Unterhaltungskultur Kurzauftritte haben, unter anderen Max Schmeling und Paul Lincke. Lincke schrieb auch, gemeinsam mit Mathias Perl, Ernst Kirsch, Franz R. Friedl und vor allem Leo Leux, der für die meisten Chansons verantwortlich zeichnete, die Musik. Kostüme, Bauten und Ausleuchtung sind prächtig; die Tänzerin La Jana brachte ihre Grazie ein. Der Film gibt vergnügliche Einblicke in das Backstage-Leben, wie es so fröhlich in Wirklichkeit wohl nicht war. *tk*

Es leuchten die Sterne (La Jana)

Die ewige Maske

Österreich/Schweiz 1935

R: Werner Hochbaum; A: Léo Lapaire, Werner Hochbaum, Kurt Gauger nach dem gleichnamigen Roman von Léo Lapaire; K: Oskar Schnirch; D: Peter Petersen, Mathias Wieman, Olga Tschechowa, Tom Kraa, Thekla Ahrens

Während einer Hirnhautentzündungs-Epidemie kommt es zum Konflikt in einer Basler Klinik: Dumartin (M. W.), ein idealistischer junger Arzt, hat ein Serum entwickelt, von dem er sich die Heilung der Kranken verspricht, doch der Leiter der Klinik, Professor Tscherko (P. P.), hält den Einsatz des Medikaments für zu riskant. Als Dumartin das Verbot ignoriert und einem Todkranken das Serum injiziert, geht es dem Patienten zunächst besser, doch bald stirbt er trotzdem. Die Gattin des Toten (O. T.) beschuldigt Dumartin des Mordes, die Presse greift die Anschuldigungen auf. Die Vorwürfe nicht ertragend, vernichtet der junge Arzt die Formel für sein Serum und will sich im Rhein ertränken. Er wird zwar gerettet, doch leidet er nun an einer Persönlichkeitsspaltung und Halluzinationen. Inzwischen hat sich herausge-

Die ewige Maske
(Peter Petersen, Olga Tschechowa)

stellt, daß der Patient an einer Embolie gestorben ist, Dumartins Serum dagegen die notwendige Hilfe bringen würde. Mit unterschiedlichen Methoden versuchen Dumartins Kollegen, dessen Schizophrenie zu heilen. Erst das psychologisch ›moderne‹ Vorgehen des jungen Dr. Wendt (T. K.) heilt Dumartin, der mit der Neuherstellung seines Serums beginnt.

Das 1935 riskante Unternehmen, Ideen der Psychoanalyse zur Grundlage eines Films zu machen, krankt ein wenig an Unzulänglichkeiten des Drehbuchs, obwohl Milieuzeichnung und Darstellung überdurchschnittlich sind. Der ungeheure Erfolg in Venedig, Paris, London und später auch in Amerika, wo *Die ewige Maske* 1937 zum besten ausländischen Film gewählt wurde, verdankt sich wohl hauptsächlich den atemberaubenden, aufwendig inszenierten und gefilmten Halluzinationen, deren expressionistische Metaphorik zum Gewagtesten gehört, was der damalige europäische Film zur Illustration psychischer Vorgänge erfunden hat. *tk*

F

Fabian

BRD 1980

R: Wolf Gremm; A: Hans Borgelt, Wolf Gremm nach dem gleichnamigen Roman von Erich Kästner; K: Jürgen Wagner; D: Hans Peter Hallwachs, Hermann Lause, Silvia Janisch, Brigitte Mira, Ivan Desny

Im Berlin des Jahres 1931 betreut Fabian (H. P. H.) für ein Werbebüro die Zigarettenreklame. Beruflichem Erfolg steht er jedoch gleichgültig gegenüber. Am liebsten verbringt Fabian, der ausgibt, was er einnimmt, mit seinem Freund Labude (H. L.) die Nächte in Vergnügungslokalen. Bei den Frauen hat Fabian Erfolg – und dennoch lebt er etwas ziellos vor sich hin, bis er Cornelia (S. J.) kennenlernt. Sie lebt erst seit kurzem in Berlin und ist eine resolute Person. Als Fabian seine Anstellung verliert, Cornelia dagegen beim Film Karriere macht, verläßt sie ihn. Als auch noch Labude Selbstmord begeht, verliert Fabian vollends seinen Halt. Um wieder Orientierung zu finden, fährt er aufs Land. Allmählich kann Fabian im Leben wieder Tritt fassen. Als ein Junge von einer Brücke stürzt, springt Fabian hinterher, um den Knaben aus dem Fluß zu retten. Doch während sich der Junge mühelos von allein rettet, ertrinkt Fabian. Er hatte vergessen, daß er gar nicht schwimmen kann.

Aufwendige Dekors, atmosphärische Geschlossenheit und das offensichtliche Bemühen um eine glaubwürdige Zeitschilderung zeichnet Gremms kostspielige Kästner-Adaption aus. Dem differenzierten Charakterbild und der Hintergründigkeit der Vorlage wird der Film allerdings nicht gerecht. Dennoch wurde er für die rührige Produzentin Regina Ziegler, die mit Gremm verheiratet ist, einer der größten kommerziellen Erfolge. *tk*

Fährmann Maria

Deutschland 1936

R: Frank Wysbar; A: Hans Jürgen Nierentz, Frank Wysbar; K: Franz Weihmayr; D: Sybille Schmitz, Aribert Mog, Peter Voß, Carl de Vogt

Weil der Fährmann bei der Ausübung seines Dienstes unter ungeklärten Umständen zu Tode gekommen ist, will niemand das verwaiste Amt übernehmen. Die junge, heimatlose Maria (S. S.) übernimmt die Stelle. In der Nacht holt sie einen Mann (A. M.) über den Fluß, der von seinen Verfolgern verwundet wurde, versteckt den Fiebernden in ihrem ärmlichen Häuschen und pflegt ihn. Dabei verliebt sie sich in den ihr fremden Mann. Als ein Verfolger (P. V.) erscheint, der dem Verletzten nach dem Leben trachtet, wird Maria klar, daß sie dem Tod gegenübersteht. Trotzdem versucht sie alles, um den Geliebten zu retten. Als sich der Tod indes nicht umstimmen läßt, will sie

Fahrendes Volk (Hans Albers, Hannes Stelzer)

sich anstelle des Liebsten opfern und geht, Gevatter Tod voran, ins nahe Moor. Doch während der Verfolger im Moor versinkt, bleibt Maria am Leben – der Sumpf trägt sie. Mit ihrem Geliebten setzt sie über den Fluß und zieht fort, in ein neues Leben.

Dank großer atmosphärischer Stimmigkeit, dramaturgischer Präzision und einer starken lyrischen Note gehört dieser Legendenfilm zu den besten deutschen Arbeiten im Genre des phantastischen Films. Hohen Anteil daran hat auch die unbedingte Glaubwürdigkeit, welche die faszinierende Sybille Schmitz den metaphysischen Zügen der Titelfigur zu verleihen vermag. In Amerika, wohin er Ende der dreißiger Jahre emigrierte, drehte Wysbar ein platteres, mit Horror-Elementen angereichertes Remake (*Strangler of the swamp*, USA 1945).   tk

Fahrendes Volk

Deutschland/Frankreich 1938

R: Jacques Feyder; A: Jacques Viot, Jacques Feyder; K: Fritz Koch, Josef Illig; D: Hans Albers, Françoise Rosay, Camilla Horn, Irene von Meyendorff, Herbert Hübner

Die Dompteuse Flora (F. R.) versteckt ihren früheren Mann Fernand (H. A.), der aus dem Gefängnis ausgebrochen ist. Fernand wird im Zirkus als Ansager und Stallbursche eingestellt; Flora hält ihn allerdings auf Distanz und verhindert, daß ihr Sohn Marcel den Vater erkennt. Marcel ist in Yvonne (I. v. M.), die Tochter des Zirkusdirektors, verliebt. Um ihre Beziehung zu unterbinden, schickt der Direktor Yvonne nach Italien und entläßt Marcel. Als der anfängt, in zwielichtigen Kreisen zu verkehren, greift Fernand ein und erspart dem Sohn ein Schicksal, wie er es selbst durchgemacht hat. Marcel folgt der Kunstreiterin Pepita (C. H.) nach Paris. Von ehemaligen Mithäftlingen erpreßt, muß Fernand bei einem Überfall auf den Zirkus mittun. Flora zwingt ihn deswegen zur Abreise. In Paris versucht Fernand, Marcel zur Rückkehr zu bewegen, weshalb Pepita ihn an die Polizei verrät. Auf der Flucht über die Dächer von Paris wird Fernand erschossen. Marcel fährt zurück, versöhnt sich mit Yvonne und freut sich über den neugeborenen, gemeinsamen Sohn.

Detailgetreue und wirklichkeitsnahe Zeichnung des Artistenmilieus gehört zu den Vorzügen dieses Zirkus- und Familiendramas, das sich visuell und akustisch ausgefeilt, jedoch etwas zu melodramatisch-sentimental präsentiert. Besonders Hans Albers und Camilla Horn überzeugen durch facettenreiche Rollengestaltung und glaubhafte Emotionalität. Titel der französischen Version: *Les gens du voyage*. *tk*

Der fallende Stern

BRD 1950

R: Harald Braun; A: Harald Braun, Herbert Witt; K: Richard Angst; D: Maria Wimmer, Gisela Uhlen, Dieter Borsche, Werner Krauß, Bernhard Wicki, Paul Dahlke

Elisabeth Hollreiser (M. W.) ist nach dem Zweiten Weltkrieg leitende Sozialarbeiterin eines Obdachlosenlagers. Sie wird von tiefen Existenzängsten geplagt, die sie verhärmt und selbstsüchtig gemacht haben. Die Ursache ihrer Lebensangst ist ein traumatisches Kindheitserlebnis, eine Kometennacht im Jahr 1910, das sie nie bewältigen konnte. In der Konfrontation mit der harten Wirklichkeit des Barakkenlagers und seinem menschlichen Leid beginnt Elisabeth jedoch ihr festgefügtes Lebensbild zu hinterfragen. Schließlich weiß sie, daß es sinnlos ist, vor Ängsten zu fliehen; daß nur Vertrauen auf einen Halt – auch in der existentiellen Verlorenheit – den Menschen befähigt, ein bereicherndes, nicht von Angst regiertes Leben zu führen.

Die Suche nach Geborgenheit im christlichen Glauben, welche die Menschen befähigt, angstfrei und vertrauensvoll zu leben, war indirekt Thema vieler Filme aus den fünfziger Jahren der Bundesrepublik. Selten wurde das Thema indes so deutlich und versponnen zugleich angegangen wie hier. Ungewöhnlich und originell gestaltet sind die allegorischen Traumsequenzen, in denen sich ein Engel und der Teufel gegenüberstehen, und die zum Schlüsselerlebnis bei Elisabeths ›Bekehrung‹ werden. *tk*

Fanfaren der Liebe

BRD 1951

R: Kurt Hoffmann; A: Heinz Pauck nach einer Originalstory von Robert Thoeren und Michael Logan; K: Richard Angst; D: Dieter Borsche, Georg Thomalla, Grethe Weiser, Inge Egger, Ilse Petri, Oskar Sima

Die Unterhaltungsmusiker Hans (D. B.) und Peter (G. T.) haben es, zumal sie meistens arbeitslos sind, nicht leicht. Als ihr Manager für die erfolgreiche Damenkapelle »Die Alpenveilchen« eine Pianistin und eine Baßgeigerin sucht, präsentieren sich Hans und Peter der Chefin der Damenkapelle, Lydia d'Estee (G. W.), ohne Zögern als Hansi und Petra Schmidt. Und weil nicht ihre Schönheit, sondern ihr Talent benötigt wird, werden die beiden aufgenommen. Aber bereits im Schlafwagen, auf der Reise zum nächsten Auftritt, beginnen die Dinge komplizierter zu werden als gedacht – denn Hansi und Peter verlieben sich in zwei ihrer Berufskolleginnen, in Gaby (I. E.), die Sängerin, und Sabine (I. P.), die Ukulelespielerin. Im Hotel des Herrn Hallinger (O. S.) nimmt ein anstrengendes und verwirrendes Rollen- und Verwechslungsspiel seinen Anfang. Das Happy-End ist mühsam errungen. Dennoch: zwei glückliche Verlobungspaare und ein gelungener Schlager von Hans stellen jedermann zufrieden.

Der musikalische Verwechslungsschwank des vorzüglichen Komödienregisseurs Kurt Hoffmann wurde zu einem der größten Lustspielerfolge der Nachkriegszeit. Treffsichere Gags und das ungebremste Tempo der beiden in exzellenter Spiellaune agierenden Hauptdarsteller machen *Fanfaren der Liebe* zu einem zeitlosen Vergnügen. Der Regisseur Billy Wilder ließ sich von dem Verkleidungslustspiel zu seinem wohl größten Erfolg inspirieren, der ausgelassenen Farce *Some like it hot* (USA 1959; *Manche mögen's heiß*). *mp*

*Fanfaren der Liebe
(l.: Dieter Borsche,
Georg Thomalla,
r.: Grethe Weiser)*

Faust – Eine deutsche Volkssage

Deutschland 1926

R: Friedrich Wilhelm Murnau; A: Hans Kyser
nach Motiven von Johann Wolfgang Goethe,
Christopher Marlowe und der Faust-Sage
sowie dem Manuskript »Das verlorene
Paradies« von Ludwig Berger; K: Carl Hoffmann; D: Gösta Ekman, Emil Jannings,
Camilla Horn, Werner Fuetterer

Ein Erzengel (W. F.) und Mephisto (E. J.) schließen einen Pakt. Gelingt es dem Teufel, in Faust
(G. E.) das »Göttliche zu zerstören«, dann ist
die Erde sein. – Der Gelehrte Faust verschreibt
sich Mephisto für einen Probetag, um seine
Mitbürger von der Pest zu befreien. Nachdem
er sich – als Komplize des Bösen erkannt und
beinahe zu Tode gesteinigt – das Leben nehmen will, schenkt ihm Mephisto ewige Jugend.
Auf einem fliegenden Zaubermantel zu Aben-
teuern gelockt, verlängert Faust den Pakt. Zurück in der Heimat, verführt er Gretchen
(C. H.), deren Mutter sich wegen dieser
Schande das Leben nimmt. Faust und Mephisto müssen fliehen. Von allen verlassen, irrt
Gretchen mit ihrem Kind durch den Schnee,
bis das Neugeborene erfriert. Als Mörderin
kommt sie auf den Scheiterhaufen. Angesichts
der Leiden Gretchens verflucht Faust das Geschenk der Jugend und steigt, zum Greis geworden, durch die Flammen zu Gretchen auf
den Scheiterhaufen empor. Fausts Liebe hat
den Pakt mit dem Teufel zunichte gemacht,
der Erzengel triumphiert.

In der Atelierwelt der Ufa-Studios schufen
Murnau und sein künstlerisches Kollektiv eines der wichtigsten tricktechnischen Pionier-
werke der zwanziger Jahre. Aufwendige Mi-
niaturbauten, neuartige optische Effekte und
bewegliche Kameravorrichtungen, wie sie für
den Flug mit Mephistos »Zaubermantel« notwendig waren, gehörten zu den Mitteln ihrer
spielerischen Erfindungsfreude. Weniger das
metaphysische Drama als vielmehr die Suche
nach neuen Ausdrucks- und Entwicklungsmöglichkeiten des Mediums Film stand dabei
im Vordergrund.   *mp*

Faust

BRD 1960

R: Peter Gorski; Künstlerische Oberleitung:
Gustaf Gründgens; A: Johann Wolfgang
Goethe, *Faust. Der Tragödie erster Teil.*

Inszenierung am Deutschen Schauspielhaus, Hamburg; K: Günther Anders; D: Gustaf Gründgens, Will Quadflieg, Ella Büchi, Elisabeth Flickenschildt

Die seinerzeit in aller Welt gezeigte Bühneninszenierung des Deutschen Schauspielhauses Hamburg wurde hier vollständig ins Medium des Films übernommen.
Durch den konsequenten Wechsel zwischen Szenentotalen und Großaufnahmen sowie durch eine Erhöhung des Sprechtempos ging diese »Faust«-Adaption neue Wege und wurde zu einem Meilenstein in der an Fehlschlägen reichen Geschichte der Verfilmung von Theaterinszenierungen. Legendär ist der Film bis heute wegen Gustaf Gründgens' fulminanter Verkörperung des Mephisto.   *tk*

■

Feme Ⓢ

Deutschland 1927

R: Richard Oswald; A: Herbert Juttke, Georg C. Klaren nach dem gleichnamigen Roman von Vicki Baum; K: Ewald Daub; D: Hans Stüwe, Grete Mosheim, Rudolf Forster, Friedrich Kayßler, Adele Sandrock, Bernhard Goetzke

Der orientierungslose Student Joachim Burthe (H. S.) gerät unter den Einfluß des ehemaligen Offiziers Gregor von Askanius (R. F.), der zu einer rechtsradikalen Geheimorganisation gehört, die sich dem Kampf gegen die Weimarer Republik verschworen hat. Burthe wird solange bearbeitet, bis er bereit ist, »den Minister« (F. K.) zu ermorden, der den Verschwörern als Inbegriff der schändlichen Republik gilt. Burthe begeht den Mord, wird von Askanius aber fallengelassen und muß untertauchen. Nach einiger Zeit wird der heruntergekommene Student für tot gehalten, findet jedoch als Gärtner in einer Nervenklinik eine Bleibe. Von Gewissensbissen verfolgt, gesteht er seine Tat dem Anstaltsleiter (B. G.), der ihn nicht anzeigt, sondern psychisch zu festigen versucht. Der Anstaltsleiter arrangiert Joachims Begegnung mit der Mutter (A. S.) des Ermordeten, die Burthes Reue glaubt und ihm

verzeiht. Doch Burthes allmählich zurückkehrende Seelenruhe wird jäh gestört, als er Askanius wiedertrifft, der nicht nur Burthes Schwester verführt, sondern sich inzwischen auch mit dem verteufelten Staat arrangiert hat und aufgestiegen ist. Askanius droht, Burthe zu verraten, worauf dieser keinen anderen Ausweg sieht, als den Freitod zu wählen.
Indem der Film unverhüllt auf die Ermordung von Außenminister Walter Rathenau durch völkische Gruppen 1922 Bezug nimmt, ist er eine der ersten filmischen Auseinandersetzungen mit dem Treiben der antidemokratischen Kräfte in der Weimarer Republik. Kein Wunder, daß die NSDAP und andere rechtsnationale Kreise eine gewalttätige Kampagne gegen seine Vorführung führten. Romanvorlage und Drehbuch interessierten sich hauptsächlich für das Schicksal und die Sühne des verführten Täters, was den reflektierenden Zeitbezug des Films teilweise verhindert.   *tk*

■

Die Feuerzangenbowle

Deutschland 1944

R: Helmut Weiß; A: Heinrich Spoerl nach seinem gleichnamigen Roman; K: Ewald Daub; D: Heinz Rühmann, Karin Himboldt, Hilde Sessak, Erich Ponto, Paul Henckels

Vier ältere Herren, die in feucht-fröhlicher Stimmung bei einer Feuerzangenbowle sitzen, geben ihre besten Pennälerscherze zum besten. Zugleich bedauern sie das jüngste Mitglied der Runde, den Schriftsteller Dr. Hans Pfeiffer (H. R.), der von einem Privatlehrer ausgebildet wurde und deshalb, so die Meinung der anderen, den schönsten Teil seiner Jugend verpaßt hat. Um ihn nachzuholen, verwandelt sich Dr. Pfeiffer in einen Oberprimaner. Er besucht das Gymnasium einer Kleinstadt und sorgt durch seine Streiche und Albernheiten unablässig für Wirbel. So wird Pfeiffer zum Schrekken der Lehrer und Liebling der Mitschüler. Als er sich jedoch in Eva (K. H.), die Tochter des Direktors, verliebt, hat er gegen ehrgeizige Konkurrenz anzukämpfen, denn auch der nicht mehr ganz junge Professor Grey (E. P.) ist heftig an Eva interessiert. Grey wird daher zu einer bevorzugten Zielscheibe von Pfeiffers Späßen. Zum turbulenten Ende gibt sich Pfeiffer als längst promovierter Erwachsener zu erkennen, gewinnt Evas Herz und wird glücklich. Dank seiner karikierenden Porträts verschroben-komischer Professorengestalten – durch Erich Ponto und Paul Henckels inspiriert verkörpert – und dem respektlosen Umgang mit Autoritäten ist diese Verstellungskomödie bis heute einer der beliebtesten Filme Heinz Rühmanns geblieben. Sein gewitzter, verschmitzter Pennäler, der die Schule mit seinen Streichen total aus dem Gleichgewicht bringt, ist aus heutiger Sicht wohl Rühmanns Paraderolle im Fach der turbulenten Komödie.   tk

Figaros Hochzeit

DDR 1949

R: Georg Wildhagen; A: Georg Wildhagen nach der Oper *Die Hochzeit des Figaro* von Lorenzo da Ponte und Wolfgang Amadeus Mozart; K: Eugen Klagemann, Karl Plintzner; D / Gesang: Angelika Hauff / Erna Berger, Willi Domgraf-Fassbaender, Sabine Peters / Tiana Lemnitz, Mathieu Ahlersmeyer, Elsa Wagner / Margarete Klose, Victor Janson / Eugen Fuchs, Willi Puhlmann / Anneliese Müller, Katharina Mayberg / Elfriede Hingst

Graf Almaviva (M. A.) gestattet großzügig seinen Bediensteten Susanna (A. H.) und Figaro (W. D.-F.) die Ehe und will auf sein ›Recht der ersten Nacht‹ verzichten. Dennoch möchte er Susanna, die Zofe seiner Frau (S. P.), zu einem Stelldichein bewegen. Er sieht eine Chance, da Figaro der Geldverleiherin Marcellina (E. W.) ein Eheversprechen gegeben hat, falls er die von ihr geliehenen 1 000 Taler nicht zurückzahlen kann. In die Enge getrieben, erklärt Figaro vor Gericht sich als Kind unbekannter Herkunft außerstande, Marcellina zu heiraten. An einem Muttermal erkennen Marcellina und Dr. Bartolo (V. J.) in Figaro ihren als Kind geraubten Sohn. Der Plan des Grafen ist dadurch gescheitert. Eine Doppelhochzeit – Susanna und Figaro, Marcellina und Dr. Bartolo – findet statt. Zusätzlich ist Almaviva blamiert, weil er irrtümlich seine vernachlässigte Gemahlin in Susannas Kleidern umarmt. So muß er schließlich auch dem Pagen Cherubino (W. P.), der der

Die Feuerzangenbowle (Rudi Schippel, Heinz Rühmann)

Gräfin nachstellte und deshalb zum Militär sollte, und der Gärtnerstochter (K. M.) ihr gemeinsames Glück gönnen.

Wildhagen konnte seinen Wunsch, »ideale Stimmen und exzellente Schauspieler zu verbinden«, mit einem hochkarätigen Ensemble verwirklichen. Bei der optischen Gestaltung griff er auf den Stil der Malerei des französischen Rokoko zurück. Zwölf von 28 Nummern der Vorlage wurden ausgelassen, um Längen zu vermeiden. Diese erste Filmoper der DEFA erlebte im Mozart-Jahr 1991 ihre Wiederaufführung. *ms*

Film ohne Titel

BRD 1948

R: Rudolf Jugert; A: Helmut Käutner, Ellen Fechner, Rudolf Jugert; K: Igor Oberberg; D: Hans Söhnker, Hildegard Knef, Willy Fritsch, Fritz Odemar, Peter Hamel

In ländlicher Umgebung diskutieren ein Regisseur (P. H.), ein Drehbuchautor (F. O.) und ein Schauspieler (W. F.) über einen Film, den sie drehen möchten. Da stoßen das Bauernmädchen Christine Fleming (H. K.) und der frühere Kunsthändler Martin Delius (H. S.) zu der Runde. In Rückblenden wird ihr Leben erzählt: Christine war als Hausangestellte bei Martin tätig, die zwei haben sich ineinander verliebt, sind wegen der Standesunterschiede jedoch nicht zusammengekommen. Als sich Martin und Christine nach dem Krieg wiedersehen, sind die Bedingungen umgekehrt: Delius ist nun ein mittelloser Flüchtling, Christine dagegen eine Bauerntochter ohne existentielle Sorgen. Die drei Männer vom Film unterhalten sich darüber, wie diese Geschichte zu einem glaubwürdigen Ende zu bringen wäre. Während der Schauspieler auf ein herzerwärmendes Happy-End setzt, zieht der Regisseur ein tragisches Ende vor; der Autor dagegen findet beide Möglichkeiten flach. Christine und Martin erzählen danach den realen Fortgang ihrer Geschichte. Auf ganz unspektakuläre Weise sind sie doch zusammengekommen. Diese Geschichte, so urteilen die drei Spezialisten einvernehmlich, gibt keinen Film ab.

Originalität und Spontaneität charakterisieren dieses ungewöhnliche Situationsporträt dreier Filmkünstler, die ironisch die Perspektiven und Entwicklungsmöglichkeiten ihres Mediums zur Disposition stellen. Dadurch reflektiert *Film ohne Titel* die damals verbreitete Aufbruchstimmung, parodiert zugleich aber die Versatzstücke herkömmlicher Unterhaltungsdramaturgie, die schon wenige Jahre später in der deutschen Filmproduktion wieder gängig waren. *tk*

Fitzcarraldo

BRD 1982

R: Werner Herzog; A: Werner Herzog; K: Thomas Mauch; D: Klaus Kinski, Claudia Cardinale, Paul Hittscher, Huerequeque Enrique Bohórquez, Miguel Angel Fuentes

Der erfolglose Abenteurer Fitzcarraldo (K. K.) ist von der Idee besessen, ein Opernhaus in der peruanischen Amazonas-Stadt Iquitos zu errichten. Mit dem Geld seiner Freundin, der Bordellbesitzerin Molly (C. C.), erwirbt er die Option auf das letzte noch ungenutzte Kautschuk-Gebiet. Auf einem alten Flußdampfer beginnt eine Reise, deren Ziel allein Fitzcarraldo kennt: Er beabsichtigt, das Schiff über einen Berg zu transportieren, um zu jenem durch Stromschnellen unpassierbaren Fluß zu gelangen, der an das erworbene Land grenzt. Als ihnen feindliche Indios begegnen, flüchtet ein Großteil der Besatzung. Die Eingeborenen jedoch deuten Fitzcarraldos Erscheinen als die Erfüllung eines religiösen Mythos; mit ihrer Hilfe gelingt der phantastische Plan Fitzcarraldos, dem aber kein wirtschaftlicher Erfolg beschieden ist. Mit seinem letzten Geld aber erinnert sich Fitzcarraldo an seinen Lebenstraum: Er läßt auf dem Schiff, mitten im Urwald, eine Oper aufführen.

Werner Herzogs unaufhörliche und mit großem persönlichen Einsatz verbundene Suche nach ›unverbrauchten‹ Bildern und Geschichten spiegelt sich in der Obsession seines einzelgängerischen Protagonisten wider. Die seinen Filmen immanente Zivilisationskritik artikuliert Herzog hier in eindringlichen und doch unspektakulären Bildern, deren dokumentarischer Aspekt der ›dämonischen Energie‹ Fitzcarraldos entgegenwirkt. Dieser Spannung und der minutiösen Schilderung eines wagemutigen Unternehmens verdankt der Film sein Gelingen. *mp*

Die flambierte Frau

BRD 1983

R: Robert van Ackeren; A: Robert van Ackeren, Catharina Zwerenz; K: Jürgen Jürges; D: Gudrun Landgrebe, Mathieu Carrière, Hanns Zischler, Gabriele LaFari, Matthias Fuchs

Ein Liebesfilm aus dem Milieu der käuflichen Liebe, an dessen Anfang Eva (G. L.) aus der bürgerlichen Routine ausbricht und ihren Ehemann spontan während einer Dinner-Party verläßt. Durch die Prostituierte Yvonne (G. LF.) wird sie in den Beruf eines Edel-Callgirls eingewiesen und lernt den ›Dressman‹ Chris (M. C.) kennen, der seine Dienste Männern und Frauen anbietet. Eva und Chris

Die flambierte Frau (Gudrun Landgrebe)

verlieben sich ineinander und ziehen in eine gemeinsame Wohnung mit jeweils eigenen ›Arbeitsräumen‹. Doch ganz so einfach ist die Trennung von gespielter und empfundener Liebe nicht. Eva, die als Domina um so mehr Geld verdient, je weniger sie die Männer an sich heranläßt, löst bei Chris Eifersucht aus; bei ihren hohen Einnahmen, so glaubt er, bietet sie den Kunden wohl mehr als routiniert-distanzierte Dienste. Andererseits belastet die Gegenwart des kultivierten Kurt (H. Z.) das Verhältnis, der seit 12 Jahren mit Chris liiert ist. Die schärfsten Differenzen entspringen unterschiedlichen Lebensauffassungen: Chris sorgt sich um die finanzielle Absicherung der gemeinsamen Zukunft; Eva strebt nach Freiheit und Unabhängigkeit. Als sie Chris verlassen will, überschüttet er sie mit hochprozentigem Kirschwasser und zündet sie an.
Van Ackeren zeigt Prostitution als akzeptable bürgerliche Karriere. Allerdings dürfte weniger sein häufig beschworener böser Blick auf liebgewonnene Konventionen der Bourgeosie die Massen in die Kinos gelockt haben, als die schönen Bilder vom Milieu und die körperlichen Reize der Hauptdarsteller. *hc*

Flammende Herzen

BRD 1978

R: Walter Bockmayer, Rolf Bührmann; A: Walter Bockmayer, Rolf Bührmann; K: Horst Knechtel, Peter Mertin; D: Peter Kern, Barbara Valentin, Enzi Fuchs, Katja Rupé

Wäre Peter (P. H.) aus Oberbayern dem Rat seiner Englischlehrerin an der Volkshochschule gefolgt und zur Silberhochzeit ihrer Schwester nach North Carolina weitergeflogen, hätte er sich wenigstens seine Traumvorstellung von New York bewahrt. Statt dessen wird seine in einem Preisausschreiben gewonnene Reise nach Manhattan zum Alptraum. Die deutsch-englisch radebrechende Frau seines Gastgebers redet ihn fast zu Tode. Seine Wahl zum Kornblumenkönig auf dem ›Oktoberfest‹ des auslandsdeutschen Clubs endet unrühmlich, weil er die Rechnung für seine spontane Saalrunde nicht bezahlen kann. Schließlich verläßt ihn auch noch die in New York zur Stripperin und Prostituierten herabgesunkene ehemalige GI-Geliebte Karola (B. V.) aus Kaiserslautern, weil er sich nicht von Kuh Bessie trennen will, die er als Teil seiner Königswürde erhalten hat. Zurück in der Heimat, erwartet ihn eine weitere böse Überraschung.

Dieser Ball der einsamen Herzen ist eine zart-ironische Sehnsuchtssinfonie in Kitsch, auf deren Höhepunkt Peter in Krachledernen und Karola im Dirndl mit der Kuh Bessie im Schlepptau durch die frühmorgendlichen Straßenschluchten New Yorks ziehen. Die Spontanität, mit der sie hier Heimat- und Traumvorstellungen ad absurdum führen, haben Bockmayer und Bührmann leider nie wieder erreicht. _hc_

Das Flötenkonzert von Sanssouci

Deutschland 1930

R: Gustav Ucicky; A: Walter Reisch unter Verwendung von Motiven einer Novelle von Johannes Brandt; K: Carl Hoffmann; D: Otto Gebühr, Hans Rehmann, Renate Müller, Walter Janssen, Raoul Aslan, Theo Lingen

Der Premierminister von Sachsen (R. A.) plant 1756 in einer Geheimkonferenz mit Abgesandten Frankreichs, Rußlands und Österreich-Ungarns eine Provokation Preußens und den Krieg. Der preußische Gesandte (W. J.) erfährt jedoch davon, und mit Hilfe des fliegenden Boten Lindeneck (H. R.) kann Friedrich II. (O. G.) vor dem Komplott gewarnt werden. Der König schickt den Kurier nach Dresden zurück, sehr zum Unwillen von dessen Frau Blanche (R. M.), die ein paar Tage mit ihrem Gatten zu verbringen hoffte, aus Enttäuschung nun jedoch ein Rendezvous mit ihrem Verehrer Kent (T. L.) verabredet. Der Monarch persönlich verhindert dieses Treffen und redet der jungen Frau ins Gewissen. Mit der neuesten Geheimbotschaft unterwegs, wird Lindeneck von sächsischen Soldaten verfolgt, kann sich jedoch auf preußisches Territorium retten und Friedrich II. die Depesche überbringen. Um den Verdacht der feindlichen Gesandten zu zerstreuen, gibt der König ein Flötenkonzert,

währenddessen die Nachricht dechiffriert werden kann. In Kenntnis gesetzt, gibt Friedrich in den Pausen seines Flötenparts die Anweisungen zum Präventivschlag. Die Schlußszene zeigt den König die Parade vorbeimarschierender preußischer Soldaten abnehmen.

Mit nationalistischer Stoßrichtung griff die Ufa 1930 die schon in Stummfilmzeiten beliebte Figur Friedrich II. auf und warb so für militärische Stärke und die autoritäre Führerfigur. Preußische Uniformen und Insignien sollten die Pracht Preußens in Kontrast setzen zur militärischen Schwächung Deutschlands durch den Versailler Vertrag. Von linken und liberalen Kräften bekämpft, von der Rechten bejubelt, wurde der Film ein immenser Publikumserfolg. Weitere, noch deutlicher nationalistische Glorifizierungen Friedrichs II. folgten 1935 (_Der alte und der junge König_, Steinhoff), 1937 (_Fridericus_, Meyer) und 1942 (_Der große König_, Harlan). _tk_

Die Flucht

DDR 1977

R: Roland Gräf; A: Hannes Hüttner; K: Claus Neumann; D: Armin Mueller-Stahl, Jenny Gröllmann, Wilhelm Koch-Hooge

Dr. Schmith (A. M.-S.) hat ein aufwendiges Forschungsprojekt entwickelt, um die Überlebenschance von Frühgeborenen zu erhöhen. Der Klinikchef (W. K.-H.) lehnt das wichtige Vorhaben ab; auch, weil man dem politisch desinteressierten Oberarzt als Staatsbürger der DDR nicht voll vertraut. Schmith entschließt sich zur ›Republikflucht‹ und schließt einen Vertrag mit einer westdeutschen Schleuserorganisation, der ihm eine leitende Arztstelle in der BRD zusichert. Kurz darauf wird sein Projekt doch noch genehmigt, er selbst zum Leiter der DDR-Sektion der internationalen Forschungsgruppe ernannt, zum Ärztekongreß nach Köln geschickt und lernt zudem seine neue Kollegin, Dr. Katharina Kraus (J. G.), lieben. Den ersten Fluchttermin läßt Schmith verfallen. Da ihm der Mut fehlt, seine Pläne im Krankenhaus zu bekennen, kann er von westlicher Seite zur Einhaltung des abgeschlossenen Vertrages gezwungen werden. Erst im letzten Moment vertraut er sich Katharina an, die mit ihm kommen soll, jedoch verzweifelt davonläuft. Die Schleuser, für zwei Personen angeheuert, stoßen Schmith aus dem Lkw, wobei er tödlich verunglückt.

Gräfs Film ist einer der wenigen realisierten Versuche, sich dem Thema ›Republikflucht‹ – einem in der DDR tabuisierten Problem – zu nähern, und wirkt in Handlungsführung und Gestaltung bis zum unglücklich inszenierten Schluß auf damals verständliche Weise unentschlossen.   *ms*

████

Flucht ins Schilf

Österreich 1953

R: Kurt Steinwendner; A: Kurt Steinwendner, Werner Riemerschmied nach einer Idee von Kurt Steinwendner; K: Walter Partsch; D: Ilka Windisch, Walter Regelsberger, Alexander Kerst, Kurt Jaggberg, Gerhard Riedmann

Ein Postbote (G. R.) wird im Schilf des Neusiedler Sees tot aufgefunden. Als man am Körper Spuren von Mißhandlungen entdeckt, und ein Raubmord vorzuliegen scheint, geraten einige der Dorfbewohner unter Verdacht. Zunächst wird Walter (W. R.), der Sohn des Wagnermeisters, festgenommen. Auch vier andere Burschen, besonders Stephan (K. J.), werden verdächtigt, in den Fall verwickelt zu sein. Das Eingeständnis Elisabeths (I. W.), Stephans Schwester und Verlobte des ermittelnden Gendarmen (A. K.), die fragliche Nacht mit Walter beisammen gewesen zu sein, macht den Mordfall noch undurchsichtiger. Eine überraschende Wende bringt die Wahrheit schließlich ans Licht: Der Postbote wurde, nachdem er sich heimlich Stephans Fahrrad ausgeliehen hatte, von diesem und dessen drei Freunden überfallen; er floh ins Schilf und ertrank. Die vier Beschuldigten werden sich vor Gericht verantworten müssen, Elisabeth aber ist nun glücklich mit Walter vereint.

Der Film des bildenden Künstlers und Experimentalfilmers Steinwendner (*Der Rabe*, A 1951, KF) war ein letzter Versuch, nach dem Vorbild des italienischen Neoverismus im österreichischen Nachkriegskino neu zu beginnen. Wie auch in seinem Episodenfilm *Wienerinnen* (A 1952; *Wienerinnen im Schatten der Großstadt*) hat der Regisseur auf Jung- und Laiendarsteller zurückgegriffen; fotographischer Naturalismus und eine eindringliche, realistische Milieuschilderung stehen im Vordergrund.   *mp*

████

Flucht nach Berlin

BRD 1961

R: Will Tremper; A: Will Tremper; K: Günter Haase, Gerd von Bonin; D: Christian Doermer, Susanne Korda, Narziss Sokatscheff

Um die renitenten Bauern eines Dorfes in Sachsen-Anhalt von den Vorteilen der Zwangskollektivierung zu überzeugen, wird der junge, idealistische SED-Funktionär Claus Baade (C. D.) in die Provinz geschickt. Obwohl er sich bei der Agitation anderer Dörfer hervorgetan hat, wird Baade fallengelassen, als sich Hermann Güden (N. S.), der Wortführer der Kollektivierungsgegner, vor seinen Augen aufmacht, um in den Westen zu fliehen. Baade läßt die Bestrafung nicht auf sich sitzen, sondern macht sich insgeheim auf den Weg nach Ost-Berlin, um ›ganz oben‹ seine Rehabiliterung durchzusetzen. Auf der Autobahn überredet er eine Schweizer Journalistin (S. K.), ihn nach Berlin mitzunehmen. Doch unterwegs wird der Wagen von der Volkspolizei gejagt, was Baade plötzlich selbst zum Flüchtling macht, der sich im Wald vor ostdeutschen Polizisten versteckt. Die Journalistin wird in die Flucht hineingezogen. Güden, Baade und die Schweizerin treffen am Havelufer aufeinander. Der rettende Westen ist nicht weit, doch die Ostdeutschen sind entschlossen, die Flüchtlinge, wenn nötig mit Waffengewalt, zu stoppen . . .

Durch die bemerkenswert wirklichkeitsnahe Darstellung des ostdeutschen Dorfes und seiner Bewohner kommt dem Film in der westdeutschen Filmproduktion jener Jahre eine Ausnahmestellung zu. Will Tremper – Produzent, Autor und Regisseur in einem – verband das selten aufgegriffene Thema der ›Zonen-

105

flucht‹ mit glaubhafter Charakterzeichnung, setzte sarkastische Akzente und ließ sich von Western- und Kriminalfilmen zu einer eigentümlichen Action-Szenerie inspirieren.   *tk*

Flüchtlinge

Deutschland 1933

R: Gustav Ucicky; A: Gerhard Menzel nach seinem gleichnamigen Roman; K: Fritz Arno Wagner; D: Hans Albers, Käthe von Nagy, Eugen Klöpfer, Ida Wüst, Franziska Kinz, Hans Adalbert von Schlettow, Veit Harlan

Eine Gruppe Wolgadeutscher auf der Flucht vor sowjetischen Truppen kann sich 1928 in die mandschurische Hafenstadt Charbin durchschlagen. Auch hier wird gekämpft; eine Kommission des Völkerbundes tagt und tagt, ohne eine Einstellung der Kämpfe zwischen japanischen, russischen und mandschurischen Truppen zu erreichen. Um das Schicksal der deutschen Flüchtlinge kümmert sich bei der Völkerbundsniederlassung niemand, zudem ist die Stadt voll von Steckbriefen, auf denen nach Laudy (E. K.), dem Anführer der Deutschen, gefahndet wird. Abgekämpft und in höchster Not trifft die Gruppe auf Arneth (H. A.), einen Deutschen, der in den zwanziger Jahren aus Enttäuschung über die Demokratisierung Deutschlands nach Nanking ausgewandert ist. Zuerst hat Arneth für seine Landsleute nur Spott übrig, dann jedoch wird er ihr Anführer. Nicht zuletzt, weil ihm die mutige Kristja (K. v. N.) gefällt und er ebenfalls nach Deutschland zurück möchte. Dank Arneths Befehlen und seiner Fähigkeit, diszipliniertes Arbeiten durchzusetzen, gelingt es den Deutschen, eine zerstörte Bahnlinie zu reparieren und mit einem Zug nach Peking zu fahren, um von dort nach Deutschland zurückzukehren. Kristja ist von Arneth beeindruckt; sie werden ein Paar.
Ausgezeichnete Darsteller, beeindruckende Bauten (Robert Herlth, Walter Röhrig) und eine geschlossene Inszenierung, welche die Massenszenen actionreich aufbereitete und die intimeren Szenen glaubwürdig motivierte, machen diesen Film zu einem äußerst wirksamen Propagandavehikel, der folgerichtig 1933/34 mit dem Staatspreis ausgezeichnet wurde. *Flüchtlinge* denunziert den Völkerbund und die Weimarer Republik, verherrlicht ein elitärrassistisches Menschenbild, den Opfertod für Deutschland und – in der Idealisierung Arneths – die bedingungslose Unterordnung unter die Befehlsgewalt einer Führerfigur. Titel der französischen Version: *Au bout du monde.*   *tk*

Fontane Effi Briest

BRD 1974

R: Rainer Werner Fassbinder; A: Rainer Werner Fassbinder nach dem Roman *Effi Briest* von Theodor Fontane; K: Dietrich Lohmann, Jürgen Jürges; D: Hanna Schygulla, Wolfgang Schenck, Ulli Lommel, Eva Mattes

Die siebzehnjährige Effi Briest (H. S.) wird von ihren Eltern mit dem zwanzig Jahre älteren Baron von Innstetten (W. S.) verheiratet. In der neuen Umgebung, einem Badeort in Pommern, fühlt sie sich zunehmend einsam. Von ihrem strebsamen Mann mit nachsichtiger Strenge behandelt, vermißt sie die Leidenschaft der Liebe und die Zerstreuungen des gesellschaftlichen Lebens. Beides findet Effi bei dem jungen Bezirkskommandeur Major von Crampas (U. L.), zu dem ihr Mann freundschaftliche Beziehungen unterhält. Die Beförderung Innstettens zum Ministerialrat und der damit verbundene Umzug nach Berlin beenden Effis Verhältnis mit Crampas. Sechs Jahre vergehen, da entdeckt Innstetten Briefe bei seiner Frau, die auf eine romantische Beziehung schließen lassen. Nach reiflicher Überlegung fordert er Crampas zum Duell und tötet ihn. Die Ehe wird geschieden, das Kind dem Vater zugesprochen. Erst auf Drängen eines Arztes wird die an einer Nervenkrankheit leidende Effi wieder in ihrem Elternhaus aufgenommen. Kurz darauf stirbt sie.
Einmal mehr behandelte Fassbinder das Zugrundegehen eines Menschen an der Gefühlskälte seiner Umwelt. Aus der Interpretation der Romanvorlage resultierte kein ›Literaturersatz‹, sondern ein filmisches Lehrstück. Eine Zeit und ihre Haltung wird rekonstruiert, die

Wiedergabe der Essenz einer Epoche ersetzt die Identifikation. Fassbinder gelang es, Parallelen zur bürgerlichen Moral und Wirklichkeit seiner Zeit deutlich zu machen.   *mp*

ten, abenteuerlichen Handlung und der ohne Heldenpathos charakterisierten Hauptgestalt, überzeugend von Alfred Müller verkörpert.   *n s*

For eyes only
(Streng geheim)

DDR 1963

R: János Veiczi; A: Harry Thürk, János Veiczi; K: Karl Plintzner; D: Alfred Müller, Helmut Schreiber, Ivan Palec, Werner Lierck, Marion van de Kamp, Ingrid Ohlenschläger

Der DDR-Spion Hansen (A. M.) ›arbeitet‹ bei der US-Army in Würzburg. Sein dortiger Vorgesetzter, Major Collins (H. S.), vermutet einen Verräter in den eigenen Reihen, nachdem in letzter Zeit zwölf seiner US-Agenten in der DDR aufgeflogen sind. Auch Hansen zählt zu den Verdächtigen; dennoch gelingt ihm während eines Besuches in Berlin die Kontaktaufnahme mit dem Ministerium für Staatssicherheit, das ihn beauftragt, Dokumente über Geheimaktionen gegen die DDR zu beschaffen Hansen ermittelt, daß sich die Unterlagen in einem schwer zugänglichen Kühlschrank befinden. Er besteht einen Test mit dem Lügendetektor und kann den Spionage-Verdacht auf seinen Mitarbeiter Schuck (W. L.) lenken, der mit der Agentin Adelheid (M. v. d. K.) von der BRD-Spionageabwehr Kontakt hält, überführt und erschossen wird. Hansen soll nun die Aktion am nächsten Tag abschließen. Er läßt Collins ein fingiertes Telegramm, angeblich von dessen Geliebten Liz (I. O.), zukommen, das ihn von Würzburg fernhält, lädt den Kühlschrank auf einen Kombi-Wagen und überredet den in der Gruppe arbeitenden Tschechen František (I. P.) zur gemeinsamen Rückkehr in die DDR. Collins erkennt Hansens Manipulation und schlägt Alarm. Hansen durchbricht in voller Fahrt den Schlagbaum, erreicht die DDR. Die Geheimunterlagen erscheinen in der Presse. Hansen, der eigentlich Lorenz heißt, kann jetzt seinem Sohn, der ihn für einen Verräter hielt, die Wahrheit sagen.
Der erste ›Kundschafterfilm‹ der DEFA verdankte seine Wirkung der gekonnt umgesetz-

Frau im Strom

Deutschland 1939

R: Gerhard Lamprecht; A: Gerhard Menzel; K: Karl Hasselmann; D: Hertha Feiler, Attila Hörbiger, Fritz Rasp, Oskar Sima, Alexander Trojan, Werner Scharf

Die vier Schlosser Alois (A. H.), Wendelin (F. R.), Schani (O. S.) und Franz (A. T.) betreiben einen Autofriedhof in Wien. Eines Abends verhindert Alois den Selbstmord der jungen Hannerl (H. F.), indem er sie aus der Donau rettet. Er stellt keine Fragen nach den Gründen ihrer Verzweiflung, sondern bietet ihr an, in seiner Baracke unterzukommen. Eines Nachts jedoch verschwindet die schweigsame Hannerl – und mit ihr eine erkleckliche Summe Geld aus der Bürokasse. Alois, über den Vertrauensbruch bitter enttäuscht, will sich betrinken. Seine drei Freunde glauben jedoch nicht an Hannerls Gemeinheit und starten eine Suchaktion nach der jungen Frau. In der Wohnung eines zwielichtigen Anwalts stellen sie das Geld sicher. Alois ist inzwischen in einer Kneipe gelandet. Dort trifft er Hannerl wieder und findet heraus, daß sie mit dem Schmuggler Keryllis (W. S.) verheiratet ist, der sie zwingt, an illegalen Aktionen teilzunehmen. Dies war auch der Grund ihres Selbstmordversuchs. Es kommt zu einem heftigen Streit zwischen Keryllis und Alois, der den Gauner niederschlägt und Hannerl mit sich nimmt. Zu Hause treffen sie auf die Freunde und erfahren von dem wiedergefundenen Geld. Als aber Keryllis' Tod bekannt wird, meldet sich Alois bei der Polizei. Doch der Mörder ist ein anderer und bereits gefaßt. So steht dem Glück nichts mehr im Weg: Hannerl und Alois werden heiraten. Zuvor nehmen sie ein Bad in der Donau, die sie so schicksalhaft zusammengeführt hat.
Einmal mehr zeugt die Intensität der darstellerischen Leistung von Lamprechts konzentrierter Schauspielerführung – Hertha Feiler als

schüchterne Hannerl, Attila Hörbiger als herber Arbeiter mit Charme und Oskar Sima als pfiffiger Mechaniker setzen Glanzlichter. Aus der Masse ähnlicher Geschichten ragt der Film aufgrund der überraschend realistischen Darstellung des Arbeitermilieus heraus, die mit der staatlich verordneten, geschönten Sicht nichts gemein hatte.   *tk*

Frau Luna

Deutschland 1941

R: Theo Lingen; A: Ernst Marischka nach der gleichnamigen Operette von Paul Lincke; K: Ekkehard Kyrath; D: Lizzi Waldmüller, Fita Benkhoff, Irene von Meyendorff, Karl Schönböck, Theo Lingen, Paul Kemp, Georg Alexander

Im Berlin des Jahres 1899 soll die Premiere von Paul Linckes Operette *Frau Luna* stattfinden. Wegen allzu freizügiger Kostüme wird die Aufführung indes verboten. Welch glücklicher Zufall, daß die reizende Soubrette Vera Waldner (L. W.) eine Affäre hat mit Lüdecke (G. A.), dem Präsidenten eines sittenstreng um die Einhaltung gesellschaftlicher Wohlanständigkeit bemühten Vereins. Operettenverleger Rüdinger (K. S.) und Theaterdirektor Knoppe sprechen bei Lüdecke vor und sichern sich die Unterstützung des Sittenwächters für eine Aufhebung des Premiereverbots. Nach weiteren Verwicklungen – die Mutter (F. B.) seiner Braut (I. v. M.) verdächtigt Rüdinger ernsthaft der Untreue – kommt schließlich alles in geordnete Bahnen.

Mit weiblicher List und feiner Musikalität kämpft eine Operettendiva wider scheinheilige Zensurinstanzen und moralinsaure Sittlichkeitsbeschwörer. Lizzi Waldmüller hatte in diesem Lustspiel, in dem sie ihre stimmlichen und darstellerischen Qualitäten unter Beweis stellen konnte, einen ihrer besten Filmauftritte. Überhaupt fasziniert Lingens stimmigste Regiearbeit durch eine musikalisch wie choreographisch einwandfreie Gestaltung der Revueszenen. Die Musik schrieben Paul Lincke und Paul Hühn.   *tk*

Die Frau und der Fremde

DDR 1985

R: Rainer Simon; A: Rainer Simon nach der Erzählung *Karl und Anna* von Leonhard Frank; K: Roland Dressel; D: Kathrin Waligura, Joachim Lätsch, Peter Zimmermann

Seit Jahren arbeiten die gleich am Anfang des Ersten Weltkriegs in russische Gefangenschaft geratenen Deutschen Richard (P. Z.) und Karl (J. L.) gemeinsam in der völligen Einsamkeit der asiatischen Steppe an einem Grabenkreuz. Ihr einziger Lebensinhalt neben den Erdarbeiten sind Richards Erinnerungen an seine Frau Anna, von der er dem Kameraden bis in intimste Details erzählt. Als Karl die Flucht glückt – während man Richard abtransportiert –, existiert für ihn nur ein Ziel: Nach monatelangem Unterwegssein tritt er in Annas Wohnküche und gibt sich gegenüber der Frau, von der er alles weiß, als ihr zurückgekommener Ehemann Richard aus. Anna (K. W.) reagiert in der für sie unfaßbaren Situation dem Fremden gegenüber zuerst verwirrt, glaubt aber intuitiv an die Wahrhaftigkeit seiner Gefühle für sie. Allmählich lernt sie, seine Liebe zu erwidern und mit ihm anstelle des laut Behörde gefallenen Ehemanns zu leben. Ihr gemeinsames Glück wird überschattet von einer Ungewißheit hinsichtlich der Rückkehr Richards, von dem ein Brief eintrifft, und dem vom Krieg geprägten kleinstädtischen Umfeld. Als Richard schließlich heimkehrt, bekennen sich Karl und die inzwischen schwangere Anna zu ihrer Liebe. Richard, nun auch seiner Identität beraubt, ist durch Annas Entscheidung völlig gebrochen – er bleibt allein in der Wohnküche zurück.

Leonhard Franks neun Jahre nach dem Ersten Weltkrieg erschienene Erzählung, die auch dramatisiert und 1928 von Joe May als Stummfilm unter dem Titel *Heimkehr* realisiert wurde, bot Rainer Simon eine Möglichkeit, von der Unmenschlichkeit des Krieges zu erzählen, »ohne daß das grausige Detail wider den menschlichen Körper auch nur ein einziges Mal ins Bild tritt«. Das von herausragenden Darstellern getragene psychologische Kammerspiel mit einigen von der literarischen Vorlage abweichenden, teilweise unstimmigen

Die Frau und der Fremde (Joachim Lätsch, Kathrin Waligura, Peter Zimmermann)

Details wurde sehr unterschiedlich aufgenommen und bewertet. Der Film erhielt für seine klare, humanistische Botschaft auf den 35. Internationalen Filmfestspielen in Berlin zusammen mit einem englischen Beitrag den Goldenen Bären. *ms*

Die Frauen des Herrn S.

BRD 1951

R: Paul Martin; A: Gustav Kampendonk; K: Fritz Arno Wagner; D: Paul Hörbiger, Sonja Ziemann, Loni Heuser, Oskar Sima, Fita Benkhoff, Rudolf Platte

Sokrates (P. H.), der resoluten Xanthippe (L. H.) ehelich verbunden, hat sich in die reizende Wasserträgerin Euritrite (S. Z.) verliebt, die jedoch nur einem ihr angetrauten Gatten ihre Gunst schenken will. Da Sokrates es nicht wagt, sich scheiden zu lassen, sucht er nach anderen Möglichkeiten, die sittenstrenge Euritrite zu gewinnen. Er macht sich zunutze, daß die Athener einen Krieg verloren haben und

sich überlegen, wie sie ihre strategische Schwäche beheben könnten. Sokrates initiiert ein Gesetz, das die Männer Athens dazu anhält, eine zweite Frau zu heiraten, um die Kinder- und Kriegerzahl in einer Generation zu verdoppeln. Selbstverständlich beschließen die Athener dieses Gesetz mit Freude, doch bald ergeben sich die ersten ehelichen Konflikte wegen der Zweitgattinnen. Nur Sokrates hat keine Gelegenheit, sich seiner Nebenfrau Euritrite zu nähern, denn Xanthippe weiß dies zu verhindern. Enttäuscht wendet sich die Wasserträgerin dem jugendlichen Platon zu. Da er aus der Neuerung keinen eigenen Gewinn zieht, empfiehlt Sokrates nun, das Doppelehe-Dekret zu widerrufen, worin er sich von den Athenern bestätigt sieht, die der ehelichen Zwistigkeiten bereits überdrüssig sind.

Ein parodistisches Sittenbild mit ironischen Seitenhieben, frivolen Zweideutigkeiten und beschwingter Musik aus der Feder des Musical-Komponisten Lothar Olias. Das Ensemble erstklassiger Komiker umschifft die Klippen der Plattheit elegant. Die fünfziger Jahre blickten in den altertümelnden Spiegel – und blinzelten sich selbst zu. *tk*

Frauen sind doch bessere Diplomaten

Deutschland 1941

R: Georg Jacoby; A: Karl Georg Külb, Gustav Kampendonk; K: Konstantin Irmen-Tschet; D: Marika Rökk, Willy Fritsch, Aribert Wäscher, Erika von Thellmann, Hans Leibelt, Ursula Herking, Herbert Hübner

Die Frankfurter Nationalversammlung hat entschieden, das Spielkasino in Bad Homburg zu schließen. Der schneidige Rittmeister von Karstein (W. F.) erhält den Auftrag, diesen Beschluß in die Tat umzusetzen. Mit seiner Truppe zieht er nach Bad Homburg, wo er Marie-Luise (M. R.), der Nichte des Kasinobesitzers, begegnet. Er läßt sie festnehmen, doch die gewitzte Marie-Luise knöpft ihm die Aufmarschpläne ab und flieht. Auf dem Papier vergrößert sie Karsteins Truppenkontingent und kann so den Landgrafen (A. W.) überzeugen, kampflos nachzugeben. Als Emissärin überbringt die attraktive Marie-Luise dem Rittmeister diese Nachricht; Karsteins Truppe zieht als Freund in Homburg ein – und Marie-Luise kann endlich Politik und Taktieren vergessen und sich ganz ihrer Liebe zum Rittmeister widmen.
Malerische Biedermeierdekors, die fröhliche Story, Franz Grothes Gespür für eingängige Melodien und eine Marika Rökk auf dem Höhepunkt ihrer Schauspiel- und Schlagerlaufbahn – was hätte sich besser geeignet für den ersten abendfüllenden, in Agfacolor gedrehten Farbfilm deutscher Produktion? Das immens erfolgreiche Potpourri aus historischer Komödie, Tanz- und Schlagerelementen erschien erst drei Jahre nach Drehbeginn auf der Leinwand, weil es technische Probleme mit dem Farbverfahren gegeben hatte. *tk*

Der fremde Vogel Ⓢ

Deutschland 1911

R: Urban Gad; A: Urban Gad; K: Guido Seeber; D: Asta Nielsen, Carl Clewing, Hans Mierendorff, Eugenie Werner, Louis Ralph

Der ›fremde Vogel‹ ist weiblich, mondän und heißt May (A. N.). Mit Vater (H. M.) und Gesellschaftsdame (E. W.) bereist die attraktive Engländerin den idyllischen Spreewald, wo sie dem einheimischen Bootsführer Max (C. C.) begegnet. Dieser ist von der ihm ungewohnten Wesensart der Miß hingerissen, und da auch sie sich zu dem kernigen Spreewälder hingezogen fühlt, entspinnt sich zwischen den beiden bald eine Liebesgeschichte. Dies veranlaßt Max, seine Verlobung mit Grete zu lösen, so daß die Verliebten sich ganz ihren Schwärmereien in der paradiesischen Landschaft hingeben könnten. Doch die Mutter von Max steht der Verbindung ihres Sohnes mit der Engländerin ablehnend gegenüber, wie auch deren Familie die Wahl ihrer Tochter mißbilligt. So entscheiden sich die beiden Liebenden zur Flucht. Dabei stürzt May jedoch ins Wasser und ertrinkt, als Max sie vorübergehend alleinläßt. Mays Leichnam wird inmitten von Seerosen aufgefunden.
Guido Seebers Kameraführung, sein für damalige Verhältnisse sensationeller Umgang mit Landschaftsaufnahmen und Bildern der ländlichen Welt machten diesen Streifen zu einem großen filmischen Erlebnis. Indem *Der fremde Vogel* vorführte, worin die Bühne mit dem Kino nicht konkurrieren kann, warb er erfolgreich für das immer noch angefeindete Medium Film und förderte die Gunst von Publikum und Kritik. Neben den Mondlichtimpressionen, Bootsfahrten und schmucken Bauernhausfassaden vermochte vor allem Asta Nielsens differenziert eingesetzte Mimik und Körpersprache zu begeistern. *tk*

Die freudlose Gasse Ⓢ

Deutschland 1925

R: Georg Wilhelm Pabst; A: Willy Haas nach dem gleichnamigen Roman von Hugo Bettauer; K: Guido Seeber, Curt Oertel, Walter Robert Lach; D: Greta Garbo, Asta Nielsen, Jaro Fürth, Werner Krauß, Valeska Gert, Einar Hanson, Tamara Tolstoi, Henry Stuart

Wien während der Inflationszeit der zwanziger Jahre: Kriegsgewinnler und Spekulanten

amüsieren sich. Die Bevölkerung ist den neuen
›Besitzenden‹ hilflos ausgeliefert, dem Metzger (W. K.), dem sich verzweifelte Mütter für
ein Stück Fleisch hingeben müssen, und Frau
Greifer (V. G.), in deren Etablissement mittel-
lose Mädchen verkuppelt werden. Zu diesen
zählt Maria (A. N.), die eines Abends die heimliche Geliebte (T. T.) ihres Verlobten (H. S.) aus
Eifersucht tötet, ihn jedoch als Täter belastet.
Im selben Viertel wie Maria wohnt Grete
(G. G.), die Tochter des durch eine Börsenspe-
kulation verarmten Hofrats Rumfort (J. F.). Wie
Maria droht sie in die Abhängigkeit von Frau
Greifer zu geraten. Sie wird jedoch durch die
Liebe eines amerikanischen Offiziers (E. H.)
vor dem Schicksal Marias bewahrt, die sich
schließlich der Polizei stellt. Der Haß der Bevölkerung gegen ihre Ausbeuter entlädt sich;
eine junge Mutter erschlägt den Metzger mit
seinem Beil.

Das im Atelier gedrehte, episodenhafte Milieu-
und Zeitbild stand am Beginn einer allgemeinen Tendenzwende im deutschen Film, die zur
Abkehr vom Expressionismus führte. Obwohl
Pabsts Film dieser Epoche und ihrer bildhaften
Metaphorik noch teilweise verpflichtet war –
besonders hinsichtlich seiner pittoresken
Lichteffekte – begründete er Pabsts Ruf, der
wichtigste Regisseur der Neuen Sachlichkeit –
der ›objektiven‹ Wiedergabe sozialer Realität – zu sein. *mp*

Friedemann Bach

Deutschland 1941

R: Traugott Müller; A: Helmut Brandis, Eckart
von Naso nach einer Filmnovelle von Ludwig
Metzger; K: Walter Pindter; D: Gustaf
Gründgens, Eugen Klöpfer, Leny Marenbach,
Wolfgang Liebeneiner, Camilla Horn, Gustav
Knuth

Friedemann Bach (G. G.) lebt im Schatten seines Vaters Johann Sebastian Bach (E. K.). Wie
dieser ist er Musiker und Komponist; anfänglich vermag Friedemann dank eines überzeugenden Debüts am sächsischen Hof zu reüss.e-
ren. Er schreibt für die Tänzerin Mariella Fo-
rini (C. H.), in die er verliebt ist, ein freizügiges
Nymphenballett, worauf ihm die junge Gräfin
Antonia (L. M.), die ihrerseits Friedemann
liebt, Verrat an der erhabenen Musik vorwirft.
Wegen des Skandals verläßt der junge Bach
Dresden. Er versucht, ein Engagement in
Braunschweig zu erhalten, doch seine Chancen
stehen schlecht. In seiner Verzweiflung gibt
Friedemann ein Frühwerk seines Vaters als ei-
genes aus, um sein Engagement zu retten.
Doch der Schwindel wird durchschaut, Friede-
mann wird abgewiesen. Er schließt sich einer
Gruppe von Wandermusikanten an, die durchs

Die freudlose Gasse
(Greta Garbo, Jaro Fürth)

Land zieht. Als die Gruppe in Berlin Station macht, sucht Friedemann einen Musikalienhändler auf. Dort mokiert sich ein reicher Kunde über die Musik Johann Sebastian Bachs, Friedemann will den Namen seines Vaters verteidigen und wird handgreiflich. Im Handgemenge wird er erstochen.

Die Haßliebe zwischen dem genialen Vater und seinem rebellischen Erstgeborenen wurde durch Klöpfers Präsenz und Gründgens' brillant-sensible Interpretation zu einem einprägsamen Filmporträt. Der mit Gründgens befreundete Traugott Müller vermochte das präzis gearbeitete dramaturgische Geflecht in stringente Handlungsführung umzusetzen; die Musik von Johann Sebastian und Friedemann Bach, durch den Komponisten Mark Lothar einfühlsam arrangiert, gab dem Film eine tragfähige musikalische Grundlage. *tk*

Friedrich Schiller
(Der Triumph eines Genies)

Deutschland 1940

R: Herbert Maisch; A: Walter Wassermann, C. H. Diller nach einer Idee von Paul Josef Cremers; K: Fritz Arno Wagner; D: Horst Caspar, Heinrich George, Lil Dagover, Eugen Klöpfer, Paul Henckels, Paul Dahlke, Hannelore Schroth

Der junge Friedrich Schiller (H. C.) tritt in die Militärakademie ein, die von Schubart (E. K.), dem rebellischen Dichterkollegen Schillers, als ›Knochenbrecherinstitution‹ bezeichnet wird. Auch Schiller lehnt sich gegen den unmenschlichen Drill auf, den der sadistische Feldwebel Rieß (P. D.) ausübt. Dem Herzog von Württemberg (H. G.) fällt Schiller daher bald negativ auf. Der Dichter packt seinen Zorn über den brutalen Obrigkeitsstaat in das Drama *Die Räuber*, das später, mittlerweile ist Schiller Regimentsarzt geworden, anonym veröffentlicht wird. Bei seiner Uraufführung hat das Freiheitsdrama triumphalen Erfolg. In einem Gespräch mit dem Herzog äußert Schiller furchtlos seine Überzeugungen, fordert Gedankenfreiheit und ein Ende der Unterdrückung des Volkes. Schiller fällt in Ungnade; seine Mutter und Laura (H. S.), die ihn liebt, können ihn zur Flucht bewegen.

Ein sorgfältig inszenierter Film über das ›deutsche Genie‹ Friedrich Schiller und seinen freiheitsliebenden Geist. Einer ganzen Reihe von ›Geniefilmen‹ kam die Funktion zu, deutsche Übermenschen zu stilisieren, die in der elitären NS-Ethik Rechte besaßen, die dem Rest der Bevölkerung nicht zustanden. Die dargestellten Ausnahmebegabungen sollten auch Parallelen zur Person Adolf Hitlers evozieren. Durch die differenzierte, auch andere als die erwünschten Charaktereigenschaften hervorkehrende Darstellung u. a. von Klöpfer und Caspar, der Schiller als rebellischen Hitzkopf zeichnete, wurde diese Tendenz hier wiederholt unterlaufen. *tk*

Der fröhliche Weinberg

BRD 1952

R: Erich Engel; A: Curt Johannes Braun, Carl Zuckmayer nach Zuckmayers gleichnamigem Bühnenstück; K: Hans Schneeberger; D: Gustav Knuth, Camilla Spira, Eva-Ingeborg Scholz, Wilfried Seyferth, Paul Henckels

Klärchen Gunderloch (E.-I. S.) ist mit dem trockenen Rheinschiffer Jochen Most verbandelt. In dessen Abwesenheit läßt sie sich von dem blasierten Sektvertreter Knuzius (W. S.) ausführen, was beinahe zu inniger Zweisamkeit verleitet, jedoch an Knuzius' Trunkenheit scheitert. Klärchen dankt dem Vertreter ironisch für »unvergeßliche Stunden«, wodurch dieser sich bereits als zukünftiger Bräutigam sieht. Wegen des Weinbergs, der Klärchens Vater (G. K.) gehört, wäre sie für den Sektvertreter eine gute Partie. Beim Vater gehen indessen unerklärliche Veränderungen vor sich: plötzlich verträgt er keinen Wein mehr. Dies hat prosaische Gründe – Annemarie (C. S.), seine Wirtschafterin, läßt ihm ein antialkoholisches Mittel verabreichen. So verliert Gunderloch die Freude an dem Weinberg und will seinen Besitz versteigern lassen, was Annemarie in Angst und Schrecken versetzt – sie könnte überflüssig werden. Reuig gesteht sie ihre Hinterlist. Gunderloch verzeiht ihr, und am Ende finden die beiden genauso zueinander wie Klärchen und Jochen und Knuzius und die Wirtstochter Babettchen.

Dank intelligenter Regie, sorgfältiger Kameratechnik und der stimmungsvollen Lieder Willy Schmidt-Gentners wurde die atmosphärische Verfilmung von Zuckmayers sinnenfrohem Volksstück zu einem unterhaltenden und turbulenten Lustspiel mit karikierendem Einschlag. Erich Engels komische Frauenfiguren sind einmal mehr weniger plakativ motiviert als in vergleichbaren Werken des Genres. *tk*

G

G. P. U.

Deutschland 1942

R: Karl Ritter; A: Karl Ritter, Felix Lützkendorf, Andrews Engelmann; K: Igor Oberberg; D: Laura Solari, Andrews Engelmann, Marina von Ditmar, Will Quadflieg, Karl Haubenreißer, Helene von Schmithberg

Die Konzertgeigerin Olga Feodorowna (L. S.) arbeitet in einer pazifistisch orientierten Frauenorganisation, die in Wirklichkeit eine Tarnorganisation des Sowjetgeheimdienstes G. P. U. ist. Sie jagt den russischen Agenten, der vor Jahren ihre Eltern und Geschwister ermordet hat. Als sie den brutalen G. P. U.-Mann Nikolai Bokscha (A. E.) kennenlernt, weiß sie sich am Ziel. Sie erwirbt Bokschas Vertrauen. Als er sich ihr als französischer Doppelagent zu erkennen gibt, informiert Olga die Moskauer Zentrale, die Bokscha liquidiert. Olga fährt zum G. P. U.-Chef, beschimpft in seiner Gegenwart die G. P. U. als Vereinigung von Mördern und Verbrechern und nimmt sich das Leben. Zuvor hatte sie jedoch noch die junge Armenierin Irina (M. v. D.) aus den Fängen des Geheimdienstes befreit und sie mit ihrer Tante Ljuba (H. v. S.) in einer geheimen Wohnung in Rotterdam versteckt. Von der G. P. U. aufgespürt, werden Irina und ihre Tante gefoltert, doch die deutschen Truppen, die 1940 in Holland einmarschieren, befreien die beiden.

Der von Karl Ritter, einem Spezialisten für actionreiche NS-Propaganda, inszenierte, haßerfüllte Film, stellt die sowjetischen Geheimpolizisten als skrupellose Menschenschlächter und brutale Untermenschen dar. Die NS-Armee, so suggeriert der Film, befreit Europa im Dienste der Menschlichkeit von brutalen Unterdrückern. In seiner krassen Schwarzweißzeichnung ist der Film ein typisches Beispiel für die Verfälschung der Zeitgeschichte durch die nationalsozialistische Filmpropaganda. *tk*

Gasparone

Deutschland 1937

R: Georg Jacoby; A: Hans Leip, Werner Eplinius, Rudo Ritter nach der gleichnamigen Operette von Carl Millöcker; K: Konstantin Irmen-Tschet; D: Marika Rökk, Johannes Heesters, Edith Schollwer, Oskar Sima, Leo Slezak, Rudolf Platte, Heinz Schorlemmer, Ursula Herking

Ein geheimnisumwitterter Gauner namens Gasparone treibt – vom Polizeipräfekten Nasoni (L. S.) hartnäckig, aber vergeblich gejagt – sein Unwesen im Phantasieland Olivia. Nasoni hat überdies finanzielle Probleme, und zudem interessiert sich sein Sohn Sindulfo (H. S.) ausgerechnet für Ita (M. R.), die Nichte des zwielichtigen Massaccio (O. S.). Dabei will Nasoni den Sohn mit der Gräfin Ambrat (E. S.) verheiraten. Doch diese zeigt ihrerseits glühendes Interesse an dem charmanten Erminio (J. H.), der kürzlich hergezogen ist. Nach turbulenten Verwicklungen entpuppt sich Massaccio schließlich als Gasparone, und Erminio gibt sich als Beamter zu erkennen, der Jagd auf den Gauner machen sollte. Alle Herzen kommen zu ihrem Recht: Sindulfo darf Ita heiraten, die Gräfin verbindet sich mit Erminio.
Marika Rökk und Johannes Heesters entfalten in dieser unbeschwerten Operette (Musik: Peter Kreuder unter Verwendung von Carl Millöckers Melodien) ihre virtuosen Tanz-, Gesangs- und Komödienqualitäten. In Slezak, Sima, Platte und der temperamentvollen Ursula Herking standen ihnen Schauspieler zur Seite, die geschliffene Dialoge in originären Sprachwitz zu übertragen verstanden. Die Modernisierung der Vorlage in Form einer turbulenten Operettenrevue war Vorbild für die Adaption ähnlicher Stoffe.   *tk*

Gassenhauer

Deutschland 1931

R: Lupu Pick; A: Johannes Brandt; K: Eugen Schüfftan, Robert Baberske; D: Ina Albrecht, Albert Hörrmann, Ernst Busch, Hans Deppe, Wolfgang Staudte, Martin Jacob, Karl Hannemann, Margarethe Schön

Die fünf stellungslosen Straßenmusiker Peter (E. B.), Paul (A. H.), Max (H. D.), Emil (M. J.) und Gustav (W. S.) treten in Hinterhöfen auf. Von der jungen Marie (I. A.) werden sie rührend umsorgt. Doch ein lüsterner Hausverwalter (K. H.) belästigt Marie. Als er eines Nachts in ihr Zimmer schleichen will, wird er ermordet. Der Verdacht fällt auf die Musikanten. Peter legt ein falsches Geständnis ab und geht ins Gefängnis, damit die Freunde einen Vertrag annehmen können, den ein Impresario ihnen anbietet. Als Quartett macht die Gruppe Karriere. Doch der Erfolg verändert Paul, er verläßt das ärmliche Hinterhofmilieu. Als Peter das erfährt, widerruft er sein Geständnis und bricht aus dem Gefängnis aus. Er besucht Marie, sie gestehen sich gegenseitig ihre Liebe. Auch Paul erinnert sich seines früheren Lebens, die Musiker versöhnen sich. Der Mord an dem Verwalter wird ebenfalls aufgeklärt: Seine Haushälterin (M. S.), die es nicht mehr aushielt, von ihm schikaniert zu werden, hatte ihn umgebracht.
Der einzige Tonfilm Lupu Picks, der Anfang der zwanziger Jahre das filmische Kammerspiel mitentwickelt hatte, überzeugt durch einen originellen Einbezug des Tons in das dramaturgische Gefüge. Durch die realistische Darstellung der Hinterhofatmosphäre klingen auch soziale Aspekte an. Dazu trug Kameramann Eugen Schüfftan wesentlich bei, der diesen außerhalb des Ateliers gedrehten Szenen eine subtil realistische Lichtgestaltung verlieh, die er später, etwa in *Quai des brumes* (F 1938, Carné; *Hafen im Nebel*), perfektionierte.   *tk*

Geheimnisse einer Seele ⓢ

Deutschland 1926

R: Georg Wilhelm Pabst; A: Colin Ross, Hans Neumann; K: Guido Seeber, Curt Oertel, Walter Robert Lach; D: Werner Krauß, Ruth Weyher, Jack Trevor, Pawel Pawlow, Ilka Grüning

Die harmonische, jedoch von Kinderlosigkeit überschattete Ehe des Wissenschaftlers Fellman (W. K.) gerät durch einen in der Nachbarschaft verübten Mord und durch die Ankunft seines Vetters (J. T.) aus dem Gleichgewicht. Nachdem Fellman die Ermordung seiner Frau (R. W.) geträumt hat, packt ihn eine panische Angst vor Messern. Als ihn schließlich das zwanghafte Verlangen überkommt, den im Traum vorweggenommenen Mord zu begehen, verläßt er fluchtartig das Haus und konsultiert nach einer Aussprache mit seiner Mutter (I. G.) einen Psychoanalytiker (P. P.). Dieser erkennt anhand von Träumen und Erinnerungen die Ursache der Krise. Aus Kindheitstagen herrührende Eifersucht auf den Vetter und sein durch Impotenz bedingter Minderwertigkeitskomplex werden Fellman vor Augen geführt. Der heilsame Schock der Behandlung befreit ihn von seinen Ängsten. Ihren nächsten Urlaub verbringen die Fellmans bereits als glückliche Eltern.
Pabst inszenierte das »psychoanalytische Krankheitsprotokoll« im Bemühen, ein möglichst objektives und exaktes Bild der Freudschen ›Seelenlehre‹ zu geben. (Der Film nennt als wissenschaftliche Berater Dr. Karl Abraham und Dr. Hanns Sachs.) Der Zeit verhaftet, schildert Pabsts ambitionierte Mischung aus Dokumentar- und Spielfilm ein Einzelschicksal ohne Berücksichtigung des sozialen Umfelds. Bestechend ist die innovative Erprobung filmischer Möglichkeiten, vor allem die Vielzahl von Kamera- und Montagetricks bei der Gestaltung der Traum-Sequenzen.   *mp*

Gehetzte Menschen

Tschechoslowakei/Deutschland 1932

R: Friedrich Feher; A: Friedrich Feher, Heinrich Fraenkel nach dem Roman *Der schwarze Mann* von Alfred Machard; K: Ewald Daub; D: Eugen Klöpfer, Hans Feher, Camilla Spira, Magda Sonja, Friedrich Ettel, Wladimir Sokoloff

In einem kleinen Ort bei Marseille wohnt der verwitwete Tischler Vincenz Olivier (E. K.) mit seinem 8jährigen Sohn Boubou (H. F.). Er ist mit der Tochter (C. S.) des Bürgermeisters (F. E.) liiert und möchte sie heiraten. Am Hochzeitstag stellt die Polizei jedoch fest, daß Olivier ein entflohener Sträfling ist. Er soll die Schwester seiner früheren Geliebten ermordet haben, hat dies jedoch stets bestritten. Da die Verjährungsfrist in zwei Tagen abläuft, stürzt sich Olivier mit Boubou in eine waghalsige Flucht. Boubou, der die Hintergründe der Flucht nicht kennt und glaubt, man fliehe vor dem ›schwarzen Mann‹, wird als Mädchen verkleidet; Vater und Sohn wollen sich gemeinsam beim Personal eines Rummelplatzes verstecken. Dort treffen sie Oliviers frühere Geliebte (M. S.), die als ›Dame ohne Unterleib‹ auftritt. Die Polizei findet Olivier im Wohnwagen der früheren Geliebten und nimmt ihn fest. Boubous herzerweichende Reaktion veranlaßt die ›Dame ohne Unterleib‹ jedoch ein Geständnis abzulegen: Sie selbst hat ihre Schwester aus Eifersucht ermordet. Von jedem Verdacht befreit, kehren Olivier und Boubou in das Dorf zurück, wo der Hochzeit Oliviers nichts mehr im Weg steht.
Wirkungsvolle, in Marseille gedrehte Außenaufnahmen und eine differenzierte Lichtgestaltung verleihen diesem Kriminalfilm im spektakulären Rummelplatzmilieu Spannung und atmosphärische Dichte. Zudem glänzt der intuitive Effektschauspieler Klöpfer in einer der wenigen Tonfilmrollen, die an seine leidenschaftlichen Stummfilminterpretationen heranreichen. Titel der tschechischen Version: *Štvaní lidé.*   *tk*

Die Geierwally

Deutschland 1940

R: Hans Steinhoff; A: Jacob Geis, Alexander Lix frei nach dem gleichnamigen Roman von Wilhelmine von Hillern; K: Richard Angst; D: Heidemarie Hatheyer, Sepp Rist, Eduard Köck, Leopold Esterle, Winnie Markus

Wally (H. H.) ist ebenso starrköpfig wie ihr Vater, der Fenderbauer (E. K.). Darum stiehlt sie – was sonst keiner wagt – aus dem Geiernest in der Steilwand unter höchster Lebensgefahr einen Jungvogel. Und widersetzt sich dem Willen des Vaters, den reichen Nachbarn Vinzenz (L. E.) zu heiraten. Sie will nur einen Mann, dem es gelingt, ihr einen Kuß abzuringen. Das wäre nach ihren Vorstellungen Josef, der Bären-Sepp (S. R.), dem sie den Spitznamen ›Geierwally‹ verdankt. Doch mit dem hat sich ihr Vater so zerstritten, daß er Wally und ihren Geier auf die Almhütte verbannt, bis sie bereit ist, den Vinzenz zu nehmen. Der Film schildert die Auseinandersetzungen zwischen Vater und Tochter und den Leidensweg der stolzen Geierwally, ehe sie ihren Josef heiraten darf.
Acht Monate lang drehte Steinhoff mit witterungsbedingten Unterbrechungen ausschließlich an Originalschauplätzen in den Bergen und Höfen des Tiroler Oetztals. Um die authentische Bergbauern-Atmosphäre einzufangen, besetzte er kleine Rollen und Statisterie mit der ortsansässigen Bevölkerung. Unterstützt von Richard Angsts außerordentlicher Kameraführung, entstand so ein Film, dessen Titel zum Synonym für den ›Heimatfilm‹ geworden ist. Heidemarie Hatheyer wurde als Wally zum Star, mußte aber für den Rest ihres Lebens dagegen ankämpfen, mit ihr identifiziert zu werden. (Die beiden Geier, die abwechselnd eingesetzt wurden, kamen aus dem Zoo von Hannover.)   *hc*

Die Geliebte

Deutschland 1939

R: Gerhard Lamprecht; A: Walther von Hollander unter Benutzung einer Idee von Eva Leidmann; K: Reimar Kuntze; D: Viktoria von Ballasko, Willy Fritsch, Grethe Weiser, Paul Bildt, Erich Fiedler, Karl Martell

Berlin 1910. Bei einer Bootsfahrt fischen Oberleutnant von Warp (W. F.) und sein Freund Leutnant von Haacken (E. F.) zwei junge Frauen aus dem Wasser, deren Ruderboot gekentert ist: die Blumenverkäuferinnen Therese (V. v. B.) und Pauline (G. W.). Bei der anschließenden Kutschenfahrt schließen die vier Freundschaft und verabreden sich paarweise. Pauline, die erfahrenere der beiden Frauen, macht mit von Haacken Schluß, als sie erfährt, daß er Offizier ist; als solcher dürfte er ja nur

Die Geierwally
(Heidemarie Hatheyer,
Eduard Köck)

heiraten, wenn er den Dienst quittiert. Von Warp und Therese dagegen verlieben sich so heftig ineinander, daß der Oberleutnant bald täglich im Blumenladen von Thereses Onkel (P. B.) erscheint, um bei der Angebeteten Rosen zu kaufen, die er ihr dann wieder zukommen läßt. Aus Liebe, die auf gemeinsamen Ausflügen weiter wächst, will von Warp schließlich sogar auf seine glänzende Offizierskarriere verzichten, um Therese heiraten zu können. Doch das gemeinsame Glück scheitert daran, daß Therese früher ein amouröses Verhältnis ohne echte Gefühle zu einem Kameraden des Oberleutnants hatte. Bevor von Warp ihr verzeihen kann, entschließt sich Therese, ihrem Leben ein Ende zu setzen.

Dieses überaus feinfühlig inszenierte, von subtiler Lichtgestaltung getragene Melodram ist eines der Schlüsselwerke des Genres überhaupt. Die melodramatische Grundkonstellation – absolute Liebe, die aufgrund tragischer Umstände zum Scheitern verurteilt ist – paart sich bei Lamprecht mit Fatalismus, Todesahnung und leiser Erotik. Die introvertierte Künstlichkeit der Figuren und ihrer Begegnungen auf der Suche nach dem reinen Gefühl sowie die bedingungslose Hingabe daran, ist es einmal gefunden – selten wurde das alles so differenziert ausgelotet wie hier.   *rk*

Georg Elser – einer aus Deutschland / Seven minutes

BRD/USA 1989

R: Klaus Maria Brandauer; A: Stephen Sheppard nach seinem Roman *The artisan*; K: Lajos Koltai; D: Klaus Maria Brandauer, Rebecca Miller, Brian Dennehy

8. November 1938. Im Bürgerbräukeller erwartet man die Ankunft Hitlers, der wie jedes Jahr zur Feier des Putschversuches von 1923 München besucht. Die Sicherheitsvorkehrungen unter Leitung von SS-Mann Wagner (B. D.) finden das Interesse des Uhrmachers Georg Elser (K. M. B.). Elser, der von immer größerem Unbehagen über die Terrormethoden des NS-Regimes erfüllt ist, faßt den Plan, Hitler durch ein Bombenattentat zu töten. Zur Ausführung seines Planes nimmt Elser eine Stellung als Sprengmeister an. Seine häufigen Besuche im Bürgerbräukeller – dem Ort des Anschlags – führen zur Bekanntschaft mit der Kellnerin Anneliese (R. M.), die seine große Liebe wird. Schließlich haben sich die mühevollen Vorbereitungsarbeiten gelohnt, die Bombe ist gelegt. Da aber durch einen Zufall auch Anneliese durch die Bombe in Gefahr geriete – sie soll Hitler während seiner Rede ein Glas Wasser bringen –, kündigt sie überstürzt. Das bringt Wagner auf die Spur des Attentäters. Elser wird auf der Flucht verhaftet, die Bombenexplosion selbst kann auch Wagner nicht verhindern. Hitler aber hat bereits wenige Minuten davor den Bürgerbräukeller verlassen.

Brandauers Regiedebüt verarbeitet historische Tatsachen und rekonstruiert das Attentat des Einzelgängers Georg Elser, der kurz vor Kriegsende in einem Konzentrationslager ermordet wurde. Mit den routinierten Mitteln spannenden Erzählkinos arbeitend, und ohne auf Beweggründe und Psychologie des Attentäters näher einzugehen, lebt der Film von seiner geradezu detailbesessenen Beschreibung der Vorbereitungsarbeiten Elsers und der präzise-verhaltenen Schilderung des NS-Systems, seiner Mitläufer und seiner tödlichen Konsequenzen.   *mp*

Die Geschichte vom kleinen Muck

DDR 1953

R: Wolfgang Staudte; A: Peter Podehl, Wolfgang Staudte nach dem gleichnamigen Märchen von Wilhelm Hauff; K: Robert Baberske; D: Thomas Schmidt, Johannes Maus, Trude Hesterberg, Alwin Lippisch, Silja Lesny, Gerhard Hänsel, Heinz Kammer

Der auf dem Basar als »kleiner, böser Mann« gedemütigte alte Muck (J. M.) schließt Kinder bei sich ein und zwingt sie, seine Geschichte anzuhören, die so mitreißend ist, daß sie ihn mehrmals bitten, zu Ende zu erzählen, schließlich Sympathie empfinden und ihn als Freund annehmen. – Der kleine Muck (T. S.) wird schon als Kind wegen seines Buckels überall schlecht behandelt. Nach dem Tod seines alten

Vaters flieht er vor den habgierigen Verwandten und macht sich »auf die Suche nach dem Kaufmann, der das Glück verkauft«. In der Wüste gelingt es ihm, aus dem Katzenpalast der menschenfeindlichen Alten Ahavzi (T. H.) zu entkommen. Er nimmt Zauberstab und -pantoffeln mit, die er langsam anzuwenden lernt. Als hervorragender Läufer – dank der Pantoffeln – avanciert er zum Oberläufer des Sultans (A. L.). Mit dem Stab findet er einen verborgenen Goldschatz. Aufgrund seines Erfolgs ist er der Mißgunst der korrupten Höflinge ausgesetzt und wird nach deren Intrige ohne seine Zaubergegenstände des Landes verwiesen. Mit Hilfe zweier Feigensorten, die bei Verzehr Eselsohren wachsen bzw. verschwinden lassen, gelingt es ihm, sie wieder in seinen Besitz zu bringen. Er rächt sich am bösen Bajazid (H. K.) und macht Prinzessin Amarza (S. L.) und den von ihr geliebten Prinzen des Nachbarlands (G. H.) glücklich, indem er sie vereint. Die Pantoffeln und den Stab bringt der kleine Muck anschließend in die Wüste und läßt sie dort zurück.

Die filmische Verarbeitung des Kunstmärchens von Wilhelm Hauff – einschließlich der phantasievollen Anreicherungen – zeichnet sich durch gute Schauspieler, eine ausgefeilte optische Konzeption, den pointierten Einsatz von Tieren und Tricktechnik aus, und wurde ein Kinoerlebnis für Kinder wie für Erwachsene. *ms*

■■■
Geschichten aus dem Wienerwald

BRD/Österreich 1979

R: Maximilian Schell; A: Christopher Hampton, Maximilian Schell nach dem gleichnamigen Bühnenstück von Ödön von Horváth; K: Klaus König; D: Birgit Doll, Hanno Pöschl, Helmut Qualtinger, Jane Tilden, Adrienne Gessner, Götz Kauffmann

Die junge Marianne (B. D.), die aus einer armen Wiener Familie stammt, soll mit einem Fleischhauer (G. K.) verheiratet werden, doch sie will ihr Leben nicht an der Seite eines ungeliebten Mannes verbringen. Ihr Vater (H. Q.) weist sie deswegen aus dem Haus. Marianne flieht in eine Affäre mit dem Weiberhelden Alfred (H. P.), von dem sie bald ein Kind erwartet. Als das Kind geboren wird, veranlaßt Alfred, daß es zu seiner Mutter (A. G.) in die Wachau kommt, die es jedoch absichtlich zu Tode kommen läßt. Marianne muß ihren Unterhalt als Tänzerin bei einer Nacktrevue verdienen. Es kommt zum Skandal, als ihr Vater mit seiner Clique das Lokal besucht. Marianne entwendet einem reichen Amerikaheimkehrer, der sich für sie interessiert, Geld aus der Brieftasche, wird erwischt und ins Gefängnis gesteckt. Zum Schluß schickt sich die resignierte Marianne doch in eine freudlose Verbindung mit dem Fleischhauer.

Durch originelle Regieeinfälle, einen innovativen Einsatz der Tonspur und das hervorragend aufeinander abgestimmte Ensemble gelang es, Ödön von Horváths Bühnenstück kinogerecht umzusetzen. Horváths Gesellschaftskritik in dieser tragikomischen Kleinbürger-Satire erwies sich auch 47 Jahre nach Entstehen der Bühnenvorlage noch als aktuell. *tk*

■■■
Geschlecht in Fesseln Ⓢ

Deutschland 1928

R: Wilhelm Dieterle; A: Herbert Juttke, Georg C. Klaren; K: Walter Robert Lach; D: Wilhelm Dieterle, Mary Johnson, Gunnar Tolnaes, Hans Heinrich von Twardowski, Paul Henckels

Franz und Helene Sommer (W. D., M. J.) leben in Liebe zusammen, doch leiden sie sehr unter der wirtschaftlichen Not. Franz, ein arbeitsloser Ingenieur, versucht sich in Gelegenheitsjobs, während Helene als Kassiererin arbeitet, um zum ehelichen Einkommen beizutragen. Als ein aufdringlicher Gast sie belästigt, wird Franz handgreiflich. Im Handgemenge kommt der Lüstling so unglücklich zu Fall, daß er stirbt. Franz wird zu eineinhalbjähriger Haft verurteilt und erfährt die Nöte des Gefängnisalltags am eigenen Leib. Dem Inhaftierten machen vor allem die eigene Sexualität sowie die Angst um die Treue Helenes zu schaffen. Franz lernt den Fabrikanten Steinau (G. T.) kennen, der zu Unrecht im Gefängnis sitzt, dann aber freikommt und verspricht, sich um Helene zu kümmern. Steinau stellt Helene in seinem Büro ein. Er lernt ihre Probleme als eine von ihrem Partner getrennt lebende Frau kennen und verliebt sich in Helene, wie auch sie sich in ihn verliebt. Beide versuchen, ihren Gefühlen zu widerstehen, doch schließlich geben sie ihrer Begierde nach. Als Franz entlassen wird, stellt Steinau, der gehofft hatte, Helene werde sich von Franz trennen, fest, daß die Eheleute sich immer noch lieben. Doch die Erfahrungen während der Trennung – auch Franz hatte in der Zeit sexuellen Kontakt (mit einem Mitgefangenen) – trennen das Paar von nun an wie ein unsichtbarer Graben, den sie nicht überschreiten können. Aus Verzweiflung begehen Franz und Helene gemeinsam Selbstmord.

In seiner Verbindung von spekulativen und weltanschaulichen Elementen übte dieser Gefängnisfilm Kritik an unmenschlichen Gesetzen und forderte eine Reform des Strafrechts sowie der Gefängnisordnung der Weimarer Republik. Der Verweis auf die Homosexualität unter Strafgefangenen war angesichts der politischen Verhältnisse brisant, wirkte durch die bedrückende Gestaltung der Gefängnisszenen jedoch glaubwürdig, nicht sensationsheischend. Die Charakterzeichnung der Hauptfiguren und die Filmarchitektur von Max Knaake und Fritz Maurischat machen die künstlerischen Stärken dieses Sozialdramas aus. *tk*

Das Gespenst

BRD 1982

R: Herbert Achternbusch; A: Herbert Achternbusch; K: Jörg Schmidt-Reitwein; D: Herbert Achternbusch, Annamirl Bierbichler, Kurt Raab, Dietmar Schneider, Werner Schroeter

Die Geschichte vom 42. Jesus (H. A.), der vom Kreuz herabsteigt, ins Bett der Oberin (A. B.) kriecht, in ihrer Klosterkneipe als Ober malocht und heimatlos, scheinbar naive Fragen stellend durch die Welt irrt, ehe er in Form einer Schlange gen Himmel fährt.

Chaotisch, dilettantisch, selbstdarstellerisch, bayrisch sind Adjektive, die einem bei Beschreibungsversuchen der Arbeiten von Achternbusch einfallen. Seine Filme widersprechen sämtlichen Konventionen, lassen sich nicht in etablierte Kategorien pressen. Am ehesten kann man sie noch mit dem absurden Theater vergleichen. Einem mit Achternbuschs locker aneinandergereihten, irrwitzigen Clownerien nicht vertrauten Zuschauer wird ein gewisses Maß an Toleranz abverlangt, sich nicht aus dem unorthodoxen Durcheinander auszuklinken. – Weil einige Zuschauer bzw. Nicht-Zuschauer sich in ihrem religiösen Empfinden verletzt fühlten, die FSK (Freiwillige Selbstkontrolle der Filmwirtschaft) die Freigabe zunächst grundsätzlich ablehnte und der Bundesinnenminister eine ausstehende Filmförderungsrate nicht auszahlen wollte, wurde *Das Gespenst* zur Cause célèbre. Über 150 000 Zuschauer sahen den Film im Kino – eine Zahl, von der Achternbusch, der für eine kleine Fan-Gemeinde arbeitet, sonst nur träumen kann. Der Streifen erwies sich als Katalysator kulturpolitischer Kontroversen zum Zeitpunkt einer ideologischen Neuorientierung in der Bundesrepublik. Unter den Filmemachern führte die Affäre zu einer geschlossenen Front gegen autokratisch angeordnete, konservative Wertvorstellungen. Die Hoffnungen, dieser Zusammenschluß könnte den Niedergang des noch in den siebziger Jahren international gefeierten deutschen Films aufhalten, erfüllten sich nicht. *hc*

Der geteilte Himmel

DDR 1964

R: Konrad Wolf; A: Christa Wolf, Gerhard Wolf, Konrad Wolf, Willi Brückner, Kurt Barthel nach dem gleichnamigen Roman von Christa Wolf; K: Werner Bergmann; D: Renate Blume, Eberhard Esche, Hans Hardt-Hardtloff, Hilmar Thate

Nach einem Nervenzusammenbruch kehrt Rita Seidel (R. B.) in das Dorf zurück, in dem sie aufgewachsen ist. Sie führt sich noch einmal die vergangenen Jahre vor Augen: Ihre

Liebe galt dem zehn Jahre älteren Chemiker Manfred Herrfurth (E. E.), der ihr zuerst Mut und Selbstvertrauen für das Lehrer-Studium gab und mit dem sie nach Halle zog, um ein gemeinsames Leben zu beginnen. Während Rita an der Akademie und im Praktikum in einer Waggonfabrik wertvolle Erfahrungen sammelte, geriet Manfred in seinem Umfeld immer mehr in Isolation und Verbitterung. Als auch noch ein chemisches Verfahren, das er mit berechtigten Hoffnungen entwickelt hatte, unbegründet abgelehnt wurde, verließ Manfred seinen Wirkungskreis und ging nach Westberlin. Rita besuchte ihn dort und fand, daß »man im Westen schlimmer als im Ausland dran ist; man ist auf schreckliche Weise in der Fremde«. Vor die Entscheidung gestellt, trennte sie sich von dem Mann, den sie liebte, und kehrte in die DDR zurück. – Nach überstandener Krise findet Rita wieder zu den Menschen, die ihr nahestehen und auf sie warten.

Auf der Grundlage des seinerzeit brisanten Romans von Christa Wolf setzt sich der Film mit der Teilung Deutschlands auseinander und strebt eine sachliche Analyse der Verhältnisse bis zum 13. August 1961 an, wobei es gelingt, bloße Propaganda zu vermeiden. Die ›Republikflucht‹ Herrfurths wird mit bitterem Verständnis geschildert, Ritas emotionale Entscheidung genauso nachvollziehbar motiviert. Dem inneren Monolog in der literarischen Vorlage entspricht in der Adaption eine Rückblenden-Technik mit komplizierter Raum/Zeit-Montage und strenger Bildgestaltung, die den Film auch in formaler Hinsicht bedeutsam machte.   *ms*

Giftgas ⓢ

Deutschland 1929

R: Michail Dubson; A: Natan Sarchi nach dem Bühnenstück *Giftgas über Berlin* von Peter Martin Lampel; K: Akos Farkas; D: Hans Stüwe, Lissi Arna, Fritz Kortner, Alfred Abel, Gerhard Dammann, Vera Baranowskaja

Der Chemiker Arnold Horn (H. S.) entdeckt eine Substanz, die sowohl für Düngemittel als auch für die Produktion eines hochgiftigen Gases genutzt werden kann. Gegen Horns erklärten Willen nimmt die Firma unter Direktor ten Straaten (F. K.) die Herstellung von Giftgas auf. Horn versucht, den Aufsichtsrat und die zuständigen Ministerien auf die Gefahr hinzuweisen, doch niemand schenkt ihm Gehör. Als bei einem Unfall ein Werkstattleiter (G. D.) durch das Giftgas zu Tode kommt, wird die Todesursache vertuscht. Die Frau des Opfers (V. B.) hält zuerst Horn für schuldig, erkennt dann aber dessen Bemühen, die Gasherstellung zu stoppen. Inzwischen soll Horns Frau Ellen (L. A.) von der Konzernleitung bestochen werden, was zu Mißverständnissen zwischen den Eheleuten führt. Weil er keinen anderen Weg mehr sieht, bricht Horn in die Fabrik ein, wird jedoch von Direktor Hansen (A. A.) gestellt. Hansen schießt auf den Chemiker, trifft aber einen der Gasbehälter, worauf das Gas auszuströmen beginnt. Zuerst stirbt ein Kind, bald jedoch ersticken alle, die keine Gasmasken tragen. In einem visionären Schlußbild vereinigen sich die Opfer des Unfalls mit den Gasopfern des Ersten Weltkriegs und appellieren an die Zuschauer, Menschen zu bleiben und sich gegen die Vernichtung zu wehren.

Die Bühnenvorlage griff die Reichswehr scharf an und zeigte Arbeiter, die einen Putschversuch niederschlagen. Davon ist im Film nicht mehr die Rede, vielmehr stehen der Gewissenskonflikt und die daraus entstehenden Handlungen des Chemikers im Zentrum. Kameraführung und Montage überzeugen besonders in der Schlußsequenz durch Tempo und Dynamik.   *tk*

Das Glas Wasser

BRD 1960

R: Helmut Käutner; A: Helmut Käutner, Willibald Eser nach dem Bühnenstück *Le verre d'eau* von Eugène Scribe; K: Günther Anders; D: Gustaf Gründgens, Liselotte Pulver, Hilde Krahl, Sabine Sinjen, Horst Janson

London 1710. Die politisch unerfahrene Königin Anna (L. P.) steht gänzlich unter dem Einfluß ihrer Oberhofmeisterin, Lady Churchill (H. K.). Diese will unter allen Umständen den

Krieg mit Frankreich fortsetzen, weil sie dann ihren Mann auf dem fernen Kontinent weiß und sich ungestört galanten Amouren widmen kann. Ziel der Liebesbemühungen Lady Churchills ist der junge Fähnrich Masham (H. J.). Sir Henry St. John (G. G.), Journalist und Vertreter der Opposition, weiß um das Schicksal seiner Königin und läßt daher nichts unversucht, Lady Churchills Einfluß zu brechen. Im Kampf der beiden Kontrahenten um die Macht spielen Masham und seine Verlobte, Abigail (S. S.), die Hauptrollen, denn auch die Königin glaubt sich in den schmucken Fähnrich verliebt. Durch einen geschickten Plan Henry St. Johns erfährt Lady Churchill im geeigneten Moment, daß die Königin ihre Nebenbuhlerin ist. Lady Churchill verliert daraufhin die Contenance und muß demissionieren. Das politische Spiel wird somit zugunsten Henry St. Johns entschieden, Masham und Abigail können heiraten.

Mit diesem Film unternahm Helmut Käutner – nach *Käpt'n Bay-Bay* (1953) – einen weiteren Versuch, ein von amerikanischen Einflüssen unabhängiges deutsches Filmmusical zu schaffen. Dabei zeigte er sich, unterstützt vom eloquenten Wortwitz des Bühnenstücks und

Das Glas Wasser (Liselotte Pulver)

dem komödiantischen Talent seiner Darsteller, wie gewohnt experimentierfreudig. Der ausschließlich im Atelier gedrehte Film zeichnet sich nicht zuletzt durch seine raffinierte Farbdramaturgie sowie die kabarettistischen Songs aus.   *mp*

Ein Glas Wasser Ⓢ
(Das Spiel der Königin)

Deutschland 1923

R: Ludwig Berger; A: Ludwig Berger, Adolf Lantz nach dem Bühnenstück *Le verre d'eau* von Eugène Scribe; K: Günther Krampf, Erich Waschneck; D: Mady Christians, Lucie Höflich, Hans Brausewetter, Rudolf Rittner, Helga Thomas

Während des Spanischen Erbfolgekriegs zu Beginn des 18. Jahrhunderts kommt es am englischen Hof zu vielfältigen amourösen Verwicklungen. Queen Anna (M. C.) verliebt sich in den Schönling Masham (H. B.), der daraufhin mit Aufgaben im direkten Umkreis der Königin betraut wird. Doch auch die Herzogin von Marlborough (L. H.) hat ein Auge auf Masham geworfen, und erst recht entflammt Annas junge Kammerzofe Abigail (H. T.) in Leidenschaft zu ihm. Der naive Begehrte schwankt angesichts der dreifachen Gunstbezeugung zwischen Befremden, allseitiger Ergebenheit und eitlem Geschmeicheltsein. Diese delikate Situation nutzt Lord Bolingbroke (R. R.), um sein Ziel, den Friedensschluß mit Frankreich, voranzutreiben. Raffiniert zieht er die Fäden, bedient sich der Intrigen und amourösen Unvorsichtigkeiten – und gewinnt. Die herrschsüchtige Lady Marlborough, welche die Audienz des französischen Gesandten wiederholt verhindert hatte, um den Krieg zu verlängern, wird ausgetrickst und muß am Ende sogar zusehen, wie Abigail Mashams Herz erobert. Bolingbroke dagegen wird neuer Premierminister.

Mit feinem Humor und spielerischer Erotik skizzierte Berger die höfische Welt durch einen Kreis raffiniert verwobener Charakterporträts. Romantik, barocke Dekorschwelgerei und augenzwinkernde Ironie halten sich dabei geschickt die Waage und bilden ein perfektes Vehikel für die humanistische Aussage der Handlung, den Wunsch nach Frieden.   *tk*

Gleisdreieck

Deutschland 1937

R: Robert A. Stemmle; A: Rolf E. Vanloo, Robert A. Stemmle nach der gleichnamigen Novelle von Rolf E. Vanloo; K: Karl Puth; D: Gustav Fröhlich, Heli Finkenzeller, Otto Wernicke, Paul Hoffmann, Hilde Sessak

Hans Scheffler (G. F.) ist Fahrdienstleiter auf dem Berliner U-Bahnhof »Gleisdreieck«. Auch sein Vater (O. W.) ist bei der U-Bahn tätig, als Aufsichtsbeamter. Hans ist in Gerda (H. F.) verliebt und möchte sie heiraten. Doch die künftige Schwiegertochter ist nicht nach dem Geschmack des alten Scheffler, weil ihr Bruder Max (P. H.) ein Krimineller ist, der schon im Gefängnis war. Hans verwahrt Geld für den Sportclub der U-Bahn. Eines Tages kann sich Max des Geldes bemächtigen. Nun setzt er Hans unter Druck, und der sieht keinen andern Weg, als auf die Erpressung einzugehen. Um das Geld zurückzubekommen, muß Hans ihm den Zugang zu einem Tresor verschaffen, den die Bande von Max knacken will. Zwar kann Hans die Polizei benachrichtigen, doch die bewacht den Eingang, während die Verbrecher sich über einen andern Weg Zugang verschaffen. Gerade noch rechtzeitig kommt Hans dahinter und kann die Bande in Schach halten, bis die Polizei eingreift. Gerda hat sich inzwischen auf die Suche nach Hans gemacht und läuft Gefahr, von einer U-Bahn überrollt zu werden. Hans kommt ihr zu Hilfe und rettet sie. Auch sein Vater revidiert nun sein negatives Urteil über Gerda.
Durch differenzierte Motivierung der Figuren und die realistische Darstellung des optisch ergiebigen Arbeitsbereichs ›U-Bahn‹ fasziniert diese Milieustudie, die als Kriminalfilm daherkommt. Stemmles Bemühen, das übliche Klischieren der Protagonisten zu vermeiden, kam stets seinen Schauspielern zugute, wie die überzeugende Rollengestaltung Gustav Fröhlichs und Heli Finkenzellers zeigt.   *tk*

Glück im Hinterhaus

DDR 1980

R: Herrmann Zschoche; A: Ulrich Plenzdorf nach dem Roman *Buridans Esel* von Günter de Bruyn; K: Günter Jeauthe; D: Dieter Mann, Ute Lubosch, Jutta Wachowiak, Peter Bause, Fritz Diez, Thomas Neumann

Karl Erp (D. M.), Leiter einer Berliner Bibliothek, Mitte Vierzig, mit Ehefrau Elisabeth (J. W.) und den beiden Kindern im selbstgeschaffenen Eigenheim wohnend, hat sich in seine junge Kollegin Fräulein Broder (U. L.) verliebt. Bei der Neubesetzung einer Stelle begünstigt Erp die junge Frau, die kurz vor ihrem Abschlußexamen als Bibliothekarin steht, gegenüber einem ihrer Kommilitonen (T. N.). Nach mehreren Besuchen in ihrer Hinterhauswohnung gesteht Erp Fräulein Broder seine Liebe, die von ihr erwidert wird. Gezwungenermaßen setzt er seine Frau und die Arbeitskollegen über seine Beziehung in Kenntnis. Für seinen Vorgesetzten Haßler (P. B.) ist Erp nicht mehr in leitender Position tragbar, auch Erps Vater (F. D.) rät ihm, sich zu besinnen. An Weihnachten zieht Erp zu seiner jungen Freundin, mit der er glücklich ist, er »will Brücken abbrechen, aber einen Fußsteg noch stehenlassen«. Mit der Zeit jedoch kostet ihn das provisorische Leben im Hinterhaus immer mehr Nerven und gefährdet die Beziehung zur Geliebten. Nach dem plötzlichen Tod seines Vaters bittet Erp Elisabeth um Hilfe, die sich zu einer aktiven Haltung durchgerungen hat. Auf den Wunsch seiner Geliebten, zusammen Berlin zu verlassen und einen Neubeginn zu wagen, geht Erp nicht ein, er kann sich nicht zur Scheidung von seiner Frau entschließen. »Mit blutendem Herzen, von dem ein Stein gefallen ist«, läßt Erp das enttäuschte Mädchen ziehen und kehrt zu Elisabeth zurück, die ihm trotz seines Versprechens, »bald wieder der alte« zu sein, nur wegen der Kinder die Rückkehr gestattet.
Die überaus kritische Betrachtung des zwischen zwei Frauen stehenden Mannes – insbesondere seine vehemente moralische Verurteilung am Ende des Films – wurde dem vielschichtigen und ironischen Roman de Bruyns kaum gerecht; sie störte sogar partiell die an-

sonsten stimmige und atmosphärisch dichte, inszenatorisch und schauspielerisch eindrucksvolle zeitgenössische Liebesgeschichte.   *ms*

Glückskinder

Deutschland 1936

R: Paul Martin; A: Robert A. Stemmle, Paul Martin, Curt Goetz; K: Konstantin Irmen-Tschet; D: Lilian Harvey, Willy Fritsch, Paul Kemp, Oskar Sima, Albert Florath

Gil Taylor (W. F.) ist bei einer New Yorker Zeitung als Journalist tätig. Um die hübsche Stadtstreicherin Ann Garden (L. H.) vor einer Verurteilung zu bewahren, gibt Taylor sie als seine Braut aus. Der Schnellrichter durchschaut den Schwindel und macht sich einen Spaß daraus, die beiden umgehend zu trauen. Zwischen die Ehebetten stellt das junge Paar Kakteen, damit über die ehelichen Verhältnisse keinerlei Unklarheit aufkommt. Am nächsten Morgen ist Taylor seine Anstellung los, denn über seiner Blitzheirat hat er vergessen, einen Bericht über den Gerichtsskandal zu schreiben, der den Konkurrenzblättern die Titelseite wert ist. Auch Gils Freunde Frank Black (P. K.) und Stoddard (O. S.), die beim Zeitungsboß ein gutes Wort für Gil einlegen wollen, werden entlassen. Doch Ann sorgt für eine neue Sensationsstory, als die Nichte eines Ölmagnaten (A. F.) verschwindet. Sie klärt nicht nur die Familienverhältnisse des Magnaten, sondern auch ihre eigenen: Gil und sie finden immer mehr Gefallen aneinander.
Von einem zweijährigen Hollywood-Abstecher zurückgekehrt, konnten Lilian Harvey und ihr Lebenspartner Paul Martin 1935/36 zeigen, was sie in Amerika gelernt hatten. Bei Harvey war das Lockerheit, pointiertes Sprechen und die gekonnte Interaktion mit einem exzellenten Ensemble. Martin hatte die ›sophisticated comedy‹ studiert und sichtlich verstanden. Dabei profitierte er von Curt Goetz' geistreichen Dialogen und der beschwingten Musik Peter Kreuders. *Glückskinder*, ein Glücksfall, wurde nicht selten als »der amerikanischste aller deutschen Filme« bezeichnet. Titel der französischen Version: *Les gais lurons*.   *tk*

Go, Trabi, go

BRD 1991

R: Peter Timm; A: Reinhard, Klooss, Peter Timm; K: Axel Block; D: Wolfgang Stumph, Claudia Schmutzler, Marie Gruber, Dieter Hildebrandt, Konstantin Wecker

Im Sommer nach der Öffnung der Berliner Mauer, 200 Jahre nach Goethe, reist der Deutschlehrer Udo Struutz (W. S.) aus Bitterfeld bei Leipzig mit seiner Familie nach Italien. Des Dichterfürsten Tagebuchnotizen dienen als Reiseführer, ein Auto der Marke Trabant, »Schorsch« genannt, als Transportmittel. Seinem Status als Familienmitglied entsprechend wird Schorsch gehegt, gepflegt und mit Udos eigenem Taschentuch gesäubert, wenn Spritzer ihn beflecken. Schließlich wurde in ihm vor gut 18 Jahren Tochter Jacqueline (C. S.) gezeugt und später Ehefrau Rita (M. G.) zur standesamtlichen Trauung gefahren. Die Pilgertour zu Ehren deutscher Dichtkunst nach Neapel entwickelt sich zur witzig-ironischen Stationenreise, in deren Verlauf deutsche Zusammengehörigkeitseuphorie und real existierender Kapitalismus augenzwinkernd auf die Schippe genommen werden. Vor allem aber ist der Film eine Liebeserklärung an den vielgeschmähten, meist verlachten, schnell auf den Schrottplatz abgeschobenen Trabi, dessen Durchhaltevermögen und Talent für Stunt-Szenen ausgiebig gezeigt werden.
Mit *Meier* (1986) hatte sich Peter Timm als witzig-kritischer Beobachter beider Teile Deutschlands für die Regie der ersten deutsch-deutschen Komödie empfohlen. Auch wenn mit wachsender Entfernung vom Heimatboden Einfälle und Witz auszudorren drohen, helfen die darstellerischen Qualitäten des sympathischen Familien-Trios über die Längen: Ein weit über der üblichen deutschen Komödienkonfektion liegender Spaß.   *hc*

Die göttliche Jette

Deutschland 1937

R: Erich Waschneck; A: Rolf Meyer, Kurt
Walter; K: Friedl Behn-Grund; D: Grethe
Weiser, Viktor de Kowa, Marina von Ditmar,
Kurt Meisel, Eva Tinschmann, Paul
Westermeier

Im Berlin der Jahrhundertwende. Jette Schönborn (G. W.) stammt aus einer Familie von Vor-
stadtkomödianten. Auf der Bühne ihrer Mutter
(E. T.) spielt sie in bayrischen Schwänken, setzt
dann jedoch zum Höhenflug als Star eines Berliner Revue-Theaters an. Mit der Unterstützung Fritz Barschs (V. d. K.), der als Inspizient
und Autor ihren Aufstieg begleitet, wird sie
zur umjubelten »göttlichen Jette«. Ganz egal,
ob sie tanzt, singt, rezitiert oder parodiert –
Berlins Publikum liegt der begnadeten Diva zu
Füßen. Nur ein paar moralinsaure Gattinnen
werfen Jette Knüppel zwischen die Beine, doch
die tanzt behende darüber hinweg. Der wohlhabende Graf Opalla (K. M.) wirbt um Jettes
Liebe, aber schließlich bleibt die Schauspielerin bei Fritz, den sie aufrichtig liebt.
Ein ausgesprochen gelungenes Porträt des
Showgeschäfts um 1900, dessen Alltag in den

spitzen Dialogen treffend charakterisiert wird.
Selbst die oft gekünstelte Berliner Schnoddrig-
keit wirkt hier authentisch, was hauptsächlich
an der unverkrampften Rollengestaltung Viktor de Kowas und Grethe Weisers liegt. Weiser,
die durch diesen Film selbst zum Star avancierte, kann ihre darstellerischen und stimmlichen Fähigkeiten eindrucksvoll unter Beweis
stellen. Präzis und ideenreich choreographierte
Bühnenauftritte sowie die eingängige Musik
Georg Haentzschels tun das übrige.   *tk*

Die goldene Pest

BRD 1954

R: John Brahm; A: Dieter Werner nach einer
Filmnovelle von Gerhard T. Buchholz und Kurt
Joachim Fischer; K: Klaus von Rautenfeld;
D: Ivan Desny, Gertrud Kückelmann, Karlheinz
Böhm, Erich Ponto

Irgendwo in Deutschland Anfang der fünfziger Jahre. Richard Hartwig (I. D.) kommt nach
drei Jahren Abwesenheit als amerikanischer
Soldat in seinen Heimatort zurück. Dort hat
sich vieles verändert. Die Menschen sind nur
noch an Geld interessiert. Besonders rück-

Die goldene Pest (Gertrud Kückelmann, Ivan Desny, Karlheinz Böhm)

sichtslos werden amerikanische Soldaten übervorteilt: Richards Tante verlangt von ihnen in ihrem Juwelierladen doppelt soviel, im Hotel werden die Zimmer stundenweise vermietet, sein alter Schulfreund Karl (K. B.) betreibt auf dem Dorfplatz ein Vergnügungszelt mit Damenradrennen und Ringkämpfen im Schlamm. Allmählich merkt Richard, daß alle verschuldet sind und Karl sich nur durch Diebstähle aus dem nahegelegenen Militärlager über Wasser hält. Mit dem Hehlergut erzielt Karls Kreditgeber hohe Schwarzmarktprofite. Als er erfährt, daß Karl und seine Leute während einer Nachtübung der Amerikaner Benzin stehlen wollen, informiert Richard die Militärpolizei. Karl kommt auf der Flucht durch das Manövergebiet ums Leben. Richard wird gemeinsam mit Karls Schwester Franziska (G. K.), einer Jazzsängerin, der Korruption den Rücken kehren und nach Amerika gehen.

Einer der wenigen zeitgenössischen Filme, die sich ehrlich und kompromißlos mit der Korruption hinter dem Wirtschaftswunder auseinandersetzen, dabei hohes künstlerisches Niveau haben und unterhalten. *Die goldene Pest* läßt ahnen, was möglich gewesen wäre, wenn Könner wie der Emigrant Hans Brahm in Deutschland wieder hätten Fuß fassen können. *hc*

Die goldene Stadt

Deutschland 1942

R: Veit Harlan; A: Alfred Braun, Veit Harlan nach dem Bühnenstück *Der Gigant* von Richard Billinger; K: Bruno Mondi; D: Kristina Söderbaum, Eugen Klöpfer, Paul Klinger, Kurt Meisel, Liselotte Schreiner, Rudolf Prack

Anna Jobst (K. S.) lebt mit ihrem Vater, dem reichen Bauern Melchior (E. K.), auf einem Hof an der Moldau. Sie ist mit dem Großknecht Thomas (R. P.) verlobt. Annas Mutter hat sich vor langer Zeit im Moor umgebracht. Anna träumt von der Schönheit der »goldenen Stadt« Prag – woher ihre Mutter stammte – und einem abwechslungsreicheren Leben. Mit dem Ingenieur Leitwein (P. K.) fährt sie in die

›goldene Stadt‹. Dort läßt sie sich von ihrem Vetter Toni (K. M.), einem hemmungslosen Vorstadtgauner, verführen. Sie wird schwanger, doch Toni hat es nur auf den Hof der Familie abgesehen. Er verläßt Anna, als ihr Vater sie enterbt. Enttäuscht geht Anna aus Prag fort, um zu ihrem Vater zurückzukehren. Doch dieser hat sich mit der Wirtschafterin Maruschka (L. S.) verlobt und heiratet sie an dem Tag, da die Tochter zu Hause eintrifft. Anna, nun auch dieser Heimat beraubt, folgt ihrer Mutter ins Moor und damit in den Tod. »Vater, vergib mir, daß ich die Heimat nicht so liebte wie du« sind ihre letzten Worte.

Den Verlockungen der verderbten und sittenzersetzenden (slawischen) Großstadt fällt ein Bauernmädchen zum Opfer, das dem bescheidenen, bodenständigen Leben auf dem heimischen Hof entfliehen will. Dieser zweite deutsche Farbfilm wurde nicht nur in Deutschland ein immenser Publikumserfolg, sondern (trotz antislawischer Untertöne) auch im Ausland, wo er die Leistungsfähigkeit der NS-Filmindustrie zu Kriegszeiten unter Beweis stellen sollte. Die Farbregie ist gelungen, das dramaturgische Konzept einigermaßen stimmig; Kristina Söderbaum wurde in Venedig als beste Darstellerin ausgezeichnet. Beachtung verdient außerdem der Auftritt Kurt Meisels. *tk*

Der Golem Ⓢ

Deutschland 1915

R: Henrik Galeen, Paul Wegener; A: Paul Wegener, Henrik Galeen; K: Guido Seeber; D: Paul Wegener, Lyda Salmonova, Carl Ebert, Henrik Galeen, Rudolf Blümner, Jakob Tiedtke

Beim Bau eines Brunnens stoßen Arbeiter im Prager Judenviertel auf eine große Lehmstatue (P. W.). Ein jüdischer Antiquitätenhändler (C. A.) erwirbt die Figur, denn er erkennt in ihr jenen sagenumwobenen Golem, den Rabbi Loew im 16. Jahrhundert erschaffen hat. Es gelingt ihm, die Figur zum Leben zu erwecken, indem er ihr ein Amulett mit einer Zauberformel an die Brust heftet. Der Golem soll Jessica (L. S.), die Tochter des Händlers, bewachen, um deren Liebesverhältnis zu einem Grafen

(H. G.) zu unterbinden. Doch der Golem verliebt sich selbst in Jessica, wird von ihr aber zurückgestoßen. Eines Abends folgt der Golem Jessica, die sich auf einem Schloßfest vergnügen will. Einen riesigen Schatten werfend schleicht er durch die Gassen und löst unter den Feiernden panischen Schrecken aus. Man schießt auf ihn, sticht mit Messern auf ihn ein, doch der Golem vermag sich der Angreifer mühelos zu erwehren. Bevor der vor Eifersucht rasende Koloß dem Mädchen, das mit dem Grafen auf den Schloßturm geflohen ist, etwas antun kann, reißt es ihm das Amulett von der Brust – worauf mit einem Mal alles Leben aus dem Ungetüm weicht. Als lebose Lehmstatue fällt der Golem vom Turm und zerschellt.

Der Golem, wie er in die Welt kam
(Loni Nest, Paul Wegener)

Der Schauspieler und Regisseur Paul Wegener gehörte zu den ersten, welche die Eigengesetzlichkeiten des Mediums Film erkannten und experimentierend zu erweitern suchten. Entsprechend der Erkenntnis, daß die Kamera der »eigentliche Dichter des Films« ist, animierte er seine Mitstreiter hier zu einem innovativen Umgang mit Tricktechnik, Schnitt, aufwendigen Dekorationen und dem Wechsel von Schauplätzen. Wegener selbst wußte sein Spiel perfekt auf das neue Medium abzustimmen, wie *Der Golem* beispielhaft zeigt.   *tk*

Der Golem, wie er in die Welt kam

Deutschland 1920

R: Paul Wegener, Carl Boese; A: Paul Wegener, Henrik Galeen; K: Karl Freund; D: Paul Wegener, Albert Steinrück, Lyda Salmonova, Otto Gebühr, Lothar Müthel, Ernst Deutsch, Loni Nest

Im 16. Jahrhundert ordnet der Kaiser (O. G.) an, daß sämtliche Juden Prag verlassen müssen. Rabbi Loew (A. S.), geistlicher Führer der jüdischen Gemeinde, formt eine riesenhafte Lehmstatue, den Golem (P. W.), und haucht diesem Leben ein, indem er ihm ein Amulett mit einer Zauberformel an die Brust heftet. Loew nimmt den Golem mit in den Palast, wo er den Kaiser durch Erzählungen über Wesen und Geschichte des Judentums umzustimmen hofft. Als der Palast einstürzt, stützt der Golem die Saaldecke und rettet so dem Kaiser das Leben. Aus Dankbarkeit widerruft dieser das Dekret. Als der Rabbi den Golem, der seine Pflicht getan hat, wieder zu leblosem Ton zurückverwandeln will, wehrt der sich und richtet seine Kräfte auch gegen die Juden. Im letzten Augenblick kann der Rabbi ihn zur Reglosigkeit verdammen. Loews Famulus (E. D.), eifersüchtig auf einen Verehrer Mirijams (L. S.), der von ihm geliebten Tochter des Rabbis, verhilft dem Riesen jedoch wieder zu Leben, um ihn auf den Rivalen zu hetzen. Der Koloß steigert sich in einen wahren Zerstörungswahn hinein, tötet Mirjams Verehrer und zündet einen Teil des Ghettos an. Erst ein kleines Mädchen (L. N.) hält ihn auf: Vor den Toren der

Große Freiheit Nr. 7
(Hans Albers, Ilse Werner)

Stadt reicht es dem Golem einen Apfel. Als er das Kind auf den Arm nimmt, greift es verzückt nach dem glitzernden Stern an der Brust des Golems – das Ungetüm sinkt, seines lebensspendenden Amuletts beraubt, leblos zu Boden.

Verwinkelte Bauten, eine erstaunlich nuancierte Lichtgestaltung und inspirierte Kameraführung schufen eine stimmige Atmosphäre in diesem dritten Golem-Film, der dadurch eine Verschmelzung von Dekor und Schauspiel erreichte. Das von Hans Poelzig und Kurt Richter auf dem Ufa-Freigelände gestaltete Studio-Prag wurde zum Prototyp einer plastischen expressionistischen Filmarchitektur im Kontrast zu den flächig-graphischen Bauten, wie sie etwa in *Das Cabinet des Dr. Caligari* (1920) vorherrschen. Wegeners individuelle Gestaltungskraft und seine Fähigkeit zur Zusammenarbeit mit herausragenden Vertretern ihres Metiers sind hier auf eindrucksvolle Weise dokumentiert. *k*

Große Freiheit Nr. 7

Deutschland 1944

R: Helmut Käutner; A: Helmut Käutner, Richard Nicolas; K: Werner Krien; D: Hans Albers, Ilse Werner, Hans Söhnker, Hilde Hildebrand, Gustav Knuth, Günther Lüders

Hannes (H. A.), ein ehemaliger Matrose, arbeitet als Stimmungssänger im Nachtlokal »Hippodrom« in St. Pauli. Er ist mit Anita (H. H.), der Besitzerin des Lokals liiert. Einst wollte Hannes die Seemannsschule besuchen, doch sein Bruder Jan verjubelte die Ersparnisse, die Hannes dafür vorgesehen hatte. Auf seinem Sterbebett bittet Jan den Bruder, sich um das Mädchen Gisa (I. W.) zu kümmern, das von Jan verführt wurde und in ihrem Dorf nun geächtet ist. Hannes holt Gisa nach Hamburg und verliebt sich rasch in sie, doch getraut sich nicht, ihr seine Gefühle zu gestehen. Gisa ihrerseits verliebt sich in den Arbeiter Willem (H. S.), wodurch Hannes schmerzlich bewußt wird, daß er auch auf dieses Glück verzichten muß. Er verläßt Anita und fährt mit seinen Freunden Fiete (G. K.) und Jens (G. L.) wieder zur See.

Im Milieu der Hafenkneipen angesiedelt, zeigt dieser von einem resignativen Grundzug geprägte Farbfilm Hans Albers auf dem Höhepunkt seiner facettenreichen Darstellungskunst. Durch formale Bezüge zum Poetischen Realismus konnte Käutner die lebensnah erzählte Geschichte von jenem damals verordneten Optimismus freihalten, der so viele deutsche Volksstücke prägte. Im Spiel Ilse Werners und Hilde Hildebrands verbinden sich emotionale Prägnanz und Realismus auf eindrückliche Weise und geben dem Film eine persönliche Note.   *tk*

Die große Liebe

Österreich 1931

R: Otto Ludwig Preminger; A: Siegfried Bernfeld, Artur Berger; K: Hans Theyer; D: Hansi Niese, Attila Hörbiger, Ferdinand Maierhofer, Maria Waldner, Betty Bird, Hans Olden

Zehn Jahre nach dem Ende des Ersten Weltkriegs kehrt ein junger Mann namens Franz (A. H.) nach Wien zurück. Als sein Bild in der Zeitung erscheint, weil er ein Kind aus der Donau rettet, glaubt Frieda (H. N.), eine anspruchslose Frau, ihren Sohn wiederzuerkennen. Sie spürt den jungen Mann auf und umsorgt ihn so liebevoll, daß Franz es nicht übers Herz bringt, ihr zu sagen, daß er nicht ihr Sohn ist. Franz bleibt bei Frieda. Eines Tages werden sie zum neureichen Ehepaar Huber (F. M., M. W.) eingeladen; dessen Tochter Annie (B. B.), die sich mit einem faden Rechtsanwalt (H. O.) verloben soll, feiert ihren Geburtstag. Wegen eines Eklats gehen Frieda und Franz wieder nach Hause – wo Annie auf sie wartet. Annie will ihren Geburtstag lieber mit Frieda und Franz als mit ihrer Familie verbringen. Ein verständnisvoller Polizeikommissar hilft, als

Frieda mogelt, um von der Bank mehr Geld für Franz abheben zu können. Schließlich entscheiden sich Franz und Annie, ihr Leben künftig gemeinsam zu verbringen. Franz bittet Annie, Frieda nicht zu sagen, daß er nicht ihr richtiger Sohn ist. Die Mutter dagegen läßt eine Nachbarin wissen, daß Franz zwar nicht ihr Kind ist, sie ihn aber trotzdem nie aufgeben würde.

Unter der umsichtigen Regie des jungen Otto Preminger hatten Hansi Niese und Attila Hörbiger in diesem alltagsnahen Wiener Volksstück Glanzauftritte. Niese ging in ihrer Rolle, die Komik mit einem Hauch von Wehmut verbindet, vollkommen auf; Hörbigers typischer Charakter, der Offenheit, Lebensfreude und proletarischen Charme versprüht, wurde zum ersten Mal als Hauptrolle auf die Leinwand gebracht.   *tk*

Der große Mandarin

BRD 1949

R: Karl Heinz Stroux; A: Karl Heinz Stroux; K: Werner Krien; D: Paul Wegener, Käthe Haack, Christiane Felsmann, Carsta Löck, Rudolf Reiff, Clemens Hasse

Ein Regisseur (P. W.) bringt einem Filmstab bei, ohne Dekors und Kostüme ein altchinesisches Märchen zu spielen. Die einzigen Requisiten sind Zöpfe, Matten und Trinkschalen. Der Regisseur spielt einen weisen Mandarin, der in seinem Garten am Schreibtisch sitzt und die Vorgänge in seinem Land bedenkt. Dort herrscht Unordnung, die männliche Politikerklasse ist korrupt und nur auf den eigenen Vorteil bedacht, was anhand der Verteilung von sieben fetten Schweinchen exemplifiziert wird. Als zwei Frauen beim Mandarin um Rat nachsuchen, empfiehlt er ihnen, zu den nächsten Wahlen mit einer eigenen Frauenpartei anzutreten. Dies geschieht, die Frauen erringen die Mehrheit – doch eigentlich wollten sie gar nicht selbst regieren, sondern nur die Männer davon abhalten. Es kommt zum Streit, aber am Ende lösen sich dank der Lebensweisheit des Mandarins alle Probleme in Wohlgefallen auf. Der große Weise ruft die in seinem Garten

Versammelten zu ewiger Vernunft und ewigem Frieden auf.

Ausstattung, Lichtgestaltung und Kameratechnik sind betont schlicht gehalten, was durch die Rahmenhandlung erklärt wird. So umgingen die Produzenten die finanziellen Risiken, die mit einem Kostümfilm verbunden sind. Der Film machte aus der Not eine Tugend: Die Geschichte, die für die Lösung der Zeitprobleme einen heiter-gelassenen asiatischen Humanismus empfiehlt, wurde aufs wesentliche reduziert und konsequent stilisiert umgesetzt.   *tk*

Grün ist die Heide

BRD 1951

R: Hans Deppe; A: Bobby E. Lüthge nach Motiven von Hermann Löns; K: Kurt Schulz; D: Rudolf Prack, Sonja Ziemann, Hans Stüwe, Hans Richter, Kurt Reimann, Ludwig Schmitz, Karl Finkenzeller, Willy Fritsch

Lüder Lüdersen (H. S.), früher Herr eines Gutes im Osten, ist Verwalter im Gebiet der Lüneburger Heide. Ihm, dem passionierten Jäger, der seiner Leidenschaft nicht entsagen kann, ist Förster Rainer (R. P.) auf der Spur. Auf seinen Nachforschungen lernt Rainer Helga (S. Z.) kennen, Lüdersens Tochter, die ihrem Vater das Versprechen, nie mehr zu wildern, abringt. Danach geht alles wieder seinen gewohnten Weg: Die »Monarchen« (H. R., K. R., L. S.) – harmlose Hausierer – durchstreifen die Gegend, und die Ankunft eines Zirkus erregt freudige Aufmerksamkeit. Doch dann wird im Wald ein Gendarm ermordet aufgefunden. Rainer verdächtigt erneut Lüdersen, doch seine Liebe zu Helga hält ihn von einer Festnahme ab. Als Lüdersen, der wegziehen will, noch einmal durch seine geliebte Heide wandert, überrascht er einen Fallensteller (K. F.) und wird von diesem niedergeschossen. Gendarmen nehmen den Mann – es handelt sich um den gesuchten Mörder – fest; es ist der Tierwärter des Zirkus. Lüdersen wird wieder gesund, und vor Helga und Rainer liegt eine gemeinsame Zukunft.

Gemeinsam mit dem ebenfalls von Hans Deppe inszenierten *Schwarzwaldmädel* (1950) leitete *Grün ist die Heide* eine höchst erfolgreiche Renaissance des ›Heimatfilms‹ im deutschen Kino der Nachkriegszeit ein. Güte, Verständnis und die Notwendigkeit des – moralischen wie wirtschaftlichen – Wiederaufbaus sind die Werte, die von einer recht einfachen Dramaturgie transportiert werden. Erzählt wird wenig mehr als die tröstende Phantasie einer heilen und solidarischen Welt.   *np*

*Grün ist die Heide
(Sonja Ziemann)*

Günter Wallraff – Ganz unten

BRD 1986

R: Jörg Gfrörer; K: Dieter Oeckl, Jörg Gfrörer;
D: Günter Wallraff

Weil der Einsatz eigener Leute für die Beseitigung hochgiftiger Substanzen unter häufig lebensgefährlichen Bedingungen zu riskant und teuer wäre, übergeben industrielle Großkonzerne solche Arbeiten gern Leiharbeiterfirmen. Diese wählen dafür meist illegale ausländische Arbeitskräfte, die zur Vertuschung möglicher gesundheitlicher Spätschäden bald in die Heimat abgeschoben und häufig noch um ihren Hungerlohn betrogen werden. Als Türke Ali verkleidet, recherchierte Günter Wallraff dieses rücksichtslose Ausbeutungsgeschäft und schrieb darüber einen Bestseller, der das Gewissen der Nation wachrüttelte.

War, so fragte die Filmkritik, zum Buch wirklich auch noch ein heimlich gedrehter Film mit unscharfen, grobkörnigen Bildern und teilweise unverständlichem O-Ton nötig? Über 200 000 Zuschauer bejahten die Frage. Wie z. B. der sich unbeobachtet fühlende Leiharbeiterchef Vogel seine menschenverachtenden Betrugsaktionen biedermännisch als gute Tat an den »Ärmsten der Armen« rechtfertigt, verdient, in allen Schulen vorgeführt und diskutiert zu werden. Der im Kino erfolgreichste ›Dokumentarfilm‹ der Nachkriegszeit bekräftigte auch die Daseinsberechtigung privater Fernsehsender: Für das Erste Programm angekündigt, war die Erstsendung nur im Bereich des Co-Produzenten Radio Bremen zu sehen. Die erste bundesweite Ausstrahlung fand über den Privatsender RTL statt.   *hc*

H

Hälfte des Lebens

DDR 1985

R: Herrmann Zschoche; A: Christa Kožik;
K: Günter Jaeuthe; D: Ulrich Mühe, Jenny Gröllmann, Michael Gwisdek, Christine Gloger

Silvester 1795 tritt Friedrich Hölderlin (U. M.) in Frankfurt am Main seine Hofmeisterstellung im Hause des Bankiers Gontard (M. G.) an. Da der Bankier seine Geschäfte nicht vernachlässigen will, bleibt er trotz der herannahenden französischen Truppen in der Stadt, die Hölderlin mit Gontards Ehefrau Susette (J. G.) und den Kindern auf dessen Geheiß verläßt. Zwischen Susette und Hölderlin entsteht eine tiefe Liebe, die für kurze Zeit Erfüllung findet. Wieder zurück in Frankfurt, wird beider Leben zur Qual. Susette, die »Diotima« in Hölderlins Dichtung, wendet sich spürbar vom Ehegatten ab, der daraufhin Hölderlin demütigt und kündigen läßt. Zudem muß Hölderlin schmerzvoll Abschied von den Idealen der Französischen Revolution nehmen; auch findet seine literarische Arbeit keine Anerkennung. Als »Dichter in dürftiger Zeit« spürt er in sich »einen unglückseligen Hang zur Vollkommenheit, der sich verträgt nicht mit dem Realen!« Seine Projekte, die einen Aufenthalt in Susettes Nähe ermöglichen würden, scheitern – den Liebenden bleibt nur, sich zu schreiben. Nachdem Hölderlins neue Stelle drei Monate später aufgekündigt wird, nimmt er eine Hausmeisterstelle in Bordeaux an, wo ihn ein Brief der todkranken Susette erreicht. Seelisch und körperlich zerrüttet, eilt er zu ihr nach Frankfurt. Als Jakob Gontard ins Zimmer tritt, ist Susette bereits im Arm der Geliebten gestorben. – Hölderlins Mutter (C. G.) liest unerlaubt Susettes Liebesbriefe, die Hölderlin als teures Andenken aufbewahrt, macht ihm Vorhaltungen, droht sogar, sie zu verbrennen, und löst so bei Hölderlin einen Tobsuchtsanfall aus. Zwischenzeitlich als Hofbibliothekar in Homburg beschäftigt, wird

Hölderlin auf Betreiben seiner Mutter in ein Klinikum eingewiesen, in dem er die zweite Hälfte seines Lebens in geistiger Verwirrung verbringen wird.

Herrmann Zschoches Hölderlin-Film, in dessen teilweise fiktive Handlung wirkungsvoll authentisches Material und Zitate aus dem literarischen Nachlaß des Dichters eingefügt wurden, überzeugt vor allem in Darstellung, Ausstattung und Kameraarbeit als große, romantische Liebesgeschichte, die auf den Hypothesen des französischen Literaturhistorikers Pierre Bertaux beruht.   *ms*

Haie und kleine Fische

BRD 1957

R: Frank Wisbar (Wysbar); A: Wolfgang Ott nach seinem gleichnamigen Roman; K: Günter Haase; D: Hansjörg Felmy, Sabine Bethmann, Wolfgang Preiss, Horst Frank, Heinz Engelmann

Der Seekadett Teichmann (H. Fe.) wird 1940 dem Minensuchboot »Albatros« zugeteilt, das jedoch bald versenkt wird. Teichmann kann sich und den verletzten Flotillenchef Wegener (H. E.) retten. Danach stößt er zur Besatzung eines U-Boots, das von Lüttke (W. P.), den Teichmann verehrt, befehligt wird. Teichmanns bester Freund ist der mit einem Tapferkeitsorden dekorierte Heyne (H. Fr.), dessen Vater überzeugter Antifaschist ist. Als Heyne erfährt, daß sein Vater ins KZ gebracht wurde, bringt er sich um; Teichmann wird darüber depressiv. Neue britische Radargeräte sind in der Lage, U-Boote frühzeitig zu erkennen; Lüttkes U-Boot wird entdeckt, beschossen und sinkt. Teichmann ist einer der wenigen, die sich retten können; der Kommandant bleibt an Bord, um mit seinem Schiff unterzugehen.

Das aufwendig inszenierte Weltkriegsdrama war Wysbars erste Regiearbeit nach seiner Rückkehr in die BRD. Effektvolles Dekor, ausgezeichnete Bildkomposition und technische Brillanz sind die Vorzüge des Films. Inhaltlich bietet er allerdings weder eine Aufarbeitung der NS-Vergangenheit noch eine ehrliche Konfrontation mit ungeklärten Fragen der Gegenwart; trotz der brisanten Thematik bleibt der Film unverbindlich.   *tk*

Die Halbstarken

BRD 1956

R: Georg Tressler; A: Will Tremper, Georg Tressler nach einer Erzählung von Will Tremper; K: Heinz Pehlke; D: Horst Buchholz Karin Baal, Christian Doermer

Im Haushalt der Familie Borchert herrscht permanent Mißstimmung, weil der Vater wegen einer für seinen Schwager übernommenen Bürgschaft in finanzielle Schwierigkeiten geraten ist; Sohn Freddy (H. B.) hat das Elternhaus deswegen verlassen. Als Anführer einer Jugendbande ist er unter dem Einfluß der berechnenden, ausschließlich auf Geld bedachten Sissy (K. B.) auf die schiefe Bahn geraten. Bei einem zufälligen Zusammentreffen gewinnt sein Bruder Jan (C. D.) den Eindruck, Freddy habe es zu etwas gebracht und bittet ihn, der Familie im Interesse der Mutter finanziell zu helfen. Freddy spannt Jan in einen Postraub ein, ohne daß dieser ahnt, worum es sich handelt. Die Sache geht schief. Um sich als Anführer zu behaupten, muß Freddy ein weiteres »Ding drehen«. Gemeinsam mit Sissy verübt er einen Einbruch, bei dem Sissy einen alten Mann kaltblütig erschießt. Der schockierte Freddy schlägt Sissy nieder und stellt sich der Polizei. Das Ende zeigt wieder eine jugendliche Bande, die auf Motorrädern durch die Straßen jagt.

Angeregt durch Erfolge amerikanischer Vorbilder wie *Rebel without a cause* (USA 1955, Ray; *. . . denn sie wissen nicht, was sie tun*) zeichnet sich der Film durch Aufnahmen an Originalschauplätzen und kompromißlose Darstellung der Verhaltensweisen rebellierender Jugendlicher aus. Keine der folgenden Imitationen erreichte den Ernst und die Qualität dieses Films, der seinen Erfolg auch bis dahin unbekannten Amateurdarstellern wie Karin Baal verdankt.   *hc*

Hallo Dienstmann

Österreich 1952

R: Franz Antel; A: Rudolf Österreicher, Lilian Belmont nach einer Idee von Paul Hörbiger; K: Hans Theyer; D: Hans Moser, Paul Hörbiger, Maria Andergast, Rudolf Carl

Professor Godai (P. H.), Leiter der Operettenklasse an der Akademie, nimmt als Dienstmann verkleidet an einem Faschingsball teil. Noch maskiert geht er danach auf einen Imbiß in ein Bahnhofslokal, wo er von Anton Lischka (H. M.), einem richtigen Gepäckträger, für einen Kollegen gehalten wird. In übermütiger Stimmung willigt Godai ein, Anton bei einem schwierigen Transport zu helfen. Leicht angeheitert gelingt es den beiden nur mit Mühe, das Gepäck von Frau Professor Brandstätter (M. A.) in deren Wohnung zu schaffen. Godai stellt sich dabei besonders ungeschickt an und verliert auch noch seine mit Namen gravierte Zigarettendose. Peinlich für ihn wird das Mißgeschick am nächsten Morgen, als er erfährt, daß Frau Professor ihm als Assistentin zugeteilt worden ist. Da er sich in die neue Kollegin verliebt hat, gesteht er ihr seinen Auftritt als Dienstmann nicht. Sie hat ihn jedoch längst durchschaut, und nach einem verwechslungsreichen Spiel mit falschen Identitäten finden die beiden zueinander.

Hans Moser beherrscht als Wiener Original, das er mit soziologischer Genauigkeit porträtierte, diese klassische Verwechslungskomödie und stiftet mit seinem kongenialen Partner Paul Hörbiger nach bewährt operettenhaftem Rezept Verwirrung. Das seit den Anfängen des Tonfilms beliebte ›typisch wienerische‹ Milieu feierte in Antels Film, trotz der klischeehaften Umsetzung, einen seiner letzten unterhaltsamen Höhepunkte.   *mp*

Hamlet ⓢ

Deutschland 1921

R: Svend Gade, Heinz Schall; A: Erwin Gepard nach William Shakespeares gleichnamigem Bühnenstück und einer von Edward E. Vining niedergeschriebenen norwegischen Sage des 12. Jahrhunderts; K: Curt Courant, Axel Graatkjaer; D: Asta Nielsen, Paul Conradi, Mathilde Brandt, Eduard von Winterstein

Der dänische König (P. C.) ist im Krieg gegen Norwegen in Bedrängnis. Als gar fälschlicherweise sein Tod berichtet wird, beschließt Königin Gertrude (M. B.), die soeben zur Welt gebrachte Tochter als Sohn auszugeben, um den Anspruch auf den Thron durch die Geburt eines Thronfolgers zu bekräftigen. Nach seiner Rückkehr muß der König den Täuschungsakt weiterführen, um den Ruf seiner Dynastie zu wahren. Der weitere Verlauf der Handlung folgt in groben Zügen dem Drama Shakespeares. Nach der Ermordung des Königs durch seinen Bruder Claudius heiratet dieser Gertrude; Prinz Hamlet (A. N.) schöpft Verdacht bezüglich des Komplotts und läßt den Königsmord durch eine Komödiantengruppe spielen. Claudius plant daraufhin die Ermordung Hamlets, was dieser zu verhindern weiß. Hamlet stellt den König, der in der von Hamlet in Brand gesetzten Halle umkommt. Hamlet stirbt im Duell mit Laertes, Ophelias Bruder; auch Gertrude überlebt nicht. Aus der veränderten Vorgeschichte ergibt sich das Ende: Horatios Rührung über die Tatsache, daß sein enger Freund eine Frau war, die ihn aber nur insgeheim lieben konnte. Hamlets ruhmvolles Begräbnis durch ihre Freunde bildet den Abschluß des Films.

Prinz Hamlet als Frau darzustellen, war ein origineller Einfall, der v. a. in Hamlets Verhalten gegenüber den anderen weiblichen Figuren traditionelle Lesarten in Frage stellt. Auch die Schwächen des Films liegen allerdings in diesem Konzept: Rund 200 Zwischentitel zerreißen den Ablauf der unzähligen Einzelszenen. Die Mixtur aus Kuriosität und Klassik wurde höchst unterschiedlich bewertet: An der Kinokasse war *Hamlet* der erfolgreichste deutsche Film des Jahres, die Kritiker dagegen konterten mit teilweise vernichtenden Urteilen.   *tk*

Hanussen

BRD 1955

R: O. W. Fischer, Georg Marischka; A: Gerhard Menzel nach einer Idee von Curt Rieß; K: Helmuth Ashley; D: O. W. Fischer, Klaus Kinski, Liselotte Pulver, Erni Mangold, Helmut Qualtinger

Der Illusionist Eric Jan Hanussen (O. W. F.) soll sich wegen betrügerischer Scharlatanerie vor Gericht verantworten, doch als sich herausstellt, daß er tatsächlich über hellseherische Fähigkeiten verfügt, wird der Prozeß abgesagt. Hanussen verfällt der Macht, die er über andere Menschen hat. Als seine Partnerin durch sein Verschulden in den Tod geht, will er künftig nicht mehr in den Lauf des Schicksals eingreifen. Aber dann sagt er die Machtergreifung der Nationalsozialisten voraus, ist von deren Art der Machtausübung fasziniert und kommt in Berlin in höhere Kreise der Gesellschaft und ins Umfeld der NS-Machthaber, wo er geschätzt und gefürchtet zugleich ist. Die Protektion der Nationalsozialisten hat ein Ende, als Hanussen den Reichstagsbrand voraussagt und die Verwandlung der halben Welt in ein Flammenmeer. Als der Reichstag tatsächlich brennt, wird er von den Nationalsozialisten, denen er unheimlich und politisch unbequem geworden ist, ermordet.
Die authentische Figur des skrupellosen Hellsehers Hanussen wird in diesem Politdrama zu einer liebenswerten Person umgedeutet, deren Niedergang uns nahegehen soll. O. W. Fischer überzeugte in seinem Regiedebüt nicht nur durch gewohnt souveräne Rollengestaltung, sondern auch durch die inszenatorische Darstellung der Zeit des frühen NS-Staats. Klaus Kinski als adeliger Nazi und Helmut Qualtinger in der Rolle des SA-Führers Ernst Röhm stellen ihre Ausdrucksstärke unter Beweis. *tk*

Happy Birthday, Türke!

BRD 1991

R: Doris Dörrie; A: Doris Dörrie nach dem gleichnamigen Roman von Jakob Arjouni; K: Helge Weindler; D: Hansa Czypionka, Özay Fecht, Ömer Şimşek, Lambert Hamel, Doris Kunstmann, Ulrich Wesselmann, Meret Becker

Der türkische Privatdetektiv Kemal Kayankaya (H. C.) wurde als Kleinkind von deutschen Eltern adoptiert und aufgezogen und spricht daher kein Türkisch. Die Türkin Ilter Hamul (Ö. F.) wendet sich an den vermeintlichen Landsmann und beauftragt ihn mit der Suche nach ihrem verschwundenen Mann. Für 200 DM pro Tag plus Spesen nimmt Kayankaya einen Fall auf, in dessen Verlauf er sich mit dem mysteriösen Autounfall von Ilters Vater, mit einer minderjährigen Drogenabhängigen vom Baby-Strich (M. B.), mit Prostituierten und Zuhältern des Frankfurter Bahnhofsviertels und mit korrupten Kriminalbeamten auseinandersetzen muß. Auch das Schweigen von Ilters Familie und das Mißtrauen ihres Bruders Yilmaz (Ö. Ş.) gilt es zu durchbrechen.
Doris Dörrie vermied es, sich an den Chandler-Hammett-Vorbildern der literarischen Vorlage zu orientieren und aus Kayankaya eine deutsche Philip-Marlowe-Imitation zu machen. Durch gezielte Änderungen erhöhte sie Motivationen und Glaubwürdigkeit der Figuren, besonders der Nebenrollen. Nicht zuletzt die unaufdringliche Darstellung der Heimatlosigkeit Kayankayas, der weder Türke noch Deutscher ist, macht die Eigenständigkeit dieser Figur aus. Seine Isolation wird durch die unspektakulären, bläulich-kalten und abweisenden Bilder von Frankfurt unterstrichen. *hc*

Der Hauptdarsteller

BRD 1977

R: Reinhard Hauff; A: Christel Buschmann, Reinhard Hauff; K: Frank Brühne; D: Michael Schweiger, Mario Adorf, Vadim Glowna, Hans Brenner, Rolf Zacher

Nachdem er in einem Film als Hauptdarsteller sein eigenes Leben nachgespielt hat, wird Pepe (M. S.), Sohn eines verarmten Kleinbauern (M. A.), vom Regisseur (V. G.) in die Trostlosigkeit seines Alltags entlassen. Pepe weigert sich, zu seinem Vater, einem brutalen Schürzenjäger, der ihn zur Arbeit treibt, zurückzukehren, geht von zu Hause fort und folgt dem Regisseur nach München. Doch der Junge versteht nichts von der Arbeit des Filmteams, und der Regisseur kann trotz aller Bemühungen nichts mit dem Jungen anfangen. Pepe versucht, auf sich aufmerksam zu machen und gerät dabei auf die schiefe Bahn. Alleingelassen wandert er schließlich durch die Großstadt.

Ein aufrichtiger Versuch des Nachdenkens über »sozial engagiertes« Filmemachen, unüberbrückbare Kommunikationsschwierigkeiten zwischen Menschen unterschiedlicher Gesellschaftsschichten, die Trostlosigkeit des Lebens der Unterprivilegierten und die mangelnde Anteilnahme der Wohlhabenderen; aber auch über das Geschäft mit rührenden Geschichten. Erfahrungen mit dem Amateur-Hauptdarsteller seines vorherigen Films *Paule Pauländer* (1976, TV) zwangen Hauff diesen Stoff geradezu auf. *hc*

Der Hauptmann von Köpenick

Deutschland 1931

R: Richard Oswald; A: Carl Zuckmayer, Albrecht Joseph nach Zuckmayers gleichnamigem Bühnenstück; K: Ewald Daub; D: Max Adalbert, Ilse Fürstenberg, Friedrich Kayßler, Max Gülstorff, Paul Wagner

Der Schuster Wilhelm Voigt (M. A.) wird nach 23jähriger Haft aus dem Gefängnis entlassen. Ohne Paß bekommt er jedoch keine Arbeit und ohne Arbeit keinen Paß. Am liebsten hätte er einen mit Grenzvisum, damit er Deutschland verlassen und anderswo neu beginnen könnte. Beim Versuch, einen Paß zu stehlen, wird Voigt erwischt und muß wieder ins Gefängnis. Auch nach der neuerlichen Entlassung versucht er vergeblich, sich eine ehrliche Existenz aufzubauen. Zwar wollen seine Schwester (I. F.) und deren Mann (F. K.) ihm helfen, doch die Polizei

weist ihn aus Berlin aus. Nun setzt Voigt seine Kenntnis militärischer Dienstvorschriften in die Praxis um. Bei einem Trödler kauft er sich eine Hauptmannsuniform und fährt mit einer Handvoll preußischer Soldaten, die sich nichtsahnend seinem Kommando unterstellen, nach Köpenick. Dort verhaftet er den Bürgermeister (M. G.), besetzt das Rathaus und konfisziert die Stadtkasse. Weil es im Rathaus jedoch keine Paßabteilung gibt, bringt auch dieser Husarenstreich nicht den erhofften Erfolg. Deshalb versucht Voigt, die Kasse im Polizeipräsidium gegen einen Paß einzutauschen. Neuerlich verhaftet, wird er vom Kaiser begnadigt, der sich köstlich über den Streich amüsiert und nun veranlaßt, daß Voigt einen Paß erhält. Doch Voigt will nicht mehr auswandern, da er dereinst in der Heimat begraben werden möchte.

Durch die exzellente Umwandlung der Bühnenvorlage in filmgerechte Szenenabläufe mit scharfer Milieuzeichnung schuf Oswald in dieser Komödie, die deutschen Untertanengeist und Bürokratismus der Lächerlichkeit preisgibt, seinen wohl besten Film. Max Adalberts Darstellung macht die Erniedrigungen des Flickschusters in seinem aussichtslosen Kampf gegen Paragraphen und Vorurteile durch Mimik und Gestik in berührender Weise erfahrbar. *tk*

Der Hauptmann von Köpenick

BRD 1956

R: Helmut Käutner; A: Carl Zuckmayer, Helmut Käutner nach Zuckmayers gleichnamigem Bühnenstück; K: Albert Benitz; D: Heinz Rühmann, Hannelore Schroth, Martin Held, Erich Schellow, Willy A. Kleinau, Ilse Fürstenberg

Wegen Urkundenfälschung, Irreführung der Behörden und weiterer Vergehen hat der Schuster Wilhelm Voigt (H. R.) mehr als zwei Jahrzehnte seines Lebens hinter Gittern verbracht. Doch der ehrliche Neuanfang wird ihm durch bürokratische Schikanen erschwert. Die Arbeitssuche ist unmöglich ohne Paß, und einen Paß will man ihm nur ausstellen, wenn er ei-

Der Hauptmann von Köpenick
(Heinz Rühmann)

nen Arbeitsnachweis erbringen kann. Am liebsten wäre dem Schuster indes, er könnte mit dem Reisepaß in die Ferne fahren, wo niemand ihn kennt, und dort von vorne anfangen. Doch dies ist ihm verwehrt. Also greift Voigt zur Selbsthilfe. Er kauft eine Hauptmannsuniform, übernimmt das Kommando über eine Schar von Soldaten und besetzt das Rathaus von Köpenick. Aber auch dort kann er sich keinen Paß verschaffen und wird wieder verhaftet. Doch der Kaiser begnadigt ihn, und durch Vermittlung des Monarchen bekommt Voigt endlich den ersehnten Reisepaß. Aber nun, mit mittlerweile schlohweißen Haaren, will der Schuster gar nicht mehr verreisen, sondern seinen Lebensabend in Deutschland verbringen.

Dank dem hervorragenden Heinz Rühmann, der tragikomische Akzente von rührender Menschlichkeit setzte, wurde Käutners komödiantische Zuckmayer-Adaption ein internationaler Erfolg. Hauptdarsteller, Regie, Drehbuch, Produktion und Bauten erhielten 1957 Bundesfilmpreise, zudem bekam Rühmann auf dem Festival in San Francisco den Goldenen Globe als bester Darsteller.   *tk*

Das Haus in Montevideo

BRD 1951

R: Curt Goetz, Valérie von Martens; A: Curt Goetz, Hans Domnick nach Goetz' gleichnamigem Bühnenstück; K: Werner Krien; D: Curt Goetz, Valérie von Martens, Ruth Niehaus, Eckart Dux, Albert Florath

Der tyrannische Professor Traugott Hermann Nägler (C. G.) hat mit seiner Gattin (V. v. M.) zwölf Kinder und wacht strengstens über deren Erziehung. Dabei werden die Kinder auf einen lächerlichen Ehrenkodex eingeschworen, bei dem es nur um oberflächliche Wohlanständigkeit geht. Für den Professor ist es das Schlimmste, sich etwas zuschulden kommen zu lassen, was für Außenstehende ein ungutes Licht auf die eigene Person werfen könnte. So hat er vor Jahrzehnten die eigene Schwester aus der Familie verstoßen, weil sie ein uneheliches Kind bekam. Nun nimmt die Schwester Rache, indem sie der Familie ein Haus in Montevideo vererbt, jedoch nur unter der Bedingung, daß eine von Traugotts Töchtern vor Ablauf eines Jahres ebenfalls ein uneheliches Kind zur Welt bringt. Das bringt den Professor in ein schweres moralisches Dilemma – denn das Haus möchte er sich nicht entgehen lassen. In seiner Not kommt Erlösung von überraschender Seite: es stellt sich heraus, daß Herr und Frau Professor aufgrund eines Formfehlers gar nicht gesetzlich verheiratet, mithin alle zwölf Sprößlinge illegitime Nachfahren sind. Dieser frappante Sachverhalt läßt Nägler von seiner nur zum Schein moralischen Haltung Abstand nehmen.

Geistreich und intelligent demaskierte das Ehepaar Goetz/van Martens in dieser unorthodoxen Familienkomödie die Doppelmoral engstirniger Spießer. Handlungsaufbau und Umsetzung zeugen von Goetz' Sinn für unerwartet eskalierende Wendungen und eine frappierende Schlußpointe, die einen Lernprozeß auslöst.   *tk*

▬ Heimat – Eine Chronik in 11 Teilen

BRD 1984

R: Edgar Reitz, Robert Busch; A: Edgar Reitz, Peter Steinbach; K: Gernot Roll; D: Marita Breuer, Michael Lesch, Dieter Schaad, Rüdiger Weigang, Karin Rasenack, Mathias Kniesbeck, Michael Kausch, Peter Harting, Jörg Richter, Jörg Hube, Hans-Jürgen Schatz, Gudrun Landgrebe

Eine 11teilige, ursprünglich fürs Fernsehen gedrehte Filmchronik über das Leben in dem (fiktiven) Hunsrück-Dorf Schabbach zwischen 1919 und 1982. Im Mittelpunkt stehen die Angehörigen der 1900 geborenen Landwirtstochter Maria Simon, geborene Wiegand (M. B.), insbesondere ihre Söhne Anton, Ernst und Hermann, ihr Bruder Wilfried sowie ihr Schwager Eduard und dessen Frau Lucie.
1. *Fernweh (1919–28)*: Zehn Jahre nach seiner Rückkehr aus der französischen Kriegsgefangenschaft verabschiedet sich Paul Simon (M. L.) Ende der zwanziger Jahre von seinem Vater, dem Dorfschmied von Schabbach, um eben mal ein Bier trinken zu gehen. Trotz intensiver Suche bleibt er jahrelang verschwunden. Niemand weiß, warum oder wohin er fortgegangen ist. Ist er der dunkelhaarigen Apollonia gefolgt, die er gern geheiratet hätte? Hat er etwas mit der Leiche zu tun, die kurz zuvor im Wald gefunden wurde? Zurück bleiben seine Frau Maria und seine kleinen Söhne Ernst und Anton.
2. *Die Mitte der Welt (1929–33)*: Während eines Berlin-Aufenthalts, bei dem sein Tb-Leiden behandelt wird, lernt Pauls ältester Bruder Eduard (R. W.) die Bordell-Besitzerin Lucie (K. R.) kennen. Kurz nach Hitlers Machtergreifung, die die Schabbacher begeistert feiern, führt er sie als Braut heim. Seine Mutter Katharina steht den neuen Machthabern skeptisch gegenüber, nachdem sie während eines Besuchs bei ihrem Bruder in Bochum erlebt hat, wie ihr Neffe wegen seiner Gewerkschafts- und KP-Mitgliedschaft verhaftet wurde.
3. *Weihnacht wie noch nie (1935)*: Lucie hat ehrgeizige Pläne, die sie zielstrebig verwirklicht: Eduard, seit seinem Berlin-Aufenthalt NSDAP-Mitglied, wird Bürgermeister; sie baut eine prächtige Villa: Nazi-Größen beehren ihr Anwesen mit ihrer Gegenwart. Das opulente, stimmungsvolle Weihnachtsfest 1935 wird allen unvergeßlich bleiben.
4. *Reichshöhenstraße (1938)*: 1938 wird die Reichsautobahn durch den Hunsrück gebaut und der Straßenbauingenieur Otto Wohlleben (J. H.) bei den Simons einquartiert. Maria verliebt sich in den Mann, der mit ihrem Sohn Ernst Segelflugmodelle baut. Auch alle anderen sind glücklich wegen ihres offensichtlichen Wohlstands. Nur Mutter Katharina verfolgt die Entwicklungen mit Sorge.
5. *Auf und davon und zurück (1939)*: Ein Brief ihres verschollenen Ehemanns scheint Marias und Ottos Glück zu beenden. Paul hat es in den USA zum erfolgreichen Unternehmer gebracht. Doch als Maria und ihr Sohn Anton ihn in Hamburg abholen wollen, darf er das Schiff nicht verlassen, weil er keinen Ariernachweis erbringen kann. Am nächsten Tag bricht der Zweite Weltkrieg aus.
6. *Heimatfront (1943)*: Der Krieg setzt dem Optimismus und Wohlstand der letzten Jahre ein Ende, bringt Familienverhältnisse und zwischenmenschliche Beziehungen völlig durcheinander. Marias Bruder Wilfried (H.-J. S.), ein strammer SS-Mann und einer der jungen Männer, die nicht an der Front kämpfen, erschießt kaltblütig einen bei einem Fallschirmabsprung schwer verletzten britischen Piloten mit der Begründung, er habe ihn an der Flucht hindern wollen. Aus Hamburg trifft

Antons hochschwangere Braut Martha ein – sie wird ihn in einer von der Wochenschau aufgezeichneten Ferntrauung heiraten. Ernst durchläuft eine Pilotenausbildung in einer Flugschule in der Eifel. Als Otto eines Tages dort auftaucht, um einen Blindgänger zu entschärfen, erfährt er von Ernst, daß er der Vater von Marias inzwischen vierjährigem Sohn Hermann ist.

7. *Die Liebe der Soldaten (1944)*: Auf dem Wege zur Entschärfung einer Bombe kommt Otto über Schabbach und lernt seinen Sohn Hermann kennen. Das wiedergefundene Glück mit Maria ist von kurzer Dauer; denn er kommt bei dem Einsatz ums Leben. – Als die amerikanischen Besatzungstruppen Lucies Villa besetzen, sinnt sie bereits nach Wegen, mit ihnen ins Geschäft zu kommen.

8. *Der Amerikaner (1945–47)*: Ein Jahr nach Kriegsende kommt Paul Simon (D. S.) im dikken Ami-Schlitten mit Fahrer in sein Heimatdorf zurück. Er gibt ein opulentes, amerikanisches Fest für die Bürger von Schabbach. Doch Maria bleibt ihm gegenüber distanziert. Ehe er wieder abreist, kehrt sein Sohn Anton aus russischer Gefangenschaft zurück und stirbt seine Mutter Katharina.

9. *Hermännchen (1955–56)*: Schabbach in den Wirtschaftswunderjahren. Anton ist Besitzer einer zukunftsträchtigen kleinen Firma für optische Geräte, Ernst ein wirtschaftlich wenig erfolgreicher, mit einer reichen Erbin unglücklich verheirateter Hubschrauberpilot. Hermann (M. K.) soll nach Marias Willen das Abitur machen und studieren. Ihre hochfliegenden Pläne für den akademisch und musikalisch begabten Jungen werden durch dessen Liebe zu der zwölf Jahre älteren Arbeiterin Klärchen (G. L.) gefährdet. Als Maria davon erfährt, setzt sie alles in Bewegung, um diese Beziehung zu beenden. Hermann reagiert, indem er nach dem Abitur das Elternhaus und Schabbach mit dem Vorsatz verläßt, nie wieder zurückzukehren.

10. *Die stolzen Jahre (1967–69)*: Ende der sechziger Jahre will ein Großkonzern Antons erfolgreiche Firma kaufen. Als Anton bei seinem Vater Rat einholen will, verweist man ihn an den Südwestfunk in Baden-Baden, wo Paul Simon seinem inzwischen zum Komponisten avancierten Stiefsohn Hermann bei den Vorbereitungen zu seinem ersten Konzert hilft. Als die Schabbacher das vom Rundfunk übertragene, elektronische Werk hören, sind sie darüber fast ebenso beunruhigt wie über das Gerücht, Anton müsse seine Fabrik aus wirtschaftlichen Gründen schließen.

11. *Das Fest der Lebenden und der Toten (1982)*:

Heimat (10. Teil)

Ganz Schabbach nimmt an Marias Beerdigung teil. Paul ist trotz seiner angeschlagenen Gesundheit aus Amerika angereist. Hermann, inzwischen ein international gefragter Komponist, wäre fast zu spät gekommen, wenn ein Unwetter den Trauerzug nicht gezwungen hätte, den Sarg mitten auf der Straße im strömenden Regen stehenzulassen. Noch ehe die Feierlichkeiten vorbei sind, kommt es zum Streit zwischen Anton, dessen Firma nur noch mit staatlichen Subventionen zu halten ist, und dem sich jetzt als Antiquitätenhändler betätigenden Ernst. Er verdächtigt den Bruder, heimlich alte Stücke aus Marias Haus zu entfernen. Später lassen die drei Brüder – unabhängig voneinander – Erinnerungen an ihr mit dem Haus verbundenes Leben vorbeiziehen und versöhnen sich wieder. – Im Anschluß an eine Kirmes treffen sich die Lebenden und Toten des Dorfes in einer surrealen Sequenz zu einem Rückblick.

Die autobiographisch gefärbte Seifenoper mit Tiefgang entstand zu einem Zeitpunkt, als die Welt zunehmend komplexer, unübersichtlicher und gefährlicher zu werden schien und die Menschen sich auf das überschaubare Regionale besannen. So wurde Edgar Reitz' Meisterwerk (nicht nur in Deutschland) zum kulturellen Ereignis und Publikumsrenner. Auf der Suche nach Marias Grab fielen die Fans in Bussen in den Hunsrück ein. Hervorragende schauspielerische Leistungen förderten die Identifikationsmöglichkeiten mit den sorgfältig ausgearbeiteten Charakteren – vor allem mit Marita Breuers Interpretation der Entwicklung Marias vom 18jährigen Mädchen zur 82jährigen Frau. Jüngeren Zuschauern lieferte der Film in Geschichtsbüchern nicht zu findende Antworten auf brennende Fragen zur deutschen Geschichte des 20. Jahrhunderts; die älteren ermutigte er, offener über eigene Erlebnisse und Erfahrungen zu sprechen. Durch ihn wurden Begriff und Gebrauch des Wortes »Heimat« wieder salonfähig.   *hc*

Heimkehr ⓢ

Deutschland 1928

R: Joe May; A: Fred Majo, Fritz Wendhausen nach der Erzählung *Karl und Anna* von Leonhard Frank; K: Günther Rittau; D: Lars Hanson, Dita Parlo, Gustav Fröhlich, Theodor Loos, Philipp Manning

Seit mehr als zwei Jahren arbeiten die zwei deutschen Kriegsgefangenen Richard (L. H.) und Karl (G. F.) in einem sibirischen Gefangenenlager. Es ist das Jahr 1917, doch fern von jeglicher Zivilisation haben sie keine Ahnung, ob der Krieg fortdauert oder nicht. Die Erinnerung an die Heimat halten sie wach, indem sie einander immer wieder davon berichten. Richard erzählt dem Freund von seiner jungen Frau Anna, weil ihn der Gedanke an die Liebste am Leben hält. Richard und Karl versuchen zu fliehen, doch Richard wird gestellt und zur harten Bergwerksarbeit strafversetzt. Karl aber kann sich in die Heimat durchschlagen. Er sucht Anna (D. P.) auf, um ihr von Richard zu berichten; doch als er der Frau gegenübersteht, spürt er selbst tiefe Zuneigung zu ihr. Beide wehren sich anfänglich gegen ihre Gefühle, doch dann werden Karl und Anna ein Paar. Als auch Richard aus der Gefangenschaft heimkehrt, will er die geliebte Anna wiedersehen, aber inzwischen hat Karl seinen Platz in Annas Leben eingenommen. Der enttäuschte Richard muß sich anderswo eine neue Existenz aufbauen.

Ausgehend von einer der populärsten deutschsprachigen Erzählungen der zwanziger Jahre, belebte Joe May das deutsche Film-Kammerspiel durch dichte Atmosphäre und große Wirklichkeitsnähe neu. Konzentriert arbeitete May die Beziehungen zwischen den drei Figuren heraus, um ihr Verhalten stimmig zu charakterisieren. Dabei zeigte sich die Qualität der Besetzung, denn mit dem optimistischen Gustav Fröhlich und dem in sich gekehrten Lars Hanson standen sich zwei Darsteller gegenüber, deren Naturell allein schon für Gegensätze sorgte. Remake von Rainer Simon: *Die Frau und der Fremde* (DDR 1985).   *tk*

Heimkehr

Deutschland 1941

R: Gustav Ucicky; A: Gerhard Menzel;
K: Günther Anders; D: Paula Wessely, Peter
Petersen, Attila Hörbiger, Carl Raddatz, Otto
Wernicke, Elsa Wagner, Ruth Hellberg

Die wolhyniendeutsche Bevölkerung eines
polnischen Landstrichs wird 1939 sowohl
durch Regierungsbeschlüsse wie durch Ge-
waltakte der polnischen Mehrheit drangsaliert.
Gegen den couragierten Widerstand der Lehrerin Maria (P. W.) wird die deutsche Schule
geschlossen. Als Maria und ihr Verlobter
(C. R.) im Kino die polnische Nationalhymne
nicht mitsingen, stürzt sich der Mob auf sie.
Der Verlobte stirbt, weil kein polnisches Spital
bereit ist, den Deutschen zu behandeln. Marias
Vater (P. P.) erblindet bei einem Attentat. Eine
junge Deutsche, die ein Hakenkreuz um den
Hals trägt, wird von Polen gesteinigt. Die
volksdeutsche Gemeinschaft, die vor den Ter-
rorakten nach Deutschland fliehen will, hört
sich am Radio eine Rede Hitlers an. Darauf
werden die Deutschen verhaftet und im dunklen, feuchten Keller eines Gefängnisses zusam-
mengepfercht. Um ihren Landsleuten Mut zu
machen, schwärmt Maria ihnen vor, wie schön
es sein wird, wieder auf deutscher Erde zu leben, umgeben von deutschen Menschen und
deutschen Pflanzen. Die Polen versuchen, mit
einem Maschinengewehr in den Keller zu
schießen und die Deutschen zu töten. Doch da
kommen deutsche Kampfflugzeuge, und bald
darauf nehmen Panzertruppen das Gefängnis
ein, um die Eingesperrten zu befreien. Das
Schlußbild zeigt die Deutschen »heim ins
Reich« ziehen, die Straße ist von zahllosen Hit-
ler-Porträts gesäumt.
Mit raffinierter Demagogie sollte dieser Film
die Entfesselung des Zweiten Weltkriegs als
Aktion zur Befreiung unterdrückter und gefol-
terter Deutscher im angrenzenden Ausland legitimieren. Dieselbe Geschichtsfälschung hatte
ein Jahr zuvor schon *Feinde* (1940, Tourjansky)
zu etablieren versucht. Die Polen werden als
primitive, brutale und feige Untermenschen
dargestellt, die durch sadistische Terrorakte unschuldige Deutsche ermorden. In seiner krassen Haß-Botschaft ist dieser Film neben *Jud
Süß* (1940, Harlan) der wohl verwerflichste
NS-Film, der gerade wegen seiner stark emotionalen Wirkung so bedrückend ist.   *tk*

Heintje – Ein Herz geht auf Reisen

BRD 1969

R: Werner Jacobs; A: Johanna Sibelius,
Eberhard Keindorff; K: Heinz Hölscher;
D: Heintje, Heinz Reincke, Gerlinde Locker,
Sieghardt Rupp, Dagmar Altrichter, Ralf
Wolter

Nach dem Tod seiner Eltern wohnt der 13jäh-
rige Heintje bei einer Tante (D. A.), die ihn jedoch vernachlässigt. Seine einzige Freude ist
das Gestüt des Rennstallbesitzers Teichmann
(H. R.), der sich des Jungen annimmt. Doch
Teichmann weilt in der Schweiz, als die Tante
Heintje in ein Jugendheim einweisen läßt. Da
er es dort nicht aushält, flieht der Junge und
macht sich auf den Weg zu Teichmann, wobei
er mißtrauische Erwachsene durch seinen Gesang ›besticht‹. Heintje wird ohne sein Wissen
von einer Schmugglerbande dazu benutzt,
wertvolle Ware über die Grenze zu schmuggeln. Er findet Teichmann tatsächlich und
campt mit ihm einige Tage am Lago Maggiore.
Dort wird er allerdings von der Schmugglerbande aufgespürt und entführt, um gegen die
geschmuggelte Ware eingetauscht zu werden.
Dieses Abenteuer geht zwar glimpflich aus,
doch nun droht Gefahr von Hanna Schwarz
(G. L.), jener Frau vom Jugendamt, die Heintje
ins Heim zurückbringen soll. Glücklicherweise
ist Hanna eine frühere Freundin Teichmanns;
die beiden finden wieder Gefallen aneinander
und beschließen, Heintje zu adoptieren.
Unter der Regie Werner Jacobs', der Kinder zu
ungekünstelten Leistungen vor der Kamera
anzuleiten verstand, bewies der holländische
Kinderstar Heintje nicht nur seine stimmlichen
Qualitäten, sondern auch komödiantisches Talent. Aus der Interaktion zwischen Heintje und
dem Burgschauspieler Heinz Reincke bezog
die Mischung aus sozialem Rührstück und kri-
minalistisch angehauchtem Sängerfilm ihre besten Momente.   *tk*

Heiratsschwindler
(Die rote Mütze)

Deutschland 1938

R: Herbert Selpin; A: Fritz Wendhausen nach dem Roman *Die rote Mütze* von Gertrud von Brockdorff; K: Ernst Wilhelm Fiedler; D: Harald Paulsen, Hilde Körber, Elisabeth Flickenschildt, Fita Benkhoff, Viktoria von Ballasko, Eduard von Winterstein

Der Heiratsschwindler Häselich (H. P.) wird aus dem Gefängnis entlassen. Er sucht ein neues Opfer und findet es in der schüchternen Melitta (H. K.), die in einer Bahnhofswirtschaft serviert. Häselich umgarnt sie, macht jedoch auch Frau Lindemann (F. B.), der reichen Wirtin eines Hotels, den Hof. So läuft anfänglich alles nach seinen Vorstellungen. Doch dann entdeckt ein junger Bahnbeamter, daß Häselich ein Hochstapler ist. Für den Betrüger kommt es noch schlimmer, als auch die attraktive Frau Buschko (E. F.) erscheint, die vor Jahren wegen Häselich ihren Mann (E. v. W.) und die Tochter (V. v. B.) verließ. Frau Lindemann kommt rechtzeitig hinter die Absichten des Schwindlers; Melitta dagegen, aus ihrer Liebesbedürftigkeit heraus blind für die Realität, schlägt alle Warnungen in den Wind – und wird ent-

täuscht. Die Polizei verhaftet Häselich auf der Flucht.

Diese Studie über weibliche Sehnsüchte und ihre Ausnutzung durch einen skrupellosen Mann enthält eine Darstellung kleinbürgerlichen Lebens, wie es sie ähnlich realistisch im deutschen Film sonst kaum gab. Die Kluft zwischen Wünschen und Wirklichkeit im Leben von Frauen im mittleren Alter – durch Körber, Benkhoff und Flickenschildt eindringlich aufgezeigt – wird kenntlich als Folge einer von Männern geprägten Gesellschaft.   *tk*

Herbstmilch

BRD 1989

R: Joseph Vilsmaier; A: Peter Steinbach frei nach den gleichnamigen Lebenserinnerungen von Anna Wimschneider; K: Joseph Vilsmaier; D: Dana Vavrova, Werner Stocker, Eva Mattes, Renate Grosser

Als älteste Tochter mußte Anna Wimschneider (D. V.) nach dem frühen Tod ihrer Mutter bereits als Kind den Bauernhaushalt ihres Vaters führen und sich um ihre acht Geschwister kümmern, im Stall arbeiten, Essen kochen, Kleider waschen. Am liebsten wäre sie Kran-

Herbstmilch

kenschwester geworden, aber weil der Hofbesitzer Albert (W. S.) sie am 1. Mai 1938 zum Essen einlädt und so schön erzählen kann, gibt sie ihm ihr Jawort. Drei Tage nach der Hochzeit wird er eingezogen. Für Anna beginnt unter der tyrannischen Schwiegermutter ein fast fünfjähriges Aschenputteldasein auf dem Hof. Sie muß sämtliche Arbeiten übernehmen, vom Schneiden der Fußnägel eines drohnenhaft vegetierenden, hämischen Erbonkels übers Bierbrauen bis zum Ackerpflügen mit dem Ochsengespann. Ihr Martyrium endet erst, als Albert 1944 verwundet zurückkehrt – und sich entschieden gegen seine Mutter stellt.

Die Erinnerungen an ihr Leben am Rande im Dritten Reich schrieb Anna Wimschneider ursprünglich für ihre Enkelkinder auf. Im Kontext der ›Heimat‹-Rückbesinnung wurde das Buch in den achtziger Jahren zum Bestseller. Der aus Niederbayern stammende Kameramann Joseph Vilsmaier wurde darauf aufmerksam, weil sein Großvater darin erwähnt wird, und wählte die unspektakuläre Biographie als Vorlage für sein Regie-Debüt. Die bemerkenswerte Ausdruckskraft der Hauptdarstellerin verhindert, daß die Härte und Entbehrungen in Annas Leben über den glatten Bildern vergessen werden.   *hc*

■■■
Der Herr auf Bestellung

Deutschland 1930

R: Geza von Bolvary; A: Walter Reisch; K: Willy Goldberger; D: Willi Forst, Else Elster, Paul Hörbiger, Trude Lieske, Elma Bulla

Carry Clips (W. F.) übt, assistiert von seiner Freundin Lillebil (E. E.), den Beruf eines Festredners für jeden Anlaß aus – vom Feuerwehrball bis zur Verlobungsfeier. Eines Tages soll er den Ehewissenschaftler Wielander (P. H.) bei einem Vortrag vor dem »Modern Club« unterstützen, denn der Professor hat eine starke Sprechhemmung. Clips steht hinter einem Vorhang und synchronisiert so Wielanders Mundbewegungen. Dabei verliebt sich – nicht zuletzt wegen seiner Stimme – die attraktive Baronin von Lindenwörth (T. L.) in den Professor. Als sie ihn privat kennenlernen will, muß

Clips wieder insgeheim das Sprechen übernehmen und ihr schließlich in Wielanders Namen eine Liebeserklärung machen. Doch inzwischen hat sich Clips selbst in die Baronin verliebt. Bei einem heftigen Disput zwischen den beiden Männern findet der Professor vor lauter Erregung seine Sprache wieder – worauf seiner Heirat mit der Baronin nichts mehr im Wege steht. Aber auch Clips besinnt sich eines Besseren und ehelicht seine Freundin Lillebil.

Geza von Bolvary und der Komponist Robert Stolz sorgten auch bei dieser musikalischen Filmphantasie dafür, daß sich die Musik aus den Bewegungsabläufen ergab und umgekehrt. Autor Reisch fügte dem konventionellen Verwechslungsspiel das Element des Grotesken hinzu, wodurch Willi Forsts Neigung zur spielerischen Selbstironie verdeutlicht und der Film zu einem echten Amüsement wurde.

tk

■■■
Herr Puntila und sein Knecht
(Herr Puntila und sein Knecht Matti)

Österreich 1955

R: Alberto Cavalcanti; A: Alberto Cavalcanti, Vladimir Pozner, Ruth Wieden nach dem Bühnenstück *Herr Puntila und sein Knecht Matti* von Bertolt Brecht; K: Viktor Korger; D: Curt Bois, Heinz Engelmann, Maria Emo, Gaby Banschenbach, Edith Prager

Der finnische Gutsbesitzer Puntila (C. B.) hält ein drei Tage dauerndes Trinkgelage ab. Nur wenn er betrunken ist, wird er menschlich: Er erzählt seinem Knecht und Chauffeur Matti (H. E.) von den privaten Sorgen. Seine Tochter Eva (M. E.) soll mit einem Attaché verheiratet werden. Unbehagen bereitet Puntila der Gedanke, er müsse seinem Schwiegersohn als Mitgift ein Stück Wald abtreten. Überhaupt trinkt Puntila lieber weiter, als sich in nüchternem Zustand an seine Kümmernisse zu erinnern. Stockbetrunken verlobt sich Puntila dreimal und engagiert eine ganze Reihe von Knechten, obwohl gar keine Stellung frei ist. Eva möchte lieber den klugen, souveränen und vitalen Matti heiraten als den ihr unsym-

pathischen Attaché, doch darauf nimmt der Vater keine Rücksicht. – Als er jedoch auch bei Evas Verlobung zu viel trinkt, gerät er mit dem Attaché aneinander und jagt ihn davon. Nun erteilt er Eva den Ratschlag, Matti zu heiraten, doch Matti will keine Verbindung mit der sozial höhergestellten Frau.
Diese 1955 in den damals sowjetisch kontrollierten Wiener Rosenhügel-Studios gedrehte Brecht-Adaption vom bösen Gutsbesitzer und seinem selbst- und klassenbewußten Knecht bot Curt Bois Gelegenheit, seine stupende, auf gewitztem Ausspielen satirischer Akzente beruhende Charakterkomik auch auf der Leinwand zu beweisen. Hanns Eisler suchte Brechts Dialektik musikalisch umzusetzen. Verankert ist das Geschehen durch eine Rahmenhandlung, in der Mägde kommentieren, was passiert. Erstaufführung: 1960.   *tk*

Herrin der Welt / Les mystères d'Angkor / Il mistero dei tre continenti
Teil 1: **Herrin der Welt**
Teil 2: **Angkor-Vat**

BRD/Frankreich/Italien 1960

R: William (Wilhelm) Dieterle, Fertigstellung: Richard Angst; A: Jo Eisinger, Harald G. Petersson nach der Stummfilm-Serie *Die Herrin der Welt* (1919) von Joe May; K: Richard Angst; D: Martha Hyer, Carlos Thompson, Micheline Presle, Gino Cervi, Sabu, Wolfgang Preiss

Teil 1: *Herrin der Welt*. Der Strahlenforscher Professor Johanson (G. C.) hat eine ungeheure wissenschaftliche Entdeckung gemacht. Madame Latour (M. P.) versucht, mit Hilfe ihres Spionagenetzes die Formel des Professors an sich zu bringen. Auf seiten des Professors kämpfen seine Tochter Karin (M. H.), sein Assistent Lin-Chor (S.) und der Agent Lundström (C. T.). Durch eine List gelingt es Madame Latour, den Professor und seinen Assistenten zu einer Reise nach Asien zu bewegen. Karin und Lundström können die Spur der beiden bis nach Neapel verfolgen, wo Karin entführt wird. In Bangkok entkommt Lin-Chor mitsamt der Formel der Jagd Madame Latours.

Teil 2: *Angkor-Vat*. Lundström gelingt es, Karin zu befreien. Professor Johanson überlebt die Gefangenschaft bei Madame Latour nicht, und Lin-Chor ist nach Kambodscha in das Kloster Angkor-Vat geflüchtet. Hier kommt es zwischen Henrik Brandes (W. P.) – dem Mann, der Madame Latour mittlerweile beseitigt hat, um ihre Position einzunehmen – und Lundström zu einem Kampf auf Leben und Tod. Brandes stirbt; Lundström und Karin beschließen, die Formel zu verbrennen und ihre Zukunft gemeinsam zu verbringen.
Die Wiederverfilmung des ursprünglich achtteiligen Episodenfilms von Joe May (*Die Herrin der Welt*, 1919) entstand zu einer Zeit, als die Filmindustrie versuchte, das konkurrierende Fernsehen mit farbenprächtigen Ausstattungs- und Abenteuerfilmen zu übertreffen. Helden, Schurken, exotische Schauplätze und Sensationen kamen im Kino wieder zu ihrem Recht. All das bot auch das routinierte Remake William Dieterles, das ansehnliche Spezialeffekte mit einer temporeichen Inszenierung verbindet. Nach einem Zerwürfnis zwischen Dieterle und dem Produzenten des Films, Artur Brauner, wurde *Herrin der Welt* von dem Kameramann Richard Angst fertiggestellt.   *mp*

Herz der Welt

BRD 1952

R: Harald Braun; A: Herbert Witt, Harald Braun; K: Richard Angst; D: Hilde Krahl, Dieter Borsche, Werner Hinz, Mathias Wieman

Berlin 1914. Die Friedensnobelpreisträgerin Bertha von Suttner (H. K.) tritt eine Bahnreise nach Wien an. Angesichts der drohenden Mobilmachung Deutschlands erinnert sie sich ihres lebenslangen Kampfes gegen Haß und Völkerfeindschaft. Baden bei Wien 1864. Erstmals wird Bertha der Schrecken des Krieges vor Augen geführt: Ihr Jugendfreund fällt während des Feldzugs gegen die Dänen. Zwei Jahre später muß Bertha von ihrem Verlobten, Baron Arthur von Suttner (D. B.), Abschied nehmen. Er nimmt am Krieg gegen die Preußen teil, ihre Wege trennen sich. Paris 1870. Bertha wird Mitarbeiterin des Wissenschaftlers Nobel

(M. W.), der mit der Erfindung des Dynamits das Interesse europäischer Militärs weckt. Bei einer Spreng-Vorführung feiern Bertha und Arthur ihr Wiedersehen und heiraten. Monaco 1892. Während der Vorbereitungen zum 1. Internationalen Friedenskongreß trifft Bertha erneut einen alten Widersacher, den derzeitigen Inhaber des Dynamit-Patents, Zaharoff (W. H.). Entgegen dessen Bemühungen findet der Kongreß statt, Arthur erliegt einem Herzanfall. Wien 1914. Die große, alte Dame ist am Ende ihrer Reise friedlich entschlafen.

Das von humanitärem Ethos geprägte Lebensbild der österreichischen Pazifistin Bertha von Suttner (1843–1914), deren Roman *Die Waffen nieder!* (1889) weltweites Aufsehen erregte, trägt seine inhaltliche Aussage auf hohem formalen Niveau vor. Stimmungsvolle Schwarzweißfotografie und sorgfältige Charakterzeichnungen verleihen dem Film nicht nur eine für das deutsche Nachkriegskino insgesamt kennzeichnende geschmackvolle Atmosphäre, sondern auch Glaubwürdigkeit. *mp*

Himmel ohne Sterne

BRD 1955

R: Helmut Käutner; A: Helmut Käutner; K: Kurt Hasse; D: Erik Schumann, Eva Kotthaus, Gustav Knuth, Camilla Spira, Erich Ponto, Lucie Höflich, Horst Buchholz

Im Spätsommer 1952 überquert die junge Fabrikarbeiterin Anna Kaminski (E. K.) illegal die Zonengrenze, um in den westlichen Teil Deutschlands zu gelangen. Sie will zu ihrem kleinen Sohn, der bei den Schwiegereltern (G. K., C. S.) lebt. Als diese sich weigern, den Jungen herauszugeben, nimmt Anna ihn heimlich mit in den Osten. Mit Hilfe des bundesdeutschen Grenzpolizisten Carl Altmann (E. S.) gelingt ihr waghalsiges Unterfangen, Altmann jedoch verliert deswegen seine Stellung. Altmann und Anna haben sich unsterblich ineinander verliebt und treffen einander nachts im Niemandsland für wenige Stunden stets bedrohten Glücks. Schließlich ist Anna bereit, mit ihren Großeltern (E. P., L. H.) in den Westen zu gehen, um mit Altmann ein neues

Leben zu beginnen. Der junge russische Soldat Mischa (H. B.) soll ihnen dabei behilflich sein. In der Fluchtnacht jedoch passiert ein Unglück, und Altmann erschießt Mischa, den er für einen fremden Soldaten hält. Die Schüsse alarmieren die Volkspolizei. Anna und ihr Geliebter finden im Niemandsland den Tod.

Helmut Käutners Melodram reflektiert vor dem Hintergrund der Ost-West-Teilung Deutschlands Ängste und Hoffnungen der Zeit. Daß *Himmel ohne Sterne* als einziger Gegenwartsfilm dieser Epoche keine Zugeständnisse an die Ideologie des Kalten Krieges machte, ist Käutners bemerkenswertestes Verdienst; weniger gelungen hingegen sind seine soziologischen Analysen, die er der Sentimentalität und einem vordergründigen Symbolismus opfert. *mp*

Der Himmel über Berlin / Les ailes du désir

BRD/Frankreich 1987

R: Wim Wenders; A: Wim Wenders in Zusammenarbeit mit Peter Handke und Richard Reitinger; K: Henri Alekan; D: Bruno Ganz, Otto Sander, Solveig Dommartin, Curt Bois, Peter Falk, Bernard Eisenschitz

Der Himmel über Berlin (Bruno Ganz)

Zwei Engel, Damiel (B. G.) und Cassiel (O. S.), fliegen über Berlin. Sie können – für Menschen, ausgenommen Kinder, unsichtbar – alles sehen, alles hören, auch deren geheimste Gedanken und Gefühle, die sie in ihren Büchern notieren, so wie Homer (C. B.), der greise Professor und Filmerzähler, der Vergangenheit und Gegenwart Berlins anekdotenhaft registriert. Intervenieren ist Engeln verboten, ihre bloße Nähe wirkt jedoch oft tröstlich. Es gibt Engel, die gegen die überirdischen Gesetze verstoßen haben bzw. wieder Mensch werden wollten und geworden sind; ihr Versammlungsort ist die Berliner Staatsbibliothek. Auch Damiel, der sich in die Trapezkünstlerin Marion (S. D.) verliebt hat, ist mit seinem Engeldasein unzufrieden. Als er auf den Hollywood-Star Peter Falk (P. F.) trifft, der selbst einst Engel war und in Berlin gerade einen Film über die letzten Tage des Dritten Reichs dreht, ermutigt ihn dieser, den Schritt zur Menschwerdung zu wagen. Ein Kuß besiegelt die Liebe zwischen Damiel und Marion.

Drei seiner Lieblingsregisseure hat Wim Wenders dieses moderne Filmmärchen gewidmet: François Truffaut, Yasujiro Ozu, Andrej Tarkowski; noch mehr verdankt es in den Schwarzweißepisoden der ›überirdischen‹ Lichtregie des Kameramannes Henri Alekan (*La belle et la bête*, F 1946, Cocteau; *Es war einmal*) und den poetischen Texten Peter Handkes. Trotz vielfältiger Anspielungen des filmhistorisch kundigen Cineasten Wenders sind Konzeption und Ausführung, einschließlich der stilistischen Zäsur zwischen Schwarzweiß-Teil und realistisch-berlinerischem Farb-Teil, aus einem Guß. Eine deutsche ›Fantasy‹ der besonderen Art.   *ps*

Hintertreppe Ⓢ

Deutschland 1921

R: Paul Leni, Leopold Jessner; A: Carl Mayer; K: Karl Hasselmann, Willy Hameister; D: Henny Porten, Fritz Kortner, Wilhelm Dieterle

Ein Dienstmädchen (H. P.) trifft sich abends regelmäßig mit ihrem Geliebten (W. D.). Da diese Treffen am Eingang zur Hintertreppe stattfin-

den, weiß nur einer davon: der verkrüppelte Briefträger (F. K.), der in der Kellerwohnung wohnt. Plötzlich bleibt der Geliebte jedoch aus, schickt dem Dienstmädchen auch keine Nachricht, das deswegen seinem monotonen Tagwerk mit wachsender Verzweiflung nachgeht. Eines Abends bringt der Briefträger jedoch einen Brief, in dem der Geliebte seine Liebe beteuert. Das Dienstmädchen entdeckt indes, daß der Briefträger den Brief geschrieben hat, um ihren Schmerz zu lindern. Betroffen von seiner Anteilnahme streichelt die junge Frau den verwachsenen Mann und verspürt Sympathie für den Einzelgänger. Das aufkeimende Glück zerbricht jedoch, als der Geliebte zurückkehrt, der im Krankenhaus lag. Nun stellt sich heraus, daß der Briefträger die Briefe des Geliebten aus Eifersucht zurückgehalten hat. Es kommt zum Streit, der Briefträger erschlägt den Rivalen. Das Dienstmädchen wird entlassen, klettert aufs Dach und springt in den Tod.

Aus der Spannung zwischen verschiedenen Stilen bezieht dieses fatalistische Kammerspiel seine Qualität. Die Darstellung, für die Jessner verantwortlich zeichnete, schwankt zwischen übertrieben pathetischer Gestik und einem Zug zur Verinnerlichung. Bildregie, Beleuchtung und naturalistische Raumgestaltung lassen expressionistische Einflüsse erkennen, ohne dessen Formensprache wirklich aufzunehmen. »Expressionismus? Nein: Psychismus«, schrieb der Kritiker Kurt Pinthus und traf damit den Charakter des Films und seines Genres.   *tk*

Hitlerjunge Quex

Deutschland 1933

R: Hans Steinhoff; A: Karl A. Schenzinger, Bobby E. Lüthge, Hans Steinhoff nach Schenzingers gleichnamigem Roman; K: Konstantin Irmen-Tschet; D: Jürgen Ohlsen, Heinrich George, Hermann Speelmans, Berta Drews, Claus Clausen

Der Berliner Arbeiterstadtteil Moabit gegen Ende der Weimarer Republik. Druckerlehrling Heini Völker (J. O.), genannt Quex, soll auf Drängen linker Agitatoren und seines durch

Kriegsverletzung und Arbeitslosigkeit zum Haustyrannen gewordenen Vaters (H. G.) der kommunistischen Jugendorganisation beitreten. Auf einer Wochenendfahrt der Kommunistischen Jugend erlebt er den krassen Unterschied zwischen den Chaoten der Kommune und den disziplinierten Hitlerjungen, die in schmucken Uniformen ihrem Führer Treue schwören und Deutschland von seinen Ketten befreien wollen. Als er einen Anschlag der Linken auf ein HJ-Heim vereitelt, indem er die Jungen warnt, weiß seine Mutter (B. D.) keinen anderen Ausweg aus der durch diesen ›Verrat‹ für die Familie entstandenen Gefahr als Selbstmord. In einer Schlüsselszene überzeugt Heinis Bannerführer (C. C.) den Vater, daß nicht die Internationale, sondern Deutschland (und damit die HJ) die Heimat des Junger sei. Wie der Hitlerjunge Norkus, desser Schicksal Buch und Film zugrunde liegt, stirbt Heini beim Verteilen von NSDAP-Wahlzetteln schließlich den ›Märtyrer- und Heldentod‹ und verblutet unter den Messerstichen der Linken.

Hitlerjunge Quex ist das Produkt der Zusammenarbeit zweier fanatisch überzeugter Nationalsozialisten mit der im April 1933 kommerziell-opportunistisch taktierenden Ufa. Reichsjugendführer Baldur von Schirach, auf desse¬n Veranlassung der Roman entstand, übernahm das Patronat und stellte dem Produktionsteam die HJ billig zur Verfügung. Die Ufa spekulierte auf das Publikumspotential der rapide wachsenden Hitlerjugend und überreichte den neuen Machthabern mit dem Film ihre Ergebenheitsadresse, in der Hoffnung, sich damit wieder aufs Geschäft konzentrieren zu können. Regisseur Hans Steinhoff, der nie der NSDAP beitrat, erreichte mit diesem Film nach rund 30 Filmen den langersehnten Durchbruch und wurde ein Starregisseur des Dritten Reichs. Produktionsleiter Karl Ritter verwies auch nach dem Zweiten Weltkrieg weiterhin stolz auf seinen Beitrag zur Entstehung des Films.   *hc*

Hitlerjunge Salomon / Europa Europa

BRD/Frankreich 1989

R: Agnieszka Holland; A: Agnieszka Holland nach der Autobiographie und unter Mitarbeit von Salomon Perel; K: Jacek Petrycki; D: Salomon Perel, Marco Hofschneider, René Hofschneider, Piotr Kozlowski, André Wilms, Hanns Zischler, Delphine Forest, Julie Delpy

Die jüdische Familie Perel flieht aus Deutschland nach Polen. Bei Kriegsausbruch und nach dem Tod der Tochter Berta versuchen die Perels die sowjetische Grenze zu erreichen. Dabei werden die Halbwüchsigen Sally (M. H.) und David (P. K.) von der übrigen Familie getrennt, die den tödlichen Weg ins KZ gehen muß. Sally landet in einem sowjetischen Waisenhaus, wo ihn die attraktive Erzieherin Irina (D. F.) für den Komsomol, die kommunistische Jugendbewegung, anwirbt. Beim Einmarsch der Deutschen in Rußland wird Sally von der Wehrmacht gefangengenommen, kann sich aber, da er perfekt deutsch spricht, als (arischer) Josef Periel ausgeben und findet auf Grund seiner Russischkenntnisse als Dolmetscher Verwendung und im Soldaten Robert (A. W.) einen Beschützer. Sally kann sogar einen Sohn Stalins identifizieren. Doch seine schizophrene Situation belastet ihn immer stärker; er will schon zur Roten Armee überlaufen, als bei einem Gegenangriff der Deutschen der junge Mann unfreiwillig zum Helden avanciert. SS-Hauptmann von Leverau (H. Z.) schickt ihn auf die HJ-Eliteschule. Auch dort muß der Jude einen Nazi spielen, um zu überleben. Die Liebe zu Leni (J. D.) bleibt platonisch, da ihn sonst seine Beschneidung verraten würde. 1945: Berlin fällt. Im amerikanischen Gefangenenlager rettet Sally nur die Tatsache, daß ihn sein Bruder David wiedererkennt. – Ende der achtziger Jahre lebt Sally Perel (S. P.) in Israel.

Die Polin Agnieszka Holland übernahm die Regie von Frank Beyer, der schon 1986 mit der Vorbereitung dieses europäischen Projekts begonnen hatte. Der auf Tatsachen basierende Film, der erst 1991 in die Kinos kam, wirkt vor allem durch die Authentizität der in Berlin und Polen gedrehten Kriegsszenen und das realistische Spiel der Darsteller. Er war in den USA und in anderen Ländern ein überraschend großer Publikumserfolg. Seine zunächst angekündigte, aber dann nicht durchgesetzte Nominierung für den Auslands-Oscar verhalf *Hitlerjunge Salomon* zu zusätzlicher Popularität. *ps*

Höhenfeuer

Schweiz/BRD 1985

R: Fredi M. Murer; A: Fredi M. Murer; K: Pio Corradi; D: Thomas Nock, Johanna Lier, Dorothea Moritz, Rolf Illig

In ärmlichen Verhältnissen lebt eine Schweizer Bergbauernfamilie auf ihrem abgelegenen Hof in den Alpen. Der Vater (R. I.) weigert sich, den taub geborenen Knaben »Bub« (T. N.) in ein Heim zu schicken, deswegen bringt ihm seine ältere Schwester Belli (J. L.) Lesen und Schreiben bei. Als der Bub in die Pubertät kommt, entstehen Spannungen zwischen ihm und dem Vater, welche die Mutter (D. M.) und Belli zu mildern versuchen. Aus der Beziehung zwischen den Geschwistern, die von Kindheit an sehr eng ist, wird Liebe. Auf einer Almwiese, wohin der Bub vor dem Jähzorn des Vaters geflohen ist, kommt es zum fast selbstverständlich vollzogenen Akt der Geschwisterliebe. Als Belli schwanger wird, will der Vater sie erschießen; es kommt zum Kampf zwischen Vater und Sohn, bei dem sich ein Schuß löst und den Vater tötet. Die Mutter stirbt am Schock. Bub und Belli leben in der Abgeschiedenheit weiter.

Mit großer Sensibilität und einem ethnologisch exakten Realismus schildert Murer die familiären Beziehungen und alltäglichen Verrichtungen der Bergbauernfamilie, ohne in Klischees oder ins Museale zu verfallen. Schlüssige dramaturgische Entwicklung, beeindruckende Darstellerleistungen und die präzise optische Umsetzung zeichnen dieses bedrückende Familiendrama aus. *tk*

Der Hofrat Geiger

Österreich 1947

R: Hans Wolff; A: Hans Wolff, Martin Costa nach dem gleichnamigen musikalischen Lustspiel von Martin Costa und Hans Lang; K: Rudolf Icsey, Ladislaus Szemte; D: Paul Hörbiger, Maria Andergast, Hans Moser, Waltraut Haas

Hofrat Geiger (P. H.) lebt mit seinem Faktotum Lechner (H. M.) zurückgezogen in Wien. Um ihm die Langeweile zu vertreiben, versorgt Lechner den Hofrat weiterhin mit alten Akten, denn beide haben 1938 nach dem Einmarsch der Deutschen ihren Beamtendienst quittiert. Als Geiger den Antrag einer gewissen Marianne (M. A.) ›bearbeitet‹, erinnert er sich einer Jugendsünde und vermutet, daß es sich bei dem in der Akte genannten Mädchen um sein eigenes uneheliches Kind handelt. Er reist in die Wachau und steigt im Gasthof Mariannes ab. Obwohl deren Tochter Mariandl (W. H.) tatsächlich seine Tochter ist, will Marianne nichts von Geiger wissen. Marianne heiratet Geiger pro forma erst, als der ortsansässige Gastwirt sie wegen ihres unehelichen Kindes zu erpressen versucht. Wieder ins Amt berufen, fährt Geiger nach Wien, wohin ihm nach weiteren Verwicklungen auch seine Frau folgen muß. Ein Jahr später kehren die nunmehr versöhnten Eheleute nach Spitz zurück, wo sie von dem inzwischen verheirateten Mariandl als Großeltern begrüßt werden.

Das von Willi Forst produzierte Werk war einer der populärsten österreichischen Filme der unmittelbaren Nachkriegszeit und begründete die moderne Variante des Heimatfilms, das Genre des Reise- und Touristenlustspiels. Dessen zentrales Motiv, die durch ein Mißverständnis komplizierte und vor einer idyllischen Naturkulisse stattfindende Liebesgeschichte, wurde in den folgenden Jahrzehnten unzählige Male und zumeist mit weniger Charme kopiert. *mp*

Hokuspokus

Deutschland 1930

R: Gustav Ucicky; A: Karl Hartl, Walter Reisch
nach dem gleichnamigen Bühnenstück von
Curt Goetz; K: Carl Hoffmann; D: Willy Fritsch,
Lilian Harvey, Oskar Homolka, Gustaf
Gründgens, Otto Wallburg

Kitty Kellermann (L. H.) sitzt, des Gatten-
mords verdächtigt, in Untersuchungshaft. Vor
Gericht führt der Staatsanwalt (G. G.) einen
aufsehenerregenden Indizienprozeß gegen sie,
denn die Leiche des Opfers wurde noch immer
nicht gefunden. Wegen des makabren Prozesses erzielen die Gemälde des toten Malers Kellermann auf dem Kunstmarkt immer höhere
Preise. Verteidiger Dr. Schüler (O. W.) tut sein
Bestes, die Indizienkette zu zerstören. Als Kittys Sache jedoch schlecht steht, meldet sich ein
junger Mann namens Peter Bille (W. F.) und bezichtigt sich selbst des Mordes an Kellermann.
Kitty wird freigelassen, Bille gelingt die Flucht
aus der Haft. Bei einer Einladung in Kittys
Haus klärt sich der Fall für Verteidiger, Staatsanwalt und Gerichtspräsident (O. H.) schlagartig auf: Peter Bille ist in Wahrheit der quick-
lebendige Paul Kellermann, der seinen Tod
nur vorgetäuscht hat, um den Wert seiner Bilder zu steigern.
In dieser Kriminalkomödie gibt das Traumpaar Fritsch/Harvey vor allem den sie umgebenden Charaktermimen die Möglichkeit zu

komödiantischen Höhenflügen. Wallburg, Homolka und Gründgens – letzterer verkörperte
die Arroganz vermeintlicher Unfehlbarkeit nahezu perfekt – zeigten, was in ihnen steckte,
wenn das Konzept einer filmischen Darstellungsweise entgegenkam. Genau dies beab-
sichtigte das Gespann Reisch/Hartl/Ucicky
mit der Verdoppelung des Wortwitzes durch
karikierende Einstellungen. Titel der englischen Version: *The temporary widow.*   tk

Hokuspokus

BRD 1953

R: Kurt Hoffmann; A: Curt Goetz nach seinem
gleichnamigen Bühnenstück; K: Richard
Angst; D: Curt Goetz, Valérie von Martens,
Hans Nielsen, Ernst Waldow, Erich Ponto

Nach seiner Ermordung durch Gattin Agda
(V. v. M.) finden die Werke des Malers Hilmar
Kjerulf plötzlich reißenden Absatz. Diesen
Mord zu beweisen, fällt dem Staatsanwalt
(E. W.) jedoch nicht leicht, denn es gibt weder
Zeugen noch eine Leiche. Aber Agda hat sich
in so viele Widersprüche verstrickt, daß ihre
Schuld als erwiesen gilt. Der Gerichtspräsident
(H. N.), den ein ungutes Gefühl verunsichert,
ruft einen Freund aus London, den Kriminali-
sten Graham (E. P.), zu sich. Am Prozeßtag tritt
ein beredter Mann namens Peer Bille (C. G.) als
neuer Verteidiger Agdas auf und bringt den

Hokuspokus (1953)
(Curt Goetz, Ernst Waldow)

Staatsanwalt in Bedrängnis. Als sich Bille jedoch als Agdas Geliebter entpuppt, scheint sich das Schicksal wieder zu wenden – bis Graham herausbekommt, daß es nicht nur keine Leiche, sondern auch keinen Mord gibt: Peer ist in Wirklichkeit der vermißte Maler, sein plötzliches Verschwinden sollte nur den Verkauf seiner Bilder fördern.

Mit hintergründiger Ironie und leichtfüßig-geistreichen Dialogen mokierte sich diese Justizkomödie über die durch moralische Entrüstung kaschierte Sensationslüsternheit der bürgerlichen Gesellschaft. Curt Goetz, der seine Bühnenvorlage filmgerecht bearbeitet hatte, und Valérie von Martens stellten ihre hohe Kunst der mimischen und Konversations-Komik unter Beweis; Erich Ponto steuerte eine ausgewogene Typisierung Mr. Grahams bei. Die dritte Verfilmung der Vorlage unter dem Titel *Hokuspokus oder Wie lasse ich meinen Mann verschwinden?* (1966, Hoffmann; mit Heinz Rühmann und Liselotte Pulver) aktualisierte den Stoff als modisch ausgestattetes High-Society-Kabarett. *tk*

▬ Die Hose Ⓢ

Deutschland 1927

R: Hans Behrendt; A: Franz Schulz nach der gleichnamigen Komödie von Carl Sternheim; K: Carl Drews; D: Jenny Jugo, Werner Krauß, Rudolf Forster, Olga Limburg, Veit Harlan

Theobald Maske (W. K.) ist ein duckmäuserischer Beamter am Fürstenhof. Um so peinlicher, daß ausgerechnet seine Frau Luise (J. J.) in aller Öffentlichkeit ihre Unterhose verliert. Nicht nur der Fürst, sondern das halbe Dorf hat das Malheur mit großem Amüsement verfolgt. Zwei der Augenzeugen, der schüchterne Barbiergehilfe (V. H.) und Scarron (R. F.), des Fürsten Hofnarr und Hausphilosoph, sind aber derart fasziniert von Luise, daß sie sich in der Hoffnung, sie zu erobern, bei Maskes einmieten. Indem sie eine Reise vortäuscht, findet Luise Gelegenheit, eine Nacht am Fürstenhof zu verbringen, wo sie von Seiner Durchlaucht persönlich empfangen wird. Scarron verbringt die Nacht mit einer anderen, nachdem er mit

Theobald kräftig gebechert hat. Dieser aber erliegt den Reizen seiner Nachbarin (O. L.), die bereits ein Auge auf ihn geworfen hatte. Luises nächtliches Abenteuer fliegt allerdings auf, doch bevor ihr Gatte deswegen einen Tobsuchtsanfall bekommt, wird er zum Fürsten bestellt, befördert und mit einem Orden dekoriert. Nun ist er mit sich, Luise und der Welt versöhnt.

Carl Sternheims bürgerliches Lustspiel zeichnet sich durch vehementen Sprachwitz aus, den die Filmadaption kongenial in feinen Bildwitz übersetzte. Die Abrechnung mit Geltungssucht, devoter Autoritätsgläubigkeit, großmäuligem Patriarchat und einer bürgerlichen Doppelmoral, die sich von ihren Anstrengungen durch Alkohol, Völlerei und Seitensprung erholt, fand in Werner Krauß und Jenny Jugo ein grandioses Protagonistenpaar. *tk*

▬ Hunde, wollt ihr ewig leben!

BRD 1959

R: Frank Wisbar (Wysbar); A: Frank Wisbar, Frank Dimen, Heinz Schröter nach dem gleichnamigen Roman von Fritz Wöss und den Büchern *Stalingrad – bis zur letzten Patrone* und *Letzte Briefe aus Stalingrad* von Heinz Schröter; K: Helmuth Ashley; D: Joachim Hansen, Peter Carsten, Horst Frank, Wolfgang Preiss, Alexander Kerst, Richard Münch, Karl John

Aufgrund einer kapitalen Fehleinschätzung der Kriegssituation befiehlt der deutsche Generalstab 1942 der 6. Armee das Ausharren in Stalingrad. Oberleutnant Wisse (J. H.) wird nach Stalingrad abkommandiert, um den Posten eines Verbindungsoffiziers anzutreten. Wisse, anfänglich von der nationalsozialistischen Sache überzeugt, lernt Oberstleutnant Kesselbach (R. M.) und den Feldgeistlichen Busch (A. K.) kennen, die sich schon lange keine Illusionen über die verzweifelte Lage mehr machen. In Feldwebel Böse (H. F.) und seinem Fahrer, dem Gefreiten Krämer (P. C.), findet Wisse Freunde. Dank Wisses entschiedenem Eingreifen kann eine russische Offensive länger aufgehalten werden, als dies angesichts der Kräfteverhältnisse zu erwarten ist. Im Gegensatz zu Wisse kümmert sich Major Linkmann (W. P.) mehr um sich selbst und seine Überlebenschance als um die Situation der ganzen Truppe. Die totale deutsche Niederlage in Stalingrad können sie beide nicht verhindern. Der deutsche Widerstand wird nur darum bis zum blutigen Ende aufrechterhalten, weil Hitler und seine Generäle dies so befehlen. Beim Versuch, zu den Russen überzulaufen, wird Linkmann erschossen. Wisse, Krämer, Kesselmann und Busch marschieren in ein Kriegsgefangenenlager.

Mit gewohnter handwerklicher Souveränität inszenierte Wisbar dieses gut besetzte Stalingrad-Drama und ließ die Figuren selbst das Geschehen in lapidar-pessimistischen Sätzen kommentieren. So dramaturgisch ergiebig diese Technik auch war, vermochte sie dennoch nicht zu verbergen, daß Regisseur und Szenaristen das wichtige Thema gesellschaftlich und historisch nicht recht einzuordnen wußten.   *tk*

Hunger in Waldenburg Ⓢ
(Ums tägliche Brot)

Deutschland 1929

R: Piel (Phil) Jutzi; A: Leo Lania; K: Piel (Phil) Jutzi; D: Holmes Zimmermann, Arbeiterinnen und Arbeiter des Waldenburger Kohlereviers

Im schlesischen Kohlerevier Waldenburg steht der herrschaftliche Wohnsitz eines Fürsten der erbärmlichen Behausung eines alten Weberehepaares gegenüber. Nach einer erneuten Lohnkürzung beschließt der Sohn (H. Z.) des Paars, in der Stadt Arbeit zu suchen. Auch dort findet er jedoch keine Anstellung. Nach langem Zögern treibt ihn der Hunger dazu, einen Fisch zu stehlen. Ein Arbeiter, der ihn dabei beobachtet, überzeugt ihn jedoch, den Fisch zurückzulegen. Danach bringt er den Neuankömmling zu einer Bergarbeiterwitwe, die ihre enge Wohnung schon mit ihren drei Kindern teilt, den jungen Mann aber dennoch bei sich aufnimmt. Dessen Bemühungen, in der Grube Arbeit zu finden, bleiben ohne Er-

folg. Als der Hausbesitzer die Miete kassieren will, kommt es zum Streit, weil die arbeitslosen Bewohner die Summe nicht aufbringen können. Bei der folgenden Rauferei wird der junge, ausgezehrte Weberssohn vom Hauseigentümer die Treppe hinuntergestoßen und bleibt tot liegen.

Indem der mittellange Film die semidokumentarische Darstellung der erbärmlichen Wohn- und Arbeitssituation der verarmten Bergleute mit einer fiktionalen Handlung verbindet, gelingt es ihm, die Zuschauer für die Not eines verödenden Landstrichs zu interessieren. Die Teile des Films, in denen die Armut vieler dem Reichtum der wenigen kontrastierend gegenübergestellt wurden, nahmen ursprünglich mehr Raum ein, wurden von der Zensur jedoch weitgehend eliminiert. Obwohl nur diese stark geschnittene Fassung erhalten ist, wird deutlich, wie sehr der Film Vorstudie zu Jutzis proletarischem Agitations-Klassiker *Mutter Krausens Fahrt ins Glück* (1929) ist.   *tk*

Hungerjahre

BRD 1980

R: Jutta Brückner; A: Jutta Brückner; K: Jörg Jeshel, Rainer März; D: Britta Pohland, Sylvia Ulrich, Claus Jurichs

Bis zum 13. Lebensjahr ist Ursula Scheumann (B. P.), Jahrgang 1940, gehorsam, strebsam und scheint die ambitionierten Erwartungen ihrer kleinbürgerlichen Eltern zu erfüllen. Dann merkt sie, daß es in der Welt nicht nur harmonisch zugeht. Ihre erste Regelblutung ist für sie ein Schock. Die sexualfeindlich erzogene Mutter (S. U.) vertröstet sie auf den Biologieunterricht. Die Achtung vor dem Vater (C. J.) verliert Ursula, als sie dahinterkommt, daß er eine Freundin hat. Auch betont er seine Mitgliedschaft in der sozialistischen Jugendbewegung vor 1933 immer nur, wenn er seine Distanz zum NS-Staat unterstreicht, spielt sie aber herunter, wenn er den Eindruck erwecken könnte, politisch links zu stehen. Ähnliche Widersprüche zeigen sich in Schule und Politik. Doch die Erwachsenen beantworten Ursulas Fragen mit Schweigen. Zunehmend empfindet sie ihre materialistische, auf Äußerlichkeiten ausgerichtete Umgebung als bedrückend und fühlt sich isoliert. Schließlich erklärt ihr der erste Mann in ihrem Leben, ein schwarzer Nordafrikaner, daß der Krieg in Algerien kein Aufstand gegen eine legitime Regierung, sondern eine neue Art von Krieg ist – ein Kampf um Befreiung von der Kolonisation.

»Ein Film über den kalten Krieg an allen Fronten« lautete der ursprüngliche Untertitel dieser Autobiographie, in der es außer um repressive Restauration, Materialismus und Prüderie der Adenauer-Ära um die Beziehung zwischen Müttern und Töchtern geht. Der Film trifft präzise die Atmosphäre der fünfziger Jahre, wie sie von vielen intellektuellen Jugendlichen empfunden wurde.   *hc*

I

▬

Ich bei Tag und Du bei Nacht

Deutschland 1932

R: Ludwig Berger; A: Hans Székely, Robert Liebmann; K: Friedl Behn-Grund, Bernhard Wentzel; D: Käthe von Nagy, Willy Fritsch, Amanda Lindner, Julius Falkenstein

Der Nachtkellner Hans (W. F.) schläft tagsüber und hat so die Chance, Geld zu sparen. Denn sein Zimmer bei Witwe Seidelbast (A. L.), einer früheren Theaterdiva, teilt er sich mit Grete (K. v. N.), die nachts schläft. Die beiden Bewohner desselben Bettes kennen sich nicht – und hassen sich trotzdem nach Kräften. Eines Morgens kommt Hans in seinem Kellnerfrack nach Hause und trifft auf der Straße eine reizende junge Dame, die in eine noble Karosse steigt. Es ist Grete, die von einem Chauffeur abgeholt wird, um Direktor Krüger (J. F.) zu maniküren; doch Hans hält sie für eine Tochter aus reichem Haus. Sie indes glaubt im Kellner einen wohlhabenden Nachtschwärmer vor sich zu haben. Aus dieser Täuschung ergeben sich ein Rendezvous, eine gemeinsame Fahrt nach Sanssouci – im Taxi! – und viele weitere Verwicklungen. Schließlich hält Hans bei Krüger um die Hand seiner Tochter an, meint aber Grete. Diese hört das Gespräch aus dem Vorzimmer mit, ist enttäuscht und verabredet sich mit einem Bankier. Da sie ausgerechnet das Lokal besuchen, in dem Hans serviert, wird der Abend für diesen zur Schmach. Er ertränkt seine Sorgen im Alkohol, wird entlassen, kehrt daher zu früh in sein Zimmer zurück – und findet die Angebetete in seinem Bett. Endlich können alle Mißverständnisse beseitigt und die Liebenden ein Paar werden.

Dem Genre der frühen Tonfilmoperette zuzurechnen, erweitert dieser Film deren formale Grenzen, ohne sie andererseits zu zerstören. Arbeit und Milieu werden ziemlich realistisch gezeichnet, gesellschaftliche Unterschiede und daraus sich ergebende Identitäten nicht verwischt. Gelungen ist auch die Figur eines Kinovorführers, der die Klischees des Unterhaltungsfilms ironisiert. Titel der französischen Version: *A moi le jour, à toi la nuit*, der englischen Version: *Early to bed.*   *tk*

Ich bin ein Elefant, Madame

BRD 1969

R: Peter Zadek; A: Robert Muller, Peter Zadek, Wolfgang Menge nach dem Roman *Die Unberatenen* von Thomas Valentin; K: Gerard Vandenberg; D: Wolfgang Schneider, Günther Lüders, Tankred Dorst, Heinz Baumann

Die Geschichte des Abiturienten Jochen Rull (W. S.), seiner Lehrer, Mitschüler und deren Eltern, sowie seiner Entwicklung vom angepaßt lernenden Klassenmitglied zum Provokateur, dessen scheinbar anarchistischen Herausforderungen Progressive wie Konservative dermaßen irritieren, daß er von der Schule entfernt wird.
Äußerer Anlaß für diese auf eine herkömmliche Erzähltechnik verzichtende Collage waren Demonstrationen und Blockaden, mit denen Bremer Schüler im Januar 1968 die Rücknahme von Tariferhöhungen bei öffentlichen Verkehrsmitteln erzwangen (im Verlauf der nächsten Monate folgten damals ähnliche Aktionen in anderen deutschen Städten). Zadek entwickelte einen mit Brechtschem Gedankengut angereicherten, bewußt vieldeutigen Musik- und Bildercocktail, in dem er keine Position bezieht, sondern Fragen stellt, statt sie zu beantworten. Der meist ironische Widerspruch zwischen Ton und Bild unterstreicht die inhaltliche Debatte um die komplexen Beziehungen zwischen den Ansprüchen des Individuums und denen von Staat und Gemeinschaft. Weil der Film ähnlich provoziert wie der Schüler Rull, blieben die Kinos leer. Trotzdem ist er ein über seine Zeit hinausreichender amüsanter Denkanstoß – solange der Zuschauer bereit ist, sich darauf einzulassen.   *hc*

Ich denke oft an Piroschka

BRD 1955

R: Kurt Hoffmann; A: Per Schwenzen, Joachim Wedekind, Hugo Hartung nach dem gleichnamigen Roman von Hugo Hartung; K: Richard Angst; D: Liselotte Pulver, Gunnar Möller, Wera Frydtberg, Gustav Knuth

Andreas (G. M.) erinnert sich an ein Jugenderlebnis, das er als Austauschstudent Mitte der zwanziger Jahre in Ungarn hatte. Auf einem donauabwärts fahrenden Schiff lernt er Greta (W. F.) kennen. Nach einer romantischen Nacht in Budapest trennen sich ihre Wege; Greta fährt zur Erholung an den Plattensee, Andreas in jenes kleine Dorf, wo er von seiner Gastfamilie schon freudig erwartet wird. Bereits wenige Tage später sind er und Piroschka (L. P.), die hübsche Tochter des Bahnhofsvorstehers (G. K.), einander nähergekommen. Ihre unbeschwerte Romanze wird unterbrochen, als Andreas eine Postkarte Gretas erhält und ihre Einladung an den Plattensee annimmt. Die eifersüchtige Piroschka folgt ihm heimlich. Kaum angekommen, wird Andreas von ihr mit Vorwürfen überschüttet. Während der gemeinsamen Zeit zu dritt werden Andreas seine wahren Gefühle bewußt, die allein Piroschka gelten. Für beide heißt es am Tag nach dem Erntefest schweren Herzens Abschied nehmen.
Der Lustspielspezialist Hoffmann porträtierte die jugendlichen Liebesverstrickungen mit der für ihn charakteristischen heiteren Versöhnlichkeit. Die romantische Komödie zeichnet sich durch ihre pointierte Alltagsbeschreibung und die dramaturgische Einbeziehung der stimmungsvollen Kulisse aus. Der inszenatorische Witz des Films bot Liselotte Pulver erstmals Gelegenheit, ihr Talent voll auszuspielen.   *mp*

Ich klage an

Deutschland 1941

R: Wolfgang Liebeneiner; A: Eberhard Frowein, Harald Bratt nach Motiven des Romans *Sendung und Gewissen* von Hellmuth Unger; K: Friedl Behn-Grund; D: Heidemarie Hatheyer, Paul Hartmann, Mathias Wieman, Christian Kayßler

Hanna Heyt (H. H.), die Frau des anerkannten Mediziners und Universitätsprofessors Thomas Heyt (P. H.), ist an Multipler Sklerose erkrankt, ohne daß Heilungschancen bestünden. Den mit der Familie befreundeten Hausarzt Dr. Lang (M. W.) bittet sie, ihrem Leiden ein Ende zu setzen und sie zu töten. Lang lehnt ab. Nun bittet Hanna ihren Mann um diesen Dienst. Da Thomas seine Frau sehr liebt, gibt er ihrem Wunsch nach und verabreicht ihr ein tödliches Gift. Dr. Lang ist anfänglich entsetzt, doch er revidiert seine Meinung schließlich, als bei einem Prozeß – zu dem es kommt, weil Heyt von einem Dienstmädchen angezeigt wird – die Hintergründe, Motive und Auswirkungen der Tat reflektiert werden. In seinem Schlußplädoyer klagt Heyt, der voll und ganz zu seinem Vorgehen steht, überholte Gesetze und deren Vollstrecker an.

Wolfgang Liebeneiners berüchtigter Euthanasie-Film ist vordergründig um differenzierte, abwägende Argumentation bemüht. Im Kern ist die Aussage allerdings genau festgelegt: Heyt wird als positiver, gar visionärer Held dargestellt, dem selbst sein Antipode Dr. Lang – nach einem Lernprozeß durch einen Fall in seiner eigenen Praxis – schließlich recht gibt: Wer sterben will, soll sterben dürfen. Es ging jedoch im NS-Staat ausdrücklich um die »Vernichtung unwerten Lebens«, bei dem nicht die Opfer selbst, sondern staatliche Instanzen die Tötung festsetzten. *Ich klage an* sollte in diesem Kontext wirken und die staatlich gelenkte Euthanasie ideologisch rechtfertigen, das demagogisch raffiniert gewählte Fallbeispiel aber verwischt auf perfide Weise die entscheidenden Fragestellungen.   *tk*

Ich liebe dich, ich töte dich

BRD 1971

R: Uwe Brandner; A: Uwe Brandner; K: André Dubreuil; D: Rolf Becker, Hannes Fuchs, Helmut Brasch, Marianne Blomquist

Dorflandschaft, Wiesen, Gasthof, Felsen, Sonnenuntergang, Baum, ein Toter, ein Jäger in

*Ich klage an
(Heidemarie Hatheyer,
Paul Hartmann)*

Großaufnahme, ein Junge auf einem Moped; dazu Geräusche: starker Wind, Kirchenglokken, Meßdiener-Glöckchen, Gewitter. Bilder und Laute, wie sie jeder kennt, aus der Wirklichkeit und vom Kino. Impressionen, scharf gegeneinander abgesetzt, aber doch zusammengehörend wie die Assoziationen der Erinnerung. So präsentiert sich diese »Bildergeschichte aus der Heimat«. Ein Heimatfilm, der in der Zukunft spielt – in einem Land, in dem Herren nicht mehr sichtbar werden. Per Hubschrauber fliegen sie zur Jagd ein und belohnen die ansässige Bevölkerung mit abgewofenem Spielzeug. Konflikte gibt es nicht; bunte Pillen ersticken aufwallende Emotionen im Keim. Meist herrscht Hitze, Ruhe, Trägheit. Jäger (R. B.) und Lehrer (H. F.) teilen die Dorfschönen ohne Eifersucht, ohne Rivalität. Echte Gefühle entspringen (wenn überhaupt) ihrer homosexuellen Beziehung. Doch dann beginnt der Lehrer zu wildern. Weil er dadurch die etablierte Ordnung gefährdet, wird er von seinem Liebhaber zur Strecke gebracht.

Dieser optisch schönste der sogenannten ›kritischen Heimatfilme‹ spielt mit vertrauten Konventionen und den Genre-Erwartungen der Zuschauer. Für seinen Regisseur liegt die Stärke des Kinofilms in dessen Fähigkeit, festgefahrenes optisches Klischeedenken, das als solches nicht mehr wahrgenommen wird, zu durchbrechen und eine Realität zu vermitteln, die über die tagespolitische hinausreicht. Brandners Film ist ein nachhaltiges Erlebnis.

hc

Ich und die Kaiserin

Deutschland 1933

R: Friedrich Hollaender; A: Walter Reisch, Robert Liebmann nach einer Idee von Felix Salten; K: Friedl Behn-Grund; D: Lilian Harvey, Mady Christians, Conrad Veidt, Heinz Rühmann, Julius Falkenstein, Friedel Schuster, Hubert von Meyerinck

Juliette (L. H.), die bevorzugte Friseuse von Kaiserin Eugenie (M. C.), borgt sich von der Kaiserin ein Strumpfband, verliert es jedoch im Wald. Das Band wird von einem Marquis

(C. V.) entdeckt, der bei einer Parforcejagd abgeworfen und schwer verletzt wird. In der Kaserne, wohin der Marquis gebracht wird, glaubt man, er werde die nächste Nacht nicht überleben. Nach seinem letzten Wunsch befragt, antwortet der Marquis, er möchte seine erste Liebe, Marianne von Montmarte, noch einmal treffen. Als Juliette die Kaserne betritt, hält man sie für Marianne und führt sie zum Marquis. Auf seinen Wunsch singt sie ein Lied und knöpft ihm das Strumpfband ab. Als der Marquis wieder gesund ist, sucht er in ganz Paris nach der Sängerin, da er ihre Stimme nicht vergessen kann. Schließlich findet er sie und gewinnt ihr Herz, denn Juliette merkt, daß ihr bisheriger Freund, der Dirigent Didier (H. R.), vorrangig um seine Karriere bemüht ist.

Mit musikalischem und visuellem Witz illustrierte das Regiedebüt des legendären Filmkomponisten Friedrich Hollaender die höfischen Liebes- und Intrigenspiele. Diese Tonfilmoperette mit parodistischem Einschlag war Hollaenders letzte deutsche Filmarbeit, bevor er wegen seiner jüdischen Herkunft in die USA emigrierte. Titel der englischen Version: *The only girl*, der französischen Version: *Moi et l'impératrice*.

tk

Ich und Du

BRD 1953

R: Alfred Weidenmann; A: Herbert Reinecker, Alfred Weidenmann nach einem Hörspiel von Christian Bock; K: Franz Weihmayr; D: Hardy Krüger, Liselotte Pulver, Doris Kirchner, Lucie Mannheim, Peer Schmidt

Peter Erdmann (H. K.) sucht in einer Schallplattenhandlung eine Melodie, die ihm nicht aus dem Kopf geht. Und findet nicht nur diese, sondern in der ihm dabei behilflichen Verkäuferin Brigitte (L. P.) die Frau fürs Leben. Nach der standesamtlichen Liebesheirat kann auch akuter Geld- und Wohnungsmangel – beide finden bei »Tante« Gruber (L. M.), Brigittes Quartiergeberin, in zwei nebeneinanderliegenden Kleinzimmern ein gemeinsames Dach über dem Kopf – das große Glück (zunächst) nicht verhindern. Doch mit dem Alltag machen sich auch die menschlichen Schwächen immer mehr bemerkbar: Brigitte ist schlampig und kann mit Geld nicht umgehen, Peter ist jähzornig und außerdem von seinem Hobby, dem Boxen, besessen. Als ihm nach einer der vielen kleinen Zwistigkeiten die Hand ausrutscht, ist der große Ehekrach da. Diesmal ist aber keiner der Streithähne zu einer von beiden sonst so goutierten Versöhnung bereit: Brigitte flirtet mit ihrem Chef und dem Musiker Charly (P. S.), Peter mit Brigittes Freundin Marianne (D. K.). Und da beide über alle Maßen stur sind, heißt es: Scheidung! Beider Einkommen ist jedoch nicht gestiegen, und so wohnen sie weiterhin Tür an Tür bei »Tante« Gruber. Sie bemühen sich nach außen hin um höfliche Distanz und spielen sogar Peters Mutter, der er die Trennung nicht einzugestehen wagt, bei ihrem Zwischenaufenthalt in München das glückliche Ehepaar vor. Dabei erkennen Peter und Brigitte, daß sie einander nie zu lieben aufgehört haben: sie heiraten (wieder), Brigitte diesmal im weißen Hochzeitskleid.

Alfred Weidenmann, ein Regisseur mit Gefühl für die Jugend und das jugendliche Publikum seiner Zeit, inszenierte diese in München angesiedelte Jungehe-Komödie mit viel Einfühlungsvermögen und leichter Hand. Vor allem das frische Spiel von Hardy Krüger, Liselotte Pulver und der großen Lucie Mannheim als mütterlich-tolerante Vermieterin machen den Film zum sehenswerten Beispiel seines Genres.   *ps*

Ich war neunzehn

DDR 1968

R: Konrad Wolf; A: Wolfgang Kohlhaase, Konrad Wolf; K: Werner Bergmann; D: Jaecki Schwarz, Alexej Ejbochenko, Kalmursa Rachmanow, Jenny Gröllmann

1945 kehrt Gregor Hecker (J. S.), dessen Eltern mit ihm vor dem Nationalsozialismus in die Sowjetunion geflohen waren, 19jährig als Leutnant der Roten Armee nach Deutschland zurück. In einem Aufklärungstrupp, der zur Kapitulation aufruft, erlebt er während gefährlicher Einsätze im Vorfeld der sowjetischen Einheiten die Heimat seiner Vorfahren in den Wirren der letzten Kriegstage. Er wird vorübergehend Stadtkommandant von Bernau, ist bei der Übernahme des Konzentrationslagers Sachsenhausen dabei und als dolmetschender Unterhändler in der belagerten Zitadelle von Spandau. Er nimmt an der vorweggenommenen Siegesfeier zum 1. Mai im Schloß Sanssouci teil und gerät bei unzähligen Begegnungen

Ich war neunzehn
(Jaecki Schwarz,
Dieter Mann)

mit Deutschen und Russen in dramatische, tragische, absurde, geschichtsträchtige – auch komische – Situationen, in denen er handeln muß und die in ihrer Gesamtheit sein Bild von Deutschland formen, für – und nicht allein gegen – das zu kämpfen er als seine Aufgabe akzeptieren lernt.

Konrad Wolf hat seine Erlebnisse als 19jähriger Leutnant der Roten Armee während des Einmarsches in Deutschland in diesem Film, seinem autobiographischsten, tagebuchähnlich und doch filmisch erzählt – mit Orts- und Datumsangaben und eingefügtem Dokumentarfilmmaterial, um »den Menschen von heute alles so zu zeigen, wie es wirklich war«. Dabei bemühte sich Wolf erfolgreich, Klischees zu vermeiden. *ms*

Ich will leben

Österreich 1976

R: Jörg A. Eggers; A: Jörg A. Eggers; K: Walter Kindler; D: Kathina Kaiser, Heinz Bennent, Gerhard Decker, Michael Schwanda, Sonja Sutter, Alwy Becker, Elisabeth Epp, Michael Janisch

Ein Schicksalsschlag trifft das großbürgerliche Ehepaar Mach, den Universitätsprofessor Dr. Wolfgang Mach (H. B.) und seine Frau Antonia (K. K.), eine Ex-Schauspielerin. Ihr 11jähriger Sohn Niki (G. D., später M. S.) wird bei einem Autounfall schwer verletzt, überlebt – mit einem Schädel-Hirntrauma – und ist fortan schwer körperlich und geistig behindert und an den Rollstuhl gefesselt. Die Mutter will nicht wie ihr Mann, der als Neurologe von der Aussichtslosigkeit von Nikis Zustand überzeugt ist, resignieren. Sie nimmt den Kampf um das Wohlergehen ihres Kindes auf – gegen das Unverständnis ihrer Bekannten und Freundinnen (u. a. S. S.), die ihr nur halbherzige Ratschläge oder deprimierendes Mitleid entgegenbringen. Ihre Ehe zerbricht, Antonia findet in der Liebe zu Niki und der Liebe, die ihr das sprachlose Kind entgegenbringt, neuen Lebenssinn.

Ich will leben behandelt die Problematik eines behinderten Kindes in der Familie unter Verzicht auf Dokumentarismus – die Handlung ist bewußt in einer ökonomisch heilen Welt angesiedelt. Gefühlvoll, sensibel und in raffiniert einfachen Bildern zeigt der Film, wie eine Mutter ihre Ängste und Hoffnungen um ihr behindertes Kind objektiviert. *ps*

Ihre Hoheit befiehlt

Deutschland 1931

R: Hanns Schwarz; A: Paul Franck, Billie (Billy) Wilder, Robert Liebmann; K: Günther Rittau, Konstantin Irmen-Tschet; D: Käthe von Nagy, Willy Fritsch, Reinhold Schünzel, Paul Heidemann

Bei einem Gesindeball lernen sich zwei junge Menschen aus der gehobenen Gesellschaft kennen. Es sind Prinzessin Marie-Christine (K. v. N.) und Leutnant Karl von Conradi (W. F.), doch sie geben sich als Maniküre Mizzi und Delikatessenverkäufer Karl aus. Mizzi hinterläßt Karl eine Nachricht und verschwindet unbeobachtet, damit der Verehrer ihr Doppelspiel nicht durchschaut. Am folgenden Tag stellt die Prinzessin fest, daß Karl in einem ihr unterstellten Regiment dient. Weil sein Vorgesetzter ihn anschnauzt, weist Marie-Christine den Staatsminister Graf Herlitz (R. S.) an, Karl zu befördern. So erlebt Karl einen schnellen Aufstieg, ohne zu ahnen, wer dahintersteckt. Um eine nicht standesgemäße Hochzeit der Prinzessin zu verhindern, befördert Herlitz Karl zum General, wenn er der Prinzessin sein Desinteresse kundtut. Enttäuscht willigt Marie-Christine in die Verlobung mit einem langweiligen Fürsten (P. H.) ein. Doch dann kommt doch noch alles anders, Marie-Christine verzichtet auf ihr Leben am Hof und wird mit Karl glücklich.

Eine turbulente, einfallsreiche Veralberung höfischer Sitten und Umgangsformen, an der neben dem ausgezeichneten Ensemble die geschickte Einbettung der Musik (Werner Richard Heymann) und die elegante Inszenierung hervorsticht. Im Verbund mit seinen Co-Autoren hat Billie Wilder eine gelungene Melange aus Verwechslungslustspiel, Parodie und demaskierender Farce geschaffen. Bei seinem einzigen Auftritt zum Schluß des Films entpuppt sich Ihre Hoheit der König als Dreikäsehoch, der über seinen angebrannten Grießbrei zürnt. Titel der französischen Version: *Princesse, à vos ordres.*   tk

Im Lauf der Zeit

BRD 1976

R: Wim Wenders; A: Wim Wenders; K: Robby Müller; D: Rüdiger Vogler, Hanns Zischler, Lisa Kreuzer

Am Ufer der Elbe beobachtet ein Mann, der sich im Rückspiegel eines Lastwagens rasiert, wie ein VW mit vollem Tempo in den Fluß fährt. Ehe der Wagen im Wasser versinkt, entsteigt ihm der Fahrer durch das Sonnendach und schwimmt ans Ufer. Damit beginnt die Bekanntschaft zwischen dem Kinotechniker Bruno Winter (R. V.) und dem Logopäden Robert Lander (H. Z.) und ihre gemeinsame Reise durch die Provinz entlang der deutschdeutschen Grenze. Auf dieser Fahrt wird der Kino-Notstand außerhalb der Ballungszentren ebenso deutlich wie die Kommunikationsschwierigkeiten zwischen den Geschlechtern und Generationen. Bruno und Robert trennen sich wieder, nachdem sie sich im alkoholisierten Zustand die Gründe für ihre Schwierigkeiten mit Frauen vorgerechnet haben.
Wenders' Road Movie über Männerfreundschaften erlangte in den siebziger Jahren Kult-

status und kann als Gegenstück zu den Selbstfindungs-Arbeiten feministischer Filmemacherinnen angesehen werden. Wim Wenders ging nicht von einem fertigen Drehbuch, sondern einem dreiseitigen Manuskript aus, das er mit Hilfe eines aufeinander eingespielten Teams während eines Zeitraums von vier Monaten in einen dreistündigen, ausschließlich an Originalschauplätzen aufgenommenen Film umsetzte, der auch Dokument eines inzwischen nicht mehr existierenden, innerdeutschen Grenzzustands ist.   hc

In jenen Tagen

BRD 1947

R: Helmut Käutner; A: Helmut Käutner, Ernst Schnabel; K: Igor Oberberg; D: Winnie Markus, Werner Hinz, Gisela Tantau, Alice Treff, Franz Schafheitlin, Hans Nielsen, Ida Ehre, Willy Maertens, Erica Balqué, Eva Gotthardt, Hermann Speelmans, Margarete Haagen, Isa Vermehren, Carl Raddatz, Bettina Moissi

Der Film erzählt in sieben Episoden die Geschichte eines Autos in den Jahren 1933 bis 1945, oder besser: das Leben jener Menschen, die es besaßen. – 1. Sybille (W. Mar.) entscheidet sich am Tag der Machtergreifung Hitlers zu spät für jenen Mann (W. H.), den sie wirklich liebt. Als Verfolgter ist er bereits nach Südamerika gegangen. – 2. Als ein junges Mädchen (G. T.) entdeckt, daß ihre Mutter (A. T.)

In jenen Tagen
(Bettina Moissi, Carl Raddatz)

*Das indische Grabmal
(Hans Stüwe, Kitty Jantzen,
Alexander Golling)*

den geliebten Vater (F. S.) betrügt, schmiedet sie Rachepläne; doch nur so lange, bis sie erfährt, daß es sich bei dem Geliebten ihrer Mutter (H. N.) um einen vom Regime verfolgten Komponisten handelt. – 3. Ein älteres Ehepaar (I. E., W. Mae.) geht gemeinsam in den Tod, nachdem die Bedrohung für die jüdische Frau offenbar geworden ist. – 4. Eine Ehefrau erfährt (E. B.), daß ihr Mann der Geliebte ihrer Schwester Ruth (E. G.) war und gemeinsam mit dieser Mitglied einer Widerstandsbewegung. Trotzdem läßt sie sich – als sie vom Tode ihres Mannes erfährt – anstelle ihrer Schwester von der Gestapo verhaften. – 5. Der Fahrer des Wagens (H. S.) wird bei einer nächtlichen Fahrt durch russisches Partisanengebiet getötet. – 6. Frau von Thorn (M. H.), deren Sohn an der Verschwörung vom 20. Juli 1944 beteiligt gewesen ist, versucht aus Berlin zu fliehen. Trotz der Hilfe des Dienstmädchens Erna (I. V.) wird das Auto angehalten und die alte Frau verhaftet. – 7. In den letzten Kriegstagen bringt der Kradmelder Josef (C. R.) das Flüchtlingsmädchen Maria (B. M.) mitsamt ihrem Kind nach Hamburg und handelt dabei befehlswidrig. Er wird verhaftet und soll als Deserteur erschossen werden. Aber ein Posten hat Mitleid und läßt Josef laufen.
Helmut Käutners erster Nachkriegsfilm entstand an Originalschauplätzen unter schwierigen Bedingungen. Trotzdem ist *In jenen Tagen* nicht der Tradition des neorealistischen Films – oder, in der deutschen Variante, des Trümmerfilms – verpflichtet. Vielmehr hat Käutner versucht, durch die gleichnishaften, chronologisch geordneten Episoden, durch die Botschaft seines gesprochenen Kommentars, sowie durch die Rollenbesetzung des Films – es spielen prominente NS-Schauspieler wie auch von den Nationalsozialisten Verfolgte mit – zu einer kollektiven Aussöhnung beizutragen. Daß daraus ein atmosphärisch dichtes Plädoyer für die Menschlichkeit entstand, ist nicht zuletzt dem inszenatorischen Einfallsreichtum des Regisseurs und vor allem seinem Talent im Umgang mit Schauspielern zuzuschreiben. *mp*

▬▬

Das indische Grabmal
Teil 1: Der Tiger von Eschnapur
Teil 2: Das indische Grabmal

Deutschland 1938

R: Richard Eichberg; A: Arthur Pohl, Hans Klaehr, Richard Eichberg nach dem Roman *Das indische Grabmal* von Thea von Harbou; K: Ewald Daub, Hans Schneeberger, H. O.

Schulze, W. Mayer-Bergelt; D: Frits van
Dongen, Kitty Jantzen, La Jana, Hans Stüwe,
Gustav Dießl, Alexander Golling

Der Maharadscha von Eschnapur (F. v. D.) beauftragt den Architekten Fürbringer (H. S.), ein
monumentales Grabmal zu bauen, das seiner
Frau, der Maharani (L. J.), als letzte Ruhestätte
dienen soll. Diese läßt sich jedoch mit dem Europäer Demidoff (G. D.) ein, flieht vor den Gehilfen ihres rachsüchtigen Gatten, kehrt später
indes zu diesem zurück. Auch Fürbringer und
seine Frau (K. J.) geraten in ein Netz von Aben-
teuern und Intrigen. Zudem will Prinz Ramigani (A. G.) den Maharadscha stürzen. Als dieser während des Putsches erschossen werden
soll, stellt sich die Maharani schützend vor ihn
und stirbt an der Kugel, die ihrem Mann galt.
Fürbringer tötet Ramigani im Zweikampf.
Exotische Schauplätze und Abenteuer, Intrige
und Verrat, Romanze und Rachsucht: Aus diesen Ingredienzen erprobter amerikanischer
Vorbilder und tradierter Trivialromantik der
deutschen Populärliteratur mixte dieser monumentale Abenteuerfilm in zwei Teilen einen
publikumswirksamen Cocktail. Die Grenze
zum Kitsch wird in diesem Spektakel, das zu
den aufwendigsten deutschen Produktionen
der dreißiger Jahre zählt, mehr als nur ge-
streift, doch das gehört zu den Charakteristika
des Genres. Betörend elegant ist die Tänzerin
La Jana als stolze, leidenschaftliche Maharani.
Titel der französischen Version: *Le tigre du Bengale*, Teil 1: *Le tigre du Bengale*, Teil 2: *Le tombeau
hindou*.   *tk*

███

Insel der Schwäne

DDR 1983

R: Herrmann Zschoche; A: Ulrich Plenzdorf
nach dem gleichnamigen Roman von Benno
Pludra; K: Günter Jaeuthe; D: Axel Bunke,
Mathias Müller, Sven Martinek, Britt
Baumann, Kerstin Reiseck, Ursula Werner,
Christian Grashof, Wibke Hollersen

Der 14jährige Stefan (A. B.) zieht mit seiner
Mutter (U. W.) und der kleinen Schwester
(W. H.) aus der Landidylle, wo er seine Kind-

heit verbracht hat, zum Vater (C. G.), der als
Bauarbeiter im Neubaugebiet Berlin-Marzahn
eine Wohnung erhält. Einige Autostunden
bringen ihn von der ›Insel der Schwäne‹ in ein
20stöckiges Hochhaus, umgeben von Baustelle
und Beton. Stefan, der so oft wie möglich zurück möchte, bleibt nichts anderes übrig, als
sich seinem neuen Umfeld zu stellen, was er
auch tut. Als der gleichaltrige Hubert
(M. M.) den Hydranten im Haus aufdreht und
nicht wieder zukriegt, nimmt Stefan die
Schuld für die dadurch verursachte Überschwemmung auf sich und steht seinem unsi-
cheren Freund auch gegen den älteren Schüler
›Windjacke‹ (S. M.) bei, hinter dessen beflisse-
nem Verhalten er einen bösartigen, machtbesessenen Charakter erkennt. Seine Mitschüle-
rinnen Rita (B. B.) und Anja (K. R.) wollen ihn
beide zum Freund und beschließen, »ihn zu
teilen«. Nach einem Streit schwört ›Windjacke‹
Hubert Rache, lockt ihn in einen Rohbau und
droht, ihn in den Fahrstuhlschacht zu stürzen.
Dabei verliert er selbst das Gleichgewicht. Stefan versucht verzweifelt, den am Abgrund
hängenden ›Windjacke‹ festzuhalten. Mit diesem Bild endet der Film. Ursprünglich sah
man, wie Stefan ›Windjacke‹ fallen läßt; dieses
Ende wurde jedoch als zu negativ kritisiert
und zugunsten des jetzigen positiv-offenen
Endes herausgeschnitten.
Mit seiner etwas bemüht dramatischen Geschichte zielt dieser Film auf Lebensgefühl
und Sehgewohnheiten von Jugendlichen; in
dieses Konzept gehört auch das dramaturgisch
folgenlose Auftreten einer Rockgruppe. Seinerzeit kritisiert wurde Zschoches Schilderung
der großen Neubaugebiete. Obwohl in dieser
Hinsicht sehr authentisch und treffend, wurde
dem Film vorgeworfen, die Wirklichkeit und
das zentrale Wohnungsbauprogramm der SED
zu verzerren.   *ms*

███

Die Insel der Seligen Ⓢ

Deutschland 1913

R: Max Reinhardt; A: Arthur Kahane;
K: Friedrich Weinmann; D: Wilhelm
Diegelmann, Willy Prager, Gertrud Hackelberg,
Lore Wagner, Werner Lotz, Ernst Hoffmann

Zwei hübsche junge Freundinnen, »das muntere Mädchen« (G. H.) und »das scheue Mädchen« (L. W.) treffen am Meeresgestade zwei junge Männer, den »kecken Jüngling« (W. L.) und den »verträumten Jüngling« (E. H.). Doch die Väter der Mädchen (W. D., W. P.) wollen von der sich anbahnenden Verbindung nichts wissen, denn sie haben ihre Töchter schon zwei Skatbrüdern versprochen. Die Mädchen fliehen vor den Vätern auf eine einsame Insel, die Jünglinge folgen ihnen nach, und bald darauf tauchen auch die Väter und deren zwei Skatfreunde auf. Auf der Insel treiben aber Gott Amor, Meeresgott Neptun, die reizende Circe sowie eine Reihe weiterer Nymphen, Faune und Najaden ihr Unwesen. Bald finden sich die Menschen in einem lustvollen, verspielten Genuß- und Liebesreigen mit den Fabelwesen wieder. Zum Schluß bringt Amor die jungen Liebenden zusammen, die Väter werden in zwei kleine Schweinchen verwandelt, Menschen und Götter vereinigen sich zu einem ausgelassenen Triumphzug.

Pantomimische Gruppendarstellungen bildeten den Schwerpunkt von Reinhardts allegorischer Groteske, seiner vergnüglich-kabarettistischen Mythologie. Der visuelle Stil des Films – der Maler Paul von Schlippenbach war als Berater beigezogen worden – orientierte sich am modischen Neoklassizismus und an der Neoromantik. Pittoresk und surreal, phantastisch und von kindlicher Naivität wie *Die Insel der Seligen* war auch *Eine venezianische Nacht* (1914), die zweite Stummfilmburleske des Theatergenies Max Reinhardt.   *k*

J

Jadup und Boel

DDR 1981

R: Rainer Simon; A: Paul Kanut Schäfer nach seinem Roman *Jadup*; K: Roland Dressel; D: Kurt Böwe, Katrin Knappe, Michael Gwisdek, Christian Böwe, Timo Jacob

In der altmärkischen Kleinstadt Wickenhausen gerät Bürgermeister Jadup (K. B.) nach einem Gespräch mit dem angereisten Antiquitätenaufkäufer Gwissen (M. G.) in innere und äußere Konflikte: Die lange Zeit verdrängte Vergangenheit und das Flüchtlingsmädchen Boel kommen ihm und den anderen Stadtbewohnern wieder zu Bewußtsein. Boel (K. K.) war 1945 vergewaltigt worden, hatte jedoch den Namen des Täters verschwiegen, auch dem Freund und eifrigen jungen Genossen Jadup (C. B.) gegenüber, der als einziger Boels Liebe zu ihm nicht bemerkt hatte. Vom ständigen Fragen gequält, verschwand sie spurlos, und Jadup kam ins Gerede, weil er Boel in der schweren Zeit nicht zur Seite gestanden hatte. Nun flammen die Gerüchte neu auf. Jadup schlägt der SED-Kreisleitung deswegen vor, ihn von seinem Amt zu entbinden, was jedoch abgelehnt wird. Sein Sohn Max (T. J.) kommt im »Club der jungen Historiker«, wo er sich ebenfalls zwischen verschiedenen Loyalitäten entscheiden soll, in eine vergleichbar schwierige Situation. Jadup bekennt sich zur individuellen Bewältigung der Vergangenheit und ehrlichen Auseinandersetzung mit der ›sozialistischen Wirklichkeit‹.

In der tiefen Krise des Bürgermeisters Jadup spiegelte der Film auf mehreren Ebenen diejenige der sozialistischen Gesellschaft. Nach internen Diskussionen wurde er im Vorfeld des X. Parteitages der SED für ein Jahr zurückgestellt, gelangte tatsächlich aber erst 1988 in ausgewählte Kinos. Der restriktive Umgang mit dem Film und seinen Schöpfern hatte nachhaltige Wirkung auf die Arbeitsatmosphäre im DEFA-Spielfilmstudio.   *ms*

Jagdszenen aus Niederbayern

BRD 1969

R: Peter Fleischmann; A: Peter Fleischmann nach dem gleichnamigen Bühnenstück von Martin Sperr; K: Alain Derobe; D: Martin Sperr, Angela Winkler, Else Quecke, Michael Strixner, Maria Stadler, Gunja Seiser, Hanna Schygulla

Beim Tanzfest gibt der Bürgermeister für die Gemeinde eine Runde aus. Der gemütliche Pfarrer leert vorm Gasthaus eine Maß. Man trifft sich sonntags plaudernd nach der Kirche. Bilderbuchmomente aus der deutschen Dorfheimat. Dahinter Häme, Tratschsucht, Eifersüchteleien. Wer sich nicht anpaßt, nicht dazugehört, muß weg: Die Türken, weil Rezession herrscht; Hannelore (A. W.), weil sie jung ist und alle Männer an sich ranläßt; Abram (M. S.), weil er homosexuell ist. Zwischen Ernte, Schlachtfest und Brotzeiten hetzt die gesamte Gemeinde den von seiner Mutter verleugneten Abram durch nebelverhangene Wälder, weil er die (angeblich) von ihm geschwängerte Hannelore niedergestochen hat.
Indem Fleischmann Martin Sperrs Theatererfolg von 1966, der in den späten vierziger Jahren spielt, in die Gegenwart verlegt, verweist er mit dokumentarischer Schärfe auf gesellschaftliche Kontinuität und das Fortbestehen von Mentalitäten, ähnlich wie es 1975 auch Volker Schlöndorff in seinem Film *Die verlorene Ehre der Katharina Blum* getan hat. Trotz einiger Klischees würde es Fleischmanns soziologische Parabel verdienen, vom breiten Publikum wiederentdeckt zu werden.   *hc*

Das Jahr des Herrn
(Kraft der Liebe)

Österreich 1950

R: Alfred Stöger; A: Karl Heinrich Waggerl, Ulrich Bettac nach dem gleichnamigen Roman von Karl Heinrich Waggerl; K: Sepp Ketterer; D: Karl Haberfellner, Käthe Gold, Ewald Balser, Lilly Stepanek, Josef Meinrad, Ulrich Bettac

Der zwölfjährige David (K. H.) lebt im Armenhaus, denn seine Mutter Monika (K. G.) hat nach der Geburt ihres unehelichen Kindes das heimatliche Dorf verlassen und ist in die Stadt gegangen. So haben der Pfarrer (E. B.) und die Krämerin (L. S.) die Sorge um den Jungen auf sich genommen. David ist aufgeweckt und gottesfürchtig, doch kann es auch passieren, daß er beispielsweise die Begrüßungszeremonie für den Bischof (U. B.) gehörig durcheinanderbringt. Eines Tages kehrt Monika überraschend zurück, um ihren Sohn mit sich zu nehmen; David jedoch läuft davon. Sein Entschuldigungsbrief fällt Monikas Lebensgefährten Karl (J. M.) in die Hände. Weil er glaubt, betrogen worden zu sein, möchte Karl nun nichts mehr von ihr wissen. Gänzlich niedergeschlagen kommt Monika erneut ins Dorf zurück, und nur den resoluten Bemühungen der Krämerin ist es zu verdanken, daß alles ein gutes Ende nimmt: Am Heiligen Abend besucht Karl Monika und David. Er wird sich um seine neue Familie kümmern.
Lebendige Charakterporträts und stimmiger Naturalismus sind die hervorstechenden Qualitäten dieses volkstümlichen Films, der ganz der katholischen Kirche und dem guten Herz der Menschen vertraut. Darüber hinaus überrascht er durch die ambitionierte erzählerische Gestaltung in den Rückblenden – sie veranschaulichen Monikas schweren Lebensweg – und die Inszenierung einer Traumsequenz.   *mp*

Jaider – der einsame Jäger

BRD 1971

R: Volker Vogeler; A: Volker Vogeler, Ulf Miehe; K: Gerard Vandenberg; D: Gottfried John, Rolf Zacher, Sigi Graue, Louis Waldon

Nach dem Ende des deutsch-französischen Kriegs von 1870/71 kehrt Jaider (G. J.) in seine bayerische Heimat zurück, findet dort keine Arbeit und wird so zum Wilderer. Bald hat er einen legendären Ruf und genießt die Sympathie der Bevölkerung, weil er sich gegen die feudale Obrigkeit stellt. Diese setzt Militär ein, um des Rebells habhaft zu werden, doch Jaider gelingt immer wieder die Flucht. Von dem Jäger Baptist Meyer (R. Z.), der im Dienst des Grafen steht, wird er in einen Hinterhalt gelockt und angeschossen. Aus einer zweiten Falle entkommt Jaider unverletzt, doch Meyer erschießt heimtückisch die Geliebte des Wilderers. Als er auch noch Jaiders Bruder Georg (S. G.) bestialisch ermordet, kommt für der Wilderer der Tag der blutigen Rache. Er überwältigt Meyer, sperrt ihn in eine Scheune und steckt sie in Brand.

Zu Beginn der siebziger Jahre entstand im Neuen deutschen Film eine Reihe kritischer Heimatfilme, darunter Volker Vogelers Kinodebüt, mit dem der Regisseur sein bereits in zahlreichen (TV-)Kurzfilmen erprobtes Talent in einer geschickten Mischung aus Emotionalität, Action und Engagement unter Beweis stellte. Vogeler erzählte das Wildererdrama geradlinig und mit deutlicher Anlehnung an den Italo-Western – etwa in der Gestaltung der Actionszenen und in der Typisierung visueller Chiffren – und reicherte es glaubhaft durch sozialkritische Akzente an. *ik*

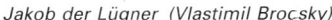

Jakob der Lügner

DDR 1974

R: Frank Beyer; A: Jurek Becker; K: Günter Marczinkowsky; D: Vlastimil Brodsky, Erwin Geschonneck, Henry Hübchen, Manuela Simon, Blanche Kommerell, Hermann Beyer, Armin Mueller-Stahl

Während eines Abendspazierganges wird Jakob Heym (V. B.), der 1944 im jüdischen Ghetto nur von den einfachen Freuden seiner menschenwürdigen Vergangenheit träumen kann, aufs Gestapo-Revier geschickt, wo er – weil angeblich noch nach 8 Uhr auf der Straße – ›um gerechte Bestrafung bitten‹ soll. Es ist noch gar nicht so spät, und dennoch kommt es dem ehemaligen Kartoffelpufferbäcker wie ein Wunder vor, als man ihn dort schließlich wieder gehen läßt. Am nächsten Tag gebraucht er bei der Arbeit am Bahnhof seinem jungen Leidensgefährten Mischa (H. H.) gegenüber eine

Jakob der Lügner (Vlastimil Brocsky)

Notlüge. Er gibt ihm die im Gestapo-Revier aufgeschnappte Rundfunkmeldung weiter, nach der die Rote Armee bereits bei Bezanika kämpft. Um seine Informationen glaubhaft zu machen, behauptet Jakob, verbotenerweise ein Radio zu besitzen. Die vertrauliche Nachricht, die ein Ende des Ghetto-Daseins absehbar zu machen scheint, verbreitet sich unter den Insassen wie ein Lauffeuer mit vielfachen Folgen: Jakob muß nun ständig neue hoffnungmachende Radiomeldungen erfinden, wodurch es im Ghetto zu keinem Selbstmord mehr kommt. Als er sich nach einigen vergeblichen Versuchen, den Lügenkreis zu durchbrechen, seinem alten Freund Kowalski (E. G.) offenbart, erhängt sich dieser. Die kleine Lina (M. S.), die Jakob bei sich versteckt hält, geht dank kindlicher Naivität auf sein für sie veranstaltetes ›Radiospielen‹ ein. Als schließlich alle Ghettobewohner ins KZ transportiert werden, fragt sie ihn verwundert, ob es denn nicht stimme, daß die Wolken – wie im gehörten Märchen – aus Watte seien.

Indem Beyer und Becker konsequent auf historische Authentizität verzichten, können sie die Geschichte von Hoffnung, Traum, Lüge und Realität im Ghetto auf menschlich bewegende und beeindruckende Weise schildern. *Jakob der Lügner* stellt einen künstlerischen Höhepunkt in der Tradition des antifaschistischen DEFA-Films und im Werk des Regisseurs Frank Beyer dar, wurde auf den Berliner Filmfestspielen 1975 mit dem Preis für den besten Hauptdarsteller ausgezeichnet und als einziger Film in der Geschichte der DEFA für den Oscar nominiert. *ms*

Jan auf der Zille

DDR 1986

R: Helmut Dziuba; A: Helmut Dziuba, Hans-Albert Pederzani nach der gleichnamigen Erzählung von Auguste Lazar; K: Helmut Bergmann; D: Peter Scholz, Helene Anders, Hartmut Pohl, Peter Sodann, Hermann Beyer, Siegfried Voß, Volkmar Kleinert, Heide Kipp, Joachim Konrad

1934 fährt der 13jährige Jan (P. S.), dessen Mutter vor einem Jahr gestorben ist, nach Bitterholm an der Elbe, wo ihn sein Vater aufnehmen will. Die Polizei dort teilt Jan jedoch mit, daß der Vater als Kommunist zum Mörder geworden und auf der Flucht ertrunken sei. Jan, der seinen Vater lange nicht gesehen hatte, ist erschüttert. Von der Tante (H. K.) ungern aufgenommen, wird Jan überall ausgeschlossen. Nur der etwas ältere Junge Max (H. P.) geht auf ihn ein, gibt sich schließlich als Gefährte des Vaters in einer illegalen Fluchthilfegruppe zu erkennen und klärt Jan über die Lüge der Polizei auf. Er führt ihn zu einem Genossen (J. K.), der von einem gut informierten »Mann auf der Zille« – einem leichten (Fracht-)Kahn – berichtet, bevor er zusammen mit Max von einer Streife erschossen wird. Jan flieht zum Fluß und ertrinkt beinahe beim Versuch, sich auf eine Zille zu retten. Als er in deren Kajüte erwacht, glaubt er im Bootsmann Martin (P. S.) den gesuchten Mann gefunden zu haben. Das etwa gleichaltrige Mädchen Erika (H. A.), Tochter des Schiffseigners (S. F.), der den inzwischen gesuchten Jan als ›Neffen vom Bootsmann‹ auf dem Kahn behalten muß, macht ihm seinen Irrtum klar. Der »Professor« (H. B.), Erikas Lehrer, gibt sich im Alkoholrausch als Spitzel zu erkennen: »Eigentlich seid ihr alle schon tot!« Auf sich alleingestellt, stößt Jan den betrunkenen Verräter vom fahrenden Kahn ins Wasser. Jan verläßt das Schiff, findet den »Mann auf der Zille« (V. K.), der ihn zum Vater bringen kann, und nimmt von dessen Schiff aus Abschied von Erika.

Helmut Dziubas Film, der auf hohem künstlerischen Niveau die existentielle Bedrohung des Menschen durch den Faschismus schildert, möchte wie andere Filme des Regisseurs Geschichtsbewußtsein und Gegenwartsorientierung der nachwachsenden Generationen fördern. Eine konfliktreiche Handlung, die Identifikation mit einfühlsam gestalteten Kinderfiguren und differenzierte Charakterzeichnungen in atmosphärisch dichtem Milieu vermögen Interesse und Spannung zu erzeugen.

ms

Jeder stirbt für sich allein

BRD 1976

R: Alfred Vohrer; A: Miodrag Cubelic, Anton Czerwik nach dem gleichnamigen Roman von Hans Fallada; K: Heinz Hoelscher; D: Hildegard Knef, Carl Raddatz, Martin Hirthe, Gerd Böckmann

Der Handwerker Otto Quangel (C. R.) und seine Frau Anna (H. K.) führen im Berlin der frühen vierziger Jahre ein normales, unpolitisches Leben. Als jedoch ihr einziger Sohn auf dem Frankreichfeldzug stirbt, gerät für beide die Welt aus den Fugen. Der Tod des geliebten Kindes läßt das alternde Paar beinahe verzweifeln – und umdenken. Ohne auf ihr Leben Rücksicht zu nehmen, leisten Otto und Anna auf ihre eigene Art Widerstand gegen das NS-Regime: Sie verschicken anonym Postkarten und verbreiten so regimefeindliche Parolen. »Der Führer hat meinen Sohn ermordet«, steht beispielsweise auf einer Karte. Doch bald kommt die Gestapo den unauffälligen Verschwörern auf die Schliche; Otto und Anna Quangel werden verhaftet.
Routinier Alfred Vohrer – vor allem durch Edgar-Wallace-Verfilmungen und Adaptionen von Romanen Johannes Mario Simmels hervorgetreten – lieferte mit dieser stillen Alltagstragödie sein künstlerisch anspruchsvollstes Werk. Zwar etwas sentimental angelegt, aber ohne reißerische Momente, wird die Filmadaption Falladas Vorlage nahezu gerecht. Besonders eindringlich ist die konzentrierte und schnörkellose Rollengestaltung Hildegard Knefs.   *tk*

Jenseits der Straße ⓢ

Deutschland 1929

R: Leo Mittler; A: Willy Döll, Jan Fethke; K: Friedl Behn-Grund; D: Lissi Arna, Paul Rehkopf, Fritz Genschow, Friedrich Gnass, Siegfried Arno, Margarete Kupfer

Ein gutsituierter Mann sitzt im Kaffeehaus und liest Zeitung. Er interessiert sich mehr für die Beine einer Frau in seiner Nähe als für eine Zeitungsmeldung über den Tod eines alten Bettlers. Der Film berichtet, wie es zum Tod des Bettlers kam: Der Bettler (P. R.) haust mit einem jungen Arbeitslosen (F. G.) auf einem heruntergekommenen Wohnkahn. Tagtäglich geht der Arbeitslose auf Stellensuche – erfolglos. Er verliebt sich in eine Dirne (L. A.). Sie drängt ihn, dem Bettler eine Perlenkette zu stehlen, die dieser kürzlich gefunden hat. Durch deren Verkauf könnten der junge Mann und die Prostituierte zusammenleben. Als der Arbeitslose die Kette jedoch nicht beschaffen kann, ist die Prostituierte gezwungen, wieder auf die Straße zu gehen. Nun will der junge Arbeitslose das Schmuckstück gewaltsam in seinen Besitz bringen. Bei dem Handgemenge fällt der Bettler ins Wasser und ertrinkt. Der Arbeitslose taucht in der Anonymität unter. – Der gutsituierte Mann legt die Zeitung beiseite und verläßt mit der Dirne das Kaffeehaus.
Im Vergleich mit den ›Straßenfilmen‹ früherer Jahre signalisierte dieses Werk eine deutlich andere Bedeutung des Topos ›Straße‹. In Mittlers Film ist sie Sinnbild für Not, soziales Elend und Arbeitssuche, nicht mehr die Projektionsfläche für kleinbürgerliche Obsessionen. Beachtung verdient die Kameraarbeit Friedl Behn-Grunds: Er fing die Hafenatmosphäre in einer Intensität ein, die das Ambiente zum Mitspieler im dramaturgischen Konzept erhob. Die Form des veristischen Melodrams erinnert bisweilen an den italienischen Neorealismus der späten vierziger Jahre.   *tk*

Jesus von Ottakring
(Die Neider nicht gezählt)

Österreich 1976

R: Wilhelm Pellert; A: Helmut Korherr, Wilhelm Pellert nach ihrem gleichnamigen Theaterstück; K: Dieter Wittich; D: Rudolf Prack, Hilde Sochor, Peter Hey, Marianne Gerzner, Emanuel Schmied, Stephan Parya, Joe Trummer, Mitglieder der Gruppe Borcbya

Ferdinand Novacek eckt bei seinen Wiener Mitbürgern des Gemeindebezirks Ottakring an. Den einen ist er wegen seiner Frömmigkeit, den anderen wegen seiner an Jugendliche gerichteten »linksradikalen« Äußerungen verdächtig. Auch der ›Obrigkeit‹ – dem Bezirksvorsteher (E. S.) und der Polizei (J. T., St. P.) – ist er ein Dorn im Auge. Gegen den »Hippie« und »Nestbeschmutzer« beginnt eine regelrechte Hetzjagd, die vor allem ein alter Major a. D. (R. P.) und dessen Tochter anheizen. Zuletzt erschlägt der Major a. D. den wehrlosen »Wehrwillenszersetzer« in der Waschküche eines Hinterhofs. Jahre später wird am Wohnhaus des »Jesus von Ottakring« eine Ehrentafel angebracht.

Die Wiener Ballade vom Außenseiter Ferdinand Novacek, der nie ins Bild, d. h. auf die Leinwand kommt, besticht durch ihre Vielschichtigkeit. Ihre realistisch angelegten Protagonisten agieren zeitweise à la Bertolt Brecht prototypisch für ein jeweiliges Bevölkerungsspektrum bzw. deren Vorurteile. Stilistisch analog dazu unterbrechen zehn moritatenhafte Lieder (Musik und Liedtexte: Wilhelm Pellert, Helmut Korherr; Gesang: Herwig Seeböck) und kommentierende Inserts den Fluß der Handlung. Die so entstandene Mischform aus Lehrstück, einem in unverfälschtem Wiener Dialekt gesungenen und gesprochenen Musical und volkstümlicher Passionsgeschichte überzeugt durch gelungene filmische Auflösung und griffige Fotografie. *ps*

Josefine Mutzenbacher

BRD 1970

R: Kurt Nachmann; A: Kurt Nachmann; K: Heinz Hölscher; D: Christine Schuberth, Kai Fischer, Bert Fortell, Uli Steigberg, Astrid Boner, Alan d'Armand

Wien um die Jahrhundertwende. Die geheimnisvolle Millionärin Lady J. (K. F.) kommt aus den USA zu Besuch, Ministerialrat Marbach (B. F.) ist ihr als Begleitung zugedacht. Lady J. zieht es in ein schäbiges Hotel nahe des Praters, wo sie dem überraschten, später immer interessierteren Beamten Episoden aus dem Lebensweg eines Mädchens erzählt, das durch die Liebe Karriere gemacht hat. Wie sich her-

ausstellt, berichtet Lady J. ihre eigene Geschichte: Schon in sehr jungen Jahren weiß das Mädchen Josefine (C. S.) »Bescheid« und es fällt ihr leicht, dieses Wissen durch einschlägige Erfahrungen zu bereichern, sei es mit einem Untermieter, oder auch – nach dem frühen Tod der Mutter (A. B.) – mit dem eigenen Vater (U. S.). Nicht lange darauf lernt Josefine durch die Bekanntschaft mit Rudolf (A. A.), einem gerissenen Zuhälter, das für sie stets Angenehme mit dem Nützlichen zu verbinden. Bald ist Josefines Ruf weit über die Grenzen Wiens hinaus bekannt, ein Ruf – so Lady J.s Schlußfolgerung –, der zu Unrecht gesellschaftlich geächtet wird.

Aus der unüberschaubaren Zahl ebenso billiger wie dilettantischer Sexfilme, die seit Mitte der sechziger Jahre einen beträchtlichen Teil der deutschsprachigen Kinoproduktion ausmachten, ragt Kurt Nachmanns Film geradezu als Klassiker hervor. Im geschickt arrangierten Alt-Wiener Milieu agieren und animieren beherzte Darsteller, ohne dabei übertrieben geschmacklos zu sein. Unterstützt werden sie dabei von einer Vielzahl optischer Gags und der einfallsreichen Überlistung damaliger Zensurvorschriften. *mp*

Jud Süß

Deutschland 1940

R: Veit Harlan; A: Ludwig Metzger, Eberhard Wolfgang Möller, Veit Harlan; K: Bruno Mondi; D: Ferdinand Marian, Heinrich George, Werner Krauß, Eugen Klöpfer, Kristina Söderbaum, Malte Jaeger

Karl Alexander, der Herzog von Württemberg (H. G.), soeben an die Regierung gelangt, sucht nach Wegen, um seinen üppigen Lebensstil zu finanzieren. Er schickt deswegen einen Emissär zu dem reichen Juden Süß-Oppenheimer (F. M.) nach Frankfurt. Dieser zeigt sich sehr generös und stellt nur eine Bedingung: der Bann, der es Juden verbietet, nach Württemberg zu kommen, müsse aufgehoben werden. Der Herzog, der nun plötzlich über Geld für seine Ausschweifungen verfügen kann, kommt dem Ansinnen nach und macht Süß-

Oppenheimer zu seinem Finanzberater, der bald immer größere Kompetenzen erhält. Die Aufhebung des Judenbanns zieht eine große Zahl von Juden nach Württemberg. Süß treibt unerbittlich Steuern ein und läßt die Bevölkerung schikanöse Zölle zahlen, um die Privilegien des Herzogs und seiner Entourage zu finanzieren. Rabbi Loew (W. K., der noch vier weitere Rollen spielt) warnt Süß, es nicht zu weit zu treiben. Unter der Führung des Landschaftskonsulenten Sturm (E. K.) versuchen die Landstände, mäßigend auf den Herzog einzuwirken. Ausgerechnet in Sturms Tochter Dorothea (K. S.) hat sich Süß-Oppenheimer jedoch verliebt, und er macht auch keinen Hehl aus seinen Avancen. Aber Dorothea heiratet den Aktuarius Faber (M. J.), den sie schon lange liebt. Süß läßt Faber verhaften und foltern, Dorothea muß sich die Folterung anhören und gibt sich Süß-Oppenheimer schließlich hin, um die Martern ihres Geliebten zu beenden. Danach geht sie ins Wasser. Nun bricht der Zorn der Bevölkerung los, es kommt zum Aufstand. Süß soll den Herzog durch einen Staatsstreich zum absoluten Souverän machen. Doch der Herzog stirbt an einem Schlaganfall, Süß-Oppenheimers Freibrief erlischt. Nun wird Süß der Prozeß gemacht, er wird zum Tode verurteilt und gehängt. Alle Juden müssen Württemberg verlassen.

Diese umfassende Geschichtsfälschung im Gewand eines historischen Spielfilms ist wohl der berüchtigtste Propagandafilm des NS-Regimes und eines der verwerflichsten Werke der Filmgeschichte überhaupt. In grober Schwarzweißzeichnung werden die Figuren skizziert, Süß-Oppenheimer wird mit allen Attributen des raffinierten, aalglatten Machtbesessenen ausgestattet. Die Identifikationsfiguren, die der Film anbietet, bleiben dagegen blaß, bieten nur Pathos und Sentimentalität. Dies enthüllt deutlich, daß Jud Süß nur einem einzigen Ziel dienen sollte: der Denunzierung der Juden als Menschen, deren Interessen den der Deutschen diametral gegenüberstehen. Veit Harlans Film sollte die Vertreibung der europäischen Juden legitimieren und ihre millionenfache Ermordung in den Konzentrationslagern des NS-Staats vorbereiten helfen. Er wurde wiederholt vor SS-Gruppen gezeigt, bevor diese gegen Juden vorgingen.   *tk*

■■■
Der junge Medardus Ⓢ

Österreich 1923

R: Michael Kertesz (Michael Curtiz); A: Ladislaus Vajda, Arthur Schnitzler nach dem gleichnamigen Drama von Arthur Schnitzler; K: Gustav Ucicky, Eduard von Borsody; D: Michael Varkonyi, Anny Hornik, Karl Lamač, Agnes Esterhazy

Napoleon ist im Anmarsch auf Wien. Hier hält sich die Familie des Herzogs von Valois im Exil auf. Dessen Sohn Franz (K. L.) könnte Napoleon den Thron streitig machen, doch die Liebe zu der Bürgerstochter Agathe (A. H.) läßt ihn seine Herkunft vergessen. Als sein Wunsch, Agathe zu heiraten, abgelehnt wird, wählen er und Agathe den Freitod. Agathes Bruder, der junge Medardus (M. V.), beschließt, an den Valois' Rache zu nehmen, und täuscht Franz von Valois' Schwester, Helene (A. E.), leidenschaftliche Gefühle vor. Aus dem Versuch sie zu kompromittieren, entsteht jedoch wahre Liebe. Nachdem die französische Armee bei Aspern ihre erste Niederlage erlitten hat, beschließt Helene, Napoleon zu töten. Vor dem Palast trifft sie Medardus. Dieser nimmt an, daß sie Napoleons Geliebte ist, und ersticht sie. Obwohl das über ihn verhängte Todesurteil von Napoleon aufgehoben wird, wählt auch Medardus den Tod; er verzichtet als Patriot und Idealist auf die Gnade des Feindes.

Schnitzlers einzige wesentliche Arbeit für den österreichischen Film zeigt die existentielle Verzweiflung eines einzelnen vor dem Hintergrund patriotischer Kriegsbegeisterung und erwachenden Selbstbewußtseins des Bürgertums. Sorgfältige Bildkompositionen und Lichteffekte verleihen den aufwendig inszenierten Schlachtenszenen eine nahezu malerische Qualität, die den künstlerisch wie technisch hohen Standard des österreichischen Films jener Zeit unter Beweis stellt.   *mp*

*Der junge Törless
(Mathieu Carrière,
Alfred Dietz)*

Der junge Törless / Les désarrois de l'élève Toerless

BRD/Frankreich 1966

R: Volker Schlöndorff; A: Volker Schlöndorff, Herbert Asmodi nach der Erzählung *Die Verwirrungen des Zöglings Törleß* von Robert Musil; K: Franz Rath; D: Mathieu Carrière, Bernd Tischer, Marian Seidowsky, Alfred Dietz

Törless (M. C.), Internatszögling einer k. u. k.-Militärschule, wird eines Tages von Reiting (A. D.) in ein Geheimnis eingeweiht: Der Schüler Basini (M. S.) hat, um Schulden zu begleichen, ihren Kameraden Beineberg (B. T.) bestohlen. Nachts halten die drei Gericht über Basini; sie beschließen, ihn künftig unter »Aufsicht« zu stellen. Während sich Törless auf die Rolle des interessiert Beobachtenden beschränkt, unterwerfen seine zwei Kameraden Basini sadistischen Quälereien. Reiting, der zu Basini homoerotische Beziehungen unterhält, erweist sich als roher Gewalttäter, Beineberg als ›wissenschaftlich‹ vorgehender Peiniger, der den ›Wert‹ des Opfers zu prüfen vorgibt. Ihren Höhepunkt finden die Erniedrigungen in der Auslieferung Basinis an die Klasse. Törless flieht, während sich die beiden Verantwortlichen zu rechtfertigen wissen. Nachdem

Törless zurückgekehrt ist, wird er der Anstalt verwiesen.

Schlöndorffs Spielfilmdebüt wurde durch seine stilistische Geschlossenheit und die elegische Schönheit der Schwarzweißfotografie einer der ersten großen Erfolge des Neuen deutschen Films. Die gleichnishafte Interpretation der zu Beginn des Jahrhunderts entstandenen Erzählung Musils versteht sich als psychologische Studie über Macht und die Faszination der Gewalt, die latente Verhaltensmuster menschlicher Archetypen aufzeigt. Das Mitläufertum Törless' und die Grausamkeiten seiner Mitschüler werfen Fragen nach Schuld und Verantwortung sowohl des einzelnen als auch der Gemeinschaft auf. *mp*

K

Das kalte Herz

DDR 1950

R: Paul Verhoeven; A: Paul Verhoeven,
Wolff von Gordon nach dem gleichnamigen
Märchen von Wilhelm Hauff; K: Bruno Mondi;
D: Lutz Moik, Hanna Rucker, Paul Bildt, Erwin
Geschonneck, Paul Esser

Der junge, rechtschaffene Köhler Peter Munk
(L. M.) möchte Lisbeth (H. R.) heiraten, aber er
ist arm und kann nicht tanzen. Also geht er
zum guten Geist des Schwarzwalds, dem Glasmännchen (P. B.), das dem Sonntagskind drei
Wünsche gewährt. So gibt Lisbeth, die Peter
gern hat, auf dem Tanzwettstreit ihr Jawort;
überdies wird Peter stolzer Glashüttenbesitzer;
doch er geht nicht sorgsam mit seinem Vermögen um, verspielt viel Geld und hat am Tag der
geplanten Hochzeit alles wieder verloren. In
seiner Not überläßt er auf Rat des schlechten
Ezechiels (P. E.) – wie dieser selbst – sein Herz
dem Holländer-Michel (E. G.), der ihm eines
aus Stein dafür gibt. Peter wird zum reichsten
und mächtigsten Mann in der Gegend und zugleich kalt, grausam und betrügerisch. Im
Zorn erschlägt er seine Frau, die sich bemüht
hatte, sein herzloses Handeln auszugleichen.
Mit Schrecken wird ihm bewußt, was er getan
hat. Er bittet das Glasmännchen, bei dem er
noch einen Wunsch offen hat, um Hilfe. Durch
List gelingt es, dem Holländer-Michel Peters
warmes Herz wieder abzutrotzen. Peter ist
wieder so, wie ihn alle mochten, und Lisbeth
steht schön und lebendig vor ihm.
Die erste Märchenadaption der DEFA – auch
erster ostdeutscher Farbfilm nach dem Krieg –
begründete ein traditionsreiches Genre in deren Spielfilmproduktion und setzte Maßstäbe
durch die adäquate, sehr plastische Umsetzung der Vorlage, den hervorragenden Einsatz
der Tricktechnik und das wirkungsvolle Sze-
nenbild.   *ms*

Kameradschaft / La tragédie de la mine

Deutschland/Frankreich 1931

R: Georg Wilhelm Pabst; A: Ladislaus Vajda,
Karl Otten, Peter Martin Lampel nach einer
Idee von Karl Otten; K: Fritz Arno Wagner,
Robert Baberske; D: Ernst Busch, Alexander
Granach, Fritz Kampers, Gustav Püttjer,
Elisabeth Wendt

Bei einem Grubenunglück im deutsch-französischen Grenzgebiet werden französische Mi-
nenarbeiter eingeschlossen. Da sich die Ber-
gung kompliziert gestaltet, beschließen die
deutschen Bergleute jenseits der Grenze, den
Verschütteten zu helfen, wobei Solidarität die
nationalistische Engstirnigkeit überstimmt. In
einem aufopfernden Einsatz gelingt die Rettung. Dabei wird Wittkopp (E. B.), der Anführer der Rettungskolonne, von einem phantasie-
renden Franzosen angegriffen, der sich in den
Krieg zurückversetzt wähnt, als er Wittkopp
mit Gasmaske sieht und deutsch reden hört.
Unter Tage beteiligen sich drei deutsche Bergarbeiter (A. G., F. K., G. P.) auf eigene Faust an
den Rettungsarbeiten. Durch einen Verbin-
dungsstollen, der nach dem Ersten Weltkrieg
mit einem Gitter verschlossen wurde, gelangen sie auf die französische Seite. Dort werden
sie mit zwei Franzosen verschüttet, als ein
Schacht einstürzt. Erst als man sicherheitshal-
ber noch einmal alle Grubentelefone prüft,
werden sie aufgespürt und können gerettet
werden. Nach dem glimpflichen Ende verbrü-
dern sich französische und deutsche Arbeiter
am Tageslicht, im Verbindungsschacht bringen
jedoch Polizisten beider Länder das Grenzgit-
ter wieder an.
Im Stil der Neuen Sachlichkeit inszeniert, war
dieser engagierte Aufruf zu Solidarität und
Verständigung unter der arbeitenden Bevölkerung, diese Absage an nationalistische Verhet-
zung zugleich Höhe- und Endpunkt von
Pabsts progressiver Schaffensperiode. In der
präzisen semidokumentarischen Darstellung
der Arbeitswelt kulminieren seine Bemühungen um einen kompromißlos realistischen Stil.
                                                tk

Das Kaninchen bin ich

DDR 1965

R: Kurt Maetzig; A: Manfred Bieler, Kurt Maetzig nach Manfred Bielers damals noch unveröffentlichtem Roman *Maria Morzeck oder Das Kaninchen bin ich*; K: Erich Gusko; D: Angelika Waller, Alfred Müller, Wolfgang Winkler, Rudolf Ulrich

Die 19jährige Abiturientin Maria Morzeck (A. W.), die studieren möchte, erhält – weil ihr Bruder Dieter (W. W.) wegen ›staatsgefährdender Hetze‹ festgenommen und zu drei Jahren Zuchthaus verurteilt worden ist – eine Absage von der Universität und arbeitet deswegen weiterhin als Kellnerin. Sie verliebt sich in Paul Deister (A. M.), der sich zu ihrer Erschütterung als Richter des Bruders erweist. Trotzdem versucht sie, ihre erste große Liebe nicht mit den Vorgängen um Dieter zu belasten. Nachdem der Fischer Grambow (R. U.) von dem ›scharfen‹ Juristen Deister wegen einer mehrdeutigen Bemerkung angeklagt wird, kommen ihr jedoch starke Zweifel. Sie stellt ein Gnadengesuch für Dieter und bittet Paul um die ganze Wahrheit. Dieser weicht aus und versucht schließlich, den Fall Morzeck, den er damals vorsätzlich hart ausgelegt hatte, unter inzwischen veränderten politischen Konstellationen wiederum zum Vorteil der eigenen Karriere zu nutzen. Enttäuscht von ihm und ihrem Bruder, der sie – vorzeitig aus dem Gefängnis entlassen – wegen ihrer »Affäre« mit Paul schlägt, findet Maria die Kraft zu einem neuen Anfang: Sie ›ist nicht mehr das Kaninchen‹, zieht um, bewirbt sich an der Universität und wird aufgenommen.

Das Kaninchen bin ich setzte sich – formal ungewöhnlich, doch überzeugend – über die Hauptfigur Maria mit Rechtsunsicherheit und Karrieresucht des Richters Deister auseinander und plädierte nach dem ›Mauerbau‹ für eine notwendige Demokratisierung in der DDR. Der nach einem verbotenen Roman entstandene Film, mit dem sich Kurt Maetzig am allgemeinen Aufbruch der Filmemacher beteiligte, wurde – obwohl er zunächst alle Zensurinstanzen durchlaufen hatte – 1965 als antisozialistisch und staatsfeindlich verurteilt. Mit ihm wurde fast die gesamte Jahresproduktion der DEFA an Gegenwartsfilmen verboten, personelle Veränderungen trugen zusätzlich zur starren Ideologisierung des Films in der DDR bei. Erst 1989/90 gelangten die sogenannten ›Kellerfilme‹ nach 24 Jahren und teilweise notwendigen Endfertigungen zur Aufführung. *ms*

Kapriolen

Deutschland 1937

R: Gustaf Gründgens; A: Jochen Huth, Willi Forst nach Jochen Huths Bühnenstück *Himmel auf Erden*; K: Franz Planer, Kurt Neubert; D: Marianne Hoppe, Gustaf Gründgens, Fita Benkhoff, Maria Bard, Volker von Collande

Das Kaninchen bin ich (Hans Klering, Wolfgang Winkler, Else Wolz, Angelika Waller, Albert Zahn)

Starreporter Jack Warren (G. G.) hält vor emanzipiertem Publikum einen Vortrag und sorgt mit seinem Statement, Frauen seien ein unlösbares Rätsel, für Tumulte. Insgeheim sehnt er sich nach einer anlehnungsbedürftigen, häuslichen Partnerin, einem ruhenden Pol in seinem hektischen Leben. Genau dasselbe, mit umgekehrten Vorzeichen, erträumt sich auch die erfolgreiche Sportfliegerin Mabel Atkinson (M. H.). Kaum jemand gibt deshalb viel auf ihre Ehe, als Jack und Mabel einander kennenlernen und heiraten. Tatsächlich kommt es schon bald zu ehelichen Turbulenzen, an denen Pilotenfreund William Baxter (V. v. C.), Schauspielerin Dorothy Hopkins (M. B.) und Freundin Peggy Macfarland (F. B.) nicht unbeteiligt sind. Als Mabel überdies glaubt, Jack sei ihr untreu, wird ein Scheidungstermin vereinbart. Die Verhandlung zeigt jedoch, daß die protokollierte »gegenseitige unüberwindliche Abneigung« eine Folge von Mißverständnissen ist und die beiden sich im Grunde von Herzen lieben. So bleiben sie zusammen und werden glücklich.

Perfektes Timing und geschliffene Sprache – Spezialitäten sowohl von Gründgens wie der nuancenreichen Hoppe – sorgen für ein scharfzüngiges Dialogfeuerwerk und machen *Kapriolen* (auch: *Capriolen*) zu einer amerikanischen Vorbildern durchaus ebenbürtigen *sophisticated comedy*. Dekor und Beleuchtung suggerieren klassisches Hollywood-Kino, ambitionierte Kameraführung sowie präzise Abstimmung von Montage- und Dialogrhythmus vertiefen den bestechenden Gesamteindruck.   *tk*

Karbid und Sauerampfer

DDR 1963

R: Frank Beyer; A: Hans Oliva; K: Günter Marczinkowsky; D: Erwin Geschonneck, Marita Böhme, Manja Behrens

Kalle (E. G.), ein Dresdner Arbeiter, ›Rohköstler‹ und Nichtraucher, wird in den Wirren der ersten Nachkriegsmonate von seinen Kollegen auf den langen (Fuß-)Weg nach Wittenberg geschickt, wo er beim Schwager Karbid besorgen soll – für den Wiederaufbau der Zigarettenfabrik. Am Ziel, steht er mit sieben Fässern da, die er ohne eigenes Transportmittel nach Dresden bringen muß. Nachdem Kalle die Liebe der hilfsbereiten jungen Bäuerin Karla (M. Bö.) gewonnen hat, zieht er mit einem Bild von ihr weiter, um seinen Auftrag zu erfüllen, gerät dabei in außergewöhnliche Situationen und kommt auf die abenteuerlichste Weise Stück für Stück voran. Er ist auf Pilzsuche im verminten Wald, verbringt hungrig eine Nacht unwissentlich in einem Lebensmitteldepot, pausiert bei einer mannstollen Unternehmewitwe (M. Be.) und begegnet vielen skurrilen und zwielichtigen Gestalten. Mehrmals von sowjetischen Besatzern und der Miliz festgenommen und wieder freigelassen, steigt er auf die ›Wasserstraße‹ um, landet auf dem Teil einer gesprengten Elbbrücke und ›borgt‹ sich ein amerikanisches Motorboot. Durch einen Bluff kommt er schließlich sogar mit einem großen Lkw und zwei Fässern Karbid nach Dresden. Von dort aus macht er sich sofort wieder auf den Weg, zurück zu Karla.

Beyers Road Movie »aus dem fernen Jahr 1945« zählt – dank Erwin Geschonnecks volkstümlicher Paraderolle, der Souveränität, mit der die historische Situation nach dem Zweiten Weltkrieg geschildert wird, und der genrebetonten, filmischen Erzählweise – zu den wenigen herausragenden Lustspielen in der Geschichte der DEFA.   *ms*

Karl May

BRD 1974

R: Hans Jürgen Syberberg; A: Hans Jürgen Syberberg; K: Dietrich Lohmann; D: Helmut Käutner, Kristina Söderbaum, Käthe Gold, Attila Hörbiger, Willy Trenk-Trebitsch, Mady Rahl, Lil Dagover

1899 bricht der durch Abenteuer- und Reiseromane berühmt gewordene Karl May (H. K.) zu seiner ersten ausgedehnten Reise auf. In Mays Abwesenheit verkauft Pauline Münchmeyer (M. R.), die Witwe seines früheren Verlegers, ihren Verlag, in dem Mays unter Pseudonym veröffentlichte Jugendwerke erschienen sind. Nun, unter Mays eigenem Namen publiziert, bricht eine Kampagne gegen den Schriftsteller los: Die Bücher verbreiteten Pornographie, May halte sich nicht an die Wahrheit, die Reiseerlebnisse habe er erfunden oder abgeschrieben. Vom Schriftsteller anfangs nicht ernst genommen, wachsen sich die Vorwürfe bald zu einer großen Anti-May-Bewegung aus. May wird zum Jugendverderber, Lügner und Plagiator erklärt. Der Autor muß bald mehrere Prozesse gleichzeitig führen. Sein Hauptgegner ist der erpresserische Journalist Lebius (W. T.-T.). May läßt sich von seiner Frau Emma (K. S.) scheiden und heiratet seine Sekretärin Klara (K. G.). Als er einen patriotischen Hymnus über die Niederschlagung des Boxeraufstands durch deutsche Truppen schreiben soll, liefert er einen pazifistischen Artikel ab. Die Pazifistin Bertha von Suttner (L. D.), der Schriftsteller Peter Rosegger, der Maler George Grosz und andere werden seine Freunde und Verehrer. Vor seinem Tod 1912 sieht Karl May einen Krieg und eine schlimme Zeit heraufziehen.

Aus kurzen Szenen, die fast ausschließlich in realistischen Dekors spielen, fügte Syberberg seine mehr als dreistündige Studie über Karl May und die Welt der deutschen Volksromantik zusammen. Naivität und Durchtriebenheit, Archaik und Moderne – der Film thematisiert auch auf der Dialogebene das polare Spannungsfeld, von dem die populären Denk- und Literaturströmungen im wilhelminischen Deutschland geprägt waren. Auch formal wollte der Film sich der Zeit, von der er handelt, durch traditionelle, fast klassische Mittel der filmischen Auflösung annähern. Die Besetzung, die zahlreiche deutsche Filmgrößen vergangener Jahrzehnte vereinte, gab dem intellektuell gehaltvollen Zeitmosaik einen zusätzlichen Reiz. *tk*

Karla

DDR 1965

R: Herrmann Zschoche; A: Ulrich Plenzdorf, Hermann Zschoche; K: Günter Ost; D: Jutta Hoffmann, Jürgen Hentsch, Hans Hardt-Hardtloff, Inge Keller, Jörg Knochée

Karla Blum (J. Ho.), die frisch von der Pädagogischen Hochschule kommt, lernt an ihrem ersten Schulort den resignierten Journalisten Kaspar (J. He.) kennen. Beide verlieben sich ineinander – und streiten sich über ihre unterschiedlichen Weltanschauungen. Karla will ihr Ideal, durch Hinterfragen der Lehrinhalte zu selbständigem Denken zu erziehen, an der Schule durchsetzen. Dabei gerät sie wiederholt mit den autoritären Auffassungen des Direktors (H. H.-H.) in Konflikt, eines alten Kommunisten, der Karla eigentlich mag. Nach verschiedenen Vorkommnissen, provoziert durch Karlas unkonventionellen Unterricht – beispielsweise fordert der talentierte Schüler Rudi (J. K.) den Direktor mit einem Foto heraus, das diesen in SS-Uniform zeigt, jedoch von einem Laienspiel aus dem Jahr 1948 stammt· –, gesteht die junge Lehrerin, daß auch sie an ihm gezweifelt hat, und gelobt, sich mehr an erprobte Konzepte zu halten. Ein halbes Jahr später stößt sie diesen Entschluß jedoch um, da sie glaubt, »an der Vorsicht gestorben« zu sein. Wieder sucht sie die Auseinandersetzung mit ihren lehrstoffgemästeten, zu Ja-Sagern erzogenen Schülern und wird hierin von einer pädagogischen Kommission aus Berlin bestätigt, die kundtut: »Tatsachen müssen ausgesprochen werden, um sie zu verändern.« Nach inneren Kämpfen beginnt der Direktor, Karlas Haltung zu akzeptieren. Doch die Kreisschulrätin (I. K.) dichtet Karla ein Verhältnis mit Schüler Rudi an und erwirkt so, gegen den Willen des Direktors, ihre Versetzung. Karla jedoch gibt nicht auf. Ihre ungebrochene Motivation, den begonnenen Weg anderswo fortzusetzen, wird schließlich auch von Kaspar akzeptiert.

Nach Beendigung der Dreharbeiten wurde *Karla* anläßlich des restaurativen Plenums des Zentralkomitees der SED im Dezember 1965 gemeinsam mit allen anderen Gegenwartsfilmen der DEFA-Jahresproduktion verboten. Erst 25 Jahre später, nach dem Umbruch in der DDR, konnte Kameramann Günter Ost den Film fertigstellen. Die exemplarische Studie aus dem sozialistischen Bildungswesen, auch in Premierenjahr 1990 noch beklemmend aktuell, beeindruckt als atmosphärisch dichtes Zeitbild und durch engagierte Darsteller. *ms*

▬ Kassbach

Österreich 1979

R: Peter Patzak; A: Helmut Zenker, Peter Patzak nach dem Roman *Kassbach oder das allgemeine Interesse an Meerschweinchen* von Helmut Zenker; K: Dietrich Lohmann; D: Walter Kohut, Konrad Becker, Monika Schöpfer, Immy Schell

Der Wiener Gemüsehändler Karl Kassbach (W. K.) hat sich seiner Familie entfremdet. Seine Frau (I. S.) ekelt sich vor den unbeholfenen Versuchen ihres Mannes, die ›ehelichen Pflichten‹ zu erzwingen, sein Sohn (K. B.) flüchtet sich in Drogen. Kassbach beginnt ein Verhältnis mit dem neuen Lehrmädchen Liesi (M. S.), in dessen Verlauf seine Neigung zur Brutalität immer deutlicher wird. Wirklich geborgen fühlt er sich nur im Kreis seiner Kameraden, den Mitgliedern eines rechtsextremen Vereins, dessen Initiativen sich gegen Ausländer und ›linke‹ Elemente richten. Hier kann Kassbach die alltäglichen Frustrationen vergessen und anderen die Schuld zuweisen. Gemeinsam überfallen sie einen jugoslawischen Gastwirt, veranstalten Schießübungen und verüben Anschläge gegen linksalternative Jugendclubs. Bei einer dieser Aktionen erschießt Kassbach aus Angst, wiedererkannt zu werden, einen Journalisten.
Der Film behandelt das Thema Neofaschismus durch die analytisch-dokumentarische Beschreibung von Kassbachs Kleinbürgeralltag. Kassbach, der den Nationalsozialismus unmittelbar erlebte, doch nicht bewältigen konnte, ist der negative Held, dessen Stilisierung zum ›Monster‹ geschickt vermieden wird. Patzaks Gesellschaftsanalyse versucht den Zusammenhang zwischen psychisch-emotionalen Defiziten und einer besonderen Anfälligkeit für rechtsextremes Gedankengut zu veranschaulichen. *m.p*

▬ Katz und Maus

BRD 1967

R: Hansjürgen Pohland; B: Hansjürgen Pohland nach der gleichnamigen Novelle von Günter Grass; K: Wolf Wirth; D: Wolfgang Neuss, Lars Brandt, Peter Brandt, Claudia Bremer, Herbert Weissbach, Michael Hinz, Ingrid van Bergen

Erinnerungen an einen Sommer an der Küste vor Danzig während des Zweiten Weltkriegs. Ein halb vom Wasser überflutetes Schiffswrack dient einer Gruppe von Tertianern als heimlicher Treffpunkt. Ihr Anführer Mahlke (jung: L. B., älter: P. B.), der unter seinem abnorm großen Adamsapfel leidet, hat sich durch originelle Ideen und subversive Rebellion vom schlaksigen Außenseiter zum Idol gemausert. So stellt es zumindest sein Klassenkamerad Pilenz (W. N.) dar, der im Sommer 1966 eine Reise in seine ehemalige Heimat unternimmt und aus dessen Perspektive das Geschehen gezeigt wird. Vielleicht versucht Pilenz auch nur, das eigene Gewissen zu beruhigen; denn er fühlt sich am Tod des Freundes mitschuldig: Mahlkes größter Coup war der Diebstahl eines Ritterkreuzes, das seinen Adamsapfel auf ideale Weise verdeckt; deswegen von der Schule relegiert, meldete er sich freiwillig zu einer Panzereinheit, desertierte und verschwand spurlos, nachdem Pilenz ihn zum Wrack gerudert hatte.
Im Vergleich mit der literarischen Vorlage wurde diese erste Grass-Verfilmung von den meisten Kritikern als zu seicht empfunden. Die Verknüpfung von Gegenwart und Vergangenheit durch die Präsenz von Wolfgang Neuss als Pilenz in sämtlichen Sequenzen, irritierte ebenso wie die Vermischung von Wochenschaumaterial mit den teils stilisierten, teils realistisch ausgespielten Jugenderinnerungen. Heutigen Betrachtern vermittelt der Film eher ein Verständnis für die Antikriegshaltung und naive Experimentierfreude der Jungfilmer der sechziger Jahre als für Leben und Schuldgefühle der ersten Nachkriegsgeneration. *hc*

Die Katze

BRD 1988

R: Dominik Graf; A: Uwe Erichsen, Christoph Fromm nach dem Roman *Das Leben einer Katze* von Uwe Erichsen; K: Martin Schäfer; D: Götz George, Gudrun Landgrebe, Joachim Kemmer, Heinz Hoenig, Ralf Richter, Ulrich Gebauer

»In zwei Stunden ist da unten Krieg.« Mit diesen Worten blickt Probek (G. G.) aus seinem Hotelzimmer in der Düsseldorfer Innenstadt auf den Vorplatz der acht Stockwerke tiefer liegenden Bankfiliale. Er hat die Nacht mit Jutta (G. L.), der Frau des Filialleiters Ehser (U. G.), verbracht. Jutta hofft, durch einen von Probek für den gleichen Morgen geplanten Überfall auf die Bank ihren Mann loszuwerden. Während Probek das Unternehmen mit Hilfe modernster Technologie von seinem Hotelzimmer aus dirigiert, wird die eigentliche Tat von sei-

nem Komplizen Junghein (H. H.) durchgeführt. Junghein ahnt allerdings nicht, daß Probek ihn aus Rache für den Mord an einer früheren Geliebten an die Polizei verrät. So kommt es zur Geiselnahme, Polizei-Belagerung, Lösegeldverhandlungen und einem Ende, mit dem keiner gerechnet hat. Probek wird im Verlauf der Schießerei mit der Polizei schwer verletzt und entzieht sich der Verhaftung durch Selbstmord. Jutta weiß ihre Beteiligung an der Tat zu verbergen und kehrt zu ihrem Mann zurück. Indem sie ihm sagt, wo die bei dem Überfall erpressten 3 Millionen liegen, macht sie ihn zum Komplizen.

Der Versuch, den als Fernseh-Kommissar populär gewordenen Götz George und die als »flambierte Frau« bekannte Gudrun Landgrebe mit TV-Subventionen zum Traumpaar zu machen, lockte 1,5 Millionen Zuschauer in die Lichtspielhäuser. Auch wenn die beiden nicht zu den großen Film-Liebenden gezählt werden können, entstand doch ein spannend-rasanter Action-Film, der sich bewußt vom intellektuellen Autorenkino distanziert.   *hc*

Die Katze (Heinz Hoenig)

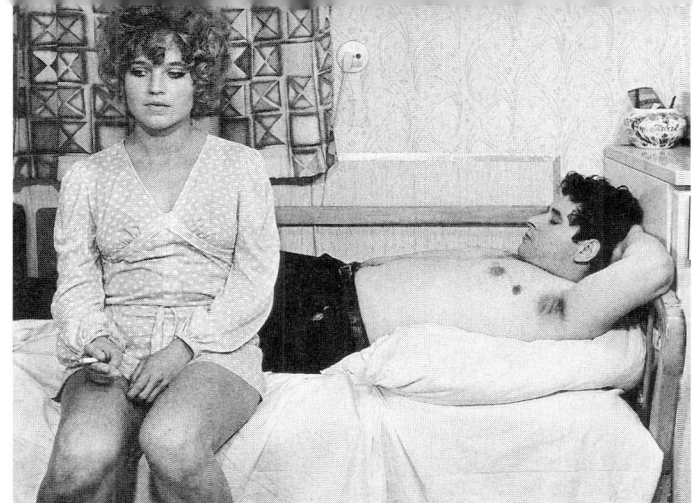

Katzelmacher
(Hanna Schygulla,
Hans Hirschmüller)

Katzelmacher

BRD 1969

R: Rainer Werner Fassbinder; A: Rainer
Werner Fassbinder nach seinem gleich-
namigen Bühnenstück; K: Dietrich Lohmann;
D: Hanna Schygulla, Rainer Werner Fassbinder,
Irm Hermann, Peter Moland, Elga Sorbas,
Harry Baer, Rudolf Waldemar Brem, Lilith
Ungerer, Hans Hirschmüller

Vier Paare in von Abhängigkeiten geprägten
Beziehungen: Peter (P. M.) läßt sich von Elisabeth (I. H.) aushalten, Rosy (E. S.) verlangt von
Franz (H. B.) Geld für ihre ›Liebe‹, Paul
(R. W. B.) schläft mit Helga (L. U.) und Marie
(H. S.) gehört zu Erich (H. H.). Der triste Alltag
dieser Gruppe Münchner Vorstadtbewohner
wird durch die Ankunft eines Gastarbeiters
unterbrochen. Jorgos (R. W. F.) mietet ein Zimmer bei Elisabeth. Er wird zum Feindbild auf-
gestauter, bisher zielloser Aggressionen. Einzig Marie bricht aus der dumpfen Verschwörung aus und beginnt ein Verhältnis mit ihm.
Als die vier Männer einen Vorwand gefunden
haben, schlagen sie Jorgos eines Tages zusammen. Die Hoffnung, den Fremden jetzt los zu
sein, läßt ihnen die Welt wieder in Ordnung erscheinen. Eine gemeinsame Zukunft von Marie und Jorgos bleibt ungewiß.
Fassbinders Annäherung an die Realität kleinbürgerlicher Verhältnisse ist von gewollter
Künstlichkeit. Tableauartige Szenen in kargen
Innenräumen und perspektivlosen Hinterhöfen lassen die Personen gleichsam als Gefangene ihrer Welt erscheinen. Die Monotonie ihres Alltags korrespondiert mit dem langsamen
Erzähltempo und der Ausdruckslosigkeit von
Darstellung und Sprache. Bei Publikum und
Kritik ein Erfolg, ist Fassbinders Alltagsbeobachtung noch einer schematischen Darstellung der Beziehung des einzelnen zur abstrakten Herrschaft gesellschaftlicher Mechanismen
verpflichtet.   *n p*

Der Katzensteg

Deutschland 1938

R: Fritz Peter Buch; A: Hans H. Zerlett nach
dem gleichnamigen Roman von Hermann
Sudermann; K: Georg Krause; D: Brigitte
Horney, Hannes Stelzer, Eduard von Winterstein, Fritz Reiff, Else Elster

In den Befreiungskriegen gegen Napoleon geraten die preußischen Truppen in schwere Bedrängnis. Der ostpreußische Baron Schranden
(F. R.) zwingt die Magd Regine (B. H.), französische Einheiten über den Katzensteg, eine
ihnen unbekannte Brücke, in den Rücken des
Freikorps zu führen, das darauf vernichtend
geschlagen wird. Von diesem Augenblick an
steht die Bevölkerung dem Baron und Regine

mit offener Feindseligkeit gegenüber. Schrandens Sohn Werner (H. S.) verläßt das Gut und schließt sich dem Freikorps an. Als der alte Baron stirbt, verweigern der Pfarrer (E. v. W.) und die Bauern ihm ein christliches Begräbnis, doch Werner setzt es mit Waffengewalt durch. Darauf zieht er sich aufs väterliche Gut zurück. Werner und Regine verlieben sich ineinander, doch Werner wird von der Bevölkerung mit demselben Haß verfolgt wie einst der Vater. Werner soll für dessen Verrat büßen. In der Dunkelheit wird Regine mit dem jungen Baron verwechselt und von den Dorfbewohnern erschossen. Werner kehrt zum Freikorps zurück und fällt im Krieg.

Ideologisch war diese Sudermann-Adaption, ihrem Entstehungsjahr entsprechend, der deutsch-nationalen Geschichtsstilisierung verpflichtet. Die kompromißlos-leidenschaftliche Rollengestaltung Brigitte Horneys – bis zur Andeutung sexueller Hörigkeit gesteigert – verlieh dem Drama indes eine individualistische Note, die nationalsozialistischen Moralvorstellungen widersprach und im Konzept nicht vorgesehen war.   *tk*

Kautschuk

Deutschland 1938

R: Eduard von Borsody; A: Ernst von Salomon, Franz Eichhorn, Eduard von Borsody; K: Willy Winterstein, Edgar Eichhorn; D: René Deltgen, Gustav Dießl, Vera von Langen, Roma Bahn, Herbert Hübner, Hans Nielsen

Im Jahr 1876 landet der Engländer Henry Wickham (R. D.) in Brasilien, nachdem er auf der Überfahrt die Bekanntschaft der reizenden Mary (V. v. L.) gemacht hat. Der Großgrundbesitzer Don Alonzo (G. D.), der am Oberlauf des Araguary ausgedehnte Ländereien besitzt, gestattet Henry, dort nach einem seltenen Schmetterling zu suchen. In Wirklichkeit hat Wickham ganz anderes im Sinn: Er will Kautschuksamen aus dem Land schmuggeln, um das brasilianische Gummi-Monopol zu brechen. Auf dieses Vergehen steht die Todesstrafe. Sich weder vor den wilden Tieren noch vor den Giftpfeilen der Eingeborenen fürchtend, macht Wickham sich an die Umsetzung seines Vorhabens. Nachdem er vielerlei Gefahren durchgestanden hat, gelingt es ihm schließlich, einem englischen Kapitän einen Kanister mit Kautschuksamen zukommen zu lassen, den dieser außer Landes bringt. Wickham jedoch wird verhaftet und blickt dem sicheren Todesurteil entgegen, sofern sich Beweise für sein Tun finden. Als diese nicht beigebracht werden können, konstruiert Don Alonzo einen Spionagefall, damit Wickham doch noch verurteilt werden kann. Dank Marys Eingreifen kommen Don Alonzos Machenschaften ans Tageslicht und Wickham muß freigelassen werden.

Dieser hervorragende Abenteuerfilm aus dem historischen Milieu südamerikanischer Pionierzeit lebt von der Kombination packender Actionszenen mit den bestechenden Naturaufnahmen aus dem Dschungelgebiet am Amazonas. René Deltgen und Gustav Dießl profilierten sich als virile Actiondarsteller und zeigten, daß sie in diesem Genre die einzige ernstzunehmende Alternative zu Hans Albers waren.   *tk*

Kinder, Mütter und ein General

BRD 1955

R: Laslo (Laszlo) Benedek; A: Herbert Reinecker, Laslo (Laszlo) Benedek nach Reineckers Roman *Hauen Sie ab mit Heldentum*; K: Günther Rittau; D: Therese Giehse, Hilde Krahl, Bernhard Wicki, Ewald Balser, Ursula Herking

Fünf Mütter machen sich im März 1945 an der Ostfront auf die Suche nach ihren Söhnen, die aus der Schule fortgelaufen sind und sich zur Wehrmacht gemeldet haben. Entgegen allen Vorhersagen kommen die Frauen unter der mutigen Führung von Mutter Bergmann (T. G.) bis zum Divisionsgefechtsstand. Doch auch der General (E. B.) kann und will den Müttern nicht helfen. Erneut ist es Mutter Bergmann, die nicht aufgibt und mit ihren Gefährtinnen bis an die vordersten Linien vordringt; bis hin zu Hauptmann Dornberg (B. W.), in dessen Bataillon ihre beiden Jungen und die der anderen

Mütter kämpfen. Unter dem Einfluß der Frauen, besonders von Frau Asmussen (H. K.), befiehlt der Hauptmann – entgegen seiner Order – den Rückzug. Der General arrestiert den Hauptmann zunächst, doch ein Großangriff der Roten Armee zwingt ihn, Dornberg mitsamt seinen Leuten wieder an die Front zu schicken. Den Müttern gelingt es durch eine List, ihre Söhne davor zu bewahren, sie bleiben in der Etappe zurück.

Höchstes Kritikerlob einerseits, kommerzieller Mißerfolg andererseits waren diesem Antikriegsfilm beschieden, den der zurückgekehrte Emigrant und frühere Ufa-Produzent Eric (Erich) Pommer produzierte. Der Film selbst schwankt zwischen gediegenem Filmhandwerk und engagierter Botschaft, die jedoch allzu schablonenhaft bleibt und – trotz bestechender Schauspielerleistungen – einer Dramaturgie vordergründiger Effekte verhaftet ist. Dazu beigetragen hat auch der veränderte Schluß des Films in der für den deutschen Markt bestimmten Verleihfassung. In der für das Ausland vorgesehenen Fassung konnte man ein ungleich realistischeres Ende sehen: die Abfahrt der Kinder an die Front.   *mp*

Kinder vor Gericht
(Die Sache August Schulze)

Deutschland 1931

R: Georg C. Klaren; A: Georg C. Klaren nach seiner Novelle *Die Sache August Schulze*; K: Adolf Otto Weitzenberg; D: Hermann Speelmans, Carla Bartheel, Ellen Schwanneke, Aribert Mog

August Schulze (H. S.) war einmal Vorarbeiter bei Siemens, jetzt ist er stellenlos und hält sich und seine Familie mühsam als Straßenhändler über Wasser. Mit seiner zweiten Frau Frieda (C. B.) und Hete (E. S.), der pubertierenden Tochter aus erster Ehe, bewohnt er eine enge Wohnung. Dort ist auch ein Schlafbursche untergebracht, der Gelegenheitsdieb Paule (A. M.). Paule imponiert Hete durch seinen auftrumpfenden Charakter und durch ein wenig Geld, das er ab und zu beschafft. Hete läßt sich von Paule verführen, beschuldigt dann je-

doch den eigenen Vater, sich an ihr vergangen zu haben, weil Paule sie bedroht. August wird verhaftet und, obwohl er seine Unschuld beteuert, zu einer Gefängnisstrafe verurteilt. Nachdem ihr die Aufmerksamkeit ihrer Umgebung anfänglich gefallen hat, wird Hete nun von Gewissensbissen geplagt. Sie gesteht schließlich ihre Lüge. Doch der Vater hat vor Verzweiflung inzwischen Selbstmord begangen.

Stilistisch im Zeichen der Neuen Sachlichkeit stehend, klagt dieses sozialkritische Familiendrama die Unzulänglichkeit eines von Klassenvorurteilen geprägten und auf fragwürdigen Beweisführungsverfahren (Indizienprozeß) basierenden Justizsystems an. Es richtet sich aber auch direkt gegen das Wegschauen der Menschen vor dem Leid in ihrer direkten Umgebung. So war der Film eine engagierte Weiterentwicklung des Milieufilm-Genres der zwanziger Jahre und bot trotz Zensureingriffen eine exakte Schilderung ärmlicher Lebensverhältnisse und eine schlüssige Argumentation.   *tk*

Kinderspiele

BRD 1992

R: Wolfgang Becker; A: Horst J. Sczerba, Wolfgang Becker; K: Martin Kukula; D: Jonas Kipp, Oliver Bröcker, Burghart Klaußner, Angelika Bartsch, Matthias Friedrich, Hildegard Wensch

Letzter Schultag vor den Ferien: Micha (J. K.) ist stolz auf seine Noten, kann er doch damit im Herbst aufs Gymnasium gehen. Zu Hause aber kümmert das kaum jemanden. Der Vater (B. K.) ist müde vom langen Arbeitstag, die Mutter (A. B.) beinahe ausschließlich mit Michas jüngerem Bruder Peter (M. F.) beschäftigt. Auch die kranke Großmutter (H. W.) hat andere Sorgen, als sich um ihren Enkel zu kümmern. So bleibt Micha den Sommer über meist allein, außer wenn er Kalli (O. B.) trifft, einen gleichaltrigen Jungen, der weiß, worauf es ankommt – auf ›Männlichkeitsrituale‹, nackte Mädchen oder fünf Mark extra Taschengeld. Die Abenteuer mit Kalli aber werden seltener,

*Kinderspiele
(Oliver Bröcker,
Jonas Kipp)*

der brutale Jähzorn des Vaters immer schlimmer, und – was Micha am härtesten trifft – seine Mutter verläßt mit Peter ihn und seinen Vater. Noch öfter als bisher muß Micha, der erfolglos versucht, seine Eltern wieder zu versöhnen, die Mißhandlungen des Vaters erdulden, bis er eines Tages nicht mehr anders kann, als sich zu wehren. Micha ist das letzte Mal von seinem Vater geschlagen worden: er schlägt tödlich zurück.

Die im Arbeitermilieu der sechziger Jahre angesiedelte Geschichte erzählt von Lieblosigkeit und Gewalt im Elternhaus, vom bitteren Geschmack der Wirklichkeit sowie der Traumwelt eines Jungen, der immer einsamer wird. Wie schon in *Schmetterlinge* (1988) beweist Wolfgang Becker auch in seiner zweiten Regiearbeit besonderes Talent und Einfühlungsvermögen sowohl im Umgang mit Jugendlichen als auch in der filmischen Umsetzung differenzierter Stimmungen und alltäglicher Eindrükke. *mp*

━━

Kleider machen Leute

Deutschland 1940

R: Helmut Käutner; A: Helmut Käutner nach der gleichnamigen Novelle von Gottfried Keller; K: Ewald Daub; D: Heinz Rühmann, Hertha Feiler, Aribert Wäscher, Fritz Odemar, Hilde Sessak, Erich Ponto

Der schüchterne Schneidergeselle Wenzel (H. R.) verpfuscht in seiner tagträumerischen Art einen Frack und wird entlassen. Er behält den Frack, macht sich auf den Weg nach Seldwyla und wird in der Kutsche eines Puppenspielers (E. P.) mitgenommen. Aufgrund seiner vornehmen Kleidung wird Wenzel in Goldach für den Grafen Stroganoff, einen Abgesandten des Zaren, gehalten. Das ganze Dorf überbietet sich in Höflichkeiten dem vermeintlichen Grafen gegenüber. Wenzel verliebt sich in Nettchen (H. F.) und gesteht ihr seine Liebe, nachdem er beim Spielen eine beträchtliche Summe Geld gewonnen hat. Als der echte Graf Stroganoff (F. O.) auftaucht, sieht er, daß Wenzel an dem Mißverständnis keine Schuld trifft und gibt sich als Wenzels Sekretär aus, um seine Erkundigungen diskreter zu gestalten. Denn Stroganoff will seine Brieffreundin, das Fräulein von Serafin (H. S.), prüfen. Ein eifersüchtiger Schneidermeister, der Wenzels wahre Identität erkennt, will Wenzel bloßstellen, um Nettchen für sich zu gewinnen. Aber diese erfährt die Wahrheit von Wenzel und läßt sich dadurch in ihrer Liebe zu ihm nicht beirren.

Detailfreudig, atmosphärisch und brillant hat Helmut Käutner die Stimmung von Gottfried Kellers Novelle in filmgerechte Bilder umgesetzt. Die ironischen Weisheiten und boshaften Anspielungen Kellers wurden durch tragikomische Akzente ergänzt. Die anrührende Menschlichkeit mit melancholischen Zügen, die Heinz Rühmann in seiner Interpretation des Schneidergesellen erreichte, markierte den Anfang seiner Laufbahn als Gestalter abgerundeter Charakterporträts, der Einsichten – wie diejenige, daß sich der gesellschaftliche Wert eines Menschen lediglich aus Oberflächlichkeiten ergibt – sensibel zu vermitteln verstand.

tk

Der kleine Godard an das Kuratorium junger deutscher Film

BRD 1978

R: Hellmuth Costard; A: Hellmuth Costard; K: Bernd Upnmoor, Hans-Otto Walter, Hanno Hart, Hellmuth Costard; D: Hellmuth Costard, Jean-Luc Godard, Hark Bohm, Rainer Werner Fassbinder

Man muß Costard bewundern: Erst bastelt er mit seinem Workshop-Team drei Jahre lang aus Kostengründen an einem billigen Super-8-System mit vier synchron laufenden Kameras, um durch die Montage von gleichzeitig aus verschiedenen Positionen aufgenommenen Szenen Spielfilme zu entwickeln, die »sich selbst ausdenken«. Dann erfährt er, daß sein System durch ein technisch perfektioniertes, beim Fernsehen entwickeltes 16-mm-Verfahren überholt ist. Schließlich dreht er über diesen Fehlschlag einen Film, in dem er, eingebettet in sein Ringen um die richtige Formulierung des Antrags auf finanzielle Unterstützung durch das Kuratorium junger deutscher Film, seine Situation als unabhängigkeitswilliger Filmemacher mit der von prominenten Regie-Kollegen kontrastiert: mit seinem Team und System beobachtet er Hark Bohm beim Drehen von *Moritz, lieber Moritz* (1978), Rainer Werner Fassbinder bei Außenaufnahmen zu *Eine Reise ins Licht – Despair* (BRD/F 1978) und vor allem den ›großen‹ Godard, bei Verhandlungen mit einem Kunstausschuß der Stadt Hamburg, in denen Godard sich weigert, am Beginn der filmischen Arbeit fixierte Drehbücher vorzulegen.
Costards ironischer Experimentalfilm entstand als Reaktion auf eine Filmpolitik, die das Wort auf Kosten des Visuellen in den Vordergrund stellte und Literaturverfilmungen bevorzugte.

Er wurde als »Drehbuch« für einen zweiten Förderungsantrag beim Kuratorium eingereicht, nachdem der erste mangels Drehbuch abgelehnt worden war. Auch dieser Antrag fand keine Unterstützung, weil fertige Filme nicht gefördert werden können. Dafür wurde ihm eine Vertriebsförderung zuerkannt, die allerdings nur dem Verleih zugute kam.

hc

Das kleine Hofkonzert

Deutschland 1945

R: Paul Verhoeven; A: Paul Verhoeven nach dem gleichnamigen Bühnenstück von Paul Verhoeven und Toni Impekoven; K: Fritz Arno Wagner; D: Elfie Mayerhofer, Hans Nielsen, Paul Henckels, Erich Ponto, Hans Leibelt

Biedermeierzeit. Eine Postkutsche trifft in einem kleinen Fürstentum ein. Bei der Paßrevision lernen die Sängerin Christine Holm (E. M.) und Leutnant von Arneck (H. N.) einander näher kennen. Als Christine angibt, auf der Suche nach der Identität ihres Vaters zu sein, kommt es zum Skandal. In kürzester Zeit weiß die ganze Stadt davon, auch der Hofmarschall (H. L.), Arnecks Vater. Auf sein Betreiben soll Christine ausgewiesen werden, doch zuvor muß sie auf allerhöchsten Befehl die erkrankte Sängerin beim Hofkonzert vertreten. Unterdessen hat Christine in dem schrulligen Poeten Knips (P. H.) einen Verbündeten gefunden. Ein bestimmtes Lied führt Knips auf die Spur des Vaters, und bald ist sich Knips sicher: nur der Landesfürst (E. P.) kann es sein. Als auch der Fürst in Christine seine Tochter erkennt, hat sie beides gefunden – ihren Vater und Leutnant von Arneck als Ehemann.
Die musikalische Komödie wurde als aufwendige Farbproduktion in der letzten Phase des Zweiten Weltkriegs begonnen, jedoch nicht mehr fertiggestellt. (Der Film kam erst 1949 in die Kinos.) Verhoeven schildert mit leiser Ironie und starker Sehnsucht nach der Vergangenheit die Folgen einer ›Jugendsünde‹. Weniger temperamentvoll als die erste Verfilmung des Stoffes – *Das Hofkonzert* (1936, Sierck) –, ist Verhoevens Film doch durch seine besonders

gediegene Ausstattung und die Qualität seiner Bilder, die teils an Gemälde von Spitzweg erinnern, bemerkenswert.   *mp*

Die klugen Frauen

Frankreich/Deutschland 1936

R: Jacques Feyder; A: Bernard Zimmer nach einer Erzählung von Charles Spaak, Dialoge der deutschen Version: Robert A. Stemmle, Dialogregie der deutschen Version: Arthur Maria Rabenalt; K: Harry Stradling, Louis Page, André Thomas; D: Françoise Rosay, Will Dohm, Paul Hartmann, Charlott Daudert, Albert Lieven

Im 17. Jahrhundert rüstet sich eine flandrische Stadt für die bevorstehende Kirmes. Der Bürgermeister (W. D.) verspricht seine Tochter Saskia (C. D.) einem reichen Metzgermeister, obwohl sie den Maler Breughel liebt. Die Festvorbereitungen schlagen in Angst um, als bekannt wird, daß der spanische Herzog von Olivarez (P. H.) mit seinen Truppen durch die Stadt ziehen will, denn die Bewohner erinnern sich an frühere Plünderungen. Die Männer entwickeln einen Plan: Der Bürgermeister soll sich totstellen und die Bürger halten Totenwache, um die Spanier zu einem pietätvollen Durchzug zu bewegen. So wird's gemacht. Die gewitzte Frau Bürgermeisterin (F. R.) und die Frauen der Stadt jedoch nutzen den ›Tod‹ des Bürgermeisters für ihre Pläne: Sie empfangen die Spanier so festlich, daß diese gar nicht anders können, als sich galant zu verhalten. Bald erfüllt ausgelassene Feststimmung die Stadt, und die Bürgermeisterin erwirkt durch ihre List mehrere Beschlüsse, die ihr Gatte nicht zugelassen hätte. So wird Saskia mit ihrem geliebten Breughel verheiratet, und bevor der Herzog weiterzieht, verkündet er eine einjährige Steuerfreiheit, die ebenfalls der Bürgermeisterin zu verdanken ist, die sie aber vor der Bevölkerung dem Einsatz ihres Mannes zuschreibt.
Wie die französische Version *La kermesse héroïque* wurde auch die deutsche Version dieser Farce, die weibliche Klugheit und charmante Sinnenfreude preist, international preisgekrönt und zu einem überwältigenden Publikums-

erfolg. Jacques Feyder, dem Meister des Poetischen Realismus, stand der Filmarchitekt Lazare Meerson zur Seite, dessen Dekors im Stil der niederländischen Maler dem psychologisch ausgefeilten Sittenbild einen kongenialen Rahmen gaben.   *tk*

Die Koffer des Herrn O. F.

Deutschland 1931

R: Alexander Granowski; A: Leo Lania, Alexander Granowski frei nach einer Idee von Hans Hömberg; K: Reimar Kuntze, Heinrich Balasch; D: Alfred Abel, Hedy Kiesler, Peter Lorre, Harald Paulsen, Ludwig Stössel, Ilse Korseck, Marga Lion

In der verschlafenen Kleinstadt Ostend kommen eines Tages dreizehn Koffer mit den Initialen O. F. an. Gleichzeitig werden im einzigen Hotel sechs Zimmer bestellt. Ganz Ostend fiebert dem Besuch des Unbekannten entgegen. Der Hotelier (L. S.) reißt extra eine Wand seiner Wohnung nieder, um ein sechstes Gästezimmer bieten zu können. Als O. F. tagelang auf sich warten läßt, setzen Redakteur Stix (P. L.) und Baumeister Stark (H. P.) das Gerücht in die Welt, es handle sich bei O. F. um den Millionär Oscar Flott, der in Ostend Investitionen tätigen und Grundstücke bebauen möchte. Diese Nachricht führt – mitten in der Weltwirtschaftskrise – zu einem regelrechten Boom in dem Städtchen. Neue Häuser werden gebaut, das Kleingewerbe putzt seine Läden heraus, ein Modesalon und ein Kabarett werden gegründet. Der Bürgermeister (A. A.) ist mit Arbeit überlastet, die ganze Stadt verändert ihren Charakter so grundlegend, daß niemand bemerkt, daß Herr O. F. noch immer nicht eingetroffen ist. Dafür studieren Ökonomen aus aller Welt den merkwürdigen Aufschwung. Und im mondänen Seebad Ostende werden seit längerem die Koffer der Schauspielerin Ola Felden vermißt.
Diese musikalische Satire, zu der Erich Kästner die Chansontexte beisteuerte (Musik: Karol Rathaus), nahm in grotesker Form Bezug auf die zu Beginn der dreißiger Jahre omnipräsente Wirtschaftskrise. Optische Detailfülle,

178

feine Ironie und die präzise Charakterisierung der euphorischen Kleinstädter machten *Die Koffer des Herrn O. F.* zu einem vielschichtigen Unterhaltungsfilm, der beim Publikum jedoch nicht recht reüssierte. *tk*

Kohlhiesels Töchter

Deutschland 1920

R: Ernst Lubitsch; A: Hanns Kräly, Ernst Lubitsch; K: Theodor Sparkuhl; D: Henny Porten, Emil Jannings, Gustav von Wangenheim, Jacob Tiedtke

Der Dorfwirt Kohlhiesel (J. T.) hat zwei heiratsfähige Töchter, Gretel (H. P.) und Liesel (H. P.), die gegensätzlicher nicht sein könnten. Die schöne Gretel wird von allen umschwärmt, ihre ältere Schwester hingegen ist derb und grobschlächtig; den fahrenden Händler wirft Liesel mitsamt seinen Waren hinaus. Nach dem Sonntagstanz macht der draufgängerische Bauer Xaver (E. J.) Gretel einen Heiratsantrag. Ihr Vater will die Zustimmung zur Hochzeit jedoch erst geben, wenn er Liesel unter die Haube gebracht hat. Nicht einmal um viel Geld gelingt es Xaver, jemanden aufzutreiben, der den ›Trampel‹ heiratet. Seppl (G. v. W.), der ebenfalls ein Auge auf Gretel geworfen hat, gibt seinem Freund den ›gutgemeinten‹ Rat, zuerst Liesel zu heiraten, um nach baldiger Scheidung die geliebte Schwester zu bekommen. Xaver fällt darauf herein. Liesel verwandelt sich jedoch in eine liebevolle und hübsche Ehefrau, nachdem Xaver ihr gezeigt hat, wer Herr im Hause ist. Dem Glück beider Paare steht nichts mehr im Wege.
Henny Porten, Deutschlands erster Filmstar, zeigte in der Doppelrolle des ungleichen Schwesternpaares ihr komisches Talent. Die bäuerliche Groteske, eine popularisierte, bajuwarische Version von Shakespeares *Der Widerspenstigen Zähmung*, behandelt Lubitschs Thema des Geschlechterkampfes auf ebenso satirische wie humorvolle Weise. Das Lustspiel, später mehrmals neuverfilmt, verbindet die phantasievolle Verwendung realer Schauplätze mit handfestem Slapstick. *mp*

Kohlhiesels Töchter

Deutschland 1943

R: Kurt Hoffmann; A: Georg Zoch nach einer Vorlage von Hanns Kräly; K: Robert Baberske; D: Heli Finkenzeller, Paul Richter, Eduard Köck, Oskar Sima, Erika von Thellmann, Sepp Rist

Veronika (H. F.), die hübsche Tochter des Bauern Kohlhiesel (E. K.), soll mit dem geldgierigen und höchst unsympathischen Jodok-Simerl (O. S.) verheiratet werden, denn dieser hat ein beträchtliches Vermögen angehäuft. Um diesem Schicksal zu entgehen, gibt sich Veronika als ihre unglaublich einfältige und häßliche Halbschwester aus, die vom Vater als Erbin eingesetzt worden sei. So vermag sie Jodok-Simerl abzuschrecken. Nun hat der Vater nichts mehr gegen Veronikas Heirat mit ihrem geliebten Freund Kaspar (S. R.) einzuwenden. Jodok-Simerl gibt dafür dem Werben seiner Wirtschafterin (E. v. T.) nach, die schon lange ein Auge auf ihn geworfen hat.
Diese dritte Verfilmung der Vorlage von Hanns Kräly – nach den titelgleichen Adaptionen von Ernst Lubitsch (1920) und Hans Behrendt (1930) – ist Kurt Hoffmanns gelungener Versuch, den turbulenten Witz seiner Heinz-Rühmann-Komödien ins Genre des deftigen Bauernschwanks zu übertragen. Die Hauptdarsteller, Heli Finkenzeller und Oskar Sima, der wuchtige Vollblutkomödiant, ließen dabei keine Wünsche offen. *tk*

Kolberg

Deutschland 1945

R: Veit Harlan; A: Veit Harlan, Alfred Braun; K: Bruno Mondi; D: Heinrich George, Kristina Söderbaum, Paul Wegener, Horst Caspar, Gustav Dießl

Der Film ist die historisch verfälschte Darstellung des sinnlosen, bis zum Ende geführten Widerstands der Stadt Kolberg gegen napoleonische Truppen im Herbst 1806. Die Franzosen hatten Berlin bereits besetzt, doch weigerten sich einige Städte, sich kampflos zu ergeben. Kolbergs Ortskommandant Loucadou (P. W.) will kapitulieren, doch Bürgermeister Nettelbeck (H. G.) bietet ihm Paroli und initiiert die Bildung von Bürgerwehren, damit die Bevölkerung sich an dem Kampf beteiligen kann, denn schließlich sei jeder Preuße ein Soldat, ob in Uniform oder nicht. Als prototypisch wird die Familie Werner ausgegeben, die aus strategischen Gründen den eigenen Hof niederbrennt. Die Tochter Maria (K. S.) liebt hingebungsvoll den heldenhaften Major Schill (G. D.), verzichtet am Ende jedoch auf ihn, da er neue Aufgaben vor sich hat. Der junge Major Gneisenau (H. C.) löst Loucadou als Stadtkommandant ab und mobilisiert die Bevölkerung zum Widerstand bis zum äußersten. Während die französischen Geschütze die Stadt beschießen, wird Befehl gegeben, sich wenn nötig mit bloßen Fingern in die heimatliche Erde einzugraben und dem Feind kein Stück deutschen Bodens kampflos zu überlassen. Aufgrund von Streitigkeiten zwischen den französischen Generälen wird die Bombardierung schließlich eingestellt.

Im Juni 1943 initiiert, doch erst 18 Monate später fertiggestellt und Ende Januar 1945 uraufgeführt, ist *Kolberg* die filmische Entsprechung zu Joseph Goebbels' Appell zum totalen Krieg. Mit teilweise an Todessehnsucht gemahnender Begeisterung sind Uniformierte und Zivilisten in Kolberg bereit, ihre Stadt ohne strategischen Nutzen bis zum äußersten gegen eine erdrückende Übermacht zu verteidigen. Die historischen Personen wurden völlig umgestaltet, die Liebesgeschichte erfunden, und den Protagonisten des Widerstands wurden Zitate von Hitler und Goebbels in den Mund gelegt. *Kolberg* wurde von den NS-Propagandisten als so wichtig eingeschätzt, daß noch in den letzten Kriegsmonaten ein immenser logistischer Apparat und militärische Einheiten als Statisterie für seine Produktion freigestellt wurden.   *tk*

<hr/>

Ein komischer Heiliger

BRD 1979

R: Klaus Lemke; A: Klaus Lemke; K: Rüdiger Meichsner; D: Ingeborg-Marie (Cleo) Kretschmer, Wolfgang Fierek

In der Hand eine zerlesene Paperbackausgabe der Bibel, im Herzen die frohe Gewißheit, das sündige München warte nur auf ihn, so entsteigt der ehemalige Knecht Wolfgang (W. F.) dem Zug aus Freilassing. Doch die Betreiber der Etablissements gleich neben dem Hauptbahnhof, ihre Mädchen und deren ›Kunden‹ sind keineswegs von der Notwendigkeit der frohen Botschaft des komischen Heiligen überzeugt. Nur Baby Kirchbauer (I.-M. K.) ist beeindruckt und beschließt, ihn gegen ihren Zuhälter einzutauschen. So landet Wolfgang zunächst im Krankenhaus und dann in Babys Wohnung. Aber nichts kann ihn verführen: Weder das Feinschmeckeressen im Kimono, noch die von Baby entwickelte Werbestrategien zur Popularisierung seiner Mission, und schon gar nicht ihr Entschluß, auf jeden Fall ihren Zuhälter umzubringen. Doch: »Wenn ein Mädchen dich wirklich will, hast du keine Chance« (Plakatwerbung); am Ende des turbulenten Geschehens bekommt Baby ihren ›Heiligen‹.

Lemkes Methode, volkstümliche Fernsehspiele zu inszenieren – mit Amateuren und improvisierten (von ihm aber sorgfältig vorausberechneten) Dialogen, wurde hier auf den Film übertragen. So entstand nicht nur Lemkes bestes Werk, sondern auch eine der wenigen gelungenen Komödien des Neuen deutschen Films.   *hc*

<hr/>

Der Komödiant von Wien
(Wiener Herzen)

Österreich 1954

R: Karl Paryla, Karl Stanzl; A: Theodor Ottawa, Karl Paryla; K: Willi Sohm; D: Karl Paryla, Christl Mardayn, Angelika Hauff, Oskar Wegrostek, Vilma Degischer, Wolfgang Heinz, Eduard Strauß

Alexander Girardi (K. P.) kommt als junger Mann nach Wien, um Schauspieler zu werden. Bei der Direktorin Gallmeyer (C. M.) findet er ein erstes Engagement, kann sich jedoch kaum gegen die Hauptattraktion ihrer Bühne, den Komiker Schweighofer (O. W.), durchsetzen. In Gestalt des Komponisten Franz von Suppé (W. H.) kommt Girardi der Zufall zu Hilfe, denn Suppé verschafft ihm eine Stellung am bekannten Theater an der Wien. Ein für Girardi eigens von Johann Strauß (Sohn) (E. S.) komponierter Walzer bedeutet den Durchbruch. Weniger glücklich als seine Karriere verläuft Girardis Ehe. Als er entdeckt, daß seine Frau, die Schauspielerin Helene Odilon (A. H.), ihn betrügt, verstößt er sie. Sie aber sinnt auf Rache. Dank ihrer Beziehungen gelingt es Helene, ihren Mann für unzurechnungsfähig erklären zu lassen. Gerade noch rechtzeitig wird Girardi gewarnt, und die Fürsprache seiner Kollegin Katharina Schratt (V. D.) beim Kaiser rehabilitiert Wiens größten Volksschauspieler.

Das Regiedebüt des Schauspielers Karl Paryla besticht durch die aufwendige Inszenierung und die ausgefeilte Dramaturgie von Licht und Farben, die den Film – neben Alberto Cavalcantis *Herr Puntila und sein Knecht* (A 1955) – zum prächtigsten Agfacolor-Film der österreichischen Kinogeschichte machen. Zudem gelingt Paryla als Regisseur und Hauptdarsteller das seltene Kunststück, an die legendäre Tradition des ›Wiener Films‹ der dreißiger Jahre anzuknüpfen – sowohl was den milieugerechten Charme, die beschwingte Musikalität als auch die liebenswürdige Atmosphäre seines Films anbelangt. *mv*

███
Der Kongreß tanzt

Deutschland 1931

R: Eric Charell; A: Norbert Falk, Robert Liebmann; K: Carl Hoffmann; D: Lilian Harvey, Willy Fritsch, Conrad Veidt, Otto Wallburg, Lil Dagover

Nach ihrem Sieg über Napoleon versammeln sich die europäischen Regenten und Staatsmänner 1814 auf dem Wiener Kongreß, um eine politische Neuordnung Europas zu erreichen. Fürst Metternich (C. V.) zieht als Gastgeber hinter den Kulissen die Fäden und läßt die Kongreßteilnehmer bespitzeln. Die Handschuhverkäuferin Christel Weinzinger (L. H.) nutzt die Gunst der Stunde, um für ihr Geschäft zu werben. Dem russischen Zaren Alexander I. (W. F.) wirft sie einen Blumenstrauß mit ihrer Anschrift zu, worauf sie von der Polizei, die ein Attentat vermutet, verhaftet wird. Über den Zwischenfall informiert, lädt der Zar, der einen Doppelgänger für lästige Aufgaben einsetzt, Christel zum Heurigen ein. Die beiden amüsieren sich beim Walzer, und Alexander ist von der Munterkeit und Unbeschwertheit Christels, welche die Identität ihres Tanzpartners nicht kennt, fasziniert. Als der Zar sich zu erkennen gibt, wandelt sich Christels Natürlichkeit in Respekt, doch der Zar hält an seiner Zuneigung fest und lädt Christel auf sein Schloß bei Wien ein, wohin sie unter dem Jubel der Bevölkerung in einem Fiaker fährt. Zuerst steht der Fortsetzung der Romanze nichts im Weg, doch als Napoleon Elba verläßt und nach Frankreich zurückkehrt, muß Alexander I. sich wieder um seine Staatsgeschäfte kümmern und Wien verlassen. Den beiden Liebenden, die eben noch umschlungen beim Heurigen saßen, bleibt nur die schöne Erinnerung.

Dieser musikalische Kostümfilm, auf dem Höhepunkt des frühen deutschen Tonfilmmusicals gedreht, verband die beliebte Wiener Szenerie (Bälle und Heurigen) mit Revueelementen zu einer überaus publikumswirksamen Mischung aus Show und Sentiment. Einer der großen Kassenschlager seiner Zeit, überzeugt der Film durch Opulenz der Schauplätze, Beschwingtheit der Darstellung und die Musik Werner Richard Heymanns mehr als durch filmische Auflösung oder glaubhafte Handlungsführung. Titel der französischen Version: *Le congrès s'amuse*, der englischen Version: *Congress dances*. *tk*

Die Konsequenz

BRD 1977

R: Wolfgang Petersen; A: Alexander Ziegler, Wolfgang Petersen nach Alexander Zieglers gleichnamigem Roman; K: Jörg Michael Baldenius; D: Jürgen Prochnow, Ernst Hannawald, Walo Lüönd, Edith Volkmann

Wegen der homosexuellen Beziehung zu einem Minderjährigen verurteilt, sitzt der Schauspieler Martin Kurath (J. P.) im Gefängnis. Einige Häftlinge studieren ein Theaterstück ein. Bei den Proben wird Martin von einem jungen Mann angesprochen, der seine eigene Homosexualität zu erkennen gibt. Es ist Thomas (E. H.), der Sohn des Aufsehers Manzoni (W. L.). Sie können es einrichten, daß Thomas eine Nacht in Martins Zelle verbringt, und beschließen, zusammenzubleiben. Thomas findet jedoch weder beim Vater noch bei der Mutter (E. V.) auch nur das geringste Verständnis für seine Gefühle. Vielmehr lassen sie den 16jährigen in eine Erziehungsanstalt einweisen, wo er von Jugendlichen und Erziehern aufs schlimmste schikaniert wird. Martin, inzwischen aus dem Gefängnis entlassen, verhilft dem Freund zur Flucht, doch ihr Vorhaben, eine Partnerschaft zu führen, scheitert. Thomas verzweifelt an der Ignoranz seiner Umwelt und versucht, Selbstmord zu begehen, was mißlingt. Er wird, zwanzig Jahre alt, in eine psychiatrische Klinik eingewiesen.

Die Darstellung einer homosexuellen Freundschaft und der gesellschaftlichen Ausgrenzung der zwei Liebenden wurde von Petersen eindringlich und ohne eine Spur von Voyeurismus oder Weinerlichkeit inszeniert. Besonders differenziert gerieten die – von Jürgen Prochnow und dem Laiendarsteller Ernst Hannawald sensibel gestalteten – Szenen, welche die Liebesbeziehung der zwei Protagonisten skizzieren. Der Film wurde fürs Fernsehen produziert, jedoch auch im Kino ausgewertet, nachdem der Bayerische Rundfunk sich bei der Erstsendung aus dem gemeinsamen ARD-Programm ausgeschaltet und damit einen Skandal provoziert hatte. *tk*

Kora Terry

Deutschland 1940

R: Georg Jacoby; A: Walter Wassermann, Charlotte H. Diller nach dem gleichnamigen Roman von Hans Caspar von Zobeltitz; K: Konstantin Irmen-Tschet; D: Marika Rökk, Will Quadflieg, Josef Sieber, Will Dohm, Ursula Herking, Flockina von Platen, Hans Leibelt, Herbert Hübner

Die Zwillingsschwestern Kora und Mara Terry (beide: M. R.) könnten gegensätzlicher kaum sein: Mara ist schüchtern, ihre Schwester dagegen extravagant und zügellos. Gemeinsam sind sie die Hauptattraktion eines Varietés. Wegen Koras Nachlässigkeit hat Mara einen Unfall und muß lange pausieren. Während dieser Zeit spannt Kora der Schwester den Kapellmeister Michael Varany (W. Q.) aus. In Algier wird Kora in einen Spionagefall verwickelt; die Schwestern geraten in Streit, in dessen Verlauf Kora, ohne Maras Schuld, zu Tode kommt. Ein väterlicher Freund (J. S.) nimmt die Schuld auf sich und überredet Mara, die Identität der Schwester anzunehmen, um deren kleine Tochter zu schützen, die auch bisher schon hauptsächlich von Mara umsorgt wurde. Als Mara schließlich von ihrer Schuldlosigkeit an Koras Tod erfährt, wird sie wieder ganz sie selbst und versöhnt sich auch mit Michael, der inzwischen ein berühmter Geiger geworden ist.

Dieser überzeugende Revuefilm (Musik: Peter Kreuder, Frank Fux) mit ernsten Zwischentönen brachte Marika Rökk den Durchbruch zum Topstar des deutschen Musikfilms. Die Gestaltung der unterschiedlichen Charaktere von Kora und Mara stellte auch ihre dramatischen Qualitäten unter Beweis. Regisseur Jacoby unterstützte diese Differenzierung geschickt, indem er sie in die Choreographie der Revueszenen übertrug. *tk*

Kreuzzug des Weibes ⑤

Deutschland 1926

R: Martin Berger; A: Dosio Koffler, Martin Berger; K: Sophus Wangöe, Adolf Otto Weitzenberg; D: Conrad Veidt, Maly Delschaft, Werner Krauß, Harry Liedtke, Ernst Hoffmann, Andja Zimowa, Fritz Alberti, Gertrud Arnold

Ein reiches Ehepaar (E. H., A. Z.) will eine Abtreibung vornehmen lassen. Obwohl der Paragraph 218 einen Eingriff nur bei gesundheitlicher Gefährdung der Mutter erlaubt, können sie mit ihrem Geld ein entsprechendes Attest kaufen. – Eine Arbeiterfrau (G. A.), die mit ihrem Mann (F. A.) und den Kindern am Rand des Existenzminimums lebt, will ihre Schwangerschaft ebenfalls abbrechen, da ein weiteres Kind die Familie in noch größere Probleme stürzen würde. Weil kein Arzt bereit ist, ihr ein Attest zu schreiben, nimmt die Frau die Abtreibung selbst vor und stirbt daran. Der Staatsanwalt (C. V.) läßt ihren Mann als Mitwisser verhaften. Die Verlobte des Staatsanwalts (M. D.), eine Lehrerin, kümmert sich um die Kinder der Arbeiterfamilie. Sie bittet ihren Verlobten, den Vater freizulassen, worüber es zum Streit kommt. Die Lehrerin wird von einem Schwachsinnigen (W. K.) vergewaltigt und davon schwanger. Ein Arzt versteht ihre verzweifelte Situation und nimmt auf ihre Bitte hin die Abtreibung vor. Der Staatsanwalt hegt jedoch Zweifel bezüglich ihrer Schuldlosigkeit an der Schwangerschaft, worauf die Lehrerin ihn zur Wohnung hinauswirft. Als jedoch auch er von dem Schwachsinnigen angefallen wird, versteht er mit einem Mal – und in einer Vision ziehen alle Frauen an ihm vorbei, die Opfer des Abtreibungsparagraphen geworden sind. Erschüttert quittiert er seinen Dienst, kehrt reumütig zur Lehrerin zurück und will mit ihr ein neues Leben beginnen.
Diesem Sozialdrama mit fortschrittlicher Tendenz war ein sensationeller Publikumserfolg beschieden, was zweifellos auch an der Besetzung mit zahlreichen Stars lag. Insofern ging die Rechnung auf, die inhaltliche Auseinandersetzung über den Paragraphen 218 mit den konventionellen Mitteln filmischer Unterhaltung zu erreichen. Die Darsteller, insbesondere Krauß, Delschaft und Veidt, fanden die Anerkennung der Kritik. *tk*

Kuhle Wampe oder Wem gehört die Welt?

Deutschland 1932

R: Slatan Dudow; A: Bertolt Brecht, Ernst Ottwald; K: Günther Krampf; D: Hertha Thiele, Ernst Busch, Martha Wolter, Adolf Fischer

Fabriken, Mietskasernen, Zeitungsmeldungen über die sprunghaft angestiegene Arbeitslosigkeit. Arbeiter jagen in der Hoffnung auf eine Anstellung mit ihren Fahrrädern von Fabrik zu Fabrik. Einer der Stellungssuchenden wird von seinem Vater zu Hause als arbeitsscheu beschimpft. Anni (H. T.), welche die Familie mit ihrem Gehalt durchbringen muß, verteidigt den Bruder. Als dieser allein ist, zieht er die Armbanduhr aus und stürzt sich aus dem Fenster. »Ein Arbeitsloser weniger« hatte ein Titel zu Beginn des Films verkündet. Die Familie kann die Miete nicht mehr aufbringen; Vater und Mutter ziehen mit Anni zu deren Freund Fritz (E. B.) in die Laubenkolonie »Kuhle Wampe«. Als Anni schwanger wird,

Kuhle Wampe (Hertha Thiele, Ernst Busch)

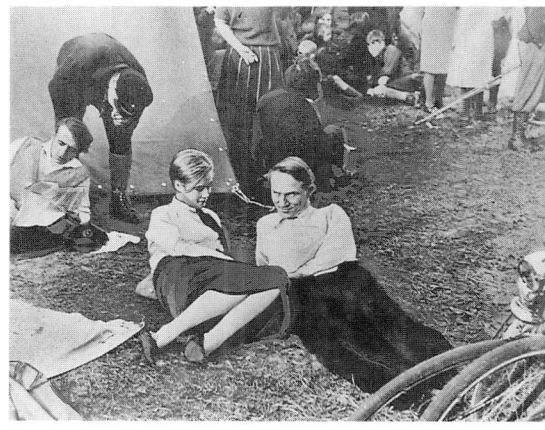

will Fritz sie zu einer Abtreibung überreden, doch der ältere Genosse Kurt (A. F.) macht ihm seine Verantwortung deutlich. Fritz fühlt sich von der Verbindung jedoch eingeengt, weshalb Anni ihn verläßt und zu ihrer Freundin Gerda (M. W.) nach Berlin zieht. Auf einem proletarischen Sportfest treffen sich Fritz und Anni wieder; sie wollen einen Neubeginn wagen. Auf der Rückfahrt in der S-Bahn kommt es zu erregten Diskussionen zwischen Bürgern und den jungen Arbeitern, die fragen, wem die Welt gehört.

Dieser einzige eindeutig kommunistisch orientierte Spielfilm der Weimarer Republik hatte große Probleme, die Zensur zu passieren, nachdem er schon während der Produktion beinahe am fehlenden Geld gescheitert wäre (der Schweizer Produzent Lazar Wechsler rettete ihn durch eine Finanzspritze). *Kuhle Wampe* verbindet dokumentarisch aufbereitete Alltagsskizzen aus dem von Wirtschaftskrise und politischer Mobilisierung geprägten Arbeitermilieu mit kammerspielartigen Tableaus, etwa in der Karikierung kleinbürgerlicher Verhaltensweisen. Seine intensivsten Momente bezieht der Film aus Hertha Thieles unsentimentaler Verkörperung der Anni, aus nüchterner Milieubeschreibung und aus der Verbindung von Hanns Eislers fulminanter Musik mit der an sowjetischen Vorbildern geschulten Montage. *tk*

wohnheit des Inspektors, die ihm bereits seine Strafversetzung in die Provinz eingetragen hat. Zusätzlich steht eine Reihe weiterer mysteriöser Fälle zur Klärung an, darunter das Verschwinden eines Gutsbesitzers sowie der angebliche Selbstmord eines Jungen. Im Laufe der Ermittlungen offenbart sich dem Inspektor eine Welt aus Neid, Haß und unverhüllter Brutalität, die entscheidende Spur jedoch bleibt aus. Bis Pokorny der Zufall zu Hilfe kommt und sich der Kreis schließt: Zwei Schwerverbrecher aus Wien (G. L., K. R.) haben den Oberwachmann als Schuldigen mißbraucht, den Gutsbesitzer verschwinden lassen und können überdies weiterer Verbrechen überführt werden. Auch der Mord an dem Jungen wird geklärt: dessen eigener Vater (W. K.) ist der Täter. Pokorny kann sich wieder seiner Routinearbeit zuwenden.

Die Figur eines unkonventionellen österreichischen Kriminalbeamten, von Qualtinger bereits in dem Film *Mann im Schatten* (A 1961, Rabenalt) kultiviert, erlaubte den beiden Autoren einen sarkastischen Blick auf kleinstädtisches Alltagsleben und die Konventionen des Kriminalfilms. So wird dieser ursprünglich für das Fernsehen produzierte Streifen von skurrilen Einfällen und humoristischen Dialogen dominiert, die allerdings nur schwer ihren dramaturgischen Zusammenhalt in einer Vielzahl von Episoden finden. *mp*

Kurzer Prozeß

BRD 1967

R: Michael Kehlmann; A: Michael Kehlmann und Carl Merz nach dem gleichnamigen Roman von Jeffrey Ashford (d. i. Roderic Jeffries); K: Karl Schröder; D: Helmut Qualtinger, Willi Harlander, Walter Kohut, Georg Lhotzky, Kurt Radlecker

Oberwachmann Janisch (W. H.) wird aufgrund von Indizien schuldig gesprochen, den Raubüberfall auf das Postamt im provinziellen Mühlstadt verübt zu haben. Bezirksinspektor Pokorny (H. Q.) aber glaubt nicht an die Schuld seines Beamten und setzt auf eigene Faust die Ermittlungen fort, eine liebe Ange-

L

La Paloma

Schweiz/Frankreich 1974

R: Daniel Schmid; A: Daniel Schmid nach der Erzählung *Der letzte Wille der Stanislawa Asp* von Hanns Heinz Ewers; K: Renato Berta; D: Ingrid Caven, Peter Kern, Peter Chatel, Bulle Ogier

»La Paloma« ist der Künstlername der Nachtklubsängerin Viola Schlumpf (I. C.), die todkrank ist und nach den Aussagen ihres Arztes nur noch kurze Zeit zu leben hat. Ihr Leben erfährt eine Wendung, als sie den dicklichen Grafen Isidor Palewski (P. K.) kennenlernt. Der reiche Graf liebt Viola bald abgöttisch. Sie erwidert diese Zuneigung zwar nicht, doch liebt sie es, so sehr geliebt zu werden. Die Absolutheit von Isidors Leidenschaft tut der Tingeltangeltänzerin dermaßen gut, daß sie noch lange über den vom Arzt genannten Zeitpunkt hinaus am Leben bleibt. Im Grunde ihres Herzens hat sie für den Verehrer allerdings nur bittere Verachtung übrig. So scheitert Isidor an der absoluten Liebe und am Objekt, das er sich dafür ausgesucht hat.

Als monströse Mixtur aus Trivialität und Erhabenheit, tiefen Gefühlen und seichtem Kitsch konzipierte Daniel Schmid diese Liebesgeschichte mit dekadent-melodramatischem Einschlag. Schmids These von der grundsätzlichen Fiktion aller Liebe erfüllt ein grelles, neoromantisch überstilisiertes Porträt einer Zeit, die Gefühle auf ihren Warencharakter reduziert. Ingrid Caven und Peter Kern, zwei Darsteller, die Schmids Intentionen adäquat umsetzen, begleiten den Regisseur auf seiner Reise durch Liebe, Morbidität und Verfall. *rk*

Das Land hinter dem Regenbogen

BRD 1992

R: Herwig Kipping; A: Herwig Kipping; K: Roland Dressel; D: Franciszek Pieczka, Winfried Glatzeder, Axel Werner, Stefanie Janke, Sebastian Reznicek, Thomas Ewert, Fred Delmare

Das Mädchen Marie (S. J.), das »das Land hinter dem Regenbogen« beschwört, erzählt die Geschichte vom deutschen Dorf ›Stalina‹, ›einer Handvoll Häuser am Rande der Welt«, Ort mißbrauchter Träume und ideologischer Willkür. »Das Jahr 53 hatte gerade begonnen«, der Großvater (F. P.) spricht zur heiligen Stalin-Büste, will das Dorf zum Paradies machen und »mit eisernem Besen kehren«. Sein Enkel (S R.) – Regenbogenmacher genannt, weil das Kind glaubt, einer sein zu können und in einem Wasserfaß den Beweis antritt – streitet sich mit dem gleichaltrigen Hans (T. E.) um Marie. Beim Besuch des ersten Kreissekretärs (F. D.) wird Heinrich (A. W.) als LPG-Vorsitzender abgelöst und der Vater des Regenbogenmachers (W. G.) eingesetzt. Der amoklaufende Heinrich verübt einen Brandanschlag auf die Ernte, in dessen Folge es zum 17. Juni 1953 kommt: Die Menschen stürmen das Toilettenhäuschen neben dem Misthaufen, die Machtzentrale im Dorf! Sowjetische Soldaten »stellen die alte Ordnung wieder her«, doch Schritt für Schritt geht alles dem Untergang entgegen. Der Großvater wird am schwarz-rot-goldenen Grenzpfahl gekreuzigt und richtet sein letztes Gebet an Stalin. Marie und der Regenbogenmacher ziehen gemeinsam in die nahe Wüste, wo die monumentale Karl-Marx-Statue abgestellt wurde – in ein Land, wo Utopien noch Berechtigung haben.

Herwig Kippings später Debütfilm – ermöglicht von der Ende der achtziger Jahre in den DEFA-Studios aktiven Nachwuchsgruppe ›Da Da eR« – ist eine sarkastische, teils abstruse Allegorie auf den Sozialismus in der DDR. Kindheitserinnerungen, gesellschaftliche Entwicklungen und Ereignisse aus den fünfziger Jahren – so auch der 17. Juni – ›gerinnen‹ zu einem in Gleichnissen und Metaphern erzählten »Film des magischen Idealismus«. *ms*

Die Landstraße Ⓢ

Deutschland 1913

R: Paul von Woringen; A: Paul Lindau; D: Carl Goetz, Rudolf Klein-Rhoden, Paul Bildt

In einem thüringischen Dorf, Mitte des 19. Jahrhunderts, dringt ein aus dem Gefängnis ausgebrochener Sträfling (R. K.-R.) in einen Bauernhof ein. Mit einer Leiter gelangt er in die Scheune, von dort ins Wohnhaus, wo er jedoch vom Bauern auf frischer Tat ertappt wird. Er erschlägt den Bauern und macht sich mit der Beute aus dem Staub. Bald darauf kommt ein hungriger Landstreicher (C. G.) daher. Weil ihm kein Essen gegeben wird, als er darum bittet, steigt er ebenfalls ins Haus ein, als er die Leiter an der Scheune stehen sieht. Doch der Landstreicher wird von einer Magd beobachtet, und, als die Leiche des Bauern entdeckt wird, für den Mörder gehalten. Er wird verhaftet und zum Tode verurteilt, dann jedoch wegen einer Erkrankung in ein Gefängnislazarett überstellt, wo er als Helfer bleiben darf, nachdem er genesen ist. Eines Tages wird der tatsächliche Mörder, der wegen eines anderen Verbrechens im Gefängnis ist, in das Lazarett eingeliefert. Auf dem Totenbett gesteht der Mörder seine Tat. Der Landstreicher wird entlassen und fristet erneut sein trostloses Leben auf der langen, staubigen Landstraße.
Mit seinem sozialen Engagement in der Charakterisierung des Landstreichers und den realistischen Ansätzen bei der Beschreibung des Landlebens bildet dieser Film, dessen Erzählweise noch dem kolportagehaften Kintopp der ersten Jahre verpflichtet ist, eine Art Bindeglied zwischen den frühen ›Leidenschaftsdramen‹ mit ihrer theatralischen Gestik und dem einsetzenden ›Kunstfilm‹ deutscher Provenienz. *tk*

Lang ist der Weg

BRD 1948

R: Herbert B. Fredersdorf, Marek Goldstein; A: Karl Georg Külb, Israel Becker nach einer Geschichte von Israel Becker; K: Frank Koch; D: Israel Becker, Bettina Moissi, Jakob Fischer, Bertha Litwina, Alexander Barbini, Paul Dahlke, Otto Wernicke

Kriegsbeginn, Warschau 1939. Die Familie Jelin erlebt das Schicksal von Millionen von Juden: Sie sind gezwungen, den Davidstern zu tragen und müssen im Ghetto leben. Der Vater (J. F.) stirbt in Auschwitz, auch die Mutter (B. L.) wird deportiert. Ihr Sohn (I. B.) kann während des Transports vom fahrenden Zug springen und im Kugelhagel der SS-Wachmannschaft flüchten. Er wird Partisan. Nach dem Ende Hitler-Deutschlands macht er sich auf die Suche nach seiner Mutter, begleitet von einer jungen Schicksalsgefährtin, Dora Berkowitz (B. M.). Aber auch die Mutter sucht verzweifelt ihren Sohn. Physisch und psychisch zermürbt, landet sie in einem deutschen Krankenhaus. Während der monatelangen Ungewißheit über das Schicksal der Mutter hat der junge Jelin Dora geheiratet und begonnen, als Fahrschullehrer zu arbeiten. Da erreicht ihn die Suchmeldung der Mutter. Glücklich fallen sich Mutter und Sohn in die Arme. Sie sehen einer hoffnungsvollen Zukunft in ihrer alten neuen Heimat entgegen.
In die menschlich bewegende, authentische Geschichte sind Dokumentaraufnahmen integriert. Die knappen Dialoge im Primärton (teils jiddisch, teils polnisch gesprochen, mit deutschen Untertiteln unterlegt) verstärken noch den Realismus dieses zeitgeschichtlichen Films, dessen Anspruch und Wirkung zeitlos sind. *ps*

Das Leben kann so schön sein
(Eine Frau fürs Leben)

Deutschland 1938

R: Rolf Hansen; A: Jochen Huth nach seinem
Bühnenstück *Ultimo*; K: Reimar Kuntze;
D: Ilse Werner, Rudi Godden, Hedwig
Bleibtreu, Gustav Waldau, Will Dohm

Die Ehe zwischen dem Versicherungsvertreter
Hannes (R. G.) und der jungen Nora (I. W.) ist
von existentiellen Sorgen überschattet. Sie
haben keine eigene Wohnung, sondern leben
in einem möblierten Zimmer; die Nachbarn intrigieren gegeneinander und gegen das junge
Paar. Hannes entwickelt immer kleinlichere
Züge, je schlimmer die wirtschaftliche Notlage
wird, denn er hat das Soll an Versicherungs-
abschlüssen nicht erreicht. Um ihn zu entla-
sten, nimmt Nora Heimarbeit an und arbeitet
bis spät nachts, was Hannes jedoch auch nicht
paßt. Nora kann eine feste Stellung annehmen, doch gibt es Probleme, weil ein Vorgesetzter sie belästigt. Nora erwartet ein Kind,
aber die Ehe bietet immer weniger Freude,
weil Hannes sich seinen Gefühlen verschließt,
seine Liebe kaum mehr zeigt und aus Eifersucht verhärmt ist. Die erschöpfte Nora stürzt
eine Treppe hinunter und hat eine Frühgeburt.
An ihrem Krankenbett kommt Hannes wieder
zu Sinnen, sie söhnen sich aus, und Hannes
verspricht, sich künftig mehr Mühe zu geben.
Dieser in Rückblenden – entlang den Erinnerungen von Hannes – erzählte Film besticht
durch eine subtil-realistische, nicht geschönte,
sondern überaus nüchterne Schilderung von
Alltag und Milieu. Durch die Tristesse der existentiellen Probleme werden die sozialen Widersprüche zwischen Staatsideologie und gesellschaftlicher Wirklichkeit sichtbar. Ilse Werner und Rudi Godden bieten in der überaus
sensiblen Interpretation der Ehepartner die besten dramatischen Leistungen ihrer Laufbahn.
Das Leben kann so schön sein wurde nach
schwieriger Produktionsgeschichte 1938 in
Wien uraufgeführt, jedoch bald wieder abgesetzt und von den Zensurstellen verboten: Der
Film stehe in Opposition zu den »bevölke-
rungspolitischen Grundsätzen des Nationalsozialismus«. 1950 kam der Film in der BRD unter dem Titel *Eine Frau fürs Leben* doch noch in
die Lichtspieltheater.   *tk*

Der lebende Leichnam / Shiwoi trup Ⓢ
(Das Ehegesetz)

Deutschland/Sowjetunion 1929

R: Fedor Ozep; A: B. Gussmann, Anatoli
Marienhof nach dem gleichnamigen
Bühnenstück von Leo Tolstoi; K: Anatoli
Golownja, Piel (Phil) Jutzi; D: Wsewolod
Pudowkin, Maria Jacobini, Gustav Dießl,
Natalja Watschnadse

Fedja Protassow (W. P.) weiß, daß seine Frau
Lisa (M. J.) den vermögenden Kammerherrn
Karenin (G. D.) liebt. Um dem Glück der beiden nicht im Wege zu stehen, sucht er nach
Scheidungsmöglichkeiten, doch diese sind im
russisch-orthodoxen Moralkodex nicht vorgesehen. Fedja überlegt, sich umzubringen,
findet dazu jedoch nicht die Kraft. Die junge
Zigeunerin Mascha (N. W.) liebt Fedja und
rät ihm, den Selbstmord nur vorzutäuschen
und eine neue Existenz anzunehmen. Diese
Strategie hat Erfolg, Lisa und Karenin können
nach dem vermeintlichen Freitod heiraten.
Weil er Mascha nicht zumuten will, mit einem »lebenden Leichnam« zusammenzuleben,
haust Fedja allein in Moskauer Elendsquartie-
ren und verfällt zusehends. Von einem Erpresser denunziert, wird Lisa wegen Bigamie vor
ein Gericht gestellt. Damit Fedja seine Existenz
nicht sinnlos geopfert hat, erschießt er sich
im Gerichtssaal und ermöglicht so das Zusammenbleiben von Lisa und Karenin.
Engagiert und auch formal konsequent porträtiert dieser Film, der auch unter dem Titel *Das
Ehegesetz* gezeigt wurde, die Hoffnungslosig-
keit urbaner Elendsquartiere am Beispiel der
Treffpunkte des Moskauer Subproletariats zur
Zarenzeit. Die Milieuschilderung ist außerordentlich sensibel, die Kontrastierung von Bür-
gerwelt, Obdachlosenasyl und Zigeunerge-
meinschaft arbeitet differenziert die sozialen
Gegensätze heraus. Bemerkenswerte Kamera-
und Montagearbeit zeichnen diese in Deutschland gedrehte deutsch-sowjetische Koproduk-

tion genauso aus wie die exzellenten Darstellerleistungen, allen voran die des Regisseurs, Filmtheoretikers und Schauspielers Wsewolod Pudowkin, der hier seinen bedeutendsten Leinwandauftritt hatte. *tk*

Die Legende von Paul und Paula

DDR 1973

R: Heiner Carow; A: Ulrich Plenzdorf; K: Jürgen Brauer; D: Angelica Domröse, Winfried Glatzeder, Heidemarie Wenzel, Fred Delmare

Alte Mietshäuser werden abgerissen, sie sollen Neubauten weichen; Paul (W. G.) steht davor und zeigt ein gerahmtes Foto von sich und Paula (A. D.): Anfangs grüßen die jungen Berliner einander nur auf der Straße, beide hatten Pech mit ihren Partnern. Paul lebt in unglücklicher Ehe mit einer schönen, doch nicht sehr intelligenten Frau (H. W.), die ihn hintergeht. Der alleinstehenden Paula fällt es nicht leicht, mit ihren zwei Kindern, der Arbeit in einer Kaufhalle und ihren unerfüllten Wünschen zurechtzukommen. Als der Zufall sie endlich mit Paul in einer Bar zusammenführt, weiß sie nach der ersten gemeinsam verbrachten Nacht, daß er ihre große Liebe ist. Doch Paul, fest in berufliche Konventionen eingebunden, hat Angst vor ihrem absoluten Glücksanspruch. Erst als Paula sich – nachdem ihr jüngeres Kind tödlich verunglückt und sie sich selbst die Schuld daran zuschreibt – von ihm trennt und ernsthaft erwägt, den schon lang um sie werbenden, bedeutend älteren Reifenhändler Saft (F. D.) zu heiraten, wird ihm bewußt, wie sehr auch er sie liebt. Paul kämpft – alles andere hinter sich lassend – um Paula und gewinnt sie zurück. Gegen wiederholte ärztliche Einwände entscheidet sich Paula für ein Kind von Paul. Sie überlebt die Geburt ihres Kindes nicht.
Die in ihrem sozialen Umfeld genau gezeichnete Figur der Paula mit ihrem rigorosen Glücksanspruch wurde eine der großen Frauengestalten des DDR-Films, hingegen geriet die männliche Titelfigur als sozialistischer Staatsbeamter etwas verschwommen. Die poe-

Die Legende von Paul und Paula
(Winfried Glatzeder, Angelica Domröse)

tischen Überhöhungen der im Alltag angesiedelten Liebesgeschichte ins Märchen- und Legendenhafte inszenierte Regisseur Carow auch als Polemik gegen den dokumentarischen Realismus, also den herrschenden Stil der DEFA-Gegenwartsfilme der siebziger Jahre. So entstand – auch durch die mitreißende, betont sinnliche Darstellung der Hauptfiguren und die Musik (Songs der später populärsten DDR-Pop-Gruppe, der »Puhdys«) – einer der erfolgreichsten Publikumsfilme der DEFA, der zwanzig Jahre später eine Wiederaufführung in den Kinos erlebte. *ms*

Leichensache Zernik

DDR 1972

R: Helmut Nitzschke; A: Gerhard Klein, Joachim Plötner, Wolfgang Kohlhaase, Helmut Nitzschke; K: Claus Neumann; D: Alexander Lang, Gert Gütschow, Kurt Böwe, Hans Hardt-Hardtloff, Annemone Haase, Käthe Reichel

Berlin 1948. Auf der Strecke Berlin – Bernau lernt Katharina Zernik (A. H.) einen Eisenbahner kennen, der ihr günstige ›Hamsterstellen‹ verspricht und sie zum Aussteigen in Buch überredet. Im Wald erdrosselt er sie und verunstaltet ihr Gesicht mit Salzsäure. Nach Entdeckung der Tat läuft die Fahndung im sowjetisch besetzten Sektor Berlins an. Der neu eingestellte Horst Kramm (A. L.), den vor allem die höhere Lebensmittelkarte zur Polizei zog, wird zur Mordkommission unter Kriminalrat Stübner (K. B.) abgestellt. Erste Ermittlungen zeigen, daß es sich bei dem gesuchten Mörder um einen Serientäter handeln könnte, der Einbrüche in die Wohnungen seiner Opfer plant; schnelles Reagieren wird notwendig. Dazu ist die Hilfe westlicher Kollegen erforderlich. Kriminalkommissar Probst (H. H.-H.) in Zehlendorf erklärt sich dazu bereit, wird aber von übergeordneten Instanzen gebremst und schließlich entlassen. Der Mörder Retzmann (G. G.) durchsucht inzwischen die Wohnung von Katharina und entwendet wertvolle Gegenstände. Die Schwierigkeiten beim Aufbau eines Polizeipräsidiums für die drei Westsektoren erschwert die Zusammenarbeit, die politischen Wirren führen dazu, daß weitere Opfer zu beklagen sind. Die Untersuchungen ergeben schließlich, daß Retzmann einen Koffer mit Diebesgut im Hotel der Lucie Matewsky (K. R.) abgestellt hat. Dort steht Kramm endlich dem Gesuchten gegenüber und verhaftet ihn.

Regisseur Gerhard Klein, der in seinen DEFA-Kriminalfilmen bemüht war, auch politische Hintergründe sichtbar zu machen, konzipierte *Leichensache Zernik* in diesem Sinne. Nach seinem Tod bei Drehbeginn hat Helmut Nitzschke diese Absicht einfühlsam weitergeführt. Der dokumentarische Stil in Schwarzweiß mit eindrucksvoller Milieuschilderung sowie einprägsame Figuren, u. a. Kramm – von Alexander Lang überzeugend dargestellt –, trugen neben der spannenden Handlung zum Publikumserfolg bei. *rns*

Leichte Muse

Deutschland 1941

R: Arthur Maria Rabenalt; A: Kurt Heuser nach dem Roman *Viva la musica* von Hans Fritz Köllner; K: Willy Winterstein; D: Willy Fritsch, Adelheid Seeck, Willi Rose, Paul Hoffmann, Anja Elkoff

Im Musiker- und Künstlermilieu Berlins um die Jahrhundertwende versucht der Komponist Peter Paul Müller (W. F.) ein Auskommen zu finden. Zusammen mit seiner Frau Lisbeth (A. S.) und Hans Otto Lange (W. R.), seinem bevorzugten Textdichter, meistert er die Widrigkeiten des brotlosen Alltags. Als dem Duo mit der Operette *Wie einst im Mai* ein Überraschungserfolg gelingt, beginnt der Aufstieg des Komponisten. Er verlegt sein Domizil in den vornehmeren Berliner Westen und wird Leiter eines Theaters. Doch der Erfolg geht nicht spurlos an ihm vorbei. Seine Ehe beginnt zu kriseln, und er verliebt sich in die Sängerin Marion (A. E.), die von Gesenius (P. H.), Müllers Teilhaber, protegiert wird. Das Ehepaar trennt sich, auch Gesenius läßt Müller fallen, als er von der Liaison hört. Ohne das Geld seines Teilhabers geht Müllers Theater pleite. Nun bemerkt der Komponist, in welch fataler Weise er sich verändert hat. Er kehrt zu Lisbeth zurück, um mit ihr gemeinsam einen Neuanfang zu wagen. Wieder tragen ihm seine Lieder große Erfolge ein, besonders eine musikalische Liebeserklärung an seine Frau, und so findet alles ein glückliches Ende.

Ein musikalisches Volksstück, das von der beschwingten Inszenierung und einem bis in die Nebenepisoden ausgefeilten Handlungsaufbau lebt. Willy Fritschs inspirierter Witz und Charme, die elegante Adelheid Seeck in ihrer ersten Filmrolle und Willi Rose als sprudelnder Textdichter verkörpern die Hauptrollen in diesem heiteren Bilderbogen. *tk*

Der letzte Akt

Österreich 1955

R: Georg Wilhelm Pabst; A: Fritz Habeck nach einer Filmnovelle von Erich Maria Remarque und dem Roman *Ten days to die* von Michael A. Musmano; K: Günther Anders, Hannes Staudinger; D: Albin Skoda, Oskar Werner, Gerd Zöhling, Lotte Tobisch

April 1945. Im Bunker der Reichskanzlei erteilt Hitler (A. S.) seinen Generälen sinnlose und wirklichkeitsfremde Befehle, die widerspruchslos hingenommen werden. Der Frontsoldat Hauptmann Wüst (O. W.) bemüht sich um ein persönliches Gespräch, in dem er die Evakuierung der 9. Armee erwirken will. Bevor es ihm gestattet wird, erfahren er und der 16jährige Soldat Richard (G. Z.), daß die Überflutung der unterirdischen S-Bahn-Tunnel befohlen wurde, wodurch Tausende von schutzsuchenden Zivilisten und Verwundeten ertrinken würden. Als man den Hauptmann endlich vorläßt und er Hitler beschwört, den Plan rückgängig zu machen, wird er von der SS-Wache angeschossen und tödlich verwundet. Nachdem Hitler mit Eva Braun (L. T.) vor den Altar getreten, sein Plan indes exekutiert worden ist, begehen er und seine Frau Selbstmord; ihre Leichen werden im Hof verbrannt. Dem Bild der Flammen ist die Stimme des sterbenden Wüst und sein Vermächtnis an Richard unterlegt: »Sag nie mehr Jawohl!«

Durch seine thesenhafte Argumentation und die schematische Charakterisierung der Personen entsprach der Film fast idealtypisch dem kollektiven Wunsch des Kinos der fünfziger Jahre, die unmittelbare Vergangenheit durch Vermeidung von Fragen nach Mitschuld und Verantwortung zu mystifizieren. Der um Authentizität und Realismus bemühten Inszenierung Pabsts stehen kolportagehafte Handlungselemente gegenüber, die lediglich der publikumswirksamen Dramatisierung der historischen Ereignisse dienen. *mp*

Letzte Ausfahrt Brooklyn

BRD 1989

R: Uli Edel; A: Desmond Nakano nach dem Roman *Last exit to Brooklyn* von Hubert Selby; K: Stefan Czapsky; D: Stephen Lang, Jennifer Jason Leigh, Peter Dobson

New York, 1952. Im Hafenviertel von Brooklyn wird eine Fabrik bestreikt. Der lokale Vertrauensmann der Gewerkschaft, Harry Black (S. L.), rekrutiert mehrere Kriminelle – sie haben soeben einen Soldaten der nahen Kaserne zusammengeschlagen – indem er sie vor der Polizei in Schutz nimmt. Unter ihnen sind auch Tralala (J. J. L.) und ihr Zuhälter Vinnie (P. D.). Sie verdienen ihr Geld immer auf die gleiche Weise: Tralala lockt einen der GIs in einen Hinterhof, wo er von Vinnie und seinen Freunden beraubt wird. Am nächsten Morgen durchbricht ein Konvoi von Lastwagen die Sperre der Streikenden, Harry kommt zu spät. Unter massivem Polizeischutz verlassen abends die Trucks das Gelände, auch der erbitterte Widerstand der Streikenden kann Wasserwerfern und Gummiknüppeln nicht standhalten. Bereits kurze Zeit später wird der Streik für beendet erklärt. Das Leben in Brooklyn nimmt wieder seinen gewohnten Lauf, wenn auch nicht mehr alle daran teilhaben können, wie Harry, der nun selbst Opfer der unbarmherzigen Stadt geworden ist.

Die Verfilmung des 1964 erschienenen Kultromans von Hubert Selby zeigt in mehreren lose zusammenhängenden Episoden das Sittenbild einer ausschließlich von Sex, Gewalt und dem Drang zu Überleben geprägten Gemeinschaft. Der unartikulierte Zorn dieser Menschen auf ihr Schicksal entlädt sich in Uli Edels Film in präzis choreographierten Szenen exzessiver Brutalität. Die provozierende Dynamik des Films ist diesen Actionszenen und dem Verzicht des Regisseurs auf soziale oder psychologische Erklärungsmodelle zuzuschreiben. *mp*

Die letzte Brücke / Poslednji most

Österreich/Jugoslawien 1954

R: Helmut Käutner; A: Helmut Käutner, Norbert Kunze; K: Elio Carniel; D: Maria Schell, Bernhard Wicki, Barbara Rütting, Carl Möhner, Horst Hächler

Die deutsche Kinderärztin Helga Reinbeck (M. S.) arbeitet während des Zweiten Weltkriegs in einem deutschen Lazarett auf dem Balkan. Italien hat kapituliert, die deutschen Truppen bekämpfen die Partisanen. Helga verliebt sich in Martin Berger (C. M.), einen deutschen Feldwebel. Eines Tages wird sie aus dem Dorf gelockt und zu den Partisanen gebracht, wo sie deren verwundeten Arzt operiert. Als der Arzt doch stirbt, weist Boro (B. W.), einer der Anführer der Partisanen, Helga darauf hin, daß auch die Aufständischen medizinische Versorgung brauchen. Helga bleibt, erst unter

Die letzte Brücke
(Bernhard Wicki, Maria Schell)

Zwang, dann freiwillig, und übernimmt die Behandlung der Partisanen, bei denen Typhus ausbricht. Ein gefangener Deutscher beschimpft sie als Verräterin. Als ein englisches Flugzeug Medikamente für die Partisanen abwirft, schleicht Helga sich mit der Partisanin Militza (B. R.) hinter die deutschen Linien, um die Medikamente zu bergen. Militza wird bei der Aktion getötet. Helga will die Medikamente trotzdem zu den Partisanen bringen. Als sie eine Brücke passiert, beginnt ein Gefecht zwischen den Kriegsparteien. Als Boro auf der einen, Martin auf der anderen Seite Helga bemerken, lassen sie das Feuer einstellen. Helga wird jedoch von einer verirrten Salve getroffen. Sie bringt die Medikamente über die Brücke, kehrt dann um – und bricht mitten auf der Brücke tot zusammen.

Helmut Käutners Drama schildert den Kampf einer jungen Idealistin, die im Widerstreit zwischen politischer Vernunft und humanitärer Überzeugung ihrer inneren Stimme den Vorzug gibt. Maria Schell, Bernhard Wicki und Carl Möhner agierten ausgesprochen realistisch, was durch die geradlinige Inszenierung noch unterstrichen wurde. *Die letzte Brücke* ist ein berührender, packender Film mit einer engagierten Botschaft ohne die Tendenz zur Beschönigung. Zugleich bedeutete er Käutners Rückkehr zum Erfolg: Kritiker und Zuschauer zollten dem Film Beifall, weswegen ihm eine Flut von Kriegsfilmen nachfolgte – fast alle mit ungleich fragwürdigerem ideologischen Gehalt und von platter Machart. *tk*

Die letzte Chance

Schweiz 1945

R: Leopold Lindtberg; A: Richard Schweizer, Leopold Lindtberg, David Wechsler; K: Emil Berna; D: Ewart G. Morrison, John Hoy, Ray Reagan, Therese Giehse, Maurice Sakhnowski, Rudolf Kämpf, Sigfrit Steiner

Im Herbst 1943 können der amerikanische Sergeant Braddock (R. R.) und der englische Leutnant Halliday (J. H.) aus einem deutschen Zug fliehen, der Kriegsgefangene aus Italien ins Reich transportiert. Die Alliierten sind in Italien gelandet, doch Norditalien steht noch unter deutscher Kontrolle. Braddock und Halliday müssen machtlos eine Deportation jüdischer und anderer Zivilisten mitansehen und gelangen schließlich ins italienisch-schweizerische Grenzgebiet. Dort stoßen sie auf andere Flüchtlinge, die ebenfalls hoffen, über die Berge in die Schweiz zu gelangen. Die Gruppe – darunter die alte Frau Wittels (T. G.) mit ihrem Sohn Bernhard, ein alter jüdischer Schneider (M. S.) mit seiner Nichte, ein jugoslawischer Arbeiter, ein Professor (R. K.), der englische Major Telford (E. G. M.) und zahlreiche andere Flüchtlinge aus verschiedenen Ländern – macht sich an den beschwerlichen Aufstieg durch den hohen Schnee. Nach einer dramatischen Flucht vor deutschen Verfolgern, bei der mehrere Flüchtlinge erschossen werden, erreichen sie die Schweizer Grenze. Durch Intervention der alliierten Offiziere dürfen auch die Zivilisten, denen normalerweise der Grenzübertritt verweigert worden wäre, in die Schweiz einreisen. Trotz der Bemühungen eines Militärarztes (S. S.) stirbt Halliday an den Schußwunden, die deutsche Soldaten ihm zufügten, als er versuchte, den angeschossenen jüdischen Schneider zu retten. Im Schlußbild zieht ein endloser Flüchtlingsstrom eine verschneite Paßstraße in Richtung Schweiz hinauf.

Dieses bereits 1943 konzipierte Flüchtlingsdrama bezieht seine formale und inhaltliche Eindringlichkeit aus dem unmittelbaren Gegenwartsbezug: Regisseur Lindtberg und seine Mitarbeiter, über die Vorgänge an den Schweizer Grenzen durch den Kontakt mit emigrierten Künstlern orientiert, übten auf erschütternde Weise Kritik an der restriktiven schweizerischen Flüchtlingspolitik. Hervorragende Darsteller, brillante Kameraarbeit und Lindtbergs einfühlsame Regie verleihen dem Film starke neoveristische Akzente und dramatische Spannung. *Die letzte Chance* wurde nach Kriegsende ein Welterfolg, erhielt zahlreiche internationale Preise und exzellente Kritiken.   *tk*

Die letzte Kompagnie

Deutschland 1930

R: Kurt Bernhardt; A: Ludwig von Wohl, Heinz Goldberg, Hans José Rehfisch nach dem Manuskript *Die letzte Kompagnie. Die Geschichte der 13 Helden von Jena* von Hans

Wilhelm und Hermann Kosterlitz; K: Günther Krampf; D: Conrad Veidt, Karin Evans, Erwin Kalser, Else Heller, Maria Pederson, Paul Henckels, Heinrich Gretler

Nach der verheerenden Niederlage Preußens gegen die napoleonischen Truppen 1806 bei Jena. Ein langer Kameraschwenk über das leichenübersäte Schlachtfeld. Von der Kompanie Hauptmann Burks (C. V.) sind nur noch zwölf Soldaten am Leben. Die dreizehn Preußen besetzen eine Mühle, um die vorrückenden Franzosen in einer Talenge aufzuhalten und so den Rückzug preußischer Truppen zu decken. Das Müllerpaar (E. K., E. H.) flieht mit ihrem Mündel, der 17jährigen Dore (K. E.). Doch Dore kehrt zu den Soldaten zurück, zwischen ihr und dem Hauptmann entsteht eine zarte Beziehung. Die Preußen verteidigen die Mühle gegen die napoleonische Übermacht bis zum letzten Mann. Als die Franzosen die Mühle schließlich einnehmen, ist der preußische Rückzug geglückt, die dreizehn Preußen und die junge Dore dagegen sind tot. Die Franzosen erweisen den toten Gegnern ihre Reverenz.

Im Spätherbst 1929 gedreht, ist dieses Kriegsdrama in Dekor und Bildgestaltung noch der Stummfilmästhetik verpflichtet, setzt andererseits Geräusche und Sprechsequenzen innovativ ein. Inhaltlich ist der sensationell erfolgreiche Film ein expliziter Appell an soldatische Pflichterfüllung bis zum Tod, doch er gesteht den Soldaten eine persönliche und soziale Identität zu, was ihn von anderen militaristischen Epen der Zeit unterscheidet. Remake: *Eine Handvoll Helden / Per un pugno di eroi* (BRD / I 1967, Umgelter).   *tk*

Der letzte Mann ⑤

Deutschland 1924

R: Friedrich Wilhelm Murnau; A: Carl Mayer; K: Karl Freund, Robert Baberske; D: Emil Jannings, Hans Unterkircher, Maly Delschaft, Georg John

Der alte Portier des Hotels »Atlantic« ist ein würdevoller Mann (E. J.), seine prunkvolle

Uniform verleiht ihm Selbstbewußtsein. Für seine Nachbarn ist er eine Respektsperson, die sie im tristen Milieu ihrer Mietskaserne den Glanz der großen Welt spüren läßt. Aufgrund seiner nachlassenden Kräfte wird er jedoch vom Hotelmanager (H. U.) zum Toilettenwärter degradiert. Als »letzter Mann« seines Ansehens enthoben, wagt er es nicht, seiner Umwelt die Wahrheit zu sagen. Er stiehlt zur Hochzeit seiner Nichte (M. D.) die Portiersuniform, doch der Schwindel wird entdeckt. Dem Hohn der Nachbarn ausgesetzt, zieht er sich, vollends gebrochen, in die Toilette des Hotels zurück. An dieser Stelle erscheint der einzige Zwischentitel des Films, in dem der Autor dem Protagonisten ein ironisches Nachspiel schenkt: Der alte Mann erbt das Vermögen eines Millionärs. Gemeinsam mit seinem Freund, dem Nachtwächter (G. J.), fährt er nach einem opulenten Fest im Hotel in einer Kutsche davon.

Die visuelle Eindringlichkeit des Films verbindet die psychologische Tragödie eines einzelnen mit der stimmigen Zeichnung seines sozialen Umfeldes. Mit Karl Freunds Kamera als narrativem Instrument konnte Murnau über die Statik des Kammerspiels hinausgehen und einen Höhepunkt des Stummfilms realisieren. Seine Bedeutung verdankt *Der letzte Mann* seinem technischen Erfindungsreichtum, der in der »entfesselten« Kamera gipfelt, dem Verzicht auf erklärende Zwischentitel und der schauspielerischen Leistung Emil Jannings'. *rp*

ohne Gewerbeberechtigung in ihrer Existenz bedroht. Den Nutzen aus diesem Kampf will der Werkelverleiher Wiesinger (H. Pr.) ziehen, der auch Schutzgelder kassieren möchte. Zu seinen Kontrahenten zählen sowohl die alten Werkelbauer Clemens (H. G.) und Ferdl (B. H.), die sich gegen Wiesingers frühkapitalistische Methoden nicht zu wehren wissen, als auch Leo Wessely (H. Pu.), Werkelmann aus Berufung, der seine Kollegen gewerkschaftlich organisieren möchte. Und dann sind da noch Clemens' Tochter Franzi (E. M.), die auf den Strich geht, um ihrem Sohn das Gymnasium zu finanzieren, und ihre Freundin Marie (B. S.). In einer von Wessely einberufenen Versammlung reißen Wiesinger und seine Trabanten Holländer (M. J.) und Halinka (H. Pe.) die Macht an sich; es kommt zu Mord und Chaos.

Vor dem historischen Hintergrund der zerfallenden Monarchie (dokumentiert durch Wochenschauclips und Zeitungstext-Inserts) wird die Geschichte eines Kollektivs erzählt – balladesk, mit ironisch-ätzenden Dialektliedern versetzt (Musik: Karl Hodina, Songtexte: Herbert Holba). Kein Wiener Film davor und danach hat das »Lumpenproletariat« jener Zeit und sein Umfeld so vielschichtig getroffen. Ein filmisches Glanzstück in der stimmigen Erfassung der »Wiener Volksseele« sei besonders hervorgehoben: das Gespräch zwischen dem »Philosophen« (K. S.) und seinem Zuhörer (G. H.). *ps*

Der letzte Werkelmann

Österreich/BRD 1972

R: Jörg A. Eggers; A: Herbert Holba, Ernst A. Ekker; K: Walter Kindler; D: Hans Putz, Herbert Propst, Heinz Petters, Michael Janisch, Kurt Sowinetz, Günther Haenel, Hugo Gottschlich, Brigitte Swoboda, Erni Mangold, Bruno Hübner

Wien, 27. und 28. Juni 1914. In den Reihen der Werkelmänner, der Leierkastenspieler also, die sich zumeist aus Kriegsversehrten und sozial Abgestiegenen rekrutieren, herrscht große Unruhe. Die Lizenzinhaber fühlen sich von jenen

Die letzten Jahre der Kindheit

BRD 1979

R: Norbert Kückelmann; A: Norbert Kückelmann; K: Jürgen Jürges; D: Gerhard Gundel, Dieter Mustafoff, Norbert Bauhuber, Manfred Rendl

Martin (G. G.) wird seit seinem 7. Lebensjahr immer wieder straffällig. Als Kind kann er dafür nicht verantwortlich gemacht werden; dennoch schwillt die Akte seiner strafbaren Handlungen auf über 100 Seiten. Seine Ausbrüche aus Erziehungsheimen verfestigen die Auffassung der Sozialbehörden: »Dieser Junge dort kommt aus völlig verwahrlosten Verhältnissen, ungünstige Soziallage, ... Sonderschule, desolate Elternsituation, ein gewohnheitsmäßiger Dieb und Streuner, hemmungslos, ohne Halt.« Ein junger Therapeut (M. R.) erkennt, daß Martins Verhalten teilweise der Angst entspringt, seine Freiheit zu verlieren. Er gewinnt das Vertrauen des verstockten Jungen. Doch den Behörden sind seine Methoden zu zeitaufwendig und gefühlsbezogen. Sein Zeitvertrag wird nicht erneuert. Alleingelassen bricht Martin wieder aus. Inzwischen ist er strafmündig und kann nach seiner Festnahme in eine Strafvollzugsanstalt eingewiesen werden. Wenige Tage nach seinem 14. Geburtstag erhängt Martin sich in seiner Zelle.

Der auf einem authentischen Fall basierende Film kritisiert die Unflexibilität der Rechts- und Sozialbehörden und deren gefühlskalte, distanziert-bürokratische Behandlung noch nicht strafmündiger Kinder. Dabei werden auch die Zwänge deutlich, die Veränderungen und Verbesserungen schwierig machen bzw. verhindern. Ein engagiertes, überzeugendes Plädoyer, Einzelschicksale nicht zu amtlichen Vorgängen zu degradieren.   *hc*

Liebe Mutter, mir geht es gut

BRD 1972

R: Christian Ziewer; A: Klaus Wiese, Christian Ziewer; K: Jörg Michael Baldenius; D: Claus Eberth, Nikolaus Dutsch, Henning Gissel, Hans Rickmann

Eine bunte Werbepostkarte hatte dem arbeitslos gewordenen Alfred Schefczyk (C. E.) versprochen: »Auch deine Chance ist Berlin!« Die Wirklichkeit sieht anders aus. Im hellhörigen, ungepflegten Arbeiterwohnheim soll die Miete erhöht werden, aber Widerstand ist nicht zu organisieren, weil sich's – in der Hoffnung auf ein Einzelzimmer – keiner mit dem Hausmeister verderben will. Im Betrieb sind die Normen für Akkordarbeiter heraufgesetzt worden; die Maßnahme wird von allen Betroffenen abgelehnt, aber es gibt nicht genug Solidarität für einen Streik. Ein Hoffnungsfunke flammt auf: Alfred sammelt Unterschriften, um zu erreichen, daß ein nach den Auseinandersetzungen entlassener Arbeitersprecher wieder eingestellt

Liebe Mutter, mir geht es gut (Nikolaus Dutsch, Claus Eberth, Klaus Sonnenschein)

wird. Doch nur ein alter Arbeiter unterschreibt den Aufruf; der Rest der Belegschaft versagt sich der Solidarisierung, die immerhin Alfred ergriffen hat.

Der erste von drei Arbeiterfilmen, mit denen Ziewer und Wiese an Traditionen des proletarischen Films vor 1933 anknüpfen. Dabei mischen sie Dokumentar- und Spielfilmtechniken. Eigene als Industriearbeiter erworbene Kenntnisse, intensive Recherchen und die Besetzung fast aller Rollen mit Betroffenen führen dazu, daß der Film Insider-Erfahrungen von Arbeitsbedingungen und hierarchischen Abhängigkeitsstrukturen vermitteln kann. Der Film will Arbeitern und kleinen Angestellten die eigene Situation und die Notwendigkeit solidarischen Handelns vor Augen führen. Er tut das so erfolgreich, daß dieser Film und seine Nachfolger von Großkonzernen zum Management-Training für Konfliktlösungen zwischen Arbeitgebern und -nehmern eingesetzt wurden. *hc*

Liebe 47

BRD 1949

R: Wolfgang Liebeneiner; A: Wolfgang Liebeneiner, Kurt Joachim Fischer nach dem Hörspiel und Bühnenstück *Draußen vor der Tür* von Wolfgang Borchert; K: Franz Weihmayr; D: Hilde Krahl, Karl John, Dieter Horn, Grethe Weiser, Erich Ponto, Albert Florath

Eine Frau und ein Mann, die ihrem Leben ein Ende setzen wollen, begegnen sich am Ufer der Elbe. Sie erzählen einander von ihrem Schicksal: Beckmann (K. J.), aus dreijähriger Gefangenschaft in Sibirien heimgekehrt, wird von Schuldgefühlen gepeinigt. Er fühlt sich für den Tod einer Gruppe von Kameraden verantwortlich, deren Angehörige ihn in seinen Alpträumen anklagen. Beckmanns Eltern, aktive Nationalsozialisten, haben sich das Leben genommen; seine Frau hat sich mit einem andern Mann zusammengetan. Anna Gehrke (H. K.), deren Mann im Krieg gestorben ist, kann den Tod ihres Kindes auf der Flucht vor den Russen nicht verwinden. Sie sucht Halt in der Be-

ziehung zu Männern, doch diese sehen sie immer nur als Objekt und nutzen sie aus. Nun aber haben Anna und Beckmann einander gefunden; beide brauchen einander, vielleicht wird so ein glückliches Weiterleben möglich.

Durch die Einführung einer weiblichen Parallelfigur, in deren Zuneigung Beckmann vielleicht neuen Lebensmut findet, wurde Borcherts hoffnungsloses, zeitkritisches Heimkehrerdrama in seiner Aussage deutlich verändert. Die allegorischen Figuren – Gott, der als alter Mann (E. P.), und der Tod, der als Unternehmer (A. F.) auftritt – wurden dagegen beibehalten. Auch dank der eindringlichen Leistung Karl Johns, wohl der besten seiner Laufbahn, gehört *Liebe 47* zu den bemerkenswertesten Werken der deutschen ›Trümmerfilm‹-Ära. *tk*

Liebe, Tanz und 1000 Schlager

BRD 1955

R: Paul Martin; A: Curth Flatow, Paul Martin nach einer Originalstory von Frederick (Friedrich) Kohner; K: Karl Löb; D: Caterina Valente, Peter Alexander, Rudolf Platte, Hubert von Meyerinck, Werner Fuetterer

Hugo Sauer (R. P.), Leiter der Nachwuchsabteilung einer Schallplattenfirma, wird während einer Italienreise auf die singende Mechanikertochter Caterina (C. V.) aufmerksam. Als er ihr in Aussicht stellt, gemeinsam mit dem bekannten Schlagersänger Peter Alexander (P. A.) aufzutreten, brennt sie mit dem Agenten durch. Bei »Phonoton« wird Sauer, nachdem er Caterina eigenmächtig einen Radioauftritt verschafft, von seinem Chef (H. v. M.) fristlos entlassen. Der Manager Heidemann (W. F.) ist jedoch von Caterinas Stimme begeistert und möchte das neue Talent sogleich für die nächste Tournee Alexanders engagieren. Da der Manager sich aber geschworen hat, wegen der Attraktivität des Stars und den sich stets daraus ergebenden Verwicklungen, nie wieder eine erwachsene Frau mit auf Tournee zu nehmen, wird Caterina zum Teenager »verjüngt«. Während der Proben gelingt es dem einfallsreichen »Wunderkind« nicht nur, Peters zahlreiche Verehrerinnen in die Flucht zu schlagen, sondern auch dessen Eifersucht zu wecken. Nachdem der Schwindel aufgedeckt ist, steht dem Glück des zukünftigen Schlagerpaares nichts mehr im Wege.

Die pointiert-witzige Inszenierung des Regie-Routiniers Martin erzählt eine für den deutschsprachigen Nachkriegsfilm idealtypische Erfolgsstory mit beschwingter Musikalität. Die in den Handlungsablauf des Schlagerlustspiels integrierten Gesangs- und Tanzauftritte boten den damals noch am Beginn ihrer Leinwandkarriere stehenden Hauptdarstellern ausreichend Gelegenheit, sich zu profilieren.   *mp*

Liebe, Tod und Teufel

Deutschland 1934

R: Heinz Hilpert, Reinhart Steinbicker; A: Kurt Heuser, Pelz von Felinau, Liselotte Gravenstein nach der Erzählung *The bottle imp* von Robert Louis Stevenson; K: Fritz Arno Wagner; D: Käthe von Nagy, Albin Skoda, Brigitte Horney, Karl Hellmer, Erich Ponto

Der junge Matrose Kiwe (A. S.), in einen Südseehafen zurückgekehrt, erwirbt bei einem Händler (E. P.) eine geheimnisvolle Flasche, in der ein Geist sitzt, der seinem jeweiligen Besitzer jeden Wunsch erfüllt. Der Flaschenbesitzer muß jedoch vor seinem Tod die Flasche zu einem billigeren als dem Einkaufspreis weiterverkaufen, da er andernfalls in die Hölle kommt. Kiwe hat tatsächlich Glück. Er erbt ein Haus mitsamt Vermögen und verkauft die Flasche seinem Freund Lopaka (K. H.) weiter. Kiwe verliebt sich in die schöne Kokua (K. v. N.) und wird mit ihr glücklich. Doch dann erkrankt er an Lepra und hat nur eine Hoffnung: die Zauberflasche. Mit viel Mühe gelingt es ihm, die Flasche zurückzukaufen – für einen einzigen Cent. Zwar übersteht Kiwe die Krankheit, doch nun muß er die Flasche wieder loswerden. Schließlich kann er sie einem betrunkenen Matrosen verkaufen, der keine Angst vor der Hölle, dafür Lust auf unerschöpfliche Alkoholvorräte hat. Kiwe verliert zwar sein Haus, doch er gewinnt dafür eine glückliche Zukunft an Kokuas Seite.

Die Verfilmung von Stevensons phantastisch-exotischem Märchen besticht durch die gute Leistung aller Darsteller, allen voran Ponto, Hellmer und Käthe von Nagy. Für einen Höhepunkt des Films sorgt auch Brigitte Horney, die in der Hafenkneipe Theo Mackebens Chanson »So oder so ist das Leben« mit herausfordernder Sinnlichkeit zum besten gibt. Titel der französischen Version: *Le diable en bouteille.*   *tk*

Liebelei

Deutschland/Frankreich 1933

R: Max Ophüls; A: Hans F. Wilhelm, Curt Alexander, Max Ophüls, Felix Salten nach dem gleichnamigen Bühnenstück von Arthur Schnitzler; K: Franz Planer; D: Magda Schneider, Wolfgang Liebeneiner, Luise Ullrich, Willy Eichberger, Olga Tschechowa, Gustaf Gründgens, Paul Hörbiger

Der Leutnant der kaiserlichen Garde, Fritz Lobheimer (W. L.), beschließt, sein Verhältnis mit der verheirateten Baronin von Eggersdorf (O. T.) zu beenden. Während eines Opernbesuchs des Barons (G. G.) besucht er sie heimlich, um ihr seinen Entschluß mitzuteilen. Später trifft er in einem Café seinen besten Freund und Offizierskameraden Theo (W. E.) in Begleitung zweier Mädchen, Mizzi (L. U.) und Christine (M. S.). Während sich zwischen Theo und Mizzi ein unkompliziertes Liebesverhältnis entwickelt, kommen Fritz und die Musikertochter Christine einander ebenfalls, wenn auch zögernd, näher. Ein kleines Fest soll die Verbindung beider Paare besiegeln, da erscheint der Baron mit dem Beweis der Untreue seiner Frau, dem Schlüssel zu Fritzens Wohnung. Fritz stellt sich dem Baron zum Duell, schwindelt Christine, die er inzwischen wahrhaftig liebt, jedoch vor, auf Reisen zu gehen. Als Christine die Nachricht von seinem Tod erhält, stürzt sie sich aus dem Fenster.

Mit der subtilen Schilderung der Atmosphäre Wiens zur Zeit der Jahrhundertwende hat Ophüls erstmals das für sein Werk so charakteristische Bild einer unaufhaltsam dem Verfall zusteuernden Welt gezeichnet. Die präzis-

Liebelei (Willy Eichberger, Luise Ullrich, Magda Schneider, Wolfgang Liebeneiner)

behutsame Beschwörung des Unaufhaltsamen verdichtet sich vor dem Hintergrund scheinbarer Romantik zu einer kritischen Abrechnung mit der verlogenen und an falsche Ehrbegriffe gebundenen Moral dieser Epoche. Titel der französischen Version: *Une histoire d'amour*.   mp

---

Das Lied einer Nacht

Deutschland 1932

R: Anatole Litvak; A: Irma von Cube, Albrecht Joseph nach einer Idee von Irma von Cube, Albrecht Joseph und Simon Koster; K: Fritz Arno Wagner, Robert Baberske; D: Jan Kiepura, Fritz Schulz, Otto Wallburg, Ida Wüst, Magda Schneider, Julius Falkenstein

Der berühmte Tenor Ferraro (J. K.), von seiner Managerin von Konzert zu Konzert gejagt, möchte endlich ausspannen. Er versteht es, seiner Aufpasserin zu entwischen. Unterwegs schließt sich ihm der Heiratsschwindler Ko-

retzky (F. S.) an. Gemeinsam erreichen sie einen vornehmen Kurort, doch Koretzky plaudert die Anwesenheit des Tenors aus. Damit Ferraro dennoch einige ruhige Tage verbringen kann, gibt sich der Heiratsschwindler als Sänger aus, während Ferraro den Sekretär mimt. So lernt Ferraro die reizende Mathilde Paregg (M. S.), Tochter des Kurdirektors (O. W.), kennen und verliebt sich in sie. Als Koretzky Mathilde ein Ständchen bringen will, muß Ferraro ihm seine Stimme leihen; die junge Frau durchschaut den Schwindel und ist aufgebracht, daß Ferraro sie getäuscht hat. Später wird er an Koretzkys Stelle verhaftet, kann durch Gesang die Ermittlungsbehörden indes von seiner wahren Identität überzeugen. Als Ferraro ein Konzert gibt, kommt Mathilde mit zahlreichen Freundinnen, um sich mit einem Pfeifkonzert an dem Sänger zu rächen. Doch während der richtige Koretzky verhaftet wird, ist Mathilde von Ferraros Darbietung derart hingerissen, daß die Liebe über ihre Rachsucht siegt. So beginnt für sie und den Tenor das gemeinsame Glück.

Der polnische Tenor Jan Kiepura gehörte zu den Protagonisten des deutschen Sängerfilms der dreißiger Jahre. Neben seinem Belcanto verfügte er auch über eine beträchtliche darstellerische Begabung, die Anatole Litvak in dieser vergnüglichen Romanze äußerst versiert und filmspezifisch einzusetzen verstand. Titel der französischen Version: *La chanson d'une nuit*, der englischen Version: *Tell me tonight*. In den USA lief die englische Version unter dem Titel *Be mine tonight*. tk

■
Ein Lied geht um die Welt

Deutschland 1933

R: Richard Oswald; A: Ernst Neubach, Heinz Goldberg; K: Reimar Kuntze; D: Joseph Schmidt, Viktor de Kowa, Charlotte Ander, Fritz Kampers

Drei Freunde bewohnen gemeinsam eine Mansardenwohnung in Venedig: der Musikclown Rigo (V. d. K.), Riccardo (J. S.), ein kleingewachsener Tenor, und der Sänger Simoni (F. K.). Riccardo singt eines Tages in der Halle des Funkhauses, wo seine verzaubernde Stimme größtes Aufsehen erregt und seinen Aufstieg einleitet. Bald sind die Auslagen der Schallplattenläden voll von Riccardos Platten. Bei den Frauen aber hat der kleine Sänger keinen Erfolg. So schöpft er Hoffnung, als die Verkäuferin Nina (C. A.), die seine Stimme anhimmelt, ihn kennenlernen möchte. In die gemeinsame Wohnung der Freunde eingeladen, hält sie aber gleich den attraktiven Rigo für ihr Idol. Riccardo verliebt sich in Nina, die aber ist nur seiner Stimme zugetan. Als er die Verkäuferin und Rigo in inniger Umarmung findet, bricht für den Tenor eine Welt zusammen. Bald darauf erleidet Rigo in einem Varieté mit seiner neuesten Clownsnummer Schiffbruch, doch Riccardo rettet die Vorstellung durch seinen Gesang. Von nun an gehört seine Liebe ganz dem Publikum, das ihn verehrt.
Der populäre Konzert- und Rundfunktenor Joseph Schmidt, selbst von auffallend kleinem Wuchs, war nicht nur Star, sondern auch Anlaß dieses ungemein erfolgreichen Rührstücks, das sich ganz um seine phänomenale Stimme dreht. Regisseur und Hauptdarsteller, vom NS-Regime 1933 ins österreichische Exil gezwungen, arbeiteten bis 1936 bei drei weiteren, ebenfalls mit minimalem Budget entstandenen Sängerfilmen zusammen. tk

■
Das Lied vom Leben

Deutschland 1931

R: Alexander Granowski; A: Victor Trivas, H. Lechner, Walter Mehring; K: Viktor Trinkler, Heinrich Balasch; D: Margot Ferra, Elsa Wagner, Aribert Mog

Aus ihrem wirtschaftlichen Elend sieht die junge Erika Walter (M. F.) nur einen Ausweg: sich mit einem alternden Baron zu verloben, der um sie wirbt. Bei der Verlobungsfeier durchschaut sie jedoch die falsche Fassade der Gesellschaft und flieht angewidert. Sie will sich in der Elbe ertränken, doch da kommt Aribert Mog (A. M.) hinzu und hält sie vom Selbstmord ab. Er erklärt ihr, daß das Leben das wichtigste Gut sei, das sie nicht wegwerfen dürfe. Nur ein Mensch könne sich Ziele setzen, sich freuen oder sein Unglück ertragen. Nur Menschen seien fähig, zu lieben. Aribert und Erika heiraten, Erika wird schwanger. Bei der Geburt gibt es schwere Komplikationen; Erika muß operiert werden, ihr Gatte bangt Stunden um sie. Erika überlebt. Das gemeinsame Kind, ein Junge, wird auch ein selbständiger Mensch, erlernt einen Beruf und geht seinen Weg durchs Leben.
Alexander Granowski, eine bedeutende Figur des experimentellen Theaters in der frühen Sowjetunion, setzte seine innovative künstlerische Tätigkeit auch in Berlin fort, wohin er 1929 exiliert war. *Das Lied vom Leben* verband die dokumentarische Darstellung einer Geburt mit einer Rahmenhandlung, die den Wert der menschlichen Existenz reflektierte. Kamera- und Montagetechniken boten ein avantgardistisches Feuerwerk, angereichert mit einer Vielzahl von optischen Verfremdungen. Verfremdend wirkten auch die Songs (Musik: Franz Wachsmann, Friedrich Hollaender, H. Adams [Pseudonym für Hanns Eisler]), die durch grelle Effekte illustriert werden und den sachlichen Kontext der Geburtsszenen aufbrechen. tk

Lina Braake (Lina Carstens)

Lina Braake – Die Interessen der Bank können nicht die Interessen sein, die Lina Braake hat

BRD 1975

R: Bernhard Sinkel; A: Bernhard Sinkel; K: Alf Brustellin; D: Lina Carstens, Fritz Rasp, Benno Hoffmann, Herbert Bötticher

Einzig der Gedanke, der Deutschen Boden- und Kreditbank eins auszuwischen, läßt Lina Braake (L. C.) ihre Verzweiflung über die erniedrigende Behandlung im Altersheim überwinden. Die Bank ließ das Haus mit Lina Braakes Altbauwohnung in der Münchner Innenstadt abreißen und nahm so der Achtzigjährigen ihre Unabhängigkeit und die gewohnte Umgebung. Ihr Partner im Kampf gegen die Unmenschlichkeit ist der etwa gleichaltrige Bankrotteur Gustav Härtlein (F. R.). Der ist zwar wegen seiner Finanzspekulationen bereits entmündigt worden, sieht in ihnen aber die einzige Möglichkeit, dem Dahinvegetieren und Warten auf den Tod zu entgehen. Mit Charme und Witz gelingt es ihm immer wieder, neue, dubiose Geldgeschäfte auszutüfteln. Gemeinsam erleichtern Lina und Gustav die Boden- und Kreditbank um 20 000 Mark und verhelfen mit dem Geld einer italienischen Gastarbeiterfamilie zu einem eigenen Haus auf Sardinien.

Weil so etwas wie Linas und Gustavs Plan in Wirklichkeit leider nie glückt, wurde dieses aus brennenden Problemen der Zeit heraus entwickelte moderne Märchen zum Publikumsrenner. Dabei feierte die ältere Generation ein Wiedersehen mit zwei großartigen Alt-Stars, während der jüngeren gezeigt wurde, daß zum Erfolg außer gutem Willen auch Professionalität gehört. *hc*

Linie 1

BRD 1988

R: Reinhard Hauff; A: Volker Ludwig, Reinhard Hauff nach der gleichnamigen Musikalischen Revue von Volker Ludwig; K: Frank Brühne; D: Inka Groetschel, Ilona Schulz, Dieter Landuris, Thomas Ahrens, Christian Veit, Petra Zieser, Claus-Peter Damitz, Dietrich Lehmann, Else Nabu, Hark Bohm, Dieter Hildebrandt

Ein Film über West-Berlin vor dem Fall der Mauer, der ausschließlich in den Zügen und auf den Bahnsteigen der sogenannten »Orient-Expreß«-Strecke der U-Bahn Linie 1 zwischen Bahnhof Zoo und Schlesischem Tor spielt. Im Zentrum steht die schwangere »Wessitussi« Sunni (I. G.), die von zu Hause weggelaufen ist, um in Kreuzberg, dem Zentrum der alternativen Szene und türkischen Immigranten, den Vater ihres Kindes, einen Rockstar, zu suchen. Im Verlauf des Tages trifft sie auf Penner, Alkohol- und Drogenabhängige, Kleinbürger, Rentner, Nazi-Witwen, Flüchtlinge, seltsame Weltverbesserer, erlebt Familienkräche, kleine Liebestragödien, Selbstmordversuche und Ausländerfeindlichkeit. Zum Glück gibt es Bambi (D. La.), einen Hansdampf in allen Gassen, der dafür sorgt, daß sie nicht in die Hände des Zuhälters Mondo fällt.

Unterstützt von einigen Außenstehenden wiederholt das Grips-Theater-Ensemble mit Verve seinen Bühnenerfolg, ohne dabei verfilmtes Theater zu liefern. Regisseur Hauff demonstriert, daß es trotz englischsprachiger Marktdominanz möglich ist, ein deutsches Film-Musical zu drehen. *hc*

Die linkshändige Frau

BRD 1978

R: Peter Handke; A: Peter Handke nach seiner gleichnamigen Erzählung; K: Robby Müller; D: Edith Clever, Bruno Ganz, Markus Mühleisen, Angela Winkler, Bernhard Wicki, Bernhard Minetti

Die ungefähr dreißigjährige Marianne (E. C.), Mutter des schulpflichtigen Stefan (M. M.), holt ihren Mann Bruno (B. G.) vom Flughafen ab. Auf der Heimfahrt im Auto erzählt er von Finnland und seiner Einsamkeit. Nachdem Stefan den Vater nur beiläufig zur Kenntnis genommen hat und ins Bett gebracht wurde, gehen Marianne und Bruno ins Restaurant, um in feierlicher Umgebung zu dinieren. Die Nacht verbringen sie in einem Hotelzimmer. Im Morgengrauen bittet Marianne ihren Mann, sie zu verlassen. Sie trennen sich. Damit beginnt die Einsamkeit, nicht nur für Marianne, auch für Bruno. Mariannes Freundin Franziska (A. W.) sagt, sie hasse sich, wenn sie allein sei. Marianne schläft neben dem Bett ihres Sohnes am Boden. Sie schreibt dem Verleger (B. W.), daß sie nun bereit ist, sein Angebot, aus dem Französischen zu übersetzen, anzunehmen. Bruno macht Marianne Vorwürfe, wird tätlich, bietet ihr Geld an. Der Verleger kommt zu Besuch, bringt Blumen und Champagner mit und

Flauberts *Un cœur simple*, das sie übersetzen soll. An einem anderen Tag besuchen Marianne und Stefan Bruno im Büro. Marianne macht die Beobachtung, daß Hoffnung und Verzweiflung sich kaum unterscheiden lassen. An ihrer Entscheidung, künftig mit ihrem Kind, aber ohne Bruno zu leben, hält sie fest.

Mit erstklassigen Schauspielern und Robby Müller hinter der Kamera übersetzte Peter Handke seine gleichnamige Erzählung über die Identitätskrise und Selbstfindung einer jungen Frau in ästhetisch ausgefeilte, bewußt künstliche Filmbilder. Die Serie von Momentaufnahmen aus der selbstgewählten Isolierung entzieht sich, der Dramaturgie menschlichen Empfindens entsprechend, einer linearen Erzählform. Die Vereinzelung des Menschen, aber auch seine notwendige Abgrenzung im Zuge der Selbstfindung werden als Charakteristika unserer Zeit analysiert. *tk*

Lissy

DDR 1957

R: Konrad Wolf; A: Alex Wedding, Konrad Wolf nach dem Roman *Lissy oder Die Versuchung* von F. C. Weiskopf; K: Werner Bergmann; D: Sonja Sutter, Horst Drinda, Hans-Peter Minetti, Kurt Oligmüller, Gerhard Bienert, Else Wolz, Christa Gottschalk, Raimund Schelcher

Lissy (S. S.), Tochter sozialdemokratischer Eltern (G. B., E. W.), ist in einem Selbstbedienungsrestaurant beschäftigt und des Armenmilieus im Berliner Stadtteil Wedding müde. Deshalb heiratet sie den Angestellten Alfred Fromeyer (H. D.), doch die gemeinsamen Träume vom sozialen Aufstieg zerrinnen 1932 durch beider Arbeitslosigkeit. Fromeyer ist verzweifelt, Lissy wird durch ihren Bruder Paul (H.-P. M.) unterstützt, der wegen der allgemeinen Misere zum Warenhausdieb geworden ist. Zufällig begegnet Fromeyer seinem ehemaligen Schulkameraden Kaczmierczik (K. O.), Kreisleiter der NSDAP, der ihn für die SA gewinnt. Dort macht Fromeyer Karriere, deren angenehme Seiten Lissy zunächst akzeptiert. Allmählich jedoch registriert sie seine

Entwicklung mit Unbehagen, sie sucht Rat bei den Kommunisten Toni (C. G.) und Max (R. S.) Franke. Als Fromeyer, zum Sturmführer avanciert, seine Kumpane – unter ihnen der zur SA gestoßene Paul – mit nach Hause bringt, fühlt sich Lissy in ihren Erwartungen getäuscht. Zum offenen Bruch kommt es, als ihr Bruder wegen seiner Zugehörigkeit zum antikapitalistischen, ›sozialistischen‹ Teil der SA von den Nazis ermordet wird. Sie trennt sich von ihrem Mann und versucht einen Neubeginn.

Wolfs sachliche Darstellung kleinbürgerlichen Mitläufertums und der vielfältigen Formen der Anpassung an den Nationalsozialismus zeichnet sich durch hervorragende Kameraarbeit und Montage aus. Das Spannungsfeld zwischen Privatleben und politischer Aktivität wird anhand des (prä)faschistischen Deutschland exemplarisch gezeigt. *ms*

Lola (Mario Adorf, Barbara Sukowa)

Lola

BRD 1981

R: Rainer Werner Fassbinder; A: Peter Märtesheimer, Pea Fröhlich; K: Xaver Schwarzenberger; D: Barbara Sukowa, Mario Adorf, Armin Mueller-Stahl, Ivan Desny

Irreführenderweise hatte der Verleih *Lola* als eine in die fünfziger Jahre verlegte Neuverfilmung von *Der blaue Engel* angekündigt. Das einzige, was der Film außer dem Namen der weiblichen Hauptfigur mit Josef von Sternbergs Klassiker verbindet, ist die Dreiecksgeschichte, in der sich ein geachteter Bürger in eine Nachtclubsängerin verliebt und sie heiratet. In knallbunten, das Wirtschaftswunderland Bundesrepublik signalisierenden Bonbonfarben wird gezeigt, wie der als unbestechlich geltende neue Baudezernent von Bohm (A. M.-S.) in die Fänge des lebenslustigen Baulöwen Schuckert (M. A.) gerät. Denn dessen Geliebte, die Hure Lola (B. S.), der »süßeste Arsch der westlichen Verteidigungsgemeinschaft«, hat 30 Flaschen Champagner gewettet, daß der charmante, altmodische Gentleman aus Ostpreußen ihr vor Zeugen einen Handkuß geben wird.

Wie in *Der Händler der vier Jahreszeiten* (1972) und in *Die Ehe der Maria Braun* (1979) kritisiert Fassbinder Korruption und Gefühlskälte der Adenauer-Republik, allerdings nicht so todernst wie in den früheren Filmen. Dem Spiel der drei Protagonisten Adorf, Sukowa und Mueller-Stahl zuzuschauen, ist Kino-Vergnügen vom Besten. Außerdem zeichnet sich *Lola* durch etwas aus, was in keinem anderen Film Fassbinders zu finden ist – Humor. *hc*

Lola Montès / Lola Montez

Frankreich/BRD 1955

R: Max Ophüls; A: Max Ophüls, Jacques Natanson, Annette Wademant, Franz Geiger nach dem Roman *La vie extraordinaire de Lola Montès* von Cécil Saint-Laurent; K: Christian Matras; D: Martine Carol,

Peter Ustinov, Adolf Wohlbrück, Oskar Werner, Will Quadflieg

Lola Montez (M. C.), einst berüchtigte Kurtisane, nun eine herzkranke und müde Frau, wird im Zirkus von einem peitschenschwingenden Conférencier (P. U.) als die »Attraktion des Jahrhunderts« angekündigt. Für Geld beantwortet sie Fragen aus dem Publikum. Als man sie auf ihre Liebschaften anspricht, erinnert sich Lola in Rückblenden an Stationen ihrer Vergangenheit, die in der Manege pantomimisch in »lebenden Bildern« nachgestellt werden: Kindheit und frühe Heirat, Abschied von Franz Liszt (W. Q.), steile Bühnenkarriere. Je angesehener ihre Liebhaber sind, um so höher steigt Lola am Trapez. Den höchsten Punkt erreicht sie bei der Erzählung ihrer Liaison mit dem bayerischen König Ludwig I. (A. W.). Dieser folgt – nachdem die aufständische Bevölkerung Lola von Ludwigs Hof vertrieben hat – die flüchtige Beziehung zu einem Studenten (O. W.) und ihr Niedergang. Nach dem Höhepunkt der Vorstellung, Lolas Sprung vom Trapez, dürfen ihr die Besucher gegen Bezahlung die Hand küssen.

Ophüls' letzter Film sprengt mit seiner Dramaturgie stets wechselnder und sich durchdringender Darstellungsebenen den Rahmen des traditionellen Erzählkinos. Der komplexen Erzählung ordnet sich der unerreichte Umgang mit Cinemascope-Format und Farbe unter, der Lolas Seelenzustand reflektiert. Das zentrale Motiv – die Verdinglichung der Frau – zeigt den Regisseur als sensiblen Porträtisten bürgerlicher Leidenschaft und Selbsttäuschung.   *mp*

■

Lotte in Weimar

DDR 1975

R: Egon Günther; A: Egon Günther nach dem gleichnamigen Roman von Thomas Mann; K: Erich Gusko; D: Lilli Palmer, Martin Hellberg, Rolf Ludwig, Hilmar Baumann, Jutta Hoffmann, Katharina Thalbach, Monika Lennartz, Hans-Joachim Hegewald, Hilmar Eichhorn, Ute Hübner

Im September 1816 befindet sich die verwitwete Hofrätin Charlotte Kestner, geborene Buff

(L. P.), mit ihrer Tochter (M. L.) auf der Fahrt nach Weimar, um ihre Schwester Amalie zu besuchen. Sie erinnert sich an ihre lang zurückliegenden Begegnungen mit Goethe (H. E.), als dieser Praktikant am Reichskammergericht zu Wetzlar war, und muß sich eingestehen, daß sie seinetwegen unterwegs nach Weimar ist. Dort, im Gasthof »Zum Elephanten«, nimmt sie Quartier. Der belesene Kellner Mager (R. L.) erkennt in ihr die durch Goethes Jugendwerk *Die Leiden des jungen Werther* unsterblich gewordene Lotte, was er im Ort publik macht. Schaulustige stehen auf der Straße, Besucher finden sich ein: die englische Touristin Miss Cuzzle (U. H.) möchte eine Zeichnung für ihr Skizzenbuch; der ehemalige Gehilfe Goethes, Dr. Riemer (H.-J. H.), offenbart ihr seine Haßliebe zu Goethe; die selbstbewußte Adele Schopenhauer (J. H.) bedrängt sie, die Verlobung ihrer Freundin Ottilie von Pogwisch (K. T.) mit Goethes Sohn August zu hintertreiben; August (H. B.) selbst überbringt ihr eine Einladung Goethes (M. H.). Obwohl auf die Begegnung mit ihrem früheren Verehrer vorbereitet, ist Lotte nach 44 Jahren dennoch überrascht von Goethes beifallheischenden Bemerkungen und gut inszenierter Selbstironie. Ein Gespräch mit Goethe nach einem Theaterbesuch in dessen Kutsche bestätigt ihr die Endgültigkeit der Trennung. So bleibt ihr einzig die Huldigung des emsigen Mager: »Werthers Lotte aus Goethes Wagen zu helfen, das ist ein Erlebnis – wie soll ich es nennen? Es ist buchenswert.«

Dem geistigen Anspruch der Romanvorlage und ihrer Analyse des Dichters in seinem gesellschaftlichen Umfeld wird der Film mit vollem Recht. Dagegen bleibt die heitere Betrachtungsweise bei der Charakterzeichnung erhalten – mit Stars aus Ost und West. Der vorgesehenen gesamtdeutschen Premiere in Lübeck und Berlin stimmten offizielle DDR-Stellen nicht zu.   *ms*

Ludwig – Requiem für einen jungfräulichen König

BRD 1972

R: Hans Jürgen Syberberg; A: Hans Jürgen Syberberg; K: Dietrich Lohmann; D: Harry Baer, Peter Kern, Günther Kaufmann, Rudolf Waldemar Brem, Ingrid Caven, Anette Tirier, Ursula Strätz, Hanna Köhler

Diese »Kampfansage an die herrschenden Formen des Dialog-Kinos und Boulevard-Films hollywoodscher Tradition« (Syberberg) ist keine Biographie, keine naturalistische Nachstellung tatsächlicher oder erfundener Episoden aus dem Leben des bayerischen Märchenkönigs, sondern eine faszinierende Collage aus optischen und musikalischen ›Erinnerungsstücken‹, historischen Informationen und ironisch eingesetzter Folklore, durch die der Regisseur dem Mythos um Ludwig II. assoziativ nahezukommen sucht. Es gibt keine Handlung im herkömmlichen Sinn. Vor Rückprojektionen romantisch überladener Landschafts- und Wagnerscher Bühnenbilder aus dem späten 19. Jahrhundert und der Schlösser Ludwigs sprechen die Darsteller mit verfremdet-kontrollierten Gesten ihre Rollen. Die meist statische Kamera läßt einen (optisch an die Filme von Georges Méliès erinnernden) Tableau-Effekt entstehen, der aber durch die sorgfältige Abstimmung von bis ins Detail durchkomponierten Bildern und Wagnerscher Musik eine eigene mitreißende, emotionelle Dynamik entwickelt.
Auch für Zuschauer, die nicht mit allen Fakten, Zitaten und Anspielungen vertraut sind oder die (teilweise von mehreren Darstellern gespielten) Figuren nicht sofort identifizieren können, ist *Ludwig* durch Verweise auf Vergangenheit und Zukunft als Inkarnation deutscher Romantik und deutschen Irrationalismus erkennbar. Syberberg erweiterte mit *Ludwig* seine Auseinandersetzung mit dieser (deutschen) Tradition, die er mit *Karl May* (1974) und *Hitler – Ein Film aus Deutschland* (BRD/F/GB 1977) begonnen hatte, zu einer Trilogie. Dabei kommt *Ludwig* durch den gleichberechtigten Einsatz sämtlicher Elemente der Montage den Vorstellungen Syberbergs vom »Film als Musik der Zukunft«, die er in Anlehnung an das Wagnersche »Gesamtkunstwerk« entwickelte, am nächsten.   *ac*

Ludwig II. – Glanz und Elend eines Königs

BRD 1955

R: Helmut Käutner; A: Georg Hurdalek, Peter Berneis nach einer Erzählung von Kadidja Wedekind; K: Douglas Slocombe; D: O. W. Fischer, Ruth Leuwerik, Marianne Koch, Paul Bildt, Friedrich Domin, Klaus Kinski

Ludwig II. (O. W. F.) wird zum König von Bayern gekrönt. Bald merkt er jedoch, daß Reichskanzler Bismarck (F. D.) die Entscheidungen trifft, und überläßt gekränkt das politische Tagesgeschäft seinen Ministern. Der von leidenschaftlicher Liebe zu den Künsten beseelte Ludwig möchte seinen Hof zum Anziehungspunkt für begnadete Künstler machen. So holt er Richard Wagner (P. B.) nach München, muß ihn wegen dessen Lebenswandel aber wieder entlassen. Der König ist in leidenschaftlicher Liebe zu Elisabeth (R. L.), der Kaiserin von Österreich-Ungarn, entflammt, doch sie bleibt für ihn unerreichbar. Prinzessin Sophie (M. K.) fehlt das Verständnis für des Königs Gefühlswelt und Lebensstil. Ludwig zieht sich zurück, lebt auf seinen Schlössern aber derart aufwendig, daß er entmündigt wird. Unter der Aufsicht eines Psychiaters wohnt der König am Starnberger See, in dem er sich 1886 bei einem Spaziergang ertränkt.
Käutners großartig ausgestatteter Historienfarbfilm, dem Musik von Richard Wagner unterlegt wurde, thematisiert die wahnhaften Züge des Königs diskret, betont dagegen seine – nicht erwiesene – Liebe zu Kaiserin Elisabeth. Liebe war ein der Entstehungszeit (und dem Unterhaltungsgenre) näherliegender Grund für die persönliche Tragik des Regenten. O. W. Fischers prägnantes Charakterporträt des geistig umnachteten Königs trug maßgeblich zum großen Publikumserfolg des Films bei. Durch seinen expressiven Stil fiel zudem der noch nicht 30jährige Klaus Kinski in der Rolle des Prinzen Otto auf.   *tk*

Die Lümmel von der ersten Bank
Teil 1: Zur Hölle mit den Paukern

BRD 1967

R: Werner Jacobs; A: Georg Laforet (d. i. Franz Seitz jr.) nach dem gleichnamigen Roman von Alexander Wolf; K: Heinz Hölscher; D: Hansi Kraus, Theo Lingen, Günther Schramm, Gila von Weitershausen, Georg Thomalla, Rudolf Schündler

Pepe Nietnagel (H. K.) ist Schüler des Mommsen-Gymnasiums, wo er Klassenkameraden wie Lehrer weniger durch schulische Leistungen als durch seinen Einfallsreichtum im Aushecken von Streichen zu beeindrucken weiß. So treibt er beispielsweise den alten Studienrat (R. S.) durch einen vorgetäuschten Selbstmord in die Nervenklinik. Sein Nachfolger, Dr. Kersten (G. S.), findet größeren Anklang bei den Schülern. Dr. Kerstens Pech ist es, die Tochter des gestrengen Oberstudiendirektors Taft (T. L.), Helene (G. v. W.), im unrichtigen Moment näher – zu nahe – kennenzulernen. Dr. Kersten soll umgehend entlassen werden. Genau das will Pepe verhindern, und so wird Direktor Taft Opfer seiner Streiche. Doch erst bei der Einweihung des von Pepes Vater (G. T.) gespendeten neuen Schulbrunnens fällt die Entscheidung – zugunsten Dr. Kerstens. Der anwesende Minister ist Dr. Kerstens Onkel. Der Schülerschwank von Werner Jacobs, einem der produktivsten Regisseure der Nachkriegszeit, leitete Ende der sechziger Jahre die kassenträchtige Serie der Lümmel-und-Pauker-Filme ein, von denen innerhalb weniger Jahre mehr als ein Dutzend produziert wurde. Obwohl dieser erste Teil noch einen Rest handwerklich kompetenter Routine zeigt, erschöpft er sich größtenteils in der Reproduktion altbekannten Klamauks und nur mäßig lustiger Situationskomik.   *mp*

Lumpacivagabundus

Österreich 1936

R: Geza von Bolvary; A: Max Wallner nach Motiven der Posse *Der böse Geist Lumpazivagabundus oder Das liederliche Kleeblatt* von Johann Nestroy; K: Werner Brandes; D: Paul Hörbiger, Heinz Rühmann, Hans Holt, Hilde Krahl, Alice Brandt, Fritz Imhoff

Die drei Wanderburschen Knieriem (P. H.), Zwirn (H. R.) und Leim (H. H.) ziehen in der Lotterie das große Los und trennen sich, damit jeder nach eigenem Gusto sein Glück finden kann. Während Leim seine Geliebte Pepi (H. K.) heiratet und den Gewinn nutzbringend anlegt, verjubelt Zwirn sein Geld mit einer Lebedame in Paris. Der leichtsinnigste aber ist Knieriem, ein gemütvoller Trunkenbold. Er richtet eine Kneipe für zechlustige Wanderburschen ein und vertrinkt seinen Anteil im festen Glauben, daß ein Komet die Erde zerstören wird. Wie verabredet, treffen sich die drei nach einiger Zeit wieder. Leim ist gern bereit, seinen Freunden unter die Arme zu greifen, was Zwirn veranlaßt, von nun an ein anständiges Leben zu führen. Knieriem jedoch zieht es vor, seinen liederlichen Lebenswandel fortzuführen – sehr zur Freude des ›Menschenverführers‹ Lumpacivagabundus. Denn dieser hatte mit den Feen Fortuna und Amorosa, der Beschützerin der wahren Liebe, gewettet, einen der drei Burschen auf die schiefe Bahn zu bringen. Nestroys Posse wurde in eine Drehbuchfassung umgearbeitet, die auch heute noch beispielhaft ist für die Umsetzung ähnlicher Stoffe. Hörbiger, Rühmann und Holt brillieren in dieser von Bolvary beschwingt inszenierten Hymne auf Ungebundenheit und Leichtsinn – und gegen ein verbittertes Leben innerhalb allzu enger Konventionen.   *tk*

M

M

Deutschland 1931

R: Fritz Lang; A: Thea von Harbou, Fritz Lang
inspiriert durch eine Reportage von Egon
Jacobson; K: Fritz Arno Wagner; D: Peter Lorre,
Gustaf Gründgens, Otto Wernicke, Inge
Landgut, Georg John

Ein Kindermörder (P. L.) hält eine Stadt in
Atem. Die Zeitungsmeldungen über die Ermordung des Schulmädchens Elsie (I. L.) führen zu Hysterie und falschen Verdächtigungen.
Kriminalkommissar Lohmann (O. W.) versucht
mit allen Mitteln, den Mörder zu fassen. Die
Razzien der Polizei bringen die Unterwelt in
Aufruhr, worauf deren Chef Schränker (G. G.)
beschließt, mit Hilfe organisierter Bettler eigene Nachforschungen anzustellen. Unterdessen kann die Polizei anhand von Indizien die
Identität des Mörders feststellen. Als er sich erneut an ein Mädchen heranmachen will, wird
er an einer von ihm gepfiffenen Melodie vor
einem blinden Straßenverkäufer (G. J.) erkannt. Einer von Schränkers Leuten ist zur
Stelle und zeichnet ihm mit Kreide ein »M« auf
den Rücken. Der Mörder flüchtet in ein Büro-
haus, wo er gefaßt und zu Schränkers Versteck
gebracht wird. Ein Gericht aus Vertretern der
Unterwelt spricht ihn schuldig. Bevor das Todesurteil vollstreckt wird, trifft die Polizei ein.
Dem Mörder kann ein ordentlicher Prozeß gemacht werden.

Peter Lorres erste Filmrolle als angst-, aber
auch mitleiderregender Psychopath prägte in
ihrer Typisierung seine gesamte Laufbahn. Die
Beschäftigung Langs mit Ordnungs- und Aus-
grenzungsmechanismen der Gesellschaft erreichte in der Gegenüberstellung legaler und
illegaler Organisationen und der Darstellung
der Verflechtungen von Staatsmacht und Ver-
brechertum ihren Höhepunkt. Bedeutend ist
die innovative Verwendung des neuen Mediums Ton, das durch Montage von Sprache und
Geräusch die elliptische und oftmals parallel
laufende Handlung verbindet. *mp*

Madame Bovary

Deutschland 1937

R: Gerhard Lamprecht; A: Hans Neumann,
Erich Ebermayer nach dem gleichnamigen

M (Peter Lorre)

Roman von Gustave Flaubert; K: Karl Hasselmann; D: Pola Negri, Aribert Wäscher, Ferdinand Marian, Werner Scharf, Alexander Engel

Der Arzt Dr. Bovary (A. W.) zieht mit seiner Frau Emma (P. N.) in das Landstädtchen Yonville, wo er sich mit der Ablehnung der alteingesessenen Bewohner auseinandersetzen muß. Der Apotheker (A. E.) führt einen versteckten Kampf gegen den Arzt, da er die medizinische Grundversorgung, die bisher ihm oblag, nicht an den Rivalen abtreten will. Der Rechtsanwalt Dupuis (W. S.) dagegen umgarnt Madame Bovary in amouröser Absicht. Er gibt seine Avancen auf, als er Yonville verläßt, um in die Praxis seines Vaters einzutreten. Doch Emma beabsichtigt nun ihrerseits, aus der Beengtheit des Städtchens und ihrer Ehe auszubrechen und nutzt eine Einladung, um ein Verhältnis mit dem bekannten Frauenhelden Rodolphe Boulanger (F. M.) einzugehen. In der Folge gerät sie in einen wahren Kaufrausch. Sie ersteht prachtvolle Stoffe und luxuriöse Kleider und stellt Wechsel aus, als ihr das Geld ausgeht. Mit Rodolphe plant sie eine gemeinsame

Flucht, wird vom Geliebten aber sitzengelassen, der ohne sie wegfährt. In eine tiefe Krise gestürzt, versucht Emma Bovary zumindest ihre äußeren Umstände zu ordnen, bei Dupuis und Rodolphe will sie Geld borgen, um die Wechsel zu begleichen. Als beide Männer ihr die Hilfe verweigern, sieht sie keinen Ausweg mehr und begeht Selbstmord.

Die atmosphärisch dichte Verfilmung vermag Flauberts berühmten Roman durch exakte Zeichnung der gegensätzlichen Charaktere und ihrer inneren Motivationen ins Filmische zu übertragen. Wäschers betrogener Kleinbürger steht dem elegant-tragischen Liebespaar in nichts nach, dessen Verführungsreigen zu den raffiniertesten erotischen Szenen des deutschen Films gehört.   *tk*

Madame Bovary (Pola Negri, Ferdinand Marian)

Madame Dubarry

Deutschland 1919

R: Ernst Lubitsch; A: Hanns Kräly, Fred Orbing (d. i. Norbert Falk), Ernst Lubitsch; K: Theodor Sparkuhl, Kurt Waschneck (technische Leitung); D: Pola Negri, Emil Jannings, Harry Liedtke, Reinhold Schünzel, Eduard von Winterstein, Magnus Stifter

Das Pariser Lehrmädchen Jeanne (P. N.) lernt den Gesandten Don Diego (M. S.) kennen. Auf einem Ball kommt es zum Streit zwischen ihrem Freund, dem Studenten Armand (H. L.), und Don Diego. Armand tötet den Nebenbuhler und wird ins Gefängnis geworfen. Graf Dubarry (E. v. W.), den Jeanne bei einem Diner des Gesandten kennengelernt hat, nimmt sich ihrer an. Als er das Mädchen mit einer Petition an den Hof schickt, begegnet Jeanne Ludwig XV. (E. J.). Der König macht Jeanne zu seiner Mätresse und veranlaßt eine Scheinehe mit dem Bruder des Grafen. Madame Dubarrys Einführung bei Hofe führt zum Eklat; die von Minister Choiseul (R. S.) aus persönlichen Gründen gegen die Dubarry aufgehetzte Menge wird gewaltsam vertrieben. Nach dem Tod des Königs jedoch stürmt das Volk die Bastille, seine Mätresse wird vor ein Tribunal gestellt und zum Tode verurteilt. Ein Rettungsversuch des Revolutionärs Armand, der dank

Jeannes Intervention begnadigt wurde, scheitert. Die Dubarry stirbt auf der Guillotine.

Der 1919 im revolutionären Nachkriegsdeutschland mit großem Aufwand gedrehte Historien- und Ausstattungsfilm machte die Schauspieler Jannings und Negri zu den ersten Weltstars des deutschen Kinos. Lubitsch wußte die melodramatische Handlung mit Ironie zu brechen und demaskierte so die menschlichen Schwächen von Herrschenden und Beherrschten. Seine formale Meisterschaft zeigt sich in der Verbindung von intimem Kammerspiel und stimmungsvollen Massenszenen.　　*mp*

■

Ein Mädchen geht an Land

Deutschland 1938

R: Werner Hochbaum; A: Werner Hochbaum, Eva Leidmann nach dem gleichnamigen Roman von Eva Leidmann; K: Werner Krien; D: Elisabeth Flickenschildt, Alfred Maack, Günther Lüders, Maria Paudler, Herbert A. E. Böhme, Carl Günther, Carl Kuhlmann

Erna Quandt (E. F.) entstammt einer Familie von Hamburger Küstenschiffern. Als ihr Verlobter jedoch auf See umkommt, findet sie sich in der vertrauten Umgebung nicht mehr zurecht. Nach einem vorübergehenden Aufenthalt bei Verwandten nimmt sie eine Stellung bei dem Reeder Sthümer (C. G.) in Blankenese an. Als sie einen eleganten Herrn (C. K.) kennenlernt, vertraut sie ihm und ist bereit, ihm ihre Ersparnisse zu geben, weil er angeblich dringend Geld für sein Geschäft braucht. In Wirklichkeit ist der Mann ein Heiratsschwindler, der bei Erna indes zögert und schließlich verhaftet wird. Ernas Hoffnungen auf eine glückliche Zukunft haben sich so zum zweiten Mal zerschlagen. Doch sie gibt nicht auf. Zuerst schlichtet sie den Streit zwischen dem Reeder und seiner Frau (M. P.). Dann findet sie in dem verwitweten Zimmermann Friedrich Semmler (H. A. E. B.), den sie von früher kennt, einen Gleichgesinnten. An seiner Seite und zusammen mit Semmlers Kindern aus erster Ehe findet sie ihr Glück.

Bemerkenswert an Werner Hochbaums milieugerechtem, differenziert und realistisch gestal-

tetem Film über ein Frauenschicksal ist die Tatsache, daß er die gängigen und von den NS-Ideologen propagierten Geschlechterstereotypen widerlegt. Elisabeth Flickenschildt als junge Frau, die trotz fortgesetzten Unglücks ihr Selbstbewußtsein bewahren kann, spiegelt nicht das Klischee der passiven ›Dulderin‹ wider, wie es von den Filmen nicht nur jener Jahre wiederholt festgeschrieben wurde.　　*tk*

■

Mädchen in Uniform

Deutschland 1931

R: Leontine Sagan, Künstlerische Oberleitung: Carl Froelich; A: Christa Winsloe, F. D. Andam (d. i. Friedrich Dammann) nach Christa Winsloes Bühnenstück *Gestern und heute*; K: Reimar Kuntze, Franz Weihmayr; D: Dorothea Wieck, Hertha Thiele, Emilia Unda, Ellen Schwannecke, Hedwig Schlichter

Die junge Vollwaise Manuela von Meinhardis (H. T.) wird in ein Stift für adlige Mädchen gesteckt, wo preußische Disziplin und gefühlloser Drill herrschen. Die empfindsame Manuela kann sich nur schwer an die neue Umgebung und die verordnete Selbstzucht gewöhnen. Trost findet sie in ihrer schwärmerischen Zuneigung zu Fräulein von Bernburg (D. W.), einer hübschen Erzieherin, um deren Gunst die meisten Mädchen buhlen. Als Manuela in der Hauptrolle einer Schülertheateraufführung triumphalen Erfolg hat, gerät sie in einen euphorischen Zustand. Impulsiv bekennt sie ihre leidenschaftliche Liebe zu Fräulein von Bernburg und bricht danach ohnmächtig zusammen. Der Skandal ist ungeheuerlich. Manuela soll von den andern Mädchen isoliert werden. Als sie befürchtet, auch Fräulein von Bernburg wende sich von ihr ab, will Manuela sich zu Tode stürzen, wird jedoch im letzten Augenblick zurückgehalten. Nun erkennt die Oberin (E. U.) des Stifts mit einem Mal das Scheitern ihrer reaktionären Erziehungsmethoden.

Die Unterdrückung der erwachenden (lesbischen) Sexualität in einem autoritär und körperfeindlich geführten Internat wird in diesem Film zu einem beeindruckenden Symbol für das konservativ-militaristische Erziehungssystem der Weimarer Republik. Hertha Thiele verleiht der sensiblen Hauptfigur eine berückende Intensität, die sich aus dem Zusammenspiel von starker körperlicher Präsenz und brüchiger Stimme ergibt. Die Inszenierung überzeugt durch psychologische Feinheiten, die hervorragenden Bauten Fritz Maurischats verbreiten eine düstere, beengende Kälte, die in effektvollem Kontrast zur Spontaneität der jungen Mädchen steht.   *tk*

Das Mädchen Rosemarie

BRD 1958

R: Rolf Thiele; A: Erich Kuby, Rolf Thiele, Jo Herbst, Rolf Ulrich nach einer Idee von Erich Kuby; K: Klaus von Rautenfeld; D: Nadja Tiller, Carl Raddatz, Peter van Eyck, Mario Adorf, Gert Fröbe, Jo Herbst

Rosemarie (N. T.) zieht mit dem Kleinganoven Horst (M. A.) und dem Musikanten Walter (J. H.) durch die Straßen Frankfurts. Vom Fenster eines Hotels aus bemerkt sie der Großindustrielle Bruster (G. F.). Durch Zufall gerät Rosemarie an dessen Geschäftspartner Hartog (C. R.), der sich in das Mädchen verliebt und ihr eine Wohnung einrichtet. Anläßlich eines Reitturniers lernt Rosemarie den Franzosen Fribert (P. v. E.) kennen, der für Brusters Konkurrenz als Industriespion tätig ist. Er überredet Rosemarie zur Mitarbeit und macht aus ihr die begehrteste ›Dame‹ der Stadt, bei der Bruster und der gesamte Vorstand seiner Firmengruppe bald regelmäßig verkehren. Nachdem Fribert mit Hilfe von Tonbandaufnahmen die gewünschten Informationen erhalten hat, wird die Quelle der Indiskretion bekannt. Hartog bietet sich an, die kompromittierenden Aufnahmen zurückzukaufen. Rosemarie aber unterschätzt die Gefährlichkeit ihres Spiels und verlangt als Preis Hartogs Scheidung und die Ehe mit ihr; wenig später wird sie ermordet.
Die Verfilmung der authentischen Affäre rund um die Prostituierte Rosemarie Nitribitt zeichnet sich durch eine parabelhafte Rahmenhandlung aus, die mit Hilfe zeitkritischer Lieder (Musik: Norbert Schultze) die Wirtschaftswunder- und Adenauer-Ära kommentiert. Sardonischer Witz und eine visuell einfallsreiche Regie machen Thieles Film zur treffenden Satire bundesdeutscher Wirklichkeit und bürgerlicher Doppelmoral.   *mp*

Mädchen in Uniform

Das Mädchen Rosemarie
(Nadja Tiller, Peter van Eyck)

Der Mädchenkrieg

BRD 1977

R: Alf Brustellin, Bernhard Sinkel; A: Alf
Brustellin, Bernhard Sinkel nach dem
gleichnamigen Roman von Manfred Bieler;
K: Dietrich Lohmann; D: Adelheid Arndt,
Katherine Hunter, Antonia Reininghaus, Hans
Christian Blech, Matthias Habich, Dominik
Graf

1936 zieht der deutsche Bankkaufmann Sel-
mann (H. C. B.) mit seinen Töchtern Christine
(A. R.), Sophie (A. A.) und Katharina (K. H.)
nach Prag, wo er eine Position in einem jüdischen Bankhaus angenommen hat. Der Film
zeigt Entwicklung, Lieben und Leiden der drei
Mädchen aus gutbürgerlichem Hause vor dem
– durch Wochenschauausschnitte markierten –
historischen Panorama der folgenden zehn
Jahre. Nicht Politik, sondern Männer stehen im
Mittelpunkt des Interesses der Mädchen. Die
kühl-distanzierte, machthungrige Christine
angelt sich den wohlhabenden tschechischen
Fabrikanten Jan Amery (M. H.), öffnet den
Deutschen nach dem Einmarsch ihr Haus zum
Jour fixe und wird zur Geliebten der Nazi-Pro-
minenz. Die ziellos Gesang studierende Sophie
hat heimlich eine Affäre mit Jan, der sie dadurch zu entfliehen sucht, daß sie ins Kloster
geht. Katharina wird durch ihre Liebe zu einem Kommunisten zum Kurier der Unter-
grundbewegung.

Die überzeugende Verfilmung von Manfred
Bielers Familiensaga besticht durch ihr breit
angelegtes, facettenreiches Porträt unpoliti-
scher Menschen in einer politischen Zeit.   *hc*

Mädchenräuber

Deutschland 1936

R: Fred Sauer; A: Max Wallner; K: Georg
Krause; D: Pat und Patachon, Gertrud Boll,
Franz Wilhelm Schröder-Schrom, Berthold
Ebbecke, Maria Krahn

Die junge Lissy (G. B.) fährt auf einem Dampf-
fer nach Amerika, um ihren Onkel, den Konsul
Larsen (F. W. S.-S.), zu besuchen, den sie noch
nicht kennt. An Bord macht sie die Bekanntschaft Erik Holms (B. E.), der als Schiffsmusi-
ker engagiert ist, und verliebt sich in ihn. Im
Haus ihres Onkels sind die Bediensteten über
Lissy schockiert, denn sie raucht Zigaretten
und führt sich auch sonst ungebührlich auf.
Weil sie Erik nicht vergessen kann, versucht
Lissy, bei der Schiffahrtsgesellschaft seinen
Aufenthaltsort zu erfahren, doch der Musiker
war nur für die Hinfahrt unter Vertrag. Mittlerweile lebt Erik in einem Häuschen, wo er
Pat und Patachon (P. und Pa.), zwei abenteuerliche Wandervögel, beherbergt. Die beiden Vagabunden helfen Erik bei der Suche nach Lissy,
dafür verrät dieser sie nicht an die Polizei. Als
sie ein Auto rauben, befindet sich, o Wunder,

die Gesuchte darin, und so sorgen die Strolche für ein glückliches Ende. Das ist es umso mehr, als Erik sich als Neffe des Konsuls entpuppt. Die harmlose Liebeskomödie diente als Vehikel für das dänische Duo Pat und Patachon (mit bürgerlichen Namen Carl Schenstroem und Harald Madsen), die zu den ersten Komikerpaaren der Filmgeschichte zählten. Neben Leinwandauftritten in dänischen, schwedischen und englischen Produktionen spielten sie zwischen 1930 und 1937 in drei österreichischen und drei deutschen Tonfilmen mit.   *tk*

Männer (Heiner Lauterbach, Uwe Ochsenknecht)

Männer

BRD 1985

R: Doris Dörrie; A: Doris Dörrie; K: Helge Weindler; D: Heiner Lauterbach, Uwe Ochsenknecht, Ulrike Kriener

Wie reagiert ein Mann, der am Morgen seines zwölften Hochzeitstags beim Versuch, seiner Frau Paula (U. K.) ein sündhaft teures Halsband umzulegen, Knutschflecken entdeckt, die nicht von ihm stammen? – Der in Seitensprüngen nicht unerfahrene Erfolgswerbemanager Julius (H. L.) löst die peinliche Situation, indem er aus seinem Luxus-Bungalow aus- und unter falschem Namen in die WG seines Rivalen Stefan (U. O.) einzieht. Schnell merkt er, daß Paula an Stefan hauptsächlich dessen Aussteiger-Image liebt. Julius torpediert die Beziehung, indem er Stefan systematisch zum Art Director mit Porsche aufbaut. Es funktioniert: An einem ›zweiten Julius‹ hat Paula kein Interesse.

Ursprünglich wollte kein Verleih diese mit Fernsehgeldern finanzierte Billigproduktion übernehmen. Dann wurde sie zum internationalen Komödien-Hit, und Hollywood-Größen antichambrierten bei der jungen Regisseurin. In Deutschland lachten fast 5 Millionen Besucher über die ironischen, schlagfertigen Dialoge und die Charaktere mit ihren Identifikationsmöglichkeiten für Yuppies und Systemverächter. Kritiker glaubten, mit dem Kino-Spitzenreiter des Jahres 1986 eine Renaissance der deutschen Komödie feiern zu dürfen.   *hc*

Märkische Forschungen

DDR 1982

R: Roland Gräf; A: Roland Gräf nach der gleichnamigen Erzählung von Günter de Bruyn; K: Peter Brand; D: Hermann Beyer, Kurt Böwe, Jutta Wachowiak, Eberhard Esche

Zufällig lernen sich der Dorflehrer und begeisterte Hobby-Historiker Pötsch (H. B.) und die Ostberliner Wissenschaftskoryphäe Professor Menzel (K. B.) kennen. Beide arbeiten, als die wahrscheinlich einzigen, unabhängig voneinander und sehr verschieden über den in Vergessenheit geratenen märkischen Dichter Max von Schwedenow. Professor Menzel lädt den Dorflehrer mit Frau Elke (J. W.) auf seine festliche Geburtstagsparty und führt ihn in sein hauptstädtisches Institut ein, dessen Mitarbeiter sich auf unterschiedliche Weise an den do-

minierenden Chef angepaßt haben. Pötsch fir-
det heraus, daß hinter dem Pseudonym ›von
Schwedenow‹ Maximilian von Massow steckt,
der im Alter preußischer Oberzensor wurde.
In seinem naiven Forscherdrang durchschaut
Pötsch nicht Menzels Motive, als der diese
Wahrheit – erst im guten, dann, indem er
Pötschs berufliche Karriere verhindert – mit all
seiner Macht unterdrückt, weil sie sein 600sei-
tiges Opus, das Schwedenow zum ›märkischen Jakobiner‹ hochstilisiert, gefährdet und
damit sein eigenes ›Denkmal‹. Pötsch, inzwischen wieder auf dem Lande, sucht wie von
Sinnen nach einem markierten Ziegelstein, der
als letzter Beweis alle von seiner Entdeckung
überzeugen wird.
Roland Gräfs gelungene Adaption der Erzählung von Günter de Bruyn lehnt sich bis in die
Dialoge eng an die Vorlage an. Das brisante
Thema ›Geschichtsaneignung‹ und die hervorragend dargestellten und charakterisierten Figuren verschmelzen zu einem Film, der seine
Geschichte souverän und komisch zugleich erzählt.   *ras*

■ **Mahlzeiten**

DDR 1967

R: Edgar Reitz; A: Edgar Reitz unter Mitarbeit
von Alexander Kluge und Hans Dieter Müller;
K: Thomas Mauch; D: Heidi Stroh, Georg
Hauke, Nina Frank, Ruth von Zerboni, Ilona
Schütze

Die Fotoschülerin Elisabeth (H. S.) lernt den
Medizinstudenten Rolf (G. H.) kennen und lieben. Während Rolf nach einer krankheitsge-
plagten Kindheit Arzt werden will, um den
Menschen zu helfen, propagiert Elisabeth ihre
Ansicht, daß man sich allen Sinneseindrücken
offenhalten muß, um die wahre Seele der Dinge
wahrzunehmen. Als Elisabeth schwanger wird,
heiraten sie und beziehen eine gemeinsame
Wohnung. Rolf gibt sein Medizinstudium auf
und wendet sich der Kunst zu, nicht zuletzt,
weil Elisabeth ihn für den geborenen Künstler
hält. Sie überredet Rolf dazu, gemeinsam zu
den Mormonen überzutreten. Ein viertes Kind
wird geboren. Rolf, inzwischen Vertreter für

Kosmetika, bringt sich um. Seine Frau heiratet
einen jüngeren Amerikaner, um ein neues Leben zu beginnen, von dem sie ihren deutschen
Freunden euphorisch schreibt.
Der erste Spielfilm des früheren Experimentalfilmers Reitz ist das Porträt einer Frau – und
einer »Moral, deren einziges Kriterium die Erfahrung ist, eine Anhäufung von Ereignissen,
von denen eins bedeutungsvoller ist als das
andere« (André Téchiné). Das inhaltlich und
formal einer umfassenden Sinnlichkeit verpflichtete Werk wurde 1967 in Venedig als bestes Erstlingswerk ausgezeichnet. *Mahlzeiten*
führt beispielhaft vor, wie sehr die männlichen
Regisseure des Neuen deutschen Films von
starken, vitalen, lebenshungrigen Frauenfiguren fasziniert waren, während die männlichen
Charaktere meist in Nabelschau oder Larmoy-
anz steckenblieben.   *tk*

■ **Maibowle**

DDR 1959

R: Günter Reisch; A: Marianne Libera, Gerhard
Weise; K: Otto Merz; D: Erich Franz, Friedel
Nowack, Albert Hetterle, Erika Dunkelmann,
Christel Bodenstein, Heinz Draehn, Ekkehard
Schall, Horst Kube, Karla Runkehl, Stefan
Lisewski, Erika Schädlich

Wilhelm Lehmann (E. F.), Meister im Chemie-
kombinat Grünefeld, erwartet mit Ehefrau
Auguste (F. N.) an seinem 65. Geburtstag die
Kinder und bereitet zur Feier des Tages die
traditionelle Maibowle vor. Nacheinander treffen jedoch, zusammen mit teuren Geschenken,
Absagen der in der ganzen DDR verstreuten
Kinder ein. Sie sind aus unterschiedlichen
Gründen verhindert: Günther (E. Scha.), Flieger bei der Nationalen Volksarmee, hat keinen
Diensturlaub beantragt, weil er vor dem Vater
nicht schon wieder mit einer neuen Freundin
(E. Schä.) erscheinen möchte. Marion (E D.),
die Ehefrau von Gustav (A. H.), will nicht die
Hauptstadt verlassen und befürchtet die Versetzung ihres Mannes zurück nach Halle. Außerdem hat Enkelin Suse (C. B.) Aufnahmeprüfung an der Schauspiel-Schule. Albert (H. K.)
muß als LPG-Vorsitzender eine Sitzung leiten,

bei der entschieden wird, ob im Dorf ein Kindergarten oder ein Sportplatz gebaut werden soll; seine Frau (K. R.) – studierte Pädagogin – vertritt in der Schule einen erkrankten Kollegen und muß überdies die eigenen Kinder, denen ein Kindergarten fehlt, bändigen. Franz (H. D.), der im Kombinat Grünefeld für das Ressort Kultur verantwortlich ist, organisiert ein Betriebsfest; Bruder Paul (S. L.) vom Nachbarwerk wird dabei am Nachmittag die Wanderfahne im Sozialistischen Wettbewerb an Grünefeld übergeben müssen. Als die Lehmann-Kinder erfahren, daß ihr Vater mit dem staatlichen »Banner der Arbeit« ausgezeichnet wird, kommen sie mit den Ihrigen doch noch persönlich nach Grünefeld, um dem Vater ihre Glückwünsche zu übermitteln. Die Feier im Kulturhaus des Kombinats wird vom Deutschen Fernsehfunk Berlin in die ganze Republik übertragen.

Das musikalische Lustspiel zum 10. Jahrestag der DDR-Gründung über eine angeblich ›ganz normale‹ DDR-Familie, deren Oberhaupt zum Geburtstag eine hohe staatliche Auszeichnung erhält, wollte »Unterhaltung auf sozialistische Weise« vermitteln. In kuriosen Alltagsschilderungen, burlesken Figurenzeichnungen und mit einer Starbesetzung, »lebensnahem Humor« und »spritziger Musik« feierte die DEFA-Produktion die frühen ›sozialistischen Errungenschaften‹.   *ms*

drei Kinder abgenommen hatte, ›verabschiedet sich‹ in eine neue Ehe. Schon bald ist Günter Piesolds Familienleben ein katastrophales Durcheinander, per Inserat wird deshalb eine Haushaltshilfe gesucht. Erwin Graffunda (W. G.), der junge Mann, der sich auf die Annonce meldet, stellt sich als »echte Perle« heraus, mit seiner Perfektion ist er der auf Besuch gekommenen Oma beinahe unheimlich. Klatsch in der Nachbarschaft läßt in Günter den unbegründeten Verdacht entstehen, Graffunda sei der Liebhaber Gudruns geworden. Da stellt sich heraus, daß Graffunda als junger Wissenschaftler lediglich Material für seine Dissertation über Fragen der Emanzipation der Frau sammeln will. Der Abgeordnete Kotschmann (H. K.) überredet seine Frau (M. W.), Nachbarschaftshilfe bei den Piesolds zu leisten. Der Akademiker Graffunda aber bemerkt, daß er und seine voll ausgelastete Verlobte inzwischen selbst eine Haushaltshilfe brauchen.

Im DDR-Alltag einer prominenten Künstlerfamilie angesiedelt, vermochte das DEFA-Lustspiel deren kuriosen Verhaltensweisen und verallgemeinerbaren Sorgen heitere Aspekte abzugewinnen und hatte damit großen Erfolg beim Publikum. Dazu trug maßgeblich der komische Kontrast zwischen dem beliebten Komiker Rolf Herricht und dem jungen, eleganten Winfried Glatzeder bei.   *ms*

Der Mann, der nach der Oma kam

DDR 1972

R: Roland Oehme; A: Maurycy Janowski, Lothar Kusche nach der Erzählung *Graffunda räumt auf* von Renate Holland-Moritz; K: Wolfgang Braumann; D: Winfried Glatzeder, Rolf Herricht, Marita Böhme, Ilse Voigt, Herbert Köfer, Marianne Wünscher

Erst auf dem Polterabend von Oma Piesold (I. V.) wird deren Sohn Günter (R. H.) und Schwiegertochter Gudrun (M. B.) klar, daß sie »nicht wissen, wie es weitergehen soll«: Oma, die dem vielbeschäftigten Fernsehkomiker Günter und der Schauspielerin Gudrun bisher alle Arbeit im Haushalt und die Betreuung der

---

Der Mann, der Sherlock Holmes war

Deutschland 1937

R: Karl Hartl; A: Robert A. Stemmle, Karl Hartl; K: Fritz Arno Wagner; D: Hans Albers, Heinz Rühmann, Hansi Knoteck, Marieluise Claudius

Ihre bisherige Erfolglosigkeit veranlaßt die beiden Detektive Morris (H. A.) und Mackie (H. R.), sich als weltberühmtes Kriminalistenduo Sherlock Holmes und Dr. Watson auszugeben. Auf der Reise nach Paris, wo sie eine finanzkräftige Kundschaft anzutreffen hoffen, gelangen sie in den Besitz des Gepäcks zweier Diebe, die vor den vermeintlichen ›Meisterdetektiven‹ die Flucht ergreifen. Während sich die liebenswerten Betrüger dem Auftrag des

Direktors der Weltausstellung widmen, vier gestohlene und unschätzbar wertvolle Briefmarken wiederzuschaffen, entdeckt die Diebesbande auf der Suche nach den abhanden gekommenen Gepäckstücken die wahre Identität ihrer beiden Gegenspieler. Nach zahlreichen Verwicklungen und nur mit Hilfe der Schwestern Mary (M. C.) und Jane (H. K.) – ihrer Reisebekanntschaft – gelingt es Morris und Mackie, die Bande zu überführen. Danach müssen sie sich wegen Hochstapelei vor Gericht verantworten. Als alle Mißverständnisse aus dem Weg geräumt sind, steht einem romantischen Happy-End mit zwei Paaren nichts mehr im Wege.

Durch seine schwungvolle Persiflage der berühmten Romanfiguren Conan Doyles und die dynamische Inszenierung des inspirierten Regie-Handwerkers Hartl gehört der Film zu den unterhaltsamsten wie erfolgreichsten deutschsprachigen Kriminalkomödien. Das originelle Gespann der beiden Hauptdarsteller Albers/Rühmann verbindet witzig und ironisch Parodie und Action.   *mp*

■

Mann für Mann

Deutschland 1939

R: Robert A. Stemmle; A: Robert A. Stemmle, Hans Schmodde, Otto Bernhard Wendler; K: Robert Baberske; D: Gisela Uhlen, Viktoria von Ballasko, Gustav Knuth, Carl Kuhlmann, Hermann Speelmans, Josef Sieber, Heinz Welzel

Beim energisch vorangetriebenen Autobahnbau im Dritten Reich verrichten die Caissonarbeiter die spektakulärste Arbeit: In sumpfigem Gelände arbeiten sie in einem Senkkasten an der Fundamentlegung der Straße. Zum Team dieser Spezialisten gehören Hans (C. K.), der junge, ambitionierte Werner (H. W.), Richard (J. S.), der lange in Afrika gelebt und Walter Zügel (G. K.). Zügel war früher Kaufmann, fand keine Stellung mehr und meldete sich zum Autobahnbau, dessen Bedeutung er erkannt hat. Seine Frau Else (V. v. B.) jedoch bleibt in Berlin, und da Walter so oft fort ist, kommt es zu einer tiefen Ehekrise. Doch auch

Richard und Werner entzweien sich, weil sie dieselbe Frau lieben, Erika (G. U.). Da ereignet sich ein schwerer Unfall: Bei einem Erdbeben bricht Wasser in den Caisson. Hans, Werner und Richard sind in Lebensgefahr. Walter kommt aus Berlin und rettet die Freunde in einer waghalsigen Aktion. Am Ende versöhnen sich Werner und Richard, der zugunsten des Freundes auf Erika verzichtet. Else hat erkannt, daß sie ihren Mann liebt, und gelernt, seinen gefährlichen Beruf zu achten.

Dieser mit dokumentarischem Material vom Bau der Reichsautobahnen angereicherte Spielfilm – im Bestreben entstanden, den Bau der Autobahnen propagandistisch auszuschlachten – erfüllte die Erwartungen der NS-Instanzen nur bedingt. Regisseur Stemmle, der in den zwanziger Jahren zur politischen Linken gehört hatte, ließ nämlich eine nicht von oben verordnete, sondern von der Basis ausgehende Arbeitersolidarität anklingen. Eine auf gesellschaftliche Gegensätze statt auf Harmonisierung verweisende Botschaft transportierte auch das im Film gesungene »Schippenlied«: »Und der eine kriegt 'nen Orden / Und der andre kriegt ihn nicht / Und eine volle Schippe / Hat fuffzehn Pfund Gewicht! / Und dreißigmal 'ne Schippe / Bringt einen Pfennig ein / Und dieser eine Pfennig / Soll unser Orden sein!«   *tk*

■

Marianne

BRD/Frankreich 1955

R: Julien Duvivier; A: Julien Duvivier nach der Novelle *Schmerzliches Arkadien* von Peter de Mendelssohn; K: Eugen Schüfftan, Léonce-Henry Burel; D: Marianne Hold, Isabelle Pia, Horst Buchholz, Udo Vioff, Jean Yonnel, Adi Berber, Harry Hardt, Friedrich Domin, Michael Verhoeven, Michael Ande

Nach Herkunft, Alter und Charakter höchst unterschiedliche Jungen sind im privaten Schulinternat Heiligenstadt untergebracht: (Halb-)Waisen, fast alle aus gutsituierten Verhältnissen stammend, alle aber mehr oder minder abgeschoben. Auch Vincent (H. B.), ein in Südamerika aufgewachsener Deutscher, leidet darunter, daß sich seine schöne Mutter mit einem ihm verhaßten Rittmeister (H. H.) wiederverheiraten will. Der introvertierte »Argentinier«, von den anderen wegen seiner Souveränität beneidet und umworben, vertraut sich nur seinem Freund Manfred (U. V.) an, als er im Verlauf einer abenteuerlichen, nächtlichen Exkursion im gerüchteumwitterten Herrenhaus am anderen Seeufer eine wunderbare Begegnung hat: Marianne (M. H.). Vincents Liebe zu diesem zarten jungen Mädchen ist geheimnisumwittert: Ist sie, wie ihm ihr Vormund, der Freiherr (J. Y.) erklärt, nach einer grausamen Herzensenttäuschung geistig verwirrt, oder will dieser sie gegen ihren Willen heiraten, und halten er und sein klumpfüßiger Diener (A. B.) sie deshalb gefangen? Vincents Versuch, Marianne zu retten, scheitert, das Herrenhaus ist über Nacht verlassen. Doch er macht sich auf die Suche nach Marianne und ist überzeugt, sie eines Tages zu finden . . .

Der in einer deutschen und einer französischen Version, teilweise mit verschiedenen Hauptdarstellern, gedrehte Film verbindet ›deutsche Romantik‹ mit französischer Leichtigkeit in der Schauspielerführung. So ragt *Marianne*, ein Film, der sehr einfühlsam auch die gruppendynamischen Prozesse im Jugendheim zeichnet, aus seiner Zeit heraus. Titel der französischen Version: *Marianne de ma jeunesse*.

ps

◼ Martha Jellneck

BRD 1988

R: Kai Wessel; A: Beate Langmaack; K: Achim Poulheim; D: Heidemarie Hatheyer, Dominique Horwitz, Angelika Thomas, Hayati Yesilkaya, Ulrich Matschoss

Martha Jellneck (H. H.) lebt allein in einem Hamburger Altbau. Sie ist alt, kann kaum noch gehen und ist nicht mehr in der Lage, ihre Wohnung zu verlassen. Ihr einziger Kontakt zur Außenwelt sind eine geschwätzige Nachbarin (A. T.), die es auf ihre Wohnung abgesehen hat, ein Türkenjunge (H. Y.), der mit ihrem Hund Gassi geht, sowie der Zivildienstleistende Thomas (D. H.), der ihr täglich das

warme Essen ins Haus bringt. Marthas Einsamkeit wird dramatisch unterbrochen, als sie durch Zufall erfährt, daß sich unter den »Heim-Menü«-Kunden ein Mann befindet, der den gleichen Namen trägt wie ihr im Krieg gefallener Halbbruder und am gleichen Tag wie dieser Geburtstag hat. Nachdem es ihr gelungen ist, die verbrecherische Vergangenheit des ›Doppelgängers‹ zu ergründen, beschließt sie, an diesem Rache zu üben. Sie bringt den ehemaligen SS-Mann um, indem sie sein Essen vergiftet.

Eine letzte, große Paraderolle für Heidemarie Hatheyer, die mit den Regisseuren ihrer Filme der vierziger und fünfziger Jahre nur selten zufrieden war. Hier hatte sie Gelegenheit, einem mit einfachen Mitteln gedrehten, engagierten Erstlingswerk zum wohlverdienten Achtungserfolg zu verhelfen.

hc

◼ Maskerade

Österreich 1934

R: Willi Forst; A: Walter Reisch, Willi Forst; K: Franz Planer; D: Paula Wessely, Adolf Wohlbrück, Olga Tschechowa, Walter Janssen, Hilde von Stolz

Faschingszeit im Wien der Jahrhundertwende. Auf einem Ball gewinnt Anita (O. T.), die Verlobte des Hofkapellmeisters Harrandt (W. J.), einen Chinchilla-Muff, der einen Reigen von Verwechslungen auslöst. Der Frauenliebling und Maler Heideneck (A. W.), dessen Zurückweisungen Anita nicht hinzunehmen gedenkt, überredet Gerda (H. v. S.), Anitas zukünftige Schwägerin, ihm Modell zu stehen. Die Veröffentlichung der Zeichnung, sie zeigt die Dame nur mit Maske und Muff bekleidet, sorgt für Aufregung. Von Harrandt gedrängt, muß Heideneck die Identität des Modells preisgeben. Heideneck erfindet einen Namen, der jedoch tatsächlich existiert. So wird die Vorleserin Leopoldine Dur (P. W.), ohne die Umstände zu kennen, in die Affäre gezogen. Sie verliebt sich in Heideneck, der ihre Gefühle erwidert. Während einer Gesellschaft schildert Anita aus Eifersucht den Skandal so, daß Leopoldine annehmen muß, von Heideneck nur als Spielzeug mißbraucht worden zu sein. Als er allen Intrigen zum Trotz die »kleine Person« immer noch heiraten will, wird er von Anita angeschossen. Leopoldine erkennt Heidenecks ehrliche Absichten und bleibt bei ihm.

Aus der Zusammenarbeit Forsts mit dem späteren Hollywoodemigranten Reisch entstand ein Welterfolg, der Paula Wessely, die ihr Filmdebüt gab, zum Durchbruch verhalf. Darüber hinaus verdichtete die detailverliebte Schilderung des Fin de siècle das Genre des ›Wiener Films‹. Die auf Atmosphäre bedachte Inszenierung, von romantischer Nostalgie und satirischen Zwischentönen erfüllt, ließ eine vergangene Epoche wiederaufleben. Die Jahrhundertwende Wiener Prägung wurde für die folgenden Jahrzehnte zum eigentlichen Thema des österreichischen Films. *rp*

Der Maulkorb

Deutschland 1938

R: Erich Engel; A: Heinrich Spoerl nach seinem gleichnamigen Roman; K: Reimar Kuntze; D: Ralph Arthur Roberts, Hilde Weißner, Charlotte Schellhorn, Will Quadflieg, Paul Henckels, Ludwig Schmitz

Staatsanwalt von Treskow (R. A. R.), in nüchternem Zustand ein Vorbild deutschen Pflichtbewußtseins, torkelt nach einem feucht-fröhlichen Stammtischabend am Denkmal des Landesherrn vorbei, wo ihn eine aberwitzige Idee überkommt. Aus Jux schmückt er den Potentaten mit einem Maulkorb. Am nächsten Morgen stürzt von Treskow sich voller Eifer in die Aufklärung dieser Untat; daran, daß er selbst der Täter ist, erinnert er sich nicht im geringsten. ›Seltsamerweise‹ führen alle Spuren zu seinem eigenen Haus, so daß Frau (H. W.) und Tochter Trude (C. S.) die wahren Hintergründe längst erahnen. Um die ausgesetzte Belohnung zu erhalten, treffen Wimm (P. H.) und Bätes (L. S.) eine Absprache: Der eine zeigt den anderen an, dafür teilen sie sich danach die Summe. Bei der Gerichtsverhandlung verläßt sie allerdings der Mut. Doch Rabanus (W. Q.), der in Trude verliebt ist, verhilft Bätes zu einer Ausrede: Bätes habe die Statue für eine allegorische Figur

gehalten, nicht für ein Bildnis des Landesherrn. So wird die Justiz vor einer Blamage und der Staatsanwalt vor seinem Sturz bewahrt. Wimm und Bätes erhalten die Belohnung.

In die Wilhelminische Ära rückdatiert, aber mit deutlicher Zielrichtung auf die NS-Gegenwart mokiert sich diese Satire über Untertanengeist, Kriecherei und fehlende Meinungsfreiheit. Ralph Arthur Roberts' grotesk akzentuierte Komik, die liebenswürdig-verschlagene Rolleninterpretation Paul Henckels' und Will Quadflieg in seinem Filmdebüt setzten die Glanzpunkte in diesem 1938 geradezu subversiven Angriff auf den Obrigkeitsstaat. *tk*

Meier

BRD 1986

R: Peter Timm; A: Peter Timm; K: Klaus Eichhammer; D: Rainer Grenkowitz, Nadja Engelbrecht, Alexander Hauff, Thomas Bestvater, Dieter Hildebrandt

In einer Zeit, in der in Deutschland noch nicht wiedervereinigt war und die Berliner Mauer in ost-westlicher Richtung nur mit größten Schwierigkeiten überwunden werden konnte, verwirklicht sich der Ostberliner Malerbrigadier Ede Meier (R. G.) den Traum einer Weltreise. Das nötige Geld dafür und für den gefälschten Paß, den er als angeblicher DDR-Flüchtling im kapitalistischen Westen erwirbt, stammt aus der Erbschaft seines kürzlich in der BRD verstorbenen Vaters. Meiers Probleme beginnen, als er mit dem falschen Paß wieder in die DDR zurück möchte (denn die sieht er als seine Heimat an) und zudem dort nicht erhältliche Rauhfasertapeten importieren will. Versehentlich beantragt er bei der Rückreise ein Tagesvisum, mit dem er den Arbeiter- und Bauernstaat bis zwei Uhr früh wieder verlassen muß. Da weder seine Freundin (N. E.), eine überzeugte Kommunistin, noch seine Kollegen etwas von der Sache erfahren dürfen, beginnt für Meier ein Doppelleben, das ihm zunächst enormen Streß, am Ende aber auch die Ehrenmedaille »Held der Arbeit« aus den Händen Erich Honeckers einbringt.

Timms durch eine wirkliche Begebenheit angeregte Komödie konnte wohl nur in Berlin und von aus der DDR zwangsweise ausgewiesenen Künstlern erdacht und realisiert werden. Ein Dokument deutsch-deutschen Irrsinns, aber eines mit viel Witz und Humor. *hc*

Meines Vaters Pferde
Teil 1: **Lena und Nicoline**
Teil 2: **Seine dritte Frau**

BRD 1954

R: Gerhard Lamprecht; A: Horst Budjuhn nach dem gleichnamigen Roman von Clemens Laar; K: Friedl Behn-Grund, Günther Anders; D: Curd Jürgens, Eva Bartok, Martin Benrath, Sonja Sutter, Ernst Stankowsky, Reinhold Schünzel, Anneliese Kaplan

Teil 1: *Lena und Nicoline.* Um dem aus sowjetischer Gefangenschaft zurückgekehrten, vor einer schweren Schädeloperation stehenden Jürgen Godeysen (E. S.) neuen Lebensmut einzuflößen, liest ihm eine junge Frau die Tagebuchaufzeichnungen seines Vaters vor: Dem preußischen Ulanenoffizier Michael Godeysen (M. B.) bedeutet die militärische Denkart seiner Umgebung nichts, seine Liebe zu Pferden dafür alles. Er liebt Lena (S. S.), eine Berlinerin aus bürgerlichen Kreisen, kann sie aufgrund des Standesunterschieds jedoch nicht heiraten und zieht deshalb nach Irland. Dort verliebt er sich in Nicoline (E. B.), die Frau eines Freundes (C. J.), der sich im irischen Freiheitskampf engagiert. Als dieser schwer verwundet wird, verzichten Nicoline und Michael auf ihre Liebe, obwohl auch sie ihn liebt.
Teil 2: *Seine dritte Frau.* Um Spielschulden zurückzahlen zu können, verkauft Michael Godeysen 1912 sein Lieblingspferd. Er lernt Konsul Rittinghaus (R. S.) und dessen Tochter Bim (A. K.) kennen, gewinnt auf einem von Rittinghaus' Pferden ein wichtiges Rennen und heiratet Bim. Doch der Krieg macht das ganze Glück zunichte, die Pferde, die Godeysen betreut, werden vom Heer beschlagnahmt. Bim stirbt bei der Geburt ihres Sohnes. Godeysen verliert alle Lebensfreude, aber der Stallmeister kann ihm Mut zusprechen. In einer Traumvision ermahnt ihn Bim, sich nicht seinem Schmerz zu überlassen, sondern für den gemeinsamen Sohn zu sorgen. – So erhält auch Jürgen, Godeysens und Bims Sohn, neue Lebenskraft und blickt der Operation gefaßt entgegen.

Dieses zweiteilige Gesellschaftsdrama verknüpft ästhetisch fotografierte Landschafts- und Pferdeaufnahmen mit melodramatischen Liebesgeschichten und gesellschaftskritischen Akzenten. Lamprecht führte das Ensemble sicher durch die an vielen Schauplätzen angesiedelte Story und vermochte Gradlinigkeit und Intensität im zweiten Teil noch zu verdichten. *tk*

Melodie der Welt

Deutschland 1929

R: Walter Ruttmann, Heinrich Mutzenbecher; A: Walter Ruttmann; K: Reimar Kuntze, Wilhelm Lehne, Rudolph Rathmann, Paul Holzki; D: Iwan Kowal-Samborski, Renée Stobrawa, Grace Chiang

Ein Matrose (I. K.-S.) verabschiedet sich in St. Pauli von seiner Freundin. An Bord eines Dampfers der Hamburg-Amerika-Linie tritt er eine Weltreise an. Nach der langen Fahrt, auf der er vielfältigste Eindrücke aus unterschiedlichen Kulturkreisen sammelt, kehrt er nach Hamburg zu seiner Freundin zurück.
Den Hauptteil des Streifens machen dokumentarische Aufnahmen aus, die auf Fahrten von Schiffen der Firma Hamburg-Amerikanische-Paketfahrt-AG (HAPAG) gedreht wurden. Dieses Material stellte die HAPAG Ruttmann zur Verfügung, der damit einen publikumswirksamen und kurzweiligen ›Kompilationsfilm‹ herstellte. Unter den ethnographischen Szenen, die gezeigt werden, befinden sich u. a. Aufnahmen aus Indien, Sumatra, Japan, Hawaii, Singapur, Ceylon, China und zahlreichen anderen, auch europäischen, Staaten. Ruttmann montierte die Bild- und Toneindrücke zu einem dichten, rhythmisch zusammengestellten ›Bild-Ton-Gemälde‹ zusammen. Den verschiedenen Themen (Bräuche, Bauten, Naturaufnahmen, Kriegstechnik, Freizeitverhal-

ten usw.) wurde eine vielfältige Geräuschku-
lisse unterlegt, die aus Melodien, aber auch
Alltagsgeräuschen und anderen Tönen bestand. Das Publikum und der Großteil der Kritiker waren begeistert.   *tk*

<hr>

Melodie des Herzens

Deutschland 1929

R: Hanns Schwarz; A: Hans Székely;
K: Günther Rittau, Hans Schneeberger; D: Dita
Parlo, Willy Fritsch, Gerö Mály, Anni Mewes,
János Körmendy

Der arme Husar János Garas (W. F.) lernt in Budapest die Bauerntochter Julia Balog (D. P.)
kennen, die als Dienstmagd arbeitet. Sie verlieben sich ineinander. János spart auf ein Pferd,
damit er seinen Lebensunterhalt mit Transpor-
ten verdienen, den Dienst quittieren und Julia
heiraten kann. Auch Julia legt ihr bescheidenes
Einkommen beiseite, um diesen Traum Wirklichkeit werden zu lassen. Als sie jedoch ihre
Anstellung verliert, muß sie sich prostituieren,
um ihren Lebensunterhalt zu sichern. Als János das Freudenhaus besucht und Julia entdeckt, bricht er mit ihr und verteilt sein Geld
unter die Betrunkenen. Julia kauft mit ihrem
Geld ein billiges Pferd und läßt es mit einem
Abschiedsbrief zurück, in dem sie János ihre
Liebe versichert. Sie selbst setzt ihrem Leben
im Fluß ein Ende.
Diese im volkstümlichen Milieu angesiedelte
Liebesgeschichte mit tragischem Ausgang war
der erste echte Tonfilm, den die Ufa produzierte. Bei seiner Uraufführung im Dezember
1929 traf er auf ein höchst gespanntes Publikum, konnte die Erwartungen erfüllen und
wurde ein internationaler Erfolg. Neben der
Sensation, Willy Fritsch auf der Leinwand singen zu hören, trug die Musik (Werner Richard
Heymann, Paul Abraham, Viktor Gertler) und
die illustrative Nutzung von Straßenlärm,
Jahrmarktrummel und anderen Geräuschen
sowie die gelungene Milieuzeichnung zum Erfolg des Films bei.   *tk*

<hr>

Mensch ohne Namen

Deutschland 1932

R: Gustav Ucicky; A: Robert Liebmann frei
nach dem Roman *Oberst Chabert* von Honoré
de Balzac; K: Carl Hoffmann; D: Werner Krauß,
Mathias Wieman, Helene Thimig, Hertha
Thiele, Maria Bard, Julius Falkenstein

In einer russischen Fabrik arbeitet 1932 ein Ingenieur (W. K.), der im Ersten Weltkrieg sein
Gedächtnis verloren hat. Beim Besuch einer
deutschen Delegation kehrt schlagartig seine
Erinnerung zurück: Er heißt Heinrich Martin
und war der Besitzer eines Berliner Automo-
bilwerks. Martin kehrt in die Heimat zurück,
doch in Berlin wurde er inzwischen für tot erklärt. Seine Frau Eva-Maria (H. Thim.), die
Tochter Helene (H. Thie.) und sein Freund
Dr. Sander (M. W.), nun mit Eva-Maria verheiratet und Leiter der Firma, erkennen ihn nicht.
Amtlich nicht existierend und von seinen
Freunden verlassen, will Martin sich das Leben nehmen, wird jedoch vom Provisionsver-
treter Jule (J. F.) zurückgehalten. Dieser läßt ihn
in seiner ärmlichen Bleibe wohnen. Dort lernt
Martin die Sekretärin Grete (M. B.) kennen.
Martins Versuche, seinen Namen wiederzuer-
langen, sind vergeblich. Schließlich nimmt er
den Namen Leberecht Müller an, entwickelt
eine Erfindung und beginnt an Gretes Seite ein
neues Leben.
Ohne das falsche Pathos anderer Heimkehrer-
geschichten vermag dieses unprätentiöse Porträt einfühlsam die Orientierungslosigkeit zu
vermitteln, in die ein Mensch gerät, der von
der Außenwelt abgeschrieben wurde. Exzellent gespielt – eine der wenigen Tonfilmrollen,
die Krauß seinen Stummfilmauftritten eben-
bürtig gestaltete – und stimmig bebildert, hat
der Film seine stärksten Momente in der Schilderung des bürokratischen Spießrutenlaufs
und des alltäglich-heiteren Zusammenlebens
im ärmlichen Mietshaus. Titel der franzözi-
schen Version: *Un homme sans nom*.   *tk*

Menschen am Sonntag ⓢ

Deutschland 1930

R: Robert Siodmak, Edgar G. Ulmer; A: Billie (Billy) Wilder, Fred Zinnemann, Edgar G. Ulmer, Robert Siodmak nach einer Idee von Curt Siodmak; K: Eugen Schüfftan; D: Brigitte Borchert, Christl Ehlers, Wolfgang von Waltershausen, Erwin Splettstößer, Annie Schreyer

Am Samstag abend beobachtet der Weinvertreter Wolf (W. v. W.), wie das Mannequin Christl (C. E.) auf jemanden wartet. Er spricht sie an und lädt sie in ein Straßencafé ein. Dort vereinbaren sie, am Sonntag einen gemeinsamen Ausflug an den Wannsee zu unternehmen. Der Taxifahrer Erwin (E. S.) und seine Freundin Annie (A. S.) wollen zusammen ausgehen, zerstreiten sich jedoch während des Ankleidens, worauf Erwin das Kartenspiel mit seinem Freund Wolf dem gemeinsamen Kinobesuch vorzieht. Morgens bleibt Annie daher schmollend im Bett, als Erwin aufbricht, um Wolf und Christl an den Wannsee zu begleiten. Christl bringt ihre Freundin Brigitte (B. B.) mit, eine Grammophonverkäuferin, und wie viele andere Berliner verbringen die vier den Sonntag mit Badespaß, Picknick, Tretbootfahrt und Spaziergängen. Wolf flirtet mit den beiden Frauen, zeigt, sehr zum Verdruß von Christl, mehr Interesse an Brigitte und tauscht mit ihr Zärtlichkeiten aus. Beim Abschied hofft Brigitte auf ein Wiedersehen. Annie dagegen liegt noch immer im Bett, als Erwin nach Hause kommt – sie hat den ganzen Sonntag verschlafen.

Ohne genauere Handlungsmotivierung oder differenzierte Auslotung der Figuren schildert dieser Klassiker des seltenen deutschen Stummfilmrealismus das sonntägliche Freizeitverhalten junger Berlinerinnen und Berliner aus dem Angestelltenmilieu. In Abgrenzung zu den Klischees üblicher Unterhaltungsgenres zeigte das Kollektiv junger Cineasten die Verhaltensweisen der Figuren, dargestellt von Laiendarstellern, bewußt lakonisch und aus der Beobachterperspektive, die Kameramann Schüfftan unter Mitwirkung von Ulmer und Zinnemann adäquat gestaltete.   *tk*

Menschen, die vorüberziehen . . .

Schweiz 1942

R: Max Haufler; A: Albert Jakob Welti, Horst Budjuhn, Max Haufler nach dem Bühnenstück *Katharina Knie* von Carl Zuckmayer; K: Harry Ringger; D: Adolf Manz, Marion Cherbuliez, Therese Giehse, Ellen Widmann, Willy Frey, Max Werner Lenz, Sigfrit Steiner

Der Kleinzirkus »Arena Komet« macht in einem Dorf des Berner Seelands Station. Auf der Anreise hatte Marina (M. C.), die Tochter des Zirkusdirektors Ludwig Horn (A. M.), während eines unfallbedingten Aufenthalts ihr ausgehungertes Pony auf einem Feld weiden

Menschen, die vorüberziehen (Marion Cherbuliez, Adolf Manz, Sigfrit Steiner)

Metropolis

lassen, was zum Streit mit der alten Bäuerin Bucher (E. W.) führte. Deren Sohn Hans (W. F.) verteidigt Marina jedoch und deckt sie auch, als sie einen Sack Hafer stiehlt, den der Dorfpolizist, von Frau Bucher angefordert, bei einer Durchsuchung des Zirkus findet. Hans ist von Marinas Ausstrahlung fasziniert, und in der jungen Frau erwacht der Wunsch, seßhaft zu werden, als sie Hans auf dem Bauernhof besucht. Schließlich bleibt Marina mit dem Einverständnis ihres Vaters für ein Jahr. Sie versöhnt sich mit Frau Bucher, möchte Hans heiraten und auf dem Hof bleiben. Die Zirkusfamilie, darunter eine alte Zigeunerin (T. G.) und der Clown Picco (M. W. L.), verfällt zusehends. Der Zirkus gastiert wieder in der Nähe; Marina will dem Vater mitteilen, daß sie bei Hans bleiben möchte. Als Horn sie sieht, ist er überzeugt, daß sie zum Zirkus zurückkehrt, wagt vor Freude seine waghalsigste Nummer, stürzt jedoch, vor Rührung unkonzentriert, aus zehn Metern Höhe ab. Im Sterben übergibt er Marina das Wams seines Kostüms; Marina nimmt des Vaters Stelle ein und gibt den Zirkusleuten das Signal zum Weiterziehen.
In Bildern von großer poetischer Dichte schildert Haufler den Zusammenprall zweier Welten, des seßhaften und des Nomadenlebens, ohne das eine zugunsten des andern zu denunzieren. Die Zeichnung des Gauklerlebens ist realistisch, ohne exotischen Zauber; Abwehrmechanismen und Fremdenfeindlichkeit der Dorfbewohner sind exakt skizziert; die un-

terschiedliche Sprachherkunft der Artisten kontrastiert hervorragend zum Schweizer Dialekt der Dorfbewohner. Ein ausgezeichnetes Ensemble, darunter Therese Giehse, Adolf Manz und Ellen Widmann, und der sensible Kameramann Harry Ringger verleihen dem Film stilistische Prägnanz. *tk*

Metropolis ⑤

Deutschland 1927

R: Fritz Lang; A: Thea von Harbou, Fritz Lang; K: Karl Freund, Günther Rittau, Eugen Schüfftan; D: Brigitte Helm, Gustav Fröhlich, Alfred Abel, Rudolf Klein-Rogge, Heinrich George

Die Zukunftsstadt Metropolis ist zweigeteilt: Glanz und Reichtum der »Oberstadt« sind den Besitzenden vorbehalten, die Arbeiter müssen unter der Erde ihr Dasein fristen. Durch einen Zufall lernt Freder (G. F.), der Sohn des Industriemagnaten Fredersen (A. A.), die »Heilige der Unterdrückten«, Maria (B. H.), kennen. Er folgt ihr in die »Unterstadt«, wo sie die gewaltlose Befreiung von den Herrschenden predigt. Maria und Freder gestehen einander ihre Liebe. Fredersen fürchtet um seine Macht und befiehlt dem Erfinder Rotwang (R. K.), einen Maschinen-Menschen in Gestalt Marias herzustellen. Dieser soll das Proletariat zur Rebellion aufwiegeln, um einen Vorwand für seine endgültige Unterdrückung zu liefern. Die aufgehetzten Arbeiter stürmen die Maschinen, kommen jedoch, als sie durch eine Überschwemmung ihre Kinder in Gefahr gebracht haben, zur Besinnung und vernichten den Roboter. Nachdem Freder die wahre Maria aus Rotwangs Händen befreit hat, versöhnt er seinen Vater mit dem Führer der Arbeiter (H. G.); denn der »Mittler zwischen Hirn und Händen muß das Herz sein«.

Mit dieser teuersten Produktion des deutschen Films vor Hitlers Machtergreifung wollte die Ufa mit Hollywood konkurrieren; sie wurde jedoch ihr größtes Verlustgeschäft. Beeindruckende Bauten und innovative Tricktechnik – Höhepunkte des utopischen Films – stehen im Gegensatz zur sentimentalen, Harmonie vortäuschenden Geschichte. Thea von Harbous autoritativem Sozialismus-Klischee setzte Lang visionäre Bilderwelten entgegen, die in der Selbstdarstellung und Architektur des Dritten Reichs zum Teil Wirklichkeit wurden. *mp*

Michael ⓢ

Deutschland 1924

R: Carl Theodor Dreyer; A: Carl Theodor Dreyer, Thea von Harbou nach dem Roman *Mikaël* von Herman Bang; K: Karl Freund, Rudolf Maté; D: Walter Slezak, Benjamin Christensen, Nora Gregor, Alexander Murski, Grete Mosheim

Claude Zoret, ein gefeierter Maler (B. C.), hat Michael, sein bevorzugtes Modell (W. S.), adoptiert. Als die attraktive Lucia Zamikow (N. G.), eine verarmte Adlige, bei Zoret erscheint, um sich von diesem porträtieren zu lassen, nimmt das Verhängnis seinen Lauf: Lucia verführt Michael, worauf sich eine Affäre zwischen ihnen entspinnt. Michael veräußert Gemälde und andere Kostbarkeiten aus dem Besitz seines Gönners, um die Gräfin durch Geschenke bei Laune zu halten. Der arglose Maler erkennt den Vertrauensbruch erst, als ihn ein Freund darauf aufmerksam macht. Doch er verstößt Michael auch jetzt nicht, sondern wahrt nach außen den Schein, indem er seine eigenen Bilder zurückkauft. Innerlich aber zehrt die Enttäuschung über Michaels Verhalten an Zorets Gesundheit. Als auch noch sein Freund Adelskjold (A. M.) von dessen Ehefrau (G. M.) hintergangen wird und den Nebenbuhler im Duell tötet, wird Zoret endgültig krank vor Schmerz. Seinem Wunsch, Michael noch einmal zu sehen, ist keine Erfüllung vergönnt. Trotzdem setzt er ihn vor seinem Tod als Universalerben ein.

In seinen ambitionierten Themen – Vereinsamung des Künstlers in der bürgerlichen Gesellschaft, platonische Künstlerliebe und homoerotische Anziehung, Niedergang und Autoritätsverlust aristokratischer Lebensformen – läßt der Film die Welt des Fin de siècle auferstehen. Dank stimmiger Interieurs, sensibler Inszenierung und einem exzellenten Ensemble gelang die Umsetzung der etwas sentimentalen Vorlage ohne Einbußen. *tk*

Der Mörder Dimitri Karamasoff

Deutschland 1931

R: Fedor Ozep, Dialog-Regie: Erich Engel; A: Leonhard Frank, Fedor Ozep, Victor Trivas nach Motiven des Romans *Die Brüder Karamasow* von Fjodor M. Dostojewski; K: Friedl Behn-Grund; D: Fritz Kortner, Anna Sten, Fritz Rasp, Bernhard Minetti, Max Pohl, Hanna Waag

Dimitri Karamasoff (F. K.) erfährt, daß sein Vater (M. P.) ein Verhältnis mit der stadtbekannten Kurtisane Gruschenka (A. S.) hat und sie heiraten möchte. Als Dimitri sie erbost zur Rede stellen will, verfällt auch er ihrer erotischen Anziehung. Gruschenka aber spielt sowohl mit Dimitri als auch mit Vater Karamasoff. Von seiner Braut Katja (H. W.) bekommt Dimitri das Geld, das er für eine Heirat mit ihr benötigt. Dimitri verspricht, ihr nach Moskau zu folgen, doch er vergißt sein Vorhaben in rasender Eifersucht, als er durch den Diener Smerdjakoff (F. R.) von einem bevorstehenden Rendezvous zwischen Gruschenka und seinem Vater erfährt. Er schickt Smerdjakoff zu Gruschenka, um ihr Katjas Geld anzubieten, damit sie den Vater abweist. In dieser Nacht wird Vater Karamasoff erschlagen. Dimitri wird des Mordes verdächtigt und verhaftet. Sein Bruder Iwan (B. M.) findet heraus, daß Smerdjakoff der Mörder ist, doch bevor dieser sein Geständnis vor Gericht wiederholen kann, erhängt er sich. Dimitri wird verurteilt und nach Sibirien verbannt, wohin Gruschenka ihm folgt.

Die filmische Umsetzung einer Episode aus Dostojewskis Roman wurde ganz auf die Wirkung atmosphärischer Dichte hin konzipiert. Das neue Medium Ton beherrschten Regisseur, Kameramann und Schauspieler bereits meisterhaft. Kameraeinstellungen und rhythmische Montage sind souverän eingesetzt. Die Darsteller überzeugen durch ihr intensives Spiel, das innere Vorgänge vorbildlich in äußere Handlung umsetzt. Titel der französischen Version: *Les frères Karamazoff.*   *tk*

Der Mörder Dimitri Karamasoff
(Fritz Kortner, Anna Sten)

Die Mörder sind unter uns

DDR 1946

R: Wolfgang Staudte; A: Wolfgang Staudte; K: Friedl Behn-Grund, Eugen Klagemann; D: Hildegard Knef, Ernst Wilhelm Borchert, Arno Paulsen

Der Arzt Dr. Mertens (E. W. B.) kehrt, durch seine Kriegserlebnisse seelisch gebrochen, 1945 nach Berlin zurück. Er findet Unterkunft in der zerbombten Wohnung Susanne Wallners (H. K.), einer ehemaligen KZ-Insassin, die jedoch von Lebenswillen beseelt ist. Susanne umsorgt den Verzweifelten, dem sich immer wieder Bilder von der Ermordung wehrloser Menschen vor Augen drängen und der sich so seinem Arztberuf nicht gewachsen fühlt. Durch sie trifft Mertens auf seinen totgeglaubten früheren Bataillonskommandeur und jetzigen Fabrikanten Brückner (A. P.), der Weihnachten 1942 in Polen unschuldige Geiseln erschießen ließ, und er beschließt, ihn für dieses Verbrechen zu töten: Er folgt Brückner durch die nächtliche Trümmerlandschaft Berlins, wird aber von einer Frau aufgehalten, die einen Arzt für ihren todkranken Jungen sucht, dessen Leben er – sich erstmals überwindend – retten kann. Am Weihnachtsabend 1945 – Brückner, der Kochtöpfe aus Stahlhelmen produziert, hält seinen Angestellten eine rührselig-verlogene Rede – sieht Mertens den Moment für seine Selbstjustiz gekommen. Susanne kann den Geliebten erst im letzten Augenblick daran hindern. Brückner, der bereits wieder als biederer Familienvater lebende Kriegsverbrecher, beteuert – vorerst noch hinter den Gitterstäben des Fabriktores – seine Unschuld.

Der am 15. Oktober 1946 uraufgeführte erste deutsche Spielfilm nach dem Zweiten Weltkrieg stellte bei seiner Bestandsaufnahme des materiellen und moralischen Trümmerfeldes, das der Nationalsozialismus hinterlassen hatte, die Frage nach der Schuld und differenzierte zwischen Kriegsverbrechern und jenen Deutschen, die ›kollektivschuldig‹ wurden. Von der englischen und amerikanischen Militärbehörde abgelehnt, wurde Staudtes Projekt von sowjetischer Seite bewilligt und in der neugegründeten Babelsberger DEFA produ-

Die Mörder sind unter uns (Ernst Wilhelm Borchert, Hildegard Knef)

ziert. Seine Anleihen beim expressionistischen deutschen Stummfilm sowie die gut zu verallgemeinernden Figuren und Konflikte machten eine Katharsis möglich, die seinerzeit durch die Aussage »Niemals vergessen!« eine politische Dimension erhielt. Damit begründete *Die Mörder sind unter uns* die antifaschistische Tradition im DEFA-Film.   *ms*

▬ Moos auf den Steinen

Österreich 1968

R: Georg Lhotzky; A: Georg Lhotzky nach dem gleichnamigen Roman von Gerhard Fritsch; K: Walter Kindler; D: Erika Pluhar, Louis Ries, Johannes Schauer, Heinz Trixner, Wilfried Zeller-Zellenberg, Fritz Muliar

Bei der Eröffnung des Museums des 20. Jahrhunderts in Wien werden die zwei jungen Männer vorgestellt, die im Leben von Jutta (E. P.), der Tochter eines alten Barons und Schloßbesitzers (W. Z.-Z.), von großer Bedeutung sind und zugleich zwei Lebenshaltungen repräsentieren: Mehlmann, ein quicker Managertyp und Juttas Verlobter, der deren Mitgift, das baufällige Schloß – wesentlicher Handlungsort des Films –, renovieren will; Michael Petrik (H. T.), ein Schriftsteller, den die Vergangenheit nicht losläßt. Das verbindet ihn mit der Baronesse, die gleich ihm seelische Narben im Krieg davongetragen hat. In der beginnenden Liebe zueinander liegt Hoffnung für beide auf ein positives, aktives Leben . . .
Produktionsbedingungen (kleines Budget, viel Eigenkapital, öffentliche Subventionen und Sachleistungen durch das Fernsehen) und Ideologie (der Film folgt einem bekannten österreichischen Roman) zeigen, daß *Moos auf den Steinen* am Beginn des Neuen österreichischen Films stand. Für die symbolische Kontrastierung des konservativen Gestern (mit Relikten aus der k.u.k.-Monarchie) mit dem veränderungsbedürftigen Nachkriegsösterreich wurden einprägsame Schwarzweißbilder gefunden; nur der optimistische Filmschluß ist in Farben gehalten. Die Filmmusik stammt von Friedrich Gulda.   *ps*

Morgen in Alabama

BRD 1984

R: Norbert Kückelmann; A: Norbert Kückelmann, Thomas Petz, Dagmar Kekulé; K: Jürgen Jürges, Renato Fortunato; D: Maximilian Schell, Lena Stolze, Robert Aldini, Wolfgang Kieling, Reinhard Hauff

Nur ungern übernimmt Rechtsanwalt Landau (M. S.) die Pflichtverteidigung des 20jährigen Werkstudenten Werner (R. A.), der nach eigenen Aussagen mit seinem Mordanschlag auf einen umstrittenen Minister »ein Zeichen setzen« wollte. Seine Recherchen ergeben, daß Werners Behauptung, die Tat allein und aus eigenem Antrieb begangen zu haben, nicht zutrifft. Die Spur führt zu rechtsradikalen Sportgruppen und Hintermännern. Landaus Arbeit wird durch Werners Weigerung auszusagen erschwert, außerdem fühlt er sich zu dessen Schwester Jessica (L. S.) hingezogen. Das größte Problem des Anwalts besteht jedoch darin, daß er trotz fotografischer Indizien keine konkreten Beweise für die dunklen Verbindungen zwischen Werners Tat und anderen Terroranschlägen hat.
Ein Film über die Schwierigkeiten der rechtsstaatlichen Justiz, rechtsradikaler Ausschreitungen Herr zu werden. Indem Kückelmann wie in seinen vorhergehenden Arbeiten detailliert auf die rechtlichen Vorgänge eingeht und seine Skepsis gegenüber sogenannten Experten zum Ausdruck bringt, verhindert er, daß sein spannender, anspruchsvoller Polit-Thriller als modischer Reißer mißverstanden werden könnte. Gute schauspielerische Leistungen unterstreichen eindringlich die Warnung vor dem sich organisierenden Rechtsradikalismus, der überzeugt ist: »Noch sind wir wie Trommeln in der Nacht. Aber die Zeit wird kommen, wir werden Zeichen setzen – gestern in Paris oder Bologna, heute in Rom oder Amsterdam, morgen in Alabama.«   hc

Morgenrot

Deutschland 1933

R: Gustav Ucicky; A: Gerhard Menzel nach einer Idee von R. Freiherr von Spiegel; K: Carl Hoffmann; D: Rudolf Forster, Adele Sandrock, Fritz Genschow, Franz Niklisch, Paul Westermeier, Gerhard Bienert

Die Besatzung eines deutschen U-Boots im Ersten Weltkrieg sticht nach einem Heimaturlaub wieder in See. Sie versenkt einen englischen Kreuzer, geht danach aber einem als neutral getarnten Kutter in die Falle; ein vom Kutter herbeigefunkter englischer Zerstörer rammt das U-Boot, das daraufhin sinkt. In 60 Meter Tiefe liegt das U-Boot fest. Kapitänleutnant Liers (R. F.) und neun Mann der Besatzung haben überlebt. Doch nur acht können mittels der Tauchretter gerettet werden. Da beschließt die Mannschaft, daß alle gemeinsam in den Tod gehen. Der Kommandant ist vom Zusammenhalt der Truppe begeistert. Doch dann opfern sich zwei für ihre Kameraden: Fredericks (F. G.), der Erste Offizier, weiß, daß die Frau, die er liebt, den Kapitänleutnant vorzieht; der Matrose Petermann (F. N.) fühlt sich unter den Menschen verloren und glaubt, seinem Leben durch die Rettung der Kameraden einen Sinn zu geben. Fredericks und Petermann erschießen sich; die verbliebenen acht Mann können sich retten. Den Opfertod ihrer Kameraden interpretieren sie als Auftrag, weiterzukämpfen – wenn es sein muß, »bis uns der liebe Gott beurlaubt«.
Bereits in den Monaten vor der NS-Machtübernahme gedreht, nimmt dieser Hymnus auf die soldatische Pflichterfüllung einige der zentralen Motive nationalsozialistischer Filmpropaganda vorweg: Unbedingte Opferbereitschaft für das Vaterland, das militärische Kollektiv als sinnstiftende Einheit. Dazu kommt eine mythische Todessehnsucht, die sich etwa in dem folgenden, seiner Deutlichkeit wegen oft angeführten Zitat zeigt: »Zu leben verstehen wir Deutschen vielleicht schlecht, aber sterben können wir jedenfalls fabelhaft!« Im Unterschied zu späteren Opfertod-Verklärungen kam hier – in der Person von Liers' Mutter (A. S.) – auch die pazifistische Position zu

Wort, doch sie wird im Verlauf der Handlung negiert. 1939 wurde sie zudem durch Zensurschnitte verwässert. Aufgrund formaler Qualitäten hatte der Film auch im Ausland eine sehr gute Presse. *tk*

Morituri

BRD 1948

R: Eugen York; A: Gustav Kampendonk nach einer Idee von Artur Brauner; K: Werner Krien; D: Lotte Koch, Winnie Markus, Hilde Körber, Josef Sieber, Catja Görna, Walter Richter, Carl-Heinz Schroth

Ein polnischer Arzt verhilft zur Zeit des deutschen Rückzugs einer Gruppe von KZ-Häftlingen zur Flucht. Diese schlagen sich zu einem im Wald gelegenen Versteck durch, wo sich bereits Verfolgte verschiedenster Herkunft verbergen. Immer wieder laufen die Flüchtlinge Gefahr, von deutschen Truppen, die sich vor dem Angriff der sowjetischen Armee zurückziehen, entdeckt zu werden. Allmählich werden die Nahrungsvorräte knapp. Eine Gruppe polnischer Flüchtlinge, die zu der Gruppe stößt, bringt neue Lebensmittel mit. Als ein Pole, dessen Frau von der SS ermordet worden ist, eine Brücke sprengt, beginnen die deutschen Truppen, das Waldstück zu durchsuchen. Der Pole wird auf der Flucht erschossen. Auch den anderen Flüchtlingen kommt die SS gefährlich nahe, doch im letzten Augenblick ziehen die Deutschen sich vor den anrückenden sowjetischen Truppen zurück. Die Flüchtlinge sind endlich gerettet.

Durch die eindringliche künstlerische Gestaltung, die den Terror der deutschen Eroberungstruppen ohne die harmonisierenden Interpretationen der fünfziger Jahre ins Bild setzt, wurde dieses Drama über »Todgeweihte« (lat. *morituri*) zu einem Höhepunkt der deutschen Filmproduktion nach 1945. Die ausdrucksstarke, geschlossene Leistung des Darstellerensembles macht aus dem Film ein intensives, bedrückendes Fanal gegen Unmenschlichkeit, Gewalt und Krieg. Der Film basierte auf einer Idee Artur Brauners, der ihn auch finanzierte – die zweite Produktion bei Brauners CCC-Film (später CCC Filmkunst), die über 250 deutsche Nachkriegsfilme produzieren sollte. *tk*

Moritz, lieber Moritz

BRD 1978

R: Hark Bohm; A: Hark Bohm; K: Wolfgang Treu; D: Michael Kebschull, Walter Klosterfelde, Kyra Mladeck, Grete Mosheim, Elvira Thom, Kerstin Wehlmann

Der 15jährige Moritz Stuckmann (M. K.) lebt in einer Villa an der exklusiven Hamburger Elbchaussee. Den Schwierigkeiten mit seinem Mathematiklehrer und den Mitschülern, die sich im Kampf um die besten Noten gegenseitig be-

Moritz, lieber Moritz (Michael Kebschull)

fehden, entflieht er durch Saxophonspiel und Zähmen einer Ratte. Seine Eltern stehen vor dem Bankrott. Als Aussteiger beschäftigt sich der Vater (W. K.) nur noch mit Völkerkunde, während die überarbeitete Mutter (K. M.) krampfhaft bemüht ist, den sozialen Status der Familie zu bewahren. Moritz' Großmutter (G. M.) ist in ein Krankenhaus abgeschoben worden und möchte sterben. Weil man für ihren Wunsch nach einem würdevollen Tod kein Verständnis hat, bittet sie Moritz, den einzigen ihr nahestehenden Menschen, bei jedem Besuch um Schlaftabletten. Das Spektrum der Figuren wird noch erweitert durch Moritz' anziehende Tante (E. T.), die verspielt auf seire erwachenden sexuellen Gefühle eingeht. Am Ende erkennt Moritz, daß seine wirkliche »Familie« aus einer Rockband aus dem Arbeitermilieu und einer attraktiven Freundin (K. W.) besteht.

Dem von der Filmbewertungsstelle zunächst für Jugendliche nicht zugelassenen Film wurde vorgeworfen, er hätte zu viele Anliegen. Das Publikum war anderer Meinung und machte *Moritz, lieber Moritz* zum populärsten deutschen Film der Saison. Hark Bohm hatte den Nerv der späten siebziger Jahre getroffen. *Fc*

Moselfahrt aus Liebeskummer

BRD 1953

R: Kurt Hoffmann; A: Ilse Lotz-Dupont nach der gleichnamigen Novelle von Rudolf G. Binding; K: Heinz Schnackertz; D: Elisabeth Müller, Will Quadflieg, Oliver Grimm, Renate Mannhardt

Angela Schäfer (E. M.) pflegte mit ihrem Mann alte Erinnerungsstätten im Moselgebiet zu besuchen. Nun unternimmt sie, inzwischen Witwe, mit ihrem Sohn Kaspar (O. G.) ebenfalls eine Reise an die Mosel und pilgert an dieselben Stellen. Sie begegnen dem Kunsthistoriker Peter Arend (W. Q.), dem die Moselfahrt als Mittel gegen heftigen Liebeskummer dient. Peter und Angela sind einander sympathisch, aber erst das engagierte Organisationstalent Kaspar bringt es zustande,

daß sie sich auf der Fahrt immer wieder begegnen, sich ihre gegenseitige Zuneigung eingestehen und ein Liebespaar werden.

Dieses Musterbeispiel einer romantisch-sentimentalen Filmidylle deutscher Prägung lebt von sensibler Kameraführung, unaufdringlicher Inszenierung und der reifen Darstellerleistung. Die Mosellandschaft ist dabei die Folie, vor der sich Stimmung, Handlung und Figuren entfalten. *tk*

Motivsuche

DDR 1990

R: Dietmar Hochmuth; A: Henry Schneider; K: Dieter Chill; D: Peter Zimmermann, Arianne Borbach, Dorothea Rohde, Mario Klaszynski

Rüdiger Stein (P. Z.), ein 37jähriger Dokumentarfilmregisseur, der auf historische Kompilationsfilme spezialisiert ist, möchte unbedingt einmal das ›wirkliche Leben‹ der Gegenwart verfilmen. Er hat dafür das noch minderjährige Pärchen Klaus (M. K.) und Manuela (D. R.) auserkoren, das ein Kind erwartet und zusammenleben will, um so auch mit den ungünstigen sozialen Gegebenheiten fertigzuwerden. Nachdem Rüdiger endlich das Filmprojekt »Familiengründung« im Studio durchgebracht hat, ändert sich die ›Realität‹ indes unaufhaltsam: Klaus und Manuela gehen auseinander, lassen sich von Rüdiger anläßlich Manuelas Entbindung noch einmal versöhnen, trennen sich erneut. Rüdiger, der Vormund von Klaus wird, dessen alkoholsüchtiger Vater gestorben ist, erlebt nicht allein die schwierigen Dreharbeiten, sondern darüber hinaus auch das Scheitern seiner Filmkarriere und seiner Ehe mit Christa (A. B.). Zwischenzeitlich ohne Arbeit und Wohnung, findet er sich gezwungenermaßen als Kellner wieder, von dem alle glauben, er recherchiere für den nächsten Film.

Die Krisen, in die ein Filmemacher auch als privilegierter Künstler in der DDR geraten konnte, erfahren in dem tragikomischen Gegenwartsfilm eine treffend zugespitzte, überaus unterhaltsame Beschreibung, die eine nüchterne Sicht auf reale Verhältnisse einschließt. *ms*

Mozart
(Reich mir die Hand, mein Leben)

Österreich 1955

R: Karl Hartl; A: Karl Hartl, Franz Tassié; K: Oskar Schnirch; D: Oskar Werner, Johanna Matz, Gertrud Kückelmann, Erich Kunz

Der als anmaßend geltende Hofkompositeur Mozart (O. W.) lebt in wirtschaftlicher Not. Gemeinsam mit seiner Frau Konstanze (G. K.) muß das einst gefeierte Wunderkind von kleineren Auftragsarbeiten leben, so daß ein Angebot des Theaterdirektors Schikaneder (E. K.) sehr gelegen kommt. Die Arbeit an der Musik zur *Zauberflöte* spornt Mozarts Schaffenskraft an, und der Vorschuß ermöglicht Konstanze einen längst nötigen Kuraufenthalt. Während der Proben lernt der Komponist die Sängerin Anni (J. M.) kennen, die ihm bald darauf »treue und standhafte Liebe« schwört. Mozart weist sie anfangs zurück, aus Angst vor der Verantwortung und im Wissen um seinen angegriffenen Gesundheitszustand, den sein exzessiver Lebenswandel weiter schwächt. Anni schlägt eine vielversprechende Tournee aus, um mit Mozart kurze Tage des Glücks auf dem Land zu verbringen. Nach der Uraufführung der *Zauberflöte*, die ein großer Erfolg wird, eilt Anni zu ihrem Geliebten. Sie findet ihn inmitten seiner Familie, tot.
Die gefühlsbetonte Künstlerbiographie zeichnet sich durch stimmungsvolle Evokation einer romantisierten Vergangenheit aus. Effektvolle Farbdramaturgie und sorgfältige Lichtgestaltung bereichern das intime Kammerspiel aus der Welt des Rokoko. Der Film unterscheidet sich von Hartls erster Version des Mozart-Themas (*Wen die Götter lieben*, 1942) vor allem durch größere psychologische Glaubwürdigkeit, die er primär der Sensibilität des Hauptdarstellers verdankt.   *mp*

Der müde Tod ⓢ

Deutschland 1921

R: Fritz Lang; A: Thea von Harbou, Fritz Lang; K: Fritz Arno Wagner, Erich Nitzschmann, Hermann Saalfrank; D: Bernhard Goetzke, Lil Dagover, Walter Janssen

Ein junges Liebespaar (L. D., W. J.) lernt bei seiner Ankunft in einem altdeutschen Städtchen einen geheimnisvollen Fremden kennen (B. G.). Von der jungen Frau unbemerkt, verschwindet dieser mit ihrem Verlobten. Als sie nach erfolgloser Suche Gift einnehmen will, findet sie sich plötzlich vor dem Fremden wieder, der sich nun als Tod zu erkennen gibt. In einer Kathedrale voll brennender Kerzen – jede steht für ein Menschenleben – stellt er ihr eine Aufgabe. Kann sie eins von drei erlöschenden Leben retten, so soll sie ihren Geliebten wiederhaben. Doch in keiner der drei folgenden Episoden, die im märchenhaften Bagdad, im Venedig der Renaissancezeit und im exotischen China spielen, gelingt es ihr, das Schicksal zu beeinflussen. Ihre letzte Chance, so der Tod, ist es, jemanden zu finden, der sein Leben freiwillig hingibt. Ihre Suche ist erfolglos. Und das Neugeborene, das sie vor dem Flammentod gerettet hat, dem Tod zu geben, lehnt sie ab. Sie bietet statt dessen ihr eigenes Leben an. Im Tod wird sie mit ihrem Geliebten vereint.
Mit dem besonders in Frankreich enthusiastisch aufgenommenen Film gelang Fritz Lang der künstlerische Durchbruch. Erstmals verschmolzen die bestimmenden Elemente seiner frühen Jahre – Romantik, Schicksalsgläubigkeit und Mystizismus – zu einem kohärenten Ganzen. Durch starke Stilisierung gelang es ihm, noch stark von Max Reinhardts Dramaturgie des Lichts beeinflußt, realistische und übernatürliche Eindrücke zu erwecken. Die aufwendige Tricktechnik hat das Genre des Phantastischen Films entscheidend mitbestimmt. Prägend für den visuellen Gesamteindruck waren zudem die Bauten der Filmarchitekten Robert Herlth, Walter Röhrig und Hermann Warm.   *mp*

Müllers Büro

Österreich 1986

R: Niki List; A: Niki List; K: Hans Selikovsky;
D: Christian Schmidt, Andreas Vitasek,
Barbara Rudnik, Jochen Brockmann, Sue
Tauber, I Stangl

Der bislang erfolglose Privatdetektiv Max
Müller (C. S.) erhält von einer geheimnisvollen
Klientin (B. R.) den Auftrag, ihren verschwundenen Verlobten zu suchen. Gemeinsam mit
seinem Partner Larry (A. V.) macht sich Müller
an die Arbeit. Recherchen in der Unterwelt ergeben, daß die drei mächtigsten Verbrecherorganisationen der Stadt in die Sache verwickelt
sind und ihre Klientin die für tot erklärte Tochter des Industriellen Kant (J. B.) ist. Ein Dealer
und die Prostituierte Maria führen Müller auf
die richtige Spur; er findet den Gesuchten, jedoch tot. Die am Tatort entdeckten Fotos entlarven Kant als den gesuchten Mörder, und
Müller erkennt nun die wahren Hintergründe
des Auftrags. Nachdem auch Maria und Kants
Tochter ermordet werden, rüsten sich die beiden Detektive zur entscheidenden Auseinandersetzung mit dem Industriellen und dessen
Bande. Da bei dem nun folgenden Gemetzel
unglücklicherweise alle Beteiligten ums Leben
kommen, entscheiden sich die ›toten‹ Helden
dazu, das Publikum nach seiner Meinung zum
Ausgang der Geschichte zu befragen . . .
Die turbulente Kriminalkomödie wurde durch
die ungenierte Parodie bekannter Filmklassiker und genretypischer Handlungselemente
eine der erfolgreichsten Produktionen des
Neuen österreichischen Films. Dramaturgische
Schwächen, wie beispielsweise eine stets denselben Einfällen vertrauende Inszenierung,
werden von beschwingt-musikalischen Einlagen und dem selbstironischen Spiel der Darsteller kompensiert. *mp*

Münchhausen

Deutschland 1943

R: Josef von Baky, Dialogregie: Fritz Thiery
A: Berthold Bürger (d. i. Erich Kästner);
K: Werner Krien, Konstantin Irmen-Tschet;
D: Hans Albers, Hermann Speelmans, Brigitte
Horney, Ferdinand Marian, Gustav Waldau,
Ilse Werner, Marina von Ditmar, Käthe Haack

Baron Münchhausen (H. A.) gibt auf Schloß
Bodenwerder ein Kostümfest und erzählt der
jungen Sophie von Riedesel (M. v. D.) die abenteuerlichsten Erlebnisse seines Lebens. Er wird
im 18. Jahrhundert an den Hof der Zarin Katharina (B. H.) gerufen, wo er dem Grafen Cagliostro (F. M.) begegnet, der ihm die ewige
Jugend schenkt. Mit Katharina erlebt Münchhausen eine schwärmerische Liebschaft, zieht
dann, begleitet von seinem treuen Gefährten
Christian Kuchenreutter (H. S.), in den Krieg
gegen die Türken. Aus deren Festung befreit er

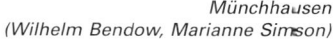

Münchhausen
(Wilhelm Bendow, Marianne Simson)

die Prinzessin Isabella d'Este (I. W.), indem er auf einer Kanonenkugel über die Befestigungsmauern reitet. In Venedig, wohin er Isabella geleitet, macht er die Bekanntschaft des alternden Casanova (G. W.), muß die Stadt aufgrund von Intrigen aber fluchtartig verlassen. Nach einem Ballonflug zum Mond, wo Kuchenreutter vorzeitig altert und stirbt, Münchhausen dank seiner ewigen Jugend aber überlebt, kehrt er auf die Erde zurück und verzichtet am Ende auf die ewige Jugend, um an der Seite seiner Gattin (K. H.) zu altern.

Zum 25jährigen Jubiläum der Ufa als aufwendiger Farbfilm produziert, vermag dieses Prestigeobjekt aufgrund eines erstklassigen Ensembles, hervorragender Tricktechnik, schwelgerischer Dekors und Kostüme sowie einer abenteuerlich-versponnenen Handlung zu begeistern. Das Drehbuch stammt von Erich Kästner, der unter den Nationalsozialisten seiner politischen Überzeugung und literarischen Respektlosigkeit wegen verfemt war.   *tk*

Mutter Krausens Fahrt ins Glück

Deutschland 1929

R: Piel (Phil) Jutzi; A: Willy Döll, Johannes (Jan) Fethke, Richard Pfeiffer und das Prometheus-Kollektiv nach Erzählungen von Heinrich Zille, berichtet von Otto Nagel; K: Piel (Phil) Jutzi; D: Alexandra Schmidt, Holmes Zimmermann, Ilse Trautschold, Gerhard Bienert, Vera Sacharowa, Friedrich Gnass, Fee Wachsmuth

Mutter Krause (A. S.) bewohnt mit Tochter Erna (I. T.) und Sohn Paul (H. Z.) die Küche einer winzigen Arbeiterwohnung im Berliner Wedding. Das Wohnzimmer hat sie an eine Prostituierte (V. S.) und deren Zuhälter (G. B.) vermietet. Dort wohnt auch die kleine Tochter (F. W.) der Prostituierten. Den kargen Familienunterhalt verdient Mutter Krause durch das Austragen von Zeitungen, denn Paul und Erna sind arbeitslos. Erna lernt den sozialistischen Arbeiter Max kennen und schließt Freundschaft mit ihm. Bei der Arbeitssuche weiterhin erfolglos, vertrinkt Paul das Geld, das seine Mutter der Zeitung abliefern müßte. Verzwei-felt versetzt Mutter Krause ihre letzten Wertsachen, aber das Geld reicht bei weitem nicht aus. Erna überlegt sich, sich zu prostituieren, doch schreckt sie im letzten Moment zurück. Der Zuhälter überredet Paul zu einem Einbruch, der jedoch mißlingt; Paul wird verhaftet. Nun sieht die verbitterte Mutter Krause keinen Ausweg mehr. Sie öffnet den Gashahn und nimmt die kleine Tochter des Straßenmädchens und den Kanarienvogel mit auf ihre ›Fahrt ins Glück‹, in den Freitod. Erna reiht sich mit Max in eine Demonstration ein. An der Seite des klassenbewußten Arbeiters wird sie vielleicht eine bessere Zukunft erleben.

Mit seiner am Dokumentarfilm orientierten Bildsprache stellt diese dramaturgisch geschlossene Milieuzeichnung einen Meilenstein in der Entwicklung des proletarisch-revolutionären Arbeiterfilms in Deutschland dar. Die größtenteils an authentischen Schauplätzen gedrehten Aufnahmen zeigen die alltägliche Not im Berliner Arbeiterbezirk Wedding. Veränderung, so suggeriert der Film, kann nur aus dem gemeinsamen, klassenbewußten Kampf der Arbeiterschaft um die politische Macht entstehen.   *tk*

N

sei, und daß menschliche Größe und Edelmut auch in den schrecklichsten Momenten Grund zur Hoffnung auf eine bessere Zukunft geben. *mp*

Nacht fiel über Gotenhafen

BRD 1960

R: Frank Wisbar (Wysbar); A: Victor Schuller, Frank Wisbar; K: Willi Winterstein, Elio Carniel; D: Sonja Ziemann, Gunnar Möller, Erik Schumann, Brigitte Horney, Mady Rahl

Die Rundfunkansagerin Maria (S. Z.) heiratet kurz nach Kriegsausbruch ihren Kollegen Kurt Reiser (G. M.), der bereits Uniform trägt. Während der nächsten Kriegsjahre wohnt Maria bei Kurts Eltern. Auf einer Silvesterfeier ihrer besten Freundin Edith (M. R.) lernt Maria den Schiffsoffizier Hans Schott (E. S.) näher kennen. Zwischen den beiden entwickelt sich eine Liebesbeziehung, Maria wird schwanger. Unfähig, ihrem Mann ins Gesicht zu sehen, flieht Maria zu Ediths Eltern, die ein Gut in Ostpreußen besitzen. Der Krieg rückt näher: Edith wird von Rotarmisten getötet; Kurt, der sich in der Nähe des Gutes befindet, kommt seiner Frau und ihrem Kind zu Hilfe. Mit einem von der Generalin von Reuss (B. H.) organisierten Wagentreck erreichen sie Gotenhafen, wo das Flüchtlingsschiff »Wilhelm Gustloff« vor Anker liegt. Mit Schotts Hilfe, der Marias wiederhergestellte Ehe respektiert, gelangen alle auf das rettende Boot. Am 31. Januar 1945 sticht die »Wilhelm Gustloff« in See. Bereits in der ersten Nacht wird sie von feindlichen Torpedos versenkt, die meisten Passagiere finden dabei den Tod. Unter den wenigen Überlebenden befinden sich Maria und ihr Kind.
Der Spezialist für kriegshistorische Illustriertenberichte im Kino der fünfziger Jahre, Frank Wisbar, hat diesen aufwendigen Großfilm im offensichtlichen Bemühen inszeniert, ein weitläufiges Panorama des Kriegs anhand einiger weniger Einzelschicksale zu skizzieren. Das dabei angeschnittene Thema der Vergangenheitsbewältigung mündet wie in der überwiegenden Vielzahl ähnlicher Kriegsabenteuerfilme dieser Zeit in der Aussage, daß Krieg zwar schrecklich, jedoch nicht abzuwenden

Die Nacht gehört uns

Deutschland 1929

R: Carl Froelich; A: Walter Reisch, Walter Supper nach dem gleichnamigen Bühnenstück von Henry Kistemaeckers; K: Reimar Kuntze, Charles Métain; D: Hans Albers, Charlotte Ander, Otto Wallburg, Walter Janssen

Bei einem Autorennen auf Sizilien verunglückt die Rennfahrerin Bettina Bang (C. A.). Der Globetrotter Harry Bredow (H. A.) kümmert sich um die Verletzte und verläßt sie erst kurz bevor sie aus ihrer Ohnmacht erwacht. Der Rennfahrerin gehen die Gedanken an ihren unbekannten Retter nicht mehr aus dem Kopf, weshalb sie die Avancen von Marten (W J.), dem Direktor einer Autofabrik, abwehrt. Als sie Bredow dann tatsächlich kennenlernt, erwachen ihre Gefühle erst, als sie erfährt, daß er der anonyme Helfer war. Sie verliebt sich in ihn und möchte ihn heiraten. Doch Bredow ist bereits Ehemann, hat sich aber seiner Frau so sehr entfremdet, daß beide die Scheidung möchten. Bettina indes weiß davon nichts und ist zutiefst enttäuscht, als sie von Harrys Ehe erfährt. Verbittert will sie mit ihrem Rennwagen in den Tod fahren, an der Stelle, wo sich der Unfall ereignet hatte. Bredow kommt gerade noch rechtzeitig, um ein Unglück zu verhindern. Er kann Bettina von der Echtheit seiner Gefühle überzeugen.
Weil Froelich seinen Darstellern das unnatürliche Sprechpathos der ersten Tonfilme austrieb, ihre Frische und Spontaneität bewahrte und den technischen Aspekt des Tons beherrschte, gelang ihm mit diesem Werk ein internationaler Erfolg. Zugleich gab der Film der Karriere von Hans Albers entscheidende Impulse, denn der wurde erst durch seine Stimme auf die siegessicheren Draufgängertypen festgelegt, die ihn berühmt machen sollten. Titel der französischen Version: *La nuit est à nous.* *tk*

Nachts auf den Straßen

BRD 1952

R: Rudolf Jugert; A: Fritz Rotter, Helmut Käutner; K: Václav Vích; D: Hans Albers, Lucie Mannheim, Hildegard Knef, Marius Goring, Karin Andersen

Bei einer Fahrt auf der nächtlichen Autobahn findet der Fernfahrer Heinrich Schlüter (H. A.) eine große Summe Geld. Anfänglich will er das Geld bei der Polizei deponieren, doch die Versuchung, sich in den entbehrungsreichen Nachkriegsjahren endlich einmal etwas leisten zu können, ist zu groß. Schlüter kauft seiner durch Arbeit zermürbten Frau Anna (L. M.) einen Pelzmantel. Vor den Nachbarinnen prahlt Anna mit dem neuen Statussymbol, schämt sich jedoch gleichzeitig dafür. Inge Hoffmann (H. K.) soll als Lockvogel Schlüter in Schiebergeschäfte verwickeln. Zuerst ist er versucht, aus finanziellen Motiven an den illegalen Aktionen teilzunehmen, doch schließlich kommt er zur Besinnung, läßt die Hände von Schwarzmarktabenteuern und kehrt zu Anna zurück, die ihm verzeiht.
Schnörkellos direkt, die Balance von Handlungs- und Bilddynamik betonend, inszenierte Jugert diesen Fernfahrerfilm, der die Stimmung der anbrechenden Wirtschaftswunder-Ära reflektierte. Seinem Bemühen um zeitkritischen, ungeschminkten Alltagsrealismus blieb der Regisseur auch in diesem Film treu. Neben Albers, der dem in Versuchung geratenen Fernfahrer menschliche Konturen verleiht, trägt auch Komponist Werner Eisbrenner mit seiner kontrastierenden musikalischen Untermalung der kleinbürgerlichen Arbeitermilieuszenen und der schillernden Halbweltsequenzen zum stimmigen Gesamtbild bei. *tk*

Nachts, wenn der Teufel kam

BRD 1957

R: Robert Siodmak; A: Werner Jörg Lüddecke nach dem gleichnamigen Tatsachenbericht von Will Berthold; K: Georg Krause; D: Claus Holm, Hannes Messemer, Mario Adorf, Annemarie Düringer, Werner Peters, Monika John

Der Mord an einer Kellnerin erinnert den Kriminalkommissar Kersten (C. H.) an ein ähnliches Tötungsdelikt, und er ermittelt, daß es noch weitere ungeklärte Verbrechen mit ähnlichem Tathergang gibt. Kerstens Verdacht, ein geisteskranker Serienmörder könnte am Werk sein, interessiert den SS-Gruppenführer Rossdorf (H. M.), weil dieser Argumente für die planmäßige Ausrottung geistig Behinderter sucht. Kersten überführt den unzurechnungsfähigen Gelegenheitsarbeiter Bruno Lüdke (M. A.), der ein Geständnis über etwa 80 Morde ablegt. Inzwischen ist Rossdorf jedoch überzeugt, daß es die Bevölkerung verängstigen würde, zu erfahren, daß ein Arier jahrelang unerkannt als Mörder sein Unwesen trei-

Nachts, wenn der Teufel kam
(Claus Holm, Mario Adorf)

ben konnte. So wird beschlossen, den Fall Lüdke zu vertuschen und den Mord an der Kellnerin einem anderen in die Schuhe zu schieben. Unterstützt von seiner Mitarbeiterin und Freundin Helga Hornung (A. D.), versucht Kersten, den Unschuldigen zu retten, hat jedoch keinen Erfolg und wird zu einem Strafbataillon an die Front beordert. Helga kann sich nach Schweden absetzen; Lüdke wird ohne Gerichtsverfahren umgebracht.

Realistisch, feinfühlig und mit überzeugender Skizzierung des zeithistorischen Hintergrunds baute Siodmak den authentischen Kriminalfall zu einer der beklemmendsten Studien über die Verbindung von Totalitarismus, Gewalt und Verbrechen aus, die das deutsche Kino kennt. Hannes Messemer als distinguiert-fanatischer SS-Gruppenführer und Mario Adorf als debiler Mörder setzen die differenziert entworfenen Charaktere kongenial um und erhielten verdiente Bundesfilmpreise als beste Haupt- und Nachwuchsdarsteller. Zahlreiche weitere Auszeichnungen, unter ihnen der Regiepreis des Festivals von Karlovy Vary, und internationale Beachtung galten dieser heute unterschätzten Auseinandersetzung mit der deutschen Vergangenheit.   *tk*

Nachtschatten

BRD 1972

R: Niklaus Schilling; A: Niklaus Schilling; K: Ingo Hamer; D: Elke Hart, John van Dreelen, Max Krügel

Spät am Samstagabend fährt der Musikverleger Jan Eckmann (J. v. D.) vor einem Reetdachhaus in der Lüneburger Heide vor, das er kaufen will. Durchs Fenster beobachtet er, wie die melancholisch-fragile Besitzerin Elena Berg (E. H.) etwas im Kamin verbrennt. Wer ist diese manchmal aufgedrehte, manchmal seltsam abwesende Frau, die am Verkauf nicht interessiert zu sein scheint? Was verbirgt sich hinter der versperrten Tür? Wer ist der Bräutigam auf Elenas Hochzeitsfoto, der wie Eckmann aussieht? Was treibt Elena nachts? Wo kommt die zwei Jahre alte Zeitung her, die am Morgen im Briefkasten liegt? Welche Rolle spielt Elena in dem unaufgeklärten Mord im Moor an dem Bauunternehmer Werner Berg? – Eckmann erlebt ein unheimliches Wochenende.

Ein Heimat-, Kriminal- und Horrorfilm mit schönen Bildern, die man aus anderen Filmen kennt – und auch wieder nicht; denn was gezeigt wird, erinnert an alte Kinoerfahrungen, wirkt aber ganz anders. Die Assoziationen laufen auf intellektueller, nicht auf emotionaler Ebene ab. Schilling lehrt die Zuschauer nicht das Fürchten, sondern vermittelt einen Einblick in die anscheinend unerklärlichen Tiefen der Psyche und menschlicher Verhaltensweisen.   *hc*

Nachtwache

BRD 1949

R: Harald Braun; A: Harald Braun, Paul Alverdes; K: Franz Koch; D: Luise Ullrich, Hans Nielsen, Dieter Borsche, René Deltgen, Angelika Voelkner, Käthe Haack

Zusammen mit seiner zehnjährigen Tochter Lotte (A. V.) tritt der evangelische Pastor Heger (H. N.) eine Stelle in einer Kleinstadt an. Genau wie der katholische Pfarrer (D. B.), zu dem er schon bald freundschaftlichen Kontakt pflegt, versucht Heger den entwurzelten und verzweifelten Menschen in der schwierigen Nachkriegszeit einen Halt im Glauben zu vermitteln. Dabei lernt er die Ärztin Cornelie (L. U.) kennen, deren Kind im Krieg gestorben ist, und die darüber den Glauben an Gott verloren hat. Der Schauspieler Gorgas (R. D.) soll vor der katholischen Kirche die Rolle des »Jedermann« spielen. Als er Lotte auf dem Jahrmarkt trifft, lädt er sie zur Fahrt auf der Schiffschaukel ein; das Mädchen aber stürzt ab und stirbt. Heger versinkt in tiefer Verzweiflung. Im Glauben findet er jedoch wieder Kraft und kann Gorgas, der sich für Lottes Tod verantwortlich fühlt, davon abhalten, sich das Leben zu nehmen. An Hegers Beispiel erkennt Cornelie, daß wahrer Glaube sich nicht in Oberflächlichkeiten erschöpft, sondern innere Stärke vermittelt.

Der sensationelle Publikumserfolg dieses Films

– von Harald Braun exakt angelegt, präzis umgesetzt und von einem Ensemble erstklassiger Darsteller getragen – ist deutliches Indiz für das Bedürfnis der deutschen Nachkriegsbevölkerung nach Sinnstiftung, moralischer Geborgenheit und stabilen Wertbegriffen. Eine gewisse Vordergründigkeit und Vereinfachung existentieller Konflikte ist aus heutiger Sicht allerdings unübersehbar.   *tk*

Nackt unter Wölfen

DDR 1963

R: Frank Beyer; A: Bruno Apitz nach seinem gleichnamigen Roman; K: Günter Marczinkowsky; D: Erwin Geschonneck, Armin Mueller-Stahl, Krzysztyn Wójcik, Fred Delmare, Gerry Wolff, Wolfram Handel

Im Frühjahr 1945 bringt ein polnischer Häftling ›auf Evakuierungstransport‹ aus Auschwitz im Koffer heimlich ein jüdisches Kind mit ins KZ Buchenwald, das er bislang vor der SS verbergen konnte. Die illegale Widerstandsgruppe im KZ gerät in Entscheidungskonflikte zwischen Herz und Verstand: Die zwei Häftlinge Höfel (A. M.-S.) und Pippig (F. D.) verbergen das Kind. Höfel, militärischer Ausbilder des Lagerkomitees, kann sich nicht durchringen, es auf Befehl des Leiters Bochow (G. W.) mit dem nächsten Transport fortzuschicken. Die SS erfährt von der Existenz des Kindes, sperrt Höfel und Kropinski (K. W.) ein, schafft Pippig und andere zur Gestapo und ›vernimmt‹ sie, um an die illegale Führung heranzukommen. Trotz grausamster Foltermethoden gelingt es ihnen nicht, die gesuchten Namen herauszupressen, und auch das Kind, zu dem selbst für das illegale Komitee vorübergehend »die Kette reißt«, wird nicht gefunden. Hauptscharführer Zweiling (W. H.) sieht sich veranlaßt, eine Liste mit 46 Namen vermeintlicher Komiteemitglieder aufzustellen, die liquidiert werden sollen. Da die Front näherrückt, beschließt die Widerstandsorganisation und der ihr zugehörige offizielle Lagerälteste Walter Krämer (E. G.), die 46 nicht auszuliefern und eine ›Evakuierung‹ des gesamten KZs zu verhindern: Der bewaffnete Aufstand der Häftlinge führt zur Selbstbefreiung des Lagers Buchenwald. Krämer, der die Schußverletzung durch die flüchtende SS-Leitung überlebt, ist zusammen mit dem geretteten Kind unter den jubelnden Häftlingen.

Die adäquate Verfilmung des auf einer wahren Begebenheit basierenden Buchenwald-Romans von Bruno Apitz zeichnet sich durch seine authentische Schilderung der Vorgänge im KZ aus, deren emotionale Dimension vor allem aus der existentiellen und moralischen Entscheidungssituation und differenzierten Charakterstudien der Häftlinge erwächst. *Nackt unter Wölfen*, mehrfach preisgekrönt, gehört zu den erfolgreichsten antifaschistischen DEFA-Filmen.   *ms*

Der nackte Mann auf dem Sportplatz

DDR 1974

R: Konrad Wolf; A: Wolfgang Kohlhaase; K: Werner Bergmann; D: Kurt Böwe, Ursula Karusseit, Martin Trettau, Wolfgang Heinz

Begebenheiten aus einem Lebensabschnitt des Bildhauers Kemmel (K. B.), Kunstschaffender der DDR, der mit Ehefrau Gisi (U. K.) und Sohn neben dem eigenen Berliner Atelier wohnt und als ›Handwerker im besten Sinne‹ den Krisen seines überschaubaren Alltags standhält. Kemmel ist beständig auf der Suche nach Begegnungen mit Menschen und deren Kunsterleben und gerät dadurch privat und beruflich in skurrile, nachdenkliche, heitere und ernste Situationen. Ihn beschäftigt die Frage, wie die Judenvernichtung im Dritten Reich künstlerisch bewältigt werden kann, ohne eine Antwort darauf zu finden. Sein Relief »Bodenreform« wird von Fachleuten nicht zur Einweihung in einem Dorf freigegeben, weil es ihm »an Optimismus mangelt«. Kemmel steht zur künstlerischen Qualität der zensierten Arbeit, verwirft hingegen die Porträt-Plastik eines ›Aktivisten‹ (M. T.), obwohl er viel Energie aufwenden mußte, den Zweifelnden zum Modellsitzen zu gewinnen, und es zwischen beiden zum Dialog über den Sinn von Kemmels Kunstproduktion kam. Für den Sportplatz des ländlichen Orts, aus dem Kemmel stammt, soll er eine staatlich subventionierte Plastik schaffen. Hilflos stehen die Auftraggeber dem fertigen, erhofften ›Fußballerdenkmal‹ gegenüber: »Ein nackter Mann«, der durch den Zuspruch eines berühmten Professors (W. H.) seinen geplanten Platz erhält.

Konrad Wolfs zweiter Film über einen bildenden Künstler (nach *Goya/Goja*, DDR/SU 1971) rückt über eine offene Dramaturgie das Verhalten der Hauptfigur in den Mittelpunkt, deren Lebensprinzip sich im Spannungsfeld zwischen eigenem künstlerischen Anspruch und gesellschaftlichen Erwartungen bewährt. Die poetische und facettenreiche Schilderung eines Künstler-Alltags in der DDR, die erklärtermaßen gängige Klischeevorstellungen brechen wollte, fand beim Publikum wenig Zuspruch.

ms

███
Napoleon ist an allem schuld

Deutschland 1938

R: Curt Goetz; A: Curt Goetz, Karl Peter Gillmann; K: Friedl Behn-Grund; D: Curt Goetz, Valérie von Martens, Else von Möllendorff, Kirsten Heiberg, Paul Henckels

Lord Cavershoot (C. G.), ein verschrobener Napoleonforscher, reist nach Paris, um einem Kongreß über sein Fachgebiet beizuwohnen. Den Glanzpunkt der Veranstaltung soll eine große, Napoleon gewidmete Revue mit der Chansonnette Fifi (K. H.) darstellen. Cavershoot ist außer sich, als ein von Frauenköpfen gebildetes »N« – für »Napoleon« – mit einem Punkt ergänzt wird, der die Abkürzung signalisieren soll. Ein Punkt sei aus wissenschaftlicher Sicht absolut unmöglich, referiert der Lord und setzt sich durch: Die Tänzerin Madeleine (E. v. M.), die den Punkt verkörperte, wird umgehend entlassen. Aus Mitleid geht Cavershoot mit Madeleine aus und gibt sie als seine Tochter aus, als sie in eine Kontrolle geraten und die Tänzerin keinen Ausweis bei sich trägt. Weil das Bild der beiden tags darauf in der Zeitung erscheint, geht die Täuschung weiter: Madeleine begleitet den Lord nach England und wird Gattin Josephine (V. v. M.) und den Freunden der Familie als uneheliche

Tochter präsentiert. Als Madeleine dem Ehepaar zur Last zu fallen glaubt, wird sie vom Lord und seiner Lady kurzerhand adoptiert, um sie vom Gegenteil zu überzeugen.

Curt Goetz, einer der profiliertesten deutschen Komödienschreiber und -darsteller der Zwischenkriegszeit, war für Buch, Regie und Hauptrolle dieser musikalischen Komödie (Musik: Franz Grothe) verantwortlich. Nahtlos wird an die leuchtende Musikfilmtradition der ersten drei Tonfilmjahre angeknüpft. Ironische Breitseiten gegen den britischen ›Way of Life‹ wurden mit einer deutlichen Sympathiekundgebung für englische Fairness und Individualismus verknüpft. Offen antimilitaristische Akzente waren für NS-Stellen Anlaß, dem Film eine negative Aufnahme zu bereiten, worauf Goetz und seine Ehefrau Valérie von Martens ein Angebot Hollywoods annahmen und in die USA emigrierten.

tk

███
Neapolitanische Geschwister / Regno di Napoli

BRD/Italien 1978

R: Werner Schroeter; A: Werner Schroeter, Wolf Wondratschek; K: Thomas Mauch; D: Romeo Giro, Antonio Orlando, Tiziana Ambretti, Maria Antoniella Riegel, Cristina Donadio, Dino Melé, Margareth Clementi

Im Armenviertel Neapels kommt 1944, am Tag des deutschen Abzugs, ein Mädchen zur Welt und wird Vittoria getauft. Vittoria (T. A.) erhält bald darauf Gesellschaft durch ein Brüderchen namens Massimo (R. G.). Die Mutter ist vor ihrer Hingabe an die katholische Kirche erfüllt, der arbeitslose Vater (D. M.) dagegen hat sich einem kämpferischen Sozialismus verschrieben. Doch die Mutter stirbt, der Vater resigniert, und die Heranwachsenden müssen ihren eigenen Weg suchen. Auch Vittoria (M. A. R.) findet in tiefer Frömmigkeit Halt. Sie arbeitet als Putzfrau, gibt die Stellung jedoch auf, als sie verkuppelt werden soll. Später, als kühl ihre Aufstiegschancen berechnende Frau (C. D.), macht sie Karriere bei einer Reederei. Massimo dagegen wird Zeitungsbote. Als junger Mann (A. O.) wird er bei einer gewalttätigen Demonstration gegen den Vietnamkrieg verhaftet und zu einer Gefängnisstrafe verurteilt. Nach Verbüßung der Strafe verschafft ihm die Kommunistische Partei eine Arbeit, der er ohne Chancen auf eine Verbesserung seiner Position nachgeht. 1977 trifft er die Hebamme (M. C.) wieder, die bei seiner und Vittorias Geburt geholfen hatte. Sie arbeitete später als Prostituierte, ist mittlerweile aber verelendet und stirbt nun mitten im Karnevalstrubel einen qualvollen Tod.

Von 1944 bis 1977 erstreckt sich diese Lebens- und Charakterchronik eines Geschwisterpaares in Neapel. Extrovertiert und detailversessen, mit scharfem Blick auf Elend und Schmerz porträtierte Schroeter die politischen und sozialen Verhältnisse der südlichen Großstadt und verdichtete sie zu einem Schaustück über Anpassung, Resignation, Verweigerung und falsche Heilsversprechen. *tk*

1914 – Die letzten Tage vor dem Weltbrand

Deutschland 1931

R: Richard Oswald; A: Heinz Goldberg, Fritz Wendhausen, Einleitung: Dr. Eugen Fischer; K: Mutz Greenbaum; D: Heinrich George, Albert Bassermann, Eugen Klöpfer, Reinhold Schünzel

Am 28. Juni 1914 fallen in Sarajewo der österreichische Thronfolger und seine Gattin einem Attentat zum Opfer. Generalstabschef und Außenminister der Donaumonarchie drängen darauf zum Krieg mit Serbien, den Kaiser Franz Joseph (E. K.) anfänglich verhindern will. Der deutsche Reichskanzler (A. B.) sagt den Österreichern zu, ihre Schritte mitzutragen, wie es das Beistandsbündnis vorsieht, wünscht aber eine Lokalisierung des Konflikts. Die Wiener Diplomatie schickt eine allzu aggressive Note an Serbien, die den serbischen König in Panik versetzt, da auch er keinen Krieg will. Sein Sohn und der Ministerpräsident wollen sich der österreichischen Machtdemonstration aber nicht beugen und bitten die Schutzmacht Rußland um Hilfe. Durch die vage serbische Note erzürnt, beschließt Öster-

reich-Ungarn die Mobilmachung. Wilhelm II. versucht zu vermitteln. Der Antwort aus St. Petersburg kommt daher entscheidende Wirkung zu. Auch dort gelingt es den von Großmachtphantasien erfüllten Gruppen, die zögernde Fraktion um Zar Nikolaus II. (R. S.) zu einer scharfen Reaktion zu veranlassen. Als Rußland die Mobilmachung bekanntgibt, um am Ende nicht Opfer der eigenen militärischen Schwerfälligkeit zu werden, läßt auch Deutschland seine Kriegsmaschinerie anlaufen. Frankreich und England, die beide den Krieg lange zu verhindern suchten, machen ebenfalls mobil. In einem Pariser Café erschießt ein Attentäter den Wortführer der französischen Pazifisten, Jean Jaurès (H. G.).

In fast lapidar ruhigen, kammerspielartigen Dialogszenen pendelt diese ungewöhnliche Geschichtsrekonstruktion zwischen den europäischen Kaiserhäusern und Regierungssitzen hin und her und zeigt die (nur scheinbar) unentrinnbare Folgerichtigkeit auf, die zum Ausbruch des Ersten Weltkriegs führte. Dabei vermögen die Kriegstreiber in allen Lagern die Unentschlossenen zu überreden, weil diese in ihre eigenen Machtgeflechte und ein zynisches Spiel um Status und Einfluß derart verstrickt sind, daß sie die Welt nur noch als Bühne ihrer nationalen Ambitionen wahrnehmen. Der französische Sozialist und Pazifist Jaurès, die einzige Figur mit einem weiteren Horizont, die der Film uns zeigt, wird das erste Opfer des Kriegs. *tk*

Die Nibelungen Ⓢ
Teil 1: **Siegfried**
Teil 2: **Kriemhilds Rache**

Deutschland 1924

R: Fritz Lang; A: Thea von Harbou, Fritz Lang; K: Carl Hoffmann, Günther Rittau, Walter Ruttmann (Falkentraum-Sequenz); D: Paul Richter, Margarete Schön, Theodor Loos, Hanna Ralph, Hans Adalbert Schlettow, Rudolf Klein-Rogge, Georg August Koch

Teil 1: *Siegfried*. Nachdem Siegfried (P. R.) das Schmiedehandwerk erlernt hat, bricht er zum Hof des Burgunderkönigs Gunther (T. L.) auf.

Siegfried tötet den Drachen. Ein Bad in dessen Blut macht ihn – bis auf eine Stelle am Rücken – unverwundbar. Im Reich der Nibelungen gelangt er in den Besitz einer Tarnkappe und des sagenumwobenen Schatzes. Am Königshof verliebt er sich in Gunthers Schwester Kriemhild (M. S.). Um sie zu gewinnen, muß er dem König nach Isenland folgen, wo er ihm – mit Hilfe der Tarnkappe – bei der Werbung um Brunhild (H. R.) zur Seite steht. Nach der Doppelhochzeit erfährt Brunhild von dem Betrug. Auf ihr Betreiben tötet Hagen (H. A. S.) Siegfried. Brunhild begeht an seiner Bahre Selbstmord; Kriemhild schwört Rache.

Teil 2: *Kriemhilds Rache.* Kriemhild wirbt mit Hilfe des Nibelungenschatzes um Anhängerschaft. Der Schatz wird jedoch von Hagen entdeckt und im Rhein versenkt. Kriemhild wird die Frau des Hunnenkönigs Etzel (R. K.-R.). Jahre später lädt sie Gunther samt Gefolge an ihren Hof. Durch eine Provokation Kriemhilds kommt es zum Kampf. Nachdem sie Hagen, den letzten überlebenden Burgunden, eigenhändig erschlagen hat, wird Kriemhild von Hildebrand (G. A. K.) getötet.

Überlebensgroße Gestalten in monumentaler Architektur beherrschen die Leinwand. Von der statischen Symmetrie des ersten unterscheidet sich die Dynamik des zweiten Teils, in dem das Böse als selbstzerstörerische und den Gang des Schicksals bestimmende Kraft dominiert. Die Verwendung der Figuren als plastische Elemente des Dekors begründete Langs Ruf als »Baumeister des Bildes« ebenso wie die Erschaffung einer imaginären Sagenwelt in spektakulären Atelier-Landschaften. *np*

Nicht der Homosexuelle ist pervers, sondern die Situation, in der er lebt

BRD 1971

R: Rosa von Praunheim; A: Rosa von Praunheim; K: Robert van Ackeren, Rosa von Praunheim; D: Bernd Feuerhelm, Berry Bohlen, Ernst Kuchling

Der homosexuelle Daniel (B. F.) ahmt gemeinsam mit Clemens (B. B.) die Formen eines bürgerlichen Ehelebens nach. Schwule, kommentiert die Off-Stimme, hätten einen Hang zum Spießigen, um den Haß des Spießers umzuwerten. Später lebt Daniel in der Villa eines reichen älteren Freunds (E. K.) und partizipiert an dessen kunstbeflissenem Leben. Bildungsbürgerliche Kunstschwärmerei, so der Kommentar, ist abzulehnen, da sie den Reichen vorbehalten bleibt, welche die soziale Abhängigkeit ausnützten, um leichter Sexualpartner zu finden. Daniel verläßt die wattierte Luxuswelt

Die Nibelungen. Teil 1: Siegfried (Paul Richter)

und findet in der schwulen Subkultur ein neues Umfeld. Der Kommentar wendet sich gegen schuldbehaftete Selbstisolierung, weil sie die unterdrückende Gesellschaft aus dem Blick verliere. Im Lauf der Zeit lernt Daniel die exaltierte Tunten- wie die lederne Sadomasoszene kennen und steigt schließlich zum »Pißbudenschwulen« ab. In einer Homosexuellen-WG formuliert eine Theorie-Gruppe ihr Programm zur Überwindung der Fremd- und Selbstunterdrückung, zur Schwulen-Emanzipation und zum Schulterschluß mit Black Panthers und Frauenbewegung.

In der strikten Form eines Lehrstücks zeichnet dieser Film, der 1971 die Etablierung einer Schwulenbewegung in der BRD einleiten half, die Stationen der Selbstfindung eines jungen Homosexuellen nach. Die Analyse wird im Kommentar mitgeliefert – in einer für Praunheim charakteristischen Gleichzeitigkeit von Parodie und heiligem Ernst. Als Antrieb der Ausgrenzung werden Selbsthaß, Selbstrepression und Schuldgefühle angeführt – dem Regisseur ging es weniger um die Diskriminierung von außen als um Doppelmoral und antiemanzipatorische Tendenzen innerhalb der Schwulenbewegung. *tk*

Nicht mehr fliehen

BRD 1955

R: Herbert Vesely; A: Herbert Vesely, Hubert Aratym; K: Hugo Holub; D: Xenia Hagen, Hector Mayro, Judith Folda

Ein Paar – die elegante Sapphire (X. H.) und der robuste LKW-Fahrer Gérard (H. M.) – sind auf der Flucht. Sie erreichen den »Punkt Null«, wo ihr Fahrzeug im Sand untergeht. Gérard terrorisiert seine (Um-)Welt. Nach einem Mord wird er von der Polizei gefaßt, Sapphire verliert sich in der Wüste.

Mit dieser 67 Minuten langen, fast handlungslosen ›Filmpartitur‹ aus Bildsymbolen, Geräuschen und Zwölfton-Musik (Gerhard Rühm) verhalf der Österreicher Herbert Vesely (geb. 1931) dem Experimental-Film zum Eintritt in die Lichtspieltheater der Adenauer-Ära. Er hatte schon mit dem Kurzfilm *An diesen* *Abenden* (A 1952) die Zeitsprünge, Ellipsen und leitmotivischen Wiederholungen Alain Resnais' (*L'année dernière à Marienbad*, F/I 1961; *Letztes Jahr in Marienbad*) ebenso vorweggenommen wie die Montagetechnik der Wiener Film-Avantgarde oder des New American Cinema. Das Publikum, unvorbereitet auf neue Sehweisen, fühlte sich nicht weniger befremdet als die zeitgenössische Kritik, die Veselys Affinität zum Existentialismus und Kulturpessimismus eines Albert Camus (Schlußsatz von *Nicht mehr fliehen*: »Achtung Welt, hier ist null!«) als unvereinbar mit der Aufbaustimmung des Wirtschaftswunders empfinden mußte. *ps*

Nicht versöhnt oder Es hilft nur Gewalt, wo Gewalt herrscht

BRD 1965

R: Jean-Marie Straub; A: Jean-Marie Straub, Danièle Huillet nach dem Roman *Billard um halbzehn* von Heinrich Böll; K: Wendelin Sachtler, Gerhard Ries, Christian Schwarzwald, Jean-Marie Straub; D: Henning Harmssen, Heinrich Hargesheimer, Chargesheimer, Martha Ständner, Heiner Braun, Ulrich Hopmann, Ulrich von Thüna, Ernst Kutzinski

1934 wird der Schüler Robert Fähmel (U. H.) in ein Komplott gegen einen nationalsozialistischen Turnlehrer und den Mitschüler Nettlinger verwickelt. Gemeinsam mit seinem Freund Schrella (E. K.) flüchtet Robert darauf nach Holland. Aufgrund der Interventionen seiner bekannten Familie wird ihm nach zwei Jahren die Rückkehr nach Deutschland gestattet. Im Krieg führt Robert (H. Harm.) die Sprengung einer Abtei durch, die sein Vater Heinrich (C.) vor Jahrzehnten errichtet hatte. Roberts eigener Sohn Joseph wird später an ihrem Wiederaufbau teilhaben. Nach zwanzig Jahren kehrt Schrella (U. v. T.) nach Deutschland zurück, kann sich aber nur durch die Hilfe Nettlingers (H. B.), der inzwischen eine einflußreiche Stellung bekleidet, eines neuen Strafverfahrens entledigen. Den Freundschaftsbekundungen des ehemaligen Gegners entzieht sich Schrella jedoch. Am 80. Geburtstag des alten Heinrich Fähmel (H. Harg.) schießt dessen Frau Johanna (M. S.), die das nationalsozialistische Unrecht nicht verarbeiten kann, auf einen der »Mörder von einst«, die in der Bundesrepublik wieder in einflußreiche Positionen aufgestiegen sind.

Die Verstrickung dreier Generationen in die deutsche Geschichte beleuchtet diese Familiensaga, die nur wenig über fünfzig Minuten dauert und Bölls Roman auf die Grundthese verdichtet, Versöhnung könne es nicht geben, solange die schuldhafte Verstrickung nicht akzeptiert ist. Rigoros und konsequent postulierte Straub eine Filmästhetik, die den Rahmen der tradierten Normen durchbricht. Bei seiner deutschen Erstaufführung angefeindet, erntete der Film international viel Lob und erlangte gar Kultstatus.   *tk*

Niemandsland

Deutschland 1931

R: Victor Trivas; A: Victor Trivas nach einem Entwurf von Leonhard Frank und Victor Trivas; K: Alexander von Lagorio, Georg Stilianudis; D: Ernst Busch, Wladimir Sokoloff, Hugh Stephens Douglas, Louis Douglas, Georges Péclet, Renée Stobrawa, Elisabeth Lennartz

Durch den Ersten Weltkrieg werden fünf Menschen unterschiedlicher Nationalität oder Rasse aus ihrem gewohnten Umfeld gerissen. Ein Berliner Tischler (E. B.), ein Pariser Monteur (G. P.), ein britischer Arbeiter (H. S. D.), ein jüdischer Schneider (W. S.) und ein farbiger Artist (L. D.). Die Wege der fünf kreuzen sich in einem verfallenen Unterstand, mitten im Niemandsland der Westfront. Nur kurz bricht Aggressivität und Streit zwischen den Soldaten der verfeindeten Länder aus. Mit Hilfe des farbigen Artisten, der mehrere Sprachen beherrscht, können sich die Männer verständigen. Sie erzählen aus ihrem Leben und verstehen sich bald gut. Obwohl sie anfangs unterschiedliche Ansichten haben, können sie sich einigen. Die fünf kochen gemeinsam und werden von beiden Seiten der Front heftig beschossen, als der Rauch entdeckt wird. Doch

die fünf kümmert das nicht, gemeinsam bauen sie die Befestigungen aus. Allmählich wird das Feuer leiser und leiser, die Soldaten steigen aus ihrem Unterstand und zerstören einen Stacheldrahtverhau, Sinnbild für Krieg, Völkerverhetzung und trennende Vorurteile.

Im Unterschied zu den bekannteren Antikriegsfilmen *Westfront 1918* (1930, Pabst) oder *All quiet on the western front* (USA 1930, Milestone; *Im Westen nichts Neues*) setzt dieser außergewöhnliche Film nicht auf eine möglichst realistische, entlarvende Schilderung des grauenhaften Kriegsalltags, sondern vermittelt seine Aussage in allegorischer Form. Wenn die Menschen ihre unterschiedlichen Positionen und Bedürfnisse besprechen und gemeinsam einen Weg suchen – so will die Filmparabel zu verstehen geben –, ist statt des sinnlosen Gemetzels Verständigung möglich. Dank der konsequenten Umsetzung und der Selbstverständlichkeit, mit der die Utopie skizziert wird, ein Appell, der nichts von seiner Eindringlichkeit verloren hat.   *tk*

Nju Ⓢ

Deutschland 1924

R: Paul Czinner; A: Paul Czinner nach dem gleichnamigen Bühnenstück von Ossip Dymow; K: Axel Graatkjaer, Reimar Kuntze; D: Elisabeth Bergner, Emil Jannings, Conrad Veidt

Für Nju (E. B.) ist das bürgerliche Dasein als Gattin eines zwar gutmütigen, aber auf Äußerlichkeiten fixierten Geschäftsmannes (E. J.) eine einzige Enttäuschung. Als sie auf einem Ball einen faszinierenden Dichter (C. V.) kennenlernt, verliebt sich die unzufriedene Frau in ihn und gerät zusehends in seinen Bann. Sie verläßt ihren Mann und das gemeinsame Kind und zieht in eine Pension, als ihr Ehemann versucht, den Geliebten zu ermorden. Doch der Dichter empfindet seine Geliebte bald als Last und gibt ihr den Rat, zu Mann und Sohn zurückzukehren. Aus Stolz verweigert sich Nju den Hilfsangeboten ihres Mannes. Als der Schriftsteller sie verläßt und sie feststellt, daß ihr Ehemann inzwischen eine andere Verbindung eingegangen ist, stürzt sie sich vom Stadtwall in den Tod.

Elisabeth Bergner spielt mit melancholischer Tiefe eine Frau, die für den Ausbruch aus dem ›Gefängnis‹ der Ehe alle bürgerliche Sicherheit aufzugeben bereit ist. Zwischen ihrem Traum von einem (liebes-)erfüllten Leben und der harten Banalität der Männerwelt bleibt der Graben unüberbrückbar. Die Qualität dieses intimen Kammerspiels ergibt sich daraus, daß Czinner die seelischen Vorgänge nicht symbolisch überfrachtete. Wo keine Bilder für das Psychische nahelagen, zwang er seinen Darstellern auch keine bemühten Aktivitätsausbrüche ab. So überwiegt eine Atmosphäre resignierter Skepsis.   *tk*

Noch minderjährig
(Unter 18)

Österreich 1957

R: Georg Tressler; A: Emil Burri, Johannes Mario Simmel, Georg Tressler; K: Sepp Riff; D: Paula Wessely, Vera Tschechowa, Peter Parak

Szenen aus dem Arbeitsleben der verwitweten Wiener Sozialarbeiterin Luise Gottschalk (P. W.), die sich redlich bemüht, die ihr Anbefohlenen auf die rechte Bahn zu lenken. Ihre Erfolge werden jedoch häufig durch Erwachsene vereitelt, die für die Bedürfnisse der Kinder und Jugendlichen kein Verständnis zeigen, bzw. diese aus Egoismus ignorieren. Besonders ausführlich wird der Fall der Elfie Breitner (V. T.) dargestellt, die wegen eines Kostüms, das ihr Freund Stefan (P. P.) für sie gestohlen hat, in der Erziehungsanstalt landet. Stefan selbst wird in eine Jugendstrafanstalt eingewiesen.

Im Fahrwasser erfolgreicher ›Halbstarken-Filme‹ ermöglichte Alt-Star Paula Wessely Regisseur Tressler, nach mehreren Dokumentarfilmen auch einen Spielfilm in seiner Heimatstadt Wien zu drehen. Da die Rolle der Luise Gottschalk eindimensional von Verständnis und gutem Willen geprägt ist und das Drehbuch insgesamt eher spekulativ als aus der unmittelbaren sozialen Erfahrung heraus geschrieben zu sein scheint, werden Schärfe und

Realismus von Tresslers Berlin-Filmen nicht erreicht. Dennoch sollte angesichts der damaligen Realitätsflucht des deutschen Films dieser Versuch, sich mit Zeitproblemen auseinanderzusetzen, nicht vergessen werden.   *hc*

Nordkurve

BRD 1992

R: Adolf Winkelmann; A: Michael Klaus; K: David Slama; D: Renate Krößner, Daniel Berger, Hermann Lause, Bernd Stegemann, Christian Tasche, Walter Kreye, Michael Brandner, Wolf-Dietrich Berg, Katharina Abt

Samstag im Fußballstadion – der Höhepunkt der Ruhrpott-Woche. Was sich da vor und hinter den Kulissen abspielt, darüber berichtet dieser spannende Film des Revier-Spezialisten Winkelmann. Für Uschi (R. K.) und ihren Freund Teddy (C. T.), den Wirt der Vereinskneipe, geht es um die Ausschankkonzession im Stadion. Fußballmanager Roland (B. S.) will sich dafür stark machen in der Hoffnung, daß Uschi dann mit ihm schläft. Uschi aber zieht eine Affäre mit dem Ersatzspieler Clemens (D. B.) vor – zum Ärger von dessen ehrgeizigem Vater (H. L.), der sie für den Stillstand der Karriere seines Sohnes verantwortlich macht. Vereinspräsident Vischering (W. K.) sucht nach Wegen, die drohende Millionenpleite abzuwenden, kämpft nach außen gegen Übernahmeversuche und nach innen mit seinen Manager-Kollegen um Machtpositionen. Vor allem sind da aber die Fans, die Nostalgiker, die im Vereinshaus von glorreichen alten Zeiten schwärmen, und die Skins, die sich im Stadion trotz massiver Polizeipräsenz mit Anhängern des Gegners Schlachten bis aufs Blut liefern. Zwischen allem flattert das Blondchen Nicole (K. A.) auf der Jagd nach Interviews für eine Studie über Fußball und Erotik.

Typen, Action, Remmidemmi – *Nordkurve* ist ein Film, der auch Fußballgegner mitreißt; zusammengestellt von einem, der das Milieu kennt und sein Metier beherrscht.   *hc*

Nordsee ist Mordsee

BRD 1976

R: Hark Bohm; A: Hark Bohm; K: Wolfgang Treu; D: Uwe (Enkelmann) Bohm, Dschingis Bowakow, Marquard Bohm

Gewalttätigkeit und Trostlosigkeit kennzeichnen das Klima, in dem viele Jugendliche in den Schlafstädten am Rande Hamburgs aufwachsen. Zu Hause werden Uwe Schidrowski (U. B.) und seine Mutter regelmäßig von dem häufig betrunkenen Vater (M. B.) geschlagen, wenn sie nicht sofort auf seine Launen eingehen. Als Anführer einer Bande verhält sich Uwe auf der Straße gegenüber anderen Kindern ähnlich wie sein Vater zu Hause. Auseinandersetzungen löst Uwe nicht durch Argumente, sondern durch Schlägereien. Sein neuestes Opfer ist der Gastarbeiterjunge Dschingis (D. B.). Doch der beherrscht fernöstliche Verteidigungstechniken, schlägt Uwe im Zweikampf und zwingt ihn, sein Floß, das dessen Bande zuvor zerstört hatte, wieder zusammenzubauen. Aus Respekt entwickelt sich Freundschaft, und Dschingis bittet seine Mutter, Uwe eine Zeitlang bei sich wohnen zu lassen, um ihn vor dem Vater zu schützen. Als die Mutter unter Hinweis auf die Gesetze ablehnen muß, ist Dschingis so enttäuscht, daß er sich gemeinsam mit Uwe auf dem Floß in Richtung Nordsee absetzt.

Der mit viel Sorgfalt und vollem Einsatz der eigenen Familie gedrehte Film belegt das soziale Engagement des ›amerikanischsten‹ der deutschen Regisseure seiner Generation und etablierte Hark Bohm als Jugendfilmspezialisten par excellence. *hc*

Nosferatu – Eine Symphonie des Grauens (Max Schreck)

Nosferatu – Eine Symphonie des Grauens Ⓢ

Deutschland 1922

R: Friedrich Wilhelm Murnau; A: Henrik Galeen nach Motiven des Romans *Dracula* von Bram Stoker; K: Fritz Arno Wagner; D: Max Schreck, Gustav von Wangenheim, Greta Schröder, Alexander Granach

Hutter (G. v. W.) lebt mit seiner Frau Ellen (G. S.) in der Hafenstadt Wisborg. Von seinem Arbeitgeber (A. G.) erhält er den Auftrag, zu dem Grafen Orlok (M. S.) nach Transsylvanien zu reisen. In einer Dorfschenke in den Karpaten entdeckt Hutter ein Buch über den Blutsauger Nosferatu, das er mitnimmt. Eine schwarze Kutsche bringt ihn schließlich zum Schloß des Grafen, an dessen Tafel er zu Abend ißt. Am nächsten Morgen erwacht Hutter mit Wunden am Hals, die er für Mückenstiche hält. (Nosferatu hat ein wenig von seinem Blut getrunken, dann aber von ihm abgelassen.) Erst als sich der Graf beim Anblick eines Medaillons mit Ellens Bild geradezu verzehrt, erkennt Hutter in seinem Gastgeber den Vampir. Auf unterschiedlichen Wegen brechen beide eiligst zu Ellen nach Wisborg auf. Nosferatu trifft dort auf einem Totenschiff voller Ratten ein, die die Pest über die Stadt bringen. Als Ellen in dem Buch ihres Mannes liest, daß nur »ein sündlos Weib« den Vampir töten kann, indem sie ihn »den ersten Hahnenschrei vergessen macht«, beschließt sie, sich zu opfern. Eines Nachts lockt sie Nosferatu in ihre Kammer. Vom ersten Sonnenstrahl getroffen, zerfällt Nosferatu zu Staub; die Pest hat ein Ende.

Nosferatu ist ein Klassiker des Horrorfilms und die erste Verfilmung des dem Vampir-Genre zugrundeliegenden Romans von Bram Stoker (*Dracula*, 1897). Den Kampf von Gut und Böse stellte Murnau in der Gegenüberstellung visueller Metaphern dar: Anmut und Häßlichkeit, natürliches Licht und morbider Verfall. Die Verwendung von Landschaft und Natur (Murnau drehte in den Karpaten) als dramaturgische Elemente der Handlung brach mit dem expressionistischen Atelierfilm der Zeit und seinen Dekoreffekten. *mp*

Nosferatu – Phantom der Nacht / Nosferatu, fantôme de la nuit

BRD/Frankreich 1979

R: Werner Herzog; A: Werner Herzog nach dem Roman *Dracula* von Bram Stoker und dem Film *Nosferatu – Eine Symphonie des Grauens* von Friedrich Wilhelm Murnau; K: Jörg Schmidt-Reitwein; D: Klaus Kinski, Isabelle Adjani, Bruno Ganz

Jonathan Harker (B. G.), Angestellter eines Maklers, erhält den Auftrag, nach Transsylvanien zu Graf Dracula (K. K.) zu reisen, während seine Frau Lucy (I. A.), von dunklen Vorahnungen geplagt, in Wismar zurückbleibt. In den Karpaten, am Lagerfeuer der Zigeuner, erfährt Jonathan von den Gefahren, die ihn im »Land der Gespenster« erwarten. Selbst als man ihm Kutsche und Pferd verweigert, setzt er seinen Weg zum Schloß fort. Dort wird er Opfer des Vampirs, der, als er ein Bild Lucys sieht, sofort nach Wismar aufbricht. Jonathan kann dem Blutsauger in seine Heimatstadt folgen, wo Draculas Ankunft bereits eine Pestepidemie ausgelöst hat. Lucy, die um die Gefahr weiß, aber bei den Bürgern der sterbenden Stadt keine Unterstützung findet, beschließt, dem Schrecken selbst ein Ende zu bereiten. Nicht ohne eigenes Verlangen gibt sie sich dem Vampir bis in die Morgenstunden hin. Der erste Sonnenstrahl tötet Dracula. Lucys Opfertod ist jedoch umsonst, denn Jonathan reitet, mittlerweile selbst zum Vampir geworden, in die Welt hinaus.

Herzog verband das Murnausche Vorbild, das er bis ins Detail kopierte, mit eigenen Figuren (die mitleidheischende Figur Draculas) und Themen (die Impotenz bürgerlicher Institutio-

Nosferatu – Phantom der Nacht (Klaus Kinski)

nen). Die Sonderstellung des Werks im Genre des Vampir-Films ist in der Akzentuierung der Frauenrolle und in dem Erweis völliger Sinnlosigkeit individuellen Handelns begründet. *mp*

Notturno

Österreich/Schweiz/BRD/Frankreich/
Großbritannien/Südkorea 1988

R: Fritz Lehner; A: Fritz Lehner; K: Gernot Roll; D: Udo Samel, Daniel Olbrychski, Michaela Widhalm, Wolfgang Hübsch

Wien 1823. Der junge Komponist Franz Schubert (U. S.) liegt, an Syphilis erkrankt, im Hospital, seine Haare fallen aus. Er wagt sich erst wieder unter Menschen, als ihm sein Freund und Gönner Schober (D. O.) eine Perücke zukommen läßt. Bei einem Gartenfest ist Schuberts Musik wie immer willkommen, die Lebensfreude und Liebesabenteuer seiner Bekannten kann der Künstler jedoch nicht länger teilen; aus Verzweiflung und Todesangst provoziert er einen Streit mit Schober. Obwohl sich die beiden kurz darauf versöhnen, zieht Schubert aus der gemeinsamen Wohnung aus. – Wien 1828. Schubert ist bei seinem Bruder Ferdinand (W. H.) untergebracht. Die zärtliche Zuneigung des Mädchens Josefa (M. W.) verschönert sein einsames, von Krankheit überschattetes Leben. Ein Besuch Schobers bringt Abwechslung und erinnert Schubert an eine Romanze im vergangenen Jahr. Tag und Nacht arbeitet der Komponist weiterhin an seinem Werk, bis er eines Wintertages stirbt.
Die eindringlichen, um historische Glaubwürdigkeit bemühten Bilder und ein der Alltagsbeobachtung verpflichteter Erzählfluß führen die kleinbürgerliche Enge der Biedermeierzeit detailreich vor Augen. In diesem Bestreben um Realismus bricht Lehners Film – die Bearbeitung der dreiteiligen TV-Serie *Mit meinen heißen Tränen* (1986) fürs Kino – mit den traditionellen Künstler-Klischees des ›Wiener-Films‹ und stellt die Person Franz Schuberts (1797–1828) aus seiner Zeit heraus dar. *mp*

Novembermond / Lune de novembre

BRD/Frankreich 1985

R: Alexandra von Grote; A: Alexandra von Grote; K: Bernard Zitzermann; D: Gabriele Osburg, Christiane Millet, Danièle Delorme, Bruno Pradal, Stéphane Garcin, Louise Marini

Immer wieder wird die Jüdin November (G. O.) gedrängt, einen Franzosen zu heiraten. Damit würde der Kampf ums Überleben ohne Arbeitserlaubnis im Pariser Exil ein Ende finden. Sie schlägt sich lieber illegal für Trinkgeld und Essen in einem Bistro durch. Der aus dem Spanischen Bürgerkrieg zurückgekehrte Laurent (S. G.) und seine Schwester Férial (C. M.) verlieben sich in November. Sie wählt Férial. Als die Deutschen 1939 Frankreich besetzen, geht Laurent zu de Gaulle nach England, November wird bei Verwandten auf dem Lande versteckt. Weil Informanten sie verraten, landet sie in einem deutschen Offiziersbordell. Ihr gelingt die Flucht nach Paris, wo Férial sie in ihrer Wohnung versteckt. Um zu verhindern, daß ihre Freundin entdeckt wird, beginnt Férial ein Verhältnis mit dem Herausgeber (E. P.) einer Kollaborateurzeitung. Am Befreiungstag stürzt sich der Mob auf die angebliche Nazi-Geliebte.
Dieser aus einem authentischen Fall entwickelte spannende Film greift gleich zwei Tabu-Themen auf, lesbische Liebe und Kollaboration im Zweiten Weltkrieg. Weil er weitgehend auf voyeuristische Sensationen verzichtet, überzeugt er in der Darstellung menschlicher Empfindungen. Wichtiger noch: Er erinnert an jene Mutigen, die im Schatten offizieller Wiedergutmachungsprogramme vergessen wurden, und erinnert daran, wie klein der Schritt zur Kollaboration ist. *hc*

08/15

BRD 1954

R: Paul May; A: Ernst von Salomon nach dem gleichnamigen Roman von Hans Hellmut Kirst unter Mitarbeit von Hans Hellmut Kirst, Paul

May und Claus Hardt; K: Heinz Hölscher; D: Joachim Fuchsberger, Paul Bösiger, Hans Christian Blech, Emmerich Schrenk, Wilfried Seyferth

Gefreiter Asch (J. F.) und Kanonier Vierbein (P. B.) erfahren im Sommer 1939 ihre soldatische Grundausbildung. Während es Asch leichtfällt, den Ruf eines mustergültigen Soldaten zu erwerben, gilt Vierbein als Versager. Besonders Wachtmeister Platzek (H. C. B.) und Hauptwachtmeister Schulz (E. S.) genießen es, Vierbein bis an die Grenze des Erträglichen zu quälen. Als Asch einen Selbstmordversuch seines Freundes gerade noch verhindern kann, beschließt er, diesen Zuständen durch Ungehorsam ein Ende zu bereiten. Asch verweigert aber nicht nur Befehle, er deckt auch Betrügereien auf und verleitet Wachtmeister Platzek zur Urkundenfälschung. Nachdem auf Hauptwachtmeister Schulz geschossen worden ist und Asch den Stabsarzt mit der Waffe bedroht hat, ist ein Eingreifen des Majors (W. S.) unumgänglich geworden: Der aber zieht Platzek und Schulz zur Verantwortung, verwarnt seine Offiziere und befördert Asch – am Vorabend des Zweiten Weltkriegs – zum Unteroffizier.

Paul Mays erster Teil seiner *08/15*-Filmtrilogie verbindet leise Kritik an menschenverachtendem Soldatentum und sturer Disziplin mit teils karikierenden, teils kolportagehaften Szenen aus dem Kasernenalltag seiner Protagonisten. Besonders letztere machten den Film zu einem der kommerziell erfolgreichsten deutschen Nachkriegsstreifen. In den beiden Fortsetzungen, die Aschs Front- und Heimaterlebnisse während des Zweiten Weltkrieges zeigen – *08/15, 2. Teil* (1955) und *08/15 in der Heimat* (1955) –, werden die rein unterhaltenden Aspekte bis hin zur Possenhaftigkeit noch stärker betont, womit sich diese beiden Streifen nahtlos in eine Unzahl weiterer Soldatenfilme jener Zeit einreihen, deren Charakteristika derbe Späße und pathetische Rechtfertigungen sind.   *mp*

O

Oberst Redl Ⓢ

Österreich 1925

R: Hans Otto Löwenstein; A: Hans Seeliger, Hans Otto Löwenstein; K: Eduard Hoesch; D: Robert Valberg, Dagny Servaes, Harry Norbert, Carlos Gerspach

Die bürgerliche Sonja (D. S.) liebt einen adeligen Offizier der zaristischen Armee, Jamischewicz (H. N.). Um ihn heiraten zu können, muß sie sich Verdienste um das Vaterland erwerben. Als Spionin reist sie nach Wien, wo sie Hauptmann Redl (R. V.) kennenlernt, der sich trotz einer vielversprechenden Karriere in der k.u.k.-Armee in ständiger Geldverlegenheit befindet. Sonja hörig, nimmt er deren Vorschlag, militärische Geheimnisse zu verkaufen, an. Mit Informationen von russischer Seite versorgt, gilt er bald als führender Kopf der Abwehr. Bei einem Besuch seines Freundes Hauptmann Erdmann (C. G.) entwendet Redl geheimste Unterlagen. Nach Bekanntwerden des Verlustes wird Erdmann zu dreijähriger Kerkerhaft verurteilt. Die Jahre vergehen, und Sonjas Dienste werden ein letztes Mal gebraucht. Nachdem sie die Aufmarschpläne der österreichisch-ungarischen Armee erhalten hat, denunziert sie den bedeutungslos gewordenen Redl, der sich daraufhin das Leben nimmt. Die Enttarnung Oberst Redls rehabilitiert Erdmann, und Sonja kann ihren Geliebten heiraten.

Die erstmalige Verfilmung der authentischen Spionageaffäre, die 1913 ein Ende fand, ist Zeitdokument und Melodram zugleich. In der um Ausgeglichenheit bemühten Darstellung des Verrats wies der Film dem korrumpierenden Milieu der Zeit die Schuld zu. Die realistische Inszenierung ist als Abrechnung mit der Vergangenheit Österreichs zu verstehen.   *mp*

Ödipussi

BRD 1988

R: Loriot (Vicco von Bülow); B: Loriot;
K: Xaver Schwarzenberger; D: Loriot, Evelyn
Hamann, Katharina Brauren, Edda Seippel,
Richard Lauffen

»Warum hast du dir bloß diese Wohnung genommen? Andere Jungens wohnen doch auch
zu Hause«, fragt Mutter Winkelmann (K. B.)
ihren gut fünfzigjährigen Sohn Paul (L.), Chef
des Möbelgeschäfts ›Winkelmann und Sohn‹.
Die ebenfalls nicht mehr ganz junge Diplom-
psychologin Margarethe Tietze (E. H.) dagegen
fühlt sich von ihrer Mutter abgelehnt. Wie die
in Partnerbeziehungen unerfahrenen »Kinder«
Paul und Margarethe sich von ihren Eltern ab-
nabeln, gemeinsam nach Italien reisen und zueinander finden, ist Vorwand für eine Reihe
von Sketchen, in denen das beliebte TV-Ko-
miker-Team Loriot–Hamann auf Bewährtes
zurückgreift: pompös-alberne Doppelnamen
(Meier-Grabenhorst), penible Vereinsmeierei
(Ziel: die Integration der Begriffe Frau und
Umwelt in den Karnevalsgedanken), Auseir-
andersetzungen mit Kellnern (»eine Poitrine
de beau voyage – das ist eine Sûprème chev-
reux à la soubris gratinata«), bildungsför-
dernde Abendkurse (Ballett-Show: »Die Firma
Meier legt Kunststoffeier«).
Als erfolgreichster deutscher Film des Jahres
1988 bewies *Ödipussi* die altbekannte Tatsache,
daß vertraute Witze immer noch am besten
ziehen. *hc*

Ohm Krüger

Deutschland 1941

R: Hans Steinhoff, 2. Stab: Herbert Maisch,
Karl Anton; A: Harald Bratt, Kurt Heuser nach
dem Roman *Mann ohne Volk* von Arnold
Krieger; K: Fritz Arno Wagner, Friedl Behn-
Grund, Karl Puth; D: Emil Jannings, Werner
Hinz, Lucie Höflich, Gisela Uhlen, Ernst
Schröder, Eduard von Winterstein, Ferdinand
Marian, Gustaf Gründgens

Der zu den teuersten und aufwendigsten des
Dritten Reichs gehörende Film zeigt aus der
Perspektive des im Schweizer Exil erblinden-
den Burenführers Paul (Ohm) Krüger (E. J.)
den Kampf der Buren gegen die ihr Land über-
fallenden Engländer sowie den Wandel seines
in Oxford ausgebildeten Sohns Jan (W. H.) vom
anglophilen Neutralitätsverfechter zum Frei-
heitskämpfer, der für sein Vaterland stirbt.
Im Winter 1939/40 erging an bekannte Autoren »Streng vertraulich« die Aufforderung, Ex-
posévorschläge für »Filme besonders mit anti-
englischer Tendenz« einzureichen, diese würden aus »nationalpolitischen Gründen schnell-
stens« gebraucht. Anfang Januar berichtete To-
bis-Chef Ewald von Demandowsky Goebbels,
Emil Jannings interessiere sich für die Biographie des südafrikanischen Buren-Präsidenten
Paul Krüger. Der vom Propagandaminister ho-
fierte Star beschäftigte sich mit der Figur Krügers seit den zwanziger Jahren. Teilweise wegen der anti-britischen Tendenz kam es zu
erheblichen Differenzen zwischen ihm und
Goebbels, trotzdem behielt Jannings die künstlerische Oberleitung bei der Produktion dieses Propagandafilms. Dieser erhielt das Prädikat »Film der Nation«. Eine Einladung nach
dem Zweiten Weltkrieg, Krüger in einem südafrikanischen Film zu spielen, nahm der auch
wegen dieses Films geächtete Jannings nicht
an. *hc*

Olle Henry

DDR 1983

R: Ulrich Weiß; A: Dieter Schubert; K: Roland
Dressel; D: Michael Gwisdek, Anikó Sáfár,
Siegfried Höchst

Der Kriegsheimkehrer und ehemalige Berufs-
boxer Henry Wolters (M. G.) wird 1946 bei Berlin während der Fahrt aus einem überfüllten
Zug gestoßen. Xenia (A. S.), ein Animiermäd-
chen, das in einem ausrangierten Eisenbahn-
wagen lebt, nimmt ihn auf. Das zufällige Zusammentreffen bringt den beiden Entwurzelten neue Hoffnung: Xenia kennt Henry aus der
Vorkriegszeit, als sie noch ein Kind war, und
träumt – während sie ihn umsorgt – von sei-

nem Comeback als Boxer. Henry weicht ihr aus, doch als er sie in der »Finca-Bar« besucht, wo sie ihren Lebensunterhalt verdient, beschließt er, wieder zu trainieren. Sein neuer Job, bei dem er in einer Schaubude auf dem Rummel ›Theater spielt‹, enttäuscht Xenia, die dennoch die Angebote ihres treuen Verehrers Bruno (S. H.) ausschlägt. Sie verschafft Henry über ihren einflußreichen Kundenkreis einen Profi-Kampf gegen einen jungen Anfänger, verbessert seine Trainingsbedingungen und bringt ihn auf das geforderte Gewicht. Beim Kampf wird auch ihr recht schnell klar, daß es sich dabei um »eine Verlade« handelt, bei der der »alte, ausgebrannte« Henry ausgewählt wurde, um den Aufbau eines jungen Boxtalents nicht zu gefährden. Obwohl Henry über sich hinauswächst, unterliegt er – auch weil er seinen zwischenzeitlich angeschlagenen Gegner schont – durch K.o. und wird im Koma ins Krankenhaus eingeliefert. Nach seiner Entlassung erst recht ein ›menschliches Wrack‹, feiert Xenia, die weiterhin zu Henry hält, mit ihm in der »Finca-Bar«.

Mit dem novellistischen, kammerspielartigen Nachkriegs-Melodram und dessen ambitionierter, vor allem auf Bildwirkungen konzipierter filmischer Gestaltung knüpfte Weiß an seinen Film *Dein unbekannter Bruder* (DDR 1982) an. Sein filmästhetischer Anspruch traf bei den Kritikern auf kontroverse Reaktionen und fand beim Publikum nur schwache Resonanz.   *ms*

▬ Opernball

Deutschland 1939

R: Geza von Bolvary; A: Ernst Marischka nach der gleichnamigen Operette von Richard Heuberger; K: Willy Winterstein; D: Paul Hörbiger, Marte Harell, Hans Moser, Fita Benkhoff, Will Dohm, Heli Finkenzeller, Theo Lingen

In der Wiener Hofoper wird das Parkett für den alljährlichen Opernball poliert. Schon während der Vorbereitungen beginnt der Reigen von Flirts und Verliebtheiten, als sich Philipp (T. L.) in das Stubenmädchen Hanni (F. B.) ver-

guckt, die ihrerseits für den Brauerei- und Rennstallbesitzer Dannhauser (P. H.) schwärmt. Diesen lernen wir im Hallenbad kennen, wo auch Textilfabrikant Hollinger (W. D.) und der Séparéekellner Anton (H. M.) weilen. Auf dem Ball frönen dann auch die Damen – unter ihnen die Gattinnen Elisabeth Dannhauser (M. H.) und Helene Hollinger (H. F.) – und weiblichen Bediensteten der Sinnesfreude und den kleinen Seitensprüngen. Kurz: Alle vergnügen sich aufs schönste, und am Ende ist doch alles wieder, wie es zuvor war.

Bolvary mixte Elemente aus Schwank und Komödie mit gewohnt leichter Hand unter die Operettenversatzstücke und konnte sich auf ein souveränes, spielfreudiges Ensemble verlassen. Amouröse Spielereien nach dem musikalischen Motto »Du bist zu schön, um treu zu sein« waren die Spezialität des Regisseurs und, wie dieser Film, beim Publikum ein wahrer Renner.   *tk*

▬ Oswalt Kolle: Das Wunder der Liebe

BRD 1968

R: Franz J. Gottlieb; A: Oswalt Kolle nach seinem Report in der »Neuen Revue«; K: Werner M. Lenz; D: Biggi Freyer, Regis Vallée, Wilfried Gössler, Katarina Haertel, Ortrud Gross

Ausgelöst durch Petras nächtliches Bekenntnis, beim sexuellen Kontakt mit ihrem Ehemann Thomas kaum etwas zu empfinden, diskutiert das Paar über Wünsche, Ängste und Probleme, die mit ihrer Sexualität zu tun haben. Frühere Erfahrungen und die Unmöglichkeit, sich darüber auszusprechen, behindern ein erfülltes sexuelles Zusammenleben. Das gemeinsame Gespräch dagegen eröffnet positive Perspektiven; durch ein spielerisches Erkunden der Vorlieben des Partners kann für beide ein befriedigendes Sexualleben möglich werden. Dieselbe »Therapie« gilt auch für ein anderes Paar: Das erotische Feuer zwischen Claudia und ihrem Mann Martin ist erloschen, obwohl sie seit Jahren eine ansonsten gute Ehe führen und zwei Kinder haben. Martin, ein erfolgreicher Architekt, der ganz im Beruf aufgeht, bemerkt erst durch das entschiedene Handeln seiner Frau, wie sehr ihr die sexuelle Erfüllung fehlt. Der Publizist Oswalt Kolle, Sohn eines Psychiaters, zeichnete in den sechziger Jahren für eine erfolgreiche Illustrierten-Serie verantwortlich, die eine Popularisierung der Erkenntnisse moderner Sexualforschung bezweckte. Zwischen 1968 und 1972 entstanden in der Nachfolge von *Oswalt Kolle: Das Wunder der Liebe* sieben weitere, ebenso publikumsträchtige Filme, die unprätentiös inszenierte Spielepisoden mit populärwissenschaftlicher Kommentierung verbanden. *tk*

▬ Othello ⓢ

Deutschland 1922

R: Dimitri Buchowetzki; A: Dimitri Buchowetzki, Carl Hagen frei nach dem gleichnamigen Drama von William Shakespeare und einer Novelle von G. B. C. Giraldi; K: Karl Hasselmann, Friedrich Paulmann; D: Emil Jannings, Werner Krauß, Ica von Lenkeffy, Theodor Loos, Friedrich Kühne, Ferdinand von Alten

Der venezianische Feldherr Othello (E. J.), ein Mohr, ist mit Desdemona (I. v. L.) verheiratet, obwohl deren Vater gegen die Verbindung opponierte. Mit seinen Truppen wird Othello zur Verteidigung Zyperns abkommandiert. Othellos Fähnrich Jago (W. K.) steht seinem Herrn feindlich gegenüber, seit dieser Cassio (T. L.), einen Rivalen Jagos, statt seiner befördert hat. Zudem begehrt auch er Desdemona. Durch Intrigen vermag Jago Othellos Vertrauen in die Treue seiner Gattin zu untergraben und in rasende Eifersucht zu verwandeln. Auch Cassios Vorzugsstellung bei Othello kann der Fähnrich durch Lügereien zunichte machen. So gaukelt er dem Feldherrn eine Liebelei zwischen Desdemona und Cassio vor. Auf dem Höhepunkt seiner wahnhaften Eifersucht ermordet Othello seine unschuldige Frau. Als er Jagos Betrug durchschaut, tötet er erst diesen und danach sich selbst. Cassio unterrichtet die Truppen von Othellos Tod und übernimmt das Kommando.

Trotz Schwächen in der konsequenten Umsetzung des dramaturgischen Konzepts ist Buchowetzkis historischer Großfilm eine der gelungensten Shakespeare-Adaptionen der Stummfilmzeit. Krauß und Jannings gingen ganz auf im Kampf zwischen Jago und Othello und gelangten zu einer Ausdrucksstärke von ungeheurer Intensität. Weniger die Dekoration als die exzellente Kostümierung und Maske ergänzen die Rollentypisierung auf ideale Weise. *tk*

▬ Otto – Der Film

BRD 1985

R: Xaver Schwarzenberger, Otto Waalkes; A: Bernd Eilert, Robert Gernhardt, Peter Knorr, Otto Waalkes; K: Xaver Schwarzenberger; D: Otto Waalkes, Jessika Cardinahl, Elisabeth Wiedemann, Sky Dumont, Peter Kuiper, Karl Lieffen, Gottfried John

Otto (O. W.) verläßt seine »wunderwunderschöne« Heimat Ostfriesland, zieht in die große Welt nach Hamburg und wird mit einer Unmenge von Problemen konfrontiert. Permanent auf der Flucht vor einem Finanzhai (P. K.), der die DM 9876,50 Startkapital für »Ottis Super Service International« (OSSI) zurückfordert, stolpert er von einer Situation in die nächste, ehe er auf einer einsamen Insel die Millionenerbin Silvia von Kohlen und Reibach (J. C.) in die Arme schließt.
Die Zahl der synchronisierten englischen und amerikanischen Komödienserien beweist es: Gute einheimische Komödianten sind im deutschen Fernsehen rar. Für den Film gilt das in verstärktem Maße. So war es nur eine Frage der Zeit, wann der populäre TV-Komiker Otto auf der Filmleinwand erscheinen würde. Eine wirkliche Filmgeschichte kam dabei nicht heraus, es blieb bei einer losen Folge gelungener und weniger gelungener Sketche. Millionen von Kinozuschauern lachten dennoch und waren begeistert, auch von den weiteren Otto-Filmen, die jeweils im Abstand von zwei Jahren folgten. *hc*

Out of Rosenheim

BRD 1987

R: Percy Adlon; A: Percy Adlon, Eleonore Adlon; K: Berndl Heinl; D: Marianne Sägebrecht, CCH Pounder, Jack Palance, Monica Calhoun, Darron Flagg, Christine Kaufmann

Die gestandene Vollblutbayerin Jasmin Münchgstettner (M. S.) zerstreitet sich auf einer Urlaubsreise durch die amerikanische Wüste mit ihrem Ehemann, zerrt ihre Koffer aus dem Auto und geht zu Fuß weiter. 150 Meilen von Las Vegas entfernt, stößt Jasmin an einer staubigen Fernfahrerpiste auf einen Schnellimbiß mit Tankstelle und dem Namen »Bagdad Cafe«. Dessen Besitzerin, die temperamentvolle Brenda (CCH P.), jagt gerade ihren faulen Mann zum Teufel, nachdem dieser zum wiederholten Male vergessen hat, eine Kaffeemaschine zu kaufen. Brendas Sohn Sal junior (D. F.), der den halben Tag am Klavier Bruchstücke Bachscher

Out of Rosenheim
(Monica Calhoun, Marianne Sägebrecht)

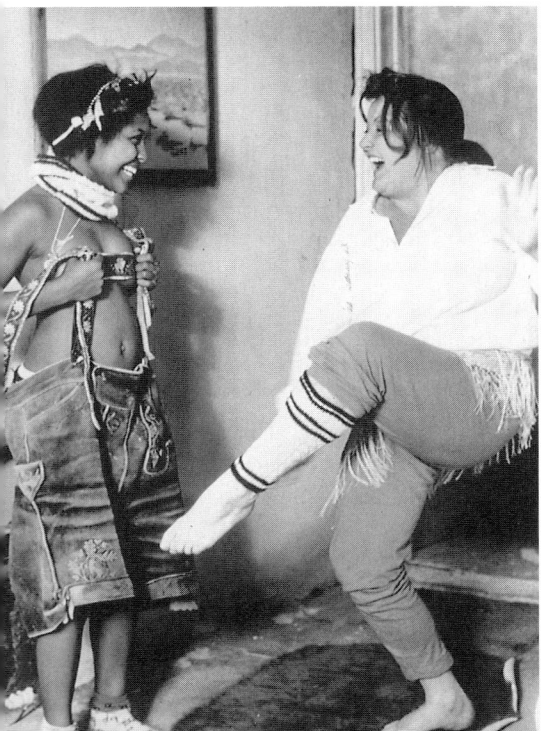

Werke klimpert, und die halbwüchsige Tochter Phyllis (M. C.), deren Hunger auf junge Fernfahrer und Motorradhelden unstillbar scheint, gehören ebenfalls zu den Bewohnern des Kaffs. In einem ausrangierten Wohnwagen haust der Kulissenmaler Rudi Cox (J. P.), leicht durchgedreht, aber bald von großer Zuneigung zu Jasmin erfüllt. Die herzensgute, aber kinderlose Bayerin Jasmin findet Unterschlupf, nimmt sich liebevoll Sal juniors Baby an, macht das heruntergekommene »Bagdad Cafe« wieder flott und gewinnt so nach und nach Brendas Vertrauen. Als sie im Koffer ihres Mannes einen Zauberkasten entdeckt, stellt sie ein Unterhaltungsprogramm für die Station machenden Truckfahrer auf die Beine, das bei den Fernfahrern bald zum Geheimtip wird. Nicht einmal die Tatsache, daß ihr Besuchervisum abgelaufen ist, kann Jasmins neues Glück trüben, denn bald kehrt die Bayerin mit einem neuen Visum zurück.

Mit Phantasie, Humor und subtilem Tiefgang erzählt Adlon die Geschichte einer weiblichen Selbstfindung, die sich nie in vordergründigen Pointen erschöpft. Gerade durch seine märchenhaften Züge (stilisierte Farbgestaltung und Wahl des Namens »Bagdad Cafe«) gewinnt die optimistische Komödie, an der die nuancierte Darstellungskraft von Sägebrecht, Pounder und Palance sowie der hervorragende Einsatz optischer Details herausragt, atmosphärische Dichte. *Out of Rosenheim* ist die vielleicht beiläufigste und daher glaubwürdigste »Multikulti«-Komödie der deutschen Filmgeschichte.   *tk*

P

Palermo oder Wolfsburg

BRD 1980

R: Werner Schroeter; A: Werner Schroeter, Giuseppe Fava; K: Thomas Mauch; D: Nicola Zarbo, Ida di Benedetto, Otto Sander, Magdalena Montezuma, Brigitte Tilg

In Sizilien herrschen Armut und Arbeitslosigkeit; Nicolas ständig betrunkener Vater versucht seit Jahren vergeblich, ein eigenes Stück Land zu kaufen. Daher fährt Nicola (N. Z.) ohne die geringsten Deutschkenntnisse zum Geldverdienen nach Wolfsburg. Er verliebt sich in Brigitte (B. T.) und glaubt sich mit ihr verlobt. Doch sie hat mit ihm nur geflirtet, um zwei deutsche Jungen zu reizen, die Nicola später in einem Temperamentsausbruch nach einem Schlagerfest ersticht. Im anschließenden Prozeß schweigt er. »Sie verstehen uns so wenig wie wir Sie«, erklärt die italienische Zeugin Giovanna (I. d. B.), die es als Prostituierte zu einer Kneipe in Wolfsburg gebracht hat, »wir leben in verschiedenen Welten«.
Schroeter zeigt den kulturellen Abgrund zwischen Palermo und Wolfsburg in drei etwa gleich langen Teilen. Der erste, dokumentarisch wirkende Teil zeigt Nicola im Kontext seiner sizilianischen Heimat, seiner Freunde, Familie und der katholischen Kirche. Der zweite, im Stil eines sozialkritischen Problemfilms, verdeutlicht Isolation, Einsamkeit und totales Unverständnis zwischen Deutschen und Italienern. Der dritte Teil, grotesk überzeichnet, zeigt aus Nicolas Perspektive den für ihn bizarren Prozeß und erinnert an Schroeters Experimentalfilme. Diesem Teil begegneten viele Kritiker mit Skepsis. Doch gerade durch ihn prägt sich der überwiegend mit Laien gedrehte Film ein. *hc*

Panik in Chicago

Deutschland 1931

R: Robert Wiene; A: Friedrich Raff, Julius Urgiß nach dem gleichnamigen Roman von Robert Heymann; K: Willy Goldberger; D: Hans Rehmann, Ferdinand Hart, Olga Tschechowa, Hilde Hildebrand, Ernst Dumcke, Lola Chlud

Der ›Bankdirektor‹ Taglioni (H. R.), ein einflußreicher Mann in Chicago, ist an einem Revuetheater beteiligt, in dem seine Freundin Suzy Owen (H. H.) Startänzerin ist. Eine andere der Tänzerinnen, Florence Dingley (O. T.), ist mit dem ›Diamantenhändler‹ Percy Boot (F. H.) liiert. In Wirklichkeit sind Boot und Taglioni die Chefs der zwei rivalisierenden Gangsterbanden, die Chicagos Unterwelt erschüttern. Bei einem Geheimtreffen kommt es zum Streit zwischen den beiden Gangsterbossen. Florence findet Boot tot auf und verdächtigt Taglioni des Mordes. Sowohl sie wie auch Kriminalkommissar Renard (E. D.) versuchen, Taglioni des Mordes zu überführen, haben jedoch keine Beweise in der Hand. Als Taglioni Florence beweisen kann, daß er nicht der Schuldige ist, verhilft sie ihm zur Flucht vor Boots Leuten, wird dabei aber selbst von den Rächern ihres Freundes erschossen. Schließlich kann Renard die Tänzerin Fay Davis (L. C.) des Mordes an Percy Boot überführen.
Diese im deutschen Film ungewöhnliche Verschmelzung von Gangsterfilm und Kriminaldrama ermöglichte es dem Regisseur Robert Wiene, die Praktiken sowohl der Polizei wie der Verbrecherbanden zu porträtieren. Wiene schlachtete die Handlung, die nach den Prinzipien der Kolportage abläuft, optisch geschickt und reißerisch aus, was ihm nicht nur Applaus einbrachte. *tk*

Paris, Texas

BRD/Frankreich/Großbritannien 1984

R: Wim Wenders; A: Sam Shepard, L. M. Kit Karson; K: Robby Müller; D: Harry Dean Stanton, Nastassja Kinski, Dean Stockwell, Aurore Clément, Bernhard Wicki, Hunter Carson

In der felsigen Einöde der texanischen Wüste taucht ein heruntergekommener Mann (H. D. S.) auf, mit nichts als einem leeren Wasserkanister. Halb verdurstet erreicht er eine Tankstelle, wo er zusammenbricht und vom Arzt (B. W.) eines Dorfkrankenhauses gepflegt wird. Der Mann heißt Travis und war seit vier Jahren, als er Frau und Kind verließ, spurlos verschwunden, wie sein Bruder Walt (D. S.) berichtet, der ihn aus dem Krankenhaus abholt. Travis hat keine Erinnerung mehr an die Vergangenheit und weigert sich anfänglich, zu sprechen. Er wird von Walt und dessen Frau Anne (A. C.) aufgenommen und lernt, wieder mit anderen zu kommunizieren. Hier wohnt auch Hunter (H. C.), Travis' Sohn, und nachdem Hunter den Vater anfangs ablehnt, gelingt es Travis im Lauf der Zeit, das Vertrauen und

die Sympathie des Jungen zu gewinnen. Nachdem er seine Frau Jane (N. K.) in einem alten Familien-Film wiedergesehen hat, macht sich Travis schließlich zusammen mit Hunter auf die Suche nach ihr. In einer anonymen Stadtlandschaft findet er Jane. Sie arbeitet in einer Peep-Show, in der der ›Kunde‹ über Mikrofon mit dem Modell reden und es durch ein Fenster beobachten kann, während die Frau nur einen Spiegel sieht. Travis spricht lange mit Jane, bis sie erkennt, wer er ist. Er arrangiert die Wiederbegegnung zwischen Jane und Hunter, fährt selbst jedoch, nachdem er das Zusammentreffen von Mutter und Sohn beobachtet hat, wieder hinaus in die amerikanische Weite.

Wim Wenders, seit seinen Anfängen Spezialist für Amerika-Mythen und Road-Movie-Träume, erreichte mit diesem unorthodoxen, ästhetisch originellen und geschlossenen Film einen Höhepunkt seines Schaffens und erntete internationalen Erfolg, so die Goldene Palme der Filmfestspiele von Cannes 1984. Dank Robby Müllers Kamera, die sich visueller Chiffren des Wüsten- und Großstadtamerikas bedient, und glänzender Darsteller, welche die subtilen Entwicklungen und Brüche der Charaktere transparent machen, ist dieser Film

Paris, Texas (Nastassja Kinski, Harry Dean Stanton)

eine packende Allegorie über die schrittweise Selbstvergewisserung eines Menschen, der im Wiederfinden von Sprache und Kommunikationsfähigkeit seine ›verlorene‹ Identität zurückerlangt. *tk*

———

Patrioten

Deutschland 1937

R: Karl Ritter; A: Philipp Lothar Mayring, Felix Lützkendorf, Karl Ritter nach einer Idee von Karl Ritter; K: Günther Anders; D: Lida Baarová, Mathias Wieman, Bruno Hübner, Hilde Körber, Paul Dahlke, Kurt Seifert, Nikolai Kolin

Der deutsche Fliegeroffizier Peter Thomann (M. W.) wird 1918 über Frankreich abgeschossen. Verwundet flieht er vor französischen Soldaten. Eine französische Theatergruppe, die in Fronttheatern für die Zerstreuung der Soldaten sorgt, findet den bewußtlosen Flieger, der seine Identität verheimlicht. Die junge Schauspielerin Thérèse (L. B.) sorgt dafür, daß die Gruppe den Verletzten mitnimmt, und pflegt ihn gesund. Andere Mitglieder der Artistengruppe (P. D., K. S., N. K., H. K.) sind indes argwöhnisch und überwachen den Fremden. Dies auch aus Eifersucht, denn bald wird deutlich, daß Thérèse sich in ihn verliebt hat. Sie setzt durch, daß Thomann als Mundharmonikaspieler an den Aufführungen mitwirken kann. Obwohl auch Thomann Thérèse liebt, sucht er nach einer Möglichkeit, zu den Deutschen zurückzukehren. Weil bei Spionageverdacht über ihn das Todesurteil verhängt werden würde, bringt Thérèse ihren Geliebten selbst vor ein Kriegsgericht, denn so kann dieser sich als deutscher Frontoffizier ausweisen und entgeht der Hinrichtung.
Der introvertierte Wieman und die sinnlichselbstbewußte Lida Baarová brillieren als Liebespaar der leisen Zwischentöne. Natürlichkeit in der Rollengestaltung, ausgefeilte Ausleuchtung und Kameraführung ergeben eine starke, atmosphärische Schilderung des Fronttheatermilieus. Gänzlich frei von nationalistischen Untertönen ist der Film nicht, doch sind diese recht dezent. Ritter kam in *Patrio*-ten auch ohne die für ihn sonst charakteristische holzschnittartige Zeichnung der Figuren aus. *tk*

———

Paule Pauländer

BRD 1976

R: Reinhard Hauff; A: Burkhard Driest; K: Jürgen Jürges; D: Manfred Reiss, Manfred Gnoth, Katharina Tüschen, Angelika Kulessa

Das Leben des 15jährigen Paule Pauländer (M. R.) besteht aus Arbeit und Prügel. Die rücksichtslose Härte, mit der er als billige Arbeitskraft ausgenutzt wird, liegt jedoch nicht ausschließlich im Charakter des Vaters (M G.). Der Hof des Kleinbauern ist total verschuldet, Feuer- und Krankenversicherung sind seit Jahren nicht bezahlt; um überhaupt zu überleben, muß Pauländer sich neu verschulden und von einem Großunternehmer Ferkel zur Aufzucht übernehmen. (Er ahnt nicht, daß sie bereits mit der Schweinepest infiziert sind.) Durch die aus einem Erziehungsheim geflüchtete Elfi (A. K.) erlebt Paule seine erste Liebe und merkt, daß das Leben auch anders aussehen kann. Nachdem sie ihn auf einem Rummelplatz verlassen hat, kommt es zwischen Vater und Sohn zu einer letzten Auseinandersetzung: Paule erschlägt seinen Vater in Notwehr.
Dieser fesselndste, realistischste, aber auch härteste der ›kritischen Heimatfilme‹ der siebziger Jahre beruht auf detaillierten Recherchen von Regisseur und Drehbuchautor. Seine Authentizität verdankt er nicht zuletzt den Laiendarstellern, unter denen Vater und Sohn praktisch ihr eigenes Leben nachspielten. Die Auswirkungen der Dreharbeiten auf den Jungen und seine Erfahrungen mit ihm in der Zeit danach verarbeitete Hauff in seinem nächsten Film *Der Hauptdarsteller* (1977). *hc*

Peter Voss, der Millionendieb

BRD 1958

R: Wolfgang Becker; A: Curt J. Braun, Gustav Kampendonk nach dem gleichnamigen Roman von Ewald Gerhard Seeliger; K: Klaus von Rautenfeld, Günther Senftleben (Atelier-Aufnahmen); D: O. W. Fischer, Walter Giller, Ingrid Andree, Hans Leibelt

Der Weltenbummler und charmante Abenteurer Peter Voss (O. W. F.) ist ein Tausendsassa. Frauen beten ihn an, besonders Barbara Rottmann (I. A.), Tochter des Bankiers Rottmann (H. L.), von dem Voss um Rat gebeten wird. Denn Rottmann ist durch einen Unfall seines Geschäftspartners in Hongkong und den damit verbundenen Diebstahl noch unversicherter Juwelen in Verlegenheit geraten, Konkurs droht. Voss hat eine glänzende Idee und setzt sie sogleich in die Tat um: Er ›stiehlt‹ das noch nicht vorhandene Geld. Folge davon ist, daß Voss auf seiner Flucht quer über den Erdball von Polizei, einer Gaunerbande, dem schlauen Privatdetektiv Bobby Dodd (W. G.) und natürlich auch von Barbara verfolgt, gejagt und geliebt wird. Solange, bis Voss in Hongkong den Diebstahl der Juwelen aufklären, die Gaunerbande der Polizei übergeben und Barbara in seine Arme schließen kann; bis zum nächsten Abenteuer.
Das bereits zweite Remake des ursprünglich von Ewald André Dupont mit Willi Forst verfilmten Romans (*Peter Voß, der Millionendieb*, 1932), wurde bei seinem Kinostart wegen der exotischen Schauplätze und des vielfältigen Verwandlungsspiels seines Titelhelden stark beachtet. Der unkonzentrierten Inszenierung von Regisseur Wolfgang Becker gelingt es jedoch nur selten, die bunten Bilder von stets wechselnden Handlungsorten mit mehr zu versehen als mit ein wenig Ironie und amüsanter Action. *mp*

Playgirl

BRD 1966

R: Will Tremper; A: Will Tremper; K: Wolfgang Lührse, Benno Bellenbaum; D: Eva Renzi, Harald Leipnitz, Paul Hubschmid, Umberto Orsini

»Fabelhaftes Mädchen. Äußerlich natürlich, innerlich total verrückt.« – »Das ist 'ne Wahnsinnige.« – So reagieren Männer auf das 20jährige Fotomodell Alexandra (E. R.), das in Paris und Hollywood gearbeitet hat und dafür pro Stunde 200 Mark verlangt. Zum ersten Mal kommt Alexandra nach Berlin. Sie will eine in Rom begonnene Bekanntschaft mit dem erfolgreichen Finanzmanager Steigenwald (P. H.) erneuern. Der beauftragt, um ihrer Hektik zu entgehen, seinen Mitarbeiter Lahner (H. L.), sich um sie zu kümmern. Obgleich verlobt, verliebt Lahner sich in Alexandra, aber auch Steigenwald fühlt sich wieder zu ihr hingezogen. Doch Alexandra meint, selbst am besten zu wissen, welcher Mann zu ihr paßt. Eva Renzi gibt die Titelrolle als nie zur Ruhe kommendes Energiebündel, das selbst mit einem Eisbeutel auf dem Kopf nicht einfach im Bett liegenbleiben kann. Stets verfolgt von dem Gedanken, jeder wolle sie erziehen, lehnt sie es ab, ausgehalten zu werden, und blufft mit selbstsicherem Auftreten, hinter dem sich Verwirrung über die eigene Person und Angst vor dem Alleinsein verbergen. Der Film vermittelt einen Eindruck vom Lebensgefühl jugendlichen Sturm und Drangs im Kontext der ersten Hälfte der sechziger Jahre. *hc*

Die plötzliche Einsamkeit des Konrad Steiner

Schweiz 1976

R: Kurt Gloor; A: Kurt Gloor; K: Franz Rath; D: Sigfrit Steiner, Silvia Jost, Etore Cella, Alfred Rasser, Felix Klee

Der 75jährige Schuhmacher Konrad Steiner (S. S.) lebt und arbeitet in der Zürcher Alt-

Der Postmeister (Hilde Krahl, Heinrich George)

stadt, wo er sich verwurzelt fühlt. Unerwartet stirbt seine Frau, mit der ihn eine über 40jährige Partnerschaft verbunden hat. Steiner versucht, in der Arbeit wieder Lebenssinn zu finden. Doch dann werden ihm Wohnung und Werkstatt gekündigt. Steiner verliert seinen Halt und verwahrlost zusehends. Das Sozialamt schickt Claudia Hefti (S. J.) zu ihm, eine junge, idealistische Sozialarbeiterin. Ihr gelingt es allmählich, Steiners Zuneigung zu durchbrechen. Doch Steiners Mißtrauen zu ihr verwandelt sich in Liebe; Claudia wird ihrer Aufgabe enthoben. Steiner soll in ein Altersheim ziehen. Aber nun findet er die Kraft einen eigenen Weg zu suchen: Er fliegt in ein südliches Land.

Engagiert und unpathetisch greift der Film ein zentrales Problem der modernen Gesellschaft auf: die Vereinzelung alter Menschen und ihre Abschiebung in anonyme Institutionen. Glaubwürdigkeit und exakte Milieuzeichnung entspringen Gloors sensibler Regie, dem authentischen Einsatz des Dialekts und der Rollengestaltung des großen Schweizer Schauspielers Sigfrit Steiner. *tk*

Der Postmeister

Deutschland 1940

R: Gustav Ucicky; A: Gerhard Menzel nach der gleichnamigen Novelle von Alexander Puschkin; K: Hans Schneeberger; D: Heinrich George, Hilde Krahl, Siegfried Breuer, Hans Holt, Ruth Hellberg

In entlegener Provinz wohnen der Postmeister (H. G.) und seine Tochter Dunja (H. K.), die alle Durchreisenden durch ihre Schönheit fasziniert. Eines Tages lernt sie den attraktiven Rittmeister Minskij (S. B.) kennen und ist begeistert, als er sie nach St. Petersburg in die so ersehnte ›große Welt‹ mitnimmt. Dort angekommen, denkt Minskij jedoch nicht daran, Dunja zu heiraten, vielmehr wird sie bald die Mätresse einer ganzen Reihe von Kavalieren. Als sie dem jungen Offizier Mitja (H. H.) begegnet, beginnt sie ein neues, bescheidenes Leben an seiner Seite. Aber inzwischen sind Gerüchte über Dunjas Lebenswandel zu ihrem Vater gelangt, und dieser kommt nach St. Petersburg, um sich selbst ein Bild zu machen. Dunja überredet Minskij, dem Vater eine Hochzeit vorzuspielen. Von dem rauschenden Fest geblendet, fährt der Postmeister glücklich in die Provinz zurück. Mitja dagegen erfährt durch die fingierte Hochzeit von Dunjas Vorleben und läßt sie sitzen. Vor Verzweiflung bringt Dunja sich um. Minskij verspricht der Sterbenden, dem Vater nichts von ihrem Doppelleben zu erzählen.

Dank abgerundeter, sensibler Charakterporträts wurde diese von Gustav Ucicky meisterhaft inszenierte Puschkin-Adaption zu einem Höhepunkt in der Laufbahn von Heinrich George und Hilde Krahl, auch was ihre Popularität betraf. Brillante Kameraarbeit und stimmige Interieurs trugen zum perfekten Gesamteindruck wesentlich bei.   *tk*

████
Premiere

Österreich 1937

R: Geza von Bolvary; A: Max Wallner, F. D. Andam (d. i. Friedrich Dammann); K: Franz Planer; D: Zarah Leander, Karl Martell, Attila Hörbiger, Theo Lingen, Maria Bard

Während der Premiere einer neuen Revue wird der rücksichtslose Finanzier des Theaters in seiner Loge erschossen. Vom Inspizienten (T. L.) der Bühne unterstützt, macht sich Polizeikommissar Helder (A. H.) an die Aufklärung des Falls. Die Show geht unterdessen ohne Unterbrechung weiter. Unter Mordverdacht stehen die attraktive Diva Carmen Daviot (Z. L.), welcher der Ermordete nachstellte, und ihr Bühnenpartner Fred (K. M.), Carmens ehemaliger Liebhaber. Aber auch die frühere Diva Lydia Loo (M. B.), die bei Carmens Engagement entlassen wurde, sowie, wegen finanzieller Schwierigkeiten, der Direktor des Hauses gehören zum möglichen Täterkreis. Schließlich kann der Kommissar den Mörder eruieren: Lydias Bruder wollte seine entlassene Schwester rächen. Carmen und Fred werden wieder ein Paar.

Zarah Leanders deutschsprachigem Filmdebüt ging ein triumphaler Bühnenerfolg im Theater an der Wien voraus, an den die *Premiere* anknüpfen wollte. Unterstützt von einem großen Tanzensemble trug Zarah Leander in der verhalten erotischen Manier, die sie bekannt machen sollte, einige Chansons vor. Die Kriminalhandlung lieferte den Rahmen, in dem die gelungenen Musik- und Revueeinlagen gebührenden Raum einnahmen.   *tk*

████
Prinzenbad

BRD 1994

R: Richard Blank; A: Richard Blank; K: Horst Schier; D: Bernhard Wicki, Ulrich Wildgruber, Ekaterina Strishenowa, Elizabeth Schofield, Michael Mrakitsch, Robert Alföldy, Christoph Baumann, Avraham Ronai

In der schwülstigen Atmosphäre des Budapester Gellért-Bads treffen sich mehrere Generationen von Männern. Fleischkolosse jeden Alters, die nur mit einem Lendenschurz bekleidet sind, häßliche und attraktivere Männer. Zwischen dem großen Becken, Schwitzbädern, Massagekojen und Umkleidekabinen spielt sich die Handlung ab, vollziehen die Anwesenden Männerrituale und Machtspiele, wikkeln Geschäfte ab und ergehen sich in planschender Gesellichkeit. Da sind zwei Kokainhändler, die einen Deal besprechen, belauscht von einem nur vermeintlich dümmlichen Kleinhändler (C. B.), der sich im entscheidenden Moment als Fahnder entpuppt und die beiden festnimmt. Da ist der alternde Operntenor Körtes (A. R.), der bei jeder Gelegenheit Zoten aus dem Opernalltag von sich gibt, wenn er nicht gerade »La donna è mobile« schmettert. Da sind ein Amtsrichter (M. M.), dessen junge Frau Lisa (E. St.) im Café des Bades serviert, und der Maler Mathias (R. A.), der Lisa zum amourösen Treffen ins Männerbad bittet, wo sie mit Schnurrbart erscheint. Zudem stapft eine militaristische Wehrsportgruppe durch die Hallen und exerziert lächerliche Rituale. Überwacht wird die Szenerie vom alten Bademeister Dany (B. W.) und dem ›schwarzen Engel‹ Gomorra (U. W.). Als Johanna (E. Sc.), Mathias' Gemahlin, ihren Mann zur Rede stellen will und ins Bad tritt, wird sie

von den Männern bedrängt, mit Wasser be-
spritzt und gedemütigt. Lisa, die Johanna zu
Hilfe eilen will, wird ebenfalls Opfer der entfesselten, sexuell aufgeladenen Gewaltbereit-
schaft der Männer. Dany hüllt die Hallen in
einen dichten Nebel von Wasserdampf, der
Amtsrichter will sich am Maler rächen, doch
am Ende steckt das Messer im Rücken eines
anderen, als der Nebel sich lichtet.
Richard Blanks optisch opulent aufbereitete
Studie über männliche Verhaltensmuster,
Gewalt und Rituale der Geselligkeit demaskiert die zwischen Macht und Unterordnung,
Selbstverliebtheit und Begierde oszillierende
maskuline Welt am Beispiel eines nur von
Männern besuchten Bads. Die Verbindung von
attraktivem Ambiente und allegorischer Figu-
rentypologie gelang dem Regisseur dabei über
weite Strecken. Die Darsteller, in ihrer Nackt-
heit bloßgestellt, tun das ihre, Blanks Mischung aus Schwelgerei und Lehrstück auf-
rechtzuerhalten. *tk*

lichen Abend, doch am Morgen erfährt Vilma
die Identität ihres Kavaliers. Nach weiteren
Verwicklungen bittet Arvai Vilma schließlich
zum Diktat in seine Wohnung. Sie zieht ihr
schönstes Kleid an, wird aber maßlos enttäuscht, als der Direktor ihr zwar Luxus, nicht
aber sein Vertrauen anbietet. Sie verläßt das
Haus und kehrt nicht zu ihrer Arbeit zurück.
Arvai, der Vilma nur prüfen wollte, schickt
nach ihr, muß jedoch persönlich in Vilmas Pension erscheinen, um sie von der Echtheit seiner
Liebe zu überzeugen.
Charme, Esprit und Tempo machen auch diese
Komödie Wilhelm Thieles, der in den Jahren
1930/31 seine größten künstlerischen Erfolge
feierte, zu einem vergnüglichen Erlebnis. Renate Müller wurde als selbstbewußte Stenotypistin auch außerhalb Deutschlands zum Star,
das schauspielerische Glanzlicht setzte jedoch
Felix Bressart durch pointierte Sprach- und Be-
wegungskomik. Titel der französischen Version: *Dactylo*. *tk*

▬▬

Die Privatsekretärin

Deutschland 1931

R: Wilhelm Thiele; A: Franz Schulz nach dem
gleichnamigen Roman von Stefan Szomáhazy,
K: Otto Heller, Reimar Kuntze, Adolf Schlasy;
D: Renate Müller, Hermann Thimig, Felix
Bressart, Ludwig Stoessel, Gertrud Wolle

Die junge Vilma Förster (R. M.) kommt nach
Berlin, um Arbeit zu suchen. Sie lernt den
Bankdiener Hasel (F. B.) kennen, der für Vilma
ein Treffen mit dem Personalchef (L. S.) seiner
Bank organisiert. Dieser stellt Vilma ein, erwartet von ihr jedoch amouröse Gegenleistun-
gen. Weil sie die nicht erbringt, schikaniert
der Personalchef sie mit langen Überstunden.
Abends sitzt Vilma deshalb noch immer bei
der Arbeit, als ein junger Mann (H. T.) hinzukommt, den sie für einen Kollegen hält. Er hilft
ihr bei der Arbeit und lädt sie anschließend zu
einem Konzert ein, das Hasel, nebenbei Leiter
eines Gesangvereins, dirigiert. Natürlich erkennt Hasel Vilmas Begleiter, es ist Bankdirektor Arvai; doch auf dessen Zeichen hin läßt er
sich nichts anmerken. Sie verleben einen fröh-

▬▬

Professor Mamlock

DDR 1961

R: Konrad Wolf; A: Karl Georg Egel, Konrad
Wolf nach dem gleichnamigen Drama von
Friedrich Wolf; K: Werner Bergmann;
D: Wolfgang Heinz, Hilmar Thate, Lissy
Tempelhof, Harald Halgardt, Doris Abesser

Professor Mamlock (W. H.), jüdischer Chefarzt
einer chirurgischen Klinik, beschwört zu Silvester 1932/33 im Freundeskreis seine humanistischen Ideale von Gerechtigkeit und Demo-
kratie. Auf ihnen beharrt er auch in Auseinandersetzungen mit seinem Sohn Rolf (H. T.), der
sich als KPD-Mitglied engagiert, und mit Kollegen im Krankenhaus: »In meiner Klinik
wünsche ich keine Politik. Hier gibt es nur
Ärzte und Kranke!« Nach dem Reichstagsbrand kommt es zum Bruch mit Rolf, dem er
jedes weitere kommunistische Engagement
verbieten will. Die Ermächtigungsgesetze der
Nazis, die den Juden die Mitarbeit in allen öffentlichen Institutionen untersagen, führen zur
Entlassung Mamlocks. Im Arztkittel und als
Jude gebrandmarkt, wird er mit seiner Tochter

(D. A.) durch die Straßen geführt. Gemäß der Ergänzungsklausel, die Kriegsteilnehmer ausnimmt, wieder im Amt, soll Mamlock eine Liste der im Krankenhaus zu entlassenden Juden unterschreiben. Als er sich weigert, setzt der zwischenzeitlich kommissarische Klinikleiter, Parteigenosse Dr. Hellpach (H. H.), ein Protokoll zwecks erneuter Entlassung Mamlocks auf, das dessen Freunde und Kollegen – bis auf Dr. Inge Ruoff (L. T.) – nach anfänglichem Zögern unterzeichnen. Professor Mamlock – zur Erkenntnis gelangt:»Kein größeres Verbrechen gibt es, als nicht kämpfen wollen, wo man kämpfen muß!« – sieht für sich keinen anderen Ausweg als den Freitod.

Mit der Verfilmung des gleichnamigen Bühnenstückes, das sein Vater, der Arzt und Schriftsteller Friedrich Wolf, 1933 in sowjetischer Emigration geschrieben hatte, setzte Konrad Wolf seine analytische Auseinandersetzung mit der faschistischen Vergangenheit fort. Die Dramatik der Vorlage und die eindrucksvollen Darsteller werden jedoch durch vordergründige Stilisierungen und überdeutliche Didaktik beeinträchtigt. *ms*

Der Prozeß

Österreich 1948

R: Georg Wilhelm Pabst; A: Kurt Heuser, Rudolf Brunngraber, Emeric Roboz nach dem Roman *Prozeß auf Leben und Tod* von Rudolf Brunngraber; K: Oskar Schnirch, Helmuth Ashley; D: Ewald Balser, Ernst Deutsch, Albert Truby, Heinz Moog, Josef Meinrad, Ida Russka, Aglaja Schmid

Die Magd Esther (A. S.) wird von ihrer Herrin (I. R.) mißhandelt und läuft davon. Ihr Verschwinden löst in dem ungarischen Dorf Tisza-Eszlár Gerüchte aus, wonach die im Ort ansässigen Juden unter Führung des Tempeldieners Scharf (E. D.) das Mädchen zum Opferfest geschächtet haben sollen. Der fanatische Judenhasser Baron Onody (H. M.) macht sich diese von Mißgunst geschürten Spekulationen zunutze und fordert einen Untersuchungsrichter (J. M.) an. Der blinde Eifer dieses Mannes führt zur Verhaftung der Juden, die Synagoge wird

niedergebrannt. Nachdem man mittels brutalster Verhörmethoden von Moritz (A. T.), dem Sohn des Tempeldieners, ein ›Geständnis‹ erpreßt hat, kommt es zum Prozeß. Er findet statt, obwohl Esther, die Selbstmord begangen hat, inzwischen aufgefunden wurde. Im Verlauf des Prozesses zeigt der engagierte Rechtsanwalt Dr. Eötvös (E. B.) die verbrecherischen Interessen nationalistisch-antisemitischer Kreise und die Beeinflussung des Kronzeugen Moritz auf. Die Unschuld der Angeklagten wird erwiesen.

Die Verfilmung eines authentischen Ritualmord-Tribunals aus dem Jahr 1882 bot Pabst in seiner ersten Nachkriegsarbeit Gelegenheit, antisemitische Vorurteile und historisches Unrecht bloßzustellen. Die humanistische Grundhaltung des Regisseurs wird von eindrucksvollen schauspielerischen Leistungen und einer atmosphärisch-stimmigen Milieuzeichnung unterstützt. *mp*

Pygmalion

Deutschland 1935

R: Erich Engel; A: Heinrich Oberländer, Walter Wassermann nach dem gleichnamigen Bühnenstück von George Bernard Shaw; K: Bruno Mondi; D: Jenny Jugo, Gustaf Gründgens, Anton Edthofer, Hedwig Bleibtreu, Eugen Klöpfer

Im strömenden Regen beobachtet Higgins (G. G.), Professor für vergleichende Sprachwissenschaft, die junge Blumenverkäuferin Eliza Doolittle (J. J.), die dank ihres losen Mundwerks selbst bei diesem Wetter ihre Blumen los wird. Higgins macht sich einen Sport daraus, aus Sprachfärbung und Wortwahl auf die Herkunft der Menschen zu schließen. Der unverkennbare Straßenjargon der witzigen und attraktiven Eliza inspiriert ihn zu einem Experiment: Er will versuchen, Eliza die gesamte Palette gesellschaftlichen Schliffs beizubringen, so daß ihr selbst in den erlauchtesten Kreisen niemand mehr die niedrige soziale Stellung anmerken würde. Von nun an wohnt Eliza beim Professor, der sie zur ›Dame‹ erzieht. Obwohl sein Freund Pickering (A. E.)

den Erfolg bezweifelt, erreicht Higgins sein Ziel: Eliza glänzt auf einem Empfang durch tadelloses Vokabular und perfekte Manieren. Doch sie hat sich in Higgins verliebt und flüchtet, als dieser ihre Gefühle ignoriert, zu seiner Mutter (H. B.). Dort findet sie der Professor, und nun hat es den Anschein, daß die beiden doch noch ein Paar werden.

Jenny Jugo erreichte in dieser inspirierten Bühnenadaption den Höhepunkt ihrer Entwicklung als Inkarnation grotesker und komischer Frauenfiguren. Die perfekte Ausgestaltung einer Rolle durch virtuose Sprechtechnik, bei Shaws *Pygmalion* absolut unabdingbar, teilte sie mit Gründgens, der den Professor mit arroganter Sprachsüffisanz gab. *tk*

Q

—

Querelle – Ein Pakt mit dem Teufel / Querelle

BRD/Frankreich 1982

R: Rainer Werner Fassbinder; A: Rainer Werner Fassbinder, Burkhard Driest nach dem Roman *Querelle de Brest* von Jean Genet; K: Xaver Schwarzenberger; D: Brad Davis, Hanno Pöschl, Jeanne Moreau, Franco Nero, Günther Kaufmann, Burkhard Driest, Dieter Schidor, Laurent Malet

Die Matrosen eines Handelsschiffes erhalten für die Dauer ihres Aufenthalts im Atlantikhafen Brest Landurlaub, unter ihnen auch Querelle (B. Da.). Er sucht das Bordell »Féria« auf, um mit dem Wirt (G. K.) ein Opiumgeschäft abzuwickeln. Dort trifft Querelle auf seinen Bruder Robert (H. P.), den Liebhaber der Bordell-Chefin Lysiane (J. M.), und auf den Polizisten Mario (B. Dr.). Dessen Stärke und Macht verunsichern den sonst selbstbewußten Verbrecher Querelle. Kaltblütig tötet Querelle seinen Komplizen Vic (D. S.) und gibt sich, um die Tat zu sühnen, erstmals einem Mann, dem Wirt, hin. Im Arbeiter Gil (H. P.) findet er schließlich einen wahren Freund, der ihn versteht, denn auch Gil hat getötet. Trotz seiner Liebe zu ihm liefert Querelle Gil der Polizei aus, um ein ›Opfer‹ zu bringen. Mit seinem Vorgesetzten Seblon (F. N.), dessen Hingabe zu Querelle grenzenlos ist, kehrt Querelle auf das Schiff zurück.

Die gewalttätige Handlung des Films findet vor surreal anmutenden, in grelles, orange-gelbes Licht getauchten Studiodekors statt und thematisiert die verführerischen Kräfte männlich geprägter Sexualität, von Gewalt und Macht. Fassbinders letzte Regiearbeit artikuliert diese künstliche, Intensität und Wesen eines Traumes versinnbildlichende Welt in inhaltlicher wie formaler Radikalität und Geschlossenheit. *mp*

Quick

Deutschland 1932

R: Robert Siodmak; A: Hans Müller nach dem gleichnamigen Bühnenstück von Félix Gandera; K: Günther Rittau, Otto Baecker; D: Lilian Harvey, Hans Albers, Willi Stettner, Albert von Kersten, Paul Hörbiger, Paul Westermeier

Eva Prätorius (L. H.), erst einundzwanzig und schon geschieden, hält sich in einem vornehmen Sanatorium auf. Dessen Leiter ist Professor Bertram (A. v. K.), der ebenso in die reizende Eva verliebt ist wie ein dicklicher Patient (W. S.). Doch Evas Herz gehört dem berühmten Musikclown Quick (H. A.), dessen Vorstellung sie täglich besucht. Weil Eva jeden Abend in ihrer Loge sitzt, nimmt Quick von ihr Notiz und verliebt sich in sie. Als sie ihn besuchen will, ist Quick jedoch nicht geschminkt, sondern elegant gekleidet, so daß sie ihn nicht erkennt. Er gibt sich als Direktor Henkel aus, blitzt mit seinen Avancen bei Eva jedoch ab, da sie nur an Quick interessiert ist. Nun hat der Clown – in Zeitnot, weil sein Manager (P. H.) ihn zur Weiterreise drängt – die größte Mühe, Eva begreiflich zu machen, daß sie sich besser mit dem realen Menschen als mit der Bühnenfigur abgeben soll. Schließlich gibt sich der ständig betrunkene Clown Clock (P. W.) als Quick aus, um Eva die Augen zu öffnen. Am Ende klären sich alle Verwicklungen auf, Eva und Quick werden ein Paar.
Dieses gefällige Stück Unterhaltungskino mokiert sich gleich über zwei Milieus: den Varietébetrieb und die Welt des Sanatoriums, in der die Hälfte der Krankheiten aus Einbildung besteht. Albers und Hörbiger jonglieren mit den pointenreichen Dialogen, Lilian Harvey dagegen bleibt etwas farblos, was auf Zwistigkeiten mit Hans Albers während der Dreharbeiten zurückzuführen sein mag. Titel der französischen Version: *Quick*.   *tk*

R

Raskolnikow Ⓢ
(Schuld und Sühne)

Deutschland 1923

R: Robert Wiene; A: Robert Wiene nach dem Roman *Schuld und Sühne* von Fjodor M. Dostojewski; K: Willy Goldberger; D: Grigori Chmara, Michail Tarchanow, Maria Germanowa, Maria Kryshanowskaja, Pawel Pawlow

Der Student Raskolnikow (G. C.) hat eine überreizte Phantasie. Für ihn sind Geld und materieller Besitz der Urquell allen Übels. In einer betagten Pfandleiherin erblickt Raskolnikow die Personifizierung dieser todbringenden Kräfte. Er erschlägt sie und tötet auch ihre Schwester, die zufällig hinzukommt. In Fieberträumen entladen sich seine Gewissensbisse und Psychosen. Da verliebt er sich in Sonja (M. K.), eine junge Frau, die sich prostituieren muß, um ihren alkoholkranken Vater (M. T.) und die in den Wahnsinn geflüchtete Mutter (M. G.) durchzubringen. Raskolnikow erzählt ihr von der Mordtat. Der Untersuchungsrichter (P. P.) hat ihn in Verdacht, jedoch keine Beweise in der Hand, trotzdem sind die Verhöre für den Studenten ein Alptraum. Da bezichtigt sich ein religiöser Fanatiker der Bluttat und bringt sich danach um. Jeder Verdacht ist von Raskolnikow genommen. Sonja aber bewegt ihn dazu, seine Schuld dennoch zu offenbaren und die ihm auferlegte Strafe anzunehmen.
In krummen, verwinkelten Dekors, einem graphisch-ornamentalen Geflecht von Licht und Schatten chiffrierten Wiene und der für die Architektur zuständige Andrej Andrejew die Qualen und den Widerstreit in Raskolnikows Seele. Den Motiven für die schreckliche Tat wird weniger Beachtung zuteil als der menschlichen Erfahrung der fatalistischen Schuldverstrickung. Gemimt wurde diese Dostojewski-Bearbeitung, die zu den Hauptwerken des expressionistischen Films gehört, von Schauspielern des Moskauer Künstlertheaters. In

dem vielzitierten, halluzinativen Höhepunkt des Films – der Untersuchungsrichter verwandelt sich vor Raskolnikows Augen in eine Spinne, die gefräßig in ihrem Netz sitzt – verbinden sich Regie, Darstellungskraft und Bauten zu einer perfekten Synthese. *tk*

Der Rat der Götter

DDR 1950

R: Kurt Maetzig; A: Friedrich Wolf, Philipp Gecht; K: Friedl Behn-Grund; D: Fritz Tillmann. Paul Bildt, Willy A. Kleinau, Albert Garbe, Dietmar Hauser

Rheinisches Industriegebiet 1933. Im Labor eines großen Chemiekonzerns muß sich der verantwortliche Chemiker Dr. Hans Scholz (F. T.) vom erneuten Fehlschlag seiner ›Chlor-Reihe‹ überzeugen. Trotzdem wird er dazu angehalten, die Versuche, die auch Giftgase freisetzen können, fortzuführen. Ebenso soll die Herstellung von synthetischem Benzin intensiviert werden. Der ›Rat der Götter‹, wie sich die leitenden Direktoren unter Geheimrat Mauch (P. B.) nennen, hofft nach Hitlers Machtantritt auf Expansion Richtung Osten. Scholz' Onkel Karl (A. G.), der vor einem drohenden Krieg warnt, verhaftet und gefoltert wird, weist ihn auf den möglichen Mißbrauch seiner Erfindungen hin, worüber er zunächst nicht nachdenkt. Mauch feiert auf einem festlichen Bankett mit Dr. Lawson (W. A. K.) den Abschluß eines Vertrages mit der amerikanischen Standard Oil und vereinbart eine enge Zusammenarbeit auch in Kriegszeiten, bei Schonung der Werksanlagen vor Zerstörung. – Gegen Kriegsende erfährt Scholz von der Anwendung der Ergebnisse seiner Gas-Experimente in den Konzentrationslagern. Der Verwaltungsrat, dem während der Nürnberger Prozesse großzügige Haftbedingungen eingeräumt werden, und Mauch, der die Kapitulation von der Schweiz aus verfolgt hat, wälzen alle Schuld auf den Wissenschaftler Scholz ab. Scholz lehnt eine weitere Zusammenarbeit mit dem ›Rat der Götter‹ ab, der, unterstützt von Lawson und der US-Militäradministration, eine Produktion für friedliche Zwecke in den un-

zerstörten Gebäuden sabotiert. Als eine furchtbare Explosion das Werk erschüttert, der Scholz' Sohn Dieter (D. H.) nur knapp entkommt, klärt Scholz – trotz Mauchs Beschwichtigungsversuchen – die wahren Hintergründe auf: erneute Sprengstoffproduktion.

Der Film basiert auf Akten des Nürnberger Prozesses und einem Buch von Richard Sasuly über Kriegsverbrechen des IG Farben-Konzerns. Der Erkenntnisweg des Wisssenschaftlers wird mit Einblendungen von historischem Dokumentarfilmmaterial und aktuellen Ereignissen während der Dreharbeiten (die Explosion von Raketentreibstoff bei IG Farber in Ludwigshafen) verknüpft. Das Bemühen um historische Dichte und Vielfalt der Argumente verknappt das Einzelschicksal und ermöglicht – trotz gelegentlicher Tendenz zur politischen Überfrachtung – eine gezielte Aussage. *ms*

Die Ratten

BRD 1955

R: Robert Siodmak; A: Jochen Huth nach Motiven des gleichnamigen Bühnenstücks von Gerhart Hauptmann; K: Göran Strindberg; D: Maria Schell, Curd Jürgens, Heidemarie Hatheyer, Gustav Knuth, Ilse Steppat

Die 20jährige Pauline Karka (M. S.) ist schwanger. Ohne Flüchtlingsausweis und ohne Geld oder Zuhause irrt sie durch Berlin und sucht ihren durchgebrannten Geliebten. Die Wäschereibesitzerin Anna John (H. H.) hilft Pauline und nimmt sie bei sich auf. Anna und ihr Mann Karl (G. K.) wünschen sich sehnlichst ein Kind, doch bekommen keins. Karl John fährt für sieben Monate weg – und als er zurückkommt, ist er Vater geworden. Denn Anna und Pauline haben verabredet, daß Paulines Sohn als Kind der Johns ausgegeben wird. Doch dann weigert sich Anna, Pauline, die in den Westen weiterziehen will, zu ihrem Kind zu lassen. Pauline wird hysterisch und will ihren Sohn gewaltsam mitnehmen, raubt jedoch aus Versehen das kranke Nachbarskind. Anna beauftragt ihren zwielichtigen Bruder Bruno (C. J.), Pauline umzubringen, doch der fällt in

257

sein eigenes Messer. Auf dem Polizeikommissariat klärt sich alles auf, und Anna John nimmt die Schuld für alle Verwicklungen auf sich.

Siodmaks erster deutscher Film nach der Rückkehr aus der Emigration – und neben *Nachts, wenn der Teufel kam* (1957) der einzige seiner Nachkriegsfilme, den er rückblickend gelten ließ – leidet unter einem dürftigen Drehbuch, das die zeitgeschichtlichen Bezüge von Hauptmanns wilhelminischem Drama nicht adäquat in die fünfziger Jahre zu transportieren verstand. Daß die Motivierung der Konflikte und Personen dennoch trägt, ist der souveränen Darstellungskunst von Schell, Hatheyer, Knuth und Jürgens zu verdanken. *tk*

Der Raub der Mona Lisa

Deutschland 1931

R: Geza von Bolvary; A: Walter Reisch frei nach einer wahren Begebenheit; K: Willy Goldberger; D: Willi Forst, Trude von Molo, Gustaf Gründgens, Fritz Odemar, Anton Pointner

Der Glaser Peruggia (W. F.) sieht zum ersten Mal da Vincis Gemälde »Mona Lisa«, ist fasziniert und hängt eine Kopie in sein Zimmer. Im Stubenmädchen Mathilde (T. v. M.) meint er eine große Ähnlichkeit mit Mona Lisa zu erkennen und verliebt sich in sie. Mathilde will von ihm jedoch nichts wissen, da sie auf einen reicheren Herrn hofft. Ihr Zukünftiger müsse eine große Tat für sie allein erbringen, meint Mathilde. Um ihr zu imponieren, stiehlt Peruggia die »Mona Lisa« – doch vergeblich: Mathilde kennt das Bild gar nicht und verläßt Paris mit einem andern. Als Vincenzo sich als Dieb des Bildes stellen will, wird ihm kein Gehör geschenkt. So reist der Glaser nach Florenz, um das Gemälde dort loszuwerden, wird jedoch verhaftet. Durch den folgenden Wirbel in der Presse erkennt Mathilde, welch einmalige Tat ihr Verehrer für sie begangen hat, und reist nach Florenz. Doch Peruggia will ihr die Aufmerksamkeit der Öffentlichkeit nicht gönnen und erklärt vor Gericht, das Bild gestohlen zu haben, um sich an Napoleon zu rächen, der

die italienischen Kunstschätze geraubt habe. Dafür erntet er den stürmischen Jubel der italienischen Patrioten.

Ausgehend von einem authentischen Fall aus dem Jahr 1911, schuf Reisch ein Drehbuch, das seine Ausnahmebegabung für visuelle Details dokumentiert. Auch Kameramann Goldberger, Robert Stolz' Ohrwürmer und Forst in der Rolle des Bilderfetischisten hatten wesentlichen Anteil an der Publikums- und Kritikergunst, die sich diese musikalische Kriminalkomödie erwarb. *tk*

Razzia

DDR 1947

R: Werner Klingler; A: H. G. Petersson; K: Friedl Behn-Grund, Eugen Klagemann; D: Paul Bildt, Elly Burgmer, Agathe Poschmann, Friedhelm von Petersson, Nina Konsta, Claus Holm, Hans Leibelt, Heinz Welzel, Harry Frank, Walter Groß

Razzia auf dem Schwarzmarkt vor dem zerstörten Berliner Reichstag; die Polizei verhaftet Schieber. Auch Kriminalrat Lembke (H. L.) fordert seine Mitarbeiter zu verstärkter Aktivität auf. Kommissar Naumann (P. B.), unterstützt von Kriminalanwärter Lorenz (C. H.), der mit dessen Tochter Anna (A. P.) befreundet ist, verfolgt eine Spur, die nach Vernehmungen wegen konfiszierter Weinflaschen zur Tanzbar »Alibaba« führt. Die angesetzte Durchsuchung verläuft ergebnislos, der Besitzer Goll (H. F.) wurde vorher gewarnt. Naumann verdächtigt den Kriminalanwärter Becker (H. W.), da er bei ihm ein Bild der Bar-Sängerin Yvonne (N. K.) entdeckt. Im Anschluß an die Geburtstagsfeier seiner Frau (E. B.), an der auch sein aus der Gefangenschaft heimgekehrter Sohn Paul (F. v. P.) und Lorenz teilgenommen haben, geht Naumann erneut ins »Alibaba« und entdeckt dort Beckers Hut und einen geheimen Gang. Er kehrt nicht mehr zurück, Kinder finden seine Leiche unter einem Wrack. Goll plant ein neues ›Geschäft‹ mit Medikamenten aus ehemaligen Wehrmachtsbeständen. Paul, der als Geiger keine Arbeit findet, wird vom »Flotten Willi« (W. G.), einem Kriegskameraden, dafür als Kurier gewonnen. Lorenz, dem kommissarisch der Fall »Alibaba« übertragen wurde, soll von Becker verdächtigt werden. Doch Lembke durchschaut dessen Spiel, eine erneute Razzia findet statt. Diesmal unterstützt der durch Goll verletzte Becker die Polizei, da Yvonne ihm vorher von Naumanns Ermordung erzählt hat. Auch Paul hört davon. Er hindert die Bande im Geheimgang an der Flucht, sie wird verhaftet. Am Hochzeitstag von Anna und Lorenz erscheint Kriminalrat Lembke mit einem großen Blumenstrauß, der – wie er zugeben muß – vom Schwarzen Markt stammt.

Der erste Nachkriegs-Kriminalfilm der DEFA basierte auf realem Hintergrund, seine erzählerische Struktur und Realisierung griff auf Ufa-Traditionen zurück. Die daran erinnernden Bar- und betulichen Familienszenen mit ›warmer Ausstrahlung‹ entstanden in teilweise ungeheizten Ateliers.   *ms*

■■■
Razzia in St. Pauli

Deutschland 1932

R: Werner Hochbaum; A: Werner Hochbaum; K: Adolf Otto Weitzenberg; D: Gina Falckenberg, Friedrich Gnass, Wolfgang Zilzer, Charly Wittong, Max Zilzer

In der Depressionszeit Ende der zwanziger Jahre teilt die Prostituierte Ballhaus-Else (G. F.) ihr freudloses Dasein mit dem Kneipenpianisten Musiker-Leo (W. Z.). Im Hamburger Hafenviertel St. Pauli bewohnen sie ein ärmliches Zimmer. Eines Vormittags versteckt Else den Ganoven Matrosen-Karl (F. G.), der wegen eines Einbruchs gesucht wird, in ihrem Zimmer. Else fühlt sich zu ihm hingezogen, da er eine ihr fremde und reizvoll scheinende Welt des Abenteuers verkörpert. Sie gibt sich dem draufgängerischen Karl hin, und die beiden beschließen, Hamburg am darauffolgenden Tag zu verlassen. Um Leo mitzuteilen, daß Else die langweilige Zweisamkeit an seiner Seite satt hat, gehen Karl und Else abends in die »Kongo-Bar«, wo der Klavierspieler sein Einkommen findet. Musiker-Leo, ein stiller, zurückhaltender Mensch, nimmt die Trennung

traurig, aber widerstandslos hin. Doch die Polizei spürt Karl in der Bar auf, nach heftiger Gegenwehr wird er verhaftet. Um eine Illusion ärmer kehrt Else am Ende der Nacht doch wieder mit Leo ins gemeinsame Zimmer zurück.

Im Verlauf eines Tages, vom Aufstehen am Vormittag bis zum Zubettgehen am darauffolgenden Morgen zeigt Hochbaums erster Tonfilm das Alltagsleben und die Perspektivlosigkeit der an den Rand der Gesellschaft Gedrängten. Das Milieu der Prostituierten, Außenseiter und Ganoven wird realistisch und direkt, mit großem Einfühlungsvermögen dargestellt. Der kammerspielartige Aufbau folgt einem rhythmischen Konzept, in das der Ton als gleichberechtigtes Medium schon vollständig integriert ist. Dem sozialkritisch-klassenkämpferischen Ansatz des Films entspricht die explizite Bezugnahme auf das städtische Proletariat und dessen politisches Gewicht, u. a. in dem von Ernst Busch gesungenen Schlußsong.   *tk*

■■■
Der Rebell

Deutschland 1932

R: Kurt Bernhardt, Luis Trenker; A: Robert A. Stemmle, Walter Schmidtkunz nach einem Manuskript von Luis Trenker; K: Sepp Allgeier, Albert Benitz (Außenaufnahmen), Willy Goldberger, Reimar Kuntze (Atelieraufnahmen); D: Luis Trenker, Luise Ullrich, Fritz Kampers, Olga Engl, Erika Dannhoff

Im Sommer 1809 reitet der Tiroler Severin Anderlan (L. T.) nach Hause, um seiner Mutter (O. E.) und Schwester (E. D.) beizustehen, denn die Truppen Napoleons und der mit ihnen verbündeten Bayern haben Tirol besetzt. Junge Tiroler werden gezwungen, in französische Dienste zu treten. Severin lernt Erika Riederer (L. U.), die Tochter des neuen Amtmanns, kennen; Erika und Severin verlieben sich ineinander. Den Hof seiner Eltern findet Severin nur noch als Ruine vor; in blindem Zorn erschießt er zwei patrouillierende französische Soldaten. Nun wird Anderlan steckbrieflich gesucht, doch er versteckt sich in den Bergen. Über einen Hirtenjungen hält er Kontakt zu Erika. Er nimmt mit Gleichgesinnten Verbindung auf, wird dann aber verraten. In höchster Not kann er entkommen. Später sieht Erika Severin wieder, der sich nun als bayerischer Hauptmann ausgibt, da er sich so über die französischen Angriffspläne informieren kann. Als die napoleonischen Truppen durch eine Schlucht ziehen, greifen die Tiroler von den Berghängen herab an. Die Tiroler kämpfen heroisch, doch schließlich unterliegen sie der erdrückenden Übermacht. Anderlan und seine Mitstreiter werden im Hof der Festung Kufstein standrechtlich erschossen. Doch im visionären Schlußbild marschieren die Tiroler in den Himmel hinauf.

Die Freiheitskriege gegen Napoleon waren in der Weimarer Republik und noch mehr im Dritten Reich eines der nationalistischen Symbole, bei dem mehr als die Historie die Deutung der Gegenwart interessierte. Trenker verherrlichte mit diesem antifranzösischen Drama über den Tiroler Freiheitskampf die heldenhafte Aufopferung eines Volkes für sein Vaterland – unter der Anleitung eines charismatischen Führers. Die Actionszenen, von Allgeier und Benitz hervorragend eingefangen, sind lebendig, die Besetzung, allen voran Luise Ullrich, Trenker und Fritz Kampers, ist ausgezeichnet. Die Schlußeinstellung mit den visionär weitermarschierenden Gefallenen wurde zu einer festen Chiffre der filmischen NS-Ästhetik und in den Schlußbildern zahlreicher Propagandafilme aufgegriffen. *tk*

Der Reigen – Ein Werdegang Ⓢ

Deutschland 1920

R: Richard Oswald; A: Richard Oswald; K: Carl Hoffmann; D: Asta Nielsen, Conrad Veidt, Theodor Loos, Eduard von Winterstein, Willi Schäfers

Das Bürgermädchen Elena (A. N.) wird von ihrem Klavierlehrer verführt und gerät unter den Einfluß des zwielichtigen Pianisten Peter Karvan (C. V.). Sie kann sich diesem jedoch wieder entziehen und findet eine Anstellung als Erzieherin. Ihr Brotherr (E. v. W.) stellt ihr nach und

überhäuft sie mit Anträgen. Dabei wird er eines Tages von seiner Gattin überrascht, die entsetzt zusammenbricht und stirbt. Elena gibt dem Drängen des Hausherrn nach und wird seine zweite Frau. Doch auch Fritz (T. L.), der Bruder ihres Mannes, verliebt sich in sie. Als Karvan von Elenas Aufstieg erfährt, will er sie erpressen und sucht sie auf. Der eifersüchtige Gatte schöpft Verdacht und wirft die beiden aus dem Haus. Darüber kommt es zu einem heftigen Streit zwischen den Brüdern, bei dem Elenas Gatten der Schlag trifft. Peter Karvan und Elena finden Arbeit bei einem heruntergekommenen Variete, doch Elena möchte sich von Karvan befreien und sucht bei Fritz Hilfe. Als sie jedoch sieht, daß sie Karvan ausgeliefert ist, erschießt sie ihn und vergiftet sich selbst. Fritz kommt zu spät, um sie zu retten.

Die atmosphärische Dichte dieses Sittenpanoramas verdankt sich nicht nur der vorzüglichen Kameraarbeit und Ausstattung, sondern noch mehr den Darstellerleistungen. Richard Oswald, Schöpfer von über 70 Stummfilmen, verstand es in bestechender Weise, bei Stars wie Asta Nielsen und Conrad Veidt Nuancen herauszuarbeiten, die ihr schauspielerisches Potential noch erhöhten. *tk*

Die Reinheit des Herzens

BRD 1980

R: Robert van Ackeren; A: Robert van Ackeren; K: Dietrich Lohmann; D: Elisabeth Trissenaar, Matthias Habich, Heinrich Giskes, Marie Colbin

Der freischaffende Schriftsteller und Übersetzer Jean (M. H.) und die Buchhändlerin Lisa (E. T.) besitzen ein modernes Penthouse, eine idyllische Wochenendkate und viele schicke Freunde. Um sich die eigene Liberalität zu beweisen und etwas Pfeffer in ihre offene Zweierbeziehung zu bringen, schlägt Jean vor, getrennt in den Urlaub zu gehen bzw. daß Lisa sich einen Liebhaber nimmt. Die lehnt den Gedanken zunächst entrüstet ab, findet dann aber Gefallen daran, als sie den muskulösen, sich an fernöstlichen Lebensweisen orientierenden ›Naturburschen‹ Karl (H. G.) beim Bücherdiebstahl in ihrem Laden erwischt und mit Jeans

Zustimmung ein Verhältnis mit ihm eingeht. Doch die Toleranz hinsichtlich dieser neuen Erfahrung ist für Jean schnell überschritten, und als Lisa auszieht, bricht er völlig zusammen. Am Ende werden die Gefühlsverwirrungen auf mörderische Weise gelöst: In einem Stundenhotel erstickt Lisa Karl beim Liebesakt. Anschließend kehrt sie zu Mann und Tochter zurück.

Van Ackerens »wütende Liebesgeschichte« kritisiert den Fassadencharakter angeblich harmonischer Beziehungen und verweist auf die Gefahr, die entsteht, wenn alternative Ideen (in diesem Fall die sexuelle Toleranz) zur leeren Geste werden. Mehr noch als die Gefühlsbrutalität der Hauptcharaktere schockierte der Film damals durch die Wut, mit der liebgewonnene Luxuswaren der Wohlstandsgesellschaft vor der Kamera zertrümmert werden. Zwischen August und November 1981 wurde die Fernseh-Ausstrahlung des vom WDR koproduzierten Films dreimal in letzter Minute unter dem Vorwand zurückgezogen, er glorifiziere und trivialisiere die Gewalt.   *hc*

Die Reise

BRD/Schweiz 1986

R: Markus Imhoof; A: Markus Imhoof unter Mitarbeit von Martin Wiebel nach dem gleichnamigen Roman von Bernward Vesper. K: Hans Liechti; D: Markus Boysen, Corinna Kirchhoff, Will Quadflieg, Alexander Mehner, Claude Oliver Rudolph

»Der soll nicht so ein gehorsamer Feigling werden wie wir«, versprechen sich Bertram Voss (M. B.) und Dagmar Wegener (C. K.) in ihrer Berliner Kommunenwohnung, als feststeht, daß sie Eltern werden. Bertram ist der Sohn eines prominenten Nazi-Dichters (W. Q.), Dagmar die Tochter eines protestantischen Geistlichen. Sechs Jahre später entführt Bertram seinen Sohn Florian (A. M.) aus dem sizilianischen Unterschlupf einer Terroristengruppe, der Dagmar inzwischen angehört. Auf der Reise zurück zum eigenen Elternhaus erzählt Bertram Florian vom distanzierten Verhältnis zu seinem egoistisch-kühlen, verlogenen Disziplin- und Männlichkeitsidealen nachstrebenden Vater.

Der Film zeigt in scharf abgesetzten Rückblenden den unüberwindbaren Abgrund zwischen den Kindern der NS-Generation und ihren Eltern, ein Thema, das bereits in Margarethe von Trottas Film *Die bleierne Zeit* (1981) angeschnitten wurde. Trotta ging von der Biographie der als Terroristin gesuchten Gudrun Ensslin aus. Imhoof benutzt Elemente aus der Lebensgeschichte des Ensslin-Lebensgefährten Bernward Vesper, um Gründe und Entwicklung der radikalen Protesthaltung der 68er-Studenten aufzuzeigen. Beide Filme ergänzen sich zu einem Porträt der politisch Aktiven dieser Generation.   *hc*

Reise der Hoffnung / Il viaggio della speranza / Journey of hope

Schweiz/Italien/BRD/Großbritannien 1990

R: Xavier Koller; A: Xavier Koller, Feride Çiçekoglu nach einer wahren Begebenheit; K: Elemér Ragalyi; D: Necmettin Çobanoglu, Nur Surer, Emin Sivas, Mathias Gnädinger, Dietmar Schönherr

Eine Familie mit sieben Kindern fristet in einem anatolischen Dorf ein karges Dasein. Vater Haydar (N. Ç.) und Mutter Meryem (N. S.) beschließen, mit Mehmet Ali (E. S.), dem aufgewecktesten der Kinder, eine Reise in die Fremde anzutreten. Zuerst knöpfen ihnen türkische Schlepper die halbe Barschaft ab, um sie als blinde Passagiere auf einem Containerschiff unterzubringen. In Neapel nimmt der Schweizer Lastwagenfahrer Ramser (M. G.) die Familie mit und verspricht, weil er an Mehmets Späßen Gefallen findet, sie in die Schweiz zu fahren. Am Zoll wird der Lastwagen jedoch untersucht, die türkische Familie muß aussteigen. Sie stößt zu einer Gruppe von Flüchtlingen, die von skrupellosen Schleppern in die Berge geführt werden. Trotz der Warnungen des Bergführers Massimo (D. S.) werden die ortsunkundigen Asylsuchenden auf den nächtlichen Weg über die Schneeberge geschickt. Die Gruppe verirrt sich, einige verlieren in der Dunkelheit den Anschluß. Nach einer grauenvollen Nacht in eisiger Kälte werden sie von Schweizer Grenzbeamten aufgegriffen. Für den kleinen Mehmet Ali kommt jedoch jede Hilfe zu spät. Obwohl der Vater versucht hat, ihn nach Kräften zu wärmen, ist der erschöpfte Knabe erfroren.

Nach einem authentischen Fall schuf Koller ein hervorragend inszeniertes, auf emotionale Wirkung ausgerichtetes Flüchtlings-Drama. Mathias Gnädinger spielt, wie schon in *Das Boot ist voll* (CH/BRD/A 1981, Imhoof), einen ›normalen‹ Eidgenossen, der Flüchtlinge durch den persönlichen Kontakt zu verstehen lernt. Die Szenen, in denen Ramser – »Ich Schweiz« hatte er sich der Familie vorgestellt – und der kleine Mehmet im Lastwagen miteinander witzeln, gehören zu den berührendsten des Films. *Reise der Hoffnung* erhielt 1991 den Oscar für den besten nicht-englischsprachigen Film. *tk*

Die Reise nach Tilsit

Deutschland 1939

R: Veit Harlan; A: Veit Harlan frei nach der gleichnamigen Novelle von Hermann Sudermann; K: Bruno Mondi; D: Kristina Söderbaum, Frits van Dongen, Anna Dammann, Albert Florath

Das Ehepaar Endrik und Elske Settegast (F. v. D., K. S.) wohnt mit seinem vierjährigen Sohn auf der Kurischen Nehrung. Endrik besitzt eine Fischerei. Im Hotel des Orts ist die attraktive Polin Madlyn (A. D.) abgestiegen, die im Sommer ein Verhältnis mit Endrik begonnen hat. Obwohl Elske mit ganzen Kräften versucht, ihren Mann zurückzugewinnen, können Endrik und Madlyn nicht voneinander lassen. Elskes Vater will »die Polnische« mit Gewalt aus dem Ort jagen und schlägt ihr mit einer Hundepeitsche ins Gesicht. Endriks Haß gegen seine Frau wird immer stärker. Er beschließt, sie auf einer Bootsfahrt nach Tilsit zu ertränken, um nach ihrem ›Verschwinden‹ das Kind behalten und mit Madlyn zusammenleben zu können. Elske durchschaut die Absicht ihres Gatten, doch sie geht mit ihm aufs Boot, da ihr ein Leben ohne den geliebten Mann nichts wert scheint. Ihre opferbereite Liebe bringt Endrik endlich zur Vernunft, in Tilsit

kommt es zur Versöhnung der Eheleute. Auf der Heimfahrt kentert das Boot in einem Unwetter, doch Endrik und Elske kommen mit dem Leben davon und schließen sich am Bett ihres Sohns in die Arme.

Wie die meisten Filme Harlans zerfällt auch *Die Reise nach Tilsit* in qualitativ sehr unterschiedliche Teile; die atmosphärische Stimmigkeit einiger im Freien spielender Szenen steht dramaturgisch starren und optisch ideenlos aufgelösten Innenaufnahmen gegenüber. Die Bedrohung der Ehe durch die sinnliche Anziehungskraft einer Außenstehenden bot Harlan die Gelegenheit, gesellschaftlich opportune Leitbilder wie Selbstbeschränkung und aufopferungsbereite (Mutter-)Liebe mit allerdings sehr reduzierten Anklängen an die NS-Rassenideologie zu verbinden. *tk*

Rembrandt
(Ewiger Rembrandt)

Deutschland 1942

R: Hans Steinhoff; A: Kurt Heuser, Hans Steinhoff unter Verwendung des Romans *Zwischen Hell und Dunkel* von Valerian Tornius; K: Richard Angst; D: Ewald Balser, Hertha Feiler, Gisela Uhlen, Elisabeth Flickenschildt, Paul Henckels, Theodor Loos

Der Maler Rembrandt (E. B.) steht auf dem Höhepunkt seines Ruhms. Seine Frau Saskia (H. F.) ist ihm eine echte Stütze. Rembrandt hat ein großes Porträt der Amsterdamer Schützengilde gemalt, doch bei dessen Enthüllung zeigen sich die Auftraggeber in ihrer Ehre verletzt, denn Rembrandt hat kein strahlend idealisiertes Gruppenbild gemalt, sondern ein düsteres, intensives Tableau. Dessen Genialität zu erkennen, sind die Schützen nicht in der Lage, sie wollen deshalb nicht bezahlen. Der Maler hat das Geld bitter nötig, doch das wird unwichtig angesichts der Tatsache, daß Saskia im Sterben liegt. Nach ihrem Tod wird Rembrandt zusehends verbitterter und isoliert sich von seiner Umwelt. Kaum jemand erkennt die Größe seiner Bilder. Die Haushälterin Geertje Dierks (E. F.) hofft, Rembrandts Frau zu werden, macht ihm jedoch das Leben schwer, als dieser nicht darauf eingeht. In der bescheidenen Magd Hendrickje Stoffels (G. U.) findet Rembrandt noch einmal eine echte Liebe. Sie leben ohne Trauschein zusammen, was ihnen kirchliche und gesellschaftliche Ächtung einträgt. Als Hendrickje bei der Geburt ihres Kindes stirbt, ist auch dieses Glück zu Ende. Einsam, verbittert und verkannt, so leidet Rembrandt bis zu seinem Tod.

Dieser ›Geniefilm‹ lebt vom differenzierten Spiel Ewald Balsers, das auch die Abgründe und menschlichen Schwächen Rembrandts sichtbar macht, und von seiner großen atmosphärischen Stimmigkeit. Diese ist das Verdienst von Kameramann Richard Angst und dem hervorragenden Architektenteam Walter Röhrig und German Herbricht. Inhaltlich sind antisemitische Anspielungen und Anklänge an die elitäre NS-Ideologie nicht zu übersehen. Gerade in der Charakterisierung des verkannten und leidenden Genies ist der Vergleich mit Alexander Kordas englischem Film *Rembrandt* (GB 1936) aufschlußreich, dessen Drehbuch von Carl Zuckmayer stammt.   *tk*

▬ Robert und Bertram

Deutschland 1939

R: Hans Heinz Zerlett; A: Hans Heinz Zerlett nach der gleichnamigen Posse von Gustav Raeder; K: Friedl Behn-Grund; D: Rudi Godden, Kurt Seifert, Carla Rust, Herbert Hübner, Fritz Kampers, Heinz Schorlemmer

Zwei Vagabunden, Robert (R. G.) und Bertram (K. S.), brechen gemeinsam aus dem Gefängnis aus, dessen Verwalter (F. K.) ist darüber entsetzt. Bei einem Hochzeitsfest lassen Robert und Bertram die Brieftasche eines Herrn mitlaufen, der sich auf abstoßende Weise an Lenchen (C. R.), die Tochter des Hauses, heranmacht. In der Brieftasche finden sie Unterlagen, die auf unsaubere Geschäfte des Besitzers mit dem Bankier Ipelmeier (H. H.) schließen lassen. Leidtragende der Betrügereien ist Lenchens Familie. Als vornehme Herren verkleidet, suchen sie Ipelmeier auf, der sie, ein Geschäft witternd, sogleich zu einem Fest einlädt, bei dem seine Frau und die Tochter die weibli-

che Gesellschaft bilden. Robert und Bertram stehlen bei Ipelmeiers wertvollen Schmuck und schicken ihn zu Lenchen, damit diese ihre fällige Pacht bezahlen und ihren Geliebten Michel (H. S.) heiraten kann. Die zwei Vagabunden wollen sich auf einem Jahrmarkt verstecken, werden jedoch vom Gefängnisverwalter erkannt und fliehen in einem Fesselballon, der sie höher und höher trägt, bis sie schließlich bei den Engeln im Himmel landen.

Dieses flüssig inszenierte Biedermeier-Musical mit der beschwingten Musik von Leo Leux gab Kurt Seifert und dem früheren Sänger und Kabarettisten Rudi Godden Gelegenheit, sich von ihrer schelmischen Seite zu präsentieren. In der Darstellung der Bankiersfamilie Ipelmeier ist der Film allerdings kraß antisemitisch. Die denunzierende Typisierung des ›jüdischen Betrügers, der seine niedere Herkunft nicht verleugnen kann‹, nährt sich aus den ewiggleichen Zerrbildern, die vom ersten antisemitischen Film im Dritten Reich – Arzen von Cserépys *Nur nicht weich werden, Susanne!* (1935) – bis zu Veit Harlans *Jud Süß* (1940) in eintönigem Haß repetiert wurden.   *tk*

▬ Romanze in Moll

Deutschland 1943

R: Helmut Käutner; A: Willy Clever, Helmut Käutner nach einem Entwurf von Willy Clever, frei nach der Erzählung *Les bijoux* von Guy de Maupassant; K: Georg Bruckbauer; D: Marianne Hoppe, Paul Dahlke, Ferdinand Marian, Siegfried Breuer

Madeleine (M. H.) ist mit einem etwas biederen, aber korrekten Buchhalter (P. D.) verheiratet. Der junge Komponist Michael (F. M.) verliebt sich in Madeleine, als er sie vor einem Schaufenster eine Perlenkette bewundern sieht. Dieses reizende Erlebnis inspiriert ihn zu einer »Romanze in Moll«; zum Dank schenkt er Madeleine die Kette. Diese gibt das Schmuckstück ihrem Mann gegenüber als wertlose Imitation aus. Doch als sich Madeleine ebenfalls in Michael verliebt, beginnt sie, ein Doppelleben zu führen. Eines Tages kommt jedoch der Vorgesetzte (S. B.) ihres Gat-

Romanze in Moll
(Paul Dahlke)

ten hinter Madeleines Affäre. Er versucht, sie damit zu erpressen, damit sie sich ihm hingibt. Weil Madeleine keinen anderen Ausweg sieht und ihrem Ehemann ihr Doppelleben um jeden Preis verschweigen will, nimmt sie sich das Leben.

Dieses als Kammerspiel inszenierte Melodram gewinnt seine atmosphärische Dichte aus der bewußten Betonung seines Studiocharakters: Dekor und Ausleuchtung ergeben perfekt nuancierte Tableaus, deren Künstlichkeit zugleich ihre Intensität ausmacht. Es gelang Käutner, sein Ensemble zu Höchstleistungen anzuspornen. Marianne Hoppe setzt die Zerrissenheit zwischen leidenschaftlicher Liebe zu Michael und zärtlicher Achtung des Ehemanns gefühlsintensiv und glaubhaft um; Paul Dahlke gestaltete die schwierige Figur des blaß-verbindlichen Gatten zu seiner berührendsten Filmrolle; Ferdinand Marian gab dem für ihn typischen Charakter des sensiblen Komponisten mit sinnlicher Ausstrahlung große Eindringlichkeit. Wenige Filme im Dritten Reich verteidigten das Recht auf ein selbstbestimmtes Leben und die Autonomie der privaten Sphäre derart deutlich gegen die vereinnahmenden gesellschaftlichen Unterordnungsansprüche.   *tk*

Rotation

DDR 1949

R: Wolfgang Staudte; A: Wolfgang Staudte, Erwin Klein nach einer Idee von Wolfgang Staudte; K: Bruno Mondi; D: Paul Esser, Irene Korb, Karl-Heinz Deickert, Reinhold Bernt

Hans Behnke (P. E.) ist, nach schweren Jahren der Arbeitslosigkeit und des Hungerns seiner Familie, als Maschinenmeister in einem großen Verlag tätig. Politisch desinteressiert, gilt sein Bemühen auch nach der Machtergreifung der Nationalsozialisten dem Erhalt des Arbeitsplatzes. Dennoch repariert er auf die Bitte seines Schwagers Kurt Blank (R. B.) hin, der später im KZ umkommt, eine Druckerpresse, auf der antifaschistische Flugblätter gedruckt werden, von denen er sich in purer Naivität einige Exemplare mit nach Hause nimmt. Sein Sohn Helmuth (K.-H. D.), fanatischer Hitlerjunge, entdeckt sie und meldet den Vorfall. Behnke wird von der Gestapo verhaftet, zur Musik von Beethovens 5. Sinfonie verhört, unmenschlich gefoltert und ins Gefängnis Moabit überführt. Dort entgeht er zusammen mit anderen

Häftlingen in den letzten Kriegstagen der Erschießung durch die SS, sowjetische Soldaten befreien ihn. In die halbzerstörte Wohnung zurückgekehrt, findet er seine Frau Lotte (I. K.) nicht mehr vor, sie ist ums Leben gekommen. Helmuth befindet sich in Gefangenschaft. Eines Tages steht er vor der Tür; sein Vater verzeiht ihm.

Ähnlich wie Kurt Maetzig in seinem Film *Die Buntkarierten* (DDR 1949) reflektiert auch Staudte ein Problem nicht nur des Dritten Reichs: »In einem politischen Raum unpolitisch leben« zu wollen. Ohne großes Pathos und vordergründige Didaktik, mit sensiblem Gespür für das Alltagsmilieu und unterstützt von engagierten Schauspielern zeigt der Film die Gefahren, die der unpolitische Kleinbürger mit heraufbeschwören kann und denen er ausgesetzt ist.   *ms*

Rote Sonne

BRD 1970

R: Rudolf Thome; A: Max Zihlmann; K: Bernd Fiedler; D: Marquard Bohm, Uschi Obermeier, Diana Körner, Sylvia Kékulé, Gaby Go

Thomas, ein junger, zielloser Mann (M. B.), lernt Peggy (U. O.) kennen. Er zieht zu ihr und ihren Freundinnen (D. K., S. K., G. G.) in eine Frauenkommune. Das alltägliche Leben nimmt seinen Lauf, man trinkt, unterhält sich, feiert Feste. Bis an einem der folgenden Tage Thomas eine nicht alltägliche Entdeckung macht und er sich mit einer grausamen Regel im Haushalt der vier Frauen konfrontiert sieht: keine der Frauen darf länger als fünf Tage mit ein und demselben Mann zusammenbleiben. Liebhaber, die dauerhaftere Beziehungen wünschen, werden nach Ablauf der Frist getötet. Da sich Peggy diesmal aber wirklich verliebt hat, andererseits aber nicht bereit ist, den radikal-feministischen Standpunkt ihrer Mitstreiterinnen aufzugeben, kommt es zwischen den beiden Liebenden zum tödlichen Duell, während über dem Starnberger See die rote Sonne aufgeht.

Der zweite Spielfilm Rudolf Thomes, im Milieu der Münchner Szene Ende der sechziger Jahre gedreht, ist einer der wichtigsten Beiträge zum Neuen deutschen Film. Die spielerische Atmosphäre des Films, sein lakonischer Inszenierungsstil und die genaue Beobachtungsgabe des Regisseurs geben Zeitgeist und Lebensgefühl einer Generation stimmig wieder. Zudem zwingt der Film seinen Protagoni-

Rote Sonne (Don Wahl, Uschi Obermeier)

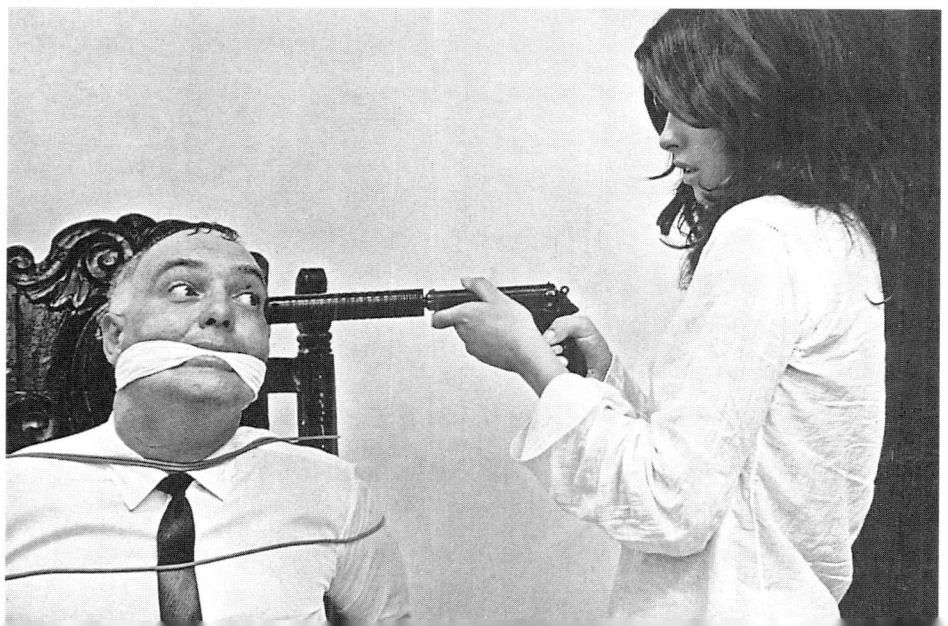

sten keine Dramaturgie im Sinne des traditionellen Unterhaltungskinos auf, sondern überläßt sie ganz – wie Wim Wenders in einer damaligen Kritik schrieb – »der ständigen Flachheit der Einstellungen, [. . .] der Banalität der Kamerabewegungen, [. . .] der merkwürdigen Farblosigkeit der Farben«, die von nichts weiter berichten, als der Lust am Augenblick und dem selbstverliebten Spiel mit der Liebe.   *mp*

Die Rothschilds

Deutschland 1940

R: Erich Waschneck; A: C. M. Köhn, Gerhard T. Buchholz nach einer Idee von Mirko Jelusich; K: Robert Baberske; D: Erich Ponto, Carl Kuhlmann, Albert Lippert, Ludwig Linkmann, Michael Bohnen, Herbert Hübner, Albert Florath, Herbert Wilk, Bernhard Minetti

Auf der Flucht vor Napoleon übergibt Kurfürst Wilhelm IX. (M. B.) 1806 in Frankfurt seinem jüdischen Agenten Mayer Amschel Rothschild (E. P.) Obligationen im Wert von 600 000 Pfund mit dem Auftrag, sie sicher nach England zu schaffen. Dieser benutzt das ihm anvertraute Geld, um damit innerhalb eines Jahrzehnts für sich selbst ein Vermögen von elf Millionen Pfund zu erwirtschaften. Schlüsselrollen fallen dabei seinen Söhnen zu, dem in der Londoner City operierenden Nathan (C. K.) und dem zum Ausbau des Finanzimperiums nach Paris entsandten James (A. L.). Nathan, der sich vergeblich um Anerkennung in der britischen Gesellschaft bemüht, landet den größten Coup. Er läßt das Gerücht verbreiten, Napoleon habe bei Waterloo gesiegt, und kauft die daraufhin ins Bodenlose fallenden Aktien zu Spottpreisen. Schließlich verbündet er sich mit dem Kommissar des britischen Schatzamtes, um ganz Europa finanziell in seine Gewalt zu bringen.

Der erste von drei antisemitischen Hetzfilmen, die 1940 Stimmung für die Vertreibung und Ermordung der jüdischen Bevölkerung machen sollten. Die in dem Machwerk ebenfalls enthaltene antibritische Propaganda verweist auf das Dilemma seiner staatlichen Auftraggeber, die 1940 noch auf eine Einigung mit den Engländern hofften. So erscheint das englische Volk als Opfer korrupter, wider besseres Wissen mit dem jüdischen Kapital paktierender Plutokraten. Da das Drehbuch keine eindeutige Zuweisung von Sympathien und Antipathien zuläßt, dürfte die Propaganda bei den meisten Zuschauern verpufft sein.   *hc*

Rübezahls Hochzeit ⓢ

Deutschland 1916

R: Paul Wegener, Rochus Gliese; A: Paul Wegener; K: M. A. Madsen; D: Paul Wegener, Lyda Salmonova, Hedwig Gutzeit, Ernst Waldow, Arthur Ehrens, Rochus Gliese, Georg Jacoby

Der zottige, struppig-bärtige Waldgeist Rübezahl (P. W.) wacht gemeinsam mit der Buschgroßmutter (H. G.) über das Treiben unter den Waldgeistern und Feen. Wenn Rübezahl mit aufgeblasenen Backen über die Berge bläst, fegt Sturm übers Land. Doch jetzt hegt Rübezahl zärtliche Gefühle: Er ist in eine zierliche Elfe (L. S.) verliebt. Doch diese hat sich in einen Hauslehrer (E. W.) verguckt und bewirbt sich im Schloß des Grafen (A. E.) um die Stelle einer Gouvernante, damit sie in der Nähe ihres Auserkorenen sein kann. Auch Rübezahl geht daraufhin unter die Menschen: Er läßt sich vom Friseur (R. G.) den Bart stutzen und gibt sich als Forstinspektor aus. So gewinnt er das Herz der Elfe und kehrt mit ihr in die Natur zurück, wo sich Engelein, Geister und andere Fabelwesen zu einem rauschenden Hochzeitsfest einfinden.

Naive Poesie, romantische Naturmystik und eine bis heute spürbare Freude an der visuellen Spielerei zeichnet diesen Märchenfilm aus dem Ideenfundus Paul Wegeners aus. Überblendungen, Doppelbelichtung, frappierende Effekte durch den Einbezug von Modellbauten und die Auflösung der Maßstäbe – zusammen mit dem dänischen Kameramann M. A. Madsen und Rochus Gliese, der für Ausstattung und Co-Regie verantwortlich zeichnete, lotete Wegener die filmischen Wirkungsmöglichkeiten auf vergnügliche Weise aus. Ironisch wurde aber auch die Realität in die Fabelwelt einbezogen, etwa in einer Szene, in der sich Rübezahl über die Rübezahl-Souvenirs amüsiert, die an einem Kiosk feilgeboten werden. *tk*

Der Ruf

BRD 1949

R: Josef von Baky; A: Fritz Kortner; K: Werner Krien; D: Fritz Kortner, Ernst Schröder, Johanna Hofer, Rosemary Murphy

1948 kehrt Professor Mauthner (F. K.) nach 15jährigem Exil auf Einladung der Universität Göttingen in seine Heimat zurück. Deutschland aber bereitet dem Heimkehrenden große Enttäuschungen. Noch immer spürt Mauthner – selbst unter Berufskollegen – die alte Abneigung gegen seine jüdische Abstammung, und sogar seine Ex-Frau (J. H.) hat den gemeinsamen Sohn Walter (E. S.) im Sinne nationalsozialistischer Wertvorstellungen erziehen lassen. Walter, der von seinem Vater nichts weiß, ist einer der aktivsten unter den Studenten, die offen gegen den Professor opponieren. Als es auf einer Feier zu einer Auseinandersetzung dieser Studenten mit den wenigen anderen kommt, die der Vernunft und dem Anstand gehorchen, ist es Walter, der Professor Mauthner beleidigt. Nicht zuletzt auch aus falscher Eifersucht, denn Walter hat sich in die Assistentin (R. M.) des Professors verliebt. Erst auf dem Sterbebett Professor Mauthners, dessen angegriffenes Herz den Aufregungen nicht mehr länger standhält, kommt es zur Aussöhnung zwischen Mauthner und Walter, der inzwischen nicht nur von der Existenz seines Vaters, sondern auch von dem Unrecht, das ihm und Millionen anderen geschehen ist, erfahren hat.
Obwohl Fritz Kortners ambitionierter Nachkriegsfilm – gerade auch der Ernsthaftigkeit seines Themas wegen – ein kolossaler wirtschaftlicher Mißerfolg wurde, ist er, neben Peter Lorres *Der Verlorene* (1951), das bedeutendste Filmdokument deutscher Remigration. Unter schwierigen Bedingungen gedreht, gibt *Der Ruf* die psychologische Stimmung jener Zeit

exakt wieder, nicht ohne sich dabei moralisierender Dialoge und dramaturgischer Zufälligkeiten zu bedienen. *mp*

Die Russen kommen

DDR 1968

R: Heiner Carow; A: Claus Küchenmeister, Heiner Carow nach der Erzählung *Die Anzeige* von Egon Richter; K: Jürgen Brauer; D: Gert Krause-Melzer, Viktor Perewalow, Dorothea Meissner, Norbert Christian, Lissy Tempelhof, Alexander Slobotschikow

Im März 1945 stellt der 16jährige Hitlerjunge Günter (G. K.-M.) im Dachstuhl einer verlassenen Fabrik einen entflohenen russischen Zwangsarbeiter (V. P.), alarmiert seine Kameraden und erlebt mit, wie der etwa gleichaltrige Russe, dem er noch hilfebietend die Hand reicht, von einem Polizisten erschossen wird. Mit dem Eisernen Kreuz 2. Klasse ausgezeichnet und durch den Durchhalte-Film *Kolberg* zusätzlich verblendet, glaubt Günter nicht an die deutsche Kriegsniederlage, die sein Lehrer (N. C.) voraussagt. Trotz bittender Einwände seiner Mutter (L. T.) und der Freundin Christine (D. M.) beteiligt er sich an der Volkswehr. Ein sowjetischer Armeetrupp nimmt den alleingelassenen Jungen fest, doch das Militärfahrzeug fährt auf eine Mine; nur Günter überlebt und eilt ins Haus der Freundin zurück. Als ›die Russen kommen‹, begeht der schuldlos gebliebene Lehrer Selbstmord, Günter dagegen wird als Mörder bezeichnet und verhaftet. Ein junger Russe – dem erschossenen Jungen zum Verwechseln ähnlich (ebenfalls V. P.) – bringt ihm das Essen, und ihre Begegnungen entwickeln sich zu freundlichen Kontakten. Der ihn verhörende sowjetische Offizier (A. S.) konfrontiert Günter mit einem Brief von dessen gefallenem Vater, in dem dieser von Kriegsgreueln und eigenen moralischen Qualen berichtet. Um sich durch eine ›erlösende Tat‹ aus der eigenen seelischen Bedrängnis zu befreien, versucht Günter, den Polizisten, der den Zwangsarbeiter erschossen hatte, seine Tat jedoch abstreitet, zu erschlagen. Zwischen Christine und dem lebensfrohen jungen Russen kommt es durch beider Wunsch nach Frieden zu (auf englisch geführten) Gesprächen.

Die »Geschichte des Unschuldigsten unter den Schuldigen« (Carow) kam 1971, nach der erzwungenen Beifügung einer agitatorischen Rahmenhandlung unter dem Titel *Karriere* in die DDR-Kinos. Erst 1987 wurde die ursprüngliche Fassung, die durch private Lagerung technische Mängel aufweist, zugelassen und ihrer atmosphärischen Dichte und inhaltlich-dramaturgischen Qualitäten wegen gewürdigt.   *ms*

S

___

Die Sachverständigen

BRD 1973

R: Norbert Kückelmann; A: Norbert Kückelmann; K: Alfred Tichawsky; D: Mathias Eysen, Eckhardt Langmann, Wolfgang Ebert, Ernst Battenberg

Der juristische Berater Matthias Mainzer (M. E.) gehört zu den unauffälligen Menschen, die niemanden verletzen, nichts verändern und sich selbst nie in den Vordergrund stellen. Widerspruchslos läßt er andere seine Ideen zu deren Vorteil nutzen. Immer auf der Suche nach menschlichen Lösungen von Problemen steht er bei Vorgesetzten in dem Ruf, nicht entscheidungsfreudig und ein Mann ohne Schwung zu sein. Als er grundlos und ohne aktives Zutun beschuldigt wird, in einem Lokal eine Schlägerei ausgelöst zu haben, gerät Mainzer auf dem Weg über eine Polizeiwache in eine Nervenheilanstalt und in die Hände von Sachverständigen – Polizisten, Amtsärzten, Psychologen, Richtern, Staats- und Rechtsanwälten. Nach seiner Entlassung mißlingt ihm die Reintegration in die Alltagswelt.

Eine aufrüttelnde Studie über die Schwierigkeit des einzelnen, in der Leistungsgesellschaft seine Unabhängigkeit und Freiheit zu bewahren. Die handlungsunterbrechenden Kommentare der Sachverständigen, die ihre Entscheidungen begründen und rechtfertigen, verweisen auf die Unmenschlichkeit einer Welt, in der Meinungen sogenannter Experten mehr gelten als die Menschen, um die es geht.   *hc*

___

Der sanfte Lauf

BRD 1967

R: Haro Senft; A: Haro Senft, Hans Noever; K: Jan Čuřík; D: Bruno Ganz, Verena Buss,

Wolfgang Büttner, Hans Putz, Dany Mann, Ralf Gregan

Bernhard Kral (B. G.) muß sein Ingenieurstudium unterbrechen, weil ihm eine Tätlichkeit gegen einen chauvinistischen Stänkerer in seiner Stehkneipe eine Vorstrafe eingebracht hat und er relegiert worden ist. Im Antiquitätengeschäft der Frau (D. M.) seines Freundes Wolf Kamper (H. P.) lernt er Johanna Benedikt (V. B.) kennen und lieben. Ihr Vater (W. B.), ein Bauunternehmer, protegiert Bernhard, ohne daß dieser zunächst weiß, wem er seinen beruflichen Aufstieg verdankt. Abgestoßen vom kapitalistischen Milieu, dem seine Freundin entstammt, soll eine Reise in seine Geburtsstadt Prag die Wiederbegegnung mit alten Freunden und jener Zeit bringen, als er noch nach seiner idealistischen Weise lebte und opponierte. Doch enttäuscht erkennt er, daß ihm der Weg ›zurück‹ versperrt ist. Er setzt bewußt den »sanften Lauf« der Anpassung an die Wohlstandsgesellschaft fort.

Haro Senfts Beitrag zum Neuen deutschen Film ist eine gesellschaftliche Parabel vom jungen ›Antihelden‹, der sich – ante 1968 – für beruflichen Erfolg und privates Glück und gegen das sich gesellschaftliche Exponieren entscheidet. Dieser Entwicklungsprozeß wird elliptisch, oft nur andeutungsweise und mit distanzierender Ironie, formal unspektakulär erzählt.   *ps*

Sarajewo
(Um Thron und Liebe)

Österreich 1955

R: Fritz Kortner; A: Robert Thoeren; K: Heinz Hölscher; D: Ewald Balser, Luise Ullrich, Klaus Kinski, Josef Meinrad, Hubert Hilten, Michael Lenz, Wolfried Lier

Der Besuch des österreichischen Thronfolgerpaares (E. B., L. U.) in Bosnien erfolgt im Juni 1914 aufgrund von Manövern an der serbischen Grenze. Als Abschluß der Machtdemonstration des Habsburgerstaates ist ein Besuch Sarajewos geplant. Doch schon ein Festakt am Tag zuvor findet unter ungünstigen Bedingungen statt – Herzogin Sophie ist von dunklen Vorahnungen geplagt, Intrigen beeinträchtigen die Sicherheitsvorkehrungen. Vertraute des Thronfolgers Franz Ferdinand versuchen ihn in letzter Minute von seinem Besuch abzubringen, die Staatsräson aber verbietet eine Absage. Unterdessen bereitet eine Gruppe von Verschwörern das Attentat auf den Thronfolger vor. Nachdem das Besuchsprogramm erledigt und mehrere revolutionäre Studenten (W. L., M. L., K. K.) verhaftet wurden, scheint die schlimmste Gefahr gebannt. Doch ein Irrtum des Fahrers (J. M.) von Franz Ferdinands Wagen gibt dem letzten Attentäter in Freiheit (H. H.) Gelegenheit, seine tödlichen Schüsse auf das Thronfolgerpaar abzufeuern; Schüsse, die die Welt verändern sollten.

Die atmosphärisch dichte Rekonstruktion der letzten zwölf Stunden vor dem Attentat auf das österreichische Thronfolgerpaar, wodurch der Erste Weltkrieg ausgelöst wurde, verknüpft private wie gesellschaftspolitische Handlungsebenen. Der daraus resultierende Spannungsaufbau sowie die einfühlsame Gestaltung der historischen Figuren heben diesen vierten und letzten Kinospielfilm des Schauspielers und Autors Kortner über den Durchschnitt der biographischen Leinwandgemälde, die sich in den fünfziger Jahren großer Beliebtheit erfreuten.   *rap*

Sauerbruch – Das war mein Leben

BRD 1954

R: Rolf Hansen; A: Felix Lützkendorf nach den Memoiren von Ernst Ferdinand Sauerbruch; K: Helmuth Ashley; D: Ewald Balser, Heidemarie Hatheyer, Maria Wimmer, Hilde Körber, Lina Carstens, Paul Bildt

Der berühmte Chirurg Sauerbruch (E. B.) veranlaßt die sofortige Einlieferung der jungen Olga Ahrends (H. H.), die sich das Leben nehmen wollte, in die Charité. Dort kümmert er sich rührend um die verzweifelte junge Frau und vermag ihr neuen Lebensmut und den Glauben an eine glückliche Zukunft einzuflößen. Zahlreiche andere Patienten, darunter der ehemalige Briefträger (P. B.) von Reichspräsident Hindenburg, sind Sauerbruch ebenfalls in Dankbarkeit ergeben, weil er sie aufzumuntern, ihnen Kraft und Perspektiven zu geben versteht. Die Sterbeszene Hindenburgs, die Verhaftung Sauerbruchs durch revolutionäre Truppen, die Begegnung mit den Lebensgeschichten der Patienten und den Behandlungsmethoden des Chirurgen ergeben ein Charakterbild seines Lebens und seiner Zeit.

Die souveräne Verflechtung von Haupthandlungsstrang und Rückblenden verlieh Rolf Hansens filmischer Biographie stringente Geschlossenheit. Bis in die Nebenrollen mit erprobten Charakterdarstellern besetzt, wirkte das Arztporträt durch seine Kombination von gefühlszentrierter Menschlichkeit und jovial-paternalistischem Humor vor allem auf emotionaler Ebene. Für zahlreiche Filme der Adenauer-Ära symptomatisch ist das konservativ-reaktionäre Weltbild, das durch die unreflektierte Stilisierung von Heldenfiguren etabliert wurde. Die *Illustrierte Film-Bühne* brachte 1954 die elitäre Verklärung unfreiwillig deutlich auf den Punkt, indem sie schrieb, hier werde »einfach nur der Alltag eines großen Arztes gezeigt, vor dem alle Menschen, ob reich oder arm, bloß Hilfesuchende sind«.   *tk*

Schatten – Eine nächtliche Halluzination ⓢ

Deutschland 1923

R: Arthur Robison; A: Rudolf Schneider, Arthur Robison nach einer Idee von Albin Grau; K: Fritz Arno Wagner; D: Fritz Kortner, Ruth Weyher, Alexander Granach, Gustav von Wangenheim, Max Gülstorff

In einem Landhaus empfangen der Hausherr (F. K.) und seine Gattin (R. W.) den Liebhaber (G. v. W.) und drei Verehrer der verführerischen Gastgeberin. Als diese beim Tanz ihre Reize provozierend zur Schau stellt, steigert sich der Ehemann in rasende Eifersucht. Vom Hof aus hat ein Schattenspieler (A. G.) das spannungsgeladene Treiben beobachtet. Er stößt zu der Gruppe und will sie durch seine Künste zur Besinnung bringen. Als auch dies die aufgeheizte Stimmung nicht beruhigen

kann, versetzt der Schattenspieler die Gesellschaft mittels Hypnose in einen kollektiven Traumzustand, in dem alle Beteiligten ihre unterdrückten Begierden frei ausleben, was alsbald zu einem Blutbad führt: Der Ehemann überrascht die Gemahlin in den Armen des Liebhabers, läßt sie fesseln und stellt die vier Nebenbuhler vor die Wahl, entweder die Treulose zu erdolchen oder selbst getötet zu werden. Darauf ermorden sie die Frau und bringen auch den Hausherrn um. Aus dieser Vision ihrer Triebwelt in die Realität zurückgekehrt, verändern die Personen ihr Verhalten grundlegend: Die Frau wird zur zärtlichtreuen Gattin, der häusliche Friede ist wiederhergestellt, und zusammen mit dem reich belohnten Schattenspieler verlassen die Kavaliere das Haus.

Angesiedelt in der »Dämmerzone zwischen Sinnestäuschung und Phantasie, Träumen und Wachen, Verdrängung und Begehren« (Anton Kaes), ist *Schatten* eines der vielschichtigsten Werke des deutschen Stummfilms, das bis heute nichts von seiner Faszination verloren hat. Lotte H. Eisner sprach von einer »fast animalisch anmutenden Vitalität« der Figuren und bezeichnete *Schatten* noch 1964 als den erotischsten Film, den sie kenne. Der Schattenspieler läßt in der Hypnose eine versteckte Zwischenwelt auferstehen, in der die Grenzen von wahr und falsch, echt und unecht in dem Maße aufgehoben werden, wie Schatten und Spiegelbildern ein Eigenleben zukommt, weil sie Verlängerungen oder Verdrängungen der ›realen‹ Figuren und ihrer Obsessionen sind. Offen bleibt, ob die illusionistische Vorstellung nun einen psychotherapeutischen Vorgang wiedergeben oder ihn im Gegenteil als Scharlatanerie demaskieren sollte – gerade in seiner irritierenden Vieldeutigkeit erfaßt *Schatten* viel Charakteristisches der Eigenart der Seele – und der Eigenart des Kinos.   *tk*

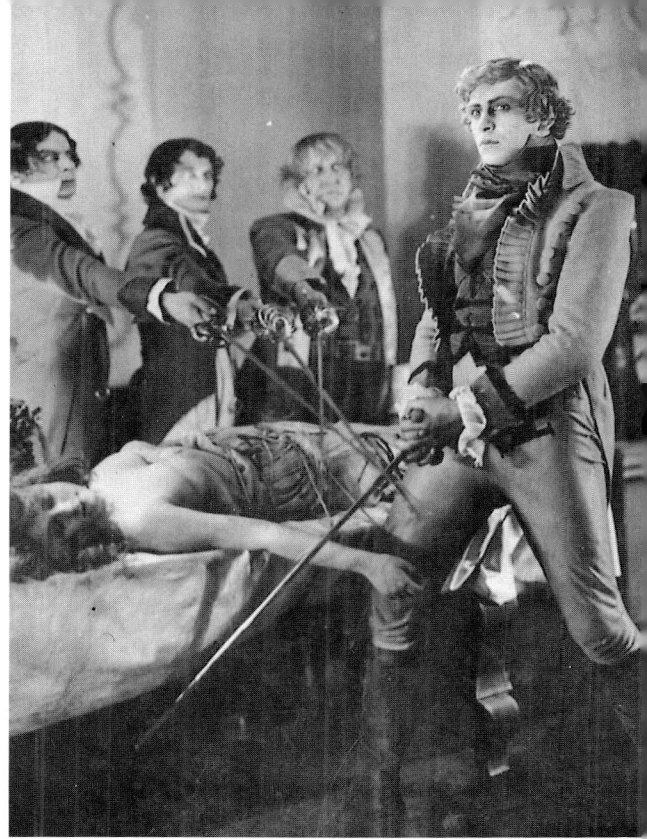

*Schatten – Eine nächtliche Halluzination
(Ruth Weyher, Ferdinand von
Alten, Eugen Rex, Max Gülstorff,
Gustav von Wangenheim)*

Der Schatz im Silbersee /
Blago u srebrnom jezeru /
Le trésor du lac d'argent

BRD/Jugoslawien/Frankreich 1962

R: Harald Reinl; A: Harald G. Petersson nach
dem gleichnamigen Roman von Karl May;
K: Ernst W. Kalinke; D: Lex Barker, Pierre
Brice, Herbert Lom, Götz George, Karin Dor,
Jan Sid, Eddi Arent, Ralf Wolter

Die berüchtigte Verbrecherbande von Cornel
Brinkley (H. L.) überfällt eine Postkutsche, wobei Brinkley die Hälfte eines Planes in die
Hände fällt, der den Weg zum sagenumwobenen Schatz im Silbersee weist. Fred Engel
(G. G.), dessen Vater bei dem Überfall getötet
wurde, sinnt auf Rache. Unterstützt wird er
dabei von seinem neuen Freund Old Shatterhand (L. B.) und dessen Blutsbruder Winnetou
(P. B.). Gemeinsam versuchen sie, den Besitzer
der zweiten Hälfte des Plans, Patterson (J. S.),
und dessen Tochter Ellen (K. D.) vor Brinkley
in Sicherheit zu bringen. Nach einem Kampf
werden die Banditen in die Flucht geschlagen,
und Patterson macht sich mit seinen Beschüt-
zern auf die Suche nach dem Schatz. Immer
wieder geraten sie durch Brinkleys Bande und
von ihm aufgehetzte Indianer in Gefahr.
Schließlich kommt es am Silbersee zur Entscheidung – Brinkley findet im Angesicht des
Goldes durch seine Habgier den Tod, Fred und
Ellen, die inzwischen von der Bande gefangengenommen worden waren, können gerettet
werden.

Der erste Western nach einer Vorlage von Karl
May wurde der geschäftlich erfolgreichste
Film der Spielsaison 1962/63 und hatte eine

271

ganze Reihe weiterer Karl-May-Verfilmungen zur Folge, die die kontinentale Spielart des amerikanischen Western, den sogenannten Euro-Western und damit letztlich auch den Italo-Western begründeten. Hauptgründe des Erfolges waren die naive Frische und Geradlinigkeit des Films, der die Einstellung seines Regisseurs Harald Reinl treffend wiedergibt: Das Gute im Kino siegen zu lassen.   *mp*

Die Schaukel

BRD 1983

R: Percy Adlon; A: Percy Adlon nach dem gleichnamigen Roman von Annette Kolb; K: Jürgen Martin; D: Anja Jaenicke, Lena Stolze, Joachim Bernhard, Susanne Herlet, Rolf Illig, Christine Kaufmann, Elisabeth Bertram, Günter Strack, Dorothea Moritz

Eine Liebeserklärung an die Familie der Schriftstellerin Annette Kolb, deren Autobiographie als Vorlage diente, und an die Stadt München. Dort lebt um die Jahrhundertwende gleich neben dem Glaspalast der königlich-bayrische Hofgärtner Lautenschlag (R. I.). Er kennt nur seine Bäume und Pflanzen; seine Frau (C. K.), eine in Deutschland nie heimisch gewordene französische Pianistin, nur ihre Musik. Die Kinder dieser unkonventionellen, in Chaos und Geldmangel lebenden Familie halten zusammen wie Pech und Schwefel, kratzen Geld für Besuche teurer Theatergastspiele zusammen, sparen auf ihre alljährliche Nachtwanderung durch die Alpen. Die stille Hespera (S. H.) ist der Sicherheit gebende, ruhende Pol, die hübsche Gervaise (L. S.) erheitert alle mit ihrem schauspielerischen Talent, der leicht stotternde Otto (J. B.) träumt von Goldfunden in Südafrika. Die Jüngste (A. J.), die scharf beobachtende, sehr direkte Mathias erweist mit ihrer Burschikosität ihrem Jungennamen alle Ehre. Aus ihrer Perspektive zeigt der Film eine ungewöhnliche deutsch-französische Familie im Kontext des gesellschaftlichen Lebens und kontrastiert sie teilweise mit der des aus Berlin zugewanderten, autoritär-steifen Medizinprofessors von Zwing (G. S.).

Ein Lebensfreude ausstrahlendes, impressionistisches Sommergemälde, das bei aller Heiterkeit deutlich macht, warum die Kinder 1931 beim Brand des Glaspalastes wünschten, das Feuer hätte auch ihr Elternhaus zerstört.   *hc*

Die Schauspielerin

DDR 1988

R: Siegfried Kühn; A: Regine Kühn nach dem Roman *Arrangement mit dem Tod* von Hedda Zinner; K: Peter Ziesche; D: Corinna Harfouch, André Hennicke, Michael Gwisdek

Die schöne und talentierte junge Schauspielerin Maria Rheine (C. H.), für die Leben Spielen bedeutet, verliebt sich 1933 an einem Provinztheater in den ebenso engagierten Kollegen Mark Löwenthal (A. H.), der ihre Liebe erwidert. Nach seiner Kündigung bleibt Mark in Deutschland nur eine Möglichkeit: Er geht ans neugegründete Jüdische Theater nach Berlin, während Maria mit ihrer ›nordischen‹ Erscheinung alle großen Häuser offenstehen und sie ein Engagement nach München annimmt. Da Maria die sich ausbreitende faschistische Fanatisierung, die sie emotional ablehnt, dennoch in ihre Rollengestaltung aufnimmt, hat sie als Schillers Jungfrau von Orleans überwältigenden Erfolg. Marks Blumensendung zur Premiere macht ihr den drohenden Verlust ihrer Liebe bewußt, die sie sich auch von den Nürnberger Gesetzen nicht nehmen lassen will. Mit Unterstützung ihres Freundes Mario Montegasso (M. G.) täuscht sie einen Selbstmord vor und verwandelt sich in die Jüdin Manja, um mit Mark zusammenleben zu können. In einem völlig andersartigen Alltag als dem gewohnten begreift sie allmählich die Konsequenzen ihres Schrittes und geht nur knapp an einem wirklichen Selbstmord vorbei. Maria und Mark geben nicht auf: als Manja spricht sie am Jüdischen Theater vor und wird als Mitglied ins Ensemble aufgenommen.
Im Bemühen um eine neue Sicht auf die traditionelle Thematik entwickelt Kühn durch die Konzentration auf die Titelfigur und deren Identitätssuche in der Zeit des Faschismus eine dichte und geschlossen wirkende filmische Er-

zählweise, die vor allem von der ausgezeichneten Leistung der Hauptdarstellerin getragen wird. *ms*

■ **Scherben** Ⓢ

Deutschland 1921

R: Lupu Pick; A: Carl Mayer, Lupu Pick; K: Friedrich Weinmann; D: Werner Krauß, Hermine Straßmann-Witt, Edith Posca, Paul Otto, Lupu Pick

Abgeschieden wohnt ein Bahnwärter (W. K.) mit seiner Frau (H. S.-W.) und Tochter (E. P.). Aus der Stadt kommt der welterfahrene Inspektor (P. O.), um die Arbeit des Streckenwarts zu überprüfen. Die Tochter hofft, der ärmlichen Welt ihres Elternhauses durch den Besucher entfliehen zu können und läßt sich von ihm verführen. Doch die Mutter ertappt die beiden im Bett; in einem nahegelegenen Wald sucht sie Trost bei einem Madonnenbild. Sie erfriert und wird von ihrem Gatten gefunden, der aber nichts über die Umstände des Unglücks weiß. Erst als der Inspektor die Hoffnungen des Mädchens zurückweist, gesteht dieses dem Vater das Vorgefallene. Halb betäubt vor Schmerz, wankt dieser zum Inspektor und erwürgt ihn, als der die Geschichte bestätigt. Danach hält der gebrochene Bahnwärter einen durchfahrenden Schnellzug an – die Passagiere im Speisewagen schenken der Tragödie vor ihren Fenstern nur einen gelangweilten Blick – und gesteht dem Zugpersonal seine Tat. Die Tochter bleibt allein zurück und irrt über das Land.
Carl Mayer, der legendäre Drehbuchautor, war nicht nur einer der Begründer des expressionistischen Films, noch direkter an seine Person ist das Genre des ›filmischen Kammerspiels‹ gebunden. Mit unübertroffener Kennzeichnung des psychisch-sozialen Ambientes vermochte Mayer in Konventionen und Ängsten erstarrte Szenerien zu entwickeln. Darin siedelte er einen dramatischen Ausbruchsversuch an, der schicksalhaft und unvermeidlich in den Untergang führt. *Scherben* ist das Hauptwerk dieser Gattung, ein »Drama in fünf Tagen«, voll von Metaphern und Symbolen, welche die Seelenregungen der Figuren sichtbar machen. Dekorationsdetails, Bildausschnitte, Handlungsfluß, der Verzicht auf Zwischentitel bis auf den einen, der das Geständnis des Vaters übermittelt (»Ich bin ein Mörder«) – alles ist stimmig in diesem Film, der wie wenig andere Stummfilme das Alltagsmilieu psychologisch auszuloten verstand. *tk*

■ **Der Schimmelreiter**

Deutschland 1934

R: Curt Oertel, Hans Deppe; A: Curt Oertel, Hans Deppe nach der gleichnamigen Novelle von Theodor Storm; K: Alexander von Lagorio; D: Mathias Wieman, Marianne Hoppe, Hans Deppe, Walter Süssenguth, Ali Ghito

Um den landwirtschaftlich nutzbaren Grund und Boden zu vergrößern, will Deichgraf Hauke Haien (M. W.) dem Meer durch die Errichtung eines mächtigen Deichs Land abgewinnen. Die trägen, allem Neuen skeptisch gegenüberstehenden Dorfbewohner versuchen, das Projekt zu verhindern. Ihre Ablehnung ist auch in ausgeprägtem Aberglauben begründet. Dadurch läßt sich Hauke jedoch nicht von seinen Überzeugungen abbringen und setzt sich schließlich durch. Doch eine Sturmflut zerstört den neugebauten Damm, das gewonnene Land wird überflutet. Mit seinem Schimmel stürzt sich der Deichgraf in die Fluten und ertrinkt. Nun lebt er im abergläubischen Bewußtsein der Bevölkerung als gespenstischer Schimmelreiter weiter.
Die phantastischen Elemente von Storms Novelle wurden in dieser Verfilmung zugunsten von ›Volk-ohne-Raum‹-Anspielungen, Erziehung zu Opferbereitschaft und der Idealisierung des entschlossenen Einzelgängers (einer ›Führerfigur‹) vernachlässigt. Dem kam die Besetzung des Deichgrafen mit Mathias Wieman entgegen, der Idealisten mit einem Hang zu emotionaler oder intellektueller Verbissenheit glaubhaft darstellte. Formale Aspekte, v. a. der fast vollständige Verzicht auf Atelieraufnahmen, erheben das Regiedebüt Deppes und Oertels – der einzige Spielfilm des Kamera-

manns, Beleuchtungsspezialisten und späteren Dokumentarfilmers – jedoch durchaus in den Rang eines geglückten Experiments. *tk*

Schinderhannes – Der Rebell vom Rhein Ⓢ

Deutschland 1928

R: Kurt Bernhardt; A: Kurt Bernhardt, Carl Zuckmayer nach Carl Zuckmayers Bühnenstück *Schinderhannes*; K: Günther Krampf; D: Hans Stüwe, Albert Steinrück, Lissi Arna, Fritz Rasp, Frida Richard, Bruno Ziener

1796. Französische Truppen haben das linke Rheinufer besetzt und zwingen viele Bauern, in ihre Armee einzutreten. Diese leiden aber auch unter den hohen Abgaben, die Besatzer und deutsche Fürsten von ihnen einfordern. Hannes Bückler (H. S.) weigert sich, in der französischen Armee zu dienen, wird ausgepeitscht und schließt sich einer Räuberbande unter der Führung Leyendeckers (A. S.) an. Bald genießt er unter den Bauern einen legendären Ruf, denn er bestiehlt die Reichen, um die Beute zu verteilen. In Julchen (L. A.), der Tochter eines landlosen Dorfbewohners, findet er eine Freundin. Obwohl Leyendecker ihm dazu rät, versorgt Bückler die Bevölkerung nicht mit den erforderlichen Waffen, um sich gegen die Franzosen und die mit ihnen verbündeten Deutschen zu erheben. Bei einem Angriff auf Quartiere der Franzosen wird Hannes verhaftet und hingerichtet. Julchen bringt einen Sohn zur Welt, der des Vaters Kampf gegen die Unterdrückung fortsetzen wird.
Daß nicht nur die Unterdrückung durch fremde Truppen, sondern auch die Ausbeutung durch deutsche Fürsten angeprangert wurde, war in historischen Spielfilmen deutscher Herkunft ein Novum. Diese sozial differenzierende Sicht ergab sich daraus, daß *Schinderhannes* von der Filmfirma Prometheus hergestellt wurde, die der KPD nahestand. Deutlicher als die Bühnenvorlage betonte der Film die Erfordernis einer bewaffneten Bauernerhebung zur Beseitigung der Unterdrückung.
tk

Schlagende Wetter Ⓢ
(Explosion)

Deutschland 1923

R: Karl Grune; A: Max Jungk, Julius Urgiss nach einem Sujet von Stefan Großmann; K: Karl Hasselmann; D: Liane Haid, Hermann Vallentin, Eugen Klöpfer, Walter Brügmann

Marie (L. H.), die junge Tochter eines Bergmanns, wird vom Vater (H. V.) aus dem Haus gejagt, weil sie ein Kind von Georg (W. B.) erwartet, der sie jedoch verlassen hat. Nachdem sie an einem anderen Ort Unterschlupf gefunden hat, lernt Marie den Steiger Thomas (E. K.) kennen und heiratet ihn. Als Georg wieder auftaucht, macht der charakterlose Schönling ihr wieder Avancen und will sie zur gemeinsamen Flucht überreden. Im Bergwerk kommt es zur Konfrontation zwischen Thomas und Georg. Eine Schlagwetterexplosion verschüttet Teile des Bergwerks und begräbt Georg. Thomas kann sich retten, wird dann jedoch mit Marie, die den Bergleuten mit einem Hilfstrupp zu Hilfe eilt, in einem Schacht eingeschlossen. In dieser verzweifelten Lage gestehen die beiden einander, wie tief ihre Liebe ist. Nach Tagen der Dunkelheit wird das Paar befreit.
Schlagende Wetter, ein Film, der ohne Studioaufnahmen auskommt, nimmt im deutschen Stummfilmschaffen eine Ausnahmestellung ein. Die fast ausschließlich in der Umgebung und in den Stollen eines Bergwerks im Ruhrgebiet aufgenommenen Bilder eröffnen einen authentischen Einblick in den Alltag der Bergleute. Der halbdokumentarische Blick auf die proletarische Arbeitswelt wird durch die zurückhaltend inszenierte Liebesgeschichte nicht gestört und erregte auch international großes Aufsehen.
tk

Schleppzug M 17

Deutschland 1933

R: Heinrich George, Werner Hochbaum;
A: Willy Döll; K: Adolf Otto Weitzenberg;
D: Heinrich George, Bertha Drews, Wilfried
Seyferth, Betty Amann

Der Kahnschiffer Henner (H. G.) lebt mit seiner Frau Maria (B. D.) und dem kleinen Sohn auf einem Schiff. Er nimmt Jakob (W. S.) bei sich auf, einen Jungen, der von seinem Vater mißhandelt wird. Jakob hilft bei der Arbeit auf dem Kahn nach Kräften mit. Eines Abends, das Schiff liegt am Kai einer Großstadt, sieht Henner, wie ein Lagerschuppen ausgeraubt wird, und es gelingt ihm, die Einbrecher in die Flucht zu schlagen. Zur Diebesclique gehört auch die junge Gescha (B. A.), die von Henner aus dem Fluß gerettet wird, nachdem sie sich durch den Sprung ins Wasser der Verfolgung zu entziehen suchte. Gescha, die sich an Henner schmiegt und ihn küßt, übt eine starke erotische Anziehungskraft auf den Schiffer aus. Er nimmt sie mit auf den Kahn, und sie bringt ihn so weit, daß er Frau und Kind verlassen würde, um mit ihr zusammenbleiben zu können. Jakob, der das nahende Familiendrama erkennt, schlägt Gescha jedoch in die Flucht und verfolgt sie durch die Stadt, um sicherzugehen, daß sie nicht zurückkehrt. Dabei gerät Jakob unter ein Feuerwehrauto und wird schwer verletzt. Gescha wird als Mitglied der Diebesclique wiedererkannt und verhaftet. Als der verletzte Jakob auf den Kahn gebracht wird, begreift Henner sein unrechtes Handeln und kehrt zu Frau und Kind zurück.
Die mit sozialkritischem Unterton versehene Geschichte eines biederen Kraftprotzes, der sexuell hörig wird, jedoch wieder zur Räson kommt, wurde von George mit scharfem Blick für das einfache Milieu gespielt und inszeniert. Visuell brillant sind vor allem die Persiflagen auf kleinbürgerliche Gewohnheiten. Hochbaum wurde für das Nachdrehen von Szenen herangezogen, die den inneren Fluß des Films verdeutlichten, und wirkte bei der Montage mit.   *tk*

Schlösser und Katen
Teil 1: **Der krumme Anton**
Teil 2: **Annegrets Rückkehr**

DDR 1957

R: Kurt Maetzig; A: Kuba (d. i. Kurt Barthel);
K: Otto Merz; D: Raimund Schelcher, Erika
Dunkelmann, Karla Runkehl, Erwin
Geschonneck, Ekkehard Schall, Dieter Perlwitz,
Harry Hindemith, Helga Göring, Traute Sense

Teil 1: *Der krumme Anton.* Im mecklenburgischen Holzendorf verläßt die gräfliche Familie im Juni 1945 fluchtartig das Gut, als sie vom Rückzug der britischen Truppen und dem Einmarsch der Roten Armee erfährt. Zurückbleiben Großbauern, Flüchtlinge und Landarbeiter, unter ihnen der Kutscher Anton Zuck (R. S.), genannt der »krumme Anton«. Vor 17 Jahren heiratete er Marthe (E. D.), Magd am Hof, die ein Kind vom Grafen erwartete. Von diesem erhielt Anton ein Schreiben, daß Tochter Annegret (K. R.) bei ihrer Hochzeit oder am

*Schlösser und Katen
(Raimund Schelcher, Erika Dunkelmann)*

31. Geburtstag 5000 Mark und Bettbezüge zustehen. Gutsinspektor Bröker (E. G.), der sich jetzt loyal gibt, bekundet ebenfalls Interesse an diesem Dokument, da er seinen Sohn Ekkehart (E. S.) mit Annegret vermählen will. Die Verhältnisse im Dorf ändern sich mit der Bodenreform und Landverteilung; trotz vieler Schwierigkeiten bessert sich die Lage. Annegret lernt Klimm (D. P.), den Heimkehrer und Maschinisten, kennen. Ekkehart fürchtet um seine Chancen und erzählt Annegret von ihrer gräflichen Herkunft. Sie ist irritiert und empört über Antons Haltung, der aus seinem »Schein« Kapital schlagen will, und verläßt mit Klimm das Dorf. Marthe, enttäuscht darüber, daß Anton sie nicht aus Sympathie geheiratet hat, läßt sich von ihm scheiden.

Teil 2: *Annegrets Rückkehr.* Jahre später kehrt Annegret als Zootechnikerin zurück. Inspektor Bröker verbreitet falsche Informationen über die ›Grafentochter‹, die von den Bauern aufgegriffen werden, da sie gegen Annegrets neue Methoden sind. Bröker hält auch Kontakte zur Gräfin (T. S.), die – als sie heimlich das Dorf besucht – überrascht die neuen Häuser, eine Ambulanz und die Maschinen-Traktoren-Station registriert. Sie möchte in den Besitz von Antons Schreiben kommen, um ihre Scheidung vom Grafen zu befördern bzw. eventuelle Ansprüche durch Annegret zu verhindern, und die Großbauern zur Flucht bewegen. Fehler und barsches Verhalten des Parteisekretärs (H. H.) und Christels (H. G.), der Vorsitzenden der Landwirtschaftlichen Produktionsgenossenschaft, schaffen zudem leere Höfe und zusätzlich zu bearbeitende Flächen. Ekkehart Bröker erscheint wieder, da der »Tag X« bevorstehe, wird aber von Klimm, als er Annegret bedrängt, festgenommen. Bröker wiegelt am 17. Juni 1953 unzufriedene Bauern auf und erschießt die LPG-Vorsitzende. Anton, der sich um seine Forderungen betrogen fühlt, stellt ihn am geheimen Grenzübergang und erschlägt ihn. Aus dem Gefängnis entlassen, kommt er zu Annegrets Hochzeit mit Klimm und zerreißt den Schein, den »niemand mehr haben will«. Marthe fordert ihn zum Bleiben auf: »Du bist doch gar nicht so krumm, Anton, spiel nicht den Krummen.«

In diesem ›Landfilm‹ stehen sachliche Darstellung und Auseinandersetzung neben vordergründiger Argumentation und einer Überfülle von Geschehnissen. Das umfassende Panorama, von guten schauspielerischen Leistungen und adäquater Sprache getragen, vermittelt noch heute Eindrücke von den Veränderungen und Problemen auf dem Land zwischen 1945 und 1953. Es fand 1968 mit Helmut Sakowskis Fernsehfilm *Wege übers Land* (DDR 1968, Eckermann, TV) seine Weiterführung. *ms*

■

Das Schloß

BRD/Schweiz 1968

R: Rudolf Noelte; A: Rudolf Noelte nach dem gleichnamigen Roman von Franz Kafka; K: Wolfgang Treu; D: Maximilian Schell, Cordula Trantow, Trudik Daniel, Helmut Qualtinger, Franz Misar, Friedrich Maurer

Der Landvermesser K. (M. S.) versucht, in einem Dorf Arbeit zu finden und heimisch zu werden. Doch dies wird ihm durch das Schloß erschwert, zu dessen Verwaltungsbezirk das Dorf gehört. Das Schloß wird zum Sinnbild für undurchschaubare Vorgänge, Instanzenwege und Verwaltungsmechanismen, für den Anspruch auf Gehorsam und Unterwerfung, den Beamte einfordern, ohne selbst die Urheber der Forderung zu sein. Die Brückenhofwirtin (T. D.), der Gemeindevorsteher (F. Ma.) und die anderen Dorfbewohner mißtrauen dem Fremden und verfolgen eigennützige Ziele. Einzig das Schankmädchen Frieda (C. T.) ist K. zugetan und versucht, ihm zu helfen. Doch weil K. so auf das Schloß fixiert ist und alles tun würde, um endlich dessen Anerkennung zu erlangen, verläßt Frieda ihn enttäuscht. Schließlich stirbt K., entkräftet und aufgerieben. Während des Begräbnisses trifft der Bescheid ein, daß K.s Aufenthalt im Dorf vom Schloß nun gebilligt worden ist.

Die finstere Parabel des Kinoskeptikers Franz Kafka als bravourös inszenierte, jedem vordergründigen Effekt entsagende Leinwandadaption. In quälender Deutlichkeit wird die Ohnmacht des einzelnen gegenüber der Behördenmaschinerie und die Vergeblichkeit aller Bemühungen um eine Harmonisierung von Individuum und Gesellschaft dargestellt. Dennoch fand der Film, 1968 fertiggestellt und in den

USA uraufgeführt, bis 1971 keinen Verleiher, der ihn in Österreich und der BRD auswerten wollte. *Das Schloß* erhielt Bundesfilmpreise für Kameraarbeit und Filmarchitektur. *tk*

Das Schloß in Flandern

Deutschland 1936

R: Geza von Bolvary; A: Curt J. Braun; K: Werner Brandes; D: Marta Eggerth, Paul Hartmann, Georg Alexander, Hilde Weissner, Paul Otto

Eine Gruppe englischer Offiziere hat im Ersten Weltkrieg in einem Schloß nahe Ypern Quartier bezogen. Auf einem Trichtergrammophon hören sie immer wieder die gleiche Platte der Sängerin Gloria Delamare (M. E.), in deren Stimme alle Offiziere vernarrt sind. Einer von ihnen, Fred Winsbury (P. H.), schreibt gar Liebesbriefe an Gloria, die er jedoch nie abschickt. Jahre später arrangiert Winsbury in diesem Schloß ein Zusammentreffen mit Gloria, deren Tournee sie nach Ypern führt. Er liebt die Sängerin noch immer, wird von ihr jedoch zurückgewiesen. Sie hat schon einen anderen aufdringlichen Verehrer (G. A.), den sie nicht abschütteln kann. Erst als sie die Hintergründe von Winsburys Liebe erfährt, beginnt sich Gloria für ihn zu interessieren. Der Engländer wurde von seiner Familie verstoßen, weil er eine Wechselfälschung auf sich genommen hat, die in Wirklichkeit die Tat seiner ehe-

maligen Braut Margret (H. W.) war. Gloria läßt sich von Margret den wahren Sachverhalt erklären und folgt Winsbury, den sie inzwischen zu lieben gelernt hat, nach Australien, um ein glückliches Leben an seiner Seite zu führen.

Aus dem Oszillieren zwischen der fatalistischen Innerlichkeit des Melodrams und den Elementen konventioneller Romanzen ergibt sich die subtile Ambivalenz dieses Films. Atmosphärische Stimmigkeit (Dekor und Ausleuchtung), konzentrierte Rollengestaltung, Eggerths stimmungsvolle Gesangseinlagen und Bolvarys strenge, aber zurückhaltende Inszenierung entsprechen der differenzierten Vorlage des vielbeschäftigten Szenaristen Curt J. Braun in angemessener Weise. *tk*

Schlußakkord

Deutschland 1936

R: Detlef Sierck; A: Kurt Heuser, Detlef Sierck; K: Robert Baberske; D: Lil Dagover, Willy Birgel, Maria von Tasnady, Maria Koppenhöfer, Theodor Loos

Dirigent Garvenberg (W. B.) und seine exaltierte Frau Charlotte (L. D.) haben ein Kind adoptiert, nicht zuletzt in der Hoffnung dadurch ihre Ehe retten zu können. Doch nun ist Charlotte tot, nachdem sie von einem Erpresser und einem zwielichtigen Astrologen in die Enge getrieben wurde. Ihr Gatte und Hanna (M. v. T.), das Kindermädchen, gelten als mög-

Schlußakkord
(Maria Koppenhöfer,
Lil Dagover)

liche Täter. Der kleine Peter, der bei Garvenbergs aufwächst, ist das Kind von Hanna, wurde indes bei Pflegeeltern untergebracht, als Hanna mit ihrem Mann, der einen Versicherungsbetrug begangen hatte, nach Amerika flüchtete. Nach dem Tod ihres Mannes war Hanna nach Deutschland zurückgekommen und hat sich unerkannt als Kindermädchen anstellen lassen, um in Peters Nähe zu sein. Dies erfahren die Beteiligten bei den Ermittlungen im Mordfall Charlotte Garvenberg. Charlottes Vertraute, die Wirtschafterin Freese (M. K.), weist nach, daß Charlotte Freitod verübt hat, Hanna und der Dirigent also unschuldig sind. Zu dritt wagen Garvenberg, Hanna und Peter einen Neuanfang.

Durch gefühlsintensive Darstellung und perfekte Integration klassischer Musik – von Beethoven, Händel, Bach und Tschaikowski – in die Filmhandlung vermochte bereits die erste Regiearbeit Detlef Siercks zu begeistern, der in Deutschland und, nach seiner Emigration, auch in Hollywood (unter dem Namen Douglas Sirk) das Genre des kultivierten Filmmelodrams entscheidend mitprägen sollte.   *tk*

Die schönen Tage von Aranjuez

Deutschland 1933

R: Johannes Meyer; A: Peter Francke, Walter Wassermann; K: Friedl Behn-Grund; D: Brigitte Helm, Gustaf Gründgens, Wolfgang Liebeneiner, Kurt Vespermann, Jakob Tiedtke, Max Gülstorff

Bei einem geschickt eingefädelten Coup stiehlt die Hochstaplerin Olga (B. H.) dem Juwelier Dergan (J. T.) eine Perlenkette. Nun ist sie als angebliche Gräfin von Beaumont auf dem Weg nach Spanien, wo sie ihren Komplizen Alexander Parker (G. G.) treffen will. Obwohl Parker Olga davor warnt, gegenüber der Polizei, die auf ihre Spur ist, ein Risiko einzugehen, ist die Trickdiebin leichtsinnig. Sie verbringt in der spanischen Stadt Aranjuez zwei idyllische Tage mit dem jungen Ingenieur Pierre (W. L.), in den sie sich auf der Reise verliebt hat. Dann aber werden Olga und Parker, der ihr nachgereist ist, in Aranjuez von der Polizei gestellt und verhaftet. Erst jetzt erfährt der bestürzte Pierre, daß seine Liebe einer Hochstaplerin gilt.

Unter der Regie des vielbeschäftigten und talentierten Johannes Meyer stattete Gründgens seinen Gentlemanverbrecher mit allen Attributen des kühl-distanzierten Zynikers aus, während Brigitte Helm glaubwürdig die Hochstaplerin mimt, die von der ehrlichen Liebe eines Mannes dazu gebracht wird, ihre Abgebrühtheit abzustreifen und sich dem Moment hinzugeben. Ein sorgfältig inszeniertes Kriminalmelodram, von dem auch eine französische Version hergestellt wurde, in der – neben Helm – Jean Gabin den Pierre und Henri Bosc den Komplizen spielten (*Adieu les beaux jours*, 1933, Meyer). 1936 erlebte der Film sein Hollywood-Remake mit Marlene Dietrich und Gary Cooper in den Hauptrollen (*Desire*, USA, Borzage; *Sehnsucht*).   *tk*

Schonzeit für Füchse

BRD 1966

R: Peter Schamoni; A: Günter Seuren nach seinem Roman *Das Gatter*; K: Jost Vacano; D: Helmut Förnbacher, Christian Doermer, Andrea Jonasson, Monika Peitsch, Edda Seipel, Willy Birgel

Die jungen Freunde Viktor (C. D.) und »Er« (H. F.) entstammen dem Großbürgertum und verbringen ihr Leben mit intellektuellen Spielereien, Treibjagden und anderen ›gesellschaftlichen‹ Freizeitbeschäftigungen. Beide leben in wohlgenährter Langeweile und sehnen sich nach der Zeit zurück, als sie von der Revolte träumten. Aber mittlerweile lockt der luxuriöse Lebenswandel zu sehr, als daß sie aufs familiäre Erbe verzichten wollen. Beide lehnen vordergründig die Mentalität und Normen ihres großbürgerlichen Umfelds ab, doch ihre eigenen Verhaltensmuster sind von dessen Wertmaßstäben geprägt. Während Viktor nach Australien auswandert, um eine Vertretung für Jagdwaffen zu etablieren, ist »Er« weiterhin als Journalist tätig und absolviert seine Arbeit ohne inneres Engagement. Auch das Privatleben – »Er« ist mit einer Bürgerstochter liiert –

bringt keine Befriedigung oder wirkliche Zerstreuung. So bleibt am Ende der Eindruck, die Schonzeit sei für die ›Füchse‹ ab dem Moment beendet gewesen, als sie sich mit den Zwängen des (materiell unbelasteten) Erwachsenenlebens zu arrangieren begonnen hatten.

Realitätsflucht der Jugend und existentielle Leere des wohlhabenden Bürgertums sind die Hauptthemen dieses Films, dessen Milieuschilderung präzis, dessen kritische Ansätze überzeugend sind. Peter Schamoni, einer der Exponenten des Neuen deutschen Films, bewies sein Talent, eine Geschichte stringent zu erzählen, selbst wenn diese aus einer statischen Situationsbeschreibung bestand, die kaum Überraschungen bot.   *k*

■

Schrammeln

Deutschland 1944

R: Geza von Bolvary; A: Ernst Marischka; K: Günther Anders; D: Marte Harell, Paul Hörbiger, Hans Holt, Hans Moser, Fritz Imhoff, Robert Lindner

Der Musiker Josef Schrammel (H. H.) entdeckt, daß sein älterer Bruder, der Orchestergeiger Johann (P. H.), wundervolle Wiener Lieder schreibt, sie aber unaufgeführt hortet. Ohne Wissen des Älteren versucht Josef, die Lieder drucken zu lassen, und führt sie schließlich mit seinem Freund Strohmayer (H. M.) selbst auf, als er keinen Verleger findet. Die Lieder werden ungeheuer populär, jedermann kennt sie, doch die Brüder zerstreiten sich wegen Josefs eigenmächtigem Handeln. Die attraktive Volkssängerin Fiakermilli (M. H.) kann sie jedoch versöhnen. Auf ihre Veranlassung hin treten die beiden mit Strohmayer und dem Ziehharmonikaspieler Dänzer (F. I.) als Heurigenquartett auf und werden so die legendären »Schrammeln«. Als sich beide Brüder Schrammel in die männerbetörende Milli verlieben, spaltet sich das Quartett. Doch erneut kann Milli den Streit schlichten, indem sie, trotz ihrer Liebe zu Josef, den Avancen eines reichen Verehrers (R. L.) nachgibt. Wieder vereint gewinnen die »Schrammeln« eine begehrte Volkssängerkonkurrenz.

Den Zuschauern eine heile Welt vorzugaukeln, in die sie aus der entbehrungsreichen Gegenwart für hundert Minuten entfliehen konnten, war 1943/44 eines der Hauptziele leitender NS-Instanzen in der Filmpropaganda. Die zeitferne, sentimentbeladene Wiener Volkskultur sollte hier als Schablone dienen, doch das vorwiegend österreichische Filmteam widersetzte sich dem Domestizierungsversuchen und zeichnete trotz allem ein authentisches Sittenbild. Paul Hörbiger brillierte als Johann Schrammel, und Marte Harell verband in ihrer Fiakermilli Sinnlichkeit und Rationalität in idealer Weise.   *tk*

■

Das schreckliche Mädchen

BRD 1990

R: Michael Verhoeven; A: Michael Verhoeven; K: Axel de Roche; D: Lena Stolze, Monika Baumgartner, Michael Gahr, Robert Giggenbach, Fred Stillkrauth, Elisabeth Bertram

Für ihren Aufsatz »Freiheit in Europa« hatte die Musterschülerin Sonja Wegmus (L. S.) vom Bundespräsidenten den ersten Preis und eine Reise nach Paris bekommen. Ihre Heimatstadt Pfilzig hatte sie gefeiert und ihr den Silbernen Pfilztaler verliehen. Als sie für den nächsten Bundeswettbewerb über »Meine Heimatstadt im Dritten Reich« schreiben will, sind ihr plötzlich die städtischen und kirchlichen Archive verschlossen. Damit beginnt ein jahrelanger Kampf um Zugang zu den Akten und gegen das Schweigen, in dessen Verlauf Sonja zwar internationale Anerkennung findet, aber auch das Leben ihrer Familie bedroht wird und ihre Ehe in die Brüche geht.

Mit seiner einfühlsamen Rekonstruktion der Widerstandsgruppe »Weiße Rose« hatte Verhoeven bereits einen der wichtigsten Beiträge zum Thema Vergangenheitsbewältigung geliefert und ein intensiveres Nachdenken über die Justiz im Dritten Reich ausgelöst. In seinem Film von 1990 dienen die authentischen Erfahrungen der Anja Rosmus aus Passau nur als Ausgangspunkt für eine Geschichte, die »zugleich Fiktion und Wahrheit« ist. So kann Ver-

*Der Schritt vom Wege
(Karl Ludwig Diehl,
Marianne Hoppe)*

hoeven auch formal und ästhetisch neue Wege gehen und dem Material ironische Untertöne beimischen. Die Filmbewertungsstelle konnte sich bei diesem bemerkenswerten Plädoyer für den Mut, »sein Maul aufzureißen«, nur zu einem »wertvoll« entschließen. Die New Yorker Filmkritiker erklärten ihn zum besten ausländischen Film des Jahres. *hc*

Der Schritt vom Wege

Deutschland 1939

R: Gustaf Gründgens; A: Georg C. Klaren, Eckart von Naso nach dem Roman *Effi Briest* von Theodor Fontane; K: Ewald Daub; D: Marianne Hoppe, Karl Ludwig Diehl, Paul Hartmann, Max Gülstorff, Paul Bildt, Käthe Haack, Elisabeth Flickenschildt

Die junge Effi Briest (M. H.) heiratet Baron von Instetten (K. L. D.), den Landrat einer Kleinstadt am Meer. Instetten ist nicht nur wesentlich älter als sie, sondern auch von einer Korrektheit, die ihrem eigenen Charakter entgegengesetzt ist. Die Ehe kann sie weder emotio-

nal noch erotisch befriedigen. Um so leichter verliebt sie sich, als sie den draufgängerischen Major von Crampas (P. H.), einen bei Frauen erfolgreichen Freund ihres Gatten, kennenlernt. Die Affäre bleibt eine Episode, doch Jahre später – Effi hat durch einen Ortswechsel und die Geburt einer Tochter Distanz gefunden – entdeckt Instetten einen Brief des früheren Liebhabers. Von den Konventionen gezwungen, fordert er Crampas zum Duell und tötet ihn, denn der Major schießt absichtlich in die Luft. Effi wird wegen ihres »Fehltritts« von ihrem Mann wie von den eigenen Eltern verstoßen. Bei einem Besuch stellt Effi fest, daß auch ihre Tochter sich schnell von ihr entfremdet. Effi wird krank und stirbt an gebrochenem Herzen.

Gründgens zeigte in ausdrucksstarken Bildern, was die Dialoge verschwiegen oder nur andeuten konnten. Marianne Hoppes sensible Gestik und nuancierte Sprache machten die emotionale Entwicklung und gesellschaftliche Isolation der Titelfigur eindrücklich miterlebbar. In seiner Emotionalität und entschiedenen Parteinahme für das Recht einer jungen Frau auf Liebe und Glück ist *Der Schritt vom Wege* einer der bedeutendsten Filme der NS-Ära. *tk*

Schtonk!

BRD 1992

R: Helmut Dietl; A: Helmut Dietl, Ulrich Limmer nach einer Idee von Ulrich Limmer; K: Xaver Schwarzenberger; D: Götz George, Uwe Ochsenknecht, Christiane Hörbiger, Rolf Hoppe, Dagmar Manzel, Veronica Ferres

Weil seine Ehe sich in einer schweren Krise befindet und seine ›Impressionisten‹ nicht mehr gefragt sind, steigt der Kunstfälscher Fritz Knobel (U. O.) auf »nationalsozialistischen Realismus« um. Größeren Erfolg als mit seinem ›echten Hitler‹ – einem angeblich vom Führer gemalten Akt von Eva Braun – hat er mit der Produktion von Hitler-Tagebüchern. Knobel bietet sie Hermann Willié (G. G.) zum Kauf an, dem vom vermeintlichen Glanz der Nazi-Größen faszinierten Sensationsreporter einer großen Illustrierten. Willié glaubt, daß ihm mit dem Erwerb der Tagebücher der Coup seines Lebens und seiner Karriere gelungen ist – bis der Traum vom Reichtum und von der Anerkennung durch die ›Elite‹ der Ewiggestrigen platzt.

Der bekannteste Presseskandal der deutschen Nachkriegsgeschichte diente als Vorlage für diese Komödie über Geltungsbedürfnis, braune Vergangenheit, Geldgier und Dilettantismus drittklassiger Journalisten. In Deutschland ein vergleichsweise überwältigender Erfolg, erwies sich *Schtonk!* im Ausland als Flop – wohl, weil die angebliche Satire eher harmlos ausgefallen ist. Dem britischen Kommerzfernsehen, das den Stoff bereits zuvor in einer Mini-Serie verarbeitet und dabei (im Gegensatz zum Film) die Illustrierte »Stern« und alle Beteiligten beim Namen genannt hatte, erging es nicht viel besser. Wer sich wirklich amüsieren will, sollte zum Tatsachenbericht »Selling Hitler« des britischen Journalisten Robert Harris greifen: auch als Satire ist die Realität unschlagbar. *hc*

Der Schüler Gerber

Österreich/BRD 1981

R: Wolfgang Glück; A: Friedrich Torberg, Werner Schneyder, Wolfgang Glück nach dem Roman *Der Schüler Gerber hat absolviert* von Friedrich Torberg; K: Xaver Schwarzenberger; D: Gabriel Barylli, Werner Kreindl, Doris Mayer, Romuald Pekny, Paula Loew

Wien zwischen den Weltkriegen. Das letzte Jahr vor der Matura beginnt für den Schüler Gerber (G. B.) unter schlechten Vorzeichen. Der Mathematikprofessor Kupfer (W. K.), wegen seiner Strenge »Gott Kupfer« genannt, wird neuer Klassenlehrer, und Mathematik gehört nicht gerade zu Gerbers stärksten Fächern. Zudem zieht er durch vorlaute Bemerkungen die

Schtonk!
(Uwe Ochsenknecht)

Aufmerksamkeit des Lehrers auf sich, der darauf mit unnachsichtiger Härte reagiert. Gerbers Verzweiflung wächst, als die ehemalige Schülerin Lisa (D. M.) seine Liebe nicht erwidert und sich der Gesundheitszustand seines herzkranken Vaters verschlechtert. Die psychische Belastung, den Vater nicht enttäuschen zu dürfen, um ihm jede Aufregung zu ersparen, läßt Gerber das ohnehin schlechte Jahreszeugnis in noch tragischerem Licht erscheinen. Die Reifeprüfung, bei der Kupfer – ein auch vom Lehrkörper kritisierter Autoritätsfanatiker – seine Macht beweisen will, wird für Gerber zur Qual. Gerber, im falschen Glauben, die Matura nicht bestanden zu haben, nimmt sich das Leben.

Die solide und unspektakuläre Adaption des Torbergschen Romans zeigt die immer stärker werdenden Selbstzweifel eines Jugendlichen vor dem Hintergrund einer indifferenten oder hilflosen Gesellschaft und ihrer Vertreter. Der Film weist auf die fatalen Folgen von Machtmißbrauch und rücksichtslosen, inhumanen Systemen hin. *mp*

■

Schwarzwaldmädel

BRD 1950

R: Hans Deppe; A: Bobby E. Lüthge nach Motiven der gleichnamigen Operette von August Neidhart und Leon Jessel; K: Kurt Schulz; D: Sonja Ziemann, Rudolf Prack, Paul Hörbiger, Gretl Schörg, Walter Müller

Auf einem Künstlerball lernen sich der Maler Hans Hauser (R. P.) und Bärbele (S. Z.), die Sekretärin der Schmuckfirma Bußmann, kennen. Unfreiwillig müssen sie sich trennen, als Bärbele wertvollen Schmuck an sich zu nehmen hat und noch dazu ein Auto in der Tombola gewinnt. Mit diesem fährt sie am nächsten Morgen nach St. Christoph im Schwarzwald, um in Vertretung ihrer Tante bei Domkapellmeister Römer (P. H.) für einige Zeit die Wirtschaft zu führen. Es dauert nicht lange, und eine Reihe weiterer Besucher trifft in St. Christoph ein; unter ihnen Hans, sein Freund Richard (W. M.) sowie der Revuestar Malwine (G. S.), die mit Hans bis vor kurzem mehr als

nur freundschaftlich verbunden war. Sie alle sorgen in dem sonst so friedlichen Ort für falsche Verdächtigungen und romantische Verirrungen des Herzens, bis auf dem großen Cäcilienfest die richtigen Paare zueinanderfinden: Bärbele bekommt ihren Hans, und auch Malwine und Richard beschließen, in den Ehestand zu treten.

Die erste deutsche Farbproduktion nach dem Krieg prägte aufgrund ihres überwältigenden Publikumserfolges den Stil des Heimatfilms der fünfziger Jahre. Dessen größte Stars wurden die beiden Hauptdarsteller Rudolf Prack und Sonja Ziemann. Zum stets gleichen Erfolgsrezept dieser Filme gehören neben den beliebten Schauspielern harmlose Verwechslungen, romantische Naturkulissen, volkstümliche Musik und handfester Klamauk. Im geschickten Arrangement dieser Elemente ist *Schwarzwaldmädel* kaum übertroffen worden. *mp*

■

Der schweigende Stern / Milczaca gwiazda

DDR/Polen 1960

R: Kurt Maetzig; A: Jan Fethke, Wolfgang Kohlhaase, Günter Reisch, Günther Rücker, Alexander Graf Stenbock-Fermor, Kurt Maetzig nach dem Roman *Der Planet des Todes* von Stanisław Lem; K: Joachim Hasler; D: Yoko Tani, Oldřich Lukes, Ignacy Machowski, Julius Ongewe, Michail N. Postnikow, Kurt Rackelmann, Günther Simon, Tang Hua-ta

In der Zukunft des Jahres 1970, in der die großen Menschheitsprobleme Hunger und Krieg gelöst sind, erkennt die Internationale Weltföderation für Raumforschung, daß es sich 1908 beim Tungesischen Kometen um ein Raumschiff von der Venus gehandelt haben muß. Aufzeichnungen auf einer gefundenen Magnetspule enthalten zweifellos einen ›kosmischen Report‹, der nicht vollständig entschlüsselt werden kann. Alle Radarstationen der Erde rufen die Nachbarn im Sonnensystem – doch: »Die Venus schweigt!« Die Frage, warum sie sich seit Jahrzehnten nicht mehr gemeldet hat, beschäftigt den genialen indischen

Mathematiker Sikarna (K. R.) und den chinesischen Biologen Lao Tsu (T. H.). Nach monatelangen Vorbereitungen startet der sowjetische Kosmokrator I mit Ionenantrieb und internationaler Crew, zu der neben Lao Tsu und Sikarna der leitende sowjetische Astronaut Arsenjew (M. N. P.) gehört, der amerikanische Atomphysiker Hawling (O. L.), der polnische Ingenieur Soltyk (I. M.) mit seinem Universalroboter Omega, der afrikanische Techniker Talua (J. O.), der deutsche Pilot Brinkmann (G. S.) und die von ihm verehrte japanische Ärztin Ogimura (Y. T.), deren Eltern einst dem Atombombenabwurf in Hiroshima zum Opfer fielen. Bereits vor ihrer Landung weiß die Besatzung nach der Entschlüsselung der Spule, daß diese zum Vorboten einer Aggression gehörte. Auf der Venus stoßen sie auf die noch funktionierenden Reste einer gigantischen Anlage, die zur Vernichtung der Menschheit geschaffen, durch einen Fehler aber die Zivilisation der Erbauer auslöschte und nun von den Astronauten unwissentlich erneut aktiviert wird. Lao Tsu, Talua und Brinkmann opfern ihr Leben, um den energetischen Prozeß, auf dem die Strahlungswaffe basiert, wieder umzukehren. Der Rest der Crew – dabei mit dem Kosmokrator I in den Raum geschleudert – kehrt zur Erde zurück und erstattet der Menschheit Bericht.

Der erste und zugleich bedeutendste und erfolgreichste Science-fiction-Film der DEFA, dessen aufwendig produzierte humanistische Utopie hauptsächlich eine deutliche Warnung vor der Selbstvernichtung der Menschheit durch Atomwaffen war, betonte die die Verantwortung des Wissenschaftlers und – in Gestalt der internationalen Crew – die Möglichkeiten der »friedlichen Koexistenz«. Zwar wirken die individuellen menschlichen Erzählstränge konstruiert und steril, doch die einschlägigen Genremuster werden mit damals bemerkenswerten Spezialeffekten und Trickaufnahmen entwickelt.   ms

Sein bester Freund

Deutschland 1937

R: Harry Piel; A: Hanns Marschall, Georg Zoch; K: Friedl Behn-Grund, Günther Anders; D: Harry Piel, Edna Greyff, Henry Lorenzen, Trude Hesterberg, Paul Westermeier

Dem Kriminalassistenten Harry (H. P.) ist der Schäferhund Greif zugelaufen, und weil das Tier dem Polizisten wertvolle Dienste leistet, wird es bald »sein bester Freund«. Gemeinsam heften sich Harry und Greif an die Fersen von Ganoven und zwielichtigen Persönlichkeiten und überstehen ihre spektakulären Abenteuer mit vereinten Kräften. Als der Kriminalist eine Verbrecherbande aufspürt und sie verfolgen will, versagt Greif zum ersten Mal, denn er begegnet seinem früheren Besitzer (P. W.) wieder, der zu den Ganoven gehört. Auch die adrette Tänzerin Gerda (E. G.), die Harry kennengelernt hat, steht unter dem Verdacht, eine Komplizin zu sein. Bei der Festnahme der Bande macht Greif sein Versagen wieder gut, wird dabei aber von einer Kugel getroffen und stirbt. Dafür stellt sich heraus, daß die hübsche Gerda in keinerlei Verbrechen verwickelt ist, und sie wird Harrys Freundin.

Neben dem technikversessenen Globetrotter war der Artist und Tierfreund eine von Harry Piels bevorzugten Rollen. Die Stuntszenen, die einer eingeschworenen Fangemeinde den Atem stocken ließen, waren im wesentlichen filmisch aufbereitete Zirkusnummern. Tierdressuren gehörten dabei zu den größten Trümpfen, wie bereits Piels Stummfilm *Sein bester Freund* (1929) zeigte. Dessen Erfolgsduo, Detektiv und Hund, wurde 1937 zu neuem Leben erweckt. Geschickt kompensierte Piel dabei seine abnehmende Beweglichkeit – er war damals 45 Jahre alt – durch eine dynamische Montage.   *tk*

Sie nannten ihn Amigo

DDR 1959

R: Heiner Carow; A: Wera Küchenmeister,
Claus Küchenmeister, Heiner Carow;
K: Helmut Bergmann; D: Ernst-Georg Schwill,
Fred Düren, Wilhelm Koch-Hooge, Erich Franz,
Berndt Trewendt, Dietmar Simon

Bilder eines friedlichen Landes wechseln mit
Aufnahmen von gequälten Häftlingen im Konzentrationslager, unter ihnen ein 13jähriger
Junge. Seine Geschichte wird erzählt: Rainer
Meister (E.-G. S.), von seinen Freunden Amigo
genannt, entdeckt zusammen mit seinem Bruder Hotta (B. T.) und Sine (D. S.) in einem Bret-
terverschlag auf dem Hinterhof eines Berliner
Mietshauses den geflohenen Häftling Pepp
(F. D.). Amigo kennt den roten Winkel an dessen gestreifter Kleidung, der Pepp als politischen Gefangenen ausweist, da Amigos politisch engagierter Vater (W. K.-H.) SA-Folter
und KZ hinter sich hat, und glaubt nicht dem
Fahndungsblatt, das Pepp zum Verbrecher
stempelt. Zu Hause stiehlt er heimlich für
ihn; seinen Vater, der unwissentlich zu Pepps
Flucht beigetragen hat, will Amigo nicht gefährden. Die Brüder versuchen, Sine, dem Be-
amtensohn, die wahre Geschichte Pepps zu
verschweigen, erregen aber dessen Neugier.
Als Sine seinen Vater (E. F.) nach dem Sinn des
aufgeschnappten Wortes »Illegaler« fragt, er-
schrickt dieser, verbietet ihm den Umgang mit
seinen Freunden und alarmiert nach dem Verschwinden seiner Dienstjacke, die Sine für
Pepp entwendet hat, die Polizei. Amigo stellt
sich der Gestapo, um vom Versteck des Geflüchteten abzulenken, dem es gelingt, mit
Hilfe anderer Kinder zu entkommen. – Sowjetische Truppen befreien Amigo aus dem KZ.
Seine Erlebnisse veranlassen ihn, später als Offizier in der Nationalen Volksarmee zu dienen.
Der bewegende antifaschistische ›Berlin-Film‹
erschüttert durch eindringliche Bildsprache,
genaue Milieuschilderung und überzeugende
Darstellung. Er erfaßt in Einzelschicksalen (damalige) Verhaltensweisen: Gleichgültigkeit
und Feigheit, vor allem aber Mut zum Widerstand. *Sie nannten ihn Amigo* wurde auf dem
Filmfestival während der VII. Weltfestspiele
der Jugend und Studenten in Wien 1959 ausgezeichnet.   *ms*

Sieben Jahre Pech

Deutschland 1940

R: Ernst Marischka; A: Ernst Marischka in
Anlehnung an den Film *Seven years bad luck*
von Max Linder (USA 1921); K: Carl Kurz-
mayer; D: Hans Moser, Theo Lingen, Wolf
Albach-Retty, Olly Holzmann, Clara Tabody,
Oskar Sima, Ida Wüst

Auslöser der Handlung ist das Zerbrechen eines Spiegels. Der Schriftsteller Heinz (W. A.-R.)
glaubt, der Schuldige zu sein und deswegen
eine sieben Jahre währende Pechsträhne gehabt zu haben. Die letzten Wochen bis zum
Ablauf der siebenjährigen Frist will er auf einer einsamen Reise verbringen, damit ihm
nicht doch noch ein Unglück widerfährt. Unterwegs verliebt er sich in Gertie (O. H.), die
Tochter des Tierarztes Teisinger (H. M.). Heinz
stellt seinen Kammerdiener Paul (T. L.) zur
Überwachung Gerties ab, denn er will sein Lie-
besbekenntnis bis nach Ablauf der Unglücks-
frist hinauszögern, damit er nicht etwa nur der
Pechsträhne wegen eine Absage bekommt. In
der Tierarztpraxis brechen für Paul nun
schwere Zeiten an – denn in Wirklichkeit war
er am Zerbrechen des Spiegels schuld und
wird nun vom Pech verfolgt. Heinz erhält von
Gertie das Jawort.
Die Handlung bot den Rahmen, um Hans Moser und Theo Lingen nach Herzenslust bei der
Bewältigung von komischen bis absurden Situationen zu zeigen. Moser nörgelte wie gewohnt; bei Lingen wird der Einfluß des französischen Komikers Max Linder deutlich, nach
dessen Ideen der Film entstand. Doch Marischka hat die komödiantischen Eigeninitiati-
ven nicht überhandnehmen lassen, sondern
ordnete sie konsequent dem dramaturgischen
Konzept unter, was dem Film zu einem großen
Kassenerfolg verhalf. Marischkas Remake *Sieben Jahre Pech* (A 1957; *Scherben bringen Glück*)
reichte hinsichtlich seiner Geschlossenheit
nicht ans Original heran.   *tk*

Die Sieger

BRD 1994

R: Dominik Graf; A: Günter Schütter;
K: Diethard Prengel; D: Herbert Knaup, Hansa
Czypionka, Heinz Hoenig, Katja Flint, Thomas
Schücke, Hannes Jaenicke

Beim Schlag gegen eine Verbrecherbande, den
das Sondereinsatzkommando der Düsseldorfer Polizei führt, kann einer der Beteiligten sich
der Verhaftung entziehen. Der Polizeibeamte
Karl Simon (H. K.) ist überzeugt, in dem
Flüchtenden Heinz Schaefer (H. J.), einen ehemaligen Polizeikollegen, erkannt zu haben.
Doch Schaefer ist vor Jahren gestorben. Simon
hegt den Verdacht, daß Schaefer als V-Mann
mit neuer Identität arbeitet, und verlangt eine
Untersuchung über die Verstrickung der Polizei, wofür er Schützenhilfe von Staatssekretär
Dessaul (T. S.) bekommt. Doch dann hält sich
auch dieser plötzlich bedeckt, was Simon veranlaßt, weitere Nachforschungen anzustellen.
Mit Dessauls attraktiver Ehefrau Melba (K. F.)
beginnt der verheiratete Simon ein Verhältnis.
Bald zeichnen sich die Konturen eines Beste-
chungsskandals ab, in den das organisierte
Verbrechen und Teile der Landesregierung ve-
wickelt sind. Doch dann läuft bei der Polizei-
arbeit einiges schief, das Einsatzkommando
um Simon wird vom Dienst suspendiert, weshalb die Kollegen auf eigene Faust weiter er-
mitteln, denn schließlich geht es nun auch
darum, die eigene Ehre wiederherzustellen.
Als Staatssekretär Dessaul entführt wird und
die Lösegeldübergabe stattfinden soll, steuert
das Geschehen auf seinen Höhepunkt zu. Im
Karwendel-Gebirge kommt es zum Show-
down, bei dem das ganze Einsatzkommando
sowie der Staatssekretär getötet werden. Simon, der als einziger überlebt, kann sich an die
Fersen des Gegners heften und ihn im nerven-
wie kraftaufreibenden Duell schließlich töten.
Es ist der ehemalige Kollege Schaefer, der sich
vom V-Mann zum Verbrecher gewandelt hat
und den Coup seines Lebens landen wollte.
Regisseur Graf konnte mit diesem aufwendigen Polizei-Thriller einmal mehr beweisen,
daß er die Umsetzung temporeicher Action-
und komplizierter Massenszenen hervorragend beherrscht. Die reinen Männerszenen
sind dabei vollauf gelungen, während die Passagen im familiären Umfeld, nicht zuletzt
wegen bisweilen unglaubwürdiger Dialoge,
weniger stimmig wirken. Dennoch reicht *Die
Sieger* – packend erzählt, gut fotografiert und
hervorragend geschnitten – weit über die son-
stige deutsche Actionkonfektion hinaus; an der
Kinokasse reüssierte er trotzdem nicht.   *tk*

Silhouetten

Österreich 1936

R: Walter Reisch; A: Walter Reisch; K: Harry
Stradling, Hans Heinz Theyer; D: Luli von
Hohenberg, Lisl Handl, Annie Markart, Fred
Hennings, Fritz Imhoff

Die klassische Balletttruppe von Lydia Sarina
(L. v. H.) hat eine schwere Zeit hinter sich, die
letzten Tourneen waren – in Zeiten des Jazz
und aufwendiger Revuen – ein Mißerfolg. Die
ehrgeizige Ellinor (A. M.), die sich nichts sehn-
licher als eine Solorolle wünscht, nimmt den
Freitod eines der Mädchen aus der Truppe
zum Anlaß, gegen die Ballettmeisterin Lydia
zu intrigieren. Lydia ist des ewigen Kampfes
um das Schicksal ihrer Truppe müde, und als
sie der Zufall mit dem charmanten Charlie
West (F. H.) zusammenführt, beschließt sie,
sich von nun an ganz einer künftigen Ehe zu
widmen. Die romantische Beziehung zwischen
Lydia und Charlie West wird durch ein Mißverständnis und durch die Ankunft einer
neuen Tänzerin, der bezaubernden Leni Leitner (L. H.), ernsthaft in Gefahr gebracht.
Schließlich aber erfüllt sich Lydias große Liebe,
und Leni bekommt die Hauptrolle in der neu
einstudierten Ballettaufführung.
Der letzte Film des Autors und Regisseurs
Walter Reisch vor seiner Emigration nach Hollywood zeichnet durch realistische Alltagsbeschreibung stimmig das Milieu einer Künstler-
truppe. Wie schon in *Episode* (A 1935) hat
Reisch auch zeitkritische Akzente gesetzt, indem er die soziale Not jener Jahre und die
schwierige Rolle der berufstätigen Frau in einer von Männern dominierten Welt nicht aus-
klammerte.   *mp*

Silvesternacht am Alexanderplatz

Deutschland 1939

R: Richard Schneider-Edenkoben; A: Richard
Schneider-Edenkoben; K: Friedl Behn-Grund;
D: Hannes Stelzer, Carl Raddatz, Jutta Freybe,
Karl Martell, Jakob Tiedtke

Die am Alexanderplatz gelegene Notfallstation
hat immer viel zu tun, so auch in der Silvesternacht. Der diensthabende Arzt, Dr. Storp
(H. S.), ist ein freundlicher und hilfsbereiter
Mediziner, der nicht nur die Verletzungen,
sondern auch die Probleme der Menschen
ernst nimmt. So ergeben sich Einblicke in eine
ganze Reihe von Schicksalen, die oft gerade an
Festtagen offenkundig werden. Auch Storp ist
nicht recht glücklich, weil er sich mit seiner
Braut Ilse (J. F.) überworfen hat, die gegen seinen Willen das Atelierfest eines Künstlers
(K. M.) besucht. Durch Zuspruch und Unterstützung kann Storp seinem Freund Reinhard
(C. R.), der sich das Leben nehmen wollte, die
Freude am Leben wiedergeben. Dafür sorgt
Reinhart dafür, daß sich Ilse und Storp versöhnen und zusammenbleiben.
Elegante Verknüpfung der verschiedenen
Handlungsstränge, stimmige Atmosphäre und
eine geschlossene Ensembleleistung machen
diesen unspektakulären Film zu einem sensiblen Porträt menschlicher Alltagskonflikte in
der Großstadt.   *tk*

Singende Jugend
(Mit Musik durchs Leben)

Österreich 1936

R: Max Neufeld; A: Hermann Heinz Ortner;
K: Hans Theyer; D: Hans Olden, Martin Lojda,
Ferdinand Mayerhofer, Julia Janssen, Die
Wiener Sängerknaben

Toni (M. L.) wächst in tristen Verhältnissen in
Wien auf. Eines Tages wird der Straßenmusi-
kant Blüml (H. O.) auf den Jungen aufmerksam, als dieser ein Geldstück, das dem Harmo-
nikaspieler zugeworfen worden ist, einsteckt.

Blüml folgt dem Jungen bis nach Hause und
kommt gerade rechtzeitig, um Toni, der von
seinem Ziehvater hinausgeworfen wird, mit
sich zu nehmen. Gemeinsam verdienen sich
die beiden fortan singend ihr Geld, bis Toni die
Wiener Sängerknaben hört und nur noch den
Wunsch hat, zu ihnen zu gehören. Blüml findet in dem Rektor (F. M.) sowie in Schwester
Maria (J. J.) Fürsprecher, und Toni wird aufgenommen. Bald darauf fahren die Sängerknaben in die Sommerfrische nach Osttirol, wo
Schwester Maria in den Verdacht des Diebstahls gerät. Toni nimmt die Schuld auf sich
und wird aus dem Konvikt ausgeschlossen.
Verzweifelt läuft er davon und gerät in Lebensgefahr – er stürzt in einen Wildbach. Unterdessen hat sich der Diebstahl aufgeklärt,
und Toni wird von seiner neuen Familie ge-
sundgepflegt.
Max Neufeld, einer der Pioniere des österreichischen Stummfilms, für den er später auch
als Darsteller und Drehbuchautor tätig war,
inszenierte diese sentimentale Geschichte mit
viel Anteilnahme und menschlicher Wärme.
Unterstützt wurde er dabei von dem vielseiti-
gen Schauspieler Hans Olden, der die Freuden
und Leiden eines einfachen Menschen auf
rührende Weise wiedergibt. *Singende Jugend*
konnte aufgrund der jüdischen Abstammung
seines Regisseurs im Deutschen Reich nicht gezeigt werden. Der Film zählt zu jenem österreichischen Emigrantenkino, das bis 1936 – als
auch in Österreich jüdische Filmschaffende mit
Arbeitsverbot belegt wurden – eine vom deutschen Markt unabhängige Existenz führte und
eine Vielzahl kleiner, aber interessanter Filme
hervorbrachte.   *mp*

Sissi (I)

Österreich 1955

R: Ernst Marischka; A: Ernst Marischka nach
dem gleichnamigen Roman von Marie Blank-
Eismann; K: Bruno Mondi; D: Romy
Schneider, Karlheinz Böhm, Magda Schneider,
Vilma Degischer, Gustav Knuth, Uta Franz

Sissi, die junge Kaiserin
(Romy Schneider,
Karlheinz Böhm)

Sissi, die junge Kaiserin (II)

Österreich 1956

R: Ernst Marischka; A: Ernst Marischka;
K: Bruno Mondi, Herbert Geier; D: s. *Sissi*

Sissi – Schicksalsjahre einer Kaiserin (III)

Österreich 1957

R: Ernst Marischka; A: Ernst Marischka;
K: Bruno Mondi, Herbert Geier, Kurt Junek;
D: s. *Sissi*

(I): Der junge Kaiser Franz Joseph (K. B.) verlobt sich bei dem von seiner Mutter, Erzherzogin Sophie (V. D.), organisierten Familientreffen in Ischl nicht wie vorgesehen mit Prinzessin Helene (U. F.), sondern mit deren Schwester Elisabeth, genannt Sissi (R. S.). Sissi nimmt von ihren Eltern, dem bayrischen Herzogspaar (M. S., G. K.), Abschied und feiert Hochzeit in Wien.

(II): Dem unbeschwerten Naturkind Sissi wird die Hofetikette zur Last. Der Konflikt der jungen Kaiserin mit ihrer Schwiegermutter kulminiert, als man Sissi die Erziehung ihrer Tochter verbietet. Einer Flucht aus Wien folgt die Versöhnung mit dem Kaiser. In Ungarn wird Sissi zur Königin gekrönt.
(III): Sissi kehrt nach längerem Aufenthalt in Ungarn nach Wien zurück. Bei einer Untersuchung stellen die Ärzte eine lebensbedrohende Lungenkrankheit fest. Nach der Genesung auf Madeira feiert Sissi mit Franz Joseph ein Wiedersehen in Mailand. Sie bezaubert, wie schon in Ungarn und Venedig, die eigentlich antiösterreichisch eingestellte Bevölkerung.
Die ungeheuer populäre Sissi-Trilogie bildete den Höhepunkt der ›höfisch-herrschaftlichen‹ Variante des Heimatfilms und verhalf Romy Schneider zu Weltruhm. Das prunkvolle Ausstattungskino des Routiniers Marischka befriedigt sowohl die oberflächliche Sehnsucht nach der ›guten alten Zeit‹ als auch die vordergründige Schaulust eines Publikums, das unterhalten und gerührt werden will. *mp*

Skandal in Ischl

Österreich 1957

R: Rolf Thiele; A: Eberhard Keindorff, Johanna Sibelius nach dem Bühnenstück *Der Meister* von Hermann Bahr; K: Klaus von Rautenfeld; D: O. W. Fischer, Elisabeth Müller, Ivan Desny, Rudolf Forster, Michael Ande, Christl Erber

Dr. Franz Duhr (O. W. F.), Arzt und Abgott weiblicher Kurgäste in Bad Ischl, ist im Begriff, Ansehen und Ehe aufs Spiel zu setzen. Denn er tritt Gerüchten, wonach er dem schwangeren Dienstmädchen Therese (C. E.) ›geholfen‹ haben soll, nicht entgegen; vielmehr zeigt sich Duhr über das um ihn stattfindende »heitere Welttheater« amüsiert. Doch der Skandal zieht größere Kreise, und es sind nur wenige, die Duhr weiterhin ihr Vertrauen schenken: seine Frau Viola (E. M.), Fürst Emanuel (R. F.) und der charmante Abenteurer und Verführer Graf Vanin (I. D.). Als Duhr jedoch den jungen Prinzen Franz (M. A.) erfolgreich operiert und sich herausstellt, daß sein angeblicher Schwangerschaftsabbruch gar nicht stattgefunden haben kann – Therese hat nämlich ihr Kind bekommen –, ist seine soziale Stellung wieder hergestellt. Viola aber ist empört über ihren Mann, weil er ihr die Wahrheit verschwiegen hat. Nahe daran, mit Graf Vanin wegzugehen, bleibt sie schließlich doch bei Franz, dessen Hochmut geläutert scheint.
Rolf Thieles kurzweilige Komödie bietet ein bis an die Grenzen des Kitsches stilisiertes, heiter-ironisches Gesellschaftsporträt der k.u.k.-Zeit. Bemerkenswert an der Inszenierung sind die schlagfertigen und oft originell plazierten Dialoge sowie Thieles souveräne Fertigkeit in der Kunst visueller Pointierung. *mp*

Die Sklavenkönigin / Moon of Israel Ⓢ

Österreich/Großbritannien 1924

R: Michael Kertesz (Michael Curtiz), Künstlerische Oberleitung: Arnold Preßburger; A: Ladislaus Vajda nach dem Roman *The moon of Israel* von Henry Rider Haggard; K: Gustav Ucicky, Max Nekut, Technische Oberleitung: Alexander Kolowrat-Krakowsky; D: Maria Corda, Adelqui Millar, Hans Marr

Seti (A. M.), der Sohn des Pharaos, liebt das jüdische Sklavenmädchen Merapi (M. C.). Auf Befehl des Vaters muß er jedoch seine Halbschwester heiraten. Seti verläßt die Hauptstadt und folgt Merapi in ihren Heimatort, wo er durch Unwissenheit die Synagoge entweiht. Merapi rettet ihn vor der Rache ihres Volkes und wird im Palast aufgenommen. Als der Pharao Rache an den aufständischen Juden nehmen will, widersetzt sich Seti und wird verstoßen. Nachdem Moses (H. M.) das Land verflucht und, und dieses von schrecklichen Plagen heimgesucht wird, gewährt man den Juden den Auszug aus der Gefangenschaft. Aber der Pharao ändert seinen Willen erneut und folgt ihnen mit seiner Armee. Mit Hilfe Jehovas teilt Moses für sein Volk das Meer, die nachfolgenden Truppen des Pharaos hingegen ertrinken. Seti wird zum neuen Herrscher ausgerufen, kommt jedoch zu spät, um Merapi vor der Rache der Priester zu retten. Sie stirbt in seinen Armen.
Der Monumentalfilm des späteren Hollywoodregisseurs Curtiz steht am Ende der erfolgreichsten Phase des österreichischen Films. Trickaufnahmen, wie sie für die Sequenz der Teilung des Roten Meeres notwendig waren, gigantische Bauten und Tausende von Komparsen wetteiferten in der Inflationszeit mit einer internationalen Konkurrenz. In der Darstellung des biblischen Themas zeigt sich der Film von dem im Jahr zuvor entstandenen Monumentalepos *The ten commandments* (USA 1923, DeMille; *Die Zehn Gebote*) beeinflußt. *mp*

So ein Mädel vergißt man nicht

Deutschland 1933

R: Fritz Kortner; A: Hans Wilhelm, Fritz Kortner; K: Robert Baberske; D: Dolly Haas, Willi Forst, Oskar Sima, Ida Wüst, Max Gülstorff, Paul Hörbiger, Theo Lingen

Die beiden stellungslosen Schauspieler Paul (W. F.) und Max (O. S.) schlagen sich als Buchverkäufer durchs Leben. Eines Tages winkt ihnen wieder ein Engagement, allerdings fehlt dem Theaterdirektor (P. H.) ein Geldgeber. Paul und Max sollen im Astoria-Hotel einem potentiellen Mäzen vorgestellt werden. Doch im Hotel begegnet Paul der jungen Lisa (D. H.), der er imponieren will. Dummerweise ohrfeigt er, sich als Lisas Beschützer aufspielend, keinen geringeren als den möglichen Geldgeber (T. L.), der sich daraufhin zurückzieht. Schließlich gelingt es Lisa, das Geld für die Aufführung zu borgen. Sie, Max und Paul spielen die Hauptrollen in dem neuen Stück und erzielen einen großen Erfolg; die Einnahmen übersteigen die Schuldensumme bei weitem.

Dolly Haas, Willi Forst und Oskar Sima sind die Eckpfeiler dieser leichten Komödie im Künstlermilieu. Wie bei Kortners Inszenierungen üblich, sind Milieuporträtierung und Ensembleführung exzellent; die Chansons aus der Feder Ralph Erwins sorgen für den nötigen Schwung. *tk*

■■■
So ist das Leben / Takovy je život Ⓢ

Tschechoslowakei/Deutschland 1930

R: Carl Junghans; A: Carl Junghans; K: László Schäffer; D: Vera Baranowskaja, Theodor Pištěk, Maňa Ženišková, Valeska Gert, Heinrich (Jindrich) Plachta, Edith Lederer

Weil ihr Mann (T. P.) seinen geringen Verdienst regelmäßig in der Kneipe vertrinkt, kann eine Prager Waschfrau (V. B.) die Familie nur mit großer Mühe über Wasser halten. Die Tochter (M. Ž.) arbeitet als Maniküre, muß sich der Zudringlichkeiten der männlichen Kundschaft erwehren und wird schließlich entlassen, weil sie dies so resolut tut. Auch der Vater verliert seine Stellung, als er nach durchzechter Nacht zu spät zur Arbeit kommt. Doch das Geld, das seine Frau mühsam zusammenträgt, verpraßt er weiterhin in der Kneipe, deren Kellnerin (V. G.) seine Geliebte ist. Am Geburtstag seiner Frau – die Nachbarn kommen mit Kuchen und Glückwünschen zu Besuch – entwendet der Mann das für die Miete beiseitegelegte Geld und versäuft es. Als die Frau ihren Mann zur

Rede stellt, kommt es zu einer heftigen Auseinandersetzung. Später muß die übermüdete Waschfrau auf das Kind einer Nachbarin aufpassen, rettet das Kind, als es beinahe zum Fenster hinausfällt, verbrüht sich selbst jedoch an dem heißen Wasser eines Waschbottichs, den sie dabei umkippt. Sie stirbt, während ihr Mann erschüttert an ihrem Bett steht.

Carl Junghans stellte seinen ersten Spielfilm mit bescheidensten – teils deutschen, teils tschechischen – Mitteln in Prag her, mit hauptsächlich (überwiegend ohne Gage auftretenden) tschechischen Schauspielern und Mitarbeitern. Das einfühlsam gestaltete Porträt einer sich zu Tode arbeitenden Frau aus der Unterschicht zeichnet sich durch eine ungeschönte Darstellung des Existenzkampfs in wirtschaftlicher Not aus. Die Kombination von Montageprinzipien des russischen Revolutionsfilms und nüchtern-exakter Milieuschilderung brachte einen Realismus ohne Vordergründigkeit und papierenes Pathos hervor; Junghans vermied es, die gezeigten Widersprüche in explizite weltanschauliche Postulate umzumünzen und dadurch zu neutralisieren. So bewahrte er dem Film seinen anklagenden Verismus, zu dem die brillante Darstellung Vera Baranowskajas wesentlich beitrug. *tk*

■■■
Sodom und Gomorrha Ⓢ

Österreich 1922

R: Michael Kertesz (Michael Curtiz);
A: Ladislaus Vajda, Michael Kertesz; K: Gustav Ucicky; D: Lucy Doraine, Georg Reimers, Walter Slezak, Erika Wagner, Kurt Ehrle

Mary (L. D.) ist das Geschöpf einer dekadenten Gesellschaft. Von ihrer Mutter (E. W.) gedrängt, verlobt sie sich mit dem Bankier Harber (G. R.). Ihr Geliebter Harry (K. E.) versucht daraufhin, sich umzubringen. Noch vor ihrer Heirat lernt sie Eduard (W. S.), den Sohn Harbers, kennen. Während Mary nachts auf ihn wartet, schläft sie ein und träumt, daß Eduard ihretwegen seinen Vater ermordet hat. Die beiden Liebenden werden zum Tod verurteilt. Bevor es dazu kommt, taucht vor ihren Augen die Vision des biblischen Sodom auf. Sie selbst sieht sich in dieser Traum-im-Traum-Sequenz als Weib des Lot, Lia. Hemmungslos gibt sie sich im Tempel dem Liebesfest der Göttin Astarte hin und verrät den Engel, der sie und Lot aus der Stadt führen soll. Damit ist das Schicksal der Stadt besiegelt. Mary/Lia, die sich mittlerweile auch als Königin von Syrien gesehen hat, wird mit Lot aus der untergehenden Stadt geführt, erstarrt jedoch, als sie sich umdreht, zur Salzsäule. Marys Traum ist zu Ende. Sie besinnt sich auf ihre wahre Liebe und kehrt zu Harry zurück.

»Die Legende von Sünde und Strafe« – so der Untertitel – war der erste Monumentalfilm des wichtigsten österreichischen Produzenten Alexander ›Sascha‹ Graf Kolowrat-Krakowsky. Die komplexe Erzählung orientierte sich an Griffiths Epos *Intolerance* (USA 1916; *Intoleranz*). Der Versuch, mit Hollywood zu konkurrieren, führte zu Massenszenen unter Mitwirkung Tausender von Statisten – unter ihnen Willi Forst und Paula Wessely – und zu gigantischen Bauten. In der Geschichte des österreichischen Films ist die Produktion weder an Aufwand noch an spektakulären Effekten übertroffen worden. *mp*

Die Söhne der großen Bärin

DDR 1966

R: Josef Mach; A: Liselotte Welskopf-Henrich nach ihrem gleichnamigen Roman;
K: Jaroslav Tuzar; D: Gojko Mitić, Jiří Vršt'ala, Horst Jonischkan, Hans Hardt-Hardtloff, Gerhard Rachold, Karin Beewen

Beim Versuch, ihm das Geheimnis seiner Ahnen von Goldvorkommen in den Bergen abzuzwingen, tötet der weiße Grenzer Red Fox (J. V.) den Häuptling der Dakota, den er zuvor zu Glücksspiel und Alkohol verführt hat. Der Sohn des Häuptlings, Tokei-ihto (G. M.), der Rache schwört und sein Stamm führen seit-

Die Söhne der großen Bärin (Gojko Mitić, Hans Finohr, Jiří Vršt'ala, Rolf Römer)

dem Krieg gegen die Soldaten und widersetzen sich dem Befehl, die Heimat der Vorfahren zu verlassen und sich bis zum 31. Januar 1876 in der Reservation einzufinden. Als Tokei-ihto auf Red Fox' Betreiben als Unterhändler im Fort erscheint und sich weigert, die Verträge zu unterzeichnen, läßt ihn Leutnant Roach (G. R.) internieren, seinen Stamm brutal zusammentreiben und in das unfruchtbare Reservationsterrain verschleppen. Der alte Major (H. H.-H.), der dieses Vorgehen nicht billigt, stirbt; seine Tochter (K. B.) und der integre Adams (H. J.) beschließen, gemeinsam das Fort zu verlassen. Tokei-ihto gibt Red Fox nicht das Geheimnis über das Gold preis und entkommt dessen Mordversuchen. Er begibt sich in die Höhle der großen Bärin. Das heilige Tier der Indianer wird von Banditen getötet, die dabei selbst umkommen. Mit einem Bärenjungen und Gold aus der Höhle zum Ankauf von fruchtbarem Land führt Tokei-ihto, auf den ein Kopfgeld ausgesetzt worden ist, die Dakota aus der Reservation. Er fordert Red Fox, der ihm mit einer Horde Banditen den Weg verstellt, zu einem Zweikampf auf Leben und Tod heraus – bei freiem Geleit für seinen Stamm. Es gelingt ihm, den Mörder seines Vaters zu töten und dessen Kumpanen zu entkommen. Am Ziel ihres Weges in die Freiheit, am Oberen Missouri, wählen »die Söhne der großen Bärin« Tokei-ihto zu ihrem Friedenshäuptling.

Der erste Indianerfilm der DEFA, basierend auf der damals erfolgreichen Jugendroman-Trilogie von Liselotte Welskopf-Henrich, einer Professorin für alte Geschichte, wurde nach langwierigen Vorbereitungen – zwischenzeitlich von einem SED-Veto unterbrochen, das den Western schlechthin als »kapitalistisches Genre« verdammte – mit dem Anspruch »einer gerechten Betrachtung des Indianer-Problems« realisiert. Man wollte dem Publikum neben Sitten und Gebräuchen dieses Volkes vor allem auch dessen Freiheitsgedanken nahebringen. Die nordamerikanischen Landschaften ›doubelte‹ man überwiegend in Jugoslawien, wo auch die westdeutschen Karl-May-Verfilmungen produziert wurden. Der Erfolg des Films begründete ein populäres DEFA-Genre, mit dem in der DDR zum Star avancierten jugoslawischen Hauptdarsteller Gojko Mitić als Leitfigur.   *ms*

Solange Du da bist

BRD 1953

R: Harald Braun; A: Jochen Huth; K: Helmuth Ashley; D: Maria Schell, O. W. Fischer, Brigitte Horney, Hardy Krüger, Mathias Wieman

Der erfolgsgewohnte Filmregisseur Tornau (O. W. F.) wird durch einen Unfall während einer Probeaufnahme auf die Komparsin Eva Berger (M. S.) aufmerksam. Nachdem er ihre Lebensumstände näher kennengelernt hat, beschließt Tornau, die Geschichte der vom Krieg überschatteten Ehe Evas zu verfilmen und der jungen Frau die Hauptrolle zu geben. Vergeblich versuchen ihn sein Autor (M. W.) und der bisherige Star seiner glamourösen Revuefilme, Mona Arendt (B. H.), davon abzuhalten, aus egoistischen Motiven das Leben und die Liebe zweier junger Menschen für einen Sensationserfolg auszubeuten. Auch Stefan (H. K.), Evas Mann, muß tatenlos zusehen, wie seine Frau während der Dreharbeiten immer stärker unter den Einfluß des fanatischen Regisseurs gerät. Als Eva zuletzt jene Szene spielen muß, in der sie – um den letzten Flüchtlingszug zu erreichen – ihren verwundeten Mann zurückläßt, bricht sie zusammen. Das nochmalige Durchleben dieses traumatischen und für Eva mit Schuldgefühlen behafteten Erlebnisses führt die endgültige Aussöhnung mit Stefan herbei. Tornau, der durch diese Wendung das wirkliche Leben zu respektieren lernt, bleibt einsam zurück.

Der von humaner Gesinnung geprägte Film verband das zentrale Motiv Brauns, die Dramatisierung moralischer und seelischer Konflikte, mit neoveristischen Ansätzen. Das eindringliche Spiel von Maria Schell und O. W. Fischer, den Stars des deutschen Kinos der fünfziger Jahre, verleiht dem Melodram seine emotionale Intensität und kompensiert die psychologische Unglaubwürdigkeit der von ihnen dargestellten Charaktere.   *mp*

Solo Sunny (Renate Krößner)

Solo Sunny

DDR 1980

R: Konrad Wolf, Wolfgang Kohlhaase;
A: Wolfgang Kohlhaase; K: Eberhard Geick;
D: Renate Krößner, Alexander Lang, Dieter
Montag, Heide Kipp, Klaus Brasch, Harald
Warmbrunn

Ingrid Sommer (R. K.), genannt Sunny, lebt im
Hinterhof am Prenzlauer Berg in Berlin und
tourt als Schlagersängerin mit der drittklassi-
gen Band »Tornados« durch die Niederungen
des sozialistischen Show-Betriebs, was an sich
schon einer gewissen Arriviertheit gleichkommt. Während des komfortlosen Unter-
wegsseins träumt sie von einem ›Solo‹ als Ausdruck von Persönlichkeit und eigener Identität
im Beruf. Sie lehnt das beständige Werben des
biederen Taxiunternehmers Harry (D. M.) ab,
wehrt sich heftig gegen den Saxophonisten
Norbert (K. B.), der im Wunsch nach einer
›Tournee-Ehe‹ selbst vor einem Vergewalti-
gungsversuch nicht zurückschreckt, und läßt
sich auch von einem abgewrackten Conféren-

cier (H. W.) nicht demütigen. Dem stellungslosen Diplom-Philosophen Ralph (A. L.), der
über das »unbestellte Thema: Tod und Gesellschaft« schreibt, ist sie zugeneigt und bietet
ihm sogar an, ein Kind von ihm zu bekommen.
Auf die Intrige Norberts hin wird Sunny von
den »Tornados« gekündigt. Sie sucht Halt bei
Ralph, findet dort indes eine andere Frau vor –
für den Philosophen ein Kavaliersdelikt – und
weiß ihre Liebe zerstört. Nachdem auch der
ersehnte Soloauftritt in der desinteressierten
Atmosphäre einer Bar scheitert, unternimmt
Sunny einen Selbstmordversuch, wird aber gerettet. Ihre Freundin Christine (H. K.), eine frühere Arbeitskollegin, gibt ihr den Lebensmut
zurück. Nach einer kurzfristigen Rückkehr in
die Fabrik und dem gescheiterten Versuch, mit
Harry eine Liebesbeziehung einzugehen, spürt
Sunny, daß sie die Kraft für einen neuen musikalischen Anfang hat: mit einer jungen, noch
unbekannten Rockgruppe.
Mit *Solo Sunny* knüpfte Autor Wolfgang Kohlhaase an seine Berlin-Filme der sechziger Jahre
an, wobei ihm Konrad Wolf die Co-Regie ein-
räumte. Sein lakonischer Erzählstil ermöglichte neben außergewöhnlich unprätentiösen,
fast dokumentarischen Milieuschilderungen

eine authentische Figurenzeichnung. Das Streben der jungen Schlagersängerin nach Selbstverwirklichung, die in ihrem Umfeld auf zurechtgestutzte Lebenshaltungen und stark beschränkte Entfaltungsmöglichkeiten trifft, bleibt trotz der Krisenmomente, in die es führt, ungebrochen. Die Ensembleleistung brachte einen ehrlichen, bitter-schönen Film hervor – einen Höhepunkt im DEFA-Schaffen der achtziger Jahre, der ein breites Publikum zu kontroversen Diskussionen anregte und national wie international mehrfach ausgezeichnet wurde. *ms*

Der Sommer des Samurai

BRD 1986

R: Hans-Christoph Blumenberg; A: Hans-Christoph Blumenberg, Carola H. Stern, Frederick Spindale; K: Wolfgang Dickmann; D: Cornelia Froboess, Hans Peter Hallwachs, Wojtek Pszoniak, Nadja Tiller

In Hamburg geht Merkwürdiges vor sich: Unerklärliche Einbrüche in Chefetagen, entwendete Dossiers, Enthüllungen – und regelmäßig japanische Schriftzeichen am Tatort, wo auch immer ein Einbruch stattgefunden hat. Die Schlüsselfigur ist der weltmännische Finanzmakler Wilcke (H. P. H.), der in Wirklichkeit ein wiederauferstandener Samurai aus einem früheren Jahrhundert ist. Nach einem präzisen, aber nur ihm bekannten Plan zieht er sein Netz von Nachforschungen und Einbrüchen über die Geschäftswelt, um dem Spekulanten Krall (W. P.) das Handwerk zu legen. Eine Journalistin (C. F.) wird auf die Spur des geheimnisvollen Unbekannten angesetzt. Die Gegner des Samurais ziehen eine Spezialistin (N. T.) zu Rate. Aber der Samurai ist ihnen immer einen Schritt voraus.
Der Regisseur und Filmkritiker Blumenberg mischt in diesem zwischen Phantastik und Realismus pendelnden Kinomärchen Figuren der Kolportageliteratur mit Ideen aus dem Fundus der phantastischen Leinwandgeschichten aus der Frühzeit des Kinos. Dies geschieht in so souveräner Manier, daß die abenteuerliche Fiktion den Blick auf die dargestellte Realität erweitert. Die Zitate aus der Filmgeschichte, die Elemente trivialer Erzählformen und kolportagehafter Dramaturgie wirken nie als bemühte Intellektuellenspielereien, sondern verleihen der Story augenzwinkernde Originalität. Selten wurde in den letzten Jahren die ewige Kino-Parabel vom Kampf des Guten gegen das Böse mit soviel Witz auf die Leinwand gebracht wie hier. *tk*

Eine sonderbare Liebe

DDR 1984

R: Lothar Warneke; A: Wolfram Witt; K: Thomas Plenert; D: Christine Schorn, Jörg Gudzuhn, Christa Lehmann, Mike Gregor, Carsten Falke, Franz Viehmann

In einem Großbetrieb leitet Sibylle Seewald (C. S.), Ende 30, die Arbeiterversorgung korrekt und ehrgeizig, was ihr Anerkennung, aber auch Mißgunst einbringt. Sie ist allein, ihr früherer Verlobter im Westen, das Verhältnis mit einem verheirateten Mann (F. V.) ermöglicht nur flüchtige Begegnungen. Der überraschende Tod einer Nachbarin und ein Betriebsfest verstärken ihr Gefühl der Einsamkeit. Sibylle versucht, sich an der Bar zu betrinken, wo – von den Kollegen gedrängt – der verwitwete Elektriker Harald Reich an sie heranritt; mit seinem kleinen Sohn ist er letztlich in ähnlicher Lage. Die gemeinsame Nacht endet mit Mißverständnissen, sie ruft ihn nicht an, setzt ihren Liebhaber vor die Tür und beschließt, »alles ganz anders zu machen«. Deshalb kündigt sie und zieht nach einem erneuten Treffen mit Harald in dessen Haus. Sie findet auch zu Haralds älterem Sohn Holger (M. G.), der seinen Wehrdienst leistet, Kontakt, bringt aber zugleich Unruhe in die Familie, da sie als neue Lebensaufgabe alles verändern will: die Wohnung, den Garten, ihre Beziehungen. Dabei überfordert sie den etwas bedächtigen und wortkargen Harald, er braucht keine »Gouvernante«. Als sie sich aussprechen, ebnet ein Traktor gegen seinen Willen den Garten ein, was ihn veranlaßt, fluchtartig das Haus zu verlassen und ohne Nachricht Urlaub zu nehmen. Sibylle überläßt den kleinen Pierre (C. F.) ihrer

Mutter (C. L.), zu der sie vorher nur eine vage Beziehung hatte, fängt als Köchin in ihrer früheren Arbeitsstelle an und wartet mit zwiespältigen Gefühlen auf Harald. Als er eines Abends auf dem Bett liegt, lehnen sie sich nach inniger Umarmung aneinander.

Warneke stellt – wie schon in *Die Beunruhigung* (DDR 1982) – erneut die Frage nach dem ›sinnvollen Leben‹, diesmal mit Szenen einer Vernunftehe auf Probe. In dem ihm eigenen dokumentarischen Stil gestaltet er, einfühlsam von den Schauspielern unterstützt, ein Plädoyer fürs Zusammenleben. Der Film wurde 1984 in Karlovy Vary mit dem Hauptpreis ausgezeichnet.   *ms*

Sonnenstrahl

Österreich 1933

R: Paul Fejos; A: Paul Fejos, Adolf Lantz; K: Adolf Weith; D: Annabella, Gustav Fröhlich, Paul Otto, Annie Rosar, Hans Marr

Die verzweifelte Anna (A.) will sich in der Donau ertränken, da sie angesichts ihrer wirtschaftlichen Not keine Perspektiven mehr sieht. Sie wird jedoch von Hans (G. F.), einem arbeitslosen Chauffeur, daran gehindert. Auch Hans ist von der wirtschaftlichen Misere betroffen, doch zu zweit kommt man besser durchs Leben, und so werden Anna und Hans ein Paar. Zwar sind damit die Probleme nicht aus der Welt, aber glückliche Momente spenden wieder Kraft. Auf Abzahlung kaufen sie ein Auto, das Hans als Taxi nutzen und so Geld verdienen kann. Die fällige Ratenzahlung ist aber gefährdet, als Hans wegen eines unfallbedingten Krankenhausaufenthaltes seinem Beruf nicht nachgehen kann. Doch die Bewohner der Mietskaserne legen zusammen, und schließlich reicht das gesammelte Geld für die Zahlung.

Ein unprätentiöser, am Alltag einfacher Menschen orientierter Film, den die Weltwirtschaftskrise nicht zur Verbreitung von Ideologien verleitete, sondern zur Illustration der verändernden Kraft von Solidarität im Alltag inspirierte. Der aus Ungarn stammende Regisseur Paul Fejos, von den zwanziger bis in die vierziger Jahre vor allem in Amerika tätig, ließ originelle Regieeinfälle einfließen, das Protagonistenpaar überzeugte durch realistische Darstellung.   *tk*

Sonnensucher

DDR 1958

R: Konrad Wolf; A: Karl Georg Egel, Paul Wiens; K: Werner Bergmann; D: Ulrike Germer, Günther Simon, Erwin Geschonneck, Wiktor Awdjuschko, Willi Schrade, Manja Behrens

1950 – die DDR feiert ihren ersten Jahrestag – wird das verwaiste, 17jährige Flüchtlingsmädchen Lutz (U. G.), das nach einer Vergewaltigung auf dem Land zu ihrer Freundin Emmi (M. B.) nach Berlin geflüchtet ist, in einem zwielichtigen Lokal aufgegriffen und zusammen mit Emmi in die Wismut Bergwerksgesellschaft im Erzgebirge zwangsverpflichtet, wo »Sonnensucher« im Uranbergbau unter sowjetischer Leitung arbeiten. Der Obersteiger Beier (G. S.) gibt Lutz die Möglichkeit, sich zu qualifizieren. Der junge Bergmann Holleck (W. S.) nimmt sie zu sich, behandelt sie aber grob. Als sie ihn verläßt, macht ihr Beier das Angebot, mit ihm zusammenzuleben, weil sie beide, obwohl sie sich nicht lieben, einen Menschen brauchen. Es kommt zur Doppelhochzeit zwischen Beier und Lutz und Emmi und ihrem alten Bekannten Jupp König (E. G.), der als langjähriger, überzeugter Kommunist den bürokratischen Parteisekretär ablösen soll. Lutz muß ihrem Mann gestehen, daß das Kind, das sie erwartet, nicht von ihm ist. Beier akzeptiert es. Er »lehrt Lutz lachen«, wozu sie bisher nicht fähig war. Nach der Fertigstellung seines wichtigen – von den sowjetischen Verantwortlichen mißtrauisch beobachteten – Stollenprojekts werden er und der sowjetische Ingenieur Melnikow (W. A.) bei einem Grubenunglück eingeschlossen. Der Russe, der sich stets um Vertrauen bemühte, gesteht ihm seine heimliche Liebe zu Lutz, Beier seine SS-Vergangenheit. »Wir müssen miteinander leben!«, erklärt Melnikow. Der schwerverletzte Beier stirbt während ihrer Rettung. Lutz findet mit ihrem Kind Aufnahme beim Ehepaar König. Melnikow, der einige Zeit später nach Hause fliegt, verabschiedet sich von ihr: »Glück auf!«

Konrad Wolfs erster Film über DDR-Geschichte, ein Rückblick in die »sozialistischen Gründerjahre«, schildert nüchtern die schweren Lebensbedingungen im damaligen Arbeitermilieu der erzgebirgischen Wismut Bergwerksgesellschaft und ohne Euphorie die deutsch-sowjetischen Beziehungen, über das melodramatische Grubenunglück hinaus letztlich hoffnungsvoll. Das Zeitbild mit überzeugenden Charakterstudien zeichnet sich formal hauptsächlich durch seine deutliche Anlehnung an sowjetische Montagetraditionen aus. *Sonnensucher* kam 1958 aus außenpolitischen Erwägungen nicht zur Aufführung (»intensive Bemühungen der SU um einen Atomwaffenstop sollten in keiner Weise gestört werden«) und erst 1972 nach einer Ausstrahlung im DDR-Fernsehen in die Kinos. *ms*

Spionage

Österreich 1955

R: Franz Antel; A: Alexander Lernet-Holenia, Kurt Nachmann; K: Hans Heinz Theyer, Hanns Matula; D: Ewald Balser, Oskar Werner, Gerhard Riedmann, Barbara Rütting

Der Leiter der k.u.k.-Spionageabwehr Oberst Redl (E. B.) wird beauftragt, den andauernden Verrat militärischer Geheimnisse an Rußland zu unterbinden. Auch privat gerät Redl unter Druck, muß er doch Leutnant von Baumgarten (O. W.), zu dem er homoerotische Beziehungen unterhält, immer öfter finanziell unterstützen. Zudem hat sich von Baumgarten ebenso wie Hauptmann Angelis (G. R.) in die schöne Baronesse Nadeschda (B. R.) verliebt, deren Bruder als Spion in Petersburg hingerichtet wurde. Angelis, der sich, um eigene Nachforschungen anzustellen, selbst zur Briefzensur ermächtigt hat, wird von Nadeschda zu Unrecht als feindlicher Spion und Mörder ihres Bruders verdächtigt. Redl läßt Angelis verhaften und des Hochverrats anklagen. Angelis einzige Hoffnung ist, daß der wahre Spion in die von ihm gestellte Falle geht und einen am observierten Hauptpostamt deponierten Geldbrief abholt. Als Redl Leutnant von Baumgarten eine beträchtliche Summe Geld beschaffen muß, gibt er sich bei der Abholung des Geldbriefs als Spion zu erkennen. Aus Angst vor einem Skandal läßt man Redl die Möglichkeit, sich selbst zu richten.

Die für Regisseur Antel ungewöhnlich disziplinierte und inszenatorisch sorgfältige Verfilmung der authentischen Spionageaffäre vernachläßigt zugunsten der Darstellung romantischer Beziehungen das Psychogramm des Protagonisten. Dessen Verrat stellt sich unter Ausblendung sozialer wie historischer Implikationen als rein persönlicher Charakterfehler dar, dessen Folgen von einem patriotisch verklärten Militärapparat bereinigt werden. *np*

Spur der Steine

DDR 1966

R: Frank Beyer; A: Karl Georg Egel, Frank Beyer nach dem gleichnamigen Roman von Erik Neutsch; K: Günter Marczinkowsky; D: Manfred Krug, Krystyna Stypułkowska, Eberhard Esche, Johannes Wieke, Hans-Peter Minetti

Auf der sozialistischen Großbaustelle Schkona findet ein Parteiverfahren statt: Parteisekretär Horrath (E. E.) muß sich wegen seiner betrieblichen Entscheidungen verantworten – und wegen seines von ihm eingestandenen Verhältnisses zu Katrin Klee (K. S.), der jungen Ingenieurin, mit der er hier zur gleichen Zeit die Arbeit aufgenommen hat. Beide waren anfangs in ihren Bereichen immer wieder mit dem ›berüchtigten‹ Brigadier Balla (M. K.) zusammengestoßen, dessen Stellung und rebellisches Verhalten Horraths Versuchen, neue Formen des Planens und Zusammenarbeitens mit den Arbeitern zu etablieren, aufs energischste entgegenstanden. Durch ihre Auseinandersetzungen wurden Horrath und Balla, die sich beide in Kati verliebten, mehr und mehr zu Partnern. Während Balla mit seinem Einsatz für Horraths Neuerungen zum »Held der Arbeit« avancierte, geriet der verheiratete Parteisekretär, der – um nicht die gemeinsamen Erfolge zu gefährden – die von ihm schwangere Katrin alleinließ, durch Intrige seines Stellvertreters Bleibtreu (H.-P. M.) vors Parteitribunal. Balla spricht sich für ihn aus, während die beinahe gebrochene Katrin ohne Aussage Schkona verläßt – in der Hoffnung auf einen neuen, eigenen Anfang anderswo.

Die brillante filmische Umsetzung des vieldiskutierten Erfolgsromans, die sich auf dramatische Weise mit moralischen und ökonomischen Problemen in Produktion und Gesellschaft der DDR auseinandersetzte, wurde 1966, wenige Tage nach der Uraufführung, durch Störtrupps offizieller Stellen sabotiert. Danach zurückgezogen, kam er erst 1990, noch immer brisant, wieder in die Kinos.   *ms*

Die Spur des Bernsteinzimmers

BRD 1992

R: Roland Gräf; A: Thomas Knauf, Roland Gräf; K: Roland Dressel; D: Corinna Harfouch, Kurt Böwe, Uwe Kockisch, Ulrich Tukur, Michael Gwisdek, Horst Schulze, Joachim Tomaschewsky

Lisa Morbrink (C. H.) glaubt beim plötzlichen Tod ihres Vaters (J. T.) nicht an Herzversagen und macht sich auf die Suche nach dessen Mörder, den sie auf der Spur des legendären Bernsteinzimmers vermutet. Das kostbare Geschenk des Preußenkönigs an Zar Peter I. war 1944 von einem SS-Kommando aus Königsberg fortgeschafft worden, seitdem verschollen und ›Forschungsprojekt‹ von Professor Morbrink. Kriminalkommissar a. D. Max Buttstädt (K. B.), dem Morbrinks letzte Nachricht galt, warnt Lisa davor, den Amateurdetektiv zu spielen. Mit Hilfe von Lisas Freund, dem Wagner-Fan Ludwig (U. K.), gelingt es Siegfried Emmler (U. T.), dem Sohn eines am Abtransport beteiligten SS-Mannes, der wenig später unter mysteriösen Umständen ums Leben kam, das vermeintliche Versteck ausfindig zu machen, das sich jedoch als Bluff erweist – und als Köder Buttstädts, um den einzig Überlebenden des SS-Trupps aus der Reserve zu locken: Galitzsch alias Dr. Kobler (H. S.). Der kommt als erfolgreicher Schweizer Uhrenfabrikant ins wiedervereinte Deutschland, um in dem Schloß, wo er einst das Bernsteinzimmer unter einer ›gewöhnlichen Saalkulisse‹ verstecken ließ, einen Geschäftsvertrag abzuschließen. Nachdem er Buttstädt – dem ehemaligen KZ-Häftling, der nach den Transportarbeiten das Erschießungskommando der SS überlebte – das Geheimnis verraten hat, überläßt er ihn seinem Killer Costello (M. G.). Buttstädt gelingt die Überführung des SS-Mörders, indem er sich, obwohl tödlich getroffen, in den Kofferraum von Koblers Limousine schleppt, wo seine Leiche an der Grenze gefunden wird. Im Schloß beginnt man bei Rekonstruktionsarbeiten mit dem Abriß der Innenausstattung.

Die erste gesamtdeutsche Kinoproduktion der DEFA, finanziert auch mit Bundesgeldern, fügte den Spekulationen um jenen legendären verlorenen europäischen Kulturschatz eine weitere Variante hinzu. Trotz hochkarätiger Besetzung und aufwendiger Dreharbeiten an Originalschauplätzen blieb der »romantische Thriller« nur ein Versuch, Unterhaltungskino im großen Stil zu machen.   *ms*

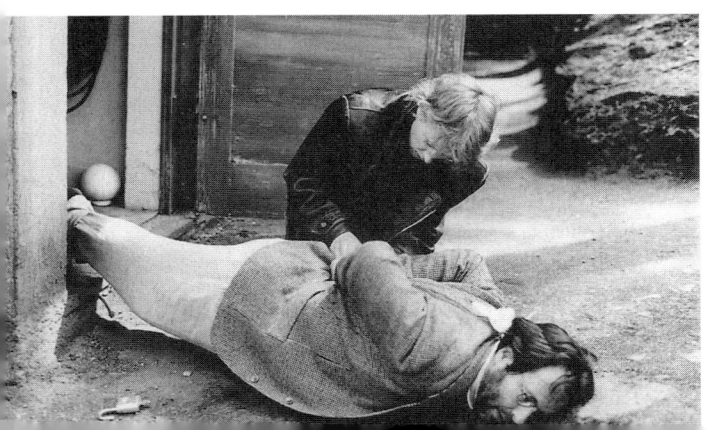

Die Spur des Bernsteinzimmers
(Corinna Harfouch, Uwe Kockisch)

Die Stadt ohne Juden

Österreich 1924

R: Hans Karl Breslauer; A: Ida Jenbach, Hans
Karl Breslauer nach dem gleichnamigen
Roman von Hugo Bettauer; K: Hugo Eywo;
D: Johannes Riemann, Anny Milety, Hans
Moser

Der Staat Utopia steht vor dem Ruin: Inflation
führt zur Verarmung großer Bevölkerungs-
teile, es kommt zu Demonstrationen. Auf Betreiben der antisemitischen Großdeutschen beschließt das Parlament die Ausweisung der Juden, denen die Krise zur Last gelegt wird. Als
besonders fanatischer Judenhasser erweist sich
der Nationalratsabgeordnete Bernart (H. M.).
Zu seinen Opfern zählt der junge Maler Leo
(J. R.), der mit der Tochter des Parteiführers
der Liberalen, Lotte (A. M.), verlobt ist. Bald
muß man jedoch zur Kenntnis nehmen, daß
die Vertreibung der Juden den Zusammenbruch noch beschleunigt, dessen Folgen Arbeitslosigkeit und ausländischer Boykott sind.
Eine neuerliche Abstimmung soll die Zwangs-
maßnahme revidieren. Leo kehrt inkognito
nach Utopia zurück und kann durch eine List
den Antisemiten Bernart von der entscheidenden Abstimmung fernhalten, die den Juden
die Rückkehr erlaubt. Bernart endet, von zioni-
stischen Wahnvorstellungen geplagt, im Irren-
haus.
Der Film hält sich eng an die satirische Vorlage
Hugo Bettauers, der 1925 aufgrund seiner sozialkritischen Ansichten von einem Nationalsozialisten erschossen wurde. Die Ästhetik des
zeitbezogenen und in vielerlei Hinsicht pro-
phetischen Bildes der Inflationszeit läßt den
realistischeren Stil kommender Jahre erahnen.
Den expressionistischen Einfluß macht der
dramatische Höhepunkt spürbar, in dem Bernart in dämonisch-verzerrtem Dekor und in
Anlehnung an *Das Cabinet des Dr. Caligari*
(1920, Wiene) dem Wahnsinn verfällt.   *mp*

Eine Stadt steht kopf

Deutschland 1932

R: Gustaf Gründgens; A: Curt Alexander
nach Motiven des Romans *Der Revisor* von
Nikolai Gogol; K: Franz Planer; D: Jenny Jugo,
Hermann Thimig, Szöke Szakall, Gustaf
Gründgens, Heinrich Schroth

Der Papierserviettenvertreter Heinz (H. T.)
kommt in eine Kleinstadt und wird dort für
den gefürchteten Revisor gehalten. Sämtliche
Würdenträger der Stadt hofieren den vermeintlichen Wirtschaftsprüfer mit Schmeicheleien und Geschenken. Wie der Bürgermeister
(S. S.) haben sie alle einiges auf dem Kerbholz,
weswegen sie den Revisor gnädig stimmen
müssen. Doch auch Trude (J. J.), die Tochter
des Bürgermeisters, umschwärmt Heinz, denn
sie hofft, an seiner Seite der Enge des Städtchens entfliehen zu können. In der Form von
Bestechungsgeldern sammelt Heinz den Be-
trag wieder ein, der zum Bau eines Kranken-
hauses bestimmt, von den Stadtvätern jedoch
für private Ausgaben zweckentfremdet worden war. Er kann Trude das wiedergewonnene
Geld überreichen. Nun kann der Bürgermeister dem Besuch des richtigen Revisors gelassen entgegensehen, denn alles hat wieder seine
Ordnung. Trude und Heinz, die einander lieben, dürfen mit dem Segen des Brautvaters zusammenbleiben.
Mit beißender Ironie und präzisem Blick pran-
gert Gründgens' Filmregiedebüt Bestechlich-
keit und Scheinwelt deutscher Spießbürger an.
Seine temporeiche, sorgfältig choreographierte
Inszenierung läßt ein ganzes Arsenal kleinbürgerlicher Wichtigtuer Revue passieren und
stellt den Kleinstadthonoratioren ihre nicht
minder raffinierten weiblichen Pendants zur
Seite. Besondere Beachtung verdient Gründgens' souveräne dramaturgische Verwendung
der Musik.   *tk*

Stärker als die Nacht

DDR 1954

R: Slatan Dudow; A: Jeanne Stern, Kurt Stern; K: Karl Plintzner, Horst E. Brandt; D: Wilhelm Koch-Hooge, Helga Göring, Kurt Oligmüller, Rita Gödikmeier, Harald Halgardt, Peter Priemer, Heinz Hinze, Gertrud Brendler

1933. Die Versuche des Antifaschisten Hans Löning (W. K.-H.), Werftarbeiter in Hamburg zum Generalstreik gegen Hitler zu mobilisieren, scheitern; der brennende Reichstag in Berlin wird zum Fanal für eine brutale Verfolgung durch die neuen Machthaber. Resignation, wie beim Kommunisten Eddi Nohl (H. H.), stellt sich ein, aber auch Widerstandswille. Massenverhaftungen sind die Folge. Als Gerda Löning (H. G.) im Krankenhaus ihr erstes Kind erwartet, werden Hans und sein Freund Erich Bachmann (K. O.) im Polizeipräsidium ›vernehmungsreif‹ geprügelt, ins Konzentrationslager eingeliefert und als ›Moorsoldaten‹ zu Schwerstarbeit angetrieben. – Gerda hört bei Kriegsbeginn bestürzt die Siegesmeldungen, bei der ›Mitläufer‹-Familie Globig (H. Hi., G. B.) lösen sie dagegen Begeisterung aus. Gerda wartet auf ihren Mann, ihre Freundin Lotte Bachmann (R. G.) zieht mit Nohl zusammen, worüber Erich, als er nach sieben Jahren – ebenso wie kurz vorher Hans – entlassen wird, verzweifelt. Löning findet Arbeit und plant eine Familienreise. Als Deutschland die Sowjetunion überfällt, geht Löning erneut in den illegalen Widerstandskampf. Eddi Nohl, von der Gestapo verhört, verrät seine früheren Genossen. Lotte kann Erich rechtzeitig warnen und findet wieder zu ihm, alle anderen Mitglieder der Gruppe werden verhaftet. Hans Löning, zum Tode verurteilt, sendet seiner Frau und seinem Sohn Klaus-Peter (P. P.) einen letzten Brief mit der Hoffnung auf eine Welt ohne Haß und Krieg.

Der Absicht des Films, den Antifaschisten, die einen zähen und schweren Kampf gegen das Naziregime führten, ein Denkmal zu setzen, wird – trotz mancher trockener Dialogpassagen, gewisser Schemata und sich nicht organisch einfügender dokumentarischer Einblendungen – letztlich entsprochen, was die Jour-nalisten auf den IX. Internationalen Filmfestspielen in Locarno 1955 veranlaßte, ihn zum besten Film – mit Wilhelm Koch-Hooge als besten Darsteller – zu erklären.   ms

Starke Herzen
(Starke Herzen im Sturm)

Deutschland 1937

R: Herbert Maisch; A: Walter Wassermann, C. H. Diller; K: Günther Rittau; D: Maria Cebotari, Gustav Dießl, René Deltgen, Otto Wernicke, Lucie Höflich, Hermann Wolder

1919 in Europa. In einer anonymen Stadt ist die Revolution im Gang. Die Kommunisten fordern eine Räteregierung, revolutionäre Aktionen werden vorbereitet. In der Oper gibt man Puccinis *Tosca*, Solisten sind die Sopranistin Marina Marta (M. C.), der Tenor René Vareno (H. W.) und der Baßbuffo Raddat (O. W.). Marina erhält Rosen von ihrem Verehrer Alexander von Harbin (G. D.), gibt ihm jedoch zu verstehen, daß sie einen anderen liebt. Revolutionäre plündern inzwischen ein Waffendepot, stürmen mitten in der Aufführung die Oper und richten ein Blutbad an. Das Ensemble wird in der Oper gefangengehalten. Der kommunistische Pöbel will, daß die Sänger ein blasphemisches Revolutionslied singen, doch Marina Marta bringt sie dazu, eine christliche Lobpreisung zu singen. Die Revolutionäre plündern den Kostümfundus, amüsieren sich bei einem Saufgelage und lassen das Ballett aufreizende Tänze vorführen. Rettung bringt erst Alexander von Harbin, dessen Bruder vom Zentralkomitee als Kommissar eingesetzt wurde, jedoch einen Unfall hatte. Der Aristokrat gibt die Legitimationsscheine des Bruders als seine eigenen aus, spielt Revolutions-Kommissar und kann so Marina und das Ensemble schützen. Die Musiker verbarrikadieren sich im Opernhaus, wehren einen Angriff erfolgreich ab und schließen sich den siegreichen Regierungstruppen an. Die Bevölkerung marschiert, einen Choral auf den Lippen, im Triumphzug durch die Straßen.

Dieser Actionfilm mit melodramatischen Zügen ist von krasser antisowjetischer und antirevolutionärer Propaganda durchzogen. Der lebenslustigen, ausgelassenen Welt hinter den Opernkulissen wird die Dumpfheit und Primitivität des revolutionären Pöbels entgegengestellt. Die Revolutionäre sind feig, hinterhältig, unmoralisch, undiszipliniert, haben Fratzen und kümmern sich nur um ihren eigenen Vorteil oder um blutrünstige Rachezüge. Die Feinde der Revolution dagegen sind edel, gläubig, halten die klassische Musik und das abendländische Kulturgut hoch. Aus bisher ungeklärten Gründen wurde der Film im Dritten Reich verboten und kam nicht zum Einsatz. Um so erschreckender ist die Tatsache, daß dieses Schulbeispiel antisowjetischer NS-Propaganda unter dem Titel *Starke Herzen im Sturm* 1953 tatsächlich in die Kinos der BRD gelangte. *tk*

■■■■
Sterne / Zwezdy

DDR/Bulgarien 1959

R: Konrad Wolf; A: Angel Wagenstein; K: Werner Bergmann; D: Sascha Kruscharska, Jürgen Frohriep, Erik S. Klein, Stefan Pejtschew

In einer bulgarischen Kleinstadt werden 1943 griechische Juden ins Durchgangslager nach Auschwitz eingeliefert, darunter Ruth (S. K.), eine Lehrerin. Sie bittet den deutschen Unteroffizier Walter (J. F.) um Hilfe, eine Mithaftierte liegt in den Wehen. Dieser Kontakt erweckt bei ihm Sympathien für die junge Frau und bewirkt erstes Nachdenken über das Schicksal der Deportierten. Von Kurt (E. S. K.), einem korrekten, aber gewissenlosen und grausamen Kameraden, erfährt er, was den Juden im KZ Auschwitz droht. Er entspricht der Bitte Petkows (S. P.), der für die Deutschen arbeitet und eine Widerstandsgruppe leitet, und besorgt Arzneimittel. Er weiß nicht, daß ein Teil davon für Partisanen bestimmt ist. Ein junger Bulgare, von deutschen Soldaten damit abgefangen, verrät ihn nicht. Kurt erzwingt im Lager die Herausgabe aller Medikamente. Walter, der Ruth liebt, beschließt, sie zu retten und organisiert mit Petkow einen Unterschlupf. Doch Kurt hat ihm wissentlich einen falschen Transporttermin genannt, Walter verfehlt Ruth, die Häftlinge befinden sich bereits auf dem Weg ins Konzentrationslager. Auf Walter, der durch das Erlebnis geprägt ist, kann die Widerstandsgruppe künftig zählen. Mit dieser bewegenden Liebesgeschichte, adäquat fotografiert und gespielt, fand Wolf erstmals internationale Anerkennung. Trotz Einspruchs der BRD gegen die Aufführung erhielt der Film 1959 in Cannes als bulgarischer Beitrag einen Sonderpreis der Jury. Er kam in der BRD ohne den Schluß – Walters Hinwendung zu den Widerstandskämpfern – in die Kinos. *ms*

■■■■
Sternsteinhof

BRD 1976

R: Hans W. Geissendörfer; A: Hermann Weigel, Hans W. Geissendörfer nach dem gleichnamigen Roman von Ludwig Anzengruber; K: Frank Brühne; D: Katja Rupé, Tilo Prückner, Peter Kern, Gustl Bayrhammer, Irm Hermann, Agnes Fink, Ulrike Luderer, Anna Bennent

Nachdem ihr Vater durch die Rücksichtslosigkeit des Großbauern (G. B.) tödlich verunglückt ist, faßt die Tagelöhnertochter Leni (K. R.) den Entschluß, eines Tages Herrin auf dem Sternsteinhof zu werden. Es gelingt ihr, dem Erben Toni (P. K.) ein Heiratsversprechen abzupressen, das aber vom Bauern nicht anerkannt wird. Leni heiratet daraufhin den Herrgottsschnitzer Muckerl (T. P.) und Toni, dem Wunsch seines Vaters entsprechend, die Großbauerntochter Sali (I. H.). Nachdem Sali im Kindbett und Muckerl (nicht ganz ohne Zutun seiner Frau) an Lungenentzündung gestorben sind, erreicht Leni doch noch ihr Ziel. Da Toni im Ersten Weltkrieg fällt, ist sie am Ende die alleinige Herrin des Sternsteinhofs. Wie es die naturalistische Doktrin der Anzengruber-Zeit für die Literatur fordert, verfährt Geissendörfer im Film: er wertet nicht, sondern beobachtet wie ein Naturwissenschaftler seine Charaktere. Indem er weder Sympathien noch Antipathien verteilt, hat Geissendörfer einen Heimatfilm geschaffen, der trotz schöner

Bilder keine Dorfidylle, sondern einen Kampf ums Überleben zeigt, in dessen Verlauf der Stärkere siegt. Der Kamera fällt dabei die Aufgabe zu, die einzelnen Ingredienzen des Experiments herauszuarbeiten.   *hc*

Die Straße Ⓢ

Deutschland 1923

R: Karl Grune; A: Karl Grune, Julius Urgiss nach einem Entwurf von Carl Mayer; K: Karl Hasselmann; D: Eugen Klöpfer, Lucie Höflich, Aud Egede Nissen, Leonhard Haskel

Ein namenloser Kleinbürger (E. K.) ist Tag und Nacht den Verlockungen der Straße ausgesetzt. Bei der Arbeit und in seiner stickigen Wohnung erinnern ihn Lichtspiele an der Zimmerdecke an die verbotenen Genüsse, die er sich versagt. Eines Abends bricht er aus der Tristesse seines monotonen Alltags und glück- wie erlebnislosen Ehe aus und stürzt sich in die Halbwelt. In einem Nachtlokal lernt er einen erlebnishungrigen Mann aus der Provinz (L. H.) kennen und verspielt seinen Ehering. Eine Prostituierte (A. E. N.) nimmt ihn mit in ihre Wohnung. Doch dann muß er fliehen, da der Mann der Dirne den Mann aus der Provinz ausgeraubt und ermordet hat. Die Polizei verdächtigt den Kleinbürger und sperrt ihn ein. Schließlich kommt die Wahrheit ans Licht, worauf der in mehrfacher Hinsicht Ernüchterte am Morgen aus dem Gefängnis entlassen wird und reumütig zu seiner Frau (L. H.) zurückkehrt. Diese ist beim Warten eingeschlafen und holt nun die Suppe, die seit dem Vorabend auf den Heimkehrenden wartet, vom Herd.

Formal bewegt sich Grunes bekanntester Film zwischen Naturalismus und Expressionismus. Die perfekten Licht- und Schattenspiele der Anfangssequenz sind die virtuos umgesetzten Spiegelungen der inneren Vision, die der Protagonist von einem Leben ohne Tabus hat. Psychologische Tiefe und Milieuzeichnung kommen dagegen etwas zu kurz, ging es dem Subgenre ›Straßenfilm‹ doch primär darum, in den Großstadtvisionen eine Art Totentanz der Epoche zu gestalten. Die Straße ist dabei symboli-

scher Ausdruck der Sehnsüchte und Tabus des Spießers. Weil er diese verdrängt, kann er sich dem Reiz des Verbotenen nicht entziehen. *Die Straße* läßt den kurzen Ausbruch jedoch im Nichts enden und suggeriert so die Sinnlosigkeit einer Auflehnung gegen das vorgegebene Schicksal.   *tk*

Straßenbekanntschaft

DDR 1948

R: Peter Pewas; A: Artur Pohl; K: Georg Bruckbauer; D: Gisela Trowe, Alice Treff, Ursula Voss, Siegmar Schneider, Harry Hindemith, Herwart Grosse, Eduard Wandrey

Erika (G. T.) arbeitet in einer Wäscherei, ist unzufrieden und möchte »was erleben«. Ihr Verehrer, der Journalist Walter Helbig (S. S.), kann ihr auf dem Nachhauseweg nur einen versilberten Ring schenken; bei ihren Eltern fühlt sie sich eingeengt. So geht sie zu Annemie (A. T.), wo sich amüsieren und sattessen kann. Als der Vater ihr Vorwürfe macht, zieht sie zu Walter, der eine ramponierte Wohnung besitzt, stets arbeitet und keine attraktiven Erlebnisse bieten kann. Indessen sieht die Straßenbahnschaffnerin Marion (U. V.) im Vorbeifahren ihren aus der Gefangenschaft heimkehrenden Mann Herbert (H. H.). Nach stürmischer Begrüßung stellt sich Unsicherheit ein: Herberts Eifersucht ist begründet, wie er einem Brief entnehmen kann, der im Briefkasten steckt. Verzweifelt irrt er durch Berlin, sein früherer Arbeitgeber Spitz (E. W.) nimmt ihn mit zu Annemie, wo er Erika trifft, die ihn sympathisch findet und mit ihm schläft. Herbert weiß nicht, daß seine Frau eine Geschlechtskrankheit hat. Als er davon erfährt, ahnt er, was er angerichtet hat, bleibt aber bei seiner Frau. Erika wird bei einer Razzia der Gesundheitsbehörden im Beisein von Walter aufgegriffen, der sich gegen die Methoden verwahrt, aber durch den verantwortlichen Arzt (H. G.) von deren Notwendigkeit überzeugen lassen muß. Erika erfährt von ihrem Zustand, will sich selbst helfen und verläßt heimlich das Krankenhaus. Als sie auch bei Annemie Symptome der Krankheit entdeckt, geht sie wieder dorthin zurück. Gesund entlassen, erwartet sie Walter vor der Tür.

Der Autor bezieht sich auf die damals warnende Suggestivfrage: »Kennt Ihr Euch überhaupt?« In bildhaft-atmosphärischer Dichte, die an den französischen Poetischen Realismus erinnert, schuf Pewas einen ›aufklärenden‹ Film, ohne darin Ansätze für Veränderungen aufzeigen zu können.   *ms*

■

Straßenmusik

Deutschland 1936

R: Hans Deppe; A: Walter Gronostay, Hans Deppe nach dem gleichnamigen Bühnenstück von Paul Schurek; K: Franz Koch; D: Jessie Vihrog, Fritz Genschow, Ernst Legal, Hans Deppe, Fita Benkhoff, Karl Valentin, Liesl Karlstadt

Die Musiker Hans (F. G.), Otto (E. L.) und Paul (H. D.) finden trotz ihres Talents keine Anstellung. So treten sie als Straßenmusiker auf und werden von der jungen Näherin Grete Witt (J. V.) liebevoll umsorgt. Als Otto ein Schmuckstück findet, denkt er nicht daran, es zurückzugeben. Den Vorschuß, den ein Wirt ihm bezahlt, setzt Otto in Spirituosen um. Hans dagegen verpraßt seinen Anteil mit der koketten Witwe Hilde Neumann (F. B.) auf einem Jahrmarkt. Das trifft Grete schwer, denn sie erwartet ein Kind von Hans. Sie bringt das Schmuckstück zum Fundbüro, was die drei Musiker in helle Aufregung versetzt. Doch dann wendet sich alles zum Guten. Sie bekommen einen hohen Finderlohn, Hans kehrt zu Grete zurück, als er von dem Kind hört, und überdies erhält das Trio eine Anstellung beim Rundfunk. Der Kürassier-Otto (K. V.), ein vielseitiger Musiker und zusammen mit seiner Frau (L. K.) eigentlich eine Konkurrenz des Trios, hat selbstlos zur Vermittlung des Engagements beigetragen. Er wird als Trommler in die Kapelle aufgenommen. Hans und Grete heiraten.

Karl Valentin und Liesl Karlstadt, das legendär-groteske ›Traumpaar‹ der deutschen Komik, glänzen in einem Film, der sich stilistisch dadurch vom üblichen Angebot volkstüml-

cher Streifen abhob, daß er deutliche Anklänge an die Neue Sachlichkeit enthielt. Diese Richtung hatte 1930–33 überzeugende Kino-Blüten getrieben, war im NS-Filmschaffen jedoch verpönt.   *tk*

■

Strawanzer / Die letzte Runde

Österreich/BRD 1983

R: Peter Patzak; A: Wolfgang Ainberger, Peter Patzak; K: Dietrich Lohmann; D: Elliott Gould, Heinz Moog, Andrea Jonasson, Danny Hirsch, Hanne Hiob, Hanno Pöschl

Der intellektuelle Aussteiger Willie (E. G.) hat sowohl seine beruflichen als auch familiären Verpflichtungen weit hinter sich gelassen. In der Schnellbahn lernt er den Pensionisten Josef (H. M.) kennen, der sich des nun Obdachlosen annimmt. Gemeinsam ertränken sie ihren Kummer im Alkohol. Eines Tages verläßt das ungleiche Paar die Stadt. Nachdem Willie und Josef die Nacht in einem gestohlenen Autobus verbracht haben, trennen sich ihre Wege: Während Josef nach München reist, besucht Willie seine geschiedene Frau (A. J.) in Salzburg; dort ist er jedoch unerwünscht. Aus Rache ›entführt‹ Willie seinen Sohn Tommi (D. H.). Wieder in Wien, geraten sie in Konflikt mit einer Motorradbande, auf deren Konto ein Mord geht, den Willie vor dem Verlassen der Stadt zufällig beobachtet hatte. Nach einer wilden Verfolgungsjagd kann er sich und seinen Sohn in Sicherheit bringen. Als Willie am nächsten Morgen Josef wiedertrifft, läßt er Tommi zurück und fährt mit seinem Freund davon.

Die bizarre Geschichte des Kampfes zweier gesellschaftlicher Außenseiter um Würde und Freiheit spielt vor dem Hintergrund stilisiert-verfremdeter Stadt-Landschaften. Vor Augen geführt wird eine gefühlskalte, ausschließlich an Funktionalität interessierte Welt. Auf formaler Ebene verknüpft das an amerikanischen Vorbildern orientierte Road Movie alptraumhafte Irrealität mit präzis beobachteter Alltagsatmosphäre.   *mp*

Der Student von Prag ⓢ

Deutschland 1913

R: Stellan Rye; A: Hanns Heinz Ewers;
K: Guido Seeber; D: Paul Wegener, Lyda
Salmonova, Grete Berger, Lothar Körner,
Fritz Weidemann, John Gottowt

Um sich Geld zu beschaffen, das ihm die
Türen der Prager Gesellschaft öffnen soll,
verkauft der Student Balduin (P. W.) dem
zwielichtigen Abenteurer Scapinelli (J. G.) sein
Spiegelbild. Zuerst scheinen die Vorteile des
Arrangements ganz auf Balduins Seite: Endlich kann er der bezaubernden Komtesse Margit (G. B.) seine Gefühle gestehen, die sie erwidert. Doch immer öfter wird Balduin mit
einem geheimnisvollen Doppelgänger konfrontiert, der beängstigende Fähigkeiten besitzt. Als Balduin sich mit Margits eifersüchti-
gem Verlobten (F. W.) duellieren soll, verspricht er der Geliebten, den Nebenbuhler zu
schonen. Doch sein Doppelgänger hält ihn
vom verabredeten Ort fern, tritt selbst zum
Duell an und tötet den Rivalen. Balduin kann
sich der Komtesse, die sich von ihm abwendet,
nicht erklären und sucht Zerstreuung in einem
ausgelassenen Lebenswandel. Doch wiederholt tritt ihm sein zweites Ich entgegen. Ver-
stört und in panischer Angst weiß er schließlich keinen anderen Ausweg, als auf das Spiegelbild zu schießen – worauf er selbst getroffen
zusammenbricht. Auf Balduins Grab sitzt sein
Doppelgänger und triumphiert.
Ganz auf die Möglichkeiten der Kameratechnik hin konzipiert, kommt diesem Film eine
besondere Bedeutung in der frühen Entwicklungsgeschichte des Mediums zu. Bei seiner
Erstaufführung wurde er als künstlerisches
Großereignis gefeiert, und die stilistischen und
thematischen Einflüsse auf das deutsche Filmschaffen der folgenden Jahre sind hoch zu ver-
anschlagen. Wesentlichen Anteil daran hatte
Paul Wegener, der nicht nur die Titelfigur und
sein zweites Ich spielte, sondern auch an der
dramaturgischen und visuellen Umsetzung
mitwirkte.   *tk*

Der Student von Prag

Deutschland 1935

R: Arthur Robison; A: Hans Kyser, Arthur
Robison nach dem gleichnamigen Roman von
Hanns Heinz Ewers; K: Bruno Mondi; D: Adolf
Wohlbrück, Dorothea Wieck, Theodor Loos,
Erich Fiedler, Volker von Collande

Prag im 19. Jahrhundert. Der Student Balduin
(A. W.) ist der beste Fechter der Universität
und zugleich ein melancholischer Träumer. Er
läßt sich von der berühmten Sängerin Julia
(D. W.) bezaubern. Dr. Carpis (T. L.) beobachtet
im Theater, wie Balduin die Sängerin anhimmelt. Carpis bringt Balduin dazu, ihm für eine
hohe Summe sein Spiegelbild zu verkaufen.
Denn Balduin hofft, durch Reichtum die Aufmerksamkeit und das Herz der Sängerin zu
gewinnen. Doch Julia wird auch von Baron
Waldis (E. F.) umworben. Zwar jagt der Student mit Carpis' Hilfe dem Baron beim Spiel
ein Vermögen ab, und der unheimliche Verführer hilft ihm auch, Waldis im Duell zu besiegen. Doch nun wendet sich Balduins zweites
Ich als schlechtes Gewissen gegen ihn. Dem
Wahnsinn nahe, will Balduin sein Spiegelbild
töten, stirbt dabei jedoch selbst.
Die dritte Leinwandadaption des Romans von
Hanns Heinz Ewers – nach Ryes Klassiker
von 1913 und einer Verfilmung durch Henrik
Galeen mit Conrad Veidt in der Hauptrolle
(D 1926) – war in einer effektvoll gestalteten
und ausgeleuchteten Szenerie angesiedelt. Inhaltlich setzte sie andere Akzente: Der Widerstreit der sich bekämpfenden Lebensprinzipien
wurde in der Seele Balduins selbst angelegt,
eine Verinnerlichung, die vom sensiblen Adolf
Wohlbrück stimmig umgesetzt wurde.   *tk*

Stürme über dem Montblanc

Deutschland 1930

R: Arnold Fanck; A: Arnold Fanck; K: Hans
Schneeberger, Richard Angst, Sepp Allgeier;
D: Sepp Rist, Leni Riefenstahl, Friedrich
Kayßler, Ernst Udet, Mathias Wieman

Hannes (S. R.) lebt als Wetterwart allein im Montblanc-Observatorium. Gelegentlich besucht ihn der Flieger Ernst Udet, winkt ihm aus dem Cockpit zu und entschwindet wieder hinter den Gipfeln. Kontakt mit der Außenwelt kann Hannes nur über seinen Morseapparat aufnehmen. Jeden Abend gibt er dem deutschen Astronomen Armstrong (F. K.) die Ergebnisse seiner Messungen durch und tauscht via Morsegerät mit dessen Tochter Hella (L. R.) Vertraulichkeiten aus. Als Armstrong und Hella den Wetterwart besuchen, erwacht eine stille Liebe zwischen Hannes und der jungen Frau. Der Besuch endet indes tragisch, denn der Astronom stürzt zu Tode, Hella reist ab. Hannes empfiehlt ihr beim Abschied seinen Freund Walter (M. W.) für den Fall, daß sie Hilfe benötigt. Als er hört, daß Hella Walter tatsächlich kontaktiert hat, glaubt er irrigerweise, die beiden seien ein Paar geworden. Später hat auch Hannes einen Unfall: Er verliert beim Ablesen der Meßgeräte einen Handschuh und erleidet schwere Erfrierungen. Mit letzter Kraft gelingt es ihm, einen Hilferuf zu morsen. Hella fängt diesen auf und veranlaßt die Rettung des halb Erfrorenen. Hannes und Hella finden zueinander.

Die virtuose Bildgestaltung, welche die Filme Fancks und seines Kamerateams auszeichnet, bezieht ihre Qualität überwiegend aus der Akzentuierung von Eis, kantigen Felsmassiven und Wolken. Die Story, eine Verbindung von alpinem Heroismus und Sentimentalität, wurde noch stumm verfilmt und erst nachträglich mit Dialogszenen, Geräuschen und Musik unterlegt. *tk*

■■■

Der stumme Gast

Deutschland 1945

R: Harald Braun; A: Kurt Heynecke, Harald Braun nach dem Roman *Unterm Birnbaum* von Theodor Fontane; K: Robert Baberske; D: René Deltgen, Gisela Uhlen, Rudolf Fernau, Herbert Hübner, Friedhelm von Petersson, Carsta Löck

Der Wirt (R. D.) des Gasthofs »Der Birnbaum« hat sich finanziell übernommen. Der Lieferant Kampmann (R. F.), dem er das Geld schuldet, erlaubt sich gegenüber Lisa (G. U.), der Frau des Wirts, handfeste Zudringlichkeiten. Dies erbittert den Primaner Dieter (F. v. P.), denn er schwärmt für die reizende Frau. Als der Wirt beim Kartenspiel noch mehr Geld an Kampmann verliert, muß er ihm einen Schuldschein über 2000 Mark ausstellen. Mit diesem versucht Kampmann nun, Lisa gefügig zu machen. Im Weinkeller bietet er ihr an, den Schuldschein für ein Schäferstündchen einzutauschen. Doch Lisa reißt ihm den Schuldschein aus der Hand und flieht. Als man am nächsten Tag Kampmanns Leiche im Weinkeller entdeckt, wird der Wirt des Mordes verdächtigt. Doch Dieter, der den nächtlichen Erpressungsversuch beobachtet hat, kann die Dinge richtigstellen: Kampmann wurde von einem hochgelagerten Faß erschlagen, als die Verfolgung Lisas aufnehmen wollte, von Dieter jedoch daran gehindert wurde.

Diese im dörflichen Krämermilieu angesiedelte Kriminalgeschichte nach Theodor Fontane überzeugt durch bravouröse darstellerische Leistungen, v. a. von Uhlen, Deltgen und Fernau, der den unverschämten Schürzenjäger mit großer Vehemenz spielte. *tk*

■■■

Stunde Null

BRD 1977

R: Edgar Reitz; A: Peter Steinbach, Edgar Reitz; K: Gernot Roll; D: Kai Taschner, Annette Jünger, Herbert Weissbach

Ein kleiner Ort bei Leipzig im Juli 1945. Die Amerikaner befinden sich auf dem Rückzug aus dem von ihnen besetzten Gebiet. Die wenigen nicht geflüchteten Einwohner warten voll Sorge auf die Ankunft der Russen. Ein Ex-Nazi engagiert sich für ein »Antifa-Komitee«; eine Frau sucht nach Wegen, ihre Nichte vor Vergewaltigungen zu schützen; ein Karussellbesitzer hofft, daß die Menschen sich nun wieder amüsieren wollen. Für eine Wurst und eine Schachtel Zigaretten läßt der Bahnwärter, Sozialdemokrat und ehemalige Widerstandskämpfer Mattiske (H. W.) den kaum der Pubertät entwachsenen Joschi (K. T.) bei sich übernachten.

Die Sünderin (Hildegard Knef)

Sprache und Gedanken weisen Joschi als Produkt der NS-Ideologie aus; andererseits demonstriert er seine Begeisterung für den ›American way of life‹ durch Tragen einer US-Bomberjacke. Er ist in den Ort gekommen, um nach einer vergrabenen Wertkassette zu suchen, mit deren Inhalt er sich zu den Amerikanern absetzen will. Jugendlich-naiv will er dem Mädchen Isa (A. J.) imponieren und bringt alle Einwohner in Gefahr. Unbemerkt können Joschi und Isa mit der Kassette das Dorf verlassen, als es von sowjetischen Soldaten besetzt wird. Doch dann begegnen sie einer US-Streife; die Amerikaner beschlagnahmen die Kassette und nehmen Isa mit sich. Joschi bleibt, seiner Illusionen beraubt, allein zurück.

Der gelungene Versuch, einen einschneidenden Augenblick deutscher Geschichte wertfrei aus der Perspektive gewöhnlicher Menschen zu rekonstruieren, war seinerzeit nicht unumstritten. Wie richtig der Ansatz war, bewies später der Erfolg von Reitz' *Heimat* (1984).   *hc*

Die Sünderin

BRD 1951

R: Willi Forst; A: Gerhard Menzel, Georg Marischka nach einer Idee von Willi Forst; K: Václav Vích; D: Hildegard Knef, Gustav Fröhlich, Robert Meyn, Jochen-Wolfgang Meyn, Aenne Bruck

Marina (H. K.) hat ihrem Geliebten, Alexander (G. F.), der unheilbar krank ist, Gift verabreicht. Bevor sie ihm in den Tod folgt, erinnert sie sich: Im Dritten Reich führt die politische Überzeugung des Stiefvaters (R. M.) zur Verarmung der Familie. Marina, schon als Mädchen vom Stiefbruder (J.-W. M.) verführt, läßt sich – wie ihre Mutter (A. B.) – von Männern aushalten. Auch nach Kriegsende macht Marina aus der ›Liebe‹ ein Geschäft, bis sie den heruntergekommenen Maler Alexander kennenlernt. Nachdem sie sich seiner angenommen hat, findet sie bei ihm Gifttabletten, die ihn vor einem qualvollen Tod durch einen Gehirntumor bewahren sollen. Auch eine Reise nach Italien bringt keine Besserung. In München nimmt Marina ihr altes Gewerbe wieder auf, um Alexander eine Operation zu finanzieren. Diese verleiht ihm neuen Lebenswillen. Beide verbringen noch kurze Wochen des Glücks in Wien, bis sich eines Nachts das Ende ankündigt.

Die Behandlung umstrittener Themen – wilde Ehe, Sterbehilfe, Prostitution und Selbstmord – führte bei Kirchen und Politikern zu heftigen Reaktionen gegen das Werk. *Die Sünderin* wurde dadurch zum größten Skandalfilm der Nachkriegszeit und ein Kassenerfolg. Das Melodram ist durch nichtchronologische Rückblenden und den Kommentar Marinas strukturiert. Es ist das ambitionierteste Frauenporträt Forsts, das durch die Verschmelzung von Liebe und Opfer, Leben und Kunst über die Zeitbezüge hinaus Gültigkeit erlangen wollte.

mp

■

Sylvester Ⓢ
(Tragödie einer Nacht)

Deutschland 1924

R: Lupu Pick; A: Carl Mayer; K: Karl Hasselmann (Innenaufnahmen), Guido Seeber (Straßenszenen); D: Eugen Klöpfer, Edith Posca, Frida Richard

Die letzte Stunde des Jahres bricht an. Ausgelassene Menschen, Verkehr und Feuerwerk prägen das Straßenbild. In einem hellen Luxus-Etablissement herrscht gediegene Feierlichkeit, während die volkstümliche Café-Konditorei direkt gegenüber von lautem Betrieb erfüllt ist. In dem niedrigen, verqualmten Lokal wird ausgiebig getrunken und gefeiert. Der Betreiber der Konditorei (E. K.) und seine Frau (E. P.) werden in ihrer geplanten Zweisamkeit durch die Mutter des Mannes (F. R.) gestört, die ohne Ankündigung erscheint. So nimmt die menschliche Tragödie ihren Lauf, denn die ohnehin angespannte Situation wird durch die Eifersucht der beiden Frauen aufeinander – wegen des Mannes – noch verschlimmert. Der Haß kommt zum Ausbruch, als sie sich über zwei Fotografien streiten, die Mutter und Sohn bzw. die Ehefrau mit ihrem Mann zeigen. In den verbissenen Kampf will der Mann sich nicht einmischen; er geht ins Nebenzimmer, wo er sich, die Gedanken vom Silvesterpunsch benebelt, erhängt. Die Pendeluhr im Zimmer des Toten schlägt die zwölf letzten Schläge des Jahres. Als der Mann entdeckt wird, nähert sich der Trubel auf der Straße seinem Höhepunkt. Mutter und Stieftochter umfassen sich in tiefer Trauer.
Drehbuch, Inszenierung und Milieuzeichnung verschmolzen auch in diesem naturalistischen Drama zu jenem gleichnishaften Fatalismus, der das ›filmische Kammerspiel‹ auszeichnete. Dabei arbeitet *Sylvester* mit dem Kontrast zwischen dem statischen Abbild der Psychen und den temporeichen, pulsierenden, auch optisch bewegten Straßenszenen vor dem Café. Guido Seeber benutzte für diese Aufnahmen eine im Ansatz schon ›entfesselte Kamera‹, wie sie Karl Freund ein Jahr später in Friedrich Wilhelm Murnaus *Der letzte Mann* verwenden sollte.   *tk*

■

Symphonie eines Lebens

Deutschland 1943

R: Hans Bertram; A: Hans Bertram, Kurt E. Walter; K: Carl Hoffmann, Erich Nitzschmann; D: Harry Baur, Henny Porten, Gisela Uhlen, Harald Paulsen, Albert Florath

Der Dorfkantor und Komponist Stefan Melchior (H. B.) ist von der jungen, attraktiven Gräfin Ilka (G. U.) derart fasziniert, daß er ihr zuliebe seine Frau (H. Po.) und die gemeinsamen Kinder verläßt. In der Folge gewinnt er die Liebe der Gräfin, ermordet jedoch in rasender Eifersucht einen Nebenbuhler (H. Pa.). Die nächsten zwölf Jahre verbringt er im Gefängnis. Als er freikommt und in die Heimat zurückkehrt, liegt seine Frau im Sterben. Sie verzeiht ihrem Mann auf dem Totenbett, verbietet ihm aber, mit den heranwachsenden Kindern in Kontakt zu treten, die nichts von seinem Schicksal wissen. Sie sollen ihn als liebenden Vater im Gedächtnis behalten. Die sterbende Gattin gibt dem Komponisten Kraft und Mut, eine Symphonie seines Lebens mit den Sätzen »Aufbruch«, »Der Tanz«, »Sühne und Heimkehr« und »Das Werk« zu komponieren. Die Aufführung der Symphonie wird ein Erfolg
Der französische Charakterdarsteller Harry Baur spielt in diesem pathetisch-sentimentalen Komponistendrama sämtliche Möglichkeiten seiner facettenreichen Begabung aus und verleiht der Figur des Komponisten glaubwürdige Züge. Musikalisch basierte das Filmdebüt des technikbegeisterten (Flug-)Abenteuers Hans Bertram auf der »Symphonie in vier Sätzen« von Norbert Schultze, dem Komponisten von Welthits wie »Lili Marleen«, Kriegshymnen wie »Bomben auf Engelland« und des Hans-Albers-Musicals *Käpt'n Bay-Bay* (1953, Käutner).   *tk*

T

Tätowierung

BRD 1967

R: Johannes Schaaf; A: Günter Herburger, Johannes Schaaf; K: Wolf Wirth; D: Christof Wackernagel, Helga Anders, Alexander May, Rosemarie Fendel

Alfred Lohmann (A. M.) besitzt alles, was für die Wirtschaftswundergeneration zu einem erfüllten Leben gehört – einen florierenden, alteingesessenen Familienbetrieb und eine attraktive Frau (R. F.) mit Geschmack und Bildung. Um sich die eigene Kultur und Liberalität zu bestätigen, nimmt das kinderlose Ehepaar Frau Lohmanns Nichte Gaby (H. A.) und den in Erziehungsheimen groß gewordenen Benno (C. W.) auf, der von seinen Mitschülern mit einem Elektrobohrer ›tätowiert‹ wurde, weil diese ihn dazu bringen wollten, das Versteck einer Pistole zu verraten, die er gestohlen hatte. Benno geht eine Affäre mit Gaby ein, doch sie verrät ihn, als er bei Lohmanns Bruder einen Teppich klaut. Nach einer Rückkehr ins Heim kommt er wieder zu seinen Adoptiveltern, wird aber erneut nicht heimisch. Bei einem Familienspaziergang fährt Gaby mit einem jungen Mann davon, der zurückgelassene Benno läßt seiner Frustration freien Lauf und erschießt Lohmann zwischen blühenden Bäumen. In einem Hallenbad wird Benno verhaftet.

Regisseur Schaaf unterstreicht die Künstlichkeit der Handlung durch den Gebrauch einer artifiziellen Farbdramaturgie und liefert eine Modellstudie zu Herbert Marcuses 1966 auf deutsch erschienenem Essay über repressive Toleranz: Lohmann, indem er vorgibt, alles zu verstehen, entzieht sich jeglicher Kritik und drängt seiner Umwelt die eigenen, großbürgerlichen Werte auf. Während Gaby diese Praktiken durchschaut, auf sie mit bewußt herausforderndem Zynismus reagiert und sie zu ihrem eigenen Vorteil nutzt, kann Benno, in dessen Italo-Western-Weltbild es nur Freunde und Feinde gibt, sich Lohmanns Dominanz nur durch Gewaltanwendung entziehen. Der im Schatten der Berliner Mauer angesiedelte Film bricht bewußt mit traditionellen Erzähltechniken und antizipiert vom Inhalt und Rhythmus her die Proteste der Studentenunruhen von 1968.   *hc*

Das Tagebuch der Geliebten

Österreich/Italien 1935

R: Hermann Kosterlitz (Henry Koster); A: Felix Joachimson; K: Willy Goldberger, Zoltan Vidor, Hans Heinz Theyer; D: Hans Jaray, Lili Darvas, Szöke Szakall, Attila Hörbiger

Paris 1883. Maria Baschkirtzeff (L. D.), eine junge Russin aus reichem Haus, ist besessen vom Ehrgeiz, Malerin zu werden. Sie nimmt Unterricht bei Meister Bassieux (A. H.), der Maria heiraten will. Sie aber lehnt ab. Auf der Suche nach neuen Motiven, begibt sich Maria in das verrufenste Viertel der Stadt, wo sie in Gefahr gerät. Der Schriftsteller Guy de Maupassant (H. J.) kommt ihr zu Hilfe. Beiden scheint die Begegnung von schicksalhafter Bedeutung, und schon bald hat Maria ihren Traum vom Erfolg der Liebe zu dem Dichter geopfert. Bassieux erfährt von der Liebesbeziehung und sinnt auf Rache. Daß es dazu nicht kommt, ist Dr. Walitzky (S. S.), Marias Leibarzt und ständigem Beschützer, zu verdanken. Von ihm erfährt Bassieux die Wahrheit: Maria ist lungenkrank und hat nur noch kurze Zeit zu leben. Durch Zufall wird Maria Zeuge des Gesprächs. Um dem Geliebten ihr Unglück zu ersparen, weist sie ihn nun von sich. Tage und Wochen des Leidens vergehen. Erst in ihren letzten Stunden kann Maria nicht mehr ohne ihre große Liebe sein; sie stirbt in Maupassants Armen.

Hermann Kosterlitz, einer der wichtigsten Regisseure des österreichischen Films der dreißiger Jahre und nach seiner Emigration unter dem Namen Henry Koster in Hollywood erfolgreich, realisierte diesen Film als subtiles Melodram. Eingebettet in detailverliebte Dekorationen vermag die ergreifende Liebesgeschichte jene romantische Atmosphäre zu evozieren, in der Lebensfreude und Verzicht, irdisches Glück und künstlerische Berufung dicht nebeneinander liegen und doch unvereinbar sind. Titel der italienischen Version: *Diario di una donna amata.*   mp

---

Der Tangospieler

BRD 1991

R: Roland Gräf; A: Roland Gräf nach der gleichnamigen Erzählung von Christoph Hein. K: Peter Ziesche; D: Michael Gwisdek, Corinna Harfouch, Hermann Beyer, Peter Prager, Anne Kasprik

Der Historiker Dr. Dallow (M. G.), zu 21 Monaten Haft verurteilt, weil er als kurzfristige Vertretung eine Kabarett-Truppe beim Tango »Addios Muchachos« auf dem Klavier begleitet hatte, ohne dessen provokanten Text zu kennen, wird im Winter 1968, psychisch schwer angeschlagen, aus einem DDR-Gefängnis entlassen. Zurück in Leipzig, ist es ihm unmöglich, an sein früheres Leben als Universitäts-Oberassistent anzuknüpfen. Er begibt sich – die Angebote vom Staatssicherheitsdienst abweisend – erfolglos auf die Suche nach einer Anstellung als Kraftfahrer und gerät mehr und mehr in eine Identitätskrise, an der auch seine neue Beziehung zur geschiedenen Buchhändlerin Elke (C. H.) zu scheitern droht. Nachdem er die Situation durch einen tätlichen Angriff auf seinen damaligen Richter (H. B.) aufs äußerste verschärft hat, geht er als Saisonkellner nach Hiddensee. Am Tag des sowjetischen Einmarsches in die Tschechoslowakei überbringt ihm die wissenschaftliche Assistentin Sylvia (A. K.) das Angebot einer Dozentenstelle. Deren eigentlicher Anwärter, der ehemalige Stellvertreter Dallows (P. P.), kommt nicht mehr in Frage, weil er eine Invasion ins sozialistische Bruderland vor Studenten für ausgeschlossen erklärt hat. Dallow kehrt – resigniert und zur Anpassung ans System bereit – an die Universität zurück.
Die noch vor dem Herbst 1989 konzipierte Adaption der kritischen Erzählung von Hein, die – solide und unspektakulär inszeniert – stilistisch an Gräfs *Märkische Forschungen* (DDR

1982) anschließt, brach nach Fertigstellung eine Reihe nicht mehr existierender DDR-Tabus und wurde als Beitrag zur notwendigen Aufarbeitung deutsch-deutscher Vergangenheit gewürdigt.   ms

---

Taxi zum Klo

BRD 1980

R: Frank Ripploh; A: Frank Ripploh; K: Horst Schier; D: Frank Ripploh, Bernd Broaderup, Gitte Lederer, Hans-Gerd Mertens, Orpha Termin, Tabea Blumenschein, Magdalena Montezuma

Frank (F. R.), 31jähriger Lehrer in Berlin, ist schwul. Als er seiner Nachbarin (O. T.) die Zeitung klauen will, schlägt seine Wohnungstür zu, und er muß nackt über den Balkon einsteigen. Die Schüler mögen ihn, die Kollegen ebenfalls; nur wenn sie besoffen sind, witzeln sie am Kegelabend über seine sexuellen Vorlieben. Frank, von seinen Freunden Peggy genannt, kennt die Treffpunkte der Schwulen; es gibt Nächte, da sucht er den ›schnellen Aufriß‹ in einer öffentlichen Toilette. Er lernt den zurückhaltenden Bernd (B. B.) kennen, sie verbringen eine Nacht zusammen und werden ein Paar. Von einer Freundschaft haben sie aber unterschiedliche Vorstellungen: Bernd träumt von einem ruhigen Leben auf dem Land; Frank dagegen will sich das pulsierende Stadtleben, auch seine sexuellen Ausbrüche aus der trauten Zweisamkeit, nicht nehmen lassen. Nach einem Streit flirtet Frank auf einem Kostümball mit einem andern. Am frühen Morgen trennen Bernd und Frank sich in der U-Bahn. Frank geht als orientalische Prinzessin verkleidet zur Schule und sorgt damit für einen Tumult. Ein Text berichtet, daß er seinen Job verloren hat, dafür aber wieder mit Bernd zusammenlebt und Filme macht.
Mit Ironie, Szenenkomik und blühendem Sprachwitz erzählt der Film die Geschichte einer ganz alltäglichen, ganz ungewöhnlichen Liebesgeschichte zwischen zwei Männern. Horst Schiers Kamera zeigt die stark autobiographisch gefärbten Szenen Frank Ripplohs, der nach seinem Coming-out 1978 vom Lehrer-

beruf ausgeschlossen wurde, mit Freude am (skurrilen) Detail. Ripploh erhielt für *Taxi zum Klo* den Max Ophüls-Preis 1981. *tk*

Das Testament des Dr. Mabuse

Deutschland 1933

R: Fritz Lang; A: Thea von Harbou, Fritz Lang; K: Fritz Arno Wagner, Karl Vash; D: Rudolf Klein-Rogge, Oskar Beregi, Otto Wernicke, Gustav Dießl, Wera Liessem, Karl Meixner

Der nach Weltherrschaft strebende Verbrecher Mabuse (R. K.-R.) ist Patient in der Irrenanstalt Dr. Baums (O. B.). Durch die hypnotischen Kräfte Mabuses wird der Arzt zu dessen willenlosem Vollzugsorgan. Kriminalkommissar Lohmann (O. W.) kommt den kriminellen Aktivitäten Mabuses und seiner Bande durch einen Anruf des ehemaligen Kriminalisten Hofmeister (K. M.) auf die Spur. In der Klinik von Dr. Baum erfährt Lohmann jedoch vom plötzlichen Tod Mabuses. Dr. Baum, der sich als Vollstrecker der verbrecherischen Pläne Mabuses sieht, gibt neue Befehle, die unter anderem die Sprengung eines Chemie-Werks vorsehen. Lohmann gelingt es mit Hilfe des Bandenmitgliedes Kent (G. D.), der sich seiner Geliebten Lilli (W. L.) zuliebe entschlossen hat, auf die Seite des Gesetzes zu wechseln, und deswegen mit ihr in Todesgefahr gerät, das Versteck der Bande auszuforschen. Nach einer nächtlichen Verfolgungsjagd wird Dr. Baum, dem Wahnsinn verfallen, in Mabuses ehemaliger Zelle gestellt.

Der im nationalsozialistischen Deutschland verbotene Film schließt an Langs Stummfilmversion des Mabuse-Themas (*Dr. Mabuse, der Spieler*, 1922, 2 Teile) an. Manche Elemente des raffiniert inszenierten Kriminalfilms können als allegorische Hinweise auf die Terrormethoden und die Demagogie Hitlers verstanden werden. Über diesen zeitnahen Aspekt hinaus bestimmt die Faszination, die das verbrecherische Böse und das System der Verschwörung zeitlebens auf den Regisseur ausübten, den Film. Französische Version: *Le testament du docteur Mabuse*. *mp*

Theo gegen den Rest der Welt

BRD 1980

R: Peter F. Bringmann; A: Matthias Seelig; K: Helge Weindler; D: Marius Müller-Westernhagen, Guido Gagliardi, Claudia Demarmels

Fünf Minuten vor Ende einer 53-Stunden-Tour wird dem Lkw-Fahrer Theo (M. M.-W.) aus Herne während einer Pinkelpause an der Autobahntankstelle sein noch nicht bezahlter 38-Tonnen-Volvo samt Ladung geklaut. Er ruft seinen Kompagnon, den ehemaligen Gast-Bergarbeiter Enno (G. G.) zu Hilfe und ›entführt‹ das winzige Auto der soeben durchs Physikum gerasselten Schweizer Medizinstudentin Ines (C. D.). Gemeinsam nimmt das vom Temperament her unterschiedliche Trio die Verfolgung quer durch Europa auf und wird dabei selbst von einem äußerst unangenehmen Vertreter der Universal-Kredit gejagt, der den fälligen 10 000-DM-Wechsel eintreiben will.

Der Film entstand als in sich geschlossener zweiter Teil von Bringmanns *Aufforderung zum Tanz* (in dem es um den Kauf eines Lastwagens geht) und ist jenen 30 Prozent TV-Zuschauern zu verdanken, die 1977 auf diesen Fernsehfilm reagierten, auf Zocker Theos coole Haltung, seine Lebensphilosophie (»Sekt oder Selters«), seine flotten Sprüche (»Das schönste am Leben ist, daß es weitergeht«) und seine Fähigkeit, trotz ständiger Niederlagen immer wieder hochzukommen. *Theo gegen den Rest der Welt* wurde zum Überraschungserfolg. Innerhalb weniger Monate sahen ihn über drei Millionen Zuschauer im Kino. Rock-Idol Müller-Westernhagen schwor »Nie wieder Theo« – zum Bedauern der überwiegend jugendlichen Fans und der Produzenten; denn das Ende dieser erfrischend unprätentiösen Road-Movie-Komödie läßt die Möglichkeit weiterer Folgen offen. *hc*

Tonio Kröger

BRD/Frankreich 1964

R: Rolf Thiele; A: Erika Mann, Ennio Flaiano
nach der gleichnamigen Novelle von Thomas
Mann; K: Wolf Wirth; D: Jean-Claude Brialy,
Nadja Tiller, Werner Hinz, Rudolf Forster,
Anaid Iplicjian, Mathieu Carrière

Der erfolgreiche Schriftsteller Tonio Kröger
(J.-C. B.), Sohn einer vitalen italienischen
Schönheit (A. I.) und eines bereits vor Jahren
verstorbenen Patriziers (W. H.) aus Lübeck,
reist auf der Suche nach künstlerischer Inspira-
tion und persönlicher Orientierung durch Europa. Florenz weckt nostalgische Erinnerungen
an Kindheitstage; in München trifft er die Malerin Lisaweta (N. T.) wieder, die einzige Frau
seit längerem, die in Krögers Phantasie als
Mensch haften bleibt und nicht gleich zur literarischen Figur wird. Nach einem unbefriedi-
genden Besuch in seiner Heimatstadt Lübeck
reist Kröger nach Dänemark weiter. Er verbringt ruhige Tage im Badeort Aalsgard, bemerkt irgendwann, daß ihm Lisaweta nicht
mehr aus dem Sinn will, und erträumt sich Geborgenheit in gegenseitiger Liebe.
Thomas Manns vielschichtige Novelle über die
Identitätssuche eines zwischen artifizieller
Idealisierung und realer Erlebensfähigkeit zerrissenen Intellektuellen wurde von Thiele als
Bilderbogen in distinguierter Salonatmosphäre
angelegt. Mathieu Carrière als halbwüchsiger
Tonio und Jean-Claude Brialy als erwachsener
Tonio Kröger verleihen der Titelfigur glaubhafte Züge.   *tk*

Das Totenschiff

BRD 1959

R: Georg Tressler; A: Hans Jacoby, Georg
Tressler nach dem gleichnamigen Roman von
B. Traven; K: Heinz Pehlke; D: Horst Buchholz,
Mario Adorf, Helmut Schmid, Elke Sommer

Dem amerikanischen Matrosen Gale (H. B.)
werden in Antwerpen von einer Prostituierten

Geld und Seefahrtsbuch gestohlen. Sein Schiff
hat den Hafen vorzeitig verlassen, und es gibt
niemanden, der seine Identität bestätigen
könnte. So schieben die Behörden ihn bei
Nacht und Nebel über die Grenze ab. Als Staa-
tenloser irrt er durch Frankreich und heuert
schließlich in Marseille auf der »Yorikke« an,
ohne das Schiff vorher gesehen zu haben. Der
schrottreife Dampfer dient dem Waffen-
schmuggel und soll samt Mannschaft auf ho-
her See versenkt werden, weil der Eigner die
Versicherungsprämie kassieren will. Gales Versuche, gemeinsam mit dem polnischen Matrosen Stanislaw (M. A.) den unmenschlichen Bedingungen an Bord zu entrinnen, scheitern alle
an den fehlenden Papieren. Beide befinden
sich auf einer qualvollen Reise in den Tod.
Die Drehbuchautoren verlegten die Handlung
des Weltbestsellers von der Zeit nach dem Ersten Weltkrieg in die fünfziger Jahre. Dabei
ging die sozialkritische Wucht des Originals
teilweise verloren. Kenner werden möglicherweise auch den unentrinnbaren Sog in die
Hölle, der den Roman auszeichnet, vermissen.
Trotzdem: Ein Abenteuerfilm voll Atmosphäre, den Kritik und Publikum noch entdek-
ken müssen.   *mp*

Träumerei

Deutschland 1944

R: Harald Braun; A: Herbert Witt, Harald Braun;
K: Robert Baberske; D: Hilde Krahl, Mathias
Wieman, Friedrich Kayßler, Emil Lohkamp

An der Leipziger Musikschule lernt Clara
Wieck (H. K.), die Tochter des autoritären Mu-
sikpädagogen Friedrich Wieck (F. K.), den
überaus talentierten Robert Schumann (M. W.)
kennen. Sie verliebt sich in den jungen Komponisten. Ihr Festhalten an dieser Liebe führt
zum offenen Streit mit dem Vater, der will, daß
Clara sich ganz auf ihre künstlerische Entfaltung konzentriert. An der Seite Franz Liszts
(E. L.) feiert Clara überwältigende Erfolge als
Pianistin, doch sie kehrt nach Leipzig zurück,
um mit Schumann zusammen zu sein. Vor Gericht erstreitet sich die minderjährige Clara das
Recht, Schumann heiraten zu können. Einige

Jahre geht Clara ganz in ihrer Aufgabe als Ehefrau und Mutter auf. Unterstützt vom Zuspruch Liszts, beschließt sie jedoch, wieder öffentlich aufzutreten, und geht mit ihrem Gatten auf Konzertreise. Doch dessen seit einiger Zeit auftretende Depressionen werden durch das anstrengende Leben auf Tournee verstärkt, auch eine feste Anstellung als Düsseldorfer Musikdirektor bringt keine bleibende Linderung seines Leidens. Schumann versinkt in Schwermut, will Hand an sich legen und wird in ein Sanatorium gebracht. Clara besucht ihn dort kurz vor seinem Tod, wird von ihm jedoch nicht wiedererkannt.

Brauns biographisches Porträt der Musikerehe von Clara Wieck und Robert Schumann legt den dramaturgischen Schwerpunkt auf den inneren Konflikt Claras, die zwischen Vater und Ehemann, zwischen künstlerischer Begabung und Liebe hin- und hergerissen wird. Im Schaffen Hilde Krahls bildet die vielschichtige und ausdrucksintensive Charakterisierung Clara Wiecks einen Höhepunkt. Mathias Wieman stellte dem eine wandlungsfähige Interpretation Robert Schumanns zur Seite, für dessen innere Zerrissenheit er die Idealbesetzung war.   *tk*

Die Trapp-Familie

BRD 1956

R: Wolfgang Liebeneiner; A: Georg Hurdalek frei nach den Lebenserinnerungen der Baronin Maria Trapp; K: Werner Krien; D: Ruth Leuwerik, Hans Holt, Maria Holst, Josef Meinrad, Friedrich Domin, Hilde von Stolz

Da der verwitwete österreichische Baron Trapp (H. H.) die Versorgung und Erziehung seiner sieben Kinder nur mit großer Kraftanstrengung zustande bringt, wird ihm die Novizin Maria (R. L.) als Hilfe zugeteilt. Mit ihrem Organisationstalent steuert sie die Großfamilie durch die Turbulenzen der Zeit zwischen den Weltkriegen. Die Kinder sind hingerissen von Marias Lebensfreude und Optimismus – und bald tut der Baron es ihnen nach. Die Äbtissin gestattet Maria, den Baron zu heiraten. Die Familie tritt als Gesangstruppe bei den Salzburger Festspielen auf und gewinnt den Wettbewerb. Als Österreich jedoch von Nazi-Deutschland annektiert wird, emigriert der Baron, der das neue Regime ablehnt, mit seiner erfolgreichen Familie nach Amerika. Auch dort stehen bald die ersten Auftritte bevor.

Durch die Konzentration auf unterhaltende Elemente ohne höhere Ansprüche wurde dieser optimistische Familienfilm einer der großen deutschen Filmerfolge der fünfziger Jahre, der auch in den USA kommerzielle Triumphe feierte. Ruth Leuwerik, deren Maria Herzensgüte mit Resolutheit zu verbinden weiß, und Hans Holt als liebenswürdiger Baron stiegen noch weiter in der Gunst des Publikums. Die zwei Jahre später gedrehte Fortsetzung *Die Trapp-Familie in Amerika* (1958, Liebeneiner) lieferte den internationalen Erfolgszug der Gesangtruppe nach, war aber weniger glaubwürdig und noch oberflächlicher.   *tk*

Traumstadt

BRD/Österreich 1973

R: Johannes Schaaf; A: Johannes Schaaf, Rosemarie Fendel, Russel Parker nach dem Roman *Die andere Seite* von Alfred Kubin; K: Gérard Vandenberg, Klaus König; D: Per Oscarsson, Rosemarie Fendel, Olimpia, Eva-Maria Meineke, Alexander May, Heinrich Schweiger

Das Münchner Ehepaar Anna (R. F.) und Florian Sand (P. O.) hegt den Traum eines von allen Zwängen befreiten Lebens, in dem jeder seinen Freuden und Lüsten nachgehen kann. So sind sie bereit, eine abenteuerliche Reise durch halb Asien auf sich zu nehmen, um einer mysteriösen Einladung zu folgen, die ihnen die Erfüllung ihrer Sehnsüchte verspricht. Der geheimnisvolle Staat, in dem sie landen, verfolgt zwar tatsächlich die Zwanglosigkeit und eine genußorientierte Lebenspraxis, doch wird das Zusammenleben hauptsächlich durch Begierden, Lust und Gewalt geprägt, die sich ungehemmt entladen. Florian lernt eine junge Frau (O.) kennen und taucht mit ihr ein in den zügellosen und wollüstigen Taumel von Sexualität, Phantasie und totaler Hingabe. Anna dagegen kommt mit dem Leben außer-

Traumstadt (Per Oscarsson)

halb geordneter Bahnen nicht zurecht und geht an dem Chaos zugrunde. Die zunehmend chaotische, höllische Kurzlebigkeit führt schließlich zum Untergang der Stadt. Florian kann gerade noch entkommen.

Johannes Schaafs Virtuosität in der Schauspielerführung und die expressiv-symbolistischen Dekors von Wilfried Minks verbanden sich in dieser aktualisierten Verfilmung von Alfred Kubins grellem Fin-de-siècle-Roman zur surrealen Zeitgeist-Vision einer Zukunft, die durch ungehemmte Triebe und Gewalt geprägt ist. *tk*

Traumulus

Deutschland 1936

R: Carl Froelich; A: Robert A. Stemmle, Erich Ebermayer nach dem gleichnamigen Bühnenstück von Arno Holz und Oskar Jerschke; K: Reimar Kuntze; D: Emil Jannings, Hilde Weißner, Harald Paulsen, Hannes Stelzer, Herbert Hübner

Niemeyer (E. J.) ist Direktor eines Kleinstadt-Gymnasiums um die Jahrhundertwende. Den idealistischen Werten der Antike verpflichtet, hat er sich der Gegenwart entfremdet und wird von den Schülern Traumulus genannt. Einige von ihnen wohnen als Pensionäre im Haus des Professors, unter ihnen sein Lieblingsschüler Kurt von Zedlitz (H. S.). Als dieser die Nacht bei einer jungen Schauspielerin verbringt, nutzt das einer von Niemeyers Kontrahenten (H. H.), um ihm Vernachlässigung seiner Erziehungspflichten vorzuwerfen. Zedlitz mißachtet den vom Direktor ausgesprochenen Hausarrest, um seine Freunde zur Auflösung einer Vereinigung zu drängen, die dem heimlichen Bier- und Tabakgenuß frönt. Als die Versammlung auffliegt und auch Zedlitz verhaftet wird, bricht für den enttäuschten Niemeyer die Welt zusammen. Denn auch seine vergnügungssüchtige Frau (H. W.) und sein mißratener Sohn (H. P.) sind ihm keine Stütze. Nun erkennt der Direktor, wie weltfremd seine Wertvorstellungen sind, und er will nach Zedlitz' Rückkehr neu beginnen. Doch der hat sich in seiner Gewissensqual das Leben genommen. An der Bahre des Toten er-

wächst Niemeyer der Glaube an eine ›neue Jugend‹ und eine ›neue Zeit‹.
Eine Milieu- und Figurenzeichnung, die sich an die Dramaturgie des späten Stummfilms anlehnt, sowie das souveräne Spiel von Emil Jannings sind die Gründe für den internationalen Beifall, der diesem Film gezollt wurde. In seinem Entstehungskontext propagierte er allerdings eindeutig die nationalsozialistischen Moralvorstellungen und erhielt 1936 folgerichtig das höchste Prädikat »Film der Nation«. *tk*

um zu revolutionären Aufgaben nach Paris zurückzugehen, wo er zwei Monate später im Alter von 39 Jahren sterben wird.
Das Regiedebüt des profilierten Schauspielers Michael Gwisdek zum 200. Jahrestag der Französischen Revolution ist eine zeitlose Dreiecksgeschichte, eine authentische Begebenheit im Leben Georg Forsters. Sie fand als kinogemäß erzähltes, melodramatisches Kammerspiel mit intensiven Darstellungen der historischen Figuren nationale und internationale Anerkennung. *ms*

▬ Treffen in Travers

DDR 1989

R: Michael Gwisdek; A: Thomas Knauf nach der gleichnamigen Erzählung von Fritz Hofmann; K: Claus Neumann; D: Hermann Beyer, Corinna Harfouch, Uwe Kockisch

1793 treffen nach brieflicher Verabredung im abgelegenen Gasthof »Zum Bären« in der neutralen Schweiz der deutsche Dichter und Delegierte des Pariser Nationalkonvents Georg Forster (H. B.) ein und, aus ihrem Schweizer Exil anreisend, seine Ehefrau Therese (C. H.) mit beiden Töchtern und ihrem Liebhaber Ferdinand Huber (U. K.). Anfangs geht es Therese bei der dreitägigen Familienzusammenkunft, die sich zum Kampf um die Frau gestaltet, um eine formelle Scheidung, damit ihr Verhältnis mit Huber, dem ehemaligen Freund Forsters, legalisiert werden kann. Sie konfrontiert Forster, dessen progressive Ideale sie einst teilte, mit der dazu konträren Wirklichkeit der Französischen Revolution, die Forster jedoch noch immer verteidigt. Schon bald fühlt sich Huber dem Zusammensein mit Forster nicht mehr gewachsen. Forster gelingt es, seine Kinder wieder für sich einzunehmen. Therese nimmt von der Scheidung Abstand und versucht Forster zur Rückkehr nach Deutschland zu bewegen; sie bietet ihm an, sich von Huber zu trennen und mit ihm als Universitätsgelehrten erneut ein gemeinsames Leben zu beginnen. Forster, sich seiner tiefen – auch leidvollen – Bindung zu ihr bewußt, bittet sie um Verzeihung, als er sie und die Kinder erneut Huber anvertraut,

▬ Trotta – Die Kapuzinergruft

BRD/Österreich 1971

R. Johannes Schaaf; A: Johannes Schaaf, Maximilian Schell nach dem Roman *Die Kapuzinergruft* von Joseph Roth; K: Wolfgang Treu; D: András Bálint, Rosemarie Fendel, Doris Kunstmann, Elma Bulla, Heinrich Schweiger

Bevor er 1914 mit der österreich-ungarischen Armee in den Krieg zieht, heiratet der junge Baron Trotta (A. B.) die vermögende Bürgerstochter Elisabeth Kovacs (D. K.). Noch in der Hochzeitsnacht, die Trotta am Sterbebett seines Dieners verbringt, entzweit sich das frisch getraute Paar. Nach Kriegsende kehrt Trotta heim, doch die Monarchie ist zerfallen, und in der neuen Ordnung findet er sich nicht zurecht. Bald ist das Familienvermögen aufgezehrt; Trottas Versuch, durch Zusammenarbeit mit dem Schwiegervater ein Auskommen zu finden, mißlingt. Auch die Ehe geht in die Brüche: Elisabeth ist ein lesbisches Verhältnis mit der selbstbewußten, aber eifersüchtigen Almarin (R. F.) eingegangen. Die Einrichtung einer Pension in seinem Elternhaus – gemeinsam mit der Mutter (E. B.) in Angriff genommen – signalisiert den letzten Versuch, aus der Resignation auszubrechen. Bald ist auch dieser Elan gebrochen – Trotta fällt in totale Lethargie.
Mit distanziertem und zugleich überaus sensiblem Blick skizziert Johannes Schaaf den Niedergang eines Aristokraten, der stellvertretend für den Zerfall der österreichisch-ungarischen Monarchie steht. Die virtuose Bebilde-

rung resignativer und dekadenter Zeittendenzen, behutsame, nicht durch ideologische Dogmatik verengte Motivierung der Charaktere und die exzellenten atmosphärischen Details machen diesen Film zu einer Ausnahme im Umfeld anderer Literaturadaptionen des bundesdeutschen Nachkriegsfilms. Der Bundesfilmpreis (Bundesfilmband in Gold) war ein verdienter Lohn.   *tk*

Der Tunnel

Deutschland 1933

R: Kurt Bernhardt; A: Kurt Bernhardt, Reinhart Steinbicker nach dem gleichnamigen Roman von Bernhard Kellermann; K: Carl Hoffmann; D: Paul Hartmann, Olly von Flint, Attila Hörbiger, Gustaf Gründgens, Max Weydner, Ferdinand Marian

Der innovative Ingenieur Mac Allan (P. H.) erarbeitet für ein amerikanisches Finanzkonsortium das Projekt eines submarinen Tunnels zwischen Europa und Amerika. Das Konsortium entscheidet sich für den Bau, eine Tunnelbaugesellschaft wird gegründet und Woolf (G. G.), ein Mitarbeiter des Hauptaktionärs, zu deren Leiter bestimmt. Woolf jedoch, der mit Aktien spekuliert, versucht die Arbeiten zu be-

hindern. Zuerst wiegelt er die Arbeiter zu einem Streik auf. Mac Allan kann ihr Vertrauen mit einer flammenden Rede aber zurückgewinnen. Dann läßt Woolf eine Mine legen. Die Folge ist eine fürchterliche Katastrophe bei der 200 Arbeiter den Tod finden, auch Mac Allans Frau Mary (O. v. F.) ist unter den Opfern. Mac Allan durchschaut Woolfs Doppelspiel; doch dieser richtet sich selbst, um der Verhaftung zu entgehen. Zuerst zweifelt Mac Allan, doch dann überzeugen ihn sein Freund Hobby (A. H.) und seine Mitarbeiter von der Notwendigkeit, den Tunnel fertigzubauen. Der Ingenieur bringt sein Projekt zu einem glücklichen Ende.

Mit unzähligen Statisten und beträchtlichem Aufwand an Technik und Bauten inszenierte Kurt Bernhardt diesen Science-fiction-Stoff als monumentale Action-Parabel. Vorlage war der legendäre, 1913 veröffentlichte Roman von Bernhard Kellermann, dessen Technik-Utopie sowohl dämonisierende wie idealisierende Züge trug. Der Film suchte eine größere Personalisierung der Gegensätze – dem technikbegeisterten Idealisten steht der skrupellose, eigennützige Spekulant gegenüber, von Hartmann und Gründgens ideal verkörpert. So wurde der Film eine Mixtur aus patriotischen und (in den Massenaspekten) sozialistischen Elementen mit deutlich totalitär-fortschrittsgläubiger Akzentuierung. Titel der französischen Version: *Le tunnel.*   *tk*

Trotta (Thomas Mayor, András Bálint)

U

Überflüssige Menschen / Lischnije ljudi Ⓢ

Deutschland/Sowjetunion 1926

R: Alexander Rasumny; A: Alexander Rasumny nach elf Novellen von Anton Tschechow; K: Otto Kanturek, Karl Attenberger; D: Eugen Klöpfer, Camilla von Hollay, Heinrich George, Albert Steinrück, Vera Pawlowa, Werner Krauß, Fritz Kampers

Eine russische Provinzstadt in Aufruhr: Dunja (C. v. H.), die Frau des Schneiders Sigajew (E. K.) brennt mit dem Illusionskünstler Ben Span (F. K.) durch. Der Sargtischler Bronsa (A. S.) erfährt vom bevorstehenden Tod seiner Frau (V. P.) – und berechnet die Größe ihres Sargs. Sigajew ergibt sich der Trunksucht und kommt beinahe um, als er aus Unachtsamkeit sein Haus anzündet. Der Kutscher Balagula (H. G.) kann ihn retten. Sigajew, Bronsa und Balagula spielen in derselben Kapelle. Während Bronsa seiner Gattin, die wieder genesen ist, gelobt, in Zukunft ein vorbildlicher Ehemann zu sein, macht sich Sigajew auf den Weg zu einer Verlobungsfeier, wo die Kapelle spielen soll. Beim Baden werden ihm die Kleider gestohlen, doch der Braut geschieht dasselbe Mißgeschick, so daß Sigajews Anwesenheit höchst nützlich ist: die Braut kann im Kasten von Sigajews Kontrabaß zum Verlobungsfest getragen werden. Dort kommt es wegen der nackten Braut zum Skandal, und der Bräutigam weigert sich, eine Frau zu ehelichen, die sich der gesamten Festgemeinde nackt gezeigt hat.
Die erste Koproduktion zwischen Deutschland und der Sowjetunion war eine auf Tschechow basierende Satire kleinbürgerlicher Verhaltensweisen, was damals viele Zuschauer, die einen revolutionären Arbeiterfilm erwartet hatten, irritierte. Künstlerisch wertvoll ist der Film hauptsächlich durch die hervorragende Besetzung. Produktionspolitisch zeugt er vom Mut der KPD-nahen Prometheus Film-Verleih und

Uliisses

BRD 1982

R: Werner Nekes; A: Werner Nekes frei nach dem Roman *Ulysses* von James Joyce, der *Odyssee* von Homer und *The Warp* von Neil Oram; K: Bernd Upnmoor; D: VA (Armin) Wölfl, Tabea Blumenschein, Russel Derson, Shehzad Abbas, Sarah Antil, Ken Campbell

Keine Literaturverfilmung, keine Illustration der Vorlage von James Joyce. Der Experimentalfilmer Nekes begann seinen Film nach eigenen Angaben, ohne Joyce' Roman zu kennen; er las ihn, nachdem die Dreharbeiten abgeschlossen waren, und stellte daraufhin das gesammelte filmische Material analog zum Buch um. Da Nekes für seine Filme eine unvorbelastete, sozusagen kindliche Betrachtung fordert, sollten die folgenden Zeilen erst nach Besichtigung von *Uliisses* (möglichst im Kino und ohne Untertitel – der Dialog ist überwiegend auf Englisch) gelesen werden. Film ist für Nekes das, was zwischen den Bildern passiert. Diese kleinste filmische Einheit der räumlichen und zeitlichen Unterschiede zwischen zwei aufeinanderfolgenden Bildern nennt er »Kines«. Sie verschmelzen bei der Filmvorführung im Gehirn des Zuschauers. Neben dieser ›horizontalen‹ Lesbarkeit gibt es die ›vertikale‹, wenn (z. B. durch Doppelbelichtungen) mehrere Bilder übereinander gelegt werden. Kines sind mehrdeutig, daher können Filme vom Zuschauer in verschiedenen Ebenen aufgenommen werden. Im Verlauf der Filmgeschichte hat sich ihr Informationsgehalt ständig erhöht. Die etablierte Filmindustrie interessiert sich nur für leicht verkäufliche Wiederholungen. So erstarrt das Denken der Zuschauer, während Experimentalfilme Phantasie und Eigeninitiative aktivieren und nach neuen Wegen filmischen Denkens suchen. Die Komplexität erschließt sich erst nach mehrfachem Ansehen. *Uliisses* (Uli-iss-es) kann man so an der Oberfläche als Film über den Fotografen Uli

(VA W.) ansehen, der nach Reisen durch die Bilderwelt in seine Heimat Ithaka (das Ruhrgebiet) zu seinem Lieblingsmodell Tabea Bloomenschein (T. B.) zurückkehrt. Zudem geht es um filmisches Sehen, Wahrnehmungsprozesse, Filmgeschichte und menschliche Irrfahrten. Wer Interpretationshilfen sucht, sollte das zum Film erschienene Buch lesen. Verwirrend und anregend zugleich, erweist sich Nekes als Vor-Denker und Vor-Macher des komprimierten Informations- und Assoziationsbombardements, das inzwischen von Werbe-, Popvideo- und Fernsehmachern kommerziell genutzt wird. *hc*

▬▬ **. . . und Deine Liebe auch**

DDR 1962

R: Frank Vogel; A: Paul Wiens; K: Günter Ost; D: Kati Székely, Armin Mueller-Stahl, Ulrich Thein, Katharina Lind

Der Berliner Elektromonteur und Amateurfunker Ulli (A. M.-S.) trifft am Grab seiner Pflegemutter deren Sohn Klaus (U. T.) wieder, der als Taxifahrer in Westberlin arbeitet. Am Abend desselben Tages verlieben sich beide in das Mädchen Eva (K. S.), Klaus' Briefträgerin. In der Nacht zum 13. August 1961 wird Ulli, der ihr seine Liebe gesteht, zur Kampfgruppe geholt, zur ›Sicherung‹ der innerdeutschen Grenze. Als Klaus am Morgen seinen Weg in den Westteil der Stadt versperrt findet, kommt es auf der Oberbaumbrücke zur Konfrontation zwischen den beiden. Während Ulli seinen Dienst an der Grenze versieht, erobert Klaus Eva, die schon bald zu ihm zieht. Wieder im zivilen Leben gesteht Ulli seiner Arbeitskollegin und bisherigen Freundin Margot (K. L.) seine Liebe zu Eva. Verzweifelt darüber, daß Eva sich für Klaus entschieden hat, versucht er sie über seiner ausfüllenden Arbeit zu vergessen. Eva wird klar, daß ihre Gefühle für den selbstbezogenen Klaus nicht sehr tief sind und verläßt ihn, obwohl sie schwanger von ihm ist. Ihrer wahren Liebe, Ulli, will sie sich nicht anvertrauen, da er auf eine sechswöchige Dienstreise nach Kuba geht. Klaus, dem Ulli eine Arbeit in seinem Betrieb besorgt hat, kann sich

nicht mit dem neuen Leben abfinden und will in den Westen gehen. Eva lehnt ein Mitkommen ab, entscheidet sich, sein Kind zu behalten, und informiert den heimgekehrten Ulli, der Klaus' Grenzübertritt verhindert. Klaus wird von alarmierten Soldaten angeschossen. Ulli und Eva finden zueinander, während Klaus, durch Ullis günstige Prozeßaussage milde verurteilt, im Gefängnis ›zur Vernunft kommt‹.

Nachdem das ursprüngliche Drehbuch (Ost/West-Liebesgeschichte in Berlin) am 13. August 1961 über Nacht ›unaktuell‹ geworden war, entstand der Film – unterstützt von der DEFA-Leitung – als Experiment, das die Atmosphäre des historischen Umbruchsituation in Berlin einfangen wollte. Vor dem Hintergrund realer Geschehnisse kristallisiert sich die Dreiecksgeschichte heraus, strukturiert von ›inneren Monologen‹, die auf authentischen Tagebuchaufzeichnungen basieren. Auch wenn die Kommentare recht plakativ wirken, so entstand hauptsächlich über die Impressionen der Kameraführung (teilweise versteckt vollzogen) ein einzigartiges Zeitdokument. *ms*

▬▬ **. . . und über uns der Himmel**

BRD 1947

R: Josef von Baky; A: Gerhard Grindel; K: Werner Krien; D: Hans Albers, Lotte Koch, Paul Edwin Roth, Annemarie Haase, Heidi Scharf

Hans Richter (H. A.) kehrt aus dem Krieg in die materiellen und seelischen Trümmer seiner Heimatstadt Berlin zurück. Seine Wohnung ist halb zerstört. Nun wohnt Edith (L. K.), die Witwe eines Studienrats, mit ihrem Kind darin. Über Freunde findet Hans Zugang zu Schiebern und Schwarzmarkthändlern und häuft durch eigene Schiebergeschäfte ein kleines Vermögen an. Sein Sohn Werner (P. E. R.), durch eine Kriegsverletzung zeitweilig erblindet, lehnt die Machenschaften des Vaters ab. Dadurch denkt dieser zum ersten Mal über sein Tun nach – und lehnt Hehler- und Schiebergeschäfte schließlich ab, als er einsieht, daß sie eine unmoralische und unsolidarische Sache sind. Werner, der inzwischen wieder sieht und im Hafen arbeitet, hat den Vater durch seine moralische Integrität geläutert. Die Konfrontation eines Kriegsheimkehrers mit Arbeitslosigkeit, Zukunftsangst und illegaler Schwarzmarktszene war das Thema dieses ersten in der amerikanischen Besatzungszone gedrehten Films. Allerdings verband er die Suche nach einem Neuanfang mit einer aufgesetzten, von Optimismus, Lebensmut und dem Willen zum Wiederaufbau durchtränkten Wir-packen-es-an-Ideologie, die zu Lasten der inhaltlichen Auseinandersetzung und dramaturgischen Durchdringung ging.   *tk*

Die Unehelichen Ⓢ

Deutschland 1926

R: Gerhard Lamprecht; A: Luise Heilborn-Körbitz, Gerhard Lamprecht nach amtlichen Unterlagen von Wohlfahrtsbehörden; K: Karl Hasselmann; D: Ralph Ludwig, Margot Misch, Fee Wachsmuth, Hermine Sterler, Bernhard Goetzke

Peter (R. L.), Lotte (M. M.) und Frieda (F. W.), drei uneheliche Proletarierkinder, sind den Launen ihrer herzlosen Ziehmutter ausgesetzt. Deren Mann, ein gewalttätiger Alkoholiker, schlägt die Kinder regelmäßig. Bei einer Prügelei wirft er das Kaninchen, das die Kinder heiß lieben, aus dem Fenster. Peter und Lotte begraben das tote Tier und suchen bei den Nachbarn Zuflucht. Hier bekommen sie zu essen und können ihre vom Regen durchnäßten Kleider trocknen. Lotte erkrankt an hohem Fieber, doch die Ziehmutter ruft den Arzt erst, als es zu spät ist. Peter trägt den Totenschein zum Amt und ändert die Todesursache ›Herzschwäche‹ in ›verhungert‹ ab. Frau Berndt (H. S.), eine reiche Kundin des Nachbarn, der Schneider ist, kümmert sich um die Kinder. Den Pflegeeltern wird das Sorgerecht entzogen, Frieda kommt zu einer fürsorglichen Müllersfamilie und Peter zu Frau Berndt. Hier wird er neu eingekleidet und lernt ein sorgloses Leben kennen. Vorübergehend wird er jedoch von seinem leiblichen Vater (B. G.) abgeholt, dem er bei der Arbeit helfen soll. Nach mehreren Fluchtversuchen hat der Vater ein Einsehen, und Peter darf endgültig zu Frau Berndt ziehen.

Nachdem Lamprecht in *Die Verrufenen* (1925) nur am Rande auf das Elend unehelicher Kinder eingegangen war, widmete er ihm in diesem Film seine ganze Aufmerksamkeit. Dabei zeigte er die sozialen Ursachen, die zu körperlicher und seelischer Mißhandlung der Kinder führen, ohne in falsche Sentimentalität abzugleiten. Lamprechts außerordentliche Begabung, mit Kindern umzugehen und ihr Verhalten glaubwürdig zu motivieren, machen diesen Film, trotz der etwas naiven Lösungsvorschläge, zu einem Schlüsselwerk des internationalen Kindermilieufilms.   *tk*

Die unendliche Geschichte

BRD 1984

R: Wolfgang Petersen; A: Wolfgang Petersen, Herman Weigel, Robert Easton nach dem gleichnamigen Roman von Michael Ende; K: Jost Vacano, Franz Rath; D: Barret Oliver, Noah Hathaway, Tami Stronach, Moses Gunn, Patricia Hayes, Tilo Prückner, Gerald McRaney

Der mutterlos aufwachsende, verträumte Bastian (B. O.) wird von seinen Klassenkameraden ständig schikaniert. Als er wieder einmal von ihnen gejagt wird, flüchtet er in ein Antiquariat, wo er das Buch von der unendlichen Geschichte entdeckt. Er verkriecht sich mit der Lektüre auf dem Dachboden seiner Schule, taucht in die Welt des jungen Helden Atréju (N. H.) ein und durchlebt Atréjus verzweifelten Kampf, das Land Phantásien, dessen skurrile Bewohner und die kindliche Kaiserin (T. S.) vor der Zerstörung durch das Nichts zu bewahren. Dabei fällt Bastian eine Schlüsselrolle zu. Er erkennt sich selbst und gewinnt das nötige Selbstvertrauen, mit dem er sich in Zukunft in der wirklichen Welt durchsetzen wird.

Der für den Weltmarkt mit enormem Aufwand in München hergestellte Fantasy-Film für Kinder wurde im amerikanischen Milieu angesiedelt und fast ausschließlich mit amerikani-

Die unendliche Geschichte (Noah Hathaway)

schen Schauspielern besetzt. So wirkt das eng-
lischsprachige Original überzeugender als die
synchronisierte deutsche Fassung. Michael
Ende, der Autor der Buchvorlage, distanzierte
sich vom Endprodukt. Die fairste Bewertung
erfuhr der Film durch den Programmdirektor
eines britischen Kommerzsenders, der ihn unmittelbar im Anschluß an die traditionelle
Weihnachtsansprache der Queen ausstrahlen
ließ.   *hc*

■ **Die unheimlichen Wünsche**

Deutschland 1939

R: Heinz Hilpert; A: Kurt Heuser frei nach der
Erzählung *La peau de chagrin* von Honoré de
Balzac; K: Richard Angst; D: Olga Tschechowa
Käthe Gold, Elisabeth Flickenschildt, Hans
Holt, Ewald Balser

Der junge Adelige Rafael von Valentin (H. H.)
ist vollständig verarmt. Unter den wenigen
ihm verbliebenen Habseligkeiten findet sich
ein Stück Tierleder. Der mit Rafael befreundete

Kunsthändler Pertignac (E. B.) klärt ihn über
das geheimnisvolle Leder auf. Es erfüllt dem
Besitzer nämlich jeden Wunsch, doch gleichzeitig schrumpft das Leder zusammen. Wenn
der Vorrat an Wünschen aufgebraucht ist, endet auch das Leben des Lederbesitzers. Das
schreckt Rafael indes wenig: Er gewinnt sein
Palais zurück, häuft ein beträchtliches Vermögen an und gewinnt die Liebe der exaltierten
Schauspielerin Feodora (O. T.). Gemeinsam leben sie in Saus und Braus und feiern großartige Feste. Doch Rafael hat immer weniger
Freude am Leben, das keine Herausforderungen mehr für ihn bereithält. Erst als er die
bescheidene Silhouettenschneiderin Pauline
(K. G.) kennenlernt, findet er neue Lebensfreude. Pauline und Rafael werden ein Paar
und übersiedeln aufs Land, wo sie anspruchs-
los, aber glücklich zusammenleben.
Anders als in Balzacs phantastisch-allegori-
scher Vorlage kann sich der Filmprotagonist
von seiner Lebensgier befreien und findet im
bescheidenen Leben ein neues Glück. Hans
Holt verlieh Rafaels ambivalentem Charakter
Glaubwürdigkeit, Käthe Gold konnte als Pauline ihre Sensibilität ausspielen, und auch der
Rest des Ensembles überzeugte in der von Hil-

pert auf die Darstellung der gegensätzlichen Lebensmaximen hin angelegten Inszenierung durch wandlungsfähiges Spiel.　*tk*

■

Unruhige Nacht

BRD 1958

R: Falk Harnack; A: Horst Budjuhn, Albrecht Goes nach der gleichnamigen Novelle von Albrecht Goes; K: Friedl Behn-Grund; D: Bernhard Wicki, Ulla Jacobsson, Hansjörg Felmy, Ann Savo, Werner Hinz

Zur Zeit des Rußlandfeldzugs, als sich die militärische Niederlage Deutschlands schon abzuzeichnen beginnt, wird ein protestantischer Militärpfarrer (B. W.) beauftragt, einem Soldaten den letzten Beistand vor der Hinrichtung zu leisten. Der Obergefreite Baranowski (H. F.) wurde wegen Fahnenflucht verurteilt. Den Anführer des Erschießungskommandos, im zivilen Leben selbst Pfarrer, plagen Gewissensbisse, von denen ihn der Kriegspfarrer nicht befreien kann. Dieser überläßt das Zimmer, das ihm zugeteilt wurde, Hauptmann von Ar-

Unruhige Nacht (Hansjörg Felmy, Bernhard Wicki)

nim, damit der die letzte Nacht vor seiner Abfahrt nach Stalingrad mit seiner Verlobten, der Krankenschwester Melanie (U. J.), verbringen kann. Alle wissen, daß Stalingrad den sicheren Tod bedeutet. Der Pfarrer verbringt seinerseits die Stunden bis zur Exekution in der Zelle Baranowskis; es wird eine unruhige Nacht, denn das Gewissen des Geistlichen rebelliert gegen die unabwendbare Hinrichtung. Der Pfarrer erfährt, daß die Liebe zu einer Frau Auslöser für Baranowskis Fahnenflucht war. Ein Vertreter der Militärjustiz kommentiert die vollzogene Hinrichtung mit zynischen Worten.

Nach der Novelle von Albrecht Goes gestaltete Harnack einen nachdenklichen Antikriegsfilm mit leisen Tönen und einer differenzierten Personencharakterisierung. Hintergrund des Films ist die Diskussion um eine evangelische Bundeswehr-Seelsorge, die Mitte der fünfziger Jahre gegen pazifistischen Widerstand eingeführt wurde. Der Prolog weist in warnender Weise auf die Problematik der Militärseelsorge hin.　*tk*

■

Unser kurzes Leben

DDR 1981

R: Lothar Warneke; A: Regine Kühn nach dem Roman *Franziska Linkerhand* von Brigitte Reimann; K: Claus Neumann; D: Simone Frost, Hermann Beyer, Gottfried Richter, Dietrich Körner, Uwe Kockisch

Die 26jährige Diplom-Architektin Franziska Linkerhand (S. F.) läßt sich von ihrem Mann, einem Arbeiter (U. K.), der dem Alkohol verfallen ist, scheiden. Sie will sich für zunächst ein Jahr aus dem Mitarbeiterstab der berühmten Dresdner Koryphäe Reger (D. K.) lösen und im Architektenbüro einer Kleinstadt arbeiten. In ihrem neuen Tätigkeitsfeld in N. vertritt sie rigoros ihren hohen Lebensanspruch und »die Träume von einer Stadt«; dadurch gerät sie schon am ersten Tag in Konflikt mit dem kommissarischen Stadtarchitekten Schafheutlin (H. B.), der sich mit Neubaugebieten ohne ausreichende soziale Infrastruktur abgefunden hat. Franziska lernt im Privaten die Menschen der Kleinstadt, ihre Bedürfnisse und

Nöte, verstehen und gewinnt ihre Kollegen für einen Architektenwettbewerb zur Umgestaltung des alten Stadtzentrums. Sie findet eine neue Liebe in dem studierten Lkw-Fahrer Trojanovicz (G. R.), der vor einer mysteriösen Gefängnisstrafe denselben Beruf wie sie ausgeübt hat. Die Beziehung zerbricht jedoch an ihrer Kompromißunfähigkeit und seiner Inkonsequenz. Die Pläne zur Stadterneuerung, mit denen sie den öffentlichen Wettbewerb gewinnt und die Schafheutlin unterstützt, werden vom Wohnungsbaukombinat auf unbestimmte Zeit verschoben. Franziska wird wohl länger als ein Jahr in N. bleiben.

Entstanden nach Motiven des autobiographisch gefärbten Romanfragments *Franziska Linkerhand*, dessen Veröffentlichung nach dem frühen Tod der Schriftstellerin Brigitte Reimann in der DDR zum literarischen Ereignis wurde, ging es dem Film in seiner Auseinandersetzung mit moralischem Rigorismus um »ein Gespräch mit dem Zuschauer über die Sinngebung des Lebens« (Warneke) in der sozialistischen Gesellschaft. *ms*

Unser täglich Brot

DDR 1949

R: Slatan Dudow; A: Slatan Dudow, Hans-Joachim Beyer, Ludwig Turek; K: Robert Baberske; D: Paul Bildt, Viktoria von Ballasko, Inge Landgut, Harry Hindemith, Paul Edwin Roth, Siegmar Schneider, Alfred Balthoff

Der Kampf ums tägliche Brot bestimmt nach Kriegsende das Leben der Familie Webers. Ernst (H. H.), der älteste Sohn, beteiligt sich engagiert am Aufbau einer Fabrik auf genossenschaftlicher Basis. Darin sieht sein Vater Paul Webers (P. B.), früher Kassenverwalter in diesem Betrieb, keinen Sinn, nur im Erwerb von viel Geld. So erscheint ihm der Weg seines Lieblingssohns Harry (P. E. R.) aussichtsreicher, ohne jedoch um dessen dunkle Geschäfte zu wissen. Streit treibt die Kinder aus dem Haus; auch Tochter Inge (I. L.) verläßt die Familie, um in der Fabrik, in deren Leiter Peter Struwe (S. S.) sie eine flüchtige Straßenbekanntschaft erkennt, zu arbeiten. Auf einer Geburtstags-

feier des Vaters gibt es erneut Streit. Als Webers' Untermieter Bergstetter (A. B.), in dessen Alter, in der Fabrik unterkommt, wird Webers nachdenklich. Er sucht den Kontakt zu seinen Söhnen, erfährt, daß Harry gescheitert ist, und bleibt verunsichert am Werkstor stehen. Auf dem Nachhauseweg erkennt er in einem Fremden, der ihn überfällt, seinen Sohn Harry. Er sollte im Auftrag der Mutter (V. v. B.) ein Brot besorgen, hatte aber kein Geld. Webers wendet sich von Harry ab und wird eine Tätigkeit in der Fabrik aufnehmen.

Die Geschichte einer Arbeiterfamilie im zerstörten und geteilten Berlin 1946/47 spiegelt genau die damalige Atmosphäre wider, die durch Hanns Eislers Musik noch verstärkt wird. Leider mindern vordergründige Details und Dialoge den Gesamteindruck, überzeugt mehr das zeitgemäße Anliegen als die künstlerische Realisierung. *ms*

Unsichtbare Gegner

Österreich 1977

R: Valie Export; A: Peter Weibel, Valie Export; K: Wolfgang Simon; D: Susanne Widl, Peter Weibel, Dr. Josef Plavec, Dominik Dusek, Herbert Schmid

Anna (S. W.), von Beruf Fotografin und Videoreporterin, hört eines Morgens im Radio die Warnung, daß die »Hyksos« im Begriff wären, Wien und die Erde zu zerstören, wobei sie vorher die Gestalt der Menschen annehmen und dann deren Bewußtsein verändern würden. Ihr Freund (P. W.) glaubt zunächst nicht an diese parasitären Mächte, doch Anna sieht in- und außerhalb ihrer Träume nurmehr Hyksos – im Parkwächter (H. S.), im Schallplattenverkäufer (D. D.) . . . Bald macht auch Annas Freund ähnlich irritierende Erfahrungen. Im Privatbereich: Streit, Liebesexzesse, Entfremdung, irreale Halluzinationen. Auch die Stadt erscheint Anna krank und kaputt. Ein Psychiater (J. P.) diagnostiziert bei Anna beginnende Schizophrenie und will sie mit Medikamenten ruhigstellen. Die Brutalität nimmt überall überhand. Zuletzt liegt Anna im Bett; im Radio werden unentwegt die Nachrichten von der militärischen und ökologischen Vernichtung der Erde wiederholt.

Als Travestie auf amerikanische B-Pictures wie z. B. *Invasion of the body snatchers* (USA 1956, Siegel; *Die Dämonischen*) strukturiert, sprengt der Film jedoch im Verlauf seiner Aufbereitung sowohl inhaltlich als auch formal das Science-fiction-Genre. Die psychische Desintegration der Protagonistin, gleichermaßen als komplexe Krankengeschichte einer Schizophrenen und als Produkt eines Destruktionsprozesses durch gesellschaftliche Kräfte von außen erklärbar, wird in zwei Richtungen hin expandiert: zum polemischen Zeit- und Kulturbild Wiens und zur Selbstdarstellung einer sensibilisierten Künstlerin. Dies gelingt Valie Export, unter Miteinbeziehung des Mediums Video, auf formal sehr originelle, sinnliche und unterhaltsame Art. *ps*

Ein Unsichtbarer geht durch die Stadt
(Mein ist die Welt)

Deutschland 1933

R: Harry Piel; A: Hans Rameau; K: Ewald Daub; D: Harry Piel, Fritz Odemar, Lissi Arna, Annemarie Sörensen

Der Taxifahrer Harry (H. P.) findet in seinem Wagen einen Koffer, den ein Fahrgast, der verhaftet wurde, offenbar mit Absicht zurückgelassen hat. Bei genauerer Untersuchung entpuppt sich das Fundstück als technisches Gerät, mit dem man sich unsichtbar machen kann. Harry, der Draufgänger, läßt sich diese Chance natürlich nicht entgehen. Mit Hilfe der Tarneinrichtung taucht er in die große Welt ein und häuft einen beträchtlichen Reichtum an. Selbstzufrieden sonnt er sich in Lissys (L. A.) Bewunderung, die ihn unwiderstehlich findet. Doch dann raubt Harrys alter Kumpan Fritz (F. O.) das technische Wunderding, um einen Bankraub zu verüben. Harry eilt auf einer halsbrecherischen Verfolgungsjagd hinter Fritz her, klettert am Schlepptau eines Luftschiffes, mit dem Fritz flieht, in die Kabine und stellt den Freund. Doch Fritz stößt ihn aus dem Luftschiff, Harry fällt und fällt – bis er schließ-

lich erwacht, denn das Ganze war nur ein Traum.

Harry Piel, Pionier und Star des deutschen Sensationsfilms der zehner und zwanziger Jahre, hatte schon immer ein Faible für technische Wunderspielzeuge. Hier ist es der uralte Menschheitstraum einer Tarnkappe – der alternative Titel *Mein ist die Welt* illustriert den naiven Abenteuerhunger. Überzeugend, da voller Action, Rasanz und Witz, ist vor allem die Verfolgungsjagd, während die Exposition gelegentlich Schlüssigkeit vermissen läßt. *tk*

Unter den Brücken

Deutschland 1945

R: Helmut Käutner; A: Walter Ulbrich, Helmut Käutner nach dem Manuskript *Unter den Brücken von Paris* von Leo de Laforgue; K: Igor Oberberg; D: Hannelore Schroth, Carl Raddatz, Gustav Knuth, Ursula Grabley, Hildegard Knef

Die beiden Binnenschiffer Hendrik (C. R.) und Willi (G. K.) fahren mit ihrem Schleppkahn auf der Havel. Als sie auf einer Brücke eine junge Frau (H. S.) ausmachen, die sich anscheinend in den Fluß stürzen will, eilen die beiden Freunde zu Hilfe. Doch Anna wollte nur einen Geldschein versenken, um eine bedrückende Erinnerung loszuwerden. Weil sie einander sympathisch sind, läßt sich Anna jedoch dazu bewegen, mit dem Kahn nach Berlin zu fahren. Auf der Reise verlieben sich Hendrik und Willi in sie. Doch eine unbedachte Äußerung Willis kränkt Anna, und sie verläßt das Schiff. Nun treffen die beiden Schiffer eine Vereinbarung: Wer Annas Liebe gewinnt, darf mit ihr glücklich werden, verzichtet jedoch auf seinen Anteil am Schleppkahn. Willi ist sich seiner Sache sicher. Doch als er sich intensiv um Anna kümmert, spürt er, daß sie Hendrik liebt. Nach kurzem Zögern informiert er den Freund über Annas Gefühle. Auf das Abkommen aber besteht er nicht: Viel lieber fährt er weiterhin mit Hendrik und Anna gemeinsam, auch wenn diese ein Paar geworden sind.

Mit dieser unpathetisch-poetischen »Komödie des Alltäglichen« schuf Käutner in den letzten

Monaten des NS-Staats einen privaten Film, der den offiziellen Lebensmaximen gänzlich widersprach. Der Film ist durchflutet von einem lyrischen Realismus, der sich den atmosphärischen Stimmungen öffnet, um intimes Glück und zweckfreie Freundschaft ins Bild zu setzen. Momente poetischer Klarheit und privater Solidarität, fernab von den Heroismus- und Durchhalteparolen seiner Entstehungszeit, machen *Unter den Brücken* zu einem berührenden Plädoyer für ein privates, auf zwischenmenschlichen Beziehungen gegründetes Leben – und zu einer Absage an alles Totalitäre. Sensible Kameraführung, einfühlsame Musik (Bernhard Eichhorn) und Darsteller, die den optischen Realismus in Ausdruck und Habitus kongenial umsetzten, trugen zu diesem Meisterwerk wesentlich bei. *Unter den Brücken* wurde 1946 bei den Filmfestspielen Locarno uraufgeführt; in die deutschen Kinos kam der Film erst 1950. *tk*

Der Untertan (Werner Peters)

Der Untertan

DDR 1951

R: Wolfgang Staudte; A: Wolfgang Staudte, Fritz Staudte nach dem gleichnamigen Roman von Heinrich Mann; K: Robert Baberske; D: Werner Peters, Paul Esser, Renate Fischer, Sabine Thalbach, Eduard von Winterstein, Viola Recklies, Kurt-Otto Fritsch

Diederich Heßling (W. P.), als Kind ängstlich und folgsam, macht in der Schule die Erfahrung, daß man ›nach unten treten kann‹. Doch zunächst duckt er sich an der Universität, in der Korporation »Neutotonia« und beim Militärdienst. Erst nach der Übernahme der väterlichen Papierfabrik in Netzig beginnt er mit »eisernem Besen zu kehren«; er löst auf schäbige Weise sein Verhältnis zu Agnes Göpel (S. T.) und entläßt ein junges Arbeiterpaar (V. R., K.-O. F.). Gute Ratschläge des liberalen alten Buck (E. v. W.) lehnt er ab und sucht seine Verbindungen am konservativen Stammtisch. In einem Majestätsbeleidigungsprozeß tritt er als Kronzeuge auf, verliert dadurch im Ort zunächst an Ansehen, erringt aber die Gunst des Regierungspräsidenten von Wulkow (P. E.).

Auf der Hochzeitsreise mit Guste Daimchen (R. F.), die ein Vermögen mit in die Ehe bringt, kann Heßling in Italien sein leuchtendes Vorbild, Kaiser Wilhelm II., bejubeln. Nach seiner Rückkehr betreibt er als Stadtverordneter mit unlauteren Mitteln den Bau eines Kaiserdenkmals. Bei dessen Enthüllung setzt ein Gewittersturm seiner Festrede ein jähes Ende. – Der Donner geht in Sirenengeheul über, das Denkmal überdauert Rauch und Detonationen.
Durch pointierte Erweiterungen der Vorlage, eine – bis zur Verzerrung – symbolisierende Kamera, ironisierende Verwendung von Kommentar und treffend agierende Darsteller entstand eine der besten politischen Satiren der deutschen Filmgeschichte. Trotz komischer Zuspitzungen bleibt der Film eine deutliche Warnung. *ms*

Urlaub auf Ehrenwort

Deutschland 1938

R. Karl Ritter; A: Charles Klein, Felix Lützkendorf nach Ideen von Kilian Koll, Walter Bloem und Charles Klein; K: Günther Anders; D: Rolf Moebius, Ingeborg Theek, Fritz Kampers, Carl Raddatz, René Deltgen, Bertha Drews, Iwa Wanja

In den letzten Wochen des Ersten Weltkriegs hat eine Kompanie, die an die Westfront verlegt wird, einen sechsstündigen Aufenthalt in Berlin. Obwohl der Bahnhofskommandant ihn auf die Gefahr der Fahnenflucht hinweist, erteilt der junge Leutnant (R. M.) seiner Truppe »Urlaub auf Ehrenwort«. In der Folge wird in Episoden gezeigt, wie es einigen Soldaten bei ihrem kurzen Heimaturlaub ergeht. Der jovialbäuerliche Gefreite Hartmann (F. K.) besucht seine Familie, verbringt mit seiner Frau (B. D.) ein paar schöne Stunden und verschläft beinahe die Abfahrt der Kameraden. Der Jüngste der Truppe wird von einer Tänzerin (I. W.) auf ihr Zimmer mitgenommen und macht seine erste Liebeserfahrung. Der Intellektuelle Jens Kirchhoff (C. R.) besucht im Kaffeehaus seine kommunistischen Freunde, die ihn zur Desertion überreden wollen. Doch selbst Jens kehrt, pflichtbewußt wie alle anderen, nach Ablauf der vorgegebenen Zeit auf den Bahnhof zurück und besteigt den Zug, der die Kompanie an die Front bringt.

Urlaub auf Ehrenwort ist ein einziger Appell an soldatische Pflichterfüllung und militärischen Gehorsam. Die vom NS-Regime erwünschte Indoktrination wurde hier äußerst raffiniert, durch geschickte Bezugnahme auf das emotionale Erleben der Zuschauer, umgesetzt. Durch die Darstellung stark unterschiedlicher Charaktere, die alle das, so der Film, »verdammte Pflichtgefühl« über ihre individuelle Glückserwartung stellen, ist der Mobilisierungseffekt breit wirksam. Exzellente Ensembleleistung, versierte Kameraführung und ein ausgefeiltes Drehbuch kennzeichnen diesen inhaltlich mehr als fragwürdigen, formal jedoch herausragenden Propagandafilm. *tk*

V

Vanina Ⓢ
(Die Galgenhochzeit)

Deutschland 1922

R: Arthur von Gerlach; A: Carl Mayer frei nach Motiven aus Stendhals Novelle *Vanina Vanini*; K: Frederik Fuglsang; D: Asta Nielsen, Paul Wegener, Paul Hartmann, Bernhard Goetzke

In Turin findet ein Aufstand statt, den der Gouverneur (P. W.) blutig niederschlagen läßt. Doch seine Tochter Vanina (A. N.) ist in Octavio (P. H.), den Anführer der Revoltierenden, verliebt. Als dieser von des Vaters Schergen verhaftet wird, hofft sie, den Geliebten durch Heirat vor dem Tod retten zu können. Der Gouverneur gestattet die Hochzeit, ordnet anschließend jedoch die Hinrichtung des Rebellenführers an, um seine Unerbittlichkeit zu demonstrieren. Vanina aber nützt die kriegsbedingte Invalidität des Vaters aus, um vor seinen Augen eine Entlassungsurkunde für den Gefangenen zu fälschen. Sie befreit den Geliebten und eilt mit ihm durch die labyrinthartigen Gänge und Treppenhäuser des Gefängnisses. Als sie jedoch das Tor aufstoßen, das in die Freiheit führen soll, stehen sie statt dessen im Innenhof, wo Henker und Galgen warten. Der Gouverneur, der die Wachen alarmieren konnte, läßt das Urteil vollstrecken. Vanina stirbt vor Verzweiflung.

Ein Labyrinth von Korridoren und Gemächern als Ort der Handlung unterstreicht die beklemmende Atmosphäre der dynamischen Inszenierung. Die Szenen, in denen zwei gegensätzliche Prinzipien – der despotische Herrscher-Vater und die selbstbewußte, liebesfähige Tochter, von Wegener und Nielsen mit radikaler Hingabe personifiziert – aufeinanderprallen, gehören zu den meistbesprochenen des deutschen Stummfilmschaffens. *tk*

Varieté Ⓢ

Deutschland 1925

R: Ewald André Dupont; A: Ewald André Dupont nach Motiven des Romans *Der Eid des Stephan Huller* von Felix Hollaender; K: Karl Freund, Oscar Friedrich; D: Emil Jannings, Maly Delschaft, Lya de Putti, Warwick Ward

Stephan Huller (E. J.), der Häftling Nr. 28, erzählt dem Gefängnisdirektor die Geschichte seiner Straftat, für die er seit 10 Jahren einsitzt. Früher nannte man ihn Boß, er führte eine Schaubude mit Tänzerinnen, nachdem er infolge eines Unfalls seinen Beruf als Trapezartist hatte aufgeben müssen. Sein Familienglück mit Frau (M. D.) und Kind wird zerstört, als er die junge Bertha-Marie (L. d. P.) engagiert, deren erotischer Anziehungskraft er verfällt. Sie fliehen gemeinsam und werden vom Trapezkünstler Artinelli (W. W.) für eine neue Nummer engagiert, die ein großer Erfolg wird. Huller liebt Bertha-Marie von ganzem Herzen, doch sie hat andere Lebensperspektiven als der Ältere, der für sie seine bisherige Existenz aufgegeben hat. Als Artinelli die verführerische Artistin umwirbt, gibt sie seinem Drängen nach. Huller erfährt, daß er hintergangen wird, und fordert den Rivalen zu einem Messerduell, bei dem er Artinelli tötet. Danach stellt er sich der Polizei. Hullers Bericht veranlaßt den Direktor, ihm den Rest der Haftstrafe zu erlassen; Boß Huller kehrt zu Frau und Kind zurück.

Die fatalistische Dreiecksgeschichte – Hullers Flucht aus dem tristen Alltag in die Libertinage wird erst lustvoll ausgespielt, dann zum grausigen Menetekel umfunktioniert – interessierte Dupont nur am Rande. Es ist die formale Umsetzung, die diesen Film zu einem Meisterwerk macht. Die im Wortsinn ›entfesselte Kamera‹ Karl Freunds hängt sich ans Trapez, zeigt in extremer Untersicht die Perspektive der Varieté-Zuschauer oder gibt in subjektiven Einstellungen die geblendeten Sinne des rasenden Protagonisten wieder. So verschmelzen die optischen Impressionen zu einem virtuosen Strom von Licht und Bewegung.   *tk*

Venusberg

BRD 1963

R: Rolf Thiele; A: Rolf Thiele; K: Wolf Wirth, D: Jane Axell, Nicole Badal, Ina Duscha, Claudia Marus, Monica Flodquist, Christine Granberg, Marisa Mell

Sieben junge, attraktive Frauen aus der gehobenen Gesellschaft treffen im komfortablen Landhaus eines Frauenarztes aufeinander und philosophieren über die Liebe und die Attraktivität der Männer. Diese Themen liegen nahe, denn jede der sieben war dem selbst nicht an-

Varieté (Emil Jannings)

wesenden Gastgeber irgendwann durch ein amouröses Verhältnis verbunden. Ruth, die aktuelle Geliebte des Arztes, hat mit ihm einige verspielte Tage in dem Landhaus verlebt und wartet nun, ob er, wie versprochen, seiner Frau die Scheidung nahelegt. Die sieben Damen verkörpern unterschiedliche Spielarten der sexuellen Identität von Frauen: Eine ist bisexuell, eine andere lesbisch, von den heterosexuellen Frauen ist eine ein käufliches Mannequin, eine andere ist seit Ewigkeiten verlobt, ohne je zu heiraten, eine weitere schließlich ist schwanger. In frivolen Gesprächen und sinnlichem Zusammensein vertreiben sich die Frauen ihre Zeit. Am Ende verzichtet Ruth freiwillig auf die Ehe.

In einer Atmosphäre distinguierter Verruchtheit siedelte Rolf Thiele sein Porträt libertiner Frauenfiguren an – mit sichtlicher Freude am Spiel mit Eros und Provokation. Der Film, in dem nur Frauen auftreten, liefert auf mehreren Ebenen Stoff für Diskussionen über die – in der BRD der sechziger Jahre hart umkämpfte – Darstellung von Sexualität und deren Stellenwert in der (Wohlstands-)Gesellschaft.   *tk*

Der Verdacht

BRD 1991

R: Frank Beyer; A: Ulrich Plenzdorf nach der Erzählung *Unvollendete Geschichte* von Volker Braun; K: Peter Ziesche; D: Christiane Heinrich, Nikolaus Gröbe, Michael Gwisdek, Christine Schorn, Marie-Anne Fliegel, Ulrike Krumbiegel

Weihnachten 1975 beschwört der Ratsvorsitzende eines ›Grenzbezirkes‹ (M. G.) seine 19jährige Tochter Karin (C. H.), ihren Freund Frank (N. G.) zu verlassen – ohne genauen Grund: »Man hat informiert, er habe ›was vor‹!« Karin trifft sich heimlich mit Frank, der nach einer Jugendstrafe sein Leben radikal änderte und nur vermuten kann, daß ›der Verdacht‹ gegen ihn mit seinem ehemaligen, während des Grenzdienstes in den Westen geflohenen Freund zusammenhängt. Karin, die ihn liebt und ihm treu bleiben möchte, tritt ihre Volontärstelle in der Redaktion einer Bezirks-

zeitung der SED an. Dem seelischen Druck ihrer standesbewußten Mutter (C. S.), die Karins Journalistikstudium und die Lebensposition ihres Mannes bedroht sieht, nachgebend, läßt das junge Mädchen ihren Freund allein. Frank unternimmt einen Selbstmordversuch und fällt ins Koma. Da bekennt Karin sich zu ihm und zum Kind, das sie von ihm erwartet, verläßt die Eltern und zieht zu Franks Mutter (M.-A. F.). Von der Zeitung entlassen, findet sie keine Arbeit; ihre Schwester (U. K.) wird sie als Friseuse anlernen. Karin träumt, daß die Schuldigen an Franks Bewußtseinsverlust – auch der Vater – zur Rechenschaft gezogen werden. Bei seiner Entlassung aus dem Krankenhaus hat Frank noch keine Erinnerung an seinen versuchten Freitod.

Volker Brauns Erzählung *Unvollendete Geschichte*, 1975 in der Zeitschrift *Sinn und Form* erschienen, war aufgrund ihrer Brisanz in der DDR faktisch verboten (sie durfte erst 1987 publiziert werden) und zum Zeitpunkt ihrer Verfilmung bereits ›historisch‹. Die Existenzkrise des Mädchens Karin beschreibt im individuellen Fall den inneren Auflösungsprozeß der DDR-Gesellschaft, der sich 15 Jahre später ›vollendete‹.   *ms*

Verdammt zur Sünde

BRD 1964

R: Alfred Weidenmann; A: Eberhard Keindorff, Johanna Sibelius nach dem Roman *Die Festung* von Henry Jaeger; K: Enzo Serafin; D: Martin Held, Michael Ande, Christa Linder, Tilla Durieux, Else Knott, Hildegard Knef, Hubert Suschka

Nach Kriegsende lebt der aus dem Osten vertriebene Gespannführer Hugo Starosta (M. H.) mit seiner Frau (E. K.), den Kindern und der Großmutter (T. D.) in einer Festung, die als Flüchtlingslager dient. Für viele bedeutet diese Unterkunft nur eine Zwischenstation, der Tagträumer Starosta aber ist den Anforderungen der Zeit nicht gewachsen. Seine Kinder hingegen lernen, sich durchzuschlagen – die beiden Ältesten sind auf dem Rummelplatz, Mi-Mo (C. L.) entdeckt ihre Wirkung auf Männer, und auch der frühreife Albert (M. A.) steht bereits auf eigenen Beinen. Wand an Wand mit den Starostas wohnen Victor (H. S.) und Alwine (H. K.), ein Paar, das durch Victors Eifersucht ein tragisches Ende nimmt: Victor ermordet seine Frau. Die Zeit bleibt nicht stehen, und beinahe alle verlassen das Lager, nur Starosta nicht. Eine handgreifliche Auseinandersetzung des dickköpfigen Mannes mit den Behörden erregt Aufmerksamkeit. Starosta und seine Familie dürfen auch nach der Räumung des Lagers bleiben, wo sie sind.

Das für den deutschen Film jener Zeit ebenso freizügige wie derbe Sittengemälde vermittelt ein anschauliches Bild der Nachkriegszeit. Die größte Wirkung verdankt es der Unmittelbarkeit und Intensität seiner jungen Darsteller. Dabei konnte es Regisseur Weidenmann, der schon während der NS-Zeit auf Filme für ein jugendliches Publikum spezialisiert war, nicht vermeiden, seinen Film im Spannungsfeld zwischen Engagement und Spekulation anzusiedeln. *mp*

Verfehlung

BRD 1992

R: Heiner Carow; A: Wolfram Witt nach der gleichnamigen Novelle von Werner Heiduczek; K: Martin Schlesinger; D: Angelica Domröse, Gottfried John, Jörg Gudzuhn, Justus Carrière, Dirk Kummer, Katja Paryla, Dagmar Manzel

Elisabeth Bosch (A. D.) lernt 1988 in Bubenau, wo sie als Reinemachefrau im Gemeindeamt arbeitet, den Hamburger Hafenarbeiter Jacob Alain (G. J.) kennen und lieben. Bürgermeister Reimelt (J. G.) kommt mit seinem Sympathiegeständnis zu spät. Jacob und Elisabeth wechseln Briefe und treffen sich – wie daraus hervorgeht – bei ihrer Freundin. Zum Jahreswechsel fährt sie nach Berlin, zu ihrem Sohn Hans (J. C.), der eine hohe Auszeichnung als Journalist erhalten hat und beruflich nach Damaskus gehen soll. Bei einer Feier wird Elisabeth Zeuge der Spannungen zwischen ihren beiden Söhnen. Holger (D. K.), engagiert in kirchlichen Oppositionskreisen, lehnt die ›gradlinige‹

Haltung seines Bruders ab, dessen Delegierung ins Ausland nicht zuletzt wegen fehlender Westkontakte in der Familie möglich wurde. Verärgert über Hans und seine Frau (D. M.) feiert sie Heiligabend bei ihrer vereinsamten Freundin Lilo (K. P.), die einer verflossenen West-Beziehung nachtrauert. Tags darauf kommt Jacob; sie sprechen übers Ausreisen, wozu Elisabeth sich zu alt fühlt, besuchen die Gethsemane-Kirche, wo Holger singt, und müssen blitzartig Lilos Zimmer räumen: Ein Mann hat sich nach ihnen erkundigt! Nach panischer Reaktion fahren sie ohne Aufenthaltserlaubnis in ihr Dorf, gehen zum Silvesterball, geben ihre Verlobung bekannt. Am nächsten Morgen holt die Polizei Jacob ab. Elisabeth erfährt, daß der Bürgermeister ihn denunziert hat. Hans erscheint und bittet seine Mutter, nicht die Kinder zu ›verraten‹. Holger wird verhaftet und in eine Nervenklinik eingeliefert, wo er auch ihr gegenüber schweigt. Während der 750-Jahrfeier in Bubenau begegnet Elisabeth Reimelt, läßt ihn trotz seiner versuchten Vergewaltigung hoffen und erschießt ihn im Gemeindeamt mit seiner Dienstpistole, da »alles gelaufen ist«. Nach der Wende blickt Jacob in den verwahrlosten Garten ihres Grundstücks, Elisabeth geht mit erloschenem Gesicht im Gefängnishof im Kreis.

Am Schicksal Elisabeths interessierte Carow, »daß die ›kleinen Leute‹ in diesem Jahrhundert immer die Suppe auslöffeln mußten«. Abgesehen von Klischees, so bei der Charakterisierung der Söhne oder der Gestaltung des Umzugs in Bubenau, entstand in der Agonie realsozialistischer Verhältnisse eine überzeugende Liebesgeschichte, die auch den Darstellern viel verdankt. *ins*

Vergeßt mir meine Traudel nicht

DDR 1957

R: Kurt Maetzig; A: Kuba (d. i. Kurt Barthel), Kurt Maetzig; K: Erwin Anders; D: Eva-Maria Hagen, Horst Kube, Günther Haack, Erna Sellmer, Günther Simon

Drei Mädchen fliehen bei Dunkelheit aus einem Heim, unter ihnen Traudel Gerber

(F. M. H.), die auf der Landstraße fast in das Motorrad des jungen Lehrers Wolfgang Auer (G. H.) läuft. Während er wahrheitsgemäß seine Adresse in Berlin angibt, lügt sie drauflos, was ihn veranlaßt, sie schließlich stehenzulassen. Plötzlich erscheint sie vor seiner Wohnung, die er mit dem Polizisten Hannes Wunderlich (H. K.) teilt. Die Wirtin, Frau Palotta (E. S.), registriert voller Empörung den Damenbesuch, wühlt in den Sachen des Mädchens und entdeckt einen Brief von Traudels Mutter aus dem Konzentrationslager Ravensbrück, der mit den Worten endet: »Vergeßt mir meine Traudel nicht«. Wolfgang gibt seiner »Cousine« Geld zum Kleiderkauf, Hannes besorgt ihr einen provisorischen Personalausweis und läßt ein Fahndungsblatt verschwinden, das sie als moralisch gefährdete Minderjährige ausweist. Traudel kann sich nicht an ihre Herkunft erinnern, wurde erstmals auf dem Dresdner Hauptbahnhof aufgegriffen und ist seitdem aus drei Heimen geflohen. Während Wolfgang ihr Vorhaltungen macht, nimmt sich Hannes ihrer an, beschützt sie in einem Café vor Halbstarken, interessiert sich für ihre Vergangenheit – ohne weitere Details erfahren zu können. Frau Palotta hat mehr Glück, sie macht Umsiedler ausfindig, die um Traudels Vergangenheit wissen, und bringt sie als Zeugen aufs Polizeirevier, um Traudel zu schaden. Sie erreicht das Gegenteil. Traudels Vater war ein ausländischer Kranführer, seinetwegen kam ihre Mutter im KZ Ravensbrück ums Leben. Traudel erfährt auch, daß sie an diesem Tage 18 Jahre alt ist und der Staat kein Vormundschaftsrecht mehr geltend machen kann. Hannes' Vorgesetzter (G. S.) befragt ihn wegen des Fahndungsblatts, empfiehlt ihm, um Ärger zu vermeiden, wieder als Schneider zu arbeiten und sich »lebenslänglich« um Traudel zu kümmern.

Die ›tiefere Bedeutung‹ des Films, die Bereitschaft zum gegenseitigen Verständnis, wurde auf heitere, unterhaltsame Art vermittelt. Die Kritiker begrüßten die ›erste DEFA-Komödie‹. Auch beim Publikum fand sie ein zustimmendes Echo, nicht zuletzt durch das natürliche Spiel der Neuentdeckung Eva-Maria Hagen.

ms

Die verkaufte Braut

Deutschland 1932

R: Max Ophüls; A: Curt Alexander, Max Ophüls nach der gleichnamigen Oper von Bedřich Smetana; K: Reimar Kuntze, Franz Koch, Herbert Illig, Otto Wirsching; D: Jarmila Novotna, Willy Domgraf-Faßbaender, Paul Kemp, Annemarie Sörensen, Otto Wernicke, Karl Valentin, Liesl Karlstadt

Die Bürgermeisterstochter Marie (J. N.) soll Wenzel (P. K.) heiraten. Als sie merkt, wie geschäftsmäßig sie vom Heiratsvermittler Kezal (O. W.) verkuppelt wird, und zudem den Postkutscher Hans (W. D.-F.) kennen- und liebenlernt, verbirgt sie sich mit ihm im Trubel des Kirchweihfestes. Unterdessen macht Wenzel Bekanntschaft mit der Tänzerin Esmeralda (A. S.), die mit dem Zirkus »Brummer« (K. V., L. K.) in der Stadt weilt. Kezal fürchtet um seine Provision und verhindert, daß der Zirkus auftritt. Seine List scheint zu glücken, als Hans von ihm Geld annimmt und Marie durch ein Mißverständnis glauben muß, von ihrem Geliebten ›verkauft‹ worden zu sein. Nachdem ein ausgerissener Zirkusbär im Dorf für Panik gesorgt, Hans seine Marie gerettet und Wenzel den Bären überlistet hat, steht dem Glück von Marie und Hans, Esmeralda und Wenzel nichts mehr im Wege.

In dieser frühen Arbeit aus dem Genre der Filmoper zeigt sich bereits Ophüls' Begabung im Umgang mit filmischer Bewegung und Musik, die er mittels Assoziation und rhythmisierter Schnittfolge verschmolz. Die parodistische und schwungvolle Inszenierung führte ein aus Opernstars und Volksschauspielern bestehendes Ensemble zusammen. Dem Zusammenprall dieser unterschiedlichen Welten verdankt das Lustspiel seine Lebendigkeit und Komik.

mp

Die Verlobte

DDR 1980

R: Günther Rücker, Günter Reisch; A: Günther Rücker nach der Romantrilogie *Haus der schweren Tore* von Eva Lippold; K: Jürgen Brauer; D: Jutta Wachowiak, Regimantas Adomaitis, Rolf Ludwig

Deutschland zwischen 1934 und 1944. Die junge Kommunistin Hella Lindau (J. W.), bei politischer Untergrundtätigkeit verraten und verhaftet, wurde zu einer zehnjährigen Freiheitsstrafe verurteilt, die sie in einem Frauenzuchthaus absitzt. Ihr Geliebter Hermann Reimers (R. A.), durch Hellas Standhaftigkeit während der Verhöre vor einem Prozeß bewahrt, setzt im Spreewald den politischen Kampf fort und stellt den Antrag, Hella im Gefängnis heiraten zu dürfen, um sie besuchen und Hafterleichterungen erwirken zu können. Nach langjähriger, zerrüttender Einzelhaft lebt sie von nun an unter den zumeist kriminellen Frauen. Ihre menschliche Aufgeschlossenheit und Integrität verschaffen der »Politischen«, die an den historischen Vorgängen draußen – Nichtangriffspakt zwischen Hitler und Stalin, später die stetigen Siegesmeldungen deutscher Truppen – verzweifelt, Achtung und Sympathie bei Mitinhaftierten und Wachpersonal. Der drogensüchtige Gefängnisarzt (R. L.) hilft ihr, da er in ihr die »zähe germanische Rasse« zu erkennen glaubt. Nicht zuletzt dank Reimers' Liebe und Fürsorge erholt sich Hella von ihrer lebensbedrohlichen Depression. Als man auch Reimers verhaftet und Hella verlegt, um sie erneut zu vernehmen, ermöglicht eine Aufseherin eine kurze Begegnung mit dem Geliebten, bevor er, zum Tode verurteilt, abgeführt wird. Nach der Kapitulation Deutschlands begibt sich Hella an den Platz im Gefängnis, wo sie Reimers zum letzten Mal gesehen hat, und singt weinend das »Lied vom Herzallerliebsten«.

Die novellistische Filmerzählung greift das uralte Motiv der großen, durch gewaltsame Trennung und existentielle Ausnahmesituationen unangefochtenen Liebe auf. Ohne Heroisierung werden hier Menschen und Wertsysteme im antifaschistischen Widerstand gezeigt. Historisiert durch einmontierte Dokumentaraufnahmen, entstand dank einfühlsamer Gestaltung und herausragender Darsteller einer der wichtigsten DEFA-Spielfilme der achtziger Jahre, der überdies auf dem XXII. Internationalen Filmfestival in Karlovy Vary 1980 mit dem Grand Prix ausgezeichnet wurde.   *ms*

Der Verlorene

BRD 1951

R: Peter Lorre; A: Peter Lorre, Benno Vigny, Axel Eggebrecht nach einer Idee von Egon Jameson (d. i. Egon Jacobson); K: Václav Vích; D: Peter Lorre, Karl John, Renate Mannhardt, Johanna Hofer, Helmut Rudolf, Eva-Ingeborg Scholz

Nach dem Zweiten Weltkrieg treffen sich zwei Männer in einem Flüchtlingslager: Der Wissenschaftler Karl Rothe (P. L.) und sein ehemaliger Mitarbeiter Hösch (K. J.). Rothe erinnert sich rückblickend an die NS-Zeit: Hösch ist Spitzel des Sicherheitsdienstes und hat ein Verhältnis mit Rothes Braut Inge (R. M.). Als Rothe davon erfährt und gleichzeitig entdeckt, daß Inge seine Forschungsergebnisse an die Alliierten verraten hat, kommt es zu einer Kurzschlußhandlung: Rothe bringt Inge um. Wegen der Bedeutung seiner Forschungen wird er von den NS-Instanzen jedoch gedeckt, der Mord als Selbstmord dargestellt. Rothe kann das Geschehene jedoch nicht bewältigen; er wird zu einem zweiten Mord getrieben, diesmal verdeckt eine Bombennacht die Spuren des Mords. Nach Kriegsende findet Rothe in einem Flüchtlingslager Arbeit. – Nun, als er sich Hösch gegenübersieht, dem Mann, der am Anfang seines Unglücks stand, beschließt er, wieder zu töten, jetzt aber kühlen Kopfes. Er erschießt Hösch und begeht danach Selbstmord.

Für die einzige Filmregie seiner Laufbahn kehrte der Schauspieler Peter Lorre aus den USA zurück, wohin er in der NS-Zeit emigriert war. Mit quälender Direktheit zeichnete er ein eindringliches, atmosphärisch stimmiges Porträt der Kriegs- und Nachkriegsjahre Deutschlands und der pathologischen Folgen des Na-

*Die verlorene Ehre
der Katharina Blum
(Angela Winkler)*

tionalsozialismus. Lorre in der Hauptrolle und Karl John als Spitzel Hösch spielen ihre differenzierte Charakterisierungskunst aus, in einem Film, der durch allegorische Details sowie ausdrucksstarke Kamera- und Montagearbeit überzeugt. *tk*

Die verlorene Ehre der Katharina Blum

BRD 1975

R: Volker Schlöndorff, Margarethe von Trotta; A: Volker Schlöndorff, Margarethe von Trotta nach der gleichnamigen Erzählung von Heinrich Böll; K: Jost Vacano; D: Angela Winkler, Mario Adorf, Dieter Laser, Heinz Bennent, Hannelore Hoger, Jürgen Prochnow

Durch eine Zufalls-Karnevalsbekanntschaft mit einem mutmaßlichen Terroristen und Bundeswehrdeserteur (J. P.) gerät die Hausangestellte Katharina Blum (A. W.) ins Fahndungsraster der Polizei. Die menschlichen und psychologischen Belastungen, denen sie durch die erniedrigende Polizeibehandlung und die Verhöre des Kommissars Beizmenne (M. A.) ausgesetzt ist, werden durch den Reporter eines Boulevardblatts (D. L.) ins Unerträgliche gesteigert. Schließlich wehrt sie sich gegen die »sensationellen Enthüllungen« über ihre ge-

scheiterte Ehe und die im Sterben liegende Mutter mit einer Pistole; sie erschießt den zynischen Journalisten, nachdem sie ihn zu einem »Exklusiv-Interview« in ihre Wohnung bestellt hat.

Heinrich Böll schrieb seine Erzählung als Reaktion auf die besonders von der Zeitung *Bild* angeheizte bundesrepublikanische Terroristen-Hysterie in der ersten Hälfte der siebziger Jahre. Im Gegensatz zur Vorlage bemühten sich Schlöndorff und von Trotta nicht um kühle Distanz. So erreichten sie, daß das Publikum häufig nach und auch während der Vorstellung applaudierte. Ihr politisches Engagement wurde durch volle Kinokassen belohnt. *hc*

Der verlorene Sohn

Deutschland 1934

R: Luis Trenker; A: Luis Trenker, Arnold Ulitz, Reinhart Steinbicker; K: Albert Benitz, Reimar Kuntze; D: Luis Trenker, Maria Andergast, Marian Marsh, Eduard Köck

Der Holzfäller Tonio (L. T.) führt in den Dolomiten ein naturverbundenes Leben. Bei einem Skirennen gewinnt er den Preis des reichen Amerikaners Williams und lernt dessen Tochter (M. M.) kennen. Von ihr läßt sich Tonio zu einer Skitour überreden, die zum Tode seines Bergkameraden führt. Verbittert sagt er seiner Braut Barbl (M. A.) Lebewohl und kehrt der Heimat den Rücken. In New York versucht Tonio vergebens, seine amerikanischen Bekannten aufzusuchen. Ohne Geld und Aussicht auf Beschäftigung zählt Tonio bald zur Masse hungernder Obdachloser. Durch einen glücklichen Zufall – Tonio schlägt im Ring einen wildgewordenen Boxer nieder – gelangt er zu Ruhm und wird von Williams und dessen Tochter eingeladen. Als diese Tonio einen Heiratsantrag macht, erinnert er sich jedoch seines Versprechens, in die Heimat zurückzukehren. Rechtzeitig zur Rauhnachtsfeier trifft Tonio in seinem Dorf ein, wo er von Barbl bereits sehnsüchtig erwartet wird.

Trenkers erste alleinverantwortliche Regiearbeit behandelt die Konfrontation von Heimat und Fremde als zentrales Motiv. Ihre visuelle Entsprechung findet diese Gegenüberstellung in der Kontrastierung semi-dokumentarischer Großstadt-Sequenzen mit in mystisches Licht getauchten Folkloreszenen. Der Film entsprach durch die mythologische Beschwörung von Natur und Deutschtum sowohl dem politischen Zeitgeist als auch dem Selbstdarstellungswunsch des Regisseurs, der sich gern als heroischer Einzelgänger feiern ließ.   *n.p*

■■■

Verräter

Deutschland 1936

R: Karl Ritter; A: Leonhard Fürst nach einer Idee von Walter Herzlieb und Hans Wagner; K: Günther Anders, Heinz von Jaworsky; D: Willy Birgel, Lida Baarová, Irene von Meyendorff, Rudolf Fernau, Herbert A. E. Böhme, Paul Dahlke, Heinz Welzel

Ein ausländischer Agent mit Decknamen Schultz (H. A. E. B.) wird von seinen Kollegen Morris (W. B.) und Geyer (P. D.) außerhalb Berlins abgesetzt. Es gilt, die Pläne eines neuen deutschen Sturzbomber-Typs ins Ausland zu schmuggeln. Dazu benutzen die Spione den Konstrukteur Fritz Brockau (R. F.), der über beide Ohren in Schulden steckt, weil er der verwöhnten Marion (L. B.) verfallen ist. Gegen Bezahlung paust Brockau Konstruktionszeichnungen durch, gibt sie an die Agenten weiter und muß, dadurch erpreßbar geworden, weiter spionieren. Morris kümmert sich inzwischen um Hilde Körner (I. v. M.), deren Bräutigam Hans Klemm (H. W.) bei den Panzertruppen Dienst tut. Auch Klemm wird erpreßt, doch er informiert seine Vorgesetzten. Schultz versucht, einen Sturzbomber aus dem Land zu fliegen. Brockau wird bei der Beschaffung neuer Unterlagen ertappt und stürzt zu Tode. Im Sterben nennt er den Zug, mit dem die Agenten Deutschland verlassen wollen. Sie werden verhaftet bzw. kommen um. Das Schlußbild zeigt deutsche Panzer und Bomberstaffeln beim Manöver.

Karl Ritters zweiter Langfilm war bereits einer jener auf demagogischer Schwarzweißzeichnung beruhenden nationalsozialistischen Propagandafilme, die den Regisseur bis 1945 beschäftigen sollten. Zum einen zeigt er die offensiven Spionage- und Abhörmethoden einer ausländischen Macht, die Nachrichten über die deutsche Aufrüstung zusammenträgt und auswertet, und ruft zur Wachsamkeit auf. Das Hauptgewicht aber legt der Film auf die offensichtliche Propagierung der deutschen Wiederaufrüstung und ihrer neuen Waffensysteme. Melodramatische Handlungsmotivationen (die Hörigkeit Brockaus) und attraktive Sequenzen im Gesellschaftsmilieu sind geschickt in die Actionhandlung eingebaut.   *tk*

■■■

Die Verrohung des Franz Blum

BRD 1974

R: Reinhard Hauff; A: Burkhard Driest nach seinem gleichnamigen Roman; K: W. P. Hassenstein; D: Jürgen Prochnow, Eik Gallwitz, Burkhard Driest, Tilo Prückner

Franz Blum (J. P.), der nach dem Abitur eine aussichtsreiche Karriere in einer Versicherung begonnen hat, landet wegen Beteiligung an einem Banküberfall im Zuchthaus. Dort soll er für die Reintegration in die Gesellschaft vorbereitet werden. Das geschieht – allerdings nicht im Sinne der Richtlinien. Um hinter den Mauern zu überleben, lernt Blum, sich brutal durchzusetzen. Der groben Gewalt des Schwerverbrechers Kuul (B. D.), wegen seiner körperlichen Überlegenheit bislang Herrscher über alle Gefangenen, setzt Blum seine Intelligenz entgegen. Indem er die anderen Insassen gegeneinander ausspielt und mit »Sonderrationen« ködert, die er durch Erpressung von Aufsichtsbeamten besorgt, baut Blum ein Imperium auf, das er auf seine Weise ebenso rücksichtslos und brutal kontrolliert wie Kuul das seine. Als Blum nach vier Jahren wegen guter Führung entlassen wird, hat er nur eine wirkliche Niederlage zu verzeichnen: Der Außenseiter Bielich (E. G.), der einst versucht hat, den Gefangenen ihre Situation klarzumachen, durchschaut die Herrschaftsmechanismen und entzieht sich seinem Einfluß.

Die auf Erfahrungen des Autors und Schauspielers Burkhard Driest zurückgehende fesselnde Handlung verweist auf parallele Verhaltensweisen diesseits und jenseits der Gefängnismauern. Regisseur Hauff beschränkte sich darauf, für die exakt beobachtete, fern von jeder Sozialromantik angesiedelte Vorlage angemessene Bilder zu finden. *hc*

Die Verrufenen Ⓢ
(Der fünfte Stand)

Deutschland 1925

R: Gerhard Lamprecht; A: Luise Heilborn-Körbitz, Gerhard Lamprecht nach Erlebnissen von Heinrich Zille; K: Karl Hasselmann; D: Bernhard Goetzke, Aud Egede Nissen, Mady Christians, Eduard Rothauser

Um seine Verlobte zu decken, hat Robert Kramer (B. G.) einen Meineid geleistet und verbüßt dafür eine vierjährige Haftstrafe. Als der junge Ingenieur aus gutem Hause das Gefängnis wieder verläßt, sind ihm die Türen seiner Familie verschlossen. Die Verlobte hat inzwischen einen andern geheiratet. Kramer findet weder Arbeit noch eine ordentliche Bleibe und sucht schließlich in einem Nachtasyl Unterschlupf. Hier begegnet er dem Straßenmädchen Emma (A. E. N.), mit der ihn bald eine ehrliche Freundschaft verbindet. Sie helfen einander, die Widrigkeiten des Außenseiter-

daseins zu überwinden, und schließlich findet Kramer wieder Arbeit. Emma dagegen wird verhaftet und zu Unrecht verurteilt, als sie versucht, ihren bereits straffälligen Bruder von einem neuen Verbrechen abzuhalten. Kramer kümmert sich auch während ihrer Gefängnisstrafe um sie; er selbst erlebt einen steilen beruflichen Aufstieg. Lungenkrank wird Emma entlassen; sie stirbt bald darauf in Kramers Armen. Der inzwischen zum Leiter eines Zweigunternehmens arrivierte Kramer gewinnt das Herz von Regine (M. C.), der Schwester seines Vorgesetzten, und damit ein neues Glück.

Dieses Hauptwerk des sogenannten ›Milljöh‹- oder ›Zille-Films‹ – benannt nach dem proletarischen Berliner Maler Heinrich Zille – ist weitaus besser, als die Inhaltsangabe suggerieren muß. Die Darstellung der Schauplätze, in der das soziale Anliegen manifest wird, ergibt eine detailgetreue und vielschichtige Milieuzeichnung. Diese gewinnt besondere Glaubwürdigkeit dadurch, daß Lamprecht – erstmalig im deutschen Film – Laiendarsteller einbezog und so Arbeitslose und Stadtstreicher sich selbst spielen ließ. *tk*

Das Versteck

DDR 1978

R: Frank Beyer; A: Jurek Becker; K: Jürgen Brauer; D: Jutta Hoffmann, Manfred Krug, Dieter Mann, Alfred Müller

Max Brink (M. K.) täuscht Wanda (J. H.), von der er seit einem Jahr geschieden ist, mit Unterstützung seines Architektenkollegen (A. M.) vor, er werde unschuldig von der Polizei verfolgt und sei auf ein Versteck in ihrer Wohnung angewiesen. Er hofft, sie in den sieben Tagen Resturlaub, die er für seine List genommen hat, zurückgewinnen zu können. Wanda – inzwischen selbstbewußter – gewährt ihm Unterkunft, ist aber mehr am Grund für diese Notwendigkeit interessiert als an den Versuchen von Max, eine gemeinsame Zukunft anzusteuern. Sie wird auch an ihre Ehe mit ihm erinnert, vom glücklichen Anfang, über Krisen des Alltags bis hin zur Scheidung in beiderseitigem

Einverständnis. Ihr neuer Freund (D. M.), den sie für die Woche fernzuhalten versucht, meldet – nach Auseinandersetzungen mit Max – diesen anonym der Polizei. Wanda erfährt es, als sie aufs Revier geht, wo ihr mitgeteilt wird, daß gegen Max nicht das geringste vorliegt. Beide spielen das Spiel zu Ende. Als wieder Liebe zwischen ihnen aufflammt, macht Max Wanda einen Heiratsantrag, doch sie lehnt ihn aus Angst vor einer erneuten Enttäuschung ab. Max fährt – bemüht, »sie aus dem Kopf zu kriegen« – mit dem Auto gegen einen großen Feldstein und verursacht Blechschaden.

In der Ehekomödie mit den DEFA-Stars Jutta Hoffmann und Manfred Krug scheitert der exemplarische Versuch eines Neuanfangs an den unterschiedlichen Formen des Alltags der geschiedenen Partner. Die analytische Ambition des Films, die sich vor allem über die Konfrontation der Gegenwart mit pointierten Rückblenden in die Ehevergangenheit realisiert, wird durch einen Autoren-Coup beendet, der wieder ins Genre zurückführt.   *ms*

▬ Die Vertreibung aus dem Paradies

BRD 1977

R: Niklaus Schilling; A: Niklaus Schilling; K: Ingo Hamer; D: Herb Andress, Elke Haltaufderheide, Ksenija Protić, Jochen Busse

Kleindarsteller Anton Paulisch (H. A.), Künstlername Andy Pauls, ist in der Welt herumgekommen; bei Fellini hat er mitgespielt; in Hollywood war er der »mechanische Mann«. Zu Ruhm und Geld ist er damit nicht gekommen. Da er deshalb per Anhalter von Rom nach München reisen muß, trifft er seine im Sterben liegende Mutter nicht mehr lebend an. Auf Wunsch seiner Schwester Astrid (E. H.), mit der ihn ein inzestuöses Verhältnis verbindet, bleibt er in München. Alle Versuche, Filmrollen zu bekommen, mißlingen, und er wird Sekretär der eleganten Heiratsschwindlerin Gräfin zu Rosenburg (K. P.). Astrid hat das elterliche Fotogeschäft geerbt und wird von dem Bankangestellten Berens (J. B.) umworben, der nicht das ist, was er zu sein scheint. Ehe Bruder und Schwester vereint in der römischen Filmstadt Cinecittà auf einen Engel stoßen, der ihnen wie auf dem von der Mutter geerbten Schlafzimmerbild den Weg ins Paradies weist, erlebt der Zuschauer einen Krimi, ein Melodram und eine Satire.

Schilling, der immer wieder betont, daß es ihm nicht um das Abbilden von Realität, sondern um die »Unterhaltung der Sinne« geht, hat mit *Die Vertreibung aus dem Paradies* einen Film für die Phantasie geschaffen, von dem man am Schluß wünscht, daß er noch nicht zu Ende wäre. Untermalt von der Musik Verdis und Donizettis, entsteht eine emotionsgeladene Welt, in der es um Schein und Betrug, aber auch um die Situation des deutschen Films geht.   *hc*

▬ Verwirrung der Liebe

DDR 1959

R: Slatan Dudow; A: Slatan Dudow; K: Helmut Bergmann; D: Annekathrin Bürger, Angelica Domröse, Willi Schrade, Stefan Lisewski

Medizinstudent Dieter (W. S.) und Kunststudentin Sonja (A. B.), schon seit zwei Jahren miteinander liiert, verabreden sich zum Künstlerfasching. Auf dem turbulenten Fest erkennt Dieter jedoch Sonja nicht in ihrer Kostümierung und hält eine andere für seine Freundin. Als die Masken fallen, bemerkt er seinen Irrtum, widmet sich aber weiterhin dem Mädchen Siegi (A. D.). Sonja geht enttäuscht nach Hause und läßt Dieter, der ihr doch noch folgt, vor der Tür ihrer kleinen Wohnung stehen, ohne zu öffnen. Beider Beziehung wird von dem Vorfall belastet – und von der Tatsache, daß Dieter Siegi, von der er nur den Vornamen kennt, nicht vergessen kann. Ihre Leistungen im Studium leiden bedenklich darunter. Sonja macht auf Rat eines Dozenten zwischenzeitlich ›Erfahrungen‹ in der Produktion‹ und beschließt, als sie dabei zufällig Siegi trifft, sie mit Dieter zusammenzubringen und abzuwarten. Während Dieter und Siegi gemeinsam Urlaub an der Ostsee machen, wird Sonja von Siegis boxendem Bauarbeiterfreund Edy (S. L.) aufgesucht. Beide finden einander sympathisch und unternehmen ihrerseits eine Reise in die Sächsische Schweiz. Unabhängig voneinander haben die neuen Pärchen die Idee zur Heirat; Siegi schlägt Sonja schließlich eine Doppelhochzeit vor. Während der Vorbereitungen aber bemerken die vier, daß sie in alter Kombination eigentlich besser zusammenpassen und wechseln deshalb auf der Fahrt zum Standesamt die Partner.

Klassische Komödienkonstruktionen nutzend, beschreibt Dudows Film auf unterhaltende Weise, wie sich die Emanzipation der Frau und eine »Annäherung der Arbeiterklasse und der Schicht der Intelligenz im Sozialismus« auf Verhalten und Geschlechterbeziehungen der Jugend auswirkten. Der Film hatte – auch durch seine souverän wirkende Freizügigkeit und das ungezwungene Spiel der jungen Hauptdarsteller – großen Publikumszuspruch.

ms

Via Mala

Deutschland 1944

R: Josef von Baky; A: Thea von Harbou nach Motiven des gleichnamigen Romans von John Knittel; K: Carl Hoffmann, Werner Krien (Nachaufnahmen); D: Karin Hardt, Carl Wery, Viktor Staal, Hildegard Grethe, Hilde Körber, Karl Hellmer, Renate Mannhardt, Malte Jäger

Der Sägewerksbesitzer Jonas Lauretz (C. W.) ist ein trunksüchtiger, gewalttätiger Patriarch, der seine Familie tyrannisiert. Seine Frau (H. G.) leidet genauso unter seinen Willkürakten und Gewaltausbrüchen wie die Töchter Hanna (H. K.) und Silvelie (K. Ha.). Auch Sohn Nikolaus (M. J.), Knecht Jöry (K. He.) und die Magd Kuni (R. M.) haben seiner sadistischen Brutalität nichts entgegenzusetzen. In Frieden lebt die Familie nur, wenn ihr Oberhaupt gerade im Gefängnis sitzt. Nachdem sich Jonas an seinen beiden Töchtern vergriffen hat, ist er plötzlich unauffindbar. Andreas von Richenau (V. S.) untersucht die Umstände von Jonas' Verschwinden und erhält so Einblick in die Tragödie der Familie. Es stellt sich heraus, daß ein angesehener Wirt, bei dem Silvelie arbeitet, Jonas getötet hat. Andreas verliebt sich in Silvelie, heiratet sie und wird der Familie ein neues Oberhaupt.

Umstrittene Thematik (Selbstjustiz) und düstere Atmosphäre dieses Familiendramas führten dazu, daß die bereits 1941 angekündigte Verfilmung mehrmals hinausgezögert wurde. Ein halbes Jahr nach Abschluß der Dreharbeiten mußte nachgedreht werden, dennoch verbot die deutsche Zensur den fertigen Film 1945 wegen seiner pessimistischen Milieuschilderung. Seine Uraufführung erlebte er 1946 in Zürich, 1948 kam er in der DDR, 1950 in der BRD in die Kinos. Seine eindringlichsten Passagen erhält der Film durch die Darstellung Hilde Körbers.

tk

Das vierte Gebot

Österreich 1950

R: Eduard von Borsody; A: Friedrich Schreyvogl, Eduard von Borsody nach dem gleichnamigen Volksstück von Ludwig Anzengruber; K: Hans Schneeberger, Sepp Ketterer; D: Attila Hörbiger, Dagny Servaes, Hans Putz, Inge Egger, Erik Frey, Fritz Imhoff, Carl Bosse

Familie Schalanter führt ein gutes Leben, vielleicht ein zu gutes. Denn Vater Schalanter (A. H.) verschließt vor dem sittlich zweifelhaften Leben seiner Tochter Josefa (I. E.) die Augen, und auch Martin, Schalanters Sohn (H. P.), fehlt die elterliche Strenge. Die Mutter (D. S.) aber kann den Kindern noch weniger Vorbild sein als der Vater – sie verkuppelt ihre Tochter mit August (E. F.), dem Sohn des reichen Stolzenthaler (F. I.). Das Verhältnis währt nicht lange, und Josefa gerät immer mehr in schlechte Gesellschaft. Schalanter verfällt dem Alkohol, das Geschäft muß schließen, und Martin geht zum Militär. Eine Intrige Schalanters, der es allen heimzahlen will, führt zur öffentlichen Zurechtweisung seiner Familie durch Feldwebel Frey (C. B.), dem Vorgesetzten Martins. Im Jähzorn erschießt Martin den Feldwebel. Als die Eltern den zum Tode Verurteilten noch ein letztes Mal sehen wollen, lehnt Martin ab.

Attila Hörbiger veranschaulicht den Abstieg des bürgerlichen Handwerkers Schalanter zum Alkoholiker und Außenseiter der Gesellschaft mit großer emotionaler Intensität; die Rolle zählt zu seinen überzeugendsten Leistungen als Filmschauspieler. Weniger gelungen ist der bühnenmäßige Inszenierungsstil des Films, der sich zu Beginn der fünfziger Jahre wie viele Filme – *Cordula* (A 1950, Ucicky), *Der Weibsteufel* (A 1951, Liebeneiner) u. a. – mit Themen wie Anstand und Sitte beschäftigte.

mp

40 m² Deutschland

BRD 1986

R: Tevfik Başer; A: Tevfik Başer; K: Izzet Akay; D: Özay Fecht, Yaman Okay, Demir Gökgöl

Der Gastarbeiter Dursun (Y. O.) hat seine Frau Turna (Ö. F.) aus ihrem türkischen Dorf nach Deutschland geholt. Ihr neues Zuhause ist eine Hamburger Hinterhofwohnung. Turna freut sich auf die neue Umgebung, doch Dursun schließt sie in die Wohnung ein; er verbietet ihr sogar jeden Kontakt zur Außenwelt, die – wie er meint – unmoralisch und verdorben ist. Gewohnt zu gehorchen, respektiert Turna anfangs die Entscheidung ihres Mannes, wird angesichts ihrer Einsamkeit aber immer verzweifelter. Allein die stumme Zwiesprache mit einem kleinen Mädchen des gegenüberliegenden Hauses bringt für kurze Zeit Abwechslung in Turnas trostlosen Alltag, der nur durch Dursuns Verlangen nach Essen und einem Nachkommen unterbrochen wird. Monate vergehen und nichts ändert sich, außer, daß Turna schließlich ein Kind bekommt. Dursun ist außer sich vor Glück. Turna aber wird von immer stärkeren Angstzuständen und seltsamen Träumen geplagt; eines Tages stirbt ihr Mann nach einem epileptischen Anfall in der Wohnung. Turna bleibt allein zurück in einem ihr fremd gebliebenen Land.

Das Spielfilmdebüt von Regisseur Tevfik Başer erzählt in sorgsam komponierten Bildern eine tragische Geschichte des Scheiterns, die – so Başer – Interesse und Verständnis für das Verhalten anderer in einer multikulturellen Gesellschaft schaffen soll. Durch seinen weitgehenden Verzicht auf Sprache und die Beschränkung auf engsten Raum gelingt es dem Film, ein in dieser Form ungewohnt kompromißloses Psychogramm von Isolation und seelischer Not zu zeichnen.

np

Viktor und Viktoria

Deutschland 1933

R: Reinhold Schünzel; A: Reinhold Schünzel; K: Konstantin Irmen-Tschet; D: Renate Müller, Hermann Thimig, Adolf Wohlbrück, Aribert Wäscher, Hilde Hildebrand

Der Schauspieler Viktor Hempel (H. T.), dessen Traum die großen tragischen Rollen sind, wird nur als Komiker akzeptiert und muß sich als

Viktor und Viktoria (Hermann Thimig, Renate Müller)

Damen-Imitator an einer Vorstadtbühne durchschlagen. Als er krankheitsbedingt ausfällt, bittet er die stellungslose Sängerin Susanne Lohr (R. M.), ihn zu vertreten. Sie absolviert die Travestie-Nummer, ohne daß jemand den Schwindel durchschaut, und hat großen Erfolg. Dieser steigert sich noch, als sie sich als Frau zu erkennen gibt. Von einem Impresario (A. Wä.) entdeckt, gehen ›Viktor und Viktoria‹ gemeinsam auf Tournee und glänzen durch abenteuerliche Verwechslungsnummern. Als sie in London Station machen, verliebt sich Susanne jedoch in den Gentleman Lord Robert (A. Wo.), der ihren weiblichen Seiten wieder zur Übermacht verhilft, und findet mit ihm genauso ihr Glück, wie es Viktor an der Seite eines Nummerngirls tut.

Pointierte Dialoge, turbulenter Humor und originelle Regieeinfälle charakterisieren dieses Travestie-Musical, mit dem Schünzel seinen Ruf als Deutschlands treffsicherster Komödien-Spezialist festigte. Neben Thimig, der durch diesen Film zum Star avancierte, ragt die exzellente Besetzung der Nebenrollen heraus (Hilde Hildebrand, der variantenreiche Aribert Wäscher), während Renate Müller in ihrer ›Hosenrolle‹ nur eine Routineleistung bietet. Titel der französischen Version: *Georges et Georgette*. Remakes stammen von Victor Saville (*First a girl*, GB 1935), Karl Anton (*Viktor und Viktoria*, 1957) und Blake Edwards (*Victor/Victoria*, USA/GB 1982).   *tk*

■ Von morgens bis Mitternacht Ⓢ

Deutschland 1920

R: Karl Heinz Martin; A: Herbert Juttke, Karl Heinz Martin nach dem gleichnamigen Bühnenstück von Georg Kaiser; K: Carl Hoffmann; D: Ernst Deutsch, Erna Morena, Roma Bahn, Frida Richard

An seinem Arbeitsplatz ist der Kassierer eines Bankhauses (E. D.) täglich mit dem Reichtum konfrontiert, während zu Hause, in einer armselig-kargen Wohnung, seine verhärmte Frau (E. M.) und die Tochter vegetieren. Eines Tages bricht der Kassierer aus seinem vorgezeichneten Leben aus. Mit dem gesamten Geld, das er zusammenraffen kann, nimmt er Reißaus und läßt sich in der mondänen Welt der Reichen nieder. Nun folgt er ganz seinen Lüsten, wirft mit Geld um sich und führt ein Leben in Saus und Braus, was ihn für Damen jeglicher Art zum begehrenswerten Liebesobjekt macht. Doch dann tritt ihm die Kehrseite des verschwenderischen Lebens vor Augen – Krankheit und Dekadenz –, und er erkennt, daß die üppigen Äußerlichkeiten nur Surrogat für fehlenden inneren Reichtum sind. Er geht zur Heilsarmee, trifft jedoch auch dort nur egoistische Menschen und wird schließlich von dem Mädchen, mit dem er sich eine Zukunft vorstellen könnte, an die Polizei verraten. Daraufhin setzt er seinem Leben, das er nun als sinn- und ziellos empfindet, ein Ende.

In der rein flächig-graphischen Architektur geht diese Verfilmung eines Hauptwerks des expressionistischen Theaters noch weiter als Robert Wienes ebenfalls 1920 uraufgeführtes *Cabinet des Dr. Caligari*. In *Von morgens bis Mitternacht* besteht das Dekor aus schwarzen Kulissen mit weißen, zittrigen, zackig-grellen Linien und Flächen, deren Ornamentik auf den Kostümen ihre Fortsetzung findet. Die Unruhe in Bewegung und Rhythmus soll so zusätzlich visualisiert werden. Der experimentelle Charakter der Architektur findet in Dramaturgie, Bildauflösung und Darstellung allerdings kein gleichwertiges Pendant.   *tk*

■ Vordertreppe – Hintertreppe Ⓢ

Deutschland 1915

R: Urban Gad; A: Urban Gad nach Motiven des Bühnenstücks *Die Ehre* von Hermann Sudermann; K: Axel Graatkjaer, Karl Freund; D: Asta Nielsen, Paul Otto, Fred Immler, Alfred Kühne, Adele Reuter-Eichberg, Victor Arnold, Mary Scheller, Senta Eichstaedt

Das Flickschneiderehepaar Schulze (A. K., A. R.-E.) lebt mit Tochter Sabine (A. N.) im Hinterhaus. Sabine ist mit dem Kellner Otto Lehmann (F. I.) liiert. Mit einem Los, das Otto ihr geschenkt hat, gewinnt sie einen Haupttreffer. Leutnant von Hammeln (P. O.), der im Vorderhaus wohnt, hat Sabine bisher nur wahrgenommen, wenn sie die Vordertreppe scheuerte, aber da sie nun über ein wenig Geld verfügt und Hammeln in finanziellen Nöten steckt, wird sie für ihn interessant. In seiner Galauniform steigt Hammeln die Hintertreppe hinauf und verlobt sich in der Wohnung der begeisterten Eltern mit Sabine. Doch bald empört er sich, daß Schulzes sich nicht standesgemäß verhalten, und löst die Verbindung wieder. Schließlich kann Hammeln sich doch noch die Tochter (S. E.) eines Kommerzienrats (V. A.) angeln, die er schon zuvor im Auge hatte. Sabine kehrt zu Otto zurück, und der Lotteriegewinn versüßt den beiden ihr Hinterhausleben.

Die in Anlage und Umsetzung überzeugende Mischung aus Komödie, Satire und realistischer Alltagsschilderung hebt diesen Film aus dem Umfeld früher Filmkomödien weit heraus. Die Kontrastierung von Vorderhaus und Hinterhaus – sowie der Verhaltensweisen ihrer Bewohner – das kecke Selbstbewußtsein Sabines und die Hochstapler-Karikatur in der Darstellung des Leutnants, das alles ergibt eine inspirierte Schilderung kleinbürgerlicher Lebensformen zu Beginn des Jahrhunderts. Momente umwerfender Komik – etwa in der berühmten Szene, in der Sabine mit Ottos Hilfe zwei Gräfinnen beim Kartenspiel betrügt – kommen als Zugabe hinzu.   *tk*

Vorstadtvarieté

Österreich 1935

R: Werner Hochbaum; A: Werner Hochbaum, Ernst Neubach nach dem Bühnenstück *Der Gemeine* von Felix Salten; K: Eduard Hösch; D: Luise Ullrich, Mathias Wieman, Oskar Sima, Hans Moser, Frida Richard, Lina Woiwode, Otto Hartmann

Im Wien des Jahres 1913 muß der Bauzeichner Josef Kernthaler (M. W.) zu den k. u. k. Truppen einrücken. Seine Freundin Mizzi Ebeseder (L. U.) bringt ihn zur Kaserne. Der Trennungsschmerz ist groß, denn die beiden lieben einander aufrichtig und wollen heiraten. Josef schickt Mizzi zu seinen Eltern (H. M., F. R.) aufs Land, denn Mizzis Mutter (L. W.) und

Bruder (O. S.) betreiben das Vorstadtvarieté »Die Praterspatzen«. Josef will verhindern, daß die hübsche Mizzi weiterhin dort auftritt, befürchtet er doch, daß dieses Milieu seine Braut verdirbt. Mizzi hält es auf dem Land indes nicht lange aus, sie kehrt nach Wien zurück, tritt als Sängerin im Varieté auf und hat damit überwältigenden Erfolg. Darüber kommt es zum Bruch zwischen Mizzi und Josef. Zu Mizzis glühendsten Verehrern zählt Leutnant von Daffinger (O. H.), der sie unter einem Vorwand in seine Wohnung lockt. Das Schicksal will es, daß ausgerechnet Josef den Burschen Daffingers vertritt. Daher begegnet er Mizzi in der Wohnung des Leutnants und denkt, die beiden hätten eine Liebschaft. Verzweifelt läuft Mizzi davon, irrt durch die Straßen und stürzt sich von einer Eisenbahnbrücke vor einen Zug in den Tod.

Diese volksstückhafte Studie über den Gegensatz von privater Glückserwartung und gesellschaftlichen Machtmechanismen, welche dieser enge Grenzen setzen, wendet sich gegen überkommene militärische Ehrbegriffe und Hurra-Patriotismus und demaskiert die oft romantisierten Wien-Klischees mit deprimierender Schärfe. Die Vorlage des Films, ein Bühnenstück des *Bambi*-Autors Felix Salten, war in der Donaumonarchie wegen seiner antimilitaristischen Grundhaltung verboten. Bereits während der Dreharbeiten wurde Hochbaum wiederholt zu Änderungen gezwungen, welche die kritische Konsequenz des Films etwas verwässerten. Nach der Uraufführung wurde zudem der tragische Schluß in ein Happy-End umgewandelt, das auch in der heute verwendeten (Fernseh-)Kopie zu sehen ist: Josef findet Mizzi, als sie sich vor den Zug stürzen will, kann sie zurückhalten und in seine Arme schließen.   *tk*

W

Das Wachsfigurenkabinett Ⓢ

Deutschland 1924

R: Paul Leni, Leo Birinski; A: Henrik Galeen,
Leo Birinski; K: Helmar Lerski; D: Wilhelm
Dieterle, Emil Jannings, Conrad Veidt, Werner
Krauß, Olga Belajeff

Der Besitzer eines Wachsfigurenkabinetts betraut einen jungen Dichter (W. D.) damit, Geschichten zu erfinden, die sich um die Prunk-
stücke der Wachsfigurensammlung drehen.
Mehr noch als das versprochene Geld lockt
den Poeten dabei die Tochter des Schaubuden-
besitzers (O. B.). – In der ersten Geschichte will
der Kalif von Bagdad (E. J.) die Gattin eines
Bäckers verführen und läßt zur Tarnung seiner
nächtlichen Eskapade ein wächsernes Double
im Bett zurück, das der Bäcker ›erdolcht‹.
Doch die kluge Bäckersfrau sorgt für ein gutes
Ende der Geschichte. – Die zweite Episode
handelt von Iwan dem Schrecklichen (C. V.),
seinen mörderischen Grausamkeiten. Schließlich verfällt der Despot dem Wahnsinn, als er
sich vergiftet wähnt und nur noch einen Lebensinhalt hat, nämlich die Sanduhr mit der

ihm (vermeintlich) verbleibenden Lebenszeit
hin und her zu drehen. – Beim Erfinden der
dritten Geschichte, in der Jack the Ripper
(W. K.) über die Tochter des Budenbesitzers
herfallen will, schläft der Dichter ein. Im
Traum beschützt er sie unter Einsatz seines Lebens – und als er aufschreckt, ist sie tatsächlich
bei ihm, die beiden werden ein Paar.
In verfremdeter Form wurde hier das Tyran-
nen-Thema abgehandelt, das im frühen deutschen Stummfilm eine prägende Rolle spielte.
Obwohl der Film dramaturgisch unausgegli-
chen wirkt, gilt er als einer der stilistischen
Endpunkte des Filmexpressionismus. Dies
dank der faszinierenden Bauten Paul Lenis
und Fritz Maurischats, atmosphärischer Licht-
und Kameraarbeit sowie der legendären Darstellungskunst der drei großen Charaktermimen jener Jahre: Emil Jannings, Conrad Veidt
und Werner Krauß.   *tk*

Wälsungenblut

BRD 1964

R: Rolf Thiele; A: Erika Mann, Georg Laforet
(d. i. Franz Seitz jr.) nach der gleichnamigen
Novelle von Thomas Mann; K: Wolf Wirth; D:
Rudolf Forster, Gerd Baltus, Michael Maien,
Elena Nathanael, Margot Hielscher, Ingeborg
Hallstein

Das Wachsfigurenkabinett

Zur Zeit des Kaiserreichs wird der bürgerliche Leutnant Beckerath (G. B.) in die Familie des Grafen Arnstatt (R. F.) eingeführt. Beckerath lernt die arrogante Sieglinde (E. N.) kennen und verliebt sich in sie. Doch Sieglinde ist ihrem Bruder Siegmund (M. M.) in inniger Zuneigung verbunden, und gemeinsam treiben die Geschwister ihren Schabernack mit Beckerath. So macht Sieglinde zur Bedingung, der Leutnant müsse ohne Kleider durch die Stadt reiten, um sich ihre Liebe zu verdienen. Beckerath geht auf das entwürdigende Spiel ein, läßt seine Haut mit der Imitation einer Uniform bemalen und erfüllt Sieglindes Forderung. Sieglinde willigt schließlich in eine Verbindung mit Beckerath ein, doch zuvor vollzieht sie mit ihrem Bruder den Inzest.

Als Spezialist für gepflegte Erotik und provokante Themen zeichnete sich Thiele seit seinem Film *Das Mädchen Rosemarie* (1958) durch eine überdurchschnittliche Begabung aus, exakte Milieuzeichnung mit geschickter Bezugnahme auf den Zeitgeschmack zu verbinden. Das Inzestmotiv bettete er in eine Atmosphäre schwüler, nahezu zelebrierter Leidenschaft, die stimmig dekadente Aristokratenspielereien charakterisierte.   *tk*

Wallers letzter Gang

BRD 1988

R: Christian Wagner; A: Christian Wagner; K: Thomas Mauch; D: Rolf Illig, Sibylle Canonica, Franz Boehm, Volker Prechtel, Herbert Knaup, Crescentia Dünsser, Günter Burger, Tilo Prückner, Irm Hermann

Der Postbote versucht seit Tagen, ein Einschreiben abzugeben. Aber der als Sonderling geltende, wortkarge Streckengeher Waller (R. I.), der zeitlebens die Sicherheit der Bahnschienen überprüft hat, kennt den Inhalt und verweigert die Annahme – seine Strecke soll stillgelegt und er selbst pensioniert werden. So geht er ein letztes Mal die Gleise entlang, ordnet sein Leben, nimmt auf seine Art von allen Bekannten Abschied, läßt noch einmal die Vergangenheit vorbeiziehen: die Jugend, als er Steine auf die Schienen legte; die erste Einwei-

sung in die Tätigkeit eines Streckengehers; den Abschied von seinem Freund Rasch (G. B.) zu Beginn des Zweiten Weltkriegs; das nicht standesgemäße Verhältnis zu der Fabrikantentochter Angelika (C. D.), dem seine Tochter Rosina (S. C.) entstammt.

Dieser feinfühlig inszenierte Abschied von einem Leben ist auch ein Abschied von einer Periode und einer Lebensweise, ohne Nostalgie, Kitsch oder Sentimentalität. Die sorgfältige Kameraarbeit macht, ohne daß dafür Worte nötig wären, unauffällig deutlich, warum Waller zum Sonderling werden mußte. Kein Heimatfilm, sondern ein Film über die Heimat, von einem, der vom Allgäu offensichtlich mehr kennt als nur den Dialekt.   *hc*

Walzerkrieg

Deutschland 1933

R: Ludwig Berger; A: Hans Müller, Robert Liebmann; K: Carl Hoffmann; D: Renate Müller, Willy Fritsch, Adolf Wohlbrück, Paul Hörbiger, Hanna Waag

Queen Victoria (H. W.), erst seit kurzem auf dem Thron und noch nicht die sittenstrenge Symbolfigur, die der Epoche ihren Namen geben sollte, sucht nach Wegen, ihren späteren Mann, den schüchternen Prinzen von Koburg, herauszufordern. Dabei will sie sich eines neuen Tanzes bedienen, der unter Keuschheitsfanatikern verpönt ist, ansonsten aber heiß geliebt wird: des Walzers. Sie schickt einen Gesandten mit Tanzpartnerin nach Wien, wo sich das Paar mit der Technik des Walzertanzens vertraut machen soll. In Wien tobt gerade der ›Walzerkrieg‹ zwischen dem alten Kapellmeister Lanner (P. H.) und dessen ehemaligem ersten Geiger, dem temperamentvollen Johann Strauß (A. W.). Die englischen Abgesandten engagieren Strauß' Orchester, um den Tanz an Queen Victorias Hof zu etablieren, doch Lanner schickt seine Tochter Kati (R. M.) nach, die Johann Strauß am Abend der Premiere zu ›entführen‹ weiß. Strauß' Freund Gustl (W. F.), in Kati verliebt, geht das Wagnis ein, in der Maske des Freundes zu dirigieren und einen Walzer aus der Feder – Joseph Lanners zu spielen. Der Abend wird ein voller Erfolg, und die Queen erreicht ihr Ziel. Zwar führt das Täuschungsmanöver zu neuem Streit zwischen Lanner und Strauß, doch zuletzt versöhnen sie sich beim gemeinsamen Komponieren des Radetzky-Marsches.

Die flüssige Inszenierung und großartige Choreographie, in der Musik, Humor und Grazie glücklich verschmelzen, machen Bergers letzten Film vor seiner Emigration zum Höhepunkt im Genre des deutschen Filmmusicals. Titel der französischen Version: *La guerre des valses.* *tk*

■ Was heißt'n hier Liebe?

BRD 1978

R: Walter Harrich, Claus Strigel, Bertram Verhaag; A: Walter Harrich, Claus Strigel, Bertram Verhaag nach dem gleichnamigen Bühnenstück des Ensembles Rote Grütze (Holger Franke, Helma Fehrmann, Jürgen Flügge, Günter Brombacher, Ulli Radhöfer, Alfred Cybulska); K: Walter Harrich, Claus Strigel, Bertram Verhaag; D: Helma Fehrmann, Günter Brombacher, Ulli Radhöfer, Holger Franke, Alfred Cybulska

In einem Zirkuszelt in München spielt das unabhängige Theaterensemble Rote Grütze in gewitzter, kurzweiliger Manier sein Theaterstück *Was heißt'n hier Liebe*, das Nöte und Lüste (nicht nur) von Teenagern mit ihrer Sexualität auf anspruchsvolle und vergnügliche Weise thematisiert.

Charakteristisch zeigt sich der fast schon legendäre Witz und die assoziationsreiche Hintergründigkeit, welche die Projekte der freien Theatergruppe Rote Grütze auszeichnen. Das jugendliche Publikum soll unterhalten und zum Hinterfragen eigener (Geschlechter-)Rollen veranlaßt werden. Die Inszenierung der Theaterszenen besorgte Jürgen Flügge; das Triumvirat, das für Filmregie und Kameraarbeit verantwortlich zeichnete, ironisierte das Geschehen zusätzlich durch die bewußte Kombination von Szenen aus unterschiedlichen Aufführungen. *tk*

■ Wasser für Canitoga

Deutschland 1939

R: Herbert Selpin; A: Walter Zerlett-Olfenius, Emil Burri, Peter Francke nach dem gleichnamigen Bühnenstück von Georg Turner Krebs (Pseudonym für das Autorenteam Hans José Rehfisch, Otto Eis, Egon Eis); K: Franz Koch, Josef Illig; D: Hans Albers, Charlotte Susa, Hilde Sessak, Peter Voss, Josef Sieber

Ingenieur Oliver Montstuart (H. A.) wirkt im Kanada des Jahres 1905 am Bau einer Wasserleitung nach Canitoga mit. Seit einiger Zeit werden Sabotageakte verübt. Montstuart erschießt einen der Saboteure in Notwehr, muß daraufhin aber fliehen, weil Chefingenieur Trafford (P. V.) die Umstände des Vorfalls anzweifelt. Unter falschem Namen meldet Montstuart sich später erneut zum Bau, lernt die Wirtin Lilly (C. S.) und Traffords Verlobte Winnifred (H. S.) kennen, die ihm beide bald zugetan sind. Montstuart bemerkt, daß sein Vorgesetzter, Ingenieur Ingram (J. S.), hinter den Sabotageakten steckt. Ingram versucht nun, die Arbeiter gegen Montstuart aufzuhetzen. Der vereitelt jedoch Ingrams Sabotage eines Senkkastens, indem er unter lebensgefährlichen Bedingungen den Sprengsatz unschädlich macht. Dabei erleidet Montstuart jedoch tödliche Verletzungen. Er erstattet Bericht über die Sabotageaktionen, entlarvt Ingram und Lilly als Täter, und wird im Sterben vom Gouverneur und der Bevölkerung gefeiert.

Dieser rasante Actionfilm mit abenteuerlichen Akzenten trägt die Handschrift Herbert Selpins, der als einer der wenigen deutschen Regisseure stringent konzipierte Actionstoffe direkt und packend umzusetzen vermochte. Nachdem die NS-Stellen den Import amerikanischer Produktionen des Genres gedrosselt hatten, mußten einheimische Werke den Binnenmarkt versorgen. Selpin realisierte zwischen 1938 und 1941 fünf ausgezeichnet inszenierte Filme mit Hans Albers, die dem Publikumsliebling Gelegenheit gaben, sich als sarkastischer Haudegen und verwegener Einzelgänger zu profilieren. *tk*

Die Weber Ⓢ

Deutschland 1927

R: Friedrich Zelnik; A: Fanny Carlsen, Willy Haas nach dem gleichnamigen Bühnenstück von Gerhart Hauptmann; K: Frederik Fuglsang, Friedrich Weinmann; D: Paul Wegener, Dagny Servaes, Wilhelm Dieterle, Theodor Loos, Arthur Kraußneck, Hermann Picha, Emil Lind

Die in Armut lebenden Weber einer schlesischen Ortschaft stehen vor dem Haus des Fabrikanten Dreißiger (P. W.), um ihre Stoffe abzuliefern. Pfeiffer (E. L.), ein herzloser Lakai, bemängelt die Ware und drückt so die Löhne, die ohnehin kaum die Lebenskosten decken. Die resignierten Weber werden erst durch den jungen Moritz Jäger (W. D.) aufgerüttelt, der ihnen ein solidarisches Vorgehen nahelegt. Singend ziehen die Weber vor Dreißigers Villa, um bessere Löhne zu fordern. Auch Frauen wie die couragierte Luise (D. S.) nehmen an dem Protest teil. Jäger wird verhaftet, von den rebellierenden Webern aber wieder befreit. Der Fabrikant ist mittlerweile geflohen, die Weber stürmen sein luxuriöses Haus. Truppen werden aufgeboten, können von den Webern fürs erste aber zurückgeschlagen werden. Eine verirrte Kugel tötet ausgerechnet den alten Hilse (A. K.), der aus religiösen Gründen nicht an dem weltlichen Protest teilnehmen wollte.
Die Kontrastierung von Not und Luxus, hartem Lebenskampf und sattem Zynismus wurde durch sorgfältig gestaltete Dekors und Requisiten unterstrichen. Die Dramaturgie des Hauptmannschen Dramas behielt der Film im wesentlichen bei, was der Darstellung der versierten Hauptmann-Interpreten Wegener, Dieterle und Dagny Servaes entgegenkam. Eine visuelle Ebene von eigener Aussagekraft bilden die von George Grosz entworfenen expressiven Zwischentitel. *tk*

Die weiße Hölle vom Piz Palü Ⓢ

Deutschland 1929

R: Arnold Fanck, Georg Wilhelm Pabst; A: Arnold Fanck, Ladislaus Vajda nach einer Idee von Arnold Fanck; K: Sepp Allgeier, Richard Angst, Hans Schneeberger; D: Gustav Dießl, Mizzi Götzel, Leni Riefenstahl, Ernst Petersen, Ernst Udet, Kurt Gerron

Johannes Krafft (G. D.) verliert seine Frau Maria (M. G.) durch einen Unfall am Piz Palü. Deshalb zieht es ihn immer wieder dorthin. Zehn Jahre später verbringen Maria Maioni (L. R.) und Karl Stern (E. P.), ein junges Liebespaar, ein paar Tage in einer Hütte am Piz Palü. Krafft, der ebenfalls dort erscheint, ist dem Paar zunächst unheimlich. Am nächsten Morgen will er einer Gruppe von Studenten zuvorkommen und die bisher unbezwungene Nordwand durchsteigen; Karl läßt sich von Kraffts Ehrgeiz anstecken. Doch die Naturgewalten brechen über die Bergsteiger herein: Die Studenten werden verschüttet, Karl stürzt ab und kann von Krafft und Maria nur mit Mühe gerettet werden. Dabei bricht sich Krafft ein Bein. Die eisige Kälte bringt die drei an den Rand des Erfrierens. Zwar ist die Rettungskolonne unterwegs, nachdem der Flieger Udet die Ausharrenden entdeckt hat, doch Maria und Karl überleben nur dank Krafft, der ihnen selbstlos seine Jacke gibt. Das junge Paar wird gerettet, Krafft dagegen findet den Tod und die letzte Ruhestätte wie seine Frau am Piz Palü.
Das internationale Aufsehen, das der Film erregte, verdankt sich den expressiven Aufnahmen von Felsen, Wolken, Gletscherspalten und Lawinenstürzen, die Fanck und seine exzellenten Kameraleute einzufangen vermochten. Pabst ordnete sich als Regisseur der Atelierszenen Fancks Konzept unter. 1935 wurde eine Tonfassung des Stummfilms hergestellt, in welcher der Rollenname ›Karl Stern‹ in ›Heinz Brandt‹ umgewandelt und der Auftritt des inzwischen emigrierten, später im KZ ermordeten Kurt Gerron herausgeschnitten wurde. *tk*

Die weiße Rose (Oliver Siebert, Werner Stocker, Wulf Kessler, Lena Stolze, Ulrich Tukur)

Die weiße Rose

BRD 1982

R: Michael Verhoeven; A: Michael Verhoeven, Mario Krebs; K: Axel de Roche; D: Lena Stolze, Wulf Kessler, Oliver Siebert, Ulrich Tukur, Werner Stocker, Martin Benrath

Im Mai 1942 nimmt die Studentin Sophie Scholl (L. S.) in München ihr Studium auf. Durch Zufall entdeckt sie, daß ihr Bruder Hans (W. K.) Autor eines während der Vorlesung des Philosophieprofessors Huber (M. B.) heimlich herumgereichten Flugblatts gegen das Hitler-Regime ist. Sie wird Mitglied seiner Widerstandsgruppe. Ein Kriegseinsatz Hans', noch vor Abschluß seines Medizinstudiums, bei dem er die Greuel an der russischen Front miterlebt, bestärkt ihn in seiner Auffassung, daß die Gruppe aktiver werden und Kontakte zu anderen aufnehmen muß. Sein Freund Christoph Probst (W. S.) rät zu vorsichtigerem Vorgehen. Am 18. Februar 1943 beobachtet ein Pedell Hans und Sophie beim Auslegen von Flugblättern und übergibt sie den Behörden.

Vier Tage später werden sie auf Grund eines Urteils des Volksgerichtshofs enthauptet.

Indem der Film verschiedene Aspekte und die Risiken der Widerstandsarbeit sowie den Druck und die Spannungen zeigt, dem die Gruppe ausgesetzt war, vermeidet er eine plakative Heroisierung. Gerade jüngere Zuschauer erleben in diesem »Aufruf zum Mut zum Widerstand« Engagement und auch Lebensfreude. Die ursprüngliche Kinofassung enthielt am Schluß den Hinweis, daß nach Auffassung des Bundesgerichtshofs die Urteile gegen die »Weiße Rose« zu Recht bestünden und nicht aufgehoben seien. Die dadurch ausgelöste Debatte führte zu einer Entschließung des Bundestags, in der der Volksgerichtshof zum Terrorinstrument der NS-Willkür und dessen Urteile für nichtig erklärt wurden.   *hc*

Der weiße Traum

Deutschland 1943

R: Geza von Cziffra; A: Geza von Cziffra; K: Hans Schneeberger; D: Olly Holzmann, Wolf

Albach-Retty, Lotte Lang, Oskar Sima, Hans Olden, Theodor Danegger, Karl Schäfer

Der Eishockeyspieler Ernst Eder (W. A.-R.) arbeitet als Ausstatter bei einem Revuetheater. Liesl Strolz (O. H.) studiert Gesang und ist nebenbei eine sehr begabte Eiskunstläuferin. Eder versucht, ihr ein Engagement am Theater zu vermitteln. Aufgrund einer Verwechslung erhält sie tatsächlich die Hauptrolle der geplanten Revue: Sie wird für die Freundin des Theaterbesitzers gehalten, während dessen tatsächliche Freundin, die völlig unbegabte Lu (L. L.), vor die Türe gesetzt wird. Das hat allerdings Konsequenzen: der Theaterbesitzer kündigt dem Ensemble seine Bühne; die Revue steht nun ohne Aufführungsort da. Da kommt Eder auf die Idee, die Revue auf dem Eis zu inszenieren. Das Programm wird den neuen Verhältnissen angepaßt, und nicht zuletzt dank Liesls Künsten auf dem Eis wird die effektvolle Premiere ein riesiger Erfolg.

Ein origineller, vergnüglicher Film mit amüsanten Verwechslungen, entlarvendem Witz und jenem Maß an Sentiment, das in einem ›Wiener Film‹ nicht fehlen darf. Nach vier ungarischen Filmen zwischen 1933 und 1935 war dies die erste deutschsprachige Inszenierung Geza von Cziffras; sie wurde einer der größten Kassenerfolge des deutschen Films. Die Kombination von Komödie und Revuezauber funktionierte dank des großartigen Ensembles und der beschwingten Inszenierung ausgezeichnet. Die verspielten Dekors und Anton Profes' Melodien – von denen »Kauf dir einen bunten Luftballon« ein Evergreen wurde – runden das positive Bild ab. Cziffra verfilmte den Stoff neu und in Farbe unter dem Titel *Kauf dir einen bunten Luftballon* (A/BRD 1960) mit Toni Sailer und Ina Bauer.   *tk*

Der weite Weg
(Schicksal in Ketten)

Österreich 1946

R: Eduard Hoesch; A: Eduard Hoesch, Karl Jantsch (d. i. Carl Kurzmayer); K: Anton Pucher, Carl Kurzmayer; D: Rudolf Prack, Maria Andergast, Hans Holt, Willy Danek

In einem russischen Arbeitslager erwarten österreichische Kriegsgefangene sehnsüchtig das Ende des Zweiten Weltkriegs. Der Neuankömmling Strassl (W. D.) weiß die Kameraden mit Erzählungen seiner Liebesabenteuer zu beeindrucken. Dabei stellt sich heraus, daß er auch mit Anni (M. A.), der Frau des Soldaten Fritz (R. P.), ein Verhältnis gehabt haben will. Fritz schlägt den angeblichen Ehebrecher nieder; dieser stürzt und verletzt sich tödlich. Die Meldung vom Ende des Krieges löst Freudenstimmung aus. Nach Österreich zurückgekehrt, zieht Fritz zu seinem Kameraden Rudi (H. H.), da ihn der Gedanke an Annis Ehebruch davon abhält, sie wiederzusehen oder gar das gemeinsame Leben fortzusetzen. Ein Besuch Rudis bei der, wie sich herausstellt, stets treu gebliebenen Anni beseitigt die ungerechtfertigten Zweifel, und Fritz beschließt, sich umgehend mit ihr zu versöhnen. Ein Arbeitsunfall hält ihn jedoch davon ab; Versöhnung und Wiedersehen werden im Krankenhaus gefeiert.

Der erste österreichische Nachkriegsfilm versuchte, Probleme und Erscheinungen seiner Zeit, wie das Schicksal der Heimkehrer, den Wiederaufbau des Landes und den Schwarzmarkt aufzugreifen. Den um Alltagsrealismus bemühten Teilen der Inszenierung stehen traditionelle Handlungselemente des ›Wiener Films‹ gegenüber, dessen melodramatische Liebesgeschichte – untrennbar mit Mißverständnis und Happy-End verbunden – die angestrebte Authentizität verhindert.   *mp*

Die Welt ohne Maske

Deutschland 1934

R: Harry Piel; A: Hans Rameau; K: Ewald Daub; D: Harry Piel, Kurt Vespermann, Annie Markart, Olga Tschechowa

Dr. Tobias Bern (K. V.), ein schrulliger Bastler, ist dabei, eine Bildfunkapparatur zu erfinden. Mit der Hilfe seines Nachbarn, des arbeitslosen Harry Palmer (H. P.), gelingt es ihm, das Gerät fertigzustellen. Damit kann man durch die Wände der Häuser blicken – eine ›Welt ohne Maske‹ liegt vor Harry und Tobias. Das

*Die Welt ohne Maske
(Kurt Vespermann,
Olga Tschechowa)*

Gerät kommt ihnen sehr zugute, als sie sich großer Konzerne und einer Bande von Kriminellen erwehren müssen, die Jagd auf die Erfindung machen. Die Gejagten bekommen Unterstützung durch die junge Erika Hansen (A. M.), und so werden die Widersacher kaltgestellt. Nun erfinden Tobias und Harry einen ›Volksradiofernsehempfänger‹, gewinnen damit einen Wettbewerb und brauchen sich fortan keine finanziellen Sorgen mehr zu machen. Endlich kann Dr. Bern auch die heißgeliebte Betty Bandelow (O. T.) heiraten.

Schon in den zwanziger Jahren hatten die Möglichkeiten des ›Fernsehens‹, von phantasiebegabten Kolportageautoren bereits im 19. Jahrhundert erdacht, die Vorstellungswelt visionärer Filmschöpfer beflügelt. Die augenzwinkernde Bezugnahme auf die mediale Realität Deutschlands, das Propagandagerät ›Volksempfänger‹, macht diesen Film zu einem der witzigsten Vertreter des Genres.　　*tk*

Wer nimmt die Liebe ernst?

Deutschland 1931

R: Erich Engel; A: Hermann Kosterlitz, Curt Alexander; K: Curt Courant; D: Max Hansen, Jenny Jugo, Otto Wallburg, Willi Schur

Max (M. H.) und Jacob (W. S.), zwei Kleinganoven, stehlen Hunde, um sie den Besitzern gegen einen Finderlohn zurückzubringen. Dabei ertappt, flieht Max in das Zimmer der arbeits- und mittellosen, aber zauberhaften Ilse (J. J.). Aus Mitleid versteckt sie ihn und wird deshalb von ihrer Vermieterin gekündigt. So geht sie mit Max auf dessen Zimmer, doch er wird von der Polizei verhaftet. Nach seiner Entlassung trifft Max Ilse wieder, die auf ihn wartet. Gemeinsam bringen sie einem Kontrolleur des Lunaparks seine Dienstmütze zurück, mit deren Hilfe Jacob allerlei Streiche verübt hat. Hier wird Ilse für eine Schönheitskonkurrenz geworben und gewinnt tatsächlich. Als sie in einem Luxushotel gefeiert wird, läßt man Max nicht zu ihr. Der Organisator der Mißwahl, der schmierige Spekulant Bruno (O. W.), macht Ilse Avancen und erklärt ihr, daß Ilse eine große Karriere vor sich und für ihn daher keine Zeit mehr hat. Enttäuscht geht Max nach Hause, doch zu seiner Überraschung findet er dort Ilse vor, die vom Star-Rummel nichts wissen, sondern lieber mit Max zusammen die Probleme des Alltags meistern will.

Erich Engels Tonfilmdebüt bezieht seinen Reiz gleichermaßen aus der pointiert ausgespielten Situationskomik wie aus differenzierter Figurenzeichnung. Weder Max Hansens clowneske Eleganz noch der kratzbürstige Charme Jenny Jugos laufen dabei der realistischen Anlage dieser Gaunerkomödie im Milieu der (unpolitischen) Außenseiter zuwider, sie vertiefen vielmehr das Verständnis für deren Verhalten.　　*tk*

Westfront 1918

(Vier von der Infanterie)

Deutschland 1930

R: Georg Wilhelm Pabst; A: Ladislaus Vajda,
Peter Martin Lampel nach dem Roman *Vier
von der Infanterie* von Ernst Johannsen; K:
Fritz Arno Wagner, Charles Métain; D: Gustav
Dießl, Hans Joachim Moebis, Fritz Kampers,
Claus Clausen, Jackie Monnier, Hanna
Hoessrich

Schützengräben, Stacheldrahtverhaue und Mi-
nenfelder sind der Alltag im zermürbenden
Stellungskrieg. Eine Etappenpause bringt Abwechslung; der Student (H. J. M.) verliebt sich
in die Französin Yvette (J. M.). Durch eigenen
Artilleriebeschuß werden seine Kameraden
verschüttet. Karl (G. D.) und der Bayer (F. K.)
werden gerettet. Der Student geht freiwillig als
Melder zum Stab; sein Weg führt an verlassenen Stellungen, Toten und einer Feldschreine-
rei für Grabkreuze vorbei. Karl erhält Front-
urlaub; zu Hause findet er einen Mann im Bett
seiner Frau (H. H.). In ihrer Not hat sie sich
für Fleischrationen mit einem Metzgergesellen
eingelassen. Unversöhnt kehrt Karl in den
Krieg zurück. Bei einem Stoßtrupp finden der
Bayer und er den Studenten tot in einem Trich-
ter verschüttet. Ihr vorgeschobener Posten
wird von den Franzosen überrannt. Im Lazarett erliegen beide ihren Verwundungen; ihr
Leutnant (C. C.) verliert den Verstand.

Der episodenhaft strukturierte Film verurteilte
den Krieg als organisiertes Grauen zu einer
Zeit, als die Remilitarisierung Deutschlands
wieder begann. Sein pazifistisches Engagement artikulierte Pabsts erster Tonfilm durch
die außergewöhnlich realistische Inszenierung
und schonungslose Beschreibung eines monotonen Infernos, das die Protagonisten zu
namenlosen Bestandteilen und Opfern der
Kriegsmaschinerie degradiert.   *mp*

Wiener Blut

Deutschland 1942

R: Willi Forst; A: Axel Eggebrecht, Ernst
Marischka nach Motiven der gleichnamigen
Operette von Johann Strauß; K: Jan Stallich,
D: Willy Fritsch, Maria Holst, Dorit Kreysler,
Hans Moser, Theo Lingen

Der norddeutsche Diplomat Graf Wolkersheim
(W. F.) reist mit seiner Gattin Melanie (M. H.)
zum Wiener Kongreß, um die Fürstentümer
Reuß-Schleiz-Greiz zu vertreten. Als der ar-
beitswütige Graf es wagt, den Walzer als
»sinnloses Gehopse« zu bezeichnen, wird es
der gebürtigen Wienerin Melanie zuviel, und
sie zieht zu ihrer Tante. Der Graf muß jedoch

Westfront 1918

bald einsehen, daß der Kongreß tatsächlich »nicht tagt, sondern tanzt«. Nachdem sich die Tänzerin Liesl (D. K.) seiner angenommen hat, lernt auch er die Vorzüge von Wiens sprichwörtlicher Gemütlichkeit schätzen. Auf dem Hofball wird Melanie, die überraschend zu ihrem Gatten zurückgekehrt ist, mit seiner nunmehrigen Freundin Liesl verwechselt. Die sich daraus ergebenden Komplikationen werden von den Lakaien Knöpfel und Jean (H. M., T. L.), die bemüht sind, die Amouren ihrer Herrschaft aufzuklären, anfangs noch vergrößert. Letztendlich versöhnt, beschließt das Ehepaar, für immer in Wien zu bleiben.

Im Prolog mischt ein von Forst gespielter Alchimist Humor, Leichtsinn und Herz mit viel Musik. Aus der schwungvollen Inszenierung des daraus resultierenden »Wiener Blutes« entstand der Inbegriff des Operetten- und Walzerfilms (Musik: Johann Strauß; Bearbeitung: Adolf Müller jun.) mit der für ihn typischen historisierenden Phantasiewelt. Die satirische Zeichnung preußischer Mentalität sowie die Betonung des ›Österreichtums‹ in Sprache und Milieu wurden von Forst als stiller Protest gegen Hitler-Deutschland angesehen.   *mp*

Wilder Reiter GmbH

BRD 1967

R: Franz-Josef Spieker; A: Franz-Josef Spieker; K: Wolfgang Fischer; D: Herbert Fux, Bernd Herzsprung, Rainer Basedow, Chantal Cachin, Ellen Umlauf, Marthe Keller

»Stars werden nicht mehr geboren, sie werden gemacht«, erklärt ein Top-Manager der amerikanischen Unterhaltungsindustrie. Um mit ihm ins Geschäft zu kommen, gibt Pop-Sänger Kim (H. F.) vom angeblichen Kleinstunternehmen »Wilder Reiter GmbH« eine Riesen-Fete im Moor. Kim kann gar nicht singen, seinen ›Erfolg‹ verdankt er der rücksichtslosen Ausnutzung seiner Angestellten (von denen noch keiner einen Pfennig gesehen hat) und bewußt arrangierten Publicity-Stunts. Er reitet unrasiert, wilde Schreie ausstoßend im Cowboyaufzug durch die Straßen Münchens. Er ›rettet‹ eine von ihm zuvor ins Moor getriebene

Nonne (M. K.) und vermarktet die ›gute Tat‹ mit dem Segen der Kirche als Schlager. Er läßt sich nachts gefesselt am Straßenrand aussetzen, um als Entführungsopfer Schlagzeilen zu machen.

Diese Satire auf den Star-Rummel wird aus der Perspektive eines jungen Provinzlers (B. H.) erzählt, der durch Zufall Kims Publicity-Manager wird. Aus Paderborn stammend, hatte Regisseur Spieker als Stanley Kubricks Regieassistent ähnliches mit dem publicitysüchtigen Darsteller Tim Carey erlebt. Während die Kritiker nach Spiekers Bergman-, Buñuel-, Fellini- und Polanski-Zitaten schürften, grölte die begeisterte Jugend im Frühjahr und Sommer 1967 bei jeder sich bietenden Gelegenheit Kims Urschreie aus dem Nonnen-Schlager.   *hc*

Der Willi-Busch-Report

BRD 1979

R: Niklaus Schilling; A: Niklaus Schilling; K: Wolfgang Dickmann; D: Tilo Prückner, Dorothea Moritz, Kornelia Boje

Weil die gemeinsam mit seiner Schwester (D. M.) betriebene Tageszeitung nur noch dreimal pro Woche erscheint, der Bürgermeister seiner Schwester die »Amtlichen Mitteilungen« entzogen hat und in Friedheim an der deutsch-deutschen Grenze nie etwas passiert, orientiert sich Reporter Willi Busch (T. P.) an seinem phantasiereichen Namensvetter: Er erfindet Nachrichten. Zur Erhaltung der freiheitlich-demokratischen Grundordnung, der Freien Marktwirtschaft und der Arbeitsplätze der »Werra-Post« schneidet er in den Telefonzellen der Umgebung die Hörer ab und schiebt dies östlichen Geheimdiensten in die Schuhe. Eine Fünfjährige, der eine Herde Schafe beim Geschichtenerzählen zuhört, stilisiert er zur Verkünderin der Wiedervereinigung. Aus dem Chefreporter einer Boulevardzeitung, der in den Armen der Dorfprostituierten einem Herzschlag erliegt, macht er einen Spion. Friedheim kommt in die Schlagzeilen. Busladungen mit Pilgern wollen die Heilsbotschaft des kleinen Mädchens hören. Die Spionagestory aber entgleitet Willis Händen, bis er selbst nicht mehr weiß, ob die Spuren fiktiv oder real sind.

Der Schweizer Niklaus Schilling ist der einzige, der die deutsche Teilung zu einer deftigen Farce umarbeitete. Auch visuell drang er in Neuland vor und drehte als erster in Deutschland einen Film mit Steady-cam, einem vom Kameramann getragenen Stativsystem, das dem Zuschauer das Gefühl einer sich frei und schwerelos bewegenden Kamera vermittelt. *hc*

Winterspelt 1944

BRD 1978

R: Eberhard Fechner; A: Eberhard Fechner nach dem gleichnamigen Roman von Alfred Andersch; K: Rudolf Körösi, Kurt Weber; D: Ulrich von Dobschütz, Katharina Thalbach, Hans Christian Blech, Henning Schlüter, Georges Roubicek, Frederic Jaeger, Claus Theo Gärtner, Andreas von Studnitz

Im Herbst 1944 liegen sich bei dem Eifel-Dörfchen Winterspelt an der belgischen Grenze deutsche und amerikanische Truppen gegenüber. Major Dincklage (U. v. D.), der 1938 zur Armee ging, um den Nationalsozialismus auf halbwegs anständige Art zu überstehen, will das Leben der ihm anvertrauten Männer schonen und sein Bataillon auf eigene Faust den Amerikanern übergeben. Militärische Befehlsstrukturen und Gepflogenheiten lassen dies nicht ohne weiteres zu. Er entwickelt einen Plan, den er durch die Lehrerin Lenk (K. T.), den untergetauchten Kommunisten Hainstock (H. C. B.) und den emigrierten Kunsthistoriker Schefeld (H. S.) dem Gegner zuspielen läßt. Dort ist man skeptisch, da es nach Meinung des amerikanischen Kommandanten (F. J.) »hundert Kriegsregeln gibt, denen selbst dieser deutsche Major gehorchen muß«. Die Schlacht, die Zehntausende von Menschenleben fordern und das Dorf Winterspelt in Schutt und Asche legen wird, beginnt.

Ein Kriegsfilm, in dem nur an einer einzigen Stelle geschossen wird, der aber trotzdem spannender ist als die meisten pyrotechnischen Schlachtengemälde. Indem er die Be-

einflußbarkeit militärischer Entscheidungen durch Zufälle und persönliche Motive sowie die Hohlheit der sogenannten soldatischen Ehre aufdeckt, hat Fechner mit viel Sensibilität einen der seltenen wirklichen Anti-Kriegsfilme gedreht. In den Worten des taktisch denkenden Hainstock: »Kriege werden von unreifen Menschen gemacht.« *hc*

Wir können auch anders

BRD 1993

R: Detlev Buck; A: Ernst Kahl, Detlev Buck; K: Roger Heereman; D: Joachim Król, Horst Krause, Konstantin Kotjarov, Sophie Rois, Heinrich Giskes

Zwei Brüder (J. K., H. K.), beide Analphabeten und offensichtlich von beschränktem Auffassungsvermögen, irren im klapprigen Kleintransporter durchs neue Bundesland Mecklenburg. Auf dem Wege zur Beerdigung ihrer Oma und der Suche nach dem ihnen von Oma vererbten Haus gesellt sich ein des Deutschen unkundiger russischer Deserteur (K. K.) zu ihnen. Von wegelagernden Skins angegriffen, drehen die drei den Spieß um, werden dabei aber selbst zu Kapitalverbrechern. Ihre chaotische Flucht vor dem Großeinsatz der Polizei endet in der Heimat des Russen, am stillen Don.

Wie May Spils' *Zur Sache, Schätzchen* (1968) den Nerv der 68er-Generation, so traf diese Komödie den der nach Jubelfeiern verkatert aufwachenden, plötzlich wiedervereinigten Jugend. In beiden Filmen ist die Handlung nur Aufhänger für slapstickartige Situationen; doch Humor und Umgang miteinander sind im Verlauf von 25 Jahren schärfer, zynischer und brutaler geworden. War in May Spils' Film die Pistole nur Spielzeug und am Ende nicht geladen, so wird hier mit scharfer Munition geschossen, bleiben Leichen auf der Strecke. – Das deutsche Publikum lachte in Massen und fand ein Lebensgefühl bestätigt, das Besuchern aus dem Ausland fremd bleiben mußte. *hc*

Wir machen Musik

Deutschland 1942

R: Helmut Käutner; A: Helmut Käutner nach dem Lustspiel *Karl III. und Anna von Österreich* von Manfred Rössner und Motiven von Erich Ebermayer; K: Jan Roth; D: Ilse Werner, Viktor de Kowa, Edith Oss, Georg Thomalla, Viktor Janson

Der Komponist Karl Zimmermann (V. d. K.), der mit seinen ernsten Werken keinen Erfolg hat, unterrichtet an einer Musikhochschule. Dort lernt er die bezaubernde Anni (I. W.) kennen, die Pianistin und Komponistin einer Damenkapelle namens »Die Spatzen« ist. Als einziges männliches Mitglied gehört der legere Schlagzeuger Franz (G. T.) zu den »Spatzen«. Annis Herz gehört jedoch Karl, und als dieser sich in die lebenslustige Musikerin verliebt, steht ihrem Glück nichts mehr im Weg. Oder fast nichts: Der musikalisch seriöse Karl mokiert sich regelmäßig über die beschwingte, von der begabten Anni komponierte Tanzmusik der »Spatzen«, wirkt dann aber selbst an der Orchestrierung ihrer Lieder mit. So feiern »Die Spatzen« mit den von Anni komponierten, von Karl orchestrierten Songs triumphale Erfolge, Karl selbst aber erleidet mit seiner Oper »Lukretia« beim Publikum Schiffbruch. Er erkennt, daß flotte Rhythmen seiner Begabung eher entsprechen als die sogenannt ernsthafte Musik. Mit Anni wird er glücklich.
Diese turbulente Emanzipationskomödie war einer der größten deutschen Musicalerfolge der vierziger Jahre. Käutner ließ sich von amerikanischen Vorbildern inspirieren; schnoddrige Dialoge, Szenenwitz und die Musik von Peter Igelhoff und Adolf Steimel verliehen dem Film Frische. Auch die Kameraarbeit war der Leichtigkeit des Genres gewachsen. Ilse Werner, Georg Thomalla und vor allem Viktor de Kowa gelangen mit Temperament, erotischer Ausstrahlung, Selbstironie und Schlagfertigkeit Höhepunkte ihrer Laufbahn.   *tk*

Wir tanzen um die Welt

Deutschland 1939

R: Karl Anton; A: Felix von Eckardt, Willi Kollo nach einer Idee von Willi Kollo; K: Herbert Körner; D: Charlotte Thiele, Carl Raddatz, Harald Paulsen, Lucie Höflich, Irene von Meyendorff, Carola Höhn

Von der umsichtigen Jenny Hill (L. H.) ausgebildet, feiert eine Girl-Tanztruppe triumphale Erfolge rund um die Welt. Die junge Tänzerin Norma (C. T.) ist von Jenny dazu auserkoren worden, die Truppe auf Tournee zusammenzuhalten. Die Konkurrenz will Unruhe in die Revuetruppe bringen, um ihren Siegeszug zu stoppen. Der attraktive Harvey Swington (C. R.) soll Norma in eine Affäre verwickeln, hat damit aber zunächst keinen Erfolg. Da wird schwereres Geschütz aufgefahren: Harveys Begleiter Torstone (H. P.) wirbt mit Traumangeboten drei Tänzerinnen ab. Darunter leiden Geschlossenheit und Zusammenhalt der Truppe. In Harvey, der sich mittlerweile tatsächlich in sie verliebt hat, findet Norma einen aufmerksamen Zuhörer. Sie werden ein Paar. In Paris inszeniert Torstone einen Schmuckdiebstahl, Norma wird deswegen verhaftet, doch Harvey deckt Torstones Komplott auf, muß aber bekennen, daß auch er anfangs gegen die Truppe gearbeitet hat. Norma verläßt ihn. Als eines Abends in den Garderoben Feuer ausbricht, hilft Harvey heldenhaft bei der Rettung der Mädchen und kann sich so rehabilitieren. Mit rußgeschwärzten Gesichtern und zerknitterten Kostümen treten die Tänzerinnen auf – und haben einen immensen Erfolg.
Nach einer Idee des Operetten- und Filmkomponisten Willi Kollo, der auch die Filmmusik schrieb, wurde dieser unterhaltsame Mix aus Revue und Liebesstory im Showmilieu gedreht. Fritz Maurischat und Paul Markwitz entwarfen effektvolle Bühnenarrangements, die Tanzszenen waren abwechslungsreich. Der Titelsong des im Dezember 1939 uraufgeführten Films mag bei manchem politische Assoziationen geweckt haben, wenn es hieß: »Tanzen und siegen / Singen und siegen / [. . .] / Dazu steht die Truppe hier / Und wir tanzen, tanzen, tanzen um die ganze Welt.«   *tk*

Wir Wunderkinder

BRD 1958

R: Kurt Hoffmann; A: Heinz Pauck, Günter Neumann nach dem gleichnamigen Roman von Hugo Hartung; K: Richard Angst; D: Hansjörg Felmy, Robert Graf, Johanna von Koczian, Elisabeth Flickenschildt, Wolfgang Neuss, Wolfgang Müller

Zwei deutsche Karrieren vom Kaiserreich bis zur Bundesrepublik. Hans Boeckel (H. F.), der gute Deutsche, wird bei Schulstreichen immer erwischt und bestraft; brav und strebsam arbeitet er sich durchs Studium und zum Feuilletonredakteur hoch, verliert dann aber seinen Posten im Dritten Reich wegen mangelnder brauner Überzeugung. Sein Klassenkamerad Bruno Tiches (R. G.) wird von Lehrern nie geschnappt und weiß immer, wo es zum eigenen Vorteil Geschäfte zu machen gibt. Trotz seiner ehemals hohen Position in der Partei wird Bruno nach dem Krieg von den Besatzern als für den Wiederaufbau unentbehrlich eingestuft. Er bringt es bis zum Wirtschaftswunderkapitän. Als Hans Brunos braune Vergangenheit aufdeckt, geraten die beiden ›Freunde‹ ein letztes Mal aneinander. Brunos Sturz in einen Fahrstuhlschacht ist tödlich, sein Begräbnis erhebend-feierlich.

Kritiker, die von diesem Film eine ernsthafte Auseinandersetzung mit der deutschen Vergangenheit erwartet hatten, fühlten sich bitter enttäuscht. Das Massenpublikum reagierte dafür um so begeisterter, und Festivals in Ost und West bedachten ihn mit Preisen. Inzwischen verbreitet er nostalgischen Charme und Sehnsucht nach einer Welt, in der alles so einfach in Gut und Böse unterteilt werden konnte.   *hc*

Das Wirtshaus im Spessart

BRD 1958

R: Kurt Hoffmann; A: H. C. Gutbrod, Heinz Pauck, Luiselotte Enderle, Günter Neumann frei nach der Rahmenhandlung der gleichnamigen Märchensammlung von Wilhelm Hauff; K: Richard Angst; D: Liselotte Pulver, Carlos Thompson, Günther Lüders, Helmut Lohner, Wolfgang Neuss, Wolfgang Müller, Herbert Hübner

Mit ihrem Verlobten, dem Baron Sperling (G. L.), reist Komteß Franziska (L. P.) samt Gefolge durch den Spessart. Als die Kutsche einen Schaden erleidet, führen zwei Galgenvögel (W. N., W. M.) die Gesellschaft ins nahe Wirtshaus, das einer Bande als Räuberhöhle dient. Die Räuber wollen für die Freilassung der noblen Gesellschaft ein Lösegeld erpressen. Franziska kann in den Kleidern eines Wandergesellen (H. L.) fliehen, der Franziskas Part übernimmt. Sie reitet zu ihrem Vater (H. H.), um ihn dazu zu bewegen, die Freunde loszukaufen. Doch der Vater denkt nicht

*Wir Wunderkinder
(Robert Graf,
Elisabeth Flickenschildt)*

*Das Wirtshaus im Spessart
(Carlos Thompson,
Liselotte Pulver)*

daran, sondern alarmiert die Truppen des Herzogs. Franziska kehrt zu den Räubern zurück, avanciert zum Burschen des von ihr geschätzten Räuberhauptmanns (C. T.), der ihre Verkleidung indes durchschaut und seine Räubergesellen davon abhält, den Geiseln ein Leid zuzufügen. Als die Soldaten kommen, ist der Räuberhauptmann nicht aufzufinden: Franziska hält ihn versteckt und läßt sich an dem Tag, auf den ihre Hochzeit mit Sperling angesetzt ist, von ihm, der sich als edler Graf entpuppt, entführen.

Mit Raffinement, Witz und Ironie modellierte Hoffmann aus Wilhelm Hauffs Räuberballade ein vergnügliches Filmmusical, das von seinem originellen Dekor (Robert Herlth), Franz Grothes Liedern und den verfremdenden Regie- und Besetzungseinfällen gleichermaßen profitiert. Die Kabarettisten Neuss und Müller als Gaunerpaar Knoll und Funzel, Helmut Lohner als verliebter Handwerksbursche, vor allem aber der norddeutsche Komiker Günther Lüders als skurriler Baron und die auf ausgelassen-unkomplizierte Frauenfiguren spezialisierte Liselotte Pulver: das ganze Ensemble überzeugt durch Esprit und Geschlossenheit.

tk

Wo ist Coletti? Ⓢ

Deutschland 1913

R: Max Mack; A: Franz von Schönthan; K: Hermann Böttger; D: Hans Junkermann, Madge Lessing, Heinrich Peer, Anna Müller-Linke

Dem Privatdetektiv Jean Coletti (H. J.) ist es gelungen, innerhalb von 48 Stunden einen Bankräuber aufzuspüren und zu verhaften. Trotzdem erhebt die »BZ am Mittag« den Vorwurf, die Suche habe viel länger gedauert als nötig – zumal Coletti über genaue Kenntnis der Physiognomie des Gesuchten verfügt habe. In Zukunft solle – zur Zeitersparnis – die Bevölkerung in die Fahndung miteinbezogen werden. Um die Haltlosigkeit der Vorwürfe zu beweisen, macht Coletti die Probe aufs Exempel: Er setzt eine Prämie von 100 000 Mark für denjenigen aus, dem es gelingt, den sich verstekkenden Privatdetektiv aufgrund einer exakten Beschreibung innerhalb von 48 Stunden zu finden. Es werden Berge von Steckbriefen ausgeteilt, und Coletti verpflichtet sich, das Berliner Stadtgebiet nicht zu verlassen. Daraufhin taucht er unter. Durch die tatkräftige Mithilfe seines Friseurs (H. P.), der die vom Verfolgungseifer Beseelten auf falsche Fährten lockt, und der Sängerin Lolotte (M. L.) gelingt es dem Detektiv, die Frist unentdeckt zu überstehen. Dabei bewegt er sich mitten unter den ihn suchenden Massen.

Mit der Umsetzung einer Detektivgeschichte betrat Max Mack 1913 filmisches Neuland. Selten ist auch im späteren deutschen Film eine Verfolgungsjagd ähnlich ironisch und augenzwinkernd in Szene gesetzt worden. Gekonnt koppelte Mack Situationskomik und optische Möglichkeiten der Handlung. Besonders reizvoll ist die Doppelbödigkeit in jener Szene, da sich Coletti im Kino einen aktuellen Bildbericht über seine Flucht anschaut. Hals über Kopf stürmt er aus der Vorführung, als auf der Leinwand gezeigt wird, wie sich der Flüchtige im Kino einen aktuellen Bildbericht über seine Flucht anschauen will. *tk*

Wolz – Leben und Verklärung eines deutschen Anarchisten

DDR 1974

R: Günter Reisch; A: Günther Rücker; K: Jürgen Brauer; D: Regimantas Adomaitis, Heidemarie Wenzel, Stanislaw Lubschin

Sein Erleben des Ersten Weltkriegs weckt im Wehrmachtssoldaten Ignaz Wolz (R. A.) einen unbändigen Haß gegen die deutschen Kapitalisten, die aus dem Sterben an der Front höchste Profite ziehen. Heimgekehrt beginnt er an einem Sonntagvormittag des Jahres 1919 seine ›Revolution‹: Als Anführer einer wachsenden Anzahl Gleichgesinnter enteignet er Fabrikanten und Großgrundbesitzer und beschenkt mit deren Reichtümern die Armen und Ausgebeuteten; seine Devise: »Zuschlagen – alles andere findet sich!«. Beim Überfall auf ein Polizeigefängnis zur Beschaffung von Waffen trifft Wolz unter den befreiten Gefangenen seinen ehemaligen Kriegskameraden, den Kommunisten Ludwig (S. L.), der ihn vergebens für den organisierten Kampf zu gewinnen sucht. Nach weiteren anarchistischen Aktionen und einem Zusammenschluß mit streikenden Bergarbeitern wird Wolz schließlich verhaftet und zu lebens-

länglichem Zuchthaus verurteilt. Wolz' Begleiterin Agnes (H. W.), eine junge Frau aus großbürgerlichem Hause, deren Begegnung mit Ludwig ihr weiteres Leben prägen wird, erfüllt, indem sie Wolz im Zuchthaus heiratet, einen Parteiauftrag: Nur auf diese Weise kann eine Verbindung des durch Isolationshaft Gefolterten zur Außenwelt hergestellt werden. Massenproteste führen schließlich zu Wolz' Freilassung. Doch auch nach sieben Haftjahren hat er nichts gelernt: »Wo ich bin, da ist die Revolution!«, erklärt er weiterhin, trennt sich von seinen ehemaligen und neuen Genossen und beschließt, nachdem ihm niemand mehr folgen will, Deutschland zu verlassen – dorthin zu gehen, »wo die Palmen wachsen und wo wirkliche Revolutionäre gebraucht werden«.

Die Auseinandersetzung mit dem Anarchismus vor dem Hintergrund der Weimarer Republik – abenteuerlich-romantisch, dialektisch klug, mit melodramatischen und parodistischen Gestaltungsmomenten – brachte eine neue künstlerische Qualität ins DEFA-Genre des historisch-biographischen Revolutionsfilms. Die Titelfigur, deren politischer Charakter sich aus psychologisch auslotender Analyse ergibt, entstand in Anlehnung an das Leben des Anarchisten Max Hölz. *ms*

Das Wunder des Malachias

BRD 1961

R: Bernhard Wicki; A: Heinz Pauck, Bernhard Wicki nach dem gleichnamigen Roman von Bruce Marshall; K: Klaus von Rautenfeld, Gerd von Bonin; D: Horst Bollmann, Richard Münch, Christiane Nielsen, Günter Pfitzmann, Brigitte Grothum

Direkt neben der Kirche St. Johannes befindet sich die anrüchige Eden-Bar. Weil diese die besinnliche Sammlung der Gläubigen stört, betet Pater Malachias (H. B.), der Herrgott möge die Bar an einen Ort verpflanzen, wo sie weniger Schaden anrichtet. Tatsächlich geht sein Wunsch in Erfüllung: Plötzlich steht die Eden-Bar auf einer kargen Nordsee-Insel, und das mitsamt Gästen und Personal! Das Wunder hat aber die schlimmsten Auswüchse zur Folge:

Der Schauplatz des unfaßbaren Geschehens wird zu einem Wallfahrtsort der Sensationsgier, das Wunder wird durch gewiefte Geschäftemacher auf vielfältige Weise kommerziell ausgeschlachtet. Der Standortwechsel zahlt sich auch für die Eden-Bar aus, die plötzlich zu einem gefragten High-Society-Club wird. Malachias findet nun den Zustand vor dem Wunder eine Spur erträglicher als jetzt; er betet erneut – und tatsächlich ist bald alles wieder so, wie es vor dem ersten Mirakel gewesen ist.

Nach seinem eindringlichen Dokument politischer Manipulation, *Die Brücke* (1959), wartete Wicki mit einer überdrehten Religions- und Gesellschaftssatire gegen Wunderglaube, Geschäftemacherei und die kommerzielle Erschließung sämtlicher Lebensbereiche auf. Wieder arbeitete Wicki teilweise mit Laiendarstellern, erneut wurde der Film fast ausschließlich im Freien gedreht – doch diesmal waren die Montage- und Synchronvorgänge noch diffiziler zu bewerkstelligen, so daß der fertige Film zwar bissigen Sarkasmus verbreitete, insgesamt aber etwas überfrachtet wirkt.   *tk*

Kochs Adresse eruieren, sie verabreden sich, doch Herbert muß an einem Aufklärungsflug teilnehmen und wieder passen. Zudem glaubt er, daß Inge mit seinem Kameraden Winkler liiert ist, und meldet sich nicht mehr bei ihr. Doch Winkler führt die zwei Liebenden zusammen.

Im Mittelpunkt der Handlung steht das im Dritten Reich ungemein populäre Wunschkonzert, das jeweils am Sonntagnachmittag über den Äther ging. Die optische Umsetzung eines Wunschkonzert-Programms – mit Gastauftritten von Marika Rökk, Paul Hörbiger, Heinz Rühmann und anderen – war ein dankbares Sujet, das publikumswirksam ausgeschlachtet wurde. Die Spielhandlung und die musikalischen Darbietungen sind durch Aufnahmen aus Riefenstahls *Olympia*-Filmen (1938) und Wochenschauberichte über den Krieg gegen Polen, Frankreich und England ergänzt. Die expansive propagandistische Mixtur des Films war beim Publikum äußerst beliebt.   *tk*

▬

Wunschkonzert

Deutschland 1940

R: Eduard von Borsody; A: Felix Lützkendorf, Eduard von Borsody; K: Franz Weihmayr, Günther Anders, Carl Drews; D: Ilse Werner, Carl Raddatz, Joachim Brennecke, Ida Wüst, Hedwig Bleibtreu, Walter Ladengast, Günther Lüders

Inge Wagner (I. We.) und der Fliegerleutnant Herbert Koch (C. R.) lernen einander bei den Olympischen Spielen 1936 kennen und lieben. Bevor Herbert Ilse einen Heiratsantrag machen kann, wird er unter schärfster Geheimhaltung abberufen, da er mit der Legion Condor am Spanischen Bürgerkrieg teilnehmen soll. Bis 1939 erhält Inge keine Nachricht von Herbert, dem – trotz eines Antrags des Fliegerleutnants Helmut Winkler (J. B.) – ihre Liebe gilt. Eines Tages hört sie jedoch im Wunschkonzert des Großdeutschen Rundfunks, daß sich Herbert die Olympia-Fanfare wünscht, zur Erinnerung an die damaligen schönen Tage. Inge kann

Y

Yasemin

BRD 1988

R: Hark Bohm; A: Hark Bohm; K: Slawomir Idziak; D: Ayse Romey, Uwe Bohm, Sener Sen, Sevigi Özdamar

Ein Film über die Liebe eines deutschen Jungen zu einem türkischen Mädchen, die Liebe dieses Mädchens zu seiner Familie und die Schwierigkeit des Zusammenlebens zweier einander fremder Kulturen. – Aus der Wette, es gäbe kein Mädchen, das er nicht innerhalb von zwei Tagen »auf der Matte« hätte, entwickelt sich für Jan (U. B.) schnell wirkliche Liebe; denn Yasemin (A. R.), das Mädchen, um das es geht, besitzt nicht nur Persönlichkeit und sieht gut aus, sie muß auch systematisch und mit Phantasie erobert werden, da die strengen Sitten ihrer türkischen Familie ihr jeglichen Kontakt mit einem fremden Mann verbieten. Obgleich Yasemin die frauenfeindlichen türkischen Sitten ablehnt, ist sie aus Liebe zu ihrer Familie zunächst nicht bereit, gegen die Wünsche ihrer Eltern zu handeln. Doch die Eheerfahrungen ihrer mit einem Türken verheirateten Schwester sowie die fanatische Intoleranz eines Onkels zwingen sie schließlich, mit ihrer Familie zu brechen.
Wie häufig bei Bohm, geht die Grundidee des Films auf Erfahrungen seiner Adoptivsöhne zurück – in diesem Fall auf eine Beziehung zwischen dem männlichen Hauptdarsteller Uwe Bohm und einer Türkin. Aus sorgfältigen Recherchen und mit einem sicheren Gespür für aktuelle Themen und Publikumswünsche entstand daraus ein fesselnder Film mit Tiefgang.   *hc*

Z

Zärtlichkeit der Wölfe

BRD 1973

R: Ulli Lommel; A: Kurt Raab; K: Jürgen Jürges; D: Kurt Raab, Jeff Roden, Margit Carstensen, Hannelore Tiefenbrunner, Wolfgang Schenck, Brigitte Mira

Zwischen Bochum und Gelsenkirchen treibt in den Jahren nach 1945 der zwielichtige Haarmann (K. R.) sein Unwesen. Bei der Polizei ist er als notorischer Dieb, Hehler und Betrüger bekannt, doch will sie ihn als Spitzel benutzen und deckt ihn lange Zeit. Bei den Nachbarn ist der elegante Haarmann beliebt, weil er gelegentlich von dem Fleisch abgibt, das er für die Wirtin Louise Engel (B. M.) beschafft. Auch bei den Strichjungen der Gegend hat er wegen seiner Großzügigkeit einen guten Ruf. Doch das Fleisch, das Haarmann verarbeitet, stammt von jungen Männern, die er von der Straße aufliest und zu sich einlädt. Er beißt sie wie ein Vampir in die Halsschlagader, tötet sie und zerstückelt sie danach in seiner Kammer. Schließlich werden die Nachbarn mißtrauisch, und als auch die Besatzungsmacht die deutsche Polizei zur Intervention drängt, wird Haarmann durch einen Lockvogel überführt. Das Todesurteil ist für den Massenmörder nach eigenem Bekunden »eine Erlösung«.
Nach dem authentischen Fall eines Serienmörders aus den Jahren zwischen den Weltkriegen, der junge Männer nach sexuellen Kontakten ermordete und zerhackte, um ihr Fleisch zu verkaufen, drehte das Team Kurt Raab / Ulli Lommel diesen expressiven Vampirfilm. Beide gehörten zur Crew um Rainer Werner Fassbinder, der an der Montage mitwirkte. Die Aura des Unheimlichen, die Raab seiner ausdrucksstarken Interpretation des Mörders verlieh, kontrastierte wirkungsvoll mit seiner biederen Physiognomie und betonte so die Nähe des Schauerlichen zum liebenswert Normalen.
                                                    tk

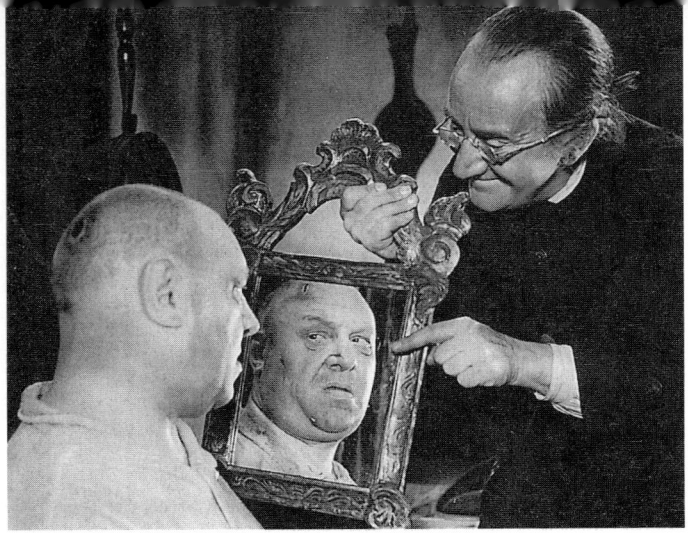

*Der zerbrochene Krug
(Emil Jannings,
Max Gülstorff)*

Zauber der Boheme

Österreich 1937

R: Geza von Bolvary; A: Ernst Marischka,
Alfred Gerasch nach Motiven des Romans *La
vie de bohème* von Henri Murger; K: Franz
Planer; D: Marta Eggerth, Jan Kiepura, Paul
Kemp, Theo Lingen, Oskar Sima, Carl Günther

Der Tenor René (J. K.) findet keine Anstellung
und lebt daher in ärmlichen Verhältnissen. Zusammen mit drei Freunden (T. L., P. K., O. S.)
bewohnt er ein Atelier, in das eines Tages die
Sängerin Denise (M. E.) zu Besuch kommt.
René und Denise verlieben sich ineinander
und werden ein Paar. Der Werbung des reichen Croisson (C. G.) schenkt Denise kein Gehör, bittet ihn aber, René einem befreundeten
Operndirektor zu empfehlen. Tatsächlich erhält der Sänger die Rolle des Rudolf in Puccinis *La Bohème* und hat Erfolg. Als Denise entdeckt, daß sie an Lungenschwindsucht leidet,
verläßt sie René, weil sie sich als Todkranke
nicht an den Geliebten klammern will. Sie
täuscht René ein mondänes Leben an Crois-
sons Seite vor, macht sich insgeheim jedoch an
die Realisierung ihres tiefsten Wunsches: In
der Rolle der Mimi teilt sie René bei einer *Bohème*-Aufführung alles mit, was sie ihm im Leben verschwiegen hat, und singt sich buch-
stäblich in den Tod.

Im Rahmen einer Liebesgeschichte im Sänger-
milieu wurde hier die Handlung der berühmten Oper von Puccini modernisiert. Kemp, Lingen und Sima überzeugen als lebenslustige
Freunde. Die Sopranistin Marta Eggerth stellte
an der Seite ihres Ehegatten Kiepura ihre
stimmlichen und darstellerischen Qualitäten
unter Beweis, in diesem letzten gemeinsamen
Film, bevor das Paar in die USA emigrierte.

tk

Der zerbrochene Krug

Deutschland 1937

R: Gustav Ucicky; A: Thea von Harbou nach
dem gleichnamigen Bühnenstück Heinrich von
Kleists; K: Fritz Arno Wagner; D: Emil
Jannings, Friedrich Kayßler, Lina Carstens,
Max Gülstorff, Paul Dahlke, Angela Salloker

Am Morgen des Gerichtstages trifft der Schreiber Licht (M. G.) den Dorfrichter Adam (E. J.)
in jämmerlichem Zustand an. Obwohl zer-
streut, zerschunden und am Kopf verwundet,
muß Adam sein Amt ausüben, weil der Ge-
richtsrat Walter (F. K.) auf Inspektionsreise im
Dorf weilt. Die streitlustige Bevölkerung ist in
ihrem Element, als Marthe Rull (L. C.) ihren
Fall vorträgt: Ein Krug ist ihr in der Nacht
zerbrochen worden. Sie verdächtigt Ruprecht

Tümpel (P. D.), den Verlobten ihrer Tochter Eve (A. S.), doch dieser streitet die Tat hartnäckig ab, denn er hat den Dorfrichter nachts bei Zudringlichkeiten in Eves Zimmer überrascht und ihm den Krug auf dem Kopf zertrümmert. Adam setzt all sein juristisches Können ein, um sich aus der Sache herauszuhalten, doch vergeblich – längst durchschaut das amüsierte Völkchen den wahren Schuldigen. Adam wird bestraft und der Schreiber mit den Rechtsgeschäften betraut.

Die ausgefeilte, psychologisch differenzierte gestisch-mimische Ebene, welche die Dialoge plastisch und gleichrangig ergänzt, machen diese wortgetreue Umsetzung des Kleistschen Lustspiels zu einem echten Erlebnis. Jannings ist ein letztes Mal auf dem Höhepunkt seiner Kunst, aber auch seine Mitspieler überzeugen durch vielschichtige Rolleninterpretation, und dem Architekten Robert Herlth war das dörfliche Ambiente Ansporn zu einer naturalistischen Glanzleistung. Überhaupt ist dies eine der gelungensten Bühnenklassiker-Adaptionen der deutschen Filmgeschichte.   *tk*

Zirri – das Wolkenschaf

BRD 1993

R: Rolf Losansky; A: Rolf Losansky, Annelore Losansky nach dem Kinderbuch von Fred Rodrian; K: Peter Badel; D: Babett Ikker, Walfriede Schmitt, Günter Grabbert, Dietmar Richter-Reinick, Karin Düwel, Fred Delmare, Günter Junghans, Gojko Mitić

Das Mädchen Schiene (B. I.) fährt, begleitet von ihrer weißen Maus Max und dem Viehdoktor (D. R.-R.), in einem fliegenden Bus zu den Großeltern aufs Land. Aus dem offenen Pferdewagen, mit dem sie die Großmutter (W. S.) von der Station abholt, erblickt sie am Waldrand ein kleines Wolkenschaf. Der Großvater (G. G.), ein Schäfer, begrüßt sie – wie zuvor die Großmutter – freudig, und nur der Schnapsfabrikant (F. D.) mit seiner qualmenden Zigarre und den schwarzen Rauch ausstoßenden Schornsteinen seiner Fabrik stört die Harmonie. An der Windmühle entdeckt Schiene erneut das Schäfchen Zirri, das ihr schließlich

seinen Kummer erzählt: Die schwarzen Wolken haben es von der Milchstraße gestoßen, es kann nicht aus eigener Kraft zurückkehren. Schiene wird so traurig, daß die Großeltern eine Krankheit vermuten. Nach einem Zirkusbesuch mit dem Kutscher (G. M.) und anderen Kindern verspricht sie dem verzweifelten Schäfchen, ihm zu helfen. Sie redet mit den Großeltern, dem Viehdoktor, dem Schornsteinfeger (K. D.) – niemand weiß Rat. Da treffen sie zufällig auf eine Feuerwehr. Der Hauptmann (G. J.) läßt die Leiter bis zu den Wolken ausfahren, zwei Jungen vertreiben durch Drehen am Windmühlflügel den schwarzen Rauch. Nachdem Zirri sich von seinen Freunden verabschiedet hat, setzt der Viehdoktor das flauschige Schäfchen in den Himmel.

Phantasievolle Szenen wechseln mit Trickfilmsequenzen und kindgerechter Action. Ergänzend zur literarischen Vorlage, mit Landleben und helfender ›Volkspolizei‹, wird im Film die Umweltverschmutzung getadelt – teilweise freilich zu naiv, was sicher auch dem reduzierten Budget anzulasten ist. *Zirri – das Wolkenschaf* war der letzte eigenständig produzierte Spielfilm der DEFA Babelsberg GmbH.   *ms*

Zu neuen Ufern

Deutschland 1937

R: Detlef Sierck; A: Detlef Sierck, Kurt Heuser nach dem gleichnamigen Roman von Lovis Hans Lorenz; K: Franz Weihmayr; D: Zarah Leander, Willy Birgel, Viktor Staal, Hilde von Stolz, Carola Höhn

Die bezaubernde Sängerin Gloria Vane (Z. L.), Star der Londoner Music Hall um 1840, fasziniert durch ihre provozierend sinnliche und libertine Ausstrahlung. Gloria könnte alle Männer haben, doch sie liebt nur den einen: Albert Finsbury (W. B.), einen heruntergekommenen Adligen, der sich als Frauenbetörer und Betrüger durchs Leben schlägt. Finsbury täuscht Gloria, indem er vorgibt, in Australien ein neues Leben zu beginnen und Gloria bald nachkommen zu lassen. In Wirklichkeit hat er in England eine Wechselfälschung begangen, die Gloria in ihrer grenzenlosen Liebe jedoch auf sich nimmt. Sie wird nach Australien verbannt, wo sie gemeinsam mit Mörderinnen, Diebinnen und Prostituierten inhaftiert wird. Noch immer ist ihre Liebe zu Albert ungebrochen; doch der heiratet inzwischen eine andere. Ein Erlaß Königin Viktorias ermöglicht es australischen Farmern, deportierte Frauen zu heiraten, denen dann die Freiheit geschenkt wird. So lernt Gloria den ernsthaften Farmer Henry (V. S.) kennen, der sie heiratet und aus dem Gefängnis holt. Die Sängerin ist aber noch immer nicht befreit von den leidenschaftlichen Gefühlen, die sie Finsbury gegenüber hegt. Sie verläßt Henry; doch als sie Albert wiedertrifft, durchschaut sie seinen oberflächlichen Charakter und seine innere Leere. Ihren jahrelangen Selbstbetrug erkennend, trennt sie sich von Finsbury, der sich daraufhin erschießt. Gloria kehrt zu Henry zurück, um an dessen Seite eine echte, auf Zuneigung gegründete Partnerschaft zu beginnen.

Durch stilistische Geschlossenheit besticht dieses Melodram, das Zarah Leander Gelegenheit gab, ihre sinnliche Ausstrahlung ins Rollenbild der heroisch Liebenden zu integrieren, der Gefühle über alles gehen. Zarah Leanders Präsenz, ihre stimmliche Begabung – sie singt Chansons von Ralph Benatzky mit betörender Verruchtheit – aber auch die Charakterzeichnungen Willy Birgels und Viktor Staals, die Bauten von Fritz Maurischat und die souveräne Hand Detlef Siercks, der diese Elemente mühelos zu einem emotionalen Ganzen verbinden konnte, machen dieses Melodram zum Höhepunkt in Siercks deutscher Schaffensperiode. *tk*

Zuckerbaby

BRD 1985

R: Percy Adlon; A: Percy Adlon; K: Johanna Heer; D: Marianne Sägebrecht, Eisi Gulp

Wenn die im Film namenlos bleibende Vollschlanke (M. S.) abends in ihre kleine Wohnung kommt, leisten ihr nur Fernsehen oder Radio Gesellschaft. In Augenblicken der Nostalgie legt sie auch mal den Rock 'n' Roll-Schlager »Sugarbaby« auf. Den hat sie zum ersten Mal als 15jährige gehört. Damals ließ sich ihr Vater scheiden. Heute ist sie 38 und wäscht Leichen, seit sie mit 21 ihre Mutter beerdigt hat. Aussehen und Beruf haben sie zur Außenseiterin gestempelt. Da verliebt sie sich im U-Bahnzug Hals über Kopf in die Stimme des die Stationen ausrufenden Fahrers. Es beginnt eine komplizierte, am Ende erfolgreiche Suche nach dem Besitzer der Stimme (E. G.) und eine so temperamentvolle Liebesaffäre, daß die Mieter eine Etage tiefer an die Decke klopfen; denn Huber 133 (so viele Angestellte dieses Namens gibt's bei der Münchner U-Bahn) ist zwar 13 Jahre jünger als die Heldin, aber ebenso einsam, weil sich seine karrierebewußte Frau zur Sachbearbeiterin weiterbildet.

Eine ungewöhnliche, mit großem Feingefühl inszenierte Liebesgeschichte, die unaufdringlich und heiter zur Toleranz mahnt. Warum sie allerdings in Bonbonfarben und mit suchend umherirrender Kamera aufgenommen wurde, bleibt das Geheimnis des Regisseurs. *hc*

Zu neuen Ufern (Zarah Leander, Herbert Hübner)

Zur Sache, Schätzchen
(Werner Enke, Uschi Glas)

Zur Chronik von Grieshuus ⓢ
(Um das Erbe von Grieshuus)

Deutschland 1925

R: Arthur von Gerlach; A: Thea von Harbou
frei nach der gleichnamigen Novelle von
Theodor Storm; K: Fritz Arno Wagner, Carl
Drews, Erich Nitzschmann; D: Arthur
Kraußneck, Paul Hartmann, Rudolf Forster,
Rudolf Rittner, Lil Dagover, Gertrud Welcker

Um die Burg von Grieshuus entbrennt im
17. Jahrhundert ein erbitterter Erbstreit. Der
alte Burgherr (A. K.) hat vor seinem Tod beide
Zwillingssöhne im Zorn enterbt, weil ihre
Frauen nicht standesgemäß sind: Hinrich
(P. H.) liebt die einfache Bärbe (L. D.), Detlev
(R. F.) will die Witwe (G. W.) eines Grafen ehelichen. Um das Recht, auf Grieshuus zu wohnen, kommt es zum erbitterten Streit zwischen
den Brüdern. Durch Detlevs Schuld hat Bärbe
eine Frühgeburt und stirbt. Hinrich erschlägt
den Bruder und flieht. Enzio, der Sohn, wird
von Bärbes Vater (R. R.) und einer Magd aufgezogen. Als Hinrich nach zehn Jahren unerkannt zurückkehrt, läßt Detlevs Witwe gerade
Enzio entführen, um ihren Anspruch auf
Grieshuus endgültig durchzusetzen. Hinrich
befreit den Sohn, bringt ihn auf die Burg zurück und stirbt im Stuhl des alten Burgherrn,
von Enzio als Vater erkannt.
Durch ihre außerordentlich große visuelle
Kraft ist diese düstere Filmballade ein echtes
Meisterwerk. Der weitgehend unbekannte Arthur von Gerlach hat nur zweimal Filmregie
geführt, die optischen Mittel indes beide Male
überaus souverän gehandhabt. Neben der sensiblen Inszenierung, die Pathos und Kitsch
vermied, bestechen auch Bauten und Requisiten, besonders aber die perfekte Ausleuchtung
und Kameraarbeit sowohl bei den Atelier- als
auch bei den nuancenreichen Außenaufnah-
men.   *tk*

Zur Sache, Schätzchen

BRD 1968

R: May Spils; A: May Spils, Werner Enke,
Rüdiger Leberecht, Helmut Brasch; K: Klaus
König; D: Werner Enke, Uschi Glas, Henry
van Lyck

München-Schwabing, Treffpunkt von Künstlern, Studenten, Prominenten und allen, die
dazugehören wollen. Hier lebt Martin (W. E.),
ein liebenswerter Gammler, der sich der hektischen Jagd nach Geld und Erfolg verweigert. Statt dessen verbringt er den Tag im

Bett, zeichnet Daumenkinos und kann nur unter Anwendung raffiniertester Überredungstechniken des arbeitslosen Filmschauspielers Henry (H. v. L.) dazu gebracht werden, gelegentlich ein paar Schlagertexte zu verfassen. Diese verkauft Henry gegen Vorschuß überwiegend an den alternden Lustmolch Block, dem er zudem aufgabelte Mädchen für ›Prominenten‹-Partys zuführt. Einzig die Bekanntschaft mit Barbara (U. G.), einer attraktiven Tochter aus gutbürgerlichem Haus, vermag Martin zumindest etwas aus seinem Trott zu holen. Da Barbara an ihm Gefallen findet, kommen die beiden einander rasch näher. Als Henry erfährt, daß Martin in der Nacht zuvor kaltblütig einen Einbruch im gegenüberliegenden Radiogeschäft beobachtet hat, ohne die Polizei zu alarmieren, zwingt er ihn, ihm aufs Revier zu folgen. Dort steuert Martin allerdings nur Respektlosigkeit zur Wahrheitsfindung bei, wodurch er die Beamten gegen sich aufbringt. Als sie ihn später zu Hause verhaften wollen, provoziert er die Polizisten mit einer ungefährlichen Pistole. Ein Beamter schießt, die Kugel streift Martin, der sich kurzfristig tot stellt und erst mit der Bemerkung, der Polizist habe ja noch einmal ›Schwein‹ gehabt, unter die Lebenden zurückkehrt.

Situationskomik, Wortwitz, Schlagfertigkeit und die natürliche Frische, mit der Uschi Glas als Zufallsbekanntschaft Martin Paroli bietet, machten den Film zum ersten Hit des Neuen deutschen Films. Viele der lässig hingeworfenen Pointen (»fummeln«, »Fummler«, »Es wird böse enden«, »Machen wir 'n kleines Match zusammen«) wurden fester Bestandteil der deutschen Alltagssprache.   *hc*

▬

Zwei Herzen im Dreivierteltakt

Deutschland 1930

R: Geza von Bolvary; A: Franz Schulz, Walter Reisch; K: Willy Goldberger, Max Brinck; D: Walter Janssen, Oskar Karlweis, Willi Forst, Gretl Theimer, Szöke Szakall

Die Brüder Nicky (O. K.) und Vicky Mahler (W. F.) sind zwei witzige Librettisten, die mit dem bekannten Komponisten Toni Hofer (W. J.) soeben eine neue Wiener Operette vollendet haben. In zwei Wochen soll sie uraufgeführt werden, aber noch fehlt der obligate Walzer, denn Hofer sind die Ideen ausgegangen. Hedi (G. T.), die reizende Ziehschwester der beiden Librettisten, besucht den Komponisten und inspiriert ihn zu einem prächtigen Walzer. Aber als das Mädchen, deren Identität Hofer nicht kennt, wieder gegangen ist, hat er den Walzer wieder vergessen, weshalb eine fieberhafte Suche nach der unbekannten Muse beginnt. Erfolglos. Doch nach der Generalprobe kehrt das Glück zu dem ratlosen Komponisten zurück: Hedi singt die Melodie arglos vor sich hin, als sie das Theater besucht, Hofer greift das Thema auf, worauf das ganze Orchester einsetzt. Hedi und Toni liegen sich in den Armen, denn sie haben nicht nur den Walzer, sondern auch ihre Liebe gefunden.

Die erste einer ganzen Reihe von musikalischen Komödien, in denen Regisseur Bolvary mit drei Ausnahmeerscheinungen zusammenarbeitete: dem Szenaristen Walter Reisch, dem Komponisten Robert Stolz und dem brillanten Darsteller Willi Forst. Der weltweite Erfolg ergab sich aus der Symbiose origineller Bild-, Dialog- und Melodieeinfälle, wobei Reisch das übertriebene Sentiment des Operettenstoffs durch ironische Akzente unterlief. Dadurch erhielt der Film eine Note heiterer Gelöstheit, die im kopflastigen deutschen Kino Seltenheitswert besaß. Stolz nutzte den Film als Vorlage für seine 1933 uraufgeführte gleichnamige Operette.   *tk*

▬

Zwei in einer großen Stadt

Deutschland 1942

R: Volker von Collande; A: Ursula von Witzendorf, Volker von Collande; K: Carl Hoffmann, Erich Nitzschmann; D: Monika Burg, Karl John, Marianne Simson, Hansi Wendler, Volker von Collande

Bernd (K. J.), ein Feldwebel der Fliegertruppen im Zweiten Weltkrieg, hat für einen Tag Sonderurlaub bekommen und fährt nach Berlin. Vergebens erwartet er, bei der Ankunft seine

Ferienbekanntschaft Gisela Brückner (H. W.)
am Bahnhof vorzufinden. Dafür lernt er die
Rotkreuzschwester Gisela Meinhold (M. B.)
kennen, mit der er sich angeregt unterhält. Bei
der Suche nach Gisela Brückner begegnet
Bernd der Krankenschwester noch mehrmals.
Sie treffen einander im Strandbad, wo sie ihren
Kontakt vertiefen. Als Bernd von Gisela Brückner als seiner Freundin erzählt, reagiert die
Rotkreuzschwester unwirsch und läßt ihn stehen. Doch ihre Wege kreuzen sich erneut, sie
versöhnen sich und machen eine Droschken-
fahrt durch den Tiergarten. Als sie einander
vorübergehend aus den Augen verlieren,
nimmt Bernd Kontakt mit Gisela Brückner auf
und erfährt, daß diese inzwischen mit Eberhard (V. v. C.) verlobt ist. Darüber ist Bernd
nicht bestürzt, wie sie erwartet hat, sondern er-
leichtert, denn nun kann er sich ohne Vor-
behalte um seine Rotkreuzschwester kümmern.

Bereits bei seinem Regiedebüt bewies der
Schauspieler Volker von Collande ein feines
Gespür für zwischenmenschliche Beziehungen. Eigentlich sollte der heiter gestimmte
Kriegsurlauberfilm durch seine romantischen
Aspekte vom tristen Kriegsalltag ablenken
und die Herzen des Publikums wärmen, wofür ihm das Prädikat »staatspolitisch und
künstlerisch wertvoll« verliehen wurde. Doch
durch seine Mischung aus poetischer Innerlichkeit und realistischem Gestus weckte der
Film andere Assoziationen: Hier trafen sich
zwei junge Menschen, die sich selbst genügten
und keiner anderen Sinngebung bedurften als
ihrer Liebe – und so einem apolitischen Non-
konformismus Ausdruck verliehen.   *tk*

Zwei Krawatten

Deutschland 1930

R: Felix Basch, Richard Weichert; A: Ladislaus
Vajda nach dem gleichnamigen Bühnen-
stück von Georg Kaiser; K: Nikolaus Farkas;
D: Michael Bohnen, Trude Lieske, Olga
Tschechowa, Ralph Arthur Roberts

Der Kellner Jean (M. B.) nimmt das Leben ge-
mütlich. Seine Braut Trude (T. L.) möchte ihn

zur Hochzeit überreden. Sie drängt Jean auch,
eine bessere Stellung im Grand-Hotel anzunehmen. Dort schlägt ihm ein Hochstapler, der
– als Kellner getarnt – einer brenzligen Situation entkommen will, einen Krawattentausch
vor. Jean willigt ein, denn der Fremde bietet
ihm zusätzlich 1000 Mark, seine Garderoben-
marke und ein Tombola-Los an. Dieses bringt
Jean Glück, denn er gewinnt eine Reise nach
Amerika. Zudem lernt er die vermögende
Amerikanerin Mabel (O. T.) kennen und beschließt, mit ihr nach Amerika zu fahren. Er
schenkt Trude die 1000 Mark, verspricht ihr,
zurückzukommen, und tritt die Schiffsreise an.
In Amerika verkehrt Jean in exquisiten Kreisen, doch er ergreift die Flucht, als ihm die feinen Herren zu windig und Mabels Heirats-
pläne zu konkret werden. In Berlin trifft er
Trude wieder, doch diese war inzwischen
selbst in Amerika und hat dort vierzig Millionen Dollar geerbt. Als Jean dies erfährt, muß
Trude alle Überzeugungskunst anwenden, um
ihm zu beweisen, daß sie ihn dennoch heiraten
will, weil sie ihn nämlich liebt.

Im ersten Tonfilmjahr wurden die Möglichkeiten der Musik als Gestaltungselement noch
spielerisch erkundet, was besonders bei Lustspielen zu originellen Mischformen führte.
Hier war es der Komponist Mischa Spoliansky,
welcher der etwas bemühten Persiflage auf
amerikanische Erfolgsstories Prägnanz verlieh.
                                             tk

Zwei unter Millionen

BRD 1961

R: Victor Vicas, Wieland Liebske; A: Gerd
Oelschlegel; K: Heinz Hölscher; D: Loni von
Friedl, Hardy Krüger, Walter Giller, Joseph
Offenbach

Karl (H. K.), ein Lastwagenfahrer aus Ostberlin, fährt jeden Abend nach seiner Arbeit nach
Westberlin, um als Kellner in einer Eckkneipe
ein Zubrot in West-Mark zu verdienen. Er lernt
die Stenotypistin Christine (L. v. F.) kennen, die
von Rostock nach Westberlin übersiedelt, weil
sie sich dort ein glücklicheres, freieres Leben
erhofft. Karl hilft der jungen Frau über die er-

sten Schwierigkeiten hinweg. Die beiden heiraten, Karl zieht ebenfalls in den Westen der Stadt, wo er mit Christine ein Zimmer über der Eckkneipe bewohnt, in der er nun den ganzen Tag kellnert. Karl ist besessen von der Idee, die Kneipe eines Tages zu übernehmen und so sein eigener Herr zu werden. Als das Lokal tatsächlich zum Verkauf steht, wird Karl jedoch vom neureichen Petersen, dem Besitzer zahlreicher Hähnchenbratereien, ausgestochen. Wie ihr versponnen-fröhlicher Ostberliner Freund Paulchen (W. G.) dies vorausgesagt hatte, sind Karl und Christine von den Verhältnissen im vermeintlichen Wohlstandsparadies bald desillusioniert; doch immerhin stärkt die Bewährungsprobe ihre Ehe.

Lange Kamerafahrten, kleine Freiluftpanoramen der Berliner Straßen und behutsam abgetastete Interieurs zeichnen diese moderne Kleine-Leute-Geschichte aus, die sich – knapp skizziert und unprätentiös umgesetzt – als kleines Alltagslehrstück in Sachen Chancengleichheit im Wirtschaftswunder versuchte. Die relativierende Distanz und der verspielte Zug des Films brachten den beiden Regisseuren – Vicas erkrankte kurz nach Drehbeginn und wurde von Liebske vertreten – den Deutschen Kritikerpreis 1961/62 ein.   *tk*

Das zweite Erwachen der Christa Klages

BRD 1978

R: Margarethe von Trotta; A: Margarethe von Trotta, Luisa Francia; K: Franz Rath; D: Tina Engel, Sylvia Reize, Katharina Thalbach, Marius Müller-Westernhagen, Peter Schneider

Um die Räumung ihres verschuldeten Kinderladens zu verhindern, überfällt die Kindergärtnerin Christa Klages (T. E.) mit zwei Feunden eine Bank. Einer wird kurz nach der Tat festgenommen, der andere beim Diebstahl eines Fluchtautos erschossen. Alle Versuche, das Geld seiner Bestimmung zuzuführen, scheitern, und Christa überläßt es schließlich einer Cooperative in Portugal, bei der sie eine zeitlang untertaucht. Parallel zu Christas Flucht wird die Entwicklung zweier Frauen dargestellt. Die Kosmetikerin Ingrid (S. R.), eine ehe-

malige Schulfreundin, erkennt durch die erneuerte Freundschaft mit Christa ihr desolates Hausfrauendasein, emanzipiert sich und wird von ihrem Mann, einem Bundeswehroffizier, vor die Tür gesetzt. Die einsam und isoliert lebende Bankangestellte Lena (K. T.), die bei dem Überfall von Christa als Geisel mit einer Waffe bedroht worden war, erforscht auf eigene Faust die Motive der Tat und erklärt bei einer Gegenüberstellung, Christa nicht als die Bankräuberin identifizieren zu können.

Der erste in eigener Regie gedrehte Film Margarethe von Trottas über Frauenbeziehungen gehört zu den überzeugendsten Darstellungen dieses für ihre Arbeiten zentralen Themas. Die aus dem Geschehen und der politischen Atmosphäre der Zeit heraus entwickelte Handlung verzichtet auf ideologisch-theoretische Phrasendrescherei und fesselt durch die selbstverständliche Erzählweise.   *hc*

Die Zweite Heimat – Chronik einer Jugend

BRD/Österreich/Großbritannien/Frankreich/ Spanien/Schweden/Dänemark/Finnland/ Norwegen/Australien 1992

R: Edgar Reitz, Robert Busch; A: Edgar Reitz; K: Gernot Roll, Gerard Vandenberg, Christian Reitz; D: Henry Arnold, Salome Kammer, Anke Sevenich, Noemi Steuer, Frank Röth, Armin Fuchs, Martin Maria Blau, Gisela Müller, Daniel Smith, Franziska Traub, Michael Schönborn, Lena Lessing, Laszlo I. Kish, Peter Weiss, Michael Seyfried, Hannelore Hoger, Hanna Köhler, Edith Behleit, Manfred Andrae, Franziska Stömmer, Susanne Lothar, Anna Thalbach, Alexander May

Die 13teilige Fortsetzung von Reitz' *Heimat* (1984) versucht, Lebensgefühl und Entwicklung der in den fünfziger Jahren aufgewachsenen westdeutschen Nachkriegsgeneration darzustellen. Im Mittelpunkt steht der aus Musikern, Filmemachern und künstlerisch interessierten Studenten bestehende Münchner Freundeskreis von Hermann (H. A.), dem 1940 geborenen, unehelichen Sohn von Maria Simon, der 1960 nach dem Abitur Schabbach verläßt, um in der bayrischen Hauptstadt Klavier, Gitarre und Komposition zu studieren. (Weil seine Mutter seine Liebe zu dem zwölf Jahre älteren, mittellosen Klärchen völlig ablehnte, hatte er sich geschworen, Schabbach für immer zu verlassen. Seine Liebe soll nur noch der Musik gehören.) Hermanns neue Freunde sind fast alle vor der Enge und Provinzialität ihrer Heimatorte oder den unbewältigten Vergangenheitsproblemen ihrer Eltern nach München geflohen. Dort hoffen sie, Freiheit zu finden und ihre jugendlichen Ideale verwirklichen zu können. Renate (F. T.) aus Neu-Ulm, die Hermann in der ersten Nacht eine Schlafmöglichkeit in ihrem Zimmer bietet, wechselt vom Jurastudium zur Schauspielerei, wird Chansonsängerin und betreibt schließlich ein Schwabinger Künstlerlokal. Die sexuell und emotional verklemmte Literaturstudentin Helga (N. S.) aus dem westfälischen Dülmen schreibt Gedichte und entwickelt sich zur polizeilich gesuchten Terroristin. Die talentierte Altistin Evelyne (G. M.) aus Neuburg an der Donau sucht in München nach den Spuren ihrer Herkunft, nachdem sie am Vorabend der Beerdigung ihres Vaters erfahren hat, daß die Frau, die sie bislang dafür gehalten hat, nicht ihre wirkliche Mutter ist. Dabei erlebt sie eine tragisch endende, tiefe Liebe zu dem Medizinstudenten Ansgar (M. Se.) aus Rosenheim, der vor dem Erwartungsdruck seiner Eltern in die Drogen geflüchtet ist. Der Chilene Juan (D. S.), ein elf Sprachen beherrschendes Universalgenie, wollte eigentlich im Lande Bachs Musik studieren, fällt aber bei der Aufnahmeprüfung an der Musikakademie durch; obgleich sein sanfter Charme besonders auf Frauen wirkt, bleibt seine Sehnsucht nach dauerhaften zwischenmenschlichen Beziehungen unerfüllt. Die geheimnisvoll-attraktive, unehelich geborene Cellistin Clarissa (S. K.) leidet unter den konservativen Moralvorstellungen ihrer aus Pommern geflüchteten Mutter (E. B.), die einerseits allen Männerbeziehungen ihrer Tochter mit Argwohn begegnet, andererseits das mehr als väterliche Interesse eines Provinz-Chefarzts toleriert, der Clarissas Talent fördert, indem er ihr ein wertvolles, altes Cello schenkt. – Haupttreffpunkt des Freundeskreises ist der »Fuchsbau«, eine der ältlichen Verlegerstochter Elisabeth Cerphal (H. H.) gehörende Jugendstil-Villa. Weil sie nostalgisch die Boheme-Atmosphäre der zwanziger Jahre rekreieren möchte, toleriert die unverheiratete Millionärin die provozierenden Anspielungen der Studenten auf die NS-Vergangenheit ihres Lebens-

Die Zweite Heimat – Chronik einer Jugend (3. Teil) (Salome Kammer, Henry Arnold)

gefährten Gerold Gattinger (M. A.). Für die angehenden Jungfilmer Stefan (F. R.), Reinhard (L. I. K.) und Rob (P. W.), die hier ihre ersten, sich mit der deutschen Vergangenheit auseinandersetzenden Dokumentarfilme konzipieren und zeigen (»Brutalität in Stein«, »Schicksal einer Oper«), liefert die Familiengeschichte der Cerphals am Ende einen Filmstoff – das Schicksal der in Venedig lebenden Fotografin Esther Goldbaum (S. L.), der unehelichen Tochter des einstigen SS-Manns Gattinger und der im KZ umgekommenen Erbin des in den dreißiger Jahren enteigneten jüdischen Mitbesitzers des Cerphal-Verlags. – Mit von Hermann komponierten Cello-Stücken erringt Clarissa bei Musikwettbewerben Erfolge. Ihre Liebe zueinander, die sich als roter Faden durch den gesamten Film zieht, bleibt allerdings unerfüllt. Clarissa heiratet den Pianisten Volker (A. F.), gibt nach der Geburt ihres Kindes eine vielversprechende, internationale Karriere als Solistin auf und findet erst durch befreundete amerikanische Musiker unter dem Einfluß der Frauenbewegung zu ihrer eigentlichen Berufung. – Hermann heiratet Mitte der sechziger Jahre die Reiseleiterin Schnüßchen (A. S.), eine ehemalige Schulfreundin aus dem Hunsrück, die weder Studentin noch künstlerisch interessiert ist, dafür aber mit beiden Beinen auf dem Boden der Realität steht. Sie, die sich ihrer Heimat und der eigenen Familie noch fest verwurzelt fühlt, geht zielstrebig daran, ein Heim zu gründen, in dem ihr Mann ungestört arbeiten kann. Als Hermann von dem Medien-Unternehmer Konsul Handschuh (A. M.) die Möglichkeit bekommt, Europas modernstes elektronisches Musikstudio aufzubauen, wird die Ehe des von den Interessen her zu unterschiedlichen Paares zusätzlichen Belastungen ausgesetzt, weil Hermann sich ausschließlich dieser Aufgabe und einer daran intensiv mitarbeitenden Assistentin widmet. Zum Bruch kommt es, als Schnüßchen ein sozialpädagogisches Studium aufnimmt und die gemeinsame Wohnung zum Zufluchtsort für Drogenabhängige wird. – Auf dem Umweg über eine Berliner Kommune und ein kurzes Zusammensein mit Clarissa bei einem ihrer avantgardistischen Musiktheater-Gastspiele in Amsterdam kehrt Hermann schließlich ins heimatliche Schabbach zurück.

Trotz begeisterter Reaktionen nach den Kino-Premieren dieses 26stündigen, von 16 TV-Sta-

tionen des In- und Auslands mitfinanzierten Films über das Scheitern einer Generation blieb der als europäisches Medien-Ereignis vermarkteten Fernsehausstrahlung der Erfolg des ersten Teils (*Heimat*) versagt. Das Absinken der Zuschauerzahlen auf unter 1,3 Millionen veranlaßte einen der Coproduzenten zu der Erklärung, eine dritte *Heimat* werde es nicht geben. Nicht nur das Massenpublikum klinkte sich wohl teilweise deshalb aus, weil es keine Identifikationsmöglichkeiten mit dem isoliert vor sich hin experimentierenden Studentenkreis fand. Privat als einschneidend eingestufte Erfahrungen wurden von Unbeteiligten nicht unbedingt als solche nachempfunden; in dieser Hinsicht ist Reitz' Film sogar symptomatisch für den Neuen deutschen Film. Zudem verzichtete Reitz' autobiographisch inspiriertes Epos auf Action und setzte (zu) stark auf das gesprochene Wort.   *hc*

Das zweite Leben des Friedrich Wilhelm Georg Platow

DDR 1973

R: Siegfried Kühn; A: Helmut Baierl; K: Roland Dressel; D: Fritz Marquardt, Gisela Hess, Jürgen Holtz, Lothar Warneke, Eberhard Esche

Der Eisenbahner Friedrich Wilhelm Georg Platow (F. M.) arbeitet seit 34 Jahren auf dem kleinen Bahnhof Luege, wo er bei einem Luftangriff im Zweiten Weltkrieg seine Frau und zwei Kinder verlor. Er wird »Anfang der siebziger Jahre unseres Jahrhunderts von der Technik um seinen Schrankenwärterplatz gebracht« und »lernt entgegen allen damaligen Erfahrungswerten auf ziemlich beispiellose Weise im Alter von 57 Jahren das Leben«. Als nämlich die Strecke modernisiert wird und er auf ein Nebengleis ans Handstellwerk geschickt werden soll, faßt er den Entschluß, anstelle seines sich weigernden Sohnes (L. W.) einen Lehrgang zu besuchen, wobei er sich als Platow junior ausgibt. Seine vorsätzliche Verjüngung geht soweit, daß er sich in die junge Malvine (G. H.) verliebt, die von ihrer Ehe mit einem Schauspieler (E. E.) enttäuscht wurde. Als Malvine, die das wahre Alter Platows sofort errät, seinen Dozenten Schildt (J. H.), dem sie sich kurzzeitig zugewandt hatte, verläßt, um mit ihrem Ehemann einen neuen Anfang zu versuchen, und Schildt vor Platow seinen Kummer ausbreitet, fällt Platow aus der Rolle. Er soll von der Schule gewiesen werden, liefert jedoch auf seiner Flucht auf dem Schienenweg einen drastischen Beweis dafür, daß er sich in der neuen Streckenelektronik auskennt, indem er mit einer alten Draisine das Fernstellwerk eines großen Bahnhofs faktisch ›auf die Probe stellt‹. Schildt gibt daraufhin seine Zweifel am Lernvermögen Platows auf und ihm die Note »Eins«. Nach dem Lehrgang verrichtet Platow seinen Dienst auf einem mittleren Bahnhof – als »berühmter Eisenbahner«, der sich absolut nicht als Einzelfall sieht.

Siegfried Kühn hat die unalltägliche Geschichte Baierls auf filmkünstlerisch ungewöhnliche Weise bewältigt: Die Komödie mit satirischen, tragikomischen und skurril-grotesken Zügen wird in Kapiteln erzählt, die unterschiedliche Genres aneinanderreihen, parodieren und doch extreme Gegensätze harmonisch verbinden. Theaterregisseur und Hauptdarsteller Marquardt gelingt es, die stilistischen Überhöhungen durch sein vielseitiges Spiel zu erfassen. Der im Grunde sehr optimistische Film wurde nach einer Plenumsrüge der SED wegen »Unzulänglichkeiten einiger neuer Werke, besonders der Film- und Fernsehkunst« vor seiner Premiere abgesetzt und Wochen später ohne Presseresonanz – mit dem Vorwurf behaftet, er »entwerfe ein verzerrtes Bild der Arbeiterklasse« – in die Studiokinos verbannt. *ms*

Zwischen Gestern und Morgen

BRD 1947

R: Harald Braun; A: Harald Braun, Herbert Witt; K: Günther Anders; D: Viktor de Kowa, Winnie Markus, Viktor Staal, Willy Birgel, Sybille Schmitz, Hildegard Knef

Im Frühjahr 1947 kehrt der während der NS-Zeit aus politischen Gründen in die Schweiz emigrierte Zeichner Michael Roth (V. d. K.) nach München zurück. Seine Rückkehr aus der Emigration ist jedoch mit größeren Schwierigkeiten verbunden als erwartet. So wollen Roths frühere Freunde nichts von ihm wissen und begegnen ihm mit Feindseligkeit. Dies hängt damit zusammen, daß die Flucht des Zeichners seinerzeit in Zusammenhang mit dem Verschwinden wertvoller Schmuckstücke aus dem Besitz der Jüdin Nelly Dreifuß (S. S.) gebracht wurde. Nelly hatte sich das Leben genommen, um sich der Verhaftung durch die Gestapo zu entziehen. Roth kann die Unhaltbarkeit der Beschuldigungen gegen ihn jedoch beweisen und rehabilitiert sich völlig. Seine Ehrenhaftigkeit wird nun nicht mehr in Frage gestellt.

Neoveristische Ansätze in der Inszenierung und die sensible Interpretation der Hauptrolle durch Viktor de Kowa prägten diesen ›Trümmerfilm‹, eine der ersten Filmproduktionen in den westlichen Besatzungszonen. Das Münchner Hotel, in dem ein Großteil der Handlung spielt, diente als Brennpunkt, an dem die individuellen Lebenslinien der von der NS-Diktatur unterschiedlich Betroffenen gebündelt werden konnten. An den individuellen Schicksalen ließ sich der politische Hintergrund beleuchten, ohne daß aus dem Film ein offensichtliches Thesenstück wurde. *tk*

Zwischen zwei Kriegen

BRD 1978

R: Harun Farocki; A: Harun Farocki nach seinem gemeinsam mit Hella Jürgens entwickelten Hörspiel *Das große Verbindungsrohr*; K: Axel Block, Melanie Walz, Ingo Kratisch; D: Jürgen Ebert, Michael Klier, Ingemo Engström, Hartmut Bitomsky, Ingo Lampe, Harun Farocki

Ein komplexer filmischer Essay über den entstehenden Verbund von Kohle- und Stahlindustrie in Deutschland zwischen den Weltkriegen, über die unauflösbare Verknüpfung und gegenseitige Beeinflussung von Ökonomie und Politik und über die Möglichkeiten der Wahrnehmung und Deutung von Realität; über die Erkenntnismöglichkeiten angesichts der zeitlichen Verzögerung von Ereignis und

Wahrnehmung; über individuelle Erinnerung und kollektive Manipulation; über Arbeitsverhältnisse, Produktionsvorgänge und Klassenbewußtsein; über die Schwierigkeit der Distanz von Lebenswelt, Wissenschaft und gesellschaftlichem Diskurs; letztlich um die Frage, ob und wie man durch Aneignung der Geschichte für die Zukunft lernen kann.

Dieser Filmessay, der traditionelle Rezeptionsgewohnheiten unterläuft, ist ein faszinierendes Experiment, das geschichtliche Abläufe in ihrer politisch-wirtschaftlichen Kausalität auf sowohl diskursiv-intellektueller als auch emotional-sinnlicher Ebene erfahrbar machen will. Farockis Technik besteht darin, assoziative Bildsymbole mit Sequenzen linearer Spielhandlung und dokumentarischen Aufnahmen zu verbinden. Ein besonderer Stellenwert kommt dabei der naturalistischen Nachbildung geschichtlicher Situationen und Topoi sowie dem Zitieren von Werken aus der Filmgeschichte (*Metropolis*, *Panzerkreuzer Potemkin*, *Kuhle Wampe*) zu.   *tk*

Regisseure von A bis Z

Vorbemerkung

Nicht mit einer Verfassersignatur versehen sind im folgenden diejenigen Artikel, die auf *Reclams deutsches Filmlexikon. Filmkünstler aus Deutschland, Österreich und der Schweiz*, Stuttgart 1984, zurückgehen. In diesen Fällen hat Peter Spiegel die entsprechenden Artikel von Herbert Holba, Günter Knorr bzw. seine eigenen Artikel bearbeitet und aktualisiert.

Ackeren, Robert van

Geb. 22. 12. 1946 Berlin. Holländischer Abstammung. Beendete das Studium an der Fachschule für Optik und Fototechnik in West-Berlin, Abteilung Film und Fernsehen, als diplomierter Kameramann. A. drehte zunächst eigene Kurzfilme und war ein gesuchter Bildgestalter im Neuen deutschen Film. Der technisch hervorragende Stilist paßte sich seinen Regisseuren weitgehend an: den modernistisch-glatten Bildeinstellungen des frühen Klaus Lemke (*Brandstifter*, 1969, TV) ebenso wie der opernhaften Künstlichkeit von Werner Schroeter (*Eika Katappa*, 1969) oder dem bewußt schlampigen Cinéma vérité von Rosa von Praunheim, das in Farbstilisierungen übergeht (*Nicht der Homosexuelle ist pervers, sondern die Situation, in der er lebt*, 1971).
Als Regisseur wechselte A. vom dokumentarischen Stil seiner improvisierten Impressionen aus dem Berliner Underground (*Blondie's Number One*, 1971) zum distanzierten Oberflächenstil der ästhetisch ausgewogenen Bilder von *Harlis* (1972; Ernst-Lubitsch-Preis; Bundesfilmpreis: Filmband in Silber für den besten Spielfilm). In diesem Film formt A. dramatische und tragische, konventionelle und tabuisierte Situationen der Trivialgenres zu einer witzigen Moralkomödie mit grotesken Elementen. Ähnlich wie Claude Chabrol benutzte A. seine im Milieu der High-Society spielenden Trivialstories, um Fetische wie Geld und Virilität (*Der letzte Schrei*, 1975) oder Karrieresucht (*Das andere Lächeln*, 1978) ad absurdum zu führen. Noch stärker stilisierte A. Inhalt und Bildsprache in *Die Reinheit des Herzens* (1980), einer Dreiecksgeschichte, die gewaltsam gelöst wird. Gewalt als pervertierte Verhaltensweise – sei es bei käuflicher Erotik oder in sogenannten reinen Liebesverhältnissen – zerstört jede Bindung, wie A. in *Die flambierte Frau* (1983) zeigt. Diesem Soziogramm verhalfen freizügige erotische Szenen zu einem enormen Publikumserfolg und der Hauptdarstellerin Gudrun Landgrebe zum Starruhm. A. blieb seinem Erfolgsrezept auch weiterhin treu: *Die Venusfalle* (1988) gleitet vom Melodram eines jungen Arztes, der zwischen mütterlicher Verlobter und aggressivem Kindweib hin- und hergerissen ist in eine ironische Allegorie von Liebe und Erotik, die stark mit sexuellen Männer- und Frauenphantasien angereichert ist. *Die wahre Geschichte von Männern und Frauen* (1992), ebenfalls mit A.s neuem Erotik-Starlet Sonja Kirchberger, bleibt von Anfang an im Fahrwasser der Satire, die in mehreren Episoden den Geschlechterkampf variiert.

Einer weiß mehr (1964, KF); *Bilder* (1964, KF); *Test* (1964, KF); *Fragment* (1964, KF); *19. September* (1965, Dok., KF); *Wham* (1965, KF); *Sticky fingers* (1966, KF); *Der magische Moment* (1966, Dok.); *Nou Nou* (1967, KF); *Eva* (1967, KF); *Ja und nein* (1968, KF, TV); *Die endlose Reise* (1968, Dok.); *Für immer und ewig* (1968, KF); *Blondie's Number One* (1971); *Küß mich, Fremder* (1971, Episodenfilm); *Harlis* (1972); *Der letzte Schrei* (1975); *Belcanto oder Darf eine Nutte schluchzen?* (1977); *Das andere Lächeln* (1978); *Die Reinheit des Herzens* (1980); *Deutschland privat* (1980. CR Kneihsl); *Die flambierte Frau* (1983); *Die Venusfalle* (1988); *Die wahre Geschichte von Männern und Frauen* (1992). *Plan-B* (1995, Arbeitstitel).

Adlon, Percy

Geb. 1. 6. 1935 München. Sohn des Heldentenors Rudolf Laubenthal; seine Mutter entstammt der Berliner Hotelierfamilie Adlon. Studium der Kunstgeschichte, Germanistik und Theaterwissenschaft. Diplomierter Schauspieler, Rollen im Fernsehen (z. B. *Fahnenweihe oder Thomas contra Ruederer* (1966, TV, Michal), Sprecher im Rundfunk, Hörspielautor; seit 1970 Regisseur von Dokumentarfilmen; spezialisierte sich auf biografische Essays über (zeitgenössische) Künstler wie Tomi Ungerer,

Gisela und Alfred Andersch, Paul Flora etc. Dreht 1977 seinen ersten TV-Spielfilm, 1980 seinen ersten Kinofilm. Seit 1992 wohnt und arbeitet A. in Hollywood.

In A.s Spielfilmen stehen Frauen im Brennpunkt. Bemerkenswert ist, wie der Regisseur die im Dokumentarfilm erprobte Beobachtungsgabe und Detailtreue mit seinem ruhigen Erzählstil verbindet, aus dem sich, adäquat zum intimen Handlungsrahmen, die für seine Protagonistinnen charakteristische Intensität herauskristallisiert. Dabei überschreitet A., der u. a. Eva Mattes oder Marianne Sägebrecht zu spannungsgeladenen Darstellungen führte, nie die Grenze zum Voyeurismus; stilisierte Farben verstärken noch die Distanzierung, die A. anstrebt. A.s Kinodebüt *Celeste* (1981) etablierte den TV-Mann sofort als neue künstlerische Potenz des deutschen Films. Aus den eher undramatischen Memoiren der Céleste Albaret (erschienen 1973), die während der letzten neun Lebensjahre von Marcel Proust dem im Krankenbett liegenden Dichter Haushälterin, Pflegerin und genaue Zuhörerin war, holte A. ein Maximum an Spannung heraus. Parallel zu Michael Verhoeven (*Die weiße Rose*, 1982) nahm auch A. den Widerstand der Studentengruppe um die Geschwister Scholl gegen das Hitlerregime zum Filmsujet. Anders als Verhoeven, der die Aktivitäten der Gruppe schildert, konzentriert sich A. in seinem kammerspielartigen Film *Fünf letzte Tage* (1982) auf Sophie Scholl. Wie auch in Verhoevens Film wird sie von Lena Stolze dargestellt, bei A. mit ergreifender Innerlichkeit. Die Familienchronik *Die Schaukel* (1983) zeigt A. stilsicher auch in der Darstellung der Ära vor dem Ersten Weltkrieg. Die tragikomische Lovestory *Zuckerbaby* (1985) mit Marianne Sägebrecht wurde A.s erster großer Publikumserfolg. Filme für den Star Sägebrecht waren auch A.s weitere Frauen-Komödien, *Out of Rosenheim* (1987) und *Rosalie goes shopping* (1989), die er wie seine folgenden Arbeiten in den USA ansiedelte.

(A.s rund 150 Dokumentarfilme sind im folgenden nicht berücksichtigt.)
Der Vormund und sein Dichter (1978, TV); *Herr Kischott* (1980, TV); *Celeste* (1981); *Fünf letzte Tage* (1982); *Die Schaukel* (1983); *Zuckerbaby* (1985); *Herschel und die Musik der Sterne* (A/ BRD 1986, TV); *Out of Rosenheim* (1987); *Rosalie goes shopping* (1989); *Salmonberries* (1991); *Younger & younger* (USA/BRD 1993).   ps

■

Berger, Ludwig
(d. i. Ludwig Gottfried Heinrich Bamberger)

6. 1. 1892 Mainz – 18. 5. 1969 Schlangenbad. Der Bankierssohn promovierte in Kunstgeschichte, kam als prominenter Theaterregisseur zum Film. B., der schon 1928 dem Ruf Hollywoods gefolgt war, konnte als Jude nach 1933 nicht mehr in Deutschland arbeiten; seine (künstlerische) Emigration führte ihn nach Holland und Frankreich. Die letzten Schaffensjahre war B. in Deutschland wieder am Theater beziehungsweise als innovativer Hörspiel- und Fernsehregisseur tätig.

Die Synthese aus Elementen des späten Filmexpressionismus und des Kammerspiels, das Einfließen literarischer Motive und Figuren aus der Tradition von Clemens Brentano, Ludwig Tieck, E.T.A. Hoffmann in neoromantische Filmmärchen mit versteckten Gegenwarts- und Moralbezügen, umreißen die Bedeutung B.s für den deutschen Stummfilm. Sein Regiedebüt, die Calderón-Adaption *Der Richter von Zalamea* (1920), ist noch ganz dem theatralischen Inszenierungsstil der Reinhardt-Bühne, sein Ehedrama *Der Roman der Christine von Herre* (1921) dem traditionellen Schauerroman verpflichtet, bereits angereichert mit Schattenspielen und Bildmetaphern. In der Eugène-Scribe-Verfilmung *Ein Glas Wasser* (1923) fand B. dann schon zu seinem ganz persönlichen Stil. Seine Vorlieben galten in der Folge dem Märchen (*Der verlorene Schuh*, 1923) und der Operette, deren musikalische Elemente er kongenial in eine rhythmische Bildsprache umsetzte und wegbereitend zum neuen Genre des Filmmusicals veredelte (*The vagabond king*, USA 1930; *Ich bin Tag und Du bei Nacht*, 1932; *Walzerkrieg*, 1933; *Trois valses*, F 1938), selbst als ihm noch nicht die Möglichkeiten des frühen Tonfilms offenstanden (*Ein Walzertraum*, 1925). Auch B.s amerikanische Regiearbeiten, geprägt von Kompromissen zwischen Studio-Anforderungen und deutschem Kulturbewußtsein, oder die unter widrigen Zeitumständen realisierten europäischen Projekte weisen B. als Filmstilisten hohen Grades aus.

SF: *Der Richter von Zalamea* (1920); *Der Roman der Christine von Herre* (1921); *Ein Glas Wasser* (1923); *Der verlorene Schuh* (1923); *Ein Walzertraum* (1925); *Der Meister von Nürnberg* (1927); *The woman from Moscow* (USA 1928; *Die Dame aus Moskau*); *Sins of the fathers* (USA 1928; *Sünden der Väter*); *Das brennende Herz* (1929). – TF: *The vagabond king* (USA 1930; *Der König der Vagabunden*); *Playboy of Paris*, FV *Le petit café* (USA 1930); *Ich bei Tag und Du bei Nacht*, FV *À moi le jour, à toi la nuit*, GBV *Early to bed* (1932); *Walzerkrieg*, FV *La guerre des valses* (1933); *Pygmalion* (NL 1937); *Trois valses* (F 1938; *Drei Walzer*); *Ergens in Nederland* (NL 1940); *The thief of Bagdad* (GB 1940, CR Powell, Whelan; *Der Dieb von Bagdad*); *Ballerina* (F 1950).

Beyer, Frank

Geb. 26. 5. 1932 Nobitz (Thüringen). Abitur, danach Kreissekretär des Kulturbundes in Altenburg sowie Dramaturg und Regieassistent am Kreistheater Glauchau/Crimmitschau. 1952 nahm B., der in Berlin begonnen hatte, Theaterwissenschaft zu studieren, ein Regie-Studium an der Filmhochschule Prag (FAMU) auf. Während seiner Studienzeit assistierte B. 1955/56 den DEFA-Regisseuren Hans Müller (*Zar und Zimmermann*, DDR 1956) und Kurt Maetzig (*Schlösser und Katen*, DDR 1957) und drehte mit der Diplomarbeit *Zwei Mütter* (DDR 1957) seinen ersten Spielfilm.

Nach zwei satirischen Kurzfilmen für die ›Stacheltier‹-Produktion wurde B. 1958–66 kontinuierlich als Regisseur im DEFA-Studio für Spielfilme eingesetzt. Einem Stoff, der die Kollektivierung der DDR-Landwirtschaft behandelt (*Eine alte Liebe*, DDR 1959), ließ B. eine Reihe stilistisch und genremäßig unterschiedlicher Filme folgen, die vor dem Hintergrund des Zweiten Weltkriegs spielen und die Auseinandersetzung mit dem Nationalsozialismus ins Zentrum rücken: *Fünf Patronenhülsen* (DDR 1960), ein Abenteuerdrama im Spanischen Bürgerkrieg; die in Rückblenden aufgefächerte Liebesballade *Königskinder* (DDR 1962) sowie *Nackt unter Wölfen* (DDR 1963), eine stimmige,

bei den Filmfestspielen in Moskau preisgekrönte Adaption des gleichnamigen Romans von Bruno Apitz. Bereits im Alter von 30 Jahren gehörte B. zu den anerkanntesten Regisseuren der DEFA. Mit der heiteren Nachkriegsstory *Karbid und Sauerampfer* (DDR 1963) gelang ihm eine der besten DEFA-Komödien.

Nach dem restaurativen ZK-Plenum der SED vom Dezember 1965 wurde *Spur der Steine*, B.s Verfilmung eines Romans von Erik Neutsch, zum Politikum, und eine zweite Fassung 1966, nach kurzer Aufführung und organisierten Störaktionen, verboten. B. erhielt von der DEFA seine Entlassung und Berufsverbot für Berlin und Potsdam. 1967–69 inszenierte er daher an verschiedenen Bühnen, in Dresden, Görlitz und wieder in Berlin. 1970 fand er eine Anstellung beim Fernsehen der DDR und realisierte zwei Mehrteiler. Mit *Jakob der Lügner* (DDR 1974) kehrte B. zum Kinofilm zurück und konnte durch die Synthese von Poesie und absurder Realität an frühere Erfolge anknüpfen; das Werk wurde 1975 für den Oscar nominiert. Formale Virtuosität und engagierte gesellschaftliche Positionen zeichneten auch die Ehekomödie *Das Versteck* (DDR 1978) und die TV-Produktion *Geschlossene Gesellschaft* (DDR 1978, TV) aus. Letztere führte aber erneut zu Auseinandersetzungen und zu einem weiteren Einschnitt in B.s Berufsleben. Er erhielt Arbeitsurlaub für Regieaufgaben in der BRD, wo er (für SFB und WDR) zwei TV-Filme realisierte. 1983 und 1988 verfilmte er als Freischaffender bei der DEFA Drehbücher der Autoren Plenzdorf und Kohlhaase und konnte die Gaunerkomödie *Der Bruch* (DDR 1989) mit deutsch-deutschen Stars besetzen. Für WDR und ZDF schuf er seit 1990 mehrere Fernsehfilme, die historische und gesellschaftliche Themen zum Ausgangspunkt ethisch-politischer Reflexion machten. Der in den DEFA-Studios gedrehte Kinofilm *Der Verdacht* (BRD 1991) nach Volker Brauns 1975 veröffentlichter Erzählung ›Unvollendete Geschichte‹ beschäftigte sich mit Lebenslügen in der DDR-Gesellschaft. Für seine Verdienste um den deutschen Film erhielt B. 1991 den Bundesfilmpreis.   *ms*

Rozničky (CS 1954, Dok; KF; *Wetterfrösche*); *Zwei Mütter* (DDR 1957); *Fridericus Rex 11. Teil* (DDR 1957, KF); *Das Gesellschaftsspiel* (DDR

1957, KF); *Eine alte Liebe* (DDR 1959); *Fünf Patronenhülsen* (DDR 1960); *Königskinder* (DDR 1962); *Nackt unter Wölfen* (DDR 1963); *Karbid und Sauerampfer* (DDR 1963); *Spur der Steine* (DDR 1966); *Rottenknechte* (DDR 1971, TV, 5 Teile); *Die sieben Affären der Doña Juanita* (DDR 1973, TV, 4 Teile); *Jakob der Lügner* (DDR 1974); *Das Versteck* (DDR 1978); *Geschlossene Gesellschaft* (DDR 1978, TV); *Der König und sein Narr* (BRD 1981, TV); *Die zweite Haut* (BRD 1981, TV); *Der Aufenthalt* (DDR 1983); *Bockshorn* (DDR 1984); *Der Bruch* (DDR 1989); *Ende der Unschuld* (BRD/GB 1991, TV, 2 Teile); *Der Verdacht* (1991); *Sie und er* (1992, TV, 2 Teile); *Das große Fest* (1992, TV); *Das letzte U-Boot / The last U-Boat* (BRD/A/J/USA 1993, TV); *Wenn alle Deutschen schlafen* (1994, TV).   *ms*

▬ Bolvary, Geza von
(Geza Maria von Bolvary-Zahn)

27. 12. 1897 Budapest – 10. 8. 1961 Altenbeuern (Oberbayern). Nach dem Besuch der Militärakademie wurde der Fabrikantensohn B. Journalist und Dramaturg, ehe er über die Filmstatisterie als Schauspieler und Assistent, dann als Regisseur bei der Budapester Star-Film Fuß faßte. Nach dem Sturz der ungarischen Räterepublik konnte sich B. auch in der deutschen Filmmetropole Berlin sehr schnell durchsetzen. Mit *Der fesche Husar* (D/H/GB 1928) und einigen in London gedrehten Lustspielen mit dem englischen Star Betty Balfour gelang ihm der kommerzielle Durchbruch.

B.s deutsche Stummfilme verraten eine Vorliebe für das Groteske. Ungeachtet des jeweiligen Genres handelt es sich im Grunde stets um Milieu- oder Charakteressays: Wenn B. seine Protagonisten aus ihrer gewohnten Umgebung löst und in turbulente oder sentimentale Abenteuer geraten läßt, entsteht Situationskomik, an der vor allem das Absurde fasziniert. Mit Beginn des Tonfilms hoben Sprache und Musik als wichtige dramaturgische Ergänzung das künstlerische Niveau von B.s Regiearbeiten schlagartig an. Die Zusammenarbeit mit dem brillanten Wiener Szenaristen Walter Reisch in den Jahren 1931/32 brachte sein Modell der musikalischen Filmkomödie, zumeist im Wiener Ambiente angesiedelt, zur höchsten

Meisterschaft (*Der Herr auf Bestellung*, 1930; *Der Raub der Mona Lisa*, 1931). Im Pendeln zwischen Fiktion und Realität, zwischen Illusionsklitterung und provozierender Durchleuchtung tradierter Verhaltens läßt B. hinter der heiteren Extravaganz seiner Charaktere die Brüchigkeit zwischenmenschlicher Beziehungen sichtbar werden (*Zwei Herzen im Dreivierteltakt*, 1930; *Ein Tango für Dich*, 1930; *Lumpacivagabundus*, A 1936 usw.). Nach 1933 mußte B. zwar seinen Hang zu erotischen Themen zügeln, blieb jedoch dem Musikfilm aller Facetten (*Zauber der Boheme*, A 1937; *Premiere*, A 1937; *Opernball*, 1939) und hochklassigen Starvehikeln treu (z. B. *Das Schloß in Flandern*, 1936). Während der Kriegsjahre waren zwei Höhepunkte der Wien-Film-Produktion lokalen Sujets gewidmet: dem Kaffeehaus (*Wiener G'schichten*, 1940) und einer Musikantenfamilie (*Schrammeln*, 1944). In B.s Nachkriegsfilmen wurden seine hohen Qualitäten meist von Routine überdeckt.

SF: *Kétarcu asszony* (H 1920); *Tavaszi szerelem* (H 1921); *Meseország* (H 1922); *Mutterherz* (1923); *Der Weg zum Licht* (1923, CR Rosen); *Wüstenrausch* (1923); *Egy fiunak a fele* (H 1924); *Mädchen, die man nicht heiratet* (1924); *Hochstapler wider Willen* (1925); *Die Königsgrenadiere* (1925); *Frauen, die nicht lieben dürfen* (1925); *Die Liebe der Bajadere* (1925); *Die Fürstin der Riviera* (1926); *Das deutsche Mutterherz* (1926); *Fräulein Mama* (1926); *Die Gefangene von Shanghai* (1927, CR Genina); *Der Geisterzug / The ghost train* (D/ GB 1927); *Artisten* (1928); *Der fesche Husar / A noszty fiu esete Töth Marival / The gallant hussar* (D/H/GB 1928); *Haus Nr. 17 / Number 17* (D/ GB 1928); *Champagner / Bright eyes* (A/GB 1929); *Der Würger / The wrecker* (D/GB 1929); *The vagabond queen* (GB 1929); *Vater und Sohn* (1929); *Der Erzieher meiner Tochter* (1930). – TF: *Delikatessen* (1930); *Zwei Herzen im Dreivierteltakt* (1930); *Ein Tango für Dich* (1930); *Das Lied ist aus* (1930); *Der Herr auf Bestellung* (1930); *Die lustigen Weiber von Wien* (1931); *Der Raub der Mona Lisa* (1931); *Liebeskommando* (1931); *Ein Lied, ein Kuß, ein Mädel* (1932); *Ich will nicht wissen, wer du bist* (1932); *Ein Mann mit Herz* (1932); *Was Frauen träumen* (1933); *Die Nacht der großen Liebe* (1933); *Pardon, tévedtem, DV Skandal in Budapest* (H/D 1933, Székely; KO); *Das Schloß im Süden, FV Château de rêve* (1933); *Min-

dent a noért (H 1933, Episode *Jaj de jó szeretni*; CR Cziffra, Gaál); *Ich kenn' Dich nicht und liebe Dich*, FV *Toi que j'adore* (1934); *Frühjahrsparade* (A/D 1934); *Abschiedswalzer*, FV *La chanson de l'adieu* (1934); *Winternachtstraum* (1935); *Stradivari*, FV *Stradivarius* (1935); *Es flüstert die Liebe* (A 1935; . . . *und es flüstert die Liebe*); *Die Entführung* (1936); *Das Schloß in Flandern* (1936); *Ernte* (A 1936; *Die Julika*); *Mädchenpensionat* (A 1936); *Lumpacivagabundus* (A 1936); *Premiere* (A 1937); *Der Unwiderstehliche* (1937); *Zauber der Boheme* (A 1937); *Finale* (A 1938; *Die unruhigen Mädchen*); *Spiegel des Lebens* (1938); *Tiszavirág*, DV *Zwischen Strom und Steppe* (H/D 1939); *Maria Ilona* (1939); *Opernball* (1939); *Wiener G'schichten* (1940); *Ritorno*, DV *Traummusik* (I/D 1940); *Rosen in Tirol* (1940); *Dreimal Hochzeit* (1941); *Schicksal* (1942); *Die heimliche Gräfin* (1942); *Der dunkle Tag* (1943); *Ein Mann mit Grundsätzen* (1943); *Schrammeln* (1944); *Die tolle Susanne* (1945, unvollendet); *Die Fledermaus* (1946); *Wer bist du, den ich liebe?* (1949); *Hochzeitsnacht im Paradies* (1950); *Schwarze Augen* (1951); *Meine Frau macht Dummheiten* (1952); *Fritz und Friederike* (1952); *Die Tochter der Kompanie*, IV *La figlia del reggimento* (BRD/I 1953); *Einmal kehr ich wieder / Dalmatinska svadba* (BRD/YU 1953); *Mein Leopold* (1955); *Ja, ja die Liebe in Tirol* (1955); *Schwarzwaldmelodie* (1956); *Was die Schwalbe sang* (1956); *Das Donkosakenlied* (1956); *Hoch droben auf dem Berg* (1957); *Es wird alles wieder gut* (1957); *Schön ist die Welt* (1957); *Zwei Herzen im Mai* (1957); *Das gab's nur einmal* (1958, Rahmenhandlung); *Schwarzwälder Kirsch* (1958); *Hoch klingt der Radetzkymarsch* (A 1958); *Ein Lied geht um die Welt* (1958).

Braun, Harald

26. 4. 1901 Berlin – 24. 9. 1960 Xanten. Der Pastorensohn promovierte in Philosophie und Kunstgeschichte in Berlin. Erste berufliche Stationen: Herausgeber der evangelischen Monatszeitschrift »Eckart«, Leiter der Hörspielabteilung des Senders Berlin, Wechsel von der Dramaturgie zur Regie. 1937 von Carl Froelich als Drehbuchautor (*Heimat*, 1938, Froelich; *Der Weg ins Freie*, 1941, Hansen; u. a.) und Regieassistent für dessen Ufa-Herstellungsgruppe engagiert. Nach 1945 war B. Gründungsmitglied

der künstlerisch ambitionierten Neuen Deutschen Filmgesellschaft München (NDF), für die er auch als Autor tätig war (*Das verlorene Gesicht*, 1948, Hoffmann).

B.s Regiedebüt *Zwischen Himmel und Erde* (1942) nach der gleichnamigen Erzählung von Otto Ludwig enthält bereits, hier an einer Kain-Abel-Beziehung demonstriert, das Zentralthema fast aller seiner zukünftigen Arbeiten: der Mensch im Zwiespalt, der zwischen zwei extremen Positionen wählt oder sich von einer aus der anderen nähert. Auch die filmische Adaption literarischer Werke bleibt eine Stärke des Ex-Dramaturgen (*Nora*, 1944, nach Henrik Ibsen; *Der stumme Gast*, 1945, nach Theodor Fontanes »Unterm Birnbaum«; *Königliche Hoheit*, 1953, nach Thomas Mann, der sich sehr positiv über die Umsetzung seines gleichnamigen Romans äußerte. B.s Interesse an seelischen und geistigen Krisen gipfelte in seinem Hauptwerk *Nachtwache* (1949). Dessen große Publikumsresonanz (Bambi für den finanziell erfolgreichsten Film des Jahres 1950) erlaubte B. auch weiterhin die sorgfältige Auswahl seiner Sujets und ihre Realisierung als A-Produktionen. Bei seinem letzten hochdramatischen Konflikt-Film *Herrscher ohne Krone* (1957) zeigt er, im historischen Rahmen, das Schwanken des Arztes Struensee zwischen seiner Loyalität zum jungen, labilen König und der leidenschaftlichen Liebe zur Königin. Doch im Unterschied zu früheren Filmen läßt er Unstimmigkeiten und Schattierungen im Charakter der Titelfigur (O. W. Fischer in einer Paraderolle) stärker hervortreten. B.s früher Tod unterband weitere Versuche, diesen Weg psychologisierender Gestaltung zu gehen.

Zwischen Himmel und Erde (1942); *Hab' mich lieb* (1942); *Nora* (1944); *Träumerei* (1944); *Der stumme Gast* (1945); *Zwischen Gestern und Morgen* (1947); *Nachtwache* (1949); *Der fallende Stern* (1950); *Herz der Welt* (1951); *Vater braucht eine Frau* (1952); *Solange Du da bist* (1953); *Königliche Hoheit* (1953); *Der letzte Sommer* (1954); *Der letzte Mann* (1955); *Regine* (1956); *Herrscher ohne Krone* (1957); *Der gläserne Turm* (1957); *Die Botschafterin* (1960).

Carow, Heiner

Geb. 10. 10. 1929 Rostock. C. lernte das Handwerk des Regisseurs am DEFA-Nachwuchsstudio und im DEFA-Studio für populärwissenschaftliche Filme. Sein Kinofilmdebüt *Sheriff Teddy* (DDR 1957), thematisch und stilistisch mit den Berlin-Filmen Gerhard Kleins verwandt, wurde wie diese von Dogmatikern mit dem Verdikt »revisionistisch« belegt. Der im zerstörten Berlin angesiedelte Film zeichnet sich durch treffende Typisierung der jungen Protagonisten aus, die C. ebenso geschickt zu führen verstand wie jene in dem antifaschistischen Jugendfilm *Sie nannten ihn Amigo* (DDR 1959). C.s genaue Beobachtungsgabe und Verständnis für kindliche Verhaltensweisen machten ihn zum Spezialisten im Genre des Kinder- und Jugendfilms. Der in der DDR lange Zeit unterschätzte Cineast C. erzielte nach mehreren atmosphärisch dichten Milieu- (*Die Hochzeit von Länneken*, DDR 1964) und Zeitfilmen (*Das Leben beginnt*, DDR 1960) seinen Durchbruch mit der poetisch überhöhten *Legende von Paul und Paula* (DDR 1973), die ihn auch international bekannt machte: Sie thematisierte die Kollision von unbedingtem Glücksanspruch und gesellschaftlichen Zwängen. *Bis daß der Tod euch scheidet* (DDR 1979) skizzierte Szenen einer Ehe, die trotz offiziell vielbeschworener staatlicher Fördermaßnahmen in eine Tragödie mündet. *Coming out* (DDR 1989) schließlich porträtierte, ebenfalls moralisch rigoros und sensibel im Detail, einen jungen Lehrer, der sich zu seiner Homosexualität bekennen lernt. Wichtige Kinoprojekte Carows, wie *Die neuen Leiden des jungen W.* (Szenarium: Ulrich Plenzdorf) oder *Simplicissimus* (Szenarium: Franz Fühmann) konnten aufgrund politischer Restriktionen bzw. finanzieller Schwierigkeiten nicht realisiert werden. Nach der Wende mußte C. seine Regiearbeit vorwiegend, beginnend 1990 mit dem Teil »Tapferkeit« in dem Episodenfilm über die vier Tugenden für die ZDF-Sendung »Aspekte«, aufs Fernsehen beschränken.

Bauern erfüllen den Plan (DDR 1952, TV-Dok.); *Dorf im Herbst* (DDR 1953, Dok., KF); *Flugmodelle* (DDR 1953, Dok., KF); *Startarten für Segelflugmodelle* (DDR 1953, Dok., KF); *Ein Schritt weiter* (DDR 1953, Dok., KF); *Winterurlaub mit dem FDGB* (DDR 1953, Dok., KF); *Forschen und Schaffen, Folge 6* (DDR 1954, Dok., KF, CR Devaal); *Die Wette gilt* (DDR 1954, KF); *Leipziger Messe 1954* (DDR 1954, Dok., KF, CR Mühlpforte, Mahler, Siegert); *Martins Tagebuch* (DDR 1955, Dok.); *Sheriff Teddy* (DDR 1957); *Sie nannten ihn Amigo* (DDR 1959); *Das Leben beginnt* (DDR 1960); *Die Hochzeit von Länneken* (DDR 1964); *Jeder hat seine Geschichte* (DDR 1965, TV); *Die Reise nach Sundevit* (DDR 1966); *Die Russen kommen* (DDR 1968; EA 1987); *Karriere* (DDR 1971); *Die Legende von Paul und Paula* (DDR 1973); *Ikarus* (DDR 1975); *Bis daß der Tod euch scheidet* (DDR 1979); *Pugowitza* (DDR 1981, Brauer; künstlerische Mitarbeit); *So viele Träume* (DDR 1986); *Coming out* (DDR 1989); *Tapferkeit* (1990, TV-KF); *Verfehlung* (1992); *Begräbnis einer Gräfin* (1992, TV); *Vater Mutter Mörderkind* (1993, TV); *Praxis Bülowbogen* (1993, TV-Serie, 3 Folgen); *Großstadtrevier* (1993, TV-Serie, 3 Folgen); *Kanzlei Bürger* (1994, TV-Serie). *ms*

Deppe, Hans (Johannes Carl Otto)

12. 11. 1897 Berlin – 23. 9. 1969 ebd. Ausbildung am Max-Reinhardt-Seminar in Wien. Der Charakterdarsteller wurde Ensemblemitglied des Deutschen Theaters in Berlin, wo er auch als Regisseur Aufmerksamkeit erregte. Vor allem seine Inszenierung von Peter Martin Lampels »Revolte im Erziehungshaus« reihte ihn und seine »Gruppe junger Schauspieler« unter die Nachwuchshoffnungen des deutschen Theaters. Als Gründungsmitglied (1928) der »Katakombe« erwarb sich D. auch Kabarettserfahrungen.

D.s interessantes Kinodebüt *Der Schimmelreiter* (1934, CR Oertel) erzählt Theodor Storms gleichnamige Novelle vom Deichgrafen, der sein Werk gegen Aberglauben und Naturgewalten verteidigen muß, ohne den von der Reichsfilmkammer aufgestellten Richtlinien zu folgen und daher ohne emotionalen Appell an eine »mythische Heimatverbundenheit«. Und auch in seinen Ludwig-Ganghofer-Adaptionen (*Schloß Hubertus*, 1934; *Der Jäger von Fall*, 1936, u. a.) vermied D. die »Verselbständigung« der Landschaft und ihre Degeneration zur Idylle.

Er richtete sein Augenmerk nicht nur auf die Mesalliancen zwischen Bürgerlichen und Adeligen, auf die Förster-Wilderer-Konflikte und deren psychologische und soziale Motivierung, sondern konzentrierte sich ebenso auf das Umfeld der Randfiguren. Dabei gelang ihm, trotz der vorgegebenen Trivialstrukturen, die Schwarzweißzeichnung zu verfeinern und Mitgefühl für die am unteren Ende der hierarchischen Rangordnungen befindlichen Personen zu erwecken. D.s künstlerisches Hauptwerk vor dem Zweiten Weltkrieg, *Straßenmusik* (1936), stand stilistisch im Zeichen der Neuen Sachlichkeit. Nach 1945 erlangte D. durch seine Hinwendung zum Heimatfilm eine spezifische Bedeutung für den deutschen Film (*Schwarzwaldmädel*, 1950; *Grün ist die Heide*, 1951). Er erweiterte das Genre, als der Lebensstandard der Bundesbürger anstieg und Auslandsreisen für sie erschwinglich wurden, zum ›Reisefilm‹ (*Der Fremdenführer von Lissabon*, 1956). Wie schon in seinem Film *Scheidungsreise* (1938) über eine Gesellschaftsreise per Bus von Berlin nach Venedig bewies D. eine Vorliebe für die Persiflage des »Auslandshungers« seiner Landsleute.

Der Schimmelreiter (1934, CR Oertel); *Schloß Hubertus* (1934); *Herr Kobin geht auf Abenteuer* (1934); *Bums, der Scheidungsgrund* (1934, KF); *Die rosarote Brille* (1934, KF); *Die kleinen Verwandten* (1934, KF); *Ferien vom Ich* (1934); *Nacht der Verwandlung* (1935); *Die Heilige und ihr Narr* (1935); *Der mutige Seefahrer* (1935); *Der Außenseiter* (1935); *Die Drei um Christine* (1936); *Straßenmusik* (1936); *Drei tolle Tage* (1936); *Der Jäger von Fall* (1936); *Das schöne Fräulein Schragg* (1937); *Meiseken* (1937); *Das Schweigen im Walde* (1937); *Zweimal zwei im Himmelbett* (1937); *Gewitter im Mai* (1938); *Narren im Schnee* (1938); *Scheidungsreise* (1938); *Die kluge Schwiegermutter* (1939); *Das Ekel* (1939); *Verwandte sind auch Menschen* (1940); *Der Sündenbock* (1940); *Der laufende Berg* (1941); *Heimaterde* (1941); *Der Ochsenkrieg* (1943); *Der kleine Grenzverkehr* (1943); *Gefährlicher Frühling* (1943); *Der Majoratsherr* (1944); *Ein Mann wie Maximilian* (1945); *Wie sagen wir es unseren Kindern?* (1945); *Kein Platz für Liebe* (DDR 1947); *Die Kuckucks* (DDR 1949); *Die Freunde meiner Frau* (1949); *Man spielt nicht mit der Liebe* (1949); *Eine Nacht im Séparée* (1950); *Schwarzwaldmädel* (1950); *Es geht nicht ohne Gi-*

sela (1951); *Grün ist die Heide* (1951); *Der Fürst von Pappenheim* (1952); *Das Land des Lächelns* (1952); *Ferien vom Ich* (1952); *Heimlich, still und leise* (1953); *Wenn der weiße Flieder wieder blüht* (1953); *Die tolle Lola* (1954); *Die sieben Kleider der Kathrin* (1954); *Heideschulmeister Uwe Karsten* (1954); *Der Pfarrer von Kirchfeld* (1955); *Die Frau des Botschafters* (1955); *Sohn ohne Heimat* (1955); *Ihr Leibregiment* (1955); *Tausend Melodien* (1956); *Mein Bruder Josua* (1956); *Solange noch die Rosen blühn* (1956); *Der Fremdenführer von Lissabon* (1956); *Unter Palmen am blauen Meer / Vacanze a Portofino* (BRD/I 1957); *Alle Wege führen heim* (1957); *Immer die Radfahrer* (A 1958); *Dreizehn kleine Esel und der Sonnenhof* (1958); *Der Haustyrann* (1959); *So angelt man keinen Mann* (1959); *Mandolinen und Mondschein* (1959); *Kein Mann zum Heiraten* (A 1959); *Gitarren klingen leise durch die Nacht* (A 1959); *Wenn die Heide blüht* (1960); *Robert und Bertram* (1961); *Muß i denn zum Städtele hinaus* (1962).

▬▬

Dieterle, Wilhelm (William)

15. 7. 1893 Ludwigshafen − 9. 12. 1972 Ottobrunn bei München. Seit 1917 als Darsteller beim Theater, 1920 von Max Reinhardt nach Berlin geholt. D., ein Hüne von Gestalt, fand auch im Film, vor allem in Rollen männlich-romantischen Zuschnitts großen Anklang. Darstellerisch von Regisseuren wie Ludwig Berger, Max Reinhardt, Leopold Jessner und Karl Heinz Martin geformt, lernte er, seine äußere Robustheit in natürliches, spontanes Spiel umzusetzen (*Hintertreppe*, 1921, Jessner, Leni; *Faust*, 1926, Murnau; *Die Weber*, 1927, Zelnik).

Als D. sich auch als Filmregisseur zu betätigen begann, versuchte er gleichfalls abwechselnd auf künstlerisch anspruchsvolle und populäre Stoffe zu setzen. Sein Debüt, die ambitiöse Leo-Tolstoi-Verfilmung *Der Mensch am Wege* (1923) blieb erfolglos. Hingegen wurde *Die Heilige und ihr Narr* (1928) nach dem gleichnamigen Bestseller von Agnes Günther einer der größten Erfolge des deutschen Stummfilms überhaupt. Daraufhin konnte D. ein heikles Thema − Homosexualität − im Rahmen eines Gefängnisfilms abhandeln: *Geschlecht in Fesseln* (1928). Inzwischen war D. auch für Hollywood interessant geworden, seine Weltkarriere begann: Er vermochte sich sofort an die Hollywood-Studio-Bedingungen anzupassen, griff jedoch auch immer wieder auf sein mitteleuropäisches Kulturerbe zurück. Neben gediegenen filmischen Biographien, die das Gleichgewicht zwischen authentischen Fakten und anekdotenhafter Fiktion zu halten verstanden und von grandiosen Schauspielern getragen wurden (*The story of Louis Pasteur*, USA 1936, mit Paul Muni; *Dr. Ehrlich's magic bullet*, USA 1940, mit E. G. Robinson) bewies er auch in anderen Genres seine stilistische Bravour: Der Gangsterfilm *Dr. Socrates* (USA 1935), die Victor-Hugo-Verfilmung *The hunchback of Notre Dame* (USA 1939) mit grandiosen Massenszenen und die phantastische Komödie *All that money can buy* (USA 1941) zählen zu den besten Beispielen in ihrem Genre. 1958 kehrte D. nach Deutschland zurück – zum Theater, mit Abstechern zum großen Publikumsfilm (z. B. das Monumental-Abenteuer *Herrin der Welt*, 1960).

SF: *Der Mensch am Wege* (1923); *Das Geheimnis des Abbé X* (1927, CR Brandt); *Die Heilige und ihr Narr* (1928); *Geschlecht in Fesseln* (1928); *Ich lebe für Dich* (1929); *Frühlingsrauschen (1929); Das Schweigen im Walde* (1929); *Ludwig II., König von Bayern* (1930). – TF: *Der Tanz geht weiter* (USA 1930); *Die Maske fällt* (USA 1931); *Eine Stunde Glück* (1931); *Kismet* (USA 1931); *The last flight* (USA 1931); *Her majesty love* (USA 1931); *Man wanted* (USA 1932); *Jewel robbery* (USA 1932); *The crash* (USA 1932); *Six hours to live* (USA 1932); *Scarlet dawn* (USA 1932); *Lawyer man* (USA 1932); *Grand slam* (USA 1933); *Adorable* (USA 1933); *The devil's in love* (USA 1933); *Female* (USA 1933, Curtiz; Fertigstellung); *From headquarters* (USA 1933); *Fashions of 1934* (USA 1934, CR Berkeley); *Fog over Frisco* (USA 1934); *Doctor Monica* (USA 1934, Keighley; Fertigstellung); *Madame Du Barry* (USA 1934; *Madame Dubarry*); *The firebird* (USA 1934); *The secret bride* (USA 1935); *Dr. Socrates* (USA 1935); *A midsummer night's dream* (USA 1935, CR M. Reinhardt; *Ein Sommernachtstraum*); *The story of Louis Pasteur* (USA 1936; *Louis Pasteur*); *The white angel* (USA 1936); *Satan met a lady* (USA 1936); *The great O'Malley* (USA 1937); *Another dawn* (USA 1937); *The life of Emile Zola* (USA 1937); *Blockade* (USA 1938);

Juarez (USA 1939); *The hunchback of Notre Dame* (USA 1939; *Der Glöckner von Notre Dame*); *Dr. Ehrlich's magic bullet* (USA 1940; *Paul Ehrlich – ein Leben für die Forschung*); *A dispatch from Reuter's* (USA 1940); *All that money can buy* (USA 1941; *Der Teufelsbauer*); *Syncopation* (USA 1942); *Tennessee Johnson* (USA 1942); *Kismet* (USA 1944; *Kismet*); *I'll be seeing you* (USA 1944; *Ich werde dich wiedersehen*); *Love letters* (USA 1945; *Liebesbriefe*); *This love of ours* (USA 1945; *Die Liebe unseres Lebens*); *The searching wind* (USA 1946); *Duel in the sun* (USA 1946, K. Vidor; Fertigstellung; *Duell in der Sonne*); *Portrait of Jenny* (USA 1948; *Jenny*); *The accused* (USA 1949; *Frau in Notwehr*); *Rope of sand* (USA 1949; *Blutige Diamanten*); *Paid in full* (USA 1950); *Vulcano* (I 1950); *September affair* (USA 1950; *Liebesrausch auf Capri*); *Dark city* (USA 1950; *Stadt im Dunkel*); *Peking Express* (USA 1951); *Boots Malone* (USA 1952); *Red Mountain* (USA 1952; *Hölle der roten Berge*); *The turning point* (USA 1952; *Der Wendepunkt*); *Salome* (USA 1953; *Salome*); *Elephant walk* (USA 1954; *Elefantenpfad*); *Magic fire* (USA 1955; *Frauen um Richard Wagner*); *Omar Khayyam* (USA 1957; *Sturm über Persien*); *Il vendicatore / Dubrowski* (I/YU 1959; *Der Rebell von Samara*); *Herrin der Welt / Il mistero dei tre continenti / Les mystères d'Angkor* (BRD/I/F 1960, 2 Teile); *Die Fastnachtsbeichte* (1960); *The confession* (USA 1965).

Dörrie, Doris

Geb. 26. 5. 1955 Hannover. Die Arzttochter studierte Film in den USA und in München. Etliche Kurzspielfilme im Rahmen der Hochschule (Mitarbeit bzw. Regie und Buch) ebneten D. den Weg zum Fernsehen (TV-Dokumentationen). Seit 1985 (*Männer*) dreht D. vornehmlich fürs Kino und hat sich auch als Novellistin einen Namen gemacht (mit Erzählungsbänden wie »Love in Germany«, »Der Mann meiner Träume«, »Liebe Schmerz und . . .«, »Was wollen Sie von mir?«, »Für immer und ewig – Eine Art Reigen«, »Bin ich schön?«).

Ein besonderer Blick für aktuelle Zeitsymptome und ein genaues Ohr für spezifische Idiome zeichnet die Komödien von D. aus, die

Doris Dörrie

(1978, TV-Dok.); *Hättst was Gscheits gelernt* (1978, TV-Dok., CR Berndt); *Nachbarkinder* (1979, TV-Serie; eine von 6 Folgen); *Paula aus Portugal* (1979, TV-Dok.); *Katharina Eiselt, 85, Arbeiterin* (1980, TV-Dok.); *Von Romantik keine Spur, Martina (19) wird Schäferin* (1981, TV-Dok.); *Unter lauter Schafen* (1981, TV-Dok.); *Dazwischen* (1982, TV); *Mitten ins Herz* (1983); *Im Innern des Wals* (1984); *Männer* (1985); *Paradies* (1986); *Ich und Er* (1987); *Geld* (1989); *Happy Birthday, Türke!* (1991); *Was darf's denn sein* (1993, TV-Dok.); *Keiner liebt mich* (1994).   ps

Dupont, E. A. (Ewald André)

25. 12. 1891 Zeitz (Sachsen) – 12. 12. 1956 Los Angeles. D. wurde nach dem Universitätsstudium Reporter, später Filmkritiker. 1918 erschien sein didaktisches Handbuch »Wie ein Film geschrieben wird und wie man ihn verwertet«. D.s Werdegang vom Journalisten zum Drehbuchautor (u. a. für Joe May und Richard Oswald) und Regisseur bestimmte seine formale Entwicklung, die ihn zum Virtuosen der Filmdramaturgie, zum meisterlichen Könner im Hervorbringen innerer und äußerer Spannung machte.

D. setzte die ihm geläufige Schreibtechnik des Journalisten ins Optische um. So ›informierte‹ er über die intrigenreiche Welt des Theaters (*Das alte Gesetz*, 1923); über das gefahrvolle Leben der Artisten (*Varieté*, 1925); über die schwül-sinnliche Atmosphäre im Nachtklub (*Moulin Rouge*, GB 1928); über die hektischen Rettungsversuche auf einem sinkenden Schiff (*Atlantic*, 1929). D.s anderes bevorzugtes Mittel, um den »thrill« seiner Filme zu erzeugen, war das der Deduktion und Reduktion: Durch Kameraschwenks, Wischblenden und andere visuelle Lösungen erhöhte er künstlich das Interesse des Zuschauers. Im Ballett-Melodram *Der weiße Pfau* (1920) ließ der Regisseur die Kamera in Augenhöhe des Theaterbesuchers bzw. erhöht auf das Bühnenpodium (in Richtung Publikum) stellen; die Wechselwirkung von Gesichtern in Großaufnahme und der auf der Bühne agierenden Schauspielern ergab ein bewegtes, reizvolles Bild der Theaterwelt. Der Welterfolg von *Varieté* (1925) öffnete D. das Tor nach Hollywood. Sein amerikanisches Debüt,

mit *Männer* (1985) ihren ersten und bislang größten Publikumserfolg erzielte. Bei der Kritik reüssierte sie eher mit *Mitten ins Herz* (1983), der sachlichen Beschreibung der fatal endenden leidenschaftlichen Liebe einer 22jährigen Kellnerin zu einem älteren Akademiker, oder mit ihrer Detektivkomödie *Happy Birthday, Türke!* (1991), die durch das subtil-humorvoll gezeichnete Aufeinanderprallen zwischen Deutschen und Türken im Frankfurter Großstadtmilieu besticht. Als spektakuläre Karikaturistin deutschen Kleinbürgertums (*Geld*, 1989) und insbesondere der Yuppie-Szene made in Germany (*Männer*, 1985; *Ich und Er*, 1987, eine in den USA gedrehte deutsche Produktion, die nicht der anvisierte internationale Boxoffice-Hit wurde) ist D. eines der erfolgreichsten deutschen Regietalente ihrer Generation.

Ob's stürmt oder schneit (1976, Dok., CR Berndt); *Ene mene mink* (1977, KF); *Der erste Walzer* (1978, KF); *Alt werden in der Fremde*

Love me and the world is mine (USA 1927, nach Rudolf Hans Bartschs Roman »Die Geschichte von der Hannerl und ihren Liebhabern«) stieß jedoch auf Unverständnis beim amerikanischen Publikum. Nach Deutschland zurückgekehrt, bewies D. in der Verfilmung von Seeligers Bestseller *Peter Voß, der Millionendieb* (1932) seinen Sinn für parodistische Effekte. 1933 mußte D. emigrieren; Hollywood bot ihm außer B-Pictures nur wenig, D. zog sich in sein ursprüngliches Metier, den Filmjournalismus, zurück, wurde dann Impresario, ehe er 1951 ein ziemlich erfolgloses Comeback als Regisseur für Film und Fernsehen versuchte.

SF: *Europa postlagernd* (1918); *Mitternacht* (1918); *Der lebende Schatten* (1918); *Die Japanerin* (1919); *Der Teufel* (1919); *Das Geheimnis der Amerika-Docks* (1919); *Die Apachen* (1919); *Die Maske* (1919); *Die Spione* (1919); *Das Derby* (1919); *Der Würger der Welt* (1920); *Alkohol* (1920, Lind; Nachaufnahmen); *Das Grand-Hotel Babylon* (1920); *Der weiße Pfau* (1920); *Whitechapel* (1920); *Herztrumpf* (1920); *Der Mord ohne Täter* (1920); *Die Geier-Wally* (1921); *Kinder der Finsternis*, Teil 1: *Der Mann aus Neapel*, (1921); *Kinder der Finsternis*, Teil 2: *Kämpfende Welten* (1922); *Sie und die Drei* (1922); *Die grüne Manuela* (1923); *Das alte Gesetz* (1923); *Der Demütige und die Sängerin* (1925); *Variété* (1925); *Love me and the world is mine* (USA 1927; *Lieb' mich und die Welt ist mein*); *Moulin Rouge* (GB 1928); *Piccadilly* (GB 1929; *Nachtwelt*). – TF: *Atlantic*, FV *Atlantis*, GBV *Atlantic* (GB 1929); *Zwei Welten*, FV *Les deux mondes*, GBV *Two worlds* (GB 1930); *Menschen im Käfig*, FV *Le cap perdu*, GBV *Cape forlorn* (GB 1930); *Salto mortale*, FV *Salto mortale* (1931); *Peter Voß, der Millionendieb* (1932); *Der Läufer von Marathon* (1933); *Ladies must love* (USA 1933); *The bishop misbehaves* (USA 1935); *Forgotten faces* (USA 1936); *A son comes home* (USA 1936); *Night of mystery* (USA 1937); *On such a night* (USA 1937); *Love on toast* (USA 1937); *Hell's kitchen* (USA 1939, CR Seiler); *The scarf* (USA 1951); *Problem girls* (USA 1953); *The Neanderthal man* (USA 1953); *The steel lady* (USA 1953; *Spur in der Wüste*); *Miss Robin Crusoe* (USA 1954, CR Frenke); *Return to treasure island* (USA 1954; *Die Banditeninsel von Karabei*).

<hr/>

Eichberg, Richard

27. 10. 1888 Berlin – 8. 5. 1952 München. E. kam über die Tätigkeit als Akteur in frühen »Tonbildern« zur Produktion und Regie. 1938 emigrierte er in die USA und kehrte nach Kriegsende wieder nach Deutschland zurück.

E. zählt zu den Pionieren unter den Herstellern handwerklich perfekter B-Filmproduktionen. In Melodramen, Trivial- und Fortsetzungsfilmen, später in vielen (Revue-)Lustspielen vermochte er durch raschen Szenenwechsel, ausgeklügelte Schauspieler-Interaktionen und raffinierten Einsatz von Versatzstücken jenes Tempo zu erzeugen, das sein Publikum so beeindruckte. E.s dramaturgisches Mittel: Er bringt seine Protagonisten (mit zumeist grobschlächtigen Mitteln) in den Ruch der Unmoral oder des gesellschaftlichen Außenseitertums und konfrontiert sie mit der Welt des Establishments und der Moralapostel. Schein und Sein werden dabei ununterbrochen vertauscht, gegeneinander ausgespielt oder ad absurdum geführt. Höhepunkte dieser die amerikanische Screwball comedy vorwegnehmenden Technik: *Fräulein Raffke* (1923), eine boshaft-ironische Abrechnung mit neureichem Schieber- und Spießertum, *Die tolle Lola* (1927), eine im Amüsierbetrieb angesiedelte »tour de farce« über Libertinage und Größenwahn. Daß die Schauspieler das wichtigste Aushängeschild seiner Filme waren, ließ der »Showman« E. nie außer acht und forcierte den Aufbau von jungen Mädchen zu (neuen) Stars (Ellen Richter, Lee Parry, Lilian Harvey u. a.). Als E. sich in der Tonfilmära immer mehr dem Action- und Abenteuer-Spektakel zuwandte, realisierte er die bewährten Erzähltechniken, durch Exotik bereichert, mit noch größerem Aufwand und wurde zum erfolgreichsten deutschen Monumentalfilmer seiner Zeit (*Der Kurier des Zaren*, 1936; *Das indische Grabmal*, 1938, 2 Teile).

SF: *Strohfeuer* (1915); *Vom Spielteufel befreit* (1915); *Robert als Lohengrin* (1915); *Das Tagebuch Collins* (1915); *Leben um Leben* (1916); *Der Ring des Schicksals* (1916); *Frauen, die sich opfern* (1916); *Das Skelett* (1916); *Bacchanal des Todes* (1917); *Die Flucht des Arno Jessen* (1917); *Katharina Karaschkin* (1917); *Die im Schatten leben*

(1917); *Für die Ehre des Vaters* (1917); *Und führe uns nicht in Versuchung* (1917); *Strandgut* (1917); *Die Schuld des Dr. Adrian Dorczy* (1918); *Die goldene Mumie* (1918); *Der Narr hat sie geküßt* (1918); *Im Zeichen der Schuld* (1918); *Die letzte Liebesnacht der Inge Tolmein* (1919); *Kinder der Landstraße* (1919); *Die Tragödie der Manja Orsan* (1919); *Wehrlose Opfer* (1919); *Jettatore* (1919); *Sünden der Eltern* (1919); *Nonne und Tänzerin* (1919); *Sklaven fremden Willens* (1920); *Der Tanz auf dem Vulkan,* Teil 1: *Sybill Joung,* Teil 2: *Der Tod des Großfürsten* (1920); *Der Fluch der Menschheit,* Teil 1: *Die Tochter der Arbeit,* Teil 2: *Im Rausche der Milliarden* (1920); *Staatsanwalt Briands Abenteuer,* Teil 1: *Die ungültige Ehe,* Teil 2: *Dem Wellengrab entronnen* (1920); *Sträflingsketten,* Teil 1: *Der Schrei aus der Verbannung,* Teil 2: *Das Geständnis vor dem Tode* (1920); *Die Macht des Blutes,* Teil 1: *Der Tod in Venedig,* Teil 2: *In der Schlinge des Inders* (1921); *Der lebende Propeller* (1921); *Die Bettelgräfin vom Kurfürstendamm* (1921); *Die Ehe der Hedda Olsen* (1921); *Die Liebesabenteuer der schönen Evelyne* (1921); *Der Roman einer armen Sünderin* (1922); *Das Straßenmädchen von Berlin* (1922); *Ihre Hoheit die Tänzerin* (1922); *Monna Vanna* (1922); *Fräulein Raffke* (1923); *Die schönste Frau der Welt* (1924); *Die Motorbraut* (1925); *Leidenschaft* (1925); *Liebe und Trompetenblasen* (1925); *Die Kleine vom Bummel* (1925); *Der Prinz und die Tänzerin* (1926); *Die keusche Susanne* (1926); *Durchlaucht Radieschen* (1927); *Der Fürst von Pappenheim* (1927); *Die tolle Lola* (1927); *Die Leibeigenen* (1928); *Das Girl von der Revue* (1928); *Song* (1928); *Rutschbaan* (1928); *Großstadtschmetterling* (1929); *Wer wird denn weinen, wenn man auseinandergeht* (1929) – TF: *Hai-Tang,* GBV *The flame of love,* FV *Haï-Tang* (GB 1930); *Der Greifer,* GBV *Night birds* (GB 1930); *Die Bräutigamswitwe,* GBV *Let's love and laugh* (GB 1931); *Trara um Liebe* (1931); *Der Draufgänger* (1931); *Die unsichtbare Front* (1932); *Die Katz' im Sack,* FV *Quadrille d'amour* (F 1935); *Der Schlafwagenkontrolleur,* FV *Le contrôleur des wagons-lits* (1935); *Der Kurier des Zaren,* FV *Michel Strogoff* (1936); *Es geht um mein Leben* (1936); *Das indische Grabmal,* Teil 1: *Der Tiger von Eschnapur,* Teil 2: *Das indische Grabmal;* FV *Le tigre du Bengale,* Teil 1: *Le tigre du Bengale,* Teil 2: *Le tombeau hindou* (1938); *Die Reise nach Marrakesch* (1949).

Emo, E. W. (d. i. Emerich Josef Wojtek)

11. 7. 1898 Seebarn (Niederösterreich) – 1. 12. 1975 Wien. Über Statisterie, Aufnahmeleitung, Schnitt kam E. zur Regie.

E.s Filme reflektieren in ihrer Gesamtheit Themenwahl und Herstellungstechnik der deutsch-österreichischen B-Produktion: Populäre Schauspieler, eine leicht überschaubare Handlung (zumeist Lustspiele und volksstückhafte Genrebilder), einfache Dekorationen und geringer Schauplatzwechsel bestimmten die Qualität seiner rasch produzierten Low-budget-Streifen. In diesem engen Rahmen erarbeitete sich E. ein großes handwerkliches Können, das er insbesondere auf den seit Stummfilmtagen auch in Deutschland beliebten ›Wiener Film‹ verwandte. E.s Stellenwert bemißt sich jedoch nach den in Österreich (teilweise in eigener Produktion) entstandenen Beispielen, die einerseits auf die heimische Mentalität, andererseits auf deutsche Marktverhältnisse und (nach 1933) NS-Richtlinien abgestimmt waren. E. gab ihnen eine spezifische Wendung und (die von der Reichsfilmkammer forcierte) doppelbödige Deutung: Gewohnte Handlungsmuster und Typenmerkmale wurden kaum verändert, aber ihres ursprünglichen (einseitig bitter-süßen) Flairs beraubt. An seine Stelle setzte E. Motive und Verhaltensweisen, die auch die negativen Seiten Wiens und der Wiener zum Vorschein brachten. In seiner Interpretation wird »Gemütlichkeit« zum Gefühlschaos (*Der Herr ohne Wohnung,* A 1934); »Komödiantentum« zum Außenseitertum (*Zirkus Saran,* A 1935); »Liebe« zum Leistungszwang (*Der Mann, von dem man spricht,* A 1937); »Ordnungssinn« zum Querulantentum (*Anton der Letzte,* 1939) usw. Obwohl diese negativen Eigenschaften nur am Rande und als Anlaß für komische Situationen sichtbar und letztlich entschuldigt werden, ist E.s ›gestörtes‹ Verhältnis zum Genre nicht zu übersehen; ein Umstand, der *Liebe ist zollfrei* (1941) teilweise und *Wien 1910* (1943) gänzlich ins Fahrwasser nationalsozialistischer Filmpropaganda brachte. Zu E.s positiven ›Wiener Filmen‹ zählen *Unsterblicher Walzer* (1939), ein Film um die Strauß-Dynastie, und *Der liebe Augustin* (1940), der den janusköpfigen Charakter der Donaustadt ohne Bitterkeit und Parteilichkeit zeigt.

Ab 1948 begnügte sich E. mit leichten Unterhaltungsfilmen, unter denen lediglich *Kleine Melodie aus Wien* (A 1948), *K. u. K. Feldmarschall* (A 1956) und *Ober, zahlen!* (A 1957) herausragen.

SF: *Flitterwochen* (1928); *Polnische Wirtschaft* (1928); *Spelunke* (1928); *Im Prater blüh'n wieder die Bäume* (1929); *Zwischen Vierzehn und Siebzehn* (1929); *Was kostet Liebe?* (A/D 1930). – TF: *Heute Nacht – eventuell* (1930); *Zweimal Hochzeit* (1930); *Der Hampelmann* (1930); *Ich heirate meinen Mann*, PV *A minha notte de nupcias* (F 1931); *Lo mejor es reir* (E 1931, in F hergest.); *Der Storch streikt* (1931); *Mein Traum wär' ein Mädel* (1931, KF); *Der unbekannte Gast* (1931); *Fräulein – falsch verbunden* (1932); *Der Frauendiplomat* (1932); *Moderne Mitgift* (1932); *Das Testament des Cornelius Gulden* (1932); *Marion, das gehört sich nicht*, IV *Cercasi modella* (D/I 1932); *Una notte con te* (I 1933, in D hergest.); *Und wer küßt mich?*, IV *La ragazza dal livido azzuro* (D/I 1933); *Kleines Mädel – großes Glück* (1933); *Ein gemütlicher Nachmittag* (1934, KF); *Der Doppelgänger* (1934); *Gern hab' ich die Frau'n geküßt* (1934); *Jungfrau gegen Mönch* (1934); *Der Herr ohne Wohnung* (A 1934); *Petersburger Nächte* (1935); *Der Himmel auf Erden* (A 1935); *Endstation* (1935); *Der Vogelhändler* (1935); *Zirkus Saran* (A 1935; *Knox und die lustigen Vagabunden*); *Familie Schimek* (1935); *Wer zuletzt küßt . . .* (A 1936; *Ungeküßt soll man nicht schlafen geh'n*); *Die Puppenfee* (A 1936); *Schabernack* (1936); *Drei Mäderl um Schubert* (1936); *Fiakerlied* (1936); *Der Mann, von dem man spricht* (A 1937); *Die Austernlilli* (1937); *Unentschuldigte Stunde* (A 1937); *Die verschwundene Frau* (A 1937); *Musik für Dich* (A 1937); *Dreizehn Stühle* (1938); *Der Optimist* (1938); *Unsterblicher Walzer* (1939); *Anton der Letzte* (1939); *Meine Tochter lebt in Wien* (1940); *Der liebe Augustin* (1940); *Liebe ist zollfrei* (1941); *Zwei glückliche Menschen* (1943); *Wien 1910* (1943); *Reisebekanntschaft* (1943); *Schwarz auf Weiß* (1943); *Freunde* (1945); *Alles Lüge* (A 1948); *Kleine Melodie aus Wien* (A 1948); *Nichts als Zufälle* (1949); *Es lebe das Leben* (A 1949); *Um eine Nasenlänge* (1949); *Der Theodor im Fußballtor* (1950); *Es schlägt dreizehn* (A 1950; *Jetzt schlägt's dreizehn*); *Es liegt was in der Luft* (CH 1950); *Hilfe, ich bin unsichtbar* (1951); *Schäm dich, Brigitte* (A 1952; *Wir werden das Kind schon schaukeln*); *Fräulein Casanova* (A 1953); *Irene in Nöten / Irena v stisci* (A/YU 1953; *Wirbel um Irene*); *Damenwahl* (1953); *Ihr Korporal / Husarenmanöver* (A/BRD 1956); *K. u. K. Feldmarschall* (A 1956); *Ober, zahlen!* (A 1957); *Wenn die Bombe platzt* (A 1958).

Engel, Erich

14. 2. 1891 Hamburg – 10. 5. 1966 Berlin. Der gelernte Schauspieler hat als Regisseur, speziell als Mitkämpfer Bertolt Brechts, Theatergeschichte in der Weimarer Republik geschrieben. Auch nach 1945 blieb er ein richtungweisender Theaterpraktiker und –theoretiker. Sein Sohn Thomas Engel (geb. 1922) ist ein sehr produktiver Theater-, Film- und TV-Regisseur.

Die erste Begegnung des versierten Theatermanns E. mit dem Medium Film reicht in das Jahr 1923 zurück, als er mit Bertolt Brecht und Karl Valentin im privaten Rahmen die Groteske *Die Mysterien eines Frisiersalons* inszenierte. 1930 wurde dem subtilen Schauspielerführer die Dialogregie der Dostojewski-Verfilmung *Der Mörder Dimitri Karamasoff* (1931, Ozep) anvertraut. Bereits mit seiner ersten eigenständigen Regiearbeit *Wer nimmt die Liebe ernst?* (1931) bereicherte E. die deutsche Tonfilmkomödie um neue inhaltliche und sprachliche Facetten. Auch in seinen weiteren Filmen, fest im Alltag (der Depressionszeit) verankert (*Fünf von der Jazzband*, 1932; *Pechmarie*, 1934), unterstreicht E. den Sinn und die Zweckmäßigkeit menschlicher Solidarität. Die gewaltsame Zäsur des Jahres 1933 vermochte E., nicht emigrieren wollte, künstlerisch zu überleben. Seine Spezialisierung auf anspruchsvolle Komödien ließ ihn politisch ungefährlich, filmwirtschaftlich unentbehrlich erscheinen. Nach der Devisenschmuggelgeschichte *Inge und die Millionen* (1933) kehrte er mit seiner bevorzugten Hauptdarstellerin Jenny Jugo (sie wirkte in zwölf Engel-Filmen mit) zum Genre der Komödie zurück. Auch E.s Nachkriegsschaffen, z. B. mit den werkgetreuen Literaturverfilmungen *Der Biberpelz* (DDR 1949; nach Gerhart Hauptmann) und *Der fröhliche Weinberg* (1952; nach Carl Zuckmayer) oder dem Politkrimi *Affaire Blum* (DDR 1948), zeugt von E.s Fähigkeit, die Dialektik zwischen dem Menschen und dessen Lebensbedingungen auf unterhaltsame Art aufzuzeigen.

SF: *Die Mysterien eines Frisiersalons* (1923). – TF: *Wer nimmt die Liebe ernst?* (1931); *Fünf von der Jazzband* (1932); *Inge und die Millionen* (1933); *Pechmarie* (1934); *Hohe Schule* (A/D 1934); . . . *nur ein Komödiant* (A 1935); *Pygmalion* (1935); *Mädchenjahre einer Königin* (1936); *Ein Hochzeitstraum* (1936); *Die Nacht mit dem Kaiser* (1936); *Gefährliches Spiel* (1937); *Der Maulkorb* (1938); *Ein hoffnungsloser Fall* (1939); *Hotel Sacher* (1939); *Der Weg zu Isabel* (1940); *Nanette* (1940); *Unser Fräulein Doktor* (1940); *Viel Lärm um Nixi*, IV *Non mi sposo più* (D/I 1942); *Sommerliebe* (1942); *Altes Herz wird wieder jung* (1943); *Man rede mir nicht von Liebe* (1943); *Es lebe die Liebe* (1944); *Fahrt ins Glück* (1945; EA 1948); *Wo ist Herr Belling?* (1945, unvollendet); *Affaire Blum* (DDR 1948); *Der Biberpelz* (DDR 1949); *Das seltsame Leben des Herrn Bruggs* (1951); *Kommen Sie am Ersten* (1951); *Unter den tausend Laternen* (1952); *Der fröhliche Weinberg* (1952); *Der Mann meines Lebens* (1954); *Konsul Strotthoff* (1954); *Du bist die Richtige* (A/BRD 1955; Fertigstellung: Baky); *Liebe ohne Illusion* (1955); *Vor Gott und den Menschen* (1955); *Geschwader Fledermaus* (DDR 1958).

Export, Valie (d. i. Waltraud Höllinger)

Geb. 17. 5. 1940 Linz (Oberösterreich). E. besuchte die Kunstgewerbe- und Textilschule in Wien. Mitwirkende, Ideenträgerin, Gestalterin zahlreicher körperbetonter Performances des Expanded Cinema (z. B. *Tapp- und Tastkino*, A 1968), von Experimentalfilmen (*Mann & Frau & Animal*, A 1973, KF), die sie auch als »Videoaktionen« oder »Videoinstallationen« auf Video (*Hyperbulie*, A 1973) aufzeichnete. E., die prominenteste Regisseurin des österreichischen Spielfilms in den siebziger und beginnenden achtziger Jahren, wandte sich in der Zeit danach wieder ihren multimedialen Experimenten zu. Damit und durch intensive akademische Lehrtätigkeit (Professuren u. a. in San Francisco, Wisconsin, München und Berlin) hat sie einer jungen Generation von Videokünstlern neue und entscheidende Impulse gegeben.

Schon mit ihrem ersten und erfolgreichsten Langfilm, der Science-fiction-Travestie *Unsichtbare Gegner* (A 1977) gelang E. nicht nur die Sprengung des Genres, sondern auch die formale Synthese zwischen den Medien Film und Video. In ihrem zweiten Spielfilm, *Menschenfrauen* (A/BRD 1980), intensivierte E. diese multimediale Technik: Am Beispiel eines Beziehungsgeflechts von vier Frauen (disparater sozialer Herkunft und psychologischer Entwicklungsstufe) zu einem Mann und zueinander untersucht die Filmemacherin Interaktionen, Lebensstationen, soziale Positionen dieser Geschlechtsgenossinnen. Als modellhafte Episoden zur Emanzipation stilisiert, werden sie durch E.s visuelle Sinnlichkeit und Experimentierfreudigkeit mit Ton und Bild aufgelockert. Selbst in ihrem Krimi aus der Welt des Journalismus und des Waffenschmuggels, *Die Praxis der Liebe* (A/BRD 1985), vermag E. wohlvertraute Klischees des Frauenbildes im konventionellen Spielfilm, aber auch im progressiven feministischen Film zu decouvrieren.

(Im folgenden nicht berücksichtigt sind E.s zahlreiche Expanded Movies, Objekt- und Aktionsfilme, Performances und Installationen, die sich des Mediums Film bedienen, aber seine Wiedergabemöglichkeiten im Kino und Fernsehen sprengen; auch Videotapes bzw. Videoinstallationen sind nicht aufgelistet.) *Das Eine* (A 1968, KF, CR Weibel); *Vorspann* (A 1968, KF, CR Weibel); *Der Kuß* (A 1968, KF, CR Weibel); *Gesichtsgrimassen* (A 1968, KF); *Eine Reise ist eine Reise wert* (A 1969, KF, CR Weibel); *Die ununterbrochene Linie* (A 1972, KF); *Remote . . . Remote* (A 1973, KF); *Mann & Frau & Animal* (A 1973, KF); *Adjungierte Dislokationen* (A 1973, KF); *Word Cinema* (A 1975, KF, CR Weibel); *Unsichtbare Gegner* (A 1977); *Menschenfrauen* (A/BRD 1980); *Das bewaffnete Auge* (A 1983, TV-Dok.); *Syntagma* (A 1983, KF); *Die Praxis der Liebe* (A/BRD 1985); *Tischbemerkungen – November 1985* (A 1985, TV-Dok.); *Ein perfektes Paar oder Die Unzucht wechselt ihre Haut* (1987, TV, Episode aus *Sieben Frauen – Sieben Sünden*); *Yukon Quest* (A 1987, Dok., KF; CR I. Wiener, O. Wiener); *Aktionskunst international* (A 1988, TV-Dok.); *Das unsagbare Sagen* (1992, TV-Dok., KF, CR I. Wiener, O. Wiener).

Fanck, Arnold

6. 3. 1889 Frankenthal – 28. 9. 1974 Freiburg i. Br. F. promovierte in Geologie. Er kam als Skiläufer und Bergsteiger zunächst über die Fotografie, dann durch den Kameramann Sepp Allgeier mit dem Film in Berührung. Mit ihm zusammen drehte er 1920 den ersten deutschen Skifilm. F. entwickelte, ausgehend von Dokumentaraufnahmen über Skiläufer und Bergsteiger im hochalpinen Gelände, ein eigenes Filmgenre: den deutschen Berg- und Naturspielfilm. Mit autodidaktisch erlernten, später perfektionierten handwerklichen Fähigkeiten wie genau kalkuliertem Kamerastandpunkt, Ausnützung der schwankenden Lichtverhältnisse im Freien, Schnitt und Montage, gelang es F., das Verhältnis des Menschen zu und seine Abhängigkeit von den Naturgewalten sowie sein Scheitern oder Siegen in eindrucksvollen Bildern einzufangen (*Das Wunder des Schneeschuhs*, 1920/22 für die eigene Berg- und Sportfilm GmbH, Freiburg, produziert). In *Der Berg des Schicksals* (1924), einem Film über die Erstbesteigung eines Gipfels in den Süddolomiten, rückte F. den Kampf des einzelnen gegen die Natur in den dramaturgischen und optischen Vordergrund. In *Der heilige Berg* (1926), einem Eifersuchtsdrama, setzte F. erstmals den gelernten Bergsteiger Luis Trenker und die Tänzerin Leni Riefenstahl ein. F.s Monopolstellung im Genre (errungen v. a. durch *Die weiße Hölle vom Piz Palü*, 1929, CR Pabst, und *Stürme über dem Montblanc*, 1930) erweckte auch das Interesse von Hollywood. Für die deutsche Tochtergesellschaft der Universal Pictures drehte F. *S.O.S. Eisberg* (D/USA 1933), die Geschichte einer Rettungsaktion. Obgleich im Dritten Reich F.s Filme als »Heldensagas deutscher Menschen« ausgeschlachtet wurden, versuchte er dieser politischen Vereinnahmung zu entgehen. F. fand in Japan neue ethnographische und landschaftliche Motive für seine private Version der Zurück-zur-Natur-Philosophie Jean-Jacques Rousseaus (*Die Tochter des Samurai*, D/J 1937, CR Itami). *Ein Robinson* (1940) entstand dann freilich im Zusammenhang mit der NS-Propaganda »Auslandsdeutsche heim ins Reich«. Während die Rahmenhandlung von Heroismus durchtränkt ist, gelang es F. in den ›Robinson‹-Szenen, seine Grundhaltung zu vermitteln, daß ein einzelner, auf sich allein gestellt, überleben kann.
Alle erfaßten Kurzfilme sind Dokumentarfilme.

SF: *Das Wunder des Schneeschuhs* (1920); *Im Kampf mit dem Berge* (1921); *Das Wunder des Schneeschuhs*, Teil 2: *Eine Fuchsjagd auf Skiern durchs Engadin* (1922); *Pomperly's Kampf mit dem Schneeschuh* (1923, CR Holger-Madsen); *Der Berg des Schicksals* (1924); *Die weiße Kunst* (1924, CR Allgeier); *Das Wolkenphänomen von Maloya* (1925, KF); *Der heilige Berg* (1926); *Der große Sprung* (1927); *Das weiße Stadion* (CH 1928, Dok., CR Gurtner); *Die weiße Hölle vom Piz Palü* (1929, CR Pabst; Tonfass. 1935). – TF: *Stürme über dem Montblanc* (1930); *Der weiße Rausch* (1931); *S.O.S. Eisberg*, USAV *S.O.S. Iceberg* (D/USA 1933); *Der ewige Traum*, FV *Rêve éternel* (1934); *Die Tochter des Samurai*, JV *Atarashiki tsuchi* (D/J 1937, CR Itami); *Kaiserbauten in Fernost* (1938, KF); *Hänschen klein – ging allein* (1939, KF); *Ein Robinson* (1940); *Joseph Thorak, Werkstatt und Werk* (1943, KF, CR Cürlis); *Arno Breker* (1944, KF, CR Cürlis); *Atlantik-Wall* (1944, KF).

Farocki, Harun   (d. i. Harun Faroqhi)

Geb. 9. 1. 1944 Neutitschein (heute Tschechien). F. studierte Theaterwissenschaft, Soziologie und Publizistik, schrieb für das cineastische Fachpublikation »Filmkritik« (1984 eingestellt), Dozent an der Deutschen Film- und Fernsehakademie Berlin. Der Filmkritiker und -theoretiker nimmt auch als Filmemacher im Neuen deutschen Film eine Sonderstellung ein. Bereits in Kurzfilmen an der DFFB forcierte F. politische Themen, beschäftigte sich intensiv mit der Problematik des Kriegs: In *Die Worte des Vorsitzenden* (1967) ›realisierte‹ er Maos Satz »Aus Worten werden Waffen«, indem er zeigt, wie »Waffen dann Papier« werden; in dem satirischen Aperçu *White Christmas* (1968) demaskierte er das USA-Kriegsengagement in Vietnam zu den Klängen des von Bing Crosby gesungenen (Titel-)Evergreens. In der Folge entwickelte F. im Lehrfilm (*Nicht löschbares Feuer*, 1969), in der TV-Dokumentation (*Die Sprache der Revolution*, 1972) und dem TV-Spiel (*Die Schlacht*, 1976; CR Zischler; nach dem gleichnamigen Theaterstück von Heiner Müller) ein spezifisches dramaturgisches Konzept, das darin besteht, Dokumentar- und Spielfilmelemente miteinander zu verflechten und zu einem didaktischen Exkurs zu stilisieren. Dabei versucht F. mit provokanten Bildsignalen und -symbolen den Zuschauer zum Mitdenken und -fühlen zu aktivieren. Diese strukturalistische Technik brachte F. in seinen Langfilmen zum konsequenten Höhepunkt. Noch komplexer als sein erfolgreichster Film *Zwischen zwei Kriegen* (1978) über den Konnex zwischen Schwerindustrie und Hitler-Regime ist *Etwas wird sichtbar* (1982): eine formal brillante Reflexion über den Widerspruch zwischen offiziellem und privatem Bild des Vietnamkrieges im Bewußtsein nicht direkt betroffener Menschen. Gleichermaßen Collage aus Dokumentar- und Wochenschaumaterial, die medialen Klischees denunzierende Nachinszenierung, politisch-ökonomischer Essay, wird sie durch eine intime Liebesgeschichte und Fs Kommentar verfremdet. *Leben: BRD* (1990, TV-Dok.) analysiert die immer stärker werdende Degeneration des (Arbeits-)Lebens zum »Leben als Sport«.

Der gerade und der krumme Weg (1966, TV); *Jeder ein Berliner Kindl* (1966, KF); *Der Wahlhelfer* (1967, KF); *Die Worte des Vorsitzenden* (1967, KF); *White Christmas* (1968, KF); *Ihre Zeitungen* (1968, KF); *Drei Schüsse auf Rudi* (1968, KF); *Wanderkino für Ingenieurstudenten* (1968, Video); *Nicht löschbares Feuer* (1969, KF); *Nixon kommt nach Berlin* (1969, KF); *Wie nimmt man einem Polizisten den Helm ab?* (1969, KF); *Die Teilung aller Tage* (1970, KF, CR Bitomsky); *Eine Sache, die sich versteht* (1971, CR Bitomsky); *Remember, tomorrow is the first day of the rest of your life* (1972, TV); *Die Sprache der Revolution* (1972, TV); *Transport 1* und *Transport 2* (1972, KF, TV-Serie *Sesamstraße*, CR Bitomsky); *Make up* (1972, TV); *Container 1* und *Container 2*, *Schiffsentladung 1* und *Schiffsentladung 2*, *Sägen, Hammer, Der Weg des Geldes, Bagger, Dock* (1972, KF, TV-Serie »Sesamstraße«, CR Bitomsky); *Der Ärger mit den Bildern* (1973, TV); *Brunner ist dran* (1973, TV, CR Bitomsky); *Einmal wirst auch Du mich lieben* (1973, TV, CR Bitomsky); *Moderatoren* (1973, TV); *Die Arbeit mit den Bildern* (1974, TV, KF); *Zu: Gelegenheitsarbeit einer Sklavin* (1974, TV-Dok.; nicht ausgestrahlt); *Plakatmaler* (1975, TV; nicht gesendet); *Erzählen* (1975, CR Eng-

ström); *Zu: Song of Ceylon* (1975, TV-Dok.); *Einschlafgeschichte 1* und *Einschlafgeschichte 2* (TV-Serie »Sesamstraße«); *Die Schlacht* (1976, TV, CR Zischler); *Sarah Schumann malt ein Bild* (1976 TV-Serie »Sesamstraße«); *Einschlafgeschichten 3–5* (1977, KF, TV-Serie »Sandmännchen«); *Ein Bild von Sarah Schumann* (1977, TV-Serie »Sesamstraße«); *Zwischen zwei Kriegen* (1978); *Häuser* (1978, TV-Serie »Sesamstraße«); *Katzengeschichten* (1978, KF, TV-Serie »Sesamstraße«); *Industriefotografie* (1979, TV, KF); *Anna und Lara machen das Fernsehen vor und nach* (1979); *Time to love* (1979, TV); *Zur Ansicht: Peter Weiss* (1979, TV); *Der Geschmack des Lebens* (1979, KF); *Stadtbild* (1981, TV); *Etwas wird sichtbar* (1982); *3 Filme von Peter Weiss, 1 und 2* (1982, TV); *Interview Heiner Müller* (1983, TV); *Jean-Marie Straub und Danièle Huillet bei der Arbeit an einem Film nach Franz Kafkas Romanfragment »Amerika«* (1983, TV); *Zu: L'argent (Bresson)* (1983, TV, CR Bitomsky, Blank, Ebert, Körner); *Ein Bild* (1983, KF); *Das doppelte Gesicht: Peter Lorre* (1984, TV); *Betrogen* (1985); *Wie man sieht* (1986, Dok.); *Ziele: Die Schulung* (1987, TV); *Die Menschen stehen vorwärts in den Straßen* (1987; KF, TV-Reihe »Literaturmagazin«); *Bilderkrieg* (1987, TV); *Bilder der Welt und Inschrift des Krieges* (1988, Dok.); *Georg K. Glaser – Schriftsteller und Schmied* (1988, TV, KF); *Kinostadt Paris* (1988, Dok.); *Image und Umsatz; Wie kann man einen Schuh darstellen* (1989, TV-Dok.); *Leben: BRD* (1990, TV-Dok.); *Was ist los?* (1991, TV-Dok.); *Videogramme einer Revolution* (1992, Dok.); *Kamera und Wirklichkeit* (1992, TV-Dok.; CR Ujica); *Ein Tag im Leben der Endverbraucher* (1993, TV-Dok.); *Die Umschulung* (1993, TV-Dok.).

Fassbinder, Rainer Werner

31. 5. 1945 Bad Wörishofen – 10. 6. 1982 München. Mitbegründer des experimentellen »antiteater« in München (1968), dessen Aufführungen und Ensemble Ausgangspunkt von F.s Filmarbeit wurden. Arbeitete als Regisseur, Autor und Schauspieler für Kino, Fernsehen, Theater und Hörfunk. F. schuf in der kurzen Zeitspanne von 14 Jahren ein ebenso umfassendes wie vielschichtiges Werk. Als Chronist und Kommentator der Geschichte der Bundes-

republik hat er nicht nur das Selbstverständnis einer Generation geprägt, sondern auch Ästhetik und Infrastruktur des Films in Deutschland über seine Zeit hinaus beeinflußt. Vom radikalen Autoren- bis hin zum teuren Ausstattungsfilm reicht das Spektrum seiner Arbeiten, deren gemeinsamer Nenner handwerkliche Präzision, intensive Personenzeichnung und kalkulierte Distanzierung des Betrachters ist.

F.s erste Spielfilme verweigerten sich in ihrer Künstlichkeit dem Publikum. Mit der Brechung der Identifikation und einer starren Schematisierung der Darstellung verpflichtete er sich dem Brechtschen Modell der Verfremdung. Der thesenhaften Wirklichkeit dieser Anfangsphase folgte mit *Der Händler der vier Jahreszeiten* (1972, TV) ein Film von stärker erfahrbarer Realität, dessen Protagonisten zumeist kleinbürgerliche Außenseiter sind. Durch sie brachte F. seine Kritik an bürgerlichen Wert- und Moralvorstellungen zum Ausdruck. In der Benutzung des traditionellen Erzählkinos, das bei F. in Anlehnung an sein Vorbild Douglas Sirk (Detlef Sierck) immer einer melodramatischen Grundstruktur verpflichtet ist, erreichte er ein Massenpublikum und fand internationale Beachtung (*Angst essen Seele auf*, 1974).

Nach diesen Erfolgen geriet F.s Schaffen in eine Identitätskrise. Verzweiflung und Wut finden in seinem Beitrag zu *Deutschland im Herbst* (1978) ihre eindringlichste Darstellung, in der sich Selbstentblößung und politisches Statement zur vorläufigen Bilanz eines Lebens verdichten. Mit der Film-Trilogie über die Nachkriegs- und Wirtschaftswunderzeit (*Die Ehe der Maria Braun*, 1979; *Lola*, 1981; *Die Sehnsucht der Veronika Voss*, 1982) erreichte F.s Werk seinen stilistischen Höhepunkt. Auch sein letzter Film *Querelle – Ein Pakt mit dem Teufel* (BRD/F 1982) zeigt eine »Geschichte der Gefühle«, denen F. wie kein anderer Regisseur des Neuen deutschen Films auf der Leinwand zum Leben verhalf.

Der Stadtstreicher (1966, KF); *Das kleine Chaos* (1967, KF); *Liebe ist kälter als der Tod* (1969); *Katzelmacher* (1969); *Götter der Pest* (1970); *Das Kaffeehaus* (1970, TV); *Warum läuft Herr R. Amok?* (1970, CR Fengler); *Der amerikanische Soldat* (1970); *Die Niklashauser Fart* (1970, TV, CR Fengler); *Rio das Mortes* (1971, TV); *Pioniere in Ingolstadt* (1971, TV); *Whity* (1971); *Warnung vor einer heiligen Nutte* (1971); *Der Händler der vier Jahreszeiten* (1972, TV); *Die bitteren Tränen der Petra von Kant* (1972); *Acht Stunden sind kein Tag*

Rainer Werner Fassbinder (r.) bei Dreharbeiten zu »Warum läuft Herr R. Amok?«

(1972/73, TV, 5 Teile); *Bremer Freiheit* (1972, TV); *Wildwechsel* (1972); *Welt am Draht* (1973, TV, 2 Teile); *Nora Helmer* (1974, TV); *Angst essen Seele auf* (1974); *Martha* (1974, TV); *Fontane Effi Briest* (1974); *Wie ein Vogel auf dem Draht* (1975, TV-KF); *Faustrecht der Freiheit* (1975); *Angst vor der Angst* (1975, TV); *Mutter Küsters' Fahrt zum Himmel* (1976); *Ich will doch nur, daß ihr mich liebt* (1976, TV); *Satansbraten* (1976); *Chinesisches Roulette / Roulette chinoise* (BRD/F 1976); *Frauen in New York* (1977, TV); *Bolwieser* (1977, TV, 2 Teile; F. stellte auch eine einteilige Kinofassung her); *Deutschland im Herbst* (1978, eine Episode); *Eine Reise ins Licht – Despair / Despair* (BRD/F 1978); *In einem Jahr mit 13 Monden* (1978); *Die Ehe der Maria Braun* (1979); *Die dritte Generation* (1979); *Berlin Alexanderplatz* (BRD/I 1980, TV, 14 Teile); *Lili Marleen* (1981); *Lola* (1981); *Theater in Trance* (1981, TV-Dok.); *Die Sehnsucht der Veronika Voss* (1982); *Querelle – Ein Pakt mit dem Teufel / Querelle* (BRD/F 1982). *mp*

Forst, Willi (d. i. Wilhelm Anton Frohs)

7. 4. 1903 Wien – 11. 8. 1980 Wien. F. begann seine schauspielerische Karriere an Provinzbühnen und als Statist im Stummfilm. Nach ersten Revueerfolgen in Berlin machte ihn der Tonfilm zum Star. Die romantisch-eskapistischen Unterhaltungsfilme des Regisseurs F. zeichnen sich durch die Eleganz und Leichtigkeit ihrer Inszenierung aus, Eigenschaften, die F. auch als Schauspieler auf die Leinwand übertrug. Sein erster Tonfilmauftritt in der deutschsprachigen Version von *Atlantic* (GB 1929, Dupont) verband diese Qualitäten mit elementarer Musikalität und darstellerischem Timing. Danach avancierte F. als jugendlicher Bonvivant in den musikalischen Komödien von Regisseur Geza von Bolvary und dessen Autor Walter Reisch zum Publikumsliebling. Mit *Maskerade* (A 1934) schuf F. einen Höhepunkt im Genre des ›Wiener Films‹. Für seine weiteren Arbeiten geradezu leitmotivisch sollten sowohl die nuancierte Schilderung des Fin de siècle als auch die Porträtierung des »Wiener Mädels« werden, in dessen Typus er die selbstbewußte Frau hervorhob. Unter der heiteren Oberfläche der Filme verbarg sich – wie bei seinen Vorbildern Ernst Lubitsch und René Clair – die Sehnsucht nach einer Zeit, »in der noch Noblesse, Zartheit und Galanterie wesentlich waren«. Im Gegensatz zu seinen zahlreichen Nachahmern verbarg F. jedoch nie das Wissen um die Vergeblichkeit seiner Bemühungen; es finden sich in fast all seinen Filmen leise Momente der Traurigkeit und des Abschiednehmens. Die während der Annexion Österreichs gedrehten Filme propagierten mit ihrer historisierend-operettenhaften Traumwelt unbeschwerte Unterhaltung; F. selbst sah in ihnen einen »stillen Protest« gegen die Machthaber, da sie die Eigenständigkeit österreichischer Wesenszüge betonten. Mit dem Nachkriegsfilm *Die Sünderin* (1951) schuf F. sein inszenatorisch ambitioniertestes Frauenporträt, konnte jedoch aufgrund veränderter Produktionsbedingungen nicht mehr an die stilistische Geschlossenheit früherer Arbeiten anschließen. F.s Meisterwerke als Regisseur sind untrennbar mit dem Genre des ›Wiener Films‹ verknüpft, das ihm beinahe alles verdankt.

Leise flehen meine Lieder (A/D 1933); *Maskerade* (A 1934); *The unfinished symphony* (A/GB 1934, CR Asquith; GBV von *Leise flehen meine Lieder*); *Mazurka* (1935); *Allotria* (1936); *Burgtheater* (A 1936); *Serenade* (1937); *Bel ami* (1939); *Ich bin Sebastian Ott* (1939, CR V. Becker); *Operette* (1940); *Wiener Blut* (1942); *Frauen sind keine Engel* (1943); *Wiener Mädeln* (1945; EA 1949); *Die Sünderin* (1951); *Es geschehen noch Wunder* (1951); *Im Weißen Rößl* (1952); *Kabarett* (1954); *Kaiserjäger* (A 1956); *Die unentschuldigte Stunde* (A 1957); *Wien, Du Stadt meiner Träume* (A 1957).

mp

Froelich, Carl (August Hugo)

5. 9. 1875 Berlin – 12. 2. 1953 ebd. F. kam 1902 als Elektrotechniker zum Film. Als Regisseur und Produzent hat er durch seine Routine und seinen Konformismus das deutsche Kino vier Jahrzehnte lang wesentlich mitbestimmt. Bereits F.s erste Regiearbeit, die monumentale Filmbiographie *Richard Wagner* (1913, CR Wauer), zeigt seine Neigung zur Glorifizierung deutschen Schöpfertums. Während des Ersten Weltkriegs richtete F. Soldatenkinos ein, drehte

für die Kriegswochenschau und veranlaßte die Heeresleitung zur Herstellung von Instruktions- und Propagandastreifen. Enttäuscht über den verlorenen Krieg und irritiert von der politischen Polarisierung in der Weimarer Republik, vertrat F. in seinen Filmen den moralischen Wiederaufrüstungsgedanken (*Arme Thea*, 1919). In der eigenen Produktionsfirma, die F. mit jener von Henny Porten fusioniert hatte, inszenierte er mit dem Star 1924–29 16 Filme. Ihre Themen haben eines gemeinsam: das Festhalten an bürgerlichen Idealen; es ging um die Mutter als Zukunftsgarant (*Mutter und Kind*, 1924), die familienzersetzende Wirkung der Promiskuität (*Kammermusik*, 1925), Hausfrauenexistenz als Lebensinhalt (*Wehe, wenn sie losgelassen*, 1926) usw. Der eigene Atelierbetrieb erleichterte F. die rasche Umstellung auf den Tonfilm: *Die Nacht gehört uns* (1929) war Deutschlands erster vollständiger Sprechfilm, *Brand in der Oper* (1930) und *Mieter Schulze gegen Alle* (1932), eine zeitkritische Alltagsgeschichte um Zwangsräumung, waren zwei frühe Höhepunkte. Dann machte F. sein deutschnationales Sendungsbewußtsein zum leicht manipulierbaren Instrument der NS-Kulturpolitik: *Der Choral von Leuthen* (1933), eine Verherrlichung historischen Preußentums, ist seine erste Verbeugung vor den neuen Machthabern. Autoritätsbejahung (*Reifende Jugend*, 1933), Aufruf zur Arbeitsdisziplin im Sinne der NS-Beschäftigung (*Ich für Dich – Du für mich*, 1934) und Jugend-Mythologisierung im Sinne der NS-Ideologie (*Traumulus*, 1936) brachten F. viele Auszeichnungen durch das Regime, zuletzt das Amt des Präsidenten der Deutschen Reichsfilmkammer, ein. Zwei unbedeutende Nachkriegsstreifen beendeten das Lebenswerk des Pioniers, das in seiner Gesamtheit das Wesen des deutschen bürgerlichen Films und dessen nationale und nationalsozialistische Grundtendenzen widerspiegelt.

SF: *Richard Wagner* (1913, CR Wauer); *Zu spät* (1913); *Tirol in Waffen* (1914); *Erstarrte Liebe* (1914); *Fürst Seppl* (1915); *Nur nicht heiraten* (1915); *Musketier Kaczmarek* (1915); *Werner Krafft* (1916); *Der Schirm mit dem Schwan* (1916); *Der Adler von Flandern* (1918); *Arme Thea* (1919); *Die Verführten* (1919); *Die Liebschaften der Käte Keller* (1919); *Der Tänzer* (1919, 2 Teile); *Das Schicksal der Carola von Geldern* (1919); *Der Klapperstorch-*

verband (1919); *Die Brüder Karamasoff* (1920); *Toteninsel* (1920); *Die Kwannon von Okadera* (1920); *Irrende Seele* (1921); *Im Banne der Kralle* (A/D 1921); *Der Taugenichts* (1922); *Luise Millerin* (1922); *Der Wetterwart* (1923); *Mutter und Kind* (1924); *Kammermusik* (1925); *Das Abenteuer der Sibylle Brant* (1925); *Tragödie* (1925); *Rosen aus dem Süden* (1926); *Wehe, wenn sie losgelassen* (1926); *Die Flammen lügen* (1926); *Meine Tante – Deine Tante* (1927); *Die große Pause* (1927); *Violantha* (1928); *Liebe und Diebe* (1928); *Lotte* (1928); *Zuflucht* (1928); *Liebe im Kuhstall* (1928); *Liebfraumilch* (1929); *Die Frau, die jeder liebt, bist Du!* (1929). – TF: *Die Nacht gehört uns*, FV *La nuit est à nous* (1929); *Brand in der Oper*, FV *Barcarolle d'amour* (1930); *Hans in allen Gassen*, FV *La folle aventure* (1930); *Mitternachtsliebe* (D/F 1931, CR Genina); *Mädchen in Uniform* (1931, Sagan; KO); *Luise, Königin von Preußen* (1931); *Gitta entdeckt ihr Herz* (1932); *Die – oder Keine* (1932); *Mieter Schulze gegen Alle* (1932); *Liebe auf den ersten Ton* (1932); *Der Choral von Leuthen* (1933); *Reifende Jugend* (1933); *Volldampf voraus* (1934); *Schlagerpartie* (1934, KF); *Krach um Jolanthe* (1934); *Frühlingsmärchen* (1934); *Ich für Dich – Du für mich* (1934); *Oberwachtmeister Schwenke* (1935); *Liselotte von der Pfalz* (1935); *Ich war Jack Mortimer* (1935); *Traumulus* (1936); *Wenn wir alle Engel wären* (1936); *Wenn der Hahn kräht* (1936); *Das Schönheitsfleckchen* (1936, KF, Hansen; KO); *Die ganz großen Torheiten* (1937); *Die Umwege des schönen Karl* (1937); *Heimat* (1938); *Die vier Gesellen* (1938); *Es war eine rauschende Ballnacht* (1939); *Das Herz der Königin* (1940); *Der Gasmann* (1941); *Hochzeit auf Bärenhof* (1942); *Familie Buchholz* (1944); *Neigungsehe* (1944); *Komplott auf Erlenhof* (1950); *Stips* (1951).

Gräf, Roland

Geb. 13. 10. 1934 Meuselbach (Thüringen). Nach einer Lehre als Industriekaufmann und dem Studium an der Arbeiter-und-Bauern-Fakultät in Jena besucht er die Deutsche Hochschule für Filmkunst in Potsdam-Babelsberg, Fachrichtung Kamera. Seine Diplomarbeit behandelt »Lichtfilterung bei Schwarzweiß-Film«, sein Diplomfilm *Im Steinbruch* (DDR 1959, Wüste) verschafft ihm Beschäftigung als Kameramann im DEFA-Studio für Dokumentarfilme. 1961 wechselt er zum Spielfilm über. Sowohl im Dokumentarischen (*Nicht nur ein Abenteuer*, DDR 1960, Jäger) als auch in Spielfilmen von Studienkollegen wie Herrmann Zschoche (*Leben zu zweit*, DDR 1968; *Weite Straßen – stille Liebe*, DDR 1969) und Lothar Warneke (*Dr. med. Sommer II*, DDR 1970) zeichnet sich seine Bildgestaltung durch schnörkellosen Realismus aus.

Auch bei seinem Regiedebüt *Mein lieber Robinson* (DDR 1971) bestätigte die Kameraführung, die sich G. mit Jürgen Lenz teilte (gedreht wurde an Originalschauplätzen in und um Berlin), seine Suche nach einer dokumentarisch-wirklichkeitsnahen Bildsprache. Thematisch überraschte hingegen die heiter-gelassene Art und Weise, wie G. die Alltagsgeschichte vom 19jährigen Krankentransportfahrer und Abiturienten, der ungeplant Vater wird, zur Fabel über Erwachsenwerden und Erwachsensein sublimierte. Auch *Bankett für Achilles* (DDR 1975) zeigt ein sensibel und genau beschriebenes Einzelschicksal. Der letzte Arbeitstag eines in Pension gehenden Werkmeisters wird dabei zur Reflexion über das Altern und über Entfremdung und Entemotionalisierung der Arbeit. In *Die Flucht* (DDR 1977) behandelt G. das politisch brisante Thema der »Republikflucht«, in *P.S.* (DDR 1979) eine mit vielen sozialen und menschlichen Bezügen angereicherte Liebesgeschichte: Ein aus dem Heim entlassener junger Mann steht zwischen seiner Freundin, die von ihm ein Kind erwartet, dann einen anderen heiratet, und seiner weit älteren und geschiedenen Bewährungshelferin. Ein komplexes Bild der DDR lieferte auch *Märkische Forschungen* (DDR 1982) – über den Konkurrenzkampf zweier Wissenschaftler – und *Fariaho* (DDR 1983), das Porträt eines alten Puppenspielers, der Ende der fünfziger Jahre durch die DDR zieht; beide Filme rückten G.s Begabung, Pointen ironisch und trocken servieren zu können, in den Vordergrund. Mit *Fallada – Letztes Kapitel* (DDR 1988), über das Lebensende des Dichters Hans Fallada, und *Der Tangospieler* (1991) drehte G. zwei zeitkritische Biografien. *Die Spur des Bernsteinzimmers* (1992) war G.s erster Versuch, großes Unterhaltungskino zu inszenieren.

Mein lieber Robinson (DDR 1971); *Bankett für Achilles* (DDR 1975); *Die Flucht* (DDR 1977); *P.S.* (DDR 1979); *Märkische Forschungen* (DDR 1982); *Fariaho* (DDR 1983); *Das Haus am Fluß* (DDR 1985); *Fallada – Letztes Kapitel* (DDR 1988); *Der Tangospieler* (1991); *Die Spur des Bernsteinzimmers* (1992). ms

Grune, Karl

22. 1. 1890 Wien – 2. 10. 1962 Bornemouth (England). Theaterschauspieler und -regisseur in Wien und Berlin. Der Künstler überraschte in seinem Regiedebüt fürs Kino durch Sinn für effektvolle Visualisierung: *Der Mädchenhirt* (1919), unter Verwendung des Romanerstlings seines Freundes Egon Erwin Kisch, setzt die melodramatische Story eines Zuhälters adäquat zum sozialen Bewußtsein des damals noch um Anerkennung ringenden Journalisten Kisch in milieuechte Bilder um. 1923 realisierte G., der das Kammerspiel, eine spezifische Ausformung des deutschen Films der zwanziger Jahre, entscheidend mitprägte, sein erstes Hauptwerk: *Schlagende Wetter*, ein Eifersuchtsdrama, das er zum sozialen Dokument aus der Arbeitswelt der Bergarbeiter umformte. G.s persönlichster und stärkster Film hingegen, *Die Straße* (1923), wirkt durch seinen artifiziellen Stil und gab dem spezifischen (Milieu-)Subgenre seinen Namen. Nach der Verfilmung des Bernhard-Kellermann-Romans *Die Brüder Schellenberg* (1926) gelang G. mit *Am Rande der Welt* (1927), einer Allegorie über die Unmenschlichkeit und Absurdität des Krieges, ein letzter Höhepunkt in seinem Stummfilmschaffen. Der kommerzielle Mißerfolg der Carl-Zuckmayer-Verfilmung *Katharina Knie* (1929), eine durch ihre naturalistische Stimmung beeindruckende Zirkus-Saga, die nachträglich synchronisiert wurde, erschwerte G. den Anschluß an den Tonfilm. 1933 emigrierte G. nach London. Unter seinen englischen Regiearbeiten (er war später auch als Produzent tätig, z. B.: *The silver darlings*, GB 1947, Elder, Evans) verdient *Abdul the damned* (GB 1935), ein exotischer Abenteuerfilm, wegen seiner Massenszenen und des Magnoscope-Vorführungsverfahrens besondere Erwähnung. G. blieb auch im weiteren Verlauf seiner Regielaufbahn ein forma-

ler und technischer Experimentator: *Pagliacci* (GB 1937), Vehikel für den Opernstar Richard Tauber, verblüfft durch den dramaturgisch raffinierten Einsatz von Farbsequenzen.

SF: *Der Mädchenhirt* (1919); *Menschen in Ketten* (1919); *Die Nacht ohne Morgen* (1921); *Nachtbesuch in der Northern Bank* (1921); *Mann über Bord* (1921); *Die Jagd nach der Wahrheit* (1921); *Frauenopfer* (1922); *Der Graf von Charolais* (1922); *Schlagende Wetter* (1923); *Die Straße* (1923); *Arabella* (1924); *Komödianten* (1924); *Eifersucht* (1925); *Die Brüder Schellenberg* (1926); *Am Rande der Welt* (1927); *Königin Luise*, Teil 1: *Die Jugend der Königin Luise* (1927), Teil 2: *Königin Luise* (1928); *Marquis d'Eon, der Spion der Pompadour* (1928); *Waterloo* (1929); *Katharina Knie* (1929, Tonfass.: 1930). – TF: *Das gelbe Haus des King-Fu*, FV *La maison jaune de Rio* (D/F 1931); *Abdul the damned* (GB 1935); *The marriage of Corbal* (GB 1936); *Pagliacci* (GB 1937).

Günther, Egon

Geb. 30. 3. 1927 Schneeberg (Sachsen). Nach der Schule absolvierte G. eine Lehre als Schlosser und technischer Zeichner, 1944/45 war er Soldat. Nach kurzer Zeit in Kriegsgefangenschaft studierte G. 1948–51 an der Karl-Marx-Universität Leipzig Pädagogik, Germanistik und Philosophie. Während seiner Tätigkeit als Lehrer und Verlagslektor schrieb er bereits Gedichte, Theaterstücke und Romane (»Flandrisches Finale«, 1955). 1958–64 war G. Dramaturg und Drehbuchautor für das DEFA-Studio für Spielfilme (*Jetzt und in der Stunde meines Todes*, DDR 1963, Petzold; *Alaskafüchse*, DDR 1964, Wallroth, u. a.).

G.s starker Bezug zur Literatur kommt in seinem Filmschaffen mannigfaltig zum Ausdruck. In vielen Stoffen aus der DDR-Gegenwart ist die Erzählstruktur durch romanhafte Verschachtelung der Handlung, durch genau abgestimmten Sprachduktus der Personen und ihre geschliffenen Dialoge bestimmt. In seinen Verfilmungen klassischer bzw. historisch-politischer Erzählungen und Romane (aus dem 20. Jahrhundert), teilweise für das Fernsehen konzipiert, bleibt G. werkgetreu und erweitert

die bewußte Linearität der Bildsprache durch verbale Stilmittel wie Kommentierung aus dem Off. Der filmische ›Klassizist‹ G. ist inhaltlich ein einfallsreicher Dialektiker, der bereits mit seinem Regiedebüt (*Lots Weib*, DDR 1965) seine positiv-kritische Haltung zu Problemen des Alltags dokumentierte. In *Abschied* (DDR 1968) – nach dem teilweise autobiographischen Roman des Dichters und späteren prominenten Kulturpolitikers Johannes R. Becher – wird gleichfalls die Auseinandersetzung des verunsicherten einzelnen (hier eines Großbürgersohns) mit sich und der Umwelt zum Ausgangspunkt genommen; sie resultiert in dessen für die Wilhelminische Zeit mutigem Bekenntnis gegen den (Ersten Welt-)Krieg und zum Marxismus. Diese Interaktion von individueller Bewußtseinsveränderung und historisch-politischem Umfeld, die G. formal gekonnt durch eine diffizile Rückblendentechnik auflöst, dominiert auch in seinen folgenden Fernsehfilmen, denen Romane von Arnold Zweig zugrunde liegen: *Junge Frau von 1914* (DDR 1970, 2 Teile) und *Erziehung vor Verdun* (DDR 1973, 3 Teile). In *Erziehung vor Verdun* bedient sich der Regisseur einerseits dokumentarischer Einschübe, um die historische Realität einzufangen, andererseits verfremdender Mittel (Schulkinder lesen Zweigs Text laienhaft vor), um den Bezug der antimilitaristischen Romantendenz zum Heute herzustellen.

Mit dem Alltagsmelodram *Der Dritte* (DDR 1972) gelang G. ein internationaler Erfolg (Hauptpreis der 18. Internationalen Filmfestspiele von Karlovy Vary; Preis für die beste weibliche Darstellerin auf der 23. Filmkunstschau Venedig für Jutta Hoffmann). G.s vielschichtigster Film zur Thematik Frau – Mann – Gesellschaft ist *Die Schlüssel* (DDR 1974): der »Klassenunterschied« zwischen einer Arbeiterin und einem Studenten, der sich auch auf die zwischenmenschliche Sphäre auswirkt, und die Kommunikation mit Menschen eines anderen Landes (Polen) ergeben ein Geflecht von Stimmungen und Stimmungsschwankungen, Impressionen und Denkanstößen, die G. in eine Urlaubs-Liebesgeschichte zweier junger Deutscher in Krakau mit schicksalhaft-tödlichem Ausgang eingefangen hat: eine ästhetisch-visuelle und zugleich emotional berührende Wirklichkeitsschau von philosophischer Substanz. Nach sehr aufwendigen Literaturverfilmungen für die DEFA (u. a. *Lotte in Weimar*, DDR 1975; nach Thomas Mann) setzte G. ab 1979 seine Regiekarriere in der BRD hauptsächlich mit großen Fernsehfilmen fort. Seit 1992 Professor an der Filmhochschule Babelsberg.

Lots Weib (DDR 1965); *Wenn du groß bist, lieber Adam* (DDR 1965; EA 1990); *Abschied* (DDR 1968); *Junge Frau von 1914* (DDR 1970, TV, 2 Teile); *Anlauf* (DDR 1971, TV); *Der Dritte* (DDR 1972); *Erziehung vor Verdun* (DDR 1973, TV, 3 Teile); *Die Schlüssel* (DDR 1974); *Lotte in Weimar* (DDR 1975); *Die Leiden des jungen Werthers* (DDR 1976); *Ursula* (DDR/CH 1978, TV); *Weimar, Du Wunderbare* (1979, TV-Dok.); *Exil / L'Exile* (BRD/F 1981, TV, 7 Teile: *Benjamin; Anna; Nazis; Trautwein; Gingold; Hanns; Exil und kein Ende*); *Euch darf ich's wohl gestehen* (1982, TV); *Krimistunde IV* (1983, TV, 3 Episoden: *Mir gefällt's in Wilmington, Der Blick des Witwers, Hinter verschlossener Tür*); *Krimistunde V* (1983, TV; 3 Episoden: *Die Rettung, Falsche Perlen, Die Abrechnung*); *Hanna von acht bis acht* (1983, TV); *Morenga* (1985, TV, 3 Teile; auch einteilige Kinofassung); *Mamas Geburtstag* (1985, TV); *Die letzte Rolle* (1986, TV); *Heimatmuseum* (1988, TV, 3 Teile); *Rosamunde* (1990); *Stein* (1991); *Lenz* (1992, TV).   *ras*

Harlan, Veit

22. 9. 1899 Berlin – 13. 4. 1964 Capri. Der Sohn des Bühnenautors Walter Harlan war mit den Schauspielerinnen Hilde Körber und Kristina Söderbaum verheiratet. H., seit 1915 Bühnenschauspieler, begann 1927 beim Film als Darsteller rustikaler Burschentypen (*Revolte im Erziehungshaus*, 1930, Asagaroff), mußte sich im Tonfilm mit kleineren Rollen gleichen Zuschnitts begnügen, ehe er nach Hitlers Machtübernahme von der Suche des Propagandaministeriums nach linientreuem Nachwuchs profitierte. Inzwischen ins Regiefach gewechselt, fiel sein von Blut-und-Boden-Dramatik durchsetztes Melodram *Maria, die Magd* (1936) der NS-Kritik positiv auf. Die zum Hohelied auf deutsches Unternehmer- und Führertum umgedeutete Verfilmung von Gerhart Hauptmanns Schauspiel »Vor Sonnenuntergang« er-

hielt den bezeichnenden Titel *Der Herrscher* (1937). Eine weitere Bühnenadaption, *Jugend* (1938) nach Max Halbe, die H. als düsteres, antiklerikales und polenfeindliches Seelendrama ablaufen läßt, wurde H.s erster großer Publikumserfolg, der hauptsächlich der Hauptdarstellerin Kristina Söderbaum zu verdanken war, die mit ihrem Partner Hermann Braun das Spannungsfeld jugendlicher Sexualwünsche attraktiv zur Schau stellte.

Die Palette nationalsozialistischer Wert- und Zielvorstellungen, die H. in seinen Filmen vermittelte, zeigten ihn als bedingungslosen Produzenten nationalsozialistischer Kunstfilme mit eindeutigen Inhalten: Antiparlamentarismus (*Mein Sohn, der Herr Minister*, 1937), Rassenfrage (*Die Reise nach Tilsit*, 1939), Antisemitismus (*Jud Süß*, 1940), Antislawismus (*Die goldene Stadt*, 1942), Unterwerfung der Frau unter das Primat des Mannes (*Opfergang*, 1944) und Kriegspopularisierung (*Der große König*, 1942; *Kolberg*, 1945). H.s Stil, eine Mischung aus kunstgewerblichen Bildauflösungen, ornamenthafter Raumaufteilung, pathetischen Tableaus und plakativen Symbolen, spiegelt die formal-ästhetische Inhaltslosigkeit nationalsozialistischer Filmkunsttheorien wider. Auch H.s Nachkriegswerke, z. B. *Anders als du und ich* (1957), worin er in fragwürdiger Weise das Problem der Homosexualität behandelt, zeugen von einer künstlerisch unbedeutenden, politisch aber zeitsymptomatischen und manipulierten Karriere.

Krach im Hinterhaus (1935); *Der müde Theodor* (1936); *Kater Lampe* (1936); *Alles für Veronika* (CH/D/H 1936); *Maria, die Magd* (1936); *Die Kreutzersonate* (1937); *Der Herrscher* (1937); *Mein Sohn, der Herr Minister* (1937); *Jugend* (1938); *Verwehte Spuren* (1938); *Das unsterbliche Herz* (1939); *Die Reise nach Tilsit* (1939); *Pedro soll hängen* (1939; EA 1941); *Jud Süß* (1940); *Der große König* (1942); *Die goldene Stadt* (1942); *Immensee* (1943); *Opfergang* (1944); *Kolberg* (1945); *Unsterbliche Geliebte* (1950); *Hanna Amon* (1951); *Die blaue Stunde* (1952); *Sterne über Colombo* (1953); *Die Gefangene des Maharadscha* (1953); *Verrat an Deutschland* (1955); *Anders als du und ich* (1957); *Liebe kann wie Gift sein* (1958); *Ich werde dich auf Händen tragen* (1958).

Hartl, Karl

10. 5. 1899 Wien – 29. 8. 1978 ebd. Begann 1918 mit der Arbeit beim Film. H. machte sich als Regieassistent und Koautor der Filme seines Jugendfreundes Gustav Ucicky einen Namen, bevor er 1930 als Regisseur debütierte. H. war mit der Schauspielerin Marte Harell verheiratet.

H.s Filme zeichnen sich durch Professionalität und handwerkliches Können aus, das H. sich als Laufbursche, Cutter, Kameramann und Dramaturg erworben hatte. Seine technische Perfektion konnte H. erstmals in der Zusammenarbeit mit Luis Trenker (*Berge in Flammen*, 1931) zur Geltung bringen. In den romantischen Komödien *Die Gräfin von Monte Christo* (1932) und *Der Prinz von Arkadien* (A 1932) profilierte sich H., unterstützt von dem gewandten Witz seines Autors Walter Reisch, als stilsicherer Regisseur geistreich-eleganter Unterhaltungsfilme. Danach wandte er sich dem Genre des Phantastischen zu. Mit der aufwendigen Verfilmung eines Romans von Kurt (Curt) Siodmak (*F. P. 1 antwortet nicht*, 1932) – die Handlung dreht sich um eine mitten im Ozean treibende Flugzeug-Plattform – rückte H. in die Reihe jener Regisseure auf, denen die Filmindustrie bedenkenlos Großproduktionen anvertraute. H. setzte die Zusammenarbeit mit Hans Albers in dem Science-fiction-Film *Gold* (1934) und der überaus erfolgreichen Kriminalfilm-Parodie *Der Mann, der Sherlock Holmes war* (1937) fort. Als Produktionschef der nach der Annexion Österreichs gegründeten und staatlich gelenkten Wien-Film oblag es H., einen eigenständigen, spezifisch ›wienerischen‹ Spielplan auszuführen. Allerdings entstanden unter seiner Leitung auch politische Tendenz- und Propagandafilme.

H.s erster Nachkriegsfilm, die Familienchronik einer österreichischen Bürgerfamilie (*Der Engel mit der Posaune*, A 1948), wurde ein Welterfolg. Nach unbedeutenden Routinearbeiten gelang ihm mit *Mozart* (A 1955), seiner zweiten und im Vergleich zu *Wen die Götter lieben* (1942) ungleich ambitionierteren Biographie des Komponisten, ein letzter inszenatorischer Höhepunkt. Das Schaffen des Regisseurs und Autors H. war sowohl von seinem besonderen Geschick im Umgang mit Schauspielern wie von der kompetenten Arbeit in den verschiedenartigsten Filmgenres bestimmt.

SF: *Pratermizzi* (A 1927, CR Ucicky, A. Berger, Leiter, W. Reisch, Borsody, Stepanek, Kolowrat-Krakowsky). – TF: *Ein Burschenlied aus Heidelberg* (1930); *Berge in Flammen*, FV *Les monts en flammes* (D 1931, CR Trenker); *Die Gräfin von Monte Christo* (1932); *Der Prinz von Arkadien* (A 1932); *F. P. 1 antwortet nicht*, FV *I. F. 1 ne répond plus*, GBV *F. P. 1* (1932); *Ihre Durchlaucht, die Verkäuferin*, FV *Caprice de princesse* (1933); *Gold*, FV *L'or* (1934); *So endete eine Liebe* (1934); *Zigeunerbaron*, FV *Le baron tzigane* (1935); *Die Leuchter des Kaisers* (A 1936); *Ritt in die Freiheit* (1937); *Der Mann, der Sherlock Holmes war* (1937); *Gastspiel im Paradies* (1938); *Wen die Götter lieben* (1942); *Der weiße Traum* (1943, Cziffra; KO); *Der Engel mit der Posaune* (A 1948); *Eroica* (A 1949, Kolm-Veltée; KO); *The angel with the trumpet* (GB 1950, CR Buschell); *The wonder kid* (GB 1951; *Entführung ins Glück*); *Der schweigende Mund* (A 1951); *Haus des Lebens* (1952); *Liebeskrieg nach Noten* (1953); *Alles für Papa* (1953); *Weg in die Vergangenheit* (A 1954); *Mozart* (A 1955; *Reich mir die Hand, mein Leben*); *Rot ist die Liebe* (1956); *Wilhelm Tell* (CH 1960, Dickoff; KO); *Flying Clipper – Traumreise unter weißen Segeln* (1962, Dok., Nußgruber, Leitner; KO). *mp*

Herzog, Werner (d. i. Werner Stipetič)

Geb. 5. 9. 1942 München. Der autodidaktische Filmemacher H. realisiert seit 1962, zumeist als sein eigener Produzent und Autor, kontinuierlich Dokumentar-, Kurz- und Spielfilme. H.s Filme sind Entdeckungsreisen in das Absonderliche und Fremde, von denen er mit stets neuen, noch ›unverbrauchten‹ Bildern zurückkehrt. Diese zivilisationskritischen Begegnungen, zum Teil unter extremen Anforderungen gedreht, sind Dokumente einer andauernden Selbstbefragung. Die Beschäftigung mit Existenzformen jenseits der ›Normalität‹ fand in dem Spielfilmdebüt *Lebenszeichen* (1968) sowie in der skurrilen Filmparabel *Auch Zwerge haben klein angefangen* (1970), der Geschichte einer Liliputaner-Revolution, einen ersten Höhepunkt. Die faszinierende Wirkung von Landschaften auf H. wurde in *Fata Morgana* (1968/70, EA

1971) deutlich, ausschließliches Thema, Initiator und Träger der Handlung ist der Schauplatz Afrika. Zwischen diesen beiden Polen – dem Interesse an außergewöhnlichen Lebenssituationen und einer ungestillten Vorliebe für ›ungebändigte‹ Natur – hat sich H.s Schaffen fortan entwickelt, das mit *Aguirre, der Zorn Gottes* (1972) erstmals auch ein internationales Publikum ansprach. Als rebellischer Konquistador führt Klaus Kinski das Scheitern des sich radikal gegen seine Umwelt und die Natur auflehnenden Herzogschen Helden exemplarisch vor. Spätestens mit dem preisgekrönten Kaspar-Hauser-Film *Jeder für sich und Gott gegen alle* (1974) wurde H. einer der meistbeachteten Regisseure des Neuen deutschen Films. *Nosferatu – Phantom der Nacht* (BRD/F 1979) und *Woyzeck* (1979), H.s erste ›werkgetreue‹ Literaturverfilmungen, kündigen auf Kosten des poetischen Subjektivismus eine verstärkte Betonung konventioneller Handlungsdramaturgie an. H. hat sich seither sowohl größeren Budgets (*Fitzcarraldo*, 1982; *Cobra verde*, 1987) als auch einer intensivierten Psychologisierung seiner Figuren (*Schrei aus Stein*, BRD/F/CDN 1991) verpflichtet. Die Besessenheit des Abenteurers und »Extremfilmers« H. aber ist unverändert.

Herakles (1962, EA 1965, KF); *Spiel im Sand* (1964, KF); *Die beispiellose Verteidigung der Festung Deutschkreutz* (1967, KF); *Lebenszeichen* (1968); *Letzte Worte* (1968, KF); *Maßnahmen gegen Fanatiker* (1969, KF); *Die fliegenden Ärzte von Ostafrika* (1970, Dok., KF); *Fata Morgana* (1968/70; EA 1971); *Auch Zwerge haben klein angefangen* (1970); *Behinderte Zukunft* (1970, Dok.); *Land des Schweigens und der Dunkelheit* (1971, Dok.); *Aguirre, der Zorn Gottes* (1972); *Die große Ekstase des Bildschnitzers Steiner* (1974, Dok., KF); *Jeder für sich und Gott gegen alle* (1974); *How much wood would a woodchuck chuck* (1976, Dok., KF); *Mit mir will keiner spielen* (1976, Dok., KF); *Herz aus Glas* (1976); *La Soufrière* (1977, Dok., KF); *Stroszek* (1977); *Nosferatu – Phantom der Nacht / Nosferatu, fantôme de la nuit* (BRD/F 1979); *Woyzeck* (1979); *Glaube und Währung* (1981, Dok., KF, TV); *Huie's Predigt* (1981, Dok., KF, TV); *Fitzcarraldo* (1982); *Wo die grünen Ameisen träumen* (1984); *Ballade vom kleinen Soldaten* (1984, Dok., KF); *Gasherbrum – Der leuchtende Berg* (1984, Dok., KF); *Cobra verde* (1987); *Les Français vus par . . .* (F 1988, Episode *Les Galois*, Dok., TV); *Wodaabe – Die Hirten der Sonne / Wodaabe, les bergers du soleil* (BRD/F 1989, Dok., KF, TV); *Echos aus einem düsteren*

Werner Herzog (M.) mit Peter Brogle (r.) bei Dreharbeiten zu »Lebenszeichen«

Reich / Bokassa Ier – Échos d'un sombre empire (BRD/F 1990, Dok.); *Schrei aus Stein / Cerro Torre – Le cri de la roche / Cerro Torre – Scream of stone / Schrei aus Stein* (BRD/F/CDN 1991); *Jag Mandir. Das exzentrische Privattheater des Maharadjah von Udaipur* (A/BRD 1991, Dok., TV); *Lektionen in Finsternis* (1992, Dok., KF, TV). mp

Hochbaum, Werner (Paul Adolf)

7. 3. 1899 Kiel – 15. 4. 1946 Potsdam. Der gelernte Schauspieler und Journalist versuchte sich unter dem Einfluß der Filmclub-Bewegung im Experimentalfilm und arbeitete als Cutter für den Dokumentar- und Werbefilm. 1929 gründete H. mit finanzieller Unterstützung der SPD eine eigene Filmfirma in Hamburg, ehe er 1932 nach Berlin zog. *Brüder* (1929), sein erster langer Film, ist eine Rekonstruktion des Streiks der Hamburger Dockarbeiter im Winter 1896/97. Für die SPD produzierte H. auch zwei kurze Wahlfilme: *Zwei Welten* (1929), ein durch Kontrastbilder wirkender Angriff auf Kapitalismus und Hitler-Faschismus und *Wille und Werk* (1929), über einen historischen Vorfall aus den Novembertagen des Jahres 1918. *Razzia in St. Pauli* (1932) zählt ebenso zu den Höhepunkten des frühen deutschen Tonfilms wie *Morgen beginnt das Leben* (1933), die visuell herausragende, tonlich raffinierte Psychostudie eines nach fünfjähriger Haft aus dem Gefängnis Entlassenen. Nach 1933 konnte H. mit *Vorstadtvarieté* (A 1935) und *Die ewige Maske* (A/CH 1935) seine Tätigkeit erfolgreich nach Österreich verlagern.
Der Welterfolg des letztgenannten Films brachte H. einen Vertrag bei der Ufa ein. Trotz der damit verbundenen Konzessionen an den Kommerz verfeinerte der Regisseur seine persönliche Handschrift. Er erwies sich auch mit *Hannerl und ihre Liebhaber* (A 1936), einer Eifersuchtskomödie nach dem Roman von Rudolf Hans Bartsch, und *Schatten der Vergangenheit* (A 1936) über den Identitätstausch von Zwillingsschwestern, oder der Sophisticated comedy *Man spricht über Jacqueline* (1937) und der Hamburger Milieustudie *Ein Mädchen geht an Land* (1938) als großer Frauenregisseur. Seine Protagonistinnen sprengen das Klischee der passiven Frau, wie sie im deutschen Filmschaffen nicht nur der NS-Zeit so gerne gesehen war: sie fordern den Mann heraus, versprechen ihm sexuelle Attraktionen und drängen ihn in ein inaktives, lustvoll ausgekostetes Rollenspiel. Obwohl H. dem NS-Tendenzfilm seinen Tribut zollte, erfüllte *Drei Unteroffiziere* (1939) nicht die Erwartungen, die man an dieses Demonstrationsbeispiel deutscher Wehrfreudigkeit und -tüchtigkeit stellte. Ein Hochverratsprozeß aus dem Jahre 1923, bei dem der damals 24jährige H. aus Mangel an Beweisen freigesprochen worden war, diente als Vorwand, um den eigenwilligen Künstler und Filmtheoretiker aus der Reichsfilmkammer auszuschließen. Aus dem ›freiwilligen‹ Militärdienst wurde H. wegen eines Lungenleidens entlassen. Nach Kriegsende gründete H. eine Filmfirma, die den kurzen Dokumentarfilm *Befreite Musik* (1946, Pewas) und den kurzen Zeichentrickfilm *Dob der Stallhase* (1946, Sesin) produzierte. H.s früher Tod verhinderte die Realisierung des weitgediehenen Projekts eines antifaschistischen Spielfilms (*Der Weg im Dunkeln*). H. war als Vorläufer eines psychologischen Neoverismus der bedeutendste Cineast des deutschen Films der dreißiger Jahre.

SF: *Vorwärts* (1929, KF, Dok.); *Brüder* (1929); *Zwei Welten* (1929, Wahlfilm); *Wille und Werk – Der Film vom Aufbau des neuen Altona* (1929, Wahlfilm); – TF: *Razzia in St. Pauli* (1932); *Besserer Herr gesucht zwecks . . .* (1932, CR Behr, KF); *Schleppzug M 17* (1933, CR George); *Morgen beginnt das Leben* (1933); *Vorstadtvarieté* (A 1935); *Die ewige Maske* (A/CH 1935); *Leichte Kavallerie,* FV *Cavalerie légère* (1935); *Der Favorit der Kaiserin* (1936); *Schatten der Vergangenheit* (A 1936); *Hannerl und ihre Liebhaber* (A 1936); *Man spricht über Jacqueline* (1937); *Ein Mädchen geht an Land* (1938); *Drei Unteroffiziere* (1939).

Hoffmann, Kurt

Geb. 12. 11. 1910 Freiburg i. Br. Sohn des Kameramannes und Regisseurs Carl Hoffmann (1881–1947). Erst nach langjähriger Praxis als Cutter und Assistent bei Reinhold Schünzel und Gustav Ucicky sowie nach drei Kurzfilmen für die Terra-Film debütierte H. als Spielfilmregisseur. Sein Star-Vehikel für Heinz

Rühmann *Paradies der Junggesellen* (1939) überraschte durch originelle Bild- und Slapstick-
wendungen, die H. in drei weiteren Heinz-
Rühmann-Filmen ausbaute und die einen eigenständigen Inszenierungsstil ankündigten
(*Hurra, ich bin Papa!*, 1939; *Quax, der Bruchpilot*,
1941; *Ich vertraue dir meine Frau an*, 1943). De-
Festlegung auf publikumswirksame Lustspiele
und Komödien hoffte H. nach Kriegsende zu
entgehen, aber weder *Das verlorene Gesicht*
(1948), ein Film über Bewußtseinsspaltung,
noch die beiden Krimis *Fünf unter Verdacht*
(1950) und *Der Fall Rabanser* (1950) überragten
Produktionen ähnlicher Art. Der kommerzielle
Erfolg von *Fanfaren der Liebe* (1951), einem Verkleidungslustspiel, brachte H. endgültig zur
Komödie zurück, sieht man von seinem künstlerisch hochstehenden Alterswerk *Das Haus in
der Karpfengasse* (1964) ab, das von jüdischen
und tschechischen Einzelschicksalen im
deutsch-besetzten Prag des Jahres 1939 handelt.
Hauptsächlich in der romantischen (*Moselfahrt
aus Liebeskummer*, 1953; *Ich denke oft an Piroschka*, 1955; *Der Engel, der seine Harfe versetzte*,
1958), literarischen (*Hokuspokus*, 1953, nach
Curt Goetz), historischen und zeitkritischen
Komödie bewies H. die Fähigkeit, seine stilistischen Mittel den Stoffen anzupassen und sie
immer mehr zu verfeinern. Pointillistische
Alltagsbeschreibungen harmonisieren in H.s
Schaffen mit Kleinbürgerkarikaturen; ein feines Gespür für Sprachwitz ergänzt H.s visuelle
Qualitäten und machen ihn zum idealen Ver-
mittler der Ironie eines Thomas Mann (*Bekenntnisse des Hochstaplers Felix Krull*, 1957)
oder eines Erich Kästner (*Drei Männer im
Schnee*, A 1955). Dabei verzichtet H. nicht auf
die satirischen Töne seiner Vorlagen, die er
auch durch musikalische Elemente zu integrieren versteht: die zeitbezogenen Filmmusicals
Das Wirtshaus im Spessart (1958) und *Wir Wunderkinder* (1958) sind Höhepunkte dieser formalen Entwicklung. Alles in allem ist H. nach
Erich Engel Deutschlands bedeutsamster Lust-
spiel- und Komödienspezialist, besonders im
Zeitraum von 1945 bis zum Ende der sechziger
Jahre.

Der Skarabäus (1938, KF); *Andere Länder, andere
Sitten* (1938, KF); *Wochenendfrieden* (1939, KF);
Paradies der Junggesellen (1939); *Hurra, ich bin
Papa!* (1939); *Quax, der Bruchpilot* (1941); *Ich
vertraue Dir meine Frau an* (1943); *Kohlhiesels
Töchter* (1943); *Ich werde Dich auf Händen tragen*
(1943); *Das verlorene Gesicht* (1948); *Heimliches
Rendezvous* (1949); *Fünf unter Verdacht* (1950);
Der Fall Rabanser (1950); *Taxi-Kitty* (1950); *Fan-
faren der Liebe* (1951); *Königin einer Nacht* (1951);
Klettermaxe (1952); *Liebe im Finanzamt* (1952);
Musik bei Nacht (1953); *Hokuspokus* (1953); *Mo-
selfahrt aus Liebeskummer* (1953); *Der Raub der
Sabinerinnen* (1953); *Das fliegende Klassenzimmer*
(1954); *Feuerwerk* (1954); *Drei Männer im Schnee*
(A 1955); *Ich denke oft an Piroschka* (1955); *Heute
heiratet mein Mann* (1956); *Salzburger Geschich-
ten* (1956); *Bekenntnisse des Hochstaplers Felix
Krull* (1957); *Das Wirtshaus im Spessart* (1958);
Wir Wunderkinder (1958); *Der Engel, der seine
Harfe versetzte* (1959); *Das schöne Abenteuer*
(1959); *Lampenfieber* (1959); *Das Spukschloß im
Spessart* (1960); *Die Ehe des Herrn Mississippi*
(BRD/CH 1961); *Schneewittchen und die sieben
Gaukler* (BRD/CH 1962); *Liebe will gelernt sein*
(1962); *Schloß Gripsholm* (1963); *Dr. med. Hiob
Prätorius* (1964); *Das Haus in der Karpfengasse*
(1964, auch lange TV-Fassung, 3 Teile); *Hokus-
pokus oder Wie lasse ich meinen Mann verschwin-
den?* (1966); *Liselotte von der Pfalz* (1966); *Herrliche Zeiten im Spessart* (1967); *Rheinsberg* (1967);
Morgens um 7 ist die Welt noch in Ordnung
(1968); *Ein Tag ist schöner als der andere* (1969);
Der Kapitän (1971).

■■■
Jacoby, Georg

23. 7. 1883 Mainz – 21. 2. 1964 München. Sohn
des Theaterautors und -direktors Wilhelm Jacoby. Seit 1911 beim Film, zunächst als Akteur
und Drehbuchautor, dann als Regisseur bei der
Projektions-AG Union (PAGU), aus der sich
die Ufa entwickelte. J. war Deutschlands erster
Regisseur, der sich mit »Propagandafilmen«
künstlerisch auseinandersetzte (*Bogdan Stimoff*,
A/D 1916; *Die Entdeckung Deutschlands*, 1917).
J.s Begabung für Stimmungsbilder, Massen-
regie und Schauspielerführung verdichtete
die jeweiligen Handlungsabläufe reißerischer
Dramen, die parteiliche Stellungnahme sugge-
rierten. Publikumswirksame Filmspektakel,
zwischen Melodram und Abenteuerbericht
angesiedelt, blieben seine Spezialität. Der

Kassenerfolg von *Der Mann ohne Namen* (1921, nach dem Bestseller »Peter Voß, der Millionendieb« von Ewald Gerhard Seeliger) festigte außerdem J.s Ruf als Regisseur temporeicher Action-Streifen. Während J. in Italien den Monumentalstreifen *Quo vadis* (I 1923, CR D'Annunzio) drehen konnte, waren in Deutschland A-Produktionen dieser Größenordnung wirtschaftlich kaum verkraftbar, und J. verlegte sich auf billig herstellbare Ehedramen, Krimis, Reiseabenteuer etc. Auch in den ersten Tonfilmjahren erwies sich J. als Allroundregisseur. Mit dem Eintritt Marika Rökks und Johannes Heesters' in die Ufa ergab sich die Chance, der Filmoperette neuen Glanz zu verleihen: J., später mit Marika Rökk verheiratet, spezialisierte sich auf dieses Genre (*Heißes Blut*, 1936; *Der Bettelstudent*, 1936). In der Folge entwickelte er einen Stil, der Revue- und typisch deutsche Komödien-Elemente auf einen Nenner brachte (*Gasparone*, 1937; *Kora Terry*, 1940; *Frauen sind doch bessere Diplomaten*, 1941).

Nach 1945 scheiterte J. am Auftrag der unter sowjetischer Verwaltung stehenden Wien-Film, den Glamour des tradierten Musikfilmgenres durch sozialistischen Realismus zu brechen (*Das Kind der Donau*, A 1950). Der Regisseur griff wieder auf Bewährtes zurück und drehte bis zuletzt Remakes eigener (*Pension Schöller*, 1952; 1960) oder fremder Erfolgsfilme (*Familie Schimek*, 1957).

SF: *Madame Incognito* (1913); *Die Löwenhochzeit* (1914); *Die Filmprinzessin* (1914); *Die Flammentänzerin* (1914); *Das Geheimnis des Affen* (1914); *Der letzte Flug* (1915); *Die Tänzerin* (1915); *König Motor* (1915); *Der Mann ohne Gedächtnis* (1915); *Irrende Liebe* (1915); *Der schwarze Moritz* (1916, Bühnensketch; R des Filmteils); *Bogdan Stimoff* (A/D 1916); *Die Braut des Reserveleutnants* (1916); *Das zweite Leben* (1916); *Der Skandal* (1916); *Gold* (1916); *Die Entdeckung Deutschlands* (1917); *Der feldgraue Groschen* (1917); *Unsühnbar* (1917); *Jan Vermeulen, der Müller aus Flandern* (1917); *Dem Licht entgegen* (1918); *Keimendes Leben*, Teil 1 (1918); *Der Flieger von Görz* (1918); *Keimendes Leben*, Teil 2 (1918); *Das Schwabemädle* (1919); *Das Karussell des Lebens* (1919); *Moral und Sinnlichkeit* (1919); *Vendetta* (1919); *Kreuziget sie* (1919); *Aberglaube* (1919); *Komtesse Doddy* (1919); *De profundis* (1919); *Indische Rache* (1920); *Der Mann ohne Namen*, Teil 1: *Der Millionendieb*; Teil 2: *Der Kaiser der Sahara*; Teil 3: *Gelbe Bestien*; Teil 4: *Die goldene Flut*; Teil 5: *Der Mann mit den eisernen Nerven*; Teil 6: *Der Sprung über den Schatten* (1921); *Seine Exzellenz von Madagaskar*, Teil 1: *Das Mädchen aus der Fremde*; Teil 2: *Stubbs, der Detektiv* (1922); *So sind die Männer* (1922); *Das Paradies im Schnee* (1923); *Quo vadis* (I 1924, CR D'Annunzio); *Komödianten des Lebens* (1924); *Husarenfieber* (1925); *Der Hahn im Korb* (1925); *Der Ritt in die Sonne* (1926); *Der Stolz der Kompagnie* (1926); *Das Gasthaus zur Ehe* (1926); *Der dumme August des Zirkus Romanelli* (1926); *Die Insel der verbotenen Küsse* (1927); *Die Frau ohne Namen* (1927, 2 Teile); *Liebe im Rausch* (1927); *Die Jagd nach der Braut* (1927); *The fake* (GB 1927; *Zerbrochene Ehe*); *Der Faschingskönig / Jokeren* (D/DK 1928); *The physician / Begierde* (GB/D 1928); *Küsse, die man nicht vergißt* (1928); *Die Wochenendbraut* (1928); *Indizienbeweis* (1929); *Meineid* (1929); *Mutterliebe* (1929); *Frauen am Abgrund* (1929); *Der Witwenball* (1930). – TF: *Die Lindenwirtin* (1930); *Der keusche Josef* (1930); *Pension Schöller* (1930); *Geld auf der Straße* (A/D 1930); *1000 Worte Deutsch* (1930); *Sturm im Wasserglas / Die Blumenfrau von Lindenau* (A/D 1931); *Hurrah – ein Junge* (1931); *Strohwitwer* (1931); *Die spanische Fliege* (1931); *Der verjüngte Adolar* (1931); *Kadetten* (1931); *Melodie der Liebe* (1932); *Ja, treu ist die Soldatenliebe* (1932); *Liebe, Scherz und Ernst* (1932, Wenzler; KO); *Liebe in Uniform* (1932); *Der große Bluff* (1933); *Moral und Liebe* (1933); *Sag' mir, wer Du bist* (1933); *Die Wette* (1933, KF); *Ist mein Mann nicht fabelhaft?* (1933); *Eine ideale Wohnung* (1933, KF); *Zwei im Sonnenschein* (1933); *Der streitbare Herr Kickel* (1933, KF); *Das 13. Weltwunder* (1933, KF); *Der Störenfried* (1933, KF); *Liebe und Zahnweh* (1934, KF); *Hochzeit am 13.* (1934, KF); *Der Polizeibericht meldet* (1934); *Ein Mädel wirbelt durch die Welt* (1934); *Die Czárdásfürstin*, FV *Princesse Czárdás* (1934); *Der kühne Schwimmer* (1934); *G'schichten aus dem Wienerwald* (A 1934); *Der letzte Walzer* (1934); *Besuch am Abend* (1934); *Warum lügt Fräulein Käthe?* (1935); *Ehestreik* (1935); *Leutnant Bobby, der Teufelskerl* (A 1935; *Ein Teufelskerl*); *Herbstmanöver* (1936); *Heißes Blut*, FV *Les deux favoris* (1936); *Der Bettelstudent* (1936); *Und Du, mein Schatz, fährst mit* (1937); *Die Kronzeugin* (1937); *Husaren, heraus* (1937); *Spiel auf der Tenne* (1937); *Gasparone* (1937); *Großalarm* (1938); *Eine Nacht im Mai* (1938); *Der Vorhang fällt* (1939); *Kora Terry* (1940); *Frauen sind doch bessere Diplomaten* (1941); *Tanz mit dem Kaiser* (1941); *Die Gattin* (1943); *Die Frau meiner Träume* (1944); *Das Kind der Donau* (A 1950); *Frühling auf dem Eis* (A 1951); *Das Herz einer Frau* (A 1951); *Sensation in San Remo* (1951); *Die Czárdásfürstin* (1951); *Pension Schöller* (1952); *Maske in Blau* (1952); *Die geschiedene Frau* (1953); *Gestatten, mein Name ist Cox* (1954); *Drei Tage Mittelarrest* (1955); *Drei Mädels vom Rhein* (1955); *Die wilde Auguste* (1956); *Ich und meine Schwiegersöhne* (1956); *Zu Befehl, Frau Feldwebel* (1956); *Familie Schimek* (A 1957); *Nachts im grünen Kakadu* (1957); *Bühne frei für Marika* (1958); *Die Nacht vor der Premiere* (1959); *Bomben auf Monte Carlo* (1959); *Pension Schöller* (1960).

■ **Jugert, Rudolf** (Gustav Wilhelm)

30. 9. 1907 Hannover – 14. 4. 1979 München. Der Medizinstudent wechselte zur Theater- und Kunstgeschichte, wurde Dramaturg und Regisseur am Schauspielhaus Leipzig. Ein Stipendium am Centro Sperimentale Cinematografico in Rom eröffnete ihm die Filmlaufbahn, die nach einigen Regieassistenzen bei Helmut Käutner mit seinem *Film ohne Titel* (1947) aufsehenerregend begann. Auch mit der Fraternisierungskomödie *Hallo, Fräulein!* (1949) und dem Fernfahrer-Film *Nachts auf den Straßen* (1951), die beide im Zeichen der für Deutschland anbrechenden materiellen Wiederaufbaustimmung entstanden, behielt J. die Ansätze zu einem Alltagsrealismus bei. J. verfeinerte seine Kunst der Milieuzeichnung, obgleich er in der Folge in seinen Filmen eine künstliche Welt bevorzugte, sei es die des Melodrams oder der – meist in der Vergangenheit angesiedelten – beziehungsreichen Liebesstory. Beide Kategorien entnahm er sowohl Illustrierten-Romanen, die er filmisch sublimierte, als auch literarischen Vorlagen der gehobenen bürgerlichen Unterhaltungsliteratur. Zur ersten gehören die Beziehungsgeschichte eines Kriminellen zu einer unheilbar kranken Frau, *Ein Herz spielt falsch* (1953), die Familienerbschaftsgeschichte *Illusion in Moll* (1952) oder die in Wien spielende Romeo-und-Julia-Geschichte zwischen einem Amerikaner und einer Russin, *Nina* (1956). Der autobiographische Bestseller eines Philanthro-

pen bot J. Gelegenheit, auf der emotionalen Ebene des aufwendigen Gesellschaftsfilms ein humanistisches Anliegen zu vermitteln: *Axel Munthe, der Arzt von San Michele* (BRD/I/F 1962, CR Capitani). *Kennwort: Reiher* (1964), vor J.s Hinwendung zum Fernsehen gedreht, war ein künstlerisch ansprechender und würdiger Abschluß seiner Kinokarriere: Der Politthriller über Widerstandskämpfer und Agenten im okkupierten Frankreich zur Zeit des Zweiten Weltkriegs besticht durch subtile Typisierung der Résistance-Mitglieder, realistische Zeichnung ihrer ebenso dramatischen wie banalen Existenz und gut inszenierte Action-Höhepunkte.

Film ohne Titel (1947); *Hallo, Fräulein!* (1949); *1×1 der Ehe* (1949); *Es kommt ein Tag* (1950); *Eine Frau mit Herz* (1950); *Nachts auf den Straßen* (1951); *Ich heiße Nicki* (1952); *Illusion in Moll* (1952); *Ein Herz spielt falsch* (1953); *Johnny rettet Nebrador* (1953); *Eine Liebesgeschichte* (1953); *Gefangene der Liebe* (1954); *Ihre große Prüfung* (1954); *Rosen im Herbst* (1955); *Studentin Helen Willfuer* (1955); *Kronprinz Rudolfs letzte Liebe* (A 1956); *Nina* (1956); *Der Meineidbauer* (1956); *Ein Stück vom Himmel* (1957); *Eva küßt nur Direktoren* (A 1957; *Keine Zeit für schwache Stunden*); *Die feuerrote Baronesse* (1958); *Frauensee* (A 1958); *Die Wahrheit über Rosemarie* (1959); *Endstation Rote Laterne* (1959); *Der Satan lockt mit Liebe* (1960); *Die junge Sünderin* (1960); *Die Stunde, die du glücklich bist* (1961); *Frauenarzt Dr. Sibelius* (1962); *Axel Munthe, der Arzt von San Michele / La storia di San Michele / Le livre de San Michele* (BRD/I/F 1962, CR Capitani); *Kennwort: Reiher* (1964).

■ **Jutzi, Phil** (Piel)

22. 7. 1896 Alt-Leiningen (Pfalz) – 1. 5. 1946 Neustadt an der Weinstraße. J. war ursprünglich Kunstmaler, drehte als Kameramann und Regisseur ab 1919 in Heidelberg Serienkrimis, bearbeitete dann sowjetische Dokumentar- und Spielfilme. Er änderte 1931 aufgrund einer Klage Harry Piels seinen ursprünglichen Vornamen Piel in Phil.
J. nimmt in der Geschichte des deutschen Films einen wichtigen Rang ein. Als Doku-

mentarist schuf er mit *Hunger in Waldenburg* (1929) den ersten bedeutsamen proletarischen Reportagefilm. Bereits zuvor hatte J. mit *Kindertragödie* (1927, CR Lutz) die Entwicklung zum Spielfilm-Chronisten begonnen: Ein Waisen-Schicksal dient dazu, soziales und psychisches Kinderelend in der Weimarer Republik anzuprangern. Der Regisseur verschmilzt bewußt und provokant krassen Realismus mit Versatzstücken des Melodrams. Auch *Mutter Krausens Fahrt ins Glück* (1929) transportierte linksorientierte Sozialkritik. Im Einverständnis mit dem Autor komprimierte J. Alfred Döblins Großstadtroman zum exemplarischen Einzelschicksal des Franz Biberkopf (*Berlin – Alexanderplatz*, 1931).

J. ließ sich von den NS-Machthabern nicht korrumpieren. Obwohl ihm noch 1935 seine formale Könnerschaft als Kameramann und Regisseur verlockende Angebote von offizieller Seite einbrachte – z. B. einen Roman des NS-Schriftstellers Peter Hagen oder eine neue »Mutter Krause« zu verfilmen, die ihr ›Glück‹ in der NS-Frauenschaft findet, – lehnte er ab. Um zu überleben, inszenierte er Kurzspielfilme, von denen etliche, trotz knapper Herstellungszeit, durch Geschmack und Pointierung überzeugen. 1939 zwang die fast totale Einstellung der Kurzfilmproduktion J. dazu, seine Tätigkeit als Kameramann wiederaufzunehmen: *So ein Früchtchen* (1942, Stöger) war seine letzte größere Aufgabe.

SF: *Die das Licht scheuen* (1920); *Red Bull, der letzte Apache* (1920); *Das blinkende Fenster* (1920); *Feuerteufel* (1920, verboten); *Der maskierte Schrecken* (1920); *Die Rache des Banditen* (1921); *Der graue Hund* (1922); *Kladd und Datsch, die Pechvögel* (1926); *Die Rote Front marschiert* (1927, Dok.); *Die Machnower Schleuse* (1927, Dok; KF); *Kindertragödie* (1927, CR Lutz); *Fröhliche Pfalz* (1928, Dok., KF); *Weltstadt im Grünen* (1928, Dok., KF); *Hunger in Waldenburg* (1929); *Blutmai 1929* (1929, Dok.); *Mutter Krausens Fahrt ins Glück* (1929); *Die Todeszeche* (1930, Dok., KF); *100000 unter roten Fahnen* (1930, Dok., KF). – TF: *Berlin – Alexanderplatz* (1931); *Eine wie Du* (1933, KF); *Was gibt's Neues heut?* (1933, KF); *Tempo, Carlo, Tempo* (1933, KF); *Die Goldgrube* (1933, KF); *Dr. Bluff* (1934, KF); *Los Nr. 13013* (1934, KF); *Herr Mahler in 1000 Nöten* (1934, KF); *Herr oder Diener?* (1934, KF); *Frau Eva wird mondän* (1934, KF); *Halb und halb* (1934, KF); *Carlos schönstes Abenteuer* (1934, KF); *Bitte ein Autogramm* (1934, KF); *Ich versichere Sie* (1934, KF); *Ein fideles Büro* (1934, KF); *Ich tanke, Herr Franke* (1934, KF); *Tante Mariechen* (1934, KF); *Und sie singt doch* (1934, KF); *Das Geschäft blüht* (1934, KF); *Ein falscher Fünfziger* (1934, KF); *Warum so aufgeregt?* (1934, KF); *Ferner liefen* (1934, KF); *Aufschnitt* (1934, KF); *Mucki* (1934, KF); *Die einsame Villa* (1934, KF); *Mausi* (1934, KF); *Adam, Eva und der Apfel* (1934, KF); *Am Telefon wird gewünscht* (1934, KF); *Asew / Lockspitzel Asew* (A/D 1935); *Der Kosak und die Nachtigall* (A 1935); *Die Frauen haben es leicht* (1935, KF); *Anekdoten um den Alten Fritz* (1935, KF); *Münchhausens neuestes Abenteuer* (1936, KF); *Heiteres und Ernstes um den großen König* (1936, KF); *Zeugen gesucht* (1936, KF); *Die lange Grete* (1936, KF); *Das häßliche Entlein* (1936, KF); *Frauen wollen betrogen sein* (1937, KF); *Es ist nichts so fein gesponnen* (1937, KF); *Wiederseh'n macht Freude* (1937, KF); *Die Seitensprünge des Herrn Blohm* (1937, KF); *Der andere Mann* (1937, KF); *Sparkasse mit Likör* (1937, KF); *Die Unterschlagung* (1937, KF); *Alkohol und Steuerrad* (1937, KF); *Ferngespräch mit Hamburg* (1937, KF); *Pension Elise Nottebohm* (1937, KF); *Der Haustyrann* (1938, KF); *Der Schein trügt* (1938, KF); *Es kann der Beste nicht in Frieden leben* (1938, KF); *Die Sache mit dem Hermelin* (1939, KF); *Das Fenster im 2. Stock* (1939, KF).

Käutner, Helmut

25. 3. 1908 Düsseldorf – 20. 4. 1980 Castellina (Italien). Studium der Theaterwissenschaft und Kunstgeschichte, Besuch einer Kunstgewerbeschule, Schauspieler und Regisseur bei Kabarett und Bühne. K. kam über das Drehbuchschreiben zur Filmregie. Spontaneität, zügige Handlungs- und Schauspielerführung, originelle Sujets, die bevorzugt der Alltagsrealität entstammen, charakterisieren K.s stärkste Filme. Seine Gratwanderung zwischen Opportunismus, ohne die ein Künstler im Dritten Reich nicht bestehen konnte, und individueller Handschrift setzte schon mit seinem Regiedebüt *Kitty und die Weltkonferenz* (1939) ein. Diese im Diplomatenmilieu spielende Komödie de-

monstrierte exemplarisch K.s im damaligen deutschen Film herausragende Vorzüge: perfektes Timing in der Manier von Frank Capras New-Deal-Komödien und das Einbeziehen kabarettistischer Elemente wie Blackouts oder Gags. Im spritzig-turbulenten Emanzipationsstück *Wir machen Musik* (1942) vermochte K. diese amerikanischen Versatzstücke noch besser in einen neuen deutschen Komödienstil zu integrieren. Hier (z. B. in der Gottfried-Keller-Verfilmung *Kleider machen Leute*, 1940) wie später in ›gewichtigeren‹ Arbeiten (z. B. in *Annuschka*, 1942, dem Porträt eines ›Mädchens vom Lande‹ oder in dem Ehe-Kammerspiel *Romanze in Moll*, 1943) sind K.s Protagonisten stets durch Ehrlichkeit und Geradlinigkeit gekennzeichnet. Der Zusammenbruch der Filmindustrie (zerbombte Ateliers) zwang K. auf die Straße und zu einem »deutschen Neoverismus« (*Große Freiheit Nr. 7*, 1944; *Unter den Brücken*, 1945, EA 1946), von dem er aber schon mit der »deutschen Chronik« *In jenen Tagen* (1947) abwich.

Nach 1945 reüssierte K., obwohl Experimenten nie abgeneigt (*Der Apfel ist ab*, 1948), mit den von ihm erprobten Modellen. Etliche internationale Erfolge, z. B. die Carl-Zuckmayer-Adaptionen *Des Teufels General* (1955) und *Der Hauptmann von Köpenick* (1956), insbesondere aber sein vielfach preisgekröntes Kriegsdrama *Die letzte Brücke* (A/YU 1954), ließen auch Hollywood aufhorchen. Nach zwei durchschnittlichen Auftragsarbeiten stieg K. aber aus seinem Vertrag mit Universal Pictures aus. In den letzten Jahren seiner Laufbahn widmete sich K., der auch als Darsteller in Charakterrollen brillierte (*Karl May*, Syberberg, 1974), intensiv der Fernseharbeit (21 Fernsehspiele und -filme).

Kitty und die Weltkonferenz (1939); *Frau nach Maß* (1940); *Kleider machen Leute* (1940); *Auf Wiedersehen, Franziska!* (1941); *Anuschka* (1942); *Wir machen Musik* (1942); *Romanze in Moll* (1943); *Große Freiheit Nr. 7* (1944); *Unter den Brücken* (1945, EA 1946); *In jenen Tagen* (1947); *Der Apfel ist ab* (1948); *Königskinder* (1950); *Epilog* (1950); *Weiße Schatten* (1951); *Käpt'n Bay-Bay* (1953); *Die letzte Brücke / Poslednji most* (A/YU 1954); *Bildnis einer Unbekannten* (1954); *Ludwig II.* (1955); *Des Teufels General* (1955); *Himmel ohne Sterne* (1955); *Ein Mädchen aus Flandern* (1956); *Der Hauptmann von Köpenick* (1956); *Die*

Helmut Käutner in »Karl May«
(Photo: Johann Klingler)

Zürcher Verlobung (1957); *Monpti* (1957); *The restless years* (USA 1958; *Zu jung*); *Stranger in my arms* (USA 1959; *Ein Fremder in meinen Armen*); *Der Schinderhannes* (1958); *Der Rest ist Schweigen* (1959); *Die Gans von Sedan / Sans tambour ni trompette* (BRD/F 1959); *Das Glas Wasser* (1960); *Schwarzer Kies* (1961); *Der Traum von Lieschen Müller* (1961); *Die Rote / La rossa* (BRD/ I 1962); *Das Haus in Montevideo* (1963); *Lausbubengeschichten* (1964); *Die Feuerzangenbowle* (1970).

Kluge, Alexander

Geb. 14. 2. 1932 Halberstadt (Harz). Studium der Rechtswissenschaften, Volontariat bei Fritz Lang, erste Kurzfilmarbeit 1960. Mitglied der Oberhausener Gruppe (1962). Seither als kulturpolitisch engagierter Schriftsteller, Regisseur sowie Film- und Fernsehproduzent tätig.

*Alexander Kluge mit
Hannelore Hoger
bei Dreharbeiten zu
»Die Artisten in der
Zirkuskuppel: ratlos«*

K.s erklärte Absicht ist es, Filme für den »Kopf
des Zusehers« herzustellen, denn der Film – so
K. – »ist nicht ein Kunstwerk, das auf der Leinwand für sich lebt«. Aus dieser politisch-ästhe-
tischen Überzeugung ergeben sich assoziative
Collagen bzw. Montagen aus optischen sowie
sprachlich-akustischen Elementen. Wiederkeh-
rendes Thema seiner ideologiekritischen Filmarbeit ist die Beschäftigung mit deutscher Vergangenheit, unter besonderer Berücksichtigung der NS-Geschichte und des Phänomens
»Faschismus«. Nach einigen Kurzfilmen verhalf K. mit seinem ersten Langfilm *Abschied
von gestern* (1966) dem Neuen deutschen Film
zum Durchbruch (Silberner Löwe der Filmfestspiele Venedig). Die distanziert-nüchterne Darstellung bürgerlicher Schein- und Lebenswel-
ten anhand des Schicksals einer aus der DDR
geflüchteten jungen Frau überzeugt durch die
spielerische und vielfach asynchrone Kombination von Aktionen und Gedanken der Protagonisten. Entziehen sich die späteren Filme in
immer stärkerem Maße ihren ›Geschichten‹
zugunsten einer größeren Verfremdung des
Ausgangsmaterials, so fand K. mit der allegorischen Faschismus-Studie *Der starke Ferdinand*
(1976) sein bisher breitestes Publikum. Das tra-

gikomische Porträt eines ehemaligen Polizisten und Werkschutzleiters verzichtet größtenteils auf Kommentare und Verweise. In den
folgenden Jahren engagierte sich K. verstärkt
in politischen Kollektiv-Filmen (*Deutschland im
Herbst*, 1978; *Der Kandidat*, 1980; *Krieg und Frieden*, 1983). Seit Ende der achtziger Jahre ist K.
sehr viel als TV-Produzent und -Regisseur
(z. B. für dctp) tätig. Im folgenden sind für diesen Zeitraum v. a. jene Arbeiten berücksichtigt,
die auch im Kino gezeigt wurden.

Brutalität in Stein (1961, Dok., KF; 1963 Neufass. u. d. T. *Die Ewigkeit von gestern*); *Rennen*
(1961, KF, CR Kruntorad); *Lehrer im Wandel*
(1963, KF); *Porträt einer Bewährung* (1965, KF);
Abschied von gestern (1966); *Frau Blackburn, geb.
5. Jan. 1872, wird gefilmt* (1967, KF); *Die Artisten
in der Zirkuskuppel: ratlos* (1968); *Feuerlöscher E.
A. Winterstein* (1968, KF); *Die unbezähmbare Leni
Peickert* (1970, TV); *Ein Arzt aus Halberstadt*
(1970, KF); *Der große Verhau* (1971); *Wir ver-
bauen 3 × 27 Milliarden Dollar in einen Angriffs-
schlachter* (1970, KF); *Willi Tobler und der Untergang der 6. Flotte* (1972; 1977 Neufass. u. d. T.
Zu böser Schlacht schleich ich heut Nacht so bang);
Besitzbürgerin, Jahrgang 1908 (1973, KF); *Gele-*

genheitsarbeit einer Sklavin* (1973); *In Gefahr und größter Not bringt der Mittelweg den Tod* (1974, CR Reitz); *Der starke Ferdinand* (1976); *Die Menschen, die das Stauferjahr vorbereiten* (1977, KF, CR Mainka); *Nachrichten von den Staufern* (1977, KF, CR Mainka); *Deutschland im Herbst* (1978; Episoden *Gabi Teichert, Herbstlied von Tschaikowski* sowie Dok.-Aufnahmen); *Die Patriotin* (1979); *Der Kandidat* (1980, Dok., CR Schlöndorff, Aust, Eschwege); *Krieg und Frieden* (1983; Episode *Vom Standpunkt der Infanterie* und Dok.-Aufnahmen); *Biermann-Film* (1983, Dok., KF, CR Reitz); *Auf der Suche nach einer praktisch-realistischen Haltung* (1983, KF); *Die Macht der Gefühle* (1983); *Der Angriff der Gegenwart auf die übrige Zeit* (1985); *Vermischte Nachrichten* (1986); *Was der Mann für Unsinn macht* (1988, Dok., KF); *Das goldene Vlies und die Catchpenny-Drucke in Blei* (1991, KF); *Sowjetische Patrioten im Sommer 1941* (1991, KF); *Zwei blitzgescheite Stasi-Frauen* (1992, KF); *350 Jahre Oper* (1993, TV).   mp

Lamprecht, Gerhard

6. 10. 1897 Berlin – 4. 5. 1974 ebd. Studierte Kunstgeschichte. Drehbuchautor, Regisseur und Filmhistoriker. L.s Gesamtwerk verrät hohes künstlerisches Einfühlungsvermögen, das sich in dramaturgisch-kompositorischer Geschicklichkeit, konzentrierter Schauspielerführung, raffinierter Raumausnützung und Lichtgestaltung äußert; inhaltlich ist es durch soziales Engagement gekennzeichnet. Seine ersten Regiearbeiten, thematisch noch Nachhall der Sittenfilme, reflektierten bereits sein Bemühen um zeitnahe und glaubwürdige Aufbereitung. Der Dreiteiler *Frauenbeichte* (1921) war ein erster Versuch der Wirklichkeitsannäherung, wobei L. mit Seitenlicht experimentierte, um dramatische Szenen hervorzuheben. Mit der Verfilmung von Thomas Manns Lübecker Familien-Saga *Die Buddenbrooks* (1923) gelang L. der Durchbruch als namhafter Regisseur. Sein erster Schritt in Richtung realistischer Filmgestaltung war die Geschichte eines entlassenen Sträflings, *Die Verrufenen* (1925). Parallel zu weiteren ›filmischen Sozialstudien‹ (*Die Unehelichen*, 1926; *Menschen untereinander*, 1926; *Der Mann mit dem Laubfrosch*, 1929) entstanden L.s künstlerisch hochwertige Melodramen (*Der*

Katzensteg, 1927; *Barcarole*, 1935; *Madame Bovary*, 1937; *Die Geliebte*, 1939).

L., auch in anderen Genres Deutschlands zuverlässigster Regisseur publikumswirksamer Stoffe, ließ sich in der NS-Zeit nicht mißbrauchen. Selbst pathetisch angelegte Vorlagen (*Diesel*, 1942) gestaltete er ohne die von ihm erwartete Betonung deutschen Übermenschentums. Zwei Alltagsskizzen, *Frau im Strom* (1939) und *Mädchen im Vorzimmer* (1940), eine Liebe im sozialen Umfeld kleiner Büroangestellter, gerieten außergewöhnlich realistisch und im krassen Gegensatz zur offiziellen Mythologie des Arbeitsalltags. Zwei Filme bestätigten L.s schon im Stummfilm (*Die Unehelichen*, 1926) auffälligen persönlichen Bezug zur Welt der Kinder: *Emil und die Detektive* (1931) und *Irgendwo in Berlin* (DDR 1946). Auch nach L.s Rückzug von der Regiearbeit (*Meines Vaters Pferde*, 1. und 2. Teil, 1954) blieb er ein Pionier des deutschen Films: Seine Erschließung und Katalogisierung deutscher Stummfilme wurde 1969 von der Deutschen Kinemathek in zehn Bänden herausgegeben.

SF: *Er bleibt in der Familie* (1920); *Der Friedhof der Lebenden* (1921); *Aus den Erinnerungen eines Frauenarztes* (1921; nur Teil 1); *Frauenbeichte*, Teil 1: *Die Beichte der Ausgestoßenen*, Teil 2: *Die Beichte der Mörderin*, Teil 3: *Die Beichte der Krankenschwester* (1921); *Die Erlebnisse einer Kammerzofe* (1922); *Und dennoch kam das Glück* (1923); *Das Haus ohne Lachen* (1923); *Die Buddenbrooks* (1923); *Die Andere* (1924); *Die Verrufenen* (1925); *Hanseaten* (1925); *Menschen untereinander* (1926); *Die Unehelichen* (1926); *Schwester Veronika* (1927); *Der Katzensteg* (1927); *Der alte Fritz*, Teil 1: *Friede*, Teil 2: *Ausklang* (1928); *Unter der Laterne* (1928); *Der Mann mit dem Laubfrosch* (1929). – TF: *Zweierlei Moral* (1931); *Zwischen Nacht und Morgen* (1931); *Emil und die Detektive* (1931); *Der schwarze Husar* (1932); *Was wissen denn Männer* (1933); *Spione am Werk* (1933); *Ein gewisser Herr Gran*, FV *Un certain M. Grant* (D/F 1933); *Einmal eine große Dame sein*, FV *Un jour viendra* (D/F 1934); *Prinzessin Turandot*, FV *Turandot, princesse de Chine* (D/F 1934); *Barcarole*, FV *Barcarolle* (D/F 1935); *Einer zuviel an Bord*, FV *Un homme de trop à bord* (D/F 1935); *Der höhere Befehl* (1935); *Ein seltsamer Gast* (1936); *Madame Bovary* (1937); *Die gelbe Flagge* (1937); *Der Spieler*, FV *Le joueur* (D/F

1938); *Die Geliebte* (1939); *Frau im Strom* (1939); *Mädchen im Vorzimmer* (1940); *Clarissa* (1941); *Diesel* (1942); *Du gehörst zu mir* (1943); *Die Brüder Noltenius* (1945); *Kamerad Hedwig* (1945, unvollendet); *Irgendwo in Berlin* (DDR 1946); *Quartett zu fünft* (1949); *Madonna in Ketten* (1949); *Meines Vaters Pferde* (1954, 2 Teile); *Der Engel mit dem Flammenschwert* (1954); *Oberwachtmeister Borck* (1955).

Lang, Fritz

5. 12. 1890 Wien – 2. 8. 1976 Los Angeles. Arbeitete als Dramaturg bei Joe May und Erich Pommer, schrieb Drehbücher und wechselte zur Regie. Von 1920 bis zu seiner Emigration arbeitete er eng mit seiner Frau, der Autorin Thea von Harbou (1888–1954), zusammen. Über vier Jahrzehnte hinweg haben L.s Filme ein Bild der Zeit geschaffen. Die Kontinuität seines Stils beruht auf einer mit filmspezifischen Mitteln gestalteten künstlich-hermetischen Form von Realität, die gänzlich eigenen Gesetzmäßigkeiten der Beobachtung und narrativen Verdichtung verpflichtet ist. Charakteristisch für L. ist dabei die geometrisch-ornamentale Bildgestaltung und das Motiv der Verstrickung.

Am Anfang stand Unterhaltungsware, Serien mit Kolportagecharakter. Internationale Reputation verschaffte sich L. durch *Der müde Tod* (1921). Mit dem zweiteiligen Kriminalfilm *Dr. Mabuse, der Spieler* (1922) lieferte er erstmals einen zeitnahen Entwurf, dessen sachlich-dokumentarischer Aspekt zusammen mit der rigiden Stilisierung eine für das gesamte Werk programmatische Verbindung einging. Deutschland in der Inflationszeit bildete den Hintergrund konstanter Themenkomplexe: Der Kampf des Bösen um die Macht, sein Spiel mit Schicksalen, Liebe und ihre zumeist tragische Konsequenz. L.s Zurückstellung des Dekors zugunsten von Architektur zeigte sich, höchst erfolgreich, in den zwei Teilen des Epos *Die Nibelungen* (1924). Mit der unter noch größerem Aufwand gedrehten Utopie *Metropolis* (1927) überschritt L. den Zenit des Monumentalfilms. Er konzentrierte sich nun zunehmend auf individuelle Schicksale, wie das des Kindermörders in *M* (1931), seinem ersten Tonfilm. L.s letzter Film vor seiner Emigration, *Das Testament des Dr. Mabuse* (D 1933), wurde von Joseph Goebbels verboten. Über Frankreich ging L. in die USA, wo er mit *Fury* (USA 1936), der Geschichte eines Lynchmordes, an *M* anknüpfte.

L.s amerikanische Arbeiten zeichnen sich durch größeren Realitäts- und Gesellschaftsbezug aus. Seine letzten, in der BRD realisierten

Fritz Lang (2. v. l.)

Filme sind Remakes von Erfolgen aus der Stummfilmzeit. L. hat die Konventionen des Stumm- und Tonfilms, des Kunst- und Genrefilms mitgestaltet und oftmals überschritten. In diesem Sinn ist auch seine letzte Arbeit für den Film – eine Rolle in Jean-Luc Godards *Le mépris / Il disprezzo* (F/I 1963; *Die Verachtung*) – zu verstehen, in der L., so Godard, das Kino symbolisiert.

SF: *Halbblut* (1919); *Der Herr der Liebe* (1919); *Die Spinnen*, Teil 1: *Der goldene See* (1919); *Harakiri* (1919); *Die Spinnen*, Teil 2: *Das Brillantenschiff* (1920); *Das wandernde Bild* (1920); *Kämpfende Herzen* (1921); *Der müde Tod* (1921); *Dr. Mabuse, der Spieler*, Teil 1: *Der große Spieler – ein Bild der Zeit*, Teil 2: *Inferno – ein Spiel um Menschen unserer Zeit* (1922); *Die Nibelungen*, Teil 1: *Siegfried*, Teil 2: *Kriemhilds Rache* (1924); *Metropolis* (1927); *Spione* (1928); *Frau im Mond* (1929). – TF: *M* (1931); *Das Testament des Dr. Mabuse*, FV *Le testament du docteur Mabuse* (D 1933); *Liliom* (F 1934); *Fury* (USA 1936); *You only live once* (USA 1937; *Gehetzt*); *You and me* (USA 1938); *The return of Frank James* (USA 1940; *Rache für Jesse James*); *Western Union* (USA 1941; *Überfall der Ogalalla*); *Man hunt* (USA 1941; *Menschenjagd*); *Hangmen also die* (USA 1943; *Auch Henker sterben*); *The woman in the window* (USA 1944; *Gefährliche Begegnung*); *Ministry of fear* (USA 1944; *Ministerium der Angst*); *Scarlet Street* (USA 1945; *Straße der Versuchung*); *Cloak and dagger* (USA 1946; *Im Geheimdienst*); *Secret beyond the door* (USA 1948; *Das Tor ins Verderben*); *House by the river* (USA 1950); *American guerrilla in the Philippines* (USA 1950; *Der Held von Mindanao*); *Rancho notorious* (USA 1952; *Engel der Gejagten*); *Clash by night* (USA 1952; *Vor dem neuen Tag*); *The blue gardenia* (USA 1953; *Gardenia – Eine Frau will vergessen*); *The big heat* (USA 1953; *Heißes Eisen*); *Human desire* (USA 1954; *Lebensgier*); *Moonfleet* (USA 1955; *Das Schloß im Schatten*); *While the city sleeps* (USA 1956; *Die Bestie*); *Beyond a reasonable doubt* (USA 1956; *Jenseits allen Zweifels*); *Der Tiger von Eschnapur / La tigre di Eschnapur / Le tigre du Bengale* (BRD/I/F 1959); *Das indische Grabmal / Il sepolcro indiano / Le tombeau hindou* (BRD/I/F 1959); *Die 1000 Augen des Dr. Mabuse / Il diabolico Dr. Mabuse / Le diabolique docteur Mabuse* (BRD/I/F 1960).   *n.p*

Leni, Paul (d. i. Paul Josef Levi)

8. 7. 1885 Stuttgart – 2. 9. 1929 Hollywood. Kunstmaler, der zunächst im Theater als Maler, Bühnenbildner und Kostümzeichner tätig war. L. begann seine Filmkarriere 1913 als künstlerischer Beirat der Continental-Film und war damit in Personalunion für Dekoration, Kostüm und Graphik verantwortlich. Mit ›Stimmungsskizzen‹, die L. auch anderen Berliner Großfirmen lieferte, wurden Ideen und Konstruktionen filmisch umgesetzt, die aus Bühnenbildern etlicher Reinhardt-Inszenierungen stammten. Bald jedoch fand L. zu einem persönlichen Stil (*Der Katzensteg*, 1915, Mack): Durch zunehmende Verfeinerung der Lichtgestaltung und Darstellungstechnik wurde auch seine Dekoration raffinierter. Atmosphärische Dichte, exakt kalkulierte Raumeinteilung, Detailschwerpunkte und Formgeschmack evozierten Szenenbilder, die die Beziehung der Protagonisten zueinander und ihre soziale Motivierung verdeutlichten.

Höhepunkt dieser Entwicklung zur feinnervigen künstlerischen Gestaltung wurden L.s expressionistische Dekorationsentwürfe für *Das Wachsfigurenkabinett* (1924, CR Birinski). Dieser Film in drei Episoden und der Kammerspielfilm *Hintertreppe* (1921, CR Jessner) verschafften L. auch als Regisseur große Anerkennung. Heftigen (ideologischen und ästhetischen) Widerspruch hingegen provozierte sein vielleicht stärkster Film *Prinz Kuckuck* (1919, nach einem Roman von Otto Julius Bierbaum), die grotesk-satirische Attacke auf deutsches Bürgertum. Trotz statischer Kamera gelang es L., einen Bewegungsrhythmus zu erzeugen, wie er zu diesem Zeitpunkt im deutschen Film unbekannt war. Blickwinkelwechsel, Hintergrunddynamik, das Gehen der Schauspieler und eine Reihe künstlicher und natürlicher Bewegungen erwecken den Eindruck ständiger Veränderung. Der Erfolg von *Das Wachsfigurenkabinett* in den USA brachte L. nach Hollywood, wo er sofort mit Horror- und Krimi-Grotesken für Universal Pictures reüssierte. Sein Geschick, Elemente des action- und intrigenreichen Publikumsfilms amerikanischer Machart mit stilistischen Merkmalen des deutschen expressionistischen und impressionistischen Films zu versetzen, prädestinierte ihn zum Starregisseur. Sein früher Tod verhinderte dies.

SF: *Das Tagebuch des Dr. Hart* (1917); *Primavera* (1917); *Das Rätsel von Bangalor* (1917, CR Antalffy); *Dornröschen* (1917); *Die platonische Ehe* (1919); *Prinz Kuckuck* (1919); *Patience* (1920); *Die Verschwörung zu Genua* (1921); *Hintertreppe* (1921, CR Jessner); *Das Wachsfigurenkabinett* (1924, CR Birinski); *The cat and the canary* (USA 1927; *Spuk im Schloß*); *The Chinese parrot* (USA 1927; *Der Chinesenpapagei*); *The man who laughs* (USA 1928; *Der Mann, der lacht*); *The last warning* (USA 1929; *Die letzte Warnung*).

■

Liebeneiner, Wolfgang (Georg Louis)

6. 10. 1905 Liebau (Schlesien) – 28. 11. 1987 Mödling bei Wien. Nach dem Universitätsstudium Schauspiel- und Regieunterricht bei Otto Falckenberg in München. War mit der Schauspielerin Hilde Krahl verheiratet.
Nach erfolgreicher Theatertätigkeit wurde L. als Filmschauspieler in der Rolle des jugendlichen Liebhabers (Fritz in *Liebelei*, 1933, Ophüls; Chopin in *Abschiedswalzer*, 1934, Bolvary) auch außerhalb Deutschlands bekannt. *Versprich mir nichts* (1937) und *Der Mustergatte* (1937), seine Antrittsarbeiten als Regisseur, die nach vielgespielten Bühnenkomödien entstanden, zeigten L.s ausschließliche Konzentration auf Schauspielerführung und Bewegungsregie. Erst mit *Du und ich* (1938), ein Film, der den Aufstieg eines einfachen Handwerkers zum Fabrikbesitzer beschreibt, setzte er spezifisch filmische Mittel ein: Wechsel des Kamerastandpunkts, der Bewegungen und Abbildungsgrößen ergaben jenen optischen Rhythmus, der, entsprechend der skizzierten Handlung, Menschen, Räumlichkeit und Landschaft als pulsierende Einheit in Erscheinung treten läßt.
L.s Sympathien gehörten zweifelsfrei dem deutschen Großbürgertum, seinen materiellen Interessen und moralischen Vorstellungen. Eine Voraussetzung, die ihm die filmische Umsetzung der vom NS-Regime geförderten Sujets erleichterte und ihn für hohe Auszeichnungen und Funktionen im Dritten Reich prädestinierte. Zuletzt, 1943, wurde L. Produktionschef der Ufa. Einerseits benützte L., ähnlich wie Gustaf Gründgens, seinen Einfluß, um rassisch oder politisch verfolgten Künstlern zu helfen (z. B. Werner Hochbaum), andererseits ließ er sich für einige Propagandastreifen gewinnen, deren verwerflichster *Ich klage an* (1941) war – die ideologische Untermauerung der staatlich sanktionierten Euthanasie. Nach Kriegsende inszenierte L. neben dem packenden Heimkehrerdrama *Liebe 47* (1949) hauptsächlich kammerspielartige (*Ingeborg*, 1960, nach Curt Goetz) oder großangelegte Unterhaltungsstreifen (*Die Trapp-Familie*, 1956). Mit diesem Familienfilm und dessen Fortsetzung konnte sich L. auch auf dem US-Markt behaupten.

Versprich mir nichts (1937); *Der Mustergatte* (1937); *Yvette* (1938); *Du und ich* (1938); *Ziel in den Wolken* (1938); *Der Florentinerhut* (1939); *Die gute Sieben* (1940); *Bismarck* (1940); *Ich klage an* (1941); *Das andere Ich* (1941); *Die Entlassung* (1942); *Großstadtmelodie* (1943); *Das Leben geht weiter* (1945, unvollendet); *Liebe 47* (1949); *Meine Nichte Susanne* (1950); *Des Lebens Überfluß* (1950); *Wenn eine Frau liebt* (1950); *Das Tor zum Frieden* (A 1951); *Der Weibsteufel* (A 1951); *Der blaue Stern des Südens* (A 1951); *1. April 2000* (A 1952); *Die Stärkere* (1953); *Das tanzende Herz* (1953); *... und ewig bleibt die Liebe* (1954); *Die schöne Müllerin* (1954); *Auf der Reeperbahn nachts um halb eins* (1954); *Die heilige Lüge* (1955); *Ich war ein häßliches Mädchen* (1955); *Urlaub auf Ehrenwort* (1955); *Waldwinter* (1956); *Die Trapp-Familie* (1956); *Königin Luise* (1956); *Franziska* (1957); *Immer wenn der Tag beginnt* (1957); *Taiga* (1958); *Die Trapp-Familie in Amerika* (1958); *Sebastian Kneipp – ein großes Leben* (A 1958); *Meine Tochter Patricia* (A 1959); *Jacqueline* (1959); *Ich heirate Herrn Direktor* (A 1959); *Eine Frau fürs ganze Leben* (1960); *Ingeborg* (1960); *Schlußakkord / Festival* (BRD/F/I/FL 1960); *Das letzte Kapitel* (1961); *Schwejk's Flegeljahre* (A 1964); *Jetzt dreht die Welt sich nur um Liebe* (A 1964); *Wenn süß das Mondlicht auf den Hügeln schläft* (1969); *Das chinesische Wunder* (1977); *Götz von Berlichingen mit der eisernen Hand* (1979, R der Actionszenen: Reinl).

*Leopold Lindtberg
bei der Münchner
Premiere von
»Die letzte Chance«*

Lindtberg, Leopold
(d. i. Leopold Lemberger)

1. 6. 1902 Wien – 18. 4. 1984 Sils-Maria (Oberengadin). Nach dem Studium der Kunstgeschichte und Germanistik nahm L. Schauspielunterricht am Wiener Konservatorium. Als L. 1928 Darsteller und Regisseur am Studio der Piscatorbühne in Berlin war, machte er sich mit den Möglichkeiten des Films vertraut. Er assistierte Curt Oertel und Walter Ruttmann bei Dokumentaraufnahmen, die Erwin Piscator als Projektionen für eine Inszenierung verwendete.
Erst in der Schweiz, wohin der rassisch Verfolgte emigriert war, entwickelte sich der prominente Regisseur am Zürcher Schauspielhaus auch zum Mann des Kinos, der von der Praesens-Filmgesellschaft des Schweizer Pioniers Lazar Wechsler zum Starregisseur aufgebaut wurde. Auf die Dialektkomödie *Jä – soo!* (CH 1935, CR Lesch) folgten weitere Streifen mit regionalen Sujets, bevorzugt Themen aus der Schweizer Geschichte. Mit dem patriotischen ›Gesinnungsfilm‹ *Füsilier Wipf* (CH 1938, CR Haller) wagte sich L. an einen besonders heiklen Stoff, da jeglicher Aufruf zur »kämpferischen Neutralität« vom faschistischen Deutsch-

land mit Argwohn betrachtet wurde. L. gestaltete diese Typologie junger Schweizer Rekruten anno 1914 mit veristischem Einschlag (vor allem durch den Einsatz von Laiendarstellern). Der Film erzielte einen der größten Publikumserfolge der Schweizer Filmgeschichte. Mit *Die mißbrauchten Liebesbriefe* (CH 1940) bewegte sich L. erstmals auch formal freier und traf durch den pointierten Kammerton und romantische Stimmungsbilder genau den leicht sarkastischen Ton und poetischen Realismus der Novelle von Gottfried Keller. L.s eindringlichster Film, *Die letzte Chance* (CH 1945), bezog seine Dramatik aus dem Schicksal jüdischer Flüchtlinge. Trotz des großen internationalen Erfolgs, den L. auch mit seinem Wien-Porträt *Die Vier im Jeep* (CH 1951) über die zum Stadtbild gehörende Alliierten-Crew erzielte, gelang es der Praesens-Film und ihm nicht, in Hollywood Fuß zu fassen. L. zog sich auf seine Theater- und TV-Arbeit zurück.

Wenn Zwei sich streiten (1932, KF); *Jä – soo!* (CH 1935, CR Lesch); *Füsilier Wipf* (CH 1938, CR Haller); *Der schönste Tag meines Lebens* (CH 1939, KF); *Wachtmeister Studer* (CH 1939; Kriminalkommissar Studer); *Die mißbrauchten Liebesbriefe* (CH 1940); *Landammann Stauffacher* (CH 1941); *Der Schuß von der Kanzel* (CH 1942); *Ma-*

*Ernst Lubitsch mit
Pola Negri*

rie-Louise (CH 1944); *Die letzte Chance* (CH 1945); *Matto regiert* (CH 1947; § 51 – *Seelenarzt Dr. Laduner*); *Swiss Tour* (CH 1949; *Ein Seemann ist kein Schneemann*); *Die Vier im Jeep* (CH 1951); *Unser Dorf / The village* (CH/GB 1953; *Sie fanden eine Heimat*); *Vorposten der Zivilisation* (CH 1958, KF); *Herausforderung des Lebens* (CH 1977, Dok., KF, CR Planta, Weyse, Schoch).

Lubitsch, Ernst

29.1.1892 Berlin – 30.11.1947 Hollywood. Auftritten an Kleinkunstbühnen folgte ein Engagement bei Max Reinhardt. 1913 debütierte L. als Filmdarsteller, 1915 als Regisseur.
L.s Filme wollten nie mehr sein als perfektes Unterhaltungskino und doch waren sie über drei Jahrzehnte hinweg wegbereitend: Dem deutschen Stummfilm verhalf L. zur Weltgeltung, das ›klassische Hollywoodkino‹ hat er zumindest miterfunden. Bereits seine im berlinerisch-jüdischen Milieu angesiedelten Aufsteiger-Komödien, wie *Schuhpalast Pinkus* (1916), waren voller Einfallsreichtum. In *Die Austernprinzessin* (1919) wagte L. den entschei-denden Schritt zur Satire und deutete erstmals seinen von ironischen Details und »gerissenem Charme« (François Truffaut) geprägten Stil an. *Madame Dubarry* (1919), L.s erster großer Historienfilm, verband intime, teils parodistisch aufbereitete Kammerspielszenen mit dynamischen Massenarrangements. Die mit enormem Aufwand an Bauten, Technik und Statisterie gedrehten Ausstattungsfilme zeigten ebenso wie L.s stilisierte Groteskfilme (*Die Puppe*, 1919) sein Talent in der Choreographie von Figuren und der Visualisierung des Dekors. L.s surrealer Bildwitz erreichte in der Burleske *Die Bergkatze* (1921) seinen Höhepunkt.
Übergangslos gelang es dem 1922 von Mary Pickford nach Hollywood engagierten Berliner, die ›amerikanische Psyche‹ zu erfassen und eine Reihe von Gesellschaftskomödien zu inszenieren, die den legendären Lubitsch-Touch begründeten. Der subtile, auf (erotische) Zwei- oder Mehrdeutigkeiten hinweisende Kommentar der Kamera verlieh L.s Filmen ihren doppelsinnigen, beinahe magischen Charme. L.s stilistischer Höhepunkt war die Dreiecks-Komödie *Trouble in paradise* (USA 1932). Bereits davor hatte L. mit einer Serie von Film-Operetten, beginnend mit *The love parade*

(USA 1929), auch im neuen Medium Tonfilm reüssiert. Aus L.s letzter Schaffensperiode ragen die virtuosen, für seine Komödienvielfalt typischen Werke *Ninotchka* (USA 1939) und *To be or not to be* (USA 1942) heraus.

L. gehörte zu den wenigen Regisseuren, denen es gelungen ist, ein eigenes Universum zu schaffen. In diesem konnte er wie kein anderer sein Publikum unterhalten und berühren.

SF: *Aufs Eis geführt* (1915, CR Matray); *Zucker und Zimt* (1915, CR Matray); *Blindekuh* (1915); *Fräulein Seifenschaum* (1915); *Der gemischte Frauenchor* (1915); *Der letzte Anzug* (1915); *Sein einziger Patient* (1915); *Der Kraftmeyer* (1915); *Als ich tot war* (1916); *Schuhpalast Pinkus* (1916); *Das schönste Geschenk* (1916); *Der G.m.b.H.-Tenor* (1916); *Die neue Nase* (1916); *Keiner von beiden* (1916); *Käsekönig Holländer* (1917); *Der Blusenkönig* (1917); *Ossi's Tagebuch* (1917); *Wenn vier dasselbe tun* (1917); *Das fidele Gefängnis* (1917); *Prinz Sami* (1918); *Der Rodelkavalier* (1918); *Ich möchte kein Mann sein* (1918); *Das Mädel vom Ballett* (1918); *Der Fall Rosentopf* (1918); *Die Augen der Mumie Ma* (1918); *Meyer aus Berlin* (1918); *Carmen* (1918); *Meine Frau, die Filmschauspielerin* (1919); *Die Austernprinzessin* (1919); *Rausch* (1919); *Madame Dubarry* (1919); *Die Puppe* (1919); *Die Wohnungsnot* (1919, Bühnensketch, R des Filmteils); *Kohlhiesels Töchter* (1920); *Romeo und Julia im Schnee* (1920); *Sumurun* (1920); *Anna Boleyn* (1920); *Die Bergkatze* (1921); *Das Weib des Pharao* (1921); *Die Flamme* (1923); *Rosita* (USA 1923, CR Walsh; *Rosita, die Straßensängerin*); *The marriage circle* (USA 1923; *Die Ehe im Kreise*); *Three women* (USA 1924; *Drei Frauen*); *Forbidden paradise* (USA 1924; *Das verbotene Paradies*); *Kiss me again* (USA 1925; *Küß' mich noch einmal*); *Lady Windermere's fan* (USA 1925; *Lady Windermeres Fächer*); *So this is Paris* (USA 1926; *So ist Paris*); *The student prince in Old Heidelberg* (USA 1927; *Alt-Heidelberg*); *The patriot* (USA 1928; *Der Patriot*); *Eternal love* (USA 1929; *Der König der Bernina*). – TF: *The love parade*, FV *Parade d'amour* (USA 1929; *Liebesparade*); *Paramount on parade* (USA 1930; Episoden *The origin of the Apache Dance, A park in Paris, The rainbow revels*); *Monte Carlo* (USA 1930); *The smiling lieutenant*, FV *Le lieutenant souriant* (USA 1931; *Der lächelnde Leutnant*); *The man I killed* / *Broken Lullaby* (USA 1932; *Der Mann, den sein Gewissen trieb*); *One hour with*

you, FV *Une heure près de toi* (USA 1932, CR Cukor; *Eine Stunde mit Dir*); *Trouble in paradise* (USA 1932; *Ärger im Paradies*); *If I had a million* (USA 1932; *Wenn ich eine Million hätte*; Episoden: Rahmenhandlung, *The street-walker, The clerk*); *Design for living* (USA 1933; *Serenade zu Dritt*); *The merry widow*, FV *La veuve joyeuse* (USA 1934; *Die lustige Witwe*); *Desire* (USA 1936, Borzage; KO; *Sehnsucht*); *Angel* (USA 1937; *Engel*); *Bluebeard's eighth wife* (USA 1938; *Blaubarts achte Frau*); *Ninotchka* (USA 1939; *Ninotschka*); *The shop around the corner* (USA 1940; *Rendezvous nach Ladenschluß*); *That uncertain feeling* (USA 1941; *Ehekomödie*); *To be or not to be* (USA 1942; *Sein oder Nichtsein*); *Know your enemy Germany* (USA 1942, Dok., KF); *Heaven can wait* (USA 1943; *Ein himmlischer Sünder*); *Cluny Brown* (USA 1946; *Cluny Brown auf Freiersfüßen*); *That lady in ermine* (USA 1948; 8 Drehtage; beendet von Preminger; *Die Frau im Hermelin*). *mp*

■■■

Maetzig, Kurt

Geb. 25. 1. 1911 Berlin. M.s Vater besaß eine Filmkopieranstalt, in der M. als Jugendlicher volontierte; seine Diplomarbeit, mit der er 1935 das Studium der Betriebswirtschaft abschloß, galt dem »Rechnungswesen einer Film-Kopieranstalt«. Später betrieb M. ein Trickfilmatelier, arbeitete als Filmtechniker bei verschiedenen Berliner Filmfirmen, leitete selbst ein kleines fotochemisches Labor und konnte durch etliche Erfindungen, die als volkswirtschaftlich wichtig eingestuft wurden, und durch Intervention einiger politisch einflußreicher Freunde der Deportation aus rassischen Gründen entgehen. Nach Kriegsende übernahm M. eine leerstehende Filmkopieranstalt, er wurde mit der Gründung der Wochenschau »Der Augenzeuge« beauftragt. M. war Mitbegründer und Lizenzträger der DEFA.

M.s künstlerische Laufbahn im Film begann erst spät. Nach einigen kurzen Dokumentarfilmen gestaltete er 1947 den antifaschistischen Spielfilm *Ehe im Schatten*, dem das authentische Schicksal des Ufa-Stars Joachim Gottschalk und seiner jüdischen Ehefrau zugrunde liegt (M.s Mutter, die jüdischer Abstammung war, wurde im Nationalsozialismus ebenfalls in den Selbstmord getrieben). Auch in der Folgezeit suchte M. in seinen Filmen die Wurzeln des deutschen Nationalsozialismus bloßzulegen und dessen mittelbare und unmittelbare historische und politische Konsequenzen für die Gegenwart aufzuzeigen: *Die Buntkarierten* (DDR 1949) ist die Chronik einer Arbeiterfamilie über drei Generationen, von der Wilhelminischen Epoche über die Weimarer Republik bis zum Beginn des Wiederaufbaus nach 1945. M.s Aufruf zur Parteilichkeit wirkt hier im Milieu der kleinen Leute ebenso beeindruckend wie in *Der Rat der Götter* (DDR 1950), worin der Konflikt zwischen Wissenschaft und Rüstungsindustrie angesprochen wird. M.s Stellung als politisch engagierter Regisseur wurde honoriert, als man ihm den Staatsauftrag zum zweiteiligen Epos über den 1944 von den Nazis ermordeten KPD-Vorsitzenden Thälmann gab (*Ernst Thälmann – Sohn seiner Klasse*, DDR 1954; *Ernst Thälmann – Führer seiner Klasse*, DDR 1955). M., der auch in ausgesprochenen Genre-Filmen die DDR-Realität unaufdringlich zu integrieren verstand (z. B. in dem Sportfilm *Das Mädchen auf dem Brett*, DDR 1967), schuf mit der Chronik *Schlösser und Katen* (DDR 1957) seinen bedeutendsten Beitrag zur Integration des Alltags in den DDR-Film. M., ein Meister des politischen Films, der eine ganze Generation von DDR-Regisseuren beeinflußte, identifizierte sich auch als Kulturfunktionär stets mit dem DEFA-Film.

Berlin baut auf (DDR 1946, KF-Dok.); *Einheit SPD–KPD* (DDR 1946, KF-Dok.); *1. Mai 1946* (DDR 1946, KF-Dok.); *Leipziger Messe 1946* (DDR 1946, KF-Dok.); *Musikalischer Besuch* (DDR 1946, KF-Dok., CR M. Keller); *Ehe im Schatten* (DDR 1947); *Die Buntkarierten* (DDR 1949); *Immer bereit* (DDR 1950, Dok., CR Pappe); *Der Rat der Götter* (DDR 1950); *Familie Benthin* (DDR 1950, Autoren- und Regiekollektiv; KO zus. mit Dudow); *Roman einer jungen Ehe* (DDR 1952); *Ernst Thälmann – Sohn seiner Klasse* (DDR 1954); *Ernst Thälmann – Führer seiner Klasse* (DDR 1955); *Schlösser und Katen* (DDR 1957, 2 Teile); *Vergeßt mir meine Traudel nicht* (DDR 1957); *Das Lied der Matrosen* (DDR 1958, CR G. Reisch); *Der schweigende Stern / Milczaca gwiazda* (DDR/PL 1960); *Septemberliebe* (DDR 1961); *Der Schatten* (DDR 1961; TV); *Der Traum des Hauptmann Loy* (DDR 1961);

Lampe und Krokodil (DDR 1962 fertiggest., KF; keine EA); *An französischen Kaminen* (DDR 1963); *Preludio 11* (DDR/C 1964); *Das Kaninchen bin ich* (1965; EA 1989); *Das Mädchen auf dem Brett* (DDR 1967); *Die Fahne von Kriwoj Rog* (DDR 1967); *Aus unserer Zeit* (DDR 1970; Episode *Der Computer sagt: nein*); *Januskopf* (DDR 1972); *Mann gegen Mann* (DDR 1976).   ms

Martin, Paul

8. 2. 1899 Maiolana (Ungarn) – 26. 1. 1967 Berlin. K. u. k.-Offizier, Regieassistent und Cutter bei der Ufa. Von Filmen deutsch-berlinerischer und amerikanischer Provenienz inspiriert, spezialisierte sich M. als Regisseur auf den Musikfilm. Neben tempo- und geistreichen musikalischen Komödien und Revuefilmen schuf er moderne Operettenadaptionen. Daneben inszenierte M. auch einige vorwiegend auf ein weibliches Zielpublikum abgestimmte Romanzen und Melodramen. Bereits als Assistent bei der Ufa wurde M. mit den Herstellungsmechanismen von Großproduktionen vertraut (*Der Kongreß tanzt*, 1931, Charell). Schon seine zweite Regiearbeit, *Ein blonder Traum* (1932), erwies sich als das Werk eines Vollprofis und machte Hollywood auf ihn aufmerksam. Doch *Orient Express* (USA 1934) wurde trotz ambitionierter Regie ein kommerzieller Flop und vereitelte M.s weitere US-Karriere. Sein intensives Studium des amerikanischen Films kam M. jedoch nach seiner Rückkehr aus den USA (1935) sehr zugute.
Fünf Filme mit dem Ufa-Star Lilian Harvey, allesamt Kassenerfolge, ließen ihn in die Reihe renommierter Großfilmregisseure aufsteigen. Der beste Streifen aus dieser Zusammenarbeit mit Lilian Harvey, auch privat seine Partnerin, wurde *Glückskinder* (1936). Den Weg M.s zum originären Aufbereiter des deutschen Revue- und Schlagerfilms markierten in der Folge *Karneval der Liebe* (1943), *Liebe, Tanz und 1000 Schlager* (1955) und *La Paloma* (1959). Daneben sind *Maske in Blau* (1942), *Ball im Savoy* (1955) und *Hochzeitsnacht im Paradies* (A 1962) gelungene Versuche, Operettenhandlungen filmspezifisch zu behandeln und im Tempo zu steigern. Auch außerhalb des Musikfilms (z. B. mit der expressionistischen Horror-Anthologie *Die tödlichen*

Träume, 1950, frei nach E. T. A. Hoffmann, oder der Komödie *Die Frauen des Herrn S.*, 1951, zeigte sich M. stets auf Niveau bedacht.

Der Sieger, FV *Le vainqueur* (1932, CR Hinrich); *Ein blonder Traum*, FV *Un rêve blond*, GBV *Happy ever after* (1932); *Orient Express* (USA 1934); *Schwarze Rosen*, FV *Roses noires*, GBV *Black roses* (1935); *Glückskinder*, FV *Les gais lurons* (1936); *Sieben Ohrfeigen* (1937); *Fanny Elssler* (1937); *Fortsetzung folgt* (1938); *Preußische Liebesgeschichte* (1938; EA 1950 u. d. T. *Liebeslegende*); *Frau am Steuer* (1939); *Das Lied der Wüste* (1939); *Was will Brigitte?* (1940); *Jenny und der Herr im Frack* (1941); *Maske in Blau* (1942); *Karneval der Liebe* (1943); *Geliebter Schatz* (1943); *Das war mein Leben* (1944); *Intimitäten* (1944); *Das seltsame Fräulein Sylvia* (1945, unvollendet); *Praterbuben* (A 1948); *Sehnsucht des Herzens* (1950); *Die tödlichen Träume* (1950); *Die Frauen des Herrn S.* (1951); *Mein Herz darfst du nicht fragen* (1952); *Wenn abends die Heide träumt* (1952); *Rote Rosen, rote Lippen, roter Wein* (1953); *Mit 17 beginnt das Leben* (1953); *Die Privatsekretärin* (1953); *Meine Schwester und ich* (1954); *Große Starparade* (1954); *Ball im Savoy* (1955); *Liebe, Tanz und 1000 Schlager* (1955); *Das Bad auf der Tenne* (1955); *Du bist Musik* (1956); *Meine schöne Mama* (A/BRD 1957); *Wenn Frauen schwindeln* (1957); *Petersburger Nächte* (1958); *La Paloma* (1959); *Du bist wunderbar* (1959); *Ich zähle täglich meine Sorgen* (1960); *Marina* (1960); *O sole mio* (1960); *Adieu, Lebewohl, Goodbye* (1961); *Ramona* (1961); *Hochzeitsnacht im Paradies* (A 1962); *Die Goldsucher von Arkansas / Alla conquista dell'Arkansas / Les chercheurs d'or de l'Arkansas* (BRD / I/F 1964); *Jagd auf blaue Diamanten / Diamond walkers* (BRD/ZA 1965); *Graf Bobby, der Schrecken des Wilden Westens* (A 1965).

Murnau, Friedrich Wilhelm
(d. i. Friedrich Wilhelm Plumpe)

28. 12. 1888 Bielefeld – 11. 3. 1931 Santa Monica (Cal.) (nach Autounfall). Dem Studium der Kunstgeschichte folgte eine Schauspielausbildung bei Max Reinhardt. Nach dem Ersten Weltkrieg Debüt als Regisseur.
M. betrachtete das Kino von Anfang an als eigenständiges Medium, und seine daraus resultierende Suche nach spezifischen Ausdrucksmöglichkeiten revolutionierte Sprache und Technik des Films. Die Kamera, von M. als »Zeichenstift« des Regisseurs bezeichnet, sollte durch unbeschränkte Mobilität eine »Symphonie von Körpermelodie und Raumrhythmus« erschaffen. Wie kein anderer konnte M. zur Verwirklichung seiner Absichten die Talente von Mitarbeitern erkennen und herausfordern.
M.s Affinität zur Malerei und eine damit verbundene plastische Bildgestaltung zeigte sich bereits in seinen ersten Filmen. Und obwohl der Großteil von M.s Frühwerk verschollen ist, läßt sich eine ausgeprägte Vorliebe für Geschichten über Wahnvorstellungen und erotische Verstrickungen feststellen. Sein frühester erhaltener Film, *Der Gang in die Nacht* (1921), verbindet psychologische Studien mit einer subtilen Zeichnung von Milieu und Natur. Das für den Film jener Zeit so charakteristische Helldunkel erfuhr einen Höhepunkt in *Nosferatu* (1922). Die Verfilmung des Dracula-Romans von Bram Stoker gab M.s Vision von der Bedrohung menschlicher Existenz und objektiver Wirklichkeit erstmals in stilistischer Geschlossenheit wieder. Die extrem bewegliche Kamera wurde in *Der letzte Mann* (1924) zum handelnden Subjekt des Dramas, womit M. sein Ziel zu verwirklichen suchte, »das Denken« mittels des Aufnahmegeräts »abzulichten«. In den letzten in Deutschland gedrehten Filmen mobilisierte M. alle Mittel zur Gestaltung des filmischen Raums und perfektionierte das für ihn typische Spiel mit Licht und Schatten.
In Hollywood wurde M. nach dem kommerziellen Mißerfolg seines Meisterwerks *Sunrise* (USA 1927) die künstlerische Kontrolle über weitere Projekte entzogen. Nach Fertigstellung zweier weiterer Filme floh M. in die Südsee und realisierte den Film *Tabu* (USA 1931), dessen Premiere er nicht mehr erlebte. In einem Nachruf würdigte Fritz Lang seinen Kollegen M. als Pionier, »dem der Film die eigentliche Basis verdankt, sowohl in künstlerischer wie in technischer Beziehung«.

Der Knabe in Blau (1919); *Satanas* (1920); *Sehnsucht* (1920); *Der Bucklige und die Tänzerin* (1920); *Der Januskopf* (1920); *Abend . . . Nacht . . . Morgen* (1920); *Der Gang in die Nacht* (1921);

Marizza, genannt die Schmugglermadonna (1920, EA 1922); *Schloß Vogelöd* (1921); *Nosferatu - Eine Symphonie des Grauens* (1922); *Der brennende Acker* (1922); *Phantom* (1922); *Die Austreibung* (1923); *Die Finanzen des Großherzogs* (1924); *Der letzte Mann* (1924); *Tartüff* (1926); *Faust* (1926); *Sunrise – A song of two humans* (USA 1927; *Sonnenaufgang – Lied von zwei Menschen*); *Four devils* (USA 1929; *Vier Teufel*); *City girl* (USA 1930; neuer Titel: *Our daily bread*; *Unser täglich Brot*); *Tabu* (USA 1931; *Tabu*).   mp

—

Ophüls, Max   (d. i. Max Oppenheimer)

6. 5. 1902 Saarbrücken – 26. 3. 1957 Hamburg. Debütierte 1919 als Schauspieler, wandte sich der Regiearbeit zu und begann nach verschiedenen Theaterengagements beim neuen Medium Tonfilm als Dialogregisseur.
O. porträtierte in seinen Filmen den Untergang einer Epoche und deren Lebensart, sei es die Donaumonarchie oder die Belle Époque, in präzis-liebevoller Weise. Zeit und Milieu der

Max Ophüls mit Martine Carol bei Dreharbeiten zu »Lola Montez«

Jahrhundertwende stellen sich in seinem Schaffen als eine Welt des Scheins, der Frivolität und der Melancholie dar; stets herrscht ein Gefühl verständnisvollen Abschiednehmens. O.' eleganten wie innovativen Stil prägen fließende, lange Kamerabewegungen und detailverliebte Dekors. Erstmals ist seine Handschrift in der Filmoper *Die verkaufte Braut* (1932) zu erkennen, die der heiter-musikalischen Komödie *Die verliebte Firma* (1932) folgte. Mit der Verfilmung von Arthur Schnitzlers *Liebelei* (D/F 1933) fand O. sein bevorzugtes Sujet. Den oberflächlichen Glanz des Fin de siècle akzentuierte er mit malerischen Bildkompositionen und nuanciert-zarter Beobachtung des Spiels der Darsteller.
Noch vor der Berliner Premiere des Films, der für O. den künstlerischen Durchbruch bedeutete, mußte der jüdische Künstler aus Deutschland fliehen. Es folgten Arbeiten in Italien, Holland und Frankreich und eine weitere überstürzte Flucht nach Hollywood. Erst mit *Letter from an unknown woman* (USA 1948; nach Stefan Zweigs Novelle »Briefe einer Unbekannten«) konnte O. an seine Erfolge der Vorkriegszeit anschließen. Nachdem er nach Frankreich zurückgekehrt war, begann die für sein Schaffen wohl wichtigste Periode, wieder mit einem Film nach einer Vorlage Schnitzlers: *La ronde* (F 1950). In dieser »Rundbühne der Liebe« sowie in all seinen letzten Filmen verband O. mit stilistischer Meisterschaft sein zentrales Thema – das Scheitern von Liebenden an der ›Vernunft‹ der Gesellschaft – mit einer komplexen Rahmenhandlung. Das zu seiner Zeit mißverstandene, inzwischen als Meilenstein der Filmgeschichte anerkannte Werk *Lola Montès / Lola Montez* (F/BRD 1955) zeigt O. ein letztes Mal als sensiblen Zeitkritiker, dessen Welt der kalkulierten Künstlichkeit Kritik nie direkt aussprach, jedoch immer ästhetisch anklingen ließ.

Dann schon lieber Lebertran (1931, KF); *Die verliebte Firma* (1932); *Die verkaufte Braut* (1932); *Lachende Erben* (1933); *Liebelei*, FV *Une histoire d'amour* (D/F 1933; FV 1934); *On a volé un homme* (F 1934); *La signora di tutti* (I 1934; *Eine Diva für alle*); *Divine* (F 1935); *Valse brillante de Chopin* (F 1935, KF); *Ave Maria de Schubert* (F 1935, KF); *Comedie om geld* (NL 1936); *La tendre enemie* (F 1936); *Yoshiwara* (F 1937); *Werther* (F

1938); *Sans lendemain* (F 1939; *Ohne ein Morgen*); *De Mayerling à Sarajewo* (F 1940; *Von Mayerling bis Sarajewo*); *The exile* (USA 1947; *Der Verbannte*); *Letter from an unknown woman* (USA 1948; *Brief einer Unbekannten*); *Caught* (USA 1949; *Gefangen*); *The reckless moment* (USA 1949; *Schweigegeld für Liebesbriefe*); *La ronde* (F 1950; *Der Reigen*); *Le plaisir* (F 1952; *Pläsier*); *Madame de . . . / I gioielli di Madame de . . .* (F/I 1953; *Madame de . . .*); *Lola Montès / Lola Montez* (F/BRD 1955). *mp*

■ Oswald, Richard

(d. i. Richard W. Ornstein)

5. 11. 1880 Wien – 11. 9. 1963 Düsseldorf. Vater des Regisseurs Gerd Oswald. O. begann als Bühnendarsteller (Wiener Jarno-Bühne; Düsseldorfer Schauspielhaus), ehe er als Dramaturg und Reklamefachmann, dann als Regisseur und Produzent (ab 1916 mit eigener Firma) für den Film tätig war.

O.s Debüt *Das eiserne Kreuz* (1914) wurde wegen pazifistischer Tendenz verboten. Diese Schwierigkeiten mit Zensur, mit antisemitischen und faschistischen Gruppierungen sollten O. während seiner ganzen Karriere behindern. Denn neben herzzerreißenden Melodramen und Volksstücken, Krimis und sogenannten, nach literarischen Vorlagen hergestellten »Kunstfilmen« (z. B. *Die Geschichte der stillen Mühle*, 1914, nach Hermann Sudermann), schuf er ambitionierte, richtungweisende Literaturverfilmungen (*Das Bildnis des Dorian Gray*, 1917, nach Oscar Wilde), etablierte den gesellschaftskritischen Tendenzfilm (*Es werde Licht*, Teil 1: 1917, Teil 2 bis 4: 1918) und popularisierte über den Umweg des Aufklärungsfilms die Sexuallehren von Sigmund Freud und Magnus Hirschfeld (*Das Tagebuch einer Verlorenen*, 1918; *Anders als die Andern*, 1919: der erste Film, der sich offen gegen die Strafverfolgung Homosexueller wandte).

Dramaturgisch und formal kennzeichnen schneller Handlungsablauf und faszinierende Bildstimmungen die Dramen (*Der Reigen*, 1920), turbulente Situationskomik und einfallsreicher Bildwitz die heiteren Filme dieser ersten Schaffensperiode. Außerdem reduzierte O. das bislang praktizierte Gesten- und Bewegungspathos seiner Darsteller, sensibilisierte deren Spiel und machte Rudolf Schildkraut, Alfred Abel, Ferdinand Bonn u. a. zu Filmschauspielern, die sich im Bewußtsein des Publikums und der Kritik festsetzten. In den zwanziger Jahren blieb O. mit dem Prinzip »Kunst und Geschäft« erfolgreich, obwohl sein ›Konzern‹, der aus einer seiner Produktion angegliederten Kette von Großkinos und Verleihorganisationen bestand, durch die Inflation und die enorm gestiegenen Herstellungskosten ins Wanken geraten war. Erfolge wie *Im Weißen Rößl* (1926) finanzierten Experimente wie *Feme* (1927). Auch in der Tonfilmära drehte O. zwischen Operettenstoffen, Sänger- (*Ein Lied geht um die Welt*, 1933) und Lustspielfilmen aktuelle Filme mit Themen aus der Zeitgeschichte (*1914, die letzten Tage vor dem Weltbrand*, 1931; *Dreyfus*, 1930; *Der Hauptmann von Köpenick*, 1931) oder aus dem Alltag (die Depressions-Komödie *Arm wie eine Kirchenmaus*, 1931). Nach der Emigration über Wien, Amsterdam, London und Paris, wo er jeweils Filme drehte, kam O. nach Hollywood. Doch dort konnte er an seine früheren Erfolge nicht mehr anschließen; seine Comeback-Versuche in der BRD scheiterten ebenfalls.

SF: *Das eiserne Kreuz* (1914); *Iwan Koschula* (1914); *Die Geschichte der stillen Mühle* (1914); *Das Laster* (1915); *Dämon und Mensch* (1915); *Lache, Bajazzo* (1915); *Das unheimliche Zimmer* (1915); *Die Sage vom Hund von Baskerville* (1915); *Hampels Abenteuer* (1915); *Schlemihl* (1915); *Der Fund im Neubau*, Teil 1: *Der Fingernagel*, Teil 2: *Bekenntnisse* (1915); *Und wandern sollst du ruhelos* (1915); *Die verschleierte Dame* (1915); *Die silberne Kugel* (1915); *Hoffmanns Erzählungen* (1916); *Zirkusblut* (1916); *Seine letzte Maske* (1916); *Das unheimliche Haus* (1916); *Die Rache der Toten* (1916); *Freitag der 13.* (1916); *Der chinesische Götze* (1916); *Es werde Licht*, Teil 1 (1917); *Des Goldes Fluch* (1917); *Königliche Bettler* (1917); *Das Bildnis des Dorian Gray* (1917); *Der Schloßherr von Hohenstein* (1917); *Die zweite Frau* (1917); *Der Weg ins Freie* (1917); *Das Kainszeichen* (1917); *Es werde Licht*, Teil 2 (1918); *Der ewige Zweifel* (1918); *Rennfieber* (1918); *Das Perlenhalsband* (1918); *Es werde Licht*, Teil 3 (1918); *Der lebende Leichnam* (1918); *Die seltsame Geschichte des Barons Torelli* (1918); *Das Tagebuch einer Verlorenen* (1918); *Es werde Licht*, Teil 4

(1918); *Das Dreimäderlhaus* (1918); *Dida Ibsens Geschichte* (1918); *Jettchen Geberts Geschichte*, Teil 1: *Jettchen Gebert*, Teil 2: *Henriette Jacoby* (1918); *Peer Gynt*, Teil 1: *Peer Gynts Jugend*, Teil 2: *Peer Gynts Wanderjahre* (1919, Barnowsky; KO); *Die Reise um die Erde in 80 Tagen* (1919); *Die Prostitution* (1919); *Anders als die Andern* (1919); *Die sich verkaufen* (1919); *Die Arche* (1919); *Die letzten Menschen* (1919); *Unheimliche Geschichten* (1919); *Nachtgestalten* (1920); *Der Reigen* (1920); *Kurfürstendamm* (1920); *Manolescus Memoiren* (1920); *Das vierte Gebot* (A 1920); *Die Geheimnisse von London* (A 1920); *Die Liebschaften des Hektor Dalmore* (1921); *Das Haus in der Dragonergasse* (1921); *Lady Hamilton* (1921); *Lucrezia Borgia* (1922); *Carlos und Elisabeth* (1924); *Lumpen und Seide* (1924); *Die Frau von vierzig Jahren* (1925); *Halbseide* (1925); *Vorderhaus und Hinterhaus* (1925); *Dürfen wir schweigen?* (1926); *Wir sind vom k. u. k. Infanterie-Regiment* (1926); *Im Weißen Rößl* (1926); *Als ich wiederkam* (1926); *Eine tolle Nacht* (1926); *Lützows wilde verwegene Jagd* (1927); *Feme* (1927); *Gehetzte Frauen* (1927); *Funkzauber* (1927); *Dr. Bessels Verwandlung* (1927); *Die Rothausgasse* (1928); *Villa Falconieri* (1928); *Cagliostro* (F 1929); *Der Hund von Baskerville* (1929); *Frühlings Erwachen* (1929); *Ehe in Not* (1929); *Die Herrin und ihr Knecht* (1929). – TF: *Wien, du Stadt der Lieder* (1930); *Dreyfus* (1930); *Die zärtlichen Verwandten* (1930); *Alraune* (1930); *1914, die letzten Tage vor dem Weltbrand* (1931); *Schubert's Frühlingstraum* (1931); *Viktoria und ihr Husar* (1931); *Arm wie eine Kirchenmaus* (1931); *Der Hauptmann von Köpenick* (1931); *Unheimliche Geschichten* (1932); *Gräfin Mariza* (1932); *Ganovenehre* (1933); *Die Blume von Hawai* (1933); *Ein Lied geht um die Welt* (1933); *Abenteuer am Lido* (A 1933); *Wenn du jung bist, gehört dir die Welt* (A 1934, Oebels-Oebström; KO); *Bleeke bet* (NL 1934); *My song goes round the world* (GB 1935); *Heut' ist der schönste Tag in meinem Leben* (A 1936); *Tempête sur l'Asie* (F 1938; *Sturm über Asien*); *I was a criminal* (USA 1941); *Isle of missing men* (USA 1942); *The lovable cheat* (USA 1949).

Pabst, Georg Wilhelm

27. 8. 1885 Raudnitz (Böhmen) – 29. 5. 1967 Wien. Zunächst Bühnenschauspieler und Theaterregisseur; 1921 wurde P. von dem Filmpionier Carl Froelich als Darsteller, dann als Regieassistent engagiert. 1922 inszenierte er in Berlin seinen ersten Film, *Der Schatz* (1923).

P. ist als wichtigster Regisseur der Neuen Sachlichkeit in die Filmgeschichte eingegangen, da sich seine Filme in den Jahren 1925–31 wie wenige davor der sozialen Realität der Zeit öffneten und P. sich in ihnen der Vermittlung einer ›objektiven Präsenz‹ von Menschen und gesellschaftlichen Phänomenen verpflichtete. Den Ruf eines Zeitchronisten erwarb sich P. mit dem krassen Sittenbild aus der Inflation, *Die freudlose Gasse* (1925); ein Film, der auch den internationalen Durchbruch des Künstlers bedeutete. Seine Phänomenologie des Bürgertums der zwanziger Jahre setzte P. in zwei Filmen mit der amerikanischen Schauspielerin Louise Brooks fort, die sich erneut mit Unmoral und Dekadenz (*Die Büchse der Pandora*, 1929; nach Frank Wedekind) sowie mit sozialer und seelischer Misere (*Tagebuch einer Verlorenen*, 1929) beschäftigen. In ihnen perfektionierte P. seine ›fließende‹ Montage, die eine Überfülle signifikanter, präzis beobachteter Details zu atmosphärisch dichten Situationen und Milieubildern komprimiert. Sein erster Tonfilm, *Westfront 1918* (1930), nutzte souverän die Möglichkeiten des neuen Mediums; zusammen mit dem kompromißlos realistischen Bergwerksdrama *Kameradschaft* (D/F 1931) bildet er den Kulminationspunkt von P.s fortschrittlicher, um Pazifismus und Völkerverständigung bemühter Schaffensperiode.

Nach Hitlers Machtergreifung inszenierte P. in Frankreich und den USA Filme, die Routinearbeiten blieben. 1939 kehrte er aus privaten Gründen in das bereits von Deutschland annektierte Österreich zurück. Seine im Dritten Reich realisierten Filme *Komödianten* (1941) und *Paracelsus* (1943) sind dem Genre des nationalsozialistischen ›Genie-Films‹ zuzuordnen. Mit wechselndem Erfolg setzte sich P. nach Kriegsende in seiner Filmarbeit mit Antisemitismus (*Der Prozeß*, A 1948), NS-Herrschaft (*Der letzte Akt*, A 1955) und Widerstand (*Es geschah am 20. Juli*, 1955) auseinander.

In P.s besten Filmen wurde die engagiert-humanistische Grundhaltung ihres Regisseurs auch stets ästhetisch reflektiert. So sind sie bleibende Dokumente ihrer Zeit wie auch Klassiker der Filmkunst.

SF: *Der Schatz* (1923); *Gräfin Donelli* (1924); *Die freudlose Gasse* (1925); *Geheimnisse einer Seele* (1926); *Man spielt nicht mit der Liebe* (1926); *Die Liebe der Jeanne Ney* (1927); *Abwege* (1928); *Die Büchse der Pandora* (1929); *Tagebuch einer Verlorenen* (1929); *Die weiße Hölle vom Piz Palü* (1929, CR Fanck); *Moral um Mitternacht* (1930, Sorkin; KO). – TF: *Westfront 1918* (1930); *Skandal um Eva* (1930); *Die Dreigroschenoper*, FV *L'opéra de quat' sous* (D/USA 1931); *Kameradschaft / La tragédie de la mine* (D/F 1931); *Die Herrin von Atlantis*, FV *L'Atlantide*, GBV *The mistress of Atlantis* (D/F 1932); *Don Quichotte*, GBV *Don Quixote* (F 1933); *Du haut en bas* (F 1933); *Cette nuit-là* (F 1933, Sorkin; KO); *A modern hero* (USA 1934); *Mademoiselle Docteur* (F 1937); *Le drame de Shanghai* (F 1937); *L'esclave blanche* (F 1939, Sorkin; KO); *Jeunes filles en détresse* (F 1939); *Komödianten* (1941); *Paracelsus* (1943); *Der Fall Molander* (1945, unvollendet); *Der Prozeß* (A 1948); *Ruf aus dem Äther* (A 1948, EA 1951, Klaren; KO); *Geheimnisvolle Tiefe* (A 1949); *Duell mit dem Tod* (A 1949, May; KO); *La voce del silenzio / La maison du silence* (I/F 1952; *Männer ohne Tränen*); *Cose da pazzi* (I 1953); *Das Bekenntnis der Ina Kahr* (1954); *Der letzte Akt* (A 1955); *Es geschah am 20. Juli* (1955); *Rosen für Bettina* (1956); *Durch die Wälder, durch die Auen* (1956).
mp

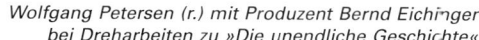

Petersen, Wolfgang

Geb. 14. 3. 1941 Emden. Regieassistent am Theater und Schauspielschüler in Hamburg, studierte Theaterwissenschaft, besuchte 1966 bis 1969 die Deutsche Film- und Fernsehakademie Berlin (DFFB), dazwischen drehte er seine ersten Kurzfilme.

Schon P.s Fernsehfilme, die teilweise zum Kinoeinsatz gelangten, deuteten bereits an, daß er alle Voraussetzungen zum Kino-Großfilmregisseur mitbrachte. Seine Beiträge zur Krimiserie »Tatort« brillierten sowohl durch subtile psychologische Charakter- und Milieuzeichnung (*Nachtfrost*, 1974, TV) als auch durch amerikanischen Drive und schwarzen Humor (*Kurzschluß*, 1975, TV). P.s erster Kinofilm, der Thriller *Einer von uns beiden* (1974; Bundesfilmpreis als bester Nachwuchsregisseur), beeindruckte durch die raffinierte und spannende

Wolfgang Petersen (r.) mit Produzent Bernd Eichinger bei Dreharbeiten zu »Die unendliche Geschichte«

Erzähltechnik. Auch der Fernsehfilm *Die Konsequenz* (1977, TV), die Geschichte einer homosexuellen Freundschaft, dessen Ausstrahlung einen nicht unerwarteten Skandal verursachte und zum erfolgreichen Kinoeinsatz führte, bestätigte P. als Könner im Metier des Action- und Kammerspielfilms. P.s stärkster TV-Film, *Schwarz und weiß wie Tage und Nächte* (BRD/A 1978), der im Ausland auch in den Kinos gezeigt wurde, ist eine faszinierende Studie über Fanatismus und (Schach-)Spielleidenschaft. 1981 gelang P. mit seinem ersten Großfilm *Das Boot* (nach dem Bestseller von Lothar-Günther Buchheim) ein durchschlagender und preisgekrönter internationaler Erfolg (British Academy Award u. a.). Die längere TV-Fassung des Films, die in Fortsetzungen mehrmals ausgestrahlt wurde, erzielte hohe Einschaltquoten. Das Fantasy-Märchen *Die unendliche Geschichte* (1984; nach dem Bestseller von Michael Ende), mit ungeheurem Aufwand und Budget in den Münchener Bavaria-Studios realisiert, machte P. endgültig auch für den amerikanischen Filmmarkt zum Hoffnungsträger. *Enemy mine – Geliebter Feind* (BRD/USA 1985), ein Sciencefiction-Thriller mit den Hollywood-Stars Dennis Quaid und Louis Gossett jr. in den Hauptrollen, entstand zwar ebenfalls bei der Bavaria, aber bereits mit amerikanischer Kapitalbeteiligung. P.s erste in Hollywood entstandene Produktion, der Thriller *Tod im Spiegel* (USA/BRD 1991), erinnert in Sujet (Amnesie, Identitätsverlust) und Machart an beste Hitchcock-Arbeiten. Mit dem Politthriller *In the line of fire – Die zweite Chance* (USA 1993), setzte P. die erfolgreiche USA-Karriere fort.

Der Eine – der Andere (1967, KF); *Ich nicht* (1969, KF); *Ich werde dich töten, Wolf* (1971); *Blechschaden* (1971, TV-Serie »Tatort«); *Anna und Totò* (1972, TV); *Strandgut* (1972, TV-Serie »Tatort«); *Jagdrevier* (1973, TV-Serie »Tatort«); *Smog* (1973, TV); *Van der Valk und die Reichen* (A/BRD 1973, TV); *Nachtfrost* (1974, TV-Serie »Tatort«); *Einer von uns beiden* (1974); *Aufs Kreuz gelegt* (1974, TV); *Die Stadt im Tal* (1975, TV, 2 Teile); *Stellenweise Glatteis* (1975, TV, 2 Teile); *Kurzschluß* (1975, TV); *Hans im Glück* (1976, TV); *Vier gegen die Bank* (1976, TV); *Reifezeugnis* (1977, TV-Serie »Tatort«); *Planübung* (1977, TV); *Die Konsequenz* (1977, TV); *Schwarz und weiß wie Tage und Nächte*

(BRD/A 1978, TV); *Das Boot* (1981); *Die unendliche Geschichte* (1984); *Enemy mine – Geliebter Feind / Enemy mine* (BRD/USA 1985); *Shattered / Tod im Spiegel* (USA/BRD 1991); *In the line of fire* (USA 1993; *In the line of fire – Die zweite Chance*); *Outbreak* (USA 1995).

▬

Piel, Harry (Heinrich)

12. 7. 1892 Düsseldorf – 27. 3. 1963 München. Schauspieler, Produzent und Regisseur. Dem Regisseur P. ist vor allem – zwischen 1912 und 1918 – die Entwicklung zweier Genres zu verdanken: Im Detektivfilm machte er die Figuren Kelly Brown und Joe Deebs zu Modell-Typen ihres Metiers, die neben Scharfsinn auch akrobatische Geschicklichkeit einsetzen mußten. Brown, mit verschiedenen Akteuren besetzt (z. B. Ludwig Trautmann in *Menschen und Masken*, 1913), ist ein einfallsreicher Einzelkämpfer, der sich auch technischer Spielereien und weiblicher Lockvögel bedient und in seiner Grundhaltung ebenso skrupellos wie seine Gegner. Detektiv Deebs hingegen (Heinrich Schroth in *Das rollende Hotel*, 1918) ist besonnener, geradlinig und moralisch. Eine Synthese aus beiden Figuren, rücksichtsloses Draufgängertum mit moralischer Standfestigkeit verbindend, stellte jene Figur dar, die sich P., der ab 1919 sein eigener Hauptdarsteller war, selbst zudachte. Sie wurde im Sensationsfilm, P.s zweiter Spezialität, als »Bezwinger tausender Gefahren«, Beschützer der Armen und Verfolgten, als unverwundbarer Retter zum Idol der jugendlichen Zuschauer. Als Akteur, der mit Tieren und Technik gleichermaßen souverän umzugehen verstand (*Der Reiter ohne Kopf*, 1921; *Schneller als der Tod*, D/F 1925; *Sein bester Freund*, 1929), blieb P. auch im Tonfilm Deutschlands beliebtester Sensationsdarsteller (*Ein Unsichtbarer geht durch die Stadt*, 1933; *Die Welt ohne Maske*, 1934; *Der Dschungel ruft*, 1936; *Sein bester Freund*, 1937, Weiterführung des gleichnamigen Stummfilms; *Menschen, Tiere und Sensationen*, 1938). Der Regisseur P. konnte dabei die nachlassende Agilität und Dynamik des Schauspielers P. am Schneidetisch durch exzellente Montage wettmachen.

SF: *Schwarzes Blut* (1912); *Dämonen der Tiefe* (1912); *Der Börsenkönig* (1912); *Der Triumph des Todes* (1912); *Schatten der Nacht* (1913); *Der schwarze Pierrot* (1913); *Der grüne Teufel* (1913); *Menschen und Masken*, Teil 1 (1913); *Im Leben verspielt* (1913); *Erblich belastet?* (1913); *Seelenadel* (1913); *Menschen und Masken*, Teil 2 (1913); *Harakiri* (1913); *Das geheimnisvolle Zeichen* (1914); *Die braune Bestie* (1914); *Ein Millionen-Raub* (1914); *Das Teufelsauge* (1914); *Die Millionen-Mine* (1914); *Der geheimnisvolle Nachtschatten* (1914); *Der schwarze Husar* (1915); *Der Bär von Baskerville* (1915); *Manya, die Türkin* (1915); *Im Banne der Vergangenheit* (1915); *Das Geheimnis von D. 14* (1915); *Das verschwundene Los* (1915); *Police Nr. 1111* (1915); *Die große Wette* (1916); *Das lebende Rätsel* (1916); *Unter heißer Zone* (1916); *Das geheimnisvolle Telephon* (1916); *Zur Strecke gebracht* (1917); *Um eine Million* (1917); *Kapitän Hansens Abenteuer* (1917); *Der weiße Schrecken* (1917); *Der stumme Zeuge* (1917); *Der Sultan von Johore* (1917); *Sein Todfeind* (1918); *Das amerikanische Duell* (1918); *Die Ratte* (1918); *Das rollende Hotel* (1918); *Diplomaten* (1918); *Die Krone von Palma* (1919); *Das Auge des Götzen* (1919); *Die närrische Fabrik* (1919); *Der Muff* (1919); *Der blaue Drachen* (1919); *Der große Coup* (1919); *Der rätselhafte Klub* (1920); *Der große Unbekannte* (1920); *Über den Wolken* (1920); *Das Geheimnis des Zirkus Barré* (1920); *Die Luftpiraten* (1920); *Das fliegende Auto* (1920); *Der Verächter des Todes* (1920); *Das Gefängnis auf dem Meeresgrund* (1920); *Der Reiter ohne Kopf*, Teil 1: *Die Todesfalle*, Teil 2: *Die geheimnisvolle Macht*, Teil 3: *Harry Peels schwerster Sieg* (1921); *Der Fürst der Berge* (1921); *Unus. Der Weg in die Welt* (1921); *Das verschwundene Haus* (1922); *Das schwarze Kuvert* (1922); *Rivalen* (1923); *Der letzte Kampf* (1923); *Abenteuer einer Nacht* (1923); *Menschen und Masken*, Teil 1: *Der falsche Emir*, Teil 2: *Ein gefährliches Spiel* (1924); *Auf gefährlichen Spuren* (1924); *Der Mann ohne Nerven / L'homme sans nerfs* (D/F 1924, CR Bourgeois); *Schneller als der Tod / Face à la mort* (D/F 1925, CR Bourgeois); *Zigano, der Brigant vom Monte Diavolo / Zigano* (D/F 1925, CR Bourgeois); *Abenteuer im Nachtexpreß* (1925); *Der schwarze Pierrot* (1926); *Achtung, Harry! Augen auf!* (1926); *Was ist los im Zirkus Beely?* (1927); *Sein größter Bluff* (1927); *Rätsel einer Nacht* (1927); *Panik* (1928); *Mann gegen Mann* (1928); *Seine stärkste Waffe* (1928); *Die Mitternachts-Taxe* (1929); *Män-*ner ohne Beruf* (1929); *Sein bester Freund* (1929); *Menschen im Feuer* (1930); *Achtung! Auto-Diebe!* (1930). – TF: *Er oder ich* (1930); *Schatten der Unterwelt* (1931); *Bobby geht los* (1931); *Der Geheimagent* (1932); *Jonny stiehlt Europa* (1932); *Das Schiff ohne Hafen* (1932); *Sprung in den Abgrund* (1933); *Ein Unsichtbarer geht durch die Stadt* (1933); *Die Welt ohne Maske* (1934); *Der Herr der Welt* (1934); *Artisten* (1935); *Der Dschungel ruft* (1936); *90 Minuten Aufenthalt* (1936); *Sein bester Freund* (1937); *Der unmögliche Herr Pitt* (1938); *Menschen, Tiere, Sensationen* (1938); *Panik* (1943; EA 1953 u. d. T. *Gesprengte Gitter*); *Der Mann im Sattel* (1945, unvollendet); *Der Tiger Akbar* (1952); *Affenliebe* (1955, Dok., KF); *Wenn Tiere erwachen* (1955, Dok., KF); *Wenn Tiere betteln* (1955, Dok., KF).

Rabenalt, Arthur Maria
(Lothar Konrad Heinrich Friedrich)

25. 6. 1905 Wien – 26. 2. 1993 Wildbad Kreuth. R. kam über die Theater- und Opernregie (Darmstadt und Hamburg) zum Film. Er verfaßte einige theaterwissenschaftliche und filmtheoretische Bücher (u. a. »Film im Spiegel«, 1942; »Die perforierte Unzucht«, 1982; »Joseph Goebbels und der ›Großdeutsche‹ Film«, 1985). R. ist der einzige Regisseur des deutschen Films, der zwischen 1934 und 1955 »persönliche Ansichten« direkt oder indirekt (während der NS-Zeit) in seine Arbeiten einfließen ließ und damit als ein erster Exponent des späteren deutschen Autorenfilms gelten kann. Er beschrieb in seinen Filmen vorwiegend ›Instinkthandlungen‹, die er zumeist in Verbindung zu objektiv gesehenen sozialen Gegebenheiten setzte. Selbst die schwächsten Arbeiten innerhalb seines Œuvres enthalten noch großartige Passagen, die R.s brillanten visuellen Sinn, seine qualitätvolle bildkünstlerische Einstellung und bildkompositorische Erfindungsgabe bestätigen. Mit seinem vierten Regiefilm geriet R. in Konflikt mit der Filmzensur: *Ein Kind, ein Hund, ein Vagabund* (1934), eine an René Clair erinnernde Komödie, die mit den Begriffen Sinn und Unsinn, Realität und Phantasie jongliert und sich in unkonventionelle Formspielereien ergeht, wurde als »kulturbolschewistische Entgleisung« verurteilt, verboten und erst

ein Jahr später in verstümmelter Fassung zur Vorführung wieder freigegeben (u. d. T.: *Vielleicht war's nur ein Traum*).

R.s voyeuristisch-phonetischer Bezug zur Welt der Erotik und Musik, seine Konfrontation mit dem Problemkreis Sexualität finden zumeist im Hintergrund und als symptomatische, handlungsvertiefende Zeichensetzung statt: Die Frau als Bedrohung des Mannes (*Die drei Codonas*, 1940; *Zirkus Renz*, 1943), Unterwerfung als Lustgewinn (*Johannisfeuer*, 1939), Fetischismus (*Die Fiakermilli*, A 1953), Libertinage (*Liebespremiere*, 1943) usw. Selbst bei seinen Konzessionen an den nationalistisch-patriotischen Zeitgeist (*Fronttheater*, 1942; . . . *reitet für Deutschland*, 1941, R.s populärster Film), gerieten die ihn belastenden Filme zu Vehikeln für freizügige erotische Animation. R.s Neigung zur leichten Musik zeigte sich in filmisch versierten Adaptionen von Operettenvorlagen (*Der Zarewitsch*, BRD/F 1954).

Pappi (1934); *Was bin ich ohne dich!* (1934); *Eine Siebzehnjährige* (1934); *Ein Kind, ein Hund, ein Vagabund* (1934); *Die weiße Frau des Maharadscha*, IV *Una donna tra due mondi* (A/I 1936; *Die Liebe des Maharadschas*); *Das Frauenparadies* (A 1936); *Millionenerbschaft* (A 1937); *Liebelei und Liebe* (1938); *Schwarz und Weiß* (1938, KF); *Modell Lu, der Lebensweg eines Hutes* (1939, KF); *Rosemarie will nicht mehr lügen* (1939, KF); *Männer müssen so sein* (1939); *Flucht ins Dunkel* (1939); *Johannisfeuer* (1939); *Weißer Flieder* (1939); *Die drei Codonas* (1940); *Achtung! Feind hört mit!* (1940); . . . *reitet für Deutschland* (1941); *Leichte Muse* (1941); *Fronttheater* (1942); *Meine Frau Theresa* (1942); *Liebespremiere* (1943); *Zirkus Renz* (1943); *Das Leben ruft* (1944); *Am Abend nach der Oper* (1944, EA 1945); *Regimentsmusik* (1945, EA 1950 u. d. T. *Die Schuld der Gabriele Rottweil*); *Wir beide liebten Katharina* (1945, unvollendet); *Chemie und Liebe* (DDR 1948); *Morgen ist alles besser* (1948); *Das Mädchen Christine* (DDR 1949); *Anonyme Briefe* (1949); *Martina* (1949); *Nächte am Nil* (1949); *0 Uhr 15, Zimmer 9* (1949); *Die Frau von gestern nacht* (1950); *Hochzeit im Heu* (A/BRD 1950); *Unvergängliches Licht* (1951); *Das weiße Abenteuer* (1951); *La leggenda di Genoveffa* (I 1951; *Genoveva*); *Die Försterchristl* (1952); *Alraune* (1952); *Wir tanzen auf dem Regenbogen / Senza veli* (BRD/I 1952, CR Gallone); *Die Fiakermilli* (A 1953; *Fiakermilli* –

Liebling von Wien); *Lavendel* (A/BRD 1953); *Der letzte Walzer* (1953); *Der Vogelhändler* (1953); *Der unsterbliche Lump* (1953); *Die Sonne von St. Moritz* (1954); *Der Zigeunerbaron*, FV *Le baron tzigane* (BRD/F 1954); *Der Zarewitsch*, FV *Le tzarévitch* (BRD/F 1954); *Solang' es hübsche Mädchen gibt* (1955); *Liebe ist ja nur ein Märchen* (1955); *Unternehmen Schlafsack* (1955); *Die Ehe des Dr. med. Danwitz* (1956); *Tierarzt Dr. Vlimmen* (1956); *Zwischen Zeit und Ewigkeit / Entre hoy y la eternidad* (BRD/E 1956, CR Conde); *Glücksritter* (1956); *Frühling in Berlin* (1957); *Für zwei Groschen Zärtlichkeit / Kaerlighed mod betaling* (BRD/DK 1957); *Eine Frau, die weiß, was sie will* (1957); *Das haut einen Seemann doch nicht um / En sømand gar i land* (BRD/DK 1958); *Vergiß mein nicht / Vento di primavera* (BRD/I 1958, CR del Torre); *Geliebte Bestie* (A 1958); *Laß mich am Sonntag nicht allein* (1959); *Der Held meiner Träume* (1960); *Das große Wunschkonzert* (A 1960); *Mann im Schatten* (A 1961); *Im Rhythmus der Jahrhunderte* (1968, Dok.); *Freiheit für die Liebe* (1969, Dok., Ph. Kronhausen, E. Kronhausen; Spielszene *Hetärengespräche*); *Hilfe, mich liebt eine Jungfrau / Une pucelle en or* (BRD/F 1970); *Haie an Bord* (1971); *Madaus einmal anders* (1973, Dok.); *Caribia* (1978).

<hr>

Reinl, Harald (d. i. Karl Reiner)

9. 7. 1908 Bad Ischl (Salzburg) – 9. 10. 1986 Puerto de la Cruz (Teneriffa); ermordet durch die Ehefrau. Arnold Fanck setzte den versierten Alpinisten und Sportler (Akademischer Ski-Weltmeister 1931) in seinen ersten Tonfilmen ein und erweckte dessen Begeisterung für das Medium. Nach einigen Auftragsarbeiten als Dokumentarfilm-Gestalter und nach intensiver Zusammenarbeit mit Leni Riefenstahl, der er bei der Montage ihres Films *Tiefland* (1940–44, EA 1954) assistierte, debütierte R. als Regisseur mit *Bergkristall* (A/BRD 1949), einer subtil erzählten Wilderergeschichte. Obgleich sich R. als potentieller Nachfolger Fancks im Genre des lyrisch-veristischen Berg- und Heimatfilms profilierte (*Der Klosterjäger*, 1953), setzte er die eingeschlagene Richtung nicht fort. Mit der Perfektionierung seiner handwerklichen Fähigkeiten (insbesondere der ausgewogenen Kombination von Außen- und

Innenaufnahmen und präziser Montage) wurde R. zum gefragten Kommerzfilmer, der jedem Modetrend gerecht wurde. In einigen Filmen, die Vorkommnisse aus dem Zweiten Weltkrieg behandeln (*Die grünen Teufel von Monte Cassino*, 1958), kam R.s großer filmtechnischer Einfallsreichtum zum Tragen, hauptsächlich in der Aufbereitung temporeicher Actionszenen; historische Instinktlosigkeit entwertete jedoch den Gesamteindruck. *Solange du lebst* (1955), eine sentimentale Story aus dem Spanischen Bürgerkrieg, verrät sogar faschistoide Parteilichkeit. Als die deutsche Filmindustrie den durch das Fernsehen verursachten Publikumsschwund mittels »sex and crime« aufzuhalten suchte, wurden auch andere Genres in dieser Absicht etabliert. R. verschrieb sich dem Action-Krimi (*Die Bande des Schreckens*, 1960), dem Agentenfilm mit dem Heftroman-Serienhelden Jerry Cotton (*Der Tod im roten Jaguar*, BRD/I 1968), sowie der Adaption einiger Romane von Karl May. Mit seinen Karl-May-Filmen (z. B. *Der Schatz im Silbersee*, BRD/YU/F 1962), rückte R. in die Reihe der europäischen Spannungsroutiniers auf, denen auch Großproduktionen anvertraut wurden (*Die Nibelungen*, 2 Teile, BRD/YU 1966).

Wildwasser (1939, Dok., KF, CR Lantscher); *Funk und Sport* (A 1949, Dok.); *10 Jahre später* (A 1949, Dok., KF); *Bergkristall* (A/BRD 1949); *Gesetz ohne Gnade* (A/BRD 1950); *Nacht am Mont-Blanc / Fegefeuer der Liebe* (A/BRD 1951); *Hinter Klostermauern* (1952); *Der Herrgottschnitzer von Ammergau* (1952); *Der Klosterjäger* (1953); *Rosen-Resli* (1954); *Der schweigende Engel* (1954); *Solange du lebst* (1955); *Ein Herz schlägt für Erika* (1955); *Die Fischerin vom Bodensee* (1956); *Johannisnacht* (1956); *Die Prinzessin von St. Wolfgang* (1957); *Die Zwillinge vom Zillertal* (1957); *Almenrausch und Edelweiß* (A 1957); *Die grünen Teufel von Monte Cassino* (1958); *U 47 – Kapitänleutnant Prien* (1958); *Romarei, das Mädchen mit den grünen Augen* (1958); *Der Frosch mit der Maske / Frøen* (BRD/DK 1959); *Paradies der Matrosen* (1959); *Die Bande des Schreckens* (1960); *Wir wollen niemals auseinandergehen* (1960); *Der Fälscher von London* (1961); *Im Stahlnetz des Dr. Mabuse / Le retour de docteur Mabuse / FBI contro Dr. Mabuse* (BRD/F/I 1961); *Die unsichtbaren Krallen des Dr. Mabuse / L'invisible Dr. Mabuse* (BRD/F 1962); *Der Teppich des Grauens / Il terrore di notte / Terror en la noche* (BRD/I/E 1962); *Der Schatz im Silbersee / Blago u srebrnom jezeru / Le trésor du lac d'argent* (BRD/YU/F 1962); *Die weiße Spinne* (1963); *Der Würger von Schloß Blackmoor* (1963); *Winnetou / Vinetu / La valle dei lunghi coltelli / Winnetou: La révolte des Indiens Apaches* (BRD/YU/I/F 1963); *Zimmer 13 / Vaerelse nr. 13 / L'attaque du fourgon postal* (BRD/DK/F 1964); *Winnetou II / Vinetu II / Giorni di fuoco / Le trésor des montagnes bleues* (BRD/YU/I/F 1964); *Der letzte Mohikaner / La valle delle ombre rosse / El ultimo Mohicano* (BRD/I/E 1965); *Winnetou III / Vinetu III* (BRD/YU 1965); *Der unheimliche Mönch* (1965); *Die Nibelungen, Teil 1: Siegfried, Teil 2: Kriemhilds Rache* (1966); *Die Schlangengrube und das Pendel* (1967); *Dynamit in grüner Seide / Il piu' grande colpo della malavita americana* (BRD/I 1968); *Der Tod im roten Jaguar / La morte in Jaguar rossa* (BRD/I 1968); *Winnetou und Shatterhand im Tal der Toten / Il lungo fiume del West* (BRD/I 1968); *Todesschüsse am Broadway* (1969); *Pepe, der Paukerschreck* (1969); *Dr. med. Fabian – Lachen ist die beste Medizin* (1969); *Erinnerungen an die Zukunft* (1970, Dok.); *Wir hau'n die Pauker in die Pfanne* (1970); *Wer zuletzt lacht, lacht am besten* (1971); *Kommissar X jagt die roten Tiger / F. B. I. – Operazione Pakistan* (BRD/I 1971) *Verliebte Ferien in Tirol* (1971); *Sie liebten sich einen Sommer / Tenerezza d'estate* (BRD/I 1972); *Der Schrei der schwarzen Wölfe* (1972); *Grün ist die Heide* (1972); *Die blutigen Geier von Alaska* (1973); *Schloß Hubertus* (1973); *Ein toter Taucher nimmt kein Gold* (1974); *Der Jäger von Fall* (1974); *Botschaft der Götter* (1976, Dok.); *. . . und die Bibel hat doch recht* (1976, Dok.); *Götz von Berlichingen mit der eisernen Hand* (1979, Liebeneiner; Actionszenen); *Sieben Weltwunder der Technik* (1981, TV-Dok., 7 Folgen); *Im Dschungel ist der Teufel los* (1982).

Reitz, Edgar

Geb. 1. 11. 1932 Morbach (Hunsrück). Studium der Theaterwissenschaft, Germanistik, Kunstgeschichte und Publizistik. Schauspielunterricht, literarische Arbeiten (Gedichte, Kurzgeschichten), ab 1957 Co-Autor und ab 1959 Regisseur zahlreicher (preisgekrönter) Industrie-, Werbe- und Dokumentarfilme. Viele von ihnen, speziell in den Jahren 1963–65, für die Insel-Film, München, gedreht, können namentlich nicht mehr rekonstruiert und erfaßt werden. – R., Mitunterzeichner des »Oberhausener Manifests« war von 1963–68 Dozent am Institut für Filmgestaltung in Ulm. An etlichen Filmen von Alexander Kluge war er maßgeblich beteiligt.

R. gehörte zu den jungen deutschen Filmemachern der ersten Stunde: *Mahlzeiten* (bei den Filmfestspielen von Venedig 1967 als bestes Erstlingswerk ausgezeichnet) beschreibt leidenschaftslos und distanziert die Entwicklung einer egomanischen Frau, die mit ihrer Gebärfreudigkeit den Ehemann zugrunde richtet. Auch in der Folge blieb die Resonanz des Thesenfilmers R. beim Kinopublikum eher gering. *Cardillac* (1969), die bruchstückhafte Verfilmung von E. T. A. Hoffmanns Novelle »Das Fräulein von Scuderi«, und *Das goldene Ding* (1972, ursprünglich fürs Fernsehen produziert), eine Travestie der Geschichte von Jason und den Argonauten, fanden keinen Kinoverleih; seine aufwendigste Kinoproduktion, das Historiengemälde *Der Schneider von Ulm* (1978), wurde ein totaler Flop. Zwischenzeitlich begann R.' intensive Auseinandersetzung mit den noch persönlich miterlebten deutschen Kriegs- und Nachkriegserfahrungen Form anzunehmen: *Die Reise nach Wien* (1973), angesiedelt im deutschen Hinterland anno 1943 (teilweise im Hunsrück, R.' Heimat, gedreht), und *Stunde Null* (1977), die Geschichte eines Hitlerjungen. R.' filmideologischer Standort – Zeitabläufe und Alltag von der Warte des deutschen Kleinbürgers bzw. ›kleinen Mannes‹ zu sichten und nachzuerzählen – hat wesentlich zum enormen Erfolg seiner fürs Fernsehen produzierten Familien- und Zeitchronik *Heimat* (1984) beigetragen. Sie fand auch im Kino, in- und außerhalb der BRD, großen Publikumszuspruch; ein Erfolg den *Die Zweite Heimat* (1992, TV) nicht wiederholen konnte.

Schicksal einer Oper (1957, KF, CR Dörries, Meuschel); *Verkehrserziehungsfilme* (1959, 6 KF); *Experimentelle Krebsforschung* (1959, 2 KF); *Baumwolle* (1960, KF); *Yucatan* (1960, KF); *Weltärztekongreß* (1960, KF); *Moltopren I–IV* (4 KF, 1960); *Post und Technik* (1961, KF); *Kommunikation – Technik der Verständigung* (1962, KF); *Einer wie du und ich aus Europa* (1962, 18 KF, CR: 5 weitere Regisseure); *Geschwindigkeit – Kino eins* (1963, KF); *VariaVision* (1965, KF); *Unendliche Fahrt – aber begrenzt* (1965, KF); *Binnenschiffahrt* (1965, KF); *Die Kinder* (1967, KF); *Mahlzeiten* (1967); *Fußnoten* (1967, KF; TV-Langfassung 1971); *Schlagerfilme* (1967, 6 KF); *Filmstunde* (1968, TV, Dok.); *Uxmal – 17 vor Null* (1968 produziert, keine EA); *Cardillac* (1969); *Geschichten vom Kübelkind* (1969/70 produziert, EA 1971, 22 Episoden, CR Stöckl); *Kino Zwei* (1972, TV); *Das goldene Ding* (1972, TV, CR Stöckl, Brustellin, Perakis); *Die Reise nach Wien* (1973); *In Gefahr und größter Not bringt der Mittelweg den Tod* (1974, CR Kluge); *Altstadt – Lebensstadt* (Arbeitstitel: Bethanien, 1975, KF, Dok.); *Wir planen ein Picnic* (1975, KF, Dok.); *Wir gehen wohnen* (1975, KF, Dok.); *Stunde Null* (1977); *Deutschland im Herbst* (1978; Episode *Der Grenzposten*); *Der Schneider von Ulm* (1978); *Susanne tanzt* (1979, keine EA, KF); *Geschichten aus den Hunsrückdörfern* (1982, Dok.); *Biermann-Film* (1983, Dok., KF, CR Kluge); *Heimat – Eine Chronik in elf Teilen* (1984, TV, 11 Teile; CR Busch); *Filmgeschichte(n). Die Stunde der Filmemacher* (1985, TV, 4 Folgen); *Die Zweite Heimat – Chronik einer Jugend* (1992, TV, CR Busch); *Die Nacht der Regisseure / The night of the filmmakers* (BRD/GB 1995, TV).

■■

Riefenstahl, Leni   (Helene Bertha Amalie)

Geb. 22. 8. 1902 Berlin. Tänzerin, Schauspielerin, Filmemacherin und Fotografin. Der Berg- und Naturspezialist Arnold Fanck wurde 1925 auf die sportive Ausdruckstänzerin aufmerksam und machte sie zur Hauptdarstellerin einiger seiner besten Filme.

Trotz mittelmäßiger darstellerischer Begabung kam R. als ›Sportkumpel‹ ebenso wie als ›Naturfanatikerin‹ sehr gut an. 1932 verfaßte die emanzipierte Künstlerin zusammen mit dem ungarischen Filmtheoretiker Béla Balázs die Filmlegende *Das blaue Licht* (1932), übernahm deren Teilfinanzierung, Hauptrolle und Regie. Obwohl die Debütantin sichtlich von den Arbeiten Fancks beeinflußt war, bewies sie eigenständiges bildkompositorisches Empfinden, das den Film zum persönlichen Ausdruckswerk werden ließ. Mit dem Dokumentarfilm *Der Sieg des Glaubens* (1933), den die NS-Reichspropagandaleitung, Hauptabteilung Film, bei

R. in Auftrag gab, schloß sie sich den konformistischen Filmschaffenden des Dritten Reiches an. Der Reichsparteitag in Nürnberg 1933, erste inszenierte Superdemonstration faschistischer Macht, bildete mit seinen ungeheuren Menschenmassen, Formationsspieler, Marathonansprachen und Fahnenwäldern die ideale Kulisse für die von Körperbewegung und -schönheit faszinierte Filmerin. Sie formte aus den ritualisierten Aufmärschen und der strengen Symmetrie des Raumes eine pathetische Apotheose der Machtausübung. Ähnlich gestaltete R. *Triumph des Willens* (1935), den Bericht über den Reichsparteitag 1934 in Nürnberg, und die zweiteilige Dokumentation über die Olympischen Spiele in Berlin, *Fest der Völker* und *Fest der Schönheit* (1938). R. behauptete sich damit endgültig als gefeierte und zuverlässigste Propagandistin doktrinären Gedankenguts. *Tiefland*, R.s zweiter Spielfilm und letzte Filmarbeit überhaupt, 1940 begonnen, erst nach vielen Unterbrechungen 1953 beendet, ist eine bemerkenswerte, optisch ausgewogene Auseinandersetzung mit menschlichen Leidenschaften und psychischem Ausbeutertum.

Das blaue Licht (1932); *Der Sieg des Glaubens* (1933, Dok.); *Triumph des Willens* (1935, Dok.); *Tag der Freiheit – Unsere Wehrmacht* (1935, Dok.); Olympia-Film: Teil 1: *Fest der Völker*, Teil 2: *Fest der Schönheit* (1938, Dok.); *Tiefland* (1940–44, EA 1954); *Schwarze Fracht* (1956, unvollendet); *Nuba* (1965, unvollendet).

Ritter, Karl

7. 11. 1888 Würzburg – 7. 4. 1977 Buenos Aires.
R., ehemaliger Berufssoldat, kam 1925 mit der Filmindustrie als Plakatzeichner in Kontakt, wurde Pressechef, Hilfsregisseur, Drehbuchautor, Produzent (z. B. von Max Ophüls' *Die verkaufte Braut*, 1932) und Regisseur.
Seine langjährige Freundschaft mit Kriegsveteranen und exponierten Funktionären der NSDAP sicherte R. bereits 1933 die führende Stelle eines Produktionschefs der Ufa. In dieser Position beaufsichtigte er *Hitlerjunge Quex* (1933, Steinhoff), den Pilotfilm der neuen Filmpolitik. Auch R.s Regietätigkeit konzentrierte

sich auf die Inszenierung von Propagandastreifen, die das Militär und den Krieg glorifizierten. *Unternehmen Michael* (1937) schildert die Frühjahrsoffensive 1918 an der Westfront und expliz4iert unter Verzicht auf Schlachtengemälde und private Geschichten die staatserhaltende Funktion des Soldatenstands. *Kadetten* (1939, EA 1941) ist ein raffiniert inszenierter, auf jugendliche Gemüter zugeschnittener Aufruf zur Opferbereitschaft um jeden Preis. *Pour le mérite* (1938) preist den Kampfgeist deutscher Piloten im Ersten Weltkrieg und die neue deutsche Luftwaffe. R.s auf Schwarzweißmalerei aufgebaute Filme besaßen zumeist Reportagecharakter. Sie entwickeln das vorgegebene Thema als leitmotivisches Faktum (Spionage: *Verräter*, 1936; Vaterlandsliebe: *Patrioten*, 1937; Heimaturlaub: *Urlaub auf Ehrenwort*, 1938; Russisches Untermenschentum: *G.P.U.*, 1942), auf das jeweils ein großer, allen Gesellschaftsschichten entstammender Personenkreis reagiert. Mit dieser Methode suggerierte R. eine kollektive, jeden Deutschen betreffende Anteilnahme am Geschehen und entzog sich damit gleichzeitig einer klassenideologischen Analyse. Der große Aufwand, mit dem seine Filme hergestellt wurden, und R.s Geschick, atmosphärische Dichte und Glaubwürdigkeit zu erzeugen, machten sie zu den gefährlichsten Propagandamedien des Dritten Reiches. 1948 übersiedelte R. nach Argentinien; zwei Comebackversuche in der BRD blieben bedeutungslos.

Im Photoatelier (1932, KF); *Weiberregiment* (1936); *Verräter* (1936); *Patrioten* (1937); *Unternehmen Michael* (1937); *Urlaub auf Ehrenwort* (1938); *Capriccio* (1938); *Pour le mérite* (1938); *Die Hochzeitsreise* (1939); *Im Kampf gegen den Weltfeind* (1939, Dok.); *Legion Condor* (1939, unvollendet); *Kadetten* (1939, EA 1941); *Bal paré* (1940); *Über alles in der Welt* (1941); *Stukas* (1941); *G.P.U.* (1942); *Besatzung Dora* (1943); *Sommernächte* (1944); *El paraiso* (RA 1951); *Staatsanwältin Corda* (1953); *Ball der Nationen* (1954).

Schlöndorff, Volker

Geb. 31. 3. 1939 Wiesbaden. Studium in Paris, 1960–65 Regieassistent von Louis Malle, Alain Resnais und Jean-Pierre Melville. Sch. ist mit der Regisseurin Margarethe von Trotta, der Mitautorin und Hauptdarstellerin vieler Filme Sch.s, verheiratet.

Sch.s erklärte Absicht, kommerzielles Unterhaltungskino zu inszenieren, verbindet sich mit einer Vorliebe für Literaturverfilmungen und einem politischen Engagement, das sich kritisch mit gesellschaftlicher Macht- und Gewaltausübung auseinandersetzt. Mit dieser publikumswirksamen Synthese von Ambition, Pragmatik und handwerklich-technischer Professionalität verhalf Sch., zuerst mit der Musil-Adaption *Der junge Törless* (BRD/F 1966), später mit *Die verlorene Ehre der Katharina Blum* (1975, CR Trotta) dem Neuen deutschen Film auch international zum Erfolg. Die zeitkritische Verfilmung der gleichnamigen Novelle Heinrich Bölls handelt von den zerstörerischen Methoden der Boulevardpresse sowie dem Verzweiflungsakt einer jungen Frau. Der Film führt die Rebellion gegen ein ungerechtes System als zentrales Motiv im Schaffen Sch.s – von *Michael Kohlhaas – Der Rebell* (1969) bis zu *A gathering of old men / Ein Aufstand alter Männer* (USA/BRD 1987) – exemplarisch vor.

Sch.s eigentliche, einer distanziert-nüchternen Betrachtung verpflichtete Erzählweise findet in der sorgfältigen und um Authentizität bemühten Rekonstruktion der Vergangenheit ihren gelungensten Ausdruck. Die verfilmte Akten-Chronik eines Postkutschenüberfalls aus dem Jahre 1822 (*Der plötzliche Reichtum der armen Leute von Kombach*, 1971) überzeugt als eines der wichtigsten Werke des »neuen Heimatfilms« durch atmosphärische Dichte und Stilsicherheit. Die mit wesentlich größerem Budget inszenierte Grass-Verfilmung *Die Blechtrommel / Le tambour* (BRD/F 1979) wurde Sch.s bisher größter Erfolg. Seither hat sich der Regie-Profi verstärkt internationalen Großproduktionen, wie *Un amour de Swann / Eine Liebe von Swann* (F/BRD 1984) und *Homo Faber* (BRD/F/GR 1991), zugewandt. Seit 1992 hat Sch. als Geschäftsführer in den Babelsberg-Studios eine potentielle Schlüsselposition der deutschen wie der europäischen Filmindustrie inne.

Wen kümmert's ... (1960, KF); *Der junge Tör-less / Les désarrois de l'élève Toerless* (BRD/F 1966); *Mord und Totschlag* (1967); *Ein unheiml:-cher Moment* (CR Rimbach; Episode von *Pau-kenspieler*, 1967, EA 1981); *Michael Kohlhaas – Der Rebell* (1969); *Baal* (1970, TV); *Der plötzliche Reichtum der armen Leute von Kombach* (1971); *Die Moral der Ruth Halbfass* (1972); *Strohfeuer* (1972); *Übernachtung in Tirol* (1974, TV); *Georgi-nas Gründe* (1975, TV); *Die verlorene Ehre der Katharina Blum* (1975, CR Trotta); *Der Fangschuß / Le coup de grâce* (BRD/F 1976); *Nur zum Spaß – nur zum Spiel. Kaleidoskop Valeska Gert* (1977, Dok.); *Deutschland im Herbst* (1978; Episode *Die verschobene Antigone* und Dok.-Aufnahmen); *Die Blechtrommel / Le tambour* (BRD/F 1979); *Der Kandidat* (1980, Dok., CR Aust, Eschwege, Kluge); *Die Fälschung / Le faussaire* (BRD/F 1981); *Krieg und Frieden* (1983; Episoden *Ge-spräche im Weltraum, In einem Atombunker, Kill your sister* sowie Dok.-Aufnahmen); *Un amour de Swann / Eine Liebe von Swann* (F/BRD 1984); *Death of a salesman / Tod eines Handlungsreisen-den* (USA/BRD 1985); *A gathering of old men / Ein Aufstand alter Männer* (USA/BRD 1987); *The handmaid's tale / Die Geschichte der Dienerin* (USA/BRD 1990); *Homo Faber* (BRD/F/GR 1991); *Billy how did you do it?* (1992, TV-Dok., 5 Teile, CR Grischow). *mp*

Schmid, Daniel
(d. i. Daniel Walter Schmidt)

Geb. 26. 12. 1941 Flims-Waldhaus (Kanton Graubünden). Hoteliersohn. Nach dem Studium der Geschichte, Politologie und Publizistik an der Freien Universität Berlin Ausbildung in Regie an der Deutschen Film- und Fernsehakademie ebd. Erste Regiearbeiten für das Fernsehen ab 1965, erster Kinofilm 1974: das vielschichtige Liebesmelodram *La Paloma*. Sch. führt auch Opernregie und hat in etlichen Filmen von Regisseur-Freunden wie Rainer Werner Fassbinder (*Der Händler der vier Jahres-zeiten*, 1972; *Lili Marleen*, 1981); Hans Jürgen Syberberg (*Ludwig – Requiem für einen jungfräu-lichen König*, 1972) oder Wim Wenders (*Der amerikanische Freund*, BRD/F 1977) als Akteur mitgewirkt. Fassbinder ist auch Autor und Hauptdarsteller des Theaterstücks »Die Stadt,

der Müll und der Tod«, das er Sch. zur Verfil-mung überließ: *Schatten der Engel* (CH/ERD 1976). Der Vorwurf des Antisemitismus, be-gründet mit der Hauptfigur des reichen jüdi-schen Grundstückmaklers, galt v. a. Fassbin-ders Vorlage, die das großstädtisch-kapitalisti-sche Frankfurt als Herd virulenter sozialer Konflikte denunziert. Der Neoromantiker Sch. hingegen inszenierte seine »Geschichte von der Hure, die den Freiern zu schön war« als »trauriges und verzweifeltes Melodram der Dekadenz«. *Violanta* (CH 1977, nach Con rad Ferdinand Meyers Novelle »Die Richterin«), ein Drama über Giftmord, Ehebruch, Rache und Sühne, wurde von Sch. in die Schweiz des 19. Jahrhunderts verlagert. *Hécate* (CH/F 1982) spielt in Marokko, am Angelpunkt europäi-scher und afrikanischer Kultur und schildert eine amour fou, in der die Frau eine moderne Hecate, die griechische Göttin der Unterwelt, verkörpert. Beide Filme bieten echtes Gefühls-kino. Zusammen mit *Il bacio di Tosca* (CH/I 1984), einem semidokumentarischen Film über zwischenmenschliche Beziehungen in einem Mailänder Künstleraltenheim, zeigen *Violanta* und *Hécate* am besten Sch.s sensible Beobach-tungsgabe und seine Virtuosität, Alltagsver-halten und -emotionen zu stilisieren.

Abschied (1966, TV, KF); *Heinrich der Löwe* (1966, TV, KF); *Blut* (1966, TV, KF); *Jetzt mal Musik* (1966, TV, KF); *Ein Schatz für's Leben* (1967 TV, KF); *Orange Yellow Dreams* (1968, TV, KF); *Wei-che Welle / Harte Welle* (1968, TV, KF); *Alles Glanz* (1968, TV, KF); *Miriam* (1969, KF); *Hänsel und Gretel* (1969, KF, unvollendet); *Exhibition Alan Jones* (1970, TV, KF); *Wenn ich noch einmal zur Welt käm / Kiss me again* (1970, TV, KF); *Thut alles im Finstern, Eurem Herrn das Licat zu ersparen* (1971, TV, KF); *Heute Nacht oder nie* (CH 1972); *La Paloma* (CH/F 1974); *Schatten der Engel* (CH/BRD 1976); *Violanta* (CH 1977); *Notre Dame de la Croisette* (CH/I 1981); *Hécate – Maîtresse de la nuit* (CH/F 1982; *Worte kommen meist zu spät – Hecate*); *Mirage de la vie* (CH 1984, TV, Dok.); *Il bacio di Tosca* (CH/I 1984; *Der Kuß der Tosca*); *Jenatsch* (CH/F/BRD 1987); *Les amateurs* (eine von 12 Episoden aus *Le film du cinéma suisse*, CH 1991, Dok.); *Hors Saison / Zwischensaison* (CH/BRD/F 1992). *ps*

Schroeter, Werner

Geb. 7. 4. 1945 Georgenthal (Thüringen). Nach einem Psychologiestudium arbeitete Sch. als Journalist; er besuchte kurzfristig die HFF in München und drehte im Alter von 22 Jahren seine ersten Experimentalfilme. Seit 1972 inszeniert Sch. für arrivierte Theater- und Opernbühnen. Die Liebe zur Oper und zum Theater, zum Theatralischen schlechthin, sind auch der Impetus für Sch.s Filmarbeit.

Sch. begann mit völlig unbefangenen, weitgehend abstrakten filmischen Collagen im 8mm-Format, die Bild und Ton phantasievoll kontrastieren und zusammenführen. Seinen ersten, auf eigenes finanzielles Risiko produzierten langen Film *Eika Katappa* (1969) konnte Sch. ans Bayerische Fernsehen verkaufen: In sieben Teilen verfremdet der Film Weltgeschichte durch Opernszenen und schafft ein neues emotionales Erlebnis (Josef-von-Sternberg-Preis beim Internationalen Filmfestival Mannheim 1969). Im Fernsehen fand Sch. die Gelegenheit, in etwas größerem Rahmen weiterzuarbeiten. Obwohl das Handlungsgerüst seiner TV-Filme gelegentlich konkretere Formen annahm, ging es ihm nach wie vor um ein Kino der Emotion: *Der Tod der Maria Malibran* (1972, TV) wurde daher trotz seines Leitmotivs – des Todes der historischen Sängerin Maria Malibran – ein Erlebnis der Sinne, das nach Sch.s Selbstverständnis eine Trilogie einleitete, die mit *Willow Springs* (1973, TV) und *Goldflocken* (F/BRD 1976) fortgeführt wurde, sämtlich Liebes- und Leidensgeschichten von Frauen.

Sch.s anschließende Kinoarbeiten, *Neapolitanische Geschwister* (BRD/I 1978) und *Palermo oder Wolfsburg* (1980), ein Gastarbeiterschicksal, wurden zu Festival-Hits. Gefühlsbetont-theatralisch und mit intensiver Farbregie ging Sch. auch die Verfilmung von Oskar Panizzas berühmtem antiklerikalen Stück *Das Liebeskonzil* (1982) an. Ebenso den *Tag der Idioten* (1981), ein filmisches Schaustück, das das abgeschlossene Leben in einer psychiatrischen Anstalt zur Metapher erhebt. *Der lachende Stern*, 1983 in Manila gedreht, setzt sich in Collage-Form mit der Dritten Welt auseinander, *Der Rosenkönig* (1987) und *Malina* (BRD/A 1991; nach dem Roman von Ingeborg Bachmann, adaptiert von Elfriede Jelinek), beides extreme Liebesfilme,
bedeuteten Sch.s Rückkehr in die Welt der Todessehnsucht. Bei *Malina* überrascht, daß Sch. die »amour fou« Malinas (Idealbesetzung: Isabelle Huppert) zum Titelhelden – entgegen seiner Vorliebe für filmischen Manierismus – geradlinig und fast schnörkellos nachvollzog.

Zwei Katzen (möglicherweise identisch mit: *Verona*, 1967, KF); *Maria Callas singt 1957 Rezitativ und Arie der Elvira aus Ernani 1844 von Giuseppe Verdi* (1968, KF); *Mona Lisa* (1968, KF); *Maria Callas Porträt* (1968, KF); *Callas walking Lucia* (1968, KF); *La morte d'Isotta* (1968, KF); *Himmel hoch* (1968, KF); *Callas-Text mit Doppelbeleuchtung* (1968, KF); *Übungen mit Darstellern* (1968, KF, 9 Rollen); *Paula – »Je reviens«* (1968, KF); *Grotesk – burlesk – pittoresk* (1968, KF, CR Praunheim); *Faces* (1968, KF); *Aggressionen* (1968, KF); *Virginia's death* (1968, KF-Fragment); *Argila* (1969, KF); *Neurasia* (1969, KF); *Eika Katappa* (1969); *Nicaragua* (1969); *Der Bomberpilot* (1970, TV); *Anglia* (1970, KF; nicht aufgeführt); *Salome* (1971, TV); *Macbeth* (1971, TV); *Funkausstellung 1971 – Hitparade* (1971, TV; nicht ausgestrahlt); *Der Tod der Maria Malibran* (1972, TV; neue Version: *Johannas Traum*, 1975); *Willow Springs* (1973, TV); *Der schwarze Engel* (1974, TV); *Flocons d'or / Goldflocken* (F/BRD 1976); *Regno di Napoli / Neapolitanische Geschwister* (I/BRD 1978); *Palermo oder Wolfsburg* (1980); *Die Generalprobe* (1980, Dok.); *Le voyage blanc / Weiße Reise* (CH 1980, KF); *Tag der Idioten* (1981); *Das Liebeskonzil* (1982); *Der lachende Stern* (1983, Dok.); *De l'argentine* (F 1985, Dok.; *Zum Beispiel Argentinien*); *Der Rosenkönig* (BRD/P 1987); *Auf der Suche nach der Sonne* (1987, Dok., TV); *Malina* (BRD/A 1991).

Schünzel, Reinhold

7. 11. 1888 Hamburg – 11. 9. 1954 München. Verlagsangestellter, der eine zweite Karriere als Theaterschauspieler und -regisseur begann, ehe er zum Film stieß. Als vielbeachteter Charakterdarsteller entwickelte Sch. sich zu Deutschlands radikalstem Filmschurken (z. B. in *Anders als die Andern*, 1919, Oswald; *Die letzte Stunde*, 1920, Buchowetzki).

Sch.s erste Regiearbeit *Maria Magdalene* (1920; nach Friedrich Hebbel) ließ bereits seine starke

Begabung für visuelle Kontinuität erkennen. Das Spiel der Akteure, den Stil späterer Kammerspielfilme vorwegnehmend, war gekoppelt mit aussagekräftigen Szenenfolgen und verdeutlichte die komplizierte Handlung dergestalt, daß Sch. auf erklärende Zwischentitel fast gänzlich verzichten konnte. *Das Mädchen aus der Ackerstraße* (1920), ein den Großstadtnihilismus anprangerndes Asphaltdschungel-Melodram, und das fulminant in Szene gesetzte historische Prunkgemälde *Katharina die Große* (1920) bestätigten Sch. als Gestalter gelungener emotionaler Stimmungsbilder. Ab 1921 konnte Sch. als sein eigener Produzent sich einen noch größeren Freiraum verschaffen. Seine Entfaltung zum sensiblen Interpreten tragikomischer Alltagsmenschen (*Aus dem Tagebuch eines Junggesellen*, 1929, Schönfelder) ging konform mit der Inszenierung volkstümlicher Alltagskomödien (*Hallo Caesar!*, 1927) und amüsanter Parabeln (*Üb' immer Treu' und Redlichkeit*, 1927). Im Tonfilm schuf Sch. elegante, an Bild- und Wortwitz reiche Komödien, die ihn in die Nähe Lubitschs rückten. Seinen eigentlichen, unverwechselbaren Stil vervollkommnete und bestätigte Sch. in dem turbulenten Musical *Viktor und Viktoria* (1933), der Persiflage auf den Snobismus britischer Adeliger, *Die englische Heirat* (1934), und vor allem in der Antiken-Travestie *Amphitryon* (1935). 1937 verließ Sch. Deutschland und versuchte seine Filmarbeit in Hollywood fortzusetzen. Weder als Schauspieler in Ausländer-Rollen (z. B. als General Ludendorff in *The Hitler gang*, USA 1944, Farrow) noch als Regisseur vermochte er sich zu etablieren, obwohl *Balalaika* (USA 1939; mit Nelson Eddy) oder die bitter-süße Schubert-Romanze *New wine* (USA 1941) ihr Geld einspielten und gute Kritiken erhielten. Ein geplantes Regiecomeback in Deutschland verhinderte Sch.s plötzlicher Tod.

SF: *Hannes Millionengründung* (1918, KF); *Hanne entlobt sich* (1918, KF); *Hanne, der Einbrecher* (1919, KF); *Hanne muß was erleben* (1919, KF); *Maria Magdalene* (1920); *Das Mädchen aus der Ackerstraße* (1920); *Katharina die Große* (1920); *Der Graf von Cagliostro* (A/D 1920); *Der Roman eines Dienstmädchens* (A/D 1921); *Geld auf der Straße / Betrüger des Volkes* (A/D 1921); *Der Pantoffelheld* (A/D 1922); *Die drei Geliebten des Herrn von Marana / Die drei Marien und der* *Herr von Marana* (A/D 1922); *Alles für Geld* (1923); *Windstärke 9* (1924); *Die Frau für 24 Stunden* (1925); *In der Heimat, da gibt's ein Wiedersehn* (1926, CR Mittler); *Hallo Caesar!* (1927); *Üb' immer Treu' und Redlichkeit* (1927); *Gustav Mond ... Du gehst so stille* (1927); *Don Juan in der Mädchenschule* (1928); *Peter der Matrose* (1929); *Kolonne X* (1929); *Phantome des Glücks* (1930). – TF: *Liebe im Ring* (1930); *Der kleine Seitensprung*, FV *Le petit écart* (1931); *Ronny*, FV *Ronny* (1931); *Das schöne Abenteuer*, FV *La belle aventure* (1932); *Wie sag ich's meinem Mann* (1932); *Saison in Kairo*, FV *Idylle au Caire* (1933); *Viktor und Viktoria*, FV *Georges et Georgette* (1933); *Die Töchter Ihrer Exzellenz*, FV *La jeune fille d'une nuit* (1934); *Die englische Heirat*, FV *Amphitryon*, FV *Les dieux s'amusent* (1935); *Donogoo Tonka*, FV *Donogoo* (1936); *Das Mädchen Irene* (1936); *Land der Liebe* (1937); *Rich man, poor girl* (USA 1938); *The ice follies of 1939* (USA 1939); *Balalaika* (USA 1939; *Balalaika*); *New wine* (USA 1941; *Die Unvollendete*).

■■■■

Sierck, Detlef (Hans)

26. 4. 1897 Hamburg – 14. 1. 1987 Lugano S., der sich in den USA Douglas Sirk nannte, wuchs als Kind in Skagen (Jütland) auf, studierte Philosophie und Kunstgeschichte und ging zum Theater. Als arrivierter Bühnenregisseur (u. a. Direktor des Alten Theaters Leipzig, 1929–36) wurde S. von der Ufa unter Vertrag genommen. Nach drei Kurzspielfilmen und einem in holländischer und deutscher Version gedrehten musikalischen Lustspiel vertraute man ihm zwei nordische Stoffe an. Sowohl mit *Das Mädchen vom Moorhof* (1935; nach einer Novelle von Selma Lagerlöf) als auch mit der Verfilmung von Henrik Ibsens Schauspiel *Stützen der Gesellschaft* (1935) zeigte S. neben exzellenter Schauspielerführung eine intuitive Begabung für stimmungsvolle Lichtgestaltung (Innen- und Außenaufnahmen), für fließende Bildkontinuität (durch raffinierte Kamerabewegungen) und die Verknappung des Plots. Neben der im 19. Jahrhundert angesiedelten musikalischen Romanze *Das Hofkonzert* (1936; nach dem gleichnamigen Stück von Paul Verhoeven und Toni Impekoven) drehte S. mit *Schlußakkord* (1936) seinen ersten Autorenfilm.

Auch seine folgenden Arbeiten, *Zu neuen Ufern* (1937), das Meisterwerk seiner deutschen Schaffensperiode, und *La Habanera* (1937), beide mit Zarah Leander, sind Inszenierungen in einem Genre, das zu S.s ureigenster künstlerischer Ausdrucksform werden sollte – dem Melodram.

Nachdem S. 1937 Deutschland verlassen hatte, fand er in Hollywood Gelegenheit, seine außerordentliche Begabung für das Melodram weiterzuentwickeln und inhaltlich z. T. im Gewand des US-Familienfilms (*Weekend with father*, USA 1951) an den American way of life anzupassen. Besonders seine für Universal Pictures gedrehten Streifen *Magnificent obsession* (USA 1954), *All that heaven allows* (USA 1956) und *Imitation of life* (USA 1959) zählen zu den Höhepunkten des Melodrams in Hollywood. S. hatte seine Kunst, in komprimierten Bildfolgen zu erzählen, durch Farbdramaturgie und Breitwand um ästhetische Dimensionen erweitert und zur stilistischen Perfektion gebracht.

Zwei Genies (1934, KF); *Der eingebildete Kranke* (1935, KF); *Dreimal Ehe* (1935, KF); *April! April!*, NLV *'T was één April* (1935); *Das Mädchen vom Moorhof* (1935); *Stützen der Gesellschaft* (1935); *Schlußakkord* (1936); *Das Hofkonzert*, FV *La chanson du souvenir* (1936); *Zu neuen Ufern* (1937); *La Habanera* (1937); *Accord final* (CH/F 1938, Rosenkranz; KO; *Die 10. soll es sein*); *Boefje* (NL 1939); *Hitler's madman* (USA 1943); *Summer storm* (USA 1944); *A scandal in Paris* (USA 1946); *Lured* (USA 1947); *Sleep, my love* (USA 1948; *Schlingen der Angst*); *Slightly French* (USA 1949); *Shockproof* (USA 1949); *Mystery submarine* (USA 1950); *The first legion* (USA 1951; *Beichte eines Arztes*); *Thunder on the hill* (USA 1951; *Schwester Maria Bonaventura*); *The lady pays off* (USA 1951); *Weekend with father* (USA 1951); *Has anybody seen my gal?* (USA 1952); *No room for the groom* (USA 1952); *Meet me at the fair* (USA 1953); *Take me to town* (USA 1953); *All I desire* (USA 1953); *Taza, son of Cochise* (USA 1954; *Taza, der Sohn des Cochise*); *Magnificent obsession* (USA 1954; *Die wunderbare Macht*); *Sign of the pagan* (USA 1954; *Attila, der Hunnenkönig*); *Captain Lightfoot* (USA 1955; *Wenn die Ketten brechen*); *All that heaven allows* (USA 1956; *Was der Himmel erlaubt*); *There's always tomorrow* (USA 1956); *Written on the wind* (USA 1957; *In den Wind geschrieben*); *Battle hymn* (USA 1957;

Der Engel mit den blutigen Flügeln); *Interlude* (USA 1957; *Der letzte Akkord*); *The tarnished angels* (USA 1958; *Duell in den Wolken*); *A time to love and a time to die* (USA 1958; *Zeit zu leben und Zeit zu sterben*); *Imitation of life* (USA 1959; *Solange es Menschen gibt*); *Sprich mit mir wie der Regen* (1976, KF, für Fernsehen und Film, München; KO); *Silvesternacht. Ein Dialog* (1977, KF, Regieübung der Hochschule für Fernsehen und Film, München; KO zusammen mit Gies); *Bourbon Street blues* (1978, KF, Gruppenproduktion der Hochschule für Fernsehen und Film, München; KO, Mitarb. KO Schönherr, Taube).

■

Simon, Rainer

Geb. 11. 1. 1941 Hainichen (Sachsen). 1961–65 Regie-Studium an der Deutschen Hochschule für Filmkunst Potsdam-Babelsberg. Ab 1965 im DEFA-Studio für Spielfilme als Assistent bei Ralf Kirsten und Konrad Wolf. 1966 drehte S. den Dokumentarfilm *Freunde vom Werbellinsee* (DDR 1967) über ein internationales Kinderferienlager. Von 1968 bis zur Entlassung der Künstlerkollektive nach der ›Wende‹ 1991 arbeitete S. im DEFA-Spielfilmstudio als Regisseur und konnte dort noch 1993 die Verfilmung von *Fernes Land Pa-Isch* verwirklichen. 1992 drehte er *Brüderchen und Schwesterchen*, einen Kurzspielfilm für die ZDF-Fernsehreihe »Hier und Jetzt«. Er arbeitete 1993/94 bei Ausstellungen im Filmmuseum Potsdam mit. Seit 1993 Regieprofessur in Babelsberg.

S.s Filme wollen einen sinnlich-geistigen Genuß verschaffen durch das Ausloten einfacher Geschichten mittels bildlich-sinnhafter Metaphern. Er schätzt außergewöhnliche Situationen mit Helden, so S., »die die Erfindung und Überhöhung nicht verleugnen«. Diese Methode erprobte er mit Erfolg an seinen Märchenverfilmungen *Wie heiratet man einen König* (DDR 1969), nach »Die kluge Bauerntochter«, und *Sechse kommen durch die Welt* (DDR 1972), nach dem gleichnamigen Märchen der Brüder Grimm. Seinem anfänglichen Credo, sich primär Gegenwartsstoffen zu widmen, folgte er mit der dritten Episode *Gewöhnliche Leute* aus dem vierteiligen Film *Aus unserer Zeit* (DDR 1970) und mit *Männer ohne Bart* (DDR 1971), nach Uwe Kants Roman »Das Klassenfest«. S.s Bemühen, im Individuellen soziale Zusammenhänge darzustellen, zeigt sich auch in seinen historischen Filmen, z. B. in *Till Eulenspiegel* (DDR 1975), nach dem Volksbuch und einer Filmerzählung von Christa Wolf und Gerhard Wolf. In *Die Frau und der Fremde* (DDR 1985), nach Leonhard Franks Novelle »Karl und Anna«, *Wrengler & Söhne* (DDR 1987), *Die Besteigung des Chimborazo* (DDR/BRD 1989), ein Abschnitt aus dem Leben Alexanders von Humboldt, und *Fernes Land Pa-Isch* (1993) wird mit linearer Handlungsführung »Geschichte in den Schicksalen der vor ihr Betroffenen« erkennbar gemacht, bzw. in *Der Fall Ö.* (1991) die griechische Mythologie zum Bezugspunkt für die Befindlichkeit deutscher Soldaten in Griechenland. S.s Auseinandersetzung mit der jüngeren Geschichte, die Verfilmung eines Romans von Paul Kanut Schäfer, endete für S. schmerzlich: *Jadup und Boel* (DDR 1981) wurde trotz Umarbeitung 1983 verboten und konnte erst 1988 in Kinos der DDR gezeigt werden.

Überzeugungsmethode (DDR 1964, Hochschulf.); *Peterle und die Weihnachtsgans Auguste* (DDR 1964, Diplomf.); *Freunde vom Werbellinsee* (DDR 1967, Dok.); *Wie heiratet man einen König* (DDR 1969); *Aus unserer Zeit* (DDR 1970, Episode *Gewöhnliche Leute*); *Männer ohne Bart* (DDR 1971); *Sechse kommen durch die Welt* (DDR 1972); *Till Eulenspiegel* (DDR 1975); *Zünd an, es kommt die Feuerwehr* (DDR 1979); *Jadup und Boel* (DDR 1981; EA 1988); *Das Luftschiff* (DDR 1983); *Die Frau und der Fremde* (DDR 1985); *Wrengler & Söhne* (DDR 1987); *Die Besteigung des Chimborazo* (DDR/BRD 1989); *Der Fall Ö.* (1991); *Brüderchen und Schwesterchen* (1992, TV); *Fernes Land Pa-Isch* (1993); *Die Farben von Tigua* (1994, Dok.). *m s*

Siodmak, Robert

8. 8. 1900 Dresden – 10. 3. 1973 Locarno. Drehbuchautor und Filmregisseur. S. wechselte vom bürgerlichen Beruf eines Bankangestellten zum Journalismus über, ab 1925 verfaßte er Stummfilm-Zwischentitel, später war er als Cutter und Regieassistent tätig.

S. absolvierte sein Regiedebüt als Mitglied jenes Kollektivs (Ulmer, Wilder u. a.), das *Menschen am Sonntag* (1930; noch stumm gedreht) herstellte. Der künstlerische Achtungserfolg dieser »Bildimpressionen« von einem banalen Freizeit-Wochenende junger Berliner und Berlinerinnen machte die Ufa auf S. aufmerksam. Sie verpflichtete ihn als Dramaturgen und gab ihm auch die Chance, sich als Regisseur zu bewähren. Mit dem deutschen »Milieutonfilm« *Abschied* (1930) nützte S. den ihm vom Großkonzern eingeräumten künstlerischen Freiraum. Auch in der Folge blieb S. eine Ausnahmeerscheinung des frühen deutschen Tonfilms. *Der Mann, der seinen Mörder sucht* (1931), eine Groteske amerikanischen Zuschnitts, fand, obwohl im Berliner Unterweltmilieu angesiedelt und voller skurriler Gags, wenig Publikumszuspruch. Den Zeitgeschmack besser traf S. mit dem im ähnlichen Milieu spielenden, aber dramatischen und emotionalen Film *Stürme der Leidenschaft* (1932), v. a. aber mit dem Krimi *Voruntersuchung* (1931) und dem auf die Stars Lilian Harvey und Hans Albers zugeschnittenen *Quick* (1932). Seinen stärksten deutschen Film schuf S. mit dem vielschichtigen Kammerspiel *Brennendes Geheimnis* (1933) nach der Novelle von Stefan Zweig.
1933 mußte S. aufgrund seiner jüdischen Abstammung Deutschland verlassen. Dank seiner Bekanntheit in Frankreich konnte er an die dortige Produktion sogleich Anschluß finden. Er drehte einige Komödien und Satiren (wie *Le sexe faible*, F 1933), musikalische Ausstattungsstreifen (z. B. *La vie parisienne*, F/GB 1936) und Kriminalfilme (z. B. *Pièges*, F 1939). Auch in Hollywood wurde S. vielseitig beschäftigt (beispielsweise im Komödien- und Horrorfach), ehe er auf dem Sektor des Thrillers als Exponent des »film noir« Weltgeltung errang (*The suspect*, USA 1945; *The spiral staircase*, USA 1945). 1955 kehrte S. nach Deutschland zurück und inszenierte einige beachtliche Literaturverfilmungen (*Die Ratten*, 1955; nach Gerhart Hauptmann). Mit *Nachts, wenn der Teufel kam* (1957), der pathologischen Studie des debilen Massenmörders Bruno Lüdke, gelang S. einer der künstlerisch meistbeachteten deutschen Nachkriegsfilme überhaupt. Danach blieben S.s Arbeiten zumeist kommerziell erfolgreich, sanken aber im Niveau.

SF: *Menschen am Sonntag* (1930, CR Ulmer). –
TF: *Der Kampf mit dem Drachen* (1930, KF); *Abschied* (1930); *Der Mann, der seinen Mörder sucht* (1931); *Voruntersuchung*, FV *Autour d'une enquête* (1931); *Stürme der Leidenschaft*, FV *Tumultes* (1932); *Quick*, FV *Quick* (1932); *Brennendes Geheimnis* (1933); *Le sexe faible* (F 1933); *La crise est finie* (F 1934); *Le Roi des Champs-Elysées* (F 1935, Nosseck; KO); *La vie parisienne*, GBV *Parisienne life* (F/GB 1936); *Le grand refrain* (F 1936, Mirande; KO); *Mister Flow* (F 1936); *Cargaison blanche* (F 1937; *Weiße Fracht für Rio*); *Mollenard* (F 1938); *Ultimatum* (F 1938, R. Wiene; Fertigstellung); *Pièges* (F 1939); *West Point Widow* (USA 1941); *Fly by night* (USA 1942); *The night before the divorce* (USA 1942); *My heart belongs to daddy* (USA 1942); *Someone to remember* (USA 1943); *Son of Dracula* (USA 1943); *Cobra woman* (USA 1944); *Phantom lady* (USA 1944; *Zeuge gesucht*); *Christmas holiday* (USA 1944); *The suspect* (USA 1945; *Unter Verdacht*); *The strange affair of uncle Harry* (USA 1945); *The spiral staircase* (USA 1945; *Die Wendeltreppe*); *The killers* (USA 1946; *Rächer der Unterwelt*); *The dark mirror* (USA 1946; *Der schwarze Spiegel*); *Time out of mind* (USA 1947); *Cry of the city* (USA 1948; *Schrei der Großstadt*); *Criss Cross* (USA 1949; *Gewagtes Alibi*); *The great sinner* (USA 1949; *Der Spieler*); *Thelma Jordan* (USA 1950; *Strafsache Thelma Jordan*); *Deported* (USA 1950); *The whistle at Eaton Falls* (USA 1951); *The crimson pirate* (GB 1952; *Der rote Korsar*); *Le grand jeu / Il grande giuoco* (F/I 1954; *Die letzte Etappe*); *Die Ratten* (1955); *Mein Vater, der Schauspieler* (1956); *Nachts, wenn der Teufel kam* (1957); *Dorothea Angermann* (1959); *The rough and the smooth* (GB 1959; *Das Bittere und das Süße*); *Katia* (F 1959; *Katja, die ungekrönte Kaiserin*); *Mein Schulfreund* (1960); *L'affaire Nina B.* (F 1961; *Affäre Nina B.*); *Tunnel 28 / Escape from East-Berlin* (BRD/USA 1962); *Der Schut / Una carabina per Schut / Au pays des Skipetars / Šut* (BRD/I/F/YU 1964); *Der Schatz der Azteken / Le trésor des Aztèques / Il tesoro degli Atzechi* (BRD/F/I/YU 1965); *Die Pyramide des Sonnengottes / Les mercenaires du Rio Grande / I violenti di Rio Bravo* (BRD/F/I/YU 1965); *Custer of the West* (USA 1967; *Ein Tag zum Kämpfen*); *Kampf um Rom / La guerra per Roma / Batalia pentru Roma* (BRD/I/RU 1968, 2 Teile).

Wolfgang Staudte (r.) mit O. E. Hasse bei Dreharbeiten zu »Der Maulkorb«

Staudte, Wolfgang (Georg Friedrich)

9. 10. 1906 Saarbrücken – 19. 1. 1984 Zigarski Vrh (Slowenien). Sohn des Bühnen- und Filmschauspielers Fritz Staudte. S. brach sein Ingenieurstudium vorzeitig ab und bekam 1926 an der Volksbühne Berlin eine erste Anstellung als Schauspieler; seine filmische Laufbahn begann 1931 als Darsteller in einem Volkssänger-Kollektiv (*Gassenhauer*, 1931, Pick). Danach blieben dem Nachwuchsakteur zumeist Nebenrollen oftmals soldatischen Charakters vorbehalten (*Tannenberg*, 1932, Paul; *Drei Unteroffiziere*, 1939, Hochbaum). Als Regisseur drehte S. bis zum Ende des Dritten Reichs leichte Unterhaltungsfilme, z. B. *Akrobat schööön* (1943), ein auf den berühmten Zirkusclown Charlie Rivel zugeschnittener Film.

Sehr wichtig für den deutschen Spielfilm wurde S., weil er es sich als einziger in der DDR (zunächst Sowjetische Besatzungszone) und alternierend in der BRD tätiger Spielfilmautor und -regisseur gleich nach dem Zusammenbruch des Dritten Reichs zur Aufgabe machte, diese Zeit vorbehaltlos und konsequent aufzuarbeiten. Daneben war sein Kinoschaffen, soweit es sich nicht um reine Auftragsarbeiten handelte, geprägt durch humanistische Anliegen, die in soziologisch-pädagogischen Jugendfilmen (*Ciske – ein Kind braucht Liebe*, NL/BRD 1955; *Das Lamm*, 1964) und anderen gesellschaftskritischen Filmen – wie dem gegen unmenschliche Justizpraxis ankämpfenden Kriminalfilm *Der letzte Zeuge* (DDR 1960) – ihren Ausdruck fanden. S. begann die Vergangenheitsbewältigung mit *Die Mörder sind unter uns* (DDR 1946), dem ersten deutschen Nachkriegsfilm. Dort wie in *Rotation* (DDR 1949), in dem der Lebenslauf eines Arbeiters im Mittelpunkt steht, und im Spießbürger-Drama *Der Untertan* (DDR 1951; nach Heinrich Mann) werden typisch ›deutsche Schicksale‹ vorgeführt. Die moderne Kategorie des »Untertanen« stellte S. unter Wiederaufnahme der Grundidee von *Die Mörder sind unter uns* in *Rosen für den Staatsanwalt* (1959) vor: Ein Kriegsgerichtsrat verurteilt einen Gefreiten wegen Schwarzhandels mit zwei Tafeln Schokolade zum Tode. Mehr als ein Jahrzehnt später begegnet der seiner Exekution Entkommene dem Richter als angesehenen Oberstaatsanwalt wieder. Halbherzige oder opportunistische Vergangenheitsbewältigung handelte S. in seinem im Dorfmilieu spielenden retrospektiven Drama *Kirmes* (1960) ab. Und auch die Aussage der allegorisch anmutenden Satire *Herrenpartie* (BRD/YU 1964) lautete: »Wir Deutschen sind immer bereit, schnell zu vergessen.« Daneben stehen in S.s Schaffen der didaktische Märchenfilm *Die Geschichte vom kleinen Muck* (DDR 1953), einer der besten Kinderfilme, und konventionelle Literaturverfilmungen (*Rose Bernd*, 1957; nach Gerhart Hauptmann). In den siebziger Jahren wurde S. aufgrund seiner handwerklichen Perfektion einer der gefragtesten Fernsehregisseure, der sich mit einigen Jack-London-Verfilmungen (*Der Seewolf*, 1971; auch in einer Kinofassung gestartet; *Lockruf des Goldes*, 1975; *Das verschollene Inka-Gold*, 1978) als Meister des spannenden Actionfilms erwies.

Ein jeder hat mal Glück (1933, KF); *Zwischen Sahara und Nürburgring* (1936, Dok.); *Deutsche Siege in drei Erdteilen* (1938, Dok.); *Ins Grab kann man nichts mitnehmen* (1941, KF); *Akrobat schö-öön* (1943); *Ich hab' von Dir geträumt* (1944); *Der Mann, dem man den Namen stahl* (1945, unvollendet); *Frau über Bord* (1945; EA 1950 in der DDR; EA 1952 in der BRD u. d. T.: *Das Mädchen Juanita*); *Die Mörder sind unter uns* (DDR 1946); *Die seltsamen Abenteuer des Herrn Fridolin B.* (DDR 1948); *Rotation* (DDR 1949); *Schicksal aus zweiter Hand* (1949); *A tale of five cities / Fünf Mädchen und ein Mann* (GB/BRD 1951; Episode Deutschland); *Der Untertan* (DDR 1951); *Die Geschichte vom kleinen Muck* (DDR 1953); *Leuchtfeuer* (DDR/S 1954); *Ciske – de rat*, DV *Ciske – ein Kind braucht Liebe* (NL/BRD 1955); *Rose Bernd* (1957); *Madeleine und der Legionär* (1958); *Kanonen-Serenade / Pezzo, capopezzo e capitano* (BRD/I 1958); *Der Maulkorb* (1958); *Rosen für den Staatsanwalt* (1959); *Kirmes* (1960); *Der letzte Zeuge* (1960); *Die glücklichen Jahre der Thorwalds* (1962, Olden; Fertigstellung); *Die Dreigroschenoper / L'opéra de 4 sous* (BRD/F 1963); *Herrenpartie / Muski izlet* (BRD/YU 1964); *Das Lamm* (1964); *Ganovenehre* (1966); *Die Klasse (Learer Blau)* (1968, TV); *Heimlichkeiten* (BRD/BG 1968); *Die Herren mit der weißen Weste* (1970); *Fluchtweg St. Pauli – Großalarm für die Davidswache* (1971); *Der Seewolf* (BRD/A/F/RU 1971, Kinofassung des vierteiligen Fersehfilms, CR Nicolaescu); *Zwischengleise* (1978).

▬▬

Steinhoff, Hans (d. i. Johannes Reiter)

10. 3. 1882 Marienberg (Sachsen) – 20. 4. 1945 bei Luckenwalde (Brandenburg). Geboren als Johannes Reiter, Sohn eines Dienstmädchens und eines geschiedenen Vertreters. Trotz späterer Heirat der Eltern verdrängte S. stets die uneheliche, kleinbürgerliche Abstammung und verbreitete gezielt falsche Angaben über Familie und Ausbildung. Fünfzehnjährig machte er sich sechs Jahre älter, um als jugendlicher Liebhaber und Sänger am Battenberg-Theater in Leipzig angenommen zu werden. In den nächsten zehn Jahren trat er an über einem Dutzend Theatern unterschiedlichster Qualität und Stilrichtungen in Großstädten (Stettin, Berlin, Hannover, München) und in der Provinz auf; er spielte alles, vom Ferdinand in Schillers »Kabale und Liebe« über Pepel in Gorkys »Nachtasyl« bis zum Danielo in Léhars

»Lustiger Witwe«; u. a. stand er mit Josef Kainz und Frank Wedekind auf der Bühne, in der Uraufführung der »Lulu« spielte er den Alwa. Nach einer Krise, in der er erwog, Maler zu werden, widmete er sich nach 1910 der Operette und Revue und wurde 1913 Oberregisseur am Metropol, dem bedeutendsten Revuetheater Berlins. Während des Ersten Weltkriegs war er als Oberregisseur an Wiener Varieté-Theatern tätig.

Nach dem Krieg wurde S. in Wien Filmdramaturg, ehe er 1921 mit eigener Firma seinen ersten Spielfilm *Kleider machen Leute* (A 1922) herstellte. Dessen künstlerischer, von der Kritik bestätigter Erfolg führte zum Engagement durch die zur Ufa gehörende Gloria nach Berlin. Inflation, S.s cholerisches Temperament und Zensurschwierigkeiten mit *Mensch gegen Mensch* (1924) hemmten den erhofften Aufstieg. S. entwickelte sich zum ›Mittelregisseur‹, drehte – vor allem für Terra, Orplid und Lothar Stark – Routinefilme in jedem Genre für die deutsche Provinz. Als schnell und kostengünstig arbeitender Regisseur war er selbst in Krisenzeiten immer beschäftigt. Bekannter wurde er, als die Ufa ihm 1933 die Regie für *Hitlerjunge Quex* übertrug. Weil die Ufa ihn trotz des Erfolgs weiterhin als Regisseur zweiter Klasse behandelte, nutzte S. seine über den Freund Karl Ritter und Reichsjugendführer Baldur von Schirach eingefädelten Beziehungen zur NSDAP und inszenierte einige mehr oder weniger offen mit Parteigeldern finanzierte Filmprojekte. Dabei gelang ihm mit *Der alte und der junge König* (1935) der eigentliche Durchbruch. Neben diesem Film und *Hitlerjunge Quex* brachten ihm vor allem *Robert Koch, der Bekämpfer des Todes* (1939) und der anti-britische *Ohm Krüger* (1941) den Ruf ein, neben Veit Harlan und Karl Ritter der linientreuste Spielfilmregisseur des Dritten Reichs zu sein. Entgegen herkömmlichen Darstellungen ist S. nie Parteimitglied gewesen, hat sich wohl auch nie sonderlich für Politik interessiert. Als Regisseur forderte er von seinen Mitarbeitern uneingeschränkten Einsatz; beruflich ein Vollprofi, wird er als Mensch wegen seiner devoten Haltung dem NS-Staat gegenüber und seiner arroganten Eitelkeit allgemein negativ beurteilt. Am 20. April 1945 kam er auf dem Rückflug nach Prag, wohin er, von einer Produktionsbesprechung in Berlin kommend, wollte, ums Leben, als die Maschine bei Lukkenwalde abgeschossen wurde. Für ehemalige Kollegen, die sich keineswegs weniger opportunistisch verhalten hatten und trotzdem nach dem Krieg wieder groß ins Geschäft einstiegen, bildete er den idealen Sündenbock, durch den man von der eigenen Vergangenheit ablenken konnte.

SF: *Kleider machen Leute* (A 1922); *Der falsche Dimitry* (1922); *Inge Larsen* (1923); *Mensch gegen Mensch* (1924); *Der Mann, der sich verkauft* (1925); *Gräfin Mariza* (1925); *Schwiegersöhne* (A 1926; *Pat und Patachon als Schwiegersöhne*); *Wien–Berlin* (1926); *Ballettmädels* (A/D 1926); *Der Herr des Todes* (1926); *Die Tragödie eines Verlorenen* (1927); *Das Frauenhaus von Rio* (1927); *Familientag im Hause Prellstein* (1927); *Die Sandgräfin* (1928); *Das Spreewaldmädel* (1928); *Angst* (1928); *Ein Mädel und drei Clowns / The three kings* (D/GB 1928); *Nachtgestalten / The alley cat* (D/GB 1929). – TF: *Gestörtes Ständchen* (1929, KF); *Maienandacht* (1930, KF); *Rosenmontag* (1930); *Kopfüber ins Glück*, FV *Chacun sa chance* (D/F 1930); *Die Faschingsfee* (1931); *Der wahre Jakob* (1931); *Die Pranke* (D/I 1931); *Mein Leopold* (1931); *Um einen Groschen Liebe / Scampolo, ein Kind der Straße*, FV *Un peu d'amour* (A/D 1932); *Madame wünscht keine Kinder*, FV *Madame ne veut pas d'enfants* (1933); *Liebe muß verstanden sein* (1933); *Hitlerjunge Quex* (1933); *Keine Angst vor Liebe* (1933); *Mutter und Kind* (1934); *Freut euch des Lebens* (1934); *Die Insel*, FV *Vers l'abîme* (1934); *Lockvogel*, FV *Le miroir aux alouettes* (1934); *Der alte und der junge König* (1935); *Der Ammenkönig* (1935); *Eine Frau ohne Bedeutung* (1936); *Ein Volksfeind* (1937); *Gestern und Heute* (1938, Dok.); *Tanz auf dem Vulkan* (1938); *Robert Koch, der Bekämpfer des Todes* (1939); *Die Geierwally* (1940); *Ohm Krüger* (1941); *Rembrandt* (1942); *Gabriele Dambrone* (1943); *Melusine* (1944); *Shiva und die Galgenblume* (1945, unvollendet; 1993 entstand unter Verwendung der Fragmente ein Interview- und Dokumentarfilm mit nachgespielten Szenen des Originalfilms: *Shiva und die Galgenblume – Der letzte Film des Dritten Reichs*, 1993, TV; Andres Krützen). *hc*

Stemmle, R. A. (Robert Adolf)

10. 6. 1903 Magdeburg – 24. 2. 1974 Baden-Baden. S., im ersten Beruf Lehrer, wurde Dramaturg, Puppentheaterdirektor, Mitbegründer des Kabaretts »Katakombe« in Berlin (1930), später Filmregisseur. Zuletzt war S. Leiter der Hörspielabteilung des NWDR und beim Fernsehen einer der Pioniere des Genres Semidokumentation (*Der Fall Rohrbach*, 1963, TV; *Der Fall Kaspar Hauser*, 1966, TV). Seit 1963 gab S., der auch als Romancier tätig war (»Ich war ein kleiner PG«, 1963), aufsehenerregende Justizfälle im Rahmen des »Neuen Pitaval« heraus.

S.s, Ruf als Co-Autor etlicher erfolgreicher Filme (*Der Rebell*, 1932, Trenker, Bernhardt; *Die unsichtbare Front*, 1932, Eichberg) brachte ihm einen Regieauftrag der Berliner Cicero-Film ein: *So ein Flegel* (1934; nach dem Roman »Die Feuerzangenbowle« von Heinrich Spoerl) wurde zu einer amüsanten Satire auf Kleinstadtbewohner, Primaneridylle und Theaterbetrieb.

S. war ein typischer B-Filmemacher. Auch wenn er über ein größeres Budget verfügte, arbeitete er ökonomisch und adäquat zur Größenordnung des vorgegebenen Stoffes. Als Autor, der seine Filme selbst entwarf, ging er gut vorbereitet ins Atelier. Komödien und Lustspiele sind im Schaffen S.s am stärksten vertreten. Kleine Alltagskonflikte (Schüchternheit: *Heinz im Mond*, 1934; Geldnot: *Kleiner Mann, ganz groß*, 1938; Pubertätsschwierigkeiten: *Meine Herren Söhne*, 1945; Intoleranz: *Toxy*, 1952; Eifersucht: *Uns gefällt die Welt*, 1956) und zwischenmenschliches Fehlverhalten werden dabei für die Protagonisten zum individuell und originell bewältigten Prüfstein. S.s sozialistische Vergangenheit (als Filmkritiker der Magdeburger »Volksstimme«, 1922–26) machte ihn dem NS-Propagandaministerium suspekt. Mit der als Kriminalfilm verkleideten Milieustudie *Gleisdreieck* (1937), die das Leben einiger Berliner U-Bahn-Bediensteter beschreibt, ›rehabilitierte‹ er sich nur teilweise. Drei weitere Propagandastreifen, *Am seidenen Faden* (1938), *Mann für Mann* (1939) und *Jungens* (1941), gerieten ebenfalls nicht ganz nach den Intentionen der Auftraggeber. Im Nachkriegsschaffen S.s wichtig ist die Zeitsatire *Berliner Ballade* (1948). *Emil und die Detektive* (1954; nach Erich Kästner), der Heimatfilm *Die Försterbuben* (1955, nach Peter Rosegger) und die liebenswürdige Ehe- und Liebeskomödie *Die unvollkommene Ehe* (A 1959) bestätigten S. als Inszenator gepflegter Kinounterhaltung.

So ein Flegel (1934); *Es tut sich was um Mitternacht* (1934); *Charleys Tante* (1934); *Heinz im Mond* (1934); *Glückspilze* (1935); *Der Raub der Sabinerinnen* (1936); *Gleisdreieck* (1937); *Daphne und der Diplomat* (1937); *Das Geheimnis um Betty Bonn* (1937); *Kleiner Mann, ganz groß* (1938); *Am seidenen Faden* (1938); *Mann für Mann* (1939); *Donauschiffer* (1940); *Golowin geht durch die Stadt* (1940); *Jungens* (1941); *Das große Spiel* (1942); *Johann* (1943); *Herr Sanders lebt gefährlich* (1943); *Meine Herren Söhne* (1945); *Geld ins Haus* (1945; EA 1947 u. d. T. *Der Millionär*); *Berliner Ballade* (1948); *Abbiamo vinto* (I 1950); *Sündige Grenze* (1951); *Toxy* (1952); *Heimweh nach Dir* (1952); *Südliche Nächte* (1953); *Das ideale Brautpaar* (1954); *Das Licht der Liebe* (A 1954; *Wenn du noch eine Mutter hast*); *Emil und die Detektive* (1954); *Ein Herz voll Musik* (1955); *Du darfst nicht länger schweigen* (1955); *Die Försterbuben* (1955); *Die ganze Welt singt nur Amore* (1956); *Uns gefällt die Welt* (1956); *. . . und die Liebe lacht dazu* (1957); *Majestät auf Abwegen* (1958); *Die unvollkommene Ehe* (A 1959).

Straub, Jean-Marie

Geb. 8. 1. 1933 Metz (Frankreich). S. studierte Literatur, war in der Filmclub-Bewegung tätig, wurde als Regieassistent (z. B. bei Jacques Rivette) bzw. Hospitant (bei Robert Bresson, Alexandre Astruc) mit der praktischen Filmarbeit vertraut. 1958 ließ er sich mit seiner Frau Danièle Huillet (geb. 1. 5. 1936), Mitarbeiterin bei all seinen Filmen und seit 1974 seine Co-Autorin und -regisseurin, in der BRD nieder.

Der Franzose S., ein puristischer Auteur de film, dessen Werk sich meist nur einem Minderheitenpublikum erschließt, das neuen Seh- und Rezeptionsweisen gegenüber offen ist, hat einen entscheidenden Einfluß auf die Rezeption des Neuen deutschen Films genommen. Obgleich immer Außenseiter, vermochte er mit seinen nicht-kommerziellen Avantgardefilmen das allgemeine filmkulturelle Klima zu verbessern. S.s Regiedebüt, die antimilitaristische Satire *Machorka-Muff* (1963, KF), basiert auf Heinrich Bölls Erzählung »Hauptstädtisches Journal«. Sie übersetzt Brechtsche Kunstideologie ins Filmische. Unretuschierter Originalton ›illustriert‹ nicht das Bild, sondern setzt sich damit auseinander (im dialektischen Einsatz dazu der monoton-emotionslos vorgetragene innere Monolog, den ein Laiendarsteller spricht) und provoziert damit gleichzeitig den Zuschauer zur Auseinandersetzung mit Ton, Wort und Bildinhalten (der meist statischen Einstellungen). Mit *Nicht versöhnt oder Es hilft nur Gewalt, wo Gewalt herrscht* (1965, KF) und *Chronik der Anna Magdalena Bach* (BRD/I 1968), seinem ersten langen Film, der zugleich S.s Streben nach der Konzeption eines modernen Musikfilms signalisierte, setzte er diesen Weg fort und wurde noch konsequenter in der Anwendung nicht konsumierbarer und spröder Stilmittel. *Othon* (I/BRD 1970), S.s erster Farbfilm, kontrastierte die (von Laien zitierte) klassische Tragödie Pierre Corneilles mit dem modernen Alltag. Diese formal einfache, intellektuell jedoch schwer zugängliche Verarbeitung von Historie und Literatur intensivierte S. sukzessive mit *Geschichtsunterricht* (BRD/I 1972) nach Bertolt Brechts Romanfragment »Die Geschäfte des Herrn Julius Cäsar« und *Von der Wolke zum Widerstand* (I/F/BRD/GB 1979), einer Gegenüberstellung von politischer Gegenwart mit der Geschichte Italiens, jenem Land, wo S. zeitweilig eine künstlerische Heimat fand. Die Emotionalisierung literarischer Vorlagen und Stimmungen forciert S. auch in seinen späteren Werken wie *Klassenverhältnisse* (BRD/F 1984; nach dem Romanfragment »Der Verschollene« von Franz Kafka) oder *Antigone* (BRD/F 1992; nach dem Drama von Sophokles in der Hölderlinschen Übertragung, die Brecht für die Bühne bearbeitet hat).

Alle Filme ab 1974 in CR mit Danièle Huillet. *Machorka-Muff* (1963, KF); *Nicht versöhnt oder Es hilft nur Gewalt, wo Gewalt herrscht* (1965, KF); *Chronik der Anna Magdalena Bach* (BRD/I 1968); *Der Bräutigam, die Komödiantin und der Zuhälter* (1968, KF); *Othon – Les yeux ne veulent pas en tout temps se fermer ou Peut-être qu'un jour Rome se permettra de choisir à son tour / Othon – Die Augen wollen sich nicht zu jeder Zeit schließen*

oder Vielleicht eines Tages wird Rom sich erlauben seinerseits zu wählen (Original-Ton in Französisch; I/BRD 1970); *Geschichtsunterricht* (BRD/I 1972); *Einleitung zu Arnold Schönbergs Begleitmusik zu einer Lichtspielscene* (BRD/I 1973, KF); *Moses und Aaron / Moses e Aaron / Moses et Aaron* (BRD/A/I/F 1975); *Fortini/cani* (I 1977; *Die Hunde vom Sinai*); *Toute révolution est un coup de dés* (F 1977, KF, *Jede Revolution ist ein Würfelwurf*); *Dalla nube alla resistenza / De la nuée à la résistance / Von der Wolke zum Widerstand / From the cloud to the resistance* (I/F/BRD/GB 1979); *Troppo presto, troppo tardi / Trop tôt, trop tard* (I/F 1981; KF; *Zu früh, zu spät*); *En rachachant* (F 1982, KF); *Klassenverhältnisse / Rapports de classes* (BRD/F 1984); *La mort d'Empédocle / Der Tod des Empedokles oder Wenn dann der Erde Grün von neuem Euch erglänzt* (F/BRD 1987); *Péché noir / Schwarze Sünde* (F/BRD 1989, KF); *Cézanne – Paul Cézanne im Gespräch mit Joachim Gasquet* (F/BRD 1990); *Antigone* (BRD/F 1992); *Colette Baudouche* (F 1994, KF).

Thiele, Rolf

7. 3. 1918 Budweis (Böhmen) – 9. 10. 1994 München. Studium der Philosophie und Soziologie in Göttingen. Mitbegründer der Filmaufbau GmbH, Göttingen, für die er u. a. bei *Nachtwache* (1949, Braun) und *Königliche Hoheit* (1953, Braun) als Produktionsleiter tätig war.

T. nimmt als Produzent (z. B. *Liebe 47*, 1949, Liebeneiner) und Regisseur im deutschen Nachkriegsfilm eine wesentliche Position ein. Sein Interesse an erotischen und sexuellen Detailschilderungen realisierte er in Sittenbildern im Gewande verschiedener Genres, die zumeist in der Zeit der aktuellen Wiederaufbau- und Wirtschaftswunderphase spielen. Der Jugendproblemfilm *Primanerinnen* (1951) deutete die ersten Liebeserfahrungen von Schülerinnen im Bild sehr diskret an. Der Filmmittelteil der Familienchronik *Geliebtes Leben* (1953), angesiedelt in den zwanziger Jahren dieses Jahrhunderts, enthält einige für die Entstehungszeit der Produktion sehr gewagte Szenen. Erst mit *Das Mädchen Rosemarie* (1958) vereinte T. thematische Vorlieben mit seinen Fähigkeiten als beruflich ausgebildeter Soziologe und scharfer Beobachter, der Milieu und Zeitgeschmack stimmig einzufangen vermochte. Gefördert durch die Liberalisierung der Massenmedien, die vor allem durch die Enthüllungs- und Tatsachenberichte der Illustrierten vorangetrieben worden war, brachte T. Sujets auf die Kinoleinwand, die bisher tabu gewesen waren. In derben (*Der tolle Bomberg*, 1957) und heiteren erotischen Komödien (*Skandal in Ischl*, A 1957; *Das schwarz-weiß-rote Himmelbett*, BRD/F 1962), freizügigen Frauenporträts (*Venusberg*, 1963) und Skandalchroniken (*Moral '63*, 1963) faszinieren den Regisseur vor allem provokative Themen wie z. B. Inzest (*Wälsungenblut*, 1964; nach Thomas Mann). Inszenatorisch wandte er sich allmählich einem ästhetisierend-manieristischen (*Tonio Kröger*, BRD/F 1964), teilweise kunstgewerblichen Stil zu. Anfang der siebziger Jahre ging T. immer mehr kommerzielle Kompromisse auf dem Niveau banaler Softpornos ein (*Grimms Märchen von lüsternen Pärchen*, 1969), ehe er mit *Schöner Gigolo, Armer Gigolo* (1978, Hemmings) seine Produzententätigkeit im großen Rahmen wieder aufnahm.

Primanerinnen (1951); *Der Tag vor der Hochzeit* (1952); *Geliebtes Leben* (1953); *Sie* (1954); *Mamitschka* (1955); *Die Barrings* (1955); *Friederike von Barring* (1956); *Der tolle Bomberg* (1957); *Skandal in Ischl* (A 1957); *El Hakim* (1957); *Das Mädchen Rosemarie* (1958); *Die Halbzarte* (A 1958); *Labyrinth / Neurose* (BRD/I 1959); *Der liebe Augustin* (1959); *Auf Engel schießt man nicht* (1960); *Man nennt es Amore* (1961); *Lulu* (A 1962); *Das schwarz-weiß-rote Himmelbett / Tête à tête sur l'oreiller* (BRD/F 1962); *Venusberg* (1963); *Moral '63* (1963); *Tonio Kröger* (BRD/F 1964); *Wälsungenblut* (1964); *DM-Killer* (A 1965); *Die Herren* (1965; Episoden *Die Intellektuellen, Die Bauern, Die Soldaten*); *Das Liebeskarussell* (A 1965; Episoden *Sybill, Angela*); *Grieche sucht Griechin* (1966); *Glockentönin Bim* (Episode von *Paukenspieler*, 1967, EA 1981); *Der Tod eines Doppelgängers / Les diamants d'Anvers* (BRD/B 1967); *Der Lügner und die Nonne* (A 1967); *Die Ente klingelt um ½8 / Siamo tutti matti* (BRD/I 1968); *Komm nur, mein liebstes Vögelein / E non si vergognano* (BRD/I 1968); *Grimms Märchen von lüsternen Pärchen* (1969); *Komm nach Wien, ich zeig dir was!* (A/BRD 1969); *Ohrfeigen* (1969); *Frisch, fromm, fröhlich, frei* (1970); *Der scharfe Heinrich* (1970); *Rosy und der Herr aus*

Bonn (1971); *Gelobt sei, was hart macht* (1972); *Versuchung im Sommerwind* (1972); *Undine 74* (A/BRD 1973); *Frauenstation* (1976); *Rosemaries Tochter* (1976).

___

Thiele, Wilhelm (d. i. Wilhelm Isersohn)

10. 5. 1890 Wien – 7. 9. 1975 Los Angeles. Namensform T.s in den USA: William Thiele. T. debütierte nach dem Studium am Wiener Konservatorium 1909 als Bühnendarsteller. Bis 1923 war er auch als Bühnenregisseur tätig. Bereits 1922 kombinierte T. in Wien Bühnen-, Gesangs- und Tanz- mit Filmszenen und damit Bühnen- mit Filmregie (*C. M. Ziehrer, der letzte Walzerkönig*, A 1922), faßte auch als Drehbuchautor in Deutschland Fuß (*Liebesfeuer*, 1925, Stein) und erfreute sich als Inszenator geschmackvoller Lustspiele (*Adieu Mascotte*, 1929) guter Rezensionen.

Doch erst mit seinem Tonfilmerstling *Liebeswalzer* (1930) gelang T. der Durchbruch zum beachteten Filmregisseur: Die fadenscheinige Geschichte vom Sohn eines amerikanischen Millionärs, der sich in eine europäische Prinzessin verliebt, erhielt durch tonfilmspezifische Ideen Charme, Witz und Tempo. T.s Methode bestand darin, Musik, Geräusche und Dialoge originell aufeinander abzustimmen, die Hauptdarsteller Lilian Harvey und Willy Fritsch (das spätere »Traumpaar« des deutschen Films) spontan und natürlich agieren zu lassen und durch rasch wechselnde Bildeinstellungen und rasante Schnittfolgen das Handlungstempo zu beschleunigen. T., der auf seine Wiener Anfangserfahrungen und die Revue-Dramaturgie Eric Charells zurückgriff, beeinflußte damit maßgeblich die deutsche Tonfilmoperette und wurde zum Vater dieses Genres deklariert. *Die Drei von der Tankstelle* (1930) und *Die Privatsekretärin* (1931) sind bereits künstlerische, mit stilistischer Einheitlichkeit ausgeführte Höhepunkte T.s, die variieren (*Zwei Herzen und ein Schlag*, 1932; *Mädchen zum Heiraten*, 1932), aber nicht zu steigern vermochte. *Großfürstin Alexandra* (A 1933) ist wie die »Fledermaus«-Verfilmung *Waltz time* (GB 1933) ein Versuch, auch nach der Emigration aus Deutschland im musikalischen Filmsektor tätig zu bleiben. Doch die kleinen Budgets, die

T. ab 1937 in den USA zugänglich waren, fixierten ihn auf B-Produktionen und kamen wie seine TV-Arbeiten (z. B. für die Westernserie »The Lone Ranger« und die TV-Reihe »The cavalcade of America«) seiner Affinität zu musikalischen Stoffen nicht entgegen. Comebackversuche in der BRD demonstrierten ebenfalls lediglich handwerkliche Routine.

SF: *C. M. Ziehrer, der letzte Walzerkönig* (A 1922, Revue; R des Filmteils); *C. M. Ziehrers Märchen aus Alt-Wien* (A 1923, Revue; R des Filmteils); *Franz Lehar* (A 1923, Revue; R des Filmteils); *Das Totenmahl auf Schloß Begalitza* (1923); *Fiat Lux* (A 1923); *Die selige Exzellenz* (1927, CR Licho); *Orientexpreß* (1927); *Der Anwalt des Herzens* (1927); *Die Dame mit der Maske* (1928); *Hurrah! Ich lebe!* (1928); *Adieu Mascotte* (1929). – TF: *Liebeswalzer*, GBV *The love waltz* (1930); *Die Drei von der Tankstelle*, FV *Le chemin du paradis* (1930); *Die Privatsekretärin*, FV *Dactylo* (1931); *Der Ball*, FV *Le bal* (D/F 1931); *Madame hat Ausgang*, FV *L'amoureuse aventure* (D/F 1931); *Zwei Herzen und ein Schlag*, FV *La fille et le garçon* (1932); *Mädchen zum Heiraten* (1932); *Marry me* (GB 1932); *Waltz time* (GB 1933); *Großfürstin Alexandra* (A 1933); *Lottery lover* (USA 1935); *The jungle princess* (USA 1936; *Die Dschungelprinzessin*); *Carnival in Paris* (USA 1937, KF); *London by night* (USA 1937); *Beg, borrow or steal* (USA 1937); *Bridal suite* (USA 1939); *Bad little angel* (USA 1939); *The ghost comes home* (USA 1940); *Tarzan triumphs* (USA 1943; *Tarzan und die Nazis*); *Tarzan's desert mystery* (USA 1943; *Tarzan, Bezwinger der Wüste*); *The Madonna's secret* (USA 1946); *This is nylon* (USA 1948, Dok.-KF); *The price of freedom* (USA 1949, Dok.-KF); *The story of the Duponts* (USA 1950, Dok.); *A bone for Spotty* (USA 1955, KF) *Der letzte Fußgänger* (1960); *Sabine und die 100 Männer* (1960).

━━━

Trotta, Margarethe von

Geb. 21. 2. 1942 Berlin. Tochter des Malers Alfred Roloff. Nach einem abgebrochenen Studium (Romanistik, Germanistik, Kunstgeschichte) nahm T. Schauspielunterricht und spielte Theater. Seit 1970 ist T. profilierte Darstellerin im Neuen deutschen Film, u. a. bei Rainer Werner Fassbinder (*Götter der Pest*, 1970), Herbert Achternbusch (*Das Andechser Gefühl*, 1975) und Volker Schlöndorff; für ihre Darstellung der Elisabeth Junker in Schlöndorffs Emanzipations-Film *Strohfeuer* (1972) erhielt T. 1972 den Kritikerpreis (Filmfestspiele Venedig) und den Prix Femina (Festival Brüssel). Die Künstlerehe mit Volker Schlöndorff (seit 1971) zeigte eine gute Zusammenarbeit, in deren Verlauf T. autobiografisch gefärbte Themen und Standpunkte, in bürgerlicher und protestantischer Tradition wurzelnd, als Co-Autorin deutlich zu formulieren wußte. Kulmination ihrer gemeinsamen Regiearbeit: *Die verlorene Ehre der Katharina Blum* (1975).

Ein Zentralthema begleitet T.s Entwicklung zur eigenständigen Filmautorin und Regisseurin mit individueller Handschrift: das ständig gefährdete Gleichgewicht des Lebens und der Psyche. Ob ein guter Zweck eine böse Tat rechtfertigt, wo Radikalität herkommt, die ein Gleichgewicht stören kann, mit diesen Fragen befassen sich *Das zweite Erwachen der Christa Klages* (1978) und *Die bleierne Zeit* (1981), Filme auf den individuellen Spuren des Terrorismus bürgerlicher Herkunft. Daß sich tödliche Dramen auch im Innern des Menschen abspielen können, expliziert T. am Abhängigkeitskonflikt einer extrovertierten Sekretärin und ihrer von ihr zwanghaft umsorgten introvertierten Schwester, einer Studentin, in *Schwestern oder Die Balance des Glücks* (1979). Auch *Rosa Luxemburg* (1986), T.s aufwendig und historisch sorgfältig inszeniertes Frauenporträt reflektiert die zwei Seiten einer Persönlichkeit: politisch die extrovertierte Revolutionärin und privat die introvertierte Frau. Die erzählerische Kraft T.s manifestierte sich auch bei dem noch komplexeren Frauenfilm *Fürchten und Lieben* (1988). T. verlegte Motive des Bühnenstücks »Drei Schwestern« von Anton Tschechow in das heutige Italien.

Die verlorene Ehre der Katharina Blum (1975, CR Schlöndorff); *Das zweite Erwachen der Christa Klages* (1978); *Schwestern oder Die Balance des Glücks* (1979); Episode *Bundeswehrlied* in *Die Pariotin* (1979, Kluge); *Die bleierne Zeit* (1981); *Heller Wahn / L'amie* (BRD/F 1983); *Rosa Luxemburg* (1986); *Felix* (1988; Episode *Eva*); *Fürchten und Lieben / Paura e amore / Peur et amour* (BRD/I/F 1988); *Die Rückkehr / L'Afri-*

cana (BRD/I/F 1990); *Zeit des Zorns / Il lungo silenzio* (BRD/I 1993); *Das Versprechen / La promesse* (BRD/F/CH 1995).

Ucicky, Gustav

6. 7. 1899 Wien – 26. 4. 1961 Hamburg. Kameramann, Filmregisseur. U. begann 1916 als Kameraassistent in der Crew des österreichischen Filmpioniers und Gründers der Wiener Sascha-Film, Alexander Graf Kolowrat-Krakowsky. Bereits 1920 Chefoperateur und engster Mitarbeiter von Michael Kertesz (Michael Curtiz), fotografierte U. dessen internationale Erfolge *Sodom und Gomorrha* (A 1922), *Der junge Medardus* (A 1923) und *Die Sklavenkönigin / Moon of Israel* (A/GB 1924). U.s Inszenierung von *Pratermizzi* (A 1927) und der dichte Milieufilm *Café Elektric* (A 1927) ebneten ihm den Weg nach Deutschland, wo er 1929–36 Vertragsregisseur der Ufa war. Auf Wunsch des deutschen Propagandaministeriums kehrte U. 1939 nach Wien zurück und drehte bis 1944 für die von den Nationalsozialisten vereinnahmte, in Wien-Film GmbH umgewandelte Tobis-Sascha einige ihrer Großerfolge.
U.s künstlerische Qualitäten beruhen auf einer Symbiose von visueller Klarsicht, geschicktem Szenenarrangement, präzisem Übermittlungsvermögen an Schauspieler und technischen Stab und einem ausgeprägten Sinn für reißerische und dramatische Handlungsabläufe. Dem gegenüber stehen Grobschlächtigkeit des Geschmacks und mangelndes psychologisches Feingefühl, ein Manko, das U. des öfteren zu optischen Überbetonungen und sentimentaler Stimmungsmache verführte. U.s Vorliebe für undifferenzierte Schwarzweißzeichnung, oft provoziert von den Klischees seines favorisierten Drehbuchautors Gerhard Menzel, machte ihn für die Ufa zum nützlichen Aufbereiter präfaschistischer Stoffe (*Das Flötenkonzert von Sanssouci*, 1930; *Yorck*, 1931; *Morgenrot*, 1933) und danach zum überzeugenden Interpreten nationalsozialistischer Propagandainhalte (Antikommunismus: *Flüchtlinge*, 1933; England-Feindlichkeit: *Das Mädchen Johanna*, 1935; Polen-Hetze: *Heimkehr*, 1941). Zu U.s positiven Arbeiten zählen die Komödien *Hokuspokus* (1930; nach Curt Goetz), *Der zerbrochene Krug*

(1937; nach Heinrich von Kleist), das Soziogramm *Mensch ohne Namen* (1932) und die Puschkin-Verfilmung *Der Postmeister* (1940). Während der fünfziger Jahre spezialisierte sich U. auf Adaptionen volkstümlicher Literatur (*Cordula*, A 1950; nach dem Epos »Kirbisch« von Anton Wildgans) und auf Melodramen (*Die Heilige und ihr Narr*, 1957), die er handwerklich gediegen ausarbeitete.

SF: *Pratermizzi* (A 1927, CR Hartl, A. Berger, Leiter, W. Reisch, Borsody, Stepanek, Kolowrat-Krakowsky); *Tingel-Tangel* (A 1927; *Trommelfeuer der Liebe*); *Café Elektric* (A 1927; *Wenn ein Weib den Weg verliert*); *Ein besserer Herr* (1928); *Herzen ohne Ziel / Corazones sin rumbo* (D/E 1928, CR Perojo); *Vererbte Triebe* (1929); *Der Sträfling aus Stambul* (1929). – TF: *Der unsterbliche Lump* (1930); *Hokuspokus*, GBV *The temporary widow* (1930); *Das Flötenkonzert von Sanssouci* (1930); *Im Geheimdienst* (1931); *Yorck* (1931); *Mensch ohne Namen*, FV *Un homme sans nom* (1932); *Morgenrot* (1933); *Flüchtlinge*, FV *Au bout du monde* (1933); *Der junge Baron Neuhaus*, FV *Nuit de mai* (1934); *Das Mädchen Johanna* (1935); *Savoy-Hotel 217* (1936); *Unter heißem Himmel* (1936); *Der zerbrochene Krug* (1937); *Worte und Taten* (1938, Dok., CR Hippler, Jahn); *Frau Sixta* (1938); *Aufruhr in Damaskus* (1939); *Mutterliebe* (1939); *Der Postmeister* (1940); *Ein Leben lang* (1940); *Heimkehr* (1941); *Späte Liebe* (1943); *Am Ende der Welt* (1943); *Der gebieterische Ruf* (1944); *Das Herz muß schweigen* (1944); *Singende Engel* (A 1947); *Nach dem Sturm* (CH/A/FL 1948); *Der Seelenbräu* (A 1950); *Cordula* (A 1950); *Bis wir uns wiedersehen* (1952); *Der Kaplan von San Lorenzo* (1952); *Ein Leben für Do* (1953); *Die Hexe* (1954); *Zwei blaue Augen* (1955); *Der Jäger von Fall* (1955); *Der Edelweißkönig* (1957); *Die Heilige und ihr Narr* (1957); *Das Mädchen vom Moorhof* (1958); *Der Priester und das Mädchen* (A 1958); *Das Erbe von Björndal* (A 1960).

Verhoeven, Michael

Geb. 13. 7. 1938 Berlin. Sohn des Schauspielers und Regisseurs Paul Verhoeven. V. trat schon als Jugendlicher in Theater- und Filmrollen auf (*Das fliegende Klassenzimmer*, 1954, Hoffmann; *Der Jugendrichter*, 1960, P. Verhoeven; *Jack und*

Jenny, 1963, Vicas). Daneben studierte er Medizin und promovierte 1969 zum Dr. med. Zusammen mit seiner Frau, der Filmschauspielerin Senta Berger, leitet er die Produktionsfirma Sentana, unter deren Banner die meisten seiner Regiearbeiten entstanden sind.
V. debütierte 1967 mit *Paarungen*, einer ambitionierten Verfilmung von August Strindbergs »Totentanz«, die handwerkliches Geschick bewies und als Talentprobe sich deutlich von dem abhob, was der damals diskutierte Neue deutsche Film im ersten Anlauf zu bieten hatte: V. arbeitete mit der traditionellen Schauspielkunst seiner Darsteller und bemühte sich, ein visuelles Konzept zu entwickeln. V. setzte seine Regiearbeit im damals populären Lustspiel-Genre des »Schwabing-Films« fort (*Engelchen macht weiter – hoppe hoppe Reiter*, 1969). Damit wurde V. zum Prototyp des bürgerlichen Regisseurs, der die von ihm aufgegriffenen politischen Themen stets auf das allgemein Menschliche reduziert. *o. k.* (1970), ein durch die Verlegung nach Bayern verfremdetes Lehrstück über die Unmenschlichkeit im Vietnamkrieg, war – gegenteiligen Behauptungen zum Trotz – keinesfalls provokativ-politisch und dennoch Katalysator jenes Skandals, der 1970/71 zur Umstrukturierung der Berlinale führte. Auch der Film *Die weiße Rose* (1982), in dem V. die gleichnamige studentische Widerstandsgruppe im München des Dritten Reichs porträtierte, gewann Publizität nicht durch sein Thema, sondern einen den Film kaum betreffenden juristischen Aspekt. Daß V. jedoch mehr vermag, als Schauspieler-Vehikel wie *MitGift* (1976) oder *Gefundenes Fressen* (1977) zu konfektionieren, bewies er 1973 mit dem Fernsehfilm *Ein unheimlich starker Abgang*, der auf der Grundlage eines Stückes von Harald Sommer den Leidensweg eines fremdbestimmten jungen Mädchens schildert. Auf satirischer Ebene angesiedelt ist *Das schreckliche Mädchen* (1990), ein Beitrag zur Bewältigung deutscher Vergangenheit. Dessen Vorstudie realisierte V. mit *Sonntagskinder* (1981, TV; davor, 1980, im Kino gestartet), ebenfalls ein politisches Mädchenporträt.

Paarungen (1967; ursprünglicher Titel: *Paare*); *Engelchen macht weiter – hoppe hoppe Reiter* (1969); *Tische* (1969, KF); *Der Bettenstudent oder: Was mach ich mit den Mädchen* (1970); *Dr. Mein-*

hardts trauriges Ende (1970, TV-Reihe »Der Kommissar«); *o. k.* (1970); *Strandkörbe* (1970; unvollendet); *Wer im Glashaus liebt . . .* (1971); *Bonbons* (1971, KF); *Kressin und der Mann mit dem gelben Koffer* (1972, TV-Reihe »Tatort«); *Ein unheimlich starker Abgang* (1973, TV; Kinofassung: *Sonja schafft die Wirklichkeit ab oder Ein unheimlich starker Abgang*, 1974); *Coiffeur* (1973, KF); *Über die Jahre* (1973, Dok., unvollendet); *Krempoli – Ein Platz für wilde Kinder* (1975, TV, 10 Teile); *Die Herausforderung* (1975, TV-Reihe »Rest des Lebens«); *MitGift* (1976); *Bier und Spiele* (1976, TV-Serie, 14 Teile); *Gefundenes Fressen* (1977); *Das Männerquartett* (1978, TV); *1982: Gutenbach* (1978, TV); *Edith und Marlene* (1978, KF; TV-Reihe »Freundinnen«); *Verführungen* (1979, TV); *Sonntagskinder* (1980); *Die Ursache* (1980, TV); *Am Südhang* (1980, TV); *Die Mutprobe* (1982, TV); *Die weiße Rose* (1982); *Liebe Melanie* (1983, TV); *Das Tor zum Glück* (1984, TV); *Killing Cars* (1986); *Stinkwut* (1986, TV); *Gundas Vater* (1987, TV); *Gegen die Regel* (1987, TV); *Semmelweis Ignaz – Arzt der Frauen* (A/BRD 1988, TV); *Die schnelle Gerdi* (BRD/A 1989, TV-Serie, 6 Folgen); *Das schreckliche Mädchen* (1990); *Schlaraffenland* (1990, TV); *Lilli Lottofee* (1992, TV-Serie, 6 Folgen); *Eine unheilige Liebe* (1993, TV); *Mutters Courage / My mother's courage* (BRD/A/GB 1995).

███

Warneke, Lothar

Geb. 15. 9. 1936 Leipzig. 1959 Staatsexamen in Theologie an der Karl-Marx-Universität Leipzig. Austritt aus der Kirche. W. wird Textilarbeiter. 1960–64 Regie-Studium an der Deutschen Hochschule für Filmkunst in Potsdam-Babelsberg. Theoretische Diplomarbeit: »Der dokumentare Spielfilm«.
Nach mehrjähriger Regieassistenz im DEFA-Studio für Spielfilme bei Joachim Kunert, Egon Günther und Kurt Maetzig gelingt es ihm, mit seinem ersten eigenständigen Spielfilm *Dr. med. Sommer II* (DDR 1970) die im Studium entwickelten filmkünstlerischen Ambitionen, die sich an den italienischen Neorealismus, die Free-Cinema-Bewegung Englands und den sowjetischen Film der dreißiger Jahre anlehnen, umzusetzen. Innerhalb der stimmig geschilderten Krankenhausatmosphäre (Roland

Gräf führte die Kamera) nehmen die ethischen und moralischen Konflikte, vor die der junge Held, ein Arzt, gestellt wird, einen wichtigen Stellenwert ein. Auch W.s folgender Spielfilm, *Es ist eine alte Geschichte* . . . (DDR 1972), spielt im Ärztemilieu und ist durch eine knappe Filmsprache charakterisiert; statt eines einzelnen steht ein Kollektiv im Mittelpunkt der privaten und beruflichen Problementwicklungen. *Leben mit Uwe* (DDR 1974) argumentiert für und gegen die Vereinbarkeit von Beruf, Ehe und Familienleben bzw. von partnerschaftlicher Harmonie und absoluter Selbstverwirklichung. W.s permanente »Ehediskussion« wird auch in *Die unverbesserliche Barbara* (DDR 1977), ebenfalls ein großer Publikumserfolg, fortgeführt: Sie ist Spitzensportlerin, die in einer Textilfabrik arbeitet, er ist Ingenieur. Während er an den Belastungen im Beruf psychisch scheitert und als Folge davon auch die Ehe zerstört, wächst sie mit den zunehmenden Schwierigkeiten und bleibt sich in ihrem Anspruch nach absoluter Ehrlichkeit treu: einer der stärksten emanzipatorischen DEFA-Spielfilme. Zwei weitere Frauenporträts, *Unser kurzes Leben* (DDR 1981) und *Die Beunruhigung* (DDR 1982), sowie *Eine sonderbare Liebe* (DDR 1984) bestätigen W. als exakten Schilderer des DDR-Alltags. In *Einer trage des anderen Last* . . . (DDR 1988), einer komödiantischen Konfrontierung von Christentum und Marxismus, konnte W. Autobiographisches aus seiner Vergangenheit einbringen.

Mit mir nicht, Madam! (DDR 1969, CR Oehme); *Dr. med. Sommer II* (DDR 1970); *Es ist eine alte Geschichte* . . . (DDR 1972); *Leben mit Uwe* (DDR 1974); *Die unverbesserliche Barbara* (DDR 1977); *Addio, piccola mia* (DDR 1979); *Unser kurzes Leben* (DDR 1981); *Die Beunruhigung* (DDR 1982); *Eine sonderbare Liebe* (DDR 1984); *Blonder Tango* (DDR 1986); *Einer trage des anderen Last* . . . (DDR 1988); *DEFA Studio Babelsberg* (1990, Dok., KF); *Ich bin das achte Weltwunder* (1992, Dok.); *Zwei Schicksale oder Eine kleine Königstragödie* (1994, Dok.).   ms

Wenders, Wim (Wilhelm)

Geb. 14. 8. 1945 Düsseldorf. W. studierte nach abgebrochenem Medizin- und Philosophiestudium 1967–70 am Deutschen Institut für Film und Fernsehen (DIFF) in München. Filmkritiker für die »Süddeutsche Zeitung« und »Filmkritik«. Gründungsmitglied des Filmverlags der Autoren (1971). Gründete 1975 seine eigene Produktionsfirma, Road Movies.

W. gehört zu den wenigen deutschen Filmregisseuren, die nach einfachen Anfängen an sich und dem Medium kontinuierlich gearbeitet haben und beharrlich auf ihren wachsenden Erfahrungen aufbauen. In W.' erster großer Arbeit, *Summer in the city* (1971), finden sich lange Einstellungen von Fahrten und Sequenzen unredigierten Dialogs; W. baut ein Gefüge auf, das Figuren kennt und Beziehungen zuließe, sie aber noch nicht entwickelt. *Die Angst des Tormanns beim Elfmeter* (BRD/A 1972) war W.' erste professionelle Arbeit, basierend auf der gleichnamigen Erzählung von Peter Handke. W. schildert mit noch behutsamem Gestaltungswillen die zunehmende Verwirrung eines ehemaligen Sportlers. Erstmalig tauchen Figurengruppen und definierbare Beziehungen zwischen Menschen in *Alice in den Städten* (1974) auf: jene zwischen Mann und Kind; eingebettet ist die Erzählung in Landschaften und Reisebewegungen; die Entfremdung der Figuren ist nicht mehr das einzige dominierende Motiv. Mit *Falsche Bewegung* (1975; Bundesfilmpreis für die beste Regie), einem von Peter Handke bearbeiteten Wilhelm-Meister-Stoff, folgte eine erste Bestandsaufnahme W.', auf einer Wanderung durch die BRD werden die eigene Position und der objektive Status des Landes reflektiert. Während die langwierige, konventionelle Produktionsweise seiner Annäherung an den »film noir«, *Hammett* (USA 1982; von Francis Ford Coppola produziert), mit W.' künstlerischen Ambitionen kollidierte, gelang ihm mit *Paris, Texas* (BRD/F/GB 1984) ein meisterhaftes Road Movie (Goldene Palme des Filmfestivals von Cannes 1984). Es folgte der sehr erfolgreiche und poetische Film *Der Himmel über Berlin* (BRD/F 1987). Sein Lieblingsgenre, das Road Movie, führte W. in *Bis ans Ende der Welt* (BRD/F/AUS 1991), angereichert und gebrochen durch

Wim Wenders (r.) mit Harry Dean Stanton und Nastassja Kinski bei Dreharbeiten zu »Paris, Texas«

Science-fiction- und andere Kinoklischees, zu einer visuell faszinierenden Welt-Sicht.

Schauplätze (1967, KF); *Same player shoots again* (1968, KF); *Klappenfilm* (1968, KF); *Victor I* (1968, KF); *Silver city* (1969, KF); *Ohne Titel* (1969, KF); *Alabama – 2000 light years* (1969, KF); *3 amerikanische LP's* (1969, KF); *Polizeifilm* (1969, KF); *Summer in the city* (1971); *Die Angst des Tormanns beim Elfmeter* (BRD/A 1972); *Der scharlachrote Buchstabe / La lettera scarlatta* (BRD/E 1973, TV) *Alice in den Städten* (1974); *Aus der Familie der Panzerechsen* (1974, EA 1977, KF, TV-Serie »Ein Haus für uns – Jugendfreizeitheim«); *Die Insel* (1974, KF, TV-Serie »Ein Haus für uns – Jugendfreizeitheim«); *Falsche Bewegung* (1975); *Im Lauf der Zeit* (1976); *Der amerikanische Freund / L'ami américain* (BRD/F 1977); *Nick's Film – Lightning over water* (BRD/S 1980, CR Ray); *Hammett* (USA 1982); *Der Stand der Dinge* (1982); *Quand je m'éveille / Reverse angle – New York City. March 1982* (USA 1982, KF; *Gegenschuß New York März 1982*); *Chambre 666 – n'importe quand . . . / Room 666* (F/USA 1982; *Zimmer 666*); *Paris, Texas* (BRD/F/GB 1984); *Tokyo-Ga* (BRD/USA 1985); *Der Himmel über Berlin / Les ailes du désir* (BRD/F 1987); *Aufzeichnungen zu Kleidern und Städten / Carnet de notes sur vêtements et villes* (BRD/F 1989, Dok.); *Bis ans Ende der Welt / Jusqu'au bout du monde / Until the end of the world* (BRD/F/AUS 1991); *Arisha, the bear, and the stone ring* (1992, KF); *In weiter Ferne, so nah!* (1993); *Lisbon story* (BRD/P 1994).

Wicki, Bernhard

Geb. 28. 10. 1919 St. Pölten (Niederösterreich). Ausbildung am Staatlichen Schauspielhaus Berlin und an der Akademie für bildende und darstellende Kunst in Wien. Kunstfotograf, Film- und Theaterschauspieler, Regisseur. Dem jugendlichen Charakterdarsteller wurden sehr bald, vornehmlich aufgrund seines ausgeprägt realistischen Spiels, große dramatische Rollen übertragen (z. B. der Partisanenführer Boro in *Die letzte Brücke / Poslednji most*, A/YU 1954, Käutner). Auch nach Beginn seiner Regietätigkeit ist W. vor der Kamera präsent geblieben (*Die linkshändige Frau*, 1978, Handke;

Eine Liebe in Deutschland / Un amour en Allemagne, BRD/F 1983, Wajda; *Erfolg*, 1991, Seitz).

W. zählt zu den wenigen deutschsprachigen Filmregisseuren, die in einer Zeit des Umbruchs – zwischen der Krise des Kommerzkinos und den Anfängen des Neuen deutschen Films – reüssieren konnten. Sein Regiedebüt *Warum sind sie gegen uns?* (1958) expliziert anhand der Liebe zweier Jugendlicher deren soziales Umfeld. Der offene Schluß dieses mittellangen Streifens führte zu seiner Etikettierung als Diskussions- und Fragezeichenfilm. Die geduldige Beschäftigung mit jungen Laien- bzw. Nachwuchsdarstellern verhalf auch dem im letzten Kriegsjahr 1945 angesiedelten Jugendfilm *Die Brücke* (1959) zum durchschlagenden Erfolg. Nach der vielschichtigen Religions-Satire *Das Wunder des Malachias* (1961) wurde W. von Hollywoods 20th Century Fox verpflichtet. Für *The longest day* (USA 1962), einen Film über die alliierte Invasion in der Normandie, drehte W. die deutschen Episoden; deren Action-Szenen festigten seinen Ruf als handwerklicher Perfektionist. Zwei weitere Großfilme flopten: *Der Besuch* (BRD/F/I 1964; nach Friedrich Dürrenmatts Tragikomödie »Der Besuch der alten Dame«) und *Morituri* (USA 1965; mit Marlon Brando), eine sehr sorgfältig inszenierte Geschichte über den Kautschuktransport von Japan nach Europa im Jahre 1942. Fürs Fernsehen drehte W. u. a. *Das falsche Gewicht* (1971), eine Joseph-Roth-Adaption, die durch das mit Akribie eingefangene galizische Lokalkolorit fasziniert. Unter Einsatz seines ganzen Privatvermögens realisierte W. *Die Eroberung der Zitadelle* (1977; nach einer Erzählung von Günter Herburger). W. gestaltete dieses Psycho- und Soziogramm eines jungen deutschen Schriftstellers, der in Italien illegal als Bauarbeiter jobben muß, sehr kraftvoll und farbig; in manchen Familien- und Solidaritätsszenen sind neoveristische Vorbilder spürbar. W.s bislang letzter Kinofilm entstand – mit TV-Beteiligung (ZDF/ORF/RAI 2/ TVE Madrid) – wiederum nach einem Roman von Joseph Roth: *Das Spinnennetz* (BRD/A/E/I 1989). Die Karriere eines politischen Opportunisten in der Weimarer Republik zwischen 1913 und 1923 verdeutlichte in W.s spannender, zeitgenauer Inszenierung die Anzeichen und Methoden des aufkommenden deutschen Faschismus.

Warum sind sie gegen uns? (1958); *Die Brücke* (1959); *Das Wunder des Malachias* (1961); *The longest day* (USA 1962; *Der längste Tag*; CR Annakin, Marton, ungenannt: G. Oswald); *Der Besuch, La rancune / La vendetta della signora* (BRD/F/I 1964); *Morituri* (USA 1965, Kennwort: Morituri); *Die Träne* (Episode von *Paukenspieler*, 1967, EA 1981); *Karpfs Karriere* (1971, TV); *Das falsche Gewicht* (1971, TV); *Curd Jürgens – Der Filmstar, der vom Theater kam* (1977, TV-Dok.); *Die Eroberung der Zitadelle* (1977); *Die Grünstein-Variante* (1984); *Sansibar oder Der letzte Grund* (BRD/CH/DDR 1987, TV; nach dem Roman von Alfred Andersch); *Das Spinnennetz* (BRD/A/E/I 1989).

Wolf, Konrad

20. 10. 1925 Hechingen (Württemberg) – 7. 3. 1982 Ostberlin. Sohn des Arztes und Dramatikers Friedrich Wolf (1888–1953). W. emigrierte mit seinen Eltern, die jüdischer Abstammung waren, in die UdSSR. Als elfjähri-

Konrad Wolf

ger spielte er eine kleine Rolle in dem antifaschistischen Film *Borzy* (SU 1936; *Kämpfer*), den Gustav von Wangenheim mit europäischen Exilkünstlern, hauptsächlich Deutschen, in deutscher Sprache herstellte. W. rückte im Zweiten Weltkrieg als 17jähriger ein, meldete sich zu einer Propaganda-Aufklärungstruppe der Roten Armee, avancierte zum Oberleutnant, wurde verwundet, erhielt sechs Auszeichnungen, darunter den Orden des Roten Sterns. Nach Kriegsende kehrte W. nach Deutschland zurück, wo er als Journalist arbeitete. 1949 ging er nach Moskau, um an der dortigen Filmhochschule unter Grigori Alexandrow Regie zu studieren. Der genaue Lebenslauf W.s ist für das Verständnis seiner Filme und deren kontinuierliche Beschäftigung mit Nationalsozialismus, Antisemitismus, mit dem Verhältnis der Deutschen zu den Russen und für seine Identitätsfindung von wesentlicher Bedeutung.

Nach seiner Diplomarbeit, der musikalischen DEFA-Filmkomödie *Einmal ist keinmal* (DDR 1955), eröffnete er mit *Genesung* (DDR 1956) eine Reihe von Filmen, die sich mit der NS-Zeit auseinandersetzten. *Sonnensucher* (DDR 1958, bis 1972 nicht freigegeben) setzte die Auswirkung der NS-Zeit in Bezug zu den Problemen der unmittelbaren Nachkriegszeit. *Sterne / Zwezdy* (DDR/BG 1959), ein Film über einen deutschen Unteroffizier, dessen politische Bewußtseinserweiterung durch privates Erleben (der Judenverfolgung) in Gang gesetzt wird, etablierte W. international. *Professor Mamlock* (DDR 1961), nach dem Drama seines Vaters Friedrich Wolf, griff die historisch verhängnisvolle Tragödie des deutschen Großbürgers wieder auf. In zwei weiteren Filmen behandelte W., differenzierter und komplexer, da aus eigenem Erleben, die jüngste Vergangenheit. In *Ich war neunzehn* (DDR 1968) kehrt ein sowjetischer Leutnant deutscher Abstammung im April 1945 in die Heimat seiner Vorfahren zurück; in *Mama, ich lebe* (DDR 1977) reflektiert W., von einer vergilbten Postkarte ausgehend, das Schicksal von vier jungen deutschen Soldaten, die sich in der Kriegsgefangenschaft entschließen gegen die eigenen Kameraden (das eigene Volk) zu kämpfen, um den Krieg früher beenden zu helfen. Ein ähnlich heikles Thema hatte W. mit *Der geteilte Himmel* (DDR 1964) in Angriff genommen, seinem internatio-nal erfolgreichsten Film: das der Republikflucht. Noch kritischer zeigte sich W. in *Solo Sunny* (DDR 1980), der Geschichte einer erfolglosen Schlagersängerin, mit ungeschminkten Einblicken in den DDR-Alltag. Ein dritter Themenstrang, der sich durch W.s Kinofilme zieht, ist die Auseinandersetzung des Künstlers mit der Macht oder den jeweiligen Machthabern. In *Goya / Goja* (DDR/SU 1972) wird sie historisch behandelt; in *Der nackte Mann auf dem Sportplatz* (DDR 1974) wird ein moderner Bildhauer mit den einfachen Menschen (das Volk als Macht) konfrontiert.

W.s Gesamtwerk hat dem DDR-Film entscheidende Impulse gegeben – durch seine vielschichtige Kunst der Dialog- und Personenführung, durch die elegante Verschränkung von Vergangenheit und Gegenwart, durch den hohen Humanismus seines Menschenbildes.

Einmal ist keinmal (DDR 1955); *Genesung* (DDR 1956); *Lissy* (DDR 1957); *Sonnensucher* (DDR 1958, EA 1972); *Sterne/Zwezdy* (DDR/BG 1959); *Leute mit Flügeln* (DDR 1960); *Professor Mamlock* (DDR 1961); *Der geteilte Himmel* (DDR 1964); *Der kleine Prinz* (DDR 1966, EA 1972, TV); *Ich war neunzehn* (DDR 1968); *Goya/Goja* (DDR/SU 1972); *Der nackte Mann auf dem Sportplatz* (DDR 1974); *Mama, ich lebe* (DDR 1977); *Solo Sunny* (DDR 1980); *Busch singt* (DDR 1982, TV, 6 Teile, Burkert, Voigt; KO der Episode 3: *1935 oder Das Faß der Pandora* und Episode 5: *Ein Toter auf Urlaub*). *ms*

Wysbar, Frank

9. 12. 1899 Tilsit – 17. 3. 1967 Mainz. Andere Schreibweise (auch in den USA) des Namens W.: Wisbar. Verunsichert durch die politischen Verhältnisse in der Weimarer Republik, wechselte W. von der Berufsoffizier-Laufbahn zum Journalismus über und landete 1928 beim Film.

Anläßlich der Dreharbeiten zu dem Film *Mädchen in Uniform* (1931, Sagan), bei dem W. die Produktionsleitung innehatte, lernte er Hermann Ephrain kennen und bewog diesen zur Gründung der Berliner Kollektiv-Film GmbH, die sich die Herstellung »künstlerischer Streifen« vornahm. Für diese Firma entwickelte W.

ein neuartiges Finanzierungssystem, das bei der Krimi-Groteske *Im Bann des Eulenspiegels* (1932), bei der W. auch als Regisseur debütierte, erstmals zur Anwendung kam: Sämtliche Mitwirkenden ließen den Großteil ihrer Gagen rückstellen, Leistungsfirmen wurden mit Gewinnanteilscheinen befriedigt. Für *Anna und Elisabeth* (1933), den zweiten Kollektiv-Film, gewann W. zwei Darstellerinnen, Dorothea Wieck und Hertha Thiele, die schon *Mädchen in Uniform* zur entscheidenden Wirkung verholfen hatten.

W.s erster Großfilm, *Hermine und die sieben Aufrechten* (D/CH 1935; nach Gottfried Kellers Novelle »Das Fähnlein der sieben Aufrechten«) wurde von der auf nationale Sujets spezialisierten Terra-Film produziert. Daß diese Firma unter Schweizer Leitung und mit Schweizer Kapital arbeitete, blieb weitgehend unbemerkt. Der Film löste in der Schweiz heftige Kontroversen aus, da er indirekt das helvetische Demokratiebewußtsein in Frage stellte. Auch W.s folgende Arbeiten wurden von der Terra mitfinanziert: *Fährmann Maria* (1936) vermittelt Blut-und-Boden-Mythen, *Ball im Metropol* (1937) bestätigt preußische Lebensart und *Petermann ist dagegen* (1938) preist die neuen sozialen Verhältnisse Deutschlands am Beispiel einer »Kraft-durch-Freude«-Reise. Da er sich von seiner jüdischen Ehefrau nicht scheiden lassen wollte, fiel W. bei Goebbels in Ungnade. Auf Umwegen emigrierte W. in die USA.

Mit *The Mozart story* (USA 1948), einer Kombination von neu in Hollywood gedrehten Szenen mit zwei Dritteln des Karl-Hartl-Films *Wen die Götter lieben* (1942), beendete W. seine kurze und unbedeutende Hollywood-Karriere. Danach drehte W., Produzent, Regisseur und Moderator in einer Person, hunderte von 30-Minuten-Folgen der TV-Drama-Serie »Fireside-Theatre« (1949–58). Während der Adenauer-Ära realisierte der Heimkehrer W. einige Filme mit Sujets aus dem Zweiten Weltkrieg (z. B. *Haie und kleine Fische*, 1957; *Hunde, wollt ihr ewig leben!* 1959; *Nacht fiel über Gotenhafen*, 1959).

Im Bann des Eulenspiegels (1932); *Anna und Elisabeth* (1933); *Rivalen der Luft* (1934); *Hermine und die sieben Aufrechten / Das Fähnlein der sieben Aufrechten* (D/CH 1935); *Die Werft zum*

grauen Hecht (1935); *Fährmann Maria* (1936) *Die Unbekannte* (1936); *Ball im Metropol* (1937); *Petermann ist dagegen* (1938); *Strangler of the swamp* (USA 1945); *Devil bat's daughter* (USA 1946); *Secrets of the sorority girl* (USA 1946); *Lighthouse* (USA 1947); *The prairie* (USA 1947); *The Mozart story* (USA 1948); *Double danger* (USA 1954, KF, TV, Kino-Fassung); *Thrill of the ring* (USA 1954, KF, TV, Kino-Fassung); *Haie und kleine Fische* (1957); *Nasser Asphalt* (1958); *Hunde, wollt ihr ewig leben!* (1959); *Nacht fiel über Gotenhafen* (1959); *Fabrik der Offiziere* (1960); *Barbara* (1961); *Marschier oder krepier / Marcia o crepa / Marcha o muere / Héros sans retour* (BRD/I/E/B 1962); *Durchbruch Lok 234* (1963).

Zschoche, Herrmann

Geb. 25. 11. 1934 Dresden. Z. war während der Schulzeit Mitglied eines Schmalfilmzirkels, studierte 1954–59 Regie an der Deutschen Hochschule für Filmkunst Potsdam-Babelsberg und arbeitete zwischenzeitlich freiberuflich als Assistent und Kameramann bei der »Aktuellen Kamera«, der Nachrichtensendung des DDR-Fernsehens. Im DEFA-Studio für Spielfilme Potsdam-Babelsberg begann er als Regie-Assistent bei Gerhard Klingenberg und Frank Beyer. 1960 wurde er als Regisseur übernommen. Zunächst widmete er sich mit Erfolg der Verfilmung bekannter DDR-Kinderbuchautoren: *Das Märchenschloß* (DDR 1961) nach Fred Rodrian, *Die Igelfreundschaft* (DDR/CS 1962) nach Martin Viertel und *Lütt Matten und die weiße Muschel* (DDR 1964) nach Benno Pludra. *Engel im Fegefeuer* (DDR 1965) führte ihn in die Geschichte, ins Jahr 1918 erzählt wird von einem 13jährigen, dessen Religiosität an brutalen Kriegsmechanismen zerbricht. Z.s Interesse für Jugendprobleme bestimmte auch sein späteres Schaffen. *Karla* (DDR 1965, EA 1990), Drehbuch Ulrich Plenzdorf, über die Ansprüche einer jungen Lehrerin, brachte Z. in Widerspruch zur vorherrschenden DDR-Staatsdoktrin. Der Film wurde nach dem 11. Plenum des Zentralkomitees der SED im Dezember 1965 – unvollendet – verboten und erst 1990, nach seiner Rekonstruktion, aufgeführt. Z.s Versuch, Jugend- und Generationsprobleme mit »realistischer Poesie und komödiantisch-ironischer Brechung zu präsentieren« (Prochnow, 1981), findet sich dann in *Leben zu zweit* (DDR 1968), über Schwierigkeiten im Liebesleben einer unverheirateten Standesbeamtin und ihrer Tochter. In *Weite Straßen – stille Liebe* (DDR 1969) werden diese Stilmittel mit dokumentarischer Milieuschilderung angereichert, was der Geschichte von der Beziehung eines Kraftfahrers zu einem Oberschüler und einer jungen Frau einen realistischen Grundton verleiht. Mit einem Abstecher zum utopischen Film (*Eolomea*, DDR 1972) und ins Binnenschiffermilieu (*Feuer unter Deck*, DDR 1977, erst 1979 im DDR-Fernsehen aufgeführt) wollte Z. sich in anderen Genres erproben, hatte aber darin wenig Erfolg. Dagegen brachte ihm die Fortführung von Jugendthemen in *Liebe mit 16* (DDR 1974), *Philipp, der Kleine* (DDR 1976), *Sieben Sommersprossen* (DDR 1978) sowie *Und nächstes Jahr am Balaton* (DDR 1980) ein positives Echo, u. a. aufgrund seines einfühlsamen Umgangs mit jungen Schauspielern bzw. Laien. War es ihm – bis auf den Film *Karla* – gelungen, DDR-Tabus auszusparen, bereiteten ihm staatliche Stellen bei *Insel der Schwäne* (DDR 1983) – ein Junge kommt in ein Berliner Neubaugebiet und muß sich in kinderfeindlicher Umgebung gegen andere behaupten – erhebliche Schwierigkeiten. Liebes- und Eheprobleme beschäftigen Z. in *Glück im Hinterhaus* (DDR 1980) nach Günter de Bruyns Roman »Buridans Esel«; alleinstehende Frauen bilden die Zentralfiguren in *Bürgschaft für ein Jahr* (DDR 1981) – Katrin Saß als Mutter von drei Kindern, die ihr Leben in Ordnung bringen will, erhielt 1982 einen Silbernen Bären in Berlin – und in *Die Alleinseglerin* (DDR 1987). Nach *Hälfte des Lebens* (DDR 1985), handelnd von Liebe und Leid des Dichters Hölderlin, kehrte er mit *Grüne Hochzeit* (DDR 1989) und *Das Mädchen aus dem Fahrstuhl* (1991) zum Jugendfilm zurück. Nach der ›Wende‹ wurde das Künstlerkollektiv der DEFA Studio Babelsberg GmbH entlassen, Z. fand Regie-Aufgaben beim Fernsehen.

Das Märchenschloß (DDR 1961); *Die Igelfreundschaft / Uprchlik* (DDR/CS 1962); *Lütt Matten und die weiße Muschel* (DDR 1964); *Engel im Fegefeuer* (DDR 1965); *Karla* (DDR 1965, EA 1990); *Leben zu zweit* (DDR 1968); *Weite Straßen – stille Liebe* (DDR 1969); *Eolomea* (DDR 1972); *Liebe mit 16* (DDR 1974); *Philipp, der Kleine* (DDR 1976); *Feuer unter Deck* (DDR 1977, EA 1979); *Sieben Sommersprossen* (DDR 1978); *Glück im Hinterhaus* (DDR 1980); *Und nächstes Jahr am Balaton* (DDR 1980); *Bürgschaft für ein Jahr* (DDR 1981); *Insel der Schwäne* (DDR 1983); *Hälfte des Lebens* (DDR 1985); *Die Alleinseglerin* (DDR 1987); *Grüne Hochzeit* (DDR 1989); *Das Mädchen aus dem Fahrstuhl* (1991); *Drei Damen vom Grill* (1990, TV-Serie, 14 Folgen); *Erste Begegnung* (1991, TV); *Hier und Jetzt* (1992, TV-Reihe, eine Folge); *Geschichten aus der Heimat* (1993, TV-Serie, 3 Folgen); *Wo das Herz zu Hause ist* (1993, TV); *Natalie – Endstation Babystrich* (1994, TV); *Tödliche Freundschaft* (1995, TV-Reihe »Tatort«). *ms*

Literaturhinweise

Im folgenden sind einerseits die Titel verzeichnet, die von den Verfassern des vorliegenden Bandes benützt wurden, andererseits solche, die dem Leser, der sich näher mit dem deutschsprachigen Film auseinandersetzen will, weiterhelfen. Dabei wurden sowohl Arbeiten über die größeren Entwicklungslinien des deutschen Films wie auch erhellende Studien über Einzelaspekte aufgenommen. Bücher über Personen wurden nur angeführt, wenn sie über die Würdigung des individuellen künstlerischen Schaffens hinaus Erkenntnisse über Stellenwert und Charakteristik der fraglichen Produktionsepoche, ein bestimmtes Genre usw. vermitteln. Angesichts der Masse von Publikationen zum Film in Deutschland wurden auch kürzere Artikel und wissenschaftliche Arbeiten aufgenommen, sofern sie sich der Situation in Österreich oder der Schweiz widmen. – Bei der weiterführenden Literatur zu den im zweiten Teil des Lexikons enthaltenen Regisseurporträts wurde auf die Nennung von Autobiographien verzichtet.

1. Film- und andere Lexika, faktografische Grundlagenwerke, Jahrbücher

Arnau, Frank (Hrsg.): Universal-Filmlexikon 1932. Berlin ²1933.

Austrian Films 1981–1986 and Ten Selected Films 1976–1980. Hrsg. von der Austrian Film Commission. Koordination: Filmdokumentationszentrum. Wien 1988. – Erg.-Bde. Wien 1988 ff.

Bauer, Alfred: Deutscher Spielfilm-Almanach 1929–1950. Erw. Neuausg. München 1976.

– Deutscher Spielfilm-Almanach. Bd. 2: 1946 bis 1955. München 1981.

Belcic, Alexander / Heischmann, Jürgen / Dan, Helmut: Illustriertes Filmprogramm. Dokumentation. Ulm 1977.

Birett, Herbert (Hrsg.): Das Filmangebot in Deutschland 1895–1911. München 1991.

– Verzeichnis in Deutschland gelaufener Filme. Entscheidungen der Filmzensur Berlin, Hamburg, München, Stuttgart 1911 bis 1920. München / New York / London / Paris 1980.

Bock, Hans-Michael (Hrsg.): CineGraph. Lexikon zum deutschsprachigen Film. Loseblattsammlung. München 1984 ff.

Dörrie, Doris / Fischer, Robert: Kino 78. Bundesdeutsche Filme auf der Leinwand. München 1978.

Dumont, Hervé: Geschichte des Schweizer Films. Spielfilme 1896–1965. Lausanne 1987.

Emele, Richard (Hrsg.): 20 Jahre Film (1948 bis 1968) im Spiegel katholischer Filmkritik. Handbuch der Katholischen Filmkommission für Österreich. Wien 1969. – Erg.-Bde. Wien 1970 ff.

Filmbibliographischer Jahresbericht. 1965 bis 1989. Zsgest. und bearb. von Günter Schulz [u. a.]. Berlin (Ost) 1966–1993.

Filme in der DDR 1945–1986. Kritische Notizen aus 42 Kinojahren. Köln 1987.

Filme in der DDR 1987–1990. Kritische Notizen aus 4 Kinojahren. Köln 1991.

Fischer Film Almanach. Filme, Festivals, Tendenzen. Mit TV- und Video-Erstaufführungen. Bd. 1 ff. Frankfurt a. M. 1980 ff.

Freund, Rudolf (Red.): Film-Blätter. Kurzmonographien zu klassischen Filmen. Hrsg. vom Staatlichen Filmarchiv der DDR. Berlin 1974.

Fritz, Walter: Die österreichischen Spielfilme der Stummfilmzeit (1907–1930). Wien 1967.

– Die österreichischen Spielfilme der Tonfilmzeit (1929–1938). Mit einem Anhang (1938 bis 1944). Wien 1968.

Gandert, Gero (Hrsg.): Der Film der Weimarer Republik. Ein Handbuch der zeitgenössischen Kritik. Bd. 1: 1929. Berlin 1993.

Gesek, Ludwig: Kleines Lexikon des österreichischen Films. In: Filmkunst. Nr. 22–30. Wien 1959.

Glenzdorf, Johann Caspar: Glenzdorfs internationales Film-Lexikon. Biographisches Handbuch für das gesamte Filmwesen. 3 Bde. Bad Münder 1960–61.

Gotthardt, Walter (Red.): Der österreichische Film der 70er Jahre. Wien 1981.

Herlinghaus, Hermann [u. a.] (Hrsg.): Film- und Fernsehliteratur der DDR. Eine annotierte Bibliographie. 1946–1982. 2 Bde. Berlin (Ost) 1983.

Holba, Herbert: Illustrierter Film-Kurier 1924 bis 1944. Dokumentation. Hrsg. vom Deutschen Institut für Filmkunde. Wiesbaden 1972.

– Wiener Illustrierter Film-Kurier 1930–1938. Dokumentation. Hrsg. vom Deutschen Institut für Filmkunde. Wiesbaden 1972.

– Katalog der Illustrierten Film-Bühne. Kinoprogramme. Wien/Ulm 1976.

– Lichtenstein, Manfred / Schulz, Günter: Filmprogramme in der DDR (1945–1975). Wien/Ulm 1976.

– Knorr, Günter / Spiegel, Peter: Reclams deutsches Filmlexikon. Filmkünstler aus Deutschland, Österreich und der Schweiz. Stuttgart 1984.

Jansen, Peter W. / Schütte, Wolfram (Hrsg.): Film in der DDR. München 1977.

– / – (Hrsg.): Film in der Schweiz. München 1978.

Jason, Alexander: Das Filmschaffen in Deutschland 1935–1939. 3 Tle. Berlin 1940 bis 1942.

– Das Filmschaffen in Deutschland 1940. 3 Tle. Berlin 1941–42.

– Das Filmschaffen in Deutschland 1941. 3 Tle. Berlin 1942.

– Das Filmschaffen in Deutschland 1942. 3 Tle. Berlin 1943.

– Das Filmschaffen in Deutschland 1943. 3 Tle. Berlin 1944.

– Handbuch der Filmwirtschaft. 3 Bde. Berlin 1930–32.

– Handbuch des Films 1935/36. Berlin 1935.

Jurgan, Hans Wolfgang (Hrsg.): Filmbibliographisches Jahrbuch der BRD 1970. Taunusstein-Neuhof 1971.

– (Hrsg.): Filmbibliographisches Jahrbuch der BRD 1971. Wiesbaden-Breckenheim 1973.

– (Hrsg.): Filmbibliographisches Jahrbuch der BRD 1972. Wiesbaden-Breckenheim 1975.

Just, Lothar R. (Hrsg.): Das Filmjahr. '79–'85. 6 Bde. München 1979–85.

– (Hrsg.): Filmjahrbuch. Alle Erstaufführungen im Kino, Fernsehen, Video. Deutschland, Österreich, Schweiz. Bd. 1 ff. München 1987 ff.

Kaltenbach, Christiane [u. a.] (Hrsg.): Frauen-FilmHandbuch. Berlin 1983 ff. [Loseblattsammlung.]

Klaue, Wolfgang / Mückenberger, Christiane / Reichow, Joachim (Hrsg.): Film A–Z. Regisseure, Kameraleute, Autoren, Komponisten, Szenographen, Sachbegriffe. Berlin (Ost) 1984.

Klaus, Ulrich J.: Deutsche Tonfilme. Filmlexikon der abendfüllenden deutschen und deutschsprachigen Tonfilme nach ihren deutschen Uraufführungen. [1929/30 ff.] Bd. 1 ff. Berlin/Berchtesgaden 1988 ff.

Klünder, Achim / Lavies, Hans-Wilhelm (Red.): Fernsehspiele in der ARD 1952–1972. Hrsg. vom Deutschen Rundfunkarchiv. 2 Bde. Frankfurt a. M. 1978.

Klünder, Achim (Red.): Die Fernsehspiele 1973–1977. Hrsg. vom Deutschen Rundfunkarchiv. 2 Bde. Frankfurt a. M. 1984.

– (Hrsg.): Lexikon der Fernsehspiele 1978 bis 1987. Hrsg. vom Deutschen Rundfunkarchiv. 3 Bde. München [u. a.] 1991.

– (Hrsg.): Lexikon der Fernsehspiele [1988 ff.]. München [u. a.] 1991 ff.

Klünder, Achim / Voigt, Christina (Red.): Lexikon des Musiktheaters im Fernsehen 1973 bis 1987. Hrsg. vom Deutschen Rundfunkarchiv. München [u. a.] 1991.

Knorr, Günter: Deutscher Kurzspielfilm 1929 bis 1940. Eine Rekonstruktion. Ulm 1977.

Krusche, Dieter / Labenski, Jürgen: Reclams Filmführer. 9., neubearb. und erw. Aufl. Stuttgart 1993.

Lamprecht, Gerhard: Deutsche Stummfilme 1903–1931. 10 Bde. Berlin 1967–70.

Lexikon des Internationalen Films. Das komplette Angebot in Kino und Fernsehen seit 1945. Red.: Klaus Brüne. Hrsg. vom Katholischen Institut für Medieninformation e. V. und der Katholischen Filmkommission für Deutschland. 10 Bde. Reinbek 1987. – Erg.-Bde. [1987 ff.] Red.: Horst Peter Koll [u. a.]. Reinbek 1989 ff.

Manvell, Roger (Hrsg.): The International Encyclopedia of Film. New York 1972.

Netenjakob, Egon: TV-Filmlexikon. Regisseure, Autoren, Dramaturgen 1952–1992. Frankfurt a. M. 1994.

Petzke, Ingo (Hrsg.): Das Experimentalfilm-Handbuch. Frankfurt a. M. 1989.

Pflaum, Hans Günther / Prinzler, Hans Helmut: Film in der Bundesrepublik Deutschland. Der neue deutsche Film von den Anfängen bis zur Gegenwart. Mit einem Exkurs über das Kino der DDR. Ein Handbuch. Überarb. Neuausg. München 1992.

Prager, Michael (Red.): Neuer österreichischer Film. Wien 1969.

Reichow, Joachim / Hanisch, Michael: Filmschauspieler A–Z. 5., erw. Aufl. Berlin (Ost) 1982.

Reinert, Charles: Kleines Filmlexikon. Kunst, Technik, Geschichte, Biographie. Schrifttum. Einsiedeln/Zürich 1946.

Richter, Rolf (Hrsg.): DEFA-Spielfilm-Regisseure und ihre Kritiker. 2 Bde. Berlin (Ost) 1983.

Röder, Werner / Strauss, Herbert A. (Hrsg.): International Biographical Dictionary of Central European Emigrés 1933–1945. Bd. 2. München [u. a.] 1983.

Roloff, Bernhard / Seeßlen, Georg: Grundlagen des populären Films. 10 Bde. Reinbek 1979.

Schmidt Jr., Ernst: Österreichischer Avantgarde- und Undergroundfilm 1950–1980. Wien 1980.

Schulz, Günter (Hrsg.): DEFA-Spielfilme 1946 bis 1964. Filmografie. Berlin (Ost) 1989.

Swiss Films. Films Suisses. Schweizer Filme. [1977 ff.] Hrsg. vom Schweizerischen Filmzentrum. Zürich 1977 ff.

Wendtland, Karlheinz: Geliebter Kintopp. Sämtliche deutsche Spielfilme von 1929 bis 1945 mit zahlreichen Künstlerbiographien. 10 Bde. Berlin 1987–91.

Wetzel, Kraft / Hagemann, Peter A.: Zensur. Verbotene deutsche Filme 1933–1945. Berlin 1978.

Wulf, Joseph: Theater und Film im Dritten Reich. Eine Dokumentation. Gütersloh 1964.

Wulff, Hans-Jürgen (Hrsg.) / Möller, Karl-Dietmar (Mitarb.) / Horak, Jan-Christopher (Mitarb.): Bibliographie der Filmbibliographien / Bibliography of Film Bibliographies. München [u. a.] 1987.

Zender, Martina (Hrsg.): Das Filmjahr '86. München 1986.

Zeutschel, Günter: Das Fernsehspiel-Archiv. Jg. 1 ff. Karlsruhe 1966 ff.

Zurhorst, Meinolf: Lexikon des Kriminalfilms. München 1985.

2. Zeitschriften und andere Periodika

2.1 Bis 1945

Der Deutsche Film. Berlin 1936–42.
Film-Kurier. Berlin 1919–44.
Filmwelt – Filmmagazin. Berlin 1929–43.
Die Filmwoche. Berlin 1923–43.
Illustrierter Film-Kurier. [Filmprogramme.] Berlin 1924–44.
Illustrierter Film-Kurier. [Filmprogramme.] Wien 1930–38.
Der Kinematograph. Düsseldorf 1907 ff. Berlin 1922–35.
KIVUR-Kinoprogramme. Berlin 1927–32.
L. B. B.-Kinoprogramme. Berlin 1927–32.
Licht-Bild-Bühne Berlin 1908–34.
Mein Film. Wien 1926–38.
Paimann's Filmlisten. Wien 1916–65.

2.2 Ab 1945

Action. Die österreichische Filmzeitschrift. Wien 1965–69.
ARD-Fernsehspiel. Köln 1977 ff.
Cinema. Zürich [früher: Sihlmatten] 1954 ff.
EPD Film. Frankfurt a. M. 1984 ff. [Nachfolgezeitschrift von: Filmbeobachter.]
Evangelischer Filmbeobachter. München 1948 bis 1971.
F. Filmjournal. Ulm 1978–80.
Film. München 1963/64. Velber 1965–71.
Filmbeobachter. München / Frankfurt a. M. 1976–83.
Filmblätter. Berlin [Ost] 1974 ff.
film-dienst. Düsseldorf 1948–67. Köln 1968 ff.
Film-Echo [vereinigt mit: Filmblätter/Filmwoche]. Wiesbaden 1947 ff.
Filmkritik. Frankfurt a. M. 1957–70. München 1971–84.
filmkundliche mitteilungen [1973–79. filmkundliche information. 1968–71] Hrsg. vom Deutschen Institut für Filmkunde. Wiesbaden-Biebrich.
Filmkunst. Wien 1949 ff.
Filmschau. Wien 1951 ff. [Seit 1973 integriert in: Multimedia.]
Filmspiegel. Berlin [Ost] 1954 ff.
Film und Fernsehen. Berlin [Ost] 1973 ff.
Frauen und Film. Berlin 1973 ff.
Illustrierte Film-Bühne [Kinoprogramme]. München 1948–68.

Illustrierter Film-Kurier [Kinoprogramme]. Wien 1946–56.

Mein Film. Wien 1945–56.

Neues Film-Programm. Wien 1956 ff.

Progress-Film-Programme [frühere Serien: Illustrierter Film-Kurier, Illustrierte Film-Revue, Illustrierter Film-Spiegel. Illustriertes Film-Programm, Progreß Film-Illustrierte, Progreß-Film-Programm; ab 1966: Film für Sie; ab 1974: Studiokino]. Berlin [Ost] 1945 ff.

3. Einzeluntersuchungen

Aeppli, Felix: Die geistige Enge der Heimat. Der Schweizer Film in den fünfziger Jahren. In: Cinema. Jg. 1976. H. 1. Zürich 1976. S. 23 bis 37.

– »Das isch wider en anderi Luft«. Der Schweizer Film der dreißiger Jahre. In: Dreißiger Jahre Schweiz. Ein Jahrzehnt im Widerspruch. Ausstellungskatalog. Hrsg. vom Kunsthaus Zürich. Zürich 1981. S. 406–414.

– Der Schweizer Film 1929–1964. Die Schweiz als Ritual. Bd. 2: Materialien. Zürich 1981.

– Das Schweizerische im Schweizer Film. Begleitheft zur Ausstellung »Sonderfall? Die Schweiz zwischen Réduit und Europa« im Schweizerischen Landesmuseum. Hrsg. vom Filmpodium der Stadt Zürich. Zürich 1992.

Agde, Günter (Hrsg.): Kahlschlag. Das 11. Plenum des ZK der SED 1965. Studien und Dokumente. Berlin 1991.

Albrecht, Gerd: Film im Dritten Reich. Eine Dokumentation. Köln 1974.

– Nationalsozialistische Filmpolitik. Eine soziologische Untersuchung über die Spielfilme des Dritten Reichs. Stuttgart 1969.

Bächlin, Peter: Der Film als Ware. Basel 1945.

Baeriswyl, Pascal: Politique suisse du cinéma 1935–1944. Lizentiatsarbeit. Freiburg (Schweiz) 1983.

Bandmann, Christa / Hembus, Joe: Klassiker des Deutschen Tonfilms. 1930–1960. München 1980.

Barkhausen, Hans: Filmpropaganda für Deutschland im Ersten und Zweiten Weltkrieg. Hildesheim / Zürich / New York 1982.

Barlow, John D.: German Expressionist Film. Boston 1982.

Baumert, Heinz / Herlinghaus, Hermann: 20 Jahre DEFA-Spielfilm. Berlin (Ost) 1968.

Bechdolf, Ute: Wunsch-Bilder? Frauen im nationalsozialistischen Unterhaltungsfilm. Tübingen 1992.

Becker, Wolfgang: Film und Herrschaft. Organisationsprinzipien und Organisationsstrukturen der nationalsozialistischen Filmpropaganda. Berlin 1973.

Behn, Manfred / Bock, Hans-Michael (Hrsg.): Film und Gesellschaft in der DDR. Materialsammlung zu einer Veranstaltungsreihe. 2 Bde. Hamburg 1988–89.

Belach, Helga (Hrsg.): Wir tanzen um die Welt. Deutsche Revuefilme 1933–1945. München/ Wien 1979.

Berger, Jürgen [u. a.] (Hrsg.): Erobert den Film! Proletariat und Film in der Weimarer Republik. Berlin 1977.

Berger, Jürgen / Reichmann, Hans-Peter / Worschech, Rudolf (Hrsg.): Zwischen Gestern und Morgen. Westdeutscher Nachkriegsfilm 1946–1962. Frankfurt a. M. 1989.

Beyer, Friedemann: Die Ufa-Stars im Dritten Reich. Frauen für Deutschland. München 1991.

Bliersbach, Gerhard: So grün war die Heide. Der deutsche Nachkriegsfilm in neuer Sicht. Weinheim/Basel 1985.

Blumenberg, Hans-Christoph: In meinem Herzen, Schatz . . . Die Lebensreise des Schauspielers und Sängers Hans Albers. Frankfurt a. M. 1991.

– Das Leben geht weiter. Der letzte Film des Dritten Reichs. Berlin 1993.

Blunk, Harry: Die DDR in ihren Spielfilmen. Reproduktion und Konzeption der DDR-Gesellschaft im neueren DEFA-Gegenwartsspielfilm. München 1984.

Blunk, Harry / Jungnickel, Dirk (Hrsg.): Filmland DDR. Ein Reader zur Geschichte, Funktion und Wirkung der DEFA. Köln 1990.

Bock, Hans-Michael / Töteberg, Michael (Hrsg.): Das Ufa-Buch. Kunst und Krisen. Stars und Regisseure. Wirtschaft und Politik. Frankfurt a. M. 1992.

Borde, Raymond / Buache, Freddy / Courtade, Francis: Le cinéma réaliste allemand. Lyon 1965.

Borgelt, Hans: Die Ufa – ein Traum. Hundert Jahre deutscher Film. Ereignisse und Erlebnisse. Mit einem Vorwort von Volker Schlöndorff. Berlin 1993.

Brennicke, Ilona / Hembus, Joe: Klassiker des Deutschen Stummfilms 1910–1930. München 1983.

Bronnen, Barbara / Brocher, Corinna: Die Filmemacher. Der neue deutsche Film nach Oberhausen. Mit einem Beitr. von Alexander Kluge. München/Gütersloh/Wien 1973.

Buache, Freddy: Le cinéma allemand 1918 bis 1933. Vorw. von Michel Soutter. Renens 1984.

Cargnelli, Christian / Omasta, Michael (Hrsg.): Aufbruch ins Ungewisse. Österreichische Filmschaffende in der Emigration vor 1945. 2 Bde. Wien 1993.

Cherchi Usai, Paolo / Codelli, Lorenzo (Hrsg.): Before Caligari. German Cinema 1895–1920 / Prima di Caligari. Cinema tedesco 1895 bis 1920. Pordenone 1990.

Claus, Horst: Signs of the Times. Post-War Germany Through Young Eyes. Hrsg. vom Goethe-Institut London. London 1990.

Coates, Paul: The Gorgon's Gaze. German Cinema, Expressionism and the Image of Horror. Cambridge 1991.

Corrigan, Timothy: New German Film. The displaced Image. Austin (Tex.) 1983.

Courtade, Francis / Cadars, Pierre: Le Cinéma Nazi. Paris 1972. – Dt.: Geschichte des Films im Dritten Reich. München/Wien 1975.

Dahlke, Günther / Karl, Günther: Deutsche Spielfilme von den Anfängen bis 1933. Ein Filmführer. Überarb. Neuausg. Berlin 1993.

Dillmann-Kühn, Claudia: Artur Brauner und die CCC. Filmgeschäft, Produktionsalltag, Studiogeschichte 1946–1990. Frankfurt a. M. 1990.

Drewniak, Boguslaw: Der deutsche Film 1938 bis 1945. Ein Gesamtüberblick. Düsseldorf 1987.

Dumont, Hervé: Geschichte des Schweizer Films. Spielfilme 1896–1965. Lausanne 1987.

– Zürcher Schauspielhaus und Schweizer Film im Zweiten Weltkrieg. In: Bachmann, Dieter / Schneider, Rolf (Hrsg.): Das verschonte Haus. Das Zürcher Schauspielhaus im Zweiten Weltkrieg. Zürich 1987. S. 179–199.

Eisner, Lotte H.: Dämonische Leinwand. Die Blütezeit des deutschen Films. Wiesbaden-Biebrich 1955.

Elsaesser, Thomas / Vicendau, Ginette: Les cinéastes allemands en France. Les années trente. Paris 1983.

Elsaesser, Thomas: New German Cinema. A History. Hampshire / London / New Brunswick 1989.

Ernst, Gustav / Schedl, Gehard (Hrsg.): Nahaufnahmen. Zur Situation des österreichischen Kinofilms. Wien/Zürich 1992.

Filmstadt Babelsberg. Zur Geschichte des Studios und seiner Filme. Hrsg. von Axel Geiss für das Filmmuseum Potsdam. Potsdam/Berlin 1994.

Fischer, Robert / Hembus, Joe: Der neue deutsche Film 1960–1980. München 1981.

Franklin, James: New German Cinema. From Oberhausen to Hamburg. Boston 1983.

Frieden, Sandra / MacCormick, Richard W. / Petersen, Vibeke R. / Vogelsang, Laurie Melissa (Hrsg.): Gender and German Cinema. Feminist Interventions. Bd. 1: Gender and Representation in New German Cinema. Bd. 2: German Film History / German History on Film. Providence/Oxford 1993.

Fritz, Walter: Geschiche des österreichischen Films. Wien 1969.

– Kino in Österreich. Der Stummfilm 1896 bis 1930. Wien 1981.

– Kino in Österreich. 1945–1983. Wien 1984.

Gesek, Ludwig: Gestalter der Filmkunst. Von Asta Nielsen bis Walt Disney. Geschichten zur Filmgeschichte. Wien 1948.

Gottlein, Arthur / Fritz, Walter: Der österreichische Film. Ein Bilderbuch. Wien 1976.

Grafe, Frieda: Beschriebener Film 1974–1935. Hrsg. von Petra und Uwe Nettelbeck. Salzhausen-Luhmühlen 1985.

– Filmtips. Hrsg. von Fritz Göttler und Heiner Gassen. München 1993.

Gregor, Ulrich: Geschichte des Films ab 1960. München 1978.

– / Patalas, Enno: Geschichte des Films. Gütersloh 1962.

Güttinger, Fritz: Der Stummfilm im Zitat der Zeit. Frankfurt a. M. 1984.

Hanisch, Michael: Auf den Spuren der Filmgeschichte. Berliner Schauplätze. Berlin 1991.

Happel, Hans-Gerd: Der historische Spielfilm im Nationalsozialismus. Frankfurt a. M. 1984.

Hauser, Johannes: Neuaufbau der westdeutschen Filmwirtschaft 1945–1955 unter dem Einfluß der US-amerikanischen Filmpolitik. Pfaffenweiler 1989.

Helt, Richard C. / Helt, Marie E.: West German Cinema Since 1945. A Reference Handbook. London 1987.

Hembus, Joe: Der deutsche Film kann gar nicht besser sein. Erw. Neuausg. Ein Pamphlet von gestern. Eine Abrechnung von heute. München 1981.

Hilchenbach, Maria: Kino im Exil. Die Emigration deutscher Filmkünstler 1933–1945 München [u. a.] 1982. (Kommunikation und Politik. 14.)

Hoffmann, Hilmar: »Und die Fahne führt uns in die Ewigkeit«. Propaganda im NS-Film. Frankfurt a. M. 1988.

– Es ist noch nicht zu Ende. Sollen Nazikunst und Nazifilme wieder öfentlich gezeigt werden? Frankfurt a. M. 1988.

Höfig, Willi: Der deutsche Heimatfilm 1947 bis 1960. Stuttgart 1973.

Holba, Herbert: Emil Jannings. Ulm 1979.

Hollstein, Dorothea: Antisemitische Filmpropaganda. Die Darstellung des Juden im nationalsozialistischen Spielfilm. München/ Berlin 1971.

Horak, Jan-Christopher: Anti-Nazi-Filme der deutschsprachigen Emigration von Hollywood 1939–1945. Münster 1984.

– Fluchtpunkt Hollywood. Eine Dokumentation zur Filmemigration nach 1933. Münster 1984.

Hull, David Stewart: Film in the Third Reich. A Study of the German Cinema 1933–1945. Berkeley / Los Angeles 1969.

Hurst, Heike / Gassen, Heiner: Kameradschaft – Querelle. Kino zwischen Deutschland und Frankreich. München 1991.

Jacobsen, Wolfgang (Hrsg.): Babelsberg. Ein Filmstudio 1912–1992. Berlin 1992.

Jacobsen, Wolfgang / Kaes, Anton / Prinzler, Hans Helmut (Hrsg.): Geschichte des deutschen Films. Stuttgart/Weimar 1993.

Jacobsen, Wolfgang: Erich Pommer. Ein Produzent macht Filmgeschichte. Mit einer Filmografie von Jörg Schöning. Berlin 1989.

Jary, Micaela: Traumfabriken made in Germany. Die Geschichte des deutschen Nachkriegsfilms 1945–1960. Berlin 1993.

Jossé, Harald: Die Entstehung des Tonfilms. Beitrag zu einer faktenorientierten Mediengeschichtsschreibung. Freiburg/München 1984.

Jung, Uli (Hrsg.): Der deutsche Film. Aspekte seiner Geschiche von den Anfängen bis zur Gegenwart. Trier 1993.

– / Schatzberg, Walter (Hrsg.): Filmkultur zur Zeit der Weimarer Republik. München [u. a.] 1992.

Kaes, Anton: Deutschlandbilder. Die Wiederkehr der Geschichte als Film. München 1987.

Kalbus, Oskar: Vom Werden deutscher Filmkunst. 2 Bde. Altona-Bahrenfeld 1935.

Kaschuba, Wolfgang (Hrsg.): Der deutsche Heimatfilm. Bildwelten und Weltbilder. Bilder, Texte und Analysen zu 70 Jahren deutscher Filmgeschichte. Tübingen 1989.

Keiner, Reinhold: Thea von Harbou und der deutsche Film bis 1933. Hildesheim / Zürich / New York 1984.

– Hanns Heinz Ewers und der Phantastische Film. Hildesheim / Zürich / New York 1988. (Studien zur Filmgeschichte. 4.)

Kersten, Heinz: Das Filmwesen in der sowjetischen Besatzungszone Deutschlands. 2 Bde. Bonn 1963.

Kessler, Frank / Lenk, Sabine / Loiperdinger, Martin: Früher Film in Deutschland. Basel / Frankfurt a. M. 1993. (KINtop. 1. Jahrbuch zur Erforschung des frühen Films.)

Kluge, Alexander (Hrsg.): Bestandsaufnahme: Utopie Film. Zwanzig Jahre neuer deutscher Film. Frankfurt a. M. 1983.

Knight, Julia: Women and the New German Cinema. London / New York 1992.

Konlechner, Peter / Kubelka, Peter (Hrsg.): Propaganda und Gegenpropaganda im Film 1933–1945. Wien 1972.

Korte, Helmut (Hrsg.): Film und Realität in der Weimarer Republik. Mit Analysen von »Kuhle Wampe« und »Mutter Krausens Fahrt ins Glück«. München 1978.

Kracauer, Siegfried: From Caligari to Hitler. Princeton 1947. – Dt.: Von Caligari zu Hitler. Eine psychologische Geschichte des deutschen Films. Hrsg. von Karsten Witte. Frankfurt a. M. 1979.

Kramer, Thomas / Siegrist, Dominik: Terra. Ein Schweizer Filmkonzern im Dritten Reich. Mit einem Nachwort von Hans-Ulrich Jost. Zürich 1991.

– / Prucha, Martin: Film im Lauf der Zeit. 100

Jahre Kino in Deutschland, Österreich und der Schweiz. Wien 1994.

Kreimeier, Klaus: Die Ufa-Story. Geschichte eines Filmkonzerns. München/Wien 1992.

Kühn, Gertraude / Tümmler, Karl / Wimmer, Walter (Hrsg.): Film und revolutionäre Arbeiterbewegung in Deutschland 1918–1932. 2 Bde. Berlin (Ost) 1975.

Kurowski, Ulrich / Brandlmeier, Thomas (Hrsg.): Nicht mehr fliehen. Das Kino der Ära Adenauer. 3 Bde. München 1979–81.

Kurtz, Rudolf: Expressionismus und Film. Berlin 1926.

Lachat, Pierre: Der Schweizer Film und seine Berge. Entwurf für die Chronik eines der ständigen Motive im einheimischen Kino. In: Cinema. Jg. 1976. H. 1. Zürich 1976. S. 5 bis 22.

Ledig, Elfriede (Hrsg.): Der Stummfilm. Konstruktion und Rekonstruktion. München 1988.

Leiser, Erwin: »Deutschland, erwache!«. Propaganda im Film des Dritten Reiches. Mit einer Nachbetrachtung von Mathias Greffrath. Erw. Neuausg. Reinbek 1989.

Lewandowski, Rainer: Die Oberhausener. Rekonstruktion einer Gruppe 1962–1982. Diekholzen 1982.

Liebe, Ulrich: Verehrt. verfolgt. vergessen. Schauspieler als Naziopfer. Weinheim/Berlin 1992.

Loaker, Armin: Die ökonomischen und politischen Bedingungen der österreichischen (Ton-)Spielfilmproduktion der dreißiger Jahre. Diplomarbeit. Wien 1992.

Loiperdinger, Martin (Hrsg.): Märtyrerlegenden im NS-Film. Opladen 1991.

Lowry, Stephen: Pathos und Politik. Ideologie in Spielfilmen des Nationalsozialismus. Tübingen 1991.

Malek-Madani, Cyrus: Die schweizerische Filmpolitik 1933–1945. Lizentiatsarbeit. Bern 1984.

Marquardt, Axel / Rathsack, Heinz (Hrsg.): Preußen im Film. Reinbek 1981.

Maurischat, Fritz: Selpin und »Titanic«. In: filmkundliche mitteilungen. Jg. 1970. H. 2. und H. 3. Hrsg. vom Deutschen Institut für Filmkunde. Wiesbaden 1970.

Möhrmann, Renate: Die Frau mit der Kamera. Filmemacherinnen in der Bundesrepublik Deutschland. Situation, Perspektiven. Zehn

exemplarische Lebensläufe. München/Wien 1980.

Müller, Corinna: Frühe deutsche Kinematographie. Formale, wirtschaftliche und kulturelle Entwicklungen 1907–1912. Stuttgart/Weimar 1994.

Murray, Bruce: Film and the German Left in the Weimar Republic. From »Caligari« to »Kuhle Wampe«. Austin 1990.

Neumann, Hans-Joachim: Der deutsche Film heute. Die Macher, das Geld, die Erfolge, das Publikum. Frankfurt a. M. / Berlin 1986.

Patrice, Petro: Joyless Streets. Women and Melodramatic Representation in Weimar Germany. Princeton 1989.

Petermann, Werner / Thoms, Ralph (Hrsg.): Kino-Fronten. 20 Jahre '68 und das Kino. München 1988.

Pfister, Thomas: Der Schweizer Film während des 3. Reiches. Filmpolitik und Spielfilmproduktion in der Schweiz von 1933 bis 1945. Magisterarbeit. Hettiswil 1986.

Plummer, Thomas G. [u. a.] (Hrsg.): Film and Politics in the Weimar Republic. Minneapolis 1982.

Prager, Michael (Red.): Neuer österreichischer Film. Wien 1969.

Rabenalt, Arthur Maria: Joseph Goebbels und der »Großdeutsche« Film. Ausgew., durch historische Fakten erg. und hrsg. von Herbert Holba. München/Berlin 1985.

Rathkolb, Oliver: Führertreu und gottbegnadet. Künstlereliten im Dritten Reich. Wien 1991.

Reichmann, Hans Peter / Worschech, Rudolf (Hrsg.): Abschied vom Gestern. Bundesdeutscher Film der sechziger und siebziger Jahre. Frankfurt a. M. 1991.

Rentschler, Eric: West German Film in the Course of Time. Reflections on the twenty years since Oberhausen. Bedford Hills / New York 1984.

Romani, Cinzia: Die Filmdivas des Dritten Reiches. München 1981.

Sandford, John: The New German Cinema. London / New Jersey 1980.

Santner, Eric L.: Stranded Objects. Mourning, Memory, and Film in Postwar Germany. Ithaca/London 1990.

Schenk, Ralf (Red.): Das zweite Leben der Filmstadt Babelsberg 1946–1992. Hrsg. vom Filmmuseum Potsdam. Berlin 1994.

Schlappner, Martin / Schaub, Martin: Vergar-

441

genheit und Gegenwart des Schweizer Films (1896–1987). Eine kritische Wertung. Zürich 1987.

Schlüpmann, Heide: Unheimlichkeit des Blicks. Das Drama des frühen deutschen Kinos. Basel / Frankfurt a. M. 1990.

Schneider, Roland: Histoire du cinéma allemand. Préface de Volker Schlöndorff. Paris 1990.

Schweinitz, Jörg: Prolog vor dem Film. Nachdenken über ein neues Medium 1909–1914. Leipzig 1992.

Schweins, Annemarie: Die Entwicklung der deutschen Filmwirtschaft. Dissertation. Nürnberg 1958.

Seidl, Claudius: Der deutsche Film der fünfziger Jahre. München 1987.

Sidler, Viktor: Filmgeschichte, ästhetisch, ökonomisch, soziologisch. Zürich 1982.

Sigl, Klaus / Schneider, Werner / Tornow, Ingo: Jede Menge Kohle? Kunst und Kommerz auf dem deutschen Filmmarkt der Nachkriegszeit. München 1986.

Sontag, Susan: Verzückt von den Primitiven. Leni Riefenstahl und die bleibende Faszination faschistischer Kunst. In: Die Zeit. Nr. 19. 2. Mai 1975 und Nr. 20. 9. Mai 1975.

Spiess, Eberhard: Carl Mayer. In: Filmblätter. Nr. 11. Hrsg. vom Kommunalen Kino. Frankfurt a. M. [o. J.].

Spiker, Jürgen: Film und Kapital. Der Weg der deutschen Filmwirtschaft in den Einheitskonzern. Berlin 1975.

Stettner, Peter: Vom Trümmerfilm zur Traumfabrik. Die Junge Film-Union 1947–1952. Hildesheim / Zürich / New York 1992.

Strohm, Walter: Die Umstellung der deutschen Filmwirtschaft vom Stummfilm auf den Tonfilm unter dem Einfluß des Tonfilmpatentmonopols. Dissertation. Freiburg i. Br. 1934.

Tesche, Siegfried: Die neuen Stars des deutschen Films. München 1985.

Toeplitz, Jerzy: Geschichte des Films. Bd. 1: 1895–1928. Berlin [Ost] 1972 / München 1973.

– Bd. 2: 1928–1933. Berlin [Ost] / München 1976.

– Bd. 3: 1934–1939. Berlin [Ost] / München 1979.

– Bd. 4: 1939–1945. Berlin [Ost] / München 1983.

– Bd. 5: 1945–1953. Berlin 1991.

Traudisch, Dora: Mutterschaft mit Zuckerguss? Frauenfeindliche Propaganda im NS-Spielfilm. Pfaffenweiler 1991.

Weber, Reinhard / Rennschmid, Andrea: Die Karl May Filme. Landshut 1990.

Werner, Paul: Die Skandalchronik des deutschen Films. Bd. 1: Von 1990 bis 1945. Frankfurt a. M. 1990.

Westermann, Bärbel: Nationale Identität im Spielfilm der fünfziger Jahre. Frankfurt a. M. [u. a.] 1990.

Wetzel, Kraft / Hagemann, Peter A.: Liebe, Tod und Technik. Kino des Phantastischen 1933–1945. Berlin 1977.

Wider, Werner: Der Schweizer Film 1929–1964. Die Schweiz als Ritual. Bd. 1: Darstellung. Zürich 1981.

Wilkening, Albert: Geschichte der DEFA von 1945–1950. Potsdam-Babelsberg 1981.

– Die DEFA in der Etappe 1950–1953. Potsdam-Babelsberg 1984.

Winkler-Mayerhöfer, Andrea: Starkult als Propagandamittel. Studien zum Unterhaltungsfilm im Dritten Reich. München 1992.

Wolf, Sylvia (Hrsg.): Zwischen Gestern und Morgen. Vierzig Jahre Neue Deutsche Filmgesellschaft. 1947–1987. Ebersberg 1987.

Zglinicki, Friedrich von: Der Weg des Films. Berlin 1950.

Zglinicki, Friedrich von: Die Wiege der Traumfabrik. Von Guckkästen, Zauberscheiben und Bewegten Bildern bis zur Ufa in Berlin. Berlin 1986.

4. Monographien

Berger Ludwig Bergers Filme. Eine Dokumentation. In: Filmkundliche Hefte. Jg. 1972. H. 1. Hrsg. vom Deutschen Institut für Filmkunde. – Herbert Holba / Peter Spiegel: Ludwig Berger. Die Träume des Dr. Walzer. In: Walter Kaul (Red.): Retrospektive 6. Dokumentation zu den filmhistorischen Vorführungen der 22. Internationalen Filmfestspiele Berlin 1972. S. 38–54.

Dieterle Horst O. Hermanni: William Dieterle. Vom Arbeiterbauernsohn zum Hollywood-Regisseur. Mit einer Filmographie von Hervé Dumont. London 1992. – Hervé Dumont: William Dieterle. Antifascismo y compromiso romántico. San Sebastian / Madrid 1994.

Dupont   Jürgen Bretschneider (Red.): Ewald André Dupont. Autor und Regisseur. München 1992.

Engel   Herbert Holba / Günter Knorr / Helmut Dan: Erich Engel. Filme 1923–1940. Wien 1977. – Engel, Erich: Schriften. Über Theater und Film. Berlin 1971.

Fanck   Herman Weigel: Arnold Fanck. New York 1976. (Filmhefte. 2.)

Fassbinder   Wolfgang Limmer: Rainer Werner Fassbinder, Filmemacher. Reinbek 1981. – Bernd Eckhardt: Rainer Werner Fassbinder. In 17 Jahren 42 Filme. Stationen eines Lebens für den deutschen Film. München 1982. – Kurt Raab / Karsten Peters: Die Sehnsucht des Rainer Werner Fassbinder. München 1982. – Peter W. Jansen / Wolfram Schütze (Hrsg.): Rainer Werner Fassbinder. 5., erg. und erw. Aufl. München 1985. – Yann Lardeau: Rainer Werner Fassbinder. Paris 1990. – Hans Günther Pflaum: Rainer Werner Fassbinder. Bilder und Dokumente. München 1992. – Rainer Werner Fassbinder Foundation (Hrsg.): Dichter, Schauspieler, Filmemacher. Rainer Werner Fassbinder. Werkschau. Berlin 1992. – Herbert Spaich: Rainer Werner Fassbinder. Leben und Werk. Weinheim 1992.

Forst   Herbert Holba: Willi Forst. Kein Himmel voller Geigen. In: Action. Die österreichische Filmzeitschrift. Jg. 1965. H. 10. S. 3–5. – Robert Dachs: Willi Forst. Eine Biographie. Wien 1986.

Harlan   Siegfried Zielinski: Veit Harlan. Analysen und Materialien zur Auseinandersetzung mit einem Film-Regisseur des deutschen Faschismus. Frankfurt a. M. 1981.

Herzog   Peter W. Jansen / Wolfram Schütte (Hrsg.): Herzog / Kluge / Straub. München / Wien 1976. – Peter W. Jansen / Wolfram Schütte (Hrsg.): Werner Herzog. München/Wien 1979. – Emmanuel Carrère: Werner Herzog. Paris 1982. – Timothy Corrigan (Hrsg.): The Films of Werner Herzog. New York / London 1986.

Hochbaum   Spiegel, Peter (Red.): Werner Hochbaum. Filme 1929–1939. Viennale-Retrospektive 1976. Wien 1976. – Herbert Holba / David Robinson: The Enigma of Werner Hochbaum. In: Sight and Sound. Frühjahr 1976. S. 98–103.

Hoffmann   Ingo Tornow: Piroschka und Wunderkinder oder Von der Vereinbarkeit von Idylle und Satire. Der Regisseur Kurt Hoffmann. München 1990.

Käutner   Koschnitzki, Rüdiger: Helmut Käutner. Filmographie. Hrsg. vom Deutschen Institut für Filmkunde. Wiesbaden 1978. – Peter Cornelsen: Helmut Käutner. Seine Filme – sein Leben. München 1980. – Wolfgang Jacobsen / Hans Helmut Prinzler (Hrsg.): Käutner. Berlin 1992.

Kluge   Peter W. Jansen / Wolfram Schütte (Hrsg.): Herzog / Kluge / Straub. München / Wien 1976. – Rainer Lewandowski. Die Filme von Alexander Kluge. Hildesheim / New York 1980. – Michael Kötz / Petra Höhne: Die Sinnlichkeit des Zusammenhangs. Zur Filmarbeit von Alexander Kluge. Köln 1981. – Christoph Hummel (Red.): Alexander Kluge. Berlin 1983.

Lang   Lotte H. Eisner: Fritz Lang. London 1976. – Frederick W. Ott: The Films of Fritz Lang. Secaucus 1979. – Stephen Jenkins (Hrsg.): Fritz Lang. The Image and the Lost. London 1981. – E. Ann Kaplan: Fritz Lang. A Guide to References and Resources. Boston 1981. – Ludwig Maibohm: Fritz Lang. Seine Filme – sein Leben. München 1981. – Michael Töteberg: Fritz Lang. Mit Selbstzeugnissen und Bilddokumenten. Reinbek bei Hamburg 1985. – Peter W. Jansen / Wolfram Schütte (Hrsg.): Fritz Lang. 2., erg. Aufl. München/Wien 1987. – Fred Gehler / Ullrich Kasten: Fritz Lang. Die Stimme von Metropolis. Berlin 1990. – Georges Sturm: Fritz Lang. Films – textes – références. Nancy 1990. – Heide Schönemann: Fritz Lang. Filmbilder – Vorbilder. Potsdam/Berlin 1992. – Paolo Bertetto / Bernard Eisenschitz (Hrsg.): Fritz Lang. La messa in scena. Turin 1993.

Leni   Hans-Michael Bock (Red.): Paul Leni. Grafik, Theater, Film. Ausstellungskatalog. Hrsg. vom Deutschen Filmmuseum. Frankfurt a. M. 1986.

Lindtberg   Hervé Dumont: Leopold Lindtberg und der Schweizer Film 1935–1953. Ulm 1981.

Lubitsch   Bernard Eisenschitz: Lubitsch 1892–1947. Paris 1967. (Anthologie du Cinéma. 23) – Peter B. Schumann: Retrospektive 2. Ernst Lubitsch. Dokumentation zu den filmhistorischen Vorführungen der 17. Internationalen Filmfestspiele. Berlin 1967. –

Peter B. Schumann: Retrospektive 3. Ernst Lubitsch. Dokumentation zu den filmhistorischen Vorführungen der 18. Internationalen Filmfestspiele. Berlin 1968. – Herman G. Weinberg: The Lubitsch Touch. A Critical Study. New York 1968. – Hans Helmut Prinzler / Enno Patalas (Hrsg.): Lubitsch. München/Luzern 1984. – Bernard Eisenschitz / Jean Narboni (Hrsg.): Ernst Lubitsch. Paris 1985. – Sabine Hake: Passions et Deceptions. The Early Films of Ernst Lubitsch. Princeton 1992. – Herta-Elisabeth Renk: Ernst Lubitsch. Reinbek 1992. – Herbert Spaich: Ernst Lubitsch und seine Filme. München 1992. – Robert Carringer / Barry Sabath: Ernst Lubitsch. A Guide to References and Resources. Boston [o. J.].

Maetzig   Kurt Maetzig: Filmarbeit. Gespräche, Reden, Schriften. Hrsg. von Günter Agde. Berlin (Ost) 1987.

Murnau   Lotte H. Eisner: Murnau. Überarb., erw. und autorisierte Neuausg. Frankfurt a. M. 1979. – Klaus Kreimeier (Red.): Friedrich Wilhelm Murnau 1888–1988. Ausstellungskatalog. Bielefeld 1988. – Fred Gehler / Ullrich Kasten: Friedrich Wilhelm Murnau. Berlin 1990. – Peter W. Jansen / Wolfram Schütte (Hrsg.): Friedrich Wilhelm Murnau. München/Wien 1990.

Ophüls   Claude Beylie: Max Ophuls. Brüssel 1958. (Les Grands Créateurs du Cinéma. 14/15.) – Mario Gerteis: Max Ophüls. In: Cinema. Nichtkommerzielle Vierteljahresschrift 29/30 (1962). Zollikon 1962. – Peter Ribken: Max Ophüls. Entdeckung eines Verkannten. In: Peter B. Schumann (Red.): Retrospektive 1. Dokumentation zu den filmhistorischen Vorführungen der 16. Internationalen Filmfestspiele. Berlin 1966. S. 42–60. – Peter Willemen (Hrsg.): Ophuls. London 1978. – William Karl Guérin: Max Ophüls. Paris 1988. – Peter W. Jansen / Wolfram Schütte (Hrsg.): Max Ophüls. München/Wien 1989. – Helma Schleif (Red.): Max Ophüls. Berlin 1989.

Oswald   Walter Kaul / Robert G. Scheuer (Hrsg.): Richard Oswald. Berlin 1970. – Helga Belach / Wolfgang Jacobsen (Hrsg.): Richard Oswald. Regisseur und Produzent. München 1990.

Pabst   Leopold Böhm: G. W. Pabst. In: Filmkunst 18 (1955). – Lee Atwell: G. W. Pabst. Boston 1977. – Rentschler, Eric (Hrsg.): The Films of G. W. Pabst. An Extraterritorial Cinema. New Brunswick / London 1990. – Gottfried Schlemmer / Bernhard Riff / Georg Haberl (Hrsg.): G. W. Pabst. Münster 1990.

Reitz   Reinhold Rauh: Edgar Reitz. Film als Heimat. München 1993.

Riefenstahl   Susan Sontag: Verzückt von den Primitiven. Leni Riefenstahl und die bleibende Faszination faschistischer Kunst. In: Die Zeit. Nr. 19. 2. Mai 1975 und Nr. 20. 9. Mai 1975. – David B. Hinton: The Films of Leni Riefenstahl. London 1978. – Charles Ford: Leni Riefenstahl. Schauspielerin, Regisseurin und Fotografin. München 1982.

Schlöndorff   Rainer Lewandowski: Die Filme von Volker Schlöndorff. Hildesheim / New York 1981.

Schmid   Daniel Schmid. Dossier Film. Hrsg. von der Schweizer Kulturstiftung Pro Helvetia. 3., erw. und erg. Aufl. Zürich/Bern 1993.

Schroeter   Peter W. Jansen / Wolfram Schütte (Hrsg.): Werner Schroeter. München/Wien 1980.

Schünzel   Jörg Schöning (Red.): Reinhold Schünzel. Schauspieler und Regisseur. München 1989.

Sierck   Jon Halliday: Sirk on Sirk. London 1971. – Michael Stern: Douglas Sirk. Boston 1979. – Elisabeth Läufer: Skeptiker des Lichts. Douglas Sirk und seine Filme. Frankfurt a. M. 1987.

Siodmak   Günter Knorr: Robert Siodmak 1903–1973. Dokumentation. In: Filmkundliche Hefte. Jg. 1973. H. 1 und H. 2. – Hervé Dumont: Robert Siodmak. Le maître du film noir. Lausanne 1981.

Staudte   Horst Knietzsch: Wolfgang Staudte. Berlin 1966. – Orbanz, Eva (Red.): Wolfgang Staudte. Hrsg. von der Stiftung Deutsche Kinemathek. Berlin 1977. – Egon Netenjakob / Eva Orbanz / Hans Helmut Prinzler (Hrsg.): Staudte. Neuausg. Berlin 1991.

Straub   Richard Roud: Jean-Marie Straub. London 1971. – Jean-Marie Straub und Danièle Huillet. Retrospektive ihres bisherigen Gesamtwerkes. Dokumentation zu einer Veranstaltung am Film-Forum der VHS im Rheinischen Landesmuseum Bonn. Bonn

1976. – Peter W. Jansen / Wolfram Schütte (Hrsg.): Herzog / Kluge / Straub. München/Wien 1976.

Wenders   Jan Dawson: Wim Wenders. Toronto 1976. – Uwe Künzel: Wim Wenders. Ein Filmbuch. Freiburg i. Br. 1981. – Norbert Grob: Die Formen des filmischen Blicks. Wenders. Die frühen Filme. Berlin 1984. – Peter Buchka: Augen kann man nicht kaufen. Wim Wenders und seine Filme. Erweiterte und aktualisierte Taschenbuchausg. Frankfurt a. M. 1985. – Kathe Geist: The Cinema of Wim Wenders. From Paris, France to »Paris, Texas«. Ann Arbour / London 1988. – Reinhold Rauh: Wim Wenders und seine Filme. München 1990. – Norbert Grob: Wenders. Berlin 1991. – Peter W. Jansen / Wolfram Schütte (Hrsg.): Wim Wenders. München/Wien 1992. – Robert Philipp Kolker / Peter Beikken: The Films of Wim Wenders. Cinema as Vision and Desire. Cambridge / New York 1993. – Wim Wenders: Einmal. Bilder und Geschichten. Frankfurt a. M. 1994.

Wicki   Robert Fischer (Hrsg.): Sanftmut und Gewalt. Der Regisseur und Schauspieler Bernhard Wicki. Köln/Essen 1991. – Robert Fischer: Bernhard Wicki. Regisseur und Schauspieler. München 1994.

Wolf   Hermann Herlinghaus: Konrad Wolf. Sag' dein Wort! Dokumentation – eine Auswahl. Potsdam-Babelsberg 1982. – Bärbel Dalichow (Hrsg.): Regie: Konrad Wolf. Potsdam-Sanssouci 1983. – Dieter Heinze / Ludwig Hoffmann (Hrsg.): Konrad Wolf im Dialog. Künste und Politik. Eine Veröffentlichung der Akademie der Künste der DDR. Berlin 1985. – Peter Hoff (Red.): Konrad Wolf. Neue Sichten auf seine Filme. Potsdam-Babelsberg 1990.

Register

Filmtitel

Nicht berücksichtigt sind fremdsprachige Titel deutscher Ko-Produktionen, Kurz- und Dokumentarfilme sowie nicht-deutsch-sprachige Produktionen deutscher und ausländischer Regisseure.

453

Regisseure

Ausländische Regisseure sind nur dann berücksichtigt, wenn sie bei einer deutschen, österreichischen oder schweizerischen (Ko-)Produktion Regie geführt haben.

HAUS AUS HIMMEL UND ERDE

Erzählungen
der brasilianischen Urvölker –
gesammelt von Leonardo Boff

Aus dem Portugiesischen übersetzt
und für die deutsche Ausgabe
bearbeitet von Horst Goldstein

Patmos

Ich widme dieses Buch meinen kleinen Enkeln
Marina und Eduardo,
die diese Geschichten gehört und noch verbessert haben.

Leonardo Boff
O casamento entre o céu e a terra. Contos dos povos indígenas do Brasil
Rio de Janeiro: Salamandra, 2001
© Leonardo Boff

Die Deutsche Bibliothek verzeichnet diese Publikation in der Deutschen
Nationalbibliografie; detaillierte bibliografische Daten sind im Internet über
http://dnb.ddb.de abrufbar.

© 2003 Patmos Verlag GmbH & Co. KG, Düsseldorf
Alle Rechte vorbehalten
Illustrationen/Fotografie: Pata Macedo und Adriana Miranda
Printed in Italy
ISBN 3-491-72472-4
www.patmos.de

INHALT

5

Zweiter Teil:
Der Beitrag der Ureinwohner zur Identität Brasiliens
und zur Globalisierung

Wir befinden uns heute in einer neuen Phase der Menschheit. Alle sind wir auf dem Weg zurück ins Gemeinsame Haus, zurück zur Erde: ob Völker oder Gesellschaften, ob Kulturen oder Religionen. Alle tauschen wir Erfahrungen und Werte untereinander aus.

Auch die Urvölker, das heißt die Ureinwohner der verschiedenen Erdteile – an die 300 Millionen Menschen sollen es sein – spielen mit in diesem großen Konzert der Völker. Natürlich gilt das auch für die Stämme, die unter uns in Brasilien leben. Sie alle sind Träger uralter Weisheit, die heute allerdings kaum noch jemand kennt, die aber dennoch unerlässlich ist, wollen wir die großen Probleme durchschauen, vor denen wir allesamt stehen. Ist denn etwa das friedliche Zusammenleben unter den Völkern nicht zum Problem geworden? – oder das sachgerechte Verhältnis zwischen Arbeit und Freizeit, Ehrfurcht und Achtung vor der Natur ebenso wie das geschwisterliche In- und Miteinander aller geschaffenen Wesen, so dass sich alle als Verwandte, ja als Brüder und Schwestern erleben können? Und schließlich: Ist denn nicht auch die Vermählung zwischen Himmel und Erde, die dem Menschen die Erfahrung des Einsseins mit dem Gesamt der Dinge und mit der Urquelle des ganzen Universums vermittelt, ein Problem geworden?

Die wenigen Erzählungen, die hier zusammengetragen sind, sollen den unschätzbaren Beitrag der Urvölker für unsere Geschichte herausstellen: in der Sprache und in den Namen von Städten, Flüssen und Gebirgen, in der Küche und in den Sitten und Gebräuchen des Alltags, in der diffusen Religiosität des Volkes und in der kollektiven Wahrnehmung der geheimnisvollen Kräfte in der Natur. Aber möglicherweise ist dieser Beitrag eine Hilfe auch für andere Völker, mit denen wir in der einen Gemeinsamen Maloka[1], auf der einen Erde zusammenwohnen. Diese ganze weisheitliche Überlieferung verdient unsere uneingeschränkte Bewunderung, wie sie auch eine Bereicherung für uns sein kann und wir viel von ihr lernen können. Unsere Indianer sind keine Primitiven, sondern andersartige Wesen, keine unkultivierten Hinterwäldler, sondern Zivilisationsträger, keine Museumsstücke, sondern Zeitgenossen. Sie sind Menschen wie wir auch, und in ihnen wohnen dieselbe Suchbewegungen, Ängste und Hoffnungen, wie Männer und Frauen unserer Zeit sie haben und aller Zeiten sie gehabt haben. Nur, sie drücken sich in einem anderen Dialekt aus, der – wer weiß – für viele von uns fremd klingt, aber immer voller Überraschungen steckt und durchwoben ist von aufmerksamer Beobachtung der Dinge des Lebens und der Natur.

Lassen wir uns also auf die Weisheit der Urvölker ein, und träumen wir einen Augenblick dieselben Träume, wie sie sie bereits vor uns geträumt haben! Lasst uns lachen, weinen und lernen! Was wir dabei vor allem zu lernen haben, ist, wie Himmel und Erde sich vermählen, mit anderen Worten wie sich Alltägliches mit Überraschendem verbindet, Leben voller Freiheit mit dem Tod im Symbol der Vereinigung mit den Altvorderen, das bescheidene Glück dieser Welt mit der großen Zusage in der Ewigkeit. Am Ende werden wir dann tausend Gründe entdeckt haben, um mehr und besser zu leben, alle zusammen, wie in einer großen Familie, in dem einen großzügigen, schönen Gemeinsamen Dorf, auf dem einen Planeten Erde.

Petropolis, am 22. April 2000 –
Jahrestag des bitteren Leidens der brasilianischen Ureinwohner

---

1 Maloka: indianisch-portugiesisches Wort für das Mehrfamilienhaus der Ureinwohner im tropischen Waldland in Südamerika. Das in Fachkreisen eingedeutschte Wort bleibt in diesem Buch unübersetzt.

Erster Teil:

INDIANISCHE
ERZÄHLUNGEN

WIR WERDEN GEBOREN, DAMIT WIR STRAHLEN: TAINÁ

Der unendliche Himmel mit seinen funkelnden Sternen hat den Geist der Menschen schon immer fasziniert. Man stelle sich vor: Wir liegen, im Herzen Brasiliens, zwischen feinem Sand am Ufer des Araguaia-Flusses unter uns und sternenbedecktem Himmel über uns. Ein Schauder durchfährt uns, ein Zauber erfüllt uns. Unversehens wird, aus kosmischen Quellen herrührend, die jahrtausendealte Erinnerung daran in uns lebendig, dass wir alle zusammen im Schoß der großen roten Sterne geborgen waren. Denn auf ihnen steht ja unsere Wiege, und als sie vor Milliarden von Jahren explodierten, seit dem Augenblick bildeten sich alle die Bausteine, die unsere Milchstraßen und Sterne, die Sonne und den Mond, die Erde und jeden Einzelnen von uns heute ausmachen. Und weil wir von Sternen stammen, leben wir, um zu leuchten und zu strahlen.

Jamerú, das schöne Karajá-Mädchen, war voller Grazie und Anmut, auch wenn es sich seiner Gefühle nicht ganz sicher war. Am späten Nachmittag, wenn die Dämmerung bereits anbrach, saß Jamerú gern am Ufer des Araguaia und betrachtete Tainá-Can, den Abendstern, der sich als erster am Firmament zeigte. Völlig überraschend rührte sie Leidenschaft für Tainá-Can an.

Als die junge Frau den Schmerz der Liebe nicht mehr ertrug, wandte sie sich an den Medizinmann[2]. Sie bat ihn, die Geister des

---

2 Mit Medizinmann ist das brasilianische Wort pajé wiedergegeben. Pajé bezeichnet den geistig-geistlichen Führer der Ureinwohner, in dem sich priesterliche, prophetische und heilende Kräfte verbinden. In der Völkerkunde ist der Begriff Medizinmann wissenschaftlich eingebürgert.

Stammes inständig anzuflehen, damit sie den Stern bewegten, doch in
menschlicher Gestalt auf die Erde
herabzusteigen. Ja, sie versprach,
Tainá-Can unverzüglich zu heiraten, würde ihr Flehen nur erhört.

Und in der Tat, in der folgenden Nacht – der Mond schien
herrlich – berührte ein Lichtstrahl
den Sandstrand. Tainá-Can war auf
die Erde herabgestiegen. In aller
Ruhe ging er auf Jamerú zu. Doch seine
Gestalt war die eines alten, gebeugten Mannes, der von seinen Tagen müde geworden war
und dem seine Jahre die Haut in Falten gelegt hatten.

Als Jamerú ihn sah, war sie enttäuscht und entsetzt:
– Wie kann ein so herrlich strahlender Stern in solch elendiger Gestalt erscheinen?

Ohne zu zögern, wies sie ihn von sich und schrie ihn an:
– Alter, faltenübersäter Kerl, scher dich davon! Was erdreistest du
dich, mich schöne und junge Frau anzurühren?

Und sie erhob ihre Stimme noch lauter und schrie:
– Verschwinde und komm mir nie mehr unter die Augen!

Doch Tainá-Can, der funkelnde Stern am Himmel, hatte sich nur
in das Äußere eines abstoßenden Alten gehüllt, um Jamerús Liebe zu
prüfen und ihre glühende Leidenschaft auf die Probe zu stellen. Dass
die Gefühle der jungen Karajá-Frau nur ein Strohfeuer waren, enttäuschte ihn sehr, und die böse Behandlung durch sie stimmte ihn
traurig. Seine Augen füllten sich mit Tränen.

Schon dachte er daran, zum Himmel zurückzukehren, als ihm
Jamerús Schwester, die alles aus der Ferne beobachtet hatte, zur Hilfe

kam. Die junge Denaquê hatte weder ein hübsches Gesicht noch eine schöne Gestalt. Wohl aber besaß sie Eigenschaften, die dem Taugenichts Jamerú abgingen: Höflichkeit, Güte, die Fähigkeit zu lieben, Mitleid zu empfinden, und die besondere Kunst der Achtsamkeit.

Also näherte sich Denaquê dem alten Tainá-Can, wischte ihm die Tränen ab, bat ihn um Verzeihung für das grobe Verhalten ihrer Schwester und sagte:

– Nimm's nicht so wichtig! Ich werde mich um dich kümmern. Und sollte ich dir gefallen, kann ich sogar deine Frau werden.

Da hellte sich Tainá-Cans Gesicht auf. Voller Dank küsste er Denaquê süß auf die Stirn. Und mit entschiedener Stimme sagte er ihr:

– Ich werde dir ein guter Ehemann sein. Gleich will ich das Feld bestellen, damit dir nichts fehlt und du stets genug zu essen hast.

Doch Denaquê verstand nicht, was er mit »Feld bestellen« sagen wollte, denn bis dahin hatten die Karajás nur Fisch und Wildbret gegessen. Maniok, Mais und Ananas, wovon sie heute hauptsächlich leben, bauten sie noch nicht an.

Denaquê fand gar keine Zeit, um Erklärung zu bitten. Jubelnd vor Freude war der Alte schon weg aufs Feld, um für die Karajás Mais, Maniok, Ananas und viele andere gute Dinge anzubauen.

Alle im Stamm fragten sich, wer wohl der kleine alte Mann voller Falten im Gesicht sei. Gleichwohl hatten sie Achtung vor Denaquês Liebe und bewunderten, wie fleißig dieser Mann arbeitete.

Eines Tages kam Tainá-Can nicht zur gewohnten Stunde heim. Als liebevolle Frau, die Denaquê war, befürchtete sie etwas Böses:

– Dem guten Alten muss etwas Schlimmes widerfahren sein. Ich will aufs Feld gehen und nach ihm suchen.

Dort angekommen, verschlug es ihr die Sprache. Sie sah einen strahlenden jungen Krieger vor sich, dessen Körper mit den herrlichsten Motiven bemalt war. Sie hatte nicht den geringsten Zweifel: Es war Tainá-Can, eingehüllt in den Glanz des Abendsternes.

Ihre Sprachlosigkeit wurde noch größer, als sie zu seinen Füssen Pflanzen sah, die kein Karajá bisher gesehen hatte.

– Das hier sind Mais und Maniok. Du und alle in deinem Stamm haben jetzt genug und Gutes zu essen – sagte Tainá-Can – und umschrieb mit seinen Händen das Feld.

Lange hielten sie sich voller Liebe umfangen. Arm in Arm kehrten sie in die Maloka zurück. Die Nachricht verbreitete sich im ganzen Wald, und alle Welt freute sich über das junge Glück.

Als Jamerú sah, wie strahlend Tainá-Can und wie glücklich ihre Schwester war, überkamen sie Groll und Neid. Sie bezichtigte sich selbst, hinter den hässlichen Zügen des alten Mannes nicht den Glanz des Abendsternes gesehen zu haben, die Schönheit Tainá-Cans, in den sie doch so glühend verliebt gewesen war. Verzweifelt verschwand sie im Wald.

Später wurde bekannt, Tupã[3] habe sie in den Nachtvogel Urutaú verwandelt. Denn bis auf den heutigen Tag gibt der lautlos fliegende Vogel, wenn der Abendstern bei anbrechenden klaren Mondscheinnächten besonders hell strahlt, schrille, traurige Töne von sich, hat er, hat sie doch eine einmalige Liebe verloren.

Nachdem Tainá-Can dann noch viele, viele Jahre glücklich mit Denaquê gelebt und die Karajás gelehrt hatte, wie man Mais, Maniok und viele andere schmackhafte Dinge anbaut, kehrte er zum Himmel zurück, um von dort aus ewig zu strahlen. Natürlich nahm er seine geliebte Denaquê mit. Und das ist der Grund, weshalb neben dem Abendstern, als untrennbare Gefährtin, immer noch ein zweiter einzigartiger, etwas schwächer funkelnder Stern strahlt: Denaquê, Tainá-Cans wunderbare Ehefrau.

3 Tupã (Aussprache: tupáng): Bezeichnung in der Tupí-Sprachfamilie für Donner. Das Wort benutzten die Jesuitenmissionare des 17. Jahrhunderts als Begriff für Gott.

VICTORIA REGIA –
DIE SCHÖNE JAPUNA

Die Seerose Victoria regia ist eines der ausdrucksstärksten Sinnbilder
für den Rausch des amazonischen Tropenwaldes. Ihre Pracht breitet sie
aus auf stillen Seen, stehenden Sumpfgewässern und ruhigen
Flussläufen. Deshalb nennt sie der Volksmund in Brasilien auch
Seekönigin. Das kreisrunde Schwimmblatt erreicht einen Durchmesser
von bis zu zwei Metern. Der hoch gebogene Rand, der bis zu fünfzehn
Zentimetern messen kann, lässt sie wie ein kleines Boot treiben.
Doch ein überaus starker Stiel hält sie am Boden fest. Die Adern, die
netzförmig das Schwimmblatt durchziehen, bewirken, dass die Victoria
amazonica, wie sie auch heißt, einen jungen Menschen mit bis zu fün-
fundvierzig Kilogramm zu tragen vermag. Nur, die duftende Blüte, die
sich wie eine Hand öffnet und fünfundzwanzig bis fünfunddreißig
Zentimeter im Durchmesser erreichen kann, ist eine kurzlebige
Schönheit. Die Seekönigin liebt das Halbdunkel. Deshalb öffnet sie sich
bei der ersten Dämmerung und schließt sich wieder, wenn der Morgen
graut.
Wie ist die Seekönigin, die ja die Bewohner des tropischen
Regenwaldes erfreuen soll, entstanden? Die Geschichte der Tupí-
Indianer erzählt es. Sie ist absolut wahr.

Bei den Tupí-Ureinwohnern lebte ein ausgesprochen hübsches Mädchen mit Namen Japuna. Abends, wenn die Sterne am Himmel zu
funkeln begannen, verließ Japuna heimlich die Maloka der Frauen
und setzte sich auf eine kleine Anhöhe in fünf Minuten Entfernung.
Dort gab sie sich ihren Träumereien vom sternenbedeckten Himmel
hin. Ja, sie unterhielt sich richtig mit den Sternen. Man hätte den Ein-

druck haben können, dass sie leicht wie eine Wolke förmlich schwebte. Sternstrahlen spiegelten sich auf ihrem Gesicht mit der Farbe einer Jambo-Guave wider. Ging der Mond hinter den schlaftrunkenen Bäumen auf, war sie ganz hingerissen. Seinen Lauf begleitete sie dann, bis sein Glanz das Leuchten der anderen Himmelskörper überdeckt hatte. Japuna empfand den Mond als Freund und Vertrauten, und für sein mildes, strahlendes Gesicht hatte sie wahrlich zärtliche Gefühle.

– Wie gern streichelte ich doch dieses liebenswürdige Antlitz mit meinen Händen! – flehte sie alle wohltuenden Geister an:

– Geister unserer großen Ahnen, gebt mir bitte Flügel, dass ich damit zum Mond fliegen kann. Lasst mich doch mal bis zu ihm in die Höhe aufsteigen, damit ich ihn liebevoll berühren kann.

Doch nie geschah etwas.

Monat für Monat ging Japuna zu dem Hügel nahe der Maloka und gab sich ihrer Verliebtheit in den Mond hin. Und jedes Mal betet sie zu den verstorbenen Ahnen und Familiengeistern:

– Geliebte Vorfahren, lasst mich doch bitte zu einem Stern werden, dass ich bis zum Mond gelangen und ihn liebevoll umarmen kann!

Doch so lange sich ihre Träumereien angesichts des Mondes auch hinzogen und so inständig sie die Geister des Tupí-Volkes auch anflehte, nie wurde sie erhört. Mitunter musste sie sich eine Träne abwischen, die ihr vor Enttäuschung über die Wange rann.

Hartnäckig wie Frauen nun einmal sein können, nahm Japuna sich vor, nicht aufzugeben, bis sie ihr Anliegen erreicht hatte. Eines Nachts kam ihr eine Idee, die sie auch gleich in die Tat umsetzte. Sie nahm ein leichtes Boot und ruderte zum nächsten See. Das stehende glasklare Wasser spiegelte das goldene Antlitz des Mondes wider.

So leise, wie sie nur konnte, näherte sie sich dem Spiegelbild. In ihrer Verliebtheit hielt sie schließlich an und betrachtete den Mond, ohne auch nur die Augenlider zu bewegen. Winzige Wellen ließen den Mond erbeben und zufrieden lächeln.

Zärtlich streckte Japuna beide Arme aus, um den Mond zu umarmen, wie wenn jemand sich dem Geliebten hingeben oder ein neugeborenes Kind auf den Arm nehmen möchte.

Dabei neigte sich die junge Frau so weit vor, dass sie plötzlich ins Wasser stürzte. Sie war solchermaßen hingerissen, dass sie überhaupt nicht ans Schwimmen dachte. Stattdessen hielt sie die Arme, als wollte sie den Mond umarmen.

Regelrecht verzückt, versank sie allmählich im Wasser, tiefer und tiefer, bis sie am Ende aufhörte zu atmen.

Der Mond oben am Himmel wurde von Mitleid und Trauer gerührt. Die Tränen kamen ihm. Eine leichte Wolke verdeckte einen Augenblick seinen sonst so heiteren Glanz, als ob auch der Himmel an seiner Rührung teilhaben wollte. Ganz bewegt fing der Mond erneut an zu weinen.

Doch mit der himmlischen Macht, die ihm ja zu eigen ist, verwandelte der Mond das hübsche Tupí-Mädchen in eine großartige Blüte, die sich des Abends öffnet und am anderen Morgen wieder schließt. Sie begleitet den Mond auf seiner Bahn, wie es auch die verliebte Japuna getan hatte. Die große Blattscheibe zeigt die Umrisse einer Umarmung, mit der Japuna ja den Tod gefunden hatte. Und das Blatt ist so stark, dass es einen Menschen mit einem Gewicht bis zu fünfundvierzig Kilogramm zu tragen vermag; und das war ja auch genau das Gewicht der jungen Frau, als sie vor Leidenschaft unterging. Das Schwimmblatt ist so groß, dass es den ganzen Glanz des Mondes zu bergen vermag. So betrachten sich Tupí-Mädchen und Himmelsmond, verliebt wie sie sind, seit jeher ebenso wie in alle Zukunft.

Die Tupís, die dem traurigen Los des nicht minder traurigen Mädchens auf der Spur blieben, gaben der Pflanze und ihrer Blüte, die in Seen und stillen Gewässern wächst, den Namen der jungen Frau: Japuna. Weiße, die noch Liebe zur Natur haben, nennen sie stolz Victoria regia. Nur die Wissenschaftler, die mit Geschichten unserer

16

weisen Ureinwohner in der Regel wenig anzufangen wissen, schufen für sie den ziemlich künstlichen Namen Nymphäe. In Wirklichkeit jedoch heißt sie Japuna.

Und wir, die wir die schöne Sprache der Tupís leider nicht verstehen, geben uns mit dem anregenden Namen Victoria regia zufrieden, um mit diesem Wort niemanden anders als Japuna die Ehre zu geben.

EINE UNMÖGLICHE LIEBE:
DIE WASSERFÄLLE AM IGUAÇÚ

Niemand, der je die mächtigen Wässerfälle des Iguaçú-Flusses an der Grenze zwischen Brasilien und Argentinien gesehen hat, wird die stolze Palme vergessen, die – exakt an der Stelle, an der die Wassermassen siebzig Meter in die Tiefe stürzen – sich auf einem winzigen Inselchen in den Himmel streckt. Und genau dort, nahe der Palme, ist tief unten im klaren Wasser ein Stein zu erkennen. Es mutet wie ein Wunder der Natur an, dass sowohl die Palme als auch der Stein dem Wirbel der tosenden Wassermassen standhalten.
Die Indianer, die dort leben, die Kaingang, kennen den Grund und verraten uns sein Geheimnis. Die Kaingang-Indianer also erzählen sich folgende höchst dramatische Geschichte.

Gut und Böse liefern sich in der Natur einen nicht enden wollenden Kampf, der sich sowohl in der Geschichte des Stammes als auch im Leben eines jeden Kaingang niederschlägt. Jede der beiden Seiten hat Siege und Niederlagen zu verbuchen, ohne dass einer jedoch der endgültige Sieg über die andere gelänge. Nun haben sich die Medizinmänner der Kaingang aber eine Kampfeslist ausgedacht, damit das Gute doch noch das letzte Wort hat, ohne allerdings das Böse ganz ausmerzen zu können. Die Geschichte lautet so:
Jedes Jahr im Frühling bieten die Kaingang dem Bösen das schönste Mädchen des Stammes zur Heirat an. Vorher allerdings darf die junge Frau weder einen Mann angeschaut noch ihr Herz von einem Verehrer erobert haben lassen. Das Böse, dem mit der Vermählung Genüge getan wird, zügelt im Gegenzug dann seine Boshaftigkeit. Es lässt weniger Menschen krank werden, schickt weniger Unwetter

über die Dörfer, überzieht die Mais- und Maniokfelder mit weniger Plagen und lässt feindliche Stämme weniger Angriffe beginnen. Für die junge Frau, auf die die Wahl fällt, bedeutet die verhängnisvolle Hochzeit indes sogar eine Ehre, weiß sie doch, dass sie damit dem ganzen Stamm einen Dienst leistet.

Einmal traf die Wahl Naipí, die Tochter des großen Häuptlings. Naipí war eine ausgesprochene Schönheit, und die angesehensten Krieger begehrten sie. Nur, da sie sich mit dem Bösen verlobt wusste und dadurch dem ganzen Gemeinwesen etwas Gutes tun wollte, verhielt sie sich völlig abweisend und zeigte allen Männern die kalte Schulter. Ja, gespannt fieberte sie dem Tag der Trauung entgegen. Die Vorbereitungen für das Fest waren in vollem Gang, und die Einladungen waren schon an alle umliegenden Dörfer ergangen.

Mittlerweile trafen allmählich sogar schon die eingeladenen Gäste in großer Zahl ein und halfen bei der Vorbereitung des Festschmauses: Wild, Fisch, Obst, Gemüse, Bier, und alles in Hülle und Fülle. Unter den Gästen befand sich auch Taborá, ein junger kräftiger Krieger, schlank von Gestalt, mit anmutigem Gesicht und angenehmen Umgangsformen. Taborá hob sich von allen anderen dermaßen ab, dass er Naipís Aufmerksamkeit auf sich zog. Und als sich ihre Blicke einmal trafen, entbrannte in beiden eine solchermaßen mitreißende Leidenschaft, dass nicht einmal mehr das Böse sie beherrschen konnte.

Während die Festgesellschaft mit den Vorbereitungen für die Hochzeit alle Hände voll zu tun hatte, trafen sich Naipí und Taborá heimlich am Ufer des Iguaçú. Sie lagen sich in den Armen und küssten sich. An Schwüren ewiger Liebe fehlte es nicht. So ging es drei, vier Tage. Am Ende schmiedeten sie gemeinsam einen Plan, wie sie fliehen und sich ihrer großen Liebe hingeben könnten. Taborá besorgte ein schnelles Boot. Am Tag vor dem großen Fest, wenn alle gewiss schon todmüde eingeschlafen sein würden, wollten sie klammheimlich Reißaus nehmen.

Doch das Böse, gegenwärtig wie es war, hatte alles mitbekommen und alles gehört, ohne dass es irgendjemand bemerkt hatte. Solch ein Verrat durfte nun wirklich nicht ungerächt bleiben! Also lauerte es den beiden auf, bis sie ihre Flucht über den Fluss begannen. Doch als Naipí und Taborá in ihrem Boot überglücklich schon ein gutes Stück zurückgelegt hatten – war denn nicht alles planmäßig verlaufen! –, da hörten sie mit einem Mal am Himmel ein mächtiges Zischen. In der Gestalt einer riesigen Schlange sahen sie sich dem Bösen gegenüber, wie es sich in der Luft wandte und dann mit aller Wucht mitten in den Fluss stürzte. Der Aufprall war so gewaltig, dass er einen enormen Krater in das Bett des Flusses grub. Die Wassermassen fielen in das Loch und rissen das zerbrechliche Boot mit hinab. So entstanden aufgrund der Wut des Bösen die Iguaçú-Fälle.

Um seine Rache vollständig zu machen, verwandelte das Böse Taborá in eine Palme auf der Höhe der Fälle und Naipí in einen Stein tief unten im Wasser, ganz in der Nähe Taborás. So kommt es, dass der junge Krieger von seinem Standort aus, von dort oben herab seine Geliebte betrachtet, ohne jedoch sich ihr nähern oder sie gar berühren zu können.

Indessen, stärker als das Böse ist die Liebe. Diese kennt tausend Listen, um sich zu verewigen. So nutzt zum Beispiel Taborá, wenn der Eiswind, der pfeifende Wind aus dem Süden kommt und die Krone der Palme zerzaust, die Gelegenheit und flüstert seiner Naipí Liebesgrüße zu. Und wenn der Frühling anbricht, schickt er ihr aus seinen Dolden Blüten, um sie, die sich ja dort unten im Wasser verborgen hält, liebevoll zu streicheln.

Naipí hüllt ihrerseits ein Schleier klarer, frischer Wasserwellen ein, die ihr die Stirn schmücken und die Glut ihrer Leidenschaft zu Taborá kühlen.

Etwas jedoch war der Rachewut des Bösen entgangen: der Regenbogen, der ja das Gute anzeigt. Von Zeit zu Zeit, besonders nach kräftigen Regengüssen, überrascht er alle und schafft eine Verbindung zwischen der Palme und dem Stein. In dem Moment bricht Ekstase aus. Alle Energien werden lebendig und verbinden sich zu einem Reigen. Taborá und Naipí umschlingen und verschlingen sich in Liebe und Leidenschaft.

Besonders begabte Menschen – sagen wir: Naturfreunde und Kinder des Regenbogens – erzählen, in diesem Augenblick könne man beobachten, wie eine Lichtaura Taborá, der ja zur Palme, und Naipí, die ja zum Stein geworden war, für den Bruchteil einer Sekunde ihre menschliche Gestalt zurückgäbe. Einen Augenblick lang, der aber so dicht sei wie eine Ewigkeit, seien sie wieder richtige Menschen. Wer hätte sie dann noch nicht gehört, das Liebesgeflüster und die Liebesschwüre der beiden ohne Ende?

Und weiter erzählen sie, wenn der Regenbogen allmählich erlösche, sei auch ein trauriges Klagen und Flehen zu hören, als ob jemand zerrissenen Herzens Abschied nehme, aber auch schon sehnsuchtsvoll der Hoffnung Ausdruck gebe, dass sich der Regenbogen erneut zeige. Dann werde Taborá wieder zur Palme auf dem Inselchen und Naipí neuerlich zum Stein im Wasser. Doch ein Feuer brenne zwischen beiden, das ewige Feuer der Liebe.

DAS LIED DER ZAUBERFLÖTE: DER IRAPURÚ-VOGEL

Der Irapurú ist einer der kleinsten Vögel des Amazonaswaldes. Ein besonderes Farbenkleid, das ihn auszeichnete, trägt er nicht. Im Vergleich zur Pracht von Papageien und Tukanen halten ihn manche sogar für hässlich. Dafür aber hat er eine unvergleichliche Stimme. Allerdings singt er nur vierzehn Tage im Jahr, während der Nistzeit, und zwar jeweils nicht länger als fünf Minuten. Schon weit vor dem Morgengrauen fängt er an zu zwitschern, wenn alle anderen Vögel noch schlafen. Sein ebenso schöner wie trauriger Gesang klingt weithin durch den ganzen Wald. Warum zwitschert das Irapurú-Vögelchen nur mit so viel Gefühl?
Die Tupí-Indianer haben eine Erklärung dafür.

Im Stamm lebte ein junger Mann, der wunderbar Flöte spielte. Man gab ihm den Spitznamen Catuboré, was so viel wie »Zauberflöte« heißt. Catuboré war weder eine Schönheit, noch strahlte er besonderen Charme aus. Da er aber so unvergleichlich Flöte spielte, hatten nahezu alle Mädchen im Heiratsalter ein Auge auf ihn geworfen. Doch allein die sympathische Mainá hatte es fertig gebracht, sein Herz zu erobern. Die Hochzeit sollte im Frühjahr stattfinden, wenn überall im Wald die Fastenzeitsträucher lila und gelb blühen und die Zimtbäume ihre rote Blütenpracht zeigen.

Doch eine Tragödie passierte. Eines Tages ging Catuboré, die »Zauberflöte«, zum Fischen an einen See in ziemlicher Entfernung von der Maloka. Es wurde dunkel, ohne dass der junge Mann zurückgekommen wäre.

Mainá und ihre Freundinnen taten die ganze Nacht kein Auge zu, so bang war es ihnen ums Herz aus Sorge und böser Ahnungen wegen. Tags darauf machte sich der ganze Stamm auf, um Catuboré zu suchen. Schließlich fanden sie »Zauberflöte« nicht weit vom See am Fuße eines großen Baumes tot und schon erstarrt. Kein Zweifel: eine Giftschlange hatte ihn ins Bein gebissen und dabei tödlich verletzt.

Alle weinten bitterlich, insbesondere natürlich Mainá und die Mädchen, die sich von den lieblichen Klängen seiner Flöte immer hatten hinreißen lassen. Doch da der Weg von der Stelle bis zur Maloka weit war und da ohnehin alle anwesend waren, beschlossen sie, Catuboré ebenda zu bestatten, zu Füßen des Baumes, der seinen Tod hatte miterleben müssen.

Jedes Mal, wenn in der Folge Trauer und Sehnsucht Mainá nahezu erdrückten, kam die junge Frau mit ihren Freundinnen, um am Grab des Geliebten zu weinen. Auch nach mehreren Wochen waren Gefühle und Tränen noch nicht geringer geworden.

Als Catuborés Seele sah, wie traurig die Geliebte noch immer war, war es auch mit ihrem Frieden vorbei. Sie weinte mit und beklagte das gemeinsame Unglück. In ihrem Schmerz bat sie den Geist des Waldes, sie in einen Vogel zu verwandeln, der – so klein und unansehnlich er auch sein möchte – doch so gut singen könnte, dass sich Mainá durch sein Lied getröstet fühlte.

Und wirklich, der Geist des Waldes verwandelte die Seele des jungen Mannes in einen Irapurú-Vogel. Dieser ähnelt in der Tat Catuboré, nicht weil er besonders schön wäre, sondern weil er wie niemand sonst im ganzen Wald singt und sein Lied wie Catuborés Flötenspiel klingt.

Bis auf den heutigen Tag, auch nachdem schon so lange Zeit verflossen ist, singt der Irapurú noch immer, wenn auch nur ab und zu. Doch stimmt er seinen traurig-schönen Gesang an, fühlen sich alle

Tiere gegenseitig angezogen, beginnen ihr Liebesspiel und küssen sich zärtlich. Und was bleibt den anderen Vögeln, die normalerweise ja auch singen und zwitschern, dann anders, als ehrfürchtig und aufmerksam zu schweigen? Bei solcher Gelegenheit ist dann nur die wehmütige Stimme des Irapurú zu hören, wie er seine Geliebte tröstet.

WARUM LEUCHTEN
SO VIELE STERNE AM HIMMEL?

Immer schon hat sich der Geist des Menschen vom sternenübersäten
Himmel hinreißen lassen. Mit seiner Majestät weckt er in ihm
Ehrfurcht vor dem, der sich hinter ihm verbirgt und den Sternen souve-
rän ihre nie endenwollende Bahn weist.
Wer eigentlich hat denn die Lichter dort oben ans unendliche
Firmament gesteckt?, fragt sich der Mensch fortwährend. Jedes Volk
hat seine eigene Kosmologie entwickelt, will sagen: sein eigenes Bild
vom Universum, mittels dessen es sich zu erklären versucht, warum
Himmel und Erde entstanden und den Bund der Ehe miteinander eingegangen sind.
Die Karajás im Gebiet zwischen den Flüssen Xingú und Tocantins
erzählen sich eine wunderbare Geschichte über einen Mann, der, mutig
wie er war, das Firmament erst richtig schön machte.

Es lebte ein Karajá-Indianer, der die Natur sehr liebte; ja, er liebte sie
mehr, als alle Tiere und Vögel sie lieben, mit denen er sich im Übrigen gut verstand, sprach er doch ihrer aller Sprache.

Als er eines Morgens einen Schwarm Papageien hoch über sich
dahinfliegen sah, wurde ihm mit einem Mal klar, dass das Firmament
ja leer war. Kein einziger Stern, der es verschönt hätte! Der anbre-
chende Tag ließ den Himmel, vor allem um den Hundsstern herum,
einfach grau erscheinen.

– Warum ist der Himmel bloß so leer? – fragte der Karajá die Vögel,
die auf dem Baum gleich neben ihm saßen. Aber diese taten so, als
hätten sie seine Frage nicht verstanden, obgleich ihnen seine Stimme
alles andere als unbekannt war. Lauter und nachdrücklich fragte der
Indianer noch einmal.

– Warum ist der Himmel bloß so schrecklich leer? Sagt es mir doch, bitte!

Der Fuchs wagte sich vor und antwortete:

– Der Königs-Aasgeier, der Herr der Höhen, der Urubú hat die Sterne gestohlen. Er wollte sich damit den Kamm auf seinem Kopf schmücken, um auf diese Weise noch strahlender zu erscheinen.

Als der Karajá-Indianer das hörte, beschloss er, die Sache mit dem Königs-Aasgeier zu klären. Er nahm seine Waffen und machte sich auf die Suche nach dem Versteck, wo der Urubú sein Nest hatte. Doch als dieser den Mann kommen sah, ging er ihn direkt an:

– Was? Du bist gekommen, um mich herauszufordern? Weißt du denn nicht, du kleiner Knirps, was für eine Kraft ich in meinen Krallen und in meinem Schnabel habe? Eins, zwei drei ... und ich hab' dir die Adern aufgeschlitzt und dich in Stücke gehackt.

Der Karajá-Mann, der es nie an Mut hatte fehlen lassen, die Tiere im Grunde aber liebte, legte seine Waffen beiseite und ging stracks auf den Königs-Aasgeier zu. Stundenlang lieferten sich die beiden einen heftigen Kampf. Hatte der Urubú Kraft, war der Mensch geschickt genug, sich tiefen Schnitten durch die Krallen und bösen Schnabelhieben zu entziehen. So ging es eine ganze Zeit. Federn flogen, Schreie gellten, und Karajá und Urubú wälzten sich am Boden, bis beide schließlich völlig erschöpft waren. Am Ende gelang es dem Karajá dann aber doch, den Königs-Aasgeier zu fassen, seine Füße zu fesseln und ihm den Schnabel zuzuhalten.

– Wenn du willst, dass ich dir die Freiheit wiedergebe, – sagte der Karajá triumphierend, – dann gib das Licht heraus, das du im Kamm auf deinem Kopf und in deinen Federn versteckt hältst! Der Schöpfer hat die Sterne ans Firmament gehängt, damit die Nacht schöner wird und nicht damit du deiner Eitelkeit frönen kannst.

Doch der König der Lüfte, der auch das Geheimnis der ewigen Jugend besaß, wollte nichts davon wissen, auf Lichter und Glanz zu verzichten, die sein Gefieder so faszinierend machten. Was hätte er schon davon gehabt, ewig jung zu sein, wenn er ohne Reize hätte auskommen und grau in grau hätte dahinleben müssen?

Der Karajá verlor die Geduld, darauf zu warten, wie sich der Königs-Aasgeier entscheiden würde. Also begann er, dem Urubú die Federn am Kopf einzeln auszuzupfen. Jede Feder, die er dabei in die Luft warf, verwandelte sich in einen Stern am Firmament. Als er dann mit einem Mal ein ganzes Büschel Federn nahm und es hochwarf, bildeten sich die Gestirne, welche die Karajás die »Erschrockenen Truthahnaugen« nennen und welche in der Astronomie Alpha und Beta im Sternbild Kentaur heißen. Ein zweites Büschel wurde zu den »Sieben Papagaien«, die wir unter dem Namen Plejaden kennen. Ein weiteres zu den »Menschenaugen«, das heißt zu Alpha und Beta im Kreuz des Südens. Und als der Karajá am Ende dem Urubú gar eine ganze Hand voll Federn ausriss und gegen den Himmel warf, erschien der »Weg der Sterne«, der unter uns als Milchstraße bekannt ist.

Allerdings hafteten die am schönsten glänzenden Federn noch am Kopf des Königs-Aasgeiers. Als es dem Karajá dann gelang, auch diese noch auszureißen und in die Höhe zu werfen, legte sich über den Himmel ein zarter, milder Glanz. Vollmond war zur Welt gekommen. Nur wenig später leuchtete schließlich ein gewaltiger Feuersbrand auf, der den ganzen Himmel erstrahlen ließ und fortan den Tagen Wärme verlieh. Geboren war die Sonne.

In Anbetracht dieses ganzen Glanzes dachte der Karajá-Indianer halblaut vor sich hin:
– Aber wäre es nicht gut, wenn sich aus Achtung vor dem zarten Glanz der Sterne und der Zurückhaltung des Mondes die Sonne dann und wann ein wenig versteckte?

Die Sonne hörte, was der Karajá da geflüstert hatte, und entsprach seinem Wunsch. Das ist der Grund, weshalb

sie sich nachts zurücknimmt. Deshalb können die Sterne die Schönheit ihres Glanzes, und kann auch der Mond sein mildes Licht zeigen.

Als nun die Nacht angebrochen war, nutzte der Königs-Aasgeier eine Gelegenheit und floh. Seit der Zeit trägt er – wie zu Urzeiten – keinen strahlenden Federkamm und keinen glänzenden Hals mehr zur Schau. Fortan ähnelt sein Kopf eher der Schale einer geteilten Apfelsine und sein Hals einem verdorrten Zweig.

Doch während er davonflog, schrie er in abfälligem Ton noch dem Karajá zu:

– Du hast mir meine Federn gestohlen, dafür habe ich aber noch das Geheimnis der ewigen Jugend.

Und um den Indianer in Wut zu versetzen, flüsterte er das Geheimnis gerademal vor sich hin, in der Annahme, es befände sich niemand in seiner Nähe. Der Karajá konnte die Worte nicht verstehen, aber die Vögel und die Bäume hörten dafür zumindest die wichtigsten Sätze sehr wohl.

So haben Vögel und Bäume es gelernt, sich das Geheimnis der ewigen Jugend bis auf den heutigen Tag zu erhalten: Von Zeit zu Zeit erneuern die Vögel des Himmels ihre Federn und die Pflanzen und Bäume der Erde ihre Blätter.

Der namenlose Karajá-Indianer ist nicht vergessen. Denn wenn sich sein Volk abends um das Feuer versammelt und die Alten all die Geschichten von Himmel und Erde, von Sonne und Mond, von Sternen und vom Himmel erzählen, denken sie auch an ihn. Betört betrachten sie dann die majestätische Größe des Sternenhimmels. Und wenn das Feuer dann erlischt, hüllen sie sich in ehrfürchtiges Schweigen. Einer nach dem anderen zieht sich still zurück, und jeder trägt den sternenübersäten Himmel in seinem Herzen. Dann legen sie sich in ihre Hängematten und verbringen heiter die Nacht.

DIE ZURÜCKEROBERUNG
DES TAGES

Am Anfang aller Dinge ist die Nacht. Im Geheimnis der Nacht ist alles verborgen. Werden die Dinge geboren, bringen sie das Licht mit und lassen alles andere sichtbar werden. Doch wie entstand dann der Tag, wenn vorher alles Nacht war?
Bei den Kamayurá-Indianern am Oberen Xingú gibt es eine interessante Geschichte, die davon handelt, wie der Tag zurückerobert wurde.

Sonne und Monde, beide unzertrennliche Geschwister, gab es bereits. Und sie wussten auch, dass es so etwas wie den Tag gab. Nur hatte ihn der Königs-Aasgeier, der ja der Anführer aller Vögel ist, geraubt. Der Königs-Aasgeier fliegt sehr hoch, oberhalb der Wolken, und kommt sogar bis in die Nähe von Sonne und Mond. Diesen Vorteil hatte er genutzt und den Tag schlicht entführt. Jetzt achtete er darauf, dass der Tag nicht aus seinem Dorf entfloh.

Doch Sonne und Mond waren fest entschlossen, den Tag zurückzuerobern, koste es, was es wolle. Gemeinsam entwickelten sie folgenden Plan:

Aus Stroh bildeten sie den Körper eines Tapirs nach, und zwar in so einzigartiger Weise treffend, dass er besser gar nicht hätte aussehen können. Niemand hätte ihn von einem echten Tapirkadaver unterscheiden können. Darauf füllten sie die Puppe mit Mist und anderen Abfällen, damit sich darin möglichst viele Larven bildeten. Fliegen umkreisten den Tapir, so sehr ähnelte er einem bereits in fortgeschrittenem Zustand der Verwesung befindlichen Kadaver.

Da meinten Sonne und Mond zu den Fliegen:
– Schwestern! Sagt den Vögeln in ihren Dörfern, hier läge das Aas

eines Tapirs und die Larven kröchen bereits überall darin herum! Larven mögen Vögel ja besonders gern. Nehmt ein paar Larven mit, um ihren Appetit zu wecken und überzeugt sie so davon, dass sie hierher kommen.

Also flog ein ganzer Schwarm von Fliegen ins Dorf der Vögel. Dort thronte der Königs-Aasgeier und gab allen seine Befehle. Eine der Fliegen, die mit der größten Ausstrahlung, ergriff das Wort:

– Schwestern und Brüder Vögel, erhabener Urubú, Königs-Aasgeier! Nicht weit von hier weiß ich ein Festmahl für euch. Ganz in der Nähe liegt ein toter Tapir voller Larven. Ihr solltet die Gelegenheit nicht verpassen und gleich aufbrechen, bevor andere dort vorbeikommen und verschlingen, was von dem Tapir noch übrig ist.

Als der Königs-Aasgeier das hörte, war er gleich Feuer und Flamme. Aas war schließlich sein Lieblingsgericht. Also veranlasste er die Vögel, sich zu dem Tapir aufzumachen und an den Larven gütlich zu tun. Und tatsächlich, mit dem Königs-Aasgeier als Anführer schwärmten Dutzende von Vögeln los.

Als sie am Ziel ankamen, sahen Sonne und Mond gleich, dass auch der Königs-Aasgeier dabei war. Doch noch bevor er sich dem Tapir hatte nähern können, packten die beiden ihn an den Beinen und hielten ihn mit aller Gewalt fest. Dann sagte das Geschwisterpaar zu ihm:

– Urubú, Königs-Aasgeier! Wir haben Licht, den Tag aber hast du uns gestohlen. Als König der Vögel meinst du, den Tag in deinem Dorf gefangen halten zu können, und gestattest ihm nicht, dass er das Dorf verlässt und denen, die in der Nacht sind, hilft. Gib uns bitte den Tag zurück! Tust du das nicht, nehmen wir dich in Gefangenschaft.

– Und wie wollt ihr das anstellen? Seid ihr denn nicht mit dem Licht zufrieden? Reicht es euch nicht, über den ganzen Himmel zu herrschen? – wehrte sich der Königs-Aasgeier. Unter keinen Umständen wollte er den Tag abgeben. Doch da er sah, dass Sonne und Mond seine Beine nicht losließen, versprach er ihnen, den Tag zurückzugeben. Also ließ er den Jacú-Hahn kommen, der sein besonderer Freund war, und sagte ihm:

– Vetter Jacú-Hahn, mach dich mit roten Arafedern hübsch, setzt dir den Federnreif auf, leg dir Ringe an, flieg ins Dorf und bring mir noch heute von dort den Tag!

Der Jacú-Hahn machte sich umgehend auf den Weg. Nur wenig später kam er zurück und hatte tatsächlich den Tag dabei. Dieser strahlte geradezu. Hinter sich her zog er eine Bahn funkelnden Lichtes, das alles, was es überhaupt nur gab, erleuchtete.

Der Jacú-Hahn übergab den Tag dem König-Aasgeier, der ihn nicht gerade vergnügt an Sonne und Mond weitergab. Diese entließen den Tag endlich wieder in die Freiheit. Dafür schwang sich der Urubú in die Höhe und verschwand nach und nach im unendlichen Blau des Firmaments.

Seit dem Zeitpunkt gibt es kein Wesen mehr, dem nicht Tag und Nacht vertraut wäre. Sonnenverklärt erhebt sich der Tag am Morgen, strahlt gegen Mittag voll auf, und in dem Maß, in dem der Nachmittag Raum gewinnt, wird er schwächer und unscheinbarer, bis er dann am Abend gänzlich verschwindet. Doch jeden Morgen ersteht er strahlend wie neugeboren aus der Dunkelheit und bringt der ganzen Natur Freude und Genugtuung: Blüten und Blumen öffnen sich, die Vögel beginnen zu singen, die Tiere erwachen und die Menschen nehmen ihre Arbeit auf. Und dieses ganze Wunder geschieht immer wieder deshalb, weil Schwester Sonne und Bruder Mond den Tag aus der Gefangenschaft befreien konnten, in welcher der Königs-Aasgeier ihn gehalten hatte.

UND DIE SONNE STRAHLT
WIEDER FÜR ALLE

Alle großen Kulturen kennen Überlieferungen und Geschichten, in denen die Sonne eine zentrale Rolle spielt. Die Sonne ist für alle Quelle des Lebens. Antike Menschen waren der Ansicht, die Sonne – sollte sie denn auch weiterhin Leben spenden können – müsste selbst mit Leben gespeist werden. So boten sie dem Himmelskörper Menschenopfer an. Diese vollzogen sich in rituellen Formen und sollten Dank und Bitte zum Ausdruck bringen. Die Menschen, die geopfert wurden, fühlten sich geehrt, sterben zu dürfen, wurden sie doch im Tod zu Lichtstrahlen, die die Sonne ausschickt, und gewährleisteten sie mit ihrem Opfer doch den Fortbestand der Sonne und damit Lebensmöglichkeit für alle Lebewesen.

In nahezu allen Mythen ist die Sonne, wie wir sie heute kennen, eine unter zahlreichen anderen Sonnen, die es früher mal gab. Das bedeutet, dass die Geschichte der Natur nicht linear verläuft, sondern voller Übergänge von einem Stadium zum anderen steckt. Die Geschichte der Natur fängt immer wieder neu an und kennt viele Phasen.

Auch die Juruna-Indianer auf der Bananal-Insel im mittelbrasilanischen Bundesstaat Tocantins erzählen sich eine diesbezügliche Geschichte von der Sonne.

Um sich ihren Anteil am Leben, ohne den sie selbst ja nicht hätte überleben können, zu sichern, entwickelte die Sonne folgende List: In der Nähe ihres Hauses hob sie in einem Felsen eine Grube aus, die sie mit Wasser füllte. Nun hatte es mit der Grube aber die Bewandtnis, dass jeder, der Kopf oder Hand hineinsteckte, weder das eine noch das andere wieder herausbekam. So geschah es, dass jeder, der zum

Wasserschöpfen kam, festgehalten und sodann der Sonne geopfert wurde.

Eines Tages nun kam ein Juruna-Indianer nahe der Stelle vorbei, ohne auch nur die geringste Ahnung von der Falle zu haben. Als er das Wasser sah, wollte er etwas davon schöpfen. Natürlich bekam auch er die Hand nicht wieder heraus und saß fest.

Da merkte er, dass er in eine Falle geraten war. Doch klug, wie er war, dachte er:

– Wenn der Sonnenball kommt, werde ich mich tot stellen. Einen Toten, der ich dann bin, wird er wohl kaum fressen. Später werde ich dann versuchen, irgendwie zu flüchten. So werde ich mein Leben retten.

Als er dann an der steigenden Hitze spürte, dass die Sonne tatsächlich näher kam, stellte er sich, wie geplant, tot. Den Atem hielt er an, die Augen bewegte er nicht mehr, und sogar den Herzschlag ließ er ruhen. Die Sonne kam, sah den Indianer da liegen und schaute sich ihn genau an. Die Augenlider schob sie ihm hoch, tastete sein Herz ab und konnte auch kein Atmen mehr feststellen. Offenbar war der Indianer wirklich tot. Um ganz sicher zu gehen, schüttete sie noch ein Ameisennest über ihn aus. Geduldig ertrug der Juruna-Indianer alle Ameisenbisse und gab nicht das geringste Lebenszeichen von sich. Alle Zweifel war beseitigt: der Mensch war wirklich tot. Also steckte die Sonne ihn in einen Korb und nahm ihn mit nach Hause. Zu Hause angekommen, hing sie den Korb an den Ast eines Baumes in der Nähe ihrer Haustür.

Am folgenden Tag sagte der Sonnenball einem seiner Kinder:

– Mein Sohn, hol mir den Korb mit dem toten Juruna-Indianer, den ich gestern gefunden habe, ins Haus!

Der Sohn der Sonne ging los, fand den Korb zwar, doch der war leer. Denn der Juruna hatte die Nacht, während die Sonne schlief, genutzt und war geflohen. Ganz außer sich vor Wut, befahl die Sonne ihrem Zauberbuschmesser, mit dem sie sonst die Lebewesen opferte, hinter dem Juruna herzulaufen. Sie brauchte nur den Befehl zu erteilen, und schon begann das riesige Messer in alle Richtungen zu hauen und zu schlagen.

Es schlug bald hierhin, bald dorthin. Irgendwo musste der Juruna doch stecken! Dabei traf es das Reh und den Tapir, den Ameisenbär und – nicht zu vergessen – den Königssperber.

Als das Buschmesser schließlich zurückkam, sagte die Sonne zu ihm:

– Gut, dass du auf so viele Tiere eingeschlagen hast. Nur, kein einziges davon war der Juruna, den ich haben will. Es wird dir nichts anderes übrig bleiben, als weiter um dich zu schlagen, bis du den flüchtigen Indianer doch noch fängst.

Folglich machte sich das Zauberbuschmesser erneut auf den Weg, um auf alles, was ihm in die Quere kam, einzuschlagen, bis es schließlich auf einen Stamm mit einem großen Loch darin traf. Da blieb ihm nicht verborgen, dass sich in dem Hohlraum der flüchtige Juruna aufhielt. Also schlug es auf den Stamm, schlug und schlug, doch der Indianer wollte nicht herauskommen. Da kam ihm die Idee, einen langen Bambusstab zu nehmen und in das Loch zu schieben. Dabei wurde der Indianer böse verletzt, aber nie wäre er aus seinem Versteck hervorgekrochen. Über das ganze Hin und Her wurde es Nacht, und das Zauberbuschmesser stellte schließlich die Verfolgung ein. Wieder zu Hause eingetroffen, erzählte es der Sonne alles. Doch die Sonne gab sich nicht zufrieden:

– Alles gut so, Buschmesser, was du angestellt hast. Aber du bist noch nicht fertig. Ich erwarte von dir, dass du einen schweren Stein vor das Loch wälzt und der Juruna auf diese Weise zu Tode kommt.

Doch in der Nacht fing der Juruna-Indianer in der Höhle an zu rufen:

– Hilfe, Hilfe, Brüder und Schwestern des Waldes, Hilfe! Holt mich

doch aus diesem Loch! Sonst bringt die Sonne mich am Ende
um.

Und mit einem Mal kamen sie von allen Seiten, die Tiere des
Waldes: Tapir und Caititú-Schwein, Reh und Affe, Paka, Agutis-
Goldhase und Ameisenbär. Ja, sogar der Buntjaguar kam. Da
der Indianer schwer verletzt war, mussten sie die Öffnung um
einiges erweitern, damit sie ihn, ohne ihm allzu sehr wehzu-
tun, herausholen konnten. Also fingen die Tiere an, an
den Kanten zu nagen, um das Loch zu vergrößern.
Doch manche brachen sich dabei die Zähne ab. Sofort
nahmen andere ihren Platz ein. Der Tapir arbeitete
ganz ausgezeichnet. Das Loch wurde jedenfalls
immer größer. Der Juruna steckte den Kopf heraus,
doch der Körper passte noch nicht hindurch. Da griff der
Agutis-Goldhase ein; ihm gelang es, das Loch noch weiter
zu öffnen. Schließlich kam das Paka, welches das Werk zu
Ende brachte. Endlich konnte der Juruna herauskriechen.
Er bedankte sich bei allen Brüdern und Schwestern für ihre
Hilfe und verschwand im Wald.

Als die Sonne mit dem Zauberbuschmesser an der
Stelle eintraf, um des Indianers habhaft zu werden, war dieser
bereits über alle Berge und näherte sich seinem Heimatort.
Die Sonne musste sich geschlagen geben.

Drei Tage darauf – der Juruna hatte sich inzwischen von
dem Schrecken erholt – sagte er seiner Mutter:
– Ich gehe weg. Ich will nur eben ein paar Kokosnüsse
im Wald sammeln.
– Tu das bitte nicht, mein Kind – antwortete die Mutter.
Die Sonne wird dich fangen und töten.

Doch der Juruna, der das Haar geschnitten und sich mit
Jenipapo-Saft dunkel angemalt hatte, erwiderte der Mutter:

– Ich sehe doch jetzt ganz anders aus. Der Himmelskörper wird mich schon nicht wiedererkennen. Du kannst ganz ruhig sein, Mutter.

Und weg war er. Die erste Palme, auf die er stieß, kletterte er hoch und fing an, die Kokosnüsse einzusammeln. Während er so am Werk war, kam die Sonne vorbei und merkte, dass sich da oben jemand zu schaffen machte. Das wird wohl ein Affe sein, dachte sie zunächst. Doch als sie genauer hinsah, bemerkte sie den Juruna. Da brach es aus ihr hervor:

– Das hab ich doch gleich gewusst, dass du es bist, geflohener Indianer! Vorige Tage bist du mir entwischt, aber jetzt hab ich dich, und du wirst sterben. Komm auf der Stelle herunter, dass ich dir den Todesstoß versetze!

Doch der Juruna rief laut und deutlich aus der Krone der Palme:

– Ich bin ja gar nicht der, den du suchst. Ich bin ein ganz anderer.

– Mich führst du nicht hinters Licht, wie du das Buschmesser hinters Licht geführt hast. Auf der Stelle kommst du jetzt vom Baum herunter und wirst auch auf der Stelle sterben, antwortete die Sonne in drohendem Ton.

Da fiel dem Juruna eine List ein:

– Gute Sonne! Hier gibt es jede Menge Kokosnüsse, beste Kokosnüsse. Soll ich dir nicht mal ein Bündel Kokosnüsse hinunterwerfen, dass du sie probieren kannst? Und im selben Augenblick warf er der Sonne ein kleines Bündel Kokosnüsse hinunter. Die Sonne öffnete die Arme und fing das Geschenk. Und wieder rief der Indianer:

– Erhabener Sonnenball, willst du nicht noch mehr? Ich habe noch größere und noch bessere.

Und mit aller Gewalt warf er nun ein gewaltiges Bündel voller Nüsse nach unten. So schwer war das Bündel, dass die Sonne es nicht auffangen konnte. Das Bündel traf die Sonne dermaßen heftig auf die Brust, dass sie zu Boden stürzte und verschied.

Sogleich legte sich eine große Finsternis über die Erde. Fortan würde es weder Tag noch Nacht mehr geben, sondern nur noch Finsternis.

Mit dem Tod der Sonne, seiner Herrin und Gebieterin, verwandelte sich das Zauberbuschmesser in eine gefährliche Schlange. Und aus dem Blut, das aus der getöteten Sonne rann, bildeten sich im Nu alle nur möglichen Arten von giftigen Tieren: Spinnen und Schlangen, Skorpione und Tausendfüßler und Gott weiß was mehr. Derlei Getier bedeckte sofort den Boden, so dass der Juruna, der sich ja noch hoch oben in der Palme aufhielt, nicht mehr herunter konnte. Also nahm er sich die Affen zum Vorbild. Über eine ganze Strecke schwang er sich von Palme zu Palme und von Baumwipfel zu Baumwipfel, bis er sich schließlich sicheren Fußes wieder auf den Boden hinunterlassen konnte.

Da es aber dunkel war, hatte er wahrlich Mühe, den Weg nach Hause zurückzufinden. Am Ende konnte ihn seine Mutter aber dennoch wieder in die Arme schließen. Geradewegs sagte er ihr:

– Mutter, ich habe die Sonne getötet.

Da brach es aus der Mutter hervor:

– Deshalb also ist es stockfinster! Deshalb sieht man keine Hand vor den Augen! Und deshalb sterben die Leute! Kein Mensch kann mehr zur Jagd oder zum Fischen gehen. Habe ich dir nicht verboten, aus dem Hause zu gehen? Aber ungehorsam wie du bist, hast du die Welt ins Unglück gestürzt.

Unterdessen war auch in der Maloka des Sonnenballs die Frau des Himmelskörpers ganz untröstlich. Den drei Söhnen sagte sie:

– Einer von euch muss an die Stelle eures Vaters treten. Die Erde braucht nämlich unbedingt wieder Tag, Licht und Wärme. Wie soll sonst Leben gedeihen? Und wie sollen wir selbst überleben können?

Der erste, das heißt der älteste Sohn erklärte sich bereit, Stelle und Aufgabe des Vaters zu übernehmen. Er setzte sich den Sonnenkamm, von dem aus ja alles Licht in das All strahlt, auf den Kopf. Dann begann er, den Himmel emporzusteigen. Doch kaum hatte er die Hälfte des Morgens hinter sich, wurde ihm der Sonnenkamm zu heiß, und er gab auf. Da fasste sich der zweite Sohn ein Herz. Auch er setzte sich den goldenen Sonnenkamm, der ja verantwortlich ist für Licht und Wärme, auf und machte sich auf den Weg in die Höhen des Himmels. Aber auch er war gerade einmal bis in die Nähe des Mittags gekommen, als ihm die Hitze zu mächtig wurde. Also nahm er den Sonnenkamm vom Kopf und gab ebenfalls auf.

Nun war es an dem dritten Sohn, die Rolle von Sonnenball-Vater zu übernehmen. Auch er setzte sich den goldenen Sonnenkamm auf den Kopf und trat entschlossen den Weg nach oben, in Richtung des blauen Himmels an. Doch da es auch ihm wärmer und wärmer wurde, beschleunigte er seinen Schritt, bis er sich endlich auf der anderen Seite des Himmels zurückziehen konnte. Am Abend kehrte er nach Hause zurück. Dort hörte er die Mutter sagen:

– Mein Sohn, es ist gut, dass du in die Fußstapfen deines verstorbenen Vaters getreten bist. Nur bist du zu schnell gelaufen. Du musst langsamer gehen. Denn woher sollten sonst die Leute die notwendige Zeit für Jagd, Fischfang und Feldarbeit nehmen? Haste also nicht gar zu sehr! Lass es ruhiger angehen! Und wenn du am höchsten Punkt am Himmel angelangt bist, lege eine kleine Pause ein! Danach kannst du ganz allmählich wieder hinabsteigen. Und bevor du dich auf der anderen Seite zurückziehst, um schlafen zu gehen, leg noch mal eine kleine Rast ein.

Und in der Tat machte der Sonnenball-Sohn alles, was ihm die Mutter geraten hatte. Erst seit der Zeit gibt es wieder Tag und Nacht, Morgen und Mittag, – Mittag, wenn die Sonne im Zenit einen ganz kurzen Halt einlegt – ebenso wie Nachmittag und anbrechenden Abend – anbrechender Abend, wenn die Sonne zum Abschied ein letztes Mal eine winzige Pause macht.

Fortan können Menschheit und Natur endlich wieder schlafen und aufwachen und wieder arbeiten des Tags und sich zur Ruhe legen des Nachts.

Und seither geht der Sonnenball, wie ihm die große, gute Mutter empfohlen hatte, noch immer seinen Weg über das Firmament, bis auf den heutigen Tag. Nur, mittlerweile verzichtet die Sonne auf Menschenopfer. Ist ihr doch klar geworden, dass sie selbst eine dermaßen unerschöpfliche Energie in sich trägt, dass sie allen davon unaufhörlich mitteilen kann, ohne dass sie ihr je ausginge. So erfährt alles in der Welt wie eh und je die hochherzige, warme Umarmung der Sonne. Ja, die Sonne ist es, die Licht und Wärme spendet, die Leben verteilt, die die Pflanzen grünen macht und die unserer großen, lieben Mutter Erde die Kraft der Ausstrahlung schenkt.

UNTERSCHIEDE IN DER HEILIGEN EINHEIT DES LEBENS

Immer waren sich die Völker einig in der Wahrnehmung, das Leben sei eine heilige Einheit. Es ist eine einzige Kette, die allerdings aus vielen verschiedenen Gliedern besteht. Einige sind groß, andere klein; einige lang, andere kurz; einige breit, andere eng und so weiter. Die Vielfalt der Formen ist gewaltig. Die heilige Einheit der Lebenskette bzw. des Lebensflusses ist also nichts Monolithisches, sondern dank der vielfältigen Glieder etwas enorm Buntes. Auf Grund der Einheit von Fluss und Kette sind wir alle Brüder und Schwestern untereinander, auf Grund der Vielfalt der Glieder aber auch alle verschieden voneinander. Immer haben sich die Menschen gefragt: Warum sind Tiere, Vögel, Fische und Menschen so verschieden voneinander, wenn doch in ihrer aller Adern und in ihrer aller Körper dasselbe Leben schlägt und dasselbe rote Blut rollt?
Die Cinta-Larga-Indianer[4], die im Kulturraum zwischen den Flüssen Tapajós und Madeira leben, kennen eine Geschichte, die offensichtlich Einheit und Unterschied erklären soll. Und sie erzählen sie noch heute.

In früheren Zeiten waren die Vögel weder schön noch bunt. Sie sahen ziemlich trist aus. Und wenn sie sich gegenseitig anschauten, machte sie das alles andere als zufrieden.

Als der Große Geist sah, wie wenig gutgelaunt sie und die Tiere alle miteinander waren, hatte er Mitleid mit ihnen und nahm sich vor, die Lage zu ändern. Also pflanzte er im Herzen des Waldes einen

---

4 Cinta Larga: Breites Band.

schönen, stattlichen Baum. Doch statt der üblichen Blätter sollten an
dem Baum die unterschiedlichsten bunten Gegenstände hängen.

Nun gab der Große Geist Tieren und Vögeln den Auftrag, sich den
Gegenstand mit ihrer jeweiligen Lieblingsfarbe auszuwählen. Und in
der Tat: Alle stürzten herbei, um den Wunderbaum, der mit seinem
Wipfel den ganzen Wald überragte, in Augenschein zu nehmen.

Die ersten, die eintrafen, waren die Affen. Der Oberaffe schaute
sich das Bild an und zögerte keinen Moment zu sagen:

– Ich nehme die kleinen gebogenen Äste. Diese können wir als
Schwanz benutzen, mit dem wir uns an Bäumen hängen lassen und
festhalten können. Jeder Affe wird fortan solch einen Ast hinter sich
her tragen, wie die Menschen Pfeil und Bogen vor sich her tragen.

Im Chor schrien da alle Affen:

– Ja, für uns wollen wir die kleinen gebogenen Äste.

Und seither haben die Affen einen gebogenen, kräftigen Schwanz,
mit dem sie sich an den Bäumen festhalten und sich orientieren, wenn
sie von Ast zu Ast springen.

Sodann kamen die Vögel. Bereits aus der Höhe, aus der sie angeflogen kamen, sahen sie den Regenbogen am Baum hängen. Den nahmen sie für sich und steckten seine Farben an ihr Gefieder. So waren
sie voll bunter Farben, die sie bald so, bald so zusammenstellten, mal
mehr rot, mal mehr gelb, mal mehr lila, mal mehr blau.

Der Jaguar erspähte einen prächtigen schwarzen Mantel, der über
einem Zweig lag. Wie hätte er den liegen lassen können? Doch der
eine Mantel reichte nicht für alle Jaguare. Deshalb gibt es heute
Jaguare, die ganz schwarz, und andere, die schwarz-weiß gescheckt
sind.

Der Sperber entdeckte einen kleinen weißen Umhang. Im Nu hatte er ihn sich umgelegt. Seit der Zeit trägt er eine Art weißer Kapuze im Nacken.

Der Urubú-Aasgeier bevorzugte einen zur Gänze schwarzen Mantel, den er in der Nähe des Mantels des Jaguars ausgemacht hatte. Den nahm er sich und zog ihn an. Darum also sind alle Urubús bis auf den heutigen Tag schwarz.

Der Ara-Papagei war vom Blau eines weichen Schals beeindruckt, der auch irgendwo am Baum hing. Den legte er sich um. Aus diesem Grund heißt er heute Blaupapagei.

Der Blütenküsser-Kolibri, der wohl vergessen hatte, wie winzig er war, suchte sich einen gewaltigen Schnabel aus, so dass er gar nicht mehr zu fliegen im Stande war. Zusätzlich hatte er eine enorme Stimme, so dass sich alle anderen Vögel über ihn lustig machten. Was den Pfefferfresser angeht, entschied sich dieser für lebendige Farben, gelb und rot, mit denen er seinen Kropf verzierte, und sein Schnabel sollte fein und lang sein. Seine Stimme klang dünn, ganz im Gegensatz zu seiner eigenen Größe. Die ganze Vogelschar amüsierte sich über ihn, was ihn sehr verdrießte.

So kam es, dass der Tukan-Pfefferfresser dem Kolibri einen Vorschlag machte:

– Wollen wir nicht tauschen? Wir hätten beide einen Vorteil davon. Du, Kolibri, gibst mir deinen großen Schnabel mit der kräftigen, rauhen Stimme, und ich gebe dir dafür meinen langen, dünnen Schnabel, einschließlich der sanften, feinen Stimme.

Anfangs wollte der Kolibri unter gar keinen Umständen. Da er aber wegen des Gewichts des Schnabels nicht vom Boden hochkam, willigte er am Ende ein. So hatte die Vernunft obsiegt.

Seit der Zeit hat der Pfefferfresser einen großen Schnabel und eine kräftige Stimme und der Blütenküsser-Kolobri

einen feinen, langen Schnabel und ein ausgesprochen zartes Stimmchen.

Und so kam von überall her die ganze Tierwelt an. Jedes Tier wählte sich als Schmuck die Farbe und die Form, die ihm am besten gefielen.

Zum Schluss waren nur noch ein kleiner Aststumpf und einige größere Nussschalen übrig geblieben. Den Astansatz nahm sich das Reh und heftete ihn sich als Schmuck an den Kopf. So erklärt sich, dass das Reh heutzutage Hörner hat, die wie Äste aussehen. Und die Schildkröte, die ja nicht so schnell da sein konnte, musste sich mit den Nussschalen begnügen. Aber sie verstand es, die Schalen so geschickt auf ihrem Rücken anzubringen, dass daraus so etwas wie ein Dach entstand.

So konnte der Große Geist alle zufrieden stellen. Jeder hatte sich ausgesucht, was ihm am besten gefiel und ihn von den anderen unterschied. Auf diese Weise schuf er die ganze Vielfalt schöner Formen, wie sie den einen Lebensfluss und die eine Lebenskette nun einmal ausmachen.

UND DIE TIERE KEHRTEN
AUF DIE ERDE ZURÜCK

In nahezu allen Völkern gibt es uralte Erinnerungen an eine große öko-
logische Katastrophe vor langer, langer Zeit: an eine unvorstellbare
Überschwemmung, üblicherweise Sintflut genannt. Der Sintflut fiel der
Großteil der Lebewesen zum Opfer. Doch wo keine Tiere mehr sind, ist
ein wichtiges Glied in der Kette des Lebens dahin. Kinder vermissen
Spielgefährten, und Erwachsene wandelt, wenn ihnen Tiere fehlen –
man denke nur an Hunde und Katzen – tiefe Trauer und Einsamkeit an.
Wie viele andere Völker kennen auch die Kaingang-Indianer eine
Sintflut. Auch sie erzählen sich, wie nach der Katastrophe Tiere und
Vögel die ursprüngliche Vollkommenheit der Schöpfung wieder
erlangten. In der Bibel wird erzählt, vor dem Wasser der alles zerstö-
renden Sintflut habe eine beachtliche Zahl von Tieren in einer vom
Patriarchen Noach gebauten Arche Schutz gefunden und sich mithin
retten können. Anders bei den Kaingang. In ihrer mündlichen Überlie-
ferung kommen alle Tiere um. Lediglich einige Menschen aus dem
Kaingang-Volk werden gerettet.

Die Kaingang lebten traurig und missmutig vor sich hin. Kein Stim-
mengemurmel, es sei denn das eigene, kein Vogelgezwitscher und
kein Tiergebrüll, das zu hören gewesen wäre. Die ununterbrochene
Stille um sie herum, dazu gespenstische, nachtgleiche Dunkelheit,
machte ihnen Angst und Bange. So zündeten sie große Feuer an, um
wenigstens das Knistern der Flammen und das Knastern des grünen
Holzes zu vernehmen. Fortwährend flehten sie den Großen Geist an,
dass er wie in früheren Zeiten die Erde wieder bewohnt sein ließe von
den Vögeln des Himmels und den Tieren des Waldes.

Von Mitleid gerührt ging der Große Geist auf die Bitten der Kaingang ein. Er bat einen ihrer Helden aus der Vorzeit, der schon lange im Himmel weilte, auf die Erde hinabzusteigen und in seinem Namen die Tiere und Vögel neu zu erschaffen. Dabei sollte er nicht vergessen, einem jeden zu sagen, was seine charakteristischen Verhaltensweisen, die seiner Art entsprechenden Sitten und seine besonderen Pflichten gegenüber den Mitgeschöpfen, aber auch was seine hauptsächlichen Nahrungsmittel sein sollten.

Als Rohstoff für das Werk der Neuschöpfung sollte der Held die Asche und die restliche Kohle vom ersten Feuer jener Kaingang benutzen, welche die Sintflut überlebt hatten. Als Bindemittel sollte er den Tau verwenden, der sich auf den langgestielten, pfeilförmigen Blättern des Aronstabes niederschlägt. Arbeiten aber sollte er nur des Nachts, und beim ersten Morgengrauen sollte er die Formen unverzüglich aus der Hand legen.

Also machte sich der Held und Mittler an die Arbeit. Rastlos schaffte er Nacht für Nacht. Während seine geschickten Hände Vögel und Tiere modellierten, unterwies er sie auch in dem Sinn, wie es der Große Geist gewünscht hatte. Größte Ernsthaftigkeit begleitete sein Werk.

Das erste Tier, das er neu erschuf, war der Jaguar. Immerhin ist der Jaguar ja der große Herr des Waldes. Danach folgte der Brüllaffe, der wegen seiner Größe und eben wegen seines Gebrülls berühmt ist. Sein Reich erstreckt sich bis in die Wipfel der Riesenbäume. An dritter Stelle kam dann der Habichtsadler; er ist der Herr der Höhe. Und so ging es der Reihe nach, bis alle Tiere und Vögel wieder da waren: der Tapier, der Ara-Papagei, der Reiher, der Capivara-Otter, das Krokodil, das Reh, der Jabirú-Storch und alle anderen.

Der Kaingangheld brauchte viele Nächte, um die Schöpfung wiederherzustellen. Dabei lehrte er auch den Jaguar zu brüllen; den Papagei, die menschliche Stimme nachzuahmen; den Irapurú-Vogel, ganz allein beim ersten Morgengrauen herrlich zu singen; das Caititú-Schwein, lautstark mit den Zähnen zu klappern; den Affen, sich von Zweig zu Zweig und von Liane zu Liane zu schwingen; den Ochsenfrosch, mit aufgeblasenen Backen Töne von sich zu geben, als schlüge er die Pauke; das Reh, blitzschnell über die Wiesen zu eilen; und schließlich die Schildkröte, im Wasser zu schwimmen und auf dem Land – wenn auch gemächlich – zu gehen.

Nicht ein einziges Mal musste er seine Lehre wiederholen. Sämtliche Tiere begriffen alles im Nu. Wenn dann der Morgen graute, liefen sie zufrieden in den Wald hinein.

Nach und nach erlangte die Schöpfung ihre ursprüngliche Vollkommenheit wieder. Doch eines Tages tat der Große Geist einen Seufzer und sagte:

– Beenden wir die Neuschöpfung von Tieren und Vögeln. Die Schöpfung hat ihren früheren Reichtum wieder. Die Lebensgemeinschaft ist wiederhergestellt. Jetzt brauchen sich die Menschen nicht mehr allein zu fühlen. An Gefährten und Gefährtinnen fehlt es ihnen nun wirklich nicht mehr. In vernünftigem Maße können sie sich auch ihrer bedienen und davon schlachten, was sie nötig haben. Und du, mein Sohn, der du in meinem Namen den Auftrag so großartig ausgeführt hast, kannst dich jetzt ausruhen ... und zur Erde brauchst du nicht mehr zurückzukehren. Du kannst hier bleiben, an meiner Seite.

Da ergriff der heldenhafte Neuschöpfer das Wort und sagte:

– Mein Vater, nach all der Arbeit sind noch ein paar Kohlestücke und eine Hand voll Asche übrig geblieben. Damit könnte ich das Werk der Neuerschaffung noch weiter vervollkommnen.

Der Große Geist war einverstanden und sprach:

– Wenn du willst, kannst du noch ein letztes Mal zur Erde zurückkehren und dort eine Nacht lang deine Arbeit verrichten. Aber diesmal lass wirklich nichts mehr an Asche und Kohle übrig. Dann wird alles tatsächlich vollkommen sein.

46

Und in der Tat, der Kaingangheld kam noch einmal auf die Erde zurück und mühte sich die ganze Nacht. Da er noch immer eine Menge Material hatte, wollte er etwas Besonderes erschaffen. Also formte er diese und jene Gestalt, verwarf sie, machte andere, änderte sie, bis er am Ende ein besonders ausgefallenes Tier vor sich hatte.

Das Tier, dem er Gestalt verliehen hatte, besaß einen enormen Körper und beeindruckend starke Muskeln, robuste Pfoten mit langen, spitzen Krallen und dazu einen langen, breiten Schwanz, dass man sich an eine Fahne hätte erinnert fühlen können.

Da aber immer noch Material übrig war, machte er ihm auch eine lange Schnauze, bedeutend länger, als er es jedem anderen zuvor neu geschaffenen Lebewesen gemacht hatte. Doch da er ziemlich viel Tau von den Blättern des Aronstabes zu Asche und Kohle gegeben hatte – immerhin sollte ja nichts übrig bleiben –, fiel die Schnauze mehrere Male auseinander, und alles stürzte zu Boden. War das noch eine Arbeit, bis die Schnauze wirklich fest war und von alleine hielt!

Da merkte der Held, dass es inzwischen Morgen wurde. Doch das Tier hatte er noch nicht fertig. Zunge und Zähne fehlten noch. Aber er musste in den Himmel zurück, ohne Wenn und Aber. Blitzschnell griff er noch nach einem dünnen Bündel Gras – jenem langen, kräftigen Gras – und schob es seiner Schöpfung ins Maul. Zeit, das Ganze noch zurechtzurücken, hatte er nun wirklich nicht mehr. Denn mittlerweile brach der Tag unübersehbar an, und jetzt musste er ohne Zögern in den Himmel zurück.

In dem Augenblick richtete sich das Geschöpf auf seinen Hinterpfoten auf, öffnete die Vorderpfoten wie zu einem Gruß, wies dann auf seinen Mund und sagte:
– Wie? So soll ich bleiben? Ohne Zähne? Und mit einer

Zunge, die zu lang und zu rund ist, dass ich festes Futter essen könnte? Wie soll ich mich denn so ernähren?

Der Kaingangheld, der nicht zuletzt auch die Güte des Großen Geistes vergegenwärtigte, verbarg sich hinter einer Wolke und antwortete:

– Wenn du keine Zähne hast, kannst du ja essen, was nicht zerkaut zu werden braucht: Ameisen. Und um Ameisen zu fangen, brauchst du nichts anderes als deine lange, geschickte Zunge. Da ich Ameisen in Hülle und Fülle in die Welt gesetzt habe, wird dir die Nahrung nie ausgehen.

Seit dieser Zeit streift das sonderbare Tier mit der langen Schnauze und dem enormen, fahnenähnlichen Schwanz durch Felder und Wälder auf der Suche nach Ameisennestern. Findet es ein Nest – Ameisenhaufen gibt's ja nicht überall –, schiebt es seine klebrige Zunge hinein. Im Handumdrehen sitzt sie voller Ameisen, die es dann genussvoll verspeist.

Das ist der Grund, weshalb die Kaingang dieses merkwürdige Tier Tamanduá nennen, was in der Übersetzung Ameisenesser heißt. In Anbetracht des beeindruckenden Schwanzes fügten die Weißen in Brasilien noch ein Wort hinzu und sprachen fortan von Fahnentamanduá. Das also ist die Werdegeschichte des Ameisenbären.

STIMMEN – SO VIELE WIE VÖGEL

Eine Beobachtung lässt sich in den Kulturen aller Zeiten machen: Ihre natürliche Neugier treibt die Menschen dazu, die Geheimnisse der Schöpfung lüften zu wollen. So fragen sie zum Beispiel: Wie entstand die Welt? Warum unterscheiden sich die Menschen so deutlich voneinander? Warum gibt es eigentlich den Tod, wenn wir allesamt das Leben so sehr lieben? Warum singt der eine Vogel so und der andere so? Die Kamayurá-Indianer am Xingú-Fluss erzählen sich dazu die folgende Geschichte.

Nach einem Streit mit seiner Frau verließ eines Tages ein Kamayurá-Indianer verärgert und gereizt die Maloka und verschwand im Wald. Erschöpft lehnte er sich schließlich an den Stamm einer Parákastanie und sagte:

– Großmutter, ich möchte werden wie du!

– Hör zu, Enkelsohn, – antwortete die Parákastanie – das wirst du nicht ertragen. Ein Baum zu sein ist eine gefährliche Sache. Beständig bist du Blitzen und Winden ausgesetzt. Deshalb darfst du dich nie schlafen legen, sonst stirbst du.

Enttäuscht erhob sich der Kamayurá und streifte weiter durch den Wald. Als er auf einen Bogenbaum stieß, wandte er sich mit demselben Anliegen auch an ihn:

– Großvater, ich möchte werden wie du!

– Das geht nicht, mein Enkel – gab der Bogenbaum zur Antwort – denn jeder, der sich einen Bogen machen will, kommt hierher und schneidet mich ab. Unsereiner wird nicht alt. Hast du etwa Lust, so jung zu sterben?

Ob solcher Auskunft ganz erschrocken, machte sich der Indianer wieder auf den Weg. Nach einiger Zeit roch er Qualm. Und da sah er auch schon, dass Vögel dabei waren, ein Feld zu flämmen. Einer der Vögel fragte ihn:

– Was machst du denn hier, Großvater?

– Nichts – antwortete der Kamayurá – auf meinem Spaziergang kam ich hier vorbei, ich sah den Qualm, den ihr macht, und da bin ich einfach stehen geblieben.

– Das ist in Ordnung – hieß es – dann können wir uns ja ein bisschen dort in den Schatten setzen und ein Schwätzchen halten.

Das Gespräch ging eine ganze Weile, bis der Anführer der Vögel meinte:

– Komm, Großvater! Kommst du mit zu uns ins Dorf? Unser Dorf ist ein Gedicht. Hier haben wir ja nur unser Feld, das wir ordentlich bearbeiten wollen. Das ist der Grund, weshalb wir das ganze Gras verbrennen.

Der Kamayurá ließ sich nicht zweimal bitten und ging mit den Vögeln. Als sie im Dorf ankamen, war alles außer Rand und Band. Vögel haben nämlich Besuch gern. Im Laufe des Gespräches stellte sich dann heraus, dass der Kamayurá aus demselben Dorf stammte, in dem auch ihr Erzfeind lebte, ein Indianer, der seine Freude daran hatte, Vögel zu töten: Pfefferfresser, Papageien, Aras, Sperber und viele andere. Dieser tötete die Vögel nicht, weil es zu seiner Ernährung notwendig war, sondern aus purer Lust an der Bosheit, um möglichst viele Federn zu sammeln.

Da flüsterte der Häuptling der Vögel seinen Leuten zu:

– Morgen werden wir unseren Gast uns gleich machen. Hat er uns nicht erzählt, dass er wie eine Parákastanie oder wie ein Bogenbaum werden wollte? Wenn er schon so sehr etwas anderes werden will, dann kann er ja auch wie einer von uns werden.

Zwischenzeitlich hatten die Vögel untereinander überlegt, man könnte den Indianer, groß und stark, wie er war, ja dazu benutzen, den Vogeljäger zu töten.

Alle waren einverstanden. Am folgenden Tag strichen sie ihn mit Kautschukmilch von oben bis unten an und streuten auf die klebenden Flächen allerlei Federn, die auch tatsächlich an ihm haften blieben. Zumeist handelte es sich um Federn des Königssperbers, die ja gar nicht so klein sind, so dass niemand mehr daran zweifeln konnte, wirklich einen Vogel vor sich zu haben. Dann musste er sich heftig schütteln, um zu prüfen, ob die Federn auch wirklich klebten. Also schüttelte er sich einmal, und – in der Tat – keine einzige Feder fiel hinab. Als er sich dann aber noch einmal schüttelte, da, da fiel allerdings eine Feder zu Boden. Der Medizinmann, der bekanntlich solche Dinge zu deuten versteht, sah darin ein Unglück bringendes Zeichen und meinte:

– Dieser Kamayurá wird nicht am Leben bleiben. Der Vogeljäger wird ihn töten.

Dessen ungeachtet nahmen die Vögel den mit den Federn des Königssperber bedeckten Kamayurá mit sich und brachten ihn an einen Platz, an dem sie mit ihm das Fliegen üben wollten. Sie hießen ihn:

– Flieg auf den Ast da oben und bringe das Termitennest an dich, das da hängt.

Der Indianer flog los, verfehlte jedoch das Ziel. Vom Termitennest ganz zu schweigen. Und wieder hießen sie ihn:

– Noch einmal, diesmal bringst du uns das Termitennest wirklich.

Der Kamayurá flog los, drehte zunächst aber eine Runde um den Baum und bog dann in Richtung Termitennest ab. Und tatsächlich gelang es ihm, den Termitenbau zu ergreifen; nur blieb er im Geäst des Baumes stecken und kam nicht wieder herunter. Da sagte der Vogelhäuptling:

– Lass den Bau einfach hängen. Versuche stattdessen, den Stein da unten anzusteuern und ihn heraufzubringen.

Der Kamayurá flog los, verfehlte aber das Ziel. Doch auch, als er es ein zweites Mal versuchen durfte, gelang es ihm nicht. Daraufhin sagte der Anführer der Vögel:

– Dieser Indianer bringt nichts zuwege. Er taugt zu nichts. Er sieht zwar aus wie einer von uns, ist es aber nicht. Und unsere Geschicklichkeit besitzt er schon lange nicht. Der Medizinmann hat Recht: Der wird wirklich eines Tages umkommen.

Trotz aller ihrer Enttäuschung machten sich am folgenden Tag die Vögel allesamt in Richtung der Maloka des Vogeljägers auf den Weg. Natürlich nahmen sie ihren Kamayurá mit. Sie wollten sich seiner Kraft bedienen, um den Jäger zu besiegen. Als sie angekommen waren, ließen sich einige auf dem First des Hauses nieder, andere in den Bäumen ringsum. Der Kamayurá setzte sich auf einen Baum in der Nähe, um von dort aus den Jäger innerhalb des Hauses beobachten zu können.

Diesem ging es offenbar gut, da er sogar vor sich hin sang. Dagegen war der Kamayurá auf seinem Baum sehr nervös; er wollte gleich losfliegen und den Jäger angreifen. Doch der Vogelhäuptling beruhigte ihn und sagte immerfort:

– Ruhe bewahren! Ruhe bewahren! Es ist noch nicht so weit.

Aber plötzlich erschien der Vogeljäger an der Öffnung des Hauses. Ganz wie eine Königssperber mit all seinen weißen Federn stürzte sich da der Kamayurá im Sturzflug auf den Gegner. Doch verfehlte er sein Ziel, und der Jäger konnte ihn fassen. Er schleppte ihn in die Maloka und tötete ihn auf der Stelle.

Traurig flogen die Vögel in ihr Dorf zurück. Sie hatten ihren Kamayurá verloren, genau wie es ihnen der Medizinmann vorausgesagt hatte. Am Abend, als sie zusammensaßen, fragte der Häuptling die Vögel, die den Indianer mit ins Dorf gebracht hatten, ob dieser

Kinder habe. Ja, hieß es. Da fiel allen ein Stein vom Herzen, und man beschloss, das Kind ausfindig zu machen.

Also rief der Häuptling den Ochsenblut-Vogel und trug ihm auf:

– Morgen fliegst du ins Dorf des Jägers, der uns ja nach wie vor nach dem Leben trachtet. Dort lebt ja auch der Sohn des zu Tode gekommenen Kamayurá. Sieh zu, wie wir ihn herbekommen!

Der Ochsenblut-Vogel setzte sich genau auf das Vorratshäuschen vor der Maloka des Kindes und fing an zu singen. Die Mutter des Jungen ging hinaus und sah den Vogel, wie er da sang. Sofort rief sie den Jungen:

– Komm sofort und bring Pfeil und Bogen mit. Jage den Ochsenblut-Vogel dort!

Der Junge kam mit seinem kleinen Bogen und den niedlichen Pfeilen angerannt. In dem Augenblick, in dem er einen seiner Pfeile abschießen wollte, flog der Vogel auf den Baum nebenan. Als sich der Junge bis an diesen Baum geschlichen hatte, erhob sich der Vogel erneut und landete auf einem etwas weiter weg stehenden. Und so ging es weiter. Jedes Mal, wenn sich der Kleine näherte, flog der Ochsenblut-Vogel auf einen anderen Baum, bis sich die beiden schließlich tief im Wald befanden.

Dort zog der Ochsenblut-Vogel im Handumdrehen das rote Gewand aus und sah wie ein Mensch aus. Er näherte sich dem Jungen und sagte in freundlichem Ton zu ihm:

– Ich hab dich bis hierher gelockt, mein Junge, damit du uns hilfst, den Vogeljäger zu töten; scharenweise bringt er Vögel um. Er jagt die Vögel nicht, um etwas zu essen zu haben, sondern er tötet aus purer Lust und Boshaftigkeit. Er will nur immer mehr Federn für sich gewinnen. Der Vogeljäger hat auch deinen Vater getötet, als er wie ein Vogel aussah.

Der Junge dachte eine Weile nach. Am Ende willigte er ein und sagte:

– Lass mich aber zuerst noch einmal nach Hause gehen, damit ich meiner Mutter Bescheid geben kann. So lange warte bitte hier.

Also ging der Junge ins Dorf zurück und erzählte die ganze Geschichte seiner Mutter. Der kamen die Tränen. Ahnte sie doch die Gefahr, die ihr Sohn laufen würde. Da er aber unbedingt aufbrechen wollte, empfahl ihm die Mutter:

– Wenn du willst, magst du gehen, mein Sohn. Ja, der Tod deines Vaters darf nicht ungerächt bleiben. Aber wenn du den Vogeljäger angreifst, greife ihn nicht von vorn an. Dein Vater ist ja auf diese Weise zu Tode gekommen. Du musst dich ihm von hinten nähern. Dann wirst du ihn besiegen.

Und sie gab ihm noch drei Matten mit für unterwegs.

Der Junge machte sich also auf den Weg zu dem Mann, der an der vereinbarten Stelle auf ihn wartete. Zusammen gingen sie zum Haus der Vögel. Als sie näher kamen und die Vögel den Kleinen erkannten, brach allenthalben helle Freude aus. Alle schrien zusammen:

– Parecó piá, parecó piá ... was in der Kamayurá-Sprache heißt: »Wie geht's, Süßer; wie geht's, Kleiner; wie geht's, junger Mann?«

Nach der Begrüßung sprach der Anführer zu ihm:

– Wir werden dich jetzt uns gleich machen, wie wir es auch mit deinem Vater gemacht haben. Wir werden deinen Körper mit Federn versehen, zuerst mit kleinen und dann mit großen. Dazu wollen wir die Federn der Harpyie nehmen, die ein ausgewachsener Riesenadler ist. Dann wirst du aussehen wie einer von uns. Auf diese Weise wirst du dann deinen Vater rächen und uns von dem Vogeljäger befreien, der uns fortwährend bedroht.

Der Junge hörte sich alles genau an, dachte aber auch an den Rat seiner Mutter. Deshalb sagte er laut, so dass alle es hören konnten:

– Gut, ich will den Tod meines Vaters rächen. Aber wir müssen den Vogeljäger alle zusammen von hinten angreifen. Greifen wir ihn von vorn an, bringt er uns alle miteinander um.

Nachdem der Kleine ganz mit Federn beklebt war, wollte man auch ihn auf die Probe stellen. Auch er sollte sich zweimal schütteln, damit man sähe, ob Federn von ihm abfielen. Doch in seinem Fall fiel keine einzige. Da meinte der Medizinmann, der alles mit angesehen hatte:

— Dieses Kind wird nicht sterben. Es wird leben. Es wird uns von dem brutalen Jäger befreien.

Danach musste sich auch der Junge seine Flugkünste unter Beweis stellen. Die Aufgaben waren dieselben, die man schon seinem Vater gestellt hatte: ein Termitennest herbeibringen und einen Stein vom Boden hochschaffen. Doch derlei erledigte der Jungen spielend. Zufrieden darüber unterhielten sich die Vögel untereinander:

— Der wird unserem großen Feind, dem Vogeljäger, ohne Zweifel den Garaus machen.

Tags darauf flogen alle zusammen zum Haus des Vogelmörders. Einige ließen sich oben auf seiner Maloka nieder, andere auf den Bäumen ringsum. Der Junge mit den Adlerfedern setzte sich auf einen Lorbeerbaum nahe dem Eingang. In der Maloka fühlte sich der Jäger offenbar auch diesmal prächtig, er trällerte wieder vor sich hin.

Doch irgendwann streckte er den Kopf aus dem Haus heraus. Das war der Augenblick, in dem sich der Junge mit dem Adlergefieder zielgenau auf ihn stürzte. Er packte ihn mit aller Gewalt, drückte ihm die Arme zusammen und hob ihn ganz langsam vom Boden in die Höhe. Während er mit dem Gefangenen an Höhe gewann, kamen ihm zwei Sperber zur Hilfe. Als sie sich oberhalb der Baumwipfel in großer Höhe befanden, ließen sie den Jäger fallen. Als er am Boden aufschlug, spritzte das Blut nach allen Seiten. Das war das Ende des gefürchteten Indianers.

Die Freude war groß unter den Vögeln. Alle schlugen vergnügt mit den Flügeln und beglückwünschten den Jungen mit dem Adlergefieder. Der Vogelhäuptling schickte die Taube und den Blütenküsser-

Kolobri in die Nachbardörfer, wo sie alle Vögel zu einem großen Fest einladen sollten. Gesagt, getan. Scharen von Vögeln trafen zu dem Fest, das da stattfinden sollte, ein.

Der Vogelhäuptling begrüßte alle und dankte ihnen für ihr Kommen mit den Worten:

– Bis heute sprechen wir nur die Sprache der Menschen. Das ist nicht gut. Jede Vogelfamilie muss doch ihre eigene Sprache haben können. Ich schlage vor: Wir verarbeiten das Blut unseres Erzfeindes, des Vogeljägers, und fertigen uns daraus verschiedene Zungen, die noch einmal verschiedene Sprachen sprechen. Die Vertreter der Familien mögen beginnen.

Und in der Tat, die Vertreter machten sich allesamt eifrig an die Arbeit. Einige stellten ganz dünne Zungen her, die für hohe, feine Stimmen sorgten. Andere machten lieber dicke Zungen, die tiefe, rundklingende Stimmen hervorbrachten. Und wieder andere Vögel zogen es vor, ganz lange Zungen zu erhalten, um lang anhaltende Stimmen zu bekommen. So also suchte sich jede Vogelfamilie die Zunge und die Stimme aus, die ihr am passendsten schien.

Allerdings schien bei einigen die Wahl nicht auf Anhieb gelungen. So entschied sich der Kolibri für eine ausgesprochen kräftige Stimme und die Anhuma-Gans, die ja unvergleichlich größer ist als der Blütenküsser, für ein regelrecht süßes Stimmchen. Doch bald schon erkannten sie, dass die Stimmen so wohl nicht recht zu ihnen passten. Deshalb beschlossen sie zu tauschen, und die Anhuma-Gans bekam die des Kolibris und der Kolibri die der Anhuma-Gans.

Auch der Taube gefiel ihre Stimme nicht, schien sie ihr doch gar zu kräftig, wohingegen der Mutum-Hahn den Eindruck hatte, die seine sei ziemlich schwach geraten. Auch sie tauschten, so dass beide am Ende vor Freude strahlten.

Als alle damit fertig waren, sich eine Zunge mit der entsprechenden Sprache zu verschaffen, sagte der Anführer der Vögel:

– Jetzt können wir alle in unsere Dörfer zurückkehren und in unserer je eigenen Sprache singen. Jedes Mal, wenn der Tag anbricht, soll jeder in seiner besonderen Sprache singen. So werden durch Wald und Feld die buntesten Zwitschertöne und schillerndsten Melodien erschallen. Doch bevor wir auseinander gehen, bitte ich zwei Königssperber den Jungen nach Hause zu bringen.

Bevor die Königssperber mit dem Kleinen aufbrachen, rupften sich alle anwesenden Vögel noch ein paar Federn aus, und zwar die buntesten und die schönsten, und machten sie dem Jungen zum Geschenk. Und der füllte damit die Matten, die ihm die Mutter auf die Reise mitgegeben hatte.

Wie aufgetragen brachten die beiden Königssperber den Jungen zu seiner Mutter zurück. Als sie eintrafen, sagten sie nur:

– Schau! Wir bringen dir deinen Sohn zurück. Dein Sohn hat nicht nur den Tod seines Vaters gerächt, sondern auch den unverschämten Jäger getötet und ihn uns allen vom Hals geschafft.

Dann erzählte der Junge im ganzen Dorf die abenteuerlichen Geschichten, die er erlebt hatte, einschließlich der, wie sich die Vögel aus dem Blut des Vogeljägers Zungen und Sprachen gemacht hatten.

Seit der Zeit geht der Indianerjunge jeden Morgen, wenn die Sonne über dem Wald auftaucht, an den Eingang der Maloka, um den ebenso verschiedenen wie herrlichen Vogelstimmen zu lauschen, die zusammengenommen ein großes wohlklingendes Chorkonzert ergeben. Dann fallen ihm all die Vogelfamilien wieder ein, die er damals kennen gelernt hatte, einschließlich all ihrer Zungen, Sprachen und Stimmen, die sie sich aus dem Blut ihres Erzfeindes gemacht haben. Und dann fängt auch er an zu flöten und zu pfeifen und mischt sich auf diese Weise froh in den Gesang der Vögel ein.

WARUM DIE FISCHE
UNTERSCHIEDLICH
BUNT SIND

Immer haben die Menschen den Wunsch gehabt zu wissen, warum die Dinge sind, wie sie sind. Alles hat seine Ursachen, auch wenn der bloße Verstand oft genug sie nicht zu ergründen vermag. Die Größe der Natur besteht darin, ihre Ursachen verborgen zu halten, während die Größe des Menschen die ist, sie herauszufinden. Wird dem Menschen die Ursache für etwas klar, fängt er an, so genannte ätiologische Geschichten davon zu erzählen, das heißt Geschichten, die den bisher verborgenen Ursachen Namen geben. Denn Geschichten, die ja plastisch sind, sagen viel mehr aus als verstandesmäßige Begriffe.
Die Kamayurá am oberen Xingu kennen eine solche Geschichte. Sie soll die Frage beantworten: Warum sind die Fische eigentlich unterschiedlich bunt? Die Altvordern der Kamayurá-Indianer überlieferten den nachwachsenden Generationen folgende Erzählung:

Es war einmal ein kräftiger, geschickter Kamayurá der sich in Ausbildung zum Krieger befand. Eines Tages jedoch starb auf unerklärliche Weise sein Bruder, den er sehr gern hatte. Eine der Bestien, die in dem nahe gelegenen See lebten, hatte ihn verschlungen. In seiner Trauer beschloss der junge Mann, in ein anderes Dorf zu ziehen. Also ließ er sich in einem Nachbardorf nieder, bei dem es gleichfalls einen See gab, und zwar sogar einen gar nicht einmal so ganz kleinen. Hier angekommen, malte er sich von oben bis unten mit Urucum – das heißt mit dem rotgelben-Farbstoff des Orleanbaumes – und mit dem Dunkelblau des Jenipapo-Saftes an und fuhr auf den See hinaus. In der Mitte des Sees baute er sich ein Sitzgerüst und verbrachte dort seine Tage. Wütend wie er war, tötete er mit treffsicheren Pfeilschüssen

alles, was an Fischen in der Nähe vorbei-
schwamm: bunte Flussfische, Tucunarés,
Hübschlinge, Piranhas, Jaraquís und andere.

Unter den Fischen im See breiteten sich Angst und große Unsicherheit aus. In dem Maße, in dem die Bedrohung wuchs, wurde aus
der Angst geradezu Wut. Und da das Morden jeden Tag aufs Neue
weiterging, wurde aus der Wut schließlich allgemeine Revolte. Der
liederliche Kamayurá hatte einfach vor nichts und vor niemandem
mehr Achtung. Eines Tages tötete er auch die Brut des Hundefisches
... wobei man wissen muss, dass zu der Zeit ausgerechnet der Hundefisch der Häuptling aller Fische in Flüssen und Seen war ... Schäu-
mend vor Zorn trommelte der Hundefisch alle anderen Fische zusammen und drohte:

– Wir müssen diesem wahnsinnig gewordenen Kamayurá endlich
das Handwerk legen. Sonst bringt er uns noch alle um.

Alle waren einverstanden. Und im selben Moment war auch der
Plan klar. Wollte man dem Morden ein Ende setzen, musste der
Kamayurá von seinem Posten vertrieben werden. Und zu diesem
Zweck – so der gemeinsame Beschluss – sollten die Springfische, die
zu großen Sprüngen fähig sind, eingeladen werden, den mörderi-
schen Indianer umzukippen. Wenn auch nicht gänzlich frei von
Angst, waren die Springfische dann doch solidarisch genug, um Ja zu
sagen.

Es kamen zwei, er und sie. Direkt gegenüber dem Indianer bezogen sie Position. Als erster tat er, das Männchen, einen mächtigen
Sprung. Doch noch ehe er die Höhe des Sitzes erreicht hatte, traf ihn
ein Pfeil, und er fiel tot ins Wasser zurück. Dann sprang auch sie.
Doch das Weibchen war noch nicht einmal so hoch gekommen wie
er, als es auch schon vom spitzen Pfeil getroffen ins Wasser fiel.

Die ganze Fischgemeinde brach in Tränen aus. Trauer und
Schmerz machten ihre Angst nur noch größer. Schließlich entschied

man sich, ein weiteres Springfisch-Pärchen zu rufen, diesmal jedoch aus dem Nachbarsee. Die Gerufenen kamen in Scharen. Ihr Häuptling gab die Anweisung:

– Abstand halten! Keiner kommt mir zu nahe heran! Außerhalb der Reichweite der gegnerischen Pfeile bleiben! Ich werde zwei aussuchen, die den verbrecherischen Indianer herunterholen können.

Ein Pärchen meldete sich und positionierte sich vor dem Kamayurá. Zuerst sprang das Männchen, mit voller Kraft. Aber auch diesmal erreichte es nicht einmal die Höhe des Hochsitzes, und schon stak ein mörderischer Pfeil in seinem Körper, und es plumpste schwer ins Wasser zurück. Dann das Weibchen. Es nahm Anlauf, aber auch das Weibchen wurde von einem Pfeil getroffen, ehe es überhaupt dem Kamayurá hätte gefährlich werden können.

Die Springer aus dem Nachbarsee fühlten sich blamiert. Für ihre Brüder und Schwestern in Gefahr konnten sie nichts tun. Keiner, der nicht vor Wut geglüht hätte. Zugleich jedoch lähmte Angst den ganzen Fischschwarm. Welchen Ausweg gab es noch? Nach vielem Hin und Her gelangte man zu der Erkenntnis, dass es wohl keine andere Möglichkeit gab, als es ein weiteres Mal mit Springfischen zu versuchen, wenn auch diesmal aus einem weiter weg gelegenen See. Dort, wusste man, gab es besonders geschickte und kluge Exemplare.

Also schickte man einen Boten dorthin. Dieser erklärte, in welch verzweifelter Lage man stecke. Auch verschwieg er nicht, dass bereits Springfische dem wahnsinnig gewordenen Indianer zum Opfer gefallen waren. Aber um die Einladung annehmen oder ablehnen zu können, wollte die nun dritte Springfischgruppe alles ganz genau wissen. So fragte ihr Anführer:

– Hatten die getöteten Springfische vor oder hinter ihm Position bezogen? Sind sie jeweils einzeln gesprungen – oder paarweise im selben Augenblick? Auf welcher Höhe waren sie, als sie vom Pfeil getroffen wurden?

Als er die Antworten gehört hatte, meinte er:

– Meine Brüder und Schwestern, ihr wart zwar einigermaßen mutig, aber zwei Fehler habt ihr begangen. Deshalb mussten eure Freunde ihr Leben lassen. Der erste Fehler war, dass sie sich vor dem Kamayurá aufgebaut haben. Da konnte er sie genau aufs Korn nehmen, den Pfeil anlegen und gezielt schießen. Und zweitens hätten sie nicht einer nach dem anderen springen dürfen. Denn so konnte sich der Indianer ja auf jeweils einen konzentrieren und ohne Schwierigkeiten einen nach dem anderen abschießen. Richtig wäre folgende Strategie gewesen: Erstens, sich immer in seinem Rücken aufhalten und ihn sich so lange drehen lassen, bis er schwindlig wird. Und wenn der Schütze dann ganz durcheinander ist, springen ihn Männchen und Weibchen gleichzeitig von beiden Seiten auf der Höhe der Ohren an. Dann geben sie ihm links und rechts einen ordentlichen Schlag. So vergehen ihm Hören und Sehen, und er hat keine Chance mehr zu überleben.

Gesagt, getan. Gespannt hielt der ganze Schwarm den notwendigen Abstand. Die beiden Erwählten, Männchen und Weibchen, gingen immerzu im Rücken des Indianers in Stellung. Dieser musste sich deshalb immer wieder blitzschnell umdrehen, um nicht die Kontrolle über sie zu verlieren. Doch die Fische waren noch flinker als er und blieben immer in seinem Rücken. Als sie schließlich merkten, dass er mittlerweile schwindlig und müde geworden war, sprangen sie ihn auf ein vereinbartes Zeichen hin von beiden Seiten an und trafen gezielt die Ohren. Die Hiebe waren so gewaltig, dass sie noch auf die Entfernung hin zu hören waren. Kopfüber stürzte der unselige Indianer ins Wasser und versank bewusstlos in der Tiefe.

Alle Fische brachen in Freudengeschrei aus, applaudierten mit aufgerichteten Flossen und jubelten vor Erleichterung. Alles, was nur Fisch war, schwamm zum leblosen Leichnam des Indianers: der bunte

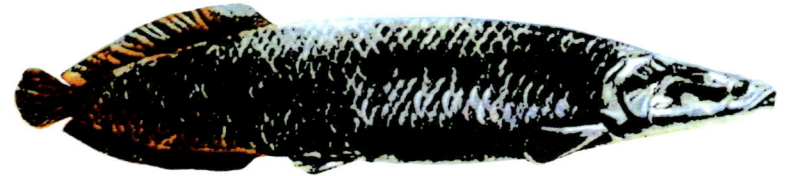

Flussfisch und der Tucunaré, der Pacú und der Piranha, der Curimatá und der Pirara, der Jaraquí und manch anderer. Alle miteinander begannen sie, lustvoll den Körper des Kamayurá zu verspeisen. Doch während sie sich gütlich taten, bekamen sie von den Farben des Urucum und des Jenipapo, mit denen er sich bemalt hatte, allerlei Flecken ab.

So befleckte sich der Tucunaré mit Urcucum-Rotgelb Hals und Nacken, der Pacú Kopf und Seite, der Piranha den Kopf, der Pirarucú den Schwanz und der Jaraquí seinerseits Kopf und Schwanz. Der bunte Flussfisch bekam allein das Dunkelblau des Jenipapo ab, aber nichts vom Rotgelb des Urcucum. Alle verspeisten ein Stück des Indianers. Wer sich aber am meisten nahm, war der Pirarucú. Deshalb ist er auch der Dickste von allen.

So also kamen die Fische zu ihren verschiedenen Farben, angefangen mit dem Urucum-Rotgelb bis hin zum Jenipapo-Dunkelblau, mit denen der endlich doch noch besiegte Kamayurá-Indianer ja bemalt gewesen war.

DAS GRÖSSTE GESCHENK DES GEISTES:
FREIHEIT

Der Mensch hat von der Natur kein Allzweckorgan in die Wiege gelegt
bekommen. So muss er gezielt arbeiten, um zu erreichen, was er unter
diesen oder jenen Umständen braucht. Deshalb erfindet er Werkzeuge,
mit denen er seine Giedmaßen verlängert oder die ihm helfen, in die
Natur einzugreifen.

Ureinwohner-Völker haben sich immer auf eine Sache spezialisiert. Die
einen stellen Gefäße und Körbe her, andere bauen Reis und Gerste an,
und wieder andere fabrizieren Boote und Ruderblätter. Normalerweise
machen sie nichts anderes als das, was sie gelernt haben. Was sie darüber hinaus brauchen oder begehren, tauschen sie gegen ihre eigenen
Produkte ein.

Doch die Frage stellt sich: Ist der Mensch nicht dazu berufen, mehr als
eine Sache zu produzieren und frei zu sein, auch andere Dinge zu
erfinden und sich mit Klugheit dessen zu bedienen, was die Natur zu
bieten hat?

Die Guaicurú-Indianer haben sich zu derlei Fragen viele Gedanken
gemacht. Noch heute geht die folgende Geschichte bei ihnen um:

Der Große Geist schuf alle Dinge, Wasser und Pflanzen, Fische, Tiere
und Vögel. Zu guter Letzt verwandt er noch besondere Sorgfalt darauf, die Menschen zu schaffen, Männer und Frauen.

Doch bevor sie sich in aller Herren Länder verstreuten, stattete er,
gut und vorsorgend wie er war, sie noch mit besonderen Fähigkeiten
aus, dass sie ohne größere Schwierigkeiten überleben könnten.

Einen Stamm rüstete er mit der Fähigkeit aus, Maniok und Baumwolle anzubauen. Somit waren Nahrung und Kleidung gesichert.

Einem anderen vermittelte er das Handwerk des Bootsbaus und der Fischerei mit Hilfe von Timbó-Lianen, die – zerstückelt ins Wasser geworfen – die Fische betäuben, so dass es ein Leichtes ist, sie zu fangen. Damit hatte er den Menschen die Möglichkeit der Fortbewegung auf Flüssen und Seen wie auch des Fischfangs gesichert.

Und so tat er es mit allen Stämmen, wann immer sie in die Welt aufbrachen. Nur mit den Guaicurú-Indianern war es nicht so. Als diese nämlich an der Reihe waren, in die weite Welt hinauszuziehen, sagte ihnen der Große Geist kein einziges Wort. Wochenlang warteten sie auf eine Botschaft, doch der Himmel schwieg und schwieg. Am Ende fassten sie den Entschluss, dennoch aufzubrechen.

Doch schon bald erwies es sich als schwierig zu überleben. Das Gefühl, vom Schöpfergeist übergangen und vergessen worden zu sein, kam in ihnen auf. So inständig sie ihn auch anflehten, sie waren und blieben bar jeder Geschicklichkeit, die ihnen geholfen hätte, in Ruhe zu überleben.

Also beschlossen sie, sich an Mittelsmänner zu wenden. Als erstes sprachen sie den Wind an, den man ja immer und überall vorbeiwehen spürt, bald heftiger, bald sanfter:

– Onkel Wind, du ziehst doch über Felder, steigst Bergzüge hinauf und bewegst die Wolken. Kannst du uns denn nicht helfen?

Doch sie waren außerstande, ihre Bitte auch nur vorzutragen. Denn der Wind fegte nur so vorbei, peitschte die Wellen auf dem Fluss auf, riss Bäume aus, wirbelte die Blätter durch die Luft und übertönte die Stimme der Guaicurús gewaltig.

Da fiel ihnen der Blitz ein, der ja den Himmel spaltet, alles, was lebt, in Schrecken versetzt und die Erde erbeben lässt. Ihm sagten sie:

– Onkel Blitz, hör dir unsere Bitte an ... Du bist es doch, der dem Schöpfergeist am ähnlichsten ist. Kannst du denn nicht auf ihn einwirken, dass er uns erhört und uns eine Fähigkeit gibt, die das Überleben nicht mehr ganz so schwierig sein lässt?

Doch wie üblich zuckte der Blitz dermaßen rasch vorbei, dass er das Anliegen der Guaicurús nicht einmal bemerkte.

Was blieb ihnen da anderes übrig als der höchste Baum des Waldes? Denn mit seiner Gelassenheit und Weisheit – so ihr Gedanke – müsste er doch ein Ohr für ihr Anliegen haben. Also baten sie ihn:

– Onkel Baum, du, der du mit deinem Wipfel ja nahezu bis an den Himmel reichst, dort, wo die Wolken zu Hause sind, und dich nachts mit den Sternen unterhältst, sag diesen doch bitte, sie sollten unser Klagen vor den Großen Geist tragen, damit dieser uns dann in unserer Not erhört.

Da es aber gerade Mittag war und die Sonne direkt und weißglühend im Zenit stand, schläferte der Baumriese so vor sich hin und bekam von den Worten der Guaicurús gerade mal ein Murmeln mit. Es war wieder vergebens gewesen.

Dessen ungeachtet wollte der Stamm, was immer es auch kosten mochte, bis vor den Großen Geist vordringen. Mithin versuchten die Indianer mit Tieren und Pflanzen, mit Gebirgen und mit jedem, von dem sie den Eindruck hatten, er könne ihnen dazu verhelfen zu sprechen. Doch jeder hatte ein Ausrede zur Hand. Die Vögel meinten, ihre Flügel seien zu schwach, so dass sie nicht so hoch fliegen könnten. Die Bäume führten an, die Wurzeln steckten zu tief in der Erde, und deshalb könnten sie sich nicht bewegen. Und der Kolibri entschuldigte sich, seine Stimme sei zu dünn, als dass der Schöpfergeist sie auch nur hören könnte.

Langsam verließ die Guaicurús der Mut. Trotzdem zogen sie weiter von einem Ort zum anderen. Schließlich machten sie unter dem Nest eines Königssperbers Halt. Der Vogel hatte die Klagen der Ureinwohner gehört und wollte sich tatsächlich einmischen:

– Nein, ihr seid alle miteinander auf dem Holzweg. So geht es nicht, sagte er.

– Wieso nicht? – schrien die Guaicurús wie aus einem Munde, – sind wir denn nicht das einzige Volk, das der Große Geist vergessen hat? Du hast die Gnade zu jagen erhalten. Mag die Entfernung auch noch so groß sein, du siehst jedes Mäuschen vor seinem Loch, und schon hast du es. Etwas Derartiges haben wir nicht bekommen.

Der Königssperber, der, weil er die Welt von oben betrachtet, Überblick hat, griff zu der weisen Antwort:

– Ihr habt einfach nicht verstanden, was euch der Schöpfergeist sagen wollte. Das Geschenk, das er euch gemacht hat, geht über alles und ist wertvoller als alle anderen Geschenke zusammen. Er hat euch die Freiheit gegeben. Ihr seid an nichts gebunden. Ihr könnt euch ausdenken, was euch beliebt, und alles das frei verwenden, dem ihr unterwegs begegnet.

Die Guaicurús waren dermaßen verblüfft, dass sie den Königssperber um weitere Erklärungen baten. Diesem war es ein Vergnügen, mit weiteren Einzelheiten aufzuwarten:

– Ihr dürft auf die Jagd gehen und Fische fangen. Ihr dürft Maniok und Gerste anbauen. Ihr dürft Hütten und Malokas errichten, eure Körper anmalen und Krüge mit Mustern versehen: Ihr dürft alles, was euer Herz begeht und was ihr gut für euch und für die Natur findet.

Den Guaicurús schwoll das Herz vor Freude. Sie sagten:

– Was waren wir doch einfältige Leute! Da haben wir Gott weiß was umsonst gelitten, nur weil wir nicht darüber nachgedacht haben, was es wohl bedeuten könnte, dass wir nie eine Botschaft erhielten. Keiner von uns ist auf die Idee gekommen, dass es auch ein Vorteil sein könnte, unvollkommen zu sein. In der Tat, der Große Geist hatte uns zu keiner Zeit vergessen. Ganz im Gegenteil: Er hat uns mehr gegeben als den anderen.

Der Häuptling der Guiacurús war über diese Wahrheit dermaßen überrascht, dass er gleich die Probe aufs Exempel machen wollte. Also fragte er den Königssperber:

– Kann ich denn jagen, was ich will?

66

– Selbstverständlich, lautete die Antwort des Vogels.

Der Guaicurú-Häuptling spannte seinen Bogen und legte den Pfeil an. Der Königssperber – in der Ahnung, der Schuss könnte ihm gelten – versuchte davonzufliegen. Doch der Pfeil war schon abgeschossen und traf den Vogel mitten ins Herz.

Das Mitleid rührte alle, alle brachen in Tränen aus. Alle fielen über ihren Häuptling her, weil er es an der geringsten Dankbarkeit hatte fehlen lassen. Doch dieser bekundete zwischen der Freude, die Wahrheit festgestellt, und der Trauer, den Wohltäter des Stammes getötet zu haben, Schmerz und Reue mit den Worten:

– In der Tat habe ich unseren Onkel umgebracht. Aber es war unüberlegt. Doch jetzt sage ich euch: Von heute an wird der Königssperber unser Kennzeichen sein. Sein Bild wird fortan an allen unseren Malokas und auf allen unseren Pfeilen zu sehen sein. Und wenn wir ein Fest feiern, werden wir unsere Körper mit den Umrissen des Königssperbers verschönern. So wird er in unserem Stamm am Leben bleiben. Das soll unser Dank an ihn sein.

Seit der Zeit schätzen die Guaicurús die Freiheit über alles und pflegen eine heilige Erinnerung an den Königssperber. Denn er war es doch, der sie gelehrt hatte, welch überaus wertvolle Gabe der Große Geist ihnen geschenkt hatte. Und mit ihrer Unvollkommenheit wurden sie fertig, indem sie sich der Freiheit bedienten, alles herzustellen, was sie brauchen und mögen.

ÑMANDÚ –
DER ALLESHÖRENDE GOTT

Jedes Volk vergegenwärtigt sich seine Gottheit auf seine Weise, je nach dem Weltbild, das es entwickelt hat. So erweist sich Gott als Quelle, in der alles seinen Ursprung hat, als Hauch, der alles mit Leben erfüllt, oder als Eckstein, der allem zugrunde liegt. Gott vermittelt Leben und All einen letzten Sinn und bedeutet eine letzte Hoffnung auf Fortbestand und Verklärung des Daseins hier auf der Erde. Jedes Volk gibt Gott einen Namen. Nur, Gott selbst hat keinen Namen. Das ist der Grund, dass sich hinter allen Namen ein und dieselbe Realität verbirgt. Die vielen Namen vervielfältigen Gott nicht, sondern offenbaren die unfassbaren Züge seines heiligen Antlitzes.

Eine der schönsten Gottesvorstellungen überliefern uns die Tupí-Guaraní-Indianer, die längs der brasilianischen Küste von São Paulo bis hinauf nach Pará lebten. Die Tupí-Guaranís hatten eine hoch entwickelte Zivilisation, wie an den Missionen von Franziskanern und Jesuiten im Grenzgebiet zwischen Brasilien und Paraguay abzulesen ist. Tupí-Guaraní-Indianer sind Menschen des Wortes, des poetischen, rhetorischen, singenden und heiligen Wortes. Für sie wie für namhafte Anthropologen der Gegenwart besteht die Einzigartigkeit des Menschen darin, dass er poetisch, das heißt mit Schönheit, Zärtlichkeit und Weisheit zu sprechen imstande ist.

Treffend hat einmal ein Vertreter der Tupí-Guaranís gesagt:

– Angesichts der Tatsache, dass wir uns nicht selbst wie die Vögel vom Boden in die Lüfte schwingen können, bleibt uns nur zu lernen, wie wir unsere Stimmen erheben können. Wozu sonst hat uns denn unser wahrer Vater mit dem Seligen Wort ausgestattet?

Das menschliche Wort ist das Echo auf das Wort Gottes, der Widerhall des Ersten Wortes, wie Tupí-Guaraní-Indianer gern sagen. Gott heißt bei ihnen Ñmandú, was so viel wie bedeutet wie Alleshörer bzw. das Große Hören. Ñmandú hat alle Wörter geschaffen, und die gewannen dann Form und Gestalt in den Wesen, wie wir sie in der Schöpfung vorfinden. Wenn wir also ein Wort sagen oder ein Lied singen, sagen und singen wir es kraft des Wortes, das wir in uns tragen.

Ñmandú hört alle Menschen. Denn er hat sie geschaffen, damit sie sein Wort widerhallen lassen und er sich jedes Mal, wenn er sie denn hört, auch selbst daran erfreuen kann. Aus diesem Grund heißt er Alleshörer bzw. das Große Hören. Aber die Tupí-Guaranís nennen ihn auch Ru Eté, was so viel heißt wie Unser Vater, der Erste und der Letzte.

Wenn die Tupí-Guaraní-Indianer nächtens um das Feuer sitzen, erzählen ihre Weisen, noch bevor irgendetwas ins Dasein gekommen sei, sei aus dem Schoß der Urfinsternis das Große Hören hervorgetreten. So heißt es in einem heiligen Lied:

»Unser Vater Ñmandú, der Erste, entspringt seinem eigenen Entspringen. Obgleich die Sonne noch nicht existiert, leuchtet er – kraft des Glanzes seines eigenen Herzens – sich selbst, weil die Weisheit, die seine Göttlichkeit in sich birgt, ihm als Sonne und Licht dient.«

Gewissermaßen als Echo auf dieses Urentspringen entstanden in der Folge dann auch Himmel und Erde ebenso wie alle anderen Wesen, die die Vermählung zwischen Himmel und Erde sozusagen hervorsprudeln ließ: Sonne und Mond, Bäume und Felsen, Quellen und Flüsse, Tiere und Vögel, Männer und Frauen. Noch im Prozess des Entstehens singt jedes Wesen seine ihm eigene Melodie und strömt den ihm eigenen, einzigartigen Duft aus. In den verschiedenen Tupí-Guaraní-Stämmen weiß jeder, vom Kind bis zum Greis, dass das Sprechen eines jeden Menschen das ist, auf das alles ankommt, und dass die anderen es unbedingt hören müssen. Die Würde des Menschen besteht darin, dass er sowohl sprechen als auch frei seine Melodie singen kann, in Einklang mit allen anderen Melodien, die irgendjemand singt: der Arara oder die Walddrossel, der Rotfisch oder bunte Flussfisch, die Sonne oder die Sterne am Firmament. Alle reden und singen sie – wie in einem sinfonischen Konzert – zum Wohlgefallen des Großen Hörens. In der Heiligen Rede, dem grandiosen Epos der Tupí-Guanarís, heißt es:

»Jedes Kind ist ein Lied, jedes Kind ist ein schmaler Pfad, jedes Kind ist eine enge, gleichwohl erleuchtete Straße.«

Hören lernen ist die große Aufgabe, die der Mensch zu bewältigen hat. Hören und immer wieder neu hinhören ist, was der Mensch letztendlich zu tun imstande ist. Und wenn er tatsächlich hinhört, lernt er von allen; denn alle reden und singen ja auch. Und entwickelt er sich gar zum Bild und Gleichnis Ñmandús, wird er ebenfalls zu einem hörenden Wesen.

Ein guter Jäger hört das Tier, das er zu erlegen sich anschickt. Aber er hat auch Achtung vor ihm und bittet es deshalb innerlich um Verzeihung dafür, dass er es töten wird; denn er weiß ja, dass alle Wesen, einschließlich seiner selbst, leben wollen. Sollte es ihm jedoch aus welchem Grund auch immer einmal nicht gelingen, das Tier zu erlegen, sei es, weil sein Pfeil das Ziel verfehlt, sei es, weil das Gebrüll eines Jaguars die vermeintliche Beute vertreibt, gerät er nicht in Panik. So etwas kann nur bedeuten, dass dies nicht der rechte Augenblick für die Jagd war. Mehr noch, er wird dem Tier, das ihm da entwischt ist, danken, denn so kann es ja weiter leben und weiter singen. Hauptsache ist nicht der Flug des Pfeils, ob dieser das Tier trifft oder nicht. Hauptsache ist, dass der Mensch in Anbetracht des Tieres, das er niederstrecken oder auch nicht niederstrecken wird, eine Haltung des Hinhörens einnimmt.

Ñmandú ist allezeit und überall gegenwärtig. Seine Gegenwart verdichtet sich indes auf dem Höhepunkt der vier Jahreszeiten; denn jede Jahreszeit hat ja ihre eigene Stimme und ihr eigenes Lied und führt dazu, dass sich das Hinhören jeweils anders gestalten kann.

Im Frühling tritt uns Ñmandú in der Gestalt Unseres Vaters Jakaira entgegen. Dieser strahlt in der Kraft der Natur und lächelt uns in der Schönheit von Blüten und Blumen entgegen. Alles ist Stimme, Melodie und Fest. Allenthalben erklingen jugendfrische Echos des Wortes.

Im Sommer verbirgt sich Ñmandú hinter dem Antlitz Unseres Vaters Kuarahy. Vater Kuarahy nimmt die Konturen der Sonne an, die majestätisch aufgeht und mit ihrer Wärme alle Wesen aufweckt. Sie lässt das Obst reifen und vermittelt ihm die unterschiedlichsten Geschmacksnoten. Ist sie im Laufe des Tages am Zenit angelangt, wird sie erst richtig heiß und zwingt Mann wie Frau zur Mittagsrast. Die Abende und die Nächte dagegen sind dank ihrer mild, so dass alle ausgehen können, um Geschichten zu erzählen und natürlich auch zu hören und um Melodien und Lieder zu singen.

Die Geschichte geht um, Kuarahy habe auf seinen Wanderungen einmal eine junge Frau kennen gelernt, in die er sich dann auch verliebt habe. Die Frau wurde schwanger. Nur, Kuarahy musste seinem Auftrag nachkommen und konnte unmöglich bei ihr bleiben. Umgekehrt wollte seine Geliebte ihn nicht auf der Wanderschaft begleiten. Allenfalls wollte sie ihm nachkommen, wenn denn das Kind geboren und stark genug geworden sei. Doch die Sehnsucht überkam sie. Aber wie sollte sie den Geliebten nur finden? Der Weg zu ihm war ihr ja unbekannt. Da sie jedoch eine Frau des Hinhörens war, machte sie sich trotzdem auf den Weg. In ihrem Schoß hörte sie das Herz des Kindes schlagen, ihr die Richtung sagen und sie orientieren, wo sie Halt machen oder etwas trinken sollte, welchen Fluss sie durchqueren oder welchen Richtweg sie nehmen sollte. Und auf diese Weise, von Hinhören zu Hinhören fand sie schließlich zu ihrem Geliebten.

Wenn es Herbst wird, nimmt Ñmandú die Züge Unseres Vaters

Karai an. Die Bäume kleiden sich in gelb-rote Farben, und die Blätter verabschieden sich von ihren Bäumen. Die Zeit der Ernte ist gekommen, und die Erstlingsfrüchte werden gefeiert. Jetzt besingen die Tupí-Guaraní-Indianer die kosmische Kraft von Vater Karai. Immerhin ist er es ja, der alle Früchte reifen lässt.

Im Winter schließlich hüllt sich Ñmandú in das Gewand unseres Vaters Tupã. Die Tage werden kürzer und kühler, und der Sonnenuntergang färbt sich blutrot. Die Himmel bedecken sich und wohltuender Regen fällt. Der Donner rollt grollend durch die Täler. Zu gegebener Zeit tritt Tupã auf den Plan und lädt alle Wesen ein, sich in ihren jeweiligen Unterschlupf zurückzuziehen. Denn in dieser Phase muss die Erde die Pflanzen, die sich jetzt ausruhen und schlafen, mit Saft stärken. Was den Menschen angeht, hat dieser sich jetzt der Erde zuzuwenden und den »Geistern der Erde« zu lauschen. In diesen Tagen tun die Menschen gut daran, an die Flüchtigkeit des Lebens zu denken, sich das allmähliche Versiegen der Kräfte vor Augen zu halten und sich auf die Begegnung mit den Ahnen vorzubereiten, die sich auf der anderen Seite der Dinge verborgen halten.

Jeder Tupí-Guaraní, der sich Ñmandú in jeder der vier Jahreszeiten unter jeweils verschiedenen Namen und in unterschiedlichen Gewändern vergegenwärtigt, fühlt sich von ihm durchdrungen und wird am Ende zu einem Avaeté, das heißt zu einem »wahren Menschen«. Allerdings erreicht er dieses erhabene Ziel nur unter der Bedingung, dass er es lernt, mit Herz und Sinn der in jedem Ding insgeheim schwingenden Melodie zu lauschen, die ihrerseits aber nur ein Echo der großen Melodie aus dem Munde dessen ist, der der Alleshörer heißt.

Aus ihren Gebieten vertrieben, durch ganz Brasilien umherziehend und tausendfach massakriert, verbergen die Tupí-Guaraní-Indianer ihren spirituellen Reichtum heute unter einer sensiblen Decke des Schweigens. Noch sind ihre Lieder nicht verstummt, auch wenn die Stimmen immer schwächer werden. Dennoch: Kraft des Hinhörens vermögen sie auch schweigend zu singen. Und da sie auch heute noch singen und achtsam auf alles, was redet und singt, hinhören, leben sie noch immer, überleben sie auch weiter und legen Zeugnis ab von der ganz besonderen Weisheit, wie man liebevoll mit allen Wesen zusammenleben kann. In jedem Geräusch, in jedem Echo und in jedem Widerhall von Leben, Natur und Mensch hören sie Ñmandú, das große Hören. Das ist die Kraft, aus der sie Widerstand leisten und die sie auch weiterhin überleben lässt.

EIN JA ZUM TOD,
DAS FREI MACHT

Freiheit ist das wertvollste Geschenk, das wir als Menschen vom
Universum erhalten haben. Aus der Kraft der Freiheit gestalten wir
unser Leben. Wir können sein und werden, was wir wollen und wovon
wir träumen. Aus der Kraft der Freiheit stehen wir mit der Natur in
Interaktion und gestalten sie nach unseren Vorstellungen, auch wenn
wir uns nicht immer an ihren Rhythmus halten und ihrer Lebendigkeit,
Vielfalt und Schönheit nicht mit der gebührenden Ehrfurcht begegnen.
Und aus der Kraft der Freiheit geben wir sogar Dinge daran, die uns
lieb und teuer sind. Ohne Freiheit ist selbst Glück kein Glück mehr und
verkommt zur Angst vor dem Gefängnis.
Indianer sind in ihren Stämmen völlig frei. Für das, was einer tut,
schuldet er niemandem Rechenschaft. Will jemand fischen gehen, geht
er zum Fluss und fischt. Möchte jemand mitten in der Nacht ein Lied
singen, fängt er an zu singen. Niemand stört sich daran oder will von
ihm eine Erklärung dafür, dass er ausgerechnet zu dieser Uhrzeit
meint, singen zu sollen. Kein Indianer würde akzeptieren, in Unfreiheit
zu leben. Freiheit ist für Indianer das Kernstück des Lebens.
Mehr als alle anderen Ureinwohner legten und legen die Karajá-
Indianer auf der Bananal-Insel Wert auf Freiheit. Wegen der Freiheit
haben sie sogar auf das Gut verzichtet, das Menschen sonst am meisten
begehren: auf die Unsterblichkeit. Die folgende Geschichte erzählt von
dieser gewaltigen Kühnheit, ja Verwegenheit.

Als Kananciué, das höchste Wesen, am Anfang der Welt die Karajás
schuf, waren sie zuerst unsterblich. Unbekümmert wie Aruanã-Fische
lebten sie im Wasser und schwammen von Fluss zu Fluss und von See

74

zu See. Sie kümmerten sich weder um Sonne und Mond noch um Pflanzen und Tiere. Angesichts der Unsterblichkeit, die sie genossen, lebten sie in ungetrübtem Glück.

Allerdings reizte sie ständig eine Versuchung: Denn auf dem Grund des Flusses befand sich eine helle Öffnung. Wie wär es wohl, da hinein zu schwimmen, oder sollte man es doch besser lassen? Vom Schöpfer war ihnen das nämlich strikt verboten worden, und als Strafe für den Fall des Zuwiderhandelns hatte er auch gleich den Verlust der Unsterblichkeit angedroht. Also schwammen sie um das Loch herum und bewunderten das Licht, das daraus hervorstrahlte und die Farben ihrer Schuppen nur noch kräftiger erscheinen ließ. Einige versuchten sogar ab und zu, in die Öffnung hinein zu lugen, nur die Helligkeit des Lichtes blendete sie. Insgesamt jedoch hielten sie sich getreulich an das Verbot.

Eines Tages indes brach ein verwegener Karajá das Tabu des Verbots. Mir nichts dir nichts schwamm er in das strahlende Loch hinein und landete am schneeweißen Strand des Araguaia-Stroms. Eine bezaubernde Landschaft breitete sich vor ihm aus. Diese Welt sah völlig anders aus als die ihm bekannte! Der Himmel war tiefblau, und die Sonne strahlte, beschien alles ringsum und vermittelte der Atmosphäre eine angenehme Wärme. Bunte zwitschernde Vögel erfüllten die Luft wie mit Musik. Verschieden große Tiere in allen möglichen Farben durchstreiften friedlich eines neben dem anderen die Gefilde. Schmetterlinge flogen bald hierhin, bald dorthin von einer duftenden Blüte zur anderen, und üppige Wälder waren voller früchtebeladenen Bäume.

Ganz außer sich bestaunte der Karajá-Indianer das irdische Paradies solange, bis es Abend wurde. Als er dann endlich zurückkehren wollte, überraschte ihn ein weiteres faszinierendes Schauspiel. Hinter dem grünen Wald ging ein silberner Mond auf und beschien in der Ferne die Umrisse der Berge. Als sich dazu noch tausende von Sternen am Himmel gesellten, war sein Staunen grenzenlos. Schließlich fragte er sich:

– Was mag sich wohl hinter all den leuchtenden Häuschen verbergen? Und wer hat da wohl die vielen Lichter angezündet, dass sie so kräftig strahlen?

Hingerissen sinnierte er so die ganze Nacht vor sich hin, bis es wieder hell wurde und der Mond verschwand. Die Sonne, die am Abend vorher augenscheinlich gestorben war, stand am Horizont in der Ferne triumphierend wieder auf.

Da erinnerte er sich seiner Geschwister in der Gestalt von Fischen, während seine Augen von der Schönheit strahlten, die er gesehen hatte. Also tauchte er durch das funkelnde Loch zurück und wandte sich an seine Brüder und Schwestern mit den Worten:

– Hört mir zu, Leute! Ich bin durch das strahlende Loch getaucht. Auf der anderen Seite fand ich mich in einer Welt wieder, wie ihr sie euch überhaupt nicht vorstellen könnt. Mein Herz schlug vor Freude schneller, als ich Sonne, Mond und Sterne erblickte. Meine Augen konnten sich nicht sattsehen, als sich vor mir blühende Felder ausbreiteten und die wunderschönsten Schmetterlinge vor mir her flogen. Tiere jeder Größe konnte ich in grünen und blauen Wäldern beobachten. Strände gibt es dort! – schneeweiß und mit feinstem Sand! Wir müssen mit Kananciué, der uns geschaffen hat, sprechen, ob er uns nicht doch gestattet, in die Welt dort überzusiedeln.

Auch ohne etwas von all den Begriffen zu verstehen, wurden die Zuhörer doch immer neugieriger. Auf der Stelle wollten sie es der Kühnheit ihres Karajá-Bruders gleichtun, sich gemeinsam über das Verbot hinwegsetzen und durch die verbotene Öffnung hindurchtauchen. Doch die Ältesten, weise wie alte Leute nun einmal sind, gaben zu bedenken:

– Brüder und Schwestern, wir kommen nicht umhin, unserem Schöpfer die gebührende Achtung zu erweisen. Er meint es doch gut mit uns, immerhin hat er uns wie sich selbst ja unsterblich gemacht. Wir sollten mit ihm sprechen und ihn um Erlaubnis bitten.

Alle, ausnahmslos alle waren einverstanden. Also wurden sie bei Kananciué vorstellig und unterbreiteten ihm ihre offensichtlich guten Gründe, die sie für die Bitte hatten. Der Schöpfer hörte ihnen zu, konnte aber angesichts des Ungehorsams des draufgängerischen Karajá eine gewisse Traurigkeit in der Stimme nicht verbergen und gab zur Antwort:

– Ich verstehe, dass ihr durch das helle Loch hindurch in die wunderschöne Welt auf der anderen Seite wollt, in eine Welt voller Farben und mit den verschiedensten Pflanzen, Blumen, Früchten und Tieren. Dort bekommt ihr die Erhabenheit eines sternenbedeckten Himmels, eine strahlende Sonne und einen milden Mond zu sehen. Dort werdet ihr euch an den klaren Wassern des Araguaia erfreuen und euch vergnügt an seinen strahlend weißen Stränden aufhalten können. Was ihr aber weder kennt noch seht, ist: Die ganze Schönheit ist kurzlebig und geht rasch zugrunde, wie der Wasserfalter, den ihr kennt: Heute wird er geboren und morgen ist er tot. Nichts von dem, was es dort auf der anderen Seite gibt, ist unsterblich, wie ihr es seid. Alles dort entsteht, wächst, reift heran, altert und stirbt. Nichts, das nicht sterblich wäre … Alles geht dem Tod entgegen – unwiderstehlich dem Tod entgegen. Und das wollt ihr auch für euch? Überlegt euch die Sache gut, bevor ihr euch entscheidet.

Kein Mensch wagte ein Wort zu sagen. Totenstille. Allein die Blicke gingen in der Runde umher. Schließlich blieben sie an dem Karajá haften, der jene zauberhafte, wenn auch sterbliche Welt entdeckt hatte. Und wie gebannt von der Schönheit jenes Kosmos, die Kananciué, der Schöpfer, ihnen gerade bestätigt hatte, antworteten sie:

– Ja, Vater, wir wollen lieber sehen, wie es dort ist. Ja, wir wollen doch lieber im Paradies der Sterblichen leben.

Und ein letztes Mal wandte sich der Schöpfer an sie:

– Ich nehme eure Entscheidung an, denn Freiheit achte ich über alles. Ihr wisst, das ihr von heute an sterblich seid. Aber frei werdet ihr auch weiterhin sein. Nur, lasst euch von niemandem die Freiheit stehlen! Ihr werdet sterben müssen, wie alles in der strahlenden Welt dort. Vergesst nie, dass ihr die höchste Gabe der Unsterblichkeit gegen das wertvolle Geschenk der Freiheit eingetauscht habt. Fortan gehört die Geschichte euch.

Begeistert schwammen alle Karajás durch die strahlende Öffnung auf dem Grund des Flusses hindurch. Und so fanden sie sich in der Welt der Sterblichen, der kurzlebigen Schönheit und der begrenzten Freuden wieder.

Und in diesem Paradies leben sie noch heute, am Ufer des Araguaia-Stroms. So hatten die Karajás den unerhörten Mut, sich doch lieber für die Sterblichkeit zu entscheiden, um dadurch als ganz und gar freie Wesen neugeboren zu werden. Und das sind sie bis auf den heutigen Tag.

WIR SIND KINDER DES HOLZES:
DAS KUARUP-FEST

Ein uralter Wunsch der Menschheit zielt auf Unsterblichkeit des Lebens. Wir müssen alle sterben. Aber wer möchte dennoch nicht lieber leben? So erfinden wir tausend Kunstgriffe, um dieses Leben möglichst ausgiebig zu verlängern. Zusagen der Unsterblichkeit, wie Weise in allen Kulturen sie uns machen, sind uns höchst willkommen. Die ältesten Riten, von denen wir Kenntnis haben, vollziehen Menschen über den Gräbern ihrer Verstorbenen. Blumen und Speisen stellen sie darauf, die einen wie die anderen Symbole für Leben. Offensichtlich leitet sie der Glaube, das Leben gehe irgendwie über den Tod hinaus weiter. Untersuchungen von Pollen solcher Blumen haben ergeben, dass derartige Zeremonien seit mehr als hunderttausend Jahren praktiziert werden.
Die Kamayurá-Indianer im Einzugsgebiet des Xingú-Flusses erzählen sich eine ausgesprochen schöne Geschichte, in der es um das erste Kuarup geht, um das erste alles andere als traurige Fest der Toten.

Mavutsinim heißt die himmlische Gestalt, die von Anfang an existierte. Mavutsinim lebte allein. Doch allmählich verging ihm die Lust am Alleinsein. Endlich wollte er in Gemeinschaft leben. Also schuf er das Zwillingsgestirn Sonne und Mond. Sodann nahm er eine Muschel und machte daraus eine Frau. Er heiratet sie, und bald darauf kam auch ein Kind zur Welt. Das ist die Geburtsstunde der Kamayurá. Die anderen Menschen machte Mavutsinim aus Holzpfählen und -pflöcken. Dazu fällte er Bäume, bearbeitete sie, bis sie die Konturen von Menschen annahmen, und hauchte ihnen Leben ein. Mit der Zeit jedoch starben sie der Reihe nach. Also sann das himmlische Wesen darauf, wie er sie ins Leben zurückzuholen könnte. Die einzige Möglichkeit, die er sah, bestand in einem Fest, und zwar in einem ausgelassenen Fest mit Musik und reichlich zu essen und zu trinken.

Mavutsinim tat, was er schon bei der Erschaffung der Männer und der Frauen getan hatte. Er ging in den Wald, sägte drei Kuarup-Stämme ab und brachte sie ins Dorf. Dort bearbeitet er sie in einer Weise, dass sie schließlich wie Menschen aussahen, malte sie an und schmückte sie mit Federbüschen, Halsketten, Baumwollfäden und Armreifen aus bunten Arara-Federn.

Darauf ließ er die drei Stämme mitten im Dorf fest in die Erde eingraben. Den Cururu-Frosch und den Agutis-Goldhasen bat er, zu Füssen der Kuarups ihre schönsten Lieder zu singen. Alle Stammesmitglieder mussten sich mit lebhaft bunten Farben bemalen. Ein rauschendes Fest sollte es geben. Der Tod sollte besiegt werden. Zum Klang der Musik würden die Toten ins Leben zurückkehren.

Köstliche Speisen wurden gekocht, leckere Kuchen gebacken und allerlei Fischsorten gebraten. Alles wurde an die Leute verteilt. Die Sänger durften nicht einen Augenblick Pause machen, sondern mussten unentwegt die Schellen schlagen, ununterbrochen um die Kuarups herumtanzen und sie fortwährend auffordern, lebendig zu werden. Nachdem das Fest dann aber mittlerweile schon etliche Stunden in Gang war und die Holzpfähle immer noch dastanden, ohne sich zu rühren, wagten einige zu fragen:

– Vater Mavutsinim, werden die Kuarups denn wirklich noch einmal lebendig, oder bleiben sie, was sie sind: schlicht und einfach Holz?

Zuversichtlich und mit ebenso fester Stimme versicherte Mavutsinim ihnen:

– Selbstverständlich werden aus den Hölzern Menschen, und sie werden wie Menschen laufen und wie Menschen leben.

Die Bewohner des Dorfes tanzten und feierten die ganze Nacht durch, bis zum Mittag des folgenden Tages. Doch da aus den Kuarups durchaus keine Menschen werden wollten, stellten sie schließlich das Feiern ein. Sie beschlossen, stattdessen ihre Toten, die in den Pfählen versinnbildet waren, zu beweinen. Doch Mavutsinim wollte davon nichts wissen und verbot es ihnen:

– Was ist denn das, Leute? Die Kuarups werden mit Sicherheit zu Menschen werden. Ihr müsst nur noch ein wenig Geduld haben. Das Fest soll weitergehen! Musik! Tanzt und esst! Allerdings darf von diesem Moment an niemand mehr die Kuarup-Pfähle ansehen.

Mavutsinim ging von Gruppe zu Gruppe und wiederholte immer nur den einen Spruch:

– Ihr braucht nur noch ein wenig Geduld zu haben. Aus den Kuarup-Pfählen werden ganz sicher Menschen werden. Aber schaut sie bitte nicht an!

Und immer wieder ermunterte er die Feiernden, in ihrer Ausgelassenheit nicht nachzulassen. Also tanzten, hüpften, sangen und aßen sie alle weiter.

Gegen Mitternacht, nachdem das Fest schon nahezu zwei Tage in Gang war, fingen die Kuarups an, sich zu bewegen. Sie drehten sich in ihren Löchern und machten Anstalten hinauszuspringen. Der Agutis-Goldhase und der Cururu-Frosch, die ja beide als Sänger eingeladen waren, ermunterten sie, mit ihnen zum Baden im Fluss zu gehen, sobald sie wirklich lebendig und aus den Löchern herausgekommen wären. Als dann der Morgen graute, war schon zu erkennen, dass

die Stämme menschliche Formen annahmen: Arme, Kopf und die hervorspringenden Brüste. Die andere Hälfte war noch aus Holz und stak noch in der Erde. Doch Mavutsinim hörte nicht auf zu schreien:
– Niemand schaut die Kuarup-Pfähle an! Weiter singen, weiter lachen, weiter feiern! Noch ein bisschen und noch ein bisschen, und sie werden ganz lebendig sein und mit uns feiern. Fahrt fort!

Als die Sonne aufging, waren alle Kuarups bereits annähernd ganz aus der Erde. Ein Bein hatte schon Fleisch bekommen, das andere kam gerade aus dem Boden hervor. Um die Mittagszeit begannen sie, wirklich Menschen zu werden. Sie wanden sich in den Löchern und wollten jeden Augenblick herausspringen. Da richtete sich Mavutsinim an den ganzen Stamm:
– Geht sofort in die Maloka! Und schließt die Türen! In der Maloka aber lacht und singt weiter! Nur noch kurze Zeit, und dann könnt ihr alle miteinander die Kuarup-Pfähle als wirklich lebende Menschen unter euch sehen. Alle dürfen dann wieder herauskommen, es sei denn jemand hätte mit einer Frau geschlafen.

Als es so weit war, verließen alle die Maloka. Nur einer blieb. Er hatte mit einer Frau geschlafen. Doch als alle hinausgeströmt und an die Kuarups herangetreten waren, wurde er dermaßen neugierig, dass er es nicht mehr aushielt. Also schlüpfte auch er noch hinaus und gesellte sich zu den anderen.

Doch welch ein Unglück! Die Kuarups, die doch fast schon aus den Löchern heraus waren, hörten im selben Augen auf, sich zu bewegen, und wurden erneut zu regungslosem Holz.

Mavutsinim war empört über den Indianer, der sich als ungehorsam erwiesen hatte. Enttäuscht beschimpften die anderen Stammesmitglieder ihn, der – statt zu singen, zu tanzen und mit den anderen zu feiern – auf die Idee gekommen war, mit einer Frau zu schlafen, und überdies den Befehl missachtet hatte, innerhalb der Maloka zu bleiben.

Als Mavutsinim den allgemeinen Missmut sah, hob er die Hand, bat um Ruhe und sagte:

– Mit dem Fest wollte ich alle Verstorbenen ins Leben zurückbringen. Hätte dieser Unglückliche, der zwischenzeitlich mit einer Frau verkehrt hat, nicht die Maloka verlassen, dann wären die Kuarup-Stämme jetzt Menschen, die Toten wären auferstanden, und alle feierten wir gemeinsam. Und jedes Mal, wenn wir dieses Fest erneut feierten, kämen die Toten in unsere Gemeinschaft zurück.

Weil nun aber einer ungehorsam war, wird zukünftig alles anders sein. Natürlich werden wir jedes Jahr für unsere Verstorbenen dieses Fest feiern, mit Musik und mit viel Freude. Aber die Toten bleiben tot. Ins Leben kehren sie nicht mehr zurück. Das Fest gibt es nur noch zur Erinnerung an das, was heute geschah.

Schließlich befahl Mavutsinim die Kuarup-Pfähle aus den Löchern zu ziehen und im Fluss zu versenken. Und dort liegen sie noch heute, in der Gestalt toter Baumstämme, während sie doch lebendige Menschen sein könnten, hätte sich nicht ein einziger versündigt und über alle solch ein Unglück gebracht – nicht weil er eine Frau geliebt hat, wohl aber weil er ungehorsam war.

DIE ANEIGNUNG DES FEUERS

In ganz frühen Zeiten war allein der Jaguar mit dem Geheimnis des Feuers vertraut. Er trug es in den Augen. Die Augen des Jaguars strahlen ja nachts hell auf. Da der Jaguar bekanntlich von der Jagd lebt, brauchte er ganz dringend das Feuer. Denn wie sonst hätte er die erlegten Fleischstücke kochen und sich daran gütlich tun können?
Bei den Suruí-Ureinwohnern im Bundesstaat Rondônia – das sind jene Indianer, die sich selbst als Paíter bzw. Paíterei bezeichnen, das heißt als die wahren Menschen – erzählt man sich folgende Geschichte, die davon handelt, wie das Feuer vom Jaguar aus die übrige Menschheit erreichte.

Eines Tages wandte sich Schöpfergott Palop an Orobab. Orobab ist ein Vogel mit einem unvergleichlich langen Schwanz:
– Orobab, mein Junge, du hast ja einen überaus langen Schwanz. Könntest du mir den Gefallen tun, zum Haus der Jaguare zu fliegen und dort Feuer zu holen? Ich möchte es nämlich allen meinen Söhnen und Töchtern zur Verfügung stellen, damit sie gekochte Speisen essen und sich in kalten Nächten auch wärmen können.
Orobab war einverstanden:
– Wenn du meinst, gehe ich auf der Stelle, Vater.
Palop, der Schöpfer aller Dinge, schmierte Orobabs Körper mit einer klebrigen bitteren Masse ein, die an das Wachs der Kleinbiene erinnert. Dieses sorgt dafür, dass die Flammen des Feuers nie erlöschen.
– Fertig, sagte Palop, jetzt kannst du losfliegen, das Haus der Jaguare aufsuchen und mir das Feuer bringen.

Also erreichte Orobab das Haus der Jaguare. Die Jaguare saßen rings um ein großes Feuer, in dem sie Jatobá-Holz verheizten, und wärmten und unterhielten sich. Aus Angst davor, nicht gut empfangen zu werden, hatte Orobab bereits im Anflug angefangen zu weinen. Jetzt flossen die Tränen nur so. Orobab setzte sich also und begrüßte die Jaguare mit mehrmals von Seufzern unterbrochener Stimme. Als die Jaguare sahen, wie schlecht es Orobab offensichtlich ging, hatten sie Mitleid mit ihm und luden ihn ein, sich mit ans Feuer zu setzen.

Nun war sich Orobab des Versprechens bewusst, das er Palop gegeben hatte, ihm Feuer zu bringen. Folglich hielt er seinen Schwanz dicht ans Feuer. Die Jaguare traf der Schrecken. Sie konnten nur noch rufen:

– Vorsicht, Onkel! Du steckst ja deinen Schwanz in Brand!

Also rückte Orobab ein wenig vom Feuer ab. Als die Jaguare sich bald darauf wieder angeregt unterhielten und ihre Aufmerksamkeit für den Gast nachgelassen hatte, hielt dieser seinen langen Schwanz wieder in Richtung der Flammen. Aus dem ältesten Jaguar brach es hervor:

– So verbrennst du dir deinen Schwanz, Onkel Orobab! Du solltest dich in Acht nehmen!

Nun war es ja gerade die Absicht des Vogels, das Feuer zu entwenden. Deshalb nahm er die Federn nur ganz wenig zurück; denn der Schwanz sollte ja Feuer fangen. Zudem versuchte er die Jaguare abzulenken und mischte sich in ihre Gespräche ein. Nach einer Weile zeigte er, gerissen wie er war, mit dem Flügel in Richtung des Waldes und fragte:

– Was ist denn das für ein langes, hässliches Tier, meine Freunde Jaguare? Da oben auf dem Baum!

Als die Raubtiere, neugierig gemacht, tatsächlich in die angedeutete Richtung schauten, ergriff Orobab spornstreichs die Gelegenheit, und mit brennendem Schwanz schwang er sich in die Lüfte und verschwand im Gewirr der Bäume.

Als den Jaguaren klar wurde, dass sie hinters Licht geführt worden waren, hoben sie ein großes Geschrei an:

– Verdammt, dieser Orobab! Der ist doch nur gekommen, um uns mit seiner Gerissenheit das Feuer zu stehlen.

Aber Orobab war schon über alle Berge, und die Jaguare konnten ihm mit ihren Drohungen nichts mehr anhaben. Völlig erschöpft und mit lichterloh brennendem Schwanz rastete er zunächst auf dem Ast eines Urucum-Orleanbaumes, dann ein zweites Mal auf einem Zweig eines Itoá und schließlich in der Krone eines Brasil-Baumes.

Seit der Zeit lässt sich aus dem Holz dieser drei Bäume Feuer gewinnen. Man muss nur Stücke des jeweiligen Holzes gegeneinander reiben. Der Grund dafür ist, dass sich Orobab mit seinem brennenden Schwanz auf den genannten Bäumen niedergelassen und ausgeruht hat. Seither verbirgt sich etwas von dem Feuer in ihnen, bis auf den heutigen Tag.

Darauf flog Orobab an den Ort, an dem sich Palop aufhielt, und sagte ihm:

– Hier bin ich, mein Vater. Ich habe ausgeführt, worum du mich gebeten hattest. Hier hast du loderndes Feuer.

Und er entlud sämtliche Flammen, die er den Jaguaren gestohlen hatte, von seinem Schwanz. Es war ein stattlicher, lebendiger, strahlender Feuerschweif.

– Das hast du gut gemacht, mein Sohn. Hab Dank für den Dienst, den du deinen Brüdern und Schwestern geleistet hast. Ich werde das Feuer an alle anderen weitergeben, damit die einen sich daran wärmen und die anderen darauf ihre Speisen kochen können.

So kam es, dass dank der Hochherzigkeit des Gottes Palop wie auch der Listigkeit des Vogels Orobab wir Menschen in den Besitz des Feuers gelangten. Mit seiner Hilfe können wir seither, bis auf den heutigen Tag, an langen Winterabenden unsere Häuser heizen und außerdem unsere Speisen, insbesondere die verschiedenen Fleischgerichte kochen und braten. So schmecken sie viel besser als zuvor.

DER BESCHWERLICHE
WEG ZUM HIMMEL

Religion hat viele Funktionen. Religion entsteht aus dem Gefühl der re-ligatio, der Rück-bindung aller Dinge nicht nur an alle Dinge, sondern auch an die Urquelle allen Seins. Religion verleiht Leben und All dichtesten Sinn und höchste Werthaftigkeit. So kommt es, dass Religion – soweit bekannt – auch die Kraft ist, die am besten sozialen Zusammenhalt gewährt. Eine ihrer Hauptfunktionen besteht nämlich darin, den Menschen einen Katalog von Werten und Normen zu liefern, anhand dessen sie untereinander, aber auch mit sich selbst möglichst gut zusammenzuleben sowie das Geheimnis von Natur und All zu verehren vermögen. Das zukünftige, über dieses Leben hinausreichende Schicksal des Menschen hängt davon ab, inwieweit er besagte Werte gelebt und sich an die entsprechenden Normen gehalten hat. Religion ist der sicherste Weg zum Himmel.
Den Weg des Guten gehen erfordert sowohl vielfachen Verzicht als auch den Mut, Versuchungen, die verlocken, aber auch auf Abwege führen, zu widerstehen. Genauso muss, wer in den Himmel kommen will, sich auf einen mit tausend Prüfungen gepflasterten Weg machen. Zu Gott, der Quelle aller Freude, allen Glücks und aller Liebe, kommt man nicht im Vorbeigehen. Zum großen Fest im Himmel gelangt nur, wer zuvor durch die heilende, reinigende Klinik Gottes gegangen ist.

Im Bundesstaat Rondônia leben die Suruí-Indianer. In einer Geschichte, die bei ihnen umgeht, erzählen sie, wie sich für sie der Weg zum Himmel darstellt. Allerdings sprechen sie vom »Weg der Toten«, auch wenn es sich in Wahrheit um den Weg der Lebenden handelt. So oder so, der Weg führt durch zahllose Prüfungen. Wer sie besteht, findet in der Tat in die Höhen, in denen Palop in strahlendem Glück lebt. Palop heißt »Unser Vater«. Die in seinem Haus Angekommenen lässt Palop an seinem unsäglichen Glück teilhaben.

Nun möchte man natürlich wissen, wo Palop sich denn tatsächlich aufhält. Palop wohnt weit jenseits des Horizontes. Und wovon ernährt er sich? Selbstverständlich nicht von den Speisen der Menschen, sondern von geheimnisvollen Köstlichkeiten, die eines Tages auch die Seligen werden verkosten können. Von seinem himmlischen Aufenthaltsort aus kümmert sich Palop um jeden einzelnen Menschen. In stattlichen Gehegen züchtet er dort für die Irdischen alle nur möglichen Tierarten: Rehe, Nambú-Rebhühner, Caitítu-Schweine, Tapire und Pakas und noch manch andere Gattung, deren Fleisch ein Genuss ist. Von Zeit zu Zeit schickt er einiges davon zur Erde, damit die Menschen zu essen haben. Allerdings achtet er darauf, dass keine Art dabei ausgerottet wird.

Wer in den Himmel kommt, wird wieder jung. Umgekehrt werden Kinder zu großen Leuten. Absolut unerlässliche Bedingung dafür ist freilich eine Menge Prüfungen zu bestehen, denen allerdings auch manch einer erliegt. Wer sie nicht besteht, bleibt auf der Strecke und muss sich mit einer Maloka begnügen – ähnlich einer Maloka auf der Erde. Das Leben dort ist weder gut noch schlecht, eben wie auf der Erde, wo sich ja auch Gut und Böse miteinander vermischen. Doch vom unbeschreiblichen Glück, wie Palop es für alle vorgesehen hat, verspürt man dort nichts.

Und wer bleibt auf der Strecke? Auf der Strecke bleiben moralische Versager, das heißt alle, die zu Lebzeiten Inzest begangen, sich auf ein Verhältnis mit nahen Verwandten eingelassen, gestohlen oder sich auf die faule Haut gelegt haben, alle, die ohne Not Tiere getötet oder wenig Mut gezeigt und im Krieg feige Reißaus genommen haben. Alle diese Leute kommen nach dem Tod in die genannten Malokas und nicht in den Himmel.

Wer aber kommt dann in den Himmel, direkt in den Himmel? Direkt in den Himmel kommen weise Medizinmänner, weil sie zu Freunden der Geister geworden sind und sämtliche Krankheiten zu heilen wissen. Dank der Hilfe der guten Geister an ihrer Seite nehmen sie alle Hindernisse. Direkt in den Himmel kommen zweitens unschuldige Kinder. Drittens darf aber auch nicht vergessen werden, wer tatkräftig war und dem Stamm geholfen hat, sich zu verteidigen, und wer sich den Menschen gegenüber stets als gütig erwiesen hat. Menschen dieser Art kommen zwar nicht an dem vorgeschriebenen Weg vorbei, werden aber ohne weiteres mit den ihnen begegnenden Schrecken fertig. Alle anderen müssen verschiedene Stationen durchlaufen. Der Weg, den sie bis in den Himmel zurückzulegen haben, ist eine beschwerliche Sache.

An der ersten Station geht es um Palmen mit riesige Dornen. Sobald ein Verstorbener vorbeikommt, neigen sich die Palmen über ihn, schließen sich zusammen und drücken ihm ihre Dornen wie Spieße ins Fleisch. Das gilt jedoch nur für Leute, die böse waren. Menschen, die hingegen gut waren und innere Kraft gezeigt haben, lassen die Palmen problemlos passieren.

Etwas weiter erwartet ein urtümliches Monstrum, eine Art riesiger Kaiman mit einem gewaltigen Maul, die Verstorbenen. Das Krokodil verschlingt alle, die feige und faul waren. Entdeckt es aber Leute, die mutig und fleißig waren, macht es sein Maul erst gar nicht auf. Verstorbene dieser Art lässt es unangetastet weiterziehen.

Die nächste Versuchung wartet auf die Toten in der Gestalt der Großen Feuerfackel. Naht sich einer Toter, dem der Ruf vorauseilt, ein umgänglicher und den Verwandten gegenüber liebevoller Mensch gewesen zu sein, belässt es die Fackel bei einem kleinen Feuer, so dass der Betreffende vorbei kann, ohne von der Flamme erfasst zu werden. War es indes ein schwächlicher und feiger Kerl, gibt die Fackel mächtige Feuerstöße von sich, die ihn, böse wie er war, verbrennen.

Zu einem neuerlichen Halt wird der Verstorbene ein Stück weiter des Weges von der Großen Eidechse gezwungen, die hoch auf dem Ast eines Baumes sitzt. Über alle, die so faul waren, nur kleine Felder zu bestellen, oder sich bei Fester nicht gebührend zu schmücken wussten, entleert sie sich. Man stelle sich den Dreck vor! So können sie unmöglich die Reise fortsetzen. Gegen Indianer allerdings, die mit Schmuck nicht gegeizt und keine Arbeit gescheut haben, ist sie gnädig, so dass sie weiterziehen können.

So also bildet sich das erste Dorf der Toten, das heißt der moralischen Versager, die so unzulänglich waren, dass sie den Weg in Richtung Himmel nicht fortzusetzen vermochten. Die Bewohner dieses Dorfes bedrohen die vorbeiziehenden Verstorbenen, zielen mit Waffen auf sie und sind darauf aus, sie in ihre Malokas zu ziehen. Wehe denen, die dort womöglich Verwandte antreffen, Mitleid mit ihnen haben, sie dort wiederzusehen, und – was das Schlimmste ist – sich einverstanden erklären, bei ihnen zu bleiben! Nur wer große innere Kraft hat, besteht auch diese Versuchung. Gilt es doch, in den Himmel zu gelangen und der Glückseligkeit teilhaftig zu werden, die ja beide noch vor einem liegen, im Hause von Palop, unserem Großen Vater. Gott sei Dank kommen jetzt die Ahnen, die bereits in Palops himmlische Wohnung eingegangen sind, den Verwandten zur Hilfe und reden ihnen zu, trotz aller Schwierigkeiten nie den Himmel aus dem Auge zu verlieren.

Nach der Begegnung mit dem Dorf der Toten haben sich die Verstorbenen mit einer letzten Prüfung auseinander zu setzen: Sie müssen an dem Großen Schwankenden Stein vorbei. Der Große Stein heißt so, weil er auf der Höhe eines Hügels auf der Kippe liegt, bis er

schließlich anfängt herunterzurollen. Gelingt es dem Verstorbenen nicht, ihm auszuweichen oder über ihn hinweg zu springen, wird er zermalmt. Doch für den Fall, dass er kühn und ehrenhaft war, ist es ihm ein Leichtes, beiseite zu springen, während der Stein an ihm vorbei den Hügel hinabrollt.

Ganz zum Schluss der Reise muss nur noch der Fluss überquert werden, der den Himmel, will sagen Palops Haus, umspült. Dazu kommt ein großes Boot, das den Verstorbenen aufnimmt, um ihn schließlich zu Unserem Vater zu bringen. Doch eine allerletzte Versuchung meldet sich noch: Man muss es im Boot auch aushalten können! Denn in den Wogen schaukelt es gewaltig, bäumt sich auf und fällt wieder wie in ein Loch hinab, wie eine Nussschale auf dem Meer. Hat der Verstorbene vieles falsch gemacht, kann er aus dem Nachen herausgeworfen werden und muss zurückkehren. War er dagegen ein guter Mensch, dem kein Dienst an seinem Stamm zu viel war, sitzt er gelassen im Boot und kommt ruhig und unbeschwert auf der anderen Seite an, mögen die Wassermassen auch noch so tief und noch so bedrohlich sein.

Endlich ist der Verstorbene am Ziel seiner Reise. In Palops Haus ist alles Fest, Licht und Tanz. Beim Festmahl gibt es alle nur möglichen göttlichen Delikatessen und menschlichen Leckereien. Die Landschaft strahlt, die Felder stehen in Blüte, und die Tiere gehen miteinander um, als wären sie Brüder und Schwestern. Die Sonne ist mild, der Mond scheint hell, und ringsum herrscht ein von Myriaden von Sternen bedeckter Himmel. Alle Geretteten erkennen sich wieder, unterhalten sich wie alte Freunde und Freundinnen und lauschen Palop, der tausend Geschichten zu erzählen weiß. Von nun an bleiben die Neuankömmlinge auf ewig bei Palop, in der Gesellschaft der Ahnen und aller übrigen Himmelsbewohner.

Wenn dann die Alten abends ums Feuer sitzen, rufen sie sich all die Stationen auf dem Weg der Toten in Erinnerung. Verlief denn der

Weg nicht so, weil Palop ihn so wollte, ein Weg voller Gefahren und mit Versuchungen gesäumt, damit alle von Kindesbeinen an lernten, sich richtig zu verhalten, nur Gutes zu tun, vom Inzest zu lassen, keine Tiere aufs Geratewohl zu töten und nie den Mut zu verlieren? Halten sich die Menschen an Palops Vorschriften, wird der Weg der Toten zum Weg des Lebens, ja der Glückseligkeit bei Unserem Vater, bei Gott Palop, und zwar sowohl bereits hier auf Erden als auch später im Himmel.

JURUPARÍ –
RETTER DER VÖLKER

Viele Völker der Erde haben die Wahrnehmung, die Menschheit, so wie sie sich gegenwärtig darstelle, entspreche nicht dem Willen des Schöpfers. Mit Hilfe eines Erlösers, der vom Himmel gesandt werde, habe sie erst wieder versöhnt zu werden. Dabei müsse der Erlöser sowohl etwas von der Seite Gottes als auch von der der Menschen haben. Die beste Möglichkeit, seine göttlich-menschliche Natur zum Ausdruck zu bringen, sei, dass er von einer Jungfrau geboren werde. Zum einen habe man sich den Erlöser als Menschen wie alle anderen Menschen auch vorzustellen; als solcher werde er natürlich von einer Frau zur Welt gebracht. Andererseits empfange die Frau dank einer göttlichen Kraft ohne Mitwirkung eines Menschen; und deshalb sei der Erlöser etwas Göttliches. Unermüdlich setze er sich dafür ein, dass die Menschheit wieder den Weg des Friedens und der Versöhnung mit Gott finde.

Zahlreiche indianische Populationen des Amazonasbeckens erzählen sich die Geschichte von Juruparí, dem Erlöser der Völker. Sein Name bedeutet übersetzt »Jungfräulich von der Frucht Gezeugter«. Die Geschichte, wie sie seit undenklichen Zeiten an den Ufern des Amazonas und seiner Zuflüsse bis auf den heutigen Tag erzählt wird, hört sich wie folgt an:

Ceucí war eine bildhübsche Indianerin, ein jungfräuliches Mädchen, dessen ganze Lust darin bestand, in den Wald zu gehen, um dort Früchte zu sammeln und sie zu essen. Eines Tages fiel Ceucí eine Frucht mit einem einzigen Kern in die Hände. Die Frucht hatte eine feste Haut, die voller Haare war. Innen aber war sie überaus saftig und schmeckte herrlich süß . Der Name der Frucht war Cucura. Cucura ist ein Maulbeerbaumgewächs, das seine Früchte in der Form von Doldentrauben trägt.

Ceucí, die bis dahin die Cucura-Frucht noch nie gekostet hatte, biss in sie hinein und verschlang sie beinahe gierig, so herrlich schmeckte das Obst. Nur merkte sie nicht, dass ihr der Saft auf die Brüste träufelte und schließ den ganzen Körper hinablief.

Unbeschreiblich Ceucís Überraschung, als sie nach einigen Wochen entdeckte, dass sie schwanger war, ohne je mit irgendeinem Mann eine Beziehung gehabt zu haben. Und neun Monate, nachdem sie die Cucura-Frucht gekostet hatte, brachte sie denn auch Juruparí, den »Jungfräulich von der Frucht Gezeugten« zur Welt. Dies war kein Zufall, sondern hatte einen Sinn. Denn Juruparí wurde geboren, um im Auftrag des Sonnengottes die Sitten der Menschheit zu erneuern. Nachdem nämlich die Menschen allesamt aus der Spur der uralten Wegweisung geraten waren, müssen sie erst wieder auf den rechten Weg zurückfinden. Tatsächlich besteht Juruparís Aufgabe hauptsächlich darin, in sämtlichen Dörfern nach der vollkommenen Frau zu suchen, die der Sonnengott heiraten könne.

Das Erste, was Juruparí also unternahm, war die Wiederherstellung des verloren gegangenen Gleichgewichts. Denn als er damals, in grauer Vorzeit, in die Welt kam, war es so, dass die Frauen über die Männer zu bestimmen hatten und die Männer den Frauen in allem zu gehorchen hatten. Folglich entzog er den Frauen einen Teil der Macht und übertrug ihn den Männern. Ist es denn nicht so, dass beide Seiten über Macht verfügen müssen, soll denn Gleichgewicht herrschen und niemand den anderen unterdrücken?

Die beste Art und Weise, jede der beiden Seiten in ihrer Macht zu stärken, ist, die Initiationsfeste in der Weise zu gestalten, dass Frauen wie Männer jeweils einen besonderen Teil zugewiesen bekommen. Jede Seite erhielt ihr Geheimnis, das sie niemals preisgegeben darf, auf dass sich niemand die Macht des anderen aneignen kann. Juruparí führte auch entsprechende Masken, Musikinstrumente und anderes Zubehör ein, so dass Männer wie Frauen bei ihrem jeweiligen Initiationsritus Mittel einsetzen, die zu benutzen oder zu hören der anderen Seite verboten sind.

Werden nun also die jungen Männer und die jungen Frauen in ihre jeweiligen Geheimnisse eingeführt, müssen sie sich harten Prüfungen unterziehen. Es gilt, Schmerzen zu ertragen, Sicherheit an den Tag zu legen und Unerschrockenheit zu zeigen. Strenges Fasten kommt hinzu. Man beschmutzt und schlägt sie. Doch das Geheimnis darf niemand, was auch immer passiert, preisgeben. Kommen Jungen und Mädchen in die Pubertät werden sie in die Geheimnisse eingeweiht. Dann finden die Initiationsriten statt.

Alle diese Dinge lehrte Juruparí die Ureinwohner. Seine Anweisungen und Vorschriften entwickelten sich allerorten zu Sitten und Gebräuchen. Die Tradition überliefert alles getreulich, alle halten sich ohne Abstriche daran, und die Medizinmänner lassen nichts davon in Vergessenheit geraten.

Juruparí zog von Dorf zu Dorf, holte die Menschen zusammen und lehrte sie, wie sie in Einklang mit dem Willen des Schöpfers zu leben hätten. So verkündete er eine Reihe von Geboten, die ihre Gültigkeit bis heute nicht verloren haben:

Erstens: Die Frau muss bis zur Pubertät Jungfrau bleiben.

Zweitens darf sich die Frau niemals prostituieren, sondern muss ihrem Mann immer treu sein.

Drittens: Wenn die Frau entbunden hat, darf der Mann einen Mond lang weder arbeiten noch irgendetwas essen, damit die ganze dabei freigesetzte Kraft auf das Kind übergeht.

Viertens darf der Häuptling – Tuxaua, wie er in der Tupí-Sprache heißt – als Vergeltung für die Dienste, die er der Allgemeinheit leistet, so viele Frauen haben, wie er unterhalten kann.

Fünftens: Der Mann muss für sich mit der Arbeit seiner Hände sorgen.

Mit diesen und vielen anderen Vorschriften erzieht Juruparí fortan die Menschheit, damit sie sich an die vom Schöpfer bestimmten Wege hält.

Doch seinen wichtigsten Auftrag hatte Juruparí damit noch keineswegs erfüllt: Sollte er doch die vollkommene Frau finden, welche die Sonne hätte heiraten können, so dass dank dieser Vermählung Menschheit und All gerettet wären. Nur, wo sich Juruparí im Augenblick aufhält, vermag niemand zu sagen. Allein so viel ist bekannt, dass er nach wie vor auf Wanderschaft ist, von Dorf zu Dorf und von Volk zu Volk, dass er noch immer bemüht ist, den Menschen zu helfen, in Einklang mit heiligen Überlieferungen zu leben, und dass er bis auf den heutigen Tag auf der Suche nach der vollkommenen Frau ist. Denn solange sie nicht gefunden ist, kann die selig machende Vermählung zwischen Himmel und Erde nicht stattfinden.

Das ist der Grund dafür, so die Erklärung der Medizinmänner, dass sich die Frauen auch noch heute mit Urucum – mit dem rotgelben Bixin-Farbstoff des Orleanbaumes –, mit dem Dunkelblau des Jenipapo-Saftes und mit allerlei anderen Mitteln bemalen und schmücken, immer in der Hoffnung, eine von ihnen könne ja die vollkommene Frau werden, die sich der Sonnengott dann zur Frau nehme.

Doch sobald Juruparí die vollkommene Frau gefunden hat, hat er auch seinen Auftrag erfüllt. Unverzüglich wird er dann in den Himmel, an die Seite der Sonne, die ihn zur Erde gesandt hatte, zurückkehren. Und dann wird auch die Sonne kommen, und alles wird gerettet, befreit und im Sinne ihres ursprünglichen Planes vollkommen sein.

SCHLARAFFENLAND

Alte Kulturen zeichnen sich durch eine gemeinsame Vorstellung aus, die aber – so unterschiedlich ihre Einkleidung zugegebenermaßen sein mag – auch in modernen Zeiten nicht unbekannt ist. Die Rede ist vom Schlaraffenland. Das Wort Schlaraffenland bezeichnet den Traum von einer grenzenlosen, märchenhaften Fülle an allen lebensnotwendigen Dingen: Pflanzen sprießen aus der Erde, ohne gesät worden zu sein; Früchte hängen reif am Baum, ohne gewachsen zu sein; gebratene Schweine laufen herum, schon mit Messer und Gabel im Nacken, und warten nur darauf, dass sich jemand bedient; Wein fließt in Brunnenröhren, als wär's Wasser; und Brot wächst auf der Erde und liegt wie Steine herum. Schlaraffenland steht für die menschliche Utopie einer glückseligen, an Reichtum geradezu überschäumenden Welt, die aber mehr als Geschenk aus der Hand Gottes denn als Werk aus der Hand des Menschen verstanden sein will. In manchen Kulturen heißt diese Utopie El Dorado, in anderen Land ohne Übel und in wieder anderen irdisches Paradies. Dieser Traum sorgt dafür, dass sich die Menschen nicht mit den vorfindlichen Bedingungen zufrieden geben, sondern unentwegt den Blick in die Zukunft gerichtet haben, in der wir ja für uns alle Glück und Erfüllung erwarten.

Den Mythos vom Schlaraffenland erzählen sich auch die Ofaié-Chavante-Indianer im Bundesstaat Mato Grosso do Sul. Die Ofaié-Chavantes, die auf der rechten Seite des Rio Paraná – zwischen dem Rio Verde und dem Taquarussú – leben, hatten ersten Kontakt mit der weißen Zivilisation im Jahre 1903, als ihnen der in Brasilien allseits bekannte Marschall Rondon[5] begegnete. Die Erzählung geht folgendermaßen:

Eines Tages begab sich eine Ofaié-Chavante-Indianerin früh morgens in den Wald, um Nahrung für ihre Familie zu suchen. Eine Trockenheit hatte auf den Feldern die Ernte weithin verdorren lassen und im Wald traf man kaum noch zur Jagd geeignetes Wild an. Die Indianerin war schon etliche Stunden unterwegs, als sie auf eine männliche Saúva-Ameise stieß. Saúvas sind Ameisen mit einem ziemlich großen Kopf, weshalb sie auch Kopfameisen genannt werden. Als die Saúva-Ameise die Indianerin umherirren sah, fragte sie die Frau:

– He, du da! Was machst du denn hier, so tief im Wald?

Die Gefragte gab zur Antwort:

– Ich suche etwas zu essen für zu Hause.

– Dann komm mal mit!, empfahl sich der Kopfameisenmann.

Die Indianerin ließ sich von der Saúva an die Hand nehmen, und er führte sie in den Ameisenhaufen. Dabei muss man wissen, dass die Bauten der Kopfameisen beeindruckende Konstruktionen sind, regelrechte unterirdische Häuser mit endlosen Verzweigungen. Je tiefer die beiden in den Ameisenhaufen hineinkamen, desto heller glänzten der Ofaié-Chavante die Augen. Vor Staunen bekam sie kaum noch den Mund zu. Wohin sie auch schaute, überall Schönheit und Pracht. Die Kopfameise zeigte ihr, dass alles in Überfülle vorhanden war: Saatgut, Obst und alles, was man sich sonst an Essbarem nur vorstellen kann. Die Maisstauden waren zwar nicht sehr hoch und trugen keine Blätter, umso voller aber steckten sie von kräftigen, saftigen Maiskolben.

---

5 Cândido Mariano da Silva Rondon (1865–1958). Ingenieur und Militär. Baute über mehr als 3.500 km hin durch das von Savannen und tropischem Regenwald bedeckte westliche Brasilien, bis nach Acre, Telefonleitungen. Während der Arbeit stieß er auf feindlich gesinnte Indianer, aber auch auf Ureinwohner, die von den örtlichen Großgrundbesitzern als Sklaven gehalten wurden. Letztere nahm er unter den Schutz seiner Truppe. Unter seiner Leitung entstand 1910 der Serviço de Proteção ao Índio – Dienst zum Schutz der Indianer (1967 umgewandelt in die Fundação Nacional do Índio FUNAI – Natinalstiftung für Indianer). Drei Jahre vor seinem Tod verlieh ihm der Nationalkongress des Landes den Titel eines Marschalls. Marschall Rondon ist der Namensgeber für den westbrasilianischen Bundesstaat Rondônia.

Die Ananasgewächse standen bereits geschält auf dem Feld, und die Nüsse hingen schon gekocht am Baum.

– Hier links, sagte die Saúva-Ameise, siehst du mein Feld. Schau mal, wie reichhaltig hier alles wächst. Das Feld auf der anderen Seite gehört meinem Vater. In nichts steht es meiner Pflanzung nach.

Und die junge Indianerin ließ sich bald hierhin, bald dorthin führen und kam aus dem Staunen gar nicht mehr heraus ob solcher Üppigkeit. Über so viel Verwunderung vergaß sie ganz, dass sie ja noch heimkehren musste.

Als der Vater daheim den Abend anbrechen sah, machte er sich auf die Suche nach der Tochter. Bis in die Nacht hinein suchte er sie, ohne jedoch die geringste Spur von ihr zu finden. Mochte der Mond auch noch so hell scheinen, nirgends tauchte sie auf. Am folgenden Morgen brach er erneut in den Wald auf. Bei jedem Geräusch spitzte er die Ohren. War das nicht die Stimme der Tochter? Und so ging es mehrere Tage lang.

Am Schluss verließ ihn die Hoffnung, und er stellte das Suchen ein. Offensichtlich war die Tochter verloren. Vielleicht hatte sie ein Jaguar gefressen ... oder ein Rudel Caititú-Schweine.

Die Zeit verging. Da stand eines Tages jedoch die junge Indianerfrau, liebenswürdig wie immer, wieder im Haus ihrer Familie. Als der Bruder – sie hatte in der Tat einen Bruder – sie sah, stürzte er auf der Stelle zum Vater und rief ihm schon von Ferne zu:

– Vater, komm schnell, meine Schwester ist wieder da! Nur, sie hat den Kopf kahl geschoren!

Tatsächlich hatte ihr die Kopfameise sämtliche Haare abgeschnitten.

Doch der Vater wollte nichts hören:

– Hör auf mit solchem Unsinn, mein Sohn! Deine Schwester ist seit Wochen verschwunden. Niemand weiß, wo sie geblieben ist. Möglicherweise ist sie von einem wilden Tier gefressen worden.

100

Der Bruder ließ nicht locker zu rufen. Statt des Vaters kam nun die Mutter, die ihre Tochter im selben Augenblick wiedererkannte. Nun rief auch sie den Vater, und beide näherten sich der Tochter:

– Meine Tochter, warum hast du uns das angetan?, wollte da der Vater wissen. – Wusstest du denn nicht, dass deine Mutter und ich dich verzweifelt überall im Wald gesucht haben? Was ist dir widerfahren? Warum hast du den Kopf geschoren? Hier zu Hause hast du so etwas doch noch nie gemacht ...

Darauf erzählte die Tochter alles, was passiert war. Wie sie an einen wunderbaren Ort gekommen sei, an dem es Nahrung in Hülle und Fülle gegeben habe, alles in rauschendem Überfluss. Man hätte lediglich die Hand auszustrecken und zuzulangen brauchen. Alles sei einfach und leicht gewesen, und es habe wirklich an nichts gefehlt. Deshalb sei sie dort geblieben. Aber jetzt sei sie ja heimgekommen und habe Hilfe mitgebracht.

Die Alten wie auch der Bruder wollten wissen, wo denn dieser Ort liege. Man wolle unverzüglich dorthin aufbrechen. Doch die junge Frau sagte kein Wort.

– Ich darf nichts erzählen, brach es dann mit einem Mal aus ihr hervor. – Ich darf nichts sagen. Es ist aber nicht weit von hier. Man hat mir verboten, irgendetwas preiszugeben. Aber ich bin doch wiedergekommen, um euch Hilfe zu bringen. Lasst mich noch einmal dorthin gehen und dann komme ich wieder zurück und erzähle euch alles.

Und die Ofaié-Chavante-Indianerin kehrte in den Ameisenhaufen zurück. Die männliche Saúva-Ameise wartete schon unruhig auf sie. In der Zeit, in der die junge Frau bei den Ihren gewesen war, hatte der Ameisenmann nämlich mit dem Häuptling des Baus vereinbart, dass er die Indianerin heiraten könne. Und die Hochzeit fand auch tatsächlich statt. Es war ein glänzendes Fest.

Der Häuptling, der auch der Vater des Ameisenmanns war, sagte:

– Jetzt, da ihr verheiratet seid, geht ihr zu den Eltern deiner Frau auf

Besuch. Bei der Gelegenheit werdet ihr sehen, wie es dort steht, ob sie genug zu essen haben oder es an allem fehlt. Ich will ihnen helfen und dazu beitragen, dass sie alles in Hülle und Fülle haben, wie wir. Für den Augenblick aber vergesst nicht, eine Menge guter Sachen mitzunehmen, damit ihr richtig feiern könnt. Sollten sie dort jedoch über dich, mein Junge, die Nase rümpfen, gib nichts darum! Schluck alles runter! Und hab immer Geduld. Sag deinem Schwiegervater, dem Vater deiner Indianerfrau, dass wir Saúvas ihnen helfen werden, ein leichtes Leben zu führen. Um eines nur musst du ihn bitten, dass er den Wald rodet und ein Feld herrichtet. Nichts weiter. Den Rest besorgen wir.

Das Paar machte sich auf in Richtung Ofaié-Chavante-Eltern. Die Frau traf als erste ein und entschuldigte sich, ihr Mann komme unmittelbar hinterher, denn er schleppe die Verpflegung. Als kurz darauf die Mutter den Saúva-Mann kommen sah, brach sie in Gelächter aus. Denn der Korb mit gebratenem Fleisch, den der arme Kerl auf der Schulter trug, machte ihn förmlich taumeln; und den Hintern konnte er ob solchen Gewichts gerade noch hinterherschleppen. Die Mutter hörte nicht auf, sich über den Kopfameisen-Mann lustig zu machen. An den drei Tagen, die das Paar in dem Dorf blieb, musste es sich ununterbrochen bösartige Bemerkungen anhören. Doch der Saúva-Mann schwieg, wie ihm sein Vater geraten hatte.

Währenddessen wandte sich der Kopfameisenmann an seinen Schwiegervater und erinnerte ihn daran, das Feld herzurichten. Dieser antwortete, das sei schon geschehen, wie man ihm ja nahegelegt habe. Es fehle nur noch ein kleines Stückchen. Also ging er los, um auch den Rest noch fertig zu machen. Als es Abend werden wollte, fragte die junge Frau ihren Saúva-Gatten, weshalb wohl ihr Vater noch auf dem Felde sei. Er könne doch nicht länger bleiben, ohne etwas zu essen zu erhalten. Besser sei allerdings, er komme heim.

Hier könne er dann ja ein Stück von dem gebratenen Fleisch essen, das sie mitgebracht hatten.

Am frühen Morgen des nächsten Tages ging der Saúva-Mann seinerseits aufs Feld. Er sagte, er wolle eine Menge pflanzen. Auf dem Feld, das der Schwiegervater zuvor hergerichtet hatte, angekommen, nahm er seinen Bogen und schoss einen Pfeil nach dem anderen in die Luft. Wo der Pfeil auf der Erde landete, kam im selben Moment eine Maisstaude mit reifem Kolben aus der Erde, fertig zum Essen. Dutzende von Pfeilen schoss er in die Luft, und so füllte er eine ganze Ecke des Feldes mit Mais. Als er dann zu einer neuen Salve ansetzte, spross an der entsprechenden Stelle eine Maniokstaude. Und so ließ er in jeder Ecke des Feldes eine Salve Pfeilschüsse los, so dass sich der ganze Acker allmählich mit Süßkartoffeln und Cará-Knollen, mit Erdnüssen, Kürbis, Bananenstauden, Melonen, Ananas, Maxixe-Gewächsen und Papaia sowie am Ende noch mit Pfeffer und Tabak füllte. Das Feld war ein wogendes Meer von reifen Nutzpflanzen.

Nach getaner Arbeit ging er wieder nach Hause und legte sich schlafen. Tags darauf sagte er seiner Frau:

– Sag deiner Mutter bitte, sie möchte aufs Feld gehen und grünen, noch ganz jungen Mais pflücken, denn dein Mann möchte heute gern Maispudding zu essen und Maisbier zu trinken haben.

– Mutter, gab sie die Bitte weiter, kannst du heute aufs Feld gehen und einiges an frischem Mais pflücken? Mein Mann hätte nämlich heute gern Maispudding und Maisbier.

Doch die Mutter begann zu schimpfen. Die Tochter und ihr Saúva-Mann – mit dem dicken Hintern – seien wohl verrückt. Es wollte ihr nämlich schlechterdings nicht einleuchten, dass ihre Tochter ein dermaßen unansehliches Tier mit zudem einem solch unförmigem Kopf geheiratet hatte. Und zu alledem sei er, was die Arbeit anlange, für nichts zu gebrauche.

Die Tochter berichtete ihrem Mann gleich

von dem Ausfall der Mutter. Doch diesen kümmerte das Ganze wenig. Stattdessen ließ er der Schwiegermutter die Bitte übermitteln:

– Es wäre gut, den grünen Mais bald zu pflücken, sonst wird es weder Maispudding noch Maisbier geben. Wenn der Mais richtig reif wird, taugt er nur noch für Maismehl und andere Dinge.

Also redete die Tochter erneut mit der Mutter. Doch diese schimpfte und fauchte nur:

– Ihr seid wohl ganz von Sinnen! Erst gestern hat dein Vater das Feld fertig hergerichtet, und noch glüht das Holz vom Flämmen des Unkrauts. Wie kann da dieses Riesenbaby von Ameise sagen, es gebe schon frischen Mais zu ernten?

Und sie spottete ohne Unterlass. Offenbar vermochte sie nur so ihrem Mitleid mit der Tochter, die ein solch fremdartiges Wesen geheiratet hatte, Ausdruck zu verleihen. In der Tat, weder glaubte sie auch nur das Geringste von der Geschichte, noch ging sie zum Feld, die Sache in Augenschein zu nehmen.

Tief enttäuscht verließ das Paar – der Saúva-Mann und die Ofaié-Chavante-Indianerfrau – schließlich das Dorf. Hin ist das Schlaraffenland, verschwunden das El Dorado, zunichte die Utopie und vertan das Land ohne Übel.

Das ist die Erklärung für die Tatsache, dass sich die Ofaié-Chavantes bis auf den heutigen Tag stets auf Neue um Speise und Trank kümmern müssen und dass das Unterfangen wahrlich keine Kleinigkeit ist. Denn die Saat wächst nur langsam, und bis zur Ernte müssen die Menschen lange warten. Alles hätte anders sein können.

Hätten die Indianer nur ans Schlaraffenland geglaubt! Aber sie haben nicht daran geglaubt. So ist das Gewinnen der Nahrung eine schwere Belastung und kostet nicht nur harte Arbeit, sondern auch Schweiß und Tränen. Und das alles, weil einige Indianer weder ans Schlaraffenland noch an das Land ohne Übel glauben wollten.

DIE GROSSEN SETZEN SICH
FÜR DIE KLEINEN EIN

In der Natur lässt sich nicht selten folgende merkwürdige Tatsache
beobachten: Je kleiner die Tiere sind, desto mehr tödliches Gift steht
ihnen zu ihrem Schutz zur Verfügung. Man denke nur an Schlangen,
Spinnen, Skorpione und manche kleinen Insektenarten. So klein wie
sie sind, werden sie leicht zertreten, und schon leben sie nicht mehr.
Umgekehrt: Beißen oder stechen sie, um sich zu verteidigen, ist der
Schaden groß, und der Gebissene bzw. Gestochene stirbt oft genug.
Warum hat die Natur die Kleinen mit solch verheerender Macht ausgestattet?
Die Maué-Ureinwohner im Kulturraum von Tapajós und Madeira
haben eine überzeugende Erklärung für diese Tatsache. Noch immer
kann man bei ihnen folgende Geschichte hören:

Als die Welt gerade geschaffen worden war, gab es noch keine Nacht.
Was es gab, war allein der Tag, und das Licht erfüllte alle Räume.
Lediglich in eine Ecke der Schöpfung gelangte das Licht nicht: in die
Tiefen des Wassers. So sehr sie es auch wünschten, nie gelang es den
Maués, Schlaf zu finden. Immer waren sie müde, und hatten ständig
vom Licht gereizte Augen.

Doch eines Tages fasste einer der Ihren Mut und wandte sich an
Boiúna, die Große Schlange. Sucurijú, wie sie auch genannt wird, hat
nämlich von oben bis unten eine dunkle Haut und gilt mithin als die
Herrin der Nacht. Sie war es auch, die die Nacht auf dem Grund des
Flusses versteckt hielt, in der Tiefe des Wassers, bis in die hinein kein
Lichtstrahl vordrang.

Die Große Schlange hörte sich die Klage des Maué-Indianers an, und, als sie seine von der glühenden Sonne verbrannte Haut und seine vom grellen Licht geröteten Augen sah, hatte sie Mitleid mit ihm. Als Ausweg kam ihr ein Pakt mit dem Indianer in den Sinn. Da dieser aber nicht frei von bösen Folgen war, entschloss sie sich nur widerstrebend dazu. Dennoch sagte sie:

– Ich bin groß und stark. Ich kann mich schützen. Ich brauche niemanden. Dagegen sind viele meiner Verwandten klein und schutzlos. Niemand kümmert sich um sie. Insbesondere ihr Menschen lauft achtlos herum und schaut nicht, wohin ihr eure Füße setzt, und so zertretet ihr sie erbarmungslos. Wie sollen sich die armen Kleinen verteidigen? Unter dem Gewicht eurer Körper werden sie zermalmt, und tot sind sie. Aber ich schlage dir einen Tausch vor, fuhr die Sucurijú, die große Schlange, fort: – Du besorgst mir Gift, und ich sorge dafür, dass es unter meine kleinen, schutzlosen Verwandten verteilt wird. Die großen, wie Jaguar, Affe, Tapir, Tamanduá-Fahnenameisenbär und andere mehr, brauchen nichts davon, die können sich allein verteidigen. Haben die kleinen Tiere aber Gift zur Verfügung, werdet ihr Maués, wenn ihr durch den Wald lauft, sorgfältig darauf achten, wohin ihr tretet und dass ihr ja keines davon zertretet. Jetzt können sie sich ja verteidigen. Im Tausch dafür biete ich euch eine Kokosnuss gefüllt mit Nacht an.

Mit Vergnügen nahm der Maué den Vorschlag an. Spornstreichs rannte er in den Wald, und war im Handumdrehen mit dem Gift für die Sucurijú wieder zurück. Wie vereinbart gab sie ihm im Gegenzug die Kokosnuss voller Nacht.

Als sie die beiden Dinge austauschten, empfahl die Große Schlange dem Indianer:

– Eines solltest du beachten: Du darfst die Kokosnuss immer nur innerhalb der Maloka öffnen, nie außerhalb. Auf gar keinen Fall!

Der Maué versprach, sich an die Abmachung zu halten. Nur, seine Stammesgenossen und -genossinnen vergingen vor Neugier. Die Maloka war noch weit. Auf Biegen und Brechen wollten sie noch im selben Augenblick wissen, was eigentlich eine Nacht sei. Sie redeten so lange auf ihn ein, bis er einwilligte, gegen die besagte Vereinbarung, mitten im Wald, die mit Nacht gefüllte Kokosnuss zu öffnen.

Und da passierte das Unglück. Als sie die Kokosnuss außerhalb der Maloka öffneten, legte sich mit einem Mal Finsternis über die Welt. Man sah die Hand nicht mehr vor den Augen. Die Sonne war vom Himmel verschwunden. Der Wald wurde zu einem dunklen Flecken, und die Berge am Horizont verwandelten sich in einen nebelhaften Schatten. Und Angst nistete sich in der Seele der Maués ein.

Da stob das ganze Volk vor lauter Schrecken auseinander, hierhin und dorthin. Kein Mensch dachte dabei an die kleinen Tierchen, die mittlerweile von der Großen Schlange, der Sucurijú, das Gift erhalten hatten. Die ersten, die sie mit Gift bedacht hatte, waren die kleineren Schlangen und die Skorpione. Diese verteidigten sich nun gegen das Zertrampeltwerden durch die Indianer, indem sie sie in Füße und Beine bissen und stachen.

Da hatten die Maués das große Ungemach! Die Wenigen, welche die giftigen Bisse und Stiche überlebt haben, wissen, wie sie sich fortan verhalten müssen. Ebenso hüten sie sich seither vor Spinnen, denen die Große ebenso Schlange Gift hat zukommen lassen, und zwar gar nicht einmal wenig.

Seit der Zeit nehmen sich Indianer vor kleinen Tieren sehr in Acht und vermeiden es unbedingt, auf kriechendes Getier zu treten. Die Folge ist, dass Indianer und Kleingetier bis heute in Frieden und Respekt voreinander zusammenleben.

107

DIE SCHLANGE NORATO –
DIE WOHLTUENDE KRAFT DER NATUR

Der Mensch lebt in ständiger »Interaktion« mit der Natur. Die Natur ist wohltuend und bietet dem Menschen alles, was er braucht. Aber zugleich ist sie auch bedrohlich, insofern sie ihm womöglich Angst macht, ihm unter Umständen sogar das Leben raubt. Primitive und moderne Menschen suchen gleichermaßen nach Deutungen für die antagonischen Kräfte der Natur.

Der Schrecken aller Ureinwohner des Amazonasraumes ist die dunkelhäutige Große Schlange. Sucurijú, wie sie bekanntlich auch heißt, ist die Verkörperung der Natur, insofern diese bösartig ist. Sucurijú jagt jedem Indianer Angst und Schrecken ein. Sie lebt in Wäldern und Flüssen. Gleitet sie vom Land ins Wasser, verwandeln sich die Furchen, die sie hinterlässt, in Bäche und Verbindungsgewässer. Besonders gern hält sie sich tief unten im Wasser auf. Durchquert sie einen Fluss, entstehen an der Stelle Wasserfälle. Und jedes Mal, wenn sie aus dem Wasser auftaucht, lässt das gewaltige Feuer ihres Blicks die Fischer vor Schreck erstarren. Sucurijú verschlingt Menschen, bringt Boote zum Kentern und bewirkt mit ihren Bewegungen die steil aufragenden Flussufer.

Andererseits hat die Natur aber auch wohltuende Kräfte. Deren Verkörperung ist Caipora oder Curupira, wie die Tupí-Guaraní-Indianer in Südbrasilien ihn nennen. Von dort wanderte der Caipora-Mythos bis nach Amazonien. Er begegnet uns in vielen Gestalten. Deren bekannteste ist die des dunkelhäutigen flinken, lustigen kleinen Indianers, der entweder nackt herumläuft oder gerade mal einen Lendenschurz trägt, der seine Pfeife raucht und nichts als Schnaps im Sinn hat. Caipora schützt die Tiere und schließt Verträge mit Jägern, damit sie das Wild des Waldes nicht dezimieren. Ja, er erweckt Tiere, die von Jägern mutwillig getötet wurden, wieder zum Leben.

Eine weitere ausdrucksstarke Verkörperung der guten Naturkräfte ist die Gestalt der Schlange Norato. Die Geschichte, die noch heute unter Ureinwohnern und anderen Bevölkerungskreisen an Amazonas und Trombetas umgeht, hört sich wie folgt an:

Eines Tages badete eine Indianerin in den ruhig dahinfließenden Wassern des Rio Claro. Einige Zeit danach entdeckte sie, dass sie schwanger war, ohne zu wissen wieso. War der Vater vielleicht die Große Schlange, die ihr Böses hatte antun wollen? Ohne Zweifel ja! Denn, was sie zur Welt brachte, waren Zwillinge, zwei dunkelhäutige Schlangen. Abergläubisch wie sie war, gab sie den beiden den Namen von christlichen Weißen: Honorato und Maria. Aus Angst, sie könnten von zu Hause fliehen, setzte sie sie in den Cachoerí, einen Nebenfluss des Amazonas.

Die Zwillingen schwammen flussauf und wieder flussab, wuchsen heran und gewannen schließlich eine gewaltige Größe. Indianer und Flussbewohner, die sie sich in der Sonne wälzen sahen, nannten sie Norato und Maria Caninana.

Maria Caninana war alles andere als angenehm. Vom Schlag der Großen Schlange, war sie sogar ausgesprochen bösartig. Sie brachte Boote zum Kentern, tötete Schiffsbrüchige, griff Fischer an und verjagte kleinere Fische. Ja, sie biss die Verzauberte Schlange, die in Óbidos zu Hause ist. Diese haftet mit dem Schwanz auf dem Grund des Flusses, aber ihr Körper windet sich unterirdisch ins Land hinein, und mit dem Kopf reicht sie bis unter den Altar der Mutter-Anna-Kirche. Wacht sie dermaleinst auf, bricht die Kirche zusammen. Und um genau dies zu erreichen, biss Maria Cananina die Verzauberte Schlange. Gott sei Dank wachte diese aber nicht auf, sondern drehte sich nur um. Allerdings war dies bereits genug, um in der Stadt einen Erdspalt aufzureißen, der vom Marktplatz bis zur genannten Kirche führt, wie bis auf den heutigen Tag zu sehen ist.

Dagegen besaß die Schlange Norato ein gutes Wesen. Sie rettete Schiffsbrüchige, wies Booten, die sich auf den weitläufigen Wasserflächen Amazoniens verirrt hatten, den Weg, und schützte kleine Fische vor der Gefräßigkeit der großen. Allerdings war Norato auch verzaubert.

In klaren Mondnächten verließ sie den Fluss und wand sich bis auf den Sand. Dort streifte sie den zwar gewaltigen, gleichwohl friedlichen Riesenleib der Schlange Norato ab und verwandelte sich in einen hübschen, sympathischen jungen Mann. Er ging geschmackvoll gekleidet und riss die Damenwelt hin. Was er redete, hatte Hand und Fuß. Er aß und trank ebenso gern, wie er gut tanzte. Wenn die Nachbarschaftshilfe zur Maniokernte anstand, fasste er kräftig mit an und redete mit den jungen Männern, wie er mit den jungen Frauen schäkerte, was ihm natürlich besonderen Spaß bereitete. Aber auch den Alten begegnete er mit Achtung.

Alle Welt hatte seine Freude an dem jungen, sympathischen Mann. Doch mit einem Mal war er dann wieder verschwunden. Nur noch ein dumpfes Getöse schallte vom Fluss herüber. Das war das Geräusch, das der junge Mann verursachte, wenn er wieder die Gestalt der Schlange Norato annahm und in den Fluss tauchte, um seines Weges zu ziehen.

Als die Schlange Norato irgendwann einmal das Durcheinander und die Verwüstung sah, die ihre Zwillingsschwester Maria Caninana verursacht hatte, drückte sie diese in die Wasserläufe und Verbindungskanäle, bis sie sich in einem besonders engen Kanal in dem bis auf den Grund reichenden Wurzelwerk verfing. Da sie sich nicht mehr befreien konnte, wurde sie schwächer und schwächer, bis sie schließlich verendete.

Seit dieser Zeit lebt in den großen wie kleinen Seen nur noch die

110

Schlange Norato, immer bemüht um bedrohtes Leben und immer besorgt, es zu schützen.

Einmal im Jahr bat die Schlange Norato einen ihrer Freunde, sie vom Zauber zu befreien. Sie war es leid, immerzu Schlange zu sein, mochte es sich bei ihr auch um ein gutartiges Exemplar handeln. Sie wollte unbedingt zu den Menschen gehören und Mensch werden, wie alle. Mit besagtem Freund war folgendes Vorgehen vereinbart:

Norato sollte sich auf den Strand begeben und sich tot stellen, den Riesenmund aufgesperrt. Um die Schlange vom Zauber zu befreien, sollte ihr der junge Mann drei Tropfen Muttermilch auf den Kopf geben und mit einem noch nie benutzten Eisen auf diesen einschlagen, bis das Blut strömte. Sie würde den Mund schließen, wenngleich weiter Blut aus ihm hervortreten würde. Auf diese Weise würde der Zauber aufgehoben, und sie könnte ein für allemal Mensch werden.

Doch die verschiedenen Freunde, die zunächst bereit waren, die angebotene Rolle zu übernehmen, bekamen es, wenn es so weit war, mit der Angst zu tun. Sahen sie die gewaltige Schlange mit offenem Mund auf dem Sand liegen, nahmen sie vor Schrecken Reißaus. Die Folge war, dass die Schlange Norato Schlange war und blieb, die Flüsse hinauf und hinab schwamm und dann und wann auf einem Fest erschien und das Tanzbein schwang.

Doch eines Tages fand sich ein Freund, der Mut genug hatte, stammte er doch aus einem Spross kriegerischer Indianer. Dieser nahm die Muttermilch, griff zu einer völlig neuen Axt, mit der noch niemand bisher Holz gespalten hatte, und ging an den Strand, an die Stelle, die er mit Norato vereinbart hatte. Der junge Krieger schlich sich an den ruhenden Schlangenkörper mit aufgesperrtem Mund, träufelte drei Tropfen Milch auf den Kopf und versetzte ihm etliche Axthiebe. Der Mund schloss sich, und Blut quoll daraus hervor. Die Schlange Norato wand sich, richtete sich auf und blieb dergestalt aufrecht stehen.

Und da, mit einem Mal trat aus dem – wenn auch gutmütigen – Monstrum ein strahlender junger Mann hervor. Honorato war befreit, war Mensch geworden. Der Freund half noch, das Gehäuse, das Norato so viele Jahre hatte tragen müssen, zu verbrennen. Glücklicherweise kam Wind auf, der die verbliebene Asche ins Wasser trug.

Honorato zog die Reisestiefel an und ließ sich schließlich in Cametá im Bundesstaat Pará nieder. In seinem langen Leben ließ er kaum ein Fest aus, gewann zahlreiche Freunde, heiratete, bekam Söhne und Töchter und starb den Tod eines guten, gerechten Menschen.

Bis heute kennt jedes Kind in Pará – zu Wasser und zu Land – die Geschichte der Schlange Norato. Wer im Umkreis von Óbidos mit dem Boot auf dem Amazonas unterwegs ist, den weisen die Bootsführer auf bestimmte Stellen in den ebenso tiefen wie ruhigen Wassern hin. Im Brustton der Überzeugung erklären sie ihm dabei:

– Hier, genau hier ist immer wieder die Schlange Norato vorbeigekommen. Wir haben mit eigenen Augen ihren dunklen Rücken gesehen.

DER BAUM DER LEBENSKRAFT: GUARANÁ

Aguirí war ein Junge des Indianervolkes Sateré-Maué im Kulturraum zwischen den Flüssen Tapajós und Madeira. Der Junge hatte nicht nur bildhübsche, sondern auch funkelnd lebhafte Augen, wie sie in der Gegend noch niemand zuvor gesehen hatte. Seine Eltern bedankten sich immer wieder beim Großen Geist für die einzigartige Gnade, solch ein Kind bekommen zu haben. Und manch eine Mutter flehte den Himmel an, doch auch ihr ein Kind mit solch schönen Augen zu schenken.

Aguirí lebte von den vielen Früchten, die er im Wald fand und sammelte. In Körben, die seine Mutter geflochten hatte, brachte er die Erträge nach Hause und teilte sie gern mit seinen kleinen Spielgefährten.

Doch einmal vergaß sich der Junge mit den schönen Augen beim Obstsammeln, ging von Baum zu Baum und entfernte sich dabei immer weiter von der Maloka. Voller Angst musste er am Ende feststellen, dass die Sonne schon hinter den Bergen untergegangen war und die Dunkelheit sich bereits über den Wald gelegt hatte.

Da er den Heimweg nicht mehr fand, beschloss er, im hohlen Stamm eines großen Baumes zu schlafen. Dort war er immerhin geschützt vor gefährlichen Nachttieren. Aber vor einem war er auch dort nicht sicher, vor dem gefürchteten Jurupari, dem bösen Geist, der durch den Wald streift und jeden bedroht, den er allein antrifft. Auch Jurupari ernährt sich von Früchten. Allerdings ist sein Körper behaart wie eine Fledermaus, und sein Schnabel ist gebogen wie der einer Eule.

Jurupari spürte, dass er nicht allein war. Ohne große Mühe fand er denn auch Aguirí im hohlen Stamm des großen Baumes. Stracks ging er auf ihn los, ohne dass der Junge auch nur eine Möglichkeit gehabt hätte, an Verteidigung zu denken.

In der Nacht konnten weder die Eltern noch die anderen Mütter, die ja alle an Aguirí hingen, vor Sorge ein Auge schließen. Als dann die Sonne ihren ersten Strahl ausschickte, brachen die Männer auf, um den ganzen Wald nach dem Kind abzusuchen. Nach vielem Auf und Ab und Hin und Her stießen sie schließlich auf Aguirís Korb. Der war voller Früchte, die aber offenbar niemand angerührt hatte. Und in dem hohlen Baumstamm entdeckten sie dann auch den Körper des Jungen, der jedoch schon erkaltet war. Kein Zweifel: Juruparí, der schreckliche, böse Geist, hatte ihn getötet.

Es war eine einzige Klage. Insbesondere die Kinder, mit denen Aguirí immer gespielt hatte, weinten untröstlich. Mit einem Mal erscholl vom Himmel ein gewaltiger Donner, und ein Blitz erleuchtete Aguirís Leichnam.

Alle riefen:

– Tupã hat sich unser erbarmt. Tupã wird uns den Jungen zurückgeben.

Im selben Augenblick war vom Himmel her eine angenehm zu hörende Stimme zu vernehmen:

– Nehmt Aguirís Augen und pflanzt sie am Fuß eines vertrockneten Baumes. Begießt sie mit den Tränen seiner Spielkameraden. Dann wird dort eine Pflanze sprießen, die allen Menschen Glück bringt. Wer ihren Saft kostet, wird neue Kraft in sich spüren, und Begeisterung wird ihn erfüllen, und er wird hellwach bleiben und unermüdlich arbeiten können.

Und in der Tat, nach einiger Zeit spross an der Stelle ein Baum, dessen Früchte die Form von Aguirís schönen, lebhaften Augen hatten. Es gelang, daraus einen köstlichen Saft zu gewinnen. Alle Völker, die ihn trinken, spüren Kraft und Lebensfreude in sich.

Zu Ehren Aguirís, des kleinen Jungen mit den schönen Augen, gab man der Pflanze oder besser dem Baum den Namen Guaraná, was in der Tupí-Sprache »Baum des Lebens und der Lebenskraft« heißt.

Und an zahllosen Orten der Welt trinkt man bis auf den heutigen Tag Guaraná. Guaraná ist nämlich nicht nur einer der schmackhaftesten Säfte, die aus natürlichen Samen gewonnen werden, sondern verleiht dem, der ihn trinkt, auch unvergleichliche Lebenskräfte.

MANIOK UND DER KÖRPER
DER KLEINEN MANDI

Maniok[6] ist in der Kultur verschiedener Urvölker Hauptnahrungsmittel.
Nun ranken sich aber um die Grundlebensmittel der Völker nicht selten
wundersame und wundertätige Geschichten, die deren fundamentale
Bedeutung für das Leben der jeweiligen Population herausstellen sollen. Geschichten dieser Art sind u.a. von Weizen und Reis ebenso wie
von Mais und Kartoffeln bekannt. Die Religionen nehmen zudem einige der Nahrungsmittel und verwandeln sie in Sakramente, die auf ewi-
ges Leben verweisen, das ja ein Traum von uns allen ist.
In der Tupí-Guaraní-Kultur ist eine schöne Geschichte über die
Herkunft der Maniokwurzel überliefert.

In unvordenklichen Zeiten begab es sich, dass die Tochter eines Indi-
anerhäuptlings mit einem Mal schwanger war, ohne dass es eine
Erklärung dafür gegeben hätte. Der Häuptling sann darauf, den, der
seine Tochter entehrt hatte, zu bestrafen. Um des Bösewichts habhaft
zu werden, suchte er mit Drohungen und strengen Strafen Druck auf
sie auszuüben. Sie sollte unbedingt seinen Namen nennen. Doch alles
vergebens. Die Tochter bestritt, einem Mann zugetan gewesen zu sein
und blieb unerschütterlich bei ihrer Aussage.

Also beschloss der Häuptling, um die Ehre wiederherzustellen und
allen jungen Mädchen des Stammes eine Lehre zu erteilen, seine
Tochter zu töten. Doch da erschien ihm im Traum ein weißer Mann,
der zu ihm sprach:

6 Zum Verständnis der folgenden Geschichte ist es wichtig zu wissen, dass Maniok im
Portugiesischen – als Lehnwort aus den Tupí-Sprachen – mandioca heißt. Das d in mandioca
suggeriert eine Verwandtschaft mit dem Namen des Mädchens Mandi.

– Tu das nicht! Töte deine Tochter nicht! Sie ist unschuldig. Sie hat noch nie mit einem Mann Beziehungen gehabt.

Angst beschlich den Kaziken, und er beschloss, den Rat des weißen Mannes zu befolgen. Also ließ er davon ab, die Tochter zu opfern.

Neun Monate später wurde ein süßes Mädchen geboren. Seine Haut war weiß wie die weißeste Wolke. Man gab ihm den Namen Mandi. Doch als die Leute sahen, wie weiß das kleine Mädchen war, packten Angst und Schrecken sie alle. In der ganzen Geschichte des Stammes war noch nie jemand mit solch einer Hautfarbe geboren worden. Die Blicke der Anwesenden trafen sich, und alle Stammes-mitglieder verglichen das Braungold ihrer Haut mit dem Weiß der hübschen Kleinen.

– Das kann nur ein Vorzeichen für etwas Böses sein. Unheil und Katastrophen werden über unseren Stamm und über unsere Pflan-zungen kommen – meinten die Ältesten.

Also ging man zum Häuptling und bat ihn unumwunden:

– Bitte, lass deine kleine Enkeltochter verschwinden. Das Kind wird uns nur Kummer machen und uns in Ungemach stürzen.

Doch der Alte erinnerte sich der Stimme des weißen Mannes und sagte nichts. Mit verlorenem Blick schaute er in die Ferne, bis er dann doch jedem, der zu ihm gesprochen hatte, fest in die Augen schaute. Längst hatte sein Mitleid ihn den Entschluss fassen lassen, den Bitten der Ältesten nicht nachzukommen.

Eines Tages kam ihm die Idee. Gegen Ende einer besonders ster-nenklaren Nacht ging er in aller Frühe mit der kleinen Enkelin Mandi an den Fluss. Verwundert schaute die Kleine um sich, ohne etwas zu verstehen. Und während der Kazike die guten Geister mit ihren wohl-tuenden Kräften anrief, badete er Mandi im klaren Wasser des Flusses. Als es dann Tag geworden war, rief er den ganzen Stamm zusammen. In entschiedenem Ton, der erst gar keinen Widerspruch zuließ, erfuh-ren die Leute:

– Die Geister wollen, dass Mandi unter uns bleibt. Alle im Stamm sollen sie gut behandeln.

Was blieb den Anwesenden, auch wenn sie nicht frei von Zweifeln waren, anderes übrig, als zu gehorchen und sich zu schicken? Im Laufe der Zeit wuchs Mandi zu solch einem hübschen Kind heran, dass alle das böse Omen vergaßen und von ihr begeistert waren. Der Häuptling schwelgte in Stolz und Glück.

Doch völlig unerwartet starb Mandi eines Tages, ohne je krank gewesen zu sein oder über Schmerzen geklagt zu haben. Kummer und Trauer erfüllten den ganzen Stamm. Die Ältesten weinten und schluchzten bitterlich. Der Häuptling war untröstlich. Weder aß noch trank er etwas. Er weinte nur. Als die Angehörigen sahen, wie der Großvater und Häuptling Mandi liebte, sagten sie:

– Sollen wir nicht das Kind in seiner Maloka begraben? Vielleicht kann ihn das trösten.

Vergebens. Der Alte verschloss sich in seinem Schmerz und wäre beinahe in Tränen zerflossen. Tag und Nacht weinte er über dem Grab seiner geliebten Enkelin. Ja, er vergoss so viele Tränen, dass mit einem Mal aus der Erde der Grabstätte eine kleine Pflanze spross.

Die Vögel kamen, pickten an den Blättern und wurden, zum Erschrecken aller, berauscht. Eines Tages jedoch geschah etwas noch Erstaunlicheres: Die Erde öffnete sich, und vor den Augen aller zeigten sich wohlgeformte Wurzeln einer Pflanze, die aus den Tränen des Großvaters hervorgegangen war. Ganz außer sich liefen die Indianer aus der Maloka, riefen alle Stammesangehörigen zusammen und sagten:

– Schaut her! Ist das nicht wunderbar? Die Wurzeln hier sind von außen schwarz und schmutzig, innen drin aber sind sie schneeweiß.

Mit zitternden Händen, aber gleichwohl mit größter Sorgfalt gruben sie die Wurzeln aus, brachen die Spitzen ab – und in der Tat: sie waren innen schneeweiß. Sogleich dachten alle an Mandis weiße Hautfarbe.

Sie fingen an, von den Wurzeln zu essen und fanden sie köstlich. Und sie sprachen zueinander:

– Sollten die Wurzeln nicht Mandis Leben sein, das sich in ihnen kundtat?

Fortan hörten die Tupí-Guaraní-Indianer nie mehr auf, diese Wurzeln zu essen. Und seither sind sie die Hauptnahrung nicht nur dieser Völkergruppe, sondern auch vieler anderer Stämme und – in Form von Mehl, Kuchen und Bier – der Mehrzahl der Brasilianer insgesamt. So gaben sie den Wurzeln den Namen Man[d]iok, was so viel heißt wie »Haus der Mandi« oder auch »Körper der Mandi«.

LIEBE UND VERGEBUNG
VERMÖGEN ALLES

In allen Kulturen gilt die Liebe als das stärkste Gefühl, das Menschen überhaupt kennen. Liebe stellt von Natur aus keine Bedingungen. Liebe liebt um der Liebe willen. Selbst wenn sie unbeantwortet bleibt oder vielleicht sogar verraten wird, findet sie die Kraft, weiter zu lieben oder sich in das Gewand von Vergebung zu kleiden. Vergebung lässt nicht zu, dass Wut, Rache oder Hass das letzte Wort haben. Wer, wenn es um das Schicksal des Menschen geht, das letzte Wort hat, ist unweigerlich die Liebe.

Bezeugt wird diese Wahrheit unter anderen auch von den Amazonasindianern Keiriporã, die sich selbst in ihrer Sprache »Kinder der Träume« nennen. Die Keiriporã gehören zur reichen Desana-Kultur, was in der Übersetzung »Menschen des Alls« bedeutet. Die »Kinder der Träume« und die »Menschen des Alls« leben im Einzugsgebiet des Rio Negro, näherhin an den Ufern der schiffbaren Flüsse Tiquié und Papurí, im Grenzgebiet zu Kolumbien. Bei den Keiriporã ist folgende Erzählung überliefert:

Einst lebte ein Mann, der über göttliche Kräfte verfügte. Seine Name war Baaribo, was »Herr der Nahrung« heißt. In seinem Inneren trug er die Samen aller essbaren Pflanzen, die es auf der Welt gibt. Je nachdem, was die Leute gerade an Nahrungsmitteln benötigten, holte er die entsprechenden Samenkörner hervor und gab sie ihnen.

Baaribo hatte zwei Söhne. Doé und Abé. Doé, der ältere, fand eine hübsche Lebensgefährtin, die er auch heiratete. Die ganze Sippe lebte in ein und derselben Maloka, die Eltern, die Söhne und die Schwiegertochter.

Nur, Abé fand keine Frau für sich. Am Ende verliebte er sich in die Frau seines Bruders. Ja, es gelang ihm, sie zu verführen. Mehr als einmal schliefen sie miteinander. Doch allmählich schöpfte Doé, der Ehemann der besagten Frau, Verdacht, sein Bruder Abé betrüge ihn mit seiner Frau. Als Doé eines schönen Tages von der Feldarbeit heimkam, überraschte er die beiden, wie sie in der Nähe des Hafens am Fluss miteinander schliefen. Außer sich vor Zorn, griff er nach einem Knüppel und schlug dermaßen auf den Bruder ein, dass er ihn am Ende tötete. Seine Frau, die ihn betrogen hatte, jedoch verschonte er.

Dann nahm er eine Matte, wickelte die Leiche des Bruders darin ein und vergrub das Bündel an Ort und Stelle im Schlamm am Ufer des Flusses. In aller Ruhe ging er sodann nach Hause und verhielt sich seiner Frau gegenüber, als wäre nichts passiert.

Der Tag ging zur Neige. Doch von Abé war nichts zu sehen. Vater Baaribo machte sich langsam Sorgen. Bekümmert fragte er den Sohn, ob er den Bruder gesehen habe.

– Ich weiß von nichts, lautete die Antwort.

Die Tage gingen ins Land. Die Sorge des Vaters wurde immer größer. Schließlich machte er sich auf, um in den Nachbardörfern nach seinem Sohn zu suchen. Überall fragte er nach ihm, jedoch vergebens.

Inzwischen ganz verzweifelt, beschloss er, sich der göttlichen Kraft in ihm zu bedienen. Wie hätte er denn sonst noch herausfinden können, wo sich der Junge befand? Also verwandelte er sich in einen Vogel, um – unbemerkt – zuhören zu können, worüber die Menschen sich unterhielten. Doch so sehr er in den Dörfern die Familien belauschte und sich auch den Runden der Krieger näherte, nirgends hörte er ein Wort über Abé, seinen verschwundenen Sohn.

Schließlich suchte er die Nähe von Frauen. Frauen wissen in der Regel ja über alles Bescheid. Also setzte sich Baaribo, wiederum in der Gestalt eines Vogels, in der Nähe einer Gruppe von Frauen auf einen

Baum, von wo aus er ihrer Unterhaltung folgen konnte. Dabei hörte er eine Frau zu den anderen sagen:

– Hast du schon gehört, Schwester, was mit Abé, dem Sohn von Baaribo, dem »Herrn der Nahrung«, passiert ist? Nein? Abé hatte die Frau seines Bruders Doé verführt. Doch als er mit ihr schlief, wurde er von seinem Bruder überrascht, und dieser hat ihn mit einem Knüppel erschlagen. Dann hat er ihn in eine Matte eingerollt und am Flussufer im Schlamm vergraben.

Als Baaribo das hörte, schwang er sich sofort in die Höhe und ließ sich am Ufer des Flusses nieder. Nachdem er wieder die Erscheinung eines Menschen angenommen hatte, fand er tatsächlich im Schlamm den Körper seines ermordeten Sohnes. Unverzüglich fing er an, den Leichnam, der bereits Spuren von Verwesung zeigte, zu waschen. Dabei musste er feststellen, dass Abé das männliche Glied abgeschnitten worden war. Vater Baaribo war zutiefst erschüttert, und er weinte bitterlich. Er beschloss, mit Hilfe seiner göttlichen Kraft Abé wieder zum Leben zu erwecken. Dazu vollzog er so lange eine bestimmte Zeremonie über dem Leichnam, bis dieser wieder lebendig wurde. Dann fragte er seinen Sohn:

– Mein Sohn, was ist dir zugestoßen? Wer hat dich getötet? Und warum hat man dir den Penis abgeschnitten?

Der Gefragte erzählte in allen Einzelheiten, was sich zugetragen hatte. Vater Baaribo konnte die Tränen nicht mehr zurückhalten. Schließlich liebte er ja den einen wie den anderen Sohn. So sprach er:

– Komm, Abé! Wir gehen nach Hause. Ich möchte nicht, dass ihr euch entzweit. Ich will Doé überzeugen, dass er dir vergibt, damit wir wieder glücklich zusammen leben können.

Doch Abé wollte nicht. Deshalb sagte er zum Vater:

– Vater, nach allem, was ich getan habe, verdiene ich es nicht mehr zu leben. Ich will tot bleiben. Außerdem schäme ich mich, so ganz ohne männliches Glied.

122

Doch der Vater antwortete:

– Wenn mehr nicht ist! – vollzog eine rituelle Geste und zog aus seinem Inneren einen Pilz hervor, der in der Desana-Sprache »Mondpenis« heißt und praktisch keinen Unterschied zum menschlichen Penis aufweist. Den heftete er dem Sohn an, mit den Worten:

– Schon fertig! Lass uns jetzt nach Hause gehen, mein Sohn!

Doch wieder hatte Abé eine Entschuldigung:

– Mein Vater, alle Welt wird mich auslachen. Meinst du etwa, mit dieser Penisattrappe wäre ich meine Verlegenheit los?

Der Vater gab sich nicht geschlagen:

– Keine Sorge, Abé. Es ist alles in Ordnung. Das Glied ist perfekt. Niemand wird etwas merken.

Und tatsächlich machten sich die beiden auf den Heimweg. Zufällig beobachtete Doé jedoch, wie der Vater in Begleitung des auferstandenen Abé die Böschung des Flusses hinaufkam. Da er gerade in diesem Augenblick das Kleid eines Vogels fertig hatte – jener Vögel, die sich gern auf den First der Hütten setzen –, zog er rasch das Kleid an und ließ sich auf der Spitze des Dachfirstes nieder.

Als nun Bruder Abé über die Schwelle der Hütte trat, sang Doé aus der Höhe herab:

– Da kommt das Gespenst, da kommt das Gespenst, psiu, psiu, psiu … das Gespenst … das Gespenst …

Als Abé das Spottlied hörte, blieb er stehen und sagte zu seinem Vater:

– Dieses Haus betrete ich nicht. Ich werde weggehen. Hast du nicht gehört, dass mich mein Bruder Gespenst genannt hat?

Und indem er das sagte, drehte er sich stehenden Fußes um und verschwand im Wald. Vater Baaribo setzte sich in der Maloka hin, ließ den Tränen freien Lauf und beklagte Tod und Flucht des Sohnes. Wochenlang weinte er ununterbrochen. Niemand durfte ihn trösten. Schließlich wäre er am liebsten gestorben, so sehr hatte ihn die Trauer überwältigt.

Als bekannt wurde, welch großen Kummer Baaribo hatte, versammelten sich sämtliche Lebewesen, die es überhaupt auf der Erde gibt – ob Menschen, ob Tiere –, um dennoch zu versuchen, ihn zu trösten.

– Denkt nur! Wenn er stirbt – sprachen sie zueinander –, haben wir weder Maniok noch Kartoffeln noch Cará-Knollen noch Pfeffer noch Ananas noch Zuckerrohr noch wer weiß wie viele andere Nahrungsmittel mehr, die wir ja alle zum Leben brauchen. Wir müssten alle verhungern.

Aber Baaribo ließ sich von niemandem trösten. Weder der Tapir, der bekanntlich sehr mitfühlend ist, noch der Affe, der doch ein ausgesprochen geschicktes Händchen hat, keiner konnte etwas ausrichten. Schließlich zweifelte niemand mehr daran: Trauer und Traurigkeit waren so groß geworden, dass Baaribo in der Tat daran sterben würde.

Bei den Keiriporã – das muss man wissen – tragen alle Männer des Stammes eine Schmuckscheibe in der Unterlippe. Nun war einigen Lebewesen eine Veränderung aufgefallen:

– Der Schmuckring in Baaribos Lippe sitzt falsch herum. Soll das heißen, dass er zu sterben gedenkt?

Daraufhin suchten alle Anwesenden das Gespräch mit Baaribos Frau: Sie solle doch endlich etwas unternehmen. Da wandte sich die gute Frau an ihren Mann, rüttelte ihn an der Schulter und sagte zu ihm:

– Mein lieber Mann, jetzt hast du aber genug geweint. Inzwischen hast du alle Tränen vergossen, die du nur vergießen konntest. Ich hab das Weinen schon beendet. Sieh doch mal deinen Lippenring an, der sitzt falsch herum. Wenn du nicht aufhörst zu weinen, wirst du ster-

124

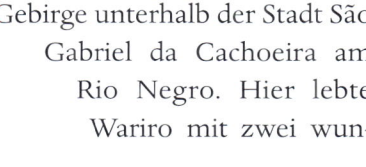

ben, und damit bringst du nur Schaden über die Welt, weil die Leute dann nichts mehr zu essen haben.

Als Baaribo hörte, seine Frau habe schon das notwendige Maß geweint und er selbst, falls er vom vielen Weinen stürbe, die Welt nur in eine Hungersnot stürzen würde, änderte er seinen Sinn. Einige Tage später fühlte er sich schon etwas besser und sagte:

– Meine Frau, dieses Haus erinnert mich bloß an schmerzliche Erlebnisse. Unser Sohn Doé, der ja ein Mörder ist, lebt weiter unter uns, während der andere, Abé, den ich wiederbelebt habe, im Wald verschwunden ist. Ich werde auch gehen. Bleib du mit allem Hab und Gut hier!

Also ließ er alles stehen und liegen und machte sich in Richtung Süden auf. In ihm war der Entschluss gereift, eine neue Familie zu gründen. Den ersten Aufenthalt, den er einlegte, nahm er bei den weißen Kaninchen. Zugegeben, hübsch waren sie. Dennoch gefielen sie ihm nicht, weil sie zu dünn und zu weiß waren.

Den nächsten Halt auf seiner Reise legte er bei den Agutis-Goldhasen ein. Während der Tage, die er bei ihnen verbrachte, schaute er sich ihre Lebensweise genau an. Sie waren auch passabel anzusehen, nur, ihre roten Augen mochte er nicht. Eine der Agutis-Damen heiraten? Nein, das behagte ihm wirklich nicht.

Und weiter wanderte er einige Tage, bis er an die Maloka der Tapire kam. Tapire sind dick und dunkelhäutig, nur die Beine sind ziemlich dünn. Auch an den Tapiren fand Baaribo wenig Gefallen. Also machte er sich erneut auf den Weg.

Nach einer geraumen Zeit des Hin und Her, immer auf der Suche nach einer schönen Frau, die er hätte heiraten können, kam er an ein Gebirge unterhalb der Stadt São Gabriel da Cachoeira am Rio Negro. Hier lebte Wariro mit zwei wun-

125

derschönen Töchtern. Auch die beiden jungen Frauen hatten mittlerweile gehört, was überall im ganzen Wald inzwischen bekannt war: dass Baaribo eine neue Familie gründen wollte. War das nicht eine gute Möglichkeit für sie, jemanden zu heiraten, der auf die vorzüglichste Weise für sie, sorgen würde?

Als Baabiro eintraf, grüßte er alle aufs Herzlichste:

– Sei gegrüßt Wariro! Ich wollte dir und deiner Familie einen Besuch abstatten.

Wariro nahm den Gast herzlich auf und bot ihm auch gleich eine Bank an, auf der er Platz nehmen konnte. Schon erschienen auch die beiden Töchter. In der Tat, hübsch waren sie, hatten eine untadlige Figur, und an den Augen, am Körper und an den Beinen war nichts auszusetzen. Zum ersten Mal war Baaribo hingerissen. Die beiden jungen Damen waren ein Augenschmaus. Auch umgekehrt fand Baaribo uneingeschränkten Gefallen. Sie boten ihm Tapiokakuchen und Tapiokapudding an, auch wenn weder das eine noch das andere gut zubereitet war; die jungen Frauen kannten bisher weder die Maniokwurzel noch das herrliche Maniokmehl. Baaribo, dem »Herrn der Nahrung«, fiel dies sofort auf, und es gelang ihm nicht, seine Geringschätzung zu verbergen. Die jungen Mädchen schämten sich. Aber Baaribo hatte Mitleid mit ihnen. Also lehrte er sie ebenso wie ihren Vater Wariro Felder anzulegen mit den verschiedensten essbaren Pflanzen, mit Speiseknollen, Samen und verschiedenen Obstsorten. Vor allem aber brachte er ihnen bei, wie man Maniok anbaut, der ja für alle Indianer die Hauptnahrungsquelle ist. Und so füllte sich die Maloka immer mehr mit allen nur möglichen Früchten der Erde.

Da Baaribo beide junge Damen mochte, heiratete er – sehr zum Vergnügen des Vaters – auch beide. Angeleitet vom »Herrn der Nahrung« arbeiteten alle auf dem Feld. Alles gedieh prächtig. Die Maniokknollen kamen leicht und sauber aus der Erde, ja sogar ohne Schale und schneeweiß. Sie brauchten nur noch gemahlen zu werden.

Da geschah ein kleines Unglück. Baaribo hatte den beiden Frauen gesagt, Maniok, Hauptnahrung aller Indianer, dürften sie auf keinen Fall essen, ohne ihn vorher zu mahlen und zu trocknen. Maniok-Mahlen sei ein Ritual, das die Ehrfurcht vor der Knolle gebiete. Nun geschah es aber, dass die ältere eines Tage mit solch einem Hunger vom Felde heimkam, dass sie sich den Magen damit voll stopfte, ohne die Frucht vorher gemahlen und getrocknet zu haben. Schon tags darauf waren die Folgen des Ungehorsams nicht mehr zu übersehen: Fortan gab es den Maniok nur noch mit Schale, wohingegen die Wurzel bisher immer ohne Schale geerntet werden konnte – fertig zum Mahlen.

Auf Grund des Ungehorsams dieser Einen gibt es Maniok seitdem nur noch mit Schale und mit Erde beschmutzt. Als Strafe müssen sich fortan die Frauen sehr anstrengen, um die Wurzeln zu säubern.

Gebührende Zeit nach der Heirat stellte sich heraus, dass die beiden Frauen schwanger waren. Das Kind der älteren bekam den Namen »Abendstern« und das der jüngeren »Morgenstern«. Die Kinder wuchsen heran. Mit der Zeit erinnerte sich Baaribo an seine erste Familie, und die Sehnsucht nach ihr wurde in ihm wach. Er ließ »Morgenstern« kommen, erzählte ihm die Geschichte von Doé, der seinen Bruder Abé getötet hatte, und bat ihn:

– Mach dich auf in Richtung Norden, bis du das Haus deines Halbbruders Doé erreichst. Sag ihm dann bitte, er solle kommen, seinen Vater zu besuchen.

Morgenstern machte sich auf den Weg. Nach einer Reihe von Tagen kam er zurück, in Begleitung von Doé, dessen Frau, die sich von Abé hatte verführen lassen, und der alt gewordenen Mutter, Baaribos erster Gattin. Bei der Ankunft sagte Doé:

– Hier bin ich. Auf deine Einladung hin bin ich gekommen, dich zu besuchen.

Baaribo nahm ihn mit unbeschreiblicher Herzlichkeit auf. Beide fielen sich in die Arme und weinten vor Freude. Dann erteilte der

Vater den Auftrag, alle mit den unterschiedlichsten Speisen zu bedienen, von denen weder Doé noch seine Frau noch seine Mutter bisher kaum eine kannten. Allesamt schwelgten sie in Erinnerungen und weinten vor Rührung, aber auch vor Freude. Schließlich sagte Baaribo seinem Sohn Doé:

– Hass und Fluch mögen enden. Nimm heute meine Hand zum Friedensgruß!

Beide reichten sich die Hand zum Friedensgruß, umarmten sich und brachen erneut in Tränen aus, aber diesmal in Tränen der Versöhnung.

Als sie etliche Tage später in Richtung Heimat aufbrachen, gab Baaribo Doé noch Setzlinge von Maniok und von anderen Speisepflanzen mit, die dessen Leute bisher noch gar nicht kannten. Er empfahl ihnen, Felder anzulegen und sich genau an die Anweisungen zu halten, die er ihnen mit auf den Weg gegeben hatte, vor allem was die Zeremonien beim Pflanzen angeht.

Doé kehrte mit der ganzen Familie nach Hause zurück. An die Anweisungen, die ihm der Vater erteilt hatte, hielt er sich genau. So kam es, dass es auf seinem Tisch niemals an Nahrung fehlte. Und Maniok wächst überall bis auf den heutigen Tag prächtig und reichlich, da auch die Zeremonien nie vernachlässigt wurden.

Diese Geschichte geht von den Alten auf die Jungen über, damit sich alle in Liebe begegnen, einschließlich der Brüder, die nicht frei von Verfehlungen sind. Besonders diesen muss man die Fehltritte, die sie getan haben, ehrlich verzeihen. Nur an die Frauen anderer Männer soll man nicht rühren, damit einem nicht das Unglück zuteil wird, das Abé getroffen hat. Schließlich darf man nie vergessen, woher der Maniok stammt; und wenn der Maniok angebaut wird, sind auch die entsprechenden Zeremonien zu vollziehen.

VERSTÄNDNIS
GEHT ÜBER SCHÖNHEIT

Der Schein trügt, heißt es. Hinter einem wenig attraktiven Äußeren verbergen sich womöglich scharfer Verstand und große Güte. Oberflächliche Menschen, denen es nur um das Äußere geht, wollen von solchen Menschen allerdings oft genug nichts wissen. Nur, sie ahnen nicht, was ihnen dabei entgeht.
In einer Geschichte, die sich die Ureinwohner am oberen Xingú erzählen, geht es auch um solch ein Drama. Im Mittelpunkt der Geschichte steht der Mutum-Hahn, der, hässlich und schlotterig wie er ist, sich dennoch zu einer beachtlichen Größe entwickelt und damit einen wichtigen Beitrag zur Zivilisation leistet.

Es war zu der Zeit, als Männer noch mehr als eine Ehefrau haben konnten. Dementsprechend war auch der Mutum-Vogel mit zwei Frauen verheiratet. Nur, keine von beiden mochte ihn. Sie sagten, er sei hässlich und ungeschickt. Ja, sie schämten sich sogar, sich als seine Frauen auszugeben. Weder buken sie ihm Kuchen, noch kochten sie ihm Brei, noch kümmerten sie sich sonstwie um ihn. Mochte die Schwiegermutter zetern, wie sie wollte, die Schwiegertöchter kamen ihren Pflichten als Ehefrauen nicht nach und hatten einfach keine Hochachtung für ihren Mutum-Ehemann.

Was diesen selbst angeht, so arbeitete er unermüdlich. Alles, was an Nahrungsmitteln nur gesät und gepflanzt werden konnte, konnte er säen und pflanzen. Auch auf die Jagd verstand er sich, und fischen konnte er sowohl mit der Reuse als auch mit Pfeil und Bogen. Immer wieder lud er seine beiden Frauen ein, mit ihm auszugehen. Doch sie schlugen alle Angebote in den Wind.

Der Hahn selbst litt still vor sich hin, ohne zu klagen. Was die Arbeit angeht, wurde er nur noch fleißiger, und im Haus fehlte es an nichts.

Eines Tages meinte seine Mutter:

– Junge, du musst den beiden endlich einmal klipp und klar sagen: »Jetzt reicht's aber!« Die wollen doch nichts mehr von dir. Es wäre besser, wenn du gingest und eine liebevolle, achtsame Frau fändest, die dir immer und überall wirklich zur Seite stünde. Wir sind doch mit dem Löffelvogel befreundet, du weißt schon, mit dem Vogel dessen großer Schnabel einem Spachtel gleichkommt. Der hat zwei Töchter im heiratsfähigen Alter. Und hübsch sind die und schrecken vor keiner Arbeit zurück.

Der Mutum-Hahn nahm sich zu Herzen, was er von seiner Mutter gehört hatte. Ohne irgendjemandem etwas zu sagen, verließ er am folgenden Tag das Haus. Um zum Löffelvogel zu kommen, musste er einen mehrtägigen Weg zurücklegen. Schließlich doch noch gut angekommen, wurde er herzlich empfangen. Der Löffelvogel nahm ihm Pfeil und Bogen und das Netz ab, alles Geräte, die er dabei hatte, und geleitete ihn in sein Haus. Im Innern des Hauses bot er ihm an, auf einem Bänkchen Platz zu nehmen. Interessiert fragte er:

– Mutum, was treibt dich in diese Gefilde?

Der Mutum-Hahn machte keinen Hehl daraus, dass er mit seinen beiden Frauen unglücklich war und dass er eine neue Familie gründen wollte, mit arbeitsameren Frauen.

Unverzüglich rief der Löffelvogel seine Töchter und fragte sie:

– Wer von euch möchte diesen jungen Mann heiraten?

Die beiden musterten den Hahn von oben bis unten, und die eine wie die andere wollte ihn tatsächlich heiraten, die ältere ebenso wie die jüngere. Der Vater willigte ein. Auf der Stelle machten sie sich daran, dem Mutum-Hahn etwas zu essen zu machen. Die eine buk einen Kuchen, die andere kochte Brei. Kuchen und Brei setzten sie ihm dann vor. Und um die Hochzeit zu besiegeln, gingen sie am Nachmittag zum Fluss, um dort gemeinsam zu baden. Als sie zurückkamen, galten sie bereits als Gattinnen des Mutum-Hahns. Vater Löffelvogel wandte sich an seine Töchter:

– Fortan habt ihr euren Ehemann zu lieben; denn die beiden ersten Frauen hatten nichts für ihren Mutum-Gatten übrig. Ihr müsst euch um ihn kümmern und ihn gut behandeln, damit er hübscher aussieht. Dann werdet ihr für immer zusammenbleiben und glücklich werden.

Schon am folgenden Tage begannen sie damit, das Äußere ihres Mutum-Mannes aufzuputzen. Sie kämmten ihm das krause Haar, richteten ihm die krummen Arme und Beine zurecht, reinigten ihm die verschmutzten Federn und legten ihm duftende Kräuter in seine Hängematte.

Mit einem Mal war der Mutum-Hahn ein anderes Tier, fröhlich und munter. Da er keine Angst vor der Arbeit hatte, zeigte er sich auf dem Feld noch um einiges fleißiger. Zusammen mit seinem Schwiegervater, dem Löffelvogel, baute er reichlich Mais und Maniok an, aber auch Cará-Knollen und Erdnüsse, Kürbis und Ananas, Bananen und Cajunüsse[7], Baumwolle und Tabak. Auf dem Heimweg von der Arbeit schauten sie in die verschiedenen Malokas hinein und sagten allen:

– Wer besser leben will, muss viel arbeiten. Wer stattliche Felder bestellen will, muss früh aufstehen. Dann wird niemand Hunger leiden.

Nach und nach ging er dazu über, allen Nachbarn beizubringen, wie man die verschiedenen Pflanzen, Knollen und Obstsorten bestmöglich anbaut. Und in der Tat verbesserte sich das Leben für alle Schritt für Schritt. Die Kinder wuchsen gesünder heran, die Erwachsenen waren widerstandsfähiger, und die Alten lebten länger.

---

7 Cajunuss: Frucht des Nierenbaumes. Das Tupí-Wort wird – im Zuge der generellen Amerikanisierung des Lebens – leider auch im Deutschen im Allgemeinen in einer eins zu eins anglisierten Form verwendet: Cashew.

Eines Tages sagte der Mutum-Hahn seinem Schwiegervater:

— Jetzt möchte ich doch einmal mein früheres Dorf besuchen, nach meiner alten Mutter schauen und auch in Erfahrung bringen, wie es meinen Ex-Frauen geht.

Schwiegervater Löffelvogel erwiderte, in der Tat sei es wichtig, auch seinem Heimatdorf all die guten Dinge beizubringen. Nur müsse er seine Frauen mitnehmen, denn die seien ja seine ständigen Weggefährtinnen und hätten den Ehemann in seinen Kämpfen zu unterstützen.

Unterwegs traf er ein paar Freunde, die ihn noch von der Zeit her kannten, als er unansehnlich und zottelig war. Sie wunderten sich und riefen ihm zu:

— Man sieht, dass du in guten Händen bist. Es sind wohl die Frauen, die sich um dich kümmern. Du siehst richtig gut aus.

Unser Mutum-Hahn ließ sich von solcherlei Schmeicheleien nicht aus der Fassung bringen. Aber den Frauen taten sie ausgesprochen gut. Am Nachmittag kamen sie in Mutums Heimatdorf an. Alle Welt freute sich über den Besuch.

— Wie der sich verändert hat!, hieß es. Als die vormaligen Frauen ihren Ex-Mann sahen, stieg die Eifersucht in ihnen hoch. Sie rollten ihre Hängematten zusammen und verzogen sich in ein anderes Dorf.

Die Mutter war ganz hingerissen ob der beiden Frauen ihres Sohnes. Da sie gerade am Mörser stand und Mais stampfte, nahmen sie ihr den Stößel aus der Hand und ließen sie nicht weiter arbeiten. Was noch zu tun war, taten sie. Am frühen Abend buken sie Berge von Kuchen und kochten Töpfe voll von Brei. Ein regelrechtes Fest begann.

An den folgenden Tagen ließ der Mutum-Hahn die ganze Verwandtschaft sich auf dem Platz in der Mite des Dorfes versammeln. Aller Welt erklärte er, wie man die Felder zu bestellen habe, wolle man denn ein gutes Leben führen und solle es nicht an Nahrung fehlen. Die beiden Frauen ließ er Speisen in Hülle und Fülle herrichten:

Brei und Kuchen, Bratkartoffeln und gekochte Erdnüsse, Obst und was das Herz sonst noch begehrt. Alle Anwesenden bekamen von der Fülle einen Teil ab.

Den Freunden verriet er, dass er am nächsten Tag wieder zurückkehren wolle. Aber sie sollten auf keinen Fall vergessen, was er sie gelehrt habe. Nur so ginge es bergauf.

Mit seinen beiden Frauen kehrte der Mutum-Hahn in das Dorf seines Schwiegervaters zurück. Unterstützt von seinen Partnerinnen, die ja hervorragende Köchinnen waren, machte er sich, fleißig wie er war, stehenden Fußes wieder an die Arbeit. Was er wusste, gab er immer an die anderen weiter. Und jede Wurzel, die ihm auffiel, zeigte er ihnen. So erfuhren die Verwandten zum Beispiel, dass sich im Zuckerrohr ein Feuer versteckt hält. Brennt es richtig gut, lässt sich aus dem Schaft ein süßer, köstlicher Sirup herstellen.

Im Dorf des Löffelvogels blieb unser Mutum bis ans Ende seines Lebens. Mit seinen beiden Frauen hatte er eine ganze Reihe Söhne und Töchter. Alte Leute im Dorf erzählen bis auf den heutigen Tag die Geschichte des Mutum-Hahnes. Und die Lehre, die sie darin erkennen, geben sie an die jungen Leute weiter:

– Nichts überstürzen! Nicht auf den äußeren Schein hereinfallen! Ein Auge auch für eine andere Art von Schönheit haben! Der Mutum-Hahn liefert uns ein Beispiel dafür, strahlt doch aus seinem unförmigem Körper eine gute Seele.

Die Fähigkeit, vieles zu können und anderen zu vermitteln, ist ohne Zweifel rein körperlicher Schönheit überlegen.

SCHLAUHEIT
GEHT ÜBER BLOSSE STÄRKE

Viele indianische Geschichten wollen nichts anderes als manche vergleichbare in der Bibel. Die einen wie die anderen werden nämlich in erster Linie erzählt, um die Menschen zu unterhalten und die täglichen Sorgen des Lebens einmal hinter sich zu lassen. Daneben sollen sie gegenwärtigen wie zukünftigen Hörern auch eine Lehre vermitteln. Unter den indianischen Ureinwohner des Kulturraumes an Xingú und Tocantins geht folgende lustige Geschichte um:

Eines Tages lief der Jaguar frühmorgens zum Fluss, um Wasser zu trinken. Zwischen zwei Schlucken knurrte er mit einem Mal:
– Ich hätte Lust, zum Mittagessen heute einen Affen zu verspeisen. Und ich kenne ja sogar einen – den, der immer auf dem alten Peroba-Baum sitzt. Wenn es Mittag wird, lauf ich hin, fang ihn mir und verschlinge ihn.

Nur hatte er nicht bemerkt, dass ein kleiner Fisch, namentlich der rote Cará, sein Geknurre gehört hatte. Kaum hatte die Raubkatze ihr Vorhaben preisgegeben, schwamm der Cará-Fisch zum Ochsenfrosch, der sich noch von der langen Serenade ausruhte, die er dem Mond in der Nacht vorgesungen hatte. Behutsam flüsterte er ihm zu:
– Mein Onkel, kennst du den Affen, der immer auf dem alten Peroba-Baum sitzt?
– Natürlich!, brummte es schlaftrunken aus dem Ochsenfrosch. Der ist sogar mein Freund. Der wirft mir nämlich immer Beeren von da oben in den Fluss, und die mag ich ja so gern.

Der rote Cará fuhr fort:
– Weißt du, was ich da gerade den Jaguar habe reden hören? Der will

sich den Affen vom Peroba-Baum heute zum Mittagessen gönnen. Du kannst doch sowohl im Wasser schwimmen als auch auf dem Land hüpfen. Könntest du denn nicht den Affen warnen?

Überraschenderweise vergaß der Ochsenfrosch da alle Müdigkeit und hüpfte los. Unterwegs traf er das Kaninchen, das ja ein gut Stück wendiger ist als so ein Frosch, und sagte ihm:

– Guter Freund Kaninchen, kennst du den Affen, der auf dem alten Peroba-Baum wohnt?

– Ja, den kenne ich gut, wir sind sogar miteinander befreundet.

– Dann müssen wir unseren gemeinsamen Freund beide miteinander retten. Der rote Cará-Fisch hat mit eigenen Ohren vom Jaguar gehört und mir erzählt, dass dieser den Affen fressen will. Und zwar noch heute ... den vom alten Peroba-Baum. Kaninchen, du kannst doch um einiges besser laufen als ich: Könntest du nicht den Affen benachrichtigen, dass er in Gefahr ist, noch heute verschlungen zu werden?

Das Kaninchen verlor keine Zeit und lief los, um dem Affen noch rechtzeitig Nachricht zu geben. Als es an einer Kokospalme vorbeikam, sah es an einem Büschel Kokosnüssen ein Serlepe-Eichhörnchen hängen, das sich den Bauch vollschlug. Dem rief das Kanichen zu:

– Brüderchen Eichhörnchen! Ist der Affe von dem alten Peroba-Baum nicht dein Freund?

– Selbstverständlich, der gehört sogar zu meiner Familie.

– Dann hör dir bitte genau an, was ich dir zu erzählen habe!, sagte das Kanichen. – Der rote Cará-Fisch hat vom Jaguar gehört und dem Ochsenfrosch erzählt, und der hat mir weitererzählt, dass der Jaguar noch heute den Affen vom alten Peroba-Baum fressen will. Wenn ihr schon zu einer Familie gehört, kannst du nicht mal eben hinlaufen und ihm Bescheid geben?

– Bin ja schon unterwegs, gab das Eichhörnchen zur Antwort. – Ist ja wohl meine Pflicht als Verwandter.

Und das Eichhörnchen sprang los, von Ast zu Ast und von Baum zu Baum, bis es den Wipfel des alten Peroba-Baumes erreicht hatte. Dort saß der Affe, machte sich hübsch und kämmte sich, um auszugehen. Ganz außer Atem sagte das Eichhörnchen:

– Onkel Affe, ich hab dir was ganz Wichtiges mitzuteilen. Es geht um Leben und Tod. Hör bitte genau zu! Der rote Cará-Fisch hat den Jaguar sagen hören und dem Ochsenfrosch weitererzählt, und der hat es dem Kaninchen berichtet, das es dann mir, dem Eichhörnchen, weitergesagt hat: Der Jaguar will noch heute einen Affen verspeisen; und deshalb will er dich in ein paar Augenblicken fassen. Nimm dich in Acht! Auf keinen Fall darfst du vom Baum hinabsteigen, sonst wirst du zum Braten für die Raubkatze. Wenn der Jaguar sich etwas vorgenommen hat, macht er ernst. Also: höchste Vorsicht!

Doch verschlagen, wie Affen nun mal sind, kratzte dieser sich den Kopf und meinte nur:

– Da wollte ich ausgerechnet heute mal ausgehen. Heute kann ich unmöglich zu Hause bleiben. Mein Vetter, der Pavian, hat nämlich vor zu heiraten und hat zu einem großen Fest eingeladen. Da kann ich auf keinen Fall fehlen.

Also hockte er sich mit dem Eichhörnchen hin, um gemeinsam mit ihm zu überlegen, wie er aus der Zwickmühle herauskäme. Das Gespräch ging hin und her. Doch mit einem Mal schrie der Affe:

– Ich hab's! Ich leg den Jaguar einfach herein. Und wenn's klappt, zieh ich ihm noch das Fell über die Ohren und hab damit ein Hochzeitsgeschenk für meinen Vetter, den Pavian. Allerdings musst du, Eichhörnchen, mir dabei behilflich sein: Du läufst einfach zum Fluss und sammelst dort die glänzenden Steinchen ein, die da herumliegen: Amethyste, Quartze, Zitrine und falsche Rubine. Was du findest, bringst du mir her!

Das Eichhörnchen rannte los und kam schon kurze Zeit später mit einer Menge glänzender Steine zurück. Da sagte der Affe:

136

– Ich hab hier einen Sack. In den Sack stecken wir die glitzernden Steine, ganz unten hinein. Während ich mit dem Sack über der Schulter durch den Wald marschiere, gehst du vor mir her und rufst laut, dass alle es hören:

– Ich hab ein Stück Sonne im Wald gefunden. Wer will es mal sehen? Es steckt hier in diesem Sack.

Kaum hatten die beiden hundert Meter hinter sich gebracht, stießen sie auf ein großes Wespennest, das an einem Baum hing. Wespen sind wahre Sonnenanbeter. Ohne Licht und Wärme sind sie verloren. Als ihnen zu Ohren kam, der Affe hätte in seinem Sack ein Stück Sonne dabei, konnte keine ruhig bleiben, und alle wollten es unbedingt sehen. Aus jedem Fensterchen des Nestes lugte ein Wespenkopf hervor. Ja, die mutigsten kamen gleich angeflogen, ganz begierig das Stück Sonne in dem Sack zu Gesicht zu bekommen. Als aber der Affe sah, dass mittlerweile ein ganzer Wespenschwarm um den Sack herum schwirrte, winkte er das Serelepe-Eichhörnchen zu sich und flüsterte ihm zu:

– Hör mal, Brüderchen Serelepe! Du kletterst jetzt hoch bis auf den Ast, an dem das Wespennest hängt. Auf mein Zeichen hin fängst du an, auf dem Ast zu hüpfen und hüpfst so heftig, bis sich das Nest lockert und herunterfällt.

Gesagt, getan. Mit wenigen Sprüngen war das Eichhörnchen auf dem Ast mit dem Wespennest angelangt und wartete darauf, dass der Affe das vereinbarte Zeichen gäbe. Unterdessen sagte der Affe, gerissen wie Affen nun mal sind, zu den Wespen:

– Wenn ihr das Stück Sonne sehen wollt, müsst ihr schon herunterkommen und in den Sack hinein kriechen. Erst aus der Nähe, ganz unten im Sack ist der Glanz der Sonne richtig zu erkennen.

Die Wespen zeigten sich zunächst etwas misstrauisch, flogen dann aber tatsächlich in den Sack hinein, anfangs einzeln, dann aber alle, so wie sie da waren. Das war's, worauf der Affe gesetzt hatte. In diesem

Augenblick winkte er dem Serelepe-Eichhörnchen zu, das sofort anfing, auf dem Ast mit dem Wespennest herumzuspringen. Und es sprang dermaßen, dass sich das Nest löste und schließlich direkt in den offenen Sack fiel, in dem es ja bereits von Wespen nur so wimmelte. Im Handumdrehen band da der Affe den Sack zu und machte einen festen Knoten, so dass kein einziges Insekt mehr herauskonnte. Dann wandte er sich an das Eichhörnchen:

– Das hast du gut gemacht. Nur, das Werk ist noch nicht getan. Du und ich, wir müssen nämlich hier erst noch alle Bäume ausreißen, den Boden aufwühlen und überall Steine umherstreuen. Es muss so aussehen, als hätte ein gewaltiges Unwetter hier gewütet und solche Unordnung angerichtet.

Also beeilten sie sich, möglichst große Unordnung zu schaffen. Denn jeden Augenblick konnte ja der Jaguar kommen. Und in der Tat, wenige Minuten später war er auch schon da. Offensichtlich überlegte das Raubtier nur noch, wie es am besten über den Affen herfallen könnte. Dieser saß ganz traurig da, wie abgekämpft, neben dem Sack. Die Wespen gaben ein höllisches Gesumme von sich; immerhin war ihnen mittlerweile klar geworden, dass sie hinters Licht geführt worden waren; also wollten sie nichts als aus dem Sack heraus.

Als der Jaguar das ganze Durcheinander von Pflanzen und Erde bemerkte und als dann noch sein Blick auf den Sack mit dem ganzen Gesumme fiel, machte er sich neugierig an den Affen heran. Jaguare sind bekanntlich überaus neugierige Wesen. Und da sie andererseits bärenstark sind, fehlt es ihnen nicht an Selbstsicherheit. Also wagen sie alles, nur um ihre Neugier zu befriedigen.

Sicher, wie er sich seiner war, den Affen binnen weniger Minuten zum Mittagessen verspeisen zu können, näherte sich der Jaguar ihm und fragte ihn ganz unschuldig:

– Lieber Affe, was ist denn hier passiert? Das ist ja ein wüstes Chaos, Pflanzen und Steine alle durcheinander auf der Erde!

– Ach, lieber Jaguar! Du kannst dir nicht vorstellen, was hier passiert ist. Noch nie in meinem Leben habe ich so etwas mitgemacht. Kennst du den Sohn des Windes, den Sohn jenes Windes, der sich hinter den Bergen versteckt hält und der, wenn er denn mal losfegt, den ganzen Wald erschüttert?

– Selbstverständlich kenne ich ihn. Er macht mir immer das Leben schwer, wenn ich auf Jagd gehen will. Wenn er losbraust, verstecken sich die Tiere in ihren Höhlen und in den Hohlräumen der Bäume.

– Siehst du, erst gestern ist der Sohn dieses Windes hier vorbeigefegt. Der hat genau das gleiche Temperament wie sein Vater. Wenn der erst einmal richtig anfängt zu blasen, hat der Wald, unser gemeinsames Haus, stark zu leiden. Aber es ist mir gelungen, ihn zu fassen und in meinen Sack zu stopfen. Doch der Kerl ist mir wieder entwischt. Da bin ich hinter ihm her gerannt, und ich hatte tatsächlich Glück: Ich habe ihn wieder erwischt. Aber es war ein Mordskampf. Ich hielt ihn mit letzter Kraft am Schwanz. Wie wahnsinnig rannte er durch den Wald, riss Bäume aus, warf Steine durch die Luft und pflügte die Erde um. Aber schließlich gelang es mir dennoch, ihn in diesen Sack zu stopfen. Da ist er! Willst du mal hören, mit welcher Wut er darin brüllt?

Der Jaguar kam dicht an den Sack heran, spitzte die Ohren und meinte:

– In der Tat. Du bist aber ganz schön waghalsig, Affe. Du hast es tatsächlich fertig gebracht, den Sohn des Windes einzufangen! Ich hör's genau: Der brüllt aber gewaltig. Und er ist es wirklich. Ich erkenne ihn an der Stimme.

In Wirklichkeit jedoch hörte das Raubtier, ohne es zu wissen, nichts anderes als das Gesumme der wild gewordenen Wespen, die unbedingt aus dem Sack herauswollten und den Affen wüst verfluchten.

In diesem Augenblick erwachte die Neugier im Jaguar. Geradezu flehentlich ging er den Affen an:

– Lässt du mich den Sohn des Windes mal sehen? Ich muss unbedingt sein Gesicht kennen lernen. Auch wenn es nur ein kurzer Augenblick ist.

– Völlig unmöglich!, antwortete der Affe. – Denk doch mal! Schon einmal ist mir die Bestie aus dem Sack entwischt. Ich hatte alle Hände voll zu tun, um sie wieder einzufangen. Auf solch ein Risiko kann ich mich nicht noch einmal einlassen.

Doch der Jaguar ließ nicht locker. Seine Neugier war unbeschreiblich:

– Aber vielleicht kannst du den Sack nur einen winzigen Spalt breit öffnen.

– Auf gar keinen Fall! Schau dir nur den Schaden an, den er an den Bäumen und auf dem Boden angerichtet hat! Wenn der jetzt noch einmal entkommt, wird er noch wilder, und kein Mensch – einschließlich meiner selbst – kann ihn fassen. Aber wenn du schon dermaßen nachdrücklich darum bittest ... eines kann ich tun, um sicher zu gehen, dass der Sohn des Windes nicht entkommt: Du steckst deinen Kopf in Windeseile in den Sack. Und ich binde ihn dann um deinen Hals zu. So kann der Sohn des Windes nicht entkommen. Und du kannst dir dann den Sohn des Windes in aller Ruhe anschauen. Wenn du deine Neugier befriedigt hast, kannst du mir mit dem Schwanz ein Zeichen geben. Ich binde dann den Sack los, und du ziehst den Kopf wieder heraus.

Der Jaguar fand die Idee hervorragend, auch wenn ihn ein leichtes Misstrauen beschlich. Eigentlich wollte er ja Nein sagen. Doch da die Neugier größer war als die Vorsicht, ließ er sich auf den Vorschlag des Affen ein. Also steckte er den Kopf in den Sack, in dem die Wespen

140

wie wahnsinnig umherschwirrten. Im Handumdrehen band der Affe den Sack um den Hals der Raubkatze zu und verschloss ihn wohl mit einem Dutzend fester Knoten – jener Sorte Knoten, die sich desto enger ziehen, je heftiger man an ihnen zerrt.

War das ein Geschrei! Aufgescheucht durch den Eindringling, fingen die Wespen an, den Jaguar in den Kopf zu stechen, überall, und ganz besonders jedoch an den empfindlichsten Stellen, das heißt um den Mund herum. Wird der Jaguar dort hart getroffen, bedeutet das normalerweise seinen Tod. Die Schreie des Raubtiers wurden immer verzweifelter, so dass alle Tiere des Waldes hellwach wurden. Sie kamen angerannt und wollten wissen, was denn da im Gange sei: der Tapir, der Ameisenbär, das Reh, das Caitítú-Schwein und der Quatí-Rüsselbär. Erschrocken fragten sie:

– Warum dieser Lärm? Und wozu, mein Gott, der Sack um den Hals des Jaguars?

Die Erklärung, die ihnen der Affe darauf gab, klang überzeugend:

– Ich höre die Leute sagen, das Ende der Welt stünde bevor. Und nur die Tiere würden gerettet, welche gut waren und ihre Mittiere nicht allzu sehr bedroht hätten. Ich für meinen Teil glaube nicht daran, aber der Jaguar glaubt daran und hat offenbar ein schlechtes Gewissen. Deshalb will er Buße tun für seine Sünden, bevor es zu spät ist. Und so hat er die Wespen gebeten, ihn ein wenig zu quälen, damit er rein wird. Auch mich und die anderen Tiere hat er gebeten, ihm zu helfen, für die vielen Sünden, die er begangen hat, Buße zu tun. Anderenfalls käme er nämlich nicht in das selige Reich der Geister. Nur gut, dass ihr gekommen seid, dem Jaguar einen Dienst zu erweisen. Ich sollte ihm drei ordentliche Hiebe versetzen. Dem wollte ich als Affe mich selbstverständlich nicht entziehen, und so habe ich ihm drei ziemlich heftige Schläge verpasst, die ihn vor Schmerzen aufschreien ließen. Ich nehme an, das auch ihr dem Jaguar behilflich sein wollt.

Da sagte natürlich niemand Nein. Insbesondere all jene Tiere, denen die Raubkatze schon mal nachgestellt hatte, waren zur Mithilfe bereit. Sie fanden, jetzt endlich sei der Augenblick gekommen, es ihr heimzuzahlen. Da drängte sich auch schon der Tapir vor und gab dem Jaguar mit seinem Rüssel einen so derben Hieb, dass er im hohen Bogen durch die Luft flog. Der Ameisenbär, unter Eingeweihten Fahnentamanduá genannt, wollte nicht zurückstehen und nickte den anderen zu:

— Lasst mich den Kerl einmal richtig in den Arm nehmen, so wie nur ich das kann. Und ihr werdet sehen, wie er an Leib und Seele rein wird.

Der Fahnentamanduá-Ameisenbär umarmte den Jaguar wie ein Schraubstock, und das berühmte Gebrüll des Raubtiers, das sonst den ganzen Wald erschüttert, hörte sich allenfalls wie ein klägliches Miau an.

Danach war das Reh mit seinem Gehörn an der Reihe. Es wollte die Gelegenheit nicht verpassen. Mit seinen Hörnern versetzte es dem Jaguar Stiche, wo man sich nur denken kann. Am Bauch verliefen die Stiche einer hinter dem anderen, öffneten sich zu einer langen Wunde und die Eingeweide traten hervor.

— Schluss, jetzt ist es genug. Es war einmal ein neugieriger, blöder Jaguar, sagte zufrieden der Affe. – Der ist jetzt mausetot.

Der Quatí-Rüsselbär und das Caitití-Schwein, die bisher nicht zum Zuge gekommen waren, wollten ebenfalls ihren Beitrag leisten. Doch der Affe war dagegen:

— Kommt nicht in Frage. Es wäre Feigheit, auf einem toten Tier herumzudreschen. Ein andermal!

— Und was können wir jetzt noch tun?, wollten die Tiere wissen. – Haben wir dem Jaguar etwa zu viel geholfen? Armer Jaguar, jetzt ist er tot, wirklich tot!

Darauf meinte der Affe seelenruhig:

— Was mich angeht, werde ich jetzt die Wespen befreien und aus dem Sack lassen. Immerhin waren sie ja die ersten, die dem Jaguar geholfen haben, sich zu reinigen.

– Was redest du da, Freund Affe?, riefen da alle anwesenden Tiere wie im Chor. – Gerade sind wir den Jaguar los, und da willst du die Wespen auf uns hetzen?

Und schon sprengten sie auseinander, jedes in eine andere Richtung. Getrost band der Affe den Sack vom Hals des toten Jaguars und ließ die Wespen in ihre Freiheit fliegen. Von all den Stichen, die sie dem Jaguar versetzt hatten, waren sie dermaßen ermüdet, dass sie stracks auf ihren Baum flogen und den Affen in Ruhe ließen.

Schließlich zog der Affe der Raubkatze sorgfältig das Fell ab. Dann wusch er sich, kämmte sich und parfümierte sich mit Kräutern, die er so kannte. Darauf schlug er sich das Fell über die Schulter und machte sich auf den Weg zu seinem Vetter Pavian. Als er ankam, fing das Fest gerade an. Er trat ein als ob nichts gewesen wäre, und sprach, wie es sich geziemt:

– Liebe Brüder und Schwestern Affen, lieber Vetter Pavian! Als Hochzeitsgeschenk bringe ich dir hier das Fell eines Jaguars mit, den ich gerade erlegt habe, eigens für diesen festlichen Anlass. Entschuldige bitte, dass ich unglücklicherweise kein größeres, schöneres Fell gefunden habe!

Später jedoch, als das Fest voll in Gang war, erzählte er die Geschichte mit allen Einzelheiten, wie sie sich mit dem neugierigen, tölpelhaften Jaguar teils wirklich, teils auch in der Phantasie des Erzählenden zugetragen hatte. Ein alter, in Weisheit ergrauter Affe, der alles nicht ohne einen gewissen Ernst mit angehört hatte, meinte:

– Genauso ist es, Brüder und Schwestern Affen: Schlauheit geht über bloße Stärke. Und das gilt nicht nur für uns Affen, sondern auch für unsere Vettern und Kusinen, die Menschen, die sich ja immer so schwer tun, Lehren aus dem Leben zu ziehen.

DIE FRAU,
DIE SICH IN EINEN KOLIBRI VERWANDELTE,
UM IHR TÖCHTERCHEN ZU BEFREIEN

Wie gelangen die Verstorbenen in den Himmel? Viele Völker sind der Ansicht, die Toten müssten eine Reise antreten. Auf dem Weg hätten sie allerlei Prüfungen zu bestehen. Jeder Einzelne müsse sich läutern und ganz leicht werden, um in das höchste Glück eingehen zu können. Bei zahlreichen Stämmen des Amzonasraumes herrsch die Überzeugung, die Verstorbenen würden zu Schmetterlingen. Je nach der Länge der Zeit, die sie brauchten, um sich zu läutern, würde aus ihnen diese oder jene Art von Falter. Schmetterlinge, denen die Reinigung bald gelänge, würden zu schneeweißen, dafür aber nur wenige Stunden lebenden Exemplaren. Die hingegen, die längere Zeit benötigten, würden zu kleineren, leichteren, dafür aber umso bunteren Tierchen. Die aber, die wirklich lange brauchten, entwickelten sich zu großen, schweren, dunkelfarbenen Faltern. Alle indes flögen von Blüte zu Blüte, tränken den Nektar, den sie vorfänden, und stärkten sich damit, um das eigene Gewicht bis in den Himmel schaffen zu können, wo sie im Kreise all ihrer Vorfahren glücklich weiterlebten.

Coaciaba war eine junge, schlanke Indianerin von seltener Schönheit. Doch sie war schon sehr früh verwitwet, weil ihr Mann als tapferer Krieger von einem gegnerischen Pfeil tödlich getroffen worden war. Mit unbeschreiblicher Zärtlichkeit kümmerte sie sich um ihr einziges Töchterchen namens Guanambí. Um der unendlichen Sehnsucht nach ihrem Mann Herr zu werden, spazierte sie, sooft sie nur konnte, am Flussufer entlang und betrachtete die Schmetterlinge, oder sie ging auf die Wiese in der Nähe des Feldes, wo die verschiedensten Vögel und Insekten zu beobachten waren.

Doch Trauer und Schmerz waren so groß, dass Coaciaba starb. Menschen sterben ja nicht nur an einer Krankheit oder an Altersschwäche, sondern auch an Sehnsucht nach einem geliebten Menschen.

Guanambí, das Töchterchen, stand völlig allein da. Untröstlich wie sie war, weinte sie ständig, insbesondere dann, wenn die Mutter sie sonst auf ihre Spaziergänge mitgenommen hatte. So klein sie auch war, wollte sie dennoch immer nur ans Grab der Mutter. Lust am Leben hatte sie keine mehr. Also betete sie zu den Geistern, sie sollten sie holen und dorthin bringen, wo ihre Mutter war.

Vor lauter Trauer wurde Guanambí Tag für Tag schwächer, bis schließlich auch sie starb. Dass so viel Unglück eine einzige Familie treffen kann, erfüllte die ganze Verwandtschaft mit Sorge und Schmerz.

Doch merkwürdigerweise verwandelte sich Guanambís Geist nicht in einen Schmetterling, wie es mit den Stammesangehörigen bisher immer geschehen war. Guanambí wurde gefangen gehalten in einer herrlichen lila Blüte, in der Nähe des mütterlichen Grabes. So war sie der Mutter ganz nahe, wie sie es von den Geistern ja auch erbeten hatte.

Mutter Coaciaba, deren Geist sich in einen Schmetterling verwandelt hatte, flatterte von Blüte zu Blüte und sog überall den Nektar, um sich für die Reise in den Himmel zu stärken.

Eines Tages, der Abend hatte sich bereits angekündigt, hüpfte sie noch von Blüte zu Blüte, bis sie schließlich auf einer prächtigen lila Blume landete. Als sie an dem Nektar nippte, hörte sie ein trauriges feines Weinen. Ihr Herz wurde betrübt, und beinahe wäre sie vor Rührung gestorben. Denn in der Blüte erkannte sie das Stimmchen der geliebten Tochter Guanambí. Wie konnte das Kind nur in ein derartiges Gefängnis geraten sein?

Als sie sich von ihrem Schmerz erholt hatte, sagte sie:

– Geliebtes Töchterchen, deine Mutter ist ja bei dir. Sei ganz unbesorgt. Ich werde dich befreien, damit wir zusammen in den Himmel fliegen können.

Doch bald schon wurde ihr klar, dass sie ja ein gar zu leichter Schmetterling war und nicht die notwendige Kraft hatte, die Blütenblätter zu öffnen, die Blume aufzubrechen und ihr geliebtes Kind zu befreien. Also betete sie unter Tränen zum Schöpfergeist wie auch zu allen Altvorderen des Stammes:

– Um der Liebe zu meinem Gatten willen, der ein mutiger Krieger war und in Verteidigung der Brüder und Schwestern gefallen ist, und aus Mitleid mit meiner verwaisten Tochter Guanambí, die im Innern der lila Blume gefangen ist, bitte ich dich, menschenfreundlicher Geist, und euch alle, Ahnen unseres Stammes: Verwandelt mich in einen schnellen, wendigen Vogel mit einem spitzen Schnabel, dass ich die lila Blume aufpicken und mein geliebtes Töchterchen befreien kann.

Und in der Tat, Coaciaba vermochte es, sowohl beim Schöpfergeist als auch bei den Stammesahnen so großes Mitgefühl zu wecken, dass sie ohne Zuwarten ihrer Bitte entsprachen. Sofort verwandelten sie sie in einen herrlichen Kolibri, der, leicht und wendig, wie er nun einmal ist, sofort zu der lila Blume flog. Mit zärtlicher Stimme flüsterte sie:

– Töchterchen, ich bin's, deine Mutter. Du brauchst nicht zu erschrecken. Die Geister haben mich zu einem Blütenküsser-Kolibri gemacht. Ich bin gekommen, dich zu befreien.

Mit seinem spitzen Schnabel und mit der größten Vorsicht entfernte der Kolibri Blütenblatt um Blütenblatt, bis er das Herz der Blume offen vor sich hatte. Da nun lag Guanambí, lächelnd, und streckte der Mutter die Ärmchen entgegen. Geläutert stiegen die beiden immer höher in die Wolken auf, bis sie schließlich in den Himmel gelangten.

Seit der Zeit pflegen die Ureinwohner Amazoniens beim Tod eines

Waisenkindes den Brauch, die kleine Leiche mit lila Blüten zu bedecken, so als läge sie in einer einzigen großen Blume. Die Indianer sind
sich sicher, dass die Mutter in der Gestalt eines Kolibris kommt, um
das Kind zu holen, und dass Mutter und Kind, umarmt, bis in den
Himmel fliegen, wo sie, unzertrennlich vereint, in alle Ewigkeit glücklich sein werden.

LIEBE KANN LANGE WARTEN

Echte Liebe will sich in Prüfungen bewähren. Wer verliebt ist, nimmt
alles auf sich, um die Liebe des Geliebten zu erobern. Frauen wissen
um die Kraft ihrer Verführung. Was immer sie wünschen, ist für leidenschaftlich verliebte Männer Auftrag und Befehl. Bisweilen können
Prüfungen aber so schwer sein, dass sie für den Verliebten den Tod
bedeuten. Denn dem Verliebten ist keine Prüfung zu schwierig. Stärker
als der Tod ist die Liebe – davon ist jeder leidenschaftlich Verliebte
überzeugt.
Nur, es gibt Frauen, die Männer auf grausame Weise auf die Proben
stellen. Im Streben, die Liebe des Geliebten zu erproben, verlieren sie
ihn am Ende aber womöglich ganz. Die Tragödie nimmt dann ihren
Lauf und ist unabwendbar.
Indianer aus dem Xingú-Raum erzählen von dieser universalen
Erfahrung auf ihre Weise. Es ist die Geschichte der jungen Ponaím und
des Kriegers Anuraví.

Ponaím war eine Indianerin, die um ihre Schönheit wusste. Sie pflegte ihr Äußeres und badete gern in Seen und stillen Wasserläufen. Mit
duftenden Kräutern und anziehenden Blumen der Felder wusste sie
entsprechend umzugehen.

Es bereitete ihr Vergnügen, die jungen Männer zu verführen. Dann
aber verachtete sie sie und ließ sie links liegen. So kam es, dass – so
hübsch sie auch war – viele Angst hatten, sich ihr zu nähern.

Dennoch verliebte sich Anuraví, ein junger Krieger, in Ponaím. Er
bewunderte ihren stolzen Gang, ihre schlanke Erscheinung, die eben-
mäßigen Gesichtszüge und den anmutigen Klang ihrer Stimme.

Nicht, dass der kräftige Krieger Ponaím missfallen hätte. Nur, um zu sehen, ob er ihr zum Gefallen Opfer auf sich zu nehmen bereit und Gefahren zu trotzen imstande wäre, unterzog sie ihn einer harten Prüfung.

Über das Feld in der Nähe des Dorfes lief hin und wieder ein stattlicher Hirsch mit prächtigem Geweih. Er war unvergleichlich schön und unbeschreiblich leichtfüßig. Er flog einem Pfeil gleich dahin. Niemand hatte ihn bisher fangen können. Nun sprach Ponaím zu dem jungen Krieger:

– Wenn du den Hirsch fängst und mir sein Fell bringst, werde ich dich sofort heiraten. Das Fell soll als Decke für unsere Hochzeitshängematte dienen.

Verliebt wie Anurauí war, scheute er keine Mühe, des Tieres habhaft zu werden. Er versuchte, es mit Ködern zu fangen, aber es entkam. Dann spannte er Netze, doch es zerriss sämtliche Fäden aus Gräsern und Fasern. Schließlich grub er einen breiten Graben, der so tief war, dass er selbst darin laufen konnte; da hinein sollte das Tier stürzen. Doch der Hirsch sprang geradezu mühelos über den Graben hinweg und verschwand im Wald.

Doch eines Tages überraschte Anurauí ihn mitten auf freiem Feld. Wohl wissend, dass er hurtig wie ein Pfeil war, rannte er hinter ihm her – eine steile Böschung hinab. Unten tat sich ein Abgrund auf, in dessen Tiefe das klare Wasser eines Sees in der Sonne glitzerte. Der Hirsch stürzte in den Abgrund und verschwand. Anurauí, der hinter ihm her eilte, konnte seinen Lauf nicht mehr bremsen und fiel ebenso in die gähnende Tiefe. Beide ertranken im Wasser und wurden nie mehr gesehen.

Anurauís Freunde kamen zum See, um vom Ufer aus irgendein Lebenszeichen zu finden. Auch nach mehrtägigem Suchen fand sich keine Spur. Schließlich übermannte sie die Traurigkeit, und sie gaben den Freund auf immer verloren. Allesamt beweinten sie sein Missge-

schick und beschuldigten Ponaím ob ihrer maßlosen Forderung. Keiner würdigte sie auch nur noch eines Blickes.

Seit jenem verhängnisvollen Tag verlor die schöne Ponaím alle Freude am Leben. Sie bereute, was sie ihrem Geliebten angetan hatte, und machte sich bittere Vorwürfe. Doch vergebens. So groß ihre Sehnsucht auch war, Anurauí kehrte nicht unter die Lebenden zurück. Schon ganz verhärmt ob so vielen Weinens fing sie an, jeden Nachmittag am Ufer des Sees auf und ab zu gehen, den Blick verloren auf die Tiefe des Sees gerichtet. Sie gab die Hoffnung nicht auf, Anurauí, dessen Liebe sie auf eine gar zu harte Probe gestellt hatte, doch noch einmal wiederzusehen. So wartete sie darauf, dass er aus dem Wasser emporstiege und auf der Schulter das Fell des flinken Hirsches trüge. Tag um Tag wartete sie auf die verlorene Liebe.

Daher kommt es, dass man in Vollmondnächten am Ufer des Sees ein weinendes Klagen hören kann. Auch nach ihrem Tod wartet Ponaím noch immer auf ihren Geliebten. Denn stärker als der Tod ist die Liebe, und länger als das Leben dauert die Sehnsucht nach dem geliebten Menschen.

DER UNWIDERSTEHLICHE ZAUBER EINER FRAU: YARA

Wie viele Yaras – wie immer sie sich schreiben, ob mit Y, ob mit J – mag es auf der Welt wohl geben? Und wie viele von ihnen mögen wissen, dass sich hinter ihrem Namen die Geschichte einer brasilianischen Indianerin verbirgt? In der Sprache der Tupí-Indianer heißt Yara »Mutter des Wassers«. Ihre Geschichte hat es mit dem Zauber der Frau als solcher zu tun. Welcher Mann hat nicht schon den Bann gespürt, in den ihn Schönheit und Geheimnis einer Frau mit ihrer nahezu unwiderstehlichen Ausstrahlung ziehen? Das Leben wird zum Zauber, das Warten zur Unendlichkeit und jede Stunde, die vergeht, zur Ewigkeit. Welcher Mann hat nicht schon anderen wahnsinnig Erschienenes gewagt, um auch nur einen Blick der geliebten Frau zu erhaschen, um mit ihr zusammen sein und ihr Zeit, Herz und Leben widmen zu können?

Im Lichte der Liebe wird selbst der Tod ein süßes Geschenk.

Das Bemühen um die geliebte Frau erfüllt Leben und Entwicklung des Liebenden mit solch tiefem Sinn, dass ihm kein auch noch so großes Hindernis unüberwindbar scheint. Liebe kann alles, erduldet alles, unternimmt alles. Liebe gibt nie auf. Doch wehe dem Mann, der nicht weiß, wie er sich angesichts dieser überwältigenden Macht zu verhalten hat, wie die Anziehungskraft der begehrten Frau sie nun mal darstellt! Schlimmstenfalls verschlingt sie ihn ein für alle Mal. Und so geschah es denn auch mit Yaras Liebhabern, die ihr inneres Feuer nicht in Zaum zu halten verstanden.

Yara war eine bildhübsche Frau. Ihre Hautfarbe war die einer Jambo-Guave, ihre Gesichtszüge strahlten Adel aus, und ihre Figur war ein

Traum. Beinahe täglich ging sie an den Stränden des Amazonas spazieren. Gern badete sie in den ruhigen Verbindungsläufen mit ihren klaren Wassern. Die Jungen folgten ihr auf Schritt und Tritt, um ihre Aufmerksamkeit auf sich zu ziehen und mit der Aufmerksamkeit auch ihr Herz. Auch ältere Männer schauten ihr mit schmachtenden Blicken nach, wohl wissend jedoch, dass es dabei bleiben würde.

Natürlich blieb Yara solches nicht verborgen. Aber sie hielt sich für so wichtig, dass sie sich allen verweigerte. Erhobenen Hauptes stolzierte sie vor der Menge ihrer Bewunderer daher. Weder von hochtrabenden Komplimenten der einen noch von gewagten Versuchen anderer, ihre Aufmerksamkeit zu wecken, nahm sie Notiz.

Eines Tages, die Sonne war bereits untergegangen, vergnügte sich Yara im ruhig dahingleitenden Wasser des Verbindungskanals, in dem sie am liebsten badete. Die Zeit verging, während sie den Anblick ihres Körpers genoss, der, noch faszinierender als sonst, aus dem abtropfenden Wasser auftauchte.

Da hörte sie mit einem Mal Stimmen. Sie wurden immer lauter und kamen immer näher. Doch es waren nicht die Stimmen der Brüder und Schwestern ihres eigenen Stammes. Als sie sich umdrehte, sah sie, dass es Weiße waren. Sie unterhielten sich einer fremden Sprache, die sehr aggressiv klang. An den Füßen trugen sie schwere Stiefel und am Körper grobe Kleidung. In ihren Blicken lag nichts Zärtliches, nur blanke Begierde. Man hätte an hungrige wilde Tiere denken können. Die Stimmen, die immer dichter auf sie zu kamen, hörten sich zunehmend bedrohlich an.

Yara war Frau genug, um Böses zu ahnen. Sie versuchte zu fliehen. Doch, auch wenn ihr Körper glatt und sie selbst durchaus nicht ungeschickt war, ergriffen sie starke Hände. Und es waren wirklich nicht wenige. Mit Gewalt warf man sie auf den Boden. Der Sand, zuvor noch ein weiches Lager, wurde zum Dornenbett. Und schon war Yara geknebelt und ruhig gestellt. Der Reihe nach machte sich einer nach dem anderen über sie her. Yara fiel in Ohnmacht. Als sie leblos schien, warf man sie in den Fluss. Die zu Bestien entarteten Männer zogen sich in das Dunkel des Waldes zurück. Inzwischen war es Nacht geworden.

Der Geist des Wassers hatte grenzenloses Mitleid mit Yara. Er nahm sich ihres gequälten Körpers an. Er hauchte ihr wieder Leben ein und gab ihr den vollen Glanz ihrer Schönheit zurück. Um sie aber nie mehr der Vergewaltigung ausgesetzt zu sehen, kleidete er sie in die Gestalt einer Seejungfrau.

Zur Hälfte – das heißt mit dem oberen Teil ihres Körpers – ist sie Frau, faszinierend, mit honigfarbenen Augen und langem, glänzendem Haar. Die Männer sind verrückt nach ihr. Waghalsig springen sie ins Wasser, um sie zu fassen, zu umarmen und zu küssen.

Doch die andere – untere – Hälfte ihres Leibes, die ja im Wasser nicht zu sehen ist, entspricht der Fischgestalt. Sie kann ständig im Wasser leben, als wäre dies ihr Zuhause. So ist sie imstande, sich mit großen und kleinen Fischen zu unterhalten, die um sie herum schwimmen und unschuldig an ihrer jambofarbenen Haut saugen.

Nur, wehe denen, die ihr Böses zufügen, sie gewaltsam ergreifen und ihr auf Biegen und Brechen Zuneigung entreißen wollen! Diese packt Yara fest an den Händen und schleppt sie – als wären sie verhext – in die größten Tiefen des Wassers.

Dass von dort je ein Mensch zurückgekommen wäre, hat man noch nie gehört.

JAÍRAS TRAGISCHE LIEBE

Die Liebe ist die größte Kraft, die es in der Welt gibt. Liebe gehorcht
nicht der Logik der Interessen. Sie macht nicht Halt vor der Tür des
Feindes. Sie reißt die Menschen hin. Sie bringt sie in die verzauberte
Welt des Unendlichen und Grenzenlosen. Nicht einmal der Tod vermag
sie in Schranken zu weisen. Menschen sterben aus Liebe. Die Liebe
hört nie auf.
Die Tupí-Guaraní-Indianer, die am Zusammenfluss des Rio Itararé und
des Paranapanema, an der Grenze zwischen den Bundesstaaten São
Paulo und Paraná siedeln, bezeugen die vulkanische Macht der Liebe,
wenn sie die Geschichte der Liebe der Indianerin Jaíra zum Erzfeind
des Stammes, zu dem weißen Oberst Antônio de Sá, erzählen.

Aus Gier nach dem Land der Ureinwohner begingen die Weißen wahre Scheußlichkeiten, um die Indianer aus ihren Gebieten zu vertreiben. Weil die Tupí-Guaranís zudem in Frieden leben wollten, beschlossen sie, sich vom Ufer des Flusses zurückzuziehen und irgendwo anders das Leben neu zu wagen. Auf der Flucht vor ihren Feinden
wurden sie aber von den Weißen umzingelt und mit Feuerwaffen
beschossen. Nun war es aber Nacht, und ein Unwetter kam ihnen zur
Hilfe. Wegen der Dunkelheit und des starken Regens konnten die
Weißen ihre Waffen nicht einsetzen. Mit Hilfe von Keulen und Pfeilen
gelang es den Indianern daher, den Belagerungsring zu sprengen und
sich vor weiterer Verfolgung zu retten.

Auf der völlig ungeordneten Flucht fiel die schönste Frau des
Stammes, die bezaubernde Jaíra, dem Anführer der Weißen, Oberst
Antônio de Sá, in die Hände und wurde gefangen genommen.

154

Alle waren traurig und trostlos. Ob die Nachbarstämme helfen konnten? Man beschloss, zur Befreiung Jaíras Krieg gegen die Weißen zu führen. Tage lang waren sie damit beschäftigt, das schreckliche, weil tödliche Kurare-Gift herzustellen, von dem nur die Ureinwohner wissen, wie man es gewinnt. Als sie die Arbeit beendet hatten, tanzten sie um den Gifttopf, auf dass die Energie des todbringenden Inhalts den Kriegern Mut einflöße und die Pfeile punktgenau ihr Ziel träfen.

Gerade wollten sie in die Schlacht ziehen, als ein alter Mann, der offensichtlich von weit her kam, erschien und die Medizinmänner, die Männer des Wissens und des Umgangs mit den Naturkräften, zu weiterer Überlegung anhielt. Er gab zu bedenken:

– Wir werden eine schlimme Niederlage erleiden, falls wir uns auf eine Schlacht mit den Weißen einlassen. Unsere Pfeile mögen noch so viel Gift tragen, gegen die Feuerwaffen der elenden Weißhäute können sie nichts ausrichten. Wir können unmöglich sehenden Auges in den Tod laufen. In diesem Moment gibt es nur eines, was wirksamer ist als Kurare: Liebesgetränke. Wir alle wissen, was ich damit meine, und das ist unser Trumpf. Jemand versteckt in der Nähe des Lagers der Weißen eine Menge Liebesgetränke. Dann tut dieser jemand so, als laufe er über, und schlägt sich auf die andere Seite. Sobald er das Vertrauen der Feinde gewonnen hat, mischt er heimlich Liebessäfte in ihre Speisen und Getränke. Jaíra könnte zum Gelingen des Planes entscheidend beitragen. Wenn die Säfte dann die Elendskerle eingeschläfert haben, greifen wir sie in Überzahl mit unseren Keulen in der Hand an. Kein einziger wird überleben.

Nicht nur die Medizinmänner, sondern sämtliche Indianer waren mit dem Plan einverstanden.

Am folgenden Tag begab sich einer der Krieger zu den Weißen, nachdem er in der Nähe ihres Lagers die Liebessäfte versteckt hatte. Man hatte ein Zeichen vereinbart: Sobald die Weißen die Liebesgetränke getrunken hätten und eingeschlummert wären, sollte er dreimal die Stimme des Wasserhühnchens nachahmen. In den folgenden Nächten warteten die Indianer gespannt auf das vereinbarte Zeichen, doch nichts geschah.

Der Plan schlug fehl. Oberst Antônio de Sá und die hübsche Jaíra hatten sich hoffnungslos ineinander verliebt. Von Leidenschaft betört, spielte Jaíra nicht mit.

Doch mittlerweile hatte die Gattin des Oberst von der Liebschaft ihres Mannes mit Jaíra erfahren. In der Begleitung ihres Vaters und etlicher anderer kam sie, um der Leidenschaft der beiden zueinander ein Ende zu setzen und ihren Mann zurückzugewinnen. Die Diskussion ging hin und her. Jaíra musste zu den Tupí-Guaraní-Indianern zurück! Von dieser Bedingung konnte Antônio de Sás Frau nicht ablassen, wollte denn ihr Ehemann, dass sie bei ihm bliebe.

Zwischen Unwillen und Leidenschaft fürchtete Jaíra, die das Hin und Her aus der Ferne mitbekommen hatte, die Liebe des Oberst zu verlieren. Ihr kam eine Lösung in den Sinn. Heimlich sagte sie dem Geliebten:

– Heute Nacht fliehe ich. Am Ufer des Rio Itararé weiß ich einen hohen Felsen. Dort warte ich auf dich. Dann schlagen wir uns gemeinsam in den Wald und können uns unserer Liebe hingeben. Sobald der Mond hinter den hohen Wipfeln aufgeht, ahme ich dreimal die metallische Stimme des weißen Araponga-Schmiedevogels nach. Hörst du den Hammerschlag, brichst du sofort auf. Kommst du nicht, binde ich mir starke Lianen an die Füße und stürze mich von dort oben in die Tiefe, ins Wasser des Flusses.

Mutig wie sie war, machte sich Jaíra auf den Weg. Als dann am Abend der Mond hinter den Bäumen aufging, erschallte dreimal durch den Wald die hammerschlagähnliche Stimme des weißen Araponga-Schmiedevogels. Jaíra rief ihren Geliebten. Doch dieser erschien nicht. Jaíra wartete und wartete und ließ dreimal, viermal, fünfmal, unzählige Male die unverwechselbare Stimme des Arapongas erklingen. War dem Geliebten etwas passiert?

Tags darauf ritt Oberst Antônio de Sá an die Stelle, die Jaíra mit ihm vereinbart hatte. Doch bei dem Felsen fand er sie nicht.

Gott im Himmel! Was er fand, war der Schmuck der unglücklichen Indianerfrau und oben darauf ein Kranz aus wilden Passionsblumen. Ganz außer sich, rief und rief er nach Jaíra. Von den Felsen in der Nachbarschaft hallte es wider: Jaíra! Jaíra! Jaíra! Doch Jaíra war nirgends zu sehen. Wahnsinnig geworden, stürzte sich auch der Oberst ins Wasser des Flusses ... und tauchte nie wieder auf.

Noch heute erzählen sich die Bewohner der Gegend: Wenn abends bei den Felsen der Mond hinter den Wipfeln der Baumriesen aufgeht, ist im ruhig dahinfließenden Wasser des Itararé Jaíra zu sehen, mit einem Kranz weißer Passionsblumen auf dem Kopf und mit dem leblosen Körper des geliebten Oberst Antônio de Sá in den Armen.

Jäger wissen darüber hinaus zu erzählen, mitunter hätten sie am Ufer des Flusses auch schon Jaíras Schatten gesehen. Dieser komme bisweilen, um den Tieren, die dort Wasser trinken, oder auch den Fischern, die dort arbeiten, Blut abzusaugen, mit dem sie dann versuche, den Körper des Geliebten wieder zum Leben zu erwecken.

Solange der Itararé-Fluss seine Wasser an jenem Felsen vorbeiströmen lässt, wird die Geschichte der Liebe zwischen der glücklosen Tupí-Guaraní-Indianerin Jaíra und dem Erzfeind des Stammes, Oberst Antônio de Sá, erzählt werden. Und einmal mehr ist bestätigt: Liebe kennt weder Freunde noch Feinde, weder soziale Klassen noch kulturelle Grenzen. Stärker als Leben und Tod ist die Liebe zwischen zwei in Leidenschaft zueinander entbrannten Menschen. Denn Liebe ist ein ins Herz der Menschen verbannter Gott.

157

Zweiter Teil:

DER BEITRAG DER UREINWOHNER ZUR IDENTITÄT BRASILIENS UND ZUR GLOBALISIERUNG

UREINWOHNER
ALS ZEUGEN FÜR MUTTER ERDE

Den Indianer gibt es nicht. Was es gibt, sind hunderte von Nationen von Ureinwohnern, die untereinander so verschieden sind wie Brasilien und Australien. Um die Vielfarbigkeit des Bildes zu beleuchten, folgt hier zunächst eine Aufstellung der heute in Brasilien existierenden bzw. vermuteten indianischen Nationen. Ihre Zahl beläuft sich auf an die zweihundert. Die Völker der Erde sind sich dessen kaum bewusst, dass sie in dieser heiter lächelnden, blühenden Provinz unseres gemeinsamen Planeten – die Rede ist vom Gebiet der Bundesrepublik Brasilien – eine solche Vielfalt von Brüdern und Schwestern haben. Sie alle sind Zeugen der Erde und Überlebende eines Holokausts, der mittlerweile mehr als fünfhundert Jahre dauert und der uns alle beschämt und zu Solidarität und Wiedergutmachung gemahnt.

I. Liste der Ureinwohner-Völker im heutigen Brasilien

	Name	Andere Namen bzw. Schreibweisen	Bundesstaat bzw. Nachbarländer	Bevölkerung	
1	Aikaná	Aikanã, Massaká, Tubarão	Rondônia	160	1994
2	Ajurú		Rondônia	?	
3	Amanayé	Amanaié	Pará	66	1990
4	Anambé		Pará	105	1994
5	Aparaí	Apalaí	Pará	?	
6	Apiaká	Apiacá	Mato Grosso	43	1989
7	Apinayé	Apinajé, Apinaié	Tocantins	718	1989

	Name	Andere Namen bzw. Schreibweisen	Bundesstaat bzw. Nachbarländer	Bevölkerung	
8	Apurinã		Amazonas	2.800	1991
9	Arapaço	Arapasso	Amazonas	317	1992
10	Arara	Ukarãgmã	Pará	158	1994
11	Arara	Karo	Rondônia	130	1989
12	Arara	Shawanauá	Acre	300	1993
13	Arara do Aripuanã		Mato Grosso	150	1994
14	Araweté	Araueté	Pará	220	1994
15	Arikapú	Aricapú	Rondônia	?	
16	Ariken	Ariquem	Rondônia	?	
17	Aruá		Rondônia	?	
18	Asuriní do Tocantins	Akuáwa	Pará	225	1994
19	Asuriní do Xingú	Awaetá	Pará	76	1994
20	Atikum	Aticum	Pernambuco	2.799	1989
21	Avá-Canoeiro		Tocantins, Goiás	14	1988
22	Awetí	Auetí	Mato Grosso	80	1990
23	Bakairí	Bacairí	Mato Grosso	570	1989
24	Banawa Yafi		Amazonas	120	1991
25	Baniwa	Baniva, Baniua	Amazonas, Kolumbien, Venezuela	3.174 ? (1.192)	1992 1992
26	Bará		Amazonas, Kolumbien	40 296	1992 1988
27	Baré		Amazonas, Venezuela	2.170 (1.136)	1992 1992
28	Bororó	Boé	Mato Grosso	914	1994
29	Canoe		Rondônia	?	
30	Chamacoco		Mato Grosso do Sul, Paraguay	40	1994
31	Cinta Larga	Matétamãe	Mato Grosso, Rondônia	643	1993

161

	Name	Andere Namen bzw. Schreibweisen	Bundesstaat bzw. Nachbarländer	Bevölkerung	
32	Columbiara		Rondônia	?	
33	Dení		Amazonas	765	1991
34	Dessano	Desâna, Desano, Wira	Amazonas, Kolumbien	1.458 (2.036)	1992 1988
35	Enauenê-Nawê	Salumã	Mato Grosso	243	1994
36	Fulni-ô		Pernambuco	2.788	1989
37	Galibí Marworno	Galibí do Uaçá, Aruã	Amapá	1.249	1993
38	Galibí	Galibí do Oiapoque	Amapá, Franz.Guayana	37(2.000)	1993 1982
39	Gavião (Sperber)	Digüt, Gavião de Rondônia	Rondônia	360	1989
40	Gavião (Sperber)	Parkatejê, Gavião do Mãe Maria	Pará	325	1994
41	Gavião (Sperber)	Pukobiê,Gavião do Maranhão	Maranhão	150	1990
42	Guajá	Awá, Avá	Maranhão	370	1990
43	Guajajara	Tenethehara	Maranhão	9.603	1990
44	Guaraní	Kaiowá, Andeva M'bya, Pãi Tavyterã, Xiripá, Apapokuva, Chiriguano	Mato Grosso, São Paulo, Rio de Janeiro, Paraná, Espírito Santo, Santa Catarina, Rio Grande do Sul, Paraguay, Argentinien, Bolivien	30.000 (25.000) (3.000) (50.000)	1994
45	Guató		Mato Grosso do Sul	700	1993
46	Hixkaryana	Hixkariana	Amazonas, Pará	?	
47	Iauanauá	Yaunawá	Acre	230	1987
48	Ingarikó	Ingaricó, Akawaio, Kapon	Romaira, Guayana, Venezuela	1.000 (4.000) (728)	1994 1990 1992
49	Iranxe	Irantxe	Mato Grosso	250	1994

	Name	Andere Namen bzw. Schreibweisen	Bundesstaat bzw. Nachbarländer	Bevölkerung	
50	Issé		Amazonas	?	
51	Jabotí		Rondônia	?	
52	Jamamadí	Yamamadí	Amazonas	250	1987
53	Jaminawa	Iaminaua, Yaminahua	Acre, Peru	370 (600)	1987 1988
54	Jarawara	Jarauara	Amazonas	160	1990
55	Jenipapo-Kanindé		Ceará	?	
56	Jiripancó	Jeripancó	Alagoas	842	1992
57	Juma	Yuma	Amazonas	7	1994
58	Juruna	Yuruna, Yudjá	Mato Grosso, Pará	132	1990
59	Kadiweu	Caduveo, Cadiuéu	Mato Grosso do Sul	1.265	1993
60	Kaimbé	Caimbé	Bahia	1.200	1989
61	Kaingang	Caingangue	São Paulo, Paraná, Santa Catarina, Rio Grande do Sul	20.000	1994
62	Kaixana	Caixana	Amazonas	?	
63	Kalapalo	Calapalo	Mato Grosso	249	1990
64	Kamayurá	Camaiurá	Mato Grosso	279	1990
65	Kamba	Camba	Mato Grosso do Sul	?	
66	Kambeba	Cambeba, Omágua	Amazonas	240	1989
67	Kambiwá	Cambiuá	Pernambuco	1.255	1990
68	Kampa	Campa, Ashaninka	Acre, Peru	560 (55.000)	1993 1993
69	Kanamanti	Canamanti	Amazonas	150	1990
70	Kanamari	Canamari	Amazonas	1.119	1985
71	Kanela Apaniekra	Canela	Maranhão	336	1990
72	Kanela Ranko-Kamekra	Canela	Maranhão	883	1990
73	Kantaruré	Cantaruré	Bahia	?	

	Name	Andere Namen bzw. Schreibweisen	Bundesstaat bzw. Nachbarländer	Bevölkerung	
74	Kapinawá	Capinawá	Pernambuco	354	1989
75	Karafawyana		Pará, Amazonas,	?	
76	Karajá	Carajá, Javaé, Xambioá	Mato Grosso, Tocantins	2.450	1993
77	Karapanã	Carapanã	Amazonas, Kolumbien	40 (412)	1992 1988
78	Karapotó	Carapotó	Alagoas	1.050	1994
79	Karipuna	Caripuna	Rondônia	30	1994
80	Karipuna do Amapá	Caripuna	Amapá	1.353	1993
81	Karirí	Carirí	Ceará	?	
82	Karirí-Xocó	Carirí-Chocó	Alagoas	1.500	1990
83	Karitiana	Caritiana	Rondônia	171	1994
84	Katuena	Catuena	Para, Amazonas	?	
85	Katukina	Pedá Djapá	Amazonas	250	1990
86	Katukina	Shanenawa	Acre	400	1990
87	Kaxararí	Caxararí	Amazonas, Rondônia	220	1989
88	Kaxinawá	Cashinauá, Caxinauá, Cashinahua	Acre, Peru	2.700 (1.200)	1999 1988
89	Kaxixó		Minas Gerais	?	
90	Kaxuyana	Caxuiana	Pará	?	
91	Kayabí	Caiabí, Kaiabí	Mato Grosso, Pará	1.035	1989
92	Kayapó	Kaiapó, Caiapó, A'Ukre, Gorotire, Kikretum, Mekragnotí, Kuben-kran-ken, Kokraimoro, Kubenkokre, Metuktire, Pukanú, Xikrin	Mato Grosso, Pará	4.000	1993
93	Kirirí		Bahia	1.526	1994
94	Kocama	Cocama	Amazonas, Kolumbien	320 (236)	1989 1988

	Name	Andere Namen bzw. Schreibweisen	Bundesstaat bzw. Nachbarländer	Bevölkerung	
95	Kokuiregatejê		Maranhão	?	
96	Krahô	Craô, Kraô	Tocantins	1.198	1989
97	Kreje		Pará	?	
98	Krenak	Crenaque	Minas Gerais	99	1992
99	Krikatí		Maranhão	420	1990
100	Kubeo	Cubeo, Cobewa	Amazonas Kolumbien	219 (5.837)	1988 1992
101	Kuikuro	Kuikuru	Mato Grosso	277	1990
102	Kulina / Madija	CulinaMadiha	Acre, Amazon., Peru	2.500 (500)	1991 1988
103	Kulina Pano	Culina	Amazonas	43	1985
104	Kuripako	Curipaco, Curripaco	Amazonas Venezuela Kolumbien	375 (2.585) (6.700)	1992 1992 1988
105	Kuruaia	Curuáia	Pará	?	
106	Machinerí	Manchinerí	Acre	152	1993
107	Macurap	Makurap	Rondônia	?	
108	Maku	Macu, Hupdá, Dow, Nadeb, Yuhupde, Nukar, Cacua	Amazonas Kolumbien	2.050 (786)	1989 1988
109	Makuna	Macuna	Amazonas Kolumbien	34 (98)	1992 1988
110	Makuxi	Macuxi, Macushi, Pemon	Roraima Guayana	15.000 (7.500)	1994 1990
111	Marubo		Amazonas	594	1985
112	Matipú / Nahukwa	Nafuqua	Mato Grosso	102	1990
113	Matis		Amazonas	109	1985
114	Matsé	Mayoruna	Amazonas, Peru	370 (1.000)	1985 1988
115	Mawayana		Pará, Amazon.	?	
116	Maxakalí	Maxacalí	Minas Gerais	594	1989
117	Mehinako	Meináku, Meinacu	Mato Grosso	121	1990
118	Mequém		Rondônia	?	

	Name	Andere Namen bzw. Schreibweisen	Bundesstaat bzw. Nachbarländer	Bevölkerung	
119	Miranha	Mirãnha, Miraña	Amazonas, Kolumbien	400 (445)	1994 1988
120	Mirití Tapuia		Amazonas	120	1992
121	Mundurukú	Mundurucú	Pará	3.000	1990
122	Mura		Amazonas	1.400	1990
123	Myky	Menky, Munku, Menki	Mato Grosso	56	1994
124	Nambikwara	Nhambiquara, Nambiquara, Hahaintesu, Alantesu, Wasusu, Halotesu, Katitawlu, Kithaulu, Latunde, Mamainde, Manduka, Negarote, Sabane, Waikisu	Mato Grosso, Rondônia	885	1989
125	Nukiní	Nuquiní	Acre	350	1987
126	Ofaié-Chavante	Ofayé-Xavante	Mato Grosso do Sul	87	1991
127	Paiakú		Ceará	?	
128	Pakaa Nova	Warí, Pacaás Novos	Rondônia	1.300	1989
129	Palikur	Aukwayene, Aukuyene, Paliku'ene	Amapá Französisch Guayana	722 (470)	1993 1980
130	Panará	Krenhakarore, Krenakore, Índios Gigantes (Riesen-indianer), Kreen-Akarore	Mato Grosso	160	1994
131	Pankararé	Pancararé	Bahia	723	1991
132	Pankararú	Pancararú	Pernambuco	3.676	1989
133	Pankarú	Pancarú	Bahia	74	1992
134	Parakanã	Paracanã	Pará	567	1994
135	Parecí	Paresí	Mato Grosso	803	1994
136	Parintintin		Amazonas	130	1990
137	Patamona	Kapon	Roraima Guayana	50 (5.500)	1991 1990
138	Pataxó		Bahia	1.759	1989

	Name	Andere Namen bzw. Schreibweisen	Bundesstaat bzw. Nachbarländer	Bevölkerung	
139	Pataxó Hã-Hã-Hãe		Bahia	1.665	1993
140	Paumarí	Palmarí	Amazonas	539	1988
141	Paumelenho		Rondônia	?	
142	Pirahã	Mura Pirahã	Amazonas	539	1988
143	Piratuapuia	Piratapuya, Piratapuyo	Amazonas, Kolumbien	926 (400)	1992 1988
144	Pitaguarí		Ceará	?	
145	Potiguara		Paraíba	6.120	1989
146	Poyanawa	Poianáua	Acre	300	1985
147	Rikbaktsa	Canoeiros (Bootsfahrer), Erigpaktsa	Mato Grosso	690	1993
148	Sakiriabar		Rondônia	?	
149	Sateré-Maué	Sataré-Mawé	Amazonas	5.825	1991
150	Suruí	Aikewara	Pará	173	1994
151	Suruí	Paíter	Rondônia	586	1992
152	Suyá	Suiá	Mato Grosso	186	1994
153	Tabajara		Maranhão	?	
154	Tapayuna	Beiço-de-Pau (Lippe mit Stock)	Mato Grosso	48	1990
155	Tapeba		Ceará	1.143	1992
156	Tapirapé		Mato Grosso	332	1989
157	Tapuia		Goiás	?	
158	Tariano		Amazonas Kolumbien	1.630 (205)	1992 1998
159	Taurepang	Taulipang, Pemon, Arekuna	Roraima Venezuela	200 (20.607)	1989 1992
160	Tembé		Pará, Maranhão	800	1990
161	Tenharim		Amazonas	360	1994
162	Terena		Mato Grosso do Sul	15.000	1994
163	Ticuna	Tikuna, Tukuna, Magüta	Amazonas, Peru, Kolumbien	23.000 (4.200) (4.535)	1994 1988 1988

167

	Name	Andere Namen bzw. Schreibweisen	Bundesstaat bzw. Nachbarländer	Bevölkerung	
164	Tinguí Botó		Alagoas	180	1991
165	Tiriyó	Trio, Tarona, Yawí, Pianokoto, Piano	Pará, Surinam	380 (376)	1994 1974
166	Torá		Amazonas	25	1989
167	Tremembé		Ceará	2.247	1992
168	Truká		Pernambuco	909	1990
169	Trumaí		Mato Grosso	78	1990
170	Tsohom Djapá		Amazonas	100	1985
171	Tukano	Tucano	Amazonas, Kolumbien	2.868 (6.330)	1992 1988
172	Tuparí		Rondônia	?	
173	Tupiniquim		Espírito Santo	884	1987
174	Turiwara		Pará	39	1990
175	Tuxá		Bahia, Pernambuco	929	1992
176	Tuyuka	Tuiuca	Amazonas, Kolumbien	518 (570)	1992 1988
177	Txikão	Txicão	Mato Grosso	184	1994
178	Umutina	Omotina	Mato Grosso	100	1989
179	Uru-Eu-Wau-Wau	Urueu-Uau-Uau, Ura Pa In, Amundáwa	Rondônia	106	1994
180	Urubú		Rondônia	?	
181	Urubú Kaapor	Ka'apor	Maranhão	500	1992
182	Wai Wai		Roraima, Pará, Amazonas	1.366	1994
183	Waiãpí	Oiampí, Wayãpý	Amapá, Französisch Guayana	498 (412)	1994 1982
184	Waimirí Atroarí	Kinã	Roraima, Amazonas	611	1994
185	Wanano	Uanano	Amazonas, Kolumbien	483	
186	Wapixana	Uapixana, Vapidiana, Wapisiana, Wapishana	Roraima, Guayana	5.000 (4.000)	1994 1990

168

	Name	Andere Namen bzw. Schreibweisen	Bundesstaat bzw. Nachbarländer	Bevölkerung	
187	Warekena	Uarequena	Amazonas, Venezuela	476 (420)	1992 1992
188	Wassú		Alagoas	1.220	1994
189	Waurá	Uauará	Mato Grosso	187	1990
190	Wayana	Waiana, Uaiana, Wayana-Aparaí	Pará, Surinam, Franz. Guayana	363 (150) (510)	1993 1972 1980
191	Witoto	Uitoto, Huitoto	Amazonas Kolumbien Peru	? (5.939) (2.775)	1988 1988
192	Xakriabá	Xacriabá	Minas Gerais	4.952	1994
193	Xavante	Akwê, A'wen	Mato Grosso	7.100	1994
194	Xerente	Akwê	Tocantins	1.552	1994
195	Xereú		Pará, Amazonas	?	
196	Xipaia	Shipaya	Pará	?	
197	Xocó	Chocó	Sergipe	250	1987
198	Xokleng	Shokleng	Santa Catarina	1.650	1994
199	Xucurú	Xukurú	Pernambuco	3.254	1992
200	Xucurú Karirí	Xukurú-Karirí	Alagoas	1.520	1989
201	Yanomami	Yanomam, Ianomâmi, Sanumá, Ninam, Ianoama	Roraima, Amazonas, Venezuela	9.975 (15.193)	1988 1992
202	Yawalapití	Iaualapití	Mato Grosso	140	1990
203	Ye'kuana	Maiongong, Ye'kuana, Yekwana	Roraima, Venezuela	180 (3.632)	1990 1992
204	Zo'é	Poturú	Pará	110	1990
205	Zoró		Mato Grosso	257	1992
206	Zuruahã		Amazonas	125	1986

169

2. Die Kulturräume der brasilianischen Ureinwohner

Dies also sind die indigenen Völker in Brasilien, die sich einem Vorschlag des Anthropologen Eduardo Galvão zufolge in zehn Kulturräume gliedern. Die Grundlage für seine Einteilung sieht Galvão in den vorfindlichen ökologisch-geografischen Systemen. Das folgende Schaubild skizziert die Galvãoschen Kulturräume:

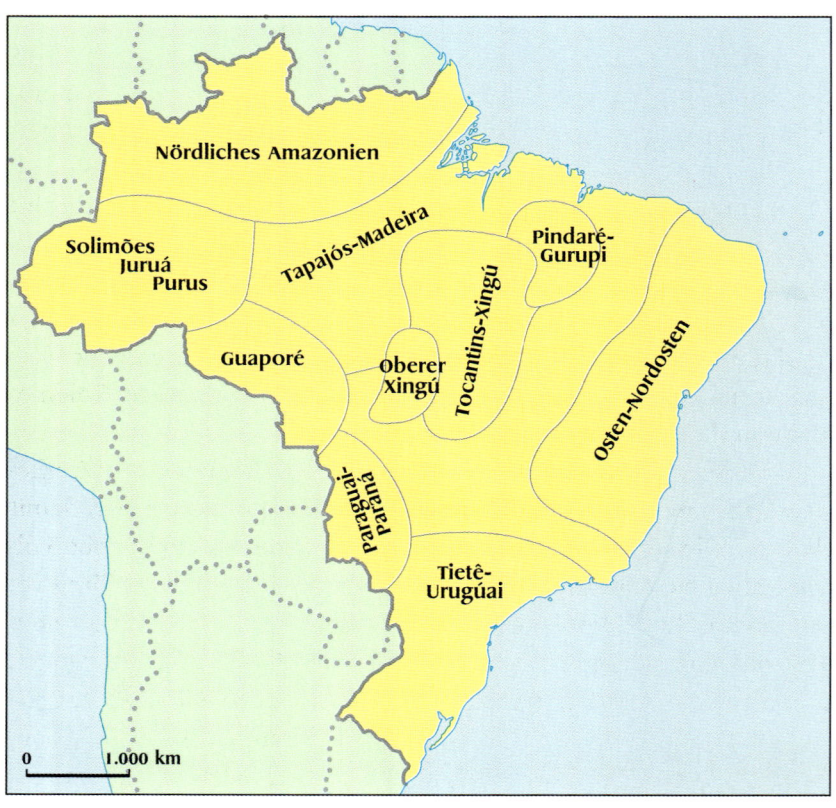

3. Die Sprachen der brasilianischen Ureinwohner

Üblicherweise werden Völker nach den Sprachen klassifiziert, die sie sprechen. Die linguistische Landkarte der Ureinwohner Brasiliens sucht, was ihre Vielfalt angeht, in der Geschichte der Menschheit ihresgleichen. Als die Portugiesen im Jahre 1500 zum ersten Mal hiesigen Boden betraten, beherbergte, was später Brasilien wurde, an die fünf Millionen Menschen, die 1.400 Völker mit 1.300 verschiedenen Sprachen bildeten. Nachdem im Laufe der sich anschließenden fünfhundert Jahre unsere Ureinwohner dann gnadenlos dezimiert wurden, haben wir heute vielleicht gerade noch einhundertachtzig ethnische Gruppen, von deren Existenz man weiß und die mit der modernen Welt in Kontakt stehen. Mehr als tausend Sprachen (85%) sind also für immer erloschen. Schaut man genauer hin, zeichnen sich fünf Sprachenfamilien ab, von denen jede einzelne aber ihrerseits Dutzende von unterschiedlichen Idiomen umfasst. Die Sprachfamilien sind: Tupí, Jê, Karib, Aruak und Pano. Darüber hinaus weiß man von rund fünfunddreißig weiteren Sprachen, die sich allerdings jeder Klassifizierung verweigern, wie zum Beispiel Yanomami, Mura, Tukano, Maku und Guaikurú.

Völker der Tupí-Sprachfamilie übernehmen Elemente aus Überlieferungen ihrer Nachbarschaft relativ leicht und erweisen sich damit als kulturell vergleichsweise flexibel. Die Sprache des Tupinambá-Volkes – auch bekannt unter Bezeichnungen wie Alttupí oder Tamoyo, Tupinikim, Kaeté, Potiguara und Tabajara – diente zu Kolonialzeiten Missionaren und Indianern verschiedener Ethnien, die gezwungen waren, in ein und demselben Dorf zusammenzuleben, als Lingua

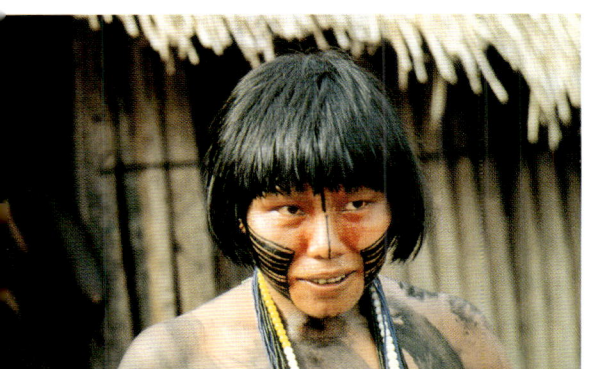

franca. Ein Dialekt dieser indigenen Gruppe ist das Guaraní, das noch heute in Paraguay und im Norden Argentiniens, aber auch in den brasilianischen Staaten Rio Grande do Sul und Espírito Santo gesprochen wird. Tupí und Guaraní bilden zusammen die Sprachenfamilie Tupí-Guaraní.

Völker der Jê-Sprachenfamilie leben vor allem in Savannen, in mit Krüppelholz bestandenen Steppen und in Galeriewäldern. Eines ihrer kulturellen Merkmale ist, dass sie das tägliche Leben mittels einer Vielzahl von Festen, Tänzen und Riten feiern.

Die Aruak- und Karib-Familien stammen aus dem Süden der heutigen USA und aus der Karibik. Sie kamen erst relativ spät nach Brasilien. Völker, die sich der verschiedenen Sprachen dieses Ursprungs bedienen, siedeln in Savannen und auf unbewaldeten Hochebenen, aber auch in tropischen Regenwäldern. Eine Gruppe dieser Sprachenfamilien, die Arauás, spielte möglicherweise eine Mittlerrolle zwischen Anden- und Tieflandvölkern. Ihre Kultur ist komplexer als die anderer Ethnien, wie auch ihre Populationen dichter sind. So gehören zum Beispiel auch die Macuxís in Minas Gerais zur Gruppe der Aruak, einer der volkreichsten in Brasilien.

Die linguistische Familie Pano setzt sich aus Sprachengruppen zusammen, die in den Einzugsgebieten der Flüsse Acre und Purús zu Hause sind. Nachdem im Jahre 1870 der kommerzielle Wert des Kautschuks entdeckt worden war, strömten immer mehr nichtindianische Menschen in diese Gebiete. Auf Grund der sich ergebenden Konflikte mit den Migranten schrumpfte die Pano-Population erheblich. Die meisten dieser Stämme wurde regelrecht dezimiert.

Sprache ist mehr als nur ein Kommunikationsmittel. Sprache ist ein Ins-Wort-Heben der Welt, ein Weltverständnis. Damit aber bedeutet das Aussterben einer Sprache einen nicht wieder gut zu machenden Verlust für das kulturelle Erbe der Menschheit. Um eine Sprache zu erhalten, kommt es also zunächst einmal darauf an, die zu erhalten, die sie sprechen, konkret: dafür zu sorgen, dass die diesbezüglichen Menschen auf ihrem Grund und Boden bleiben können.

4. Gründe zum Schutz der indigenen Kulturen

Mit der Zusammenstellung einiger indianischer Erzählungen wie auch mit der Deutung, wie wir sie – inspiriert von den weisen Überlieferungen der Ureinwohner – versucht haben, möchten wir in bescheidenem Maße dazu beitragen, die kulturellen Werte dieser alten Kulturen zu erhalten. Darüber hinaus möchten wir aber auch ein wenig von der historischen Schuld abtragen, die wir gegenüber den Völkern des tropischen Regenwaldes auf uns geladen haben. Doch es stellt sich die Frage: Warum ist die Beschäftigung mit der uralten Weisheit dieser Menschen eigentlich so wichtig für uns alle, wenn nicht für die Welt überhaupt?

Zunächst einmal können uns die Ureinwohner Lehrer und Wegweiser sein. Denn im Laufe von Jahrtausenden entwickelten sie ein Verhältnis zur Natur, das eindeutig von Kooperation, Achtung und Verehrung geprägt ist. Sie verstanden es, so geschickt mit den natürlichen Ressourcen umzugehen, dass das ökologische Gleichgewicht dabei keinen Schaden nahm. In einer solch einfühlsamen Weise gaben sie sich in die Gemeinschaft des Lebens hinein, dass man den Eindruck haben könnte, sie bewegten sich in der Natur wie Tapire oder Hirsche. Jedes Zeichen der Natur wissen sie zu deuten, und keine Botschaft, die das Weltall wie jedes einzelne Ding ausstrahlt, geht an ihnen vorbei.

Wir kommen aus einem Modell von Zivilisation, das auf Macht, auf Unterwerfung anderer Völker und anderer Klassen und vor allem auf Ausbeutung der Natur aufbaut. Die systematische Aggressivität, die es beinhaltet, kann nicht nur uns alle, sondern das Leben insgesamt auslöschen. So kommt es dringend darauf an, alternative Formen im Umgang mit der Natur einzuüben. Die Ureinwohner können uns den Weg dahin zeigen.

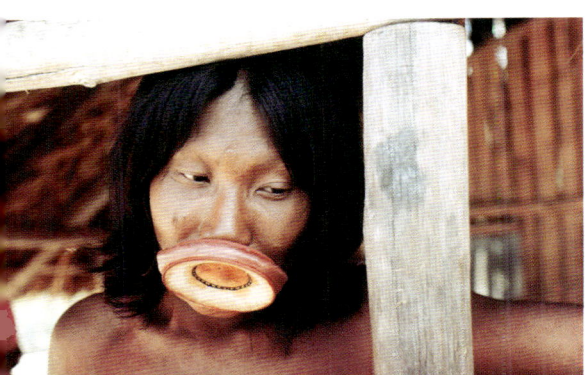

Sodann weisen sie uns auf Formen des Zusammenlebens und der sozialen Großzügigkeit hin, die uns abhanden gekommen sind. Deshalb möchten wir im Folgenden einige gesellschaftliche und kulturelle Aspekte erarbeiten, die sie uns neu vermitteln können. Im gegenwärtigen Prozess der Mundialisierung, wie wir ihn erfahren und der im Rahmen ein und desselben Gemeinsamen Hauses – das heißt auf unserer großen Mutter Erde – durchaus alle Völker näher zusammenzubringen vermag, sind Werte, wie die Ureinwohner sie ganz selbstverständlich leben, eine unerlässliche Bedingung. Ausdrücklich zu nennen sind das Gefühl der Achtung für den Unterschied, die Wertschätzung der Freiheit und ein Verständnis von Autorität, in dem sich jeder Vorgesetzte schlicht als Diener begreift.

Drittens: Wenn wir uns für indianische Kulturen einsetzen, setzen wir uns für unsere Identität als Brasilianer ein. Zusammen mit den Kulturen der verschiedenen ethnischen Gruppen, die heute in diesem Lande leben (nach Brasilien kamen immerhin Menschen aus nicht weniger als sechzig Ländern), bilden die indigenen Kulturen die Grundlage unserer nationalen Identität.

In der Art und Weise, wie wir heute fühlen und die Welt verstehen, finden sich unauslöschliche Spuren unserer Ureinwohner. In Seele und Blut jedes Brasilianers leben die Indianer fort mit der bewundernswerten Energie, die ihnen zu Eigen ist, mit zahlreichen Wörtern, die sie in die portugiesische Sprache einspeisten, mit allerlei Mythen, mit denen sie unsere Phantasie bereicherten, und mit zahlreichen Gepflogenheiten, mit denen sie unseren Alltag prägten. Obgleich physisch dezimiert, sind sie in veränderter Gestalt kulturell sehr wohl weiter lebendig.

174

Viertens zeigen sie uns, dass man nicht nur sehr wohl zutiefst menschlich, frei, sensibel, zärtlich und brüderlich-schwesterlich sein kann, sondern sich auch grundsätzlich von den Verhaltensmustern abzusetzen vermag, in die einen die westliche Kultur heute zwängt. Niemand ist zur allgemeinen Gleichmacherei verdammt. Im Gegenteil, die Vielfalt des Lebens ist so groß, dass sich der Reichtum der einen bunten Spezies Mensch kaum fassen lässt. Davon geben uns unsere Ureinwohner ein beredtes Zeugnis.

Schließlich lasten die Indianer fortwährend auf unserem Gewissen. Denn im Laufe der fünfhundertjährigen politischen Geschichte unseres Landes haben wir eine ihnen gegenüber schwere Schuld auf uns geladen. Auch wenn die offiziellen Feierlichkeiten zur »Entdeckung« Brasiliens im Jahre 2000 glauben machen sollten, die Schuld sei inzwischen abgetragen, besteht sie nach wie vor. In Porto Seguro, an der Stelle im Süden des heutigen Staates Bahia, an der im Jahre 1500 portugiesische Eroberer das erste Mal brasilianischen Boden betraten, wurden Ureinwohner dieses Landes von der Polizei brutal niedergeprügelt, und ein Denkmal, das sie aus dem Anlass errichtet hatten, wurde verständnislos niedergerissen. Zu den formellen Festivitäten, die bezeichnenderweise das triumphalistische Gepränge der »Entdecker« (besser: der Eindringlinge) trugen, waren sie nicht einmal zugelassen. Keiner der Offiziellen wollte von der kritischen, aber umso würdigeren Form, in der sie vorhatten teilzunehmen, etwas wissen.

5. Zerstörung Brasilianisch-Indiens

Die erste Be-gegnung zwischen Ureinwohnern und Portugiesen, wie sie uns aus der idyllischen Erzählung des Chronisten Pero Vaz de Caminha bekannt ist, wurde sehr bald zu einer »Ent-gegnung«. Die Habgier der Kolonisten, die auf ihrem Weg um das Kap der Guten

Hoffnung herum nach Indien weit nach Westen abgetrieben worden waren, ließ überhaupt keine Wechselseitigkeit zwischen diesen und jenen zu. Was von Anfang an das Verhältnis bestimmte, war eine ungleichgewichtige, gewalttätige Frontstellung. Die Folgen, die sich daraus für die Zukunft sämtlicher indigener Nationen ergaben, waren verheerend. Wie im übrigen Lateinamerika sprach man den Indianern auch hier zu Lande das Menschsein ab. Noch im Jahre 1704 schrieb die Kammer von Aguiras, im heutigen Bundesstaat Ceará, an den portugiesischen König, »Mission [sei] unter diesen Barbaren eine Sache, die erst gar nicht stattzufinden braucht, weil sie an Menschlichem nur die äußere Form haben; und wer etwas anderes behauptet, begeht öffentlichen Betrug«. Aber hatte Papst Paul III. nicht bereits am 2. Juni 1537 mit seiner Bulle *Sublimis Deus* eingegriffen und erklärt, auch die Ureinwohner besäßen die eminente Würde von wahren, freien Menschen und seien selbst Herren ihrer Länder?

Die Geschichte des Völkermordes an den Indianern ist ein Kreuzweg mit mehr Stationen als der, den Jesus Christus hatte gehen müssen. Zu Beginn der Kolonialzeit zählte die Urbevölkerung in Brasilien mehr als fünf Millionen Menschen. Heute haben wir – nach gängiger Schätzung – gerade noch einmal 300.000 Indianer. Krankheiten von Weißen, gegen welche die Indianer keine Widerstandskräfte hatten, rafften sie in Massen dahin: Masern, Malaria, Syphilis und Grippe. Sklaverei und Zwangsarbeit, an die sie natürlich nicht gewöhnt waren, liquidierten ganze Nationen. Mordinstrumente waren gleichermaßen Schwert und Kreuz.

Mit programmierten Kriegen wurden sie überzogen. Man denke nur an den Feldzug, den Mem de Sá 1580 gegen die Tupiniquim in der Kapitänskommandatur Ilhéus im Süden des späteren Bahia führte. In einem auf den 31. Mai 1580 datierten Brief schildert er dem König von Portugal das von ihm inszenierte Massaker so: »... Alle, die Widerstand leisten wollten, vernichtete und tötete ich, und auf dem Rückweg verbrannte und zerstörte ich sämtliche Dörfer, die wir hinter uns ließen.« Viele andere wurden im Meer ertränkt, und ihre Körper »legten sie längs des Strandes in eine Reihe, so dass die nebeneinander aufgereihten Leichen beinahe eine Meile maßen«.

Mit königlichem Schreiben vom 13. Mai 1808 ordnete der portugiesische Souverän Dom João VI. einen offiziellen Krieg an gegen die Botucudos im Tal des Rio-Doce-Flusses in Minas Gerais und Espírito Santo. Den Militärkommandanten befahl er einen »Angriffskrieg, der erst dann zu beenden ist, wenn ihr das Glück habt, euch ihrer Wohnstätten zu bemächtigen und sie dank der Überlegenheit der königlichen Waffen zu fassen ... bis zur totalen Erledigung einer dermaßen scheußlichen Rasse von Menschenfressern«.

Die Brutalität geht so weit, dass noch in jüngerer Zeit einige Zeitgenossen nicht einmal vor bakteriologischer Kriegsführung gegen die Ureinwohner zurückschraken. Konkret: Vorsätzlich infizierten diese Teile der indianischen Bevölkerung mit todbringenden Krankheiten wie Blattern und Masern. Dazu steckte man sie in kontaminierte Kleidung, sprühte chemische Entlaubungsmittel über ihre Reservate und legte mit Strychnin vergiftetes Futter vor Tierhöhlen, das aus den Wäldern verjagte hungrige Indianer essen sollten.

Auf eine Formel gebracht: Angezeigt war das politische Projekt der Ausmerzung der Ureinwohner. Aus der Liste der vielen Mittel dazu seien nur herausgegriffen die geplante wie auch spontane ethnische Vermischung und die brutale Liquidierung ganzer Nationen wie etwa der Caetés in Pernambuco und der Tamoyos in Rio de Janeiro. Nur ein – allerdings

177

krasses – Beispiel, das die Logik zur Zerstörung »Brasilianisch-Indiens« frappierend verdeutlicht, sei zitiert. Als Anfang des 20. Jahrhunderts die Dominikaner längs des Araguaia-Flusses eine Mission eröffneten, lebten in der Gegend 6.000 bis 8.000 Kaiapó-Indianer. Von Anfang an erfuhren die Missionare von Konflikten mit Gummizapfern, die inzwischen in den Raum eingedrungen waren. Die Auseinandersetzungen spitzten sich derartig zu, dass es im Jahre 1918 noch 500 und neun Jahre später sogar nur noch ganze 27 Kaiapós gab. Noch einmal vierzig Jahre später hatte ein einziger überlebt. 1962 galten die Kaiapós im Araguaia-Raum als ausgestorben.

Mit der Ausmerzung von weit mehr als fünfhundert Völkern in fünfhundert Jahren brasilianischer Geschichte ging für immer ein menschliches Erbe unter, das in tausenden von Jahren kultureller Abeit, einfühlsamen Dialogs mit der Natur, schöpferischer Entwicklung von Sprachen und weiser Entfaltung einer umfassenden Weltsicht gewachsen war. Der Untergang all dieser Völker hat uns alle miteinander ärmer gemacht.

Ein Traum, der von einem Terena-Indianer erzählt und von Roberto Gambini, einem guten Kenner der brasilianischen indigenen Seele festgehalten wurde, gibt zu erahnen, wie grauenhaft sich die angedeutete demografische Verwüstung auf Menschen und Völker auswirkte. Der Traum des Terena ging so: »Eines Tages war ich auf dem alten Friedhof im Guaraní-Reservat. Dort sah ich ein großes Kreuz. Da kamen einige Weiße und nagelten mich mit dem Kopf nach unten an das Kreuz. Dann zogen sie ab, und ich hing da ans Kreuz geschlagen, total verzweifelt. Als ich aufwachte, befiel mich große Angst« (Roberto Gambini, O espelho índio, Rio de Janeiro 1980, 9).

Die Angst vor der fortgesetzten Aggression der weißen Barbaren (die sich in ihrem Hochmut jedoch selbst als Zivilisierte begreifen) entwickelte sich bei den indigenen Völkern zum Grauen davor, ein für alle Mal vom Antlitz der Erde ausgelöscht zu werden.

178

6. Ein Blick nach vorn

Dank des Einsatzes indigener Organisationen, der neuen Gesetzgebung des Staates zum Schutz der Indianer, der Unterstützung der Zivilgesellschaft, dem Engagement der Kirchen der Befreiung und dem Druck der internationalen Öffentlichkeit nehmen die Ureinwohner Gott sei Dank im Augenblick wieder zu. Ihre Zahl ist gegenwärtig sogar im Wachsen begriffen.

Wurde die Gesamtpopulation der heute in Brasilien lebenden Indianer soeben mit etwa 300.000 beziffert, reflektiert die Angabe möglicherweise eine interessengeleitete Untertreibung. Neueste Beobachtungen gehen eher von der Existenz von inzwischen wieder gut 700.000 Ureinwohnern aus. Fachleute – zumal Vertreter des Indianischen Missionsrates CIMI – nennen vier Gründe für die überraschend gestiegene Zahl: Zunächst einmal wird auf die demografische Entwicklungskurve verwiesen. Diese steigt bei den Ureinwohnern rascher als bei der sonstigen brasilianischen Bevölkerung. Sodann sind die teils geschlossenen Populationen zu nennen, die – in ländlichen Gegenden oder Dörfern lebend – bis vor Kurzem ihren indianischen Hintergrund nicht mehr wahrhaben wollten bzw. nicht mehr als Indianer anerkannt wurden, jetzt aber ihre alte Identität wiederentdecken und sich zu ihren indigenen Wurzeln bekennen. Drittens sind im Zuge der so genannten Landflucht tausende von Menschen in die kleinen Städte des Landesinneren wie in die gewaltigen Metropolen gezogen, die einzeln, als Familien oder in Gruppen mittlerweile ihre indianische Herkunft wieder aktualisieren und auch von der Nationalbehörde für Geografie und Statistik IBGE als Ureinwohner geführt werden. Im Hintergrund steht viertens die Tatsache, dass seit 1990

nicht mehr die Fremdeinschätzung durch die Behörden, sondern die Selbsteinschätzung der Menschen gilt. »Wir leben länger als die mit ihren Todeserklärungen«, meinte anlässlich der unheilvollen Fünfhundertjahrfeier im April 2000 einer der indianischen Führer (Porantim [Brasília] Juni-Juli 2002).

Eine lange Liste von Organisationen, mit denen die indigenen Völker in Kontakt stehen und die sich für ihre Revitalisierung einsetzen, gibt zu erahnen, welchen Bewusstseins- und Artikulationsstand sie inzwischen erreicht haben. Indianer fühlen sich heute als mündige Bürger, die – im Zusammenwirken mit anderen geschichtlichen Trägern – unter Einsatz ihres kulturellen, ethischen und spirituellen Reichtums, aber ohne auf ihre Identität zu verzichten, das Geschick der nationalen Gemeinschaft mitgestalten wollen.

Indianer sind weder primitiv noch kindisch. Was sie vielmehr charakterisiert, ist die Tatsache, dass sie sich einen Sinn für Ganzheitlichkeit bewahrt haben, den wir westlichen Menschen verloren haben, insofern wir zu Geiseln eines zivilisatorischen Paradigmas geworden sind, das mit dem Ziel, die Dinge besser zu verstehen und strenger zu beherrschen, sie aufteilt, atomisiert und gegeneinander ausspielt. Indianer sind Wächter über die heilige, komplexe Einheit, die den Menschen ausmacht. Sie fühlen sich als Geschwister auch aller übrigen Wesen in der Natur, will sagen der Pflanzen, Vögel und Fische wie der Tierwelt insgesamt. Sie haben sich das seligmachende Bewusstsein bewahrt, dass auch der Mensch Teil eines Ganzen und Element des unvergänglichen Bündnisses zwischen Himmel und Erde ist, in dem letztlich ja alle Dinge ihren Ursprung haben.

Als ich mich im Oktober 1999 im schwedischen Umeå mit Samen und Lappen, das heißt mit norwegischen und finnischen Ureinwohnern, traf, eröffneten diese das Gespräch mit folgender Frage:
– Sind die brasilianischen Indianer der Vermählung zwischen Himmel und Erde treu geblieben?

180

Ohne dass mich irgendein Zweifel beschlichen hätte, konnte ich zur Antwort geben:

– Auf jeden Fall. Unsere brasilianischen Ureinwohner sind nämlich der Ansicht, dass aus der Ehe zwischen Himmel und Erde alle Dinge geboren werden.

Freudestrahlend erwiderten sie da:

– Dann sind sie in der Tat noch echte Ureinwohner, wie wir.[8] Und nicht wie unsere Brüder in Oslo und Stockholm, die den Himmel vergessen haben und es nur noch mit der Erde zu tun haben wollen. Wenn wir Himmel und Erde, Geist und Materie, den Großen Geist und den menschlichen Geist zusammenhalten, dann werden wir auch die Menschheit und unsere große Mutter, die Erde, noch retten können.

Wenn Urvölker eine große Aufgabe haben und vor einer großen Herausforderung stehen, dann ist es mit Sicherheit die: uns zu helfen, die Erde zu bewahren, unsere Mutter zu retten, die uns nicht nur alle geboren hat, sondern auch unentwegt trägt und ohne die nichts in dieser Welt geht.

Was uns selbst anlangt, so kommen wir nicht daran vorbei zu erkennen, dass wir auf die Botschaft der Indianer hören müssen. Wir haben uns auf ihr Engagement einzulassen und sind aufgerufen, nach ihrem Vorbild auch selbst zu Zeugen von Schönheit, Reichtum und Lebenskraft der Erde zu werden.

8 Auf der Grundlage von Angaben der UNO schätzt man, dass es an die 300 Millionen Ureinwohner in der Welt gibt. Mehr als die Hälfte davon lebt in China, Indien und Australien. In Lateinamerika beläuft sich die Zahl auf 30 Millionen, in Brasilien nach gängiger Wahrnehmung auf 300.000, nach neuesten Erkenntnissen womöglich jedoch auf an die 700.000.

DIE SCHULD BRASILIENS UND DER MENSCHHEIT GEGENÜBER DEN INDIGENEN VÖLKERN

Die Schuld, welche die Brasilianer, aber auch weite Teile der Menschheit insgesamt[9] gegenüber der indigenen Kultur auf sich geladen haben, ist unermesslich. Weder unsere Ureinwohner noch wir selbst sind uns des großen Einflusses bewusst, den indianisches Leben auf unsere Alltagskultur ausgeübt hat und noch immer ausübt.

Wenn wir täglich unser Bad nehmen, indem wir uns in unserem modernen Badezimmer unter die Dusche stellen, oder in der Hängematte uns ausruhen oder gar die Nacht verbringen, wenn wir Süßkartoffeln essen und Puffmais[10] knabbern, wenn wir eine ganze Reihe Gerichte kochen, in die Maismehl gehört, wenn wir zum Nachtisch Papaia essen oder zum Aperitif Cajú-Nüsse naschen ... wer weiß dann schon, dass hinter derartigen Verhaltensweisen die Kulturarbeit von tausenden von Indianergenerationen steckt? Im Folgenden soll kurz zusammengefasst werden, welche Elemente Indianer zum Wohlergehen der Menschheit beigesteuert haben.

1. Überleben in den Tropen

Die Kolonisten kamen aus gemäßigten Klimaregionen Europas, teil-

9 Nicht ausgeblendet werden darf, dass auch deutsche Siedler, die ab 1824 in den Süden Brasiliens einwanderten, die Ureinwohner als Wilde ansahen und deren Angriffe zur Verteidigung ihres Lebensraumes als Niedertracht und Terror betrachteten. Also organisierten sie Expeditionen gegen die vermeintlichen Barbaren, um sich ihrerseits zu verteidigen. Besonders in der zweiten Hälfte des 19. Jahrhunderts veranstalteten Stoßtrupps auch deutschstämmiger Siedler wahre Massaker an den Indianern, um – wie es hieß – ihr Gebiet sauber zu bekommen.

10 Puffmais: Pipoca. Im Zuge der allgemeinen Amerikanisierung des Lebens im Deutschen auch als Popcorn bezeichnet.

weise wie im Falle der Deutschen und anderer Siedler im Süden des Landes sogar aus dem kühlen Mitteleuropa. Von der Lebensweise in den Tropen, vom Anbau ihrer Früchte, Knollen und Gemüsearten und erst recht davon, wie das alles herzurichten und zu konsumieren sei, hatten sie keine Ahnung. Also schauten sie den ursprünglichen Bewohnern der Landstriche, in die sie einwanderten, ab, wie man den Grund und Boden bestellt, wie man sich kleidet und wie man seinen Körper pflegt, dass man zum Beispiel täglich zu baden hat. So kam ein Prozess in Gang, den man die Tupinisierung der Portugiesen genannt hat.

2. Indigenes Blut in den Adern der Brasilianer

Von Anfang an richtete sich die Begierde der kolonialisierenden Männer auf die Frauen der Indianer. Millionenfach wurden sie Opfer von Vergewaltigung. Zugleich waren die Indianerinnen wegen ihrer Fruchtbarkeit, zärtlichen Zuwendung und Dienstbarkeit aber auch hoch geschätzt. In ihrem Bauch kam es zur ersten ethnischen Vermischung, aus der nach und nach das brasilianische Volk geboren wurde. Auch wenn das indianische Blut durch die ständige Dezimierung in Brasilien weitgehend vergossen wurde, überlebten die Ureinwohner doch sozusagen unter der Haut mittels ihres Blutes, das sie in die Vermischung der Rassen eingaben.

3. Indigene Präsenz in Sprache und Geografie Brasiliens

Die aus dieser Begegnung geborenen Kinder, die wir in Brasilien Mamelucken nennen, übernahmen einerseits die Verhaltensweisen ihres portugiesischen Vaters, sprachen andererseits aber die Sprache der indigenen Mutter, das Tupí. Hätte der Kanzler des portugiesischen Königreiches Marquis de Pombal (1699–1782) nicht angeordnet, dass in allen Teilen unseres Landes Portugiesisch zu sprechen sei, wäre die offizielle Sprache Brasiliens heute ohne Zweifel Tupí-Guaraní. Bis ins 18. Jahrhundert war Tupí-Guaraní das allgemeine Verständigungsmedium und hieß infolgedessen auch ›Sprache des Landes‹ bzw. ›Allgemeine Sprache‹. Auch die so genannten ›Fahnenträger‹[11] sprachen Tupí, so dass einer der Truppenführer, Domingos Jorge Velho, als er im Jahre 1697 mit dem Bischof von Pernambuco zu verhandeln hatte, einen Dolmetscher brauchte, weil der Kirchenführer sich natürlich nur in Portugiesisch auszudrücken imstande war.

Das brasilianische Portugiesische enthält hunderte von Wörtern, die auf das Tupí zurückgehen. Wie selbstverständlich sprechen Brasilianer von *gurí* (Junge), *mirim* (klein), *açú* (groß), *maracanã* (grüner Vogel, größtes Fußballstadion in Rio de Janeiro), *urubú* (Aasgeier), *pajé* (Medizinmann, Häuptling). Einige dieser Vokabeln haben sogar internationale Verbreitung gefunden und strahlen bis ins Deutsche hinein: *Ananas, Ara* oder *Arara, Batate* ([Süß]kartoffel, engl.: *potatoe*), *Cajú* (in der Regel in der amerikanisierten Schreibweise *Cashew*), *Guaraná, Jakaranda*-Holz, *Kanu, Kurare, Maniok, Maracujá* (im Umgangsdeutschen [fälschlicherweise] auf dem *u* betont: Passionsfrucht), *Maloka, Paka, Piranha* und *Tukan* (Pfefferfresser). Ganz aktuell: *Caipirinha* trinkt inzwischen auch fast jeder Deutsche mit Genuss.

Darüber hinaus heißen zahllose Orte und Städte, Personen und Institutionen in Brasilien nach indianischen Vorgaben. Auch im deutschen Sprachraum kennt man die Namen bestimmter brasilianischer Bundesstaaten: *Pará* und *Paraná, Piauí* und *Ceará*. Durch die Stadt São

---

11 ›Fahnenträger‹ = Bandeirantes: Mitglieder einer bandeira (Fahne, Fähnlein). Als bandeiras werden in Brasilien Expeditionen bezeichnet, die vom Ende des 16. Jahrhunderts bis ins frühe 18. Jahrhundert hinein (von São Paulo aus) in das Landesinnere vordrangen, um Ureinwohner zu versklaven und / oder Gold- bzw. Diamantenminen ausfindig zu machen.

Paulo fließt der *Tietê*, Rio de Janeiro liegt an der *Guanabara*-Bucht, und vom Zufluss zum *Araguaia*, vom *Xingú*, haben wir an verschiedenen Stellen dieses Buches bereits gelesen. Auch europäische Touristen stehen staunend vor den *Iguaçú*-Wasserfällen, und Eine-Welt-Engagierte wissen um die Probleme, die mit dem *Itaipú*-Wasserkraftwerk am *Paraná* zu tun haben. Und nicht erst seit heute werden Jungen und Mädchen in Brasilien auch auf indianische Namen getauft: *Jacy* und *Yara*, *Iracy* und *Jurema*, *Ubiratã* und *Ubirajara*.

4. Spuren indianischen Lebens im häuslichen Alltag

Die gesamte brasilianische Gesellschaft, insbesondere jedoch im ländlichen Raum, birgt in ihren Fundamenten eine Schicht von Tupí-Guaraní-Bausteinen, die indes häufig so weitgehend integriert sind, dass sie kaum noch jemandem bewusst sind. Auf keinem brasilianischen Tisch fehlt ein Gefäß mit Maniokmehl, das – manchmal auch mit Fett und eventuell mit Ei versetzt unter der Bezeichnung farofa – über den mit Speisen gefüllten Teller gestreut wird. Gern essen Brasilianer und Brasilianerinnen auch *mingaus* (Brei aus Weizenmehl, Zucker und Milch), *beijús* (Kuchen aus Maniokmehl und Kokosraspeln), *tapiocas* (Kokosgebäck), *pirão* (grober Brei aus gekochtem Maniokmehl), *paçocas de amendoim* (in Erdnussöl gebackene Fleisch- oder Fischbällchen), *moqueca* (eine Art Ragout, gewürzt mit Petersilie, Koriander, Zitrone, Zwiebel, Dendê-Öl und Kokoswasser). Beliebte Getränke sind – neben der bereits erwähnten *caipirinha* – *tucupí* (Saft aus roh gekochtem Maniok), *Guaraná* und *Mate-Tee*.

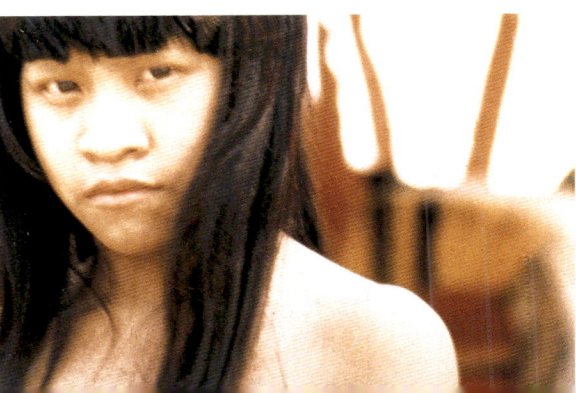

Verschiedene Utensilien, mit denen wir den Haushalt bestreiten, haben wir aus der indige-

185

nen Kultur übernommen: Mörser, Siebe, Körbe, Strohmatten und vor allem die sehr beliebten Hängematten.

In brasilianischen Küchen finden sich Schüsseln aus Holz, Schöpfkellen aus der Schale unterschiedlichster Früchte sowie allerlei Krüge und Töpfe aus Ton. Verschiedene Speisen werden mit mannigfaltigen Nüssen, wie etwa mit der Paranuss, zubereitet; und was auf keinen Fall fehlen darf, sind frische Produkte aus dem Garten oder vom Feld.

Im Landesinneren bedient sich die bodenständige Bevölkerung beim Fischfang noch heute des *parí*, das heißt: sie baut Barrieren in den Fluss, vor denen die Fische hängen bleiben. Oder man greift zum Wurfnetz und zur Angelrute mit Angelhaken. Auch die Technik des *timbó* hat indianische Wurzeln. Beim *timbó* werden Blätter mit toxischer Wirkung ins Wasser gelegt, so dass die Fische betäubt werden und bewegungslos dahintreiben. Gängig ist auch noch der *ubá*. Der *ubá* ist ein aus einem einzigen Baustamm gefertigtes Boot, zu dessen Herstellung man einzig Beil und Feuer braucht und mit dem sich die Menschen, sobald es fertig ist, auf den Flüssen rasch hin- und herbewegen. Auch verschiedene Arten von Fallen gehen auf die indianische Urbevölkerung zurück. Mit dem *alçapão* fängt man Vierbeiner und mit der *arapuca* Vögel. In der Musik haben wir die *cuíca* und den *berimbau* von den Indianern geerbt. Die *cuíca* ist so etwas wie ein kleines Fass, dessen eine Bodenfläche mit einem Fell bespannt ist, während der andere Boden offen bleibt. Der Spieler trägt das Instrument mit dem Fell nach oben im Arm und streicht mit einem Stab in der Hand des anderen Armes von unten her durch den offenen Boden unter dem Fell her, so dass *quiekende* (vgl. die Lautmalerei: *cuíca*) Geräusche entstehen. Der *berimbau* ähnelt in etwa einem Bogen, an dessen einem Ende als Resonanzkörper die Schale einer Kokosnuss angebracht ist. Während der Spieler den Bogen am anderen Ende hält und mit Hilfe einer Art Münze zwischen den Fingern die Schwingungsweite des gespannten Drahtes verkürzt bzw. verlängert, schlägt er mit einem Metallstab rhythmisch auf den Draht. Der *berimbau* ist inzwischen auch in Europa als eines der Instrumente bekannt geworden, die bei dem in bestimmten Kreisen immer populärer werdenden *Capoeira*-Kampftanz zum Einsatz kommen.

Bestimmte Farben werden aus *Brasil*-Holz gewonnen. Die Frucht des *Jenipapo*-Baumes dient zur Produktion eines kräftigen Dunkelblau und die des *Urcucum*-Orleanbaumes zur Herstellung eines gelblichen bis flammenden Rot. Besonders widerstandsfähige Textilfasern liefern, abgesehen von der Baumwolle, die *Tucum*-Palme sowie die *Caroá*- und *Caraguatá*-Bromelie. Und beim traditionellen Häuserbau kommen überall *Sapé*-Gräser, Lianen sowie Zweige und Stämme verschiedener Palmen- und Bambusarten zum Einsatz.

Im häuslichen Bereich haben wir nahezu an jeder Ecke Hängematten, Bänke, Strohmatten und Vorratsgestelle zum Aufheben der Speisen, die wir der Überlieferung unserer Ureinwohner verdanken. Dass wir täglich duschen, im Haus barfuß laufen und mitunter auch längere Zeit in der Hocke sitzen, alles das sind Erbstücke aus der Tradition der Tupí-Guaranís.

5. Der indigene Beitrag zur brasilianischen und universalen Küche und Medizin

Der indigene Beitrag zur brasilianischen und weltweiten Speisekarte ist beträchtlich. Einige Erzeugnisse wie die Kartoffel kennt heutzutage die ganze Welt. Gleichwohl haben die allermeisten Konsumenten nicht die geringste Ahnung davon, dass sie in solchen Produkten auf

Spuren der unschätzbaren Präsenz unserer Ureinwohner stoßen. Wüssten sie es, hielten sie

Indianer nicht für Primitive, sondern für wahre Wohltäter der Menschheit.

Mais (Zea mays)

Der Mais, der sich bei mehr als sechzig Indianerstämmen findet, hat seine Wurzeln möglicherweise im Paraná-Paraguay-Becken, im Land der Guaranís. Auf der Grundlage eines im ursprünglichem Naturzustand winzigen Kolbens entwickelten die Guaranís genetisch verschiedene Sorten von Mais: vom gelben, schwarzen und roten Mais bis hin zu einer Sorte mit bis zu vierzig Zentimetern langen Riesenkolben. Heute zählt Mais zu den drei wichtigsten Getreidearten der Menschheit und dient darüber hinaus zahllosen Tierarten als Futter.

Kartoffel (Batata)

Die ersten Kartoffeln wuchsen im peruanischen Hochland, wo die dortigen Ureinwohner im Laufe der Zeit mehr als hundert verschiedene Arten entwickelten. Heute ist die Kartoffel das Grundnahrungsmittel für Millionen und Abermillionen Menschen. Irrtümlicherweise heißt sie in manchen Sprachen, wie im brasilianischen Portugiesischen, englische Kartoffel, wohingegen sie eigentlich südamerikanische Kartoffel heißen müsste.

Süßkartoffel (Ipomoea batatas)

Die Indianer bauten an die zehn Sorten von Süßkartoffeln an. Sie aßen sie entweder gebraten oder püriert.

Maniok (Manihot esculenta)

Lateinamerikanische Indianer kennen mehr als hundertvierzig Arten dieses Knollengewächses. Sie stellen daraus unzählige Erzeugnisse her wie Mehl, Kuchen und Bier. Wahrscheinlich machten sich die Ureinwohner des Amazonasraumes die Maniokwurzel für den Hausge-

brauch schon vor viertausend Jahren dienstbar. Vor allem in Nordostbrasilien ist Maniok bis auf den heutigen Tag die Grundlage für die
Ernährung der Menschen. Es sei an dieser Stelle an die herrliche Geschichte im vorliegenden Band erinnert, die schildert, wie es dazu
kam, dass die Maniokknolle zur menschlichen Nahrung wurde.

Cará-Knolle (Discorea sp)

Die – lila oder weiße – Cará-Knolle, die ein Stück größer ist als die
Kartoffel, hat höchsten Nährwert. Man isst sie wie Brot.

Erdnüsse (Arachis hypogaea)

Erdnüsse kommen ursprünglich aus Südbrasilien. Heute werden sie
auch für die Herstellung von Süßspeisen, Krems und Ölen verwendet.

Bohnen (Phaseolus sp)

Auf der Grundlage von Bohnen, wie die Kayabí-Indianer sie aßen, entwickelten die Ureinwohner eine Vielzahl von Bohnensorten: weiße,
schwarze, gesprenkelte, dicke ... Bohnen. Manche Arten bilden heute
die Hauptnahrung für Millionen von Menschen auf der ganzen Erde.

Kürbis (Cucurbita moschata)

Kürbisgewächse stammen ursprünglich aus dem Nordosten Brasiliens. Die Ureinwohner nannten sie *gerumus*. Das indianische Wort
entwickelte sich weiter und wurde zu *jerimum*, wie der Kürbis auch
heute noch in Nordostbrasilien generell bezeichnet wird. Die Ureinwohner aßen Kürbis gebraten, in Scheiben oder als ganze Frucht.

Pfefferschoten (Capsicum annum)

Pfefferschoten, von denen es eine grüne, eine gelbe und eine roten
Sorte gibt, wurden von den Indianern zum Würzen der Speisen benutzt, insbesondere von Fleisch und Fisch. Bei Europäern standen sie

schon früh hoch in Kurs. Heute finden sie sich unter der Bezeichnung Paprika in großen Mengen auf allen europäischen Märkten.

Ananas (Ananas sativus)

Ananas – selbst ein Tupí-Wort – wird in Brasilien heute üblicherweise mit einem anderen indianischen Wort bezeichnet: *abacaxí*. Wegen seines Saftes und seines Aromas war Ananas nicht nur bei den Indianern sehr beliebt, sondern ist es auch noch heute allenthalben in der Welt. Die Ureinwohner machten aus Ananas auch alkoholische Getränke.

Banane (Musa paradisiaca, Musa sapientium)

Im indigenen Brasilien gab es nur die Banane-des-Landes, die man gekocht aß (und *pacoba* hieß), und die kleinere dickere Goldbanane (*pacoba-mirim*), die ausgesprochen süß ist. Alle anderen Arten, die wir heute kennen, wurden importiert, sind inzwischen aber so gängig, als hätte es sie seit eh und je bei uns gegeben.

Papaya (Carica papaya)

Nicht nur die Frucht des Melonenbaumes[12] galt bei den Indianern als ausgesprochen deliziös, sondern auch seine Blätter wurden zum Aufbewahren von erlegtem Wild benutzt.

Cajú (Anacardium occidentale)

Die Indianer verzehrten Cajú in großen Mengen, und zwar sowohl die Frucht als auch die Nuss[13], wobei letztere geröstet wurde. Die

---

12 Die Frucht des Melonenbaumes heißt im Deutschen in Anlehnung an die spanische Bezeichnung üblicherweise Papaya. Entsprechend der Tendenz der portugiesischen Sprache zur Feminisierung (u. a. ursprünglich aus dem Lateinischen stammender maskuliner Nomina) heißt die Frucht im Portugiesischen jedoch Mamão.

13 Was gängigerweise als Frucht des Cajú-Baumes gilt, ist eigentlich der überproportional verdickte und mit reichlich Saft durchsetzte Stiel, an dem die als solche bezeichnete Nuss hängt, die in Wirklichkeit aber die eigentliche Frucht ist.

190

Nuss, die hohen Nährwert hat, gilt heute als die schmackhafteste Mandelart überhaupt.

Maracujá (Passiflora sp)

Die Passions- – bzw. in der Sprache der Ureinwohner – Maracujá-Frucht wurde entweder in natürlichem Zustand gegessen oder zu Saft verarbeitet getrunken. Wegen des Duftes und der Schönheit seiner Blüte war Maracujá sehr geschätzt.

Kakao (Theobroma sp)

Kakao ist eine Züchtung der Desana-Indianer. Heute liefert Kakao die Basis für sämtliche Schokoladenerzeugnisse auf der ganzen Welt.

Guaraná (Paullinia cupana)

Wegen seines Koffeingehalts ist Guaraná als Aufputschmittel bekannt. Die Samenkerne werden im Mörser zerstampft. Das so entstandene Pulver wird mit Wasser und Zucker versetzt und bildet dann eines der schmackhaftesten Erfrischungsgetränke, die überhaupt bekannt sind. Auch in diesem Fall sei an die herrliche Geschichte im ersten Teil dieses Buches erinnert, die schildert, wie es zum Guaraná kam.

Tabak (Nicotina tabacum)

Die Indianer benutzten Tabak als Erreger bei ihren Ritualen und als Medikament gegen bestimmte Krankheiten. Seit dem 16. Jahrhundert verbreitete sich Tabak als Rauschmittel um die ganze Welt.

Mate (Ilex paraguariensis)

Die Guaranís benutzen die Blätter des Matestrauches in frischem Zustand als Medikament sowie getrocknet als Tee.

Baumwolle (Gossypium sp)

Auch wenn die Europäer die Baumwolle schon vor ihrer Berührung mit Indianern kannten, setzten sich die hiesigen Arten dank ihrer Qualität und Produktivität durch.

Kautschuk (Hevea brasiliensis)

Die Indianer benutzten das so genannte Naturgummi, um Gefäße wasserdicht zu machen und Bälle und Spritzen herzustellen. Heute ist Gummi ein unerlässliches Material für die moderne Industrie, zumal für die Automobil- und Flugzeugindustrie.

Weitere Nutzpflanzen und -bäume

Über die hier referierte Liste hinaus gibt es eine ganze Reihe weiterer Pflanzen, Sträucher und Bäume, mit denen die Ureinwohner – wie wir heute sagen – ökologisch umgingen und deren höchst schmack- oder nahrhafte Früchte sie aßen. Einige davon sind auch in Mitteleuropa bekannt: Paranuss, Guave, Karambole sowie die Samen aus den Pinienzapfen.

Indigene Heilkräuter

Ureinwohner hatten stets ein höchst reichhaltiges Inventar an Naturheilmitteln. Für praktisch jede Krankheit kannten sie entsprechende Mittel: therapeutische Kräuter, Pflanzen und Getränke. Einige hat die klassische Medizin weltweit übernommen – wie die *Ipekakuanha* (*Cephalis pecacuana*) als Lieferantin der Brechwurzel, die sich ausgezeichnet eignet zur Bekämpfung von blutigen Durchfällen; wie der *Jaborandí*-Strauch (*Pilocarpus pennatifolius*), dessen Blätter als Schweißtreiber und Blutreinigungsmittel genutzt werden und aus denen die moderne pharmazeutische Industrie Augentropfen herstellt[14]; wie

14 Im brasilianischen Bundesstaat Maranhão unterhält das deutschstämmige Pharmaunternehmen Merck mehrere Farmen zur Produktion des Jaborandí-Blattes.

Kopaivabalsam (*Copiafera*), das heißt Öl des Kopaivabaumes, das zum Heilen von Wunden und Infektionen der Harnwege verwendet wird; wie das *Chinin* (*Cinchona legeriana*) aus der Rinde des Chinarindenbaumes, welches im Kampf gegen Malaria unerlässlich ist; wie verschiedene halluzinogene Rauschmittel wie das Harmin bzw. Banisterin (*Ayahusca, Caapi: Banisteriopsis caapi*) und *Coca* (*Erythroxylum cataractarum*), die bei Anästhesien ebenso wie zur Herstellung zahlreicher anderer Pharmazeutika eingesetzt werden.

Tierwelt zu Wasser und zu Lande

Indianer ernährten und ernähren sich, wie jeder weiß, auch von Jagd und Fischfang, wozu sie entsprechende Techniken entwickelten. So hatten sie u. a. die Flussschildkröte (*Podognemis expensa*) mehr oder weniger gezähmt und hielten sie in abgegrenzten Verschlägen. Außer dem Fleisch (zwischen zehn und fünfzig Kilogramm) nutzten sie auch die zahlreichen Eier, die eine Schildkröte legt. Jedes Gelege besteht aus mehr als hundert Eiern, so dass jährlich Millionen von Eiern zusammenkamen.

Des Weiteren nutzten sie den *Piracurú*-Fisch (*Arapaimas gigas*), der bis zu 1,80 Meter lang und 80 Kilogramm schwer wird; den Ochsenfisch (*Trichechus inunguis*), ein Säugetier, das 1.500 Kilogramm schwer und drei Meter lang werden kann und von dem sie Fleisch, Haut und Fett verwendeten; sowie den *Piraíba*, einen pflanzenfressenden Fisch, der bei 140 Kilogramm Gewicht mehr als drei Meter Länge erreichen kann.

Die Flussschildkröte wie auch die genannten Fischarten sind auf Grund der konsumistischen Schonungslosigkeit und ökologischen Verantwortungslosigkeit unserer Tage nahezu ausgerottet. Sie stehen daher unter Naturschutz.

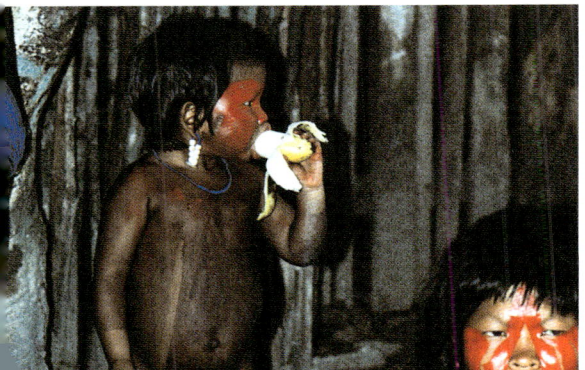

Aus der Tierwelt zu Lande müssen hervorgehoben werden das Paka, der Agutis-Goldhase, das Gürteltier, das Reh, der Tapir (der bis zu zwei Metern groß werden kann), das Tayassú-Waldschein sowie die Jabutí- und die Tracajá-Schildkröte. Berta Ribeiro, die kompetenteste Fachfrau, die wir auf dem Gebiet in Brasilien haben, meint: »Mit dem, was Indianer von Fortpflanzung und Vererbung von Pflanzen und Tieren wissen, entwickelten sie eine regelrechte Politik zum Erhalt von Flora und Fauna. Deshalb kann man die Art und Weise, wie sie in einer Verbindung von Klugheit und Kenntnis der Biologie mit den natürlichen Ressourcen ihrer Umwelt umgehen, nur als weise bezeichnen. Damit aber erteilen sie uns ohne Zweifel eine moralische und ökologische Lektion« (A contribuição dos indígenas à cultura brasilieira, 215).

6. Indianische Präsenz in der Vorstellungswelt des Volkes

Zahlreiche Gestalten in der Vorstellungswelt des einfachen Volkes wie in der Folklore des Landes gehen auf die Tradition der Ureinwohner zurück.

Im Norden gehen viele Geschichten um, in denen der Schweinsfisch bzw. Amazonasdelphin eine Rolle spielt. Es gibt den roten Amazonasdelphin, der dem Menschen gefährlich werden kann, und den schwarzen, der ihm freundlich gesonnen ist. Er rettet Schiffsbrüchige auf Sandbänke oder bringt sie ans Flussufer. In der Fabelwelt Amazoniens tritt er in der Gestalt eines eleganten, weiß gekleideten jungen Mannes auf, der auf Festen auftaucht, das Tanzbein schwingt, trinkt und die jungen Damen verführt. Uneheliche Kinder werden in Nordbrasilien nicht selten »Delphinskinder« genannt.

Andere Geschichten ranken sich um die Große Schlange, um die schwarze Sucurijú, die in den Tiefen der Flüsse lebt. Wenn die Menschen des Amazonasraumes vor einem Tier Angst haben, dann vor

194

der Große Schlange. In Unwetternächten, die am Amazonas ja nicht gerade selten sind, heißt es, tauche sie mit ihren Augen, die wie gewaltige Leuchtfeuer aussähen, aus dem Wasser empor oder vagabundiere auf den Gewässern ziellos in Form eines riesigen Schiffes umher, das andere Schiffe verfolge.

Eine wichtige Gestalt in der Phantasie des Volkes ist überdies Caapora, auch Caipora oder Curupira genannt. Es handelt sich um ein gutmütiges Wesen, das Natur und Jagdgründe schützt und hart bestraft, wer ohne Notwendigkeit ein anderes Lebewesen tötet.

Caapora ist nicht größer als ein Kind. Es hat die Füße rückwärts gewandt und will damit die Menschen an der Nase herumführen; denn wenn diese seine Spur entdecken, wissen sie nicht, ob es gerade gekommen oder bereits gegangen ist. Schnaps und Zigaretten mag es gern. Wer von Caapora nicht belästigt werden will, tut also gut daran, im Wald hier und da ein wenig Schnaps stehen oder ein paar Zigaretten liegen zu lassen. In Nordostbrasilien hat Curupira bzw. Caipora oder eben Caapora den schlimmen Zug, dass, wenn es unzufrieden ist, die Menschen dermaßen böse Juckreize spüren lässt, dass sie schließlich daran sterben. Im Tal des São-Francisco-Flusses trägt es die Konturen eines kleinen Mischlings von Indianer und Weißem, hat ein rundes Gesicht und vor allem ein einziges Auge mitten auf der Stirn und haust in Wäldern.

Ähnlich wie Caapora bzw. Curupira gebärdet sich auch Anhangá, eine Art Kobold, der Tiere, wenn sie bedroht sind, schützt. Anhangá jagt verantwortungslose Jäger, welche Tiere rücksichtslos niederstrecken, während der Brut- oder Säugephase abschießen oder trächtige Weibchen töten. Diese Art von Missetätern bestraft Anhangá mit einem bösen Fieber, das sie bis in den Wahnsinn treiben kann.

Viele haben Angst

195

auch vor Panema. Panema ist eine destruktive Kraft, die Unglück und Missgeschick bringt. Sie kann Fischer und Jäger überkommen, aber auch menstruierende Frauen, wenn sie Beutestücke von Jagd und Fischfang berühren. Immer wieder hat Panema es auch auf ausgesprochen neidische Personen abgesehen. Diese ziehen sozusagen alles Unglück auf sich. Um Panema wieder loszuwerden, muss man mit besonders starken, bitteren Spezialkräutern parfümierte Bäder nehmen.

Schließlich müssen wir noch die Gestalt des Macunaíma ansprechen, wie die Makuxí- und Taurepáng-Indianer sie kennen. Macunaíma gilt als Held der tausend Widersprüche. Bald ist er mutig, bald feige; bald fleißig, bald faul. Bald verführt er die Frauen, bald mag er es lieber romantisch. Bald steht er für das Positive am Menschen, bald ist er das Sinnbild für alles Doppeldeutige und Unbeständige, wie es manchen Vertretern von Mischkulturen anhaftet. Mário de Andrade (1893–1945) hat in seinem genialen Werk gleichen Namens Macunaíma ein Denkmal gesetzt.

DAS HUMANISTISCHE VERMÄCHTNIS
DER INDIGENEN VÖLKER

Menschheit und Erde sind in eine neue Phase ihrer Evolution eingetreten. Inzwischen befinden wir uns in der planetarischen Phase. Die Bande, die alle von allen interdependent sein lassen, verdichten sich. Damit wächst auch das planetarische Bewusstsein, dass Erde und Menschen ein gemeinsames Schicksal haben. Als Frucht einer tausende von Jahren alten Kulturarbeit trägt jedes Volk seinen Teil dazu bei. Aber auch jeder Einzelne ist wichtig; offenbart er doch einzigartige Seiten des menschlichen Wesens, die ohne ihn nicht wahrgenommen würden, keine Geschichte machten und unser Wissenspotential nicht bereicherten. Alle tragen ihre Reichtümer auf den einen gemeinsamen Tisch zusammen, damit die Gattung homo sapiens sapiens – will sagen: die Menschheit in ihrer Vollendung – nunmehr anfangen kann zu strahlen.

Was ist das humanistische Vermächtnis, das uns die indigenen Völker hinterlassen haben? Im Folgenden stellen wir nur ein paar Punkte zusammen, die uns aus einer globalen Betrachtensweise bedeutsam erscheinen.

1. Uralte Weisheit

Wer die Geschichten und Mythen, die in diesem Buch zusammengetragen sind, kostet, wird feststellen können, dass Ureinwohner eine große Fähigkeit besitzen, die Natur mit ihren Kräften und das Leben mit seinen Schicksalsschlägen zu beobachten. Ihre Weisheit ist gewebt aus subtiler Syntonie mit dem Weltall und aus achtsamem Hinhören auf die Erde, als deren Söhne und Töchter sie sich verstehen. So gesehen sind sie in höchstem Grad Zivilisierte, auch wenn sie unter technischem Gesichtspunkt nicht über den Zustand von Primitiven hinauskommen. So verstehen sie es besser als wir, die wir ja Söhne und Töchter der technisch-wissenschaftlichen Vernunft sind, Himmel und Erde zu vermählen, Tod und Leben zu integrieren, Arbeit und Entspannung miteinander zu vereinbaren, Mensch und Natur als Geschwister zu betrachten und Männer und Frauen sowie Jung und Alt harmonisch vereint leben zu lassen. In diesem Punkt können wir nur von ihnen lernen.

Dank ihrer Einsicht in die Realität der Dinge leben sie in vollem Einklang mit der grundsätzlichen Berufung unseres kurzen Auftritts auf der Bühne dieser Welt. Denn was ist unsere Berufung anders als die Hoheit des Weltalls zu erfassen, die Schönheit der Erde zu kosten, die Vitalität aller Dinge zu feiern und die Urquelle allen Seins aus der Namenlosigkeit hervorzuholen, für die die Menschen tausend Namen bereit halten und die die Indianer u. a. Palop, Tupã und Ñmandú nennen?

Alles existiert, um zu strahlen. Und der Mensch existiert, um zu tanzen und das Strahlen zu feiern. Das ist der Grund für die vielen Feste, nicht enden wollenden Tänze und überschwänglichen Gelage der Ureinwohner, die vor Freude strahlen und vor Speise, Trank und Schmuck geradezu bersten.

Die Menschheit, die dabei ist, zu einer Einheit zu verschmelzen, kommt nicht umhin, gerade deshalb die Weisheit der Indianer wiederzuentdecken und ausgiebig zu nutzen. Wie sonst sollten wir das gewaltige technologische Potenzial, das wir uns aufgebaut haben, unter Kontrolle bekommen und ihm einen ethisch-konstruktiven Sinn beimessen können? Ohne diese Weisheit bringt uns unser ganzes Potenzial womöglich um und verwüstet möglicherweise unseren wunderbaren, heute noch lebenden Planeten.

2. Symphonieartige Integration in die Natur

Indianer fühlen sich als Teil der Natur. Der Gedanke, etwas Fremdes darin zu sein, kommt ihnen erst gar nicht. Das ist der Grund, weshalb in ihren Mythen Menschen und Tiere, Schlangen, Fische und Pflanzen »inter-agieren«, miteinander »zusammen-leben«, sich unterhalten und einander sogar heiraten. Intuitiv erfassen sie, was uns erst empirische Wissenschaften vermitteln müssen: dass wir alle miteinander eine einzige heilige Lebenskette bilden. Von den archaischsten Bakterien bis hin zu den komplexesten Wesen wie uns Menschen tragen wir im Grunde alle denselben genetischen Code in uns, und bestehen wir letztlich alle auch aus denselben physikalisch-chemischen Elementen. So sind wir in der Tat allesamt untereinander Brüder und Schwestern. Wie aber kommt es dann, dass wir in dem einen großen, reichen Gemeinsamen Haus nicht brüderlich-schwesterlich miteinander umgehen?

Indianer sind wahre Ökologen. Sie verstanden es, sich den verschiedensten Ökosystemen anzupassen, wie sie umgekehrt diese auch an ihre Bedürfnisse angepasst haben. Amazonien ist kein unberührtes Stück Erde. In tausenden von Jahren, seit denen Dutzende von indianischen Nationen dort leben, wirkte die Urbevölkerung mächtig auf Land und Wald ein. Nahezu zwölf Prozent des mit tropischem Regenwald bedeckten amazonischen Festlandes sind bearbeiteter Grund und Boden. Indem die Ureinwohner Verhältnisse schufen, unter denen sich pflanzliche Nutzarten wie Babaçú- (Orbignya Martiana B. R.) und Kokospalme, Bambus, verdichtete Bestände von Paranuss- sowie Obstbäumen aller Art entwickeln konnten, sorgten sie für so etwas wie »Ressourceninseln«. Diese planten und realisierten sie nicht nur für sich selbst, sondern auch

für alle, die eventuell an besagten Stellen vorbeikämen. Noch heute spricht die Mischlingsbevölkerung in Amazonien, wenn sie sich auf Areale mit besonderem Früchtereichtum und spezieller Bodenqualität bezieht, von »Indianerland«.

So nutzen die Yanomami-Indianer 78% der Baumarten ihres Gebietes, wobei bedacht sein will, dass die Region mit etwa 1.200 Arten auf einer Fläche in der Größe gerade mal eines Fußballfeldes eine ungeheure Biovielfalt aufweist.

Für Indianer ist die Erde, anders als für uns mit unserem technisierten Zivilisationsmodell, kein bloßes Rohstofflager, das nach Gutdünken ausgebeutet werden könnte. Für Indianer ist die Erde, wie sie immer wieder betonen, die eigene Mutter. Die Erde ist etwas Lebendiges, und deshalb bringt sie auch Leben in vielfältiger Form hervor. Die Erde ist mit derselben Hochachtung und Ehrfurcht zu behandeln, wie Menschen sie ihren Müttern schulden. Niemals darf man Tiere, Fische oder Bäume aus purer Lust mir nichts, dir nichts töten oder fällen, sondern immer nur zu dem einen Zweck, die Bedürfnisse des Menschen damit zu befriedigen. Und selbst dann noch – werden mal größere Bäume gefällt oder bei Jagd und Fischfang größere Beuteerträge erzielt – werden Entschuldigungsriten gefeiert, damit das freundschaftliche Bündnis zwischen allen Wesen nicht zerstört wird.

Ein solches symphonieartiges Verhältnis zur Gemeinschaft allen Lebens ist ein unerlässliches Muss für die Menschheit; denn so wie wir die knappen Ressourcen der Erde systematisch und aggressiv ausbeuten, sind wir an gefährliche Grenzen gestoßen. Die Erde weist mittlerweile unübersehbar Zeichen der Ermüdung auf. Sollten wir nicht zum symphonieartigen Einklang mit der Natur zurückfinden und uns nicht auch von Zauber und Ehrfurcht, von Solidarität und Zusammenarbeit bewegen lassen, wie sie für die indigenen Kulturen maßgeblich sind, werden wir uns kaum einer gemeinsamen Zukunft für Leben und Menschheit sicher sein können.

3. Eine Haltung der Verehrung und Achtung

Für indigene Völker ebenso wie für moderne Fachleute in Sachen Erdwissenschaften (Kosmologie, Quantenphysik, Biologie, integrale Ökologie) ist alles lebendig, und alles steckt voller Botschaften. Ein Baum ist nicht bloß ein Baum. Ein Baum hat in der Gestalt seiner Zweige viele Arme und in der Gestalt seiner Blätter tausend Zungen, und mittels seines Wurzelwerks und seines Wipfels verbindet er Erde und Himmel. Immer steht er in Bezug zum Ganzen. Indianern gelingt es ganz natürlich den Faden zu erfassen, der alle Dinge untereinander, aber auch mit Gott li[g]iert und »re-ligiert«. Dieser Faden zieht sich durch alles, was existiert. Infolgedessen haben Indianer das Gefühl, in die eine göttliche Wirklichkeit eingetaucht zu sein, in die ihre Ahnen bereits eingegangen sind. Jedes Mal, wenn sie ihre Feste feiern, ihre Tänze tanzen und ihre rituellen Trinkgelage veranstalten, machen sie die Erfahrung, nicht nur den Ahnen und Weisen ihres Stammes zu begegnen, sondern auch Gott selbst.

Dank dieser alles umfassenden Gotteserfahrung ist ihre Welt mit Leben und Zauber erfüllt. Verehrung und Achtung, mit denen sie alle Dinge umgeben, werden geboren aus der Wahrnehmung, dass alles Zeichen ist für die Anwesenheit himmlischer, göttlicher Kräfte.

Angesichts unserer materialistischen und weithin profanierten Kultur ist eine solche Haltung der Ehrfurcht unbedingt wiederzugewinnen. Das uralte Bewusstsein, nach dem das Sichtbare Teil des Unsichtbaren ist, muss wieder zum Tragen kommen. Der Mensch muss sich wieder als Teil eines Ganzen fühlen und dessen erneut inne werden, dass sein Schicksal – sei es glücklich oder tragisch – in einer lebendigen, unbestrittenen Verbindung steht mit der Urquelle allen Seins.

201

4. Freiheit als Kernstück indigenen Lebens

Was wir in der gegenwärtigen Zeit am meisten schätzen und was uns am meisten fehlt, ist Freiheit. Die Komplexität des Lebens, die Kompliziertheit der sozialen Beziehungen, das gigantische Anwachsen der Institutionen und das ungezügelte Überschwemmtwerden mit Informationen wecken in uns Gefühle von Eingesperrtsein und Angst. Man könnte meinen, die Freiheit sei in Ketten gelegt. Doch wie sehnen wir uns dabei nach Freiheit, die ja das größte Geschenk ist und kraft deren wir unsere Identität entwickeln und unser Schicksal schmieden!

Indigene Völker sind unschätzbare Modelle für Freiheitsbewusstsein. Man braucht sich nur die folgende Äußerung der beiden Brüder Villas Boas zu vergegenwärtigen. Orlando und Cláudio Villas Boas, die – abgesehen von Rondon – unsere Ureinwohner wohl am meisten von uns allen geliebt haben und für sie eingetreten sind, gelten als absolute Fachleute für Indianerfragen. Von den Gebrüdern Villas Boas also stammt folgende Überlegung:

»Vergleichen wir Indianer und ›Zivilisierte‹, kommen wir nicht umhin festzustellen, letztere seien eine wahrlich kaputte Gesellschaft. Indianer sind ihrerseits einesteils in Zeit und Raum stehen geblieben. Den Bogen, den ein Ureinwohner heute herstellt, stellten seine Vorfahren bereits vor tausend Jahren genauso her. Sind Indianer unter diesem Gesichtspunkt stehen geblieben, sind sie anderenteils in Sachen menschliches Verhalten im Rahmen ihrer Gesellschaft sehr wohl entwickelt. Innerhalb seines Stammes hat jeder Ureinwohner seinen stabilen, unanfechtbaren Platz. Er ist völlig frei, und niemandem, wer immer es sei, braucht er Rechenschaft zu geben über das, was er getan hat. Die ganze Stabilität und der ganzen Zusammenhalt des Stammes fußt auf einer mythischen Welt. Welch ein gewaltiger Unterschied zwischen den beiden Menschheiten! Die eine: ruhig, in der der

Mensch Herr seines ganzen Tuns ist; und die andere: in Explosion befindlich, in der es einen Apparat, ein Repressionssystem braucht, sollen denn Ordnung und Frieden gewahrt bleiben. Stellt sich jemand im Zentrum von São Paulo hin und schreit mal ordentlich in der Gegend herum, ist nicht auszuschließen, dass ihn ein Polizeifahrzeug mitnimmt. Stößt dagegen ein Indianer in seinem Dorf mal einen herzzerreißenden Schrei aus, kümmert das niemanden. Und niemand wird ihn fragen, weshalb er das getan habe. Indianer sind freie Menschen.«

Freiheit in diesem Sinn, Traum aller Erlösten, mutet wie eine Utopie an. Doch Indianer beweisen, dass sie nicht nur möglich, sondern bereits und nach wie vor eine strahlende Wirklichkeit ist.

5. Autorität: Macht mit Hochherzigkeit

Freiheit, wie Indianer sie handhaben, ist ein ganz einzigartiges Ergebnis aus der Autorität ihrer Vorstände, Häuptlinge und politischen Führer. Diese haben nämlich keine Macht zu Befehl oder Zwang über die anderen. Ihre Aufgabe besteht vielmehr darin, die Einzelnen zu ermuntern und die die Gemeinschaft betreffenden Angelegenheiten zu regeln, aber immer unter Wahrung des größten Geschenkes, das jeder sein Eigen nennt, der individuellen Freiheit. Der politische Führer bestimmt die Politik des Stammes gegenüber anderen Stämmen, trifft in Sachen Wirtschaft möglichst kluge Entscheidungen, verteilt so gerecht, wie nur irgend möglich, die Flächen für den Ackerbau unter die Hauptfamilien des Stammes,

sorgt für Frieden unter allen, kann reden und überzeugen und versteht sich darauf, mit den heilenden Kräften des Kosmos umzugehen, das heißt: er ist unter Umständen auch Schamane.

Namentlich die Guranís pflegen dieses Verständnis von Autorität. Dessen wesentlichstes Merkmal ist Hochherzigkeit. Ein Guaraní-Häuptling gibt, was immer jemand von ihm möchte. Ständig hat er Geschenke zu machen, sei es in Form von Gütern, sei es von Diensten. Unentwegt hat er Feste zu veranstalten, bei denen riesige Mengen von Speisen und Getränken gereicht werden. Um seinen Verpflichtungen nachkommen zu können, hat er in der Regel mehr zu arbeiten als alle anderen. Zu persönlichem Besitz reicht es da nie. Allerdings kommt ihm im Gegenzug das Vorrecht zu, mehrere Frauen zu besitzen, die ihm bei der vielen Arbeit helfen.

Bei einigen Stämmen erkennt man den Häuptling sogar daran, dass er nicht einmal das sein Eigen nennt, was Stammesmitglieder sonst besitzen. Er trägt den ärmlichsten, wenn nicht gar den kläglichsten Schmuck. Denn alles, was er mal hatte, hat er im Laufe der Zeit verschenkt (vgl. P. Clasters, Échanges et pouvoir: philosophie de la chefferie indienne, in: L'homme, Paris 1965, 51–57).

Wir im Westen dagegen sind Erben eines despotischen Verständnisses von Macht, dessen konstitutive Elemente Zentralisierung, Durchsetzungsvermögen und Herrschaft sind. Schon die klassische Definition von Macht vermittelt eher eine Zerrbild als eine Qualitätsaussage. Demnach wäre »Macht, die Fähigkeit eines Menschen zu erreichen, dass der andere tut, was ich will«. An diesem Verständnis von Macht und an den sich daraus ergebenden Konflikten zerreißen ganze Gesellschaften. Denn die Folge ist, dass Menschen sich widersetzen, aufrührerisch werden und Revolutionen entfachen, in der Hoffnung, tyrannische Formen von Unterdrückung abzuschütteln und Freiheit zu erlangen.

Man stelle sich vor: Das Christentum wäre nicht unter den Bedingungen der römischen Kultur mit ihrem Drang zu Verrechtlichung und Zentralisierung herangereift, sondern hätte seine Gestalt in der politischen Kultur der Guaranís gefunden. Dann hätten wir Priester, die in Armut lebten, Bischöfe, die Elend kennten, und einen Papst, der wüsste, was Betteln heißt. Unermüdlich arbeiteten sie alle im Dienst an den anderen. Ihr Markenzeichen wäre Hochherzigkeit und grenzenloses Mitgefühl. Dann, in der Tat, könnten wir Zeugen sein für den, der gesagt hat: »Ich bin unter euch wie euer Diener; und wer der Erste sein will, soll der Letzte sein«. Dann wäre Mission nicht religiöse Unterwerfung im Gleichschritt mit politischer Eroberung gewesen, und die Christen wären weder zu Komplizen des Völkermordes an den Ureinwohnern Lateinamerikas geworden noch zu Helfern dabei. Vielmehr könnten sie Zeugnis ablegen für das Evangelium mit seinem Angebot von Leben in Fülle, von Freiheit, Brüderlichkeit und Schwesterlichkeit und von Verehrung für alles, was existiert. Und was die Indianer betrifft, hätten sie sich die Botschaft des Evangeliums zu Eigen gemacht, weil sie zu der Überzeugung gelangt wären, dass es deckungsgleich in Einklang steht mit ihrer Kultur. Ja, sie hätten das Christentum ohne Zwang als vervollkommnende Weiterführung ihres Weltbildes angenommen. Und wir alle hätten eine bessere Menschheit, die einfühlsamer, partizipativer, dienstbereiter, ganzheitlicher, ökologischer und spiritueller wäre.

Aber das alles ist wohl noch ein Traum, solange wir uns nicht inspirieren lassen von der Kultur unserer indigenen Völker, die auch heute noch die Vermählung von Himmel und Erde feiern und unter dem Regenbogen des Wohlwollens von Weltall, Menschen und Gott selbst leben.

LITERATUR

(Zusammengestellt von Dr. Graciela Chamorro, Hamburg)

BALDUS, Herbert (Hg.), Mythen und Heilbringergeschichten. Ursprungssagen und Märchen brasilianischer Indianer, Eisenach – Kassel, Erich Röth Verlag, 1958.

CIPOLLETTI, María Suzana, Jenseitsvorstellungen bei den Indianern Südamerikas, Berlin, 1983.

CHAMORRO, Graciela, Auf dem Weg zur Volkommenheit: Theologie des Wortes unter den Guaraní in Südamerika, Münster, LIT-Verlag, 2002.

DIES., Theologie des amerindischen Wortes: das Beispiel der Guarani, in: 500 Jahre Widerstand: Indigene, Afrobrasilianer, Volksbewegungen und die Protestanten in Brasilien: Geglückte und misslungene Bewegungen, Eichstetten/Kaiserstuhl, Lusophonie-Verlag, 2001, 68–91.

CORDEIRO, José, Indianer in Ceará. 400 Jahre Massaker und Widerstand, Mettingen, Institut für Brasilienkunde / Brasilienkunde-Verlag, 1991.

DELGADO, Mariano, Gott in Lateinamerika. Ein Lesebuch zur Geschichte. Texte aus fünf Jahrhunderten, Düsseldorf, Patmos, 1992.

DERS., Die Indianischen Sprachen und die (latein)amerikanische Identität. Anuario 1993. Jahrbuch des Lateinamerika-Zentrums der Westf. Wilhelms-Universität, Münster, 13–31.

FABER, Gustavo, Brasilien hat andere Götter, Tübingen, 1966.

FORNET-BETANCOURT, Raúl (Hg.), Mystik der Erde: Elemente einer indianischen Theologie, Freiburg-Basel-Wien, Herder, 1997.

FÜNFSINN, Bärbel / ZINN, Christa, Das Seufzen der Schöpfung. Ökofeministische Beiträge aus Lateinamerika, Hamburg, EMW/NMZ, 1998.

GIRARDI, Giulio, Die indianischen Völker als Subjekte der Theologie, in: FORNET-BETANCOURT, Raúl (Hg.), Befreiungstheologie. Kritischer Rückblick und Perspektiven für die Zukunft, Bd. 2: Kritische Auswertungen und neue Herausforderungen, Mainz, Matthias-Grünewald-Verlag, 1997, 59–94.

GOLLER, Brigitte (Hg.), Märchen und Mythen der brasilianischen Indianer, Freiburg, ⁴1990.

GRÜNBERG, Friedl, Auf der Suche nach dem Land ohne Übel: Die Welt der Guarani-Indianer Südamerikas, Wuppertal, Peter Hammer, 1995.

HELBIG, J. u. a., Yanomami. Indianer Brasiliens im Kampf ums Überleben, Innsbruck, Pinguin-Verlag, 1989.

KARLINGER, E. / ZACHERL, E., Südamerikanische Indianermärchen. Düsseldorf, 1976.